U0940723

2008
浙江财政年鉴

Finance Year Book of Zhejiang

浙 江 省 财 政 厅 主 办

浙江财政年鉴编辑委员会编

中 華 書 局

图书在版编目(CIP)数据

浙江财政年鉴. 2008/《浙江财政年鉴》编辑委员会编.
-北京:中华书局,2008.12
ISBN 978-7-101-06382-0

I.浙 … II.浙 … III.地方财政—浙江省—2008—年鉴
IV.F812.755—54

中国版本图书馆 CIP 数据核字(2008)第 174842 号

责任编辑:朱 慧
施惠萍

浙江财政年鉴 2008

《浙江财政年鉴》编辑委员会编

*

中 华 书 局 出 版

(北京市丰台区太平桥西里 38 号 100073)

http://www.zhbc.com.cn

E-mail:zhbc@zhbc.com.cn

中共浙江省委办公厅文印中心印刷

*

889 * 1194 1/16 39 印张 76 插页 1300 千字

2008 年 12 月第 1 版 2008 年 12 月第 1 次印刷

印数:1 — 3000 册 定价:260 元

ISBN 978—7—101—06382—0

《浙江财政年鉴》编辑委员会

《浙江财政年鉴》编辑部

《浙江财政年鉴》联络员名单

吴一俏(省国税局)
汤建新(厅办公室)
杨慧芳(厅机关党委)
吴月宝(厅国库处、国库支付局)
陈志光(厅法制〈资金〉处)
陈亚谊(厅行政政法处)
王　静(厅农业处)
沈燕萍(厅企业处)
陈志远(厅社保处)
王翾锋(厅监督局)
赵国瑛(省农发办)
叶乃杰(厅监察室)
赵春霞(省级机关会计核算中心)
王洪俊(省财税信息中心)
张海艳(杭州市财政局)
刘发顺(温州市财政局)
孙　迎(湖州市财政局)
陈志坚(金华市财政局)
邵裕龙(舟山市财政局)
方伟英(丽水市财政局)

林　森(省地税局)
叶伟光(厅人教处〈老干部管理处〉)
何一平(厅预算处、税政处)
莫建斌(厅综合处)
程少春(厅会计处)
虞劲松(厅教科文处)
苗林炯(厅农税局)
赵　虹(厅外金处)
马建胜(厅经建处)
傅小普(厅绩效评价处)
陈军训(省采购办、控办)
黄志明(省财务开发公司)
施惠萍(省财税科研所)
张光敏(省会计人员服务中心)
单柳青(宁波市财政局)
程卓蕾(嘉兴市财政局)
裘立周(绍兴市财政局)
郑成岗(衢州市财政局)
卢云芬(台州市财政局)

编 辑 说 明

《浙江财政年鉴》2008卷是浙江省财政厅主办的省级财政专业年鉴。本卷年鉴以文为主，辅以图表，图文并茂，全面系统反映浙江省财政工作各方面的基本情况，是资料性与史实性相结合的全省财政系统管理、研究和教学的必备工具书。

《浙江财政年鉴》每年出版一卷，2008年卷（总第8卷）以翔实的资料和图表，记载了2007年浙江省财政改革与发展情况，具体反映了全省各级财政部门深入学习贯彻党的十七大、省第十二次党代会精神，坚持以科学发展观为统领，积极创新理财思路，深化财政改革，加强财政监管，优化财政支出结构，努力建立健全公共财政体系，积极推进经济发展方式转变，促进全省经济社会又好又快发展而作出的贡献。

本卷年鉴主体结构基本保持历年框架，全卷分八篇和附录共九大部分，计130万字，依次为：重要财经文献、全省财政工作、市县（市、区）财政工作、财经统计资料、财经法规选编、重要财政文选、财政工作大事记、财政机构人员，以及附录。

一、重要财经文献。主要收录了浙江省省长吕祖善《政府工作报告》等省十一届人大一次会议重要文件；省委、省政府有关财政经济方面的重要文件；全省经济工作会议主要内容；全省财政地税工作会议重要文件。

二、全省财政工作。收录了全省财政、国税、地税的工作综述和省财政厅各处、室、局的工作概述，以及省财政厅所属企事业单位工作概述。

三、市县（市、区）财政工作。收录了全省11个市财政工作综述，反映各市重要经济指标和财税工作；收录了各市所辖县（市、区）财政工作概述，主要记载县（市、区）级财政工作情况。

四、财经统计资料。收录了1978年至2007年全省财政收支情况表；2007年全省、省本级一般预算收支决算总表，浙江省政府性收支决算总表，全省一般公共服务等各项财政支出表，全省各市、县（市）的财政总收入表和地方财政收入排序表，全省市县级一般预算收支情况表、全省各乡镇财政总收入排序表和乡镇财政基本情况表等。收录了2007年全省国民经济和社会发展总量与速度表，2007年度浙江省国民经济和社会发展统计公报。本卷选录的各项财政数据均为2007年财政决算数。

五、财经法规选编。收录了2007年省政府和省财政厅有关税收、预算、教科文事业、行政政法、农业财务、企业财务、社会保障工作、外金财务、基本建设财务、财政绩效评价、政府采购等财政财务管理方面的法规和文件。本卷对法规文件作了必要的版式规范化、技术化处理。

六、重要财政文选。摘要收录了省委、省政府主要领导论财政、厅(市)领导谈财政、处县(市、区)领导议财政的有关讲话及文章。

七、财政工作大事记。收录了省财政厅和11个市2007年度财政工作的大事、要事。

八、财政机构人员。收录了2007年12月31日前任职的省财政厅领导、厅各处室局及厅属企事业单位中层以上干部名单;全省各市、县(市、区)财政局领导名单;全省财政系统职工基本情况统计表。

九、附录。收录了省财政系统学会、协会的活动情况,相关市县财政部门的专题经验介绍,各级财政部门的领导和财税干部调查研究的成果摘要,以及省财政厅在全国、全省有关会议上的交流文章摘要。

本卷年鉴的编纂工作,在年鉴编辑委员会的领导下,依靠省财政厅各处室局及有关单位和各市、县(市、区)财政局提供大量的资料、文稿和图片,经编审、不断修改补充后众手成书。在年鉴编纂过程中,得到了省国税局、省地税局以及各级财政部门的关心和支持,对此我们深表感谢。由于编辑人员知识水平所限,不足之处敬请广大读者提出批评和改进意见。

《浙江财政年鉴》编委会办公室

2008年12月

目　录

重要财经文献

●省十一届人大一次会议重要文件

●省委省政府重要财经文件

●全省经济工作会议主要精神

●全省财政地税工作会议

全省财政工作

●全省财税工作概况

●财政分项工作概况

●财政企事业单位工作概况

市县(市、区)财政工作

●杭州市财政工作概况

●宁波市财政工作概况

●温州市财政工作概况

●嘉兴市财政工作概况

●湖州市财政工作概况

●绍兴市财政工作概况

●金华市财政工作概况

●衢州市财政工作概况

●舟山市财政工作概况

●台州市财政工作概况

●丽水市财政工作概况

财经统计资料

财经法规选编

重要财政文选

财政工作大事记

财政机构人员

附 录

●调研报告精选

●交流材料选刊

浙江省财政收支规模图

单位:亿元

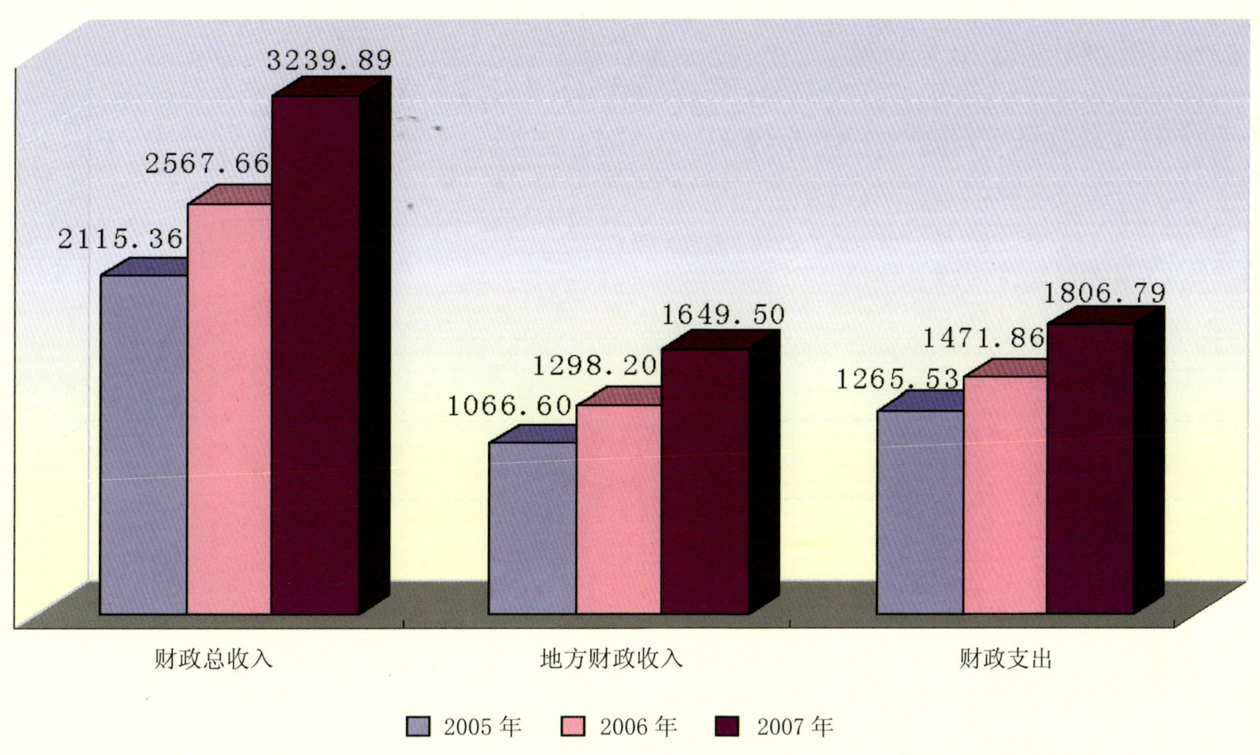

浙江省财政收支增长速度图

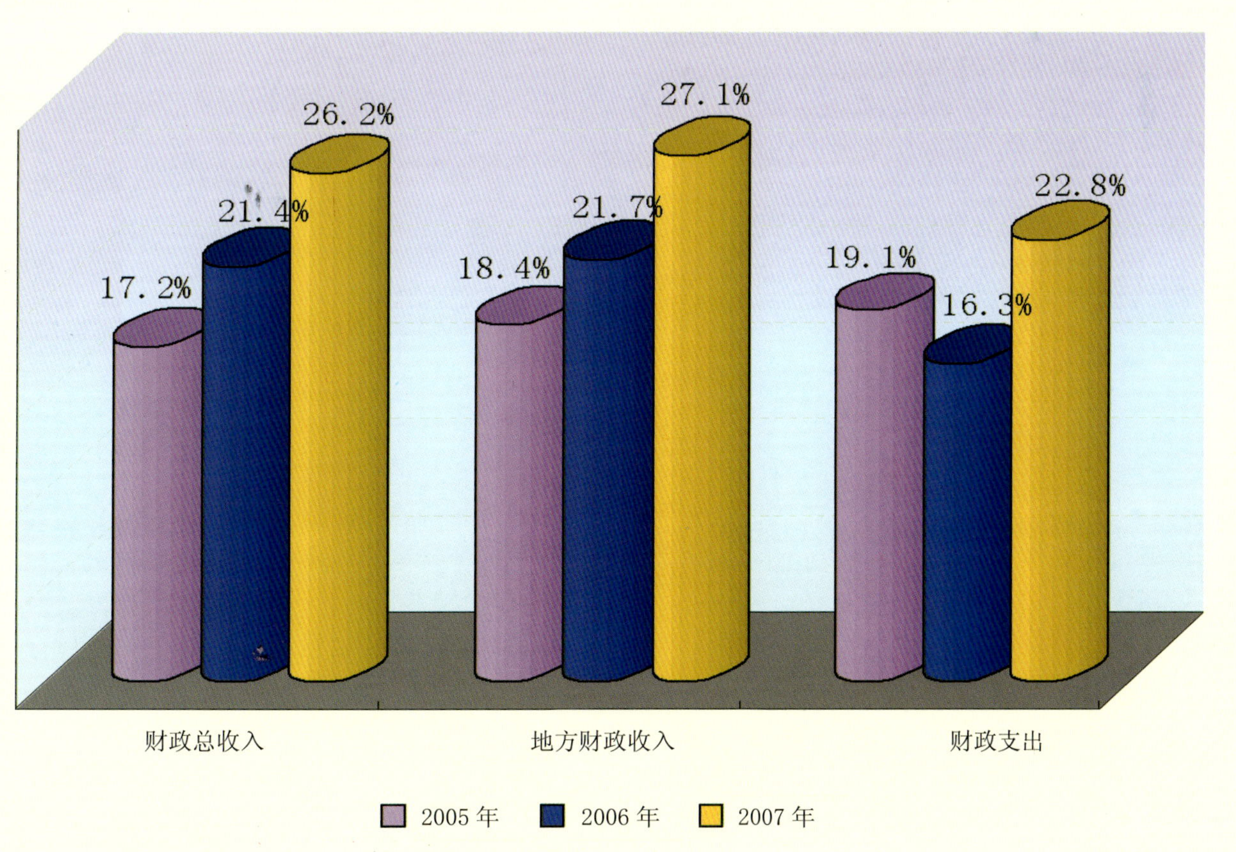

2007 年浙江省地方财政收入组成图

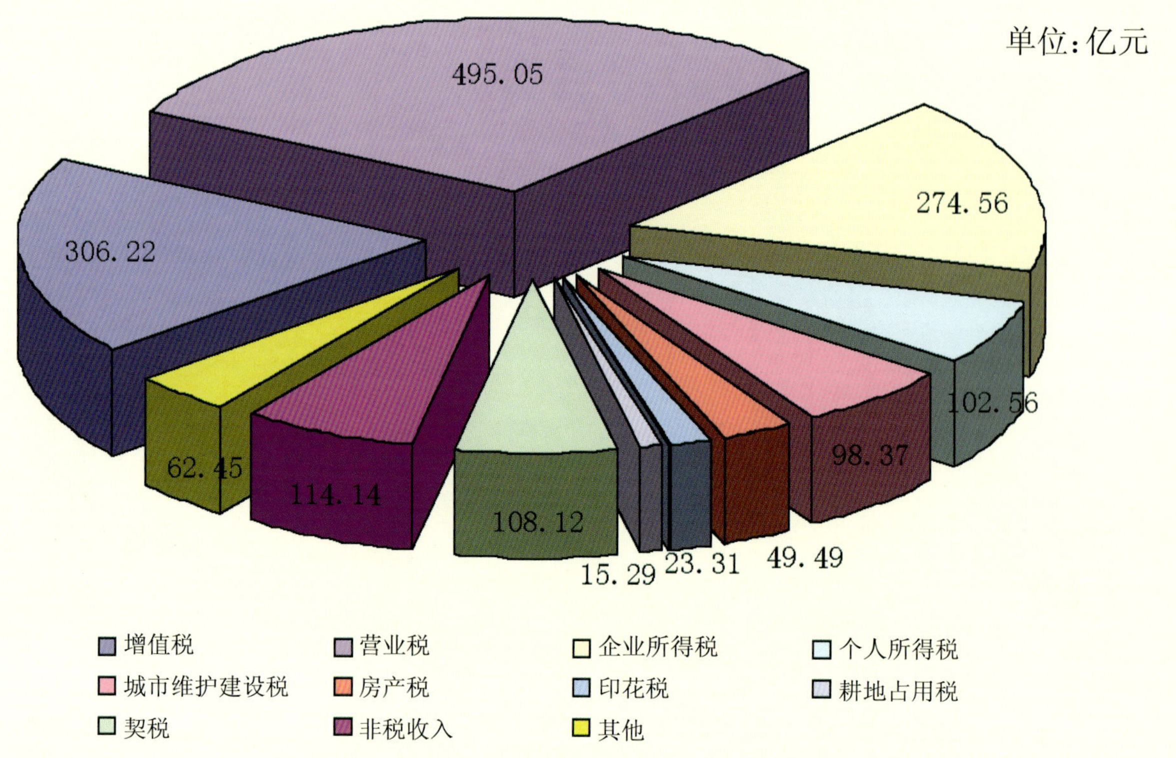

2007 年浙江省财政支出组成图

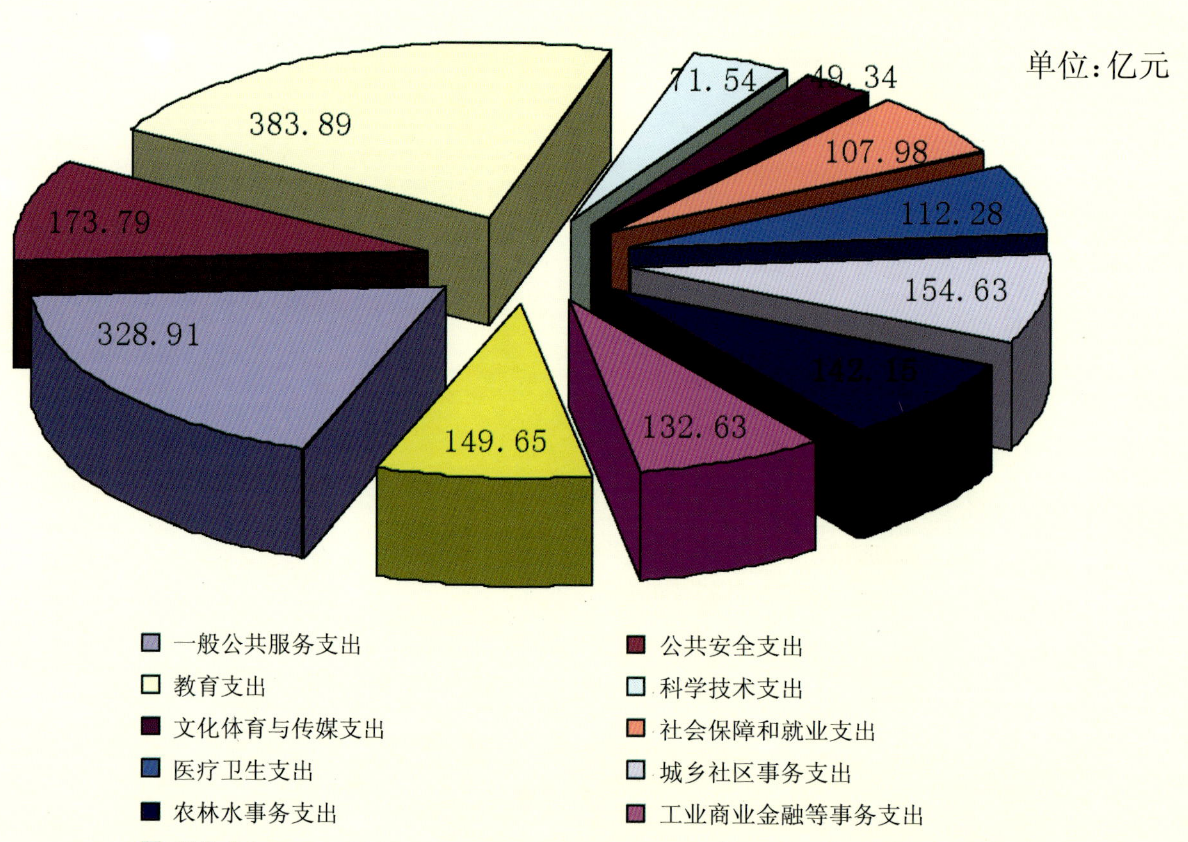

省级财政收支占全省财政收支比重图

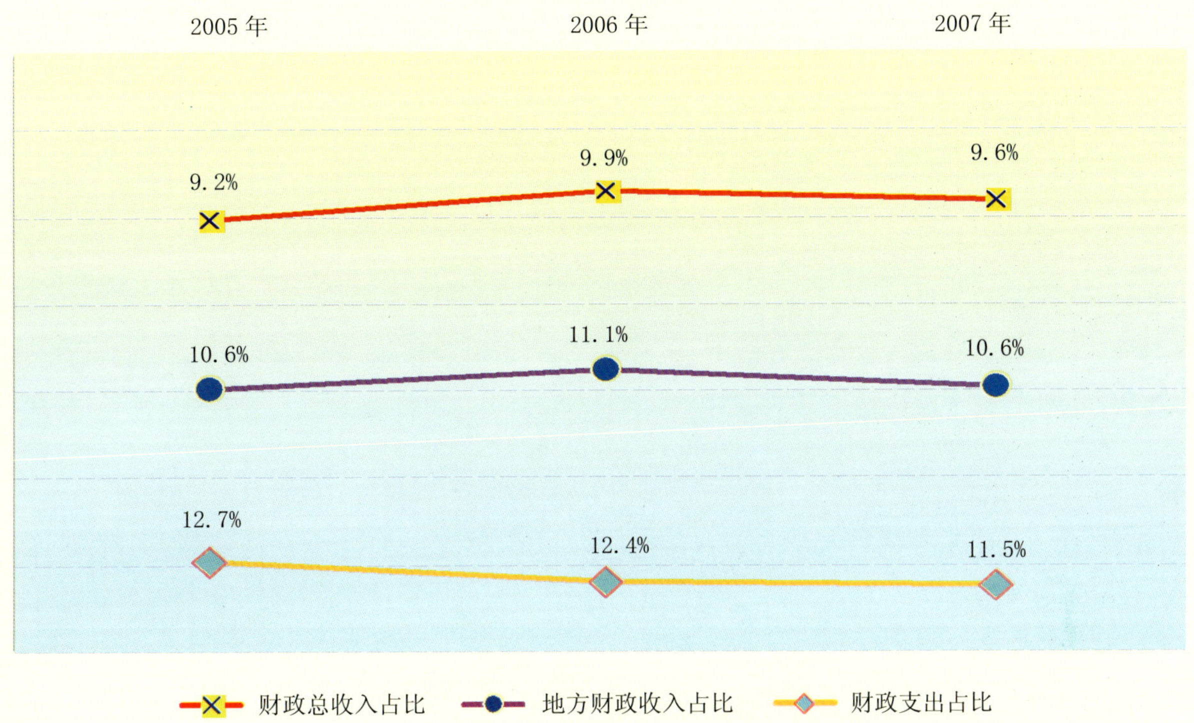

市县财政收支占全省财政收支比重图

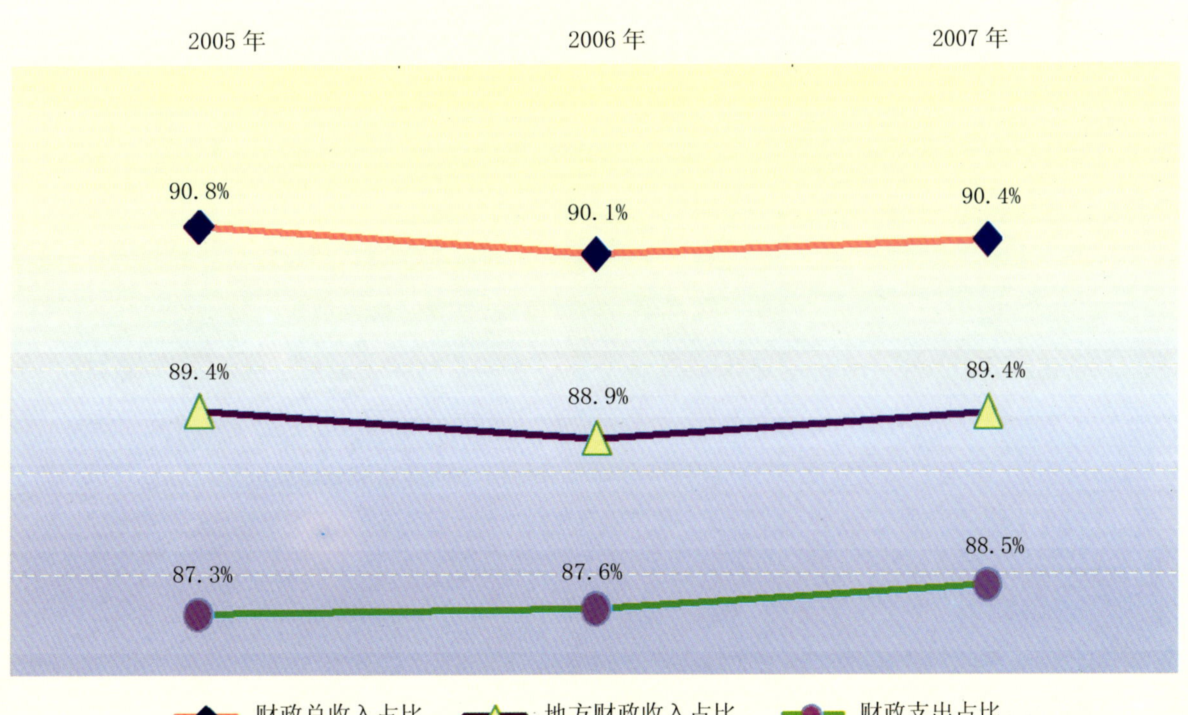

全省财政地税工作会议

2008年1月10—11日，全省财政地税工作会议召开。全省各市、县（市、区）财政（地税）局长、省有关部门负责人及省财政厅、省地税局所属各部门、各单位负责人参加会议。会议深入学习贯彻党的十七大和省第十二次党代会、省委十二届二次全会、全省经济工作会议以及全国财政、税务工作会议精神，回顾五年来全省财政地税工作，总结财税改革与发展的基本经验；认真分析财税经济形势，安排2008年税收计划和财政收支计划，部署2008年及今后一个时期全省财政地税工作。省财政厅厅长、省地税局局长黄旭明在会上作工作报告。会前，省长吕祖善专门对财政地税工作作出重要批示。

浙江省第二次地方财政收入8亿元

会议由省财政厅地税局黄旭明厅（局）长主持

2007年7月7日，浙江省第二次地方财政收入亿元县（市）会议在平湖市召开。全省27个地方财政收入8亿元以上的县（市、区）政府主要领导和财政局局长、11个市财政局局长参加了会议。会议围绕加快发展服务业，推动财政收入更好更快增长这一主题，认真交流经验，研讨对策。平湖市、义乌市、绍兴县等8个县（市、区）政府主要领导在会上作了交流发言，县（市、区）政府领导和财政局局长分组进行了讨论，省财政厅厅长、地税局局长黄旭明同志在会上作了主题发言。

瑞安市副市长陈林作题为《加快发展服务业 积聚经济新动力》的汇报交流

平湖市市长盛全生作题为《优先发展服务业 拓展财力增长点 推进平湖经济社会更好更快发展》的汇报交流

义乌市代市长何美华作题为
《市场先发、商贸主导、多元涌动、实现财政收入更好更快发展》的汇报交流

临海市市长李志坚作题为
《强化措施 狠抓落实 全力推动服务业跨越式发展》的汇报交流

绍兴县县长冯建荣作题为
《加快发展商贸服务业 增强地方财政竞争力》的汇报交流

县（市）会议

东阳市副市长范冬岩作题为
《致力发展影视旅游产业 推动服务业更好更快发展》的汇报交流

余杭区副区长杨洪香作题为
《大力发展现代服务业 夯实地方经济增长基础》的汇报交流

鄞州区区长薛维海作题为
《加快服务业发展 促进财政收入可持续发展》的汇报交流

省领导视察财政

2007年6月6日，省委常委、常务副省长陈敏尔到省财政厅、省地税局调研，深入厅局有关处室看望干部职工，视察省地税局直属一分局办税服务厅，观看地税信息化应用演示，并听取省财政厅党组书记、厅长兼省地税局局长黄旭明的工作汇报。

旭 明

黄旭明厅长听取嘉城集团关于南湖革命纪念馆新馆建设情况汇报，右一为嘉兴市市长李卫宁

厅领导调研活动

罗石林副厅长在丽水市调研

傅钱生副厅长在华能玉环电厂调研

钱巨炎副厅长在杭州市调研

2007 年 10 月至 11 月，由厅领导带队，厅机关有关处室局及部分事业单位负责人参加，分 6 个组赴全省 10 个市及所属部分县（市、区）调研，了解和掌握全省全年财政工作开展情况，厘清 2008 年工作思路，明确工作目标和工作重点。

厅纪检组长金慧群一行在舟山调研

魏跃华总会计师在温州市调研

省财政厅 省地税局 开展"作风建设年"活动动员大会

加强财政干部队伍建设

2007年，省财政厅按照厅党组"三靠两抓一组织"以及"谦虚、务实、协调"、"好好学习、好好工作、好好做人"、"三走近三远离"等理念，加强干部队伍建设，提升干部队伍素质。当年，省财政厅在省政府工作目标责任制考核中被评为优秀单位。

全省财政地税系统先进事迹在全省巡回报告

全省财政地税系统 2007 年运动会在金华市举行

武义县俞源乡下山脱贫村——九龙山村新旧对比

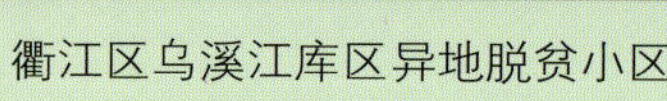
衢江区乌溪江库区异地脱贫小区

缙云县下双龙扶贫小区的一角

发达乡镇奔小康工程”

2007年，浙江省财政部门认真贯彻落实省委、省政府关于实施“欠发达乡镇奔小康”工程的各项政策措施，积极筹措资金，突出支持重点，完善扶持方式，确保“欠发达乡镇奔小康”工程的顺利实施，促进欠发达地区跨越式发展。一是大力扶持以欠发达乡镇、欠发达地区地质灾害频发区、重点库区为主的农户实施异地搬迁；二是鼓励欠发达乡镇因地制宜，发展具有当地资源优势和市场竞争力的特色种养业，鼓励异地安置小区发展来料加工业，拓展增收渠道；三是加大对欠发达乡镇农民培训的支持力度，把异地搬迁农户、低收入农户作为培训重点，完善培训机制，提高补助标准，着力提高转移就业能力。

苍山茶叶基地

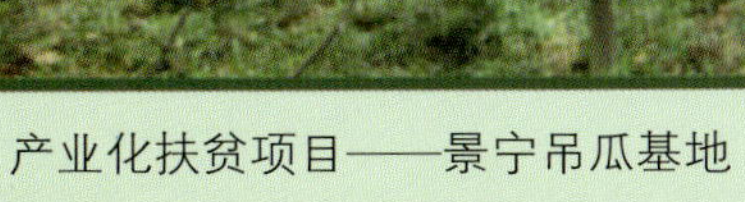

产业化扶贫项目——景宁吊瓜基地

常山扶贫帮困项目

反恐训练

清扫积雪

省财政支持武警总队

救灾

部队新营房

建设结硕果

近几年来，省财政投入经费 5500 多万元，用于全面改善全省武警部队的生活、训练和执勤等设施。坚持适应武警部队新职能要求和处理突发事件任务的需要，推行精兵利器战略，全面更新装备；加强实战能力训练，有效提高了应急处置能力。加大对信息化建设的投入，建成了总部、总队、支队与中队三级网络，部队指挥信息系统初步形成。加强院校建设和人才培养，制定人才建设规划，设立人才建设专项基金，为部队执勤、处突等任务提供智力支持。不断改善官兵生活条件，每年筹措经费 1600 多万元用于改善官兵生活条件、提高官兵伙食质量，官兵生活水平得到提高。

教学设施

厨房设施

2007 年 10 月 26 日，第三届全国会计知识大赛浙江赛区决赛在杭州落下帷幕。全省 78.16 万人参加了第三届全国会计知识大赛第一赛程的网上答题活动，居全国之首。与此同时，经过层层选拔，来自全省各地及省级有关单位的 29 支代表队参加了浙江赛区第二赛程的比赛。省电力公司代表队获得团体一等奖，杭州市代表队、金华市代表队获得团体二等奖，温州市代表队、湖州市代表队、宁波市代表队获得团体三等奖；金华市代表队的周卫仙获得个人一等奖，温州市代表队的林忠宇、浙江工商大学代表队的丁琴丽获得个人二等奖，杭州市代表队的廖云龙、金华市代表队的杨淑芬、杭州市代表队的陈珍红获得个人三等奖。嘉兴市代表队、台州市代表队、丽水市代表队等十个代表队获得了组织奖。

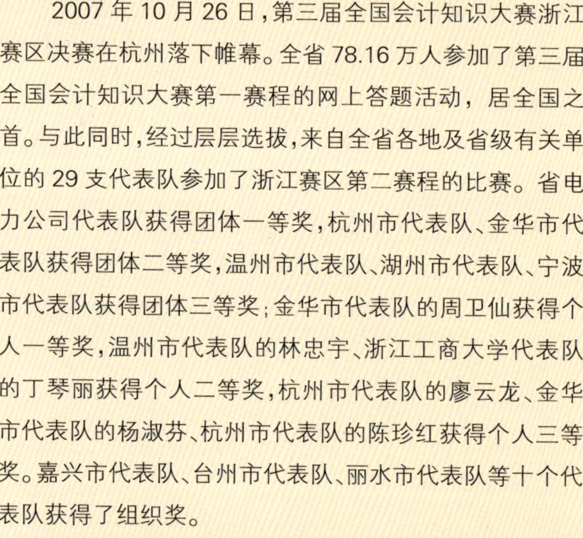

浙江省农业综合开发取得成效

湖州市浙江中味榨菜深加工项目

金华市产业化优质种猪繁育项目培育“金华两头乌”

温岭塘下中低产田改造项目机耕桥和泵站

缙云县东方中低产田改造项目科技推广培训

富阳市永昌山区中低产田改造项目防洪堤建设

武义县山区小流域农业生态工程茶园改造

省级机关会计核算中心

2007年，省级机关会计核算中心加强国库集中支付与会计集中核算工作，以ISO9000标准质量管理体系导入为抓手，以创建省示范办事大厅为契机，加强规范化、制度化建设，国库集中支付与会计集中核算工作纳入了规范化、制度化轨道运行。

财政法制宣传

2007年，省财政厅加强财政法制宣传，将财政收入管理和财政法律规范结合起来，在宣传贯彻《财政违法行为处罚处分条例》时，以挂图的形式送达基层，2万套《财政违法行为处罚处分条例》宣传挂图通过全省各级财政部门和省普法办发放到机关、街道、社区、乡村等，提高全社会对《条例》的认知度，推进"法治浙江"建设。

努力打造
财会教育培训综合基地

2007年，省财政干部教育中心围绕财政中心工作，履行财政干教中心（中华函校）工作职能，办好重点培训班；服务厅机关和厅属企事业单位会计人员，举办厅属会计人员继续教育培训班。发挥省中华会计函授学校职能作用，开拓创新，努力建设成财会教育培训综合基地。

重要财经文献

省十一届人大一次会议重要文件

政府工作报告

——2008年1月16日在浙江省第十一届人民代表大会第一次会议上

浙江省省长 吕祖善

各位代表：

现在，我代表省人民政府向大会作工作报告，请予审议，并请省政协委员和其他列席人员提出意见。

一、过去五年的工作

省十届人民代表大会第一次会议以来的五年，是浙江人民高举邓小平理论和“三个代表”重要思想伟大旗帜，全面贯彻落实科学发展观的五年；是我省改革开放和全面建设小康社会取得重大进展，综合实力大幅提升、人民得到更多实惠的五年。五年来，省政府在党中央、国务院和中共浙江省委的领导下，全面落实“八八战略”和建设“平安浙江”、文化大省、“法治浙江”四位一体的总体布局，积极实施“创业富民、创新强省”总战略，认真执行省十届人大历次会议作出的各项决议，全省经济社会发展取得了显著成绩。

经济发展跃上新台阶。坚决贯彻中央宏观调控政策，加快转变经济发展方式，努力促进速度与结构、质量、效益相协调。经济保持平稳较快增长，全省生产总值由2002年的8004亿元增加到2007年的18640亿元，年均增长14.1%；人均生产总值由16978元增加到37130元，年均增长12.7%。需求结构不断优化，消费拉动作用增强，投资保持适度增长，“五大百亿”工程如期完成。产业结构调整取得明显进展，粮食生产能力稳步提高，高效生态农业、先进制造业和现代服务业加速发展，高技术产业增加值年均增长22%，第三产业增加值年均增幅高于生产总值0.7个百分点。自主创新能力不断增强，研究与试验发展经费支出占生产总值比例由0.72%提高到1.52%，专利授权量增长3倍。经济效益显著提高，财政总收入由1167亿元增加到3240亿元，其中地方财政收入由567亿元增加到1650亿元，按可比口径年均分别增长14.9%和15.3%；规模以上工业企业实现利润年均增长22.5%。“十五”计划圆满完成，“十一五”规划顺利实施。

人民生活明显改善。坚持把经济发展与改善民生统一起来，努力提高城乡居民收入水平和生活质量。城镇居民人均可支配收入由11716元增加到20574元，农村居民人均纯收入由4940元增加到8265元，年均实际增长9.8%和7.8%。城乡居民储蓄存款余额由5234亿元增加到11161亿元，人均储蓄存款余额翻一番。城镇居民人均住房使用面积由21.1平方米增加到26.7平方米，农村居民人均居住面积由49.5平方米增加到57平方米。建立健全就业、社会保险、社会救助等相衔接的大社保体系，城镇登记失业率连续五年下降，社会保险参保人数持续增加，覆盖城乡居民的医疗保障制度建设加快推进，最低生活保障制度不断完善，在全国率先建立农村五保和城镇三无对象集中供养、被征地农民基本生活保障、困难群众价格上涨补贴、政策性农村住房保险等制度。各级财政社会保障体系建设投入由110亿元增加到301亿元，增长1.7倍。扶贫开发取得新成效，累计下山搬迁12.5万户、43.8万人，80%以上的欠发达乡镇农村居民人均纯收入超过全国平均水平。

改革开放进一步深化。大力推动民营经济新飞跃，民营企业整体素质和竞争力不断提升，主要经济指标继续保持全国领先。国有企业改革深入推进，国有资产监管营运体制逐步健全，国有企业主要经济指标居全国前列。加快要素配置市场化改革，资本、土地、技术、人才等市场加速发展，“信用浙江”建设取得新成效。投资、科技、金融等体制改革不断深化。农村综合改革扎实推进，支农惠农政策力度加大，在全国率先免征农业税。对外贸易、引进外资、境外投资连创新高，进出口总额由420亿美元增加到1768亿美元，其中出口由294亿美元增加到1283亿美元，均实现翻两番；机电产品和高新技术产品出口分别增长4.7倍和7.7倍；累计实际利用外商直接投资391亿美元，年均增长26.8%。全面加强长三角地区合作与交流，积极参与西部大开发、中部崛起和东北等老工业基地振兴，做好援藏援疆和对口帮扶工作，形成“走出去”与“引进来”双向互动的新格局。

城乡面貌发生显著变化。整体推进新型城市化和新农村建设，着力统筹城乡区域发展。城市化率由51.9%提高到57.2%，城市和中心镇集聚带动功能进一步增强。各级财政“三农”投入由179亿元增加到496亿元，增长1.8倍。农村生产生活条件显著改善，等级公路通村率达到96.2%，客运班车通村率达到88.5%，自来水普及率达到89.7%，有线电视通村率达到96%，乡镇连锁超市、行政村放心店实现全覆盖，833万农民饮水安全问题得到解决，累计完成1181个示范村、10303个环境整治村建设任务。加大欠发达地区扶持力度，省财政对欠发达及海岛地区累计转移支付513亿元，比前五年增长1.8倍，欠发达地区发展势头良好。基础设施体系不断完善，新建和改造铁路600公里，新增和拓宽高速公路1566公里，新增沿海港口吞吐能力

2.6 亿吨，新增空港吞吐能力 866 万人次，新增 6000 千瓦以上发电机组容量 2482 万千瓦，新建 500 千伏输变电线路 2288 公里，电力供求矛盾基本解决，发展环境进一步优化。

资源节约和环境保护取得新进展。积极创建生态省，加快建设资源节约型和环境友好型社会。节能节地节水节材工作扎实推进，万元生产总值能耗由 0.91 吨标准煤下降到 0.83 吨标准煤，工业重复用水率由 32%提高到 58%，累计盘活存量土地 34 万亩，新建标准农田 671 万亩。各级财政累计安排生态建设和环境保护资金 482 亿元，比前五年增长 2.2 倍。污染物减排工作取得明显成效，化学需氧量和二氧化硫排放量连续两年实现“双下降”。重点流域、重点区域和重点行业污染整治深入开展，在全国率先建成县以上城市污水和生活垃圾集中处理设施，率先建成环境质量和重点污染源自动监控网络。地表水三类以上水质监测断面比例达到 67.2%，设区城市空气质量二级以上标准天数均超过 85.9%，分别比 2004 年末提高 15.1 和 18.8 个百分点。环境污染加重趋势得到控制，生态建设取得积极成效。

社会事业全面进步。基本普及学前到高中段十五年教育，高等教育进入大众化中期阶段。义务教育完成率达到 97.4%，高中教育毛入学率达到 91%，高等教育毛入学率达到 38%，分别提高 14.1、18.9 和 18 个百分点。在全国率先实现城乡免费义务教育，全面建立扶贫助学体系，累计资助贫困家庭学生 502 万人次，新建和改造农村中小学食堂、宿舍 279 万平方米。公共卫生体系和基本医疗服务不断健全，率先建立面向农村居民的免费健康体检制度和公共卫生项目管理制度，基本建成覆盖城乡的疾病预防控制体系和应急医疗救治体系。人均预期寿命由 75.1 岁提高到 76.5 岁，孕产妇死亡率、婴儿死亡率等卫生事业主要指标均居全国领先水平。人口与计划生育工作继续加强，低生育水平保持稳定。文化体制改革综合试点有序展开，新闻出版、广播影视、文学艺术、哲学社会科学等事业更加繁荣，文化产业快速发展。全民健身运动广泛开展，竞技体育水平有新提高。民族、宗教、外事、侨务、对港澳台事务等工作取得新成绩。妇女、儿童、老龄和残疾人事业继续发展，外来务工人员服务和管理得到加强。各级财政社会事业支出由 383 亿元增加到 1052 亿元，增长 1.8 倍，全省社会发展水平位居全国前列。突发公共事件应急体系逐步建立，社会治安进一步好转，安全生产事故次数、死亡人数和直接经济损失连续四年实现“三下降”。国防动员、国防教育和国防后备力量建设得到加强，军政军民团结进一步巩固。

政府自身建设继续加强。不断加深对科学发展观的认识，强化以人为本理念，建立健全为民办实事长效机制，政府职能转变和管理创新取得积极进展。全面推进依法行政，着力完善行政决策、执行和监督机制。自觉接受人大监督、政协民主监督和社会监督，坚持重大事项向人大报告和向政协通报制度，实行省政府领导领办人大代表重点建议、政协重点提案和听取意见制度。加强政府立法，先后向省人大常委会提交法规议案 37 件，制定和修改政府规章 89 件。加强对城乡区域发展、产业优化布局和资源要素保障等规划引导，制定实施一系列重大规划。改革行政审批制度和行政执法体制，行政许可和审批事项大幅削减，政务公开取得明显进展。优化财政支出结构，公共财政体系框架基本形成。县级政府扩权改革试点扎实推进。加强行政效能建设，机关作风建设年、企业服务年等活动取得新成效。全面落实廉政建设责任制，深入开展纠正行业不正之风和治理商业贿赂专项工作，着力解决损害群众利益的突出问题，惩治和预防腐败体系逐步完善。

刚刚过去的 2007 年，我们以科学发展观为统领，积极实施创业富民、创新强省总战略，坚持抓保障促发展、抓调整促转变、抓统筹促和谐、抓改革促活力，努力推动经济社会又好又快发展。据初步统计，全省生产总值增长 14.5%；全社会固定资产投资增长 11.1%，社会消费品零售总额增长 16.6%，外贸进出口总额增长 27.1%；单位生产总值能耗下降 4%，化学需氧量、二氧化硫排放量分别下降 4.5%和 4.6%；财政总收入按可比口径增长 15.2%，其中地方财政收入增长 16.3%；城镇居民人均可支配收入实际增长 8.4%，农村居民人均纯收入实际增长 8.2%；居民消费价格总水平上涨 4.2%；新增城镇就业 73.5 万人，人口自然增长率为 4.81‰。除居民消费价格总水平指标外，省十届人大五次会议确定的主要预期目标全面实现，为民办实事的十方面任务如期完成。

一年来，我们针对发展中的新情况新问题，着重在以下方面狠下工夫。一是切实推动自主创新和产业升级。加快建设各类创新载体和公共创新平台，组织实施一批重大科技专项和百千万科技创新人才工程。积极构建环杭州湾、温台沿海和金衢丽高速公路沿线产业带，推进先进制造业基地建设，实施“958”行业龙头企业技术赶超计划和技术改造“双千”工程，鼓励和促进服务业加速发展。二是切实加强节能降耗和环境保护。严格目标责任制考核，实施十百千节能行动和循环经济“991”行动，控制新上高耗能、高污染项目，淘汰一批小火电、小钢铁、小水泥等落后产能。探索和推行节地节水节材措施。基本完成“811”环境污染整治任务，开展钱塘江流域主要污染物总量控制试点。三是切实促进城乡区域协调发展。深化省域城镇体系规划修编和县市域总体规划编制。实施强龙兴农工程，加强对粮食和生猪生产的扶持，培育十大农业主导产业，促进农业科技进步和产业化经营。加快千村示范万村整治、千万农民饮用水、乡村康庄公路、万里清水河道、千万农村劳动力培训、千镇连锁超市万村放心店等工程建设，促进基础设施和公共服务向农村延伸覆盖。推进山海协作、欠发达乡镇奔小康和百亿帮扶致富工程建设，加快宁波—舟山港一体化，推动欠发达地区和海洋经济成为新的增长点。四是切实加快社会发展和改善民生。改革义务教育经费保障机制，完成农村中小学“四项工程”建设任务和职业教育“六项行动”阶段性目标，扩大扶贫助学政策覆盖面，加强高校重点学科建设，努力提高高等教育质量。进一步统筹城乡就业，开展农村低保家庭就业帮扶，基本消除城镇零就业家庭。推进社会保险“五费合征”，加强农民工参保工作，加快城镇居民基本医疗保险试点，健全新型社会救助体系。全面落实廉租住房制度，开展农村困难群众危旧房改造。推进农民健康工程，加强新型农村合作医疗制度建设，完善城乡社区卫生服务网络。实施文化建设“八项工程”，开展“种文化”和送文化活动。加强法律援助和人民调解工作。全省新增财力的 70.3%用于改善民生，人民群众从发展中得到了更多实惠。

各位代表！本届政府任期的五年是不寻常的五年。五年来，我们遭遇突如其来的非典等疫情，经受较为频繁的强台风等自然灾害，面对日益加大的资源与环境压力，面临社会转型时期的各种矛盾。在挑战面前，浙江人民迎难而上、奋力拼搏，谱写了富民强省的新篇章，全省经济社会开始迈入科学发展的轨道。实践证明，无论再大的困难，只要紧紧依靠全省人民，坚持科学发展、和谐发展，我们就一定能够排除艰难险阻，开创改革开放和社会主义现代化建设的新局面！

过去五年的成绩，是党中央、国务院和中共浙江省委坚强领导的结果，是全省人民团结奋斗的结果。我代表省人民政府，向在各领域辛勤劳动的全省人民和外来建设者，向给予政府工作支持和监督的人大代表、政协委员，表示崇高的敬意和衷心的感谢！向各民主党派、工商联、各人民团体和社会各界人士，向驻浙人民解放军和武警部队官兵、中央驻浙各单位，向关心和支持浙江发展的香港和澳门特别行政区同胞、台湾同胞、广大侨胞和海内外朋友们，表示衷心的感谢！

在肯定成绩的同时，我们也清醒地看到存在的矛盾和问题。落实科学发展观的体制机制还不完善，经济增长的资源环境代价仍然过大，节能减排形势严峻，要素制约问题还比较突出，自主创新能力和产业竞争力亟待增强；缩小城乡、区域发展差距的任务艰巨，农民持续增收难度加大，部分低收入群众生活比较困难；教育、医疗、就业、社会保障、居民住房、食品药品、公共安全等关系群众切身利益方面的问题仍然较多。政府工作也存在不少薄弱环节和差距，社会管理和公共服务职能仍需加强，依法行政能力有待提高，形式主义、官僚主义和铺张浪费现象仍然不少，消极腐败问题在一些地方和单位还比较严重。我们要高度重视这些问题，并采取更加有效的措施，努力加以解决。

二、今后五年的目标任务

今后五年，是浙江全面建设惠及全省人民小康社会的五年。站在新的起点上展望未来，我们面临前所未有的机遇和挑战。经过改革开放29年的持续发展，我省人均生产总值已接近5000美元，正处于全面提升工业化、信息化、城市化、市场化、国际化水平的关键时期。经济全球化深入发展，科技进步日新月异，国际生产要素加快流动，我国社会主义市场经济体制逐步完善，产业结构和消费结构不断升级，特别是国家大力推进长三角地区率先发展、科学发展，为我省经济社会发展创造了有利条件。同时，世界经济的不确定因素和潜在风险日益增多，发展中一些长期积累的矛盾与各种新情况新问题相互交织，人民群众对提高生活质量的愿望更为迫切。面对新的形势，我们必须增强机遇意识、忧患意识和责任意识，只争朝夕，真抓实干，切实在科学发展道路上迈出更大的步伐，把改革开放和社会主义现代化事业奋力推向前进！

根据党的十七大精神和省第十二次党代会、省委十二届二次全会作出的部署，今后五年政府工作的总体要求是：高举中国特色社会主义伟大旗帜，以邓小平理论和“三个代表”重要思想为指导，深入贯彻落实科学发展观，全面落实“八八战略”和建设“平安浙江”、文化大省、“法治浙江”四位一体的总体布局，深入实施“创业富民、创新强省”总战略，继续解放思想，坚持改革开放，推动科学发展，促进社会和谐，全面建设惠及全省人民的小康社会，为加快构建和谐浙江、率先基本实现社会主义现代化打下坚实基础。

总结我省改革开放以来特别是过去五年的实践经验，要全面建设惠及全省人民的小康社会，必须坚定不移地以科学发展观统领经济社会发展全局。要始终坚持创新驱动，大力弘扬浙江精神，切实转变不适应不符合科学发展观的思想观念，加强理论创新、制度创新、科技创新、文化创新和其他各方面创新，充分激发人民群众创业潜能，以思想大解放促进各项事业大发展，以改革开放突破体制机制障碍，以创业创新为浙江发展注入蓬勃生机和活力。要始终坚持又好又快，牢牢扭住经济建设这个中心，立足稳中求进、好中求快，大力推动经济转型升级，促进速度质量效益相协调，消费投资出口相协调，人口资源环境相协调，改革发展稳定相协调。要始终坚持统筹兼顾，统筹推进新型工业化、新型城市化和新农村建设，统筹推进发达地区、欠发达地区和海岛地区发展，统筹推进经济社会发展、人与自然和谐发展，统筹处理各种利益关系。要始终坚持以人为本，把实现好、维护好、发展好最广大人民根本利益作为政府一切工作的出发点和落脚点，更加注重发展成果的普惠性，切实保障社会公平正义，做到发展为了人民、发展依靠人民、发展成果由人民共享。

按照省第十二次党代会提出的目标要求，今后五年要在以下方面取得重大进展，努力使浙江成为经济更加发展、政治更加文明、文化更加繁荣、社会更加和谐、环境更加优美、生活更加宽裕的省份。

围绕促进经济又好又快发展，在转变经济发展方式、完善社会主义市场经济体制上取得重大进展。进一步探索具有浙江特点的自主创新道路，注重原始创新，突出集成创新和引进消化吸收再创新，集聚创新资源，激活创新要素，转化创新成果，健全以企业为主体、市场为导向、产学研相结合的区域创新体系。进一步探索具有浙江特点的新型工业化道路，大力促进信息化与工业化融合，扎实推进环杭州湾、温台沿海和金衢丽高速公路沿线产业带建设，加快高新技术产业、装备制造业和现代服务业发展，积极发展海洋经济，加强基础设施建设，逐步形成现代产业体系。进一步探索具有浙江特点的农业现代化道路，加快发展高效生态农业，提高农业综合生产能力，确保粮食安全，努力形成区域化布局、标准化生产、产业化经营和社会化服务的现代农业发展模式。进一步探索具有浙江特点的可持续发展道路，加快建设生态文明，全面构建资源节约型和环境友好型社会，积极发展循环经济，初步形成节约能源资源和保护生态环境的产业结构、增长方式和消费模式。进一步探索更加完善的社会主义市场经济体制，巩固和发展公有制经济，推进民营经济新飞跃，坚持平等保护物权，完善现代企业制度、现代产权制度和国有资产监管营运体制，深化要素配置市场化改革，加快建立统一开放竞争有序的现代市场体系。进一步探索形成对内对外开放新格局，推动长三角一体化发展，创新外贸增长方式、利用外资方式、对外投资和合作方式，提高浙江国际化程度，构筑经济全球化条件下参与国际经济合作与竞争新优势。经过五年的努力，全省经济加速转型升级，综合实力、国际竞争力和可持续发展能力明显增强；在优化结构、提高效益、降低消耗、保护环境的基础上，全省生产总值超过30000亿元，人均生产总值超过55000元；研究与试验发展经费支出占生产总值比例达到2%；单位生产总值能耗、主要污染物排放总量在确保"十一五"期末下降20%和削减15%的基础上,继续保持全国先进水平。

围绕构建社会主义和谐社会,在统筹城乡区域发展、全面改善民生上取得重大进展。着眼促进城乡经济社会发展一体化,健全以工促农、以城带乡长效机制,推进新型城市化与新农村建设双轮驱动,全面实施县市域总体规划,积极培育中心镇,切实统筹城乡要素配置、公共服务和社会管理,努力实现城乡共同繁荣。着眼推动区域协调发展,加强分类指导,完善区域发展战略和政策,落实国家关于长三角地区的发展规划,优化"三带三圈一群两区"发展布局,推进形成主体功能区,加快构建杭州、宁波、温州都市经济圈和浙中城市群,推动欠发达地区加速发展,提升区域中心城市和县域经济发展水平。着眼提高城乡居民尤其是低收入群众收入水平,健全农民增收减负长效机制和职工工资正常增长机制,提高初次分配中劳动报酬比重,完善收入再分配政策,创造条件让更多群众拥有经营性收入和财产性收入,促使国民收入分配结构优化。着眼建设人力资源强省,大力实施素质教育,高标准普及义务教育和高中段教育,提高高等教育、职业教育质量和办学水平,构建现代国民教育体系、终身教育体系和学习型社会。着眼社会就业更加充分,实施积极的就业政策,完善市场主导、政府推动、城乡统筹的就业机制,促使城乡劳动力尤其是困难群众更好地就业。着眼率先建立覆盖城乡居民的社会保障体系,重点完善基本养老、基本医疗、最低生活保障和住房保障制度,形成以社会保险、社会救助、社会福利为基础,以慈善事业、商业保险为补充,与经济社会发展相适应的管理体制和运行机制。着眼提高全民健康水平,率先建立基本医疗卫生制度,建设覆盖城乡居民的公共卫生服务、医疗服务、医疗保障和药品供应保障体系,完善重大疾病防控体系,构建全民健身服务体系。加强人口与计划生育工作,统筹解决人口问题。加快发展妇女、儿童、老龄和残疾人事业。着眼构建更加健全的社会管理体系,完善基层社会管理体制和群众权益维护机制,加强社会组织建设和管理,切实保障公共安全和社会稳定。经过五年的努力,城乡居民生活显著改善,全社会基本公共服务均等化程度明显提高;城镇居民人均可支配收入超过27000元,农村居民人均纯收入超过11000元;高等教育毛入学率达到45%以上;新增城镇就业300万人,城镇登记失业率控制在4%以内。

围绕推动社会主义文化大发展大繁荣,在增强文化软实力、丰富人民精神文化生活上取得重大进展。坚持用马克思主义中国化最新成果指导工作,广泛深入地学习和宣传中国特色社会主义理论体系,把社会主义核心价值体系融入国民教育和精神文明建设全过程,有效抵制错误和腐朽思想的影响,增强先进文化的凝聚力。发扬浙江优秀历史文化传统,赋予与时俱进的时代特征,进一步激发全省人民创业创新的活力。深化文化体制改革,大力发展文化事业和文化产业,培育新型文化业态,加快公共文化设施尤其是基层文化设施建设,发展文化产业基地和特色文化产业群,构建传播快捷、覆盖广泛的文化传播体系。繁荣哲学社会科学,积极发展新闻出版、广播影视、文学艺术事业,增强浙江文化的影响力。加强文物和非物质文化遗产保护,重视优秀传统艺术传承和创新。广泛开展群众性文化体育活动,丰富城乡社区、外来务工人员精神文化生活。弘扬科学精神,普及科学知识。建设和谐文化,以增强诚信意识为重点,加强社会公德、职业道德、家庭美德、个人品德建设,注重青少年思想道德教育,大力培育文明风尚。经过五年的努力,初步形成与经济社会发展相协调的文化发展格局,基本建立覆盖全社会的公共文化服务体系,逐步形成资源优化配置、运行健康有序的文化市场体系,城乡居民文明素质进一步提高。

围绕加强社会主义民主法制建设,在构建法治政府和服务型政府上取得重大进展。全面贯彻依法行政实施纲要,自觉接受人民代表大会及其常委会监督,积极支持人民政协履行政治协商、民主监督、参政议政职能,主动听取民主党派、工商联、人民团体的意见和建议,完善社会监督机制。健全科学民主决策制度,加强政府立法工作,改革行政执法体制,完善公开办事制度,做到行政权力授予有据、行使有规、监督有效。深化行政管理体制改革,切实转变政府职能,强化社会管理和公共服务,健全公共财政体系,加强公务员队伍建设,全面增强政府执行力和公信力。开展法制宣传教育,弘扬法治精神。健全社会治安防控体系,依法防范和打击违法犯罪活动。加强民族、宗教工作。积极支持国防和军队建设。进一步发展基层民主,加强基层政权建设,实现政府管理与群众自治有效衔接和良性互动。经过五年的努力,政府依法行政能力和提供基本公共服务能力显著提高,全社会法制观念进一步增强,人民享有更充分的民主权利。

全面建设惠及全省人民的小康社会,政府必须把主要着力点放在改善发展环境和增进民生福祉上。今后五年,要充分运用和优化配置公共资源,研究采取有力举措,部署实施"全面小康六大行动计划":

——实施自主创新能力提升行动计划。完善鼓励技术创新和科技成果产业化的体制机制,实施知识产权战略、标准化战略和品牌战略,培养和引进一批具有国内领先水平的创新人才,突破一批制约经济社会发展的关键技术,推广应用一批改造提升传统产业的高新技术,培育一批拥有自主知识产权的创新型企业,明显提高科技进步对经济增长的贡献率,使全省科技综合实力、区域创新能力位居全国前列,为率先建成创新型省份打下坚实基础。

——实施重大项目建设行动计划。推进千亿基础网络、千亿惠民安康、千亿产业提升工程建设,重点构建比较健全的区域能源支撑、综合交通运输、水资源保障、信息传输和抗灾减灾网络,加快形成结构优化、功能完善的现代基础设施体系;组织实施一批促进民生改善和社会事业发展的重大项目,加快形成覆盖城乡、布局合理的公共服务设施体系;组织实施一批推动经济发展方式转变和产业结构优化升级的重大项目,加快形成技术先进、特色鲜明的产业竞争新优势。

——实施资源节约与环境保护行动计划。建立以政府为主导、企业为主体、全社会共同推进的资源节约与环境保护工作格局,全面实施节能减排综合性工作方案,推进土地节约集约利用和节水节材工作,初步建立科学合理的能源资源利用体系,基本解决突出的环境污染问题,确保完成节能减排任务,使全省能源资源利用效率、环境保护能力和生态环境质量继续居全国领先水平。

——实施基本公共服务均等化行动计划。完善公共财政制度，创新公共服务体制和方式，健全多层次、全覆盖的社会保障体系，促进城乡教育、医疗卫生、文化等事业均衡发展，加快城市公共交通、供水供电、通信网络、污水垃圾处理等设施向农村延伸，努力缩小欠发达地区与发达地区之间的基本公共服务差距，使全省人民学有所教、劳有所得、病有所医、老有所养、住有所居，加快形成惠及全民的基本公共服务体系。

——实施低收入群众增收行动计划。完善面向城乡困难群众的社会救助制度和就业援助制度，深入开展低收入家庭生产经营帮扶、下山异地脱贫和就业引导服务，健全最低工资标准和农村扶贫标准调整机制，完善财政转移支付制度，加大欠发达地区扶持力度，力争基本消除农村居民人均纯收入低于全国平均水平的乡镇，基本消除绝对贫困现象，形成低收入群众收入增长的长效机制。

——实施公民权益依法保障行动计划。全面推进政府工作法治化，加强经济社会管理，健全利益协调、诉求表达、矛盾调处和权利救济机制，确保公民人身权、财产权、劳动权、教育权等各项权利得到依法维护，群众在土地征收、房屋拆迁、社会保障、食品药品、安全生产等领域反映强烈的问题得到有效解决，各类经济社会组织的合法权益得到切实保护，扰乱市场经济秩序、影响社会治安等违法犯罪行为得到严厉打击，全省人民的经济、政治、文化等权益得到充分尊重和保障。

各位代表！今后五年是全面建设小康社会的攻坚阶段。我们要紧紧抓住和用好战略机遇期，锐意进取，扎实工作，加快建设富强民主文明和谐的新浙江，努力在改革开放和社会主义现代化进程中继续走在前列。

三、2008 年的主要工作

2008 年是全面贯彻党的十七大和省第十二次党代会战略部署的第一年，是改革开放 30 周年和北京奥运会举办之年。做好今年工作，保持经济社会发展的良好势头，具有十分重要的意义。综合考虑各种因素，建议今年经济社会发展的主要预期目标为：全省生产总值增长 10%以上，地方财政收入增长 12%；研究与试验发展经费支出占生产总值比例达到 1.6%以上；单位生产总值能耗下降 4%以上，化学需氧量、二氧化硫排放量均下降 3%左右；城镇居民人均可支配收入实际增长 7%，农村居民人均纯收入实际增长 7%；居民消费价格总水平涨幅控制在 4.2%以内；城镇新增就业 65 万人，城镇登记失业率控制在 4%以内；人口自然增长率控制在 6.2‰以内。

实现上述目标，要进一步贯彻落实科学发展观，坚决执行中央宏观调控政策，认真实施"创业富民、创新强省"总战略，制定和推进"全面小康六大行动计划"，着重做好以下工作：

(一)全面加强自主创新。强化企业技术创新主体地位，抓好国家扶持政策的宣传和落实，鼓励企业加强研究开发和科技成果转化，引导创新要素向企业集聚。加快建设"六个一批"创新载体、公共科技基础条件平台、行业和区域创新平台，深化产学研合作，继续引进大院名校共建创新载体，组织实施一批重大科技专项和重点项目。支持基础研究和社会公益性技术研究。加大知识产权创造、应用和保护力度，强化自主品牌和标准化建设。深化科技管理体制改革，加强科技发展战略研究。加大对创业风险投资的支持，加快发展技术市场和科技中介服务，鼓励中小企业特别是科技型企业自主创新。积极培养和引进各类创新人才，改革人才评价、职称评定和岗位聘用制度，完善技术要素参与股权和收益分配政策，注重培养一线创新人才，努力营造创新人才脱颖而出、施展才华的良好环境。

(二)促进产业结构优化升级。着力提高环杭州湾产业带发展水平，大力推进温台沿海和金衢丽高速公路沿线产业带建设，推动基础设施完善和产业集聚提升。加快建设先进制造业基地，继续实施"958"行业龙头企业技术赶超计划和技术改造"双千"工程，积极发展装备制造业，提升高新技术产业规模和层次，推动块状经济向现代产业集群转变。进一步发展建筑业。加快企业信息化建设。把发展服务业放在更加突出的位置，健全工作机制，制定政策措施，大力发展金融、物流、软件、创意、会展、咨询等生产性服务业，积极发展空港经济。进一步改善消费环境，扩大旅游、通信、文化、健身、休闲等消费，形成服务业新的增长点。加强都市经济圈和城市群规划建设，提高中心城市综合服务功能。制定实施港航强省建设规划，加快完善港口布局，推进宁波—舟山港一体化，研究组建全省港口联盟，健全集疏运体系。合理开发和利用海洋资源，加强标准渔港建设，积极发展临港型产业、现代渔业和海洋新兴产业。

(三)加快社会主义新农村建设。把发展现代农业、繁荣农村经济放在首位，促进农业增产增效、农民增收致富。落实粮食行政首长分级负责制，在稳定播种面积基础上主攻粮食单产，加大对粮食生产扶持力度，抓好"菜篮子"产品生产，保障主要农产品基本供给。加快培育专业大户、农业龙头企业等现代农业生产经营主体，扶持农业主导产业发展，完善农业产业化经营机制。加强以标准农田为重点的农业基础设施建设。大力推进科教兴农，实行责任农技推广制度，加强动植物疫病防控，促使绿色安全等农业技术进村入户。实施千村示范万村整治等工程，重点解决农村安全饮水、道路交通、治污保洁等问题，加强电网、通信、广播电视和商贸流通等设施建设，改善农村基本生活条件。加强农村职业教育，开展农民"双证制"教育培训和预备劳动力技能培训。坚持农村基本经营制度，完善土地承包经营权流转市场，推进农业适度规模经营。深化农村综合改革，推进征地制度、集体林权制度改革和创新，探索集体经济有效实现形式，积极扩大政策性农业保险。健全村民自治机制。巩固和完善支农惠农政策，各级财政支农资金投入的增量要明显高于上年，政府固定资产投资和土地出让收入用于农村的增量也要明显高于上年，让农民群众得到更多实惠。

(四)加强资源节约和环境保护。强化节能减排工作责任制，完善和落实节能减排统计、监测和考核体系。严格执行能效标准和环保标准，加快淘汰电力、钢铁、建材、造纸等行业的落后产能。深入开展十百千节能行动，突出抓好重点行业、重点企业节能减排，推进建筑节能、交通节能和公共机构节能。制定实施循环经济试点省建设方案，推广应用节能环保新技术和先进管理模式。启动"811"环境保护新三年行动，狠抓流域水污染等重点环境问题整治。加快太湖流域城镇及钱塘江流域临江城镇等污水处理设施建设，抓紧生活污水处理厂配套管网建设。加强农业农村面源污染防治，抓好大气、土壤、近海和辐射环境污染综合整治。完成全省污染源普查任务。推进水土流失治理、湿地保护和重点生态公益林、沿海防护林建设，组织实施生态修复工程。探索合同能源管理、排污权交易等市场化新机制。实行最严格的土地管理制度，切实保护耕地，加快新一轮土地利用总体规划编制，科学有序推进滩涂围垦和低丘缓坡开发，完善工业用地招拍挂出让制度，鼓励建设多层标准厂房和“零增地技改”，提高土地利用效率。开展资源节约与环境保护全民行动，使节约环保成为每个企业、单位和家庭的自觉行为。

（五）支持欠发达地区加快发展。按照主体功能区要求和基本公共服务均等化原则，完善欠发达地区发展的扶持政策和机制，加大财政转移支付力度，优先支持欠发达地区基础设施、社会发展等项目建设，支持欠发达地区发展特色产业和生态经济。继续实施山海协作工程，重点在产业发展、社会事业、人力资源开发等领域开展合作与帮扶，健全教师、医生等专业人才交流任职制度，促进欠发达地区人口内聚外迁、合理流动。扩大江河源头地区生态保护财政专项补助试点，逐步完善生态环境补偿机制。加大革命老区、少数民族地区、偏远海岛和贫困山区扶贫开发力度。以欠发达地区为重点推进低收入农户奔小康工程，全面建立低收入农户档案，抓好低收入农户集中村结对帮扶，推进地质灾害隐患点、高山远山村等农户下山搬迁，采取扶贫小额信贷、劳动力转移培训、社会救助等措施，进一步使扶贫工作取得实效。

（六）抓好重大项目建设。保持投资适度增长，着力优化投资结构。深入实施“十一五”重大建设项目规划，突出抓好一批对经济社会发展具有较大影响和带动作用的基础设施、社会事业和产业项目。加快高标准铁路客运专线、城际轨道交通、航空枢纽港等规划和建设，完善高速公路网络，提高干线公路通畅水平和农村公路通达深度。加快电网建设与改造，推进重点电源和天然气项目建设，健全石油、煤炭等能源储运体系，开发利用清洁能源和可再生能源。实施水资源保障百亿工程，加快浙东、浙北等引水项目进程，推进城乡一体化供水。完善通信网络、“数字城市”等信息基础设施。加强防汛防台、城市防洪排涝等设施建设和管理。做好项目前期工作，加强在建项目协调服务，推动重大项目顺利实施。

（七）深化经济体制改革和对内对外开放。统筹推进重要领域改革攻坚，抓好一批综合配套改革试点。继续优化民营经济发展环境，引导民营企业推进制度、技术和管理创新，进一步打造“浙商”品牌。深化国有企业改革，推动资产重组和股权结构优化，完善法人治理结构，健全激励、约束与监督机制。积极发展和利用资本市场，支持企业境内外上市，加强对“三农”和中小企业金融服务。推进企业和个人信用体系建设，促进行业协会和市场中介组织健康发展。健全对外开放服务平台，提升开发区、保税区和出口加工区发展水平，推进保税港区、“区港联动”等规划和建设，发挥国际贸易会展功能，完善大通关体系。切实转变外贸增长方式，积极培育国家级出口基地，扩大具有自主知识产权的产品出口。大力发展服务贸易，推进服务外包产业基地建设。促进加工贸易转型升级。鼓励进口先进技术装备和大宗资源产品。健全对外贸易、产业损害等监测预警和应对机制。深化选商引资、“以民引外”，大力引进先进技术、管理经验和高素质人才。鼓励民营企业在研发设计、生产销售、资源利用等方面开展国际化经营，积极创建境外经贸合作区。加强外事、侨务工作。围绕基础设施、科技创新、市场准入、环境保护等重点领域，深化与沪苏合作。做好参与上海世博会相关工作。促进与中西部地区和东北地区的互动发展，做好对口帮扶工作。继续深化与港澳台的合作和交流。

（八）大力发展社会事业。坚持优先发展教育，加大义务教育保障力度，进一步加强农村基础教育，制定落实化解义务教育债务的措施。研究制定农村教师队伍的激励政策，着力提高教师素质。健全扶贫助学体系，落实和完善农民工子女接受义务教育的各项政策。大力发展职业教育，优化专业设置和课程结构，加强实训基地建设。加快高等教育改革和发展，加强重点学科建设。研究制定促进学前教育发展的政策措施。鼓励和规范社会力量兴办教育。深化医药卫生体制改革，创新公立医疗机构运行机制。深入实施农民健康工程，完善农村和城市社区卫生服务网络，加强基层卫生技术人员培训。抓好重大传染病预防控制工作。扶持中医药事业发展。积极构建公共文化服务体系，推进文化建设“八项工程”和新农村文化建设“十项工程”。开展“全民健身与奥运同行”主题活动，努力提高竞技体育水平，做好参加北京奥运会、残奥会的各项工作。继续稳定低生育水平，实行免费婚检和免费孕前优生检测，提高出生人口素质，综合治理出生人口性别比和流动人口生育率偏高问题。

（九）加强就业和社会保障。贯彻实施就业促进法和劳动合同法，推进城乡统筹就业，建立城镇零就业家庭动态帮扶长效机制，全面加强农村低保家庭就业援助，开展对大中专毕业生、复退军人的就业服务。研究制定鼓励自主创业的政策措施。加强和改进劳动合同管理，规范企业工资支付。以“五费合征”为抓手，扩大社会保险覆盖面。完善职工基本养老保险制度，夯实缴费基数，规范调整参保政策，逐步做实个人账户。在有条件的地方稳步开展农村养老保险制度试点。全面推进城镇居民基本医疗保险，继续提高新型农村合作医疗保障水平，确保所有市县建立覆盖城乡居民的医疗保障制度。妥善解决城镇部分破产、关闭企业未参保职工的养老、医疗保障问题。完善最低生活保障制度，健全分层分类救助办法。巩固和完善农村五保和城镇三无对象集中供养、被征地农民基本生活保障等制度，研究制定独生子女伤残和死亡家庭扶助政策。健全城镇住房保障体系，合理调整住房供应结构，加大廉租住房保障力度，改进和规范经济适用住房政策，多渠道改善农民工居住条件。实施农村住房解困工程，完善政策性农村住房保险制度。推进新型社会福利体系建设，加强老龄工作，实施残疾人共享小康工程，积极支持慈善事业发展。做好维护妇女、未成年人合法权益的各项工作。抓好救灾工作，妥善安排受灾群众的生产生活。

（十）切实维护社会稳定。加强市场价格调控监管，严格控制政府定价和政府指导价的调整，对群众基本生活必需品适时进行价格干预，健全价格监测、预警和应急机制，努力保持重要消费品和服务价格基本稳定。完善和落实低收入群众价格补贴办法，确保其基本生活水平不因物价上涨而下降。实施强塘固房工程，重点抓好海塘、江塘、山塘和水库除险加固工作，加强灾害频发地区民房的安全管理。研究制定重点市县地质灾害防治措施。严格安全生产责任制，加强道路交通、消防等重点行业和领域专项整治，全面开展隐患排查治理，切实预防和减少重特大事故的发生。继续整顿和规范市场经济秩序，强化以食品药品为重点的产品质量安全监管，开展农村小作坊、小餐饮等"十小"企业质量安全整治行动。完善突发公共事件应急机制，抓好"多员合一"的农村公共安全协管员队伍建设。创新社会管理体制，推进城乡和谐社区、和谐企业建设。进一步做好信访工作，强化对困难群众的法律援助，完善人民调解机制。总结推广外来人员居住证制度试点经验，提高流动人口服务和管理水平。加强国家安全工作。深入开展平安创建活动，夯实基层基础工作，强化社会治安综合治理，依法打击各类违法犯罪活动，进一步增强人民群众的安全感。

大力支持人民解放军和武警部队建设，加强国防教育、国防动员、民兵预备役和人防工作，加强军事设施保护。深入开展拥军优属和军民共建活动，认真落实优抚政策，切实做好军人退役和转业安置工作，巩固和发展军政军民团结。

新的一年，在全面推进工作的过程中，我们要紧紧围绕人民群众最关心、最直接、最现实的利益问题，把为民办实事摆在更加突出的位置。一是在就业方面，帮助25万名城镇失业人员实现再就业，确保城镇零就业家庭发现一户、帮扶一户、解决一户。二是在基本生活保障方面，新增企业基本养老保险参保人数60万；提高企业退休人员基本养老金、职工最低工资、重点优抚对象抚恤和最低生活保障补助标准；对4万名贫困残疾人实施免费助听助行助明，对贫困持证重度残疾人给予全额低保补助金。三是在医疗保障方面，新增城镇职工基本医疗保险参保人数60万，新增城镇居民基本医疗保险参保人数150万，新增工伤保险参保人数200万；省财政对新型农村合作医疗的补贴标准提高一倍，对城镇居民基本医疗保险的补贴标准提高50%，所有市县新型农村合作医疗人均筹资达到100元以上；提高企业退休人员和参加新型农村合作医疗农民的健康体检标准，对参加城镇居民基本医疗保险的人员实行两年一次的免费健康体检；对农村老党员、老游击队员和老交通员每年补助500元医疗费。四是在住房保障方面，新增廉租住房受益家庭1万户以上，新开工经济适用房300万平方米以上，完成农村困难群众危旧房改造1.6万户。五是在教育方面，全部免除城乡义务教育阶段学生课本费，免除符合入学条件的民工子女义务教育借读费，将中小学生均公用经费最低标准分别提高到450元和300元。六是在扶贫方面，将欠发达地区下山搬迁农户补助标准提高到人均5600元，帮扶5万人异地脱贫；将重点生态公益林补助标准提高到每亩15元，对林业生产经营者全额返还育林基金和更新改造资金。七是在村庄建设方面，完成3000个村庄环境整治任务；力争两年内在全国率先基本解决农村人口饮水安全问题，其中今年解决288万农村人口饮水安全问题，新增城镇集中供水覆盖农村人口130万；改建通村公路3500公里；完成"万里清水河道"建设2000公里。八是在基层文化方面，组织1.5万场戏、12万场电影、100万册图书到农村；基本实现所有行政村通有线电视，对城乡低保家庭全面减免初装费。九是在污染防治方面，基本建成100个重点镇的生活污水处理设施，新增城镇污水日处理能力60万吨，新增城镇生活垃圾日处理能力1500吨。十是在公共安全方面，力争三年内在全国率先完成三类坝水库和重点小型二类坝水库除险加固工作，其中今年完成200座水库除险加固；安全生产事故次数、死亡人数和直接经济损失三项指标继续保持零增长，力争有所下降。

各位代表！实现经济社会发展各项目标任务，政府必须切实加强自身改革和建设，不断提高行政能力和管理水平。一是着力推进政府职能转变。加强社会管理和公共服务，完善经济调节和市场监管，切实将政府职能转到主要为市场主体服务和创造良好发展环境上来，将公共资源更多地向公共服务领域倾斜，进一步健全为民办实事长效机制。二是着力推进政府管理体制改革。理顺政府部门职责关系，完善公共财政体制，健全部门预算、国库集中收付、财政支出绩效评价等制度，强化政府性债务管理。继续减少和规范审批事项，努力提高审批效率。深化投资体制改革，完善投资核准和备案制度，切实规范政府投资行为。分类推进事业单位改革。总结推广县级政府扩权改革试点经验。三是着力推进政府运行机制创新。完善重大事项集体决策、专家咨询、社会公示与听证等制度。规范执法程序，推行相对集中行政处罚权。健全行政监察、审计监督和层级监督，加强行政复议工作，完善政府信息公开制度。建立健全行政问责制度。四是着力推进政府作风建设。牢固树立科学发展观和正确政绩观，牢记"两个务必"，大兴求真务实之风，加强调查研究，力戒形式主义和虚报浮夸。进一步提高工作效率，努力降低行政成本，建设节约型政府。加强廉政建设和反腐败斗争，规范建设工程招投标、财政转移支付、土地资源使用、政府采购、国有资产转让等公共资源管理权力运行，坚决纠正损害群众利益的不正之风，严肃查处违反行政纪律的案件，完善惩治和预防腐败体系。加强对政府公务员的培训、管理和监督，努力建设一支高素质的公务员队伍，建设一个让广大人民群众满意的政府。

各位代表！全面建设惠及全省人民的小康社会，是5000万浙江人民的殷切期盼，是一项意义深远而又十分艰巨的历史性任务。让我们紧密团结在以胡锦涛同志为总书记的党中央周围，高举中国特色社会主义伟大旗帜，坚持以邓小平理论和"三个代表"重要思想为指导，深入贯彻落实科学发展观，在中共浙江省委的领导下，紧紧依靠全省人民，解放思想，勇于开拓，埋头苦干，坚定不移地走创业富民、创新强省之路，为谱写浙江人民美好生活新篇章而努力奋斗！

关于浙江省2007年国民经济和社会发展计划执行情况 2008年国民经济和社会发展计划草案的报告(摘要)

——2008年1月16日在浙江省第十一届人民代表大会第一次会议上

浙江省发展和改革委员会

一、2007年我省国民经济和社会发展计划执行情况

2007年,全省上下在中共浙江省委的正确领导下,认真学习贯彻党的十七大和省第十二次党代会精神,深入贯彻落实科学发展观,全面实施"创业富民、创新强省"总战略,经济发展方式加快转变,以改善民生为重点的社会建设进一步加强,全省经济社会发展继续保持良好态势,省十届人大五次会议确定的主要目标,除居民消费价格指数外,其他目标均顺利完成。

(一)综合实力继续提高,发展的协调性有所增强

经济保持平稳较快增长。预计全省生产总值18640亿元,增长14.5%,增幅比上年继续提高;一、二、三次产业分别增长2.8%、15.4%和15.1%。

三大需求增长趋向协调。社会消费品零售总额实际增长12.4%,全社会固定资产投资增长11.1%,外贸出口增长27.2%。

三大收入稳步提高。地方一般预算收入1650亿元,按可比口径计算增长16.3%;预计全年规模以上工业企业利润增长29%;城镇居民人均可支配收入和农村居民人均纯收入实际分别增长8.4%和8.2%。

(二)结构调整力度加大,经济发展方式转变迈出新步伐

产业结构不断优化。粮食产量保持基本稳定,主要经济作物产量继续增加。工业结构进一步调整,装备制造业持续快速增长,高技术产业发展加快。服务业加快发展。

自主创新能力提高。科技投入不断增加,预计全年研究与试验发展经费支出占生产总值比例达到1.52%。专利授权量和发明专利授权量分别为42069件和2213件,分别增长36%和55.4%。

土地、资金、人才等要素供给结构有所优化。建设用地供给结构进一步改善,市场化配置比例显著提升,工业用地招拍挂制度得到有效落实。信贷结构更趋合理,工业、农业和欠发达地区贷款增幅均高于贷款平均增幅。创业创新人才培养和引进工作得到加强。

资源节约和污染减排取得积极成效。循环经济发展步伐加快,全社会能源、水等资源利用效率稳步提高,预计全年单位生产总值能耗下降4%。环境污染整治力度加大,主要污染物排放保持双下降,全省新增污水日处理能力67万吨,关停小火电机组257万千瓦,预计全年化学需氧量和二氧化硫排放量分别下降4.5%和4.6%。

(三)统筹发展扎实推进,和谐社会建设得到加强

新农村建设深入推进。农村生产生活环境继续改善。通村公路新改建和河道整治分别完成8215公里和2420公里,解决和改善305万农民饮用水条件,累计建成示范村1181个,环境整治村10303个,超额完成千村示范万村整治工程建设目标。

区域发展更趋协调。欠发达地区和海岛地区发展势头良好,衢州、丽水、舟山市工业总产值增幅高于全省平均水平。下山脱贫工作力度加大,完成下山搬迁2.45万户、9.03万人。"山海协作"工程加快推进,新签协作项目776个,到位资金141.5亿元。

社会事业发展加快。全省财政支出中,教育、科技、医疗卫生、社会保障和就业等支出分别增长23.5%、30.2%、27.4%、22.3%。落实提高义务教育公用经费标准政策。城乡社区医疗卫生服务体系建设进一步加强。

民生状况继续改善。全省新增财力的70.3%用于改善民生。适时增加对低收入群众的补助,全省有70万名困难群众及时领到了物价补贴。就业形势稳定,全省新增城镇就业人员73.5万人,城镇登记失业率3.27%。社会保障工作进一步加强,企业职工养老、基本医疗、工伤保险人数分别净增112万人、124.4万人和399万人。廉租房制度建设力度加大,农村困难群众危旧房改造完成11032户。安全生产事故次数、死亡人数和直接经济损失保持"三下降"态势。

(四)"五大百亿"工程圆满完成,重点项目建设成效显著

"五大百亿"工程投资计划超额完成。2003—2007年,"五大百亿"工程累计完成投资3965亿元,比五年计划总投资多完成472亿元。"五大百亿"工程的60个单项或打捆项目均建成投产或完成五年建设目标任务。

重点项目建设进展顺利。全省重点建设项目完成投资957亿元。交通邮电项目完成投资396亿元,建成高速公路通车里程348公里(其中拓宽80公里),万吨级以上深水泊位17个。能源项目完成投资204亿元,新增重大统调发电装机容量614万千瓦。工业项目完成投资157亿元。社会发展项目完成投资61亿元,省疾控中心、浙江美术馆等一批项目建成投入使用。城市基础设施项目完成投资80亿元。

(五)经济体制改革有序推进,对外开放水平不断提高

重点领域改革不断深化。新一轮省属国企改革基本完成。杭州、嘉兴、绍兴等地积极探索污染物排放总量控制和排污权交易制度改革。审批制度改革不断深化,投资体制改革进一步推进。县级政府扩权改革试点取得积极进展。中心镇培育工程全面启动。药品流通体制改革深入推进。农村综合改革全面展开,乡

镇机构改革基本完成。全面实施义务教育经费保障机制改革。农村风险防范体系不断健全，32个政策性农业保险试点大户参保面达72%，政策性能繁母猪保险参保面达53%，政策性农村住房保险参保面达96.1%。嘉兴、慈溪两地居住证制度改革试点工作顺利推进。

对外开放取得新成绩。外贸结构不断优化，一般贸易进口增幅快于一般贸易出口增幅7.3个百分点；机电产品出口占全省出口总额的比重达到43.3%，比上年提高1.3个百分点。外资质量明显提高，新批投资总额1000万美元以上项目合同外资占比达89.5%，一批高技术、环境治理和现代服务业的外资项目加快引进。“走出去”步伐加快。

在充分肯定2007年我省国民经济和社会发展计划执行情况良好的同时，也要清醒地看到我省经济社会发展中还存在不少困难和挑战：一是节能减排工作的压力较大，二是保持物价稳定的压力较大，三是企业经营压力较大，四是改善民生的压力较大。

二、2008年我省国民经济和社会发展计划主要目标

对2008年我省国民经济和社会发展计划的主要目标作如下说明：

(一)关于全省生产总值增长的预期目标

全省生产总值预期增长10%以上。近几年，我省全面落实科学发展观，坚决贯彻中央宏观调控政策，结构调整和经济发展方式转变取得积极进展；实施“创业富民、创新强省”总战略的效应将逐步显现，交通、能源、水利等基础设施支撑条件明显改善，经济运行的总体环境进一步优化；我省企业更加注重技术、管理创新和品牌经营，自主创新能力有所增强，市场竞争能力继续提高，这些都有利于我省经济继续保持平稳较快发展，实现全省生产总值增长10%以上的目标是有基础的。

根据全省生产总值增长10%以上的预期目标，三次产业增长的预期目标分别为：第一产业增加值增长3%，第二产业增加值增长11%，第三产业增加值增长12%。

为了保持全省经济平稳较快增长，将继续坚决贯彻中央宏观调控政策，深入实施“创业富民、创新强省”总战略，促进经济发展方式加快转变，推进“全面小康六大行动计划”。积极发展高效生态的现代农业，在稳定粮食生产、提高粮食综合生产能力的同时，加大对农业主导产业的扶持力度，培育建设一批规模化特色优势农产品生产基地。继续深入实施三大产业带规划，大力发展先进制造业，实施一批高技术产业化重大专项，进一步推进技术改造“双千工程”和“958”行业龙头企业技术赶超计划，加快培育现代产业集群。推动建筑业进一步发展。促进现代服务业加快发展。加快发展海洋经济，制定实施港航强省建设规划，深入推进宁波—舟山港一体化，积极发展临港产业和海洋新兴产业。

(二)关于地方财政收入预期目标

地方财政收入预期增长12%。近年来我省经济的较快发展为财政收入的平稳增长奠定了基础，改革资源税和耕地占用税制度、加强税收征管等也将促进财政增收。但新企业所得税法、支持节能减排和促进就业等税收政策实施将不同程度地减少财政收入。

为保持地方财政收入的稳定增长，将积极应对各项财税改革，密切关注新企业所得税法实施、增值税转型对财税收入的影响。采取有效措施努力优化财政收入结构，促进地方可用财力的稳定增长。完善税收收入征管机制，及时掌握新的税源增长点，继续规范税收征管秩序，提高税收征管效率。重视政府非税收入的征收管理，拓宽政府非税收入的征管范围，切实增强地方政府财政实力。

(三)关于研究与试验发展经费支出占生产总值比例预期目标

研究与试验发展经费支出占生产总值比例预期达1.6%以上。2006年、2007年研究与试验发展经费支出占生产总值比例共提高了0.3个百分点，今年全省在“两创”总战略的推动下，创新环境将不断改善，自主创新投入的力度将继续加大。

为此，将进一步完善区域创新体系，加大政府的扶持力度，强化企业的主体地位，畅通技术、资本、人才等创业创新要素的对接渠道。综合运用财税、金融等政策手段，加快建设“六个一批”创新载体、公共科技基础平台、行业和区域创新平台，启动建设科研院所创新基地，实施一批重大科技专项和重点科技项目。加大对创业风险投资的支持，大力发展技术市场，加强高端人才的培养和引进，支持企业加快推进知识产权战略、品牌战略和标准化战略，全面增强自主创新能力。

(四)关于三大需求增长的预期目标

全社会固定资产投资预期增长10%。今年国家将继续加强和改善宏观调控，实施稳健的财政政策和从紧的货币政策，严格控制固定资产投资规模；我省电力、水利等基础设施投资的高峰期已过，房地产投资面临新的调整；企业受投资预期的影响，对实体经济的投资比较谨慎。综合以上因素，今年我省投资大幅增长的可能性不大，仍将保持适度平稳增长。但我们也要看到，我省投资增长仍有一定空间，而且要保持全省经济平稳较快增长，全社会固定资产投资增速必须保持与全省生产总值增速大致相当的水平。

为此，将进一步精心组织实施“十一五”重大建设项目规划和新一届政府“三个千亿”(“千亿基础网络”、“千亿惠民安康”、“千亿产业提升”)工程建设，着力抓好优化发展环境、调整经济布局、增强发展协调性的基础设施网络建设项目，加大新农村建设、欠发达地区、海岛地区和社会发展以及生态环境等惠民方面的投资力度，大力推进高新技术产业、传统行业改造、临港产业、装备制造业和现代服务业等一批产业提升项目的实施。切实做好项目前期论证、规划协调和要素保障，建立健全重大项目前期推进和实施联动机制，在优化结构的基础上促进投资适度稳定增长，为经济社会持续平稳协调发展提供有效支撑。

社会消费品零售总额预期实际增长12%以上。近几年，城乡居民收入持续较快增长，社会保障和就业工作力度加大，困难群众保障水平提高，农村劳动力转移加快，消费环境不断改善，城乡居民的消费倾向有所增强，消费需求将保持平稳较快增长。但农民增收难、城镇中低收入家庭收入水平不高、收入差距过大等问题，也将制约消费快速增长。

为促进消费持续较快增长，将千方百计增加城乡居民收入特别是低收入群众的收入，进一步完善大社保体系建设，改善居民支出预期，不断提高城乡居民的消费能力。在提高传统消费领域服务质量，促使其持续旺盛的同时，加快发展社区综合服务，扩大文化、教育、旅游、体育、健康护理等消费领域。积极推进连锁、配送和电子商务发展，大力推进城市商业网点向农村延伸，完善农村销售服务网络。强化食品药品安全监管，依法打击假冒伪劣、商业欺诈等行为，规范市场秩序。

外贸出口预期增长15%以上。2008年外贸出口受世界经济增长放缓、人民币升值、成本上升、贸易壁垒增多以及出口退税政策调整等因素影响，增速将会有所回落。但我省出口企业应对能力较强，竞争优势仍然比较明显，出口仍将保持较快增长。

为保持外贸又好又快发展，将着力转变外贸增长方式，优化出口商品结构，鼓励高新技术产品、高附加值产品、农产品出口，大力促进具有自主知识产权和品牌的产品出口。进一步推动加工贸易转型升级。积极发展服务贸易。做好国际贸易摩擦预警和应对服务工作。鼓励增加能源、原材料以及先进技术、关键设备的进口。完善"大通关"体系，健全对外开放的服务平台。支持有条件的企业"走出去"对外投资合作。

（五）关于价格总水平的预期目标

居民消费价格涨幅控制在4.2%以内。国家采取促进生猪生产等措施、部分生产资料与消费品产能过剩等因素将抑制价格上涨。但国际有色金属和原油价格持续上涨，劳动力成本不断上升，政府调价项目面临较大上调压力，通胀预期较强等，都将推动今年价格总水平继续上涨。

为实现价格总水平调控的预期目标，将进一步健全市场价格监测预警制度和应急机制，增强价格调控手段。加强农资价格监管，规范农村基层组织的价格和收费行为，严肃查处各种涉农价格违法行为，加快建立健全农民增收减负的长效机制。进一步完善反映资源稀缺程度和环境补偿要求的价格形成机制和配套措施，妥善把握政府调价项目出台的时机和力度。着力解决群众关心的价格热点难点问题，继续推进医药价格改革，完善教育收费政策，加强房地产价格监管。切实整顿市场价格秩序，规范市场价格行为，加大查处各种价格违法行为的力度。及时根据市场价格变动情况落实低收入群众的价格补贴。

（六）关于城乡居民收入增长的预期目标

城镇居民人均可支配收入和农村居民人均纯收入预期均实际增长7%。随着经济较快增长、企业效益继续改善、促进农民增收政策措施的实施、企业职工最低工资标准的提高，城乡居民的收入将持续增加。但要较大幅度提高城乡居民收入特别是农村居民的收入水平仍面临较多困难和制约因素。

为实现城乡居民收入的稳定增长，将逐步提高扶贫标准和最低工资标准，建立企业职工工资正常增长机制，采取综合措施提高低收入群众的收入水平，努力扩大中等收入群体的比例。完善促进农业增效和农民增收的税收、价格、补贴等政策，大力发展农村职业教育，注重培养各类实用型专业人才，提高农村劳动力转移就业能力和创业能力，实施"低收入农户奔小康"工程，切实增加农民收入。

（七）关于人口、就业和社会保障目标

人口自然增长率控制在6.2‰以内。由于计划生育二胎生育间隔期政策的调整，预计今年全省出生人数将有所增加，人口自然增长率也将有所提高。为此，将继续稳定低生育水平，提高出生人口素质；加强对流动人口的服务和管理；积极应对人口老龄化问题。

城镇登记失业率控制在4%以内，新增城镇就业人数65万人。今年被征地农民、城镇新增劳动力、大中专毕业生的就业压力仍然较大，但政府将进一步加大就业再就业工作力度，全面推进城乡统筹就业，鼓励自主创业，大力做好零就业家庭、农村低保家庭人员的就业工作，充分发挥中小企业、民营经济以及服务业在增加就业中的作用，促进就业人数稳定增加。

新增企业职工基本养老保险参保人数60万人，新增城镇职工基本医疗保险参保人数60万人，新增城镇居民基本医疗保险参保人数150万人，新增失业保险参保人数50万人，新增工伤保险参保人数200万人。社会保障体系建设方面，继续推行"五费合征"，扩大养老保险覆盖面，健全参保缴费的激励约束机制，稳步开展农村养老保险制度试点，建立健全多层次的养老保险体系。继续完善城镇职工基本医疗保险制度，加快建立面向城镇全体居民的医疗保障制度。全面推进以农民工为重点的工伤保险参保工作。稳步提高新型农村合作医疗的筹资额度，积极推行大病住院统筹为主、兼顾门诊统筹的保障模式，不断扩大受益面。探索构建新型社会福利体系，健全社会救助体系，加强被征地农民基本生活保障工作，认真落实城乡最低生活保障、农村五保和城镇三无人员集中供养以及教育、医疗、住房等救助制度和政策，逐步提高救助和保障水平。

（八）关于节能降耗和主要污染物减排的目标

单位生产总值能耗下降4%以上，化学需氧量排放量下降3%左右，二氧化硫排放量下降3%左右。我省经济发展仍处于转型升级阶段，节能减排措施见效需要一个过程，完成上述约束性指标的难度较大，必须进一步加大工作力度。

围绕完成节能减排目标，将继续深入开展"节能降耗年"活动，积极实施"十百千节能行动"。继续实施循环经济"991"和工业循环经济"4121"示范工程。严格执行市场准入标准、强制性能效标准和环保标准，实行项目区域限批，坚决控制新的高耗能项目，全面禁止新的高污染项目，加快淘汰落后生产能力。组织实施重大节能减排技术专项，引导和鼓励用能排污单位加快技术改造步伐。加快燃煤电厂二氧化硫污染治理进度，确保达标排放。全面开展"811"环境保护新三年行动，加大江河水系源头生态建设力度，大力推进八大水系的污染控制和整治工作，不断完善流域排污总量控制实施机制，着力推进重点城镇、钱塘江流域临江城镇和太湖流域城镇污水处理厂建设工作。进一步落实《全省工业项目新增污染控制的若干意见》，加快削减污染物排放总量。全面推进农业农村污染防治和农村节能减排工作。做好节能、节水、节材和资源综合利用工作。建立和完善节能降耗、污染减排等约束性指标公报和评价考核制度。

（九）安全生产目标

亿元生产总值生产安全事故死亡人数控制在0.39人。2007年亿元生产总值生产安全事故死亡人数为0.41人，比上年下降5%，今年全省将进一步加大安全生产监管力度，力争将亿元生产总值生产安全事故死亡人数控制在0.39人，下降3%，达到全国先进水平。为此，将进一步加大安全生产监管力度，完善安全生产体系建设，大力推进重大危险源监控和重大事故隐患治理，加强对公共安全的监督检查，推动社会应急服务联动机制的建立。全面推进安全生产标准化建设，抓好重点行业和领域的安全生产专项整治。切实落实安全生产责任制，努力遏制重特大事故发生。

为实现上述主要目标，我们将全面落实全省经济工作会议精神和政府工作报告确定的各项工作任务，围绕“创业富民、创新强省”总战略的实施，紧紧抓住加快转变经济发展方式这一关键，注重规划引导，突出抓好以“三个千亿”工程为主体的重点项目建设，加大重要领域和关键环节改革的力度，加强经济运行监测和综合协调，为我省经济社会又好又快发展提供有力保障。

第一、充分发挥规划的引导作用。大力推进“十一五”规划纲要及各专项规划实施，进一步落实环杭州湾、温台沿海、金衢丽高速公路沿线三大产业带规划年度实施计划。开展“十一五”规划纲要中期评估。加快推进主体功能区规划编制工作，引导形成主体功能定位清晰，人口、经济、资源环境相互协调，公共服务和城乡人民生活水平差距不断缩小的区域协调发展格局。创新规划综合管理和衔接协调的体制机制，推进规划工作法制化，逐步形成以国民经济和社会发展规划为依据，以主体功能区规划为基础，以城乡规划和土地规划为支撑的规划体系，促进全省经济社会全面协调可持续发展。

第二、大力组织实施“三个千亿”工程。围绕“三个千亿”工程着力推进“四个一批”重点项目建设，争取一批项目建成投入使用，加快一批项目建设进度，争取一批项目开工建设，全力推进一批项目的前期工作。为了加快推进以“三个千亿”工程为主体的重点项目建设，将着力破解重点项目土地、资金等要素制约，进一步完善重点项目推进机制，以落实“四制”（项目法人制、招标投标制、工程建设监理制、合同管理制）和“四控制”（质量控制、进度控制、投资控制、安全控制）为突破口，提高重点项目建设的规范化、科学化、法制化管理水平。

第三、扎实推进重点领域和关键环节的改革。一是深化促进经济发展方式转变的改革。完善创新激励机制，制定技术要素参与收益分配的政策，鼓励企业加大自主创新投入。着力推进土地、水、电、劳动力等要素市场化配置改革。积极开展排污总量控制和排污权交易制度改革。加强市场准入、品牌建设、融资担保等方面的改革，优化民营经济发展环境。二是不断深化社会领域的体制改革。进一步深化教育体制、文化体制、医疗卫生体制和收入分配制度改革。稳妥推进居住证制度改革。三是深化行政管理体制改革。进一步扩大县级政府的管理权限，开展中心镇执法体制改革试点。深化审批制度改革。加强和规范新开工项目管理，完善投资管理体制。加快构建公共财政体制，优化支出结构。四是着力推进农村领域的体制改革。建立促进土地承包权流转的激励机制，探索农民专业合作社的组织形式改革。进一步推进中心镇培育工程。扩大支农资金整合改革试点。按照基本公共服务均等化的要求，加快建立与主体功能区规划相衔接的财政转移支付等制度。探索建立农村康庄工程、水库等基础设施的养护管理体制。积极扩大政策性农业保险试点，进一步完善政策性农村住房保险制度。五是加快建立省级综合配套改革试点区。

第四、加强经济运行的监测预警和综合协调。完善月度、季度经济形势分析和重要情况报告制度，特别是对固定资产投资、房地产业、产能过剩行业、节能减排、物价、就业、收入分配等方面的变化趋势和突出矛盾，将密切跟踪，加强调研，采取有效措施加以解决。制订和落实重要生产资料的储备、应急预案，重点做好局部区域有序用电工作。认真做好土地、资金等要素供给的综合协调。

浙江省第十一届人民代表大会第一次会议计划预算审查委员会关于浙江省2007年国民经济和社会发展计划执行情况、2008年计划草案的审查报告

（2008年1月20日浙江省第十一届人民代表大会第一次会议主席团第四次会议通过）

浙江省第十一届人民代表大会第一次会议审议了省发展和改革委员会受省人民政府委托提出的《关于浙江省2007年国民经济和社会发展计划执行情况、2008年国民经济和社会发展计划草案的报告》。计划预算审查委员会结合各代表团的审议意见，对计划草案和报告进行了审查。现将审查结果报告如下：

一、2007年，省人民政府认真贯彻党的十七大和省第十二次党代会精神，深入贯彻落实科学发展观，坚决执行中央宏观调控政策，为推动经济社会又好又快发展做了大量卓有成效的工作，全省保持了经济增长速度较快，质量效益较好，经济结构得到优化，统筹协调发展水平不断提高，民生进一步改善的良好局面，经济和社会发展计划执行情况总的是好的。省十届人大五次会议批准的经济和社会发展主要预期目标基本完成。同时也要看到，经济和社会发展中还存在一些困难和问题，主要是：全省居民消费价格上涨过快，保持物价稳定压力较大；环境资源约束矛盾突出，节能减排压力较大；自主创新能力还不够强，服务业发展相对滞后；关系群众切身利益的问题还比较多，保障和改善民生任重道远。对于这些困难与问题，需要在今后工作中努力加以解决。

二、计划预算审查委员会认为，2008年国民经济和社会发

展计划草案，指导思想明确，主要预期目标和措施可行，符合我省实际。计划预算审查委员会建议批准省人民政府提出的2008年国民经济和社会发展计划草案，同意《关于浙江省2007年国民经济和社会发展计划执行情况、2008年国民经济和社会发展计划草案的报告》。

三、2008年是新一届政府的开局之年，要坚持以科学发展观统领全局，深入实施“创业富民、创新强省”总战略，按照省委部署认真抓好各项工作的落实。为顺利完成今年计划，计划预算审查委员会建议：

（一）深入贯彻中央宏观调控政策，确保经济运行平稳。认真执行中央稳健的财政政策和从紧的货币政策，进一步优化投资结构，抓好重点项目建设，促进投资适度稳定增长，着力提高投资效益。加快转变外贸发展方式，优化进出口结构，大力发展服务贸易，着力提高引进外资的质量。努力增加群众特别是低收入群众收入，扩大中等收入群体比重，改善消费环境，增强消费对经济的拉动力。尽快建立价格调节基金制度，完善重要物资储备制度，建立健全价格监测预警机制和对低收入群众的动态价格补贴机制，加强市场监管，维护市场价格总水平基本稳定。

（二）进一步加强“三农”工作，扎实推进社会主义新农村建设。切实加强农业基础设施建设，强化农业科技和人才支撑，提升高效生态农业的发展水平，促进农业稳定增长。大力发展农村职业教育，增强农村劳动力的转移就业和创业能力，促进农民收入持续较快增长。以优化村庄布局规划和环境整治为重点，切实改善农村发展环境。加快发展农村社会事业，深化城乡配套改革，不断提高我省农村基本公共服务水平，切实解决农村民生问题，促进城乡经济社会一体化发展。

（三）全面提高自主创新能力，促进产业结构优化升级。以提高自主创新能力为中心环节，推动经济发展方式转变。坚持需求导向，加大创新投入力度，优化创新环境，完善区域创新服务体系，促进科研开发和科技成果产业化。强化企业主体地位，鼓励和支持企业自主创新，大力推动知识产权、标准化和品牌工作，增强企业市场竞争力。发展现代产业体系，推进信息化与工业化融合，提升传统产业发展水平。大力培育和发展高新技术产业和装备制造业，加快发展现代服务业，提高服务业比重和发展水平，促进产业结构优化升级。

（四）切实落实措施，加强资源节约和环境保护工作。做好节能减排年度目标的衔接，确保节能减排约束性指标的完成。认真实施节能降耗、减排的各项标准、制度，坚决淘汰落后生产能力，从源头上控制新增高能耗和高污染项目，加强节能和环保关键技术研究和先进适用技术推广，大力发展循环经济。加大对排污企业的约束力，强化企业社会责任。加大节能、环保执法力度，突出抓好重点行业、重点领域节能减排工作。大力宣传生态文明理念，全面推进生态省建设。

关于浙江省2007年全省和省级预算执行情况及2008年全省和省级预算草案的报告（摘要）

——2008年1月16日在浙江省第十一届人民代表大会第一次会议上

浙江省财政厅

一、关于2007年全省和省级预算执行情况

2007年，我们以科学发展观为指导，认真贯彻省委的各项决策部署，坚持创业富民、创新强省，遵循“集中财力办大事”和“一要吃饭、二要建设、三要有所积累、四要增强宏观调控能力”的理财原则，着力构建“三个三”工作措施长效机制，积极推进经济发展方式转变，努力优化财政收支结构，深化财政管理改革，完善财政运行机制，全省和省级财政预算执行情况良好，财政收入超额完成年初省人代会确定的任务，同时通过不断调整和优化支出结构，有力保障了各项重点支出的需要，促进了全省经济建设、事业发展和社会稳定。

2007年全省地方财政收入汇总预算为1453.45亿元，执行数为1649.50亿元，完成预算的113.5%，按可比口径计算比上年增长16.3%。2007年全省财政支出汇总预算为1646.80亿元，执行数为1806.86亿元，完成预算的109.7%，按可比口径计算比上年增长15.1%。预计2007年全省财政收支平衡，略有结余。

2007年省级地方财政收入预算为161.77亿元，执行数为174.80亿元，完成预算的108.1%，按可比口径计算比上年增长12.7%。2007年省级财政支出预算为202.68亿元，执行数为207.07亿元，完成预算的102.2%，按可比口径计算比上年增长12.2%。预计2007年省级财政收支平衡。

2007年，是全省深入贯彻科学发展观、积极推进社会主义和谐社会建设的重要一年。一年来，我们在省委的领导和省人大常委会的监督指导下，按照省十届人大五次会议关于财政预算报告决议精神，开拓创新，积极进取，较好地完成了各项预算收支任务。

（一）推动经济发展方式转变，提升经济发展质量。充分发挥财政职能作用，坚持政策引导、资金支持、体制激励、优质服务有机结合，支持“做精一产、做强二产、做大三产”，推动经济发展方式转变。完善财政支持服务业发展的政策措施，筹措落实支持服务业发展各项专项资金，召开以加快服务业发展为主题的全省第二次地方财政收入8亿元县（市）会议，促进现代服务业加快发展。加大“三农”投入，整合财政支农资金，完善农业补贴政策，积极推进政策性农业保险试点，加大农业综合开发投入，支持农业基础设施、农业科技创新、高效生态农业和现代农业产

业体系等建设，推进农业和农村经济结构战略性调整。筹措省级粮食风险基金，支持储备粮库和粮食批发市场建设，保障粮食安全。筹措落实资金，并争取中央国债专项资金，支持“五大百亿”工程和重大基础设施项目建设。利用世界银行和外国政府贷款，支持城乡环保和可再生能源规模扩大化项目建设。加大财政科技投入，整合科技资金，重点支持科技基础条件平台及行业和区域创新平台建设；支持先进制造业基地建设，电子、医药等高技术企业的重大产学研技术攻关，以及节能、环保等企业的合作创新和引进消化吸收再创新，促进传统产业的优化升级和高技术产业的提升发展。加大对节能降耗工作的财政支持力度，支持关停小火电和水泥机立窑、小钢厂拆除工作，扶持可再生资源的回收、加工和综合利用，促进循环经济发展。完善外经贸财政扶持政策，加大对高新技术产品和农产品出口、进口贸易和服务贸易的支持力度。安排中小企业发展专项资金，支持中小企业和民营经济发展。安排专项资金支持农村信用社改革发展。

（二）优化财政收入结构，做好做大财政“蛋糕”。在依法治税、规范管理的前提下，按照“均衡入库、持续增长、优化结构、调控有力”的目标，做好组织收入各项工作。加强营业税分行业税源管理，强化个人所得税征管和首次年所得12万元以上自行纳税申报工作。切实加强资源税、印花税等地方小税种征管，积极推进房地产税收“一体化”管理，实施房屋交易最低计税价格管理办法，加强契税、耕地占用税征管。在加强税收征管的同时，深化和完善“地税征收、社保支付、财政监管”社会保险基金管理模式，推行“五费合征”。推广应用新版政府非税收入征管信息系统，加强对国有土地使用权出让收入、新增建设用地土地有偿使用费、海域使用金以及户外广告等资源有偿使用收入的征收管理，努力增加政府非税收入。财政收入的结构进一步优化、质量进一步提升。

（三）优化财政支出结构，切实改善民生。按照“增量优方向、存量调结构、增量调存量”的原则，积极优化财政支出结构，着力解决人民群众最关心、最直接、最现实的就业就医就学、社会保障和环境保护、社会安全和安全生产、基层文化建设等方面问题，推进和谐社会建设。2007年全省和省级财政增量用于民生支出分别占70.3%和82.2%。启动义务教育经费保障机制改革，将全省义务教育全面纳入公共财政保障范围，落实全省城乡义务教育阶段免收杂费政策，逐步提高中小学校公用经费保障水平；继续实施农村中小学教育“四项工程”、“农村中小学现代远程教育工程”和职业教育“六项行动计划”，启动农村中小学“书香校园工程”和“中职困难生营养餐工程”；增加对高等教育的投入，进一步完善贫困学生资助体系，足额安排助学贷款贴息资金和风险补偿金。加大社会保障投入，加大促进就业再就业财政投入，完善促进就业再就业政策，支持农村劳动力素质培训，重点扶持城镇零就业家庭和农村低保家庭劳动力就业。安排新型社会救助体系建设专项资金，确保被征地农民、精简退职职工和低保家庭等困难群体生活费的按时足额发放；支持农村困难群众实施危旧房改造，全面推进政策性农村住房保险工作。提高新型农村合作医疗财政补助标准，支持城镇居民医疗保障制度试点，加大农村卫生院建设发展投入，制定城市社区卫生财政补助政策，支持农村和城市社区公共卫生工作。进一步加大对环境保护和生态建设的投入，逐步完善财政生态补偿办法和森林生态效益补偿机制，进一步推动“生态省”建设。加大公检法司财政投入，建立健全法律援助和司法救助体制，支持农村“多员合一”试点工作，加强农村社区公共安全，支持食品药品监管体系建设，推进“平安浙江”建设。积极筹措资金，开展全省新一轮广播电视“村村通”工程建设，加强公共文化体育设施和农村文化建设，支持“奥运争光”计划和全民健身运动发展，加大物质文化遗产和非物质文化遗产保护力度，促进文化产业发展，加快推进“文化大省”建设。进一步加大对欠发达地区的扶持力度，推进“低收入农户奔小康工程”，促进区域间协调发展和基本公共服务均等化。

（四）深化财政管理改革，完善公共财政制度。出台优化收入结构财力性奖励补助办法，进一步完善省对市县财政体制。深化部门预算改革，省级20个部门的部门预算在省十届人大五次会议进行审查，其中省水利厅部门预算被重点审查并获通过；调整和完善定员定额体系，制定省级监督管理类事业单位定额分配体系，改革事业单位财政供给方式。稳步推进国库集中支付制度改革，纳入部门预算编制的省级预算单位全面实行国库集中支付。全面实施政府收支分类改革。初步建立全省绩效评价指标库，充实信息库，完善中介机构库，落实省级项目绩效自评，积极做好重点项目评价，扎实推进财政支出绩效评价工作。进一步深化政府采购制度改革，规范政府采购行为，发挥政府采购在支持自主创新和节能减排方面的政策功能，完善定点采购和协议供货制度，努力扩大政府采购范围和规模，全年政府采购规模达260亿元以上，资金节约率在10%以上。继续抓好农村综合改革，完善村级组织运转保障机制。开发、完善和推广“金财工程”一体化软件。

（五）完善财政监管机制，强化财政监督管理。加强财政法制建设，认真贯彻《浙江省省级预算审查监督条例》，全面开展财政“五五”普法，积极推进政务公开，落实行政执法责任制，规范财政执法行为，全面推进依法理财工作。完善相关制度，加强财政专项资金管理。加强财政投资项目预算管理，强化项目支出审核与监督，完善基建资金财政直接拨付制度，逐步规范政府投资项目代建制管理，对省重点建设项目和重大财政投资项目实行全过程的跟踪问效机制。认真落实政府性债务管理制度，进一步加强政府性债务管理，积极开展控制和化解乡村债务、义务教育负债工作；化解外国政府贷款历史拖欠债务，调整政府外债投向结构，强化债信管理。大力加强财政支出管理，扎实开展评比达标表彰清理活动，完善差旅费、会议费、接待费三项费用标准，落实定点饭店政府采购工作，积极推进节约型政府建设。积极开展行政事业单位国有资产清查，切实加强行政事业单位资产管理。加强注册会计师行业行政监管和会计诚信建设，开展会计信息和会计师事务所执业质量检查，加快浙江省高级会计领军人才培养，维护财经秩序。

2007年，全省财政运行总体情况较好，但预算执行和财政工作中还存在一些不容忽视的问题，主要是：公共财政体系不够完善，公共财政职能发挥还不够充分；优化财政收支结构难度加大；财税管理的质量还有待进一步提高；防范和化解财政风险的任务较重；等等。我们一定高度重视这些问题，通过严格财税管理、深化财税改革、创新工作机制等措施逐步加以解决。

二、关于2008年全省和省级财政预算草案

2008年，从宏观经济形势来看，全球经济将继续增长，贸易规模继续扩大。国家将完善和落实宏观调控政策，我国经济将继续保持平稳较快发展。通过近年来不断推进科学发展，我省各经济主体适应经济环境变化的能力增强，经济增长的稳定性和协调性明显加强，2008年全省经济仍将继续保持较快增长。从财政收支来看，一方面，经济的较快发展为财政收入的平稳增长奠定基础；改革资源税和耕地占用税制度，加强税收征管，会增加部分收入。同时，新企业所得税法实施、减征储蓄存款利息所得税、提高个人所得税工资薪金所得减除费用标准，实施支持节能减排、促进就业等税收优惠政策，都将不同程度地减少收入；实行从紧的货币政策会对金融、房地产、证券等相关行业和中小企业产生较大影响，一些高耗能、高污染、资源性行业的增长会继续减缓；出口退税对地方财政的压力不断加大。另一方面，深入贯彻落实党的十七大提出的“加快推进以改善民生为重点的社会建设，努力使全体人民学有所教、劳有所得、病有所医、老有所养、住有所居，推动建设和谐社会”的要求，要不断加大对教育、就业、医疗卫生、社会保障、环境保护、文化等公共服务领域的投入，财政支出的刚性不断增强。财政收支矛盾不容忽视。因此，我们要牢固树立忧患意识，提高稳定增加财政收入的本领；牢固树立公仆意识，提高加强财政资金管理的本领；牢固树立节俭意识，增强提高财政资金使用绩效的本领，以科学发展观统领各项工作，更加有效地支持创新创业，充分发挥社会主义市场经济条件下财税“有形的手”的作用，促进全省经济社会又好又快发展。

根据对2008年经济形势的分析和预测，按照中央和省委对经济工作的总体部署，我省2008年财政预算安排的指导思想是：全面贯彻党的十七大和省第十二次党代会、省委十二届二次全会精神，高举中国特色社会主义伟大旗帜，深入贯彻落实科学发展观，紧紧围绕“创业富民、创新强省”总战略，继续遵循“集中财力办大事”和“一要吃饭、二要建设、三要有所积累、四要增强宏观调控能力”的理财原则，丰富和发展“三个三”工作措施并建立长效机制，做好做大财政经济“蛋糕”，强化公共服务职能，深化财政管理改革，完善公共财政体系，推动科学发展，促进社会和谐，为全面建设惠及全省人民的小康社会作出新贡献。

按照这个指导思想，2008年全省及省级财政收支预算（草案）编列如下：

安排2008年全省地方财政收入预算1850亿元，增长12%。按照现行分税制财政体制计算，2008年当年全省地方财政可用资金为2000亿元。安排2008年全省财政支出预算2000亿元，增长10.5%。2008年全省财政收支平衡。

安排2008年省级地方财政收入预算195亿元，增长11%。按照现行分税制财政体制计算，2008年省级财政可用财力为226.80亿元。安排2008年省级财政支出预算226.80亿元，增长9.5%。2008年省级财政收支平衡。

三、关于2008年全省财政工作的主要任务

2008年是认真贯彻党的十七大精神，全面落实省第十二次党代会提出的各项任务，深入实施“创业富民、创新强省”总战略的第一年。做好2008年的全省财政工作，意义重大。为此，我们主要抓好以下几项工作。

（一）以支持自主创新为重点，转变经济发展方式。进一步加大财政科技投入，调整支持的重点和方式，优化科技资源配置，重点支持提升、优化集成公共创新平台和实验室建设，支持关键共性技术的研究和攻关，支持产学研相结合的技术创新体系建设。完善支持自主创新和成果转化的财税政策体系，建立风险补偿机制，引导各类创新主体加大研发投入，提升企业自主创新能力和水平，加快推动“品牌大省”向“品牌强省”转变。选择部分高职院校设立创新激励基金，加快创新型人才培养；推进创新文化培育，吸引更多科技人才来浙江创业创新。进一步加大财政支持力度，加快电子商务、连锁经营等现代流通方式发展，推进传统服务业态和商品交易市场的改造提升；支持地方金融业改革发展；支持服务业试点示范项目和公共服务平台建设，推进现代物流业、物流园区和社区服务业以及城乡公共服务事业的快速发展；支持村级连锁便利店发展，推进农村商贸服务体系建设；积极推进企业主辅分离，发展生产性服务业，努力使服务业成为全省经济增长的新引擎。建立健全财政支农资金稳定增长机制，进一步强化资金整合，巩固完善支农惠农政策，加强农村基础设施、现代农业体系及无公害、有机、绿色农产品基地建设，支持农业科技推广，发展特色优势农产品，转变农业发展方式，提高农业综合生产能力，保障粮食安全，拓宽农民增收渠道，扎实推进社会主义新农村建设。发挥财税政策稳定物价的作用，大力支持粮油肉等农产品生产，保障基本生活必需品供应，抑制物价过快上涨。进一步优化先进制造业财政专项资金支持重点，鼓励企业以高新技术改造传统产业，发展高新技术、电子信息产业等。加大对节能降耗工作的财政支持力度，推进钢铁和电力行业结构调整，促进能源节约和综合利用，促进循环经济发展。支持中小企业融资服务体系建设，切实促进中小企业和民营经济发展。促进港航强省建设，支持海洋经济发展。进一步完善外经贸政策措施，提高外贸出口附加值，鼓励企业开展进口贸易，促进外贸进出口平衡发展。

（二）以增强政府财力为重点，做好组织收入工作。在依法治税理财、规范财税管理的前提下，继续坚持“均衡入库、持续增长、优化结构、调控有力”的组织收入目标。积极应对各项财税改革，密切关注新企业所得税法实施等对财税收入的影响。加强对宏观经济形势发展的研究分析，采取有效措施努力优化财政收入结构，促进地方可用财力的稳定增长。完善税收收入征管机制，及时掌握新的税源增长点，继续规范税收征管秩序，提高税收征管效率。重视政府非税收入征收管理，拓宽政府非税收入征管范围，推广新版政府非税收入征管信息系统，加强对经营权拍卖收入等国有资源类政府非税收入的管理，探索国有资产有偿使用收入征管，切实加强对土地出让金、新增建设用地土地有偿使用费、教育费附加和海域使用金等的征收管理，全面推行社会保险费“五费合征”，增强政府财政实力。

（三）以解决民生问题为重点，促进社会和谐稳定。按照公共财政的要求，积极运用“增量优方向，存量调结构，增量调存量”的方法，不断优化财政支出结构，确保新增财力三分之二以上用于民生，推进社会主义和谐社会建设。

支持教育文化事业发展。加快推进义务教育经费保障机制改革，全面实施城乡义务教育免费教科书制度，提高中小学公用经费保障水平和农村教师待遇；创新投入方式，落实以流入地政府为主、公办学校为主的政策，逐步解决农民工子女就学问题；建立发展学前教育激励机制，提高学前教学水平和质量；继续实施“职业教育六项行动计划”，加快推进职业教育发展；实施“高等教育质量提升工程”，全面提高高等教育办学水平与质量；完善财政资助政策，解决家庭经济困难学生入学问题。加大公共文化设施投入，加快推进农村公共文化基础设施建设，深入实施广播电视“村村通”工程，支持文化“三下乡”活动，扎实推进文化信息资源共享工程，加大文化人才扶持力度，扶持文化产业发展，鼓励培育演出市场，促进全省文化事业繁荣发展。

促进就业富民。进一步贯彻落实各项就业再就业政策，筹措就业再就业资金，完善支持自主创业、自谋职业政策，健全创业服务体系，加强农村劳动力素质培训，支持零就业家庭、大中专毕业生和农村剩余劳动力特别是被征地农民、农村低保对象就业，促进创业富民。加快推进区域统筹发展，支持实施以欠发达地区为重点的“低收入农户奔小康”工程，切实扩大下山脱贫和劳务输出，扶持发展家庭加工业、特色产业和绿色农产品，改善生产生活条件和生态环境，切实提高农民致富能力。

完善社会保障体系。加快社会保障资金多渠道筹措机制建设，加大社会保障投入。进一步完善养老保险制度，以“五费合征”为抓手，扩大企业职工基本养老保险覆盖面。支持城镇居民医疗保障制度建设，合理确定筹资水平和保障标准。健全社会救助体系，进一步规范被征地农民基本生活保障制度，完善被征地农民生活保障基金筹资机制。继续加大财政补助力度，提高新型农村合作医疗保障水平，扩大受益人群。不断完善城乡医疗救助、最低生活保障和集中供养制度。加强城镇廉租住房建设，完善农村住房政策性保险制度，推进农村困难群众住房救助。密切关注价格上涨对民生的影响，及时落实各项财政补贴政策，保障困难群体基本生活。

支持医疗卫生服务体系建设。加大卫生事业财政投入，优化卫生事业支出结构，完善城乡居民基本医疗服务体系，逐步提高群众看病就医的满意度。筹措安排农村公共卫生服务、农民健康体检和城市社区公共卫生服务资金，加大对直接面向目标人群的公共卫生项目投入力度。支持全省疾病预防控制体系和卫生监督体系建设，进一步加大城镇医疗卫生资源配置整合力度，深化公立医疗机构运行机制改革，完善药品集中招标采购制度，规范医疗服务市场秩序。

切实加强生态保护。继续加大对环境保护的投入力度，着力支持重点流域、区域和欠发达地区环境保护和污染减排工作，支持全省乡镇和农村生活污水处理设施建设，支持主要污染物减排监测、考核、统计三大体系建设和全省第一次污染源普查等。

支持“平安浙江”建设。加大公检法司财政投入，进一步完善基层政法机关经费保障政策，改善欠发达地区政法机关执法条件。大力支持法律援助、司法救助、社区矫正和人民调解工作，维护社会稳定。保障食品安全检测经费，提高食品质量安全检测能力。加大对安全生产投入，完善财政救灾应急预案，健全救灾反应机制，加快推进安全生产应急救援体系建设。

(四)以深化财税改革为重点，完善公共财政体系。按照科学发展观要求，发挥财政体制的引导和杠杆作用，进一步处理好省与市县分配关系，不断加大对欠发达地区财政转移支付的力度：完善“两保两挂”、“两保一挂”转移支付政策，以体现发展是第一要务；不断完善优化收入结构财力性奖励办法，推动市县加快优化产业结构的步伐；完善因素法、公式化的一般财力转移支付，促进区域间基本公共服务均等化；健全和完善生态环境保护财力补助办法并不断加大力度，逐步落实主体功能区建设的要求。进一步完善预算管理制度，在所有省级行政定额预算单位试行“收入一个笼子、预算一个盘子、支出一个口子”管理模式，切实加强项目支出预算管理。改革事业单位财政供给制度，省级监督管理类事业单位财政供给由“基数法”改为“零基法”。深化国库集中收付制度改革，力争市级全面实施，并扩大县级改革试点范围。完善绩效评价相关制度，落实省级单位300万元以上专项资金绩效自评工作，做好重点项目评价，强化评价结果的应用，加快推进财政支出绩效评价工作。扎实推进财税库银横向联网改革，稳步推进公务卡应用推广工作。从深度和广度上扩大政府采购规模，做好省级政府投资工程项目纳入政府采购监管的试点工作；发挥政府采购政策功能，确保政府采购节能产品、环境标志产品等政策的实施；完善政府采购制度体系，提高政府采购规范化水平和采购效能。继续深化农村综合改革。进一步完善“金财工程”一体化软件，基本完成全省广域网建设。

(五)以加强财政监督为重点，提升财政管理质量。深入贯彻《浙江省省级预算审查监督条例》，广泛开展“五五”财政法制宣传教育活动，全面落实财政行政执法责任制，建立健全财政政务信息公开制度，扎实推进依法理财工作。严格控制一般性支出，修订完善会议费和公务接待费开支标准和管理制度，控制行政管理支出的过快增长。切实加大对政府投资项目的预算管理，促进政府投资项目财政预算管理的制度化、规范化。积极支持国有企业和地方金融业改革，建立国有资本经营预算，探索国有产权收益收缴管理。加强行政事业单位和地方金融国有资产管理。继续加强地方政府性债务管理，定期化解义务教育债务，指导市县切实采取有效措施化解乡镇政府性债务，合理利用政府外债，利用金融衍生工具，积极防范和化解财政风险。加强财政监督和会计、资产评估监督，完善注册会计师行业行政监督机制，全面提升会计信息质量，规范财经秩序。

浙江省第十一届人民代表大会第一次会议计划预算审查委员会关于浙江省2007年全省和省级预算执行情况及2008年全省和省级预算草案的审查报告

——(2008年1月20日浙江省第十一届人民代表大会第一次会议主席团第四次会议通过)

浙江省第十一届人民代表大会第一次会议审议了省财政厅受省人民政府委托提出的《关于浙江省2007年全省和省级预算执行情况及2008年全省和省级预算草案的报告》。计划预算审查委员会结合各代表团的审议意见，对预算报告和预算草案进行了审查。现将审查结果报告如下：

一、2007年我省各级政府和财税部门积极贯彻中央、省委重大决策部署，认真执行省十届人大五次会议决议，以促进科学发展、改善民生为重点，继续深化公共财政体制改革，强化预算管理，财政收入保持平稳较快增长，财政支出统筹兼顾、确保重点，有力地促进了我省经济建设、事业发展和社会稳定。全年预算执行总体较好，预计全省和省级财政收支平衡。

2007年预算执行中存在的主要问题是：优化财政收支结构难度加大，财政收支矛盾依然突出；有的专项资金尚需整合，使用绩效有待进一步提高；一些地方和单位预算管理还不够规范，铺张浪费现象仍然存在；有些地方政府性债务负担较重，防范和化解财政风险的任务艰巨。对此，各级政府和财税部门要高度重视，采取切实有效措施加以解决。

二、计划预算审查委员会认为，省人民政府提出的2008年预算草案和报告，符合预算法等法律、法规的有关规定，贯彻了党的十七大和省第十二次党代会精神，体现了科学发展观及构建和谐社会的总体要求，预算草案和报告是可行的。计划预算审查委员会建议，批准省人民政府提出的2008年省级预算草案，同意《关于浙江省2007年全省和省级预算执行情况及2008年全省和省级预算草案的报告》。

三、为做好今年的财政工作，加快实施“创业富民、创新强省”总战略，促进我省经济社会又好又快发展，根据代表们的审议意见，计划预算审查委员会建议：

(一)充分发挥财税职能，推进经济结构调整与自主创新。加大农业投入，加强农业基础建设，保障主要农产品基本供给，支持发展高效生态农业。加大对基础科研、前沿技术和社会公益性技术研究的财政支持，强化企业科技创新主体地位，积极运用财税政策引导企业增加自主创新投入，推动先进制造业、高新技术产业和环保节能产业发展。积极实施有利于节能减排的财税激励政策，支持和引导循环经济发展。进一步加大对第三产业尤其是现代服务业的扶持力度，完善落实各项政策措施，做大做强第三产业，加快推进我省经济发展转型升级。

(二)优化收支结构，着力保障和改善民生。坚持依法治税，保障收入持续稳定增长。进一步优化支出结构，新增财力应重点用于保障和改善民生。继续加大对义务教育、公共卫生、社会保障、环境保护、就业和再就业、公共安全及新农村建设等重点领域的投入。加强社会保障体系建设，逐步扩大保障覆盖面，提高补助标准，切实解决困难群体基本生活。加大对保障性住房体系建设的财政支持，着力解决低收入家庭住房困难。进一步完善财政转移支付制度，逐步提高一般性转移支付比重，加大生态环境保护的补助力度，支持欠发达地区加快发展。贯彻勤俭节约方针，推进节约型社会建设。

(三)深化财政改革，加快公共财政体系建设。围绕基本公共服务均等化和主体功能区建设，加快构建有利于落实科学发展观的公共财政体制机制。继续深化以部门预算、国库集中支付和绩效评价为主要内容的公共财政制度改革。规范政府非税收入征收管理，增强地方政府财力。强化国有资产监管，探索建立国有资本经营预算制度。加强财税队伍建设，不断提高依法科学理财的能力和水平。

(四)强化预算监管，提高财政资金使用效益。坚持依法理财，加强财经法制宣传教育。强化预算管理，增强预算刚性。建立健全覆盖财政运行全过程的监督机制，不断增强监督实效。进一步强化政府投资项目管理和资金管理，加大专项资金整合力度，扎实推进财政支出绩效评价和绩效审计工作，切实提高财政资金使用效益。加强对社保资金、土地出让金等资金的监管，确保资金安全与绩效。严格落实政府性债务管理各项规定，防范和化解财政风险。充分发挥审计职能，加强对全部政府性资金的监督，维护财经秩序。

省委省政府重要财经文件

浙江省人民政府
关于下达2007年浙江省国民经济和社会发展计划的通知

(2007年3月19日 浙政发〔2007〕12号)

各市、县(市、区)人民政府,省政府直属各单位:

2007年浙江省国民经济和社会发展计划已经省十届人大五次会议审议批准,现印发给你们,请认真组织实施。有关专业计划由省发改委另行下达。

今年是深入贯彻落实科学发展观、推进和谐社会建设的重要一年。今年的经济社会发展工作,要按照省十届人大五次会议的要求和部署,深入推进“八八战略”实施和“平安浙江”、文化大省、“法治浙江”建设,着力调整经济结构和转变增长方式,着力加强资源节约和环境保护,着力推进改革开放和自主创新,着力促进社会发展和解决民生问题,努力实现速度、质量、效益相协调,消费、投资、出口相协调,人口、资源、环境相协调,推动全省经济社会又好又快发展,以优异的成绩迎接党的十七大和省第十二次党代会的召开。2007年浙江省国民经济和社会发展主要预期目标是:

——生产总值增长10%以上,其中第一产业增加值增长3%,第二产业增加值增长12%,第三产业增加值增长13%;

——全社会固定资产投资增长10%;

——社会消费品零售总额实际增长12%以上;

——外贸出口总额增长15%以上;

——地方财政收入增长12%;

——万元生产总值综合能耗下降4%,化学需氧量排放量下降3.5%,二氧化硫排放量下降3.6%;

——城镇居民人均可支配收入实际增长6%,农村居民人均纯收入实际增长6%;

——居民消费价格总水平涨幅控制在3%以内;

——城镇新增就业60万人,城镇登记失业率控制在4.5%以内;

——人口自然增长率控制在5.04‰以内。

按照上述要求和目标,各地、各部门在今年计划安排和组织实施过程中,要扎扎实实做好以下几个方面的工作:

一、确保经济平稳较快发展

努力促进三大需求的结构优化和平稳较快增长。进一步优化投资结构,努力保持投资稳定增长。围绕优化存量和调整增量来改善投资结构,精心组织实施“十一五”重大建设项目规划,建立健全重大项目前期推进和实施联动机制。科学配置土地、资金等要素资源,加大对经济社会发展薄弱环节的投资力度,引导社会资本更多地投向现代农业、高新技术产业、装备制造业和现代服务业。深入实施“五大百亿”工程和技术改造“双千工程”,重点抓好一批优化发展环境的基础设施项目、一批改善民生的社会发展项目、一批促进结构优化升级的产业发展项目。积极扩大消费需求。采取切实有效措施,不断增加城乡居民特别是低收入群众的收入,完善社会保障,引导消费预期,增强城乡居民消费能力。进一步完善促进消费的政策,大力发展连锁经营、物流配送和电子商务,深入实施“千镇连锁超市、万村放心店”工程,改善消费环境。合理引导住房、汽车等消费,扩大文化、旅游等服务性消费,培育消费热点。积极推动外贸增长方式转变。充分运用出口退税等政策措施,促进企业加快出口商品结构调整,推动加工贸易转型升级。进一步做好应对国际贸易壁垒和摩擦的服务工作。积极鼓励能源、原材料和先进技术、关键设备进口。

大力培育新的经济增长点。完善和落实服务业促进政策,努力提高服务业比重和发展水平。鼓励各类资本进入法律未禁止的服务行业和领域,对不同所有制服务企业在投融资、土地使用等方面实行同等待遇,支持有条件地区实行有利于服务业发展的水、电、气等价格政策。加快培养和引进现代服务业专业人才。积极引进国内外优势服务企业和重大项目。加快发展现代物流、软件、咨询、会展等产业,积极发展创意等文化产业,大力提升旅游、金融、商贸和社区服务业发展水平,努力促进房地产业健康发展。引导服务业合理集聚,支持杭州、宁波、温州等大城市逐步形成以服务经济为主的产业结构。加快发展海洋经济,加强港口岸线资源的统筹规划和集约利用,加大宁波—舟山港等港口建设力度,进一步完善集疏运网络,积极培育和发展港口物流、船舶修造、海洋运输、海洋旅游、海水产品深加工、海洋生物医药等产业,加强标准渔港、海岛供水等基础设施建设,继续做好渔业结构调整和渔民转产转业工作。

二、扎实推进经济结构调整和增长方式转变

全力推动自主创新。全面贯彻全省自主创新大会精神,完善落实促进自主创新的有关政策措施。突出企业主体地位,加大对自主创新的引导和扶持力度,加快建设先进制造业基地。深入实施环杭州湾、温台沿海地区和金衢丽高速公路沿线三大产业带发展规划。抓好各类科技创新平台建设,组织实施重大科技专项和高技术产业化示范项目,积极有效地引进大院名校共建创新载体。扎实推进产学研结合。加强关键技术、共性技术的攻关和推广应用。发展创业风险投资。深入实施知识产权战略,鼓励创新创造,打击侵权行为,培育一批拥有自主知识产权的创新型企业。推动企业参与国际和国家标准化活动,编制一批重点产业技术标准。扎实推进品牌大省建设,加快实施“双千品牌培育创建工程”。组织实施重点行业和龙头企业“958”技术赶超计划。鼓励企业运用信息技术和供应链管理等理念,加强对设计、制造、营销等环节的信息化改造。深入实施人才强省战略,扎实推进“百千万科技创新人才计划”实施,加快人才培养和引进。以提高职工技能素质为重点开展社会主义劳动竞赛。

切实加强环境保护和资源集约节约利用工作。扎实推进生态省建设。把节能降耗、污染减排与产业结构调整紧密结合起来。严格控制高耗能项目,禁止高污染项目,支持能耗低、污染少的产业和企业加快发展。积极实施“十百千节能行动计划”。研究出台节能减排的法规、标准和政策,大力推广一批先进技术和装备,抓紧淘汰一批不符合国家标准的落后设备和装置,依法关闭一批整改无望的高耗能、高污染企业。积极发展新能源和可再生能源。完善钱塘江流域水污染物排放总量控制机制,深入推进省级环保重点监管区污染整治,加大重点行业和企业的污染整治力度,加快环保基础设施建设,确保完成“811”环境污染整治任务。加强鳌江、太湖运河水系的环境保护和综合治理。以“五整治一提高”为重点抓好农村环境污染综合整治。大力发展循环经济,加大技术研发和推广应用,抓好一批重点项目和示范企业,全面推行清洁生产,进一步推动开发区(园区)生态化改造。切实做好土地节约集约利用工作,实行最严格的耕地保护制度,继续盘活存量土地资源,积极推进标准厂房、多层厂房的建设和使用,开展“万家企业挖潜节地行动”,严格执行产业项目用地投资强度规定和建筑容积率控制标准;加强社会事业项目节约用地工作,改进城市建设用地审批和管理,继续抓好土地整理、滩涂围垦和低丘缓坡的开发利用,积极推进土地利用总体规划修编工作。严格执行节能减排和土地集约利用目标责任制度,完善监测评价方法,建立健全激励和约束机制,加大监管和执法力度。

三、着力提高统筹城乡和区域协调发展水平

协调推进新农村建设和新型城市化。坚持城乡统筹发展。切实增加“三农”投入,财政新增的社会事业经费和固定资产投资增量主要用于农村,财政支农资金和用于农村的政府投资、土地出让金3个增量高于上年水平。把发展现代农业作为新农村建设的首要任务。稳定粮食生产,提升蔬菜、茶叶、果品、水产、畜牧等特色优势产业发展水平,加大对无公害和有机农产品生产的扶持力度。积极培育和发展农业龙头企业和种养大户,加强以农民专业合作社为基础、供销合作社为依托、农村信用合作社为支撑的“三位一体”服务体系建设。深入实施种子种苗工程,开展万村万户农业科技示范推广活动,推进农业标准化、信息化和机械化,加强农业设施装备建设。加强农产品质量安全监管和动植物疫病、农业有害生物防治。大力发展农村基础教育和职业教育,有针对性地开展农民职业技能培训,提高农民文化素质和转移就业能力,培育新型农民。加强农村文化建设,丰富农民精神文化生活。加大“千万农民饮用水”工程实施力度,扎实推进“千村示范、万村整治”、“万里清水河道”等工程,加快农村水利、道路、环保等设施和商贸流通体系建设,完善农村公路管理与养护体制,改善农村生产生活环境。巩固和发展农村综合改革成果,多形式推进农村集体经济发展,扩大政策性农业保险试点,推进政策性农村住房保险。继续做好省域城镇体系规划和设区市城市总体规划修编,全面推进县市域总体规划编制实施,开展省域主体功能区规划编制工作。进一步推动杭、甬、温等中心城市和浙中城市群建设和发展,积极实施中心镇培育工程,大力提升县域经济发展水平。切实加强城市规划、建设和管理,完善落实城市公交优先政策,扎实推进城乡一体的供水、燃气、公交、污水和垃圾处理等设施建设,努力推动城乡互促共进、协调发展。

大力提高欠发达地区发展能力。完善和落实支持欠发达地区加快发展的政策措施,加大财政转移支付力度,促进欠发达地区成为新的经济增长点。进一步改善欠发达地区基础设施条件,深入实施“百亿帮扶致富”工程,抓好一批事关欠发达地区发展的交通、电力、水利、环保等项目建设,加强小流域治理和沿海防护林体系建设。支持欠发达地区加快内聚外迁步伐,发展特色优势产业。扎实推进“山海协作”工程,创新协作载体和机制,引导和支持符合资源环境要求的项目向欠发达地区转移。继续做好选派科技特派员等工作,推行城市与欠发达地区农村的学校、医院结对帮扶制度。深入实施“欠发达乡镇奔小康”工程,整合和优化配置各类扶贫资金,提高资金使用效率。切实做好滩坑水电站等水利工程移民安置工作,认真落实大中型水库移民后期扶持政策,积极支持库区和移民安置区经济社会发展。重视瓯江流域综合治理与开发。

四、加强以“五大百亿”工程为主体的重点项目建设

全省计划安排以“五大百亿”工程为主体的重点项目125项,计划投资830亿元,建成投产55项。其中,“五大百亿”工程计划投资625亿元。

加强重点基础设施项目建设。能源项目方面,建成浙能兰溪电厂、桐柏抽水蓄能电站、镇海电厂油改气、萧山电厂天然气发电工程等项目,新增电力装机容量550万千瓦左右;加快北仑电厂三期、国华宁海电厂二期、台州电厂五期等项目建设。加快舟山大陆联网、温东变、玉环电厂二期送出工程等重点电网项目的实施,新增220千伏以上变电容量800万千伏安、输电线路940公里。加快可再生能源发展。交通项目方面,建成申嘉湖高速公路嘉兴和湖州段、杭甬高速公路拓宽工程、杭州湾跨海大桥南北接线、宁波绕城高速公路西线等项目;建成通村公路路基路面7000公里,大力开展已建成通村公路的交通安全配套设施建设。积极推进温福、甬台温铁路、杭州湾跨海大桥、黄衢南高速公路、诸永高速公路、舟山煤炭中转码头、杭甬运河、温州状元岙深水泊位等项目建设,开工建设萧山国际机场二期。水利项目方面,继续加快实施千万农民饮用水工程,城镇集中供水覆盖到农村的受益人口新增100万人,解决165万农村人口的饮水安全问题。加固小(二)型以上水库200座。

加强先进制造业及信息化项目建设。先进制造业项目方面，加快镇海炼化年产100万吨乙烯工程等一批重化工业项目建设。大力发展装备制造业，重点推进重大关键及成套设备等具有特色优势和市场潜力的技术装备的发展。大力组织实施高技术产业化示范项目。推进一批传统产业升级改造和"山海协作"重大工业项目的前期和实施。信息化项目方面，加强信息资源整合，加快基础数据库的建设与共享，推进关键业务系统建设，完善电子政务网络平台。加快社会保障信息工程、地震监测台网、无线电监测工程等项目建设，促进社会事业信息化。积极推进数字社区建设，推动信息安全保障体系建设。

加强科教文卫体项目建设。科技创新项目方面，组织实施可再生能源利用技术等一批重大科技专项重点项目。建设和完善科技文献、大型科学仪器等一批公共科技基础条件平台，启动建设汽摩配、绿色化工等一批行业和区域科技创新平台；培育40家省级高新技术企业和大型企业研发中心、3家以上省级科技企业孵化器、8家以上省级区域科技创新服务中心；培育和引进一批自主创新能力位居全国同行前列的重点科研机构，引进大院名校共建创新载体15家以上。文教卫体项目方面，加快浙江美术馆、温州大剧院等项目建设。基本建成杭州、宁波、温州省级高教园区，加快一批职业教育实训基地建设。加快全省各级疾控中心建设，建成省疾控中心等项目。推进省体育运动训练基地的建设。

加强节能降耗和生态环境保护项目建设。节能降耗和生态保护项目方面，推进工业和生活锅炉及系统、电力行业等十大节能工程，组织实施百项左右的节能技术推广、技术攻关等重大项目，抓好年综合能耗5000吨标煤以上的1311家重点用能企业的节能降耗工作。计划全年封山育(护)林2850万亩，人工造林30万亩，治理水土流失面积800平方公里。累计完成1000个示范村和1万个整治村的建设任务。城市污染物处理项目方面，建成浙江春南污水处理回用工程等项目；加快建设东阳横店污水处理工程等项目；开工建设金华婺城区污水处理一期工程等项目，完成"811"环境污染整治目标确定的27个城镇污水处理厂建设。建成台州椒江沙北生活垃圾填埋场二期工程等项目；开工建设湖州、丽水城市生活垃圾焚烧发电工程等项目。全省新增城市污水日处理能力50万吨，新增城市生活垃圾日处理能力1000吨。

加强帮扶致富项目建设。欠发达地区及海岛基础设施项目方面，建成台金等高速公路。争取建成衢常铁路。加快滩坑水电站建设步伐。加大海洋基础设施建设力度，加快舟山大陆连岛工程金塘大桥、洞头半岛工程建设进程。大力扶持库区和高山地区、地质灾害频发地区困难群众下山异地脱贫小区的基础设施建设，全年完成异地脱贫5万人以上。"山海协作"工程方面，争取签约合作项目300个，项目资金到位30亿元，新增劳务合作人数3万人。加快舟山嵊泗、普陀六横、台州玉环等海水淡化工程和海洋生态保护区建设。

五、深入推进经济体制改革和对内对外开放

进一步深化经济体制改革。全面落实促进非公有制经济发展的各项政策措施，进一步优化民营经济发展环境，深入实施企业家素质提升工程，推动民营企业创新发展、做强做大，提升家庭工业发展水平，促进民营经济实现新的飞跃。深化国有企业和国有资产监管体制改革。继续推进金融、财税等体制改革。深化投资体制改革，严格规范政府投资项目管理，健全企业投资项目核准和备案制度。进一步完善市场体系，扎实推进资源要素市场化配置改革，全面推行工业用地"招拍挂"制度，推动电、水、油、气等资源产品价格改革，进一步完善生态补偿机制。探索开展排污权交易。扎实推进社会信用体系建设，完善企业征信系统，开展个人征信建设。

进一步提高对内对外开放水平。进一步做好招商引资工作，努力提高利用外资的质量和水平。进一步加强与港、澳、台等地区的经贸合作。加强大通关建设。引导支持企业特别是民营企业"走出去"。创新区域合作与交流的体制机制，积极参与长三角区域规划的实施，推进沪苏浙交通互联、能源协作、要素共享和环境共保，推动杭湖宁沿线地区加快发展，继续加强与中西部、东北等地区的合作与交流，切实做好对口支援和帮扶工作。

六、加快社会主义和谐社会建设

进一步加快社会事业发展。切实把教育摆在优先发展的战略地位。大力推进素质教育，积极开展基础教育课程、考试评价制度等改革，促进学生德智体美全面发展。以农村为重点进一步加强基础教育，深入实施农村中小学"四项工程"。全面实施职业教育"六项行动计划"，推行工学结合、校企合作模式，建设一批省级职业教育实训基地，加快培养技能型高素质劳动者。优化高校专业设置，支持重点学科建设，促进高校提高教育质量和创新能力。深入实施文化建设"八项工程"和"四个一批"规划，积极构建和谐文化。全面推进文化体制改革。深化科技体制改革。大力改善城乡医疗卫生服务，努力解决群众"看病难、看病贵"问题。加强乡镇卫生院和城市社区卫生服务机构建设，推广农村社区责任医生制度，推行社区卫生服务机构与医院分级治疗、双向转诊制度。深化公立医疗机构运行机制改革，完善药品集中招标采购制度，规范医疗服务市场秩序。健全公共卫生服务网络体系，加强重大传染病和疫病的防控工作。进一步做好人口和计划生育工作，稳定低生育水平，提高出生人口素质，重视出生人口性别比偏高问题，加强流动人口计划生育管理，继续实施农村部分计划生育家庭奖励扶助政策。

加大就业和社会保障工作力度。落实就业再就业各项扶持政策，完善公共就业服务体系，千方百计增加就业岗位，加大对就业困难人员、大中专毕业生和农村转移劳动力的就业帮扶力度，重点做好零就业家庭和农村低保家庭的就业工作。继续扩大企业职工基本养老保险覆盖面，建立养老金正常调整机制，完善养老保险制度。加快推进城镇职工基本医疗保险，建立和实施城镇居民医疗保障制度，提高新型农村合作医疗保障水平。全面推进工伤保险，积极扩大失业和生育保险。加快推进社会保险费"五费合征"，加强社保基金征缴和管理，确保基金安全。加强被征地农民就业和基本生活保障工作，做到即征即保。建立健全困难群众帮扶长效机制，确保城乡最低生活保障标准落实到位。认真落实农村五保和城镇"三无"人员集中供养以及教育、医疗、住房、司法等救助政策，逐步提高社会救助保障水平。

切实加强社会建设和管理。创新社会管理体制和机制，整合社会管理资源，积极开展和谐社区创建活动，努力提高社会管理水平。加强对流动人口的服务和管理。深化和谐企业创建活动，依法落实企业的安全生产、环境保护和职工权益维护等责任，健全防止拖欠农民工工资的长效机制。加强对社会组织的管理。进一步完善应急工作机制，加强自然灾害的监测、预警和防控，及时应对和处置突发公共事件。落实安全生产责任，严格安全生产监管，大力整治安全隐患，努力防止重特大安全事故的发生。继续整顿和规范市场秩序，完善监管体制和机制，加强食品药品生产、流通、消费等各个环节的安全监管，严厉打击危害人民群众身体健康和生命安全的非法生产经营活动。

附件：2007 年浙江省国民经济和社会发展计划主要指标(略)

浙江省人民政府
关于进一步完善就业政策促进困难人员就业再就业的通知

(2007 年 4 月 25 日 浙政发〔2007〕21 号)

各市、县(市、区)人民政府，省政府直属各单位：

为进一步加强就业再就业工作，切实帮扶城乡就业困难人员特别是城镇"零就业家庭"和农村低保户劳动力实现就业再就业，根据《国务院关于进一步加强就业再就业工作的通知》(国发〔2005〕36 号)和《浙江省人民政府关于进一步做好就业再就业工作的实施意见》(浙政发〔2006〕16 号)有关文件精神，现就进一步完善我省就业政策，促进困难人员就业再就业有关工作通知如下：

一、开展创建充分就业社区活动，基本消除城镇"零就业家庭"

在全省城市社区开展充分就业社区创建活动，使城镇"零就业家庭"至少一人实现就业再就业，基本消除城镇"零就业家庭"。

(一)创建目标。社区有劳动能力和就业愿望的劳动者总体就业率达到 96%，登记失业人员和持《再就业优惠证》人员基本实现就业再就业，"零就业家庭"基本消除；各项再就业扶持政策得到全面落实，就业困难人员得到有效援助，就业渠道畅通，自主创业的环境进一步改善；失业人员基本生活得到保障，有劳动能力和就业愿望的劳动者参加积极的就业准备活动。

(二)工作任务。

1. 全面贯彻落实就业再就业扶持政策。做好《再就业优惠证》发放工作，既要严格把关，又要方便申领，做到应发尽发；开展就业再就业政策宣传，做到政策宣传入户到人、落实到位。

2. 大力开发社区就业岗位。结合社区实际，大力开发公益性岗位；根据社区居民生活需要，以兴办服务实体、创建再就业基地等多种方式，创造一批社区就业岗位；挖掘辖区内各类单位的空岗信息，提供给失业人员。

3. 开展社区就业援助。定期走访就业困难人员家庭，跟踪了解其就业再就业情况；为就业困难人员提供职业指导和职业介绍服务，组织推荐其参加就业再就业培训和创业培训，使有劳动能力和就业愿望的失业人员都参与到积极的就业准备活动中。

(三)工作重点。帮助"零就业家庭"成员就业是创建充分就业社区活动的重点。"零就业家庭"是指城镇居民家庭中，在法定劳动年龄内(在校学生、现役军人、办理提前退休人员等除外)有劳动能力和就业愿望的人员均处于失业状态的家庭。

1. 做好"零就业家庭"的申报认定工作。按照现行的《再就业优惠证》申领发放程序，认定"零就业家庭"，对其中的失业人员免费发放《再就业优惠证》(在证件上注明"零就业家庭"字样)。

2. 持《再就业优惠证》的"零就业家庭"失业人员和招收"零就业家庭"失业人员的单位，享受《浙江省人民政府关于进一步做好就业再就业工作的实施意见》规定的就业困难人员扶持政策。

3. 建立跟踪服务制度。落实专人，开展"一对一"的帮扶活动，努力做到"零就业家庭"出现一户、发现一户，帮扶一户、消除一户。

二、实施重点帮扶，促进农村低保家庭劳动力就业

(一)明确对象，实施帮扶。重点帮扶对象为农村低保家庭中的劳动年龄段内，有一定劳动能力和就业愿望的人员。上述人员可向户籍所在地乡镇(街道)劳动保障机构登记并申领《农村低保人员就业援助证》，凭证在全省范围享受有关优惠政策。各地要将实施农村低保家庭就业援助列为就业工作的重要内容，组织乡镇和劳动保障、民政等部门开展深入细致的调查，摸清农村低保家庭劳动力数量、劳动能力、就业愿望等基本情况，制定就业援助计划，开展针对性的服务。《农村低保人员就业援助证》由市、县(市、区)就业服务机构按规定权限核发。

(二)拓宽渠道，开发岗位。针对农村低保人员文化程度低、就业能力弱等实际困难，千方百计拓宽就业门路，积极开发合适的就业岗位，就地就近安排就业。要结合新农村建设和各地实际，开发农村社区公益性岗位、乡镇(街道)公益性岗位和各类单位的勤杂岗位；鼓励当地各类企业优先招用农村低保家庭人员，落实福利企业招用残疾人优惠政策；扶持农业加工、来料加工以及种养殖业基地发展，更多地吸纳农村低保人员就业；对有条件外出务工的人员，应列入当地农村劳动力转移总体规划，并作为重点帮扶对象，综合运用职业培训、职业指导、职业介绍等手段，帮助其尽快实现就业。

认真开展培训，提高就业技能。要根据农村低保人员的不同情况和就业愿望，开展分类指导，创新培训形式，强化操作训练，努力使农村低保人员尽快掌握就业所需的基本技能。

(三)落实政策，促进就业。凡持有《农村低保人员就业援助证》的人员和招收这类人员的单位，可享受《浙江省人民政府关于进一步做好就业再就业工作的实施意见》规定的社保补贴、岗位补贴、免费职业介绍、免费职业培训、小额担保贷款贴息、行政事业性收费减免等与城镇就业困难人员同样的就业援助政策(税收减免政策除外)。

对年龄偏大、文化基础较低的农村低保人员,聘请具有一定技术或实践经验的人员,采取"以师带徒"等形式培训的,可与集中统一培训一样,参照有关政策给予一次性培训补贴。

机关事业单位勤杂岗位、乡镇(街道)和农村社区公益性岗位安排农村低保人员就业的,应给予适当的岗位补贴,补贴标准由当地政府确定。

农村低保人员从事种养殖业的,应给予实用技术、生产资料等方面的扶持。有条件的地方,可给予吸纳农村低保人员就业的农业加工、来料加工以及种养殖业基地适当的补贴。要简化相关手续,提供有效服务,优先帮助自谋职业、自主创业的农村低保人员解决经营场地,落实小额担保贷款的相关担保事项。

建立低保待遇渐退机制,鼓励农村低保人员通过就业增加收入,改善生活状况。对实现就业的农村低保人员,应视其就业稳定情况,在一定期限内,对其家庭保留全部或部分低保待遇。具体办法由各市、县(市、区)政府制定。

(四)明确职责,完善服务。加快推进乡镇(街道)、村(居)劳动就业和社会救助管理服务平台建设。加强农村低保人员和其他就业困难人员的动态管理,做好宣传咨询、信息传递、经费发放等工作,形成"进村入户、抓低促面"的帮扶机制,切实把就业服务工作做到村、做到户、做到人。

三、强化领导责任,完善考核监督机制

(一)提高认识,加强协调。各地要进一步提高认识,将开展创建充分就业社区活动和促进农村低保户劳动力转移就业作为为民办实事的重点工作来抓、纳入就业工作总体规划,摆在更加突出的位置。要加强对这项工作的领导,各级就业工作联席会议成员单位,要明确分工,落实责任,各司其职,通力协作,调动各方面的积极性和主动性,确保工作取得实效。

(二)加大投入,落实资金。各级政府要根据促进困难人员就业工作需要,积极调整财政支出结构,加大资金投入,合理安排专项资金。农村低保户劳动力在本县(市、区)内实现转移就业的,落实扶持政策所需资金由当地政府解决,对欠发达地区,省财政给予适当补助。跨地区转移就业的,所需扶持资金按实际吸纳的就业人数,经省财政、民政、劳动保障部门审核确认后,由省财政通过转移支付对地方给予补助。

(三)搞好评估,树立典型。通过创建充分就业社区活动和促进农村低保户劳动力转移就业工作,树立一批先进典型。创建充分就业社区活动实行年度评估考核,采取社区申报、县(市、区)推荐、市级审核、省级抽查的方式进行,并对在创建工作中涌现的先进单位和先进个人按照有关规定给予表彰。具体评估考核办法另行制定。

(四)加强宣传,营造氛围。要通过各种宣传媒体,广泛深入宣传开展创建充分就业社区活动和促进农村低保户劳动力转移就业的重要意义,宣传党和国家方针政策,引导全社会都来关心和参与,营造良好的舆论氛围,推动工作深入开展。

本通知自下发之日起开始执行,政策审批的截止时间到2008年底。各项扶持政策自开始享受之日起,最长期限为3年。

浙江省人民政府
关于大力发展农业机械化的若干意见

(2007年5月16日 浙政发〔2007〕27号)

近年来,各地深入实施《中华人民共和国农业机械化促进法》,积极创新服务与管理机制,大力发展农业机械化,取得了明显成效。但是,农机存量结构不合理、农机与农艺不配套、装备与应用水平不高等问题依然比较突出。为了适应现代农业对农业机械化的要求,进一步提升农机装备与应用水平,根据《中共浙江省委 浙江省人民政府关于2007年社会主义新农村建设的若干意见》(浙委〔2007〕52号)精神,现就大力发展农业机械化提出以下若干意见:

一、充分认识发展农业机械化的重要性

农业的根本出路在于机械化。农业机械化是现代农业的物质基础、重要内容和主要标志,对于稳固农业基础,推动科技进步,提高农业综合生产能力和劳动生产率,促进农业增效、农民增收等具有十分重要的作用。特别是在当前农产品市场竞争日趋加剧、劳动力成本不断增加、农民迫切要求降低农业劳动强度的情况下,必须大力发展农业机械化,加快用农业机械替代人力、畜力,提升农业生产的效率、质量和整齐度,推动现代农业发展。各地、各有关部门要充分认识发展农业机械化的重要性,采取积极有效措施,大力发展农业机械化。

二、发展农业机械化的总体要求和基本原则

(一)总体要求。以科学发展观为指导,按照现代农业要求,在继续推进粮食生产全程机械化的基础上,着力提升农业机械在农业主导产业关键生产环节的应用水平,依靠科技进步,逐步改善农业机械装备结构,强化依法管理,创新管理体制和服务机制,推动农业机械化持续健康发展。到2010年,力争全省农机总动力达到2500万千瓦,水稻、油菜等主要粮食作物全程机械化率达到70%以上,其中水稻插秧机械化率达到10%以上,竹木采运机械化率达到60%以上,规模生产的蔬菜、水果、林特、畜禽、水产的主要生产环节和产品初加工等基本实现机械化。

(二)基本原则。一是坚持以人为本、服务"三农"原则,发展适合农民使用、受农民欢迎的农机装备,满足农民群众最迫切的农机作业需求;二是坚持与时俱进、科学发展原则,注重农机与农艺相配套,推进农机产业与现代农业协调发展;三是坚持突出应用、注重效率原则，逐步优化农机装备结构，切实提高农机装备的通用性和动力配套比，提高农机资源利用率；四是坚持依法管理、规范发展原则，加强农机安全生产和产品质量监督管理，切实维护农民群众的合法利益，促进农业机械化健康发展。

三、发展农业机械化的重点

根据我省农业生产和市场需求实际，在保障粮油等大宗农作物机械作业需求的同时，重点提高农机装备在农业主导产业关键生产环节上的应用水平。

（一）粮食。以推广水稻机械插秧以及相配套的标准化育秧技术为重点，大力推广水稻种植、植保、收获、烘干和加工机械，推进水稻生产全程机械化；研究开发马铃薯等旱粮作物收获机械。

（二）油菜。重点研究和引进推广高效低耗的油菜种植、收获机械化技术与装备。

（三）蔬菜。重点研究推广种子选育技术与装备，工厂化育苗、机械化嫁接和栽培技术。

（四）茶叶。重点研究推广茶园耕作、喷灌、修剪及茶叶采摘、加工机械与技术。

（五）果品。重点研究推广柑橘、梨的采后机械化处理技术，杨梅、梨的储藏保鲜技术和装备。

（六）畜牧。重点引进推广规模化养殖、标准化生产、无害化处理机械与技术。

（七）水产养殖。重点研究推广高效节能增氧、自动投料、净化处理、高效起捕以及水产品初级加工等机械装备与技术。

（八）竹木。重点研究推广林地清理、挖穴等机械和竹木采伐、加工等装备，以及森林病虫害防治机械与技术。

（九）花卉苗木。重点研究推广种子选育、工厂化育苗、容器育苗、设施栽培技术与装备。

（十）蚕桑。重点研究推广桑枝修剪、桑园耕作等机械与技术。

（十一）食用菌。重点推广菌种培养拌料机械、冷藏库及相应的配套设施和大型灭菌锅、真空包装等机械装备与技术。

（十二）中药材。重点研究推广种子种苗精选处理技术与设备，耕整、播种、植保、收获等田间作业机械，以及清洗、烘干、切片等产后初加工机械与技术。

四、大力推动农机科技进步

（一）努力增强自主创新能力。充分利用和整合大专院校、科研院所、农技推广部门和农机企业的科技资源，建设农机科技创新平台，对农机关键技术和重点项目进行攻关，加快研究开发一批适应现代农业发展的农机新产品、新技术。积极支持相关科研单位、农技推广部门和企业自主开发、引进、吸收国内外新装备、新技术。农机科研开发按有关规定享受税收优惠政策。大力推进农机标准化建设，制订完善农机生产、作业、维修等环节的操作规程和作业标准。引导企业生产农民迫切需要、与现行农作制度和农艺规范相衔接的农机产品，逐步优化农机增量结构。各级政府在高新技术企业认定、科技企业扶持、技术改造、重大科技攻关项目安排等方面给予倾斜，引导农机企业增加对新技术、新产品开发的投入，努力使农机企业成为技术创新主体。

（二）完善农机技术推广体系。认真贯彻实施《浙江省人民政府关于改革和加强基层农业技术推广体系的通知》（浙政发〔2005〕32 号）精神，进一步加强农机推广队伍建设，确保必要的人员与经费，逐步改善基层农机部门的工作条件。构建省、市农技推广中心农机分中心（为虚设机构）及其专家组，县级着重抓好责任农机员队伍建设，落实推广责任，加快构建体系健全、运行高效的新型农机技术推广体系。

（三）加快推广先进适用农机技术。结合农业主导产业，建立农业机械化示范基地，重点示范推广促进现代农业发展的农机装备。各级农机部门要以示范基地为依托，搞好试验示范和推广培训等工作，引导农业生产经营主体使用先进适用的农业机械。充分利用现有农机化学校等资源，加强对农机操作人员的培训，切实提高农机从业人员操作、维修和保养农业机械的技能。

五、着力提升农机服务水平

（一）加快培育新型农机服务主体。鼓励发展农机专业合作社、作业公司等新型农机服务主体，对从事农机服务的个体工商户依法减免管理费；为农业生产提供技术服务或劳务（农机作业）所取得的收入，暂免征收企业所得税；开展机耕、机收、机插、排灌、植保及相关技术培训业务所取得的收入，免征营业税。加强指导和服务，引导农机服务组织健康发展。探索通过向农民发放“农机作业券”，给予关键环节机械作业补贴等途径，引导农民特别是农机作业大户、合作组织使用先进适用农机装备，突破农业机械化发展“瓶颈”。从今年起，省财政将对采用水稻机械化插秧、病虫机械化“统防统治”作业的本省农民，以发放“农机作业券”的形式给予财政资金补贴，具体办法由省农业厅会同省财政厅制定。

（二）创新服务机制。大力推进农机信息化建设，依托“农民信箱”，完善农机信息搜集、整理和发布制度，构建农业机械化公共信息网络平台，促进农机服务供需对接。鼓励农机服务组织开展跨区作业服务，对跨区作业的联合收割机以及运输联合收割机（包括插秧机）的车辆，免收收费公路通行费。

六、加强农机产品质量监管和安全监理

（一）加强农机质量管理。推行农机“推广鉴定证”制度，通过农机鉴定的产品，可以依法纳入国家促进农业机械化技术推广的财政补贴、优惠信贷、政府采购等政策支持的范围。依法加强对农机产品市场和维修网点的监督管理，严厉打击假冒伪劣农机产品坑农害农行为，切实维护农民群众的合法权益。

（二）加强农机安全监理。认真落实农机安全生产责任制，明确监管责任。深入开展“平安农机”创建活动，强化农机安全源头管理，改善监理装备，提高监管能力。各级农机部门要切实抓好拖拉机（含手扶变型运输机）的登记、检验、核发牌证、“交强险”监督检查和拖拉机驾驶员的考试、发证、审验，以及对拖拉机驾驶培训学校、驾驶培训班的资格管理等工作，严把农机安全生产源头关。积极抓好省机动车联合信息平台建设，提高管理水平。加强警农合作，完善监管网络，探索建立农机安全管理长效机制。

七、多渠道增加对农业机械化的投入

（一）深入实施“农业机械化促进工程”。省财政继续安排专项资金，加大农业机械化促进工程实施力度。各级政府也要安排专项资金用于农机技术研发试验、从业人员培训、示范基地建设、农机购置(更新)补贴、农机服务组织培育、农机安全生产和农村机耕路建设改造等,促进农业机械化全面发展。

(二)进一步完善农机购置补贴政策。建立政府支持推广的农机产品目录,省和县(市、区)分别对购置农机产品目录内的农机产品给予扶持。各地要逐步将适用于主导产业关键生产环节的农业机械纳入购机补贴(贴息)范围。金融机构要对农民购置农机产品目录内的农机装备给予信贷支持。

(三)创新投入机制。采取政策性奖励、财政贴息等措施,吸引金融资本、工商资本、民间资本投入农机产业,逐步构建起以企业和农民投入为主体、政府投入为导向、银行信贷为支持、社会资本为补充的投入机制。妥善解决农机服务组织用地问题。

八、切实加强对农业机械化工作的领导

各级政府要高度重视农业机械化工作,切实加强领导,按照“大农机”的发展思路,统筹谋划农(林、渔)业机械化发展。建立农业机械化工作目标责任制,明确相关部门的职责任务。农业、林业、渔业、发展改革、经贸、科技、财政、公安、交通、工商、税务、质量技监等相关部门要认真履行职责,加强协作与配合,制定具体措施,合力推进我省农业机械化又好又快发展。

浙江省人民政府关于促进高等教育发展的若干意见

(2007 年 5 月 23 日 浙政发〔2007〕29 号)

为进一步推进高等教育发展,加快建设教育强省,现就今后一个时期全省高等教育发展提出如下意见。

一、统一思想认识,加快把高等教育工作重心转移到提高教育质量和办学水平上来

改革开放特别是进入新世纪以来,全省大力实施科教兴省、人才强省战略,把教育放在优先发展的战略位置,通过深化办学体制和管理体制改革,实施高教园区和新校区建设,大力发展高等职业教育和民办高等教育等多种举措,高等教育实现了跨越式发展,已步入大众化阶段。目前,全省全日制普通高等学校达到 77 所(含筹建),高等教育毛入学率达到 36%;成人教育、自学考试、远程教育等形式的高等教育快速发展,一个多层次、多形式、多渠道举办高等教育的格局逐步形成,较好地满足了人民群众接受高等教育的需求,为全省经济社会发展提供了有力的智力支持和人才支撑。

在充分肯定成绩的同时,也要清醒地看到高等教育快速发展过程中积累的矛盾和问题:教育质量和水平的提高总体上滞后于办学规模的增长;一些高校定位模糊,办学特色不够鲜明,学科专业趋同;一些高校办学行为不够规范,内部管理制度不够健全,部分教师教学精力投入不足、教学能力有待提高;许多高校债务负担比较重,支出结构不尽合理,等等。

经过多年快速发展,人民群众对高等教育量的需求与供给不足之间的主要矛盾已基本缓和,当前和今后一个时期的主要矛盾是优质高等教育资源供给严重不足,高等教育与全省经济社会发展和人民群众日益增长的优质教育需求不相适应。必须充分认识高等教育大众化阶段面临的新形势,进一步转变发展观念,提升发展理念,加快把全省高等教育工作的重点转到内涵建设上来,着力提高教育质量和办学水平,促进高等教育又好又快发展。

二、高等教育工作的指导思想、目标任务和发展原则

全省高等教育工作要以邓小平理论和“三个代表”重要思想为指导,坚持党的教育方针和社会主义办学方向,坚持以科学发展观统领全局,按照实施“八八战略”和加快建设文化大省、教育强省的要求,完善布局,优化结构,强化特色,全面提高育人质量,全面提高科研水平,全面提高服务经济和社会发展的能力,促进高等教育科学和谐发展,努力办好与现代化建设相适应,让党放心、让人民群众满意的高等教育。

今后一个时期,全省高等教育发展的总体目标和任务是:

——到 2010 年,全省高等教育毛入学率达到 45%;高考录取率稳定在 70%左右,普通高校本、专科招生比例保持在 1:1,在校研究生和本科生比例达到 1:10。高等教育布局趋于合理、结构进一步优化;高等学校人才培养质量进一步提高,科技创新能力进一步增强。基本形成体制机制健全、运转高效,政府依法治教、学校依法办学,政府办学为主导、社会力量积极参与的多元发展格局。

——到 2020 年,全省高等教育进入普及化阶段,人才培养、科技创新和服务社会的能力显著增强。建成一批国内一流、国际上有一定影响的高等学校。全面建成布局结构合理、体制富有活力、总量相对充足、内涵和谐发展的高等教育体系。教育质量和国际化程度明显提高,高等教育总体水平位居国内前列,基本建成高等教育强省。

做好今后一个时期高等教育工作,必须遵循以下原则:

——坚持科学发展。注重实践标准和质量标准,遵循教育规律,按照经济社会发展的实际需要规划高等教育改革和发展。立足当前,着眼长远,分步推进,不断提高发展质量,实现高等教育可持续发展。

——坚持以人为本。充分满足学生成长成才、教师立身立业的需要,促进学校与社会、学校与教师、学校与学生的全面和谐。坚持高等教育的公平公正,不断提高人民群众对高等教育的满意度。

——坚持改革创新。不断推进教育体制、教育内容、教育方法和教育手段的改革,在改革中促发展、求提高。积极鼓励、规范引导社会力量办学。扩大教育开放,拓宽办学视野,加快建立更加开放高效、富有活力的高等教育管理机制。

——坚持特色办学。引导和支持高校从实际出发,立足于自身条件，面向社会需求，按照更好地为经济社会发展服务的要求，走错位发展、差异发展之路。切实加强特色学科建设，在培育特色中形成和强化优势，提升核心竞争力。

——坚持分类指导。适应高等教育大众化的特点，强调分类办学。加快发展研究生教育，提高创新型人才培养水平；高度重视本科生教育，提高复合型应用人才的培养质量；切实加强高等职业（专科）教育，加快高级技能型人才的培养。

三、合理布局，促进高等学校办出特色

提高高等教育质量，建设高等教育强省，必须走合理布局、集约配置高等教育资源的路子。指导每一所高校科学定位、使其办出特色、办出水平，使高校成为支撑全省发展的高素质人才培养基地、高科技创新基地、先进文化传播基地。

（一）统筹规划高等院校设置。深入分析人口增长和生源结构、就业结构情况，按照全省经济和社会的现实需要和发展趋势，科学设置和调整全省高校布局。到2020年，全省规划设置普通高校总体控制在88所以内，其中：大学约15所，学院约22所，高职（高专）院校约51所；另设独立学院约23所。逐步实现成人高校和普通高校“并轨”设置。高等学校主要设置在经济和社会事业发达，人才、信息集聚效应显著，环境条件适宜的杭州、宁波、温州等中心城市，其他设区市形成“一本一专”或“一本多专”的高等学校布局。

（二）引导各类高校科学定位、强化特色、发挥优势。研究生教育以培养创新型人才为切入点，注重强化科研创新能力培养。本科教育以培养基础知识扎实、综合素质高、创新创业意识强的应用型高级专门人才为重点，注重强化基础知识和综合能力培养。高职（高专）教育以培养生产、建设、管理、服务第一线的高技能人才为中心，以服务为宗旨，以就业为导向，强化职业技能和职业素质培养。广播电视教育、自学考试、网络教育、函授教育、社区教育以继续教育和建立健全终身教育体系为重点，加强衔接与沟通，强化面向广大社会成员的实用技术培训和就业、创业能力培养。

“十一五”及今后一个时期，重点支持浙江大学和中国美术学院向世界一流大学目标挺进；重点支持浙江工业大学等若干所本科高校争取跻身全国同类高校前列。加强高职院校建设，支持若干所高等职业学校进入全国示范性高职院校行列，高等职业学校总体竞争力在全国居于领先地位。

四、强化教学中心地位，切实提高育人水平

（一）强化教学管理。完善教学规章制度，优化专业结构，努力办好每一个专业，建设好每一门课程。重视英语和计算机教学。科学制订教学质量标准和学生学业评价标准。通过建立考试题库、统考统测、校际交换考试等方式，在有条件的专业和学校积极推行教考分离。完善教育教学质量监控体系。建立教学巡视制度。建立本科、高职（高专）教学工作分类评估体系，不断完善5年一轮的高等学校教学评估办法。实行高校专项经费拨款与教学质量检查评估成绩挂钩制度，建立教学评估长效机制，努力提高教学质量宏观监控的针对性和有效性。

（二）深化教学改革。坚持不懈地推进教学模式、教学内容和教学方法改革。本科院校要按照“加强基础教学、拓宽专业口径、注重素质教育、促进个性发展”的要求，高职（高专）院校要按照“知识、能力、素质协调发展、能力优先”的要求，不断完善课程体系，探索多样化的人才培养模式。积极推行以学分制为基础的“弹性学习”制度。加强实验、实习、实训等实践教学。倡导研究性学习，完善大学生学科竞赛和技能竞赛制度；积极推行本科生导师制，不断提高学生自主学习和自主创新的能力。

（三）充分调动和发挥教师教学积极性。进一步完善激励和约束机制，引导和鼓励更多的教师走上讲台，把更多的精力投入教学。建立教师教学业绩评价体系，完善“教学名师奖”、“教学成果奖”，设立“教坛新秀奖”，大力表彰在教学工作第一线做出突出贡献的教师。积极开展教学改革、教学创新研究。完善教师专业技术资格评价和职务聘任办法，把教师承担教学工作的业绩作为申报专业技术资格和聘任专业技术职务的必要条件。完善教师流动办法，促进教师队伍动态平衡、结构优化。

（四）大力推进优质教学资源建设与共享。调整经费支出结构，加大教学经费投入，切实增加实践教学专项经费，各高校学费收入中用于日常教学经费的比例不得低于25%。加强重点专业建设，发挥重点专业的示范辐射作用。加强教材建设，打造一批精品教材，推进国家、省、校三级精品课程建设。实施教学信息化工程，鼓励教师引入现代教育技术辅助教学。加强专业实验室、实训实习基地建设，建设好高校数字图书馆。充分利用和发挥高教园区集中办学的优势，推进科研、教学平台的开放共享，鼓励和扩大高校间教师互聘、学分互认、课程互选、设施互用，不断提高教学资源的综合利用效率。

（五）加快培养紧缺人才。紧密结合我省现代化建设需要，加强人才需求预测和规划，加快紧缺人才培养速度。“十一五”期间，重点建设电子通信、新材料、生物医药、数控技术、电子商务、动漫、软件技术、金融保险、现代物流、工业设计10大类紧缺急需人才培养基地。加强学科专业调控力度，对社会急需的紧缺专业，加大扶持力度，优先安排招生计划，促其加快发展；对社会就业比较困难的长线专业，采取限制或停止招生等调控措施，促其加快调整。逐步建立校内学生二次选择专业制度。积极开设辅修专业、辅修课程，开展大学生通识教育，拓展学生知识视野，培养学生一专多能。

（六）加强教师教育改革。依托师范院校、综合性大学，加强教师教育学科和专业建设，进一步保持和发挥教师教育的特色与优势，完善职前职后相连接的教师教育体系。加强教师教育基地建设，争取建设若干个国家级教师教育基地，使教师教育基地成为全省或区域性教师教育信息中心、培训中心、研发中心和学术交流中心。推进师范生免费教育工作，鼓励更多的优秀学生报考教师教育专业，鼓励师范类毕业生到农村、基层学校任教。按照“通识教育＋专业教育＋教师教育”的要求，改革培养模式，提高教师教育的质量和水平。

五、推进学科建设工作，增强高等学校科技创新和服务社会的能力

（一）加强学科建设。高校要高度重视学科建设，优化学科结构，完善学科组织，培育学科优势，集聚学术队伍，提升学科整体水平。积极推进学科交叉、融合、集成，全面提升高等学校人才培养、科学研究、社会服务的能力和水平。加大省级重点学科、“重中之重”学科和人文社科重点研究基地建设力度，促进高校重点学科建设与实施省级重大科技专项、重大科技创新平台的结合，争取到“十一五”期末，有40个左右的学科达到国家重点学科水平。严格过程管理，加强学科建设绩效考评，把经费资助与学科建设成效结合起来，完善优胜劣汰、滚动建设机制。

（二）提高自主创新能力。引导高校积极参与浙江区域创新体系建设，充分利用学科综合、人才荟萃、教学科研紧密结合的优势，争取在基础性研究和高新技术创新方面取得新进展。加强大学科技园区建设，注重产学研结合，促进科技成果转化。加强专利技术申报和知识产权保护工作，明晰产权，理顺单位、个人权益关系。加强科研经费管理，改革科研评价方法，突出对科研成果的社会影响力和社会贡献率的考核。

（三）促进科研与教学结合。树立和落实科研为教学服务的思想，引导教师通过科研来提高教学水平，将最新的科研成果融入教材、融入课堂教学。重点实验室要向学生开放，鼓励和支持学生参与科研项目，鼓励学生开展科学研究和参加科技竞赛。完善高校学术环境，切实加强学术规范和学术道德建设。

（四）推进高等学校积极为地方服务。各高校要针对地方经济社会发展规划，充分发挥技术、人才、信息等优势，不断提高服务质量和水平。以“合作共赢”为原则，把政府作用和市场机制结合起来，构建合作平台，拓展合作渠道，创新合作机制，加快成果转化。完善政策引导，努力推动师生为地方经济社会发展服务。

六、加强高校内部建设，构建社会主义和谐校园

（一）加强社会主义核心价值体系建设。坚持育人为本，德育为先，把社会主义核心价值体系融入教育教学的全过程，渗透到学生学习生活的各个环节。以理想信念教育为核心，进一步引导广大学生树立正确的世界观、人生观、价值观。以爱国主义教育为重点，进一步增强广大学生的国家荣誉感和民族自豪感。以基本道德规范为基础，开展社会主义荣辱观教育，进一步提升广大学生的公民道德素养。以全面发展为目标，关爱学生健康成长，进一步培养广大学生的进取精神、科学精神、团队精神和奉献精神。改革德育课程，丰富德育内容，创新德育模式，提高德育效果。切实加强高等学校辅导员队伍建设。

（二）加强校园文化建设。倡导和谐理念，培育和谐精神，挖掘优良的办学传统，大力营造崇尚科学、严谨求实、与时俱进、具有时代特征和高校特色的校园文化。完善大学生行为规范，培育良好的学风和校风。支持依法开展各类文体学术社团活动，繁荣和活跃校园文化。

（三）加强高水平师资队伍建设。各高校须按国家规定配足专任教师。继续实施“钱江高级人才引进计划”，面向海内外引进一批高层次人才。完善“高层次人才培养工程”，多形式培养一批学科带头人和优秀青年教师。以重点学科、重点实验室和工程（技术）中心等平台为依托，建设一批创新团队。加强高职（高专）院校的“双师型”专业课教师队伍建设，鼓励聘请企业技术骨干担任职业院校专兼职教师。加强师风师德建设，提升教师思想素质和业务水平。完善教师职业行为评价、考核、奖惩机制。

（四）加强高校管理制度建设。高校领导须把主要精力放到学校管理上来，切实承担管理责任，不断提高管理水平。推进管理与决策的科学化、民主化。完善校内规章制度，规范办学行为。完善招生录取制度，推进“阳光招生”，确保招生公开、公正、公平。完善师生权益保障制度，切实维护好、实现好师生的合法权益。完善高校人事分配制度，强化人员经费开支方面的约束机制。完善困难学生救助制度，进一步扩大资助范围，建立健全大学生大病医疗保障体系。完善大学生心理健康教育制度，逐步建立心理危机干预机制。完善毕业生就业指导制度，强化就业服务，培育就业市场，拓宽就业渠道，促进多形式就业。认真执行国家规定的收费制度，加强高校收费管理，规范收费行为。

（五）加强平安校园建设。深化“平安校园”创建活动，高度重视高校和高教园区稳定工作，不断“净化”校园周边环境、社会舆论环境、网络虚拟环境。加强对学制学籍、招生宣传、教学条件、文凭发放、财务管理、后勤保障等薄弱、敏感环节的监督和管理。及时掌握校园舆情，畅通矛盾诉求渠道，完善矛盾调处机制，不断增强思想政治工作的针对性和实效性。制定和演练各类突发事件应急预案，增强快速反应和应急处置能力。

七、加强领导和服务，努力开创高等教育工作新局面

（一）建设高素质的高校干部队伍。进一步加强高校领导班子和干部队伍建设，选好配强高校领导班子。建立健全高校领导班子绩效评价体系。加强班子思想建设、组织建设和作风建设，不断提高领导能力。多形式加强对高校后备干部的培养培训。加强廉政建设，完善基建项目招投标、设备购置、教材采购、对外投资、招生录取以及职务评聘等重点领域和关键环节的管理，坚决查处各类违法违纪行为。

（二）进一步推进改革开放。推进高等教育管理体制改革，完善中央、省、地方三级办学，中央、省两级管理，以省为主的管理体制。省里加强对市属高校和民办高校在办学、招生、教育教学等方面的指导和管理，将市属高校和民办高校纳入省级教育教学重点建设项目的申报和扶持范围。各市要继续履行在筹措经费、改善环境、规范办学、维护安全稳定等方面的责任。完善现代大学制度，进一步落实《中华人民共和国高等教育法》赋予高校的办学自主权。公办高校要坚持和完善党委领导下的校长负责制。民办高校要按《中华人民共和国民办教育促进法》要求完善校长负责制。促进高校依法建立健全产权制度，鼓励和引导社会非财政性资本参与举办高等教育。进一步扩大教育开放，努力提高我省高等教育的国际化水平。各高校都要积极创造条件，与国外高水平院校开展多形式的教育合作与交流。努力扩大留学生规模。有计划地推进境外“孔子学院”建设。

（三）加大经费投入和管理力度。建立健全公共财政体制下高等教育投入的稳定增长机制，依法确保预算内高等教育经常性事业经费拨款逐步增长。征足用好省级教育费附加统筹。完善经费分配调节机制，坚持绩效考核与奖惩并举，充分运用财政杠杆调控高校办学行为。强化高校作为办学主体的偿债意识，落实偿债计划和偿债责任，切实防范债务风险。各市政府要切实承担责任，参照省政府确定的办法妥善解决所属高校的债务负担过重问题。

（四）加强和改进对高校基本建设的管理。高等学校的基本建设要根据需要和可能，切实控制投资规模和建设成本。严格控制贷款建设，今后凡贷款项目，必须在落实还贷资金来源基础上，开展财务风险评估，实行审批制度。强化对投资项目的过程管理，严格控制工程概算。推行项目代建制和财政国库直付制，努力提高资金的使用效益。

（五）不断改善政府对高等教育的领导和服务。各级政府要加强宏观指导和组织协调，及时研究解决高等教育的办学方向、布局结构、办学秩序、经费保障等重大问题。政府有关部门要加快转变职能，增强为高校服务的意识，努力在管理中体现服务，在服务中实施管理。新闻单位要坚持正确舆论导向，引导全社会关心支持高等教育的改革和发展，努力营造有助于提升教育质量和办学水平的社会环境。

浙江省人民政府关于进一步加强污染减排工作的通知

（2007年6月11日 浙政发〔2007〕34号）

各市、县（市、区）人民政府，省政府直属各单位：

为认真贯彻落实科学发展观，确保完成我省“十一五”期间化学需氧量、二氧化硫两项主要污染物减排指标，促进经济社会和环境全面协调可持续发展，根据《国务院关于印发节能减排综合性工作方案的通知》（国发〔2007〕15号）精神，现就进一步加强我省污染减排工作通知如下：

一、提高认识，切实增强污染减排的责任感和紧迫感

近年来，我省各地各部门认真贯彻《国务院关于落实科学发展观加强环境保护的决定》（国发〔2005〕39号），在推进生态省建设和“811”环境污染整治中，把主要污染物减排作为首要任务，层层落实减排指标，切实加强污染减排统计、监测等基础性工作，按照“治旧控新、监建并举”的要求，突出重点流域、重点区域、重点行业、重点企业，积极探索污染减排实施机制，取得了一定成效。去年，在全省经济继续快速增长的情况下，化学需氧量、二氧化硫排放总量均比上年有所下降。但是，与“十一五”规划确定的总体指标相比，下降幅度偏小。完成“十一五”期间总体减排任务，形势十分严峻，任务十分艰巨。特别是一些地方存在对污染减排工作认识不到位、底数不清楚、政策不完善、措施跟不上、投入不落实、协调不得力等诸多问题，严重制约了污染减排工作的进度。

实施排污总量控制是我国环境保护的一项基本制度，化学需氧量、二氧化硫两项主要污染物减排指标作为国民经济和社会发展“十一五”规划的约束性指标，必须确保完成。各级政府各有关部门要本着对党和人民高度负责的精神，认真贯彻落实科学发展观，统一思想，坚定信心，加强领导，狠抓落实，以更大的决心、更大的气力、更有力的措施，抓紧解决当前工作中存在的各种问题，切实加大减排工作力度。

二、明确任务，层层落实污染减排责任

“十一五”期间，全省污染减排工作的总体要求和目标任务是：坚持以科学发展观为指导，紧紧围绕生态省建设和环境污染整治，把污染减排作为调整经济结构、转变增长方式的突破口和重要抓手，作为宏观调控的重要目标，把经济增长建立在污染减排的基础之上；坚持“治旧控新、监建并举”的工作方针，突出重点流域、重点区域、重点行业、重点企业，层层落实污染减排责任，依靠科技，加大投入，健全法制，完善政策，落实污染减排各项措施；坚持政府监管、企业减排、市场引导、公众参与的工作机制，建立健全污染减排监测体系、统计体系、考核体系和政策支持体系，强化污染减排激励和约束机制。到2010年，全省化学需氧量排放总量在2005年基础上削减15.1%，其中太湖流域化学需氧量排放总量在2005年基础上削减15.3%；全省二氧化硫排放总量在2005年基础上削减15%。

各市、县（市、区）政府和省能源集团公司、在浙国家电力企业要按照国家环保总局制定的主要污染物排放量核算方法、主要污染物总量分配意见和《浙江省人民政府关于“十一五”期间全省主要污染物排放总量控制计划的批复》（浙政函〔2006〕139号）的要求，制定实施本地区本行业本企业主要污染物减排“十一五”计划和分年度实施计划，并对照2005年、2006年环境统计报表，将减排指标分解落实到所辖的重点排污单位。要与所有重点排污单位和其他有污染减排任务的单位逐年签订污染减排目标责任书。各设区市政府和省能源集团公司每年5月底之前，要将所有排污单位的污染减排责任书报省环保局备案。在浙国家电力企业污染减排责任书由省环保局和相关企业直接签订。要落实污染减排重点建设工程和需关停并转的“低”、“小”、“散”企业名单及进度安排，督促所辖重点排污单位制定实施具体减排方案。各地各部门要深入分析本地本部门污染减排可能出现的问题，制定污染减排应急预案。每年9月底，要对前三季度污染减排进度进行全面分析，一旦发现可能无法完成年度减排任务的情况，立即启动停产限产轮产等相应的应急措施，确保完成本地本部门年度减排任务。

三、突出重点，落实污染减排各项政策措施

（一）加大产业结构调整力度。

各市、县要加快编制市县域生态环境功能区规划，并以此作为区域产业布局和产业结构调整的环境准入基本依据。严格执行国家和省有关产业结构调整指导目录、限制和淘汰制造业生产能力目录，坚决淘汰小印染、小造纸、小制革、小化工、小冶炼等落后生产能力，淘汰石灰窑、水泥机立窑以及不符合能耗标准的在役机电通用设备。2007年底前，淘汰所有水泥机立窑，淘汰容积200立方米及以下的高炉、公称容量20吨及以下的转炉和电炉；2010年底前，淘汰50%以上的粘土砖瓦窑生产能力，淘汰容积300立方米及以下的高炉。

加快优化能源结构。制定和落实各项优惠政策，大力发展风能、水能等可再生能源，核能等清洁能源和先进高效的火电机组。“十一五”期间，关停327.8万千瓦小火电，关停单机容量5万千瓦以下常规燃煤火电机组，逐步淘汰中压及以下燃煤机组。

在确保全省电力安全的前提下，鼓励通过市场手段外购长期、稳定、清洁的电力资源。

加快实施循环经济“991行动计划”，着力在生产、建设、流通和消费各领域节约资源，大力开展资源综合利用、循环利用，从源头上减少污染物排放，实现污染物的减量化、无害化和资源化。2010年前，所有省级以上开发区完成生态化改造。全面推行清洁生产，加快实现由末端治理向污染预防和生产全过程控制转变。对超标、超总量排污企业，没有完成减排任务的企业，一律实施强制性清洁生产审核。各级经贸、环保部门要切实加强年度清洁生产审核绩效分析。

（二）继续深入开展“811”环境污染整治行动。

2007年底前，“811”环境污染整治行动确定的所有省级环保重点监管区必须按期完成整治任务。到期未完成整治任务的，对所在县（市、区）建设项目实行区域限批，直至完成整治任务。继续深化化工、医药、制革、印染、水泥、冶炼、造纸等重点行业污染整治，制定行业落后生产能力淘汰标准，明确须淘汰的落后生产能力名录和进度要求，出台促进产业结构调整的经济政策。

全面推进农村环境“五整治一提高”工程，加快治理农业农村面源污染，改善农村生态环境。因地制宜选择经济、简便、合理的处理工艺和技术，积极开展农村生活污水治理。力争到2010年，全省列入“千村示范、万村整治”工程的中心村基本建成生活污水综合处理设施。“十一五”期间，建成1000个畜牧生态养殖小区，完成生猪存栏300头以上、牛存栏30头以上规模养殖场污染治理，实现畜禽排泄物资源化利用、养殖废水综合利用或达标排放。

（三）着力提高城镇污水处理率和达标率。

2007年底前，列入“811”环境污染整治计划的县以上城镇污水处理厂必须全面建成并投入运行。2010年底前，全省136个中心镇和钱塘江流域直接面江城镇的污水处理厂要全面建成并投入运行。太湖流域的城镇污水集中处理设施与管网，要按照国家部署的时间和标准要求，按期建成并投入运行。城镇污水处理厂新投入运行一年内，年实际污水处理量要确保不低于设计能力的60%；投入运行3年以上的，年实际污水处理量要确保不低于设计能力的75%。到2010年，杭州、宁波市区的污水处理率要达到80%，其他设区市城市污水处理率要达到70%，其他县（市）城市污水处理率要达到45%以上。

全面实行城镇污水处理收费制度。目前尚未开征城镇污水处理费的市县，2007年6月底前必须开征。按照确保污水处理厂保本微利、正常运行的要求，加快合理调整城镇污水处理收费标准。2007年底前，所有市、县（市）城镇污水处理收费标准调整到不低于0.8元／吨，其中，经济发达地区调整到不低于1.2元／吨。各级财政要进一步加大对城镇污水处理设施包括配套管网建设资金的投入力度。“十一五”期间，在积极争取国债资金支持的基础上，省级财政继续安排专项资金，通过以奖代补的方式支持各地城镇污水处理设施建设。

对未按计划进度建成污水处理工程的，新投入运行污水处理厂未按期达到规定处理负荷的，未按要求建立城镇污水处理收费制度、收费标准低于规定要求的，城镇污水处理率未达到规定要求的，相应扣减省级财政专项补助。城镇污水处理厂未按期建成或未按期达到规定处理负荷，由环保部门对规划截污管网范围内的建设项目实行区域限批，直至达到相关要求。

加强城镇污水处理厂运营监管，着力提高污水处理厂达标率。加快推进城镇污水处理厂管理和运营体制改革，积极推进项目代建制和特许经营制度，鼓励社会资本特别是专业性公司参与城镇污水处理厂建设和运营，签订包括污水处理达标率在内的特许经营协议，明确监管方、运营方的权利和义务。对超标排放、造成严重环境污染的污水处理厂，环保部门应责令其限期治理，限期治理期间，对纳管企业实施限产限排措施。逾期仍未实现达标排放的，对其管网覆盖范围内的建设项目实行区域限批，直至实现达标排放。因进管污水超标导致污水处理厂超标排放的，污水处理厂应及时报告当地环保、建设部门，同时采取有效措施防止总排口出水水质超标，也可以采取关闭超标排污单位污水纳管阀门的措施。省有关部门要根据污染减排工作的需要，适时制订实施我省污水处理厂地方排放标准。

（四）加快推进燃煤机组脱硫。

“十一五”期间，全省所有现役燃煤火电机组完成脱硫改造，脱硫效率达到90%以上，对确实不具备建设高效脱硫设施条件的现役机组，脱硫效率应不低于75%。新建燃煤机组必须同步安装脱硫设施，火电机组脱硫效率必须达到95%以上，热电机组脱硫效率必须达到75%以上。脱硫设施运行率必须达到95%以上。

在积极争取国债资金支持的同时，省级财政对现役燃煤机组脱硫改造工程给予贴息支持。提前完成脱硫改造的，省有关部门在专项资金、贴息资金安排方面予以倾斜。现役燃煤机组完成脱硫改造并经省有关部门验收合格的，省价格主管部门按规定予以核定脱硫加价标准。新建、扩建燃煤机组同步安装脱硫设施的，执行国家燃煤机组脱硫标杆上网电价。实际脱硫加价应按电厂实际脱硫率与实际运行率折算。

对可再生能源、清洁能源和安装脱硫设施并稳定运行的火电机组，省有关部门在安排发电计划时予以优先考虑，电网调度优先安排上网。对提前完成脱硫改造的机组，在提前脱硫时间段内，对其加倍安排当年脱硫利用小时，增加其发电量。对于高能耗机组和未实施脱硫改造的机组，相应减少其发电量。对未按计划完成脱硫改造和未达到规定脱硫效率的机组，按照环保部门出具的二氧化硫计划排放量和实际排放量，相应核减其上网发电量。

各地要加大分散小锅炉拆除力度，鼓励企业采用集中供热，鼓励现役热电联产抽凝机组改造为背压机组。集中供热有效范围内的企业，必须尽快拆除自备工业小锅炉和生活锅炉。条件成熟的地区，鼓励现役12.5万千瓦及以上纯凝机组改造为供热机组，优先纳入当地热力规划。对在役热电联产和资源综合利用机组，开展认定和定期复核工作，推行严格的“以热定电”制度。

四、强化监管，落实污染减排的各项制度

（一）严格建设项目环境准入。

严格执行国家产业政策和环保法律法规，优先发展高新技术产业，促进产业结构优化升级。严格执行《浙江省人民政府办公厅转发省发改委等部门关于加强全省工业项目新增污染控制意见的通知》（浙政办发〔2005〕87号），需新增污染物排放量的建设项目，必须削减一定比例的同类污染物排放量。具体替代比例为：环境功能区达标较好地区可按新增量与减排量 1:1 比例替代；其他地区新增量与减排量的替代比例不得低于 1:12，其中化工、医药、制革、印染、造纸等重污染行业替代比例不得低于 1:1.5。所替代削减污染物必须来自合法设立企业，一般区域实行化学需氧量和二氧化硫两项指标的替代，钱塘江流域增加氨氮指标。建设项目所需污染物排放总量指标可由县级以上环保部门调配，也可经环保部门认可，由企业间通过排污权交易进行调剂。省部属发电企业和国家、省重点建设项目二氧化硫排污指标由省统一调配。对替代污染源没有完成削减指标或污染防治设施未同步运行的建设项目，不得投入生产；对未按期履行"三同时"制度的建设项目，要责令停产整改。

（二）全面实行排污许可证制度。

各级环保部门要依法对排污单位实行排污许可证制度。排污许可证应明确排污单位的允许排污总量、需要削减的排污量和削减时限要求。严禁排污单位无证或超总量排污。近期，排污许可证的发放范围主要包括：日排化学需氧量 10 千克以上工业污染源、城镇污水处理厂、存栏 300 头猪以上（或产生相当数量排泄物的其他畜禽）规模养殖场；设有 2 吨以上燃煤锅炉和相当规模工业窑炉的排污单位。污水进入污水处理厂统一处理的污染源，按污水处理厂处理能力确定允许污水进管量和污染浓度后，核发排污许可证。

（三）切实加强对重点排污单位的执法监管。

各级环保部门要分级确定省、市、县三级重点排污单位名单。省级重点排污单位 2007 年底前必须全部安装在线监测装置，并与省环保局联网。尚未安装在线监测装置的市级、县级重点排污单位，也要抓紧安装在线监测装置，并与当地环保部门联网。对已核发排污许可证的排污单位和所有建设项目，要就其建设项目新增排污总量（增量）、污染整治削减排污总量（减量）、超标排放或偷排漏排的排污总量（变量）等"三量"建立管理台账，"三量"台账要一厂一档。所有"三量"数据纳入污染源动态管理信息系统，实行动态管理。要将企业污染减排责任落实情况纳入企业信用评价体系。对未完成污染减排任务的企业，当地政府要责令其停产限产，环保部门在企业上市环保核查、评优创先、项目审批等方面实施"一票否决"。

各级环保部门要通过开展"飞行监测"等手段，加强对污染源的监督监测。对超标、超总量排污的污染源，实行限期治理或停产整治，限期治理期间要限产限排，逾期仍不达标的，责令停产关闭。对未按规定建设和运行污染减排设施的企业和单位，公开通报，限期整改，对恶意排污的行为实行重罚，追究领导和直接责任人员的责任，构成犯罪的依法移送司法机关。

（四）积极探索环境资源有偿使用和排污权交易。

加强排污费征收管理，严格执行国家确定的二氧化硫排污费征收标准，逐步提高化学需氧量排污费征收标准。积极探索推行排污绩效考核、排污权有偿使用和交易机制，使环境损益计入生产成本，促进产业结构优化升级，提高企业治污积极性。要加快建立二氧化硫排污权有偿使用和交易体系，设立二氧化硫排污指标储备和脱硫资金，对新建项目和老电厂之间二氧化硫指标进行综合调控。依法获得排污指标和排污许可证的燃煤电厂，通过削减产能、清洁生产和脱硫改造等措施削减二氧化硫排放量的，经环保部门核准，其富余指标可以依法有偿转让。要逐步培育环保市场，鼓励专业机构投资脱硫，参与排污权交易。

五、加强领导，进一步形成污染减排工作合力

（一）切实加强组织协调。

省政府决定成立省节能减排工作领导小组，下设节能办公室、减排办公室，减排办公室设在省环保局。各市、县（市、区）政府和省能源集团公司、在浙国家电力企业是本地本行业本企业污染减排的责任主体，其主要负责人对污染减排工作负总责。各市、县（市、区）政府也要建立相应的组织协调机构。各级环保、发改、经贸、监察、建设、财政、公安、农业、统计、价格、电力等有关部门要各负其责，密切配合，抓紧制订相关配套政策措施和落实意见，加强工作指导和协调，督促相关行业和企业抓好污染减排。加快推进各级环境监测和监察机构标准化、信息化体系建设。各级财政要确保污染减排监测、统计、考核体系建设的资金需要。

（二）认真组织污染减排考核。

污染减排工作由各级减排办公室组织考核，主要考核污染减排目标完成情况，污染减排的指标、监测、统计、考核体系建设和运行情况，污染减排工程和措施落实情况。省减排办公室要会同有关部门抓紧制订我省污染减排管理办法和污染减排监测、统计、考核实施办法。严格执行主要污染物排放总量季报、半年报、年报和信息发布制度。省环保局每季度向省政府报告污染减排工作进展情况，每半年向社会公布全省化学需氧量和二氧化硫减排状况。各设区市政府要于每年 1 月 10 日前将当地上一年度污染减排自查报告报省减排办公室。省减排办公室在 1 月 20 日之前完成对各设区市年度减排情况的审核，并将审核结果和全省年度减排工作情况报告省政府。

（三）严格污染减排责任追究。

省政府和各市、县（市、区）政府每年向同级人民代表大会报告污染减排的进展情况，自觉接受监督。污染减排任务的完成情况，纳入各地经济社会发展综合评价体系、生态省建设年度目标责任考核体系，作为政府领导干部综合考核评价、企业负责人业绩考核的重要内容，实行问责制和"一票否决"制。省有关部门和各市、县（市、区）政府每年都要组织开展污染减排专项检查，严肃查处各类违法违规行为，对重点案件实行挂牌督办。各级监察部门要加强对污染减排的行政监察，对因工作不力未能按期完成污染减排任务的，在污染减排工作中弄虚作假的，要予以通报批评，并按有关规定追究直接责任人和相关领导的责任。污染减排任务的完成情况，要与省级财政对市县的生态补偿和生态环保专项资金安排挂钩，与各类评优创先考核挂钩，与各地建设项目审批挂钩。从 2008 年开始，污染减排年度计划完成的市县，其超额削减量允许调剂用于项目建设；上一年度污染减排计划没有完成的市县，在次年暂停审批增加同类污染物排放总量的建设项目。

（四）广泛开展宣传教育。

各地各有关部门要通过多种途径和方式，继续深入开展环境保护宣传教育活动，进一步提高全社会对污染减排工作重要性的认识，增强资源节约和环境保护意识，大力倡导健康、节约、环保的生活方式和消费模式，使减少污染物排放、保护生态环境成为广大企业和社会公众的自觉行为。

各市、县(市、区)政府和省级有关部门要按照本通知的要求，认真抓好贯彻落实。各设区市政府和省能源集团公司、在浙国家电力企业要在2007年6月25日前，提出本地区、本企业贯彻落实的具体方案报省减排办公室汇总后报省政府。省环保局要会同省监察厅检查本通知的贯彻执行情况，每年向省政府作出报告。

浙江省人民政府关于加快发展城乡社区卫生服务的意见

2007年6月12日 浙政发〔2007〕35号

社区卫生服务是实现人人享有卫生保健目标的基础环节。大力发展社区卫生服务，构建以社区卫生服务为基础、社区卫生服务机构与医院和预防保健机构分工合理、协作密切的新型医疗卫生服务体系，对于优化卫生资源配置，解决群众关心的就医问题，构建基本卫生保健制度，具有十分重要的意义。

从1999年开始，我省按照统筹城乡发展的要求，积极推进城乡社区卫生服务，取得了一定成效。但从总体上看，我省社区卫生服务工作仍然比较薄弱，在医疗卫生服务中的基础性作用尚未得到充分发挥。为深化医疗卫生体制改革，全面推进卫生强省建设，根据《国务院关于发展城市社区卫生服务的指导意见》(国发〔2006〕10号)，现就加快发展我省城乡社区卫生服务提出以下意见。

一、发展社区卫生服务的指导思想、基本原则和工作目标

(一)指导思想。以邓小平理论和“三个代表”重要思想为指导，全面落实科学发展观，把发展社区卫生服务作为深化医疗卫生体制改革、有效缓解居民看病难、看病贵问题的重要举措，作为构建新型卫生服务体系的基础，着力推进体制、机制创新，努力满足群众基本卫生服务需求。

(二)基本原则。

——坚持公益性质，转换运行机制和投入方式，确保社区卫生服务的公平性和可及性。

——坚持政府主导，强化政府责任，鼓励社会参与，多渠道发展社区卫生服务。

——坚持实行区域卫生规划，立足于调整现有卫生资源，辅以改扩建和新建，健全社区卫生服务网络。

——坚持防治结合，公共卫生和基本医疗并重，中西医并重。

——坚持因地制宜，城乡统筹，开拓创新，使社区卫生服务与城镇化进程、新农村建设和社区建设同步发展。

(三)工作目标。以“户户拥有家庭医生，人人享有卫生保健”为长远目标，争取到2010年，在全省基本建成网络健全、配置合理、功能完善、保障有力、运行科学、监管规范的社区卫生服务体系，居民在社区可以享受到预防保健等公共卫生服务和一般常见病、多发病的基本医疗服务。市辖区和经济强县(市)要加快发展，力争提前实现上述目标。

二、推进社区卫生服务体系建设

(一)明确社区卫生服务机构功能定位。社区卫生服务机构主要提供公共卫生与基本医疗服务，具有公益性质，不以营利为目的。社区卫生服务机构应以社区、家庭和居民为服务对象，以妇女、儿童、老年人、慢性病人、残疾人和贫困居民为重点，开展健康教育、预防、保健、康复、计划生育技术服务和基本医疗等服务，也可根据居民需要提供部分个性化的健康服务。社区卫生服务机构不得向医院模式发展，原则上不设住院病床，可根据需要按规划设置适量以护理、康复为主的床位。

(二)健全以政府为主导、社会力量参与的社区卫生服务网络。积极调整现有卫生资源，建立以社区卫生服务中心和站为主体，其他基层医疗卫生机构为补充的社区卫生服务网络。原则上政府按照街道办事处所辖范围或按3～10万人口举办1所社区卫生服务中心，根据需要设置若干社区卫生服务站，中心对站实行一体化管理。

社区卫生服务机构主要通过对市辖区的区级医院、街道卫生院和县(市)城区的城关卫生院等基层医疗机构进行转型改造设立。对于现有基层卫生资源不足的城区、开发区或新建小区，政府应加以补充完善，也可由公立大中型医院调整部分资源举办，但须实行人事、业务、财务的单独管理。要按照平等、竞争、择优的原则，统筹社区卫生服务机构发展，鼓励社会力量参与社区卫生服务，充分发挥社会力量举办的社区卫生服务机构的作用。

(三)加强社区卫生服务人才队伍建设。政府举办的社区卫生服务机构为公益性事业单位，要按精简高效的要求，核定相应的事业编制。加强高等医学院校的全科医学、社区护理学科教育，积极为社区培养全科医师、护士。认真实施基层卫生技术人员素质提升工程，争取到2010年完成所有社区卫生专业技术人员相应的岗位培训。强化公立大中型医院、疾病控制中心、妇幼保健机构和计划生育技术服务机构对社区卫生服务机构的业务指导和培训。要有计划地组织社区卫生工作人员到医院和预防保健机构进修学习、参加有关学术活动。鼓励大中型医院临床医生到社区卫生服务机构服务。采取有效措施，推动离退休医护人员积极参与社区卫生服务。

三、创新社区卫生服务工作机制

(一)深化人事分配制度改革。全面推行聘用制，实行定编定岗、公开招聘、合同聘用、岗位管理、绩效考核的办法。实行多种选拔任用方法，择优选聘社区卫生服务中心主任。制定社区卫生工作人员高级专业技术职务评聘政策，适当提高社区卫生服务机构高、中级专业技术职务比例，吸引大中型医院人才到社区卫生服务机构工作。加大分配制度改革力度，建立与服务数量、工作质量和群众满意度相挂钩的分配制度。合理确定工资总额增长幅度，使社区卫生工作人员安心在社区工作。

（二）大力推行社区责任医生制度。按照服务区域划分和人均服务1000～2000人口的要求，建立以社区责任医生为骨干，社区护理等人员共同组成的社区责任医生团队。社区责任医生要转变服务模式，采取主动服务、上门服务的方式，及时掌握责任区居民健康信息，科学利用健康档案，实施针对性健康服务，重点做好责任区内传染病、寄生虫病、地方病和慢性非传染性疾病的防控、妇幼和老年保健以及计划生育技术指导等工作。综合运用上门巡诊、家庭病床、全科门诊等措施，为社区居民就近提供基本医疗服务。社区责任医生对责任区内居民进行健康教育和巡诊等主动服务次数原则上每年不少于4次。根据服务对象的特殊需求，社区责任医生可通过签订健康合同等方式开展个性化的健康保健服务。

（三）创新财务管理制度。全面实行政府举办的社区卫生服务机构收支预算管理。有条件的地区可开展收支两条线管理试点，收入全额上缴同级卫生行政部门或财政部门，支出由同级卫生行政部门或财政部门按规定核定安排。鼓励社会力量通过捐赠支持社区卫生服务。

（四）建立分工合理的纵向协作机制。整合疾病预防控制、妇幼保健机构、大中型医院与社区卫生服务机构的职能，将适宜社区开展的公共卫生服务交由社区卫生服务机构承担，逐步将大中型医院承担的一般门诊、康复和护理等服务分流到社区卫生服务机构。加强大中型医院对社区卫生服务机构的支持，实施“医院牵手社区行动”，组织大中型医院与社区卫生服务中心挂钩结对，建立双向转诊制度，实行资源共享。大中型医院要落实相应的职能科室和人员，对社区卫生服务中心转来的患者优先提供科室选择、检查预约、住院安排等服务，将适宜社区诊疗的患者及其就诊资料及时转回社区，逐步形成“小病在社区、大病到医院、康复回社区”的分级医疗和双向转诊新格局。

（五）积极发挥中医药在社区卫生服务中的优势和作用。加强社区中医药服务能力建设，合理配备中医药专业技术人员，积极开展社区卫生工作人员的中医药基本知识和技能培训，切实提高社区卫生服务机构中医药服务水平。在预防、医疗、康复、健康教育等方面，积极利用中医药资源，应用中医药适宜技术，充分发挥中医药的特色优势。

四、完善发展社区卫生服务的政策措施

（一）制定实施社区卫生服务发展规划。各级政府要制定社区卫生服务中长期发展规划和年度发展计划，市辖区政府原则上不再举办新的医院，着力发展社区卫生服务。各市、县（市、区）政府要组织规划、卫生等部门编制社区卫生服务设施布局专业规划，并纳入城乡规划。对按规划已设置但用房未达标的，根据中心、站的建筑面积分别不小于1000平方米和150平方米的要求，由县（市、区）政府提出建设和改造方案，在2007年底前予以解决；对现租房的社区卫生服务机构，出租房属于街道所有的一律免收租金，不属于街道所有的，租金由县（市、区）、街道共同分担。

在城市新建、扩建、旧城改造中，要充分考虑社区卫生服务机构设置的需要，优先安排社区卫生服务机构建设用地，有关规费除上缴中央的外，予以减免。城市房地产成片开发的，应当依据社区卫生服务设施布局专业规划和《城市居住区规划设计规范》等国家、省相关标准规范，将社区卫生服务用房作为公益性配套设施建设要求，纳入规划设计条件，并作为土地出让的前提条件，由开发建设单位同步建设后移交当地卫生行政部门统一管理。社区卫生服务用房必须用于社区卫生服务，不得挪作他用。

（二）加大对社区卫生服务的投入。各级政府要按照公共财政的要求，建立稳定的社区卫生服务筹资和投入机制，加大投入力度，将城市新增卫生投入主要用于社区卫生服务。以市、区和县（市）财政为主，统筹安排解决社区卫生服务机构基本建设、房屋修缮、基本设备配备和信息化建设经费，切实改善社区卫生服务条件。落实人员培训补贴、事业单位养老保险制度建立以前的离退休人员费用和基本医疗服务政策性亏损的补助，确保政府举办的社区卫生服务机构正常运营。全省按城市常住人口每人每年不低于20元的标准筹集补助资金，纳入财政预算，按照政府购买服务的要求专项用于对城市社区卫生服务机构提供公共卫生服务的补助，并随经济的发展逐步提高筹资标准。各级政府对大中型医院支援社区卫生服务工作开展好的要给予表彰和经费支持。

省财政按照公共卫生服务均等化的要求，安排社区卫生服务专项转移支付资金，按不同经济类别地区和社区卫生服务绩效给予补助。

（三）发挥社区卫生服务健康保障作用。发挥城镇职工基本医疗保险、城镇居民医疗保障以及医疗救助制度与社区卫生服务的相互促进作用，将符合条件的社区卫生服务机构纳入定点医疗机构范围，将符合规定的家庭病床相关费用纳入支付范围。拉开基本医疗保险基金对社区卫生服务机构和二、三级医疗机构的起付标准和支付比例档次，参保人员在社区卫生服务机构发生的符合支付规定的相关费用，降低起付标准，个人负担水平应分别较二、三级医疗机构低15%、20%以上。探索完善与社区卫生服务机构特点相适应的医疗费用结算办法，进一步研究制定支持社区首诊和双向转诊的政策措施，引导群众优先利用社区卫生服务资源。

（四）完善社区卫生服务监管机制。严格社区卫生服务机构、人员和技术服务项目的准入管理，加强社区卫生服务机构规范化建设，完善科学的考核、评价体系和管理信息系统，强化行业监管和质量控制。完善社区医药价格管理，推行药品集中采购，确保医药安全，降低药品价格。

五、扎实推进农村社区卫生服务工作

各地要根据省委、省政府有关农村卫生和社区卫生服务工作的要求，不断完善农村社区卫生服务。乡镇卫生院要切实转变服务模式，加快转型成为社区卫生服务中心。要把乡镇卫生院分院和村卫生室等现有农村卫生机构改造成为社区卫生服务站。到2010年，全省所有中心村要完成社区卫生服务站建设，社区卫生服务中心和站实行一体化管理。进一步深化联村医生、驻村医生等多种形式的社区责任医生制度，全面落实农村公共卫生三大类12项任务，切实做好农民健康体检工作。建立新型农村合作医疗社区首诊制度，拉开参合人员在社区卫生服务机构和县级以上医疗机构的住院起付标准和报销比例，引导农村居民充分利用社区卫生服务。通过城乡统筹发展，促进我省社区卫生服务再上新的台阶。

六、加强对社区卫生服务工作的领导

发展社区卫生服务，保护和增进居民健康，是各级政府履行社会管理和公共服务职能的一项重要内容。各地、各部门要充分认识发展社区卫生服务对于维护居民健康、促进社区和谐的重要意义，将其列入重要议事日程，纳入政府年度综合目标管理和考核，切实加强组织领导。

要建立政府牵头、多部门协调配合的工作机制。省、市政府成立由分管领导牵头的发展社区卫生服务领导组织，研究制定社区卫生服务发展规划和重大政策措施，研究解决工作中的重大问题，加强检查和指导。县(市、区)政府是发展社区卫生服务的责任主体，要建立由政府领导为组长、各相关部门负责同志参加的社区卫生服务工作领导小组，结合实际，统筹协调，发展本地社区卫生服务。发挥乡镇政府(街道办事处)、村民委员会(居民委员会)的作用，与社区卫生服务机构共同做好社区卫生服务工作。卫生、发展改革、人事、编制、财政、劳动保障、民政、规划、建设、教育、人口计生、食品药品监管和物价等有关部门，要各司其职、各尽其责，加强协调配合，共同推进我省社区卫生服务持续健康发展。

各市、县(市、区)政府要根据本意见，制定具体的实施办法，积极落实各项政策措施，组织督促有关部门和乡镇政府、街道办事处认真履行职责，保证发展社区卫生服务各项目标任务的实现。

浙江省人民政府
关于印发浙江省高新技术产业发展“十一五”规划的通知

(2007 年 10 月 17 日 浙政发〔2007〕52 号)

各市、县(市、区)人民政府，省政府直属各单位：

现将《浙江省高新技术产业发展“十一五”规划》印发给你们，请结合实际，认真贯彻执行。

浙江省人民政府

浙江省高新技术产业发展“十一五”规划

“十一五”时期，是我省国民经济和社会发展的关键时期。充分发挥浙江的体制优势、产业优势和文化优势，有效利用国内外科技资源，大力发展高新技术产业，积极利用高新技术改造提升传统产业，是贯彻落实科学发展观，推进产业结构调整和经济发展方式转变，进一步提升浙江综合实力和国际竞争力的关键。

《浙江省高新技术产业发展“十一五”规划》是浙江省“十一五”规划编制体系目录所确定的重点专项规划之一，是“十一五”时期我省高新技术产业发展的指导性文件。

一、发展基础和趋势

“十五”以来，我省大力发展电子信息、生物医药、新材料等高新技术产业，积极利用高新技术改造提升传统产业，加快建设区域创新体系，高新技术产业的发展取得重大进展，成为浙江经济新的增长点。

总量规模不断扩大。2005 年，全省高新技术产业实现产值 3569 亿元，增加值 779 亿元，占全省生产总值的比重为 5.8%。其中，高技术产业实现销售收入 1752 亿元，增加值 370 亿元，均比 2000 年翻了一番多；软件业实现销售收入 251 亿元，增加值 83 亿元，年均增长速度近 40%；通信服务业实现收入 396 亿元，增加值 265 亿元。高新技术产品出口 60 亿美元，占外贸出口总额

专栏 1:“十五”时期全省高新技术产业发展主要指标

指　标　名　称	2000 年	2005 年
高新技术产业产值(亿元)	1000	3569
高新技术产业增加值(亿元)	-	779
高技术产业销售收入(亿元)	494	1752
高技术产业增加值(亿元)	131	370
软件业销售收入(亿元)	55	251
软件业增加值(亿元)	-	83
通信服务业收入(亿元)	229	396
通信服务业增加值(亿元)	153	265
高新技术产品出口(亿美元)	16	60
高新技术产品出口占总出口比重(%)	3.5	7.8
省级以上高新技术企业数(家)	868	1987
全省 R&D 经费投入占 GDP 比重(%)	0.6	1.22
发明型专利授权数(项)	216	1110

的比重由2000年的3.5%提高到2005年的7.8%(见专栏1)。

优势产业迅速壮大。加大软件、集成电路、通信、生物制药、现代中药、磁性材料等产业的培育力度,优势高新技术产业快速成长,规模效应和竞争优势日益显现。软件产业保持持续高速增长,居全国前列,并在证券、金融、服装、工业自动化等行业的应用软件和系统集成等领域居于领先地位。通信设备制造业2005年实现销售收入461亿元,产业规模居全国前列,已成为全国通信设备制造大省。生物医药制造业2005年实现销售收入超400亿元,继续保持全国第3位。

集聚发展初见成效。以杭州国家高新技术产业开发区为龙头的一批高新技术产业园区成为我省高新技术产业集聚发展的重要载体。2005年,杭州国家高新技术产业开发区和12个省级高新技术产业园区实现技工贸总收入1750亿元,比2000年翻了两番(见专栏2)。同时,以杭州国家软件产业基地、集成电路设计产业化基地、电子信息产业基地为代表的一批高技术产业基地已成为优势产业加快集聚和加速发展的重要依托。2005年,杭州国家软件产业基地实现销售收入135亿元,是2000年的6.3倍;出口创汇5585万美元,比2000年翻了3番;基地内企业达870家,其中14家为国家规划布局内重点软件企业,11家在境内外上市。"十五"期间,基地内软件从业人员由3000余人增至约2万人。

专栏2:国家级和省级高新技术产业开发区(园区)发展情况

园区名称	2005年技工贸总收入(亿元)	园区名称	2005年技工贸总收入(亿元)
杭州国家级高新技术产业开发区	800	衢州高新技术产业园区	23
		金华高新技术产业园区	73
宁波高新技术产业园区注	124	台州高新技术产业园区	80
温州高新技术产业园区	60	余杭高新技术产业园区	37
嘉兴高新技术产业园区	79	萧山高新技术产业园区	53
湖州高新技术产业园区	136	上虞高新技术产业园区	109
绍兴高新技术产业园区	63	新昌高新技术产业园区	113

注:2007年1月升级为国家级高新技术产业开发区。

高新技术产业化成效显著。以提高自主创新能力和国际竞争力为目标,围绕省"十五"规划提出的18个高技术产业化重大专项,大力实施高技术产业化项目,起到了"实施一个项目、壮大一家企业、带动一片产业"的良好作用。"十五"期间,全省共组织实施国家和省级高技术产业化示范工程项目476项,总投资330亿元;其中国家级项目130项,总投资114亿元,争取国家资金7.5亿元。累计实施省级以上火炬计划项目1668项,其中国家级火炬计划项目1092项。获得国家创新基金支持的科技型中小企业技术创新基金项目累计710项。

传统产业改造取得较大进展。加强技术引进和消化吸收再创新,积极利用信息技术、生物技术、环保技术、节能技术等高新技术改造提升传统产业,纺织、服装、医药、化工、机电等传统优势产业的核心技术和关键装备水平明显提高,企业的技术含量和核心竞争能力进一步增强,一批传统产业企业通过改造转化为高新技术企业。

区域创新体系初步建立。积极鼓励和支持企业建立研发机构,加快建设重点实验室和实验基地,大力培育区域科技创新服务中心以及企业博士后流动站。到2005年,全省共建立省级以上企业技术中心、高新技术企业研发中心、工程研究中心等企业研发机构700余家,区域创新服务中心55家,孵化器52家。建立健全浙江网上技术市场,2005年发布技术难题12931项,正式签订项目2425项。积极引进大院名校联合共建科技创新载体,浙江清华长三角研究院、浙江加州国际纳米技术研究院等相继落户浙江。"十五"期间,累计获得发明型专利2653件。

总体上看,"十五"期间我省高新技术产业得到快速发展,取得了显著进步,但与发达国家和国内先进省份相比,还存在着较大差距。从规模和速度来看,2005年全省高新技术产业增加值占地区生产总值的比重偏低,且高新技术产业总产值的增长速度低于全国平均水平。从创新能力来看,2005年我省高技术产业新产品产值仅居全国第7位,全省R&D经费投入占GDP的比重以及企业R&D经费投入占销售收入的比重均低于全国平均水平。从国际化程度来看,2005年我省高新技术产品进出口总额仅为106亿美元,其中进口46亿美元、出口60亿美元,占全国的比重分别为2.3%和2.8%,在全国列第7位。

当前,我省经济社会发展正处于关键时期,创新发展模式、实现高起点上更高水平的发展任重道远。为缓解发展中长期积累下来的深层次矛盾和问题,加快调整产业结构、切实转变经济发展方式、努力提升区域经济实力和国际竞争力已迫在眉睫。以信息产业、生物产业为代表的高新技术产业,符合新型工业化导向,是建设先进制造业基地的重要内容,将在转变经济发展方式中发挥重要的作用。从技术层面看,全球新科技革命所酝酿的重大科技突破,将带来更大规模、更加深刻的产业革命。电子信息产业在互联、无线、宽带、数字化等新技术的推动下,将进入新一轮发展阶段;生物产业即将进入大规模产业化阶段,将成为全球高新技术产业发展强有力的引擎。新能源、新材料等产业也都将进入新一轮全面高速发展时期。从产业层面看,随着经济全球化向纵深发展,全球范围内高新技术产业转移步伐明显加快。发达国家为降低生产成本和研发成本,加快将生产环节以及应用性研究开发等服务环节向发展中国家转移,为我国高新技术产业进一步融入国际分工体系,提升产业分工地位提供了机遇。与此同时,随着入世过渡期的结束,高端产品领域围绕知识产权、技术标准等的贸易摩擦和低端产品领域围绕技术壁垒、反倾销的贸易纠纷可能集中暴露出来，我国长期以来建立在技术引进和仿制基础上的产业发展模式将面临严峻挑战。因此，紧紧抓住机遇，充分利用国内国际两种资源，做大做强高新技术产业，运用高新技术改造提升传统产业，促进浙江经济又好又快地发展，推动在全面建设小康社会进程中继续走在全国前列，是“十一五”时期我省经济建设中的一项极为重要的任务。

二、指导原则和主要目标

(一)指导原则。

高举邓小平理论和“三个代表”重要思想伟大旗帜，以十六届六中全会和省第十二次党代会精神为指导，全面落实科学发展观，按照“创业富民、创新强省”的要求，加快科技强省和创新型省份建设，大力推进体制创新和技术创新，做大做强高新技术产业，重点培育和引进一批龙头企业，打造一批集聚效应突出的高新技术产业基地，加快高新技术和先进适用技术对传统产业的改造提升，不断增强高新技术产业的自主创新能力和国际竞争力，全面提升产业化、信息化和国际化水平，使高新技术产业成为推进浙江经济社会又好又快发展的主导力量。

——坚持以企业为主体。企业是社会主义市场经济的主体，也是以需求为导向实现高新技术产业化的中心环节。要遵循市场规律，充分发挥市场机制在资源配置中的基础性作用，使企业真正成为高新技术研发和产业化的主体。加强政府对高新技术产业发展的引导作用，加大政策扶持力度，建立支撑保障体系，加强和改善政府服务，努力营造有利于高新技术产业发展的良好环境。

——坚持自主创新。把提高自主创新能力摆在高新技术产业发展工作的突出位置，将加强创新能力建设、构筑自主知识产权及标准体系与加强开放创新、积极参与国际合作有机地结合起来。原始创新要以高校和科研院所为依托，在主导产业的核心领域取得重大突破；要在具有高度技术关联性和产业带动性的关键领域大力开展集成创新；要在引进先进技术的基础上以企业为主体积极开展消化、吸收再创新，努力在若干重要领域掌握一批核心技术，拥有一批自主知识产权，造就一批具有国际竞争力的企业和品牌。

——坚持国际化战略。紧紧把握世界高新技术产业分工调整和加速转移的重要机遇，积极承接和吸纳国际高新技术产品制造业和研发中心转移，坚定不移地走国际化发展道路。要充分利用国内国际两个市场、两种资源，创造良好环境，全方位引进国外资金、高新技术、先进管理、优秀人才，并加快培育与跨国公司生产经营相衔接的产业配套体系，形成产业链。同时，进一步加大实施“走出去”战略的力度，积极开拓海外市场，鼓励设立海外研发机构，购并海外高新技术企业，利用国际资源加快发展。

——坚持重点突破。立足浙江高新技术产业发展基础，抓住新科技革命和经济全球化所带来的机遇，坚持“有所为，有所不为”，遴选一批市场容量大、技术含量高、经济效益好、带动作用强的优势产业和新兴产业。要加强政策引导，加大培育扶持力度，在信息、生物、新材料、新能源、高技术服务业等领域取得重点突破，形成新的经济增长点，推动浙江高新技术产业实现跨越式发展。

——坚持集聚发展。顺应高新技术产业集聚发展的内在规律，充分发挥浙江的区域特色产业优势，集聚要素，集中力量，做大做强一批具有鲜明产业特色和较强竞争力的高新技术产业集群。努力增强核心发展能力，不断优化区域发展环境，进一步增强高新技术产业密集区的集聚带动能力。

(二)主要目标。

“十一五”期间，高新技术产业成为我省重要的经济新增长点，自主创新能力和对传统产业的改造提升能力显著增强。到2010年，高新技术产业产值达10000亿元，增加值1800亿元，年均增长约20%。其中，高技术产业实现销售收入5000亿元，年均增长20%以上；软件业实现销售收入1000亿元，年均增长30%以上；通信服务业实现收入500亿元，年均增长5%左右。高新技术产品出口超过150亿美元，年均增长20%以上，占外贸出口总额的比重超过10%。全省R&D经费投入占GDP的比重达1.5%以上(见专栏3)。

——培育一批具有较强国际竞争力的高新技术企业。其中：销售收入100亿元以上的大企业、大集团10家左右；销售收入10亿元以上的小型巨人企业超过100家；从国外引进高新技术企业超过500家；孵化拥有自主知识产权的高新技术中小企业超过2000家。

——建成一批具有较强自主创新能力的科技基础设施和企业研发机构。全省年发明专利授权量达到2000件以上；工程研究中心、企业技术中心、高新技术研发中心、重点实验室等国家和省级企业研发机构的总量规模争取翻一番。

——形成一批具有明显特色优势的高新技术产业集群。软件、集成电路、动漫、生物等产业成为全国重要产业基地，网络与通信、计算机及外设、数字音视频、汽车电子、光电子、新型元器件、磁性材料、半导体材料等产业形成集群化发展。

专栏3:“十一五”全省高新技术产业发展主要指标

指标名称	2010年	年均增长
高新技术产业产值(亿元)	10000	约20%
高新技术产业增加值(亿元)	1800	约20%
高新技术产业增加值占GDP注比重(%)	9	-
高技术产业销售收入(亿元)	5000	20%以上
软件业销售收入(亿元)	1000	30%以上
通信服务业收入(亿元)	500	5%左右
高新技术产品出口(亿美元)	150	20%以上
高新技术产品出口占总出口比重(%)	10	-
全省R&D经费投入占GDP比重(%)	1.5	-
发明型专利授权数(项)	2000	12%

注：据《浙江省国民经济和社会发展第十一个五年规划纲要》，2010年全省GDP为20000亿元。

三、优先发展的八个领域

(一)电子信息产业。

——网络与通信。重点研究开发第三代移动通信技术、无线数据通信技术、光通信技术、网络与信息安全技术等，积极开发支撑下一代网络应用的网格软件平台技术和面向产品创新设计与开发的网络化平台技术，加快发展高速路由交换设备、服务器、网络终端以及移动通信终端产品。

——集成电路。重点发展半导体材料、数字家电核心芯片，嵌入式CPU和媒体处理器，射频(RF)集成电路，网络通信集成电路，信息安全集成电路以及为集成电路设计和制造服务的电子设计自动化(EDA)技术，提高集成电路设计、制造、封装、测试水平，完善集成电路配套产业。

——汽车电子。重点开发车身设计、总线控制、安全及故障诊断等技术。重点发展刹车防抱死系统(ABS)、燃油控制系统、车道保持辅助系统、尾气排放控制系统、汽车行驶监控记录系统和车载娱乐影音系统、全球定位导航系统(GPS)等产品。

——数字化音视频。大力发展数字电视及网络视讯技术。重点支持数字电视前端设备和系统、传输技术、专用集成电路、专用软件，以及流媒体、新型信息终端、新型显示、海量信息存储等技术的研发和产业化。

——光电子及关键元器件。重点开发激光技术、微光机电技术、多芯片模块技术，努力在有机电致发光显示技术、半导体照明高效白光二极管技术上取得突破。大力发展新型激光器件、光学薄膜器件、光电器件、微传感器件及微精密片式器件。

(二)现代生物产业。

——生物农业。重点研究开发现代生物育种技术和生物反应器，加快转基因技术平台建设，大力开发新型生物农(兽)药、生物肥料、添加剂及其他污染治理用制剂、新型畜禽疫病疫苗与诊断试剂等绿色生物制品。发展植物、动物和微生物等生物技术，加快优良品种和生态农业投入品的产业化。

——生物制药。重点研究医药分子生物学新技术、细胞生物学新技术、生物催化与转化技术、干细胞培养与组织工程等生物合成关键技术。重点发展基因诊断及治疗等临床应用技术和生物药物，以及细胞因子与免疫调节制剂、单克隆抗体治疗药物、预防性疫苗、生物芯片技术及诊断试剂、重大疾病的治疗和预防性药物等。

——中药现代化及天然药物。建立完善中药的研究开发体系，重点研究中药和天然药物有效成分的分离(纯化)技术、天然药物的结构修饰技术、药用动植物资源综合利用技术、中药制药过程质量监控技术以及工艺参数在线检测和自动化控制系统。

——药物新剂型和新材料。重点研究缓控释制剂、透皮吸收制剂、生物降解型长效注射剂、靶向制剂、生物大分子、长效及多途径给药系统，以及用于组织和器官修复与替代的生物医用材料。

——海洋药物和保健食品。重点发展海洋中成药和海洋保健功能食品。选取一批资源丰富、有效成分含量高、易获取和人工繁育的海洋生物，利用分离技术，进行生物活性物质的筛选和提取分离，开发海洋药物和保健功能食品。

(三)新材料产业。

——纳米材料。重点发展纳米粉体材料、纳米催化材料以及金属基纳米复合材料、纳米改性材料、高分子纳米复合材料，积极开发材料表面纳米化和纳米分散技术，大力推动纳米材料规模化应用。

——磁性材料。重点发展稀土磁性材料、高性能软磁铁氧体、永磁铁氧体、磁记录材料、磁致伸缩材料及磁性液体等，加强对优势产品先进工艺的研究，加快重要装备的国产化。

——工程塑料及新型催化剂。重点研究塑料改性技术，无卤阻燃技术，低毒稳定技术以及氟塑料成形加工技术。加快发展交联聚乙烯和通讯、电器、汽车、建筑等塑料专用料，通信和电力电缆用及油气输送用万吨级聚烯烃管材生产技术及设备。积极开发新型聚烯烃合成催化剂、高效硝基苯加氢催化剂。

——特种纤维及其复合材料。加快发展碳纤维、无碱玻璃纤维、新型功能性纤维、芳纶纤维、高分子量聚乙烯纤维及树脂基复合材料。重点研究开发功能性树脂的制备技术，熔体直纺超细纤维、复合超细短纤维、功能性短纤维纺丝及加工技术，纤维缠绕技术及挤拉成型技术。

——结构材料。重点开发新型铝合金、铜合金、锌合金和钛合金等高性能有色合金材料，高韧性陶瓷、高强轻质材料、超高强度复合材料等高性能无机结构材料。

——生物基材料。积极发展以生物质为原料生产可生物降解高分子材料和替代石油基产品的基础化工材料。重点研究可生物降解的生物质塑料、淀粉与可生物降解高分子材料共混得到的环境友好高分子材料单体及聚合物。

(四)新能源产业。

——可再生能源。大力发展风能、太阳能、生物质能、氢能、海洋能等新能源，积极研发新型高效清洁能源技术和石油替代技术。重点发展大型风力发电技术与装备，太阳能光发电基础材料、太阳能光伏电池及发电系统，生物质燃料制取与应用技术及装备，氢的安全高效制取、贮运及专用燃料电池。

——能源节约和高效利用。加快核能利用技术、先进电网技术、先进节能储能技术的开发和应用。重点发展大型超临界燃煤火电机组和超临界流化床发电机组及超超临界机组应用技术，提高煤炭综合利用效率；开发耗能设备的节能综合优化与控制技术、废弃物和低品位燃料的稳定燃烧技术及建筑综合节能技术。

(五)高技术服务业。

——软件与系统集成业。大力发展信息家电、工业控制等领域的嵌入式软件，强化行业应用软件和系统集成优势，积极发展Linux软件、网络软件、安全软件和中间件等基础软件产品。积极鼓励软件产品出口、外包及相关服务。

——电子商务产业。大力发展企业间、企业与消费者之间、消费者之间的电子商务，加快发展网上中介服务业，拓宽电子商务覆盖面。重点建设以行业门户网站和电子商务交易平台为基础的面向广大中小企业的第三方电子商务。同时，加快信用服务、安全认证、在线支付、现代物流和标准规范等支撑体系建设。

——通信服务业。完善信息网络基础设施，优化网络布局，适时导入新一代移动通信和下一代互联网。重点发展固定电话、移动通信、数据三大服务。固定电话服务主要发展智能及语音增值等网络新业务；移动通信服务主要发展消息类业务、移动定位业务、游戏类业务、彩铃等增值业务；数据服务主要发展有利于促进宽带通信网、数字电视网、下一代互联网“三网融合”的混合接入技术和在线数据处理、视频会议等相关业务。

——数字内容产业。加强信息资源开发利用，建设一批数据库，积极推进文化、出版、广播影视等行业发展数字化产品，提供网络化服务。重点发展网络教育产品、数字文化产品、网络健康与卫生服务产品、健康的娱乐内容产品等，促进信息咨询、征信服务发展。

(六)现代装备制造业。

——工业自动化和智能仪器仪表。加快发展集散控制系统、开放式控制系统等工业生产过程主控系统，加快开发工业生产过程先进控制和过程优化技术，积极开展新一代自动化主控系统、智能传感器、智能仪表、智能执行器、新型科学仪器、专用分析仪器、新型医疗设备、新型计量检测仪器、成套专用控制装置及成套专用优化系统装置等的研发及产业化。

——数控装备及智能化基础元件。重点发展通用加工中心，海水淡化、纺织机械、空分设备等成套装备，面向模具制造业、汽配制造业、纺织机械制造业等特色行业的专用数控装备，绿色高效、节能节水、无泄漏及能量回收型流程工业装备，以及具有自主知识产权的微器件、微系统和智能化数字基础元件等的设计与制造产业。

(七)环保及资源综合利用产业。

——污染物控制与减排。重点研发农业面源污染物控制与减排技术，化肥、农药减量增效施用技术，农田作物废弃物资源综合利用技术、畜禽规模养殖场排泄物资源化利用技术，特种水产工厂化养殖水质净化技术，有机废气生物净化成套技术，机动车排气净化技术。发展工业废水、大宗社会废弃物资源化处理技术及装备，烟尘治理专用技术和设备等。

——资源节约与综合利用。以资源的高效利用和循环利用为核心，开发应用支撑循环经济发展的各项技术。大力开发和应用以节水节能技术为核心的清洁生产技术，除尘、脱硫、输灰一体化技术，城市垃圾焚烧发电技术，洁净煤技术，生态修复和重建技术等。重点发展工业生产和城镇生活用水的新型节水技术与设备，低能耗、低成本的新型海水淡化关键技术和高效复合处理工艺，现代农业、设施农业的高效节水灌溉和节水养殖的关键技术与配套设备等。

——资源环境信息系统。研究开发污染物排放在线监测、环境质量自动监测及环境污染应急、处理技术系统和信息系统，台风、洪涝、泥石流、滑坡、赤潮等突发性自然灾害监测、预警、减灾技术和信息管理系统。

(八)应用高新技术改造提升传统产业。

——电子信息技术。鼓励和引导企业广泛应用信息技术，逐步提高企业的信息化水平。大力发展和应用数字化设计和制造、精密制造、绿色制造、虚拟制造和网络制造等先进技术，不断提高传统产业的附加值和竞争力。

——现代生物技术。积极运用基因工程、细胞工程、蛋白质工程、酶工程等技术，不断提升化工、食品、农副产品加工业的技术水平。

——新材料技术。在纺织、皮革、机械、化工、塑料、建材、模具等行业中广泛应用纳米等新材料改善产品性能，提高产品质量。

——加快传统产业企业向高新技术企业的转换。发挥机械、石化、轻工、纺织等传统行业产业链的整体优势，以市场为导向，积极开展工艺创新和产品创新，不断提升产品的技术含量和附加值，加快促进传统产业企业向高新技术企业的转换，提升企业的核心竞争力。

专栏4:“十一五”高新技术产业优先发展领域和重点方向

优先发展领域	重 点 方 向
电子信息产业	网络与通信、集成电路、汽车电子、数字化音视频、光电子及关键元器件
现代生物产业	生物农业、生物制药、中药现代化及天然药物、药物新剂型和新材料、海洋药物和保健食品
新材料产业	纳米材料、磁性材料、工程塑料及新型催化剂、特种纤维及其复合材料、结构材料、生物基材料
新能源产业	可再生能源、能源节约和高效利用
高技术服务业	软件与系统集成业、电子商务产业、通信服务业、数字内容产业
现代装备制造业	工业自动化和智能仪器仪表、数控装备及智能化基础元件
环保及资源综合利用产业	污染物控制与减排、资源节约与综合利用、资源环境信息系统
应用高新技术改造提升传统产业	推广应用电子信息技术、现代生物技术、新材料技术，加快传统产业企业向高新技术企业转换

四、重点实施的五项工程

(一)产业规模壮大工程。

加快从加工装配为主向自主研发制造延伸，按照产业集聚、规模发展和扩大国际合作的要求，大力发展电子信息、生物、新材料等优势产业，重点培育新能源、高技术服务业等新兴产业，不断提高高新技术产业比重。

电子信息产业要根据数字化、网络化、智能化的总体趋势，大力发展软件、集成电路等核心产业，重点培育数字化音视频、新一代移动通信等信息产业群。要充分利用全球范围内信息产业分工细化和产业转移步伐加快的重大机遇，发挥我省比较优势，加强发展环境建设，切实提高吸纳产业转移的能力和水平。在保持信息产业规模持续增长的同时，提升产业核心竞争力，努力提高效益和质量。

生物产业是关系国计民生的战略性新兴产业。“十一五”期间将是生物技术进入大规模产业化、国际产业分工格局初步形成的重要时期。要坚持“科学谋划、创新先行、国际合作、重点突破、集聚发展”的指导方针，充分发挥产业基础优势，加速现代生物产业发展，在生物医药、海洋生物、生物农业、中药现代化等重点领域有所建树。

新材料产业不仅对电子信息、生物医药等高新技术产业的发展起着支撑和先导的作用，也对机械、轻纺、化工等传统产业的技术改造和产品结构调整起着积极的推动作用。要根据当前新材料产业上下游加速融合、产业结构呈现横向扩散的趋势，按照智能化、多功能化、环保化、低成本化的发展方向，加快材料设计和制备技术发展，进一步做大做强我省新材料产业，努力在纳米材料、磁性材料等领域取得重大突破。

开发利用新能源和可再生能源，提高能源使用效率，是解决我省能源和环境问题的重要措施，对我省经济社会发展具有重大的现实意义。要加快水能、太阳能、风能和生物能等领域成熟技术的产业化进程，大力发展可再生能源和节能产业，努力降低我省能源的对外依存度，有效缓解能源紧张问题。

要大力发展软件业、信息服务业等高技术服务业，积极培育以信息技术、网络技术和数字技术为基础的数字内容产业、互联网产业以及系统集成服务业和科技中介服务业，为优化产业结构、加快经济发展方式转变提供支撑。

（二）传统产业升级工程。

鼓励和引导企业加强自主创新，积极引进、整合国内外高新技术成果和研发资源，运用高新技术改造提升传统产业，不断提高我省产业层次和产业整体竞争力。

发挥信息化对工业化的带动作用，加快信息技术向传统产业的渗透。通过计算机辅助集成(CAX)、网络化制造(NM)、柔性制造系统(FMS)、重构制造系统(RMS)以及产品数据管理(PDM)和企业资源计划(ERP)等技术的运用，实现传统产业研发设计的协同化、供应链管理的网络化、产品制造的数字化、生产过程的柔性化、自动化和绿色化，从而提高传统产业的管理水平和生产效率。加速提升改造传统服务业，大力推进金融、商业、物流、教育和医疗卫生等行业的信息化建设，促进电子商务的产业化。加快现代物流业的发展，打造现代金融服务体系，推动传统服务业向现代服务业的转型。

充分发挥生物技术的重要作用，通过与传统产业的有机结合，加快改造步伐，促进产业升级。加快先进适用的节能、环保、资源节约型技术以及新材料、新能源技术的推广应用，推动建立环境友好型产业和资源节约型产业。大力发展循环经济，改变高投入、高消耗、高污染的传统模式，走出一条科技含量高、经济效益好、资源消耗低、环境污染小、人力资源优势得到充分发挥的新型工业化路子，促进经济结构转型，实现经济社会的又好又快发展。

（三）产业发展集聚工程。

以产业规划和空间规划为指导，以产业链为纽带，加强政策引导，加大扶持力度，促进高新技术人才、资金和技术等要素向优势区域集中，打造一批高新技术产业集群，形成浙江高新技术产业的群体优势和局部强势。同时，发挥高新技术产业增长极的集聚效应和辐射效应，带动全省经济的发展。

以国家级高新技术产业开发区为重点，加大产业集聚载体建设力度。要将杭州、宁波国家级高新技术产业开发区培养成为全国一流的国家级高新技术产业开发区，同时积极创造条件，努力将绍兴、嘉兴等省级高新技术产业园区建设成为国家级高新技术产业开发区。省级高新技术产业园区要成为所在区域高新技术产业发展的重心所在，同时各地也要依托优势产业积极创建新的省级高新技术产业园区。要发挥各类国家级和省级高技术产业基地在特色优势产业集聚中的作用，重点建设杭州国家软件产业基地，积极培育生物产业基地，发展壮大集成电路、动漫等产业基地。要大力发展省级科技企业孵化器，努力增强科技企业孵化器的孵化力度，提高孵化质量；同时，要加强科技企业孵化器的自身建设，不断扩大孵化器数量和孵化规模。

产业集聚要坚持“突出重点、突出特色”的原则，努力形成从应用基础研究、技术研究与开发、产业化到规模化发展的完整创新体系。其中：信息产业以环杭州湾地区为重点，主要发展资本密集型、人才密集型的软件、集成电路、网络与通信、计算机、智能家电等产业；同时，在温台电子信息产业集聚区发展汽车电子、新型元器件、光电子等产业，在金衢丽电子信息产业集聚区发展磁性材料、半导体材料、氟硅材料和新型电子元器件等特色产业。生物产业重点创建国家级生物产业基地，以杭州“新药港”为核心区块；同时，建设以抗感染、抗肿瘤、维生素为重点的绍兴袍江扩展区，以生物医药、现代中药和生物农药为重点的湖州扩展区，以生物工程原料药为重点的台州扩展区，以现代中药和天然药物为重点的金华扩展区（见专栏5）。

专栏5:“十一五”时期全省高新技术产业布局优化方向

区 域	产业基础	“十一五”发展重点
环杭州湾高新技术产业密集区	杭州软件、计算机与网络，富阳光纤光缆，萧山高性能机电基础件，平湖光机电，桐乡新型纤维，南浔特种电磁线，嘉善电子信息，海宁纺织新材料，海宁软磁材料，海盐智能仪器仪表，德清生物医药，长兴无机非金属新材料，绍兴纺织新材料，诸暨环保装备，宁波北仑注塑机，宁波磁性材料，鄞州新型计量仪表，宁海塑料模具，定海塑料挤出机	软件、集成电路、网络与通信、计算机、生物医药、生物农药和现代中药
温台高新技术产业拓展区	乐清智能电器，永嘉特种泵阀，黄岩塑料模具，瑞安自动化设备，椒江缝制设备	汽车电子、新型元器件、光电子和生物工程原料药
金衢丽高新技术产业拓展区	东阳磁性材料，兰溪天然药物，丽水微电机	磁性材料、新型电子元件、电子材料、现代中药和天然药物

(四)创新能力提升工程。

积极建设重大创新工程,充实丰富区域创新体系,进一步增强企业在技术创新和科技投入中的主体地位。在传统优势产业和新兴产业的重点领域,注重共性技术的开发,突破制约产业发展的关键技术瓶颈,增强浙江高新技术产业的自主创新和可持续发展能力。

加强企业自主创新能力建设,发挥企业在推进产业技术进步中的主导作用,重点建设企业技术中心、企业研发中心、中试基地等具有较强创新能力的国家和省级企业研发机构,不断提升浙江经济的技术水平和产业层次,提高主要产品的科技含量和附加值。

加快区域创新服务体系建设,以深化经济、科技、教育体制改革为动力,建设具有较强技术服务能力的区域科技创新服务中介组织,努力使我省各主要块状经济都拥有省级以上区域科技创新服务中心。

加强创新能力基础设施建设,通过整合各类创新载体和创新资源,构筑一批科技基础条件平台、一批行业专业创新平台、一批区域创新平台,形成若干行业专业产学研战略联盟,改善科技创新的基础条件,增强自主创新的综合能力。

继续加大引进大院名校共建创新载体的工作力度,加强与中国科学院、中国工程院、清华大学、北京大学等国内外大院名校的合作。以大规模引进高层次的人才和核心技术为主旨,加快现有引进院所建设,争取新引进一批国内外大院名校。

(五)重大项目推进工程。

组织实施重大项目,是发展高新技术产业的重要抓手。要以国家和省级高技术产业化项目为重点,围绕《浙江省科技强省建设与"十一五"科学技术发展规划纲要》所确定的重大专项和优先主题,以在优势产业、新兴产业中居于产业链中心环节的企业为主体,通过实施一批重大专项和重大项目(见专栏6),培育壮大骨干企业,提高产业技术水平,带动区域高新技术产业发展。

高技术产业化项目。瞄准世界科技发展前沿,以提高自主创新能力和国际竞争力为目标,大力实施高技术产业化项目,加快工程研究中心、工程实验室等重大科技基础设施以及企业创新能力建设,争取在新一代移动通信、下一代互联网、数字电视、汽车电子、光电子、农业生物技术、风力发电等领域掌握一批核心技术,形成一批自主知识产权,培育一批优势产品和骨干企业。

科技支撑和引领项目。围绕高新技术产业发展的重点领域和产业升级的方向,组织实施以国家863计划、科技支撑计划、国家级火炬计划、国家科技型中小企业创新基金和省重大专项为主体的科技项目,努力在产业核心技术方面取得一系列重大突破。

国际产业转移项目。要紧紧抓住当前国际高新技术产业加速发展和布局调整的有利时机,以提升产业层次和国际竞争力为目标,引进实施一批国际高新技术产业转移项目。同时,以国际产业转移项目为核心,加强与省内高新技术企业的融合互动,积极发展上下游配套产业,努力形成新的产业链和经济增长点。

技术创新项目。围绕产业发展的关键技术,实施新材料开发与应用、先进制造、企业技术中心、企业技术创新能力建设等专项,进一步提高优势行业和企业的竞争优势,提升相关领域的技术水平。

产业升级项目。要把发展高新技术产业与改造提升传统产业结合起来,把培育新的经济增长点与量大面广的产业升级结合起来,以项目为载体,推动我省各主要传统优势产业技术进步和产业升级,为支撑走新型工业化道路和可持续发展战略提供重要保障。

五、保障措施

(一)强化产业政策指导。

加快立法工作。研究制定加快发展高新技术产业、促进自主创新的地方性法规,进一步完善高新技术产业发展的法律体系。特别是要完善财政、税收、金融、人才、土地、知识产权保护以及政府采购等方面的法律文件,为高新技术产业发展提供有力的法制保障。

完善产业政策。根据国家优先发展的高技术产业化重点领域指南和高技术产品目录,明确我省"十一五"时期重点鼓励和支持的领域和发展方向。进一步贯彻软件和集成电路专项产业政策,结合实际,加快研究制定促进信息产业、生物产业、新能源、新材料、现代装备制造等重点产业加快发展的具体措施。

落实税收政策。根据国家的统一部署,加快推进税收政策由区域型优惠、所有制型优惠向产业型优惠转变,由生产型优惠向鼓励研发型优惠转变,并积极推动增值税由生产型向消费型转变。积极落实国家和省有关鼓励高新技术产业发展的税收优惠政策,形成有利于促进高新技术产业发展的税收政策体系。

用好政府采购政策。认真贯彻执行《中华人民共和国政府采购法》,进一步明确支持高新技术产业发展的具体措施。建立政府首购和订购制度,用财政性资金进行采购的必须优先购买自主创新产品。政府投资的重点工程中,国产设备采购金额必须达到规定的比例。要重点支持国产软件、计算机、信息安全、生物医药等产品,通过政府采购支持高新技术产业的发展。合理运用技术性贸易措施,努力提高我省高新技术产业和产品的国际竞争地位。

(二)深化改革开放。

深化科技体制改革。加快科技管理体制改革,以体制创新促进科技创新。加强各部门的分工合作,建立健全促进高新技术产业发展的领导机制和协调机制,认真做好各项配套政策措施的制定和实施。积极支持在浙部属科研院所改革与发展,鼓励和支持省内科研院所与国内外高校、科研机构、大企业合作。大力发展民营科研机构,鼓励企业参股、控股科研院所,实现优势互补。着力引进国内外大院名校的优质科技资源,尤其要重视引进中科院、部属科研机构、国内外著名高校、国内特大型企业及世界500强企业到浙江联合共建科技创新载体。加大技术要素参与收益分配的力度,按技术要素的科技含量和对生产发展、经济效益的贡献率进行分配,并积极探索技术要素参与收益分配的多种有效形式。

积极引进国内外投资。抓住国际产业结构调整和世界著名大公司纷纷将研发中心或总部迁往我国长三角地区的难得机

专栏6:高新技术产业领域的重大专项

序号	专项名称	主要内容
1	网络、通讯技术及装备	新一代网络与通信系统设备、核心芯片、商用终端,网络工程及中间件
2	数字多媒体技术与应用	数字音视频系统与设备,数字电视核心器件与专用软件,液晶、等离子、有机电致发光等平板显示技术与投影显示技术
3	软件与集成电路设计	Linux操作系统及基于Linux的数据库、中间件和各类应用软件,数字通信、智能家电、工业控制等领域的集成电路设计
4	重大应用电子技术和新型电子元器件	机械、交通、医疗、环保等领域应用电子技术,新型表面贴装元器件、光机电一体化组件、电子陶瓷和声表器件、微波介质器件、敏感元件与传感器件
5	生物制药技术	现代生物制药技术及新型疫苗,单克隆抗体的制备及分子免疫检测技术
6	中药现代化	大宗药材良种选育和符合GAP要求的种植技术,现代中药制药装备和标准化技术
7	农业生物技术	生物基因资源发掘技术,动植物品种设计技术,分子育种、转基因、杂种优势利用等关键技术,生物三药(农药、兽药、鱼药)和三剂(食品、饲料添加剂和酶制剂)
8	工程农业技术	农田数字信息快速获取技术,农产品生产流通溯源信息系统,设施农业技术,新型农机装备
9	纳米技术攻关及示范应用	橡塑、合成纤维、磁性材料等领域的纳米材料制备、改性及应用技术,纳米微电子及器件技术
10	可再生能源利用技术	太阳能光伏技术,太阳能热气流综合发电技术,生物质能利用技术和关键设备
11	高效节能技术	洁净煤技术,低品位燃料能源化技术,大功率变换技术,建筑节能技术
12	磁浮交通系统技术与装备	车辆制造、运行控制、牵引供电和系统集成等关键技术和配套产品
13	100万伏特高压输电技术与装备	100万伏特高压变电站和输电线路相关装备以及100万伏电网安全运行技术
14	重大机电装备	流程工业关键、成套设备,新型农机具、数控机床,模具制造技术及装备,五金、制鞋等传统产业装备数字化改造技术
15	汽车及关键零部件设计制造技术	节能、低污染的轿车、农用车和中高档客车的车身技术、发动机及电子控制技术,汽车安全和故障诊断技术
16	水污染防治与水资源综合利用技术	工业废水、城镇污水高效处理技术,农村面源污染综合控制技术,水资源综合利用和水环境安全预警体系
17	固体废物综合处置技术	工业固体废物资源化处置关键技术,城镇生活垃圾和特种垃圾综合处置技术
18	海水淡化与海水综合利用技术	海水淡化新工艺,高性能海水淡化膜、能量回收装置和高压泵等组件国产化关键技术,海水淡化车、船等移动淡化装置
19	绿色化工技术	化工生产中氰化物、光气等有毒有害原料和溶剂的替代技术,高污染化学品的绿色催化、合成等关键技术
20	现代纺织与服装加工技术及装备	差别化、功能性纤维的纺丝成型和改性技术,织物染色、后整理技术,新型纺织机械,数字化排料打料系统,自动化服装生产线
21	高档皮塑加工技术及装备	新型皮革面料,无毒新型鞣剂,革制品生物降解技术,污泥无害化处理技术,低功耗、高精度塑料机械
22	农产品(食品)精深加工技术	高效分离提取技术,酶工程技术,农产品贮运保鲜技术

遇,以国家级和省级高新技术开发区为龙头,以国家和省级高技术产业基地为依托,积极鼓励国内外投资者特别是国外具有资金、技术和市场优势的大公司来浙江投资兴办高新技术企业,创办独资和中外合资、合作的科研开发机构、孵化器以及专业性的科技中介、服务机构。

积极扶持高新技术产品和企业“走出去”。进一步落实扶持高新技术产品出口的各项优惠政策,加强医药、软件等国家级出口基地的培育和建设,进一步促进高新技术产品出口,努力提高高新技术产品在国际市场的占有率和竞争力。积极鼓励高新技术企业“走出去”,到国外建立研发中心和产学研合作基地,充分利用国外资源加快浙江高新技术产业发展。

加强国际国内科技合作。按照优势互补、利益共享的原则,主动加强与欧美日等科技强国的企业之间的合作与交流,积极争取国家重大国际科技合作计划项目,形成一批国际科技合作基地。进一步加强与北京、上海、江苏、广东等科技强省(市)特别是长三角区域内的合作与交流,积极吸纳和整合各类科技资源,建设一体化、开放型的创新体系,在区域科技合作与竞争中加快提高我省高新技术产业的整体竞争力。

(三)培养引进人才。

大力发展高等教育和职业技术教育。努力提高高等教育质量和水平,进一步加大省属高校建设和专业结构调整的力度,扶持发展一批重点学科和重点院校,切实转变软件、生物医药、新材料等发展势头强劲的高新技术产业人才短缺的局面。继续实施高教园区建设工程,在高教园区建设一批共享实验室、素质教育基地和实训基地,推进高校教学资源共享。大力发展职业技术教育,紧紧围绕浙江高新技术产业发展的需要,进一步优化职业教育专业设置,重点建设一批应用型品牌专业,形成合理的高新技术人才培养体系,为高新技术产业发展提供强大的人才储备和智力支持。

强化人才培养、引进和使用。大力实施"人才强省"战略,加快培养各类高技术人才,重点打造一支包括高水平研发人才、高技能生产人才、高层次管理人才以及复合型人才在内的高新技术人才队伍。加大对优秀青年科技人才的培养力度,支持中青年优秀科技人员牵头承担重大科技项目。鼓励大型企业集团与高等院校联合定向培养硕士、博士研究生,支持高等院校、科研机构和企业建立博士后科研流动站和工作站。加大人才引进力度,采取团队引进、核心人才带动引进、项目开发引进等方式,大力引进高层次人才。全面实施"钱江人才计划",鼓励和支持海外留学人才来我省创新创业。加快建立以创新和业绩为导向的多层次多形式的人才激励机制、积极有序的人才流动机制、全面长效的人才培训机制、科学公正的人才评价机制和配套完善的人才服务机制,努力营造适宜高技术人才创新创业和安居乐业的良好环境。

(四)加大科技投入力度。

促进企业科技投入持续增长。充分发挥我省民营企业的体制优势,鼓励和引导企业加大科技投入,进一步强化企业在技术创新和科技投入中的主体地位。一方面,省级以上高新技术企业和科技型中小企业的研究开发费用必须达到规定比例;另一方面,要落实技术开发费抵扣、研发设备加速折旧等政策。扶持和发展一批具有持续创新能力、自主知识产权和知名品牌的国家和省级创新型企业。

进一步加大财政科技投入。努力保持财政科技支出增长幅度高于同级财政支出增长幅度。进一步改进财政科技投入方式,调整优化财政支出结构,加大对高新技术产业发展的支持力度,加大对产业共性技术、关键技术研发的政策扶持,加大对高新技术成果转化、公共技术平台建设和处在创业期的高新技术企业、利用高技术改造提升传统产业以及促进传统产品更新换代的补助。

建立健全高新技术产业创业(风险)投资机制。进一步加大对创业投资的政策扶持力度,建立创业风险投资引导基金,鼓励以企业为主体建立创业风险投资公司和基金,积极引进境外资金特别是国际风险投资机构来我省设立创业风险投资公司或直接投资高新技术产业项目。鼓励企业积极利用国内外资本市场进行融资,支持有条件的企业到海外上市。

建立和完善企业信用担保体系。利用基金、贴息、担保等方式引导社会资金建立中小企业信用担保机构。鼓励担保机构和金融机构之间加强合作,引导金融机构加大对科技开发和高新技术产业化的贷款投入。允许科技型中小企业以专利、商标等知识产权作为向担保机构的反担保。建立健全担保机构风险准备金制度,并通过社会募集、担保机构入股等办法增加再担保基金。加快建设企业和个人征信体系,为金融机构改善对高新技术企业的金融服务提供支持。

(五)加强知识产权保护。

建立积极有效的产业保护机制。建立高新技术产品贸易壁垒预警机制和快速反应机制,加强对国外尤其是我省主要出口国家和地区的技术法规、标准和合格评定程序等技术性贸易措施的收集、整理和研究工作,合理运用反倾销、反补贴措施保护我省高新技术产业。建立与技术创新相结合的技术标准体系,着眼于每个行业的技术高端,积极推进产品标准化进程,鼓励企业采用国际标准,积极参与技术标准的研究制定。

完善有利于创新的知识产权政策。建立健全归属清晰、权责明确、管理规范、流转顺畅的现代知识产权制度。支持企业开展专利、商标、软件著作权、农业植物新品种的申请、注册和登记工作,保持我省专利申请量和授权量在全国的领先地位。完善知识产权创造、保护和运用的机制,建立知识产权的评估和交易体系,规范知识产权评估机构的认证制度。建立知识产权交易市场,完善知识产权的转让、抵押、处置制度,保护企业的合法权益。建立公共的专利和标准信息查询和服务平台,为全社会提供知识产权基础服务。不断完善政府监管、企业自律、舆论监督、群众参与的知识产权保护体系。

(六)健全社会化服务体系。

建立完善高新技术产业社会化服务体系。大力发展多形式、多层次的高新技术企业孵化器,建立具有物业管理、技术支持、企业管理支援、融资等多种功能的高新技术企业培育中心。大力发展行业协会,积极培育民间中介组织,建立健全法律维权、专利代理、技术服务、会计评估、信息咨询、知识培训等中介服务机构,不断完善高新技术产业社会化服务网络体系。

进一步优化政府服务。加快转变政府职能,进一步推动政府由管理、审批型向服务、监管型转变,全面推进电子政务建设,不断增强政府的服务意识。继续加快审批制度改革,积极推行"一门式"、"一站式"服务方式以及网上审批,提高服务质量和效率。积极营造公平有序的市场竞争环境,健全社会信用体系,制止各种不正当竞争行为,为各类投资者创造充分、有效、公平的市场竞争环境。

浙江省人民政府
关于加快中介机构改革发展的若干意见

(2007年11月2日 浙政发〔2007〕60号)

为进一步转变政府职能，规范中介机构行为，维护中介服务市场秩序，促进中介服务业发展，根据中央和省委关于推进中介机构改革与发展的精神、要求和有关法律法规规定，现就加快中介机构改革发展提出如下意见：

一、指导思想和总体目标

(一)指导思想。以邓小平理论和“三个代表”重要思想为指导，以科学发展观为统领，按照“理顺体制、加强管理、规范运作、扶持发展”的原则，着力推进政企、政事分开，打破行业垄断，优化资源配置，健全中介机构内部治理机制和行业自律机制，规范中介机构执业行为，改善行业监管和服务，逐步形成公正透明、规范有序的中介服务市场秩序，促进中介机构和中介服务业的健康发展。

(二)总体目标。以体制创新为动力，进一步深化中介管理体制改革，强化政府公共服务，维护公平竞争秩序，为中介机构和中介服务业创造良好的发展环境。以信用和自律建设为重点，依法履行行业监管职责，逐步形成行业自律与政府监管有机结合的中介机构发展运行机制。以资源整合为手段，积极培育和发展法律、咨询、会计、经纪代理、检测认证、技术服务等知识密集型中介服务业，不断提高中介机构的服务质量和竞争力。通过体制创新、政策支持、行业自律，努力形成适应我省经济社会发展需要，布局合理、覆盖面广、功能完备的中介服务体系。

二、深化中介机构体制改革

(三)推进政企分开和转企改制。按照推进政企分开、政事分开、政府与行业协会及中介机构分开的要求，加快推进中介机构在人、财、物等方面与行政机关或挂靠部门脱钩。已设立的中介服务类事业单位要按照事业单位改革的要求，稳妥推行转企改制，确保国有资产的安全完整和保值增值。新设立的中介机构不得作为事业单位(法律法规另有规定的，从其规定)。

(四)健全治理机制。中介机构应建立健全现代企业制度。脱钩后的中介机构和新设立中介机构应按相关规定改制为或登记为有限责任制或合伙制的组织形式，真正成为产权清晰、权责明确、自主经营、自我发展、自我约束的独立市场主体。有限责任制中介机构要依法建立股东会、董事会或执行董事、监事会或监事等组织结构，制订和完善章程。合伙制中介机构要依法委托执行事务合伙人，签订和完善合伙协议。

(五)明确职能定位。要充分发挥中介机构的服务职能作用，探索政府与中介机构合作提供公共服务的途径和方法。政府委托中介机构提供的服务，通过市场公开购买的方式或法律法规允许的方式进行。各级政府和政府部门要按照《行政许可法》和有关法律法规的规定和要求，将政府部门承担的行业标准制定、行业信息披露、资质资格认定、检验检测等职能，逐步委托或移交给行业组织或中介机构管理。

(六)创新行业管理。积极运用市场机制、法律手段和必要的行政措施，创新中介行业管理方式。各行业主管部门要对本行业中介机构的发展状况、资源配置效率及制约因素等实行定期评估，形成评估报告，引导中介机构健康发展。各地要将中介服务业统计纳入全省服务业统计制度范围，完善中介服务业统计方法，为行业管理提供科学依据。

三、规范中介服务市场秩序

(七)健全设立登记制度。对中介机构的设立、变更和注销依法实行登记制度。法律法规规定设立中介机构需要前置审批的，申请人应当经政府有关部门审批后再到登记机关办理登记手续；法律法规没有规定前置审批的，申请人可以直接到登记机关办理登记手续。未按法律法规的规定办理工商登记的中介机构，不得从事营利性中介活动(法律法规另有规定的从其规定)。

(八)完善资质审核及资格准入制度。各行业主管部门要依法规范对中介机构专业资质的审核，健全资质认定办法。除法律法规和国务院另有规定外，任何部门不得擅自制定中介机构专业资质审核的规定。依法实施中介执业人员执业资格制度，未取得执业资格的人员不得执业。完善执业资格考试办法，逐步建立社会培训、同业考评与政府监督相结合的合理体制。

(九)加快建设行业信用体系。各行业主管部门和行业协会要依法以中介机构及执业人员的资质资格、执业记录、投诉等为基础数据，建立中介执业信用档案。以诚信数据收集、诚信评定程序、诚信等级标准、诚信公示方式为主要内容，建立中介诚信评价制度。依法建立中介机构及其执业人员信用信息披露制度。将中介机构诚信状况与登记机关监督管理、银行授信额度、政府招投标等相应挂钩，推动中介行业整体信用水平的提升。

(十)加强行业自律管理。推进中介行业协会建设，加强行业自律监督与管理。鼓励中介机构加入行业协会，或成立行业协会。中介行业协会要按照有关规定和要求，切实履行自律、代表、服务、协调等职能。鼓励和引导各中介行业协会依法制定本行业的章程，规范竞争行为，加强职业道德教育，完善行业执业标准、自律规范和惩戒规则，建立行业自律性监督管理机制。中介执业人员应当接受行业协会的自律监督。

(十一)严格市场退出机制。建立健全中介机构市场退出机制。依法规范退股、退伙及中介机构的解散、清算、注销行为，保护投资者、经营者和委托人的合法权益。对出具虚假报告和证明材料、特别是违法违规严重的中介机构(执业人员)，除按《浙江省社会中介机构管理办法》的规定给予警告、罚款外，各有关部门要依法及时取消其专业资质(执业资格)，直至吊销其营业执照(资格证书)。行业协会要根据行规行约,对相关责任人员采取业内通报、限制业内聘用等行业性惩戒措施。国有企业、政府部门及列入财政预算的事业单位、团体要率先垂范,不得委托有不良信用记录的中介机构提供中介服务。

四、促进中介机构加快发展

(十二)放宽市场准入和扩大对外开放。坚持"非禁即入"的市场准入原则,积极清理和调整不利于中介机构健康发展的地方政策和管理方式,打破行政区划、行业或部门垄断,除法律法规规定的以外,任何部门不得擅自设置或以备案等方式变相设置行政许可及许可条件。贯彻实施我省服务业对外开放措施,积极引进国内外知名中介机构到我省设立分支机构或区域性总部。进一步加强中介服务行业的对外交流与合作,鼓励本地中介机构与国内外同业组织开展多种形式的合作。支持实力强、信誉高的中介机构积极"走出去"。

(十三)改进对中介机构的公共服务。有条件的市、县政府按照城市总体规划,创造优惠条件,结合中心商务区建设,吸引强优中介机构进驻。要发挥开发区(园区)和专业市场产业集聚发展的优势,提供便利条件,支持中介机构与特色经济互利共赢。加快建设全省统一的中介服务公共信息平台,逐步完善全省中介机构、中介执业人员和中介服务基础信息展示及查询、政策发布、中介执业信用记录、行业监管信息查询、服务投诉、典型示范以及电子商务等基本功能,为企业、居民、政府和其他社会组织构建中介服务供需平台,改善对中介机构发展的公共服务。

(十四)加大政策扶持力度。各地应将中介机构的培育发展纳入当地现代服务业发展规划,改善创业环境,落实创业扶持政策。鼓励中介机构创树品牌,对认定为中国驰名商标、省著名商标和省知名商号的中介机构,享受相应扶持政策。用足用好扶持中介机构发展的各项税收政策,落实中介服务企业统一营业税起征点,采取核定征收方式征收企业所得税等政策规定。对符合服务业发展引导资金支持条件的中介服务项目,给予适当资金支持,引导社会资金加大对中介服务业的投入。完善中介服务收费管理,规范中介服务收费行为。对具备市场充分竞争条件的中介服务收费实行市场调节价;对少数具有行业和技术垄断、市场竞争不充分或服务双方达不到平等、公开服务条件的中介服务收费实行政府定价或政府指导价。

(十五)实行重点项目支持和行业扶强创优。各地要选择一批法律、咨询、会计、经纪代理、检测认证、技术服务等知识密集型中介机构,加以扶持培育。对服务水平高、社会效益好、诚信度高、管理理念新的优秀中介机构和个人,按省有关规定实行评估、宣传和示范推广。鼓励中介机构实行跨区域、跨行业和跨所有制类型的联合、兼并、重组,实现集团化、网络化和规模化经营。

五、加强组织领导和责任分工

(十六)建立统筹协调制度。加快中介机构的改革和发展,既要发挥市场在资源配置中的基础性作用,又要加强政府宏观调控和政策引导。省成立中介机构改革发展协调小组,统筹协调、指导推进中介机构改革和发展。各地也应建立相应协调机制,加强对中介机构改革发展工作的领导,推动中介服务业发展。

(十七)明确责任分工。工商行政管理部门负责中介机构的登记和监督。物价部门负责完善中介机构的收费规则,监督和规范中介机构的收费行为。监察部门要加强监督检查,依法查处国家工作人员参与中介机构经营的违法违纪行为。各级财政、审计、司法、民政、科技、教育、建设、农业、文化、经贸、质量技监、国土资源、国税、地税、环保、公安、劳动保障、人事等部门要各司其职,加强协调和配合,依法做好有关中介机构及其执业人员的监督管理工作。各级发展改革、工商行政管理部门要会同有关部门,负责做好中介机构改革发展的综合协调管理工作。

加快中介机构改革发展,是贯彻落实党的十六届六中全会精神,进一步健全社会组织、增强服务社会功能的重要内容,是转变政府职能、创新行政管理方式、提高行政管理效能的重要方面,是我省经济社会发展和改革中的一项重要工作。各地各有关部门要进一步统一思想,充分认识加快中介机构改革发展的重要意义,切实加强组织领导,把加快中介机构改革发展的各项任务真正落到实处。各地要从实际出发,抓紧制定具体的实施意见,及时研究解决实施过程中遇到的新情况、新问题,积极探索加快中介机构改革发展的新思路、新办法,确保各项工作顺利推进。

浙江省人民政府
关于印发节能减排综合性工作实施方案的通知

2007 年 11 月 6 日 浙政发〔2007〕63 号

各市、县(市、区)人民政府,省政府直属各单位:

为深入贯彻落实科学发展观,确保完成我省"十一五"期间节能减排目标任务,促进经济社会全面协调可持续发展,根据《国务院关于印发节能减排综合性工作方案的通知》(国发〔2007〕15 号)精神,现将《节能减排综合性工作实施方案》印发给你们,请结合实际,认真贯彻执行。

节能减排综合性工作实施方案

一、进一步明确节能减排的目标任务和总体要求

(一)总体目标。到 2010 年,全省万元生产总值能耗由 2005 年的 0.9 吨标准煤下降到 0.72 吨标准煤,降低 20%;万元工业增加值取水量降低 30%;化学需氧量(COD)排放总量比 2005 年减少 15.1%;二氧化硫排放总量比 2005 年下降 15%。

——到 2010 年,全省能源利用效率达到 40%;主要产品生产单位能耗总体达到或接近20世纪90年代中后期国际先进水平。

——到2010年，太湖流域杭嘉湖地区化学需氧量排放总量在2005年的基础上削减15.3%以上。

——到2010年，城市污水处理率，设区城市达到70%以上，其中杭州、宁波市区达到85%以上。太湖流域县（市）城市达到80%以上，钱塘江流域县（市）城市达到70%以上，其他县（市）城市达到60%以上。钱塘江流域直接面江城镇以及太湖流域城镇污水处理率达到45%以上。

——到2010年，全省工业固体废物综合利用率达到93%以上，医疗废物和工业危险废物无害化处置率达到100%，污泥实现无害化处理。

——到2008年底前，全省所有集中式饮用水源保护区、备用饮用水源保护区完成合格、规范饮用水源保护区创建。到2010年，全省所有城市环境空气质量达到二类功能区要求；八大水系和主要湖泊、水库、河网水体水质明显改善。

——到2010年，全省建立起比较完善的节能减排法规标准体系、政策支撑体系、监督管理体系和技术服务体系。

（二）总体要求。以邓小平理论和"三个代表"重要思想为指导，深入贯彻落实科学发展观，坚定不移地走创业富民、创新强省之路，把建设资源节约型、环境友好型社会放在工业化、现代化发展战略的突出位置，落实到每个单位、每个家庭。把节能减排作为调整经济结构、转变发展方式的突破口和重要抓手。综合运用经济、法律和必要的行政手段，依靠科技、加大投入，加强调查、摸清情况，健全法制、完善政策，落实责任、强化监管，加强宣传、提高意识，突出重点、强力推进，扎实做好节能降耗和污染减排工作，确保完成节能减排约束性指标任务，增强可持续发展能力，促进经济社会又好又快发展。

二、控制增量，调整和优化结构

（三）控制高耗能、高污染行业增长。严格行业准入管理，按照产业政策规定的技术、资金、资源能源消耗、土地和环保等方面的准入条件，严把市场准入关。按照国家和省的产业政策，严格项目审批（核准、备案），禁止投资建设各类不符合产业政策的高耗能、高污染项目。新建工业项目单位增加值能耗一般不得高于全省和当地单位增加值能耗平均水平。对未完成上年度目标任务的市，实行项目"区域限批"。加快编制实施市县域生态环境功能区规划，并作为区域产业布局和产业结构调整的环境准入依据。严格执行项目开工建设条件，对擅自批准项目建设的，依法追究有关责任人和审批部门的责任。

（四）加快淘汰落后产能。认真贯彻落实国家产业结构调整指导目录，完善我省相关政策，定期公布高耗能、高污染工艺、技术、设备淘汰目录，严格执行对高耗能、高污染工艺、设备及生产能力等限期淘汰制度。通过实施差别电价和能源消耗限额标准，加大环保、节能的执法检查和监督力度，加快淘汰电力、钢铁、建材、电解铝、造纸、味精、印染、皮革、电镀等行业的落后产能。对不按期淘汰的企业，各级政府要依法予以关停，有关部门依法吊销生产许可证和排污许可证并予以公布，电力供应企业依法停止供电。对没有完成淘汰落后产能任务的地区，实行项目"区域限批"。定期向社会公布淘汰落后产能的企业名单和各地执行情况。省财政继续安排一定资金支持淘汰落后产能，地方各级财政也要根据财力可能安排资金予以支持。

（五）积极推进能源结构的调整优化。推进煤炭的清洁高效利用，充分利用现有电源资源，推动上大压小、中小机组油改气、12.5万千瓦机组供热改造，以及中温中压机组改造为高温次高压机组的可行性研究和实施工作，提高能源利用效率。不断优化电力结构，提高经济社会发展的电气化水平。加快核电发展，争取更多的天然气供应，提高核电和天然气等清洁能源在我省能源消费结构中的比重。大力开发利用新能源和可再生能源。加快建设风力发电，支持开发生产具有自主知识产权的风力发电设备；鼓励发展城市垃圾焚烧发电或热力利用；加快地热（水冷）资源的开发与利用；推广应用非粮生物燃料、沼气和秸秆气化发电等生物质能技术；鼓励和引导既有建筑实施太阳能利用改造，积极推广太阳能热水器、太阳能光电技术等太阳能利用技术，支持太阳能热水示范工程，取代部分生产和生活供热小锅炉，并逐步扩大使用范围。

（六）促进服务业和高技术先进装备制造业加快发展。贯彻落实《国务院关于加快发展服务业的若干意见》（国发〔2007〕7号）和《中共浙江省委、浙江省人民政府关于加快服务业发展的若干意见》（浙委〔2005〕18号），发展现代服务业，加强组织协调，狠抓各项工作落实。实施高技术产业发展"十一五"规划，促进高技术产业发展，不断提高服务业和高技术产业在国民经济中的比重。

三、加大力度，全面实施节能减排重点工程

（七）着力抓好十大重点节能工程。围绕十大重点节能工程，支持电力、印染、造纸、冶金、建材、石化、建设等行业开展以余热余压利用、集中供热、燃煤工业锅炉（窑炉）改造、变频调速技术、系统能源优化、既有建筑等为主的节能技术改造。省每年扶持100项左右节能重大技术推广和示范项目。加快推进电动机、变压器、风机、水泵、压缩机等电力拖动设备变频技术改造。推动水泥新型干法窑应用纯低温余热发电技术，力争3年内完成所有新型干法窑的余热发电改造。鼓励发展热电联产、集中供热，拆除集中供热区域内的锅炉。加快淘汰更新高耗能落后农业机械装备。大力推进1311家重点用能企业节能行动。各重点用能单位要发挥示范带头作用，认真落实节能目标责任，加强用能管理，加快技术创新步伐，积极应用节能技术。

（八）继续深入推进"811"环境污染整治行动。坚持"治旧控新、监建并举"的工作方针，突出重点流域、重点区域、重点行业、重点企业，层层落实污染整治和减排责任，大力实施污染减排各项措施。2007年底前，确保完成"811"环境污染整治行动各项目标任务；到期未完成整治任务的市、县（市、区），对其建设项目实行"区域限批"。从2008年开始，实施"811"环境污染整治行动新三年计划，按照更高的标准和要求开展新一轮环境污染整治。继续深化化工、医药、制革、印染、造纸、电力热力、冶炼、建材等重点行业污染整治，继续强化限期治理，加快结构调整步伐，实现重点污染源稳定达标排放。

（九）加快水污染治理工程建设。"十一五"期间全省新增城市污水日处理能力795万吨，形成COD年削减能力7万吨以上。2010年底前，全省136个中心镇和钱塘江流域直接面江城镇的污水处理厂全面建成并投入运行。所有新建污水处理厂必须按排放标准具备脱氮除磷功能；现有污水处理厂（包括企业污水处理设施）完成脱氮除磷改造，做到达标排放；有条件的污水处理厂，要进行尾水生态处理。尾水排入太湖流域的城镇污水处理厂，排放标准统一执行国家《城镇污水处理厂污染物排放标准》(GB18918—2002)一级A类标准。有关部门要督促和指导各地加快城镇污水处理厂及配套管网建设，规范各地污水处理厂、城市污水管网竣工验收规程。城镇污水处理厂新投入运行1年内，年实际污水处理量要确保不低于设计能力的60%；投入运行3年以上的，年实际污水处理量要确保不低于设计能力的75%。严格饮用水水源保护，加大污染防治力度。

（十）加强流域污染整治及管理。全面实施钱塘江、瓯江、鳌江等八大水系水污染防治"十一五"规划，组织实施一批污染治理和生态修复工程，扎实推进重点流域水污染防治工作。积极推进流域环境保护管理体制机制创新，进一步健全完善跨行政区河流交界断面水质目标管理制度，加强全流域统筹和区域协作，从源头控制入手，不断提高水污染防治的全过程管理水平。

认真落实国务院关于太湖流域水污染防治的部署，加快实施《浙江省太湖流域水环境综合治理方案》、《浙江省太湖流域水污染防治"十一五"规划》。执行更加严格的排污标准和环境准入标准，继续加大工业污染防治力度，全面推进农业农村环境污染综合整治。按照国家和省确定的时限和标准要求，太湖流域所有城镇都要抓紧建设污水集中处理设施与管网，配套脱氮除磷工艺，杜绝污水未经处理直排。现有污水处理厂要抓紧完成脱氮除磷改造，并实现污泥无害化处理。到2010年底，太湖流域杭嘉湖地区COD排放总量和水环境质量达到《浙江省"十一五"水污染物总量削减目标责任书》(2006～2010年)要求。

（十一）推动燃煤锅炉二氧化硫治理。"十一五"期间重点实施12.5万千瓦及以上大型火力发电厂脱硫工程。到2010年底前，全省所有现役燃煤火电机组完成脱硫改造，脱硫效率达到90%以上，对确实不具备建设高效脱硫设施条件的现役机组，脱硫效率应不低于80%。新建和在建的燃煤电厂同步配套建设脱硫设施，火电机组脱硫效率必须达到95%以上，热电机组脱硫效率必须达到75%以上。脱硫设施运行率必须达到95%以上。限期改造或关停运行满20年以上或单机容量10万千瓦以下的常规火电机组。加快实施非电力行业中小工业燃煤锅炉的清洁能源替代，对35吨以上燃煤锅炉实施脱硫改造，到2010年，脱硫率达到50%以上，其中75吨以上锅炉脱硫率达70%以上。鼓励循环流化床锅炉实施炉外烟气脱硫。

（十二）全面推进农村环境"五整治一提高"工程建设。加快治理农业农村面源污染，改善农村生态环境。因地制宜选择经济、简便、合理的处理工艺和技术，积极开展农村生活污水治理。力争到2010年，全省列入"千村示范、万村整治"工程的中心村基本建成生活污水综合处理设施。"十一五"期间，通过农牧结合、综合利用，建成1000个畜牧生态养殖小区，完成生猪存栏300头以上、牛存栏30头以上规模养殖场污染治理，实现畜禽排泄物资源化利用、养殖废水综合利用或达标排放。建立健全农村垃圾收集处理机制，到2010年，农村生活垃圾处理率达72%以上，工业废物、危险废物、医疗废物纳入城市固废集中处置系统。继续扩大化肥、农药减量增效控害示范区范围，整治化肥、农药污染。到2010年，全省测土配方施肥技术普及率达70%以上，实施农药减量控害增效工程1000万亩以上。全面整治农村河沟池塘，建立长效保洁管理制度，努力恢复河沟池塘自然功能，提高水体自净能力。大力开展村庄道路、水体沿岸和庭院绿化，提高农村绿化水平。

四、创新模式，加快发展循环经济

（十三）深化循环经济试点。按照全省"十一五"发展循环经济建设节约型社会总体规划，加快推进循环经济"991行动计划"、工业循环经济"4121"示范工程建设，加快农业循环经济发展。将节能减排作为资源节约和环境友好工作重点。进一步落实国家和省关于加快工业循环经济发展的有关政策措施，着重抓好高能耗、高污染行业和企业的循环经济工作，以企业、产业之间循环链为主要途径，减量、循环高效利用资源，创建各具特色的循环型区域、园区（块状经济）和企业。2010年前，全面推进通过国家设立审核的开发区（工业园区）生态化建设。深入推进全省废旧家电回收处理试点工作。

（十四）实施水资源节约利用。按照浙江省"十一五"工业节水规划，合理调整工业布局和产业结构，组织实施重大节水示范工程，大力推广先进的节水型或无水型工艺和技术，加强非传统水资源利用，积极引导、鼓励工业企业开展中水回用，创建节水型企业，积极推广节水型农业发展模式。

（十五）推进资源综合利用。按照省资源节约与综合利用"十一五"规划和省"十一五"资源综合利用指导意见，切实抓好矿产资源、"三废"综合利用，完善再生资源回收利用体系，提升资源的再生利用水平，加快废旧资源加工利用产业化进程。县级以上城市（含县级城市）要建立非工业来源的危险废物以及电子废弃物（含废旧家电产品）的收集系统。全面推进城市生活垃圾分类体系建设，充分回收垃圾中的废旧资源。大力抓好农业农村、生产生活废弃物综合利用。认真贯彻实施发展新型墙体材料的有关法规和政策意见，加快新型保温隔热墙体材料的发展与应用，推进建筑节能材料的产业化。切实抓好本省行政区域内禁止生产使用实心粘土砖和城市规划区内禁止生产空心粘土砖等工作。加快新型墙体材料企业的技术改造和新产品开发，鼓励发展以固体废物为原料的新型墙体材料，降低万块标砖综合能耗。到"十一五"期末，新型墙体材料产量占墙体材料总量的比重达到55%以上，建筑应用比例达到65%以上；散装水泥率达到75%以上；全省城市生活垃圾资源化利用率达到50%。

（十六）全面推进清洁生产。发电、热电、电镀、医药、化工、造纸、印染、皮革等行业和工业园区内高资源消耗、高污染企业必须推行清洁生产。制定和实施重点行业清洁生产标准和评价指标体系，加大重点耗能企业（年综合能源消费量5000吨标准煤以上）、重点耗水企业（年取水量30万立方米以上）和重点污染企业清洁生产审核力度。重点耗能企业、重点耗水企业、重点污染企业和符合强制性审核条件的企业都须通过清洁生产审核，才可申请新建、扩建项目或享受政策性补贴。推行农业清洁生产，合理使用农药、肥料，减少农村面源污染。研究完善有利于推动清洁生产的政策措施。加强对清洁生产审核机构的管理，提升清洁生产审核质量。

五、依靠科技，加快技术开发和推广

（十七）加强节能减排技术开发、应用。重大节能减排技术和产业化项目可分别列入省科技计划和先进制造业基地产业化项目计划。以企业为主体，充分发挥高校和科研院所的优势，加强产学研合作，积极引进国外先进节能减排技术与管理经验。组织对共性、关键节能减排技术攻关，大力推广先进适用的节能降耗和污染减排新技术、新工艺、新设备、新材料，加快产业化进程。

（十八）加快建立节能环保技术服务体系，培育发展节能、环保服务产业和市场。积极推行合同能源管理。鼓励节能服务机构的发展。支持节能服务机构开展节能咨询、设计、评估、检测、审计、认证等服务。鼓励行业协会在行业节能规划、节能标准制定和实施、节能技术推广、能源消费统计、节能宣传培训和信息咨询等方面发挥作用。各有关学会要组织专家深入企业开展技术咨询，帮助企业进行技术改进。鼓励建立包括节能服务的投资担保机构，鼓励用能企业采取节能自愿协议的形式，实施节能改造。按照《当前国家鼓励发展的环保产业设备（产品）目录（2007年修订）》，培育一批环保骨干企业，推广一批环保先进设备和技术。积极推进环保服务产业发展，研究提出推进污染治理市场化的政策措施，促进环保设施的企业化、社会化、专业化运营。

六、强化责任，加强节能减排管理

（十九）建立健全政府节能减排工作责任制和问责制。各级政府对本行政区域节能减排负总责，政府主要领导是第一责任人。要加强节能减排工作的组织领导，一级抓一级，层层抓落实，形成强有力的工作格局。全省“十一五”节能减排目标任务分解到各市和省级有关部门，节能减排指标完成情况纳入各地经济社会发展综合评价体系，纳入各级政府和各有关部门的目标责任制考核，作为政府领导干部综合考核评价和企业负责人业绩考核的重要内容，严格考核，实行问责制和“一票否决”制。有关部门要抓紧制定具体评价考核实施办法。要加大执法和处罚力度，公开严肃查处严重违反国家节能管理和环境保护法律法规的典型案件，依法追究有关人员和领导者的责任。各市政府每年要向省政府报告节能减排目标责任的履行情况，在“十一五”期末报告节能减排总体完成情况。县级以上政府每年也要向本级人民代表大会或者其常务委员会报告节能减排工作情况，自觉接受监督。

（二十）建立和完善节能减排指标体系和监测体系。对耗能单位和污染源进行调查摸底。强化、完善年耗能5000吨标准煤以上重点用能企业能源信息上报系统。实行地区单位GDP能耗指标季度核算制度。制定并实施主要污染物排放统计和监察办法，改进统计方法，完善统计和监测制度。有关部门要及时提供相关统计数据。抓好省、市、县三级在线监测联网，对重点监管企业污染排放情况、污水处理厂出水水质、主要河流断面水质、11个设区市建成区空气质量等四个方面实施在线监控，加快构建污染物排放实时立体监测体系。严格执行主要污染物排放总量季报、半年报、年报和信息发布制度，建立并完善污染物排放数据网上直报系统和减排措施调度制度。继续做好单位GDP能耗、主要污染物排放量和单位工业增加值用水量指标公报工作。

（二十一）建立健全项目节能评估审查和环境影响评价制度。加快实施项目节能评估和审查制度，加大对“能评”的管理、指导和监督力度。对年耗3000吨标准煤以上（或年用电300万千瓦时以上）的固定资产投资项目，投资主管部门在备案、核准和审批时，要纳入并联审批，充分征求节能主管部门的意见。未进行节能审查或未能通过节能审查的项目一律不得审批、核准，不得开工和通过验收。对擅自批准项目建设的，依法追究直接责任人责任。各地、各有关部门在招商引资过程中，要将项目的能耗水平作为重要审核条件，严格把关。严格实行建设项目环境影响评价制度，2008年开始全面实施区域规划环评。严格执行省政府关于加强全省工业项目新增污染控制的有关规定，把总量指标作为环评审批的前置条件，需新增污染物排放量的建设项目，必须削减一定比例的同类污染物排放量。具体替代比例为：环境功能区达标较好地区可按新增量与减排量1:1比例替代；其他地区新增量与减排量的替代比例不得低于1:1.2，其中化工、医药、制革、印染、造纸等重污染行业替代比例不得低于1:1.5。所替代削减污染物必须来自合法设立企业。一般区域实行化学需氧量和二氧化硫两项指标的替代，钱塘江和太湖流域同时实行氨氮指标的替代。建设项目所需污染物排放总量指标可由县级以上环保部门调配，也可经环保部门认可，由企业间通过排污权交易进行调剂。省部属发电企业和国家、省重点建设项目二氧化硫排污指标由省统一调配。对替代污染源没有完成削减指标或污染防治设施未同步运行的建设项目，不得投入生产。强化环评审批向上级备案制度和向社会公布制度。加强“三同时”管理，严把项目验收关。对建设项目未经验收擅自投运、久拖不验、超期试生产等违法行为，严格依法处罚。全面实行排污许可证制度，严禁排污单位无证或超标超总量排污。

（二十二）强化重点企业节能减排管理。加强对1311家重点用能企业及1452家重点环境监控企业节能减排工作的日常检查和指导。建立重点耗能企业能源审计和能源利用状况报告及公告制度，积极推行能源管理师制度。对未完成节能目标任务的企业，强制实行能源审计和清洁生产审核。开展重点企业与国际国内同行业能耗先进水平对标活动。建立企业污染减排“三量”（增量、减量、变量）台账，并将其纳入污染源动态管理信息系统，实行动态管理。推行企业环保监督员和减排月报制度。对未完成节能减排任务的企业，相关部门在企业上市融资、评优创先、项目审批等方面实施“一票否决”。对未完成污染减排任务的企业，当地政府要责令其停产限产。进一步落实目标责任，加强节能减排计量和统计工作，定期组织开展节能减排设备检测。

（二十三）加强节能环保发电调度和电力需求侧管理。制定并实施有利于节能减排的发电调度办法，优先安排清洁、高效机组和资源综合利用发电，限制能耗高、污染重的低效机组发电。充分利用可再生能源、水电、核电、余热余压和资源综合利用发电，鼓励发展热电冷三联供，提高能源利用效率。电网企业应当全额收购其电网覆盖范围内可再生能源发电项目的上网电量。定期公布发电和热电企业综合能耗指标，实施发电企业用能效率、热电企业供热水平以及脱硫设施投运率、实际脱硫率与机组发电量计划挂钩管理，提高低能耗机组和脱硫机组的发电比例。加强需求侧管理，充分利用技术和价格杠杆等手段挖掘低谷用电潜力，提高电能利用效率。加快电网建设，优化配电网供电范围。进一步推广应用无功补偿设备，提高终端电压质量和功率因素水平。

(二十四)加强建筑节能管理。贯彻实施《浙江省建筑节能管理暂行办法》,统筹考虑城乡空间布局、规模控制以及重大基础设施的安排,大力推广节能省地环保型建筑。强化新建建筑执行能耗限额标准全过程监督管理,建立完善建筑能耗统计和建筑能效标识制度,实施建筑能效专项测评。新建民用建筑必须符合节能设计标准,对未经节能评估审查核准或达不到建筑节能标准的工程,不得办理开工和竣工验收备案手续,不准销售使用。高耗能既有公共建筑实行能耗定额管理,并逐步实施节能改造。建立并完善大型公共建筑节能运行监管体系。建立大型公共建筑能耗统计、能源审计、能效公示、能耗定额制度。认真贯彻落实《国务院办公厅关于严格执行公共建筑空调温度控制标准的通知》(国办发〔2007〕42号)精神,所有公共建筑内的单位,包括机关、社会团体、企业组织和个体工商户,除特殊用途外,夏季室内空调温度不低于26摄氏度,冬季室内空调温度不高于20摄氏度。积极推动可再生能源与建筑一体化发展,组织实施低能耗、绿色建筑示范项目。加强城市节约用电管理,严格控制公用设施和大型建筑物装饰性景观照明的能耗。

(二十五)强化交通运输节能减排管理。引导运输企业提高组织化程度,促使运输企业调整经营结构,统筹各种交通运输模式的有机衔接和交通基础设施的合理配置,发展先进的运输组织方式,优先发展城乡公共、水运和轨道交通,提高运输效率。要建立重点运输企业能源消耗统计定点报告制度,加强对交通运输营运车船燃料消耗检测的监督管理,淘汰耗油严重超标的车辆。高耗能落后的拖拉机等农业机械和渔船设备,实行报废更新制度。加快交通领域节能技术的推广应用。鼓励使用醇类、燃料电池等节能环保型混合动力交通工具,倡导使用符合国家标准的小排量汽车,推动电动汽车的推广应用和产业化发展。

(二十六)强化能效标识的实施工作。加强对能效标识的监督管理,强化社会监督、举报和投诉处理机制,开展专项市场监督检查和抽查,严厉查处违法违规行为。不符合国家能效标识规定的用能产品一律不得销售。禁止伪造、冒用能效标识或者利用能效标识进行虚假宣传。

(二十七)加强节能环保监管能力建设。各级政府要加强节能和环保管理队伍建设,充实管理力量。建立健全节能和减排监管体制,各市及年综合能源消费超过100万吨标准煤(或年用电量超过30亿千瓦时)的县(市、区)都应建立节能监察中心。加快各级环境监测和能源监察机构标准化、信息化体系建设。2008年前省级及各设区市环境监测和监察机构按国家要求完成标准化、信息化体系建设,2010年前各县(市、区)环境监测和监察机构完成标准化、信息化体系建设。加强节能监察、节能技术服务、环境监察、城市排水监测机构的条件建设,适时更新监测设备和仪器,开展人员培训。加强节能减排统计能力建设,充实统计力量,加强统计管理,提高统计水平。

七、健全法制,加大监督检查执法力度

(二十八)健全法规。加快完善节能减排法规体系,提高处罚标准,切实解决"违法成本低、守法成本高、执法成本高"的问题。积极推动和做好《浙江省实施〈中华人民共和国节约能源法〉办法》、《浙江省实施〈中华人民共和国水污染防治法〉办法》、《浙江省废弃电子产品回收治理管理条例》、《浙江省资源综合利用条例》、《浙江省跨行政区域河流交界断面水质保护管理办法》等法规规章的制定或修订工作,抓紧开展排污总量控制、环境监测、生活饮用水源保护、畜禽养殖污染防治、废旧物品回收利用等方面法规规章制定的有关前期工作。

(二十九)完善节能和环保标准。落实浙江省资源节约地方标准制定计划,加快制定和发布主要耗能行业单位产品生产能耗限额标准以及重点耗能设备能效标准。建立健全建筑节能设计、施工和节能管理标准,研究制定建筑节能材料、节能建筑评价和工业建筑节能标准。鼓励企业制定严于国家标准、行业标准的企业节能标准。禁止生产、进口、销售国家明令淘汰或不符合强制性能效标准的用能产品、设备;禁止使用国家明令淘汰的用能设备、生产工艺。强化对节能降耗标准执行的监督检查,保证节能降耗标准的实施。

建立健全节能减排计量保证体系。加强环境监测用计量器具的强制检定工作,加大强制检定执法监督力度,确保与环境监测有关的测量工作的公正性和可靠性。加强节能减排领域计量工作,强化节能减排数据管理。

(三十)加强烟气脱硫设施运行监管。燃煤电厂必须安装在线自动监控装置,建立脱硫设施运行台账以及减排月报制度,加强设施日常运行监管。所有燃煤脱硫机组要与省环保局和省级电网公司完成在线自动监控系统联网。加强对脱硫机组投运率和实际脱硫率的监控考核,对未按规定和要求运行脱硫设施的电厂要扣减脱硫电价并限制上网电量,加大执法监管和处罚力度,并向社会公布。完善烟气脱硫技术规范,开展烟气脱硫工程后评估。组织开展烟气脱硫特许经营试点。

(三十一)强化城市污水处理厂和垃圾处理设施运行管理及监督。严格实施城市排水许可证管理,所有纳入城市管网的排水户必须依法取得城市排水许可证。实行城市污水处理厂运行评估制度,将评估结果作为核拨污水处理费的重要依据。对列入国家重点环境监控的城市污水处理厂的运行情况及污染物排放信息实行向环保、建设和水行政主管部门季报制度,限期安装在线自动监控系统,并与环保和建设部门联网。对未按规定和要求运行污水处理厂和垃圾处理设施的城市要公开通报,限期整改。对城市污水处理设施建设严重滞后、不落实收费政策、污水处理厂建成后一年内实际处理水量达不到设计能力60%的,以及已建成污水处理设施但无故不运行的地区,实行建设项目"区域限批",并扣减省级有关专项资金补助。加快推进城镇污水处理厂管理和运营体制改革,积极推进项目代建制和特许经营制度,鼓励社会资本特别是专业性公司参与城镇污水处理厂建设和运营,签订包括污水处理达标率在内的特许经营协议,明确监管方、运营方的权利和义务。对超标排放、造成严重环境污染的污水处理厂,环保部门应责令其限期治理,限期治理期间,对纳管企业实施限产限排措施。逾期仍未实现达标排放的,对其管网覆盖范围内的建设项目实行"区域限批",直至实现达标排放。因进管污水超标导致污水处理厂超标排放的,污水处理厂应及时报告当地环保、建设部门,同时采取有效措施防止总排口出水水质超标,也可以采取关闭超标排污单位污水纳管阀门的措施。

积极推进城乡垃圾无害化处理,加快对现有垃圾填埋场的无害化改造,加快实施和推广垃圾综合利用处置方式,实现垃圾减量化、资源化和无害化。到2010年，全省所有垃圾填埋场必须达到国家制定的无害化处置标准。

（三十二）严格节能减排执法监督检查。省级有关部门和各级地方政府每年组织开展节能减排专项检查和监察行动，严肃查处各类违法违规行为。加强对重点耗能企业和污染源的日常监督检查，对违反节能减排环保法律法规的单位公开曝光，依法查处，对重点案件实行挂牌督办、限期整改。开设节能环保违法行为和事件举报电话和网站，充分发挥社会公众监督作用。加大行政执法监察的力度，建立节能环保执法责任追究制度，对行政不作为、执法不力、徇私枉法、权钱交易等行为，依法追究有关政府、主管部门和执法机构负责人的责任。

八、完善政策，形成激励和约束机制

（三十三）进一步完善落实促进节能减排的财政税收政策。各级政府应将节能减排作为公共财政支出的重点，每年在预算中安排一定资金，采用补贴、奖励等方式，支持节能减排重点工程、高效节能产品和节能新机制推广、治污减排基础设施建设、减排关键技术攻关和先进适用技术推广应用、节能管理能力建设、污染减排监管体系建设等。继续加强和改进新型墙体材料专项基金和散装水泥专项资金征收使用管理。继续安排城镇污水处理设施建设专项资金，支持污染减排三大体系（指标体系、监测体系和考核体系）建设。围绕水、空气、森林等生态环境要素的保护，建立健全生态环境保护财力对市县转移支付办法。

（三十四）加强节能环保领域金融服务。鼓励和引导金融机构加大对循环经济、环境保护及节能减排技术改造项目的信贷支持，优先为符合条件的节能减排项目、循环经济项目提供直接融资服务。各金融机构要认真贯彻落实国家环保政策，严格授信管理，将环保评估的审批文件作为授信使用的条件之一，严格控制对高耗能、高污染行业的信贷投入，加快对落后产能和工艺的信贷退出步伐。要根据节能环保产业特点，开展金融产品和信贷管理制度创新，建立信贷支持节能减排技术创新和节能环保技术改造的长效机制。研究建立环境污染责任保险制度，实行企业环境行为信用等级评价。经贸、环保部门与金融部门要建立节能降耗和环境保护信息通报制度，将企业用能和环境违法信息纳入省企业信用发布查询系统和人民银行企业征信系统。各金融机构要认真查询企业征信系统中企业环保处罚信息，并将此作为审贷的重要依据。

（三十五）合理运用价格机制。建立健全价格激励和约束机制，进一步完善落实差别电价政策，组织实施《浙江省执行差别电价政策企业认定办法》，对电解铝、铁合金、电石、烧碱、水泥、钢铁等高耗能产业的企业进行甄别，对淘汰类、限制类企业实施差别电价。加大差别电价实施力度，在现有基础上，逐步提高淘汰类、限制类企业电价标准，报国家备案后执行。严格执行省政府关于积极运用价格杠杆促进我省环境保护的有关规定，实行脱硫电价、可再生能源发电电价、海水淡化水价格、差别式排污收费价格、海洋废弃物倾倒收费价格的价格政策，完善和全面实施城镇污水处理收费、水资源收费、生活垃圾处理收费、危险废物处置收费制度。2007年底前，所有市、县（市）城镇污水处理费收费标准调整到不低于0.8元／吨，其中，经济发达地区调整到不低于1.2元／吨。积极探索推行排污绩效考核、排污权有偿使用和交易机制。排污权年度使用费和转让费要逐步达到和高于相应污染物的治理成本，使环境损益计入生产成本，促进产业结构优化升级，提高企业治污积极性。要加快建立二氧化硫排污权有偿使用和交易体系，设立二氧化硫排污指标储备和脱硫资金，对新建项目和老电厂之间二氧化硫指标进行综合调控。依法获得排污指标和排污许可证的燃煤电厂，通过削减产能、清洁生产和脱硫改造等措施削减二氧化硫排放量的，经环保部门核准，其富余指标可以依法有偿转让。要逐步培育环保市场，鼓励专业机构投资脱硫，参与排污权交易。

九、加强宣传，提高全民节约意识

（三十六）广泛持久开展节能减排宣传活动。每年制订节能减排宣传方案，主要新闻媒体在重要版面、重要时段进行系列报道，刊播节能减排公益性广告，广泛宣传节能减排的重要性和紧迫性，宣传节能减排有关法律法规和政策措施及取得的阶段性成效，宣传节能减排先进典型，揭露和曝光浪费能源资源、严重污染环境的反面典型，大力弘扬“节约光荣，浪费可耻”的社会风尚，增强全社会的节约环保意识，提倡节约型的消费方式。组织好每年一度的全国节能宣传周、世界环境日、地球日、水日等宣传活动。教育部门要将节能环保知识纳入基础教育、高等教育、职业教育培训体系，把节约资源和保护环境观念渗透到各级各类学校的教育教学中，从小培养儿童的节约和环保意识。各级工会、共青团组织要重视对广大职工特别是青年职工的节能环保教育，广泛开展节能环保合理化建议活动。各级科协要围绕节能环保开展系列科普活动，组织和动员广大科技工作者围绕节能环保开展科技研究、学术交流等活动。各级劳动竞赛委员会要围绕节能减排目标，广泛开展节能减排专项劳动竞赛，努力营造节能减排的企业文化氛围。

（三十七）表彰奖励节能减排先进单位和个人。各级政府对在节能降耗和污染减排工作中作出突出贡献的单位和个人要给予表彰和奖励。各用能单位要结合本单位的实际情况，对节能减排工作中作出贡献的集体、个人给予表彰和奖励。

十、政府带头，发挥节能表率作用

（三十八）政府机构率先垂范。建设崇尚节约、厉行节约、合理消费的机关文化。建立科学的政府机构节能目标责任和评价考核制度，制定并实施政府机构能耗定额标准，积极推进能源计量和监测，实施能耗公布制度，实行节奖超罚。教育、科学、文化、卫生、体育等系统，要制定和实施适应本系统特点的节约能源资源工作方案。抓好政府机构办公设施和设备节能。各级政府机构要分期分批完成政府办公楼空调系统改造，凡新建或改造的办公建筑必须采用节能材料，及时淘汰高耗能设备，合理配置并高效利用办公设施、设备，推行公务用车节油，推广实施一车一卡定点加油制度。

（三十九）加强政府机构节能和绿色采购。认真落实节能产品政府采购的实施意见以及环境标志产品政府采购的实施意见，进一步完善政府采购节能和环境标志产品清单制度，对空调机、计算机、打印机、显示器、复印机等办公设备和照明产品、用水器具，由同等优先采购改为强制采购高效节能、节水、环境标志产品，建立节能和环境标志产品政府采购评审体系和监督制度，保证节能和绿色采购工作落到实处。

全省经济工作会议主要精神

深入贯彻科学发展观 全面实施“两创”总战略 加快经济转型升级

全省经济工作会议在杭召开

赵洪祝吕祖善讲话 周国富夏宝龙等出席

会议强调，加快转型升级，是全面实施创业富民、创新强省总战略的重要内容，是实现又好又快发展的必然途径，是增强我省综合实力和国际竞争力的关键之举。我们一定要增强加快转型升级的紧迫感、责任感，切实把它作为今后五年我省新一轮发展的重要战略来抓，努力实现经济持续快速协调发展，加快向经济强省迈进。明年，要深入实施“两创”总战略，坚持稳中求进、好字优先、改革开放、以人为本的要求，紧紧围绕加快转型升级，着力推进自主创新和结构调整，着力深化改革和扩大开放，着力统筹城乡和区域发展，着力加强节能减排和环境保护，着力促进改善民生和社会和谐，努力实现经济社会又好又快发展。

12月28日，全省经济工作会议在杭州召开。省委书记赵洪祝在会上强调，要以邓小平理论和“三个代表”重要思想为指导，深入贯彻落实科学发展观，认真贯彻落实党的十七大精神和中央经济工作会议精神，按照省第十二次党代会的部署，始终坚持以经济建设为中心，深入实施创业富民、创新强省总战略，紧紧围绕加快经济转型升级，深入研究事关浙江经济社会发展全局的若干重要问题，全面推进科学发展观在浙江的生动实践。要坚持稳中求进、好字优先、改革开放、以人为本的要求，着力推进自主创新和结构调整，着力深化改革和扩大开放，着力统筹城乡和区域发展，着力加强节能减排和环境保护，着力促进改善民生和社会和谐，努力实现经济社会又好又快发展。

省委副书记吕祖善讲话。省政协主席周国富、省委副书记夏宝龙和其他省委常委出席会议。

在分析当前我省经济形势和国内外宏观环境时，赵洪祝指出，我们要进一步增强机遇意识、忧患意识、责任意识、创新意识，牢牢把握经济工作的主动权。从我省今年形势看，经济发展“快中见好”，但也“喜中有忧”，我们要坚定信心，保持清醒。今年以来，全省上下坚持以科学发展观统领全局，认真学习贯彻党的十七大精神、胡锦涛总书记在浙江考察时的重要指示，坚决执行中央宏观调控政策，落实“八八战略”，扎实推进省第十二次党代会提出的各项工作任务，积极实施创业富民、创新强省总战略，着力抓经济结构调整，抓自主创新能力提升，抓城乡统筹和区域协调发展，抓重点领域和关键环节改革，抓改善民生为重点的社会建设，切实解决经济运行中出现的新矛盾、新问题，使全省经济保持了平稳较快发展，发展的协调性不断增强，经济结构得到优化，质量效益进一步提高，人民群众得到更多的实惠，整个经济形势呈现出“快中见好”的发展势头。经济较快增长建立在发展方式有所转变、发展协调性逐步提高和改善民生取得明显成效的基础上。但是，经济运行中“喜中有忧”，节能减排、保持物价稳定、企业生产经营和提高经济效益、保持投资适度增长和优化投资结构、防范金融风险、稳定粮食生产的压力较大。从国际国内发展环境看，今后一个时期我省经济发展机遇前所未有，挑战前所未有，机遇大于挑战，我们要审时度势，顺势而为。从中央要求看，必须深入贯彻落实科学发展观，切实转变经济发展方式，坚持稳中求进、好字优先，实现经济社会又好又快发展，我们要全面把握，奋发有为。从今后五年发展进程看，我省正处于全面建设惠及全省人民小康社会的攻坚阶段，是经济发展转型升级的重要时期，我们要率先发展，再上台阶。在这样的形势下，我们要保持经济的持续上升，使今后五年成为一个新的快速成长期，就必须坚持科学发展，加快转型升级。我们一定要增强加快转型升级的紧迫感、责任感，切实把它作为今后五年我省新一轮发展的重要战略来抓，努力实现经济持续快度协调发展，加快向经济强省迈进。

赵洪祝强调，加快转型升级，是全面实施“两创”总战略的重要内容，是实现又好又快发展的必然途径，是增强我省综合实力和国际竞争力的关键之举。加快转型升级，最根本的是要按照科学发展观的要求，坚持走中国特色新型工业化道路，着力推进产业结构、增长模式、体制机制、开放格局、区域发展等方面的转型升级。加快转型升级，着重要把握五方面要求：

——在产业结构方面，以增强自主创新能力为核心，做精高效生态农业，做强先进制造业，做大现代服务业，促进产业融合创新，加快建立现代产业体系。

——在增长模式方面，以节能减排为突破口，大力发展循环经济，加快建设资源节约型和环境友好型社会，促进人口、资源、环境协调发展。

——在体制机制方面，以建立健全有利于科学发展的体制机制为着力点，进一步完善现代企业制度、现代产权制度、现代市场体系、社会中介服务体系和政府管理体制，率先建立比较完善的社会主义市场经济体制。

——在开放格局方面，以统筹国内国际两个大局为要求，树立新的开放理念，实施新的开放战略，构筑新的开放格局，拓展新的发展空间，不断提升对内对外开放水平。

——在区域发展方面，以增强发展协调性为重点，联动推进新型工业化、新型城市化和新农村建设，统筹发达地区、欠发达地区和山区海岛发展，不断提升和谐社会建设水平。

赵洪祝指出，加快我省新一轮发展，不仅要牢牢把握转型升级的总体要求，还要高度重视、认真研究优化发展布局、突破发展瓶颈、强化先发优势、培育新的增长点和增强发展动力等五大方面的战略任务以及其中一系列重大问题，未雨绸缪，主动应对，着力推进。各级各部门都要紧密结合实际，深入调查研究，提出切实可行的对策举措，以重大问题的突破推动转型升级，促进经济社会发展再上新台阶。

在阐述明年经济工作的主要任务时，赵洪祝指出，明年是认真贯彻党的十七大精神，全面落实省第十二次党代会提出的各项任务，深入实施创业富民、创新强省总战略的第一年。要加强“三农”工作，扎实推进新农村建设；提高自主创新能力，推动产业结构优化升级；抓好节能减排工作，加强资源节约和环境保护；统筹城乡区域发展，提高协调发展水平；深化经济体制改革，扩大对内对外开放；着力改善民生，促进社会和谐稳定。

赵洪祝强调，加快经济发展转型升级，做好明年经济工作，关键在党的领导。各级党委要提高领导科学发展的能力，进一步加强对经济工作的领导，创造性地开展工作，切实把中央的决策和省委的部署落到实处，为推动我省经济社会又好又快发展提供坚强保证。要坚持以科学理论为指导，以解放思想为法宝，以调查研究为基本途径，以统筹兼顾为根本方法，以抓好落实为着力点，提高领导经济工作的科学性、创造性、针对性、协调性和实效性。

吕祖善在讲话中指出，即将到来的新一年是充满希望和挑战的一年，工作任务十分繁重。我们要认真贯彻落实党的十七大、中央经济工作会议，省第十二次党代会和全省经济工作会议精神，坚持以科学发展观为统领，全面落实省委提出的明年全省经济工作的总体要求和主要目标任务，着力在转变、创新、统筹上下功夫，坚定不移地推进科学发展。要努力保持经济运行平稳，大力推进自主创新，积极推动产业结构优化升级，扎实抓好节能环保工作，加快社会主义新农村建设，支持欠发达地区加快发展，深入推进体制改革和对内对外开放，切实做好就业、社会保障、社会事业发展和社会公共安全等工作，进一步加强政府自身改革和建设，确保明年经济社会发展实现新的良好开局。

其他副省以上领导干部，各市、县（市、区）委书记，市、县（市、区）长和省部属有关单位主要负责人参加会议。

（据 2007 年 12 月 29 日《浙江日报》）

全省财政地税工作会议

省长吕祖善关于财政地税工作的批示

近年来，全省财政地税部门坚持以科学发展观为统领，积极创新理财思路，深化财税改革，加强财税监管，努力建立健全公共财政体系，全省财税工作取得了显著的成绩，财政收入规模连创新高，财政支出结构不断优化，资金绩效进一步提高，有力地促进了全省经济社会又好又快地发展。

2008年是认真贯彻党的十七大精神，全面落实省第十二次党代会提出的各项任务，深入实施"创业富民、创新强省"总战略的第一年。财政地税部门要牢固树立忧患意识，提高稳定增加财政收入的本领；牢固树立公仆意识，提高加强财政资金管理的本领；牢固树立节俭意识，增强提高财政资金使用绩效的本领，加快完善公共财政体制，积极推进"收入一个笼子、预算一个盘子、支出一个口子"改革，进一步强化财税监管，不断提高财政资金使用绩效，努力开创全省财政地税工作新局面，为建设惠及全省人民的小康社会作出新的更大的贡献！（2008年1月8日）

继往开来 创新创业
努力开创财政地税事业科学发展的新局面

——2008年1月10日在全省财政地税工作会议上的讲话

浙江省财政厅厅长兼省地方税务局局长 黄旭明

同志们：

这次全省财政地税工作会议的主要任务是，深入学习贯彻党的十七大和省第十二次党代会、省委十二届二次全会、全省经济工作会议以及全国财政、税务工作会议精神，回顾五年来全省财政地税工作，总结财税改革与发展的基本经验；认真分析当前财税经济形势，安排2008年税收计划和财政收支计划，部署2008年及今后一个时期全省财政地税工作。省委、省政府一直非常重视和关心财政地税工作，最近省委常委会听取财政预算情况汇报时，对近年来的财政地税工作给予了充分肯定，并对做好当前及今后一个时期的财政地税工作作出了重要指示，省委副书记、省长吕祖善还对财政地税工作作出了重要批示。下面，我代表厅党组讲几点意见。

一、五年来全省财政地税工作回顾

2003年以来的五年，是很不平凡的五年，是全省上下以科学发展观为统领，面临国家加强宏观调控、资源环境制约等压力，克服非典、禽流感疫情，台风洪涝、高温干旱灾害等困难，扎实推进全面建设小康社会，加快社会主义现代化进程的五年，也是全省财政地税工作亮点频现、取得显著成绩的五年。五年来，我们紧紧围绕中央和省委、省政府的决策部署，遵循"集中财力办大事"和"一要吃饭、二要建设、三要有所积累、四要增强宏观调控能力"的理财原则，积极创新理财思路，认真实施"三个三"工作措施，切实加强收入征管，努力优化财税收支结构，全面推进各项财税改革，切实提高干部队伍综合素质，公共财政体系基本形成，全省财政地税事业在科学发展的道路上迈出了坚实的步伐。

（一）财政收入规模和质量迈上新台阶，公共财政收入体系初步形成。五年来，我们充分发挥财税职能作用，促进财税经济良性互动，夯实财源基础；加强税收和非税收入征管，优化政府财力结构，全省公共财政收入体系初步形成，财政收入规模不断壮大、结构不断优化、质量不断提升。2007年，全省财政总收入、地方财政收入分别达3240亿元和1650亿元，分别是2002年的2.8倍和3.1倍，年均分别增长22.7%和25.2%；地方财政收入占财政总收入的比重达到50.9%，比2002年提高4.9个百分点；全省财政总收入占GDP的比重由2002年的15.6%提高到2007年的约17.5%。

支持经济发展方式转变，财源基础更加稳固。综合运用税收、财政补助、贴息、以奖代补等政策手段，逐步形成有利于科学发展的财税政策、体制、机制，支持"做精一产、做强二产、做大三产"，推进经济发展方式转变。筹措落实各项专项资金，研究完善财税扶持政策，召开以加快服务业发展为主题的全省第二次地方财政收入8亿元县市会议，促进服务业加快发展。加大农业投入，整合财政支农资金，完善并落实各项财政补贴和税收优惠政策，推进政策性农业保险试点，加大农业综合开发投入，支持农业基础设施建设、农业科技创新、高效生态农业和现代农业产业体系、粮食安全体系建设等，推进农业和农村经济结构战略性调整。五年来，全省用于“三农”支出的财政性资金达1661亿元，年均增长22.7%，其中2007年496亿元，比上年增长32.9%。调整先进制造业基地财政专项资金扶持重点，支持企业关键技术创新和重点领域联合攻关，支持装备制造业和高新技术企业发展，促进传统产业优化升级。加大对节能降耗工作的支持力度，支持可再生资源的回收、加工和综合利用，促进水泥、电力、钢铁等行业结构调整，支持循环经济发展。调整完善外经贸扶持政策，优化出口商品结构，鼓励进口贸易，促进外经贸持续健康发展。省财政五年共筹措资金117亿元，向中央争取国债专项资金49亿元，其中2007年筹措资金29亿元，争取国债资金6亿元，支持“五大百亿”工程和重大基础设施项目建设。

加强税源管理、优化结构，税收收入持续增长。加强税收收入分析，把握组织收入的方向和力度，提高税收征管的质量和效率，“均衡入库、持续增长、优化结构、调控有力”的目标正逐步成为现实。加强营业税分行业税源管理，强化个人所得税全员管理和首次年所得12万元以上自行纳税申报工作，推进房地产税收“一体化”管理，对印花税实行预征，将房产税、城镇土地使用税征税范围扩大到除乡以外的行政区域，提高岩金矿、铅锌矿、盐等资源税税额标准，开征建筑用石(砂)资源税、烟叶税，贯彻土地使用税、车船税条例，加强契税和耕地占用税征管，税收收入规模不断扩大，收入结构不断优化。2007年，全省地税部门组织各项收入达1976亿元，是2002年的3.0倍，年均增长24.7%；其中税收收入1290亿元，是2002年的3.0倍，年均增长24.2%；地方税收入比重为56.5%，比2002年提高6个百分点。

切实加强非税收入征管，政府财力更加雄厚。科学界定政府非税收入范围，实行分类规范管理，完善征管体系，加强征管信息化建设，提高非税收入征缴率。49个市县实行社会保险费“五费合征”，向财政部申请按“三税”的2%开征地方教育附加获得批准，加强对国有土地使用权出让收入、新增建设用地土地有偿使用费和海域使用金的征收管理，强化经营权拍卖、公共资源有偿使用收入征管；不断规范行政事业性收费项目和标准管理，切实加强政府性基金管理，做大政府非税收入“蛋糕”。2007年，全省政府非税收入达2211亿元，是2002年的6.3倍；地税部门组织的社会保险费等非税收入达685亿元，是2002年的3.1倍。

(二)财政支出结构调整取得新进展，公共财政支出体系基本建立。五年来，我们按照科学发展观、构建和谐社会及公共财政的要求，科学界定财政支出范围，不断调整和优化财政支出结构，逐步减少直至退出对竞争性领域的财政资金供给，把更多的财政资金投向公共产品和公共服务领域，公共财政支出体系基本建立。

坚持“三个体现”，树立公共财政支出理念。财政支出安排始终坚持体现党和政府的决策和意志，体现人民群众的利益和意愿，体现公共财政的原则和要求。对省委、省政府重大决策部署和中心工作任务，整合资源，重点支持；对事关全省科学发展、和谐发展、长远发展的全局性、战略性支出，超前谋划，主动买单；对百姓最关心、最直接、最现实的民生问题，重点倾斜，倾力保障。

坚持“三项要求”，优化财政支出结构。重视财政支出过程的制度设计，正确处理好存量和增量的关系，坚持“存量调结构，增量优方向，增量调存量”的要求，增量调整侧重体现政策导向，存量调整侧重分配格局的优化，通过增量安排调动存量结构的变化，加快优化财政支出结构，提高公共财政支出效益。

坚持向“三最”倾斜，切实改善民生。积极整合政府资源，财政支出加快向民生领域倾斜，财政支出重点放在人民群众最关心、最直接、最现实的就业就医就学、社会保障和环境保护、社会治安和安全生产、基层文化等方面；财政支出在体现公共财政“普惠”原则的同时，着力向“三农”倾斜，向欠发达地区倾斜，向低收入人群倾斜，努力使公共财政最大限度地惠及全省人民。2007年，全省财政支出1807亿元，是2002年的2.4倍，年均增长19.2%。全省财政民生支出占当年财政支出总量的比重从2003年的64.3%提高到2007年的67.8%；当年财政支出增量中民生支出的比重从2003年的67.1%提高到2007年的70.3%。财政民生支出占比不断提高，财政支出增量三分之二以上用于改善社会民生，标志着全省财政向“民生财政”的实质转变。

——支持社会事业发展。启动义务教育经费保障机制改革，将义务教育全面纳入公共财政保障范围，落实城乡义务教育阶段免收杂费政策，提高中小学校公用经费保障水平。实施农村中小学教育“四项工程”、“农村中小学现代远程教育工程”建设和职业教育“六项行动计划”，启动农村中小学“书香校园工程”和“中职困难生营养餐工程”。增加对高等教育投入，完善贫困学生资助体系。加大财政对科技、文化、卫生、体育等社会事业的投入，全省财政支出中事业发展支出比重由2002年的51.1%提高到2007年的58.2%，着力支持提高企业自主创新能力、重大技术攻关和科技平台建设；支持文化事业发展；支持城市社区卫生和农村卫生事业发展，全面实施“农民健康工程”，着力推进公共卫生体系建设；先后建成一批现代化的公共文化体育设施和一批文化精品，支持“奥运争光”计划和全民健身运动。建立健全法律援助和司法救助经费投入机制，保障困难群体的合法权益。

——支持社会保障体系建设。建立健全社会保障资金多渠道筹措机制，加大社会保障财政投入，全省财政社会保障支出从2002年的110亿元增加到2007年的301亿元，占同期财政支出的比重由14.6%提高到16.7%。不断完善社保基金“地税征收、财政监管、社保支付”的征缴管理体制，逐步提高基金支付能力。加大就业再就业投入，完善促进就业再就业政策，重点扶持城镇零就业家庭、大中专毕业生和农村低保家庭劳动力等困难人员就业。支持实施“新五保”制度，推动建立城乡联动、制度统一、标准有别的新型社会救助体系。支持农村困难群众危旧房改造，推进政策性农村住房保险工作，支持民政福利事业发展。

——建立健全财政生态环保投入机制。大幅度增加生态环保投入，省财政五年累计安排各类生态环保专项资金86亿元，其中2007年达29亿元，是2003年的4.2倍，支持全省城市污水和城乡垃圾集中处理设施项目建设，加快环境质量和重点污染源自动监测网络建设，支持电厂脱硫技改项目、推行清洁生产、自然保护区建设和保护、生态示范区建设及重点区域、流域污染防治等项目建设，完善森林生态效益补偿机制，推动“生态省”建设。

——加大对欠发达地区财政转移支付力度。五年来省财政对欠发达和海岛等市县共转移支付513亿元，年均增长18.9%。支持“欠发达乡镇奔小康工程”，加快欠发达地区发展和贫困群众脱贫步伐。

坚持“控压保”三字原则，强化财政支出管理。发扬“两个务必”精神，牢固树立忧患意识、公仆意识、节俭意识，在财政支出管理上切实做到该控的控，该压的压，该保的保。严格控制行政管理费支出，除政策性因素外，省级行政单位公用经费连续五年零增长；严格控制对竞争性领域基本建设的投入；严格控制用于经济建设的支出。大力压缩会议费、招待费、差旅费、出国费、培训费等一般性财政支出，积极倡导节约型社会建设。对事关民生改善、社会和谐的支出，则大力保障、高幅增长。同时，严格预算管理，规范预算追加，严格审批程序，维护预算的严肃性和权威性。

（三）财税管理改革取得新突破，公共财政运行体系日益健全。五年来，我们积极探索“收入一个笼子、预算一个盘子、支出一个口子”和大力推进以部门预算、国库集中收付、财政支出绩效评价“三位一体”为主要内容的公共财政改革，逐步建立起运行有序、管理规范、约束有力、科学高效的财政运行机制，公共财政运行体系日益健全。

省对市县财政体制不断完善。积极应对所得税分享、出口退税负担机制、取消农村教育费附加等政策的调整。坚持“省管县”财政体制，完善省对市县财政转移支付办法，实行“两保两挂”、“两保一挂”财政政策，在保证市县既得利益并逐年继续增加的情况下，增强省级财政调控能力；出台优化收入结构财力性奖励办法，推动市县加快优化产业结构步伐，优化财政收入结构；实行因素法、公式化的一般财力性转移支付，促进区域间基本公共服务均等化；试行钱塘江源头地区生态保护专项补助并进而制订生态环境保护财力性转移支付办法，促进主体功能区建设。建立宁波市财政上交省机制，逐步理顺省与宁波市的财政收入分配关系。2007年全省所有县（市）地方财政收入均超亿元，比2002年增加10个，县域经济活力和财政实力不断增强。

部门预算改革全面深化。2004年起，省级全面推行以综合预算和零基预算为核心的、规范的部门预算，上省人代会审查的部门预算从2003年的7个增加到2007年的20个，每年有1-2个省级部门预算接受重点审查；全省所有市县均实施了部门预算改革。顺利实施政府收支分类改革。

国库集中收付改革有序推进。不断完善会计集中核算，积极推进以国库单一账户体系为基础、资金缴拨以国库集中收付为主要形式的现代财政国库管理制度改革。从2005年10月起步，省级预算单位已全面实行国库集中支付，支付资金涵盖预算内、外资金。大部分设区市和部分县（市）开始实施国库集中支付改革。启动财税库银横向联网工作。

财政支出绩效评价稳步开展。在全国较早地开展了财政支出绩效评价工作，制订绩效评价实施、工作考核和专家管理等办法，绩效评价制度框架初步建立；各地绩效评价管理机构基本建立，并落实了一定的人员；采取“上下联动”的方式实施重点项目评价，开展和指导绩效自评，全省共对1388个项目实施了绩效评价；加快信息库建设，建立中介机构、专家和评价指标与标准库，部门和单位的绩效理念及责任意识不断强化。

政府采购制度日臻完善。建立健全政府采购管理制度和监管体系，发挥其在支持自主创新和节能减排方面的政策功能，推进管理信息系统建设，推行定点采购管理和协议供货制度，不断扩大政府采购范围和规模，提高采购效率和效能。五年来，全省政府采购合同累计金额882亿元，年均增长36.0%，节约资金108亿元，平均节约率达13.0%。

农村综合改革全面实施。农村税费改革全部到位，在全国较早全面免征农业税，全面取消村提留制度，全省农民在制度层面实现零负担。全面实施农村综合改革，完成乡镇政府内设机构和事业单位调整工作，基本实现义务教育“以县为主”的管理模式，实行分类指导的县乡财政管理体制，全面开展化解乡村债务工作，各级财政补助经济薄弱村运转和村干部报酬，推进村级组织运转保障机制建设。

地税征管改革日益深化。在全国税务系统率先实现全省性导入ISO9000质量管理体系。完成全省地税系统广域网升级，在完善地税网站、办税服务厅的基础上，建设因特网办税服务系统，开通“12366”纳税服务热线，架构全方位的纳税服务平台。全面建立数据采集、税源监控、税收分析、纳税评估、税务稽查五位一体的税源管理模式，建立健全符合现代征管方向的税源间接控管体系。在全省应用税库银联网的“一户通”电子缴税系统，省级实现财税库银全面联网。开发应用《税友2006》，地税管理信息化水平显著提高。

“金财工程”初步建成。积极推进金财工程管理、业务、技术的全面一体化建设，财政主体业务的一体化开发已基本完成，并在省厅上线运行，为推进各项财政改革提供技术支撑。

（四）财税监管水平取得新提高，公共财政管理体系逐步完善。五年来，我们坚持依法理财治税，完善财税监管机制，强化财税监督管理，公共财政管理体系逐步完善，财税管理水平进一步提高。

加强财税法治建设。认真贯彻国务院《全面推进依法行政实施纲要》和省委建设“法治浙江”的决定，制定依法行政实施意见，开展财税法制宣传教育，全面清理和定期汇编规范性文件，积极推进政务公开；建立健全预防和化解行政争议解决机制，税务行政争议案件不断减少；深化行政审批制度改革；全面深化行政执法责任制，开展税收执法检查，严格规范财税行政执法，全面推进依法行政、依法治税理财工作。

加强政府性债务管理。在全国较早地研究提出加强地方政府性债务管理的意见，按照“适度举债、讲求效益、加强管理、规避风险”的原则，建立归口管理制度和风险监测指标体系，完善偿还机制，构建风险预警体系，全省政府性债务余额增势得到一定程度控制。2006年全省政府性债务负债率为12.8%，比2004年下降2.1个百分点。强化国债转贷资金管理。规范政府外债管理，强化项目贷前可行性论证和贷后监管，化解历史拖欠债务。切实加强地方金融财政监管，规避金融风险。落实省属高校建设贷款还贷方案，建立高校贷款审批制度，有效规避高校财务风险。

加强财政专项资金管理。按照“一个专项一个办法”的要求，制订各类财政专项资金管理办法，强化财政资金安排、审批、拨付等环节的监督检查。对农业综合开发财政无偿资金全面实行县级报账制管理。加强财政投资项目管理，对基建资金实行财政直接支付，健全省重点建设项目和重大财政投资项目全过程跟踪问效机制。强化财政支出项目审核与监督，五年来全省各级财政项目审核机构累计审核项目26283个，审核金额1638亿元，净核减157亿元，平均审减率9.6%。

加强财税监督检查。认真贯彻《浙江省省级预算审查监督条例》，人大、审计等对财税监督的力度不断加大，财税管理的公开性、程序性、透明度大大增强。积极探索财政监督新思路、新机制、新方法，深化内部监督，五年来全省共对9254个单位开展财政监督检查，共查出违纪金额60亿元。开展税收票款和税务经费内部审计检查，进一步完善内控机制。以维护税收执法秩序为重点，加大税务大要案的查处力度，依法查处重点行业、重点地区税收征管薄弱环节的税收违法行为，增强税收执法刚性。

加强资产和会计监督管理。贯彻落实行政事业单位国有资产管理暂行办法，开展资产清查。逐步规范省级机关单位奖金和福利分配，不断缩小省级不同单位公务员之间的收入差距。认真开展津贴补贴清理和规范工作，规范公务员收入分配。深入宣传贯彻实施《会计法》、新企业会计准则和审计准则，加强会计基础管理，开展会计信息质量专项检查和治理商业贿赂专项工作，加强行政监管和会计诚信建设，认真组织高级会计师考评结合试点，开展高级会计领军人才培养，在第三届全国会计知识大奖赛上取得优异成绩。

（五）财税干部队伍呈现新风貌，公共财政支撑体系更加稳固。五年来，厅党组提出的“三靠两抓一组织”以及“谦虚、务实、协调”、“好好学习、好好工作、好好做人”、“三走近三远离”等干部队伍建设理念深入人心，并成为干部职工的自觉行动，全系统干部队伍综合素质进一步提高，工作作风进一步好转，党风廉政建设进一步加强，内部管理进一步规范，有力支撑了公共财政体系建设。省财政厅、省地税局已经分别连续4年和7年在省政府工作目标责任制考核中被评为优秀单位，许多市县财政地税部门连续多年在当地目标考核、满意单位评选、行风评议等活动中名列前茅。

大力加强干部队伍建设。积极开展创建学习型组织活动，制定实施意见，建立较为完备的学习激励机制和制度保障体系。支持和鼓励干部职工参加在职学历教育和职称考试，提升学历层次，优化知识结构，全系统大专以上学历干部人数占比从2002年的64.6%上升到2007年的86.8%。加强和改进干部教育培训，实现“专业提高型培训”向“能力提升型培训”转变，推进以提升能力素质为核心的分层次岗位培训，不断创新培训内容、方式、方法；举办两期分管财税工作市县长研讨班，每年举办局长培训班，完成处级干部第一轮岗位培训，启动会计、法律等复合型人才培养；认真开展保持共产党员先进性教育和各种专题教育活动，在全系统开展先进集体和先进工作者评选活动，组织先进事迹巡回报告，干部政治思想素质和能力素质进一步提高。2003年以来，省厅、省局提拔7名（11人次）厅局级干部，班子成员同心同德且结构比较合理；厅局中层干部队伍不断强大，结构不断优化，共提拔处级干部130名；全省各级财政地税部门主要领导有56人被提拔任用，一批年轻有为的干部茁壮成长。

切实加强机关作风建设。积极倡导和实践“谦虚、务实、协调”的工作作风，推动建立与工作对象的和谐关系，化解各种矛盾，推动工作开展。深化机关效能建设，深入开展调查研究，扎实推进“作风建设年”和评议创建基层站所活动，健全作风建设的长效机制。

不断加强党风廉政建设。坚持“一靠教育、二靠制度、三靠各级领导以身作则”并叫响“向我看齐”，坚持“正面抓、抓正面”，认真落实党风廉政建设责任制，切实抓好党风廉政教育，着力构建具有系统特色的预防腐败体系，全系统“读书的人越来越多，犯错误的人越来越少”。全省财政地税系统受党纪政纪以上处分人数从2002年的24人逐年下降到2007年的8人，有80%以上的市县区局连续5年没有发生违法违纪案件，有的已连续数十年没有发生违法违纪案件。

不断规范内部管理。加强制度建设，修订党组议事规则、工作规则、财务管理办法、公务接待办法等，完善制度约束，全面推行岗位目标责任制，加强督促检查，机关内部财务、事务管理更趋规范优质，政务运转高效顺畅，行政后勤保障有力。根据省委巡视组的建议和要求，进一步完善公务员管理机制。创新干部人事工作，首次从全系统公开选录公务员。认认真真、真心诚意做好老干部服务工作。充分发挥党、团、工、妇作用，积极倡导八小时之外“走近书桌、走近球桌、走近山水，远离酒桌、远离牌桌、远离尘嚣”，开展丰富多彩的业余活动，每年举办全省财税系统运动会，切实加强精神文明建设。财税信息宣传取得新进步，财税（会）学会建设取得新进展，财税科研服务于中心的功能不断增强。

同志们！五年来全省财政地税工作取得的显著成绩，充分展示了财政地税部门作为党和政府的重要经济综合部门，在落实科学发展观、构建社会主义和谐社会中的重要地位；充分展示了理财治税理念创新在推动经济发展方式转变、增强党委政府财政调控能力、全面改善社会民生中的强大威力；充分展示了财政地税部门在促进经济建设、事业发展和社会稳定中的巨大作用；充分展示了广大财政地税干部职工想干事、能干事、干成事、干大事的全新风貌！

五年来全省财政地税工作的成绩来之不易！这是省委、省政府和财政部、国家税务总局正确领导和指导的结果，是各地、各部门大力支持的结果，是全省财政地税系统干部职工奋发图强的结果。在此，我谨代表厅党组，向一直以来关心、支持财政地税工作的各级领导、各有关部门和社会各界人士表示衷心的感谢！向奋战在财政地税战线上的广大干部职工表示诚挚的问候和衷心的感谢！

同志们！回顾五年来全省财政地税改革与发展的实践，我们共同积累了宝贵的精神财富，值得认真地思考、总结和汲取。

一是必须坚持创新思路、科学发展。思路决定出路。五年来，我们遵循发展经济对财税收支的决定作用和财税收支对经济发展反作用的基本规律，不断创新理财治税理念，提出“做大蛋糕、优化结构、综合调控、推进改革”的工作思路，深入实施“三个三”工作措施，着力提高财税经济运行质量和效益。实践证明，“三个三”工作措施是科学的、有效的，是全省财政地税部门贯彻落实科学发展观的生动实践，是推动全省经济社会又好又快发展的重要抓手，是推进财政地税事业可持续发展的重要途径，对于优化财税收支结构、增强党委政府调控能力、提高财政保障水平具有十分重要的作用，得到了省委、省人大常委会、省政府的充分肯定。更为重要和更有意义的是，以结构优化体现科学发展，发展有效益的经济、组织有效益的收入、安排有效益的支出，已经成为各级党政领导和广大财政地税干部的重要理念和自觉行动，这必将有力地推动全省经济社会在科学发展的征程中不断取得新胜利！

二是必须坚持围绕中心、服务大局。财政地税工作是党委、政府工作的重要组成部分。五年来，我们把党委、政府的决策部署与财政地税干部每天从事的工作自觉地紧密地联系起来，紧贴党委、政府工作的中心，认清我省经济社会的基本情况和发展趋势，不断审视财税工作静态的和动态的状况，在服务大局中突出工作重点，把主要精力放在党委政府决策部署的、在经济社会发展全局中具有重要地位和影响的、与广大人民群众利益密切相关的重要领域和重要事项，提出了加快发展现代服务业、推动循环经济发展、加强地方政府性债务管理、建立健全生态环保补偿机制等许多建设性的意见和建议，为全省经济社会又好又快发展作出了重要贡献。实践表明，只有把财政税收工作放在党和政府工作的大盘子中、放在经济社会发展的大格局中、放在历史发展的大趋势中去观察、去思考、去把握，才能进一步赢得理解、重视和支持，才能更好地履行职责，才能不断推进财政地税事业科学发展。

三是必须坚持以人为本、统筹兼顾。以人为本、全面协调可持续发展的科学发展观，第一要义是发展，核心是以人为本，基本要求是全面协调可持续，根本方法是统筹兼顾。五年来，我们始终以科学发展观为指导，坚持为民理财、为民治税，把广大人民群众的根本利益作为财税工作的出发点和落脚点，着力解决人民群众最关心、最直接、最现实的利益问题，统筹城乡、区域、经济与社会发展以及人与自然和谐发展，使公共财政最大程度地惠及全省人民；始终坚持以人为本，积极营造“处事公正高效，对人谦虚真诚，运转规范有序”的机关建设氛围，引导广大干部职工“好好学习、好好工作、好好做人”，内强素质，外树形象，奠定财税事业持续健康发展的坚实基础。

四是必须坚持深化改革、完善机制。改革是促进经济社会发展的强大动力。五年来，我们按照健全社会主义市场经济体制的要求，牢牢坚持改革的方向不动摇，积极创新工作机制，用改革的精神、思路和办法解决前进过程中碰到的新情况、新问题，树立义乌市公共财政改革这面“旗帜”，不断深化财税管理改革，加快公共财政体系建设，逐步形成有利于转变经济发展方式、促进全面协调可持续发展的财税政策体系和运行机制，促进和保障科学发展。

五是必须坚持转变作风、积极主动。作风是形象、是力量、是生命，也是做好各项工作的重要保障。五年来，我们坚持和发扬“谦虚、务实、协调”的工作作风，积极主动地开展各项工作。加强对全局性、战略性问题的研究，变“事后出手”为“提前介入”，变“被动付账”为“主动买单”，提高工作的前瞻性，增强工作的主动性，为党委、政府当好参谋助手，在全国较早地提出了全面免征农业税、义务教育免学杂费等政策建议并认真加以实施。加强与上级部门的沟通，主动寻找和获取信息，争取政策和资金支持，财政部对我省的各种转移支付连年大幅增加。加强与兄弟部门的协调配合，在推进各项财税改革时注重有利于兄弟部门开展工作。加强调查研究，深入基层帮助解决实际困难，推动工作创新。

同志们！回顾五年来财税改革与发展的历程，我们还必须清醒地看到，全省财政地税工作中存在不少困难和问题，主要是：公共财政体系不够完善，公共财政职能发挥还不够充分；财税收支结构有待进一步优化；财税管理的质量有待进一步提高；防范和化解财政风险的任务仍然较重；一些干部的素质和作风与新时期财政地税工作的要求还有一定差距，等等。我们要认真分析和研究这些问题，在今后的工作中切实加以解决。

二、深入学习贯彻党的十七大和省第十二次党代会精神，全面落实“创业富民、创新强省”总战略

党的十七大对深入贯彻落实科学发展观，继续推进改革开放和社会主义现代化建设、实现全面建设小康社会的宏伟目标作出了全面部署。省第十二次党代会明确了我省今后五年经济社会发展和党的建设的总体要求、目标任务和战略举措，提出了要坚定不移地走创业富民、创新强省之路。省委十二届二次全会对结合我省实际深入贯彻落实党的十七大精神，扎实推进创业富民、创新强省总战略作出了全面部署。党的十七大和省第十二次党代会对完善公共财政体系提出了新的更高的要求，为财税改革和发展指明了方向。我们要按照省委、省政府的统一部署，深入学习贯彻党的十七大精神，全面落实创业富民、创新强省总战略，推动全省经济、政治、文化、社会的全面发展。

（一）推进财税政策管理创新，进一步促进经济发展方式转变。研究财税经济工作规律，创新财税工作思路、管理理念、服务方式，有针对性地加强创新创业对策研究，构建有利于科学发展的体制机制。创新财税扶持方式，不断完善、积极整合、用足用好有关财税扶持经济科学有效发展的政策措施，积极发挥财税政策和财政资金的引导作用，支持“做精一产、做强二产、做大三产”，推动自主创新、新农村建设、产业结构升级、现代服务业发展、资源节约和环境保护、民营经济发展、海洋经济发展等方面的创新创业，不断优化产业结构，促进经济发展方式转变。

（二）推进财税收入管理创新，进一步做好做大财税“蛋糕”。进一步加强宏观经济和税收变化的分析，不断完善税源间接控管，优化纳税服务，依法加强税收征管，不断优化税收收入结构；建立统一规范的政府非税收入征管机制，加强非税收入征收管理，进一步优化政府财力结构，切实提高地方财政收入占财政总收入的比重，努力实现“均衡入库、持续增长、优化结构、调控有力”的目标，千方百计做好做大财税“蛋糕”。

（三）推进财政支出管理创新，进一步保障和改善社会民生。不断完善公共财政体系，加大公共产品和公共服务领域投入，财政支出向以改善民生为重点的社会建设倾斜，推动和谐社会建设。增加“三农”投入，建立健全财政支农资金稳定的增长机制，推进社会主义新农村建设。坚持教育公益性质，加大财政对教育投入，加强基础教育建设，改善农村教育条件，大力发展职业教育，提升高等教育质量。加大公共文化和体育设施建设力度，拓展文化服务形式，支持文化产业发展，繁荣文化体育事业。支持社会保障体系建设，多渠道筹集社会保障资金，完善社会保障筹资机制。积极落实促进就业再就业的各项财税扶持政策，支持建立覆盖城乡居民的就业体系。继续加大卫生事业财政投入，完善城乡居民基本医疗服务网络体系，推进公共卫生建设。进一步创新财政扶持政策，优化帮扶载体，加大扶贫开发投入力度，改善低收入人群生产生活条件。完善收入分配制度，进一步提高低收入人群收入水平。进一步完善政策，促进城镇廉租住房建设，积极推进政策性农村住房保险，支持农村困难群众住房救助，逐步解决城乡居民住房困难问题。加大公检法司和食品质量安全检测投入，切实维护社会安全稳定。大力支持基础设施建设，完善资源要素保障体系，促进可持续发展。进一步加大环境保护和生态建设投入，完善生态保护财政转移支付办法，促进人与自然和谐发展。

（四）推进财税管理制度创新，进一步完善公共财政体系。进一步完善省对市县财政体制，建立规范的财政转移支付制度，促进欠发达地区加快发展，增强基层政府提供公共服务能力，逐步推进基本公共服务均等化，促进主体功能区建设。积极推进"收入一个笼子、预算一个盘子、支出一个口子"工作，进一步加强公共财政管理。继续深化部门预算改革，完善预算决策的制衡机制，规范预算编制方式，提高预算编制质量，增强预算的严肃性、权威性和透明度。全面推行财政国库集中收付制度，逐步建立起功能齐全、运作高效的现代财政国库管理制度。加快推进财政支出绩效评价工作，逐步建立与公共财政相适应，以提高政府管理效能和财政资金使用效益为核心的绩效评价工作体系。进一步扩大政府采购范围和规模，拓展政府采购政策功能，完善政府采购制度。继续深化农村综合改革。继续提升地税信息化水平，全面推进"金财工程"建设，完善政府财税管理信息系统。强化财政项目预算管理，切实加强对财政资金分配和运行的全过程监督，提高财政资金使用效益。进一步加强行政事业单位和地方金融企业国有资产管理。加强地方金融业财政监管，防范地方金融风险。完善政府性债务风险指标体系，充实偿债准备金，加强政府外债管理，进一步增强对政府性债务的控制与管理。加强会计基础规范化工作，提高财务管理水平，维护财经秩序。

（五）推进干部队伍管理创新，进一步夯实财税事业基础。积极倡导创新理念和创业精神，激发全体财政地税干部职工的创业创新热情。不断深化干部人事制度改革，加强干部队伍建设。继续深化学习型组织建设，推进以提升能力素质为核心的分层次岗位培训，加强党风廉政建设和深化系统惩防体系建设，全面提升干部综合素质。加强效能和作风建设，优化部门服务。切实发挥党、团、工、妇组织的作用，创新活动方式，丰富活动载体，推进精神文明建设。

三、清醒有为，扎实做好 2008 年全省财政地税工作

2008 年是认真贯彻党的十七大精神，全面落实省第十二次党代会提出的各项任务，深入实施创业富民、创新强省总战略的第一年。从宏观经济形势来看，全球经济将继续增长，贸易规模继续扩大，但各种不确定因素和潜在风险增加。国家将完善和落实宏观调控政策，实施稳健的财政政策和从紧的货币政策，有效防止经济转向过热和明显通胀，还要举办北京奥运会，我国经济将继续保持平稳较快发展。通过近年来不断推进科学发展，我省各经济主体适应经济环境变化的能力增强，经济增长的稳定性和协调性明显加强，2008 年全省经济仍将继续保持较快增长。从财政收支来看，一方面，经济的较快发展为财政收入的平稳增长奠定基础；改革资源税和耕地占用税制度，加强税收征管，会增加部分收入。同时，新企业所得税法实施、减征储蓄存款利息所得税、提高个人所得税工资薪金所得减除费用标准，实施支持节能减排、促进就业等税收优惠政策，都将不同程度地减少收入；实行从紧的货币政策会对金融、房地产、证券等相关行业及中小企业产生较大影响，一些高耗能、高污染、资源性行业的增长会继续减缓；出口退税对地方财政的压力不断加大。另一方面，深入贯彻落实党的十七大提出的"加快推进以改善民生为重点的社会建设，努力使全体人民学有所教、劳有所得、病有所医、老有所养、住有所居，推动建设和谐社会"的要求，要不断加大对教育、就业、医疗卫生、社会保障、环境保护、文化等公共服务领域的投入，财政支出的刚性不断增强。财政收支矛盾不容忽视。因此，我们要进一步增强忧患意识、公仆意识、节俭意识，着力提高稳定增加财政收入的本领，提高加强财政资金管理的本领，增强提高财政资金使用绩效的本领，准确把握国内发展大势和全省发展环境的变化趋势，把将遇到和可能遇到的困难和问题估计得更充分一些，把应对困难和解决问题的方案想得更周全一些，增强工作的系统性、预见性、主动性，居安思危，清醒有为，稳中求进，不断提高财政地税工作的质量和水平，充分发挥社会主义市场经济条件下财税"有形的手"的作用，更加有效地支持创新创业，促进全省经济社会又好又快发展。

根据对 2008 年财税经济形势的分析预测，按照中央和省委、省政府对经济工作的总体部署，2008 年全省财政地税工作的指导思想是：全面贯彻党的十七大和省第十二次党代会、省委十二届二次全会精神，高举中国特色社会主义伟大旗帜，深入贯彻落实科学发展观，紧紧围绕创业富民、创新强省总战略，遵循"集中财力办大事"和"一要吃饭、二要建设、三要有所积累、四要增强宏观调控能力"的理财原则，丰富和发展"三个三"工作措施并建立长效机制，做好做大财税经济"蛋糕"，强化公共服务职能，深化财税管理改革，完善公共财政体系，推动科学发展，促进社会和谐，为全面建设惠及全省人民的小康社会作出新贡献。

按照这个指导思想，2008 年全省财政收支计划初步安排如下：全省地方财政收入预算 1850 亿元，增长 12%；全省财政支出预算 2000 亿元，增长 10.5%；全省财政收支平衡。

2008 年，要着重抓好以下几项工作：

（一）以支持自主创新为重点，转变经济发展方式。进一步加大财政科技投入，调整支持的重点和方式，优化科技资源配置，重点支持提升、优化集成公共创新平台和实验室建设，支持关键共性技术的研究和攻关，支持产学研相结合的技术创新体系建设。完善支持自主创新和成果转化的财税政策体系，建立风险补偿机制，引导各类创新主体加大研发投入，提升企业自主创新能力和水平，加快推动"品牌大省"向"品牌强省"转变。选择部分高职院校设立创新激励基金，加快创新型人才培养；推进创新文化培育，吸引更多科技人才来浙江创业创新。进一步加大财政支持力度，加快电子商务、连锁经营等现代流通方式发展，推进传统服务业态和商品交易市场的改造提升；支持服务业试点示范项目和公共服务平台建设，推进现代物流业、物流园区和社区服务业以及城乡公共服务事业的快速发展；支持村级连锁便利店发展，推进农村商贸服务体系建设；积极推进企业主辅分离，发展生产性服务业，努力使服务业成为全省经济增长的新引擎。建立健全财政支农资金稳定增长机制，进一步强化资金整合，巩固完善支农惠农政策，支持农村金融服务体系建设，加强农村基础建设，支持农业科技推广和现代农业体系建设，支持无公害、有机、绿色农产品基地建设，发展特色优势农产品，提高农业综合生产能力，保障粮食安全，拓宽农民增收渠道，扎实推进社会主义新农村建设。发挥财税政策稳定物价的作用，大力支持粮油肉等农产品生产，保障基本生活必需品供应，抑制物价过快上涨。进一步优化先进制造业财政专项资金支持重点，鼓励企业以高新技术改造传统产业，发展高新技术、电子信息产业等。加大对节能降耗工作的财政支持力度，推进钢铁行业和电力行业结构调整，促进能源节约和综合利用，促进循环经济发展。支持中小企业融资服务体系建设，切实促进中小企业和民营经济发展。促进港航强省建设，支持海洋经济发展。进一步完善外经贸政策措施，提高外贸出口附加值，鼓励企业开展进口贸易，促进外贸进出口平衡发展。

(二)以增强政府财力为重点，做好组织收入工作。在依法治税理财、规范财税管理的前提下，坚持“均衡入库、持续增长、优化结构、调控有力”的组织收入目标，积极应对各项财税改革，密切关注新企业所得税法实施等对财税收入的影响。加强对宏观经济发展形势的研究分析，采取有效措施努力优化财政收入结构，促进地方可用财力的稳定增长。完善税收收入征管机制，及时掌握新的税源增长点，继续规范税收征管秩序，提高税收征管效率。更加重视政府非税收入征收管理，拓宽政府非税收入征管范围，推广新版政府非税收入征管信息系统，加强对经营权拍卖收入等国有资源(资产)类政府非税收入的管理，探索国有资产有偿使用收入征管，切实加强对土地出让金、新增建设用地土地有偿使用费、教育费附加和海域使用金等的征收管理，全面推行社会保险费“五费合征”，增强政府财政实力。

(三)以解决民生问题为重点，促进社会和谐稳定。按照公共财政的要求，继续运用“增量优方向，存量调结构，增量调存量”的方法，不断优化财政支出结构，确保新增财力三分之二以上用于民生，推进社会主义和谐社会建设。

支持教育文化事业发展。加快推进义务教育经费保障机制改革，全面实施城乡义务教育免费教科书制度，提高中小学公用经费保障水平和农村教师待遇；创新投入方式，落实以流入地政府为主、公办学校为主的政策，逐步解决农民工子女就学问题；建立发展学前教育激励机制，提高学前教学水平和质量；继续实施“职业教育六项行动计划”，加快推进职业教育发展；实施“高等教育质量提升工程”，全面提高高等教育办学水平与质量；完善财政资助政策，解决家庭经济困难学生入学问题。加大公共文化设施建设投入，加快推进农村公共文化设施基础建设，深入实施广播电视“村村通”工程，支持文化“三下乡”活动，扎实推进文化信息资源共享工程，加大文化人才扶持力度，扶持文化产业发展，鼓励培育演出市场，促进全省文化事业繁荣发展。

促进就业富民。进一步贯彻落实各项就业再就业政策，筹措就业再就业资金，完善支持自主创业、自谋职业政策，健全创业服务体系，加强农村劳动力素质培训，支持零就业家庭、大中专毕业生和农村剩余劳动力特别是被征地农民、农村低保对象就业，促进创业富民。加快推进区域统筹发展，支持实施以欠发达地区为重点的“低收入农户奔小康”工程，切实扩大下山脱贫和劳务输出，扶持发展家庭加工业、特色产业和绿色农产品，改善生产生活条件和生态环境，切实提高农民致富能力。

完善社会保障体系。加快社会保障资金多渠道筹措机制建设，加大社会保障投入。进一步完善养老保险制度，以“五费合征”为抓手，扩大企业职工基本养老保险全覆盖。支持城镇居民医疗保障制度建设，合理确定筹资水平和保障标准。健全社会救助体系，进一步规范被征地农民基本生活保障制度，完善被征地农民生活保障基金筹资机制。继续加大财政补助力度，提高新型农村合作医疗保障水平，扩大受益人群。不断完善城乡医疗救助制度、最低生活保障制度和集中供养制度。加强城镇廉租住房建设，完善农村住房政策性保险制度，推进农村困难群众住房救助，切实做好优抚安置工作。密切关注价格上涨对民生的影响，及时落实各项财政补贴政策，保障困难群体基本生活。

支持医疗卫生服务体系建设。加大卫生事业财政投入，优化卫生事业支出结构，完善城乡居民基本医疗服务体系，逐步提高群众看病就医的满意度。筹措安排农村公共卫生服务、农民健康体检和城市社区公共卫生服务资金，加大对直接面向目标人群的公共卫生项目投入力度。支持全省疾病预防控制体系和卫生监督体系建设，进一步加大城镇医疗卫生资源配置整合力度，深化公立医疗机构运行机制改革，完善药品集中招标采购制度，规范医疗服务市场秩序。

切实加强生态保护。继续加大对环境保护的投入力度，着力支持重点流域、区域和欠发达地区环境保护和污染减排工作，支持覆盖全省乡镇的污水处理设施和农村生活污水处理设施建设，支持主要污染物减排监测、考核、统计三大体系建设和全省第一次污染源普查等。

支持“平安浙江”建设。加大公检法司财政投入，进一步完善基层政法机关经费保障政策。大力支持法律援助、司法救助、社区矫正和人民调解工作，维护社会稳定。保障食品安全检测经费，提高食品质量安全检测能力。加大对安全生产投入，完善财政救灾应急预案，健全救灾反应机制，加快推进安全生产应急救援体系建设。

(四)以深化财税改革为重点，完善公共财政体系。按照科学发展观要求，发挥财政体制的引导和杠杆作用，进一步处理好省与市县分配关系，不断加大对欠发达地区财政转移支付的力度，完善“两保两挂”、“两保一挂”转移支付政策，以体现发展是第一要务；完善优化收入结构财力性奖补办法，鼓励市县培植有效财源，优化产业结构；完善一般财力转移支付，增强欠发达地区财力水平和提供公共服务能力；健全和完善生态环境保护财力性转移支付办法并不断加大力度，促进主体功能区建设。进一步完善预算管理制度，在所有省级行政定额预算单位试行“收入一个笼子、预算一个盘子、支出一个口子”管理，切实加强项目支出预算管理。改革事业单位财政供给制度，省级监督管理类事业单位财政供给由“基数法”改为“零基法”。深化国库集中收付制度改革，力争市级全面实施，并扩大县级改革试点范围。完善绩效评价相关制度，落实省级单位300万元以上专项资金绩效自评工作，做好重点项目评价，强化评价结果的应用，加快推进财政支出绩效评价工作。扎实推进财税库银横向联网改革，稳步推进公务卡应用推广工作。从深度和广度上扩大政府采购规模，做好省级政府投资工程项目纳入政府采购监管的试点，确保政府采购节能产品、环境标志产品等政策的实施，完善政府采购制度体系，推进电子化政府采购建设，提高政府采购规范化水平和采购效能。继续深化农村综合改革。进一步完善“金财工程”一体化软件，基本完成全省财政系统广域网建设。深化应用《税友2006》，全面提升地税管理水平。

深入开展财税法制宣传教育，深入贯彻《浙江省省级预算审查监督条例》，认真实施《政府信息公开条例》，建立健全财税政务信息公开制度，扎实推进依法治税理财工作。严格控制一般性支出，修订完善会议费和公务接待费开支标准和管理制度，控制行政管理支出过快增长。进一步加强财政专项资金管理，强化对政府投资项目的预算管理。积极支持国有企业和地方金融业改革，建立国有资本经营预算，探索国有产权收益收缴管理。加强行政事业单位国有资产管理，落实规范公务员津贴补贴实施方案。继续加强地方政府性债务管理，定期化解义务教育债务，指导市县切实采取有效措施化解乡镇政府性债务；创新利用政府外债，注重外债投向结构，强化贷款全过程管理，防范和化解财政风险。加强财政、注册会计师、资产评估和会计行业监督，规范财经秩序。

（五）以提升干部综合素质为重点，加强干部队伍建设。深入学习贯彻党的十七大和省第十二次党代会精神，切实加强思想政治工作。继续深化学习型组织建设，进一步落实干部教育培训“十一五”规划，切实改进培训方式方法，全面推进以提升干部能力素质为核心的分层次岗位培训。继续发扬“谦虚、务实、协调”的工作作风，建立健全作风建设长效机制，创新工作思路，注意工作方法，增强沟通协调，强化服务意识，以服务创新推动创新创业。继续认真贯彻落实党风廉政建设责任制，深化党风廉政教育，拓展、深化惩防体系基本框架，抓好惩防体系建设，切实加强党风廉政和反腐败工作。积极开展各项文体活动，真心诚意地关心干部职工的思想、工作、学习、生活等，像对待自己长辈一样对待老干部，推进和谐机关建设。

同志们！雄关漫道真如铁，而今迈步从头越。回顾过去，成绩令人鼓舞；展望未来，前景催人奋进。我们正站在新的历史起点上，财政地税工作使命光荣、任务艰巨、责任重大。我们要深入贯彻落实科学发展观，全面实施创业富民、创新强省总战略，振奋精神，开拓进取，扎实工作，为建设惠及全省人民的小康社会作出新的更大的贡献！

钱巨炎同志在全省财政地税工作会议小结时的讲话（摘要）

一、关于会议的收获和贯彻落实

这次会议是在全省财政地税系统深入学习贯彻党的十七大、省第十二次党代会精神的新形势下召开的。大家普遍反映，这是一次承前启后、继往开来的会议，开得很及时、很必要，收获很大。

一是理清了思路，指明了方向。大家一致认为，黄旭明同志所作的工作报告贯彻了党的十七大和省第十二次党代会精神，贯彻了科学发展观，贯彻了省委、省政府对财政地税工作的要求，主题鲜明，思路清晰，内容丰富，求实创新，对做好当前及今后一个时期的财政地税工作具有重要指导意义。

二是明确了任务，确定了重点。大家一致认为，会议对今年财税经济形势的分析判断全面、清晰、透彻，工作任务安排重点突出，措施有力，操作性强，都表示回去以后要认真组织学习，坚决按照会议部署，结合各地实际，不断完善落实科学发展观、促进全省创业创新、构建社会主义和谐社会的政策措施，不断开创财政地税科学发展的新局面。

三是增强了信心，鼓舞了干劲。大家一致认为，通过认真学习省委、省政府主要领导对财政地税工作的重要指示精神，充分感受到了省委、省政府对财政地税工作的亲切关怀，深受鼓舞、倍感振奋，进一步增强了责任感和使命感。会议对五年来财政地税工作的回顾总结及对今后一个时期财政地税工作的部署，振奋人心，催人奋进，大家信心更足了，干劲更大了。

四是交流了经验，开阔了视野。大家一致认为，会议印发部分地区在贯彻落实“三个三”工作措施、积极推进经济发展方式转变、优化财税收支结构、深化财税管理改革、加强财税管理方面、推进队伍建设的经验交流材料，使大家开阔了视野，对今后推进财税改革和发展，促进经济社会又好又快发展很有启发，值得借鉴。

对这次会议的主要精神，大家回去后要及时向当地党委、人大、政府主要领导汇报，向基层广大财政地税干部传达，认真学习省领导对财政地税工作的重要指示，深刻领会精神实质，真正把思想和行动统一到党的十七大、省第十二次党代会和省领导重要指示精神上来，统一到深入贯彻落实科学发展观、全面实施创业富民、创新强省的总战略上来，并切实按照会议的部署和要求，结合实际，狠抓落实，开拓创新，推动财政地税工作再上新台阶。

二、今年工作中需要关注的几个问题

为更好地贯彻落实本次会议精神，结合大家在讨论中提到的问题，我就今年工作中有关问题再强调几点。

（一）清醒认识和判断今年宏观经济和财税收支形势。黄旭明同志在报告中已经对今年的财税收支形势作了深入分析。总体看，今年财政收支状况还会比较好，但减收增支因素较多，财政收支矛盾不容忽视，对此要保持清醒头脑，不能盲目乐观。收入方面，有一些直接的减收因素，新企业所得税法等税制改革和一些税收优惠政策的落实，都将不同程度地减少收入；国家加强和改善宏观调控，实行稳健的财政政策和从紧的货币政策，会对房地产等相关行业及中小企业产生较大影响；近些年收入快速增长，基数已经很高，其中还有一些不可比因素。综合分析，今年收入增幅可能会有所下降。支出方面，高收入带来高支出，支出刚性强，新增支出多，各方面期望值也高，财政支出压力很大。因此，我们要增强忧患意识，严密关注宏观经济形势的变化及对财税收支的影响，积极采取措施应对各种困难和压力，保持财税收入持续稳定增长。财政预算安排要统筹全局，积极稳妥，突出重点，留有余地，提前考虑到经济社会中可能会出现的一些新情况、新问题，增强预算安排的科学性、主动性。对没有把握的收入项目和数额，不要打入收入预算；各项支出安排要量力而行，有多少钱办多少事，减少预算执行中的追加和调整，但涉及国计民生以及老百姓直接利益的必要的支出预算一定要确保，不能预留缺口。

（二）狠抓组织收入工作，确保实现良好开局。今年正逢省人大、政府、政协领导班子换届，各地要充分认识实现财税收入“开门红”的重要意义，把组织好财税收入作为当前一项重要工作抓紧抓好。一是要坚持“均衡入库、持续增长、优化结构、调控有力”的组织收入方针，落实工作责任，加大工作力度，从年初就抓好财税收入的结构优化和可持续增长，确保全年财政地税工作开好局、起好步，实现首月、首季财税收入“开门红”，为圆满完成全年收入任务打下坚实的基础。二是要贯彻落实财政地税支持创业富民、创新强省总战略的政策措施，丰富和发展“三个三”工作措施，把握好区域功能定位，加大对第三产业特别是现代服务业发展的扶持力度，从根本上促进收入结构的优化。三是要认真做好新企业所得税法及其实施条例的贯彻落实工作。我们将按照财政部的要求，在充分听取各地意见的基础上，研究制订我省的实施办法，妥善处理总分机构税收分配及地区间税源转移问题，确保“两税”合并改革的顺利进行。四是要加强经济税收分析，及时做好税收政策变动的前瞻测算和执行效应分析，深入研究经济发展趋势，提高税收预测的准确性和科学性，不断增强地税工作的预见性和收入调控能力，努力防范经济及税收政策变动带来的税收波动。五是要开拓思路，创新方法，规范和加强非税收入征管，在年底前全面落实“五费合征”，增强政府可用财力。

（三）切实加强财政支出管理，提高财政资金使用效益。随着财政收入规模的不断扩大，加强财政支出的管理愈显迫切和重要。一是要不断优化财政支出结构，各地的财政预算安排要突出向公共服务领域倾斜，向“三农”倾斜，向基层倾斜，向困难群众倾斜，让公共财政的阳光更灿烂、更温暖。二是要当好党委、政府的参谋助手，统筹安排财政民生支出。一方面，要从当地实际出发，从财力状况出发，坚持广覆盖、保基本、多层次、可持续的原则，区分轻重缓急，突出重点，循序渐进，既要算眼前账，更要算长远账。另一方面，要统筹兼顾，加强与左邻右舍的联系、交流，合理确定项目、标准。此外，还要把加大财政投入与推进体制机制创新结合起来，既要增加投入，又要注重建立与社会主义市场经济发展相适应的长效体制机制，更好地改善人民生活。三是要创新思路，提高财政支出的均衡性。要从年度开始就狠抓支出进度问题，在确保财政资金安全、规范、有效的前提下，加快财政支出进度。要按照预算安排，该花的钱要及时花出去，特别是事关广大人民群众切身利益的资金要及时拨付、足额发放，真正发挥财政资金效益；凡已明确项目和资金用途的财政专项资金，要按管理要求及早下达；没有明确具体项目的资金，要尽快提出分配计划并下达执行。四是要切实加强财政支出的科学化、精细化管理，强化绩效评价和结果运用。今年省级按照“减少增量，压缩存量”的原则，进一步加强省级部门财政拨款结余资金的管理，规范结余资金的使用，对于连续两年未使用完形成的结余，将采取措施收归财政统一安排。各地也要采取措施加强结余资金的管理。要扎实推进绩效评价工作，将部门预算安排与评价等次挂钩，对绩效优良的，在安排预算时给予优先考虑，并予以重点支持；对绩效差劣的，要暂停安排资金，并停止已安排资金的拨付，实现资金安排与绩效优劣真正挂钩。

（四）积极稳妥地深化财税管理改革，完善公共财政体系。当前，公共财政改革已进入攻坚阶段，既要坚持改革方向不动摇，也要注重统筹兼顾，在掌握改革主动权的同时，妥善处理好各方面的关系，促进各项工作的开展。

一是要不断加大改革创新的力度，积极推进“三个子”管理改革。今年省级在所有行政预算单位进行试点，试点单位所有纳入预算管理的行政性收费和预算外收入、支出由财政统筹安排使用，各试点单位在预算执行过程中原则上不再与部门组织收入进度相挂钩。各地要立足于并着力于对部门预算、国库收付这两大基础制度的深化细化和补充完善，同时选准阶段性目标，力争每年有所突破。比如对交通资金、土地资金、政府投资项目资金的“三个子”管理的突破等。

二是要按照中央和省委、省政府的总体部署，加强领导，周密组织，精心实施，确保规范公务员津贴补贴工作平稳进行。考虑到规范公务员津贴补贴工作比较敏感，省里初步决定在全国“两会”后再实施。目前各地要研究制定稳妥可行的方案实施具体办法，并做好应对各种问题的预案，设立专户或利用当地会计核算中心统一账户，将公务员津贴补贴全部通过专户发放，在今年预算中预留按规定可以提高水平的和用于托底的资金。规范方案经省统一布置实施后，各地要严格按批准方案组织实施，不得突破。对改革性补贴，在中央专项清理和重新确认、规范前一律不得出台新的项目，也不得提高现有水平和扩大实施范围。对特殊岗位津贴，也要按要求在规范方案实施时同步取消。要密切跟踪方案实施情况，通过自查及时发现工作中出现的问题，并研究解决。积极配合纪委等有关部门严肃查处违反规范公务员津贴补贴有关规定的行为。要按照《浙江省津贴补贴调节基金征收管理办法》及时足额缴交津贴补贴调节基金。

三是要稳步推进国库集中支付改革。各地要结合当地实际，在保留原有一些好的经验和做法的基础上，稳步做好会计集中核算向国库集中支付转轨工作。制定细致的工作方案并及时向当地党委、政府领导汇报，取得支持；注意和当地人行、兄弟部门的沟通、协调，通过宣传得到他们的支持，推动国库集中支付改革。

四是要深化《TF2006》的全面应用，推进应用重点从前台操作向后台管理层转变、提升，并结合业务变化、新增需求持续加以改进，不断提升地税管理水平。

三、关于岁末年初的工作

一是认真安排好困难群众的生产生活。要牢记全心全意为人民服务的宗旨，积极主动地配合各级党委、政府做好各项慰问工作。特别是2007年我省一些地方遭受台风自然灾害比较严重，一些涉及老百姓基本生活需要的粮油副食品价格上涨较快，各地一定要高度重视，对受灾群众、五保户、低保对象、下岗职工、优抚对象、部分企业军转干部等困难群众的基本生产生活问题，要积极筹措资金，并迅速拨付到位，确保他们有饭吃、有衣穿、有房住，让每一个困难家庭都感受到党和政府以及全社会的关怀和温暖。对本系统、本单位的干部职工、困难家庭,各级领导也要给予照顾、关怀;要抽出时间慰问离退休老干部、老职工,切实关心干部职工的生活。

二是切实加强廉政建设。中央纪委、监察部和省纪委已发出《通知》,要求元旦、春节期间严格遵守廉洁自律规定,坚决禁止奢侈浪费行为。省厅、省局也已发出通知,重申切实抓好廉政建设各项工作。财政地税部门是代表政府管钱的部门,更要牢记“两个务必”,严格执行中央和省的有关廉政规定。各级领导干部要以身作则、严于律己,自觉遵守廉洁自律各项规定;要认真落实党风廉政建设责任制,管好自己的“那一片”;同时要教育、管好配偶、子女和身边工作人员,确保不出问题。

三是确保安全过节。要完善支持安全生产的各项财税政策措施,落实资金保障安全生产监管部门的经费需要,完善财政应急机制,促进安全生产。要抓好自身安全,特别是要注意交通安全和消防安全。春节放假前,机关及所属企事业单位的办公大楼要做好各项消防安全检查工作,安排好值班人员。春节期间,大家走亲访友要特别注意行车安全,避免酒后开车和疲劳驾驶,确保过上一个平安、快乐的春节!

(2008年1月11日)

创业创新 善作善成
推动我省地税事业持续发展

——2008年1月11日在全省地税工作会议上的讲话

浙江省地方税务局副局长 单美娟

同志们:

这次全省地税工作会议是在全省深入学习贯彻党的十七大精神,扎实推进“创业富民、创新强省”总战略,为夺取全面建设小康社会新胜利而奋斗的形势下召开的。这次会议的主要任务是,深入学习贯彻党的十七大和省第十二次党代会、省委十二届二次全会、全省经济工作会议以及全国税务工作会议精神,回顾总结过去五年全省地税工作,分析当前经济税收形势,安排2008年税收计划,部署2008年全省地税工作。昨天上午,黄旭明同志作了重要讲话,各级地税机关一定要认真学习领会,切实抓好贯彻落实。下面,我讲几点意见。

一、过去五年全省地税工作成效显著

2003年以来,全省地税系统以邓小平理论和“三个代表”重要思想为指导,认真贯彻落实科学发展观,紧密围绕省委、省政府工作部署,深入实施“三个三”工作措施,充分发挥地税职能作用,坚持在依法治税、规范管理的前提下,着力实现“均衡入库、持续增长、优化结构、调控有力”的组织收入目标,为我省经济社会的全面协调可持续发展作出了积极贡献。

一是组织收入又好又快。过去五年,是我省地税收入实现跨越式增长的五年,更是组织收入“含金量”显著提高的五年。2007年全省地税部门组织各项收入1975.65亿元,是2002年的3.02倍,其中:税收收入1290.23亿元,是2002年的2.96倍;社会保险费等非税收入685.42亿元,是2002年的3.14倍。2003-2007年全省地税部门累计组织各项收入6721.23亿元,年均增长24.73%,其中税收收入4412.75亿元,年均增长24.24%;社会保险费等非税收入2308.48亿元,年均增长25.70%。在地税收入持续快速增长的同时,税收收入结构不断优化。自2004年7月提出“三个三”工作措施以来,全省地方税收入占全部税收收入比重逐年提高,2004年、2005年、2006年地方税比重分别为52.77%、54.29%、56.00%。2007年全省地方税比重达56.50%,比提出“三个三”工作措施前(2004年1-7月)地方税比重提高6.95个百分点。2004年7月以来,我省地税部门通过地税收入结构优化,累计增加地方可用财力217亿元。

二是服务经济积极主动。过去五年,是我省地税部门税收经济观牢固树立的五年,更是主动服务经济最有作为的五年。各级地税部门更加自觉地把支持有效益的经济发展和组织有效益的地税收入紧密结合起来,始终走在支持经济发展方式转变和推动经济结构调整的前列。紧紧围绕经济发展方式转变,省局相继出台了《关于促进第三产业发展的若干意见》、《关于促进循环经济发展的若干意见》、《关于支持社会主义新农村建设有关税收政策的通知》等文件,并在2007年底完成了地税支持全省创业创新文件的调研起草工作。紧紧围绕土地资源集约节约利用,根据城市化进程,扩大了房产税和城镇土地使用税的征税范围,并按规定调整城镇土地使用税的适用税额标准;贯彻落实新的城镇土地使用税条例,完善《浙江省城镇土地使用税实施办法》;进一步加强土地增值税征收管理,逐步规范和完善土地增值税预征办法。紧紧围绕地方财源建设,认真贯彻车船税和烟叶税条例;加强印花税征收管理,全面实行印花税预征管理办法。紧紧围绕生态省建设,提高岩金矿、铅锌矿、盐等资源税税额标准,开征建筑用石、砂资源税,保护“青山绿水”。

三是保障民生措施有力。过去五年,是我省社保费等非税收入迅速“崛起”的五年,更是彰显地税社会责任的五年。全省地税部门坚持税费并举,按照“扩大覆盖、夯实基数、统一费率、规范征管、公平负担”的工作思路,以贯彻落实《浙江省社会保险费征缴办法》为主线,以推进社会保险费“五费合征”为重点,创新工作举措,完善征缴模式,健全征管制度,规范征缴程序,加强宣传培训,提升信息化水平,社会保险费征缴法制化、规范化和税收化不断取得新成果。2003-2007年全省地税部门累计征收社会保险费1760.36亿元,年均增长29.00%。认真贯彻落实教育费附加政策调整,确保政策平稳过渡和收入平稳增长,2006年和2007年全省入库两项教育附加72.28亿元和83.29亿元,分别增长5.83%和15.23%。加强水利建设专项资金征收,规范基金减免政策,2003-2007年全省累计入库水利建设专项资金155.88

亿元，年均增长 33.40%。其他各项费基金收入也保持了较快增长，为我省加大民生财力投入提供了有力保障。与此同时，建立“喜闻乐见、降低成本、持之以恒、讲求实效”的经常性税收宣传机制，通过税收宣传进社区、进农村、进企业等方式，把下岗再就业、民政福利企业、残疾人就业等税收优惠政策及时送到最需要政策倾斜的人群中，进一步夯实了地税服务民生的基础。

四是征管改革加速推进。过去五年，是我省地税信息化全面推进的五年，更是地税管理现代化“硕果累累”的五年。全省地税部门充分借鉴现代管理理念和管理方式，在全国税务系统率先实现全省性导入 ISO9000 质量管理体系和全省范围内开通 12366 纳税服务热线。建设因特网办税服务系统，在全省税库银联网的基础上，已经实现省一级财税库银的全面联网。目前，99% 的企业纳税人、扣缴义务人通过因特网办税系统办理涉税业务，并依托“一户通”电子缴税系统，足不出户完成税款申报、缴纳、凭证打印全过程。坚持“以我为主，专业为辅，软件开发和人才培养相结合”的原则，开发和应用了《浙江地税信息系统》2006 版（《税友 2006》）。强化数据管理，拓展涉税信息共享范围，建立数据采集—税源监控—税收分析—纳税评估—税务稽查“五位一体”的良性互动机制，建立健全符合现代征管方向的税源间接控管体系。成功实施了年所得 12 万元以上个人自行纳税申报制度，2007 年全省自行纳税申报人数 193949 人，位居全国第四。截至 2007 年底，全省所有代扣代缴企业应用个人所得税全员管理系统，全员管理企业应用户数达 29.4 万户，涉及人数为 955.23 万人。

五是依法治税不断深入。过去五年，是我省依法治税环境不断改善的五年，更是地税法治体系日益健全的五年。为认真贯彻国务院《全面推进依法行政实施纲要》和省委推进“法治浙江”建设的重要部署，省局制定了《关于全面推进依法行政依法治税的实施意见》，对全省地税系统实行依法行政考核；制定了《税收执法责任制考核评议办法》和《执法过错责任追究实施办法》，在全省积极推行税收执法责任制。各级地税部门深入贯彻落实《行政许可法》，深化行政审批制度改革，认真梳理执法依据和执法职能，全面清理规范性文件，确保执法依据合法。认真开展重大税务案件审理，不断提高案件审理水平和质量。积极做好税务行政复议、应诉工作，努力化解税收行政争议，近几年税务行政争议案件数量大为减少，全省各级地税机关收到申请税务行政复议案件数从 2004 年的 66 件减少到 2007 年的 3 件，涉及税务行政诉讼案件数从 2004 年的 12 件减少到 2007 年的 2 件。组织税收执法检查，既检查有无擅自开政策口子，又检查税收优惠政策是否落实到位，有效保障各项税收法规、政策的正确贯彻执行，不断提高税收执法水平。开展税收票款检查和税务内部审计检查，进一步完善了系统内控机制。全省各级地税稽查部门以整顿和规范税收秩序为主线，以开展税收专项检查和突出大要案查处为抓手，共对房地产建筑安装业、邮电通信业、制造业、石油化工、中介机构等 50 多个行业（项目）开展了地方税费的专项检查。五年来，全省共检查纳税户 84160 户，查补金额总计 53.91 亿元，查处查补金额在 50 万元以上的涉税大要案 1119 件，通过各类新闻媒体曝光典型案件 785 件，产生了巨大的社会影响，充分发挥了稽查的威慑作用。

六是队伍建设更加强化。过去五年，是我省地税队伍建设理念深入人心的五年，更是队伍建设成效不断凸显的五年。“三靠两抓一组织”以及“谦虚、务实、协调”、“好好学习、好好工作、好好做人”、“三走近三远离”等干部队伍建设理念深入人心，并成为广大干部职工的自觉行动。加强领导班子建设，充实全省地税系统领导干部队伍，涌现出一大批政治过硬、业务精通、年富力强、想干事能干事干成事的地税事业中坚骨干。积极开展创建学习型组织活动，制定创建学习型机关实施意见，建立较为完备的学习激励机制和制度保障体系，学习氛围不断浓厚。每年举办地税局长、分管副局长高级研修班。建立省局稽查、计算机、征管、税政（含法规、规费）等专业人才库，并对人才库近 500 名业务骨干完成了专业培训。认真开展保持共产党员先进性教育活动和“学党章、知荣辱、树新风、促和谐”等专题教育活动，干部政治思想素质和能力素质进一步提高。深化机关效能建设，深入开展调查研究，扎实推进“机关作风建设年”和评议创建基层站所活动。全省地税系统干部队伍的综合素质进一步提高，工作作风进一步好转，党风廉政建设进一步加强，内部管理进一步规范。全省地税系统本科以上学历人数占全体干部职工人数从 2002 年的 20%提高到 2007 年的 60%；2003-2007 年全省地税系统受党纪政纪以上处分人数一直保持低水平，分别为 11 人、8 人、8 人、8 人、5 人。省局连续 7 年在省政府工作目标责任制考核中被评为优秀单位。2003 年以来，全省地税系统共获得省级以上综合性表彰 547 项（不含宁波），其中先进集体 514 项，先进个人 33 项。

盘点过去五年，地税工作最核心的理念就是始终把地税工作放在党委政府的“大盘子”中、放在经济社会发展的大格局中、放在历史发展的大趋势中去观察、去思考和去把握，支持有效益的经济发展，组织有效益的地税收入；最显著的成绩就是紧紧围绕“均衡入库、持续增长、优化结构、调控有力”的组织收入目标，使地税收入越收越多、越收越好；最突出的标志就是依托信息化推进征管改革，创建学习型地税组织，干部队伍呈现“读书的人越来越多、犯错误的人越来越少”的良好态势。

同志们！回首过去，我们心潮澎湃！五年来我们为之付出的艰辛和汗水将无愧于这段历史！五年来的成绩，是省委、省政府、总局和厅党组正确领导的结果，是各级党委、政府和社会各界大力支持的结果，是全省地税系统广大干部职工团结拼搏的结果。在此，我代表省局领导班子向关心支持地税工作的各级领导、各界人士和全省地税系统干部职工表示衷心的感谢和崇高的敬意！

在充分肯定成绩的同时，我们也要清醒地看到地税工作中存在的问题和不足，主要是：面对成绩和更新更高的工作要求，少数干部干事创业的主观能动性还有待增强；地税信息化在管理层面的应用不够深入，数据信息的增值利用还需花更大力气；新形势下反避税、税务稽查、网络与信息安全等方面的高层次、专业化人才相对比较匮乏。对于这些问题，我们要引起高度重视，采取积极措施，认真加以解决。

二、以十七大精神为指引，深入推进地税创业创新

十七大的胜利召开和我省“创业富民、创新强省”总战略的提出，为开启地税事业发展新篇章，提供了难得的历史机遇。十七大对高举中国特色社会主义伟大旗帜、深入贯彻落实科学发展观，继续推进改革开放和社会主义现代化建设、实现全面建设小康社会的宏伟目标作出了全面部署。省第十二次党代会明确了我省今后五年发展的目标任务，省委十二届二次全会作出了实施"创业富民、创新强省"总战略的决定。"创业富民、创新强省"是浙江贯彻党的十七大精神的最佳结合点，是科学发展观在浙江的生动实践，是浙江发展经验的深刻总结和未来发展的总战略。前不久召开的全省经济工作会议提出，加快经济转型升级，是全面实施"创业富民、创新强省"总战略的重要内容，是实现经济社会又好又快发展的必然途径，是增强我省综合实力和国际竞争力的关键之举。全省地税系统一定要按照省委、省政府的统一部署，以"高举旗帜、科学发展，创业创新"为动力，以地税创业创新支持全省创业创新，推动我省地税事业持续发展。

一要科学把握地税创业创新的方向重点。十七大报告指出，要实行有利于科学发展的财税制度；深化财税、金融等体制改革，完善宏观调控体系；强化税收调节，打破经营垄断，创造机会公平，整顿分配秩序，逐步扭转收入分配差距扩大趋势；更加注重社会建设，努力使全体人民学有所教、劳有所得、病有所医、老有所养、住有所居，推动建设和谐社会。省委关于推进创业富民创新强省的决定提出，要大力培育创业创新主体，积极弘扬创业创新文化，不断健全创业创新机制，加快完善创业创新政策，着力优化创业创新环境，把创业富民、创新强省落实到经济建设、政治建设、文化建设、社会建设和党的建设各个方面，贯穿于改革开放和现代化建设全过程，加快建设全民创业型社会，努力打造全面创新型省份。这些新使命、新要求、新任务，都为进一步做好地税工作，充分发挥地税组织收入和调控经济、调节分配的作用，实现地税新一轮创业创新指明了方向、确定了重点。地税部门必须着眼于科学发展这一中心任务，着眼于创业创新这一根本动力，着眼于自我发展这一重要基础，以地税创业创新支持全省创业创新，不断开创地税工作新局面。

二要科学把握地税创业创新的角色定位。十七大报告提出，要加快推进以改善民生为重点的社会建设，紧紧依靠人民，调动一切积极因素，努力形成社会和谐人人有责、和谐社会人人共享的生动局面。省委提出，要全面建设惠及全省人民的小康社会，把经济增长建立在改善民生取得明显成效的基础之上。随着公共财政的确立完善，使作为地方财政收入主要组成部分的地税收入更加受到全社会的关注，并且随着地方税体系的充实完善和税收收入支柱作用的进一步凸显，这种关注还将与日俱增。与此同时，十七大高举改革发展的旗帜，着力推进经济发展方式转变和社会主义市场经济体制完善，也将使税收经济"杠杆"作用更加凸显。因此，我们必须重新审视地税工作在经济社会发展大局中扮演的角色和发挥的作用，对地税职能有更高层次、更完整、更清晰、更准确的定位。要花更大力气，做更深研究，出更实举措，把促进加快转型升级作为实现经济税收良性互动的核心环节抓紧、抓好，进一步丰富地税支持"做精一产、做强二产、做大三产"的工作内涵，在促进有效益的经济发展基础上，加快培植质优量多的地税税源。要高度重视地税收入持续稳定增长对维护经济社会稳定的重要作用，强化为公共服务提供财力保障的能力，强化为构筑大社保体系提供物质基础的能力，让全省人民都能在公共财政的"阳光"下和社会保障的"安全网"中安居乐业、创业创新。

三要科学把握地税创业创新的原则方法。十七大报告指出，科学发展观，第一要义是发展，核心是以人为本，基本要求是全面协调可持续，根本方法是统筹兼顾。地税工作涉及经济社会的方方面面，必须按照全面协调可持续的原则和统筹兼顾的方法推进地税创业创新。要不断增强地税工作的协调性，妥善处理好依法治税与创新发展、总量增长与结构优化、加强管理与改进服务、征收管理与队伍建设等关系，更加自觉地走地税事业科学发展的道路。要不断增强地税工作的预见性，深入研究经济发展趋势，强化经济税收分析，提高税收预测水平，努力防范经济变动带来的税收波动，确保税收收入持续稳定协调增长；要统筹考虑税收政策带来的经济、政治、社会、文化等多重效应，进一步增强税收政策的洞察力和执行力。要不断增强地税工作的主动性，建立调研与信息联动机制，加快调研成果的转化，主动适应征管改革、依法治税、政务公开的新要求，把地税创业创新建立在更加公开、透明、互动的基础之上。

深入贯彻十七大精神，扎实推进创业创新，还必须深刻认识创业创新是一个继承发展的过程，要把传承作为创业创新的前提条件，在继承中创新，在创新中发展；必须深刻认识创业创新是一个探索未知的过程，要把学习作为推动创新发展的根本动力，在实践中探索，在探索中创新；必须深刻认识创业创新是一个凝聚力量的过程，要把和谐作为推动创新发展的重要保障，在和谐中创业，在创业中和谐。努力实现税收收入随着经济发展较快平稳增长、税收执法更加规范、税收征管不断加强、纳税服务更加优化、队伍综合素质明显提高的目标。

三、明确目标，扎实做好 2008 年全省地税工作

2008 年是认真贯彻党的十七大精神，全面落实省第十二次党代会提出的各项任务，深入实施创业富民、创新强省总战略的第一年。根据对 2008 年税收经济形势的分析预测，按照中央和省委、省政府对经济工作的决策部署，2008 年全省地税工作的总体要求是：全面贯彻党的十七大和省第十二次党代会、省委十二届二次全会精神，高举中国特色社会主义伟大旗帜，深入贯彻落实科学发展观，紧紧围绕"创业富民、创新强省"总战略，积极促进经济加快转型升级，丰富和发展"三个三"工作措施，健全"四位一体"组织收入长效机制，充分发挥地税职能作用，推动科学发展，促进社会和谐，为全面建设惠及全省人民的小康社会作出新的贡献。

按照这个指导思想，2008 年全省地税税收收入计划初步安排如下：全省（不含宁波）税收收入计划 1158 亿元，比上年增长 13.6%。坚持好字优先，进一步优化地税收入结构，认真抓好社会保险费等非税收入征管工作。

2008 年，要扎实做好以下几方面工作：

（一）以组织收入为中心，不断增强收入调控能力

深入开展经济税收分析。深入落实"三个三"工作措施，建立"均衡入库、持续增长、优化结构、调控有力"的"四位一体"组织收入长效机制。加强宏观经济税收分析，逐步探索纳税能力估算，重点抓好宏观税负、税收弹性、重点税源行业税收分析，及时发现税收政策、税收征管中存在的问题，为党委政府宏观调控提供决策信息。要加强税收数据的联动分析，依托"数据采集、税源监控、税收分析、纳税评估、税务稽查"一体化税源管理机制，把加强经济税源调研，强化税收收入分析，提升收入预测能力，作为征收管理、政策制定、税务稽查的重要基础抓紧、抓实、抓好。

要加强税收政策的收入效应分析，既要算减收账，也要算增收帐，既要算当前账，也要算长远账，及时制定组织收入预案，不断增强组织收入的前瞻性、主动性、科学性和有效性。

努力推进税种科学管理。继续做好年所得12万元以上个人自行纳税申报工作，确保完成申报目标任务；认真落实个人所得税工资薪金所得费用减除标准调整政策；加强对高收入者个人所得税征管，进一步完善个人所得税全员明细申报管理。加强汇总纳税企业所得税管理和企业所得税汇算清缴工作。研究制订营业税差额征税管理办法，积极推进建筑业、不动产项目营业税管理，强化货物运输业、餐饮娱乐业等行业的营业税征管。认真落实城镇土地使用税和车船税条例，严格按照新税额标准和征税范围贯彻实施，切实加强外商投资企业城镇土地使用税的征管，努力做好车船税代收代缴工作。加强土地增值税管理，进一步规范土地增值税预征，做好土地增值税清算工作。深入推进房地产税收"一体化"管理。继续开展"增值税、消费税"信息比对，加强城建税、两项教育附加征管。进一步加强资源税管理，积极开展资源税纳税评估试点。建立健全非居民和居民企业税收管理机制，充分发挥国际税收情报交换作用，加大税收协定执行力度。

认真做好征管基础工作。深化税源间接控管模式，研究制定案头分析工作规程，通过案头分析，数据比对、审核，提高沉淀数据的增值利用。对广告业、旅游业开展纳税评估，进一步扩大纳税评估成果。加强户籍管理，开展税务登记信息比对分析，切实掌握纳税人的开业、变更、注销、迁移、停业复业、外出经营等变化情况，实现税收源头控管。加强部门协作，拓宽获取第三方信息的途径，解决税收征管过程中信息不对称问题；结合经济普查，加强与工商、统计等部门的信息沟通，建立统一的纳税人指标口径，准确掌握纳税人信息。加强发票管理，实行集中印制审批，巩固和扩大电脑版普通发票应用成果；做好税控器具推广应用的准备工作，组织开展发票有奖试点工作，培养纳税人主动索要发票的习惯，强化"以票控税"。

(二)以政策管理为导向，积极支持全省创业创新

全面实施新的企业所得税法。2008年1月1日起，新的企业所得税法开始实施，这对于营造各类企业公平竞争的发展环境具有十分重要的意义。同时税负的降低和优惠政策的导向将极大激发全省人民创业创新的热情。各级地税部门要从讲大局、讲政治的高度，全面贯彻落实企业所得税法及其实施细则条例，落实各种过渡性安排，确保新税法顺利实施。要及时做好现有政策的清理工作，废止或修订与新税法不相适应的政策规定，做好新旧政策的衔接。要密切关注新企业所得税法运行过程中出现的新情况、新问题，及时向省局反映。要利用报刊、电视、广播、网站、12366纳税服务热线等多种媒体渠道，让政策家喻户晓。要采取税企恳谈会、组织税法专题讲座和辅导培训等形式，使广大纳税人及时掌握政策。要采取自学与培训相结合的方式，使广大地税干部全面深入掌握政策。

积极贯彻支持"两创"意见。为深入贯彻党的十七大和省第十二次党代会精神，推进全省地税系统认真落实《中共浙江省委关于推进创业富民创新强省的决定》，省局在深入调研的基础上出台了《关于贯彻省委推进创业富民创新强省决定的实施意见》，整合优化了一系列支持全民创业、全面创新的税收政策。各地要增强推进创业创新的紧迫感和责任感，在继续认真落实省局促进第三产业发展、循环经济发展和社会主义新农村建设等有关文件的基础上，进一步落实好研究开发费加计扣除、总部经济、引进高层次人才等方面的税收优惠政策。要坚持公平正义原则，努力为各种所有制经济的发展创造公平的税收环境。

及早研究税收政策变动。按照十七大"健全中央和地方财力与事权相匹配的体制"等要求，地方税制的改革和完善将是下一步税制改革的重要内容。在完善以财产税、资源税等为主体的地方税制体系过程中，各地要根据总局"适当调整营业税征税范围和税率。推进以房地产税制为重点的财产税改革，深化房地产模拟评税试点工作。改革资源税制度，实行从价计征的方法，加大保护资源的力度。研究推进城建税改革，合理扩大征税范围，简并现有税率。推进印花税改革"等工作部署，加强调研和税基测算工作，把完善税制与推进创业创新结合起来，为上级部门制定税收政策提供有价值的政策建议。

(三)以信息化为依托，持续提升地税管理水平

继续深化《税友2006》应用。结合业务变化、新增需求，持续改进《税友2006》，保持《税友2006》统一性和先进性。发挥好"浙江地税应用系统工作交流平台"的主渠道作用，确保信息上下畅通。坚持"业务和技术交替领跑"的理念，调研和挖掘地税业务的最新变化和基层的新增需求，把合理有效的需求与做法及时纳入《税友2006》。深化《税友2006》应用层次，加快前台操作层应用向后台管理层应用转变。发挥省、市、县三级联网优势，在文书审批和报表管理等环节，切实减轻基层税务机关的负担。倡导"网税系统"用户使用预约办税功能，进一步提高办税效率。

有机结合质量管理体系。促进《税友2006》和ISO9000质量管理的有机结合。B版ISO9000质量管理体系文件导入《税友2006》后，将通过《税友2006》进行ISO9000质量管理工作。各地要以此为契机，以符合发展方向的质量管理新理念指导全省地税系统的日常征管工作。在税源管理过程中树立"持续改进"的理念，在税收执法过程中树立"预防为主"的理念，在人事管理过程中树立"制度化管理"的理念。努力促进《税友2006》和ISO9000质量管理的有机结合，实现《税友2006》的规范化和ISO9000质量管理的信息化"双赢"局面。

加强信息安全保密工作。按照《浙江地税网络与信息安全体系建设规范》和保密工作新要求，组织开展网络信息安全与保密专项检查，确保《税友2006》数据安全和应用安全。加强保密要害部门管理，健全涉密信息保护制度，提高保密科技装备水平。做好信息安全等级保护的定级、测评和整改工作，完成全省地税系统防病毒软件升级。加强网络信息安全保密教育，加快引进和充实信息安全专业技术人才。

不断优化纳税服务手段。拓展网税系统办理涉税事项功能，大力推行"同城通办"，进一步完善12366纳税服务热线功能，改进办税服务厅视觉标识。继续推行一窗式、一站式服务以及全程服务、限时服务、提醒服务、预约服务等多种服务方式。全面实行地税、国税共同办理税务登记证、开展纳税信用等级评定工作。进一步优化办税流程，简化办税程序，精简并统一纳税人的报表资料，切实减轻纳税人负担。规范管理、优化服务，按照上级要求

高度重视和认真做好台商涉税投诉协调工作。认真贯彻落实《浙江省人民政府关于加快中介机构改革发展的若干意见》，支持注税行业发展，加强注税行业监管，促进注册税务师事业健康发展，完善纳税服务体系。

(四)以服务民生为重点，努力实现税费管理联动

加快推进“五费合征”进程。2008年全省基本实现“五费合征”。继续扩大社会保险覆盖面，公平企业社会保险费负担。按照省政府“五统一”要求，全面规范“五费合征”工作，各项社会保险费统一以单位全部工资总额为缴费基数。探索企业社会保险费缴费基数与企业所得税税前扣除工资总额、个人所得税全员管理工资总额挂钩，夯实缴费基数。在“扩大覆盖、夯实基数”的前提下，研究统一和降低有关社会保险费费率。

着力推进税费管理联动。借鉴税收征管经验，完善缴费登记制度，加强和规范缴费人户籍管理；建立和健全费源管理制度，对缴费人实施动态管理；进一步完善缴费人自行申报缴纳制度，强化缴费人自行申报意识；建立和完善缴费评估制度，提高征管质量；认真贯彻《社会保险费检查办法》，实现税费同查。研究统一自由职业者社保费征缴方式。继续做好水利建设专项资金征收管理工作。加强与财政、残联等部门的配合，研究完善残疾人保障金征收管理办法。继续做好离休干部医疗费、离休费征收管理。

切实做到税费宣传并举。把开展地税宣传与推进税费管理更加紧密地结合起来，推动地税宣传经常化。通过税费联动、上下联动、部门联动，切实构建大宣传工作格局。以服务民生为导向，对高收入者，重点加强对个人所得税自行纳税申报知识的宣传；对个体工商户，重点加强对相关法律、办税程序及发票开具、使用和管理等方面的宣传；对工人、农民，重点宣传地税在加强社会保障制度建设、构建社会“安全网”，促进社会主义新农村建设等方面的作用。探索建立对重要税费政策和管理措施实行文件和新闻稿同步起草、同步报批、同步发布的制度，正确引导税费舆论。

(五)以依法治税为灵魂，健全完善地税执法体系

全面推行执法责任制。围绕体现税收自由裁量权和公正执法的重点环节，加强对税收执法权的监督。继续做好“五五”普法工作，深入开展税收执法检查和执法监察，及时纠正违规行为。全面推行以《税友2006》平台为技术支撑、人机结合的税收执法责任制，对执法行为进行全过程跟踪，对执法过错实行严格责任追究。充分运用和解、调解手段妥善解决税务行政争议，特别要充分发挥行政复议化解税务行政争议的主渠道作用，有效地将行政争议化解在基层、化解在初发阶段，化解在税务行政程序中，构建和谐征纳关系。

大力推进税务信息公开。将于2008年5月1日起实施的《中华人民共和国政府信息公开条例》(简称《条例》)，对于推进社会主义民主政治、法治进程，提高各级政府科学行政、民主行政和依法行政的水平，促进政府职能转变，保障公民、法人和其他组织依法获取政府信息权益等，都将产生积极而深远的影响。各级地税部门要以深入贯彻《条例》为契机，扎实推进政务信息公开和办税公开，依法保障纳税人的知情权、参与权、表达权、监督权。以公开为原则，不公开为例外，认真编制、及时公布税务信息公开指南、目录，税务信息除涉及国家秘密和依法保护的商业秘密、个人隐私外，都要予以公开。建立和落实信息公开保密审核办法，严格依申请公开信息的程序。认真执行信息公开的时限规定，加强对税务信息公开工作的审核把关、考核评议和责任追究。

继续加强税务稽查。以整顿规范税收秩序为主线，继续深入开展税收专项检查和地区专项整治工作，认真组织开展对房地产建筑安装业、宾馆旅游服务业、烟草业等行业以及长期亏损和多年利润偏低企业的税收专项检查，年收入12万元以上个人所得税的专项检查工作；集中力量对部分税收秩序相对混乱、发案率较高的行业、地区开展专项整治工作。进一步加大大要案查处力度，重点查处地方小税种、虚开货物运输发票、利用做假账、两套账和账外经营手段进行偷税的违法活动。以高度的责任感做好举报案件的受理、查处工作，优化服务意识，做好“重点举报人”的疏导工作。进一步加大涉税违法案件的司法责任追究和宣传曝光力度，选择具有典型意义的案件进行媒体公开曝光。

(六)以提高素质为根本，全面推进干部队伍建设

认真抓好领导班子建设。要把提高领导水平和执政能力作为各级领导班子建设的核心内容抓紧抓好。继续加强作风建设，确保政令畅通，切实贯彻落实省局各项工作任务。各级地税领导要带头深入学习贯彻党的十七大精神和省第十二次党代会精神，认真组织开展以“高举旗帜、科学发展，创业创新”为主题的党的十七大精神宣传教育活动，加强理论武装，坚定理想信念，不断增强自身创业创新的紧迫感和推进全省创业创新的使命感。

切实加强思想政治工作。坚持“三靠两抓一组织”的治队理念，把加强思想教育放在首位。认真学习贯彻新党章，巩固和扩大保持共产党员先进性教育活动的成果。以培养争先创优意识为着力点，深入推进文明创建活动，不断增强地税干部的凝聚力、战斗力和执行力。加强心理疏导和人文关怀，密切关注干部思想动态，把先进性和广泛性结合起来，分层次做好干部思想政治工作，坚持把着眼点放在基层，调动各方面的积极性，对干部工作上严要求、生活上真关爱。

大力开展干部培训工作。深化学习型地税组织创建活动，积极倡导“三个好好”。健全机制，改进方法，强化保障，注重实效，进一步加强教育培训工作。制定《全省地税系统2008年至2010年教育培训规划》，制定《全省地税系统教育培训大纲》，在全系统开展分类分层次培训。创新教育培训载体，建立浙江地税网络学校，采取视频培训、岗位练兵、研讨交流等多种方式，灵活有效地开展培训工作。加强新形势下地税急需人才的培养和引进工作。

切实抓好党风廉政建设。健全和落实地税系统教育、制度、监督并重的惩防体系建设，加强税收执法权和行政管理权的监督制约，进一步从源头推进反腐倡廉建设。认真落实党风廉政建设责任制，实行“一岗双责”，把反腐倡廉工作与税收业务工作更加紧密地结合起来。认真落实领导干部廉洁自律、税务干部廉洁从政的有关规定，增强廉政教育的针对性和实效性，加强地税廉政文化建设，筑牢地税干部拒腐防变的思想防线。

同志们，站在新的历史起点，地税工作肩负着光荣而艰巨的使命。让我们高举中国特色社会主义伟大旗帜，深入贯彻落实科学发展观，全面落实党的十七大精神，扎实推进创业创新，不断推动地税事业持续发展，为全面建设惠及全省人民的小康社会作出新的更大的贡献！

全省财政工作

zhejiangcaizhengnianjian

全省财税工作概况

浙江省财政工作

【概况】2007年，浙江省生产总值为18638亿元，比上年增长14.5%，其中：第一产业增加值1025亿元，第二产业增加值10092亿元，第三产业增加值7521亿元，分别增长2.8%、15.4%和15.1%。人均GDP为37128元，增长12.7%。三次产业增加值结构从上年的5.9:54.0:40.1调整为5.5:54.1:40.4。全年全社会固定资产投资8433亿元，增长11.1%；全年社会消费品零售总额6214亿元，增长16.7%，扣除价格因素，实际增长12.4%；全年进出口总额为1768.4亿美元，增长27.1%；全年全省城镇居民人均可支配收入20574元，农村居民人均纯收入8265元，扣除价格因素，分别增长8.4%和8.2%。2007年，全省财政工作以促进科学发展、改善民生为重点，着力构建“三个三”工作措施长效机制，推进经济发展方式转变，优化财政收支结构，深化财政管理改革，完善财政运行机制，财政收入保持平稳较快增长，财政支出统筹兼顾，确保重点，促进了全省经济建设、事业发展和社会稳定。全省财政总收入3239.89亿元，按可比口径计算增长15.2%，占生产总值的比重为17.4%，其中地方财政收入1649.50亿元，增长16.3%；全年全省财政支出1806.79亿元，按可比口径增长15.1%。全省财政收支平衡，略有结余。

【推动经济发展方式转变】发挥财政职能作用，坚持政策引导、资金支持、体制激励、优质服务有机结合，支持“做精一产、做强二产、做大三产”，推动经济发展方式转变。一是支持服务业发展。完善政策措施，筹措落实支持服务业发展各项专项资金，召开以加快服务业发展为主题的全省第二次地方财政收入8亿元县(市)会议，促进现代服务业加快发展。省财政筹措落实服务业引导资金1000万元，支持物流园区、第三方物流企业发展；筹措落实现代流通业和重点市场资金3000万元，支持电子商务、连锁经营等现代流通方式的发展；建立社区商贸服务业发展专项资金，支持社区商业和家政服务业；筹措落实“千镇连锁超市”和“万村放心店”工程建设资金4100万元，并争取中央财政“万村千乡”市场工程补助资金982万元，支持农村现代流通网建设。二是加大“三农”投入。当年全省用于“三农”支出的财政性资金496亿元，增长32.9%。整合财政支农资金，完善农业补贴政策，推进并扩大政策性农业保险试点；加大农业综合开发投入，全省农业综合开发项目总投资32.79亿元；支持“千库保安”、“万里清水河道”、“水资源保障百亿工程”和“浙东引水工程”等农业基础设施、农业科技创新、高效生态农业和现代农业产业体系等建设，推进农业和农村经济结构战略性调整。筹措省级粮食风险基金，支持储备粮库和粮食批发市场建设，保障粮食安全。三是支持重点项目建设。省财政筹措落实资金29亿元，并争取中央国债专项资金6亿元，支持“五大百亿”工程和重大基础设施项目建设。利用世界银行和外国政府贷款，支持城乡环保和可再生能源规模扩大化项目建设。四是加大财政科技投入。整合科技资金，重点支持科技基础条件平台及行业和区域创新平台建设；省财政筹措落实先进制造业基地财政专项资金1.83亿元、高技术产业专项资金5979万元，争取中央财政高技术产业和科技成果转化补助资金1.20亿元，支持先进制造业基地建设，电子、医药等高技术企业的重大产学研技术攻关，以及节能、环保等企业的合作创新和引进消化吸收再创新，促进传统产业的优化升级和高技术产业的提升发展。五是加大对节能降耗工作的财政支持力度。省财政筹措落实财政专项资金6500万元，推进重点用能行业的技术改造和节能新技术、新工艺、新产品的推广应用；筹措落实补助资金3465万元，支持关停小火电和水泥机立窑、小钢厂拆除工作；建立再生资源回收利用财政专项资金，扶持可再生资源的回收、加工和综合利用，促进循环经济发展。六是促进外经贸持续健康发展。完善外经贸财政扶持政策，调整财政支持重点，加大对高新技术产品和农产品出口、进口贸易和服务贸易的支持力度。七是省财政安排中小企业专项扶持资金5000万元，缓解中小企业融资难问题，支持中小企业和民营经济发展。八是安排专项资金支持农村信用社改革发展。省财政安排6251万元补助部分困难农村信用社所在地政府，鼓励政府加大扶持力度，帮助农村信用社消化不良资产。

【做好做大财政“蛋糕”】在依法治税、规范管理的前提下，按照“均衡入库、持续增长、优化结构、调控有力”的目标，做好组织收入各项工作。一是加强营业税分行业税源管理，强化个人所得税征管和首次年所得12万元以上自行纳税申报工作。二是加强资源税、印花税等地方小税种征管，推进房地产税收“一体化”管理，实施房屋交易最低计税价格管理办法，加强契税、耕地占用税征管。全年征收契、耕两税123.40亿元，增长36.7%。三是深化和完善“地税征收、社保支付、财政监管”社会保险基金管理模式，推行“五费合征”。四是推广应用新版政府非税收入征管信息系统，加强对国有土地使用权出让收入、新增建设用地土地有偿使用费、海域使用金以及户外广告等资源有偿使用收入的征收管理，增加政府非税收入。全省地方财政收入占财政总收入的比例50.9%，比上年提高0.3个百分点。

【优化支出结构改善民生】按照“增量优方向、存量调结构、增量调存量”的原则，优化财政支出结构，着力解决人民群众最关心、最直接、最现实的就业就医就学、社会保障和环境保护、社会安全和安全生产、基层文化建设等方面问题，推进和谐社会建设。当年全省和省级财政增量用于民生支出分别占70.3%和82.2%。加大财政对科技、文化、卫生、体育等社会事业的投入，全省财政支出中事业发展支出比重为58.2%。一是启动义务教育经费保障机制改革，将全省义务教育全面纳入公共财政保障范围，落实全省城乡义务教育阶段免收杂费政策，逐步提高中小学校公用经费保障水平。省级财政安排义务教育投入12.17亿元，比上年增加4.85亿元；市、县(市、区)、乡镇三级财政全年新增农村义务教育投入分别为14.30亿元、18.66亿元和5.44亿元。继续实施农村中小学教育“四项工程”、“农村中小学现代远程教育工程”和职业教育“六项行动计划”，启动农村中小学“书香校园工程”和“中职困难生营养餐工程”；增加对高等教育的投入，进一步完善贫困学生资助体系，足额安排助学贷款贴息资金和风险补偿金。二是加大社会保障投入。加大促进就业再就业财政投入，完善促进就业再就业政策，支持农村劳动力素质培训，重点扶持城镇零就业家庭和农村低保家庭劳动力就业。安排新型社会救助体系建设专项资金，确保被征地农民、精简退职职工和低保家庭等困难群体生活费的按时足额发放；支持农村困难群众实施危旧房改造，全面推进政策性农村住房保险工作。全省财政社会保障支出244.35亿元，占财政支出的比重为16.7%。三是提高新型农村合作医疗财政补助标准，支持城镇居民医疗保障制度试点，加大农村卫生院建设发展投入，制定城市社区卫生财政补助政策，支持农村和城市社区公共卫生工作。四是加大对环境保护和生态建设的投入，逐步完善财政生态补偿办法和森林生态效益补偿机制，推动“生态省”建设。省财政共筹措安排生态环保专项资金29.08亿元，增长26.2%。五是加大公检法司财政投入，建立健全法律援助和司法救助体制，支持农村“多员合一”试点工作，加强农村社区公共安全，支持食品药品监管体系建设，推进“平安浙江”建设。六是筹措资金，开展全省新一轮广播电视“村村通”工程建设，加强公共文化体育设施和农村文化建设，支持“奥运争光”计划和全民健身运动发展，加大物质文化遗产和非物质文化遗产保护力度，促进文化产业发展，加快推进“文化大省”建设。七是加大对欠发达地区的扶持力度，推进“低收入农户奔小康工程”，促进区域间协调发展和基本公共服务均等化。

【深化财政管理改革】一是完善省对市县财政体制。完善以因素法、公式化为基础，一般性转移支付为主、特殊性转移支付为辅的省对市县财政转移支付制度。继续实行“两保两挂”、“两保一挂”财政政策，出台优化收入结构财力性奖励补助办法，鼓励市县科学发展。加大一般性转移支付力度，增强欠发达地区提供基本公共服务能力。二是深化部门预算改革。省级20个部门的部门预算在省十届人大五次会议进行审查，其中省水利厅部门预算被重点审查并获通过；调整和完善定员定额体系，制定省级监督管理类事业单位定额分配体系，改革事业单位财政供给方式。指导市县推进部门预算改革，全省所有市县全面实施部门预算。三是推进国库集中支付制度改革。纳入部门预算编制的省级预算单位全面实行国库集中支付，资金范围涵盖预算内(含政府性基金)和预算外资金。加强指导，推进市县国库集中支付改革。全面实施政府收支分类改革，试行三维预算，探索三维预算编制、执行、监督的有效模式。四是推进财政支出绩效评价。初步建立全省绩效评价指标库，充实信息库，完善中介机构库，落实省级项目绩效自评，做好重点项目评价，推进财政支出绩效评价工作。全省共对1493个项目实施评价，其中：项目单位绩效自评948个，主管部门组织评价220个，财政部门组织评价325个，共涉及评价资金223.34亿元。五是深化政府采购制度改革。规范政府采购行为，发挥政府采购在支持自主创新和节能减排方面的政策功能，完善定点采购和协议供货制度，扩大政府采购范围和规模，全年全省政府采购规模329.59亿元，资金节约率13.8%。同时，推行政府采购信息化、网络化建设，试行电子化政府采购。六是加强农村综合改革。完善村级组织运转保障机制，确保乡镇组织的有效运转，减轻财政和农民负担。深化县乡财政管理体制改革，确立以增强保障能力为重点、分类管理的县乡财政管理体制。加强乡村两级债务管理，建立控制和化解乡村两级债务的长效机制，各级财政用于化解乡镇债务的奖补资金6.17亿元，共化解乡镇债务45.90亿元、村级债务25.59亿元。七是开发、完善和推广“金财工程”一体化软件。配合财政改革和业务需要，完成了预算支出项目库、国库集中支付、非税收入征管等14个软件项目的后续开发工作。全年共开发维护软件23个，推广软件项目20个，完成省到各市县区财政纵向备份线路改造工程。

【强化财政监督管理】一是加强财政法制建设，认真贯彻《浙江省省级预算审查监督条例》，全面开展财政“五五”普法，积极推进政务公开，落实行政执法责任制，规范财政执法行为，全面推进依法理财工作。二是完善相关制度，加强财政专项资金管理。加强财政投资项目预算管理，强化项目支出审核与监督，完善基建资金财政直接拨付制度，逐步规范政府投资项目代建制管理，对省重点建设项目和重大财政投资项目实行全过程的跟踪问效。三是落实政府性债务管理制度，加强政府性债务管理，积极开展控制和化解乡村债务、义务教育负债工作；化解外国政府贷款历史拖欠债务，调整政府外债投向结构，强化债信管理。四是加强财政支出管理，开展评比达标表彰清理活动，完善差旅费、会议费、接待费三项费用标准，落实定点饭店政府采购工作。由财政部批复同意全省129家饭店和118家饭店，分别作为中央国家机关在浙江省(不含宁波市)出差定点饭店和会议定点饭店。五是开展行政事业单位国有资产清查，加强行政事业单位资产管理。六是加强注册会计师行业行政监管和会计诚信建设，开展会计信息和会计师事务所执业质量检查，加快浙江省高级会计领军人才培养，维护财经秩序。

【加强干部队伍建设】按照厅党组“三靠两抓一组织”以及“谦虚、务实、协调”、“好好学习、好好工作、好好做人”、“三走近三远离”理念，提高干部队伍素质。当年，省财政厅在省政府工作目标责任制考核中被评为优秀单位。一是深化学习型组织建设。组织开展党的十七大精神、胡锦涛总书记6·25重要讲话、省第十二次党代会精神、省委十二届二次全会精神等政治理论学习。厅党组理论学习中心组全年学习4次。制定实施意见，建立较为完备的学习激励机制和制度保障体系。召开省财政地税系统建设学习型组织现场会，引导系统学习型组织建设向深层次发展。支持和鼓励干部职工参加在职学历教育和职称考试，提升学历层次，优化知识结构。加强和改进干部教育培训，实现"专业提高型培训"向"能力提升型培训"转变，推进以提升能力素质为核心的分层次岗位培训，创新培训内容、方式、方法；启动会计、法律等复合型人才培养。二是开展机关"作风建设年"活动。成立"作风建设年"活动领导小组，召开动员大会，厅长黄旭明作《突出重点 务求实效 扎实推进作风建设》动员讲话。组织党员干部学习作风建设有关领导讲话、辅导读本，组织观看《村支书郑九万》、《小巷总理》等宣教片。邀请省纪委副书记杨晓光做"树六观、修九慎"作风建设专题报告。做好服务窗口示范建设工作，省级机关会计核算中心对照省示范办事大厅创建标准，逐条梳理，优化服务，被省创建工作小组评为省示范办事大厅。三是加强党风廉政建设。落实党风廉政建设责任制，抓好党风廉政教育。参观监狱，开展警示教育；给厅机关所有干部职工和厅属各单位主要负责人各发放一套反腐倡廉书籍；编发"三靠两抓"文集，推动落实党风廉政建设和反腐败工作；先后两次组织厅机关和厅属事业单位有关干部职工观看专题片《反腐前线》和《警钟》；开展廉政谈话，就党风廉政建设有关内容进行互动式的沟通交流，增强部门(单位)主要负责人增强廉洁自律、廉洁从政的意识。四是推进精神文明建设。召开全省财政系统"双先"建设研讨会，组织交流座谈、参观考察等活动；组织先进事迹报告团在全省财政地税系统作 11 场巡回报告，在全省财政系统营造"宣传先进、学习先进、争当先进"的良好氛围。发挥工青妇群团组织作用，开展各类文体活动，倡导健康文明的生活方式；组织成立 13 个兴趣小组，开展羽毛球、登山等单项比赛；组队参加全省财税系统运动会，获团体总分第 7 名；组队参加省直机关第八届运动会，共参加乒乓球、象棋、登山、游泳、钓鱼、广播操等 6 个项目的比赛，获团体总分 79 分，并获组织奖和体育道德风尚奖；组队代表省财贸工会参加省总工会组织的划船比赛，获优胜杯(第 12 名)；组队参加省财贸工会射击比赛，获优胜。组织开展庆"三八"、春节团拜会、迎"五一"环西湖徒步走、庆"十一"游园等大型活动，在活动中增强沟通，凝聚人心。开展"送温暖、献爱心"社会捐助活动，共捐款 46385 元。 (省财政税务科学研究所供稿 施惠萍执笔)

浙江省国税工作

【概况】2007 年，全省国税总收入完成 2525.18 亿元，比上年增长 23.1%。其中，全省国税部门直接组织的收入完成 1825.40 亿元，增长 25.4%。税收支持经济发展的力度进一步加大。当年全省共办理出口退免税 891.15 亿元，增长 21.3%。贯彻落实激励企业技术改造和自主创新、促进创业投资企业发展的税收政策，严格执行促进节能减排、促进就业、支农惠农、促进公益捐赠以及文化宣传发展各项税收优惠政策，全年办理减免税 212.50 亿元，增长 9.3%。

【税收特点】一是国税收入增幅持续高位运行，各主要税种均保持较快增长速度，其中增值税完成 946.66 亿元，增长 20.6%；消费税完成 65.31 亿元，增长 9.3%；企业所得税完成 186.06 亿元，增长 48.2%，涉外企业所得税完成 88.34 亿元，增长 24.4%，车购税完成 70.18 亿元，增长 25.5%。二是中央与地方级收入均衡增长。其中中央级收入 1031.35 亿元，增长 22.6%，省级收入完成 63.05 亿元，增长 21.3%，市县级收入完成 288.70 亿元，增长 27.0%。三是地区间国税收入普遍较快增长。全省各市地增幅均在 20%以上，共有 26 个单位国税收入规模在 10 亿元以上，其中萧山区国税收入 66.91 亿元，绍兴县国税收入突破 40 亿元，义乌市和余杭区国税收入突破 30 亿元，乐清、诸暨、海盐、温岭、瑞安、玉环、海宁、平湖、富阳和桐乡国税收入在 20 亿元以上。

【税源分析】一是全省经济保持较快增长，为国税收入的增长奠定坚实基础。据统计，当年全省规模以上工业增加值 7028.46 亿元，可比价增长 17.9%；工业销售产值 35152.31 亿元，增长 24.1%；社会消费品零售总额 6214.04 亿元，增长 16.7%；外贸出口 1282.96 亿美元，增长 27.2%；限额以上固定资产投资额 7716.82 亿元，增长 10.8%。二是重点电力大户投产形成增收。如浙江浙能兰溪发电有限公司 4 台 60 万千瓦机组先后于 2006 年 4 月、8 月、12 月和 2007 年 5 月投产运行，当年入库国税收入 4.15 亿元，增收 3.01 亿元，华能国际电力股份有限公司浙江分公司 2 台 100 万千瓦机组于 2006 年 11 月份投产运行，当年入库国税收入 3.79 亿元。三是证券业和房地产业所得税增长迅猛。全省证券业所得税为 10.16 亿元，增长 38 倍，增收 9.9 亿元；全省房地产业所得税入库 26.28 亿元，增长 77.3%。

【税收法制建设】贯彻国务院全面推进依法行政实施纲要，全面推进"法治浙江"建设，按照法定权限和程序行使权力、履行职责。实施征管法及其实施细则。严格执行行政许可法，深化税收行政审批制度改革，规范和减少税务行政审批项目。开展税收规范性文件清理，探索建立日常清理制度；建立健全税收政策情况反馈评价机制，进一步推进税法体系建设。强化内部执法监督。全面应用税收执法管理信息系统，深入推行执法责任制，探索解决人机结合考核模式及完善配套措施及制度；继续开展关键部位和重点环节的执法检查和监察工作，依法做好行政复议、处罚听证及行政诉讼等工作。整顿规范税收秩序，开展食品药品生产加工企业、房地产企业、服务生产经营企业等税收专项检查；选取涉税问题较多、案件线索指向较为集中的地区开展专项整治；联合公安部门开展打击制售假发票、利用伪造海关完税凭证抵扣税款等专项行动；继续加大涉税举报案件下查一级工作力度，集中精力狠抓大要案查处工作，落实"一案双查双报告"制度。全省国税稽查部门全年共检查各类纳税户 12222 户(不含宁波)，共查补收入 14.78 亿元。加大税收宣传力度，围绕征管法颁布实施 15 周年、浙江国税机构分设 10 周年开展主题宣传活动，重点做好新企业所得税法的宣传工作。

【税收征管】继续深化管理创新，全系统共上报创新项目 286 个，评选产生优秀项目 36 个。推进税源一体化管理，落实和完善税源管理、税收分析、纳税评估、税务稽查各环节的联动机制，建立和完善各部门之间的横向综合协调机制和各层级之间的纵向任务分配机制。推进纳税评估工作，构建52个行业60个产品的纳税评估模型，开发行业税源动态分析监控系统，提高纳税评估的针对性和实效性。开展增值税、企业所得税、涉外企业所得税联合评估工作。加强个体集贸市场税收管理，推广个体工商户计算机核定定额系统。完善税收管理员制度，规范税收管理员任务管理。完善增值税"一窗式"管理。加大对废旧物资回收单位的管理力度，开展海关完税凭证专项核查工作，推广农产品收购发票管理系统，对税控系统开具的货运发票实行先认证后抵扣办法。完成增值税存根联滞留专项核查，核查企业86461户，滞留发票134.04万份，查补各项收入2.89亿元。加强消费税重点税源户的监控，开展消费税纳税评估工作。做好车辆购置税征收管理工作。落实"核实税基，完善汇缴，强化评估，分类管理"的要求，在完成2006年度汇算清缴工作的基础上，着力加强企业所得税税基管理。落实涉外企业所得税一体化管理工作机制，完成1000户企业的涉外税收审计任务，开展亏损企业专项调研。加大反避税管理力度，做好税收协定执行工作，加强非居民税源管理。加强出口退税管理，推进征退税衔接工作，推广使用出口货物退(免)税预警评估管理系统，防范和打击出口骗税。

【科技兴税】做好"金税工程"三期第一阶段工作，全面启动环境建设、网络改造、设备扩容等省级应用平台建设工作。完善综合征管软件、增值税防伪税控系统、税收执法管理信息系统等核心业务软件的运行维护机制。做好各类应用系统的推广和应用工作，推广新办稽核系统6.0版和协查系统3.0版，做好新版车辆购置税征收管理系统安装及优化工作，完善企业所得税纳税评估软件，开展财税库银税收收入电子缴库横向联网试点推广工作，完成税企邮箱互动平台和机关内网办公辅助系统的开发工作。建立健全安全防护体系，确保系统及网络运行安全。

【优化服务】落实"两个减负"工作要求，优化纳税流程，简化办税程序，归并资料报送和表证单书，减轻纳税人不必要的办税负担和基层税务机关额外的工作负担。通过加大宣传辅导，引导有序办税，完善网上申报，合力配置窗口，探索"同城通办"，优化工作流程等多种措施提高办税效率。深化办税公开制度，修订办税公开目录和公开内容、全程服务一览表和流程表，建立办税公开更新维护机制，确保纳税人的知情权。联合地税部门开展纳税信用等级评定、联合开展税务检查等，努力降低征纳成本。

【干部队伍建设】一是加强领导班子建设。落实党组理论中心组学习制度，学习贯彻党的十七大以及省第十二次党代会精神，学习中国特色社会主义道路和中国特色社会主义理论体系。坚持民主集中制原则，完善各级党组工作规则和民主生活会制度。加强领导班子组织建设，调整充实市局领导班子，选拔省局机关处级干部，优化领导班子结构，落实领导干部任期制和交流制度。重视后备干部培养和管理，加大基层任职锻炼力度。完成4个市局的巡视检查工作，开展2006年度巡视整改情况"回头看"，巩固和扩大巡视工作成效。二是推进"作风建设年"活动。加强教育，完善制度建设，强化监督检查，确保作风建设取得实效。结合省纪委、省监察厅和省纠风办联合组织开展的民主评议基层站所暨创建"群众满意基层站所(办事窗口)"活动，全面提升基层国税机关的政风、行风建设，其中杭州市下城区办税大厅被评为全省创建工作先进单位，18个单位被评为市级创建工作先进单位，32个单位被评为县区级创建工作先进单位。为配合推进创建工作，在全省国税系统开展评议和创建活动，全省有434个基层窗口参加活动，其中20个基层站所获得省局表彰。三是开展"四项工程"建设。推进"国税党建"工程建设，以提高党的执政能力、保持党的先进性为重点，加强党的思想建设、组织建设、作风建设和制度建设；学习贯彻党章，加强基层党支部建设。推进"国税人才"工程建设，实施《公务员法》，做好公务员登记和工资套改工作，规范津补贴管理；完善国税人才库建设，探索人才使用、培训、管理办法。贯彻落实干部教育培训工作条例，全面完成2003-2007年教育培训规划；实施"六员"培训工作，抓好重点业务骨干的培训；开展税收执法资格统一考试；联合高校合作举办研究生课程进修班，录取学员100名。推进国税文化工程建设，围绕国税文化建设目标，推进国税精神文化、制度文化、行为文化和物态文化建设；以国税机构分设10周年为契机，精心提炼浙江国税核心价值理念；开展精神文明创建活动，提高文明创建层次和水平；加强和改进思想政治工作，组织开展"1+1"群众文体活动，举办全省国税系统"大众广播体操"比赛。推进"平安国税"工程建设，贯彻中纪委七次全会精神，全面落实建立健全教育、制度、监督并重的惩治和预防腐败体系实施纲要；执行党员领导干部"三谈两述"、重大事项报告以及收入申报等制度；全面推广税收管理员公开述职述廉制度。落实党风廉政责任制"三书两报告"工作试点；建立健全防治商业贿赂和渎职犯罪的长效机制，查处各类违规违纪行为。

(浙江省国家税务局供稿 吴一俏执笔)

浙江省地税工作

【概况】2007年，浙江省地税部门组织各项收入1975.65亿元，比上年增长26.8%，其中：税收收入1290.23亿元，增长29.0%；社会保险费收入534.72亿元，增长23.3%。

【收入特点】一是地税收入持续增长。2003-2007年全省地税部门累计组织各项收入6721.23亿元，年均增长24.7%。其中税收收入4412.75亿元，年均增长24.2%；社会保险费收入1761.32亿元，年均增长29.1%。二是小税种收入增幅高。当年全省分别入库营业税、企业所得税、个人所得税和地方小税种收入495.05亿元、337.05亿元、224.14亿元和233.99亿元，分别增长28.0%、26.8%、28.7%和31.1%，地方小税种收入在前几年持续增长基础上，继续高幅增长。三是增长均衡性增强。各月收入增长均在17%以上，其中9个月度的收入增长均在22～40%之间，8－12月份月度收入增幅一直保持在22～27%之间，全年增幅波动系数为0.51，税收收入增长均衡性进一步增强。

【税源分析】一是第三产业税收收入增速加快。当年全省分别入库一、二、三次产业税收收入 0.82 亿元、475.73 亿元、813.68 亿元,分别增长 58.3%、24.4%和 31.8%,第三产业税收收入增收额占全部增收额的 67.7%,第三产业税收收入比重为 63.1%,提高 1.35 个百分点。二是现代服务业税收收入增长领先。全省金融业、房地产业、租赁和商务服务业和其他服务业等现代服务业税收收入,分别增长 45.2%、40.1%、30.2%和 32.1%,四行业税收收入增收额占全部税收收入增收额的 56.2%,占全部税收收入比重为 45.6%,提高 3.04 个百分点;其中房地产业和金融业税收收入占全部税收收入比重分别为 22.3%、9.6%,分别提高 1.76 个和 1.07 个百分点。三是先进制造业税收收入比重提高。全省第二产业中制造业和采矿业税收收入仍保持快速增长,增幅分别为 30.4%和 49.0%;其中制造业税收收入增收额占全部税收收入增收额的 22.2%,制造业税收收入比重占全部税收收入比重 21.4%,提高 0.24 个百分点。制造业税收收入逐步成为地税收入增长的主要力量之一。四是各县市税收收入稳定增长。全省 11 个市税收收入增幅均在 20%以上,除舟山市、杭州市、丽水市分别增长 42.5%、32.2%和 31.6%以外,其余各市增幅均保持在 20%~30%之间。各县市税收收入增幅在较高位运行,全省 66 个单位中,同口径仅 1 个单位增幅低于 10%,47 个市县单位增幅在 20%~40%之间。

【依法治税】贯彻国务院《全面推进依法行政实施纲要》、国家税务总局进一步推进依法治税实施意见、省委关于建设“法治浙江”决定和省政府关于推进法治政府建设意见,坚持依法行政、依法治税,强化执法监督,规范税收执法,努力营造良好的税收法制环境。制定《浙江省地税系统依法行政工作考核办法(试行)》,全面实施全省地税系统依法行政工作考核。加强行政争议防范机制建设,依法办理税务行政复议、应诉案件。各级地税机关共收到申请复议案件 2 件,涉及税务行政诉讼案件 2 件。在各地开展税收执法检查和执法监察自查与重点检查的基础上,组织开展重点执法检查和执法监察,既检查有无擅自开政策口子,又检查税收优惠政策是否落实到位,有效保障各项税收法规、政策的正确贯彻执行,提高税收执法水平。

【税收征管】一是加强税源管理。加强分税种、分行业税收管理,出台建筑业税收管理办法。加强对清算、关联交易的税务管理,做好新企业所得税法实施前的各项准备工作。做好 2006 年度年所得 12 万元以上个人所得税自行纳税申报工作,申报人数 193949 人。加强房地产业税收管理,扩大房产税和城镇土地使用税征税范围,并按规定调整城镇土地使用税适用税额标准;贯彻落实新的城镇土地使用税条例,完善《浙江省城镇土地使用税实施办法》;规范和完善土地增值税预征办法。加强印花税征收管理,全面实行印花税预征管理办法。提高岩金矿、铅锌矿、盐等资源税税额标准,开征建筑用石、砂资源税。二是加强发票管理。落实国家税务总局“以票控税、网络比对、税源监控、综合管理”方针,做好货运新版发票的启用和货运税控系统的应用工作。推广应用机打发票,全省已有 5 万多户纳税人使用计算机开具发票。根据国家税务总局要求,确定 12 家发票定点印刷企业,加强集中管理、审批和印制。三是加强社保费管理。按照“扩大覆盖、夯实基数、统一费率、规范征管、公平负担”工作思路,贯彻落实《浙江省社会保险费征缴办法》,重点推进社会保险费“五费合征”,已有 49 个市、县(市、区)开始实行“五费合征”工作。深化社保费征管改革,推进社保扩面工作,缴费登记户数大幅增长,养老保险费登记户数为 394524 户,增加 105117 户;医疗保险费登记户数为 242907 户,增加 82723 户;失业保险费登记户数为 283307 户,增加 85105 户;工伤保险费登记户数为 289391 户,增加 105641 户;生育保险费登记户数为 238394 户,增加 76372 户。

【税务信息化建设】一是在全省推广应用《税友 2006》,升级扩容全省广域骨干网络,升级改版地税内外网站,完成视频会议系统建设。做好全省地税系统网络与信息系统安全和保密检查,提升信息化安全建设水平。做好软硬件系统的运行维护工作,确保全省地税广域网络系统、浙江地税应用系统工作交流平台、公文处理、档案管理、法规库、税银库社保联网、企业基础信息交换、货物运输发票管理等系统的正常运行。二是加强税收收入分析和预测,通过逐步建立数据采集—税源监控—税收分析—纳税评估—税务稽查的互动机制,推进税收科学化、精细化管理,提高税收征管的质量和效率。扩大重点税源企业监控范围,注重对新的税收增长点和潜在税源的监控,全年省级重点税源企业 3950 户,比上年增加 350 户。配合省信息办做好企业基础数据交换和应用工作;加强与国税、质监部门的联系沟通,拓展《浙江税务征管信息共享应用系统》功能。全省所有代扣代缴企业应用个人所得税全员管理系统,全员管理企业应用户达 29.4 万,人数 955.23 万。全省各市县组织的各项收入均实现“一户通”电子缴库,为税款的征收、入库、对账等提供规范、统一、高效的支撑平台。

【税务稽查】以整顿和规范税收秩序为主线,以开展税收专项检查和突出大要案查处为抓手,共对 21400 户纳税户进行检查,查补金额总计 14.56 亿元,其中大要案 251 件。在全省范围内开展打击制售假发票违法犯罪的专项行动,取得良好效果。通过各类新闻媒体曝光典型案件 119 件,发挥稽查的威慑作用。

【税收宣传与服务】一是建设好办税服务厅,落实“两个减负”,全省 270 个办税服务厅已全面设置“一米线”等候区,开辟网上自助服务区,统一电脑屏保用语。二是完成 12366 纳税服务热线升级改造,提升短信服务质量,日短信发送能力从 1 万余条增加到 10 万余条。全年共受理来电 34 万余个,发送短消息 348 万余条,分别增长 75.6%和 39.1%。三是坚持“喜闻乐见、降低成本、持之以恒、讲求实效”的经常性税收宣传机制,做好年所得 12 万元以上个人所得税自行纳税申报、城镇土地使用税和车船使用税新条例、社保费五费合征等宣传。开展地税宣传走进社区(新农村)活动,以生动活泼形式宣传民生所向的地方税费政策。开展浙江地税纳税服务需求问卷调查,对收到的 7278 份调查问卷进行提炼分析,为优化纳税服务、深化税法宣传提供第一手依据和措施建议。

【干部队伍建设】加强领导班子建设,协助省委组织部,做好省地税局巡视员的推荐考察、省地税局总会计师试用期满转正、省地税局领导班子和领导干部届末考察等相关工作。完成对全省地税系统领导班子和领导干部的年度考核工作。考察任命市地税局局长5名，副局长5名，稽查局局长2名，调研员1名，副调研员3名。做好基层税务分局机构调整工作，新设机关内设机构10个，调整单位内设机构1个，更名基层单位3个。优化人力资源配置，全省地税系统共招录437名本科以上学历的公务员，转任、交流、接受军转干等88人。贯彻落实《税务系统领导班子和领导干部监督管理办法》，推进教育、制度、监督并重的惩治和预防腐败体系建设；坚持纠建并举、综合治理、重点抓好可能损害群众利益的突出问题。指导开展作风建设年和评议创建基层站所活动。继续巩固党风廉政建设成果，全省受党纪政纪处分5人。加强思想政治工作，开展争先创优活动，32个单位获省级青年文明号，16个单位被评为全国青年文明号。5个单位获全国税务系统文明单位，5名干部获全国税务系统精神文明建设先进工作者称号。推进学习型组织创建活动，实施岗位业务技能全员轮训三年规划，全系统共举办培训班1215期，参训人员49212人次。推动素质教育，鼓励干部职工攻读更高学历和第二学位，截至年底，全省共有研究生学历183名，本科学历7704名，两者合计占全体干部职工人数64%。

（省地税局供稿 林 森执笔）

附表：

2007年浙江省地税组织收入情况统计

单位：万元

项目	2006年	2007年	增长%
地方税务部门组织的收入	15579758	19756521	26.81
一、税收收入合计	10001186	12902304	29.01
1. 营业税	3868717	4950497	27.96
2. 企业所得税	2658709	3370485	26.77
3. 个人所得税	1741682	2241407	28.69
4. 资源税	46470	61094	31.47
5. 土地使用税	105653	189055	78.94
6. 固定资产投资方向调节	700	21	-97.00
7. 城建税	770925	983667	27.60
8. 印花税	175065	233109	33.16
9. 土地增值税	202543	340813	68.27
10. 房产税	399492	494887	23.88
11. 车船税	30607	36623	19.66
12. 烟叶税	623	646	3.69
13. 其他各税	0	0	0.00
二、教育费附加	363602	458727	26.16
三、文化事业建设费	22807	25742	12.87
四、社保基金收入	4335791	5347202	23.33
其中： 1. 养老保险基金	3023282	3544889	17.25
2. 医疗保险基金	1015925	1254295	23.46
3. 失业保险基金	210429	271775	29.15
4. 工伤保险基金	54913	89278	62.58
5. 生育保险基金	31242	46587	49.12
五、水利基金	390666	514472	31.69
六、地方教育附加	359180	374139	4.16
七、残疾人就业保障金	81540	97174	19.17
八、其他收入	24986	36761	47.13

财政分项工作概况

办公室工作

【概况】2007 年，厅办公室围绕财政中心工作，履行职责，落实创新举措，发挥参谋助手、综合协调、督促检查、后勤保障作用，保障各项工作顺利开展。

【重参与 提高政务服务水平】一是当参谋，辅佐领导决策。完成 30 余篇综合文字材料。组织开展 2007 年度全省财政系统调研工作，制订厅领导工作思路调研方案，做好调研报告的收集和评审工作。完成厅重点调研课题《加快我省现代服务业发展的调查与思考》，并在全省财政系统调研报告评比中获一等奖。结集出版 2006 年度获奖调研报告。加强兼职信息员队伍建设，召开厅机关兼职信息员会议，举办信息培训班，推动全省财政信息工作的开展。编发浙江财政信息 110 期、增刊 37 期，报送专报信息 362 期，被省委省政府采用 173 条、财政部采用 19 条，其中省领导批示 3 件，国办秘书局采用 1 篇。信息工作继续保持省级部门领先地位，荣获全国财政信息工作先进单位。强化综合协调职能，一方面通过办文、办会、办事等日常工作，及时向基层和处室传达厅党组的意图；另一方面加强与基层和处室的联系沟通，了解新情况、发现新问题、把握新动向，协助领导决策，推动工作。二是抓宣传，强化财政宣传舆论。组织全省 2005－2006 年财政新闻宣传先进个人和第三届财政好新闻评比活动，参加全国财政好新闻评比并荣获佳绩，厅办公室被评为 2005－2006 年全国新闻宣传先进集体。联合浙江日报等媒体开展专题宣传报道，配合财政部新闻办在浙江开展城镇居民医疗保险新闻采访活动；向《中国财经报》、《浙江日报》等媒体报送 30 多篇稿件，被采用 20 多篇。三是严办文，提高政务运转保障能力。规范便函运转，健全相应的管理制度，进一步提高办理质量。按照“两办”要求，推行公文二维条码，采取分步实施、归口制作、加强管理、广泛宣传等措施，推动公文电子化管理。根据国家档案局 8 号令并结合厅机关实际，重新修订了档案归档范围和保管期限。做好厅内日常档案管理工作，归档文件 4000 多件，并加快以前年度档案材料电子化处理步伐。完成 10 个市县财政局档案达标认定工作。做好联络、协调、参谋等各项服务工作，为厅领导提供良好的工作环境。做好厅长办公会议、厅党组会议等会议准备和记录工作，并根据会议决定的事项整理会议纪要。做好涉密载体集中销毁工作，开展计算机网络安全自查，提高广大干部职工保密意识，增强保密能力。四是抓督查，确保政令畅通。围绕财政中心工作加大督查力度，重点抓好省委省政府重点工作责任分解、领导交办或批示件的落实反馈工作，办理省领导批示件 331 件、办公交办件 485 件，完成各类专项督查反馈 10 多次，做到件件有着落、事事有回音。健全督促考核制度，深化面商调研工作，承办人大代表建议、政协提案 286 件，代表委员反馈满意率 100%。同时，承办省十二次党代会代表工作建议 88 件，全部按时高质量办结。完善厅机关目标考核办法，建立健全处室工作目标制订与省政府部门工作目标相结合和完成情况挂钩机制，做好日常工作督查和考核台账。做好省政府工作目标考核工作，在 2006 年度省政府工作目标责任制考核中省财政厅被评为优秀单位。做好信访工作，全年共受理各类信访件近 200 件，均按《信访条例》的相关规定按时办结。五是抓网站，加快电子政务建设步伐。完善并增强财政综合办公平台功能，增加行政许可审批、纪检监察、后勤保障等子系统，增强系统功能，发挥平台作用。完善门户网站，强化网上办事功能，扩大网站信息量，办好网上咨询等互动栏目，为社会公众提供相关服务。

【重管理 提高后勤服务管理水平】一是实行财务精细化管理。按照人代会审查的要求编制本厅的部门预算，根据国库集中支付制度改革的要求编制好分月用款计划，会同有关处室做好账户的管理和结报工作。按照精细化管理的要求做好各类资金的会计核算，利用现有的网络条件强化财务监督，提升厅本级财务管理水平，提高工作效能。制定并实施好《厅属事业单位财务管理办法》，敦促各单位制定内部实施细则，贯彻执行好差旅费和经费结报新规定，健全机关及事业单位财务管理制度，促进内部财务管理制度化、规范化。配合内审小组对厅财务的审计工作。按照《厅属有关单位经营责任制考核暂行办法》，加强对山庄和厅招待所管理、考核和监督。二是加强资产管理。在固定资产网上申报的基础上，从 5 月起电脑、打印机、办公耗材领用等全部在网上办理，并延伸到厅属事业单位。组织各处室和厅属事业单位资产自查，做好资产账物核对，摸清家底，找出管理上的漏洞，健全制度。做好万里综合楼装修工作，按程序进行工程招标，加强施工现场监管，确保施工质量。协调好地下停车库及业务用房工程建设相关问题，向省发改委等部门反映有关情况，做好各方面协调工作。做好厅机关大楼和设备日常维护保养工作。平整大楼西边空地，改建为临时停车场，缓解厅机关停车难问题。三是加强安全保卫。注重预防，落实各项安全制度，对台风等灾害天气来临前及节假日期间的安全工作，做到早提醒、早安排、早布置，坚持节假日干部值班制度，增强保安人员责任意识，加大安全巡检力度，做好外来车辆、人员的登记，落实各项安全措施。吸取消防工作经验教训，按要求进行消防整改，组织相关人员进行消防灭火演练，加大消防设施安全检查力度，增强消防意识和处置消防突发事件能力。加强车辆安全管理，做好厅机关重大公务活动车辆调度。强化车辆、驾驶员日常管理，继续对车辆保养修理、燃料供应节耗等方面进行考核，增强驾驶员安全和服务意识。全年安全行车85万多公里，无一起责任事故。四是提高后勤保障水平。做好各项会务工作，会前抓会务、会中服好务、会后办事务，重点保障好全省地方政府性债务管理工作会议、全省财政地税工作会议、沪苏浙财政厅局长座谈会等13场重大会务工作。接待工作经受了新锻炼，共接待了20多批次。在接待中做到热情、细致、周到、规范、得体，赢得了上级领导及兄弟单位的好评。健全食堂内部管理制度，严把餐饮安全卫生关。坚持周到满意的服务宗旨，从细节入手，坚持常做常新，不断增加新花色、新特色品种供应，改善就餐环境。搞好干部职工福利等服务工作，解决好干部职工子女的入托问题，办理好干部职工住房补贴和公积金补贴；筹备开放厅机关洗衣房，为干部职工提供服务。

【重作风 加强自身建设】一是加强理论学习。坚持定期集中学习制度，组织全体干部职工学习上级有关文件精神，重点学习党的十七大和省第十二次党代会精神，改进学习形式，结合各自工作实际提高学习质量。参加厅里举办的各类学习讲座、辅导报告，组织人员参加省里、财政部组织的各类培训20多批次。二是开展作风建设。加强和改进办公室的工作作风，注重锤炼和培养爱岗敬业的作风，要求每一位同志干一行、爱一行、精一行，"身"到"心"到，尽职尽责地干好本职工作；注重锤炼和培养严谨细致的作风，牢记办公室工作使命和职责做好每一项工作，做到精益求精、好上加好，力求把各项服务工作做得更到位一些；注重锤炼和培养雷厉风行的作风，严格实行AB角制，杜绝办事拖拉、推诿扯皮，在服务工作中体现快节奏，追求高效率，保证高质量。

（厅办公室供稿 汤建新执笔）

财政人事教育（老干部）管理工作

【加强制度建设】按照省人事厅深入贯彻《公务员法》的要求，修订完善《浙江省财政厅公务员岗位交流工作暂行规定》、《浙江省财政厅机关干部分级管理办法》。

【完善机构设置】经省编委批准，新增设政府采购监管处。根据加强农业综合开发和行政事业单位国有资产管理等工作需要，多次向省编委汇报沟通，争取省编委的支持。根据省编委《关于增加省财政厅领导职数的批复》、《关于调整省财政厅内设机构和人员编制的批复》，增加1名副厅长领导职数，增设行政事业资产管理处，增加行政编制7名和处级领导职数2名。

【加强干部队伍建设】一是开展干部岗位交流。分别对3名正处级领导干部、3名副处级领导干部、1名副调研员和2名科级干部进行岗位交流。二是开展干部选拔任用工作。经民主推荐、民主测评、考察等程序，有6名同志提任为副处长，3名同志提任为副调研员。三是做好干部选派挂职锻炼工作。选派邬达贵同志援藏担任那曲地区财政局副局长，选派俞小青同志到松阳县四都乡西坑村任农村指导员。四是启动优秀科级干部到基层挂职锻炼工作。首批选派叶乃杰、赵雅玲2名主任科员分别到桐乡市、兰溪市财政局担任财政局副局长，挂职锻炼一年。五是做好人员招录工作。根据年度进人计划，厅机关录用4名公务员，事业单位招录5名工作人员。六是做好干部考核考察工作。对2006年事业单位提任领导职务的12位同志和厅机关、会计核算中心录用的7位公务员，进行试用期满的考核考察，按时办理转正任职手续。对2006年到基层财政部门实习锻炼的4位同志进行考核，并做好回厅工作的安排。完成厅机关及厅属企事业单位干部职工2006年度考核的测评、评优等工作。

【推进事业单位改革】一是组织实施事业单位参照公务员法管理工作。完成省级机关会计核算中心参照公务员法管理的重新审批、工作人员登记和工资套改等工作；起草《关于要求批准浙江省行政事业性收费票据管理中心等单位参照公务员法管理的函》和《省财政厅事业单位参照公务员法管理工作实施方案》，报省人事厅审批。二是做好监督管理类事业单位机构改革工作。省财政项目预算审核中心的机构类别由社会公益类纯公益性事业单位调整为监督管理类事业单位；省行政事业性收费票据管理中心的机构名称变更为省财政票据管理中心，机构规格由副处级调整为正处级；省农业综合开发工程勘测设计室机构规格确定为相当于县处级，并增加编制3名。省编委批复同意省级机关会计核算中心、省财政票据管理中心、省财政项目预算审核中心等3家监督管理类事业单位的机构改革方案。三是推进事业单位收入分配制度改革。组织事业单位人员参加培训，指导事业单位工资套改，完成厅属15家事业单位工资套改方案的审批工作。

【配合做好届末考察工作】根据省委、省政府的统一部署，按照省委组织部的要求，配合省委干部考察组完成厅领导班子、领导干部的届末考察和副厅职后备干部人选的民主推荐、考察等工作。周密制订工作方案，组织召开动员大会和民意调查会，配合开展对厅领导班子及成员的民主测评、民主评议以及厅级后备干部的民主推荐。提供有关情况、材料，保证届末考察工作的顺利进行。

【做好日常人事教育工作】一是做好出国境管理工作。做好84人因公、13人因私出国（境）审查、报批工作，并结合公共财政建设需要，完成公共财政法律制度考察团和政府财政支持与保护农业经济发展培训团的组团工作。二是完成相关培训考试工作。组织完成厅机关和核算中心公务员公共管理基础课程考试；组织厅机关和核算中心8名处级干部参加任职培训班、专题研修班学习，组织4名新录用公务员参加初任培训。三是做好有关在职学历教育和职称考试工作。鼓励干部职工参加在职学历教育和职称考试，组织中央党校函授学院党员领导干部在职研究生、浙江大学MPA班的报名推荐工作；全省财政系统法律硕士专业学位班于4月份开班；继续做好会计硕士专业学位班和财政专业研究生班的相关工作。四是承办全国财政系统（华东、西北地区）人事教育工作研讨会，加强与兄弟省市之间的相互学习和交流。

【认真组织各项培训】一是组织举办全省分管财政工作市、县(市、区)长公共财政与政府性债务管理专题研讨班。全省共有117名市县长参加研讨,省长吕祖善到会作重要讲话,陈敏尔常务副省长主持。研讨班安排公共财政建设、财政管理体制、税收制度等专题讲座和典型发言等内容,厅长黄旭明作《完善公共财政制度 加强政府性债务管理 让公共财政最大程度惠及全省人民》的专题报告。二是举办全省财政地税系统局长培训班,共有104名局长参加。三是分别举办两期为期一周的新疆和田地区财政干部培训班。四是举办为期两个月的2006级研究生班学员英语强化培训班,学员在全国硕士英语统考中通过率达87%。

【加强教育培训工作指导】一是为推动全省财政系统开展以提升能力素质为核心的分层次岗位培训工作,在市一级开展岗位培训观摩交流活动。二是组建并下发第一期《全省财政系统干部教育培训师资库》,实现资源共享。三是编辑《芬芳十载》(浙江省财政系统干部教育培训十年回顾)一书,系统总结浙江省财政系统干部教育培训工作,提出"十一五"时期的重点工作和目标方向。四是与云南省、内蒙古自治区财政厅、上海国家会计学院联合开展《财政干部能力提升战略研究》课题调研,并完成课题报告。

【深化学习型组织建设】一是召开全省财政地税系统建设学习型组织现场会,全省各市、县(市、区)财政地税局局长参加会议,杭州市财政局介绍在深化学习型组织建设中创办网络学校的经验,并在内网和外网上演示网络学校的操作过程,播放杭州市局学习型组织建设宣传片。二是组织开展"深化财税系统学习型组织建设"课题调研活动。

【加强系统精神文明建设】一是在全省财政系统营造"宣传先进、学习先进、争当先进"的良好氛围。在《浙江财税与会计》杂志上连续介绍部分财政系统先进集体和个人的先进事迹;召开全省财政系统"双先"建设研讨会,组织交流座谈、参观考察等活动;组织先进事迹报告团在全省财政地税系统作巡回报告11场,6000余人聆听了先进事迹报告。二是在金华市举办全省财税系统2007年运动会。运动会设乒乓球、羽毛球两个大项6个小项,参赛运动员140余人。

【落实老干部"两项"待遇】一是落实好老干部政治待遇。及时传达党代会、人代会、财政地税工作会议等精神;坚持向老同志通报情况、阅读文件制度;组织厅级老同志参加省里的报告会及厅领导班子届末考察和厅级后备干部推荐;为每位老同志订阅报纸和相关学习资料;支持老同志老有所学,全年有30余位老同志参加老年大学和老年电视大学学习。二是落实好老干部生活待遇。认真落实老同志各项生活福利政策;坚持走访老同志和生日、生病等慰问,主动为老同志排忧解难;针对老同志实际情况,举办急救知识讲座;开展有益老同志身心健康的各项活动,组织桥牌、太极拳、台球兴趣小组活动,组织春游、秋游、老人节活动和部分老同志赴青岛、大连等地考察活动,做好离退休老同志的避暑学习和离休干部的御寒工作;完成离退休老同志的体检工作;及时做好老同志的副食品分送和车辆保障工作。三是加强与老干部党支部沟通互信机制,发挥离退休党支部作用。召开厅离退休老干部两个支部成员座谈会,听取支部成员的意见和建议。协助老干部党支部开展各项学习与活动。

【改进老干部服务工作】一是厅长黄旭明两次主持召开座谈会,征求厅级离退休老领导、离退休两个党支部成员和部分退休老同志对财政工作、作风建设和老干部工作的意见和建议,落实整改措施。二是建立和完善相关制度,做到老干部工作有章可循。修订《离退休人员管理服务办法》。三是与厅团委合作,落实为孤寡老人服务活动。

(厅人教处[老干部处]供稿 叶伟光执笔)

机关党建工作

【概况】2007年,厅直属机关党委以开展"作风建设年"活动为主线,围绕财政改革发展大局和财政中心工作,开展机关党建各项工作,为完成各项财政工作任务提供政治、思想保证。至年末,厅直属机关党委所属党总支1个,党支部36个,党员458名,其中在职党员376名,离退休党员82名,女党员134名,预备党员10名。大专以上学历的党员375名。376名在职党员中,机关党员194名,事业单位党员111名,企业单位党员52名,工人党员19名。

【开展机关"作风建设年"活动】一是成立活动领导小组。3月初,省财政厅成立"作风建设年"活动领导小组,由厅党组书记、厅长黄旭明任组长,副厅长、厅直属机关党委书记傅钱生任副组长,其他厅领导为领导小组成员。下设办公室,由机关党委、人教处、办公室、监察室等部门主要负责人和相关人员组成,负责厅机关"作风建设年"活动的日常工作。二是制定活动实施方案,开展学习动员。3月9日,召开厅机关"作风建设年"活动动员大会。黄旭明作题为《突出重点 务求实效 扎实推进作风建设》的动员讲话。结合部门实际,制定活动具体实施方案,分宣传发动、组织学习,查摆问题、评议整改,总结提高、立足长效三个阶段组织实施。编印省财政厅"作风建设年"活动学习资料,组织党员干部学习作风建设有关领导讲话、辅导读本,组织观看《村支书郑九万》、《小巷总理》等宣教片。4月11日至13日,开展处级干部集中学习讨论主题教育活动。组织全厅处级干部参观省第六监狱,开展警示教育。邀请省纪委副书记杨晓光做"树六观、修九慎"作风建设专题报告。组织处级干部分9个组进行讨论,找准问题,明确整改方向和措施。4月中下旬开始,通过书面函询、召开座谈会、个别听取意见、设立意见箱和公开电话等多种形式,征求意见、建议,共发出征求意见表130份,返回100余份,分类疏理出意见、建议20余条,按部门职责进行分解落实。三是开展活动情况通报。活动期间,共收到来自兄弟单位和社会人士的感谢信6封,对厅有关部门务实高效的良好作风予以肯定。全年共向省作风办报送信息9条,采用4条。在内网上发布厅"作风建设年"活动情况通报13期。四是解决作风建设中存在的实际问题。倡导并力行领导干部深入基层调查研究的良好作风,围绕省委、省政府工作重点和当前财政改革与发展的难点、热点问题，深入基层"一线"进行调查研究，全厅全年共完成调研课题24个，其中厅领导带队的重点课题有7个。做好服务窗口示范建设工作，核算中心对照省示范办事大厅创建标准，逐条梳理，认真整改，优化服务，被省创建工作小组评为省示范办事大厅。

【开展党员民主评议和"争先创优"活动】活动从5月中旬开始，分学习发动、总结评议、组织审定和表彰处理四个阶段，至"七一"前结束。共有368名党员参加民主评议。经各党支部评议，均能履行党员义务，符合党员条件，达到党员自我教育和自我提高的目的。"争先创优"活动采用民主与集中相结合的办法进行，共评出先进党支部3个，优秀共产党员28名，优秀党务工作者5名，并给予通报表彰。

【组织政治理论学习】组织各党支部学习党的十七大、胡锦涛总书记6•25重要讲话、省第十二次党代会及省委十二届二次全会等精神。12月下旬，召开厅机关及厅属单位各部门主要负责人会议，结合各自工作职责，学习贯彻党的十七大精神。做好厅党组理论学习中心组学习材料准备、学习通知、会议记录整理等相关服务保障工作，全年组织中心组学习4次。

【做好党代表推选工作】根据省直属机关工委要求，按照规定程序，组织各党支部进行党的十七大代表候选人和省第十二次党代会代表人选推选工作。厅党组书记、厅长黄旭明当选党的十七大代表和省第十二次党代会代表。

【加强机关党的基层组织建设】指导教科文处等3个党支部完成支部委员会改选，指导农业处党支部和农发中心党支部做好合并工作，指导财通证券公司党总支做好筹备和选举工作。根据省委要求，与省国资委机关党委衔接，做好财通证券公司划转后的党组织关系整体划转工作。做好党员发展和转正工作，全年共发展新党员7人，为4名预备党员及时办理转正手续。

【推进学习型组织建设】组织开展作风建设、环境保护知识、营养保健知识、省第十二次党代会主题报告学习辅导等专题讲座。利用机关网络平台，播放十七大报告专题学习讲座等视频教学内容，方便干部职工学习。

【推进机关精神文明建设】发挥工青妇群团组织作用，开展各类文体活动，倡导健康文明的生活方式。组织成立13个兴趣小组，开展羽毛球、登山等单项比赛。10月，组队参加全省财税系统运动会，获团体总分第7名。8-12月，组队参加省直机关第八届运动会，共参加乒乓球、象棋、登山、游泳、钓鱼、广播操等6个项目的比赛，获团体总分79分，并获组织奖和体育道德风尚奖。厅工会组队代表省财贸工会参加省总工会组织的划船比赛，获优胜杯(第12名)；组队参加省财贸工会射击比赛，获优胜奖。厅工会被评为省总工会财务工作先进单位。厅妇委会组织庆"三八"活动，与绍兴市财政局女同胞共度佳节。组织开展春节团拜会、迎"五一"环西湖徒步走、庆"十一"游园活动等大型活动，增强沟通，凝聚人心。组织开展"送温暖、献爱心"社会捐助活动，共捐款46285元。

(厅机关党委供稿 杨慧芳执笔)

财政预算(税政)工作

【概况】2007年，全省地方财政收入1649.50亿元，比上年增长27.1%，按可比口径计算增长16.3%；全省财政支出为1806.79亿元，增长22.8%，按可比口径计算增长15.1%。全省地方财政收入占财政总收入的比重为50.9%，比上年提高0.3个百分点；税收收入占地方财政收入的比重为93.1%，比上年提高1.9个百分点。2007年全省财政收支平衡，略有结余。2007年，省级地方财政收入174.80亿元，增长21.0%，按可比口径计算增长12.7%；省级财政支出207.07亿元，增长13.6%，按可比口径计算增长12.2%。全年省级财政收支平衡。

【依法编制预算草案确保收支平衡】根据《预算法》和《浙江省人民政府关于编制2007年省级预算和地方预算的通知》有关精神，按照《2007年政府收支分类科目》的规定，编制《浙江省2006年全省和省级财政预算执行情况及2007年全省和省级财政预算(草案)》、《浙江省2006年政府性基金收支计划执行情况及2007年基金预算收支计划(草案)》，做好全省、省级财政当年收支平衡工作。一是按照"均衡入库、持续增长、优化结构、调控有力"的要求，加强收入管理。在依法治税、规范管理的前提下，配合税务部门加强地方税征管；加强收入预计，确保收入入库平稳有序；规范收入退库，控制收入退库规模；配合征管部门加强对国有土地使用权出让金、新增建设用地土地有偿使用费等资源有偿使用收入的征收管理，增加政府非税收入；继续清理地方擅自出台的各种税收优惠政策，配合审计、财政监察等部门开展督查工作。二是按照建设节约型社会的要求，厉行节约，严格按预算控制支出。除因工资改革、油价上涨等政策性因素增支外，基本支出预算维持上年水平。三是根据省级收入超收情况，提出省级收入超收安排，超收收入主要用于民生。

【深化部门预算改革】遵照"二上二下"程序，完成省级部门预算草案编制，将省农业厅、省科技厅、省教育厅、省劳动和社会保障厅、省国土资源厅、省水利厅、省环保局、省卫生厅、省林业厅、省工商局、省海洋与渔业局、省文化厅、省公安厅、省交通厅、省民政厅、省建设厅、省质量技术监督局、省食品药品监督管理局、省监狱管理局、省劳教局等20个部门的部门预算草案提请省十届人大五次会议审查，省水利厅部门预算草案被列为重点审查对象。组织开展2008年度部门预算草案编制工作，推进事业单位财政供给方式改革，完善事业单位财政供给方式，逐步建立事业单位定员定额管理体系；加强项目预算管理，完善项目预算管理办法，合理界定项目申报范围，加强项目的可行性研究论证，建立和完善重大支出项目评审机制，做好项目分类和清理工作，稳步推进项目预算滚动管理，增强年度预算之间的连续性，推广应用项目库管理信息系统；完善现有预算定额和支出标准体系，逐步建立预算定额与实物资产相结合的定额标准体系；加强综合预算管理，加大预算内外资金统筹管理力度；加强部门财政预算资金结余管理。指导市县推进部门预算改革，全省所有市县全面实施部门预算。

【实施政府收支分类改革】经国务院同意，财政部决定从2007年1月1日起全面实施政府收支分类改革。根据财政部《政府收支分类改革方案》要求，执行《2007年政府收支分类科目》。一是总结2006年培训指导工作经验，扩大培训指导面，提高培训指导质量，确保财政系统的每一个干部了解和掌握新科目体系。二是加强政府收支分类改革对预算管理影响的研究。三是通过政府收支分类改革，逐步试行三维预算，提高预算质量。继续进行三维预算试点，探索三维预算编制、执行、监督的有效模式。

【优化财政支出结构改善民生】按照"增量优方向、存量调结构、增量调存量"的原则，调整和优化财政支出结构，着力解决人民群众最关心、最直接、最现实的就业就医就学、社会保障和环境保护、社会安全和安全生产、基层文化建设等方面问题，推进和谐社会建设。当年全省和省级财政增量用于民生支出分别占70.3%和82.2%。全省民生事业预算支出情况为：公共安全173.79亿元，增长19.0%；教育383.89亿元，增长23.5%；科学技术71.54亿元，增长30.7%；文化体育与传媒49.34亿元，增长23.3%；社会保障和就业107.98亿元，增长22.3%；医疗卫生112.28亿元，增长27.6%；环境保护29.75亿元，增长45.8%；城乡社区事务154.63亿元，增长21.7%；农林水事务142.15亿元，增长23.8%。省级民生事业预算支出情况为：公共安全30.45亿元，增长10.8%；教育47.08亿元，增长19.6%；科学技术16.99亿元，增长16.2%；文化体育与传媒9.99亿元，增长13.9%；社会保障和就业3.72亿元，增长19.5%；医疗卫生20.12亿元，增长14.5%；环境保护2.78亿元，增长13.1%；农林水事务20.58亿元，增长15.1%。

【完善财政体制机制】贯彻落实《浙江省人民政府关于进一步完善地方财政体制的通知》精神，完善以因素法、公式化为基础，一般性转移支付为主、特殊性转移支付为辅的省对市县财政转移支付制度。继续实行"两保两挂"、"两保一挂"财政政策，鼓励市县发展经济，培植财源。加大一般性转移支付力度，增强欠发达地区提供基本公共服务能力。为建立健全地方财政收入增长长效机制，调动市县发展第三产业、加强小税种征收以及优化财政收入结构的积极性，经省政府同意，从2006年度起，对市县实行优化收入结构财力性奖励办法。奖励分优化结构奖励和超收奖励两部分，奖励范围为地方财政收入占财政总收入比重提高的市县和营业税及地方小税种收入比上年增长15%以上的市县；奖励资金除用于弥补正常运转资金缺口外，重点用于民生支出。为加大生态建设和环境保护力度，配合主体功能区建设，在完善原钱塘江源头地区专项补助试点办法的基础上，全面实施省对主要水系源头所在市县生态环保财力转移支付。省生态环境保护财力转移支付具体对象为浙江省境内八大水系干流、流域面积100平方公里以上的一级支流和流域面积较大的45个市县；生态环境保护财力转移支付资金按照生态功能保护、环境质量改善等因素计算分配，由市县政府统筹安排，用于包括生态环境保护等方面的支出。

【加强地方政府性债务管理】一是协助省政府办公厅做好全省地方政府性债务管理工作会议工作。1月17日，省政府在义乌市召开全省地方政府性债务管理工作会议，研究部署加强地方政府性债务管理工作。省委副书记、省长吕祖善出席并讲话。各市县政府主要负责人、财政局长，省级有关部门主要负责人参加会议。二是指导、督促市县做好地方政府性债务的归口管理，规范举债行为，控制举债规模，完善偿债应急预案，重点是建立健全偿债准备金制度。三是做好2006年度全省地方政府性债务统计和2007年度全省地方政府性债务计划编制工作。

【加强乡镇财政管理】一是指导市县贯彻落实《关于对部分乡镇实行"乡财乡用县管"财政管理方式的指导性意见》，规范乡镇财政收支行为，确保乡镇组织正常运转。二是指导市县执行《关于开展化解乡镇政府性债务工作的通知》，要求各地结合实际，制定具体办法，化解乡镇政府性债务。三是做好2006年全省乡镇财政决算工作，及时编制浙江省2006年乡镇财政决算报表。四是对全省(不含宁波)1124个乡镇的一般预算、基金预算、预算外赤字情况进行统计分析，为化解乡镇政府性债务做好基础性工作。

【推动税制改革和税收政策调整】一是做好2006年度企业所得税税源、2007年重点产品国际竞争力调查工作，为国家税制改革和税收政策调整提供基础性数据。2006年度企业所得税税源调查样本企业为3143户，超财政部计划26%。样本企业资产总计9240亿元，实现销售(营业)收入8072亿元，利润总额511亿元，应纳税所得额539亿元，应交所得税额145亿元，实缴所得税142亿元。2007年对147个重点产品国际竞争力进行调查，其中财政部列示产品47个，本省增补产品100个，样本企业户数增长24%。2005年度企业所得税税源调查工作被评为全国先进，2006年重点产品国际竞争力调查工作受财政部通报表扬。二是发挥财政税政工作的协调功能，贯彻执行国家税法和税收政策，着重做好公益救济性捐赠税前扣除资格确认工作。根据财政部、国家税务总局出台的公益救济性捐赠税前扣除政策及相关管理办法，组织专家对经省民政部门批准的72家基金会和66家社会团体捐赠税前扣除资格申请进行集中审核，将拟予确认的72家基金会和42家社会团体的名单提请省财政、国税、地税三部门审批。同时，研究中央公益救济性捐赠税前扣除政策及相关管理办法在浙江省贯彻落实的操作性措施。三是开展控制"两高一资"产品出口税收政策、房地产税收政策、农业专业合作社税收政策、核电企业增值税先征后返政策、电力企业土地增值税政策等贯彻落实情况的调研。

【开展调研建言献策】一是做好国家推进长三角地区率先发展财政政策的建议工作。从适当降低中央财政的集中比例、完善出口退税负担机制、完善转移支付办法、支持基础设施与生态环保建设、尽快全面实施增值税转型改革等方面，研究提出完善国家现行财税体制政策的意见和建议。二是开展省对市县财政体制改革、地方政府性债务管理、深化部门预算改革、出口退税负担机制改革、企业所得税两法合并及其配套措施实施和国家宏观调控政策对地方财政影响等重大问题的调查研究，提出针对性意见和建议。调研报告《浙江省解决民生问题财政保障机制研究》获得2007年度全省财政系统调研报告一等奖。三是继续开展省级重点企业战略重组中财政税务问题的专题研究。

(厅预算[税政]处供稿 何一平执笔)

财政国库管理工作

【概况】2007年，浙江省财政国库管理工作按照建立公共财政的总体要求，围绕推进财政国库管理制度改革为重点，夯实财政总预算会计管理基础，完善国库资金调度办法，提高预算执行分析水平，做好财政决算工作。

【深化国库集中收付制度改革】按照“总体规划、分步实施、稳步推进”的原则，省级国库集中支付改革第3批预算单位于1月开始实施。至此，省级国库集中支付改革已在省级部门预算单位全面推开，纳入省级国库集中支付改革的预算单位共有776家，资金范围涵盖了预算内(含政府性基金)和预算外资金，提前一年实现财政部工作目标。当年累计通过国库集中支付系统支付预算支出207亿元，其中通过财政零余额账户直接支付149亿元，通过单位零余额账户授权支付58亿元。省级国库集中支付改革在规范业务操作、完善制度建设、强化资金监管的基础上稳步推进，相继出台《关于实行国库集中支付制度后预算单位年终结余资金处理有关事宜的通知》等制度。在推进省级改革的同时，加强指导，稳步推进市县实施国库集中支付改革。8月专门召开全省国库工作会议，对市县改革进行专门部署。9月转发《财政部关于深化地方国库集中收付制度改革指导意见的通知》，并提出8项具体指导意见，为市县改革稳步推进提供制度保证。

【加强财政资金核算和调度管理】一是严格按照资金拨付管理制度进行日常资金拨付，确保资金拨付安全；做好支付管理工作，按照国库集中支付要求及时审核批复单位用款计划，加强与人民银行的资金清算、会计核算中心的清算资金核对，确保省级单位国库集中支付工作顺利进行；做好会计管理的各项基础工作，完善与人民银行、商业银行的资金定期核对工作，确保财政资金运行安全。二是按照“留足支付余地、操作合法规范、确保资金安全”的原则，继续做好财政性专项资金保值增值工作，提高财政资金效益。三是做好财政专户的移交工作。贯彻厅长办公会议决定精神，根据有关财会法律法规制度，制定财政专户移交办法，并按照“先易后难”的原则，与各有关处室一起完成财政专户的移交工作。四是根据2006年省对市县体制结算情况、2007年预算收支特点以及出口退税分级负担机制特点，调整省对市县财政资金的留用比例，在确保全省财政资金正常支付和周转需要的同时，增强省级财政资金的调控能力。五是做好省级行政事业单位账户审批工作。

【做好预算执行分析工作】一是准确、及时编报全省财政收支报表旬、月报，按月汇集各省、区、市预算执行情况和反映浙江省经济运行情况的相关数据资料，连同每月预算执行分析材料一并汇编成册，为领导决策提供参考依据；同时，发挥预算执行数据的作用，会同有关处室将财政预算执行数据库整合入办公自动化系统，及时做好快报、决算等基础性数据的收集、整理和维护工作。二是加强部门之间的联系、协调与配合，采集经济、税收运行的各种信息，分析各项经济数据变动对预算执行的影响，做好每月的预算执行分析工作，针对预算执行中存在的问题提出相应建议，为领导决策提供翔实的信息资料。三是了解和掌握各地预算执行情况，召开四次预算执行分析会议，相互交流各地财政收支运行中出现的新情况、新问题，共同分析原因，寻求对策。四是围绕“三个三”财税工作措施，做好专题分析工作。五是提高预测的及时性和准确性。在做好每年三次常规预测的基础上，根据11月和12月中旬报表中反映的收入结构问题，于12月23日再次预测、上报全年收支情况，并将预测结果上报厅领导，为领导及早了解和掌握全年全省财政收支情况提供参考。

【完成财政决算工作】一是完成2006年财政决算工作。对部门决算报表口径变化、编报要求及相关政策资料进行研究和收集整理，完善软件参数设置，在财政部下发的标准参数基础上增设多条审核公式，对各类重点审核信息设置多条横向、纵向过录表查询模板，通过对报表参数整合后予以下发，让单位可以通过软件参数进行自审，从源头上保证数据质量。同时对全省2万多户行政事业单位报送的报表进行逐一审核、修正、汇总，提高部门决算报表质量，2006年部门决算工作获财政部二等奖。二是布置2007年财政决算工作，编写并印发《浙江省2007年度部门决算编制手册》，举办一系列决算布置会，落实决算工作相关事宜。

【开展财税库银横向联网改革试点】10月，省财政厅、省国税局、省地税局、人民银行杭州中心支行四部门联合召开财税库银横向联网改革工作电视电话动员会，厅长黄旭明代表省财政厅讲话；由四部门的主要负责人组成领导小组，浙江省的此项工作被列入全国第三批试点单位。全省地税系统已实现税收电子缴库(一户通)，待中央接口标准统一后即可按要求接轨。

【做好公务卡制度改革前期准备工作】下发《关于在部分省级预算单位试行公务卡结算方式的通知》，完成国库集中支付系统和发卡银行公务卡消费系统的联网，制定全省统一的公务卡标记和卡面颜色，编写培训手册、举办培训班，为2008年在部分省级预算单位正式实施做好前期准备工作。

(厅国库处供稿 吴月宝执笔)

财政综合工作

【概况】2007年，浙江省财政综合工作围绕加强政府非税收入征管这一中心工作，采取措施推进政府非税收入征管体系建设。全省各级财政部门共组织各项政府非税收入2383.79亿元，比上年增长120.5%；其中省本级组织征收各项政府非税收入253.54亿元，增长34.5%。

【做好政府非税收入征管工作】一是推进政府非税收入征管

信息化建设。有计划、有步骤选择部分市、县推广试行新的政府非税收入信息系统，经常深入试点市、县了解系统应用情况，加强业务指导，发现问题及时组织技术人员加以调整改进。先后组织多次相关业务知识培训，加快新系统的推广应用。二是做好政府非税收入统计分析和数据报送工作。按照政府收支科目分类改革要求，对政府非税收入统计报表体系进行调整，并对统计分析提出新要求。做好国有土地收支统计报表报送工作，从第二季度开始，按季向财政部报送全省土地收支统计情况。按照财政部要求，做好全省宏观经济运行与财政收支分析材料的报送工作，按季向财政部报送全省宏观经济运行基本情况、财政一般预算内收支情况、政府非税收入征管情况及宏观经济运行指标情况等。

【加强土地出让金收支管理】贯彻落实好国家的有关加强土地出让金收支管理的政策措施，组织人员到市县财政、国土和人民银行开展调查研究，结合本省实际制定出台贯彻实施意见，将土地出让收支全额纳入地方政府基金预算，实行彻底的“收支两条线”管理；针对部分地区资金缴库不及时的情况，提请省政府下发《关于切实规范国有土地使用权出让收支管理的通知》，重申有关政策精神和纪律要求，保证国家和省有关土地出让收支管理的政策顺利实施；调整省分成新增建设用地土地有偿使用费分配使用管理政策。

【支持彩票发行销售】加强监管，及时调整省与市县的资金分成比例，调动各地彩票发行工作的积极性，全省彩票销售发行量大幅度增长。当年全省彩票销量为80.66亿元，筹集彩票公益金27.4亿元，除上缴中央外，全省筹集彩票公益金13.7亿元。

【加强住房资金监管和职工住房补贴发放】加强对全省住房公积金的监督管理，会同省级有关部门委托3家社会中介机构，对全省51家住房公积金管理中心2006年度的住房公积金管理情况进行重点审计，并通报审计结果。加强对自建专用房单位的监督检查，会同省级有关部门对杭外监狱自建专用房情况进行实地调查，加强监狱系统自建专用房出售及资金的管理工作。继续做好省直单位职工住房补贴发放工作，共发放职工住房补贴1.91亿元，惠及职工6227人。制定下发《关于省直财政补助事业单位职工住房补贴发放工作的实施意见》，356家省直财政补助事业单位的职工住房补贴发放工作正式启动。

【参与制定城市低收入者住房保障政策】会同有关部门协助省政府出台《关于加快解决城市低收入家庭住房困难的实施意见》，规范廉租住房保障资金管理，提高廉租住房保障资金的使用效益，确保廉租住房保障资金专款专用；制定《浙江省廉租住房保障资金管理实施办法》，规范全省各级廉租住房保障资金的筹集、使用、管理行为。

【清理行政事业性收费】对各部门所有的行政事业性收费项目、收费标准、收费依据进行重新梳理，对保留的各项行政事业性收费项目和收费标准重新发文公布，从源头上规范各地各部门收费行为。参与省有关部门组织的涉农、涉企和教育方面的收费检查，加大清费减负力度。从集约节约利用资源出发，与有关部门配合，出台对水资源利用、渔业资源增值保护等资源性收入管理办法。修改完善户外广告资源有偿使用收入管理办法。

【开展省级社会团体财政票据使用情况专项检查】按照《浙江省财政票据管理暂行办法》有关规定，从8月下旬开始至11月底，分阶段、按步骤组织力量对省级1000多家学会、协会的票据使用情况进行专项检查，规范社会团体用票行为。

（厅综合处供稿 莫建斌执笔）

财政法制工作

【概况】2007年，财政法制工作贯彻国务院《全面推进依法行政实施纲要》，落实党的十七大和省第十二次党代会关于建设法治政府的重要部署，围绕建设法治财政的目标，推进财政制度建设，开展财政法制宣传教育，深化行政执法责任制，严格规范行政执法，加强执法监督，提高法治意识和依法行政依法理财能力。

【财政法律制度建设】一是提出财政地方性法规和政府规章立法建议。《浙江省非税收入管理条例》继续列为省人大2007年立法计划二类项目；《浙江省政府投资预算管理办法》和《浙江省实施〈政府采购法〉办法》立法项目，分别列入2007年政府规章立法一类项目和二类项目计划。上述立法项目列入计划后，省财政厅组织开展立法调研、起草、论证等各项工作，配合省法制办开展立法调研，召开座谈会征求相关部门意见，做好协调工作。二是加强财政制度建设，促进财政管理工作规范化。建立健全厅内部工作规程，明确职责分工、工作程序、决策办事规则，把制度建设贯穿于财政管理工作各个环节，用制度规范权力运行、约束干部行为。围绕管好“权、钱、人”三个方面，加快体制、机制、制度创新，着力构建“配置科学、结构合理、程序严密、制约有效”的权力运行机制，逐步健全事权、决策权和决策责任相统一的工作制度。按照“一项专项资金，一个管理办法”的要求，加强预算资金支出的决策、使用、管理。着力加强规范性文件的审核会签工作，及时纠正问题，确保规范性文件质量。全年共研究制定业务管理制度和专项资金管理办法等规范性文件64件，有效保障各项业务工作规范化、制度化。三是开展财政法规和行政规范性文件清理工作。按照省政府部署和省法制办具体要求，组织开展行政法规清理征求意见，布置开展政府规章和行政规范性文件清理工作，及时报送政府规章清理意见，共提出建议修改行政法规1项；清理规章意见7项（其中应予废止2项，已经失效2项，需要修改3项）；同时报送地方性法规授权省政府制定具体办法有关情况。开展现行行政规范性文件清理统计工作，对拟保留的350件行政规范性文件目录报经厅依法行政领导小组同意后已于年底前向社会公布，对拟修订或拟废止的文件待征求相关单位意见后再按法定程序办理。

【财政法制宣传教育】一是加强领导，健全组织。厅依法行政领导小组成员积极贯彻落实省委组织部、省委宣传部等五个部门《关于进一步加强领导干部学法用法工作、提高依法执政能力的实施意见》，带头学法用法守法。在健全财政普法机构的基础上，完善省财政系统四个层次的财政普法体系，即依法行政领导小组全面部署统一指挥、领导小组办公室组织协调、普法联络员传达贯彻、广大财政干部对外进行普法宣传，发挥四个层次普法体系的重要作用，深入推动普法工作。省财政普法联络员在依法行政领导小组办公室直接指导下，做到上情下达、下情上达、交流沟通，先后召开两次普法联络员会议，总结普法工作，交流经验，研究存在问题，发挥普法联络员的宣传桥梁和纽带作用。二是突出重点，创新形式。根据《财政违法行为处罚处分条例》（以下简称《条例》）的内容，结合省政府主要领导提出的逐步建立起“收入一个笼子、预算一个盘子、支出一个口子”公共财政管理体制的要求，从财政收入、财政支出、财政收支管理和财政违法行为的处罚四个方面，会同省普法办设计并由浙江人民美术出版社出版两万套通俗易懂、图文并茂的《条例》宣传挂图。在“12·4”全国法制宣传日前夕，举行有《浙江日报》、《浙江法制报》、《中国财经报》、《钱塘法治网》等众多媒体参加的挂图发行仪式，并通过各级财政部门和省普法办将宣传挂图发放到机关、街道、社区、乡村等，开展送财政法律下基层的“法律六进”活动，发挥《条例》纠正财政违法行为、维护国家财政经济秩序的重要作用，推动形成自觉学法守法用法的社会氛围。三是点面结合，形式多样。开展送法律下基层活动，走访杭州市财政局、嘉善县财政局两个财政普法联系点，发挥财政普法联系点带动整个系统财政普法工作的作用。参加杭州市财政局举办的“财税情、社区行”活动，并现场开展财政法律法规的宣传。按照《浙江省财政法制宣传第五个五年规划》的要求，举办各类法律培训班6期，《依法行政与物权法》专题讲座1场，开展一次新法律法规知识答卷活动，编印《浙江省财政法制业务手册》、《浙江省社会保障财务制度选编》、《浙江省农业财务文件汇编》、《浙江省教科文文件汇编》等，共计35000多册，免费发放到全省财政系统及部分行政相对人，加强基层人员财政法律法规的学习。加强财政法规数据库建设和维护，及时充实《物权法》等新法律法规数据资料；组织动员参加第五届全国法制动漫作品征集活动和“百家网站奥运相关法律知识竞赛”；以“法治宣传月”、“12·4”全国法制宣传日等大型宣传活动为契机，通过各宣传媒体，营造“法治宣传月”、“法制宣传日”的良好氛围。省财政厅普法办被省普法办评为浙江省普法依法治理信息工作先进单位。

【推进依法行政】一是贯彻省委建设“法治浙江”决定。落实厅党组《关于贯彻落实省委建设“法治浙江”决定的意见》和《省财政厅关于贯彻建设“法治浙江”决定，进一步推进依法行政依法理财的实施意见》，推进财政依法行政依法理财，加快全省法治财政建设。二是完善财政重大事项决策机制。完善法律顾问制度，着手建立专家咨询论证制度，建立健全重大决策前期调查研究、征求意见制度。凡重大决策均须先进行调查研究，通过多种渠道征求有关方面的意见，组织听取专家和法律顾问的意见，然后提交厅长办公会议集体研究决定，做到科学决策、民主决策、依法决策。与浙江财经学院联合参加财政部《财政重大事项社会听证制度研究》课题，促进行政决策机制的完善。三是深化行政执法责任制。规范行政执法程序，健全行政执法制度，完善执法考核办法和执法过错责任追究制度，规范行政执法行为，提高行政执法水平。四是贯彻《行政许可法》，规范行政许可和非行政许可审批行为。9项行政许可项目（其中省注协1项）和非行政许可项目均在门户网站公布，接受社会公众监督。依法合规开展会计师事务所、会计从业资格、政府采购代理机构资格、注册会计师注册等行政许可事项的审批工作。全年共审批73家政府采购代理机构资格认定行政许可审批项目，其中审批资格40家，确认资格33家。全年共批准318名注册会计师注册，依法办理27名注册会计师注销，并于四季度开始对注册会计师执业注册实行实时监察。对180名行政执法人员的执法证进行换证，做到持证上岗、亮证执法。

【行政听证复议应诉】做好行政复议、应诉和处罚等案件的审查工作。全年共办理两起行政复议案件，全部依法定程序和法定期限作出复议决定，没有因不服行政复议决定引起行政诉讼事项。完善预防和化解行政争议的调处机制，1起行政应诉案件的当事人主动申请撤诉。组织各地编写财政处罚典型案例上报财政部，其中一件获二等奖，两件获三等奖，省财政厅获组织奖。履行法定职责，全年共作出行政处罚8起，没有出现违法处罚现象。依法处理政府采购投诉工作，当年省本级共收到政府采购供应商投诉12起，受理9起，撤回投诉1起，作出处理决定7起。

【推行政务公开】根据省政府实施全省电子监察系统建设的部署，开发完成电子政务（行政许可审批）实时监察系统——“浙江省财政厅审批监察系统”，并从12月起，省财政厅9项行政许可全部纳入电子审批监察系统，促进政务公开。根据省政府全面推进浙江阳光政务信息服务工程建设的要求，在浙江电信114号码百事通中开通《浙江省财政厅阳光政务综合信息》。

【建设法制工作保障体系】组织全省财政系统87名学员参加法律硕士的专业学习，接受法律知识的系统教育，提升干部队伍的整体法律素养。在全省市县长研讨班和财税系统局长班上，增加关于财政管理体制、税法等有关法律制度的培训内容。

【清理财政周转金】一是继续贯彻执行国务院和省政府有关清理整顿财政周转金的政策和规定，对财政周转金实行只收不贷，并按照“争取用两年时间完成财政周转金清收扫尾工作”的要求，通报清收情况，组织和督促有关责任主体履行职责，抓好财政周转金清收扫尾工作。二是加强财政周转金会计核算，严格资金拨付的审签制度，严格执行定期对账制度，对省级单位财政周转金逾期尾款进行全面清理核对，并提出政策性处理意见。三是加强财政周转金银行账户管理，并按厅长办公会议有关要求，于12月将财政周转金会计核算工作移交厅国库处。四是注重调查研究，加强市、县财政周转金清收工作的指导和经验交流，督促厅有关业务处按省级财政周转金管理的规定加强财政周转金清收工作。

（厅法制[资金]处供稿 陈志光执笔）

会计管理工作

【概况】2007年，浙江省会计管理工作重点组织开展会计法、新企业会计准则的宣传贯彻实施；坚持依法行政，做好各项行政许可事项的审批；做好各项会计考试工作，开展浙江省高级会计领军人才培养工程，加快会计队伍建设；加强注册会计师行业行政监管和会计诚信建设，探索适应社会主义市场经济要求的会计人员管理新要求、新措施；动员全省广大财会人员参加第三届全国会计知识大赛活动取得成绩。

【组织实施新会计制度】一是在全省广泛宣传培训的基础上，利用报刊、杂志、网络等多种形式、途径，推进新企业会计准则的广泛宣传及组织实施工作。金华市组织参加"行风热线"工作，通过电台向关心支持会计工作的听众解疑释惑；杭州市通过12366热线，及时回答会计人员提出的问题。二是做好实施单位新会计准则实施前的各项工作。组织有关专家帮助各上市公司和相关企业组织模拟测试，调整和完善内部控制和相关制度，细化核算内容，规范实务操作，稳妥推进实施工作。三是建立问题预警、跟踪反应和处理机制。省财政厅成立浙江省会计制度咨询专家委员会，由省财政厅领导任主任，聘请政府税务、国资有关部门的财务专家及在浙高校会计教授、企业实务界会计专家等34人组成，以帮助企业解决实施企业会计准则体系过程中遇到的疑难问题。四是建立新企业会计准则贯彻实施联系点，从全省大中型企业、上市公司和会计师事务所中筛选出9家企业，采取定期召开执行情况座谈会及深入企业调研等形式，掌握上市公司、企业、会计师事务所在执行中出现的具体问题，并及时研究解决。全省各地建立本地区新企业会计准则制度联系点，完善信息跟踪反馈机制。

【第三届全国会计知识大赛】根据财政部举办第三届全国会计知识大赛的要求，经过各级财政部门组织发动，全省会计人员踊跃参与，共有78.16万人参加全国会计知识大赛第一赛程的比赛，参赛率为148.38%，参赛率居全国第一位，参赛人数居全国第二位。经选拔，全省共有29支代表队、116名个人选手参加第二阶段的比赛，经过笔试、口试复赛、电视决赛，决出全省团体、个人一、二、三等奖，并择优选出4名选手组成浙江省代表队，经过集训，赴京参加第二赛程比赛。选手们沉着应战，进入全国总决赛，继而进入全国前8强之列，获集体三等奖；选手廖云龙、丁琴丽获个人笔试复赛成绩全国前30名。

【会计行政许可】按照《行政许可法》的要求，坚持公开、公正、公平、高效、透明原则，依法做好会计师事务所、会计从业资格、代理记账等行政许可事项的审批工作。各地普遍制定和完善"一次性告知、限时办结、受理和决定送达"等一系列工作规程和操作办法。据统计，全省目前有会计师事务所307家，其中：有限责任所183家，合伙所124家；注册会计师执业会员3326人，从业人员约11000多人；资产评估机构188家，其中专营机构118家，兼营机构70家，注册资产评估执业会员1325人；会计代理记账机构547家。坚持以人为本、公开透明、便民高效原则，依法做好会计从业资格的申领工作，加强会计从业资格证书的监督管理，全省持有会计从业资格证书71.47万人，实际从事会计工作人员63.35万人，其中：具有大专学历23.21万人，本科学历7.23万人，硕士研究生学历991人，博士学历9人；会计从业人员中具有初级资格16.34万人，中级资格5.41万人，高级资格3430人。

【会计队伍建设】做好会计从业资格、会计专业技术资格考试工作，确保会计考试工作客观公正进行。4月，全省会计从业资格考试工作在全省各市、县举行，12.36万人参加考试。5月，全国会计专业技术资格考试浙江考区如期举行，共有53225人次参加初级资格考试，30981人次参加中级资格考试。财政部副部长王军到金华市巡视会计专业技术资格考试工作。

【高级会计师考评】一是做好2007年度全国高级会计师资格考试浙江考区的考试工作。全省1454人参加考试，取得全国统一合格标准(60分)330人，合格率为22.7%。二是做好高级会计师资格考评结合试点的评审工作。完善高级会计师资格评价条件，评价重点进一步向申报者的工作能力、业绩和支持鼓励会计工作第一线人员脱颖而出转移。规范评审专家聘任办法，高级会计师资格评审专家由省人事厅在评审专家库中随机抽取。加强社会监督，对申报评审者的专业理论水平、工作能力和业绩，要求在评审前由所在单位在本单位内进行事前公示；经省高评委评审后的结果在省财政厅网站上向全社会进行事后公示。经省高评委评审，全省新增高级会计师任职资格726人。至此，全省历年通过省高评委评审取得高级会计师任职资格的累计人数为5542人。

【培养会计领军人才】继续做好浙江省地方会计领军人才29名学员第二学期的培训工作，为各位学员搭建相互交流沟通的平台，调动高级会计人才的潜能和创造力，造就一批高素质、复合型会计界高级人才。经参加财政部选拔考试，台州市财政局推荐的应小悦同志成为财政部会计领军人才班学员。

【探索会计管理新模式】全省各级财政部门结合当地的工作实际，创新会计管理工作。临安市实施"会计+税收+监管"管理新模式，建立以管理、服务、监督为一体的会计管理网络，引起全国各地财政部门的关注，财政部2007年《财务与会计》第1期、4月20日《中国财经报》、财政部会计司《会计管理简报》第6期都对此作了报道，省内外30多家财政部门人员到临安市考察。丽水市财政局与市地税局稽查局建立工作联系与协作制度。嘉兴市财政部门建立多形式、多渠道的会计人员继续教育培训新体系，完善会计人员继续教育管理。海宁市财政局制订《关于加强会计人员管理与服务工作的实施意见》、《海宁市代理记账机构考核办法(试行)》、《海宁市会计执法检查工作办法》等四项管理办法，综合提升会计管理工作水平。

(厅会计处供稿 程少春执笔)

行政政法财政财务管理工作

【概况】2007 年，浙江省行政政法财政财务管理工作落实行政政法机关履行职能所需经费，着力优化支出结构，深化财政改革，规范公务员个人收入分配，加强行政单位资产管理，顺利完成各项工作任务。全年省本级一般公共服务支出 28.55 亿元，国防、公共安全支出 31.17 亿元。

【确保政权建设资金】按照省人代会确定的支出增长比例，继续实行"两办"批会总额控制，着力控制一般性支出。统筹兼顾，保证重点，切实保障行政政法机关履行职能所需经费。一是以定员定额管理为抓手，保证省级行政政法机关正常运转经费。做好 2007 年部门预算的落实、执行和 2008 年部门预算编制工作，确保经济社会平稳、有序、和谐运转。二是确保省委换届、各民主党派、工商联省委会换届经费。

【多渠道支持"平安浙江"建设】一是继续安排"平安浙江"建设专项经费，专项用于市县政法委完成重大专项工作补助。二是研究制定基层人民法院、人民检察院公用经费保障标准，着手调研测算基层司法所公用经费保障标准，推动基层政法机关的经费保障工作。三是支持欠发达地区政法机关装备设施建设。四是争取中央补助法院办案专款 1.25 亿元，省配套补助 6240 万元，提高中、基层人民法院办案经费保障能力。五是保障边防海上执法、消防灭火救援经费及消防训练基地建设，支持反恐、禁毒工作。六是做好人民调解、社区矫正经费保障工作。安排人民调解经费 700 万元，用于对经济欠发达县(市、区)人民调解员调处矛盾纠纷进行补助和奖励。省财政投入 1050 万元，在全国率先建立社区矫正工作经费保障机制。

【实施政法补助专款项目】完成第二轮政法专款规划执行情况汇总分析，制定并落实第三轮政法补助专款规划。2007—2009 年度第三轮规划投资总额为 2.65 亿元，继续有重点地选择 31 个欠发达市县作为政法专款补助对象。当年下达中央和省级政法补助专款 6600 万元，比上年增长 42%，用于改善欠发达地区政法部门基础设施和技术装备建设。

【加大自主创新扶持力度】一是支持创新人才引进和培养。落实"人才强省"专项经费 5000 万元，其中包括落实特级专家五项配套经费和博士后工作专项经费，"新世纪 151 人才工程"和国家百千万人才工程培养和资助经费，引进国外智力聘请外国专家项目经费。全面实施"钱江人才计划"，对近三年来回国来浙创新创业的海外高层次留学人员进行择优资助。二是支持实施标准化战略。建立标准化战略专项资金，当年安排 1250 万元，支持重点为：重要技术标准制度修订活动，争取标准发言权；标准化试点示范项目；企业与相关机构争取承担国家专业标准技术委员会秘书处工作；应对国外技术性贸易措施的公益性研究；技术标准基础平台建设。三是支持质监系统检验检测技术创新。增设"省长质量奖"，奖励产品质量领先企业。围绕先进制造业基地、循环经济、创新型省份和"平安浙江"建设等经济和社会发展重大战略，2004—2007 年累计投入 7000 万元，支持质监系统重点检测检验技术项目装备投入，其中当年投入 2500 万元，重点支持建设与国际接轨的计量测试、纤维检验和质量检测等 11 个项目。

【保障民生支出】一是支持食品安全监管工作。2004-2007 年，省财政设立产品质量监督抽查专项经费，累计投入 1 亿元，为产品质量监督抽查工作提供经费保障。为保障产品质量和食品安全专项整治行动的经费需要，及时拨付专项经费 381 万元。投入 300 万元，支持农村安全质监网络建设，并新增全省食品安全监督管理专项经费 300 万元。二是支持农村公共安全协管员"多员合一"试点工作。当年 5 个市(县)进行试点，试点阶段安排专项经费 300 万元对试点市、县每人 1500 元 / 年的标准给予补助。三是发挥司法救助专项资金作用。至年底，全省省、市、县三级共建立司法救助专项资金近 8000 万元，已救助个案 1363 件，息诉罢访 1277 件，息诉罢访率 93.7%。四是加大法律援助的救助能力。明确法律援助案件办理最低保障标准(按件)，同时配套建立"欠发达地区法律援助补助经费"，安排 500 万元根据欠发达地区办案数量进行补助。

【政策倾斜欠发达地区】一是安排专项资金支持大学生志愿服务欠发达地区建设。2004—2007 年，全省共选拔 575 名大学生志愿者赴欠发达地区开展志愿服务。按照以奖代补政策，省财政累计安排志愿者生活补助经费 604.33 万元，工作经费 238 万元(含服务西部地区计划)。二是安排专项资金实施"希望之光"欠发达地区人才开发专项资助计划，重点支持欠发达地区引进和培养急需的教育、卫生、农业、科技、环保、管理等方面的高层次人才。三是充实农村和社区的管理人才队伍，支持高校毕业生到农村和社区就业，当年落实经费 312.2 万元，用于补助欠发达地区招聘高校毕业生到农村和社区工作。四是工商行政管理经费向欠发达地区倾斜，支持欠发达地区工商行政管理事业发展。五是安排 900 万元支持欠发达地区质量技术监督管理事业发展。六是三年累计安排专项资金 1286 万元，重点解决欠发达地区(海岛)司法所配套装备，改善司法所办公条件。七是对欠发达地区一次性建设补助 1138 万元，支持建设农村党员干部现代远程教育。

【支持旅游产业发展】一是调整完善旅游发展专项资金支持政策。政策调整后，使用省旅游发展专项资金的项目全部实施绩效评价，其中省补助资金超过 50 万元的项目由当地旅游局和财政局共同组织评价，其余项目由单位自评。对规范使用专项资金、项目实施成效明显的市、县(市、区)，在以后年度的专项资金安排上优先考虑。二是落实旅游发展专项资金 4200 万元，通过"四两拨千斤"的机制支持旅游产业发展。三是落实"俄罗斯·浙江周"活动经费 977 万元，为宣传浙江提供经费保障。

【完善财务支出管理制度】一是调整完善省本级差旅费开支规定。二是修订省级机关会议管理规定。三是完成定点饭店政府采购工作。经审核上报，由财政部批复同意浙江省 129 家饭店和 118 家饭店，分别作为中央国家机关在浙江省(不含宁波市)出差定点饭店和会议定点饭店，并按规定完成各定点饭店的协议签订以及"党政机关出差会议定点饭店查询网"的注册、信息录入和审核工作。四是开展绩效评价工作,对2005年度省重点检验检测技术项目装备专项经费、2006年度省机关事务局省府一号楼食堂开办经费开展绩效评价工作。指导归口部门对年度财政预算安排300万元以上的项目支出开展绩效自评。

【加强公务员收入分配管理】一是按照"规范有序、缩小差距"的原则,开展津贴补贴规范工作。二是清理各种名目的考核奖励。三是制定省本级2006年度"削峰填谷、平衡收入"方案。方案实施后,省级机关不同单位相同职级公务员收入差距缩小到1.08:1。四是参与财政部规范改革性补贴的研究。

【开展行政政法专题调研】一是深入调研,撰写《我省行政单位国有资产现状及加强管理的思路》,得到省政府主要领导的批示和充分肯定。二是开展浙江省政法经费保障调研,涉及公检法司监劳六个部门11年(1996—2006)的数据,时间跨度大、预算科目变动大,经多次反复汇总审核,按规定时间完成上报。三是开展支持旅游业发展的财政政策研究课题调研,撰写的《努力落实"三个三"工作措施,做大做强旅游产业的公共财政政策研究》获厅2007年度优秀调研报告二等奖。四是配合省质监局开展"全省公共检验检测能力"课题调研。五是就"如何发挥财政作用,促进人才创新创业"课题开展调研,对人才培养的财政投入政策进行了梳理,为以后出台整合政策提供依据。六是开展超标准公务接待和公款大吃大喝问题的调研,为完善公务接待费制度作准备。七是对省党政机关所属国有经营性资产管理问题进行调研,重点选取省本级、杭州市本级、绍兴县、青田县开展调研,撰写《循序渐进 逐步规范党政机关所属国有经营性资产管理》的调研材料上报财政部。

【行政事业单位国有资产管理】一是按照财政部的统一部署,成立清查领导工作小组和办公室,指导全省行政事业单位开展国有资产清查工作。全省(含宁波,下同)20956户纳入资产清查范围的行政事业单位资产总额账面数4372.80亿元,净资产账面数2677.20亿元。省本级行政事业单位资产总额账面数778.60亿元,净资产账面数483.40亿元。通过资产清查,全省行政事业单位资产盘盈118.70亿元,财产损失82.90亿元,其中行政单位盘盈39.20亿元,损失31.50亿元;事业单位资产盘盈79.48亿元,损失51.37亿元。省本级行政事业单位资产盘盈32.40亿元,财产损失30.40亿元。二是开展国有资产核实工作,财政部门、主管部门和行政事业单位按照"防止流失,兼顾实际"的原则,在规定权限内对资产损益进行处理,省级单位在资产清查中核销的单价5000元以上的资产需移交省级行政事业单位资产处置中心统一进行处置。三是加强省级单位资产日常管理,规范资产处置审批,各省级单位申请资产处置按规定报送申请及相关资料,由财政厅各业务处室严格把关,对符合资产报废条件的审批处置,不符合条件的退回;规范资产移交行为,由资产处置中心接收待报废资产,双方签定移交协议,对超过时间未移交资产的单位,督促其及时移交,移交业务流程规范有序;规范资产处置拍卖,对已接收的闲置资产,遵守市场化操作的原则,按照"价高优先、安全处置"的操作思路,由两家以上具有国有资产拍卖资质的拍卖机构对拍卖标的进行竞价。全年省本级共有157家单位移交实物资产8259万元,调拨电脑887台,资产处置和监管收入322万元。(厅行政政法处供稿 陈亚谊执笔)

教科文事业财政财务管理工作

【概况】2007年,浙江省教科文财政工作力求建立投入稳定增长机制,保障全省教科文事业发展资金需求,年初预算和年末超收收入均向教育特别是基础教育倾斜,实现《教育法》规定的各级人民政府对教育财政拨款增长高于财政经常性收入的增长;落实国家和省有关增加财政科技投入的法律法规和政策规定;贯彻执行中央关于繁荣发展文化事业的有关政策,积极筹措文化建设资金。全年全省财政预算内教科文事业费支出累计504.7亿元,比上年增长24.5%,其中教育支出383.81亿元,增长23.5%;科学支出71.54亿元,增长30.7%;文体广播支出49.35亿元,增长23.3%。全年省级教育支出47.08亿元,增长19.6%;科技支出16.99亿元,增长16.2%;文化体育与传媒支出9.99亿元,增长13.9%。全省和省本级教科文支出的增长幅度均高于全省和省本级财政支出的增长幅度。

【支持教育事业发展】建立义务教育保障机制,安排"义务教育经费保障机制改革"补助资金10亿元,制定出台《浙江省中小学公用经费管理办法》、《浙江省中小学校舍维修改造专项资金管理办法》等配套政策并加强落实。研究化解义务教育债务措施,制定化解债务补助政策和方案,联合省教育主管部门报省政府审批。完善各级各类学生资助政策,安排补助资金5.05亿元,调整义务教育阶段困难学生免费政策省财政分担比例,提高补助标准。继续实施农村中小学"四项工程"、职业教育"六项行动计划"、农村中小学现代远程教育工程和"书香校园"工程,督查"食宿改造工程"实施情况,及时调整相关政策。组织中央补助项目申报工作,开发项目申报系统,及时向财政部报送项目申报资料,中央财政补助资金5.77亿元。安排"省属高校实验室建设专项资金"6000万元,改善高等学校办学条件。安排2000万元建设200个重点学科,投入1.03亿元重点建设20个"重中之重"学科和11个人文社科研究基地,提升全省高校的办学水平和综合实力。筹措设立专项资金1亿元,并制定《大学生科技创新基金实施方案》。安排高校食堂补助资金,研究制定高等学校学生食堂稳定工作的相关政策,促进高校和谐稳定。对省属高校债务情况进行核实,提出补助方案。制定出台《浙江省教育费附加和地方教育附加使用管理办法》,调整完善教育费附加和地方教育附加的使用范围。

【加强科技支出管理】一是调整优化支出结构,保证重点支出需要。安排重大科技攻关经费2.80亿元、提高企业技术创新能力专项1.60亿元,支持以企业为主体,产学研结合的重大科技攻关、成果转化和产业化,支持中小企业技术创新,实现重点领域技术突破,推动节能减排和产业升级;安排科技平台建设专项资金2亿元,支持省级重点实验室、公共基础条件平台、行业和区域创新平台建设，加强基础研究、应用研究，提升科技公共服务能力。二是制定规章制度，创新管理方式。研究制定《浙江省重大科技专项管理暂行办法》，调整、规范新增重大科技专项资金的使用原则、方向、重点，明确管理职责及与有关省级产业部门之间的协作关系；研究制定《浙江省省级成果转化和产业化项目事后补助和贷款贴息管理暂行办法》，根据科技创新的不同阶段和项目特点，采取事后补助、风险补偿和贷款贴息等多种投入方式，鼓励企业积极增加研究开发经费，增强财政补助资金对创新需求的针对性和创新活动的引导性，提高省级科技资金的利用效率。三是加强调查研究，抓好项目落实。深入科技公共平台建设单位和现场，分别召开农业类和工业类平台建设座谈会，了解建设进度，抓行业和区域科技创新平台的组织落实、制度落实、资金落实、创新落实、服务落实情况，总结平台建设有益经验，讨论平台经费使用规则，研究平台协作发展机制，理清平台建设的工作思路。四是组织申报项目，争取中央补助。组织2007年度科技富民强县行动计划项目申报，落实已列入国家和省试点县项目补助资金，支持欠发达地区科技成果转化和特色优势农业产业发展；向中央争取科技基础条件资金、中小企业服务平台建设资金、风险投资机构和投资项目补助资金，连同科技支撑计划项目补助和科技型中小企业创新资金，全年共争取中央补助资金2.05亿元。

【繁荣发展文化事业】一是加大公共文化设施建设力度，夯实公共文化基础。安排省自然馆、科技馆、美术馆等工程建设和布展专项资金，安排“村村通”专项资金1.25亿元；至年底，全省乡镇和行政村有线电视联网率分别为99.5%和97.5%，保障山区农民享受文化均等化服务；落实“村村响”专项资金1.06亿元，支持经济欠发达地区广播网建设。二是加快农村公共文化基础设施建设。安排文化资金3800万元，用于欠发达地区农村“两馆一站”建设；安排1100万元用于村级文化活动室器材设备补助，促进农村文化阵地建设；重点支持省级文化信息资源共享工程浙江镜像站和数据库建设；扶持经济欠发达地区县级中心站点建设；依托农村党员干部远程教育和中小学远程教育等网络设施，开展农村数字化文化信息服务。三是拓展文化服务形式，丰富农村公共文化内涵。安排专项经费2800万元，开展送电影、送戏、送书下乡活动，对经济欠发达地区采购配置流动舞台演出车和灯光音响设备；安排市县文化与传媒发展专项资金6000万元，安排文化产业发展专项资金4000万元，支持发展文化产业；安排1500万元农村文化活动繁荣工程专项经费，支持经济欠发达地区农村自发参加和自办文化活动；安排农村文化队伍素质提升和文化奖励专项经费，用于扶持经济欠发达地区农村文化队伍人员培训。四是支持文化遗产保护工作。安排省级文物保护经费、非物质遗产保护经费、大遗址保护经费、廊桥保护经费5500万元，加大对文化遗产保护工作的支持力度；加大对省直博物馆文物及美术藏品征集的财政投入。五是扶持艺术院团，繁荣文艺创作。增加省属艺术院团的演出场次补贴，省属艺术院团演出积极性和演职人员的个人收入得到提高；支持省属艺术院团艺术投资和演出设备更新，提高剧目创作质量；加大昆曲扶持力度，浙江昆剧团《公孙子都》被评为2006－2007年度国家十大舞台精品工程的第一名并获得“文华大奖”；省财政出资购买150场演出下到农村，为基层提供高质量的文化产品，培育文化消费市场。六是支持科普宣传及社科研究。支持实施《全民科学素质计划行动纲要》和“科普惠农兴村计划”，提高农民科学素质。改善欠发达地区科普设施，对欠发达地区科普工作给予支持和鼓励。实施浙江省文化研究工程及人文大讲堂等社科研究，加强社科基地建设。

【组织事业单位资产清查】一是组织开展全省事业单位资产清查，基本摸清全省事业单位国有资产家底（不含宁波，下同），纳入清查范围的执行事业单位财务会计制度及民间非营利组织财务会计制度的单位14230家，资产总额2873亿元，净资产1732亿元。省本级事业单位资产总额675.1亿元，净资产395.9亿元。二是抓紧制度研究，规范事业资产管理。研究制订《浙江省事业单位国有资产管理暂行办法》（征求意见稿），明确财政部门、事业单位主管部门资产处置的权限，科学设置资产处置程序，防止资产流失，调研并着手制订省直事业单位国有资产处置管理实施办法；制订《浙江省行政事业单位资产核实暂行办法》，规范事业单位资产核实工作，加强事业单位国有资产管理。

（厅教科文处供稿 傅彩莲执笔）

农业财政管理工作

【概况】2007年，浙江省农业财政工作以统筹城乡发展、推进社会主义新农村建设为主线，落实各项支农扶持政策，完善财政支农机制，强化资金管理和监督，财政支农投入稳定增长，支出结构趋于合理，基础管理扎实规范，促进全省农业增效、农民增收、农村全面发展。全年全省支农支出142.31亿元，比上年增长24%；省级支农支出20.58亿元，增长15.1%。配合有关部门做好全省水利建设专项资金征收和结算工作；会同有关部门编制年度省级造地改田资金和农业土地开发资金收支计划。

【开展支农资金整合】按照省领导关于进一步深化财政支农资金整合工作的要求，制定工作方案，修改、充实、完善《浙江省农业农村发展重点领域重点项目扶持目录》；在保留常山、义乌、永康三个支农资金整合工作试点单位的基础上，新增桐乡等十个试点县（市、区），对试点县（市、区）的部分生产性支农资金实行“捆绑”下达，鼓励各试点县（市、区）因地制宜地选择项目、产业、区域带动等多种形式来构筑平台，确定支农资金整合的方式。

【支持高效生态农业】一是支持粮食安全保障体系建设。省财政安排2230万元专项资金，对全省种植水稻和油菜的大户继续实行直接补贴政策；安排水稻良种补贴专项资金1500万元，对全年累计种植优质水稻面积20亩以上（含20亩）的大户，以及杂交水稻制种基地农户，给予每亩5元的良种补贴；安排2000万元专项资金，用于大中型农机具购置的以奖代补。二是支持农业基础设施建设。重点支持“千库保安”、“万里清水河道"、"水资源保障百亿工程"建设，加快建设以浙东引水为重点的引供水工程，开展对海塘、重要江堤的除险加固。支持标准渔港建设。全年省财政安排"千库保安"2亿元、"万里清水河道"8000万元、"治太骨干工程"8000万元、"水资源保障百亿工程"3亿元、"浙东引水工程"2500万元、标准渔港建设2.4亿元。三是支持现代农业产业体系建设。省财政安排3000万元专项资金，支持农产品质量标准体系、检验检测体系建设；安排9650万元专项资金，支持高效生态农业基地建设；安排3500万元以奖代补资金，支持农业龙头企业与农户签订农产品原料订单、引进利用先进技术、与农民建立起合理和稳定的利益联结机制；安排4000万元专项资金，支持规范化农民专业合作社开展培训、营销、加工等，支持行业协会牵头兴办农业信贷担保公司，解决农业龙头企业和种养大户贷款难问题；安排9267万元专项资金，支持动物防疫体系建设；安排4049万元专项资金，支持政策性农业保险试点和政策性能繁母猪保险。四是支持农业科技推广。重点支持种子种苗工程、农业科技成果转化与推广应用、农业信息"进村入户"工程建设；支持科技特派员制度的实施。省财政安排种子种苗资金5960万元、农业科技示范推广资金3000万元、农业科技成果转化资金800万元、农技推广体系资金3364万元、农业信息体系建设资金1320万元、科技特派员专项资金900万元。

【推进新农村建设】一是支持农村环境治理。省财政安排2.25亿元专项资金，支持千万农民饮用水工程；安排2亿元专项资金，支持"千村示范万村整治"工程；安排3350万元专项资金，支持百万农户生活污水净化沼气工程和农村能源生态示范项目；安排"森林生态效益补偿基金"1.77亿元，支持农村生态环境保护。二是省财政安排6000万元专项资金，支持千万农村劳动力素质培训工程。三是支持"欠发达乡镇奔小康工程"。省财政安排下山脱贫等扶贫资金3.09亿元，重点扶持乌溪江、紧水滩(含石塘)、百丈漈库区困难群众异地脱贫、重点欠发达乡镇下山脱贫和欠发达地区重点地质灾害隐患点的人口搬迁；支持欠发达地区、少数民族地区、革命老区做大、做强特色农业优势产业，增强农民致富能力。省财政厅先后被省委办公厅、省政府办公厅、省社会主义新农村建设领导小组、省农科教协调领导小组评为"千村示范万村整治"、"社会主义新农村建设"、"千万农村劳动力培训工程"先进单位。

【完善支农机制】一是完善森林生态效益补偿机制。省以上重点生态公益林每亩最低补偿标准从10元提高到12元，全省按照不同的森林生态功能区位，分为重点补助地区、次重点补助地区和一般补助地区，补助标准依此为全省最低补偿标准的90%、60%、40%。二是建立农业救灾的保险救助机制。政策性农业保险的试点范围从11个试点县(市、区)扩大到32个；除水稻外，其他品种保费的财政补贴比例从35%提高到40%；全面开展政策能繁母猪保险。制定下发《关于做好有关政策性农业保险试点扩面工作的通知》，做好省级财政补贴资金的筹措、预拨和结算工作。三是逐步完善"民办公助"小型农田水利建设投入引导机制，在稳步增加财政投入规模的基础上，引导农民和社会资金增加农田基础建设投入，加快改善农业生产基本条件。

【强化支农资金管理】一是会同有关部门制定下发《浙江省财政农业产业化以奖代补资金管理办法》等10个管理办法。二是调整省级财政扶贫资金分配办法，省财政安排的部分扶贫资金，采取因素分配法和当年扶贫资金安排原则切块下达到县(市、区)财政。三是做好财政支农专项资金立项指南、实施意见的制定下发工作，做好财政支持小型公益设施、农业科技推广示范、农业产业化、农民专业合作社项目的申报、组织评审及上报财政部等工作。四是根据财政部"支农资金管理年"的统一部署，开展"财政支农资金管理年"活动，对近两年来省以上财政安排的部分支农专项资金和扶贫资金的使用情况开展检查，并针对检查反映的问题，制定下发《关于财政支农资金核查情况的通报》、《关于进一步加强扶贫资金使用管理的意见》。

【开展调查研究】结合"机关作风建设年"活动的要求，组织开展财政支农资金整合工作调研；会同省水利厅开展"千万农民饮用水"工程扶持政策的调研；会同省农办开展"千万农村劳动力素质培训"工程扶持政策的调研；会同省林业厅对育林基金和更改资金开展调查摸底；会同省扶贫办，研究如何实现"扶真贫、真扶贫"。在调查研究的基础上，完成《财政支农资金整合机制创新研究—浙江省财政支农资金整合的实证分析》、《浙江财政支持农业保险机制创新研究》等课题报告。

【做好绩效评价工作】会同省农业厅、省水利厅、省国土厅完成2006年度省立项实施的"高效生态农业特色优势农、林、渔产品基地"、"开荒造地"、"重点围垦工程"等农业专项资金的绩效评价工作。2006年度财政扶贫资金使用管理情况的绩效工作受到国务院扶贫办和财政部的通报表扬。

(厅农业处供稿 王 静执笔)

农业综合开发工作

【概况】2007年，浙江省农业综合开发办公室围绕加强农业基础设施，促进农业增效、农民增收，推进社会主义新农村建设的总体要求，在争取中央财政支持和落实好地方财政配套资金和自筹资金的同时，采取支农资金整合、引导银行信贷资金投入等多项措施，加大农业综合开发投入力度，全年全省农业综合开发项目总投入32.79亿元，其中：中央财政资金投入3.07亿元，省财政资金投入3.97亿元，市、县(市)财政资金1.74亿元，银行贷款12亿元，企业和村群自筹及其他资金12.01亿元。

【组织实施农业综合开发项目】当年全省共实施土地治理项目108个，治理面积73.63万亩，共扩建加固小型水库50座，修建拦河坝729座、排灌站568座、渠系建筑物9万座、小型蓄排水工程194座；开挖衬砌渠道2853公里，修建溪流护岸144公里、机耕路1489公里；购置农业机械476台(套)；举办技术培训17.43万人次。全年共扶持产业化经营项目78个，其中：种植养殖基地项目16个、农产品加工项目52个、流通设施项目10个，培育壮大了一批成长性好、带动力强的农业龙头企业。实施省级农业科技示范项目35个，推广了一批先进适用成果。

【制订“十一五”工作意见】为做好农业综合开发工作，推进社会主义新农村建设和现代农业发展，根据财政部《关于国家农业综合开发“十一五”工作安排的意见》精神，浙江省农业综合开发办公室制定了《浙江省农业综合开发“十一五”工作的意见》，明确“十一五”时期全省农业综合开发基本思路、主要目标和工作重点。“十一五”期间，全省农业综合开发总投入力争达到135亿元。

【强化资金和项目管理】一是完善农业综合开发制度。制订《浙江省农业综合开发财政资金报账管理实施办法》、《浙江省农业综合开发资金会计核算办法》、《浙江省农业综合开发土地治理项目会计核算办法》、《浙江省农业综合开发竣工项目验收办法（试行）》、《浙江省农业综合开发资金和项目管理工作质量考评办法》、《浙江省农业综合开发土地治理项目概（预）算编制规定（试行）》等管理办法，为农业综合开发资金安全有效使用、确保项目建设质量提供制度保障。二是强化项目的考察评估，选准选好开发项目。组织专家组对所有土地治理项目均进行实地考察评估，对产业化经营项目和投资参股项目等实行专家评审与实地考察相结合的方式进行项目评估。三是深化农业综合开发项目绩效评价工作。扩大绩效评价范围，绩效评价项目由上年的4个扩大到25个，其中：土地治理项目20个，产业化经营项目5个。绩效评价采取项目单位自评和中介机构综合性评价相结合的方式，25个项目中有22个项目被评为优秀，3个项目被评为良好。四是解决沿海项目区农田防洪排涝问题。针对近年来沿海地区频繁遭受台风等自然灾害侵袭，沿海项目区农田积水严重、排洪不畅等问题，召开沿海市、县（市、区）农业综合开发项目管理座谈会，研究探讨利用农业综合开发项目解决沿海地区农田防洪排涝问题，减少因台风等自然灾害造成的损失。

【开展在建项目综合性检查】当年农业综合开发在建项目综合性检查范围主要是2006年度立项实施的国家和省级立项的农业综合开发项目；检查的主要内容是资金筹措和使用管理情况、财务会计基础工作、项目建设和管理情况及项目档案资料管理情况。在县（市、区）自查和市级检查的基础上，省按不低于30%的比例重点抽查，并根据项目资金的运行情况延伸到有关项目建设单位、施工单位、乡镇、村等。检查结束后，总结各地好的做法和经验，并对存在的问题提出整改措施，督促各地进行整改，提高项目建设质量和资金使用效益。6月，国家农业综合开发办公室委托中介机构对浙江省2006年度农业综合开发资金和项目管理工作进行了综合性检查。

【加大农业综合开发宣传力度】全年完成课题调研报告8个，其中上报国家农业综合开发办公室重点调研课题报告3个，《农业综合开发投入机制研究》获省财政厅年度调研报告三等奖。各市、县（市、区）农业综合开发办公室加强调研工作，组织力量开展调查研究，完成调研论文共105篇。同时，加大宣传力度，办好《浙江省农业综合开发简报》，及时向国家农业综合开发办公室、省政府、省财政厅报送工作信息，全年编发《简报》13期。其中：第一期《嘉善县农业综合开发推进新农村建设的做法及成效》得到省政协周国富主席（时任省委副书记）的批示，肯定全省农业综合开发工作。第三期《衢江区农业综合开发积极探索整合支农资金推进社会主义新农村建设》被《国家农业综合开发简报》采用。在全国农业综合开发资金管理培训暨财务工作会议上，浙江省农业综合开发资金管理工作材料以典型经验作了发言。此外，还分别举办财务会计和土地治理项目工程设计培训班，全省各级财政部门和农业综合开发办事机构的财会人员及工程技术人员300余人参加培训。

（浙江省农业综合开发办公室　赵国瑛执笔）

农村综合改革工作

【概况】2007年，浙江省农村综合改革工作紧紧围绕中央的总体目标和省委、省政府的部署，针对“三改革、一化解、一建立”的改革内容，精心组织、统筹安排、合力推进，取得新进展，构建农村工作新机制，促进城乡统筹协调发展，在免征农业税、取消提留统筹款的基础上，将农村基本公共需求纳入财政保障范围，农村党群干群关系和谐发展。

【推进乡镇机构改革】全面完成乡镇机构改革，初步理顺县乡权责关系，以农村社会管理为主要任务的乡镇政府组织体系框架基本确立。重新界定职能，乡镇政府职能主要定位在强化社会管理和公共服务方面，打造“以人为本”的服务型、法制型、效能型政府；规范机构设置，精简人员，确保乡镇组织有效运转，减轻财政和农民负担。当年全省乡镇数减少69个，乡镇行政编制和事业编制分别减少406个和6230个。针对县级职能部门监管力量不足、监管不到位的现状，通过委托授权等方式开展乡镇行政执法试点，全省已有36个县（市、区）开展行政执法试点工作。

【完善农村义务教育管理体制改革】基本确立“以县为主”的农村义务教育管理体制。全省城乡统筹、同步推进，将城乡义务教育全面纳入公共财政保障范围，基本建立各级政府分项目、按比例分担的义务教育经费保障机制。全年省级财政安排义务教育投入12.17亿元，比上年增加4.85亿元；市、县（市、区）、乡镇三级财政全年新增农村义务教育投入分别为14.30亿元、18.66亿元和5.44亿元。在上年免收杂费基础上，当年全省农村义务教育阶段学校又停收“代办和服务性收费”4.79亿元，全省四项工程建设继续推进，家庭经济困难学生资助扩面比例和范围进一步扩大。资助面扩大到学生总数的14%；全省投入经费2.5亿元，使74万元学生获得课本费、作业本费、住宿费的减免。

【深化县乡财政管理体制改革】按照“分级管理、财权和事权相结合”原则，在保既得利益的基础上，综合考虑当地经济发展水平、税源基础、财政收支规模等因素，对乡镇（街道）实行分类管理。截至年底，全省按中心镇管理的乡镇数量196个，实行部门预算管理的街道数量194个，512个乡镇实行“乡财县管”。新的财政管理体制框架体现财力向基层倾斜、支出向公共服务倾斜的要求。

【加强乡村两级债务管理】探索控制和化解债务工作的新举措，全面展开化解乡村债务工作。在摸清底数基础上，通过明确责任、健全制度等措施，各地逐步建立控制和化解乡村两级债务的长效机制。省财政厅会同有关部门向省政府呈报了《关于建立和化解义务教育债务激励机制的意见》，提出化解义务教育债务的基本原则、化债资金来源、工作步骤要求、配套措施以及财政奖补政策，同时建立制止发生新债的有效机制。当年全省各级财政用于化解乡镇债务的奖补资金6.17亿元，共化解乡镇债务45.90亿元，化解村级债务25.59亿元。

【建立村级组织运转保障机制】财政对村级组织运转补助实现规范化和制度化，经济薄弱的村级组织运转补助资金纳入财政预算安排。当年全省各级财政共安排6.99亿元资金用于村级组织运转补助(含村干部报酬补助)，其中省财政安排8000万元重点用于全省7000多个经济薄弱村运转补助和村干部报酬，市、县、乡三级财政分别安排1.53亿元、2.43亿元和2.24亿元。

(厅农税局供稿 许建全执笔)

契税耕地占用税征管工作

【概况】2007年，浙江省契、耕两税征管工作以组织收入为中心，完善征收管理制度，推进房地产税收一体化征管，完成全年征收任务。共征收契、耕两税123.40亿元(其中契税108.10元、耕地占用税15.30亿元)，比上年增长36.7%。

【开展征管实绩考核】对各市县(不含宁波，下同)2006年度的耕地占用税、契税征管工作进行考核，对完成任务较好的、征管绩效明显的单位兑现了奖励政策，进一步调动了各级征管部门的积极性。

【做好房地产税收一体化征管工作】按照推进全省房地产税收一体化管理工作的意见，研究一体化工作中存在的问题，商讨加强征收管理的措施，在调研统计摸清情况的基础上，对各地房地产税收一体化工作情况进行通报。全省各市、县普遍建立房地产税收一体化征管工作领导小组，落实领导责任；绝大多数市、县实行房地产交易环节税收“一窗式”征收，方便纳税人办税，做到征管政策统一，涉税价格一致，提高了征管效率。全年全省房地产交易环节征收的各项税费170.31亿元，增长41.2%。

【推行最低计税价格管理办法】会同省地税局联合出台房屋交易最低计税价格管理办法，加强房地产交易环节税收征管，解决存量房交易成交价格难以监控问题。到年底，有60%的市、县(市、区)实行最低计税价格办法，有的还向社会进行公告，明确不再进行纳税评估。

【完善税收征管制度】针对各地反映的问题，制订下发《关于招标拍卖挂牌出让国有土地使用权过程中有关契税政策的通知》、《关于对地质灾害移民安置建房免征耕地占用税的批复》、《关于两个以上买受人联合购买关闭破产企业土地房屋契税征管问题的通知》等文件，指导各地做好征管工作。在全省推广杭州市、平湖市的窗口管理制度，规范各地征税窗口办税程序，提高征管效率。

【启动征管软件的开发工作】制定下发《浙江省契税征管业务规程》(试行)，开发契税、耕地占用税征管软件，规范契税征管工作。

【做好税收日常管理工作】一是在依法征收的前提下，做好契、耕两税的减免审批工作。全年共办理契税、耕地占用税减免239件，累计减免税收14149万元。二是做好农业税收月报、年报的汇总、分析和通报工作。三是根据《浙江省农业税收票证管理实施办法》的规定，组织做好年度征收票证的印刷、发放、检查、考核和缴销工作。四是按照国家税务总局的要求，编写《浙江省农业税历程简要》。五是举办全省契税、耕地占用税征管业务培训班，邀请国家税务总局、省地税局和省国土资源厅的业务专家作专题讲座。六是做好调研工作。对当前耕地占用税税制落后以及与现行土地管理制度不衔接的问题进行调研。

(厅农税局供稿 苗林炯执笔)

企业财政财务管理工作

【概况】2007年，全省财政企业工作贯彻落实“三个三”工作措施，在做好日常财政财务管理工作的基础上，进一步理清财政企业工作思路，着力推进产业结构优化，促进经济发展方式转变，较好地完成年初确定的各项工作目标。

【支持第三产业发展】一是拟定出台《浙江省财政支持商贸服务业发展若干政策问题的指导意见》，针对全省服务业发展的重点领域和薄弱环节，指导各地财政部门做好支持服务业发展的各项工作。二是筹措落实服务业引导资金1000万元，支持物流园区、第三方物流企业发展，推进服务业公共信息平台建设。三是筹措落实现代流通业和重点市场资金3000万元，比上年增加500万元，重点支持电子商务、连锁经营等现代流通方式发展，促进传统流通业态和重点市场的改造提升。四是筹措安排专项资金500万元，建立社区商贸服务业发展专项资金，并会同省经贸委制定出台《浙江省社区商贸服务业发展专项资金使用管理暂行办法》，加大对社区商业和家政服务业的支持力度。五是筹措安排专项资金1000万元，建立再生资源回收利用财政专项资金，并会同省经贸委、省供销社研究制定《浙江省再生资源回收利用财政专项资金管理办法》，支持再生资源回收网点建设、集散市场改造和人员培训，提高资源的综合利用水平。六是筹措落实“千镇连锁超市”和“万村放心店”工程建设资金4100万元，比上年增加1146万元，并争取中央财政“万村千乡”市场工程补助资金982万元，加大对农村现代流通网建设的支持力度，确保省政府提出的“千镇连锁超市”和“万村放心店”3年全覆盖工作目标的实现。

【促进工业经济结构调整】一是筹措落实先进制造业基地财政专项资金1.83亿元、高技术产业专项资金5979万元，并调整优化专项资金的支持重点，减少项目个数，加大单个项目支持力度，促进高新技术、电子信息和新能源、新材料产业的发展。二是从先进制造业专项资金中统筹安排资金6000万元，建立装备制造业财政专项资金，并会同省经贸委制定《浙江省装备制造业财政专项资金管理暂行办法》，支持装备制造业首台套产品的研制和推广应用。三是筹措落实财政专项资金6500万元，比上年增加1500万元，加大对节能降耗工作的财政支持力度，推进重点用能行业的技术改造和节能新技术、新工艺、新产品的推广应用。四是会同省经贸委研究关停淘汰落后生产能力的相关政策措施，筹措落实补助资金1890万元，推进关停小钢铁工作；统筹落实补助资金1575万元，继续推进水泥机立窑拆除工作，并提出了关停淘汰小火电的政策意见。五是争取中央财政高技术产业化和科技成果转化补助资金1.20亿元，促进工业经济结构调整。

【完善外经贸扶持政策】一是根据国家宏观调控的新情况和全省外经贸发展面临的新问题，会同省外经贸厅制定了年度外经贸扶持政策，安排年度预算1.30亿元，并进一步调整财政政策的支持重点，促进外经贸持续健康发展。二是加大对机电、高新技术产品和农产品出口的财政支持力度，支持高新技术产品研发，支持软件出口企业开拓国际市场，支持企业争创出口品牌，促进外贸出口商品结构的调整优化。三是鼓励进口贸易和服务贸易的发展，对企业组织进口资源性商品和引进国外先进设备和技术给予财政贴息政策支持，对开展国际服务外包企业的人员培训和设备购置给予资助，促进进出口贸易平衡发展。四是加大对欠发达及海岛地区外向型经济发展的支持力度，全年共安排欠发达及海岛地区外向型经济发展补助资金3000万元，比上年增加1000万元，并对2006年度欠发达及海岛地区外向型经济专项资金使用情况进行专题调查，就有关情况及发现的问题进行通报。

【参与粮食安全体系建设】一是做好政策性粮食财务挂账清理认定及从企业剥离工作，全省共剥离政策性粮食财务挂账22.53亿元。二是筹措落实地方配套省级粮食风险基金1.93亿元，其他各项粮食补助资金2.06亿元，省级粮食安全调控资金1亿元。三是会同省粮食局研究落实粮食储备和轮换计划，完善省储备粮管理公司预算管理办法，及时下达省级储备粮油补贴预算；利用暂时闲置的存量资金2.72亿元降低省级储备粮库存成本，节约利息支出1689万元。四是继续做好粮农综合直补和“一卡一网”建设工作，争取到中央综合直补资金3.25亿元，比上年增加2.26亿元。全省“农民补贴网”共收集约700万农户信息，全省82个市县已为538万农户办理了“一折通”，发放农资综合直补及其他涉农补贴3.74亿元。五是继续支持省级储备粮库、市县“中心粮库”建设，实行市县中心粮库以奖代补政策。至年底，全省已新建省级储备粮库1.6亿斤仓容，市县“中心粮库”约17.7亿斤仓容，省财政共安排建设资金2.26亿元。六是继续推进粮食购销市场化改革，安排840万元支持全省粮食批发市场建设改造。

【支持供销合作社改革】一是筹措落实专项资金700万元支持供销社系统农资连锁经营，并会同省供销社制定《浙江省农资连锁网络体系建设专项资金使用管理暂行办法》，支持农资连锁经营企业新建或改建农资配送中心及农资科技服务。二是从再生资源回收利用专项资金中安排600万元，重点支持供销社再生资源龙头企业发展，支持供销社再生资源回收网络建设和再生资源集散市场改造。三是筹措落实专项资金1000万元，建立供销社扶持资金，并会同省供销社制定《浙江省供销合作社扶持资金使用管理暂行办法》，重点扶持全省供销社系统农民专业合作社建设和对供销社为主举办的农信担保公司的奖励。四是筹措落实专项资金500万元，建立供销社农产品批发市场建设资金，并会同省供销社制定《浙江省供销社系统农产品批发市场建设专项资金管理暂行办法》，重点支持供销社系统农产品批发市场基础设施建设和升级改造。五是会同有关部门对供销社企业政策性财务挂账进行联合审查，拨付全省供销社1993年以来新增中央政策性财务挂账补贴8724万元，研究提出供销社地方政策性财务挂账消化处理意见。

【加强省属国有企业管理】一是研究制定2006年度省属烟草商业企业税后利润收缴方案，收缴省属烟草商业企业2005、2006年度税后利润12.46亿元；会同省烟草局研究提出烟草商业上划中央管理的具体方案，并得到财政部批准；按照烟草企业主辅分离的要求，将暂不上划中央的18.62亿元经营资产划由新组建的浙江香溢控股有限公司管理。二是参与巨化集团整体改制工作，研究处理巨化集团改革中涉及的分离办社会等问题。三是继续做好长广集团改革脱困的相关工作，筹措落实专项资金5000万元，推进长广集团一矿的关闭、二期安居工程建设和亏损补贴；筹措5689万元，完成长广集团七矿的安全整改，并经省安监局验收合格；实行下岗富余职工自愿解除劳动关系、异地安置政策，对七批自愿解除劳动关系的1008名职工共安排安置费和一次性离矿安家费9494万元；启动在浙境内离退休人员回原籍工作，支付离矿安家补助费4863万元。四是针对省属配电企业资产财务管理体制不顺和管理中存在的问题，督促省电力公司担负起对地方配电企业的资产财务管理职责，并向省政府提出加强地方配电企业资产与财务管理的意见。五是做好省经协集团和经协房地产公司国有股权转让管理工作，收缴省轻纺集团国有产权转让收入1.17亿元。六是妥善处理已改制企业精减退职人员生活困难补助资金缺口及部分企业离休干部保障经费缺口问题。七是筹措落实各项省级储备商品利息和费用补贴资金4600万元，会同有关部门研究下达省级猪肉、食糖、化肥、棉花、农药等省级储备计划，密切关注猪肉市场供应情况，跟踪省级储备猪肉实物动态走势，并对部分市、县化肥储备情况开展检查工作。

【支持职业院校可持续发展】一是根据《浙江省财政支出绩效评价实施意见》，组织职业院校开展实训(验)基地建设项目自评工作，并在此基础上配合厅绩效评价处进行重点评审。二是突出职业教育办学特色，对职业教育建立实训基地建设立项评审制度，评审资金6100万元，同时鼓励学院共享实训基地，限制低水平重复建设，明确共享实训基地财政补助政策。三是推动高职院校加强学生实践能力和创新能力的培养，调整存量资金使用结构，选择2所高职院校设立创新创业激励资金，培养高职院校师生的创新意识，支持创新创业实践。四是帮助省级部门、企业集团所属高校解决新校区建设中的资金困难，调查归口职业院校新校区建设投资、建设贷款和在校生情况，参与研究职业院校建设资金补助方案。五是筹措专项资金920万元，支持“职业教育六项行动计划”中的全省职业经理人素质提升工程建设，全年培训15万企业经营管理人员和150名中高层企业经营管理人才。六是重新修订《浙江省重点传统工艺美术保护发展专项资金管理办法》，及时调整专项资金扶持重点和使用结构，支持全省大中专院校对重点传统工艺美术保护项目的人才培养。

【做好企业财政财务基础工作】一是组织市、县财政部门和省属企业开展新的《企业财务通则》培训工作，并通过问题解答、杂志连载等多种形式进行宣传，做好贯彻执行工作，规范各类企业的财政财务管理。二是指导市、县财政部门和省级有关单位做好2006年度企业年报的组织和编制工作，完成全省4374户国有企业、704户集体企业和境外企业年报的审核、汇总、分析和编报，受到财政部通报表扬。三是做好2006年度外资企业年报的审核编报工作，通过开展网上报送和会计师事务所协助报送等形式提高外资企业年报的汇编率，汇编户数11024户，汇编率85.4%，比上年提高23.7%，得到财政部通报表扬。四是制定《2007年浙江省企业财务快报填报说明》，指导企业做好财务快报编报工作，当年全省(不含宁波)上报财务快报的规模企业增至2146户，增长210%。五是做好粮食企业主要财务指标月报、粮食风险基金月报、储备粮月报、农综合直补旬报等报表的汇总、审核和上报工作，并定期向省政府报送储备粮收储情况。六是做好企业财务决算布置工作，制定报表参数、制作光盘和汇编手册。七是整理2000－2006年度省属国有企业年报数据，完成《浙江省省属国有及国有控股企业财务信息摘编(2000－2006年度)》，供领导决策参考。 (厅企业处供稿　沈燕萍执笔)

政府外债和地方金融企业财务管理工作

【概况】2007年，全省财政外债金融工作落实“三个三”工作措施，积极合理有效地利用政府外债，加强地方金融资产财务监管，推进制度创新，加强金融风险防范，履行工作职责，顺利完成各项工作。

【合理有效利用政府外债】政府外债工作重点进一步向提高贷款使用质量、管理水平和使用效益等方面转变，以贷款项目为载体，发挥比较优势，更多地、合理地引进国际先进经验，注重项目示范作用，促进制度创新。向财政部申报舟山市普陀区污水处理、仙居县垃圾填埋场、常山县供水、临海市围垦造地、淳安县污水处理等5个项目利用日元再转贷资金73亿日元，生态林建设项目利用世行贷款1500万美元。生态林建设项目列入2009年贷款规划。钱塘江流域小城镇环境基础设施建设项目概念已基本起草完成，计划利用世行贷款1亿美元。同时，继续充分利用贷款结余资金支持新项目建设，盘活项目存量资金，提高现有贷款使用效益。当年争取到浙江污水项目完工时贷款结余资金7亿日元。

【加强贷款项目管理】按照规定的贷款使用范围、支付类别、比例以及限额管好用好贷款。全年共向世行提款2300万美元。加强项目采购的监督管理。加强贷款项目的专项检查，监督项目实施、资金使用、债务状况和债务清偿情况。委托中介机构对4个项目的18个项目点进行了检查；配合审计部门完成世行贷款项目还贷情况、日元贷款浙江污水项目的专项审计调查。对正在执行中的世行贷款浙江城建环保项目开展绩效评价试点工作，提高资金使用效率。

【加强政府外债管理】联合省级有关部门对形成历史拖欠的政府外债项目进行全面清查，并按照“借用还”与“责权利”相结合原则，明确和落实还款及担保责任。加大债务清偿力度，重点抓好日常还本付息工作，全年完成还本付息9248万美元。研究出台清欠政策，解决外国政府贷款历史债务问题，浙江农业物资器材公司等6个历史拖欠项目在享受中央利息、滞纳金、罚息减免的基础上，省财政对按时还款的项目市县给予20%的贷款本金补助，17个市县均已按时还款，6个项目共减免息费、滞纳金7600万元人民币，贷款本金2000万元人民币，减负率达55.9%。经过清欠，浙江省通过中国进出口银行转贷的外国政府贷款历史拖欠问题已基本解决。

【加强地方金融资产财务管理】贯彻落实《金融企业财务规则》和金融国有资产产权登记、保值增值考核、资产评估和产权转让等制度，做好地方金融企业财务快报和年度决算、产权登记、保值增值考核工作。加强农村合作金融机构资产财务管理，规范资产财务行为。组织中介机构对部分市县的农村合作金融机构会计信息质量状况进行监督检查。

【推进政策性农村住房保险】制定政策性农村住房保险制度，防范自然灾害灾害造成严重财产损失。制定省级财政补助资金结算办法，在资金安排上做到财政补助与农户自愿参保相结合、省级财政补助与农户参保比例相结合、中央及其他救灾资金补助与农户参保相结合。全省各级财政核拨财政补助资金8008万元，其中省财政3620万元、市县财政4388万元。全省共有984.97万户农户参保，参保率为96.1%；保费总收入1.16亿元，其中农户自缴保费3345万元。全省受灾农户13752户，理赔5715万元。

【深化农村信用社改革】省级财政安排6251万元补助部分困难农村信用社所在地政府，鼓励当地政府加大扶持力度，帮助农村信用社消化不良资产。到年底，全省共有77家农村信用社兑付央行票据37.46亿元，占全省央行票据发行额的99.5%，资产质量进一步提高，信贷规模逐步扩大，多家信用联社得到升格，全省共有26家农村合作银行、42家一级信用联社、13家二级信用联社。

【防范金融风险】一是开展地方金融业风险现状调研，形成《浙江省地方金融业风险现状、成因分析和对策研究》的调查报告，获得全省财政系统调研报告评比二等奖。二是研究农业贷款风险补偿政策。为化解农业贷款风险，解决“三农”贷款难，提高金融机构增加支农贷款的积极性。三是加强中央专项借款管理工作。做好与财政部、承贷商业银行的对账工作，加强借款资金管理和监督检查，确保资金安全。筹措资金，按时还款，全年共归还财政部中央专项借款资金5750万元，对不能及时归还借款的市县实施预算扣款。四是开展金信信托个人债权的甄别确认工作，筹措资金兑付个人债权。

【加强非贸易非经营性外汇管理】根据"保证重点、兼顾一般"的原则，科学编制预算，合理安排使用外汇，确保经贸考察、技术培训、文化交流等外事活动的用汇需要。做好因公临时出国用汇的审核、核销工作。在为全省对外交流以及其他外事活动用汇提供保障的同时，控制出国用汇增长，全省全年累计执行购汇人民币限额预算12151万元，比上年下降34.0%。

（厅外金处供稿 赵 虹执笔）

财政社会保障工作

【概况】2007年，财政社会保障工作加快落实省委、省政府关于社会保障体系建设"一个率先，两个加快"的工作要求，参与社会保障制度改革，健全和谐社会建设制度保障体系；强化社会保障资金监管机制，保证资金安全完整和高效使用；巩固完善社会保障投入机制，为和谐社会建设提供财力支撑。

【加大社会保障投入力度】以解决人民群众基本生活和医疗需求为重点，以统筹城乡发展为目标，加大财政社会保障投入力度。一是支持建立覆盖城乡居民的医疗保障制度体系。加大新型农村合作医疗财政资助力度。按照省政府有关所有县（市、区）新型农村合作医疗人均筹资水平达到60元以上的规定和省财政对欠发达、中等和发达市县新型农村合作医疗分别按人均每年增加10元、5元、3元补助标准的要求，安排落实专项资金3.18亿元，其中新增补助资金1.71亿元。支持城镇居民医疗保障制度建设工作，会同有关部门下发《浙江省城镇居民医疗保障省级补助资金管理暂行办法》，安排落实试点地区补助资金2300万元、省本级参加城镇职工基本医疗保险的企业退休职工体检资金122.5万元。二是支持完善城乡居民基本医疗服务网络体系。加大乡镇卫生院建设发展投入，安排落实乡镇卫生院建设补助资金3000万元。支持发展城市社区卫生服务，会同有关部门制定城市社区卫生服务财政补助政策，建立健全社区卫生服务机构财政保障机制，安排社区卫生专项补助资金12825万元。三是支持建立覆盖城乡居民的就业体系，安排落实就业再就业专项7000万元、农村低保对象就业补助5000万元，帮助城镇下岗失业人员和零就业家庭、农村困难家庭人员就业再就业。四是支持新型社会救助体系建设。安排落实城乡低保补助1.25亿元、集中供养补助4800万元和医疗救助补助3700万元以及集中供养的农村五保和城镇三无人员医疗补助资金800万元。

【强化社会保障资金监管机制】完善社会保障资金使用管理办法和财务管理规章制度，推动监督管理工作制度化；强化社会保障资金特别是社会保险基金各工作环节的基础管理工作，推进社会保险基金核算、对账工作网络管理，推动监督管理工作规范化、信息化。加强社会保障基金保值增值管理工作，在确保基金安全完整和正常支付的前提下，做好省级社会保险基金保值增值试点工作，提高社会保险基金收益率。加强社会保障政策法规的宣传和培训，增强财政社保工作人员法制观念和依法行政、依法理财的自觉性。组织开展多种形式的自查自纠工作，提高社会保障资金管理水平。

【完善社保资金多渠道筹措机制】一是加强工作指导，推动各地加快制定和实施多渠道筹措社会保障资金的制度和办法。二是贯彻省政府办公厅《关于推进社会保险费五费合征的意见》，推动社会保险费征缴管理改革，配合地税、劳动保障等部门在全省全面推行社会保险费"五费合征"，增强社会保险基金自求平衡能力。三是总结社会保障预算试编经验，做好省本级社会保障预算编制工作，加强对全省社会保障预算编制工作的督查和指导。

【参与其他社会保障制度改革】深化养老保险制度改革，贯彻落实省政府《关于完善企业职工基本养老保险制度的通知》，指导各地开展养老保险个人账户逐步做实工作；研究制定个人账户基金管理办法；总结养老保险调剂金补助工作情况，研究建立新的省级调剂金调剂补助机制，确保养老金按时足额发放；做好全省事业单位养老保险制度改革的方案制定和有关测算工作；继续规范完善企业补充养老保险制度。推进公共卫生建设，做好农村公共卫生工作，根据省政府《关于加强农村公共卫生工作的实施意见》及省政府提出的"2007年以县为单位农村公共卫生服务项目达标率达到80%"的要求，做好农村公共卫生服务专项资金和农民健康体检专项资金的筹措安排工作，强化资金绩效管理，及时研究改进专项资金使用管理制度和办法；贯彻落实中央有关政策要求，加大对直接面向目标人群的公共卫生项目投入力度，会同有关部门研究实施免费防治重大传染病政策，适当扩大计划免疫疫苗范围和免费救治传染病病种。参与城镇医疗服务体制改革，配合有关部门研究建立与政府卫生发展目标相适应的城市社区卫生服务机构经济运行机制，加大城镇医疗卫生资源配置整合力度；配合有关部门深化公立医疗机构运行机制改革，完善药品集中招标采购制度，规范医疗服务市场秩序；根据中央关于城镇医疗服务体制改革的要求，做好其他各项改革政策的研究制订工作。

【加强社会保障基础管理工作】做好2006年社保基金决算和2007年季报表编制工作。加强社保基金财政专户管理工作，完成省级各项社会保险基金及资金财政专户的会计核算工作。加强社会保障情况分析，开展社会保障前瞻性研究，重点对全省基本养老保险基金和省级基本养老保险基金运行情况、存在问题进行分析，并提出意见和建议。推进社会保障资金绩效评价工作，指导各地总结工作经验，扩大绩效考评范围，完善考评办法，重点做好对省疾病预防控制中心、省卫生监督所的整体评价工作和全省医疗救助资金的绩效评价组织实施工作。

（厅社保处供稿 陈志远执笔）

经济建设财政财务管理工作

【概况】2007年，浙江省经济建设财政财务管理工作围绕中央和省委、省政府的决策深入实施“三个三”工作措施，遵循“集中财力办大事”的理财原则，按照“转变职能，增强服务；优化结构，突出重点；强化管理，注重绩效”的总体要求，做好各项工作。

【保障部门经费需要】按照部门预算改革要求和部门预算编制原则，指导归口部门编制部门预算，根据财政支出管理“控、保、压”的要求，既注重从实际出发，又坚持按制度把关，做好对归口部门部门预算审核工作，并下达年度归口部门及单位预算指标59.7亿元(其中：政府性基金34.95亿元、预算外资金10.25亿元)，并按规定做好预算资金的核拨、预算执行监管等工作，保障归口部门必要的政务工作经费和事业发展的需要。

【加强基建预算管理】一是参与当年基本建设投资计划的制订，会同省发改委共同做好基本建设支出预算和投资计划的衔接工作，按照部门预算的要求下达市县政府投资项目支出预算；配合省发改委做好2008年政府投资项目年度计划的编审工作，与省级主管部门及时进行计划与预算的衔接。同时，争取中央预算内基建补助资金7.35亿元，确保一批重大基本建设项目的顺利实施。二是根据加强和规范政府投资项目财政财务管理的需要，继续做好《浙江省政府投资预算办法》制订的相关工作；继续加强省级政府投资项目代建制财政财务管理。三是继续做好浙江美术馆等省级有关项目基建资金财政直接拨付试点工作，指导各地开展基建资金直拨支付试点工作，推进财政基建支出管理改革。

【支持“五大百亿”工程建设】做好“五大百亿”工程省级财政性资金的衔接落实等牵头工作，配合做好工程计划调整的相关工作。根据工程实施计划，全年省财政共安排落实省级财政性资金33.50亿元，并做好工程项目省级财政性资金的分配下达和拨付工作，加强对重大项目的调查研究，督促各项建设资金及时到位，确保工程的顺利实施。

【推进生态省建设】调整和优化财政支出结构，加大对生态环保的投入力度，建立和完善财政生态环保转移支付政策。一是做好“两个率先”财政资金保障工作。为确保实现省政府提出的到2007年在全国率先全面建成县以上城市污水、生活垃圾集中处理设施，率先建成环境质量和重点污染源自动监控网络的目标，筹措安排省级专项资金11239万元，采取“以奖代补”方式，重点支持钱塘江流域和欠发达地区的城市污水、城乡垃圾集中处理设施建设；筹措安排省级专项资金2460万元，采取省和市县共建的办法，支持全省环境质量自动监测网络建设，确保全省市界、县界重点水域交界断面65个水质自动监测站和县以上城市与重要区域100个空气质量自动监测站的全面建成。同时，筹措安排省级专项资金2000万元，支持全省重要流域镇级污水集中处理设施建设；筹措安排省级补助资金1.70亿元，支持太湖流域污水集中处理设施建设，加快推进太湖流域水污染防治工作；筹措安排环境自动监控系统运行维护补助经费1530万元，确保全省自动监测系统的有效运行。二是推进“811”环境污染整治行动。筹措安排省级“811”环境污染整治资金2500万元、生态环保专项资金4000万元、环境保护专项资金2.20亿元、钱塘江源头地区生态环境保护专项补助资金2亿元等，支持全省钱塘江等重点流域、区域和欠发达地区的生态环境保护和污染治理、电厂脱硫、环境监测能力建设、自然资源保护和生态示范区建设等，促进城乡协调、和谐发展；安排循环经济专项资金1200万元、建筑节能专项资金1000万元，支持循环经济发展；安排300万元生态建设和“811”污染整治目标责任制考核奖励资金，专项用于奖励生态市建设和环境污染整治目标责任制考核先进单位；按年度筹措安排好资金，确保全省第一次污染源普查工作顺利开展，并做好污染源普查相关工作。会同有关部门争取中央环境保护和污染治理方面的专项补助资金共45230万元，支持全省环境监测能力建设、区域环境保护、水污染防治和国家级自然保护区建设。三是建立覆盖全省主要水系源头的财政生态环保财力转移支付制度。根据省政府《关于进一步完善生态补偿机制的若干意见》要求，按照“谁保护，谁得益”、“谁改善，谁得益”、“谁贡献大，谁多得益”以及“总量控制、有奖有罚”的原则，在完善原钱塘江源头地区专项补助试点办法的基础上，率先建立覆盖全省主要水系源头的财政生态环保财力转移支付制度，并由省政府办公厅颁布《浙江省生态环保财力转移支付试行办法》，从财政体制层面建立激励和约束机制，当年安排生态环保财力转移支付资金6亿元。

【保障民生投入】筹措安排省级财政资金，保证其他重点支出，着力改善民生，支持全省经济和社会事业发展。安排农村困难群众住房救助专项资金5000万元，支持全省1万户农村困难群众的危旧房改造工程建设，解决农村困难群众住房问题，安排城乡供水一体化专项资金4000万元，支持全省城镇集中供水向农村延伸工程建设，新增解决100万农村人口的饮水问题，保障省政府提出的为民办实事工程顺利实施。安排乡村康庄工程建设补助资金9.42亿元，安排农村公路养护经费4.47亿元，解决农村居民出行难问题。通过政策引导、资金支持等方式，支持中小企业、信息服务业和企业信息化等的发展；支持品牌大省、农村电网、山海协作工程、风景名胜区等的建设；支持地质灾害防治、应对技术贸易壁垒、城市数字化管理等。

【加强专项资金管理】一是争取中央国债专项资金，按照国债资金管理规定和要求，加强国债资金的监督管理，确保国债资金安全有效使用；建立健全有效的还贷机制，确保按时向财政部归还国债转贷资金本息。全年共向中央争取国债专项补助资金5.45亿元，支持全省生态防护林、水土流失治理、农村饮水安全、污水垃圾治理、农村沼气等环保基础设施建设。全年向财政部支付国债转贷资金本金和利息6.48亿元，做到及时足额还本付息。二是对归口管理的各类专项资金，按照“一项资金、一个办法”的管理要求，制订和完善专项资金管理办法，加强和规范专项资金的申报、审核、分配下达以及使用的监督管理。三是开展财政专项资金绩效评价工作。组织做好温州特鲁莱发电厂脱硫项目的绩效评价工作，配合做好全省环境自动监测监控系统建设项目绩效评价相关工作，指导和推动省级主管部门和项目单位开展自评工作。

【做好油价补贴工作】当年中央财政继续安排石油价格改革财政补贴，分两次下达油价补贴资金共18.86亿元。省财政根据各部门核定的分补贴对象分市县补贴用油量，按照财政部规定的补贴标准、时间、负担比例，将油价补贴资金及时足额分配下达到各市县和省级有关主管部门。同时，指导和督促各地落实好补贴资金，配合做好相关工作。 （厅经建处供稿 马建胜执笔）

财政监督工作

【会计监督】按照财政部统一部署，有针对性地开展会计监督。在总结历年会计监督经验的基础上，改变“零散”检查方式，尝试对某些行业开展系统性的检查，有针对性地提出完善管理的建议和对策，提高会计信息质量检查的作用和效率，从而起到以点带面的作用。一是组织开展对质监系统、农村合作联社和电力系统的会计信息质量检查。二是选取外资企业、民营企业及具有规划、审批、检测、认证等职能的事业单位等自主开展会计信息质量检查。同时，与会计管理部门、省注册会计师协会联合对61家会计师事务所开展检查，将行政监管与行业监管有机结合，提高检查有效性。据统计，全年全省各级财政监督机构共组织675 名检查人员对342户企事业单位和115家会计师事务所进行检查，共查出资产不实7.70亿元，负债不实6.00亿元，所有者权益不实3.10亿元，收入不实1.00亿元，费用不实1.30亿元，利润总额不实1.40亿元，查补各项税金2305万元；拟关闭5家不符合设立条件的会计师事务所，对11家事务所和25名注册会计师进行处罚，并在媒体上予以公告。

【支农三项资金专项检查】按照财政部开展“财政支农资金管理年”活动的统一部署，在全省范围内开展2006年支农专项资金检查。主要对省财政2006年安排的特色优势农(林、渔)产品基地建设专项资金、农村能源生态示范项目专项资金、省级种子种苗工程专项资金开展检查，重点检查以上项目资金的拨付、使用、管理和效益情况以及是否存在违规违纪问题等。检查主要采取各地自查和各市之间交叉检查相结合的方式。另外配合做好行政事业单位开展资产清查。

【完善财政监督制度】修订《浙江省财政监督检查工作规程》，规范财政检查行为，提高财政检查效率。新《规程》既对检查的计划、实施、审理、处理、执行等环节作了详细规定，也对检查涉及的所有文本格式进行统一规范；结合新的法律法规，新《规程》补充了存款查询权、证据先行登记、公告等监督检查手段及具体操作程序，增加了谈话告诫制度、跟踪回访制度等监督办法；为体现财政监督的特性，把案审改为复核等。

【加强系统交流】一是召开全省财政监督专题座谈会，传达全国财政监督会议精神，开拓思路，交流经验，探索财政监督工作的新方式、新方法，提高财政监督工作的整体效能。二是对全省财政监督干部进行业务培训，开展新颁布实施的注册会计师执业准则培训。三是召开会计信息质量检查总结会，通报会计信息质量和会计师事务所执业质量检查情况，总结交流各地检查经验，并对先进单位和个人进行表彰。

（厅监督局供稿 王翾锋执笔）

财政绩效评价工作

【完善绩效评价制度和机构】按照省政府办公厅《关于认真做好财政支出绩效评价工作的通知》精神，全省各市、县(市、区)财政部门相继制订财政支出绩效评价实施办法、考核办法及专家管理暂行办法等，为绩效评价工作顺利开展提供制度保障。同时，各市、县(市)财政部门均建立绩效评价工作管理机构，为开展绩效评价工作提供组织保证。

【组织项目和单位绩效评价】一是组织开展项目单位绩效自评工作。印发《关于开展省级部门项目支出绩效自评工作的通知》，明确省级部门项目支出绩效自评范围、组织实施及有关要求，并选择48个省级部门的158个项目实施绩效自评，共涉及财政资金19.82亿元。委托5家中介机构对14个部门的48个项目自评情况进行抽查和核实。截至11月底，有145个项目完成绩效自评工作并上报自评报告。在自评和抽查的基础上，对省级部门自评工作进行总结，并形成书面报告上报省政府。二是推动主管部门开展部门评价，指导省科技厅、省卫生厅等部门开展部门项目支出绩效评价工作。三是重点实施财政部门评价。各级财政部门拓宽评价广度与深度，选取一些具有代表性、社会影响力和关注度高的支出项目开展绩效评价。省财政厅共选取36个专项和2个单位实施评价，涉及教育、卫生、农业、社保、环保等部门，评价资金总额达14.66亿元，其中：2005-2007年浙江省环境自动监测网络建设项目采取“统一指标、统一标准、分级评价、上下联动”的方式，委托中介机构实施综合评价。中介机构在汇总分析各地自评工作的基础上，组织5个专家小组，分赴10个市及部分县进行实地抽查与核实，并结合各地自评情况进行评价，形成综合评价报告。省财政厅对该项目实施情况进行了总结并上报省政府，陈加元副省长作出重要批示，要求省有关部门对评价报告提出的问题和建议进行认真研究，真正使有限的投入产生最大的绩效。全年全省共对1493个项目实施了评价，其中：项目单位绩效自评948个，主管部门组织评价220个，财政部门组织评价325个，共涉及评价资金223.34亿元。

【召开全省工作会议】11月，在湖州市召开全省第一次财政支出绩效评价工作会议，全面总结交流2005年以来全省财政支出绩效评价工作，并研究部署下一步绩效评价工作任务。副厅长钱巨炎到会并作题为《开拓创新 务求实效 全面深入推进财政支出绩效评价工作》的讲话。

【开展业务培训】举办绩效评价理论与实务培训班，聘请浙江大学张忠根教授就评价指标和标准设置作系统讲解，各市县财政局从事绩效评价工作的同志共150余人参加培训。为提高中介机构评价人员的业务水平和操作能力，分三期组织对参与绩效评价的中介机构相关人员共400余人进行绩效评价业务培训，系统讲解基本操作方法、组织方式、指标设置、标准确定及案例分析等内容。

【完善绩效评价信息库】一是更新省财政厅网站“财政支出绩效评价”专题栏目，将绩效评价有关政策、中介机构库、各地评价工作情况等信息及时公告。二是充实全省参与绩效评价中介机构库，将新增的13家中介机构纳入库中。三是根据财政支出项目的不同特点，对省级和各地绩效评价报告及2006年评价指标课题进行梳理与汇集，编印《浙江省财政支出绩效评价参考指标》一书，初步建立全省财政支出绩效评价指标库。

【开展调研和学习活动】一是深入部分市县开展调研，了解和掌握各地绩效评价工作开展情况，研究解决有关问题。二是分赴云南、湖南两省学习考察绩效评价工作，并将考察情况上报厅领导。三是完成《浙江省财政支出绩效评价结果应用研究》课题调研任务，为评价结果的充分应用寻找理论依据与实践方法。四是组织开展绩效评价专题调研，确定调研课题16个，于11月底全面完成调研任务。（厅绩效评价处供稿 傅小普执笔）

浙江省政府采购（控购）监督管理工作

【概况】2007年，浙江省政府采购管理工作贯彻落实省政府《关于进一步深化政府采购制度改革 全面推进我省政府采购工作的若干意见》精神，深化政府采购制度改革，理顺政府采购相关当事人的工作关系。按照“政事分开，管办分离”的原则，配合和促进省级公共资源交易管理体制改革，依法履行财政部门法定的政府采购监督管理职能，实现依法行政。

【扩大采购范围和规模】科学合理地制定省级政府采购目录和采购限额标准，完善政府采购目录分类表，当年省级政府集中采购目录达到31项。扩大政府采购覆盖面，将浙江省广播电视“村村通”工程、浙江省中小学书香校园工程、人畜防疫疫苗等社会影响较大的民生项目纳入政府采购。通过实施定点采购，加强对会议培训、汽车维修等服务类采购项目的监督管理，扩大服务类项目在政府采购规模中的比重。同时，做好消防、质监和教育等部门集中采购监管工作。当年政府采购规模为329亿元，资金节约率13%。

【政府采购制度】一是制订和完善与《政府采购法》相配套的一系列制度和办法，研究制订《关于进一步规范政府采购活动的若干意见》、《政府采购行为和责任追究办法》、《政府采购方式和采购类型审批管理办法》等三个规范性文件，进一步规范政府采购行为，强化政府采购监管。二是完成《政府采购领域反商业贿赂的对策—以制度建设促进规范》专题调研文章。同时，根据省治理商业贿赂办公室要求，围绕组织动员、自查自纠、案件处理及问题整改等，对全省财政系统商业贿赂专项治理工作进行了总结、回顾和检查评估。三是完善定点采购管理办法和政府采购协议供货制度，扩大协议供货和定点采购范围，将复印机、一体机、数码相机、服务器、扫描仪等通用设备实行协议供货，共有15个项目实行协议供货或定点采购管理，实现政府采购效率和规范的有机结合。四是督促集中采购机构和其他采购代理机构建立健全内部操作流程、质量控制、服务承诺和项目责任制等，建立内部约束机制，提高政府采购的质量和服务水平。五是注重规范操作，增强服务意识，优化采购操作程序，提高采购效率。

【建立监督机制】省政府采购管理办公室对省级政府采购逐步从直接监管、微观管理为主向间接监管、宏观管理为主转变，建立和完善财政部门、集中采购机构、采购人之间职责清晰、运转协调的工作机制。同时，加大对政府采购重要工作环节的规范化管理和监督力度，做好供应商投诉举报事项的处理工作，全年省本级共收到供应商投诉12起，受理9起，作出处理决定7起；直接收到或由省纪检委转办的举报件有12起，所有投诉和举报均严格依法并在调查取证的基础上作出处理，依法维护政府采购当事人的合法权益和政府采购工作的正常秩序。

【试行电子化采购】完善“浙江省政府采购业务管理系统”，建立与预算管理、国库集中支付系统相配套的政府采购信息网络体系，基本覆盖所有省级单位，并向部分市县推广，在省级政府采购预算调整、预算确认、资金支付、合同备案等方面发挥作用。“浙江政府采购网站及信息管理系统（一期）”基本研发完成，已在个别采购单位和供应商试运行；完成省级协议供货和定点采购类项目电子化采购试运行的各项准备工作，为实现政府采购主要业务“一网实现、全程服务、实时监控”奠定基础。

【加强队伍建设】一是开展对包括采购监管部门和采购代理机构从业人员的职业道德教育、法治意识和业务知识的培训；二是加强对采购人、评审专家的业务培训，努力提高政府采购相关当事人的政策水平、法律水平、专业水平和服务水平。全年共培训人数1500人次。

【做好党政机关小汽车编制管理工作】树立服务意识，公开办事程序，严格按照中纪委和省委、省政府、省反腐败办的有关规定，办理党政机关、事业单位、国有企业和国有控股企业小汽车审核、审批工作，全年共审核办理党政机关和事业单位控购小汽车7880辆，采购金额15.26亿元。

（厅采购监管处供稿 陈军训执笔）

财政纪检监察工作

【概况】2007年,浙江省财政纪检监察工作围绕财政工作中心,以党风廉政建设责任制为抓手,以"金财工程"为依托,以构建"和谐财政"为目标,着力加强领导干部作风建设,抓好领导干部的教育、监督和廉洁自律,深化惩防体系建设,拓展从源头上防治腐败工作领域,党风廉政建设取得新成效,实现了读书的人越来越多、犯错误的人越来越少的目标,促进了财政事业又好又快发展。

【落实党风廉政建设责任制】根据省委、省政府年度党风廉政建设和反腐败工作组织领导和责任分工的部署和要求,结合厅党风廉政建设责任制"两个办法"的具体规定,完善工作机制,创新工作方法,探索新举措,在责任分解、责任考核、责任追究上做文章,将工作任务逐项进行分解,具体落实到各个处室,明确责任主体,细化主要工作任务,形成了主要领导亲自抓、分管领导主动抓、其他领导配合抓,一级抓一级,层层抓落实,上下齐抓共管的工作局面。

【深化党风廉政教育】贯彻落实"作风建设年"的各项要求,以增强干部职工廉洁意识、扎牢拒腐防变的思想道德"篱笆"为重点,推进党风廉政教育"六个一"活动。一是开展警示教育。组织110名处级干部参观省第六监狱的生产车间、宿舍、伙房等生活和改造场所,目睹服刑人员的生产、生活情况,听取两名原领导干部因职务犯罪而沦为阶下囚的忏悔报告。二是举办作风建设专题讲座。邀请省纪委副书记杨晓光作题为"新时期共产党员的修养"的讲座,全厅380人聆听。三是给厅机关所有干部职工和厅属各单位主要负责人各发放一套反腐倡廉书籍,向干部职工发放《领导干部作风建设知识问答》读本,加深对作风建设重要性的认识。四是编发"三靠两抓"文集,推动党风廉政建设和反腐败工作落实。五是先后两次组织300多名干部职工观看专题片《反腐前线》和《警钟》,增强干部职工廉洁从政意识。六是开展廉政谈话,就党风廉政建设有关内容进行互动式的沟通交流,进一步增强部门(单位)主要负责人廉洁自律、廉洁从政的意识。七是开展日常性党风廉政教育工作,每月编发《纪检监察简报》,抓好廉政网页的维护和更新工作,打造廉政宣教新阵地。

【建设惩防体系】一是在《中国监察报》和《中国监察》杂志上,开展惩防体系建设专题宣传报道活动,展示厅党组坚持"三靠两抓"工作思路,构建具有行业特色惩防体系,推进党风廉政建设的主要做法和经验。二是通过深化部门预算、国库集中支付、收支两条线、绩效评价、政府采购等改革,规范权力运行,加强财政支出管理,提高财政资金的规范性、安全性和有效性。重点是在金财工程一体化建设信息化软件中设置"纪检监察"子系统,下设五个栏目:决策机制、收支分配制度、财政改革、内控制度、执行情况,形成了纪检监察部门与业务部门的信息交流机制,实现对财政业务动作的有效监督。三是召开全省纪检监察工作座谈会,表彰全省财政地税纪检监察系统"做党的忠诚卫士、当群众的贴心人"实践活动先进单位和先进个人,举办全省财政地税系统纪检监察干部培训班,并围绕"合力打造行业构建,提升系统惩防功能"这个主题,召开惩防体系建设和今后五年惩防工作思路座谈会,开展"行业构建"、"系统构建",深化全省财政地税系统惩防体系建设的对策和措施。四是召开厅兼职监察员会议,促进纪检监察机构与业务处室的沟通协调,共商防治腐败的对策,健全纪检监察工作网络体系。

【开展各种专项治理工作】一是开展评比达标表彰清理活动。转发省监察厅等部门《关于清理评比达标表彰活动的实施意见》,并提出具体贯彻意见。在厅机关有关部门和事业单位、社会团体清理的基础上进行汇总,提出清理意见,将6个建议保留的项目报省清理评比达标表彰活动工作厅际联席会议。二是协同机关党委开展关于严格禁止利用职务上的便利谋取不正当利益的自查自纠工作。三是贯彻落实省纪委办公厅关于《2007年党风廉政建设实施意见》的通知,开展处级以上领导干部配偶子女从业情况的申报登记,共有120多名领导干部填写配偶子女从业情况的申报登记表。

【做好信访举报及有关工作】认真对待每一件信访件,做到件件有登记、有落实,对反映的问题及时调查核实,并将处理结果及时反馈信访举报人。重视信访举报件所折射出的内部管理和财政工作中可能出现的问题,通过加强教育、健全制度、强化监督进行防范,将风险化解在事前,促进资金安全、干部安全。每逢重大节假日前,发布警示通知,重申节假日期间的党风廉政建设要求,明确规定干部职工"不得违规收受礼金、礼卡、礼券"。倡导拒收"三礼",对确实无法拒收的,及时送交厅纪检监察机构或直接缴入省纪委"581"廉政专户。

(厅监察室供稿 叶乃杰执笔)

财政企事业单位工作概况

国库集中支付和会计集中核算工作

【概况】2007 年，省级国库集中支付工作全面推开，共 738 家省级预算单位实行国库集中支付改革，纳入国库单一账户体系进行支付的资金范围包括预算内外财政资金。至此，省级国库集中支付工作基本做到预算内外财政资金全面集中支付的“横向到边”，以及不同级次预算单位全面实施国库集中支付改革的“纵向到底”。同时，以 ISO9000 标准质量管理体系导入为抓手，以创建省示范办事大厅为契机，加强规范化、制度化建设。全年集中支付与集中核算申请的审核业务量为 16.13 万笔，比上年增长 16.2%，资金量 254.76 亿元，比上年增长 306.7%。

【推进国库集中支付改革】一是完善集中支付制度。按照省级财政集中支付办法的规定，出台省级财政国库集中支付有关事项工作流程等制度，对预算单位银行账户管理、业务流水审核、资金支付清算等事项做出详细规定。二是抓监管监控。设立总稽核岗位，对各项工作进行日常稽核和专项稽核；建立国库集中支付动态监控分析体系，进行关联账户审批、异常支付信息监测分析等。三是抓技术支撑。通过软件协调小组，网络故障联系会议，缩短供需链条，提高软件功能的先进性、实用性，保障网络畅通。

【建设 ISO9000 标准质量管理体系】6 月开始规划质量管理体系导入工作，成立了质量管理领导小组和文件编写小组，体系文件初稿已经完成，整个标准文件体系包括质量手册 1 个，程序文件 24 个，作业指导书 46 个。开展贯标试点，体系运行平稳，通过第一次内部审核。通过导入 ISO9000 标准质量管理体系，引导工作人员树立“顾客”概念，培养“全员参与”的团队精神，引入“PDCA 循环”和“持续改进”的工作理念与方法，促进服务的标准化、规范化。

【创建省示范办事大厅】8 月份，根据省政府关于在全省开展省示范行政服务中心办事大厅创建活动的通知精神，按照“规范化、透明化、信息化、精细化、人本化”的目标，深入开展创建“省示范办事大厅”的活动。创建活动以构建 ISO9000 标准质量管理体系为抓手，立足规范化，建立优质服务长效机制；依托信息化，确保国库集中支付与会计集中核算网络系统顺畅运行；强调透明化，深入做好政务公开工作；突出精细化，改善服务环境；坚持人本化，寓管理于服务。创建活动取得成效，工作作风进一步改善，服务质量进一步提高，国库集中支付与会计集中核算工作更加规范、透明，网络系统运行更加安全、有序和高效。

【开展同工种竞赛】根据《浙江省省级会计集中核算单位同工种竞赛评比办法》的要求，按政策法规、内部管理、业务技能、结报质量等评比条件，对 103 家省级机关集中核算单位进行“2006 年度国库集中支付和会计集中核算工作综合考评”，评定省委办公厅等 20 家为优胜单位，贺宇伟等 30 名同志为优秀会计人员。

【做好课题研究】成立课题组，立足于总结经验、分析问题、研究对策三个方面，运用实地调研、问卷调查和统计分析的方法，对目前我省国库集中支付改革实践情况进行分析探讨，撰写《国库集中支付改革在我省实践的分析与探讨》，并获全省财政系统调研报告评审一等奖。

（省级机关会计核算中心供稿　赵春霞执笔）

省财政税务科学研究工作

【概况】2007 年，浙江省财政税务科学研究所按照年初确定的工作思路，围绕财政中心工作，提高科研成果的可用性，营造良好的舆论氛围，活跃学术气氛，规范内部管理，参与“作风建设年”活动，完成各项工作任务。

【组织第二次 8 亿元县（市）会议】7 月 25—26 日，在平湖市召开浙江省第二次地方财政收入 8 亿元县（市）会议。全省 27 个地方财政收入 8 亿元以上的县（市、区）政府主要领导和财政局局长、11 个市财政局局长参加了会议。会议围绕加快发展服务业，转换经济发展方式，实现经济社会又好又快发展，促进全省财税收入更好更快地增长这一主题，交流经验，研讨对策。厅长黄旭明在会上作题为《进一步统一认识，加快服务业发展，推动财政收入更好更快地增长》的主旨发言。会议综合交流情况报省政府领导参阅，对于加强市县理财工作的指导，促进财政中心工作的开展起到积极作用。会后，将黄旭明厅长的讲话和 38 份材料汇编成《发展服务业的财政政策研究》一书，以推动全省财政部门更好地扶持服务业发展。

【开展科研和调研工作】落实厅领导“财政科研工作要理论联系实际，进一步贴近业务部门，贴近财政改革实践，着力提高科研成果的可用性”的要求，注重科研工作的质量。一是结合财政经济工作的重点，围绕落实科学发展观、促进社会主义和谐社会建设、推进社会主义新农村建设、深化公共财政制度改革等提出若干研究方向，组织全省财税学会系统和有关院校开展研究，共完成课题 91 个。二是会同有关兄弟省市财政部门，完成财政部科研所、中国财政学会协作课题“基本公共服务均等化与财政责任”的研究；完成省社科联立项的两项课题研究。三是继续加强成果的转化。对一些有价值、对实际工作有指导作用的课题成果，在提炼的基础上，以适当形式提供给厅领导和有关部门参考，发挥研究成果的作用。四是强化调查研究工作。充分调动大家的积极性，主动联系、依靠和配合各业务处室开展课题研究和调查研究。五是积极为地方财政研究工作服务。受宁波市鄞州区财政局委托，对近五年鄞州区的公共财政建设进行总结提炼，联合完成“完善公共财政制度，力促和谐鄞州建设”的课题研究。

【办好财政刊物】一是继续办好《浙江财税与会计》，提升刊物的质量和品味。围绕厅中心工作，及时报道厅里重大会议、活动情况，推动各项财政工作任务的落实。深入宣传“三个三”工作措施，做好财政系统“双先”事迹宣传报道，重视财税重点改革宣传，做好对新会计、审计准则的宣传、介绍和讲解等。同时，调整栏目，办好“第一视窗”栏目，开辟“地方财政管理”及“县市长论坛”栏目，逐步增加杂志的信息量，梳理杂志赠阅对象，对封页设计及内文版式进行适当调整，做好通联工作，提高编辑人员综合素质。二是完成150万字《浙江财政年鉴(2007卷)》编纂工作。稳定和完善编辑大纲，严把稿件质量关，做好年鉴数字化工作。《浙江财政年鉴(2006卷)》获第三届全国年鉴编校质量检查评比一等奖。三是充分发挥《浙江财税参阅》的参谋作用，拓宽思路，丰富题材内容，强化时效性。全年共编发12期。

【做好财政学会工作】一是围绕“基本公共服务均衡化与财政”这一主题，邀请浙江财经学院、浙江大学、浙江师范大学、杭州电子科技大学的部分专家学者，首次举办了学术沙龙，并作为省社科联“当代浙学论坛”之一，推动与高校财政科研的合作与交流。二是办好《浙江财政研究》，扩大刊物的容量，提升刊物质量，为财政中心工作服务，为广大财税干部和会员服务。全年共出刊6期。三是加强学会组织建设。对部分长期没有换届或长期没有开展活动的市县财政科研或学会组织，促使其换届，并开展学会活动。四是参与省社科联组织的科普下基层活动，举办学会秘书长和科研骨干培训班，提升学会秘书长素质。五是加强全省财政课题成果的转化利用。省财政学会将2006年度获奖的课题成果汇编成《财政改革热点问题探讨—浙江省财政课题研究成果汇编(2006)》一书，促进各地财政科研工作的开展。

(省财政科学税务研究所供稿　朱忠明执笔)

财政信息化系统建设工作

【概况】2007年，财政信息化建设按照浙江省“金财工程”三年规划和“管理一体化，业务一体化，技术一体化”要求，加快软件一体化工作，强化财政信息基础设施建设和网络安全管理，推进软件推广应用，运行维护体系平稳运行。全年共开发维护软件23个，推广软件项目20个，完成省到各市县区财政纵向备份线路改造工程。全年组织业务技术培训11期290人次。

【软件开发有序开展】完善已完成一体化开发的软件系统。配合财政改革和业务需要，完成预算支出项目库、国库集中支付、非税收入征管等14个软件项目的后续开发工作。新开发的软件有资金申拨、会计核算、行政许可事项审批、运维平台、政府采购管理、账户管理和资金监控、契税耕占税等，另外还有财政部强制推广的软件6个。厅机关主体业务软件的一体化开发基本完毕，从项目库、指标、用款计划、支付、政府采购到单位会计凭证，环环相扣，每笔数据都可跟踪可回溯，初步实现“管理一体化，业务一体化，技术一体化”目标。

【系统推广维护顺利实施】配合预算、国库等业务部门完成部门决算、财政供养人员信息采集、津贴补贴清理、扶贫资金监测、国债管理等工作，完成全省资产清查登记和数据汇总工作。重点抓好国库集中支付和非税收入征管系统的试点推广工作，按照业务沟通、模拟运行、数据初始化、后续培训、正式上线五步推广模式，在湖州、温州、舟山、温岭、诸暨、吴兴区等地完成国库集中支付系统上线运行，非税收入系统在嘉善等19个市县部署完毕。

【财政纵向备份线路改造工程竣工】为满足省财政厅到各市县区通信需要，确保财政非税收入征管信息全省同步，省财政投入480万元对省到各市县区财政局的通信备份线路进行改造。该工程包括94个节点的设备安装调试和93条冗余线路的调试运行。提出《浙江省财政虚拟专网建设实施方案》，制定设备线路工程需求、项目技术规范和施工方案，项目于5月进入政府采购程序，11月完成工程验收，并下发配套的《浙江省财政纵向网络管理规范》。

【推进网络安全体系和基础设施建设】一是完成Veritas备份软件新增功能的项目需求和采购工作，会同厅办公室制定《浙江省财政厅计算机系统桌面管理规范》。二是厅机关机房改造工作基本完成，已进入验收阶段；同时，在厅机关部署防垃圾邮件系统、防病毒网关、防火墙等安全设备5台(套)，提高网络安全性能。三是在各市、县(市、区)财政局完成本地备份的基础上，全省数据集中备份试点也已经完成，为下一步全省普及奠定基础。四是完成全省小型机、存储、带库的协议采购工作。加强对各市县配置小型机等设备的技术管理和资金支持力度，全年共有27个财政局通过此协议购置小型机等设备。

【运维体系高效运行】一是组织ITIL运维管理、资金申拨、预算编制等培训班11期，提升全省运行维护工作人员业务技术水平。二是编制《运维软件需求规格说明书》，明确运行维护体系建设架构、开发平台和各级运行维护组织的职责，该软件系统现已进入开发阶段。三是召开全省“金财工程”建设工作会议，围绕提高运行维护效率、系统推广和网络安全等主题，交流经验，商讨对策。

(厅信息中心供稿　王洪俊执笔)

省会计人员服务中心工作

【概况】2007年，省会计人员服务中心坚持以人为本，以会计服务工作为主线，做好年度各类会计考试、会计从业资格证日常管理、会计人员培训等工作，为广大会计人员服务，树立对外服务窗口的良好形象。

【组织会计专业技术资格和从业资格考试】按照2007年度会计专业技术资格考试的文件精神，及时发放考试用书，提前做好考务工作。召集相关考点中学的校长、教导主任及经办同志和杭州市下城区教育局有关领导召开考务工作会议，与各考点学校签订"考务责任书"。强调考试纪律，布置具体考务工作，按时核发考生准考证，组织监考、巡考。本次考试省级和中央驻杭单位报名人数：中级为1869人、初级为833人，考试于5月20、21日有序进行，未发生任何考试工作组织差错及违反考风考纪的问题。根据全省统一布置，组织省级单位、中央驻杭单位会计人员2008年度会计专业技术资格考试的报名工作，为了方便考生、确保报名信息的真实性，由中心工作人员当场录入报名考生的个人信息，打印确认后签名缴费。7天内按时完成2486人(其中初级报考人数为772人，中级报考人数为1714人)的报名以及考试用书的征订工作。根据省财政厅关于开展会计从业资格考试工作要求，于2006年12月份组织省级会计从业资格考试报名和考试用书的征订发行工作，实际报考人员6114人(单科为1744人，双科为4370人)。按照整个考试工作安排，联系考场，及时制作、核发准考证，制订考务手册，与校方签订考务责任书，组织监考、巡考。考试期间，考风、考纪良好。

【组织全省高级会计师资格考试】受省财政厅会计管理处的委托，按照省人事厅、省财政厅有关文件的要求，具体承办了全省高级会计师资格考试的考务工作。一是组织省级单位高级会计师考试的报名工作以及全省报考人员的报名汇总工作；二是协助制订考务工作规则，制发考务工作手册，制发全省报考人员的准考证等；三是联系考试场所，组织监考人员培训，安排监考、巡考和相关的具体考务组织工作；四是协助做好试卷评阅以及成绩公布、合格证的发放工作。共完成省本级377人的报名以及全省2061人的报名信息汇总、准考证制作、核发等工作。如期在浙江大学玉泉校区举行考试，设置考场83个，参考人数为1454人，参考率为70.55%，考试合格人数为531人(含国标和省标)。

【做好会计从业资格证日常管理工作】按照《行政许可法》、《会计从业证管理办法》的具体要求，结合窗口的实际工作情况，制订并落实有关规章制度，健全效能建设长效机制，建立岗位责任制、服务承诺制、一次告知制、首问责任制、限时办结制、AB岗工作制等制度，承接并办理省级及中央驻杭单位有关人员的会计从业资格证的申请、制证、核发、注册登记以及会计人员调动签证等日常工作，全年累计核发新证1347本。

【做好全省高级会计人员继续教育培训工作】按照有关通知要求，分别于上半年举办第三、第四期全省高级会计人员继续教育培训班，先后邀请财政部会计司、浙江财经学院等有关领导、教授，分别就中国会计改革与发展、中国会计准则与国际会计惯例、新企业会计准则、新企业会计准则对企业纳税的影响等内容进行讲述。举办两期全省高级会计人员继续教育培训班，邀请财政部、中山大学、浙江工商大学等单位专家教授主讲国际财务报告最新动态，内部控制管理、企业信息化实施战略与方法等内容。在四期培训班中，来自全省各地的高级会计师、会计管理干部、部分市、县财政局干部共2269人次参加培训。

【承办全省高级会计领军人才(企业类)培训班】在上年举办全省高级会计领军人才(企业类)培训工作的基础上，分别于5月份和11月份继续承办两期全省高级会计领军人才培训班，为期10天。省财政厅副厅长罗石林出席11月22日第三学期培训的开班仪式，并勉励学员在企业创新和社会实践中"做表率、求实效、作贡献"，在学习研究和具体工作中不断探索、不断积累、不断提升自己的专业水平，把知识真正转化为生产力。培训班为期两年，实行集中学习与跟踪学习相结合的方式，在组织本年度的培训中，授课形式多样，精心组织师资，安排课程，学员普遍反映培训起点高、收获大、效果好。目前已完成全部教学内容，准予结业，并颁发"浙江省高级会计领军人才(企业类)结业证书"。

【组织开展各类辅导培训】根据《会计人员继续教育暂行规定》要求和会计考前培训的需要，全年先后组织八期会计人员继续教育培训班，累计培训1168人；8月初，在省委党校与浙江财经学院会计学院合作举办全省高级会计师资格考试考前辅导班一期；举办会计从业资格考试考前辅导班一期(双休日班)，共计参加培训的学员44人；应会计参考人员的要求，先后举办三期初级会计电算化考前培训班，培训学员130人，均通过会计电算化考试。服务中心还协助做好有关会计专业技术资格考试用书、会计继续教育培训教材的发行和结账工作；协助做好全省会计知识大赛第二赛程的竞赛组织工作，协助做好年度内全省会计考试的评卷工作以及处室委托、交办的其他会计服务工作。

(省会计人员服务中心供稿 张光敏执笔)

省农业综合开发工程勘测设计室工作

【概况】2007年，省农发设计室围绕发展高效生态农业和建设社会主义新农村的目标，广泛发动市县设计组，以农业综合开发为中心，更新理念、创新设计，完成年度土地治理项目的设计任务。同时，编制一系列工程设计规定和参考资料，提高工程设计水平。对全省申报的2008年度121个土地治理项目(其中国家立项项目102个，省级立项项目19个)进行实地踏勘，配合省农发办做好土地治理项目的绩效评价等工作。根据开展工作的需求，省编委批复同意增加省农发设计室3名事业编制，增编后，设计室事业编制为13名，确定机构规格相当于县处级。

【完成年度设计任务】按照国家农发办土地治理项目计划上报要求，按照规定程序，采用规范文本，按时完成87个土地治理项目的工程设计，累计绘制A1标准图纸261张，A3标准图纸5800余张，并于3月上旬前对设计进行集中会审，控制设计质量，设计上注重与项目区的农业产业结构调整、促进农业主导产业的发展相结合，为全省农业综合开发土地治理项目的顺利实施提供技术支撑。

【修订工程设计编制纲要】根据国家农业综合开发土地治理项目建设标准和本省发展现代农业的要求，组织技术力量，调查和收集《浙江省农业综合开发土地治理项目工程设计编制纲要(试行)》在全省各地实际工作中的执行情况，针对存在的问题，对部分内容进行修改完善，编制完成《浙江省农业综合开发土地治理项目工程设计编制纲要》。

【规范工程设计】组织技术人员编制《浙江省农业综合开发土地治理项目工程概预算编制规定(试行)》，规范我省农业综合开发土地治理项目工程造价管理，提高资金使用效益。为帮助各市县设计组能够系统了解、掌握并运用相关知识搞好工程设计工作，提高设计质量，编印《浙江省农业综合开发土地治理项目小型堰坝设计》。根据有关工程设计制图规范，结合工程设计实际，修订《浙江省农业综合开发土地治理项目工程设计图例》。同时，对全省2007年度项目工程设计进行评选，富阳市大山畈中低产田改造项目等九个项目的工程设计被评为优秀设计。

【开展业务培训】9月底在杭州举办全省农业综合开发土地治理项目管理暨工程设计培训，近180名设计业务骨干参加。省农发办领导就提升土地治理项目规划和设计水平，为建设社会主义新农村做出新贡献作专题讲课，省农发设计室领导和各位技术骨干就如何做好工程管理、工程概预算编制及工程造价控制、防洪堤和堰坝等单项工程设计、工程制图等进行讲解。

【完成土地治理项目考察评估】受省农发办委托，组成三个考察组对52个国家立项县和10个省级立项县申报的121个2008年度土地治理项目进行实地考察评估。考察评估的重点：一是项目的建设是否利于当地农业主导产业发展；二是对申报项目的开发治理面积和主要工程量进行核实；三是确认开发治理的必要性、主要制约因素；四是了解采取的工程治理措施针对性及技术可行性；五是核实工程投资的客观真实性和自筹资金、配套资金落实情况；六是了解项目建成后的效益情况及当地干部群众对项目开发治理的积极性，了解各地农发办人员机构情况。

【完成科技推广项目评审】受省农发办委托，组织技术人员和农业专家对全省申报的51个2008年度科技推广项目进行评审，重点审查引进、推广技术和品种的先进性、适用性；技术依托单位和技术支撑能力；所采用技术路线的可行性；资金使用是否符合规定和效益预测是否准确。经专家评审选定34个项目上报省农发办。（省农业综合开发工程勘测设计室供稿 申京涛执笔）

省财政票据管理工作

【概况】2007年，省财政票据管理中心围绕实现科学的政府非税收入征管体系建设和信息化管理的目标，配合省财政厅综合处开展各项政府非税收入征管工作。按照政策规定组织和开展全省财政票据管理，做好财政票据的印(监)制、制发和换发票据购领证、办理省级执收执罚单位财政票据的购领发放和结报核销等工作；结合财政票据换版，加强财政票据政策宣传和稽查工作；全面落实政府非税收入征管工作的各项政策，严格执行各项工作管理制度，推进财政票据管理的规范化工作。

【加强票据管理】根据《浙江省省级非税收入收缴管理办法》和《浙江省财政票据管理暂行办法》的要求和规定，做好财政票据的印制、购领发放、结报核销和票据销毁等工作。一是做好票据印制审核工作，把好票据印制审核关。检查各市上报的票据编码、字轨码、字轨名称、票据名称等是否正确以及使用范围是否合理。全年各市财政局共上报257批次，每次都在3个工作日内完成审批。二是做好票据的购领发放工作。按照票据购领证申领的流程和办理条件，以及财政票据发放的条件，完成票据购领证的换发和财政票据发放等工作。全年行政事业单位共换发新购领证21本，浙江省社会团体共换发新购领证89本；共发放财政票据1.463亿份，其中罚没票据114.54万本；发放教育券87.23万份，爱心营养餐券66.93万份。三是抓好票据核销，规范单位使用票据行为。按规定做好省级单位的票据结报工作，加强非税收入票据的核销，审核收费项目和收费标准是否符合政策规定，财政票据结报是否及时，财政性资金是否应缴尽缴，加强往来款等其他财政票据的核销，防止单位使用往来款等票据乱收费或属非税收入的资金不纳入财政专户管理等行为的发生。全年共结报省本级执收单位和社会团体756家，结报票据4589批次，计5472万份。注重加强日常的票据检查，发现违规使用票据119例，要求单位进行整改。加强市县财政票据的结报，落实专人负责市县财政部门向省财政厅领用的专用票据结报核销工作，全年共结报省级单位分成收入119批次，结报票据1117.63万份，结报资金6.26亿元，共结报全省11个市财政部门票据2386.98万份，已缴省级分成收入3.76亿元。四是做好票据销毁工作。按照《浙江省财政票据管理暂行办法》等有关文件规定，对已满年限的票据进行销毁，全年共有20家省级单位申请销毁空白过期票据和过保管期的票据存根，销毁数量951.10万份，委托县市销毁2006本、86.59万份。

【加强票据稽查工作】9月，中心设置稽查组，并进行人员调整，充实稽查组力量。稽查组进行稽查制度的调查研究，草拟《浙江省财政票据稽查暂行办法》。下发《关于开展省级社会团体财政票据使用情况专项检查的通知》，对登记在册的644家省级社会团体的财政票据使用情况进行专项检查。检查发现社会团体会费票据开具比较规范，而使用往来款票据存在不少问题。通过此次社会团体财政票据的检查，促进社会团体更多的了解财政票据管理规定和规范使用票据，及时发现在票据管理中存在的不足，为以后的稽查工作提供宝贵经验。

【做好票据换版工作】配合省财政厅综合处做好政府非税收入征管信息系统的推广试点工作，做好财政票据的整合归并以及新版财政票据的票样设计、审定、印制、发放等工作。推广使用新版《浙江省政府非税收入缴款书》，归并简化财政票据种类，对原浙江省非税收入统一票据中标注适用项目的专用票据全部予以合并。财政票据整合归并后，分为浙江省政府非税收入票据和其他财政票据两类，实行全省统一编号，统一印(监)制。

（厅票据中心供稿 斯志洪执笔）

省农业综合开发中心工作

【做好财政支农专项资金项目评审】根据中央和省财政对农业专项资金项目的立项要求，按照项目评审规程和评审工作程序，遵守评审纪律，开展中央和省级财政农业专项资金项目的评审。当年组织专家对农业科技推广示范、农业产业化、农民专业合作组织、应急度汛、小型农田水利工程和农村小型公益设施等六类共408个项目进行评审，其中前五类项目经评审择优上报财政部后共获得中央财政补助资金5080万元。同时，省财政就农业科技推广示范、农业产业化、农民专业合作组织、小型农田水利工程及农村小型公益设施等五类项目安排省级财政补助资金10021万元。一是农业科技推广示范项目。将全省各地推荐上报的农业科技推广示范项目申报情况汇总，组织种植业、养殖业等方面专家对85个项目进行评审。经专家评审后择优选出“松阳县鹊山蛋鸡中草药生态养殖科技推广示范”等11个项目上报财政部，其中8个项目得到批复，获得中央财政补助资金760万元，省财政安排补助资金760万元；此外，省财政择优补助省级农业科技推广示范项目75个，安排资金2610万元。二是农业产业化项目。组织农林、畜牧、渔业等方面专家，对各地择优上报的25个农业产业化项目进行评审。评审工作着重于项目单位的规模、运营能力及项目本身在调整农业农村经济结构、促进农业增效、农民增收方面的带动作用。经评审选定“衢州市年产500吨橘皮果胶技改产业化加工项目”等7个项目上报财政部，全部得到批复，中央财政补助资金700万元，省财政安排补助资金350万元；此外，省财政择优选定省级农业产业化项目12个，补助财政资金285万元。三是农民专业合作组织项目。组织专家对各地上报的44个农民专业合作组织项目进行评审，择优选出“磐安县2000亩蚕桑标准化生产基地建设”等34个项目，中央财政补助资金600万元，同时省财政给予补助资金308万元。四是农村小型公益设施项目。组织有关村镇规划、农田水利、农村能源、工程造价等方面专家，对各地上报的159个农村小型公益设施补助资金项目进行评审，省财政据此对参评的159个项目给予3975万元补助。五是小型农田水利工程项目。会同省水利厅组织农田水利专家对各地上报的60个小型农田水利工程项目进行评审，最终选出“江山市花园垄水库灌区改造项目”等53个项目上报财政部、水利部，争取中央财政补助资金1700万元，同时省级财政给予补助资金1733万元。六是应急度汛项目。组织专家对省防汛抗旱指挥部提交的35个应急度汛项目进行会审，并出具会审意见。中央财政给予应急度汛专项补助资金1320万元。

【做好中央财政立项财政农业专项资金项目验收】以申报的项目标准文本为依据，以《关于做好2004—2005年中央财政支持的农业科技推广示范项目进行验收的通知》中验收考核指标为评价体系，通过与竣工验收材料的比较查对，并经实地踏勘分析，做出合理评价，形成验收报告。通过项目验收，促进项目建设单位强化财政支农专项资金项目的科学管理，加强项目资金的监督管理。一是2004－2005年度农业产业化项目验收。组织专家对“临安市1万吨出口香米笋和10万亩优质原料基地产业化”等5个2004年度中央财政支持农业产业化项目和“武义县更香万亩有机茶基地建设”等5个2005年度中央财政支持农业产业化项目进行验收。验收组听取项目实施单位汇报，实地踏勘项目实施现场，查阅有关资料、账册、财务会计凭证，重点对项目建设总投资筹措及资金使用情况，特别是省以上财政补助资金使用情况，项目组织及建设内容完成情况，项目建成后的经济、社会、生态效益等进行验收，并出具验收报告。二是2004－2005年度农业科技推广示范项目验收。组织专家对“浙江省省级中药材GAP新技术示范基地建设”、“开化县绿色生态茶科技示范基地建设”、“绍兴市微生态清洁安全养殖新技术示范基地建设”、“温岭市西瓜科技推广示范基地建设”、“永嘉县乌牛早茶无公害食品技术推广建设”5个2004年度农业科技推广示范项目和“衢州市浙江千丝万缕丝绸有限公司2万亩优质蚕桑科技生态型基地”、“诸暨市香榧种质资源库、新优品种示范推广”、“建德市保护地草莓脱毒组培苗繁育推广示范”、“勿忘农集团鲜食玉米新品种推广示范”、“江山市绿牡丹名茶科技推广示范”、“龙游县万头台系杜洛克原种种猪引进繁育基地建设”、“省海洋渔业局海水养殖优良新品种繁育示范基地”、“松阳县银猴名茶科技推广示范”8个2005年度农业科技推广示范项目进行验收。验收组成员听取项目建设单位情况汇报、工作总结和自查报告，审查财务报表、会计凭证并实地考察项目建设现场，经讨论出具验收结论。

【加强支农专项资金支出审核】按照“控、保、压”的原则，加强对部分支农专项资金支出预算的审核，在保证满足完成任务所需合理经费的前提下，核减部分不必要的开支。对省农业厅提出的举办“2007年浙江省农博会”和参加“上海农业展览会”、“第五届中国农交会”三项经费预算进行审核。三项会展活动资金总预算为1086万元，要求补助资金961万元。经审核后建议补助576万元，核减385万元，核减率为40.1%。对省第六届农运会组委会提出的省第六届农民运动会经费预算进行审核，省第六届农运会资金总预算401万元，审核后核减65万元，核减率为16.2%。

【编写农业专项资金项目申报标准手册】为提升各级财政部门和项目申报单位财政农业专项资金项目申报水平，提高财政农业专项资金项目标准文本的填报质量，在《2006年财政农业专项资金项目申报标准文本编报手册》的基础上，编写《2007年财政农业专项资金项目申报标准文本编报手册》。主要针对农业科技推广示范、农业产业化、农民专业合作组织、农村小型公益设施和小型农田水利工程等五类项目的标准文本编报要求作详尽说明。

【检查、考核及调研工作】抽调人员参加省纠风办牵头的2006年度减轻农民负担工作专项考核，参与完成对金华、衢州等单位的考核工作。参加由省移民办和省财政厅联合组织的对苍南、瑞安、泰顺、乐清、新昌、黄岩、临海、安吉等地完善大中型水库移民后期扶持政策实施情况的督查。会同省水利厅河道管理总站先后对全省10个市2006年度“万里清水河道”建设情况进行考核。与省财政厅农业处、省水利厅规划计划处、农水总站等单位有关人员一起对永康、兰溪、龙游、江山等县市“千万农民饮用水工程”实施情况进行调研，并对全省8个市的已自验项目进行抽查。参加省水利厅组织的东西苕溪防洪工程(余杭段)的财务验收和工程总体验收。参加财政支农资金检查，专门抽调人员参加由厅农业处和财政部驻浙江省财政监察专员办事处组织的财政支农资金检查工作，先后对湖州、金华、嘉兴三个市的部分市县及省海洋与渔业局2006年度财政支农资金使用情况进行检查；参加由省农办、省林业厅带队的全省农村工作会议精神贯彻落实情况的调研；与省政法委、省委宣传部、省农办、省环保局等单位人员一起赴丽水、温州，就两市2006年村庄整治建设工作情况进行检查考核；参加由省农办牵头的新农村建设进展情况督查；对杭州市本级及富阳、桐庐进行督查。与国土资源厅人员一起赴衢州就省重点项目耕地占补平衡统筹政策进行调研。

(省农业综合开发中心供稿 楼剑敏执笔)

省财政项目预算审核中心工作

【概况】2007年，省财政项目预算审核中心累计完成各类财政支出项目审核402个，涉及项目资金总额79.54亿元，净核减10.85亿元，平均核减率为13.7%。与上年相比，审核量增长1.24倍，净核减量增加1.9倍，其中：省级部门项目支出预算审核量增长67.5%，金额达到20.29亿元，净核减量增加5.23倍，金额8.23亿元；财政直拨项目预付款及进度款拨付审核量增长23.6%，金额4.57亿元，净核减量增加1.66倍，金额7966万元；省级财政专项资金和政府工程采购等其他支出项目审核量增长176%，金额54.68亿元，净核减量减少55.6%，金额为1.82亿元。

【制定项目费用定额指标体系】一是配合省财政厅预算处完成办公用房装修、改造费用标准制订工作。该标准依据国家有关党政机关办公用房的控制标准，结合办公用房的特点，明确会议室、办公室、门厅等功能部位的费用标准，并作为省级部门2008年预算编制的依据。二是配合厅经建处完成浙江省农村公路日常养护费用开支标准测算工作，测算结果为58970万元／年，与省公路管理局最初测算的118635万元／年相比，降低59665万元／年。测算结果得到省公路管理局的认可和肯定，减少了财政预算资金安排，同时也初步摸清农村公路日常养护的现状及存在问题，为理顺农村公路养护管理体制提供依据。

【审核关口前移】一是参与财政项目估算、概算审核，控制项目投资规模。全年完成洞头中心渔港渔用码头工程等7个海洋渔港财政专项资金项目审核，该类项目送审总投资金额34159万元，审定金额28466万元，净核减5693万元。二是参与财政项目全过程的事前监管，加强建设成本的控制与监督，并及时解决和查处问题。对浙江自然博物馆新馆建设项目前期设计方案、招投标文件和合同文本进行全过程审核，调整和完善设计方案，明确合同双方的权、责、利，并根据项目实施过程中所出现的实际需求，采取相应措施，实现工程投资和运行费用最优化，初步估算，事前监管能够节约工程投资20%以上。

【推进制度建设】一是修订出台《浙江省省级部门项目支出预算管理办法》，在有关项目预算编制程序中有效嵌入审核关卡。办法规定，对于纳入省财政项目库的房屋建筑物购建类项目、大型修缮类项目、信息网络购建类项目、50万元以上设备购置类项目、物业管理费类项目，以及其他专业技术较复杂的项目，必须先由审核中心进行审核，其审核意见作为预算安排的必要依据，并且在“金财工程”有关项目库软件系统中专门设置审核环节，确保审核工作机制运转的有效性。二是根据财政投资评审“十一五”规划要求，先后制订了《浙江省财政支出项目预（决）算审核操作规程》、《浙江省财政项目审核工作综合考评办法》等一系列制度，完善财政审核制度体系，提高审核工作效率和质量。三是为规范财政审核行为，保证审核工作质量，修订和完善业务操作规范并制定内部奖勤罚懒、奖优罚劣措施，对财政审核工作依据、业务流程、工作质量考核办法、复核会审和复审规定等工作作了明确和细化，建立约束机制。

【加强信息化建设】一是为促进项目预算编制审核工作顺利开展，针对预算管理信息系统审核模块存在审核内容及管理信息不足的问题，与厅信息中心沟通，完善满足工程项目管理专业技术审核业务方面的特定需求功能。二是针对财政直接拨付项目审核工作量加大且与施工进度密切相关的问题，组织相关人员做好支付执行审核软件开发的前期准备工作。三是配合厅采购监管处做好将政府投资（工程）项目纳入政府采购管理的工作，在工程采购审核环节上，将工程采购审核软件与采购监管处、核算中心工作有机衔接，保障政府投资工程采购审核工作顺利进行。

【指导市县财政审核机构业务】一是组织开展浙江省财政审核系统先进单位和优秀财政投资项目审核报告“二优”评选活动，推进全省财政项目审核系统工作。二是召开全省财政项目审核工作会议，总结财政审核机构成立七年所取得的成绩，并结合财政经济形势，理清工作思路，明确工作任务，提出工作要求。

（厅审核中心供稿　郭红法执笔）

省财政干部教育中心
省中华会计函授学校工作

【干部教育培训工作】一是围绕财政中心工作，履行财政干教中心（中华函校）工作职能，协助和配合省财政厅培训指导委员会办好重点培训班，即公共财政与政府性债务管理研讨班和全省财政地税系统局长培训班，做好参考资料汇编、会议交流材料审核、会议方案拟定、会务培训证书发放等相关工作。二是服务厅机关和厅属企事业单位会计人员，举办厅属会计人员继续教育培训班，讲授内部控制、财务通则、新企业所得税法和行政事业单位财务管理等财会热点知识。三是完成财政部要求对农村会计人员的调查摸底工作，组织函校系统人员进行全省农村会计人员的信息统计，省干教中心（函校）有关人员专门到新昌县、临海市、苍南县和平阳县等地进行了实地调研，撰写《对开展农村会计人员培训工作的若干思考》的调研报告。四是做好制度建设，对过去历年来涉及干部教育培训、学历教育的文件、领导讲话及工作有关规章制度等进行整理并汇编成册。

【省中华会计函授学校工作】全年共招收中专新生3334人，毕业中专生3901人，中专在校生规模4645人。联办大专班共录取新生2970名，本学年即将毕业2656人，大专注册在校生8214人。截至年底省校注册在校生约1.3万人。一是召开年度函校工作会议，全省各分校、函授站、教学点共100余人出席会议，省财政厅副厅长、省函校副校长傅钱生到会并讲话，要求理清思路，找准新的切入点，发挥职能，开拓创新，将函校建设成财会教育培训综合基地。二是探索学历教育新途径，完成全省函校所有分校、函授站及教学点的重新备案申报，并正式申报开展远程教育，完成全省 9 个分校的申报事项，送交省教育厅，同时与浙江财经学院开展联办大专试点，确定 13 个分校、函授站作为试点招生，当年招生 462 人。三是加强教材建设，在上年系列会计职业教育教材编写框架和具体提纲的基础上，召开三次教材审稿会议，确保教材质量和及时完稿。《会计核算基础》、《会计核算实务》、《企业涉税事务》、《财务会计报告》、《企业内部控制》、《成本会计》已出版使用，《出纳实务》已交稿付印，构建了适应当前形势的系列会计职业教育教材。四是配合厅会计管理处开展财政部主办的"用友杯"第三届全国会计知识大赛，及时下发组赛通知，组织全省各级函校师生参与会计知识大赛，据不完全统计，全省函校系统内共有 3 万余人参加大赛第一程赛事活动。五是抓教学质量，坚持"五统一"(即教材、计划、教学、命题、考试的统一)和"三段作业"(即课前预习、课后练习、综合练习)的管理，从考前、考中和考后三个环节严格考纪考风，考前省校专门召开命题会；考中加强考试巡查，其中 6 月和 12 月傅钱生副厅长两次到有关分校、站点进行检查；考后组织人员做好评卷工作的抽查。六是指导全省函校系统办学单位利用现有条件开展各类培训，其中举办系统内干部培训班 262 期，共培训 16929 人次；开展会计人员继续教育 17.82 万人次，会计电算化培训 22324 人次，会计职称辅导 8023 人次，会计从业资格辅导员 14260 人次。七是加强函校综合基地建设，对全省函校系统办学单位进行调查摸底，对有发展潜力并能建设成为集学历教育、会计继续教育和财税干部教育培训为一体综合基地的重点骨干函授站进行重点扶持。八是做好服务工作，按照"作风建设年"的要求，耐心细致地做好毕业生拍照、往届毕业生查阅资料开具证明、培训人员补办证书、发放教材与资料等学历教育和教育培训中的日常事务性工作，解答各种来电来函问题。

【改进浙江省财政教育培训网站】一是网站改版。为更好地服务中心和学员，确立"内容丰富、版面活泼、功能完善、一目了然"的改版思路，增设与能力提升相关的"领导艺术"、"人际沟通"、"语言技巧"、"心理知识"等栏目，向有关处室组织收集《国库集中支付》、《企业财务通则》等十个相关讲义和十七大宣传讲座进行视频教学。全年共计 12 万人次浏览网站，比上年增加 20%，为广大财税干部开展学习教育提供交流平台。二是围绕财政教育培训中心开展宣传，全年累计发布财会教育培训工作动态、公告通知 47 则，工作经验、学习心得文章 20 篇，转载综合新闻、财经信息 619 条，视频教学 17 套，解释重点概念 98 个，转载财税理论、教育培训和其他各类文章 430 篇。三是改进"教务考务管理系统"软件，完善软件功能，提高管理工作水平。

【加强宣传通讯工作】一是修订完善《宣传通讯管理办法》，建立健全函校系统分校有一名专兼职通讯员和特约撰稿员的通讯队伍组织机制。二是利用"浙江财政教育培训网"平台开展财政教育培训宣传，并向财政部干部教育中心《培训动态》、《中华会计学习》"两刊"投稿，全年共投稿 31 篇，刊出 17 篇。三是开展工作调研，全省函校围绕潜在会计人员岗前培训、如何发挥函校资源为社会主义新农村服务、财会中专学历教育现状与对策、财会职业教育课程设置研究、新形势下干部教育培训创新等内容开展调研，提高全省函校的调研水平。

(厅干教中心供稿　童联新执笔)

省注册会计师、资产评估行业管理工作

【概况】2007 年，浙江省注册会计师协会(以下简称省注协)以服务会员和全省经济改革与发展为立足点，促进注册会计师、资产评估行业为浙江经济发展和企业二次创业提供专业服务，开展对外协调，反映行业诉求，开展执业质量检查，引导执业机构加强内部治理建设，推动会计师事务所、资产评估机构(以下简称执业机构)做大做强。至年底，全省共有会计师事务所 293 家、注册会计师 3009 名，有资产评估机构 192 家、注册资产评估师 1237 名。当年，表彰 28 名优秀注册会计师和 10 名优秀注册资产评估师。

【主动反映行业诉求】一是抓住大力发展第三产业尤其是现代服务业的有利时机，主动向省政府主要领导写信，反映影响中介机构发展壮大的核心问题。二是为解决资产评估机构从业人员报考房地产估价师执业资格考试受到限制问题，向省政府办公厅专项报送《关于恳求省政府责成省建设厅纠正房地产估价师执业资格考试设置限制性条件的请示》。三是为反映执业机构出具的土地估价报告国土资源部门不予受理的问题，再次于 8 月 24 日向省政府法制办公室报送《关于某些市县国土资源部门对资产评估机构出具的报告实行歧视待遇的情况反映》。

【加强对执业机构指导】一是成立内部治理指导小组，出台指导意见。二是推动执业机构做大做强做专做精。贯彻中注协《关于推动会计师事务所做大做强的意见》精神，省财政厅副厅长、省注协会长罗石林对大力推动全省注册会计师资产评估行业做大做强提出了要求。当年，经财政部、中国证监会批准，浙江中汇会计师事务所取得证券期货相关业务许可证；浙江万邦、宁波德威会计师事务所通过多种途径做大规模和增强实力，已经具备申请证券期货相关业务资格的基本条件，并向有关政府部门报送申请材料；浙江东方等一批会计师事务所通过联合合并、设立分所、加入联盟成为成员所等方式扩大规模和开展多种形式的合作。

【组织开展执业机构执业质量检查】一是创新监管模式，与省财政厅会计管理处、财政监督检查局联合组织开展会计师事务所执业质量检查。5 家会计师事务所因不符合设立条件被移交省财政厅处理；7 家会计师事务所和 17 名注册会计师因存在严重执业质量问题被公开谴责，并移送省财政厅作进一步核查处理；11 家会计师事务所和 26 名注册会计师因存在执业质量问题被行业内通报批评；3 家会计师事务所被限期整改；37 名注册会计师被责令书面检讨。二是根据中评协的统一部署，开展资产评估机构的执业质量检查工作。共有 2 家评估机构和 8 名注册资产评估师受到行业内通报批评的惩戒。三是重新修订《浙江省注册会计师行业资产评估行业惩戒办法》和《浙江省注册会计师协会惩戒委员会工作规程》。

【做好日常管理工作】一是完成注册会计师、注册资产评估师的年检工作。二是依法办理注册会计师、注册资产评估师的注册、转所、注销工作。三是办理新设机构股东和合伙人资格审核工作。四是做好全科合格人员申请非执业会员工作。当年,对全省326名参加注册会计师考试全科合格、申请加入中国注册会计师协会的人员,按规定的程序办理审批入会手续。五是重新修订印发《浙江省注册会计师、注册资产评估师注册关系转移暂行办法》。

【提高执业队伍素质】一是组织完成注册会计师、注册资产评估师全国统一考试组织工作。当年全省共计26727人(56382科)报考注册会计师考试,314人取得注册会计师全科合格证书;869人(2595科)报考注册资产评估师考试,67人取得了注册资产评估师全科合格证书。在中注协行业人才选拔中,当年有4人通过考试被中注协选拔为第三批行业领军人才,至此,全省三批共10人入选中注协行业领军人才库。二是举办注册会计师、注册资产评估师继续教育培训班25期,确认执业机构内部培训班5期,培训注册会计师2800人次,注册资产评估师1300人次,做到了全省注册会计师、注册资产评估师已轮训一遍,培训面100%。三是修改《人才基金管理办法》,增加相应奖励条款。四是完成百名注册会计师反倾销应诉人才培养工程第二阶段组织工作,出版《反倾销文集》,选派46名注册会计师参加境外培训。

【做好宣传服务工作】一是按照加强宣传工作,增强社会各界的支持,营造良好舆论氛围的思路,紧密配合行业和协会重点工作和宣传主题,做好会刊编辑工作。二是做好网站的维护、更新与改版等工作。三是当好"娘家人",做好相关服务工作。参与协调解决执业机构内部矛盾,化解困扰行业发展的不利因素。发挥专业优势,为会员答疑解惑,提供法律服务。适时对审计工作底稿的适用情况进行调研,对底稿作出修改和征订。创建学习型秘书处,完善秘书处内设机构设置和日常管理制度。组织开展文艺汇演活动。 (浙江省注册会计师协会供稿 徐得均执笔)

省财务开发公司工作

【概况】2007年,省财务开发公司以科学发展观为指导,强化管理,稳健经营,完成省政府、省财政厅交办的各项任务,推进下属经营性子公司的改制工作,各方面取得新成绩。

【清理欠款 盘活存量资产】一是做好财政周转金清收扫尾工作。针对清理回收过程中存在的具体问题,采取切实可行的办法,取得较好清收成果。收回浙江农发集团100万元欠款,对奉化财务公司3775万借款延长还款时效,保证债权不流失,最大限度地控制风险。二是做好存量资产的盘活工作。对轻纺城集团发展有限公司789.3万元股权报批后通过省产权交易中心挂牌转让股权,收回800万元。较好地解决了海南元通实业有限公司历史遗留问题。三是做好省财政厅划转债权的接收、管理工作。会同厅外金处,着手进行香港耀江国际、华浙国际公司的资产处置工作。收回浙江博鸿投资顾问有限公司本金1500万元和利息242万元。做好华浙农投等公司移交的2368万元人民币和省财政厅移交的6600万元人民币、500万美元的耀江集团借款清收工作。

【稳健操作 国有资产获得增值】一是持有的上市公司股权增值。持有的四家上市公司股权,中大股份1186.89万股、小商品城616.14万股、轻纺城1032.46万股、浦发银行546.27万股,除中大股份513.39万股将于2008年2月17日后可流通外,其他的都已获全部流通。至年底,上述股权市值12.08亿元,扣除四家上市公司原始投资额1.07亿元,加上已减持中大股份获得的收入1.9亿元(已扣除股改应支付的对价部分),四家上市公司国有资产增值13亿元。二是做好非上市公司项目及省财政厅委托项目的管理工作。在省工商信托投资公司的增资扩股和定向募集方案中体现财务公司意见,维护公司利益。完成交通银行A股上市后的相关工作。配合远洋渔业公司做好上市准备工作。舟山衢黄港口开发建设有限公司开发项目的前期工作按预定计划全面展开,鼠浪岛的居民搬迁、安居工作正在进行。三是协助省农发办做好国家农业开发项目的投资和管理工作。配合省农发办,与丰岛实业集团有限公司、华发茶业有限公司、湖州申浩毛纺制衣有限公司签订投资参股合作协议,修订有关章程,及时拨付资金。加大项目管理的科学化、制度化和规范化运作力度,保证资金安全运行和有效使用,保证项目顺利实施。四是完成省政府和省财政厅交办的各项任务。做好温州泰顺县横坑乡和四川省苍溪县的扶贫帮困工作。做好对新疆和田地区财政局和西藏那曲地区财政局的资金援助工作。做好对西湖文化广场建设工程的资金扶持工作,保证工程顺利进展,在借款逾期的情况下,做好催收欠款工作。

【推进改制 抓好子公司管理】一是推进兴财公司改制工作。专门组织人员全程指导兴财公司的改制工作,聘请中介机构完成新一轮资产评估,重新启动兴财公司改制工作,确定改制方案。改制方案经兴财公司职工大会审议通过,报经省财政厅批准后转报省国资委,兴财公司的相应股权在省产权交易所挂牌转让。二是抓好华浙公司项目工作。银马公寓后续工程完成,销售业绩良好,可确保按时交房;九堡华贸鞋城工程顺利启动,招商工作有序展开;镇江彩虹城项目工程决算基本完成;华浙物业管理继续规范日常管理工作,树立"华浙物管"的品牌。三是抓好兴财公司日常经营活动。长兴项目一期可售344套房源销售率达95%。继续做好千岛湖项目的前期工作。加大盘活存量资产和资金回笼的力度,收回各类商铺物业租金415万元,出让存量房产等回收资金260余万元。四是华财公司处理遗留问题。公司对一些尚存在回收可能的债权加大清收力度。加强队伍建设,完善公司内部管理。五是金溪山庄完成各项接待任务和经营指标。承接全国财政系统会议等百余个会议,接待财政部、国家税务总局以及省、市相关领导数十批次,得到相关部门和领导们的好评。经营收入首次跨过4000万元大关,经营稳中有升。以创四星服务品质为抓手,打造品质饭店,获得杭州市年度最清洁单位、杭州市国际茶宴设计大赛金奖、杭州市年度餐饮名店等荣誉称号。

(省财务开发公司供稿 黄志明执笔)

市县(市、区)财政工作

杭州市财政工作概况

杭州市财政工作

【概况】2007年,杭州市实现生产总值4103.89亿元,比上年增长14.6%,其中:第一产业增加值167.57亿元,第二产业增加值2059.15亿元,第三产业增加值1877.17亿元,分别增长2.6%、14.4%和16.1%。三次产业结构调整为4.1:50.2:45.7。全市人均GDP为61313元,增长13.6%。全市全社会固定资产投资1684.13亿元,增长15.3%。全年实现社会消费品零售总额1296.31亿元,增长16.5%。完成外贸进出口总额434.26亿美元,增长11.7%。市区居民人均可支配收入21689元,增长14%;全市农村居民人均纯收入9549元,增长12.1%。2007年,全市完成财政总收入788.42亿元,增长26.3%,其中地方财政收入391.62亿元,增长29.9%;全市地方财政支出335.71亿元,增长21.9%。市本级财政总收入208.41亿元,增长15.9%,其中地方财政收入92.23亿元,增长21.9%;市本级地方财政支出88.68亿元,增长15.7%。全市各级财政均实现收支平衡,预算执行情况良好。

【促进地方财源建设】一是调整优化工业扶持资金支持方向和扶持方式。安排8.44亿元推进"工业兴市"战略,重点支持战略产业和高端产业发展。调整市和区、县(市)两级财政扶持企业政策承担比例和政策兑现方式,促进市和区、县(市)的共同发展。二是发展现代服务业。投入5.08亿元扶持现代服务业发展,支持市区"优二进三"战略。制发《杭州市区农贸市场改造提升专项资金使用管理办法》,安排3202万元完成77家农贸市场改造。兑现各类商贸服务业扶持发展政策。制定骨干企业考核奖励办法,核拨各类中小企业奖励资金1739万元,推动中小企业做强做大。三是以"亩产税收"创新理念促科学招商。重点扶持"亩产税收"高的行业、产业及企业发展。四是整合税收政策支持行业发展。出台《企业技术开发费加计扣除后续管理内部工作流程》,鼓励和促进企业技术创新。实施税收优惠政策,支持现代服务业发展。做好企业境外投资税收服务与管理工作,鼓励境外投资。探索建筑业税收分项目管理新办法。

【加强征管精细化管理】一是落实"两个减负",完善服务机制。印发《关于进一步做好纳税服务工作的若干意见》,细化、优化各项纳税服务措施,建立和完善考核监督机制,构建和谐征纳关系。二是加强征管信息化建设。依托《税友2006》地税征管系统,完善分析、管理、评估、稽查等税收一体化征收机制。建立纳税地理信息系统,为城区政府提供纳税信息服务。创立全国首家财政、国税、地税为一体的"12366"财税政策服务中心。推出纳税事项"同城通办"业务,为纳税人提供便利服务。三是创新税源管理模式。探索以行业管理为主的税源分类管理,实行层级监控。实现商品房、房改房、经济适用房交易一站式受理、一次性办结、当场领证的承诺。开发市区存量房交易计税价格管理系统。实施个人所得税全员全额管理工作。四是加强非税收入征管。全年市区(不含萧山、余杭)水利建设资金征集6.03亿元,增长31.1%。完善"五险合一"的征缴办法,建立社会保险参保扩面制度。五是加大稽查工作力度。市本级全年共检查纳税人6072户,比上年增加近2000户,检查面为8%,增长2%。查补金额5.80亿元,入库率99%。税务违法案件公告1628件,移送涉嫌犯罪案件36件。

【加大新农村建设投入】一是加大对"三农"的投入,整合新农村建设资金5.46亿元,增长30%,重点支持农村生态环境建设,改善农田基础设施和农民安全饮用水工程,受益农民达37.74万人。二是支持农村社会事业发展,补助2308万元加大对新型农村合作医疗投入,农民参合率97.2%,惠及农户369.7万人。三是推进村庄整治和杭千、杭徽高速沿线综合整治工程。四是完善农村帮扶工程,对全市7656名下山移民和集体经济年收入1万元以下的533个经济薄弱村进行专项补助,确保"下山移民"、"联乡结村"等市重点工作的顺利开展。

【支持"宜居城市"建设】一是筹措和投入67.10亿元资金,保障城市基础设施建设和城市管理的资金需求。支持重点工程建设,确保截污纳管、河道整治、背街小巷改善的资金需求,推进"数字城管"二期工程,加强道路保洁和亮灯管理,提高城市"四化"水平。二是市本级筹资11.27亿元,保障地铁一期工程开工建设,当年全市各出资主体共投入23.40亿元。三是继续支持西湖、西溪、运河三大综保工程实施,推进城市实现有机更新。四是市级投入2亿元用于环境保护、生态建设及生态补偿。五是安排2亿元水利建设资金,实施市区清水河道建设和河道应急配水、县市水库达标、山塘除险及小流域治理等工程的补助。六是安排1.30亿元专项资金,继续加大对历史文化名城保护的投入。

【推进社会事业发展】一是投入2.67亿元支持文化事业发展,增长31.6%。重点用于培育动漫产业、文化创意、数字影视、网络媒体等新兴文化产业发展,支持数字电视在全国率先完成整体转换。二是投入11.58亿元支持教育事业发展,增长20.2%。重点用于普高、职高和高职、高校的基础设施建设,补助城区中学的基本建设,确保弱势群体的教育资助,扶持农村教育事业发展,改善外来民工子女就学条件等。三是投入4.80亿元支持科技事业发展,增长20.2%。贯彻实施科技创新"1+10"配套政策,新增科技创新专项8000万元,安排1600万元资助各类企业技术中心和研发中心。四是投入7.02亿元支持卫生事业发展,增长22.5%。主要用于政府购买医疗服务,解决市区老年、少儿大病住院医疗保险补贴、在职门诊统筹补贴及城镇医疗救助,设立杭州市道路交通事故社会救助资金,启动滨江、下沙医院建设等。五是投入2.28亿元支持体育事业发展。支持农村全民健身"五个百"工程,保障市奥体中心项目的前期工作和城北体育公园建设等。六是安排社保专项14.30亿元。重点用于促进就业再就业,提高企业离、退休人员的福利待遇和管理服务,解决市区征地农转非人员社会保险费补贴及生活补贴等。七是支持"公交优先",缓解行路难矛盾。安排3.40亿元用于政府购买公交服务。安排7.50亿元公共交通建设资金,用于更新公交车辆和公交场站建设等。八是安排1.52亿元用于廉租房等建设,支出2亿元用于老城区危旧房改造,缓解群众住房困难。

【深化财政管理改革】一是完成市区财政管理体制改革。在上城、下城、江干、拱墅、西湖五城区实行"市级企业下划、收入在地统计、财力递增上解"的财政体制改革,制定杭州经济技术开发区江东区块的财政管理体制,完善高新技术产业开发区(滨江)的财政管理体制,出台《关于进一步完善市区税收属地征收的通知》,理顺市区税收征管关系,促进财政收入合理分配。二是深化预算管理改革。全面实施政府收支分类改革,完善基本支出和项目支出及预算结余资金管理办法。制定行政单位出差、会议及定点等管理制度,试行领导干部用车租赁配置制度,开展公务员津补贴的清理规范工作。三是规范土地出让收支管理。对土地出让总价款全额缴入国库,纳入政府性基金预算管理。开发土地出让征收软件,实现数据共享,强化监督管理功能。四是加强行政事业单位资产管理。完成国有资产清查工作,规范资产处置行为。对市级行政事业单位出租房产实行公开拍租,全年三次拍卖成交金额比原租金提高177%。探索建立卫生、体育、教育系统资产运营机构,促进管办分离。五是加强财政绩效评价管理。出台《杭州市财政支出绩效评价办法》,建立全方位财政监督长效机制。探索项目绩效评价试点,对3个财政性投资项目和2个支农项目及工业企业技术改造财政资助项目进行绩效评价。六是加强政府采购工作。健全管理制度,推进电子化政府采购管理,促进政府采购节能产品、环境标志性产品等政策的实施,开展政府采购领域商业贿赂专项治理工作。全年市本级政府采购金额15.80亿元,节约预算资金1.54亿元,节约率为9.1%。七是加快"金财工程"建设。深化预算编制、执行、决策和行政管理系统的一体化建设,完善优化财政综合业务平台。八是加强会计管理监督。签订全市注册会计师行业自律公约。在全国第三届全国会计知识大赛中,杭州代表队在浙江省竞赛中取得了第一、第二赛程的两个特别组织奖、第二赛程团体赛二等奖、两位选手获三等奖。

【强化干部队伍建设】以增强"执行力"建设为抓手,推进和谐财税文化建设。一是全面加强党的建设。以创建学习型组织为龙头,加强党的思想政治建设。举办党委、支部书记读书班,进行主题教育活动。开展"五好"党支部创建活动。二是推进勤政廉政建设。以办好"15件实事"为载体,推进"作风建设年"和共建共享"生活品质之城"大讨论活动。开展文明礼仪进机关活动。加大社会监督检查力度。三是创新学习型组织建设。组织书记读书班、处级干部名校培训班、浙大EMBA学习班。财税网络学校升级改版,并被市委组织部列入学习型组织建设的典型单位向全省推广。以"七一"知识竞赛庆祝建党86周年,以赛促学、以学促建。完成《杭州市志·财税篇》(1986年至2005年)的编纂工作。四是完善选人用人机制。组织开展11个处级、副处级职位及12个财税政策(工作)首问责任官的选拔。制发副处级后备干部推荐管理实施意见和科级非领导职务设置办法。五是开展群团活动。承办全省财税系统局长培训班暨学习型组织建设现场会并作汇报演出。在全省财税系统运动会、市直机关第四届运动会和市职工运动会比赛中获得好成绩。开展"财税迎奥运·徒步走西湖"和"幸福感"征文活动,推出《杭州财税青年》期刊四期。

(杭州市财政局供稿 张海艳执笔)

杭州市上城区财政工作

【概况】2007年,上城区实现地区生产总值352.2亿元,比上年增长15.5%,其中:第二产业186.8亿元,增长16.0%;第三产业165.4亿元,增长15.1%。实现财政总收入39.13亿元,增长44.4%,其中地方财政收入21.21亿元,增长44.9%;财政支出完成9.61亿元,增长12.6%。全年全区收支平衡,财政预算执行情况良好。

【加强财源建设】加强经济税源分析,扩大重点税源监控范围,严格实行精细化、科学化管理。建立完善财政、税务、企业互联机制,通过联席会议、重点财源建设座谈会、走访企业等多种形式,加强三方信息、数据、情况互通,做好分税种、分行业和重点税源企业的收入动态分析和预测,加强跟踪服务。发挥财政资金的引导作用和财政政策的激励作用,加大对都市型工业、现代服务业、创意产业和接轨钱江新城项目的支持力度,拨付财政政策扶持等资金8954万元,发挥财政"四两拨千斤"作用,促进区域经济又好又快发展。投入科技项目支出2600万元,重点支持高新技术产业建设,扶持处于种子期、初创期的新办企业,激励技术创新和企业创牌。制定《鼓励高档商务写字楼建设若干意见》以及《发展街巷经济实施意见》等,推进楼宇经济发展和特色街区品牌建设。

【优化支出结构】按照科学发展观和公共财政要求,转变理财思路,调整存量,集中增量,确保事关改革、发展、稳定、民生的支出不断增长。一是优先保证党政机关正常运转和教育、科技等重点支出依法增长。完成新一轮公务员工资制度改革。落实科教文卫事业经费3.33亿元,科技、教育投入分别增长10.8%、18.1%。完善义务教育投入保障机制,提高生均公用经费等标准,全年增加投入712万元;免收城乡义务教育阶段学生学杂费550万元,惠及2.46万名学生。二是确保重点工程、实事工程资金需要。投入资金5550万元,加快推进危旧房改善、背街小巷改善、截污纳管、平改坡、上改下等人民群众最关心、最直接利益的项目实施，优化居住环境。三是关注弱势群体和困难群众生活，加快完善社会保障体系建设。投入社会保障等资金1.14亿元，增长7.6%，确保新型社会救助工程的实施，构建起社会保障全覆盖机制。四是加大公共安全经费保障。公检法司投入7752万元，维护社会安全稳定。

【部门预算改革】建立科学规范的政府收支分类体系，完善项目库和基础信息库。扩大部门预算编制范围，将教育局所属学校按综合预算方式列入部门预算范围。对安监、劳动、司法、计生、民政以及文化等重点部门实行预算安排上人代会审议，增强预算透明度和约束力，提高部门单位对预算编制执行的责任感。

【"收支两条线"管理】全面推行"以票管费"和"票款分离"制度，完善基础工作，规范操作流程，及时掌握行政事业性收费项目和收费标准的增减变动情况，加强对行政事业性收费和政府性基金的管理。重点对区卫生局所属上城区人民医院、教育局所属43家事业单位实行收支两条线管理改革，规范全区预算外资金收支行为。

【国库集中支付改革】规范国库集中支付的流程和制度，严把经费审核拨付关，确保资金及时足额到位，抵制拒付各种违规支出。扩大国库集中支付范围，完善财政直接支付办法，保证资金划拨的安全和高效。全年集中结算的财政资金14.34亿元，增长16.6%。

【规范建设资金使用】加强建设资金的财政管理，组织开展政府财力情况分析，掌握政府资金、资产、资源运作情况。分别与四家银行建立政银合作关系，制定《关于进一步加强建设资金使用管理的实施意见(试行)》和《关于实行上城区建设资金专户管理的通知》等，强化经营理念，统一规范建设资金筹措和使用，提高资金集约使用效率和效益，降低基本建设成本和政府债务风险。

【加强国有资产管理】完成资产清查，摸清全区126家行政事业单位"家底"，建立固定资产动态长效管理机制。引入社会中介机构开展清查审核。实施行政事业单位国有资产授权经营和委托监管工作，促进国有资产保值增值。出台《行政事业单位房屋经营性出租管理暂行办法》，对全区行政事业单位房屋经营性出租实施统一招标程序和"收支两条线"管理，公开招租104处。探索国有资产增值方法，开展杭州湖滨国际商业发展有限公司、杭州新湖滨商业发展有限公司(湖滨一、二期)50%国有股权公开拍卖。

【开展财政支出绩效评价】开展2004-2006年工业企业技改资助资金使用绩效评价。在对部分专项资金进行绩效评价的基础上，出台《上城区财政支出绩效评价暂行办法》以及实施细则。

【会计管理】履行会计管理职能，加强会计从业人员的培训教育，做好会计从业资格证的管理工作。组织参加第三届全国会计知识大赛，获全国会计知识大赛杭州赛区总决赛团体第一、个人第二的荣誉，向省市选送的选手获全国个人第十八名、全省个人第四名。

【内部管理建设】按照省、市、区委的安排和部署，以"实事求是"的原则，采取多种形式，寓教于乐开展作风建设年、"树新形象、创新业绩"主题实践和"建设生活品质示范区大讨论"三项活动。始终就把思想建设、廉政建设、作风建设作为三项活动的突破点和落脚点，举行"转作风，献计策，促发展"大讨论，开展"我与建设生活品质之城"征文，做好财政"走进矛盾，破解难题"课题调研，拓展财政职能、规范各项管理、改变机关作风。

(杭州市上城区财政局供稿 蒋晓斌执笔)

杭州市下城区财政工作

【概况】2007年，下城区实现生产总值261.67亿元，比上年增长16.5%，其中：第一产业增加值0.05亿元，负增长62.4%；第二产业增加值61.30亿元，增长6.3%；第三产业增加值200.32亿元，增长20.0%。第三产业比重由上年的76.2%调整为77%。全区共完成财政总收入47.60亿元，增长18.7%，其中地方财政收入26.4亿元，增长17.5%；完成财政支出15.60亿元，增长15.2%。全年财政收支平衡，财政预算执行情况良好。

【提升产业结构】一是创新经济发展政策，出台促进经济发展的财政扶持意见和高新技术产业化基地科技扶持政策等，加快开放型经济发展。二是加大对第三产业扶持力度，改造提升传统服务业，挖掘和培育现代服务业、高技术产业等领域的新增税源，优化服务业内生结构，服务业对地方财政收入的贡献比重为90.6%。三是加大对优质税源企业、品牌企业的政策引导和资金扶持力度，增强企业发展后劲。同时通过"腾笼换鸟"和资源整合等举措，加快工业企业"退二进三"和专业市场改造提升步伐，为拓展后续型财源奠定基础。

【加大重点企业培育】一是重新规划，将413家发展潜质好、年税收100万元以上的企业列入重点税源培育范围。二是完善重点税源企业联系人走访和企业财务辅导网络，加强对企业发展情况和税收的分析预测。三是开展培训讲座，帮助企业解决发展中遇到的实际问题，促进重点税源企业的稳定和发展。当年全区重点税源企业共实现税收收入31.27亿元，增长10.1%，占全区财政总收入的65.7%。

【加大公共财政投入】围绕公共财政理念，立足于优化财政支出结构，逐步完善"一控制、二提高、三倾斜"的支出投入机制。"一控制"即强化预算执行和管理，控制行政性支出比重，全区累计行政性成本支出2.12亿元，占财政支出的比重为17.9%，比上年降低1.39个百分点。"二提高"即提高公共产品支出，占财政支出比重为68%，比上年提高2.62个百分点；提高北部地区基础配套设施的投入比重，增加财政资金7839万元，促进区域南北经济协调发展。"三倾斜"即向社会事业、就业和社会保障、资源节约和生态建设三方面倾斜，分别增长30.4%、23.9%和25.1%。

【加快推进预算改革】一是按照"量入为出"的原则编制新科目收支预算，合理安排支出执行进度，明确年终资金结算的办法，自觉接受人大和审计部门对部门预算的审查监督，提高依法理财水平。二是以社区卫生服务"收支两条线"工作全面推行为契机,将社区卫生服务中心各项资金纳入财政专户管理,完善非税收入征管体系。三是创新采购模式,扩大采购范围和规模,规范采购环节和管理,推进政府采购工作的公开透明。全年共组织集中采购68次,采购金额5416万元,节约资金648万元。

【规范财政管理模式】依托"金财工程",加快财政信息化建设步伐,规范财政资金使用管理,提高财政运行质量。一是开发运行"部门预算编审"、"财政资金管理"等财政业务信息软件,推进财税库银横向联网改革。二是试行国库资金网上申拨和网上结报工作,优化工作服务流程,实现财政数据标准化、集中化管理以及信息资源的共享,确保财政资金的安全、规范和有效运行。

【健全财政监管体系】一是开展部门预算编制及执行情况等监督检查工作,实行残疾人就业保障金等项目的绩效评价,提高财政资金使用效益。二是组织开展行政事业单位资产清查工作,开发和完善国有资产动态信息管理系统,加强房产经营收益管理,尝试实行处置资产的统一处理和公开交易工作,保障国有资产完全完整和保值增值。三是加强会计信息质量检查,增强单位诚信做账意识,加大会计继续教育培训力度,提高会计队伍素质。

【加强干部队伍建设】以开展"作风建设年"和"生活品质大讨论"为主线,组织干部学习领会胡锦涛总书记"6.25"重要讲话、"7.28"考察王马社区重要指示精神以及党的十七大和省、市、区党代会精神。加强内部管理,重新修订并严格执行《局目标管理考核管理办法》,开展"满意和不满意科室"评选,开设"财政业务讲坛",推进"财政服务进社区"等多项活动,提升干部队伍整体素质。 (杭州市下城区财政局供稿 马英喆执笔)

杭州市江干区财政工作

【概况】2007年,江干区实现生产总值163.70亿元,比上年增长21.5%,其中第一、二、三产业增加值分别为1.87亿元、68.67亿元、93.16亿元,分别增长-7.5%、16.8%、26.0%。人均生产总值53011元。全区共完成财政总收入35.50亿元,增长38.2%,其中地方财政收入19.80亿元,增长48.5%;完成财政支出10.60亿元,增长36%。全区全年收支平衡,财政预算执行情况良好。

【促进经济发展 夯实财源基础】一是促进企业创新发展,培育经济增长新引擎。当年全区用于培育企业上市、支持企业创新、推进产业升级等财政资助和奖励达6420万元,其中区本级投入4838万元。争取上级财政产业发展扶持配套资金2260万元。二是鼓励发展总部经济、楼宇经济、中介服务业,努力培育新兴财源。三是培育先进制造业基地,支持高新技术产业发展和运用高新技术改造提升传统产业。四是加大对循环经济和企业自主创新的支持力度,促进经济可持续增长。贯彻出口退税负担机制改革政策,落实出口企业免抵增值税和增值税退税4.08亿元,区财力负担2299万元,增强企业竞争能力。五是落实农业产业发展政策,支持农业和农村经济结构战略性调整。六是健全和完善财税工作协调机制。支持税务部门依法治税,税源管理和税收征管进一步加强,财政收入结构和财力结构得到优化。当年纳税50强企业(集团)入库税收21.68亿元,增长61%,占财政总收入的比重为61%,比上年提高4.2个百分点;当年新增纳税超千万元企业8家,其中新增纳税超亿元企业3家。

【优化支出结构 促进社会和谐】一是支持新农村建设。预算内支农支出按法定比例增长,落实支农投入"三个高于"的要求,优化支农支出结构。完善卫生事业财政保障机制,实行农村卫生事业投入以区为主财政体制,财政对参加"新型农村合作医疗"农村居民的资助标准提高50%,缩小城乡医疗卫生和公共卫生服务差距。实施城乡文化建设资金"双百万"投入,加大对公益性文化事业的支持力度,推进"文化新区"建设。二是支持社会事业发展。预算内教育事业费支出按法定要求增长,足额安排两个"教育附加费"和教育非税收入,全年义务教育免收学杂费、借读费、代办费和农村中小学生免收课本费、作业本费1982万元,全额纳入财政保障,其中区财政安排1460万元;安排学校布局调整专项资金4677万元,促进义务教育均衡发展。加大科技投入,科技投入占财政支出比重4.1%,比上年提高0.3个百分点。引导企业增加研发投入,提高科技进步对经济社会发展的贡献率。加大社区卫生服务经费投入,推进社区卫生服务机构"收支两条线"改革,发挥社区卫生服务的公益性。加大对体育事业的投入,安排体育创强专项经费238万元,完善群众性体育活动设施建设,推进省级"体育强区"创建工作。三是加大社会保障投入。区本级安排促进就业专项资金341万元、征地农转非劳动年龄段以上人员生活补贴819万元,安排100万元建立企业退休人员困难帮扶基金。支持人才建设,落实资金保障措施,为经济社会发展提供更强的人才保证和智力支撑。全面落实政府为民办实事项目,区本级安排截污纳管、背街小巷改善、危旧房改善、河道整治、农贸市场改造提升和路面监控、社区服务中心建设等为民办实事项目资金2.05亿元。区本级投入6800多万元,用于城乡道路(街巷)"洁化、序化"管理,增长37%。合理安排预算,保障行政运行经费和政法机关办案经费。

【深化财政改革 强化监督管理】继续深化部门预算改革,区级部门预算"上会"单位从15个扩大到20个。规范项目预算编制,加强项目经费的科学化、精细化管理。全面实施政府收支分类改革,提高政府预算支出透明度。制订财政直接支付项目监管办法,加强项目预算执行监督。继续深化"收支两条线"改革,健全政府非税收入监管机制,当年政府非税收入1.1亿元。加强政府采购管理,全年政府采购资金节约率为15.9%。推进财政支出绩效评价工作,开展2004-2006年工业企业技术改造财政资助和2005-2007年学校布局调整规划项目绩效评价工作,提高财政资金使用效益。制订加强预算单位财务管理措施,强化监督制约机制,规范部门收支行为。坚持勤俭办一切事业,财政收入超收调增支出预算的8000万元全部用于科技、教育和关系民生的实事项目。实施国有建设单位公务用车改革,退出车辆全部调配机关部门使用,压缩车辆购置经费481万元。实行部门房地产产权集中管理新体制，加强行政事业单位国有资产管理。开展街道、镇公有资产清查，出台加强公有资产管理的一系列制度，维护公有资产的安全完整、合理配置和有效利用。配合区人大财经工委对“上会”部门预算执行情况进行专项检查，推进部门预算改革和财政管理工作。加强政府性投资项目财政财务监管，控制债务规模，实行管理费预算控制，加强业务培训和财务检查，全年政府性债务在财力可控范围内，各项风险控制指标执行良好。贯彻实施《会计法》，组织参加全国会计知识大赛，开展会计信息质量检查，加强会计工作监管力度，推进会计诚信建设。

【加强队伍建设 提高干部素质】一是强化政治思想教育，坚持政治理论学习不放松。学习《党章》，开展社会主义荣辱观、党的十七大会议精神等专题学习教育活动。坚持以党性教育为根本，增强执政为民意识、政治意识、大局意识、责任意识，树立科学发展观、正确政绩观。开展“两个务必”教育，增强忧患意识，保持艰苦奋斗、开拓进取的精神状态。开展廉洁从政教育，筑好思想道德和党纪国法两道防线。二是加强业务学习培训。围绕“注重综合素质，提升岗位技能，促进终身学习”的思路，坚持以实际需求为导向，抓好多层次、全方位的岗位业务培训，鼓励干部职工参加业余学历教育、第二学历教育和职称考试，改善学历结构和知识结构，提高干部职工的知识层次。三是加强干部队伍管理，提高管理水平。对部分中层干部和一般干部进行轮岗交流。组织召开全体科以上干部务虚会，分析形势，研讨对策，谋划思路和举措，增强机关干部的调查研究能力。四是完善各项制度，强化规范管理。推行公开办事制度，践行服务承诺制，首问负责制、一次性告知制、限时办结制和 AB 角补位制，开展“建效能机关、创满意单位”活动。五是丰富文体生活，增强凝聚力。鼓励干部职工参加各类文体活动，并在时间、经费上给予保障，形成健康向上的良好风气，树立财政干部的良好形象。

（杭州市江干区财政局供稿 王 静执笔）

杭州市拱墅区财政工作

【概况】2007 年，拱墅区实现生产总值 194.22 亿元，比上年增长 14.3%，其中：第一产业增加值 0.44 亿元，下降 18.6%；第二产业增加值 102.78 亿元，增长 8.8%；第三产业增加值 91.00 亿元，增长 21.5%。全年完成财政总收入 36.79 亿元，增长 28.9%，其中地方财政收入 18.85 亿元，增长 35.5%；完成财政支出 7.57 亿元，增长 28.2%。全区收支平衡，财政预算执行情况良好。

【优化财政收入结构】通过着力发展第三产业，做强房地产和建筑业等行业，推动经济结构调整，优化财政收入结构，地方财政收入比重得到提升。当年全区地方财政收入占财政总收入的比重为 51.2%，比上年提高 2.49 个百分点。全区第三产业税收 21.38 亿元，增长 34.1%，占财政总收入的比重为 58.1%，比上年提高 2.27 个百分点，“三二一”的产业格局得到提升。房地产业对税源结构调整的贡献加大，全区房地产企业共缴纳税收 7.92 亿元，增长 35.7%，占全区财政总收入的比重为 21.5%，比上年提高 1.07 个百分点。

【壮大镇街道财力】调动镇街道当家理财积极性，挖掘经济和税收增长点，镇街道财政收入实现较快增长。全年各镇、街道完成财政总收入 20.40 亿元，增长 50.6%，其中地方财政收入 10.41 亿元，增长 62.0%。全区增收地方财政收入中镇街道占 80.6%。镇街道财政总收入和地方财政收入占全区的比重分别为 55.4%和 55.2%，比上年分别提高 8.1 个百分点和 9.5 个百分点。祥符镇、上塘街道、康桥镇、半山镇、米市巷街道 5 个镇(街道)的地方财政收入超过亿元。

【加大教科文卫投入】贯彻区委、区政府关于打造“教育强区、科技强区、卫生强区、文化强区”的部署，全年共投入“强区”建设经费 8700 万元。支持杨家门小学、大关小学等学校建设，改善办学条件。学校取消代办服务费后，财政及时落实补助资金，保障正常教学活动的开展。加大科技投入，支持区科创中心硬件建设，培育高新技术企业、专利试点企业、高新技术研发中心，促进科技创新水平的提升。支持全国中医药特色社区卫生服务示范区、健康城区等创建工作，增加社区卫生服务经费投入，加强社区卫生服务体系建设，提高城乡卫生服务水平。支持省级文化先进区创建，安排资金用于区图书馆建设，支持区第五届运动会等体育活动的开展，加大镇、街道文化站、社区(村)文体室等基础性文体设施的投入，促进全区文体事业日趋繁荣。

【加大民生保障投入】加大人民群众最直接、最关心、最现实的民生建设投入，全年共投入民生保障资金 4700 余万元。一是安排社会保障资金，加大失土农民培训和再就业扶持力度，支持助老助残服务站建设，确保企业离退休人员节日慰问金及时发放，推进社会保障体系不断完善。二是安排民政事业资金，在确保低保资金及时足额发放的基础上，针对粮、油和肉等食品价格快速上涨的情况，及时安排资金保障城乡低保及困难家庭的价格补贴。支持区老人公寓建设，确保区老人公寓顺利建成并启用。三是安排残疾人保障专项资金，加大对残疾人康复、培训和救济补助的保障力度，促进残疾人事业发展。

【加大城市建设和环境整治投入】筹集 2.15 亿元资金用于城市建设、环境整治和城市维护，改善中心城区面貌。一是筹集资金 1400 余万元，推进德胜路、石祥路等道路建设，加快构筑城区道路网络。二是筹集资金 4600 余万元，确保背街小巷改善工程的完成。三是筹集资金 5200 余万元用于截污纳管、平改坡、危旧房改善，提升居民生活环境。四是筹集资金 5100 余万元，推进河道整治工程。五是筹集资金 5200 余万元用于道路分类保洁，支持“最清洁城区”创建工作。

【完善政府采购管理】一是拓宽政府采购范围，新增公务用车定点维修、定点印刷和专用设备购置等集中采购项目。二是搞好政府采购预算编制，细化和规范单位采购预算，提高政府采购工作的计划性。三是加强对分散采购的监管，出台加强单位分散采购的有关规定，规范单位分散采购行为。四是加强队伍建设，成立区政府采购协管员队伍，发挥各单位协管员的桥梁纽带作用，共同推动政府采购工作。

【规范国有资产管理】贯彻财政部行政事业单位国有资产管理暂行办法，规范和加强行政事业单位国有资产管理。开展历时4个多月的全区行政事业单位资产清查，共清查37个一级单位和96个二级单位，摸清家底，掌握全区行政事业单位国有资产信息，完善资产管理信息库，纠正部分单位管理薄弱、处置不规范等问题。

【强化财政监督】制订《财政监督检查工作规程》等制度，规范财政监督检查行为。开展各项监督检查工作，做到财政监督与财政具体业务相结合，日常监督与专项检查、抽查相结合。开展财政支农资金管理年活动，进行科技专项资金使用情况检查和会计信息质量检查，实施工业企业技术改造财政资助项目绩效评价工作，开展乡镇可用财力调查，拓宽财政监督领域。

【加强队伍建设】开展作风建设年活动，改进思想作风、学风、工作作风、生活作风。在当年区综合考评中，区财政局被评为先进单位。一是推进激情创业。开展“激情创业、务实创优”主题实践活动，激发创业激情，凝聚工作合力。二是优化财政服务。开展预算单位走访服务活动，征求预算单位对财政工作的意见建议。加强对区重点企业特别是省属下划企业的管理和服务，联合区国税局、区地税局共同为企业送政策、送服务。三是推进规范行政。办理人民代表建议和政协委员提案。接受区人大代表两次定向视察，完善行风监督员制度，办理信访工作，以监督意见为鞭策推进工作。（杭州市拱墅区财政局供稿 罗敏翔执笔）

杭州市西湖区财政工作

【概况】2007年，西湖区实现生产总值279.13亿元，比上年增长17.8%；其中：第一产业增加值4.02亿元，下降0.01%；第二产业增加值65.07亿元，增长16.8%；第三产业增加值210.04亿元，增长18.5%。全年财政总收入46.70亿元，增长32.4%，其中地方财政收入26.34亿元，增长34.8%；地方财政支出16.01亿元，增长10.3%。全区财政收支平衡，预算执行情况良好。

【强化收入管理】一是围绕年度收入目标抓好收入任务分解落实，及时分解收入任务并下达给各乡镇、街道、科技园区和之江区。二是加强税收征管。协调国地税部门挖潜增收，堵塞漏洞，保证主体税种和小税种同步稳定增长。三是加强收入分析。扩大税源分析面，每月分析比较全区前800家企业的税收情况，掌握全区70%税源的增减变化。定期召开财税联席会议，逐月抓收入任务的完成。每月征期结束后根据国地税申报数，估算当月收入情况，为区委、区政府及时提供信息，做好助手、当好参谋。四是培植地方财源。围绕区委区政府提出的发展旅游休闲、高校和省会三大经济的思路，与相关部门梳理、修订企业扶持政策，加强财政政策和资金的导向作用。出台大项目反馈月报和协办单制度，加强重大税源项目尤其是中介服务企业的联系走访，捕捉有关协税护税信息，对发生股权转让等有一次性较大税收的企业，及时上门开展工作。通过协税护税，当年不仅增加税收收入1亿元，而且使地方财政收入占财政总收入比重提高了3个百分点，位居全市第一。

【优化支出结构】一是支持新农村建设，提高农村生活品质。在坚持公共财政“普惠”原则的同时，财政资金向农村倾斜，向欠发达地区倾斜，向低收入人群倾斜。通过综合调度预算内外财力，安排新农村建设各类资金1.84亿元，涉及总投资3.52亿元，重点保障失土农民养老保险、农村环境设施建设和薄弱村帮扶等。二是加大民生事业投入，着力破解“七难”问题。加大公共卫生事业投入，区本级卫生支出3275万元，占一般预算支出的5%，并按人均25元设立公共卫生专项，按照均衡负担原则实行区与乡镇、街道合理分担，统筹使用。着力解决农民社会保障问题，筹措4775万元用于各类农民养老保险和生活补助。率先落实义务教育经费保障机制改革，增加教育拨款1539万元用于免除全区中小学的杂费、代办费、农村学生课本作业本费等。三是加大基础设施建设投入，着力优化人居环境。新增“争创杭州最清洁城区”作业经费1746万元；方便群众生活，落实500万元资金提升改造农贸市场；安排700万元整治居住环境，支持危旧房改造；首期拨付建设资金3000万元，启动区福利中心建设。

【基本建设管控】一是建立基本建设项目管理机构。在区财政局新设基建财务科和区财政项目预算审核中心，加强对政府投资基本建设项目各类资金的统一管理。二是制订基本建设项目资金管理制度，探索资金管理新模式；出台《政府投资基本建设项目资金管理实施办法》，建立基建项目库，试行项目全过程监管。以“两纵三横”道路综合整治资金管理为试点，探索建设资金监管新模式。区财政局被评为2006年度全省财政投资项目审核工作先进单位。

【推进财政改革】一是深化部门预算改革。试编全区中小学部门预算；试行社区卫生收支两条线，编制翠苑医院部门综合预算；汇编历年财政管理文件，培训区级各部门领导。二是开展“财政支农资金管理年活动”。三是推动市区财政体制改革，理顺企业隶属关系，建立企业属地化管理的财政体制。四是制定《非税收入管理办法实施细则》，推进“收支两条线”改革。五是实施政府收支分类改革，做好政府收支分类改革新旧预算科目的双轨并行工作；科学界定政府收支范围，促进部门预算的精细化管理。六是实施政府采购“管采分离”改革，理顺政府采购管理机制。全年组织政府采购招标82次，采购预算金额6880万元，节约资金931万元，节约率13.5%，比上年提高2.3个百分点。七是组织全区会计人员参加第三届全国会计知识大赛，第一赛程获得杭州赛区组织奖，第二赛程获得杭州赛区团体第三名的好成绩。八是继续贯彻“控、保、压”政策，控制各项消费性支出。继续暂停笔记本电脑、数码相机等消费类电子产品的新增购置。加强部门信息化项目的审批管理，控制办公楼装修和办公设备购置标准。九是规范津补贴发放，申报清理各类单项考核奖励，统一全区各级各部门主要发放项目和标准。十是深化国库集中收付改革，扩大直接支付范围，优化部门直付流程，改善内部管理，提高财政精细化管理水平。全年纳入财政直接支付各类支出9.13亿元，增长55.5%；加大项目完工即时追减结余资金的力度,追减项目结余资金3419万元,增长72.4%。

【国有资产监管】一是组织开展全区行政事业单位资产清查工作,至上年底,全区行政事业单位资产清查数为31.73亿元,其中固定资产17.33亿元,出租出借固定资产8420万元。在摸清家底基础上,对全区房产租赁情况进行逐项排查核定,为规范公共资源管理做好准备。二是公开国有股权转让信息,规范国有资产管理,防止国有资产流失。

【财政监督管理】履行财政监督职责,以加强财政管理、促进财政改革、规范财政运行为目的,构建事前、事中、事后相结合,日常监管与重点检查相结合的财政监督新机制。一是对关系民生的支农资金、农转非社保专项资金、农村新型合作医疗基金、河道整治工程以奖代补资金和部门预算编制执行情况等进行专项检查,对检查发现的问题及时提出整改处理意见,促进专项资金规范、安全、有效运行。二是组织开展再就业专项资金、龙井茶基地专项资金、水利专项资金、工业企业技术改造财政资助资金和公共卫生资金的绩效评价。区财政局被评为全省2006年度财政支出绩效评价工作先进单位。三是加强政府负债管理,有效防范财政风险。试编全区负债预算,确保建设资金收支平衡。拟定债务管理系列办法,规范建设项目立项审批程序,加强资金调度能力,加大项目审核力度。清理区内建设主体间资金拆借行为,及时掌握分析全区负债状况,防范和控制政府风险。

【干部队伍建设】围绕"三创新、三提高"思路,以读书、座谈、讲座、网络学校等形式,深入开展机关"作风建设年"、"树新形象、创新业绩"活动和"共建共享生活品质之区"大讨论活动,推进学习型组织创建,组织"读一本好书、写一篇品质之区征文、搞一次品质之区知识测试"的"三个一"活动,开展调查研究,提高干部职工理论水平、理财水平和服务水平。召开事业单位职工聘用合同续签大会,加强"忧患意识、公仆意识、服务意识"教育,加强考核力度,提高干部执行力。开展部分中层职位竞争上岗活动,优化干部队伍结构,树立竞争和业绩意识,为财政事业发展提供人才储备和人力保障。区财政局荣获2006年度区"满意单位"称号和全省财政信息工作先进单位,财政综合办事服务大厅荣获"市模范集体"光荣称号,团支部获"市五四红旗团支部"称号。（杭州市西湖区财政局供稿　葛潮鸣执笔）

（注:"七难":杭州市提出的破解"困难群众生产和生活难、看病难、上学难、住房难、行路停车难、清洁杭州、办事难。""两纵三横":两纵是学院路、教工路,三横是文一路、文二路、文三路。"三创新、三提高":创新学习,提高干部能力水平;创新制度,提高科学理财水平;创新服务,提高群众满意水平。）

杭州高新技术产业开发区(滨江)财政工作

【概况】2007年,杭州高新技术产业开发区(滨江)实现生产总值192.70亿元,比上年增长13%,其中:第一产业增加值1.80亿元,第二产业增加值120亿元,第三产业增加值70.90亿元,分别增长0%、5.5%、28.9%。三次产业结构调整为0.9:62.3:36.8。全年实现财政总收入57.01亿元,其中地方财政收入28.32亿元,分别增长33.2%和38.2%;地方财政总支出17.17亿元,增长20.3%。全区财政收支平衡,预算执行情况良好。

【重产业扶持　促税源建设】把握经济发展与财政收入关系,围绕"两新、两强、两优"扶持企业,落实产业扶持政策,通过各类奖励、房租补贴、贷款贴息等财政政策,加大对软件、集成电路设计、动漫企业以及中小科技型企业的投入,扶持资助留学人员、特殊人才创业。全年企业申报技术改造、高技术产业化、"信息港"、"医药港"等项目744个,争取上级财政扶持资金1.74亿元。帮助中小企业解决融资难瓶颈制约,建立财政金融联席会议制度,发挥区担保公司、风投公司作用。探索和创新融资品种,推行中小企业项目贷款、订单贷款等金融新产品,为中小科技型企业融资提供服务。以产业基地、特色园区、楼宇经济管理为抓手,强化税源意识,坚持和完善财政、国税、地税、工商联席会议制度,加强与工商、国税、地税等部门联系,当年纳税1000万元以上的企业93家,比上年增加25家。

【重民生保障　优支出结构】按照公共财政和统筹发展的要求,加大教育、科技、卫生、就业、社会保障、环境保护、公共安全等民生事业投入,调整和优化支出结构。加大教育投入,统筹安排预算内教育事业费、教育非税收入,把农村中小学义务教育经费纳入财政保障范围,推进教育事业优质均衡发展。加大社会保障投入,提高社会保障能力。发放劳动年龄段以上的征地农民生活补助费4918万元,缴纳新征地农民养老保险3130万元,安排促进再就业专项资金2000万元。加大农村卫生事业费投入,提高新型农村合作医疗资助标准。实施社区卫生服务机构"收支两条线"管理,全区投入医疗卫生经费3815万元,增长78.1%。落实优抚帮扶各项政策,解决困难群众生产生活问题,全年安排退伍军人安置、优抚对象医疗、城市居民最低生活保障、五八城迁、农婚知青、春风行动、老人慰问等经费621万元。加大城市管理投入,推动环境示范区创建,全年安排城市维护费6600万元。

【重创新改革　抓举措落实】从1月1日起实施行政事业单位资金财政直接支付,推行政府性投资基本建设资金财政直接支付。全年已有56个政府性投资新建项目实施财政直接支付。实施政府收支分类改革,做好报表格式的设置、新旧科目取数对应以及新旧科目转换、会计核算软件更新升级等工作。推进义务教育经费保障机制改革,相应调整教育经费的财务管理,制定出台高新(滨江)区义务教育经费保障机制改革实施意见,推行中小学预算编制改革和"校财区管"的财务管理办法,规范学校的预算管理、资金管理和会计核算工作。拟定调整街道财政的收支范围和街道财政预算管理的试行办法,加强和完善街道财政管理。加快推进"金财工程"建设,完成基本建设资金财政直接支付系统开发与实施、收入分析系统的升级,完成财政备网网络的切割、调整及会计核算账务处理系统升级及数据修复,完成"金财工程"小型机项目系统规划、选型和申报,提高财政管理科学化、现代化水平。结合财政工作职责,提出"一五六"的工作举措,即制定出台产业扶持资金预算管理办法;建立大项目跟踪联系、产业发展分析、财政工商国地税联席会议、专项收支分析、税收情况分析等五项制度；确定抓好政策兑现促发展、抓好基建投资保障促发展、抓好投融资体系建设促发展、抓好国有资产整合促发展、优先采购区内自主创新产业促发展、关注民生事业促发展等六项工作措施。

【重规范实效 强管理监督】按照依法理财、科学理财、民主理财、强化监管的要求，注重规范和实效，加强财政资金的预算约束，在推进部门预算、"收支两条线"管理的基础上，着重抓好规范管理与强化监督工作。加强政府性投资建设项目的资金管理，编制政府性投资建设项目财务收支预算，全年批复概算项目30个，批复金额17.31亿元，核减9978万元，平均核减率5.5%；批复预算102个，批复金额7.60亿元，核减金额1.24亿元，核减率14.1%，"三超"(超计划、超概算、超预算)现象明显减少。组织开展农村多层住宅建设资金专项检查，对三个街道建管中心、征迁安置中心的账本、凭证及相关资料进行审查，督促相关单位加强工程建设、征迁安置资金和农民购房预交款的管理。加强建设单位银行账户管理，明确规定账户开设的条件、要求和审批程序，开展清查核实工作，从全区14家建设单位87个银行账户压缩到39个。加强政府负债管理，出台政府投资项目融资管理实施意见，规范各融资平台的融资行为，合理调度间隙资金，有效压缩负债9.7亿元。加强国有资产管理，对全区94家行政事业单位固定资产进行全面清查，共清查资产9.43亿元。制定《国有企业经营收益收缴管理暂行办法》、《担保有限公司业务管理暂行办法》、《风险投资公司风险投资业务管理暂行办法》等一系列监管制度，规范国有企业资产经营收益收缴和使用行为。加强支农资金管理，对7家区农业龙头企业农业开发项目资金使用情况进行全面审查验收。加强政府采购管理，严把采购方式审批、信息公告、招标文件审定、专家评标、履约监督等五个环节，规范采购程序，提高采购质量；全年共实施采购102批次，实际采购金额9365万元。加强财政监督检查，对2006年度建设局预算编制和执行情况进行监督检查，开展行政事业收费验审和会计信息质量检查。

【重学习交流 创和谐财政】根据区委开展"作风建设年"、"走近矛盾、破解难题"、"树新形象、创新业绩"三大活动的要求，结合学习型组织创建，拟定下发各类干部教育培训计划，传达学习上级有关会议精神，组织开展"树良好形象、创和谐财政"教育实践活动，从创学习型、创新型、效能型机关着手，开辟"和谐财政"论坛，邀请专家教授进行专题辅导讲授，组织学习十七大精神。作风建设上，坚持"五承诺"、"五个零"的措施和考核机制，通过人员岗位交流促进业务学习与交流，实现工作能力、创新能力、队伍素质、服务水平的提升。

(杭州高新技术产业开发区(滨江)财政局供稿 詹斐斐执笔)

杭州市萧山区财政工作

【概况】2007年，萧山区实现生产总值842.86亿元，比上年增长20.4%；三次产业增加值分别为38.18亿元、552.22亿元和252.46亿元，分别增长8.4%、21.0%和21.1%；三次产业增加值占生产总值比重分别达到4.5%、65.5%和30.0%；人均生产总值70829元，增长19.5%。全区完成财政总收入111.58亿元，增长33.0%，成为全省首个财政收入超百亿的县(市、区)；其中地方财政收入53.88亿元，增长34.9%；财政总支出47.01亿元，增长29.4%。全区财政收支实现总体平衡，略有结余。

【财政收入管理】围绕"超百亿、保领先、优结构、促发展、可持续"的组织收入工作目标，规范和强化财政收入管理。加强重点税源控管，将区(局)级以上重点税源户扩大到641户，增加50.1%，占总纳税户比重达到3.4%，增加0.7个百分点。加强地方税种管理，落实城建税税率调整、城镇土地使用税和房产税扩面征收、印花税全面预征、车船税调整等政策措施，实行国地税征收信息比对，从源头上防止税款流失，全年入库地方七税7.96亿元，增长48.8%。强化税务稽查和纳税评估，全年共检查企业800户，查补税(费)款3497万元，评估企业523户，补缴税(费)款2165万元。加强非税收入征管，将土地出让金收入全额缴入国库，纳入基金预算管理；完善社会保险费"五费合征"和企业自行申报工作，全年共入库社会保险费11.71亿元，增长39.8%。在财政收入总量快速增长的同时，收入结构进一步优化，地方财政收入增幅高于财政总收入增幅1.9个百分点，占财政总收入的比重48.3%，比上年提高0.6个百分点。

【财政支出管理】一是控制行政性经费增长。在部门预算编制中采取压缩行政经费、控制车辆购置等措施，减少行政性开支，实现公用经费定额零增长。二是继续推进会计集中结算制度。在镇街(开发区)财政和区属学校全面实行会计集中结算，提高财政性资金使用效率；统一使用和调度财政存量资金，减少财政负债规模和建设工程成本。三是加强财政资金监管。制订财政监督办法和财政监督检查工作规程，开展部门预算编制与执行情况、会计信息质量、农村整治村示范村专项资金、支农专项资金等专项检查，查出并纠正违规资金2325万元。四是加强政府审价管理。制订出台政府性投资建设项目审价中介机构业务考核办法，探索项目代建制，提高政府投资效益。全年共核减各类建设项目资金6.96亿元，核减率13.3%。五是加强政府性债务管理，制订镇级政府性债务管理办法和实施细则，遏制镇级债务风险。

【服务经济发展】发挥财政政策和资金的杠杆作用，支持区域经济发展和结构调整。一是以"三年行动计划"为契机，着力提升工业经济质量和效益。落实工作职责，以资金为纽带，加快拨付进度，促进三平台和三组团建设的快速推进；以政策为导向，修订完善新一轮工业扶持政策，制定科技创新成果奖励制度，出台支持总部经济的政策，促进"萧山制造"向"萧山创造"转变。二是以"一港四区"建设为载体，扶持现代服务业发展。依托萧山机场二期建设，发展空港经济；投入财政资金5500万元，专项扶持旅游业、商贸流通业、文化创意产业发展。三是执行国家各项税费优惠政策，落实对企业的各项扶持政策，全年减免各项税费2.59亿元，兑付各项资金2.55亿元，促进区域产业结构的调整和经济增长方式的转变，提高经济对财政的贡献度。

【民生工程建设】按照新增财力三分之二以上用于民生的要求，优化支出结构，加大民生工程投入。一是推进各项社会事业发展。全年安排21.66亿元资金支持新农村建设，保证"治江围涂"1.78万亩任务提前完成，启动惠及南部各镇的溪流整治工程，全面完成农村危桥改造。继续推进义务教育经费保障机制改革，在免收杂费后，又逐步免收课本费、作业本费，并扩大低收入家庭学生资助范围，建立民办教育和职业教育奖励补助制度。完善社会保障制度，扩大70周岁以上老人生活补助金发放范围，提高新型农村合作医疗补助标准和最低生活保障标准。二是支持环保事业发展，改善群众生活环境。制订支持城乡居民生活垃圾集中处理的政策，落实"最清洁城乡工程"、污水处理、河道整治等项目资金2.25亿元。三是保障大型建设项目顺利推进，加快大城区建设进程。投入19亿元保证地铁、过江隧道、钱江九桥、"平改立"、"上改下"等重大基础设施建设需要，保证区内重大交通干道项目、城区道路贯通，以及学校、社区卫生服务中心等社会事业建设项目的顺利实施，改善人居和投资环境。

【国有资产管理】组织开展行政事业单位资产清查工作和经营性国有资产的调查摸底工作。制订水务集团高管薪酬制度，探索国企高管薪酬制度。加强资产评估和中介服务机构的监督，对涉及到国有资产或产权转让、处置等工作，严格按规定程序进行，并对整个评估、拍卖过程进行现场监督，全年共完成评估核准项目10个，评估备案项目5个，评估资产价值达26.82亿元；收缴国有资产6427万元，拨付改革成本3633万元。提高国有资产处置收益，对区机关事务管理局、第十高级中学部分房产等进行公开拍卖，对区环卫处、棉麻试验场等报废资产公开处置，城建发展公司广告经营权公开出让，划转杭齿医院、原穗丰集团、萧山妇保院、粮食购销公司等单位的部分资产，确保国有资产处置收益最大化。

【会计队伍管理】组织开展第三届全国会计知识大赛萧山赛区的工作。在省内首创会计类考试全程网上报名和缴费的方式，提升会计管理信息化水平。加强会计从业资格管理，严把准入关，共发放会计从业资格证2510本，办理注册登记341本，办理离岗登记30本，办理调转手续224本。加强会计人员继续教育，全年共培训会计人员3519人。做好各类会计考试的报名、考试工作，组织639人报名参加全国注册会计师考试，1174人参加会计专业技术资格考试，5257人参加会计从业资格考试，2389人参加会计电算化考试。组织职高、财会中专等学校的珠算等级鉴定，有408人参加珠算等级鉴定考试，发放等级证书218本，提高会计队伍的整体素质。

【干部队伍建设】一是加强队伍培训教育。创新全员教育培训体系，邀请专家学者举办十七大精神辅导教学、文化修养知识、反腐倡廉等专题知识讲座，组织237名干部参加集中封闭式轮训和考试，组织公共基础知识培训、执法资格考试等培训，累计培训905人次。二是完善队伍建设制度。健全中层干部竞争上岗机制，选拔任用年纪轻、能力强、群众公认度高的干部，并提出"强素质、勤工作、会协调、善创新、能廉政"的十五字要求和"做好三项工作、树立三种境界、当好三种角色"的要求，提高中层队伍的服务能力。完善服务机制，运用短信平台、财税网站、QQ群等方式，加强与服务对象的沟通。创新监督机制，在财政办事服务中心安装服务评价器，健全廉政监督员走访联系制度，强化社会监督。三是加强党风廉政建设。开展"作风建设年暨争创群众满意的基层站所活动"、"树创活动"、"打造生活品质之区"大讨论等活动。四是丰富干部业余文化生活。发挥群团作用，组织开展登山、钓鱼、乒乓球、大合唱、广播操等集体活动。

（杭州市萧山区财政局供稿 吴水忠执笔）

杭州市余杭区财政工作

【概况】2007年，余杭区生产总值420.77亿元，按可比价计算比上年增长15.0%，其中：第一产业30.29亿元，增长1.8%；第二产业248.37亿元，增长17.4%；第三产业142.11亿元，增长14.0%，三次产业比例为7.2:59.0:33.8。全区人均GDP为51130元。全区财政总收入65.78亿元，其中地方财政收入36.79亿元，分别增长31.1%和34.0%；全区财政支出36.29亿元，增长31.3%。全区财政预算执行情况良好。

【支持经济发展】一是支持推进"工业强区"战略。参与制定《关于实施"工业强区"战略的若干意见》、《余杭区工业强区扶持政策意见》及八个具体实施细则和办法，修订出台《余杭区科技专项资金管理使用实施细则》；优化工业财政支出结构，全年用于扶持工业经济的财政支出2亿元，其中工业科技项目支出5000万元；争取国家、省、市各类财政资助资金4126万元。二是支持现代服务业发展。修订出台《余杭区旅游发展专项资金管理使用实施细则》、《余杭区现代服务业专项资金管理使用实施细则》，安排4500万元用于支持现代服务业体系的建设。三是通过电视、报纸、余杭财税网站和《余杭财税》刊物等宣传媒体，广泛宣传各类财税政策。

【加大民生投入】一是加大支农投入。建立支农资金稳定增长机制，当年全区预算内外用于新农村建设资金29.59亿元，增长16.0%。会同有关部门出台《关于加快现代化都市农业发展的若干政策意见》、《余杭区农村饮用水工程建设管理实施意见》等相关支农政策；与保险公司合作，对水稻、蔬菜(瓜果)大棚、鸡等三类实行政策性农业保险；开展全区农民种粮补贴与农民基础信息补贴网创建工作。二是加大教育投入。当年安排预算内教育事业费支出8.47亿元，增长48.4%，其中：用于校舍维修、余杭中学、社区学院等学校基础设施建设3.66亿元；用于减免义务教育阶段学杂费、课本费、作业本费2973万元；用于镇乡教师房改补贴800万元。三是加大社保投入。出台《余杭区多渠道筹措社会保障资金实施办法》，当年安排预算内社会保障和就业支出1.86亿元；支持建立社会医疗救助体系，加大对城乡低保家庭等困难人群的医疗救助力度，全年安排医疗卫生支出1.85亿元，增长41.8%，医疗保险基金支出1.74亿元，增长83.4%。

【推进各项改革】深化综合预算改革，完善综合预算指标体系，按政府收支分类科目要求，将各部门单位的预算外支出纳入综合预算指标和申拨系统管理。推进国库集中支付改革，对工会经费、党报党刊经费等实行国库集中拨付办法。继续贯彻执行预算外资金“收支两条线”管理，全年共有119家行政事业单位纳入“收支两条线”管理，预算外资金收入6.32亿元。推进新版非税系统实施工作，确定区教育局直属22所学校作为首批试点单位。规范镇乡政府采购，全年完成政府采购1.63亿元，节约资金0.25亿元，节约率为13.3%，其中公开招标为1.10亿元，占采购总额的67.4%。加强土地出让金管理，对全区土地出让金分配政策进行调整和完善。加强部门收费资金管理，调整和完善非税收入政府统筹管理办法。

【财政监督管理】一是加强财政资金管理。对原有36个财政专项资金专户进行整合，共设财政专项资金专户22个；制订《余杭区专项资金管理办法》及实施细则；提出“清洁和绿化余杭”行动政策扶持资金的整合意见；出台公务活动费管理办法，压缩公务费支出。二是完善财政监督职能。配合区纪委、区审计局对部分财政专项资金管理使用情况、支出范围、标准进行专项监督检查；完成区民政局、区药监局(包括下属预算编制单位)等部门预算编制及执行情况的监督检查工作；开展会计信息质量检查，共组织检查23家企事业单位，查出违纪违规金额2133万元，提出整改意见25条；创新管理机制，实行基建项目联系制，修订完善《余杭区农业综合开发项目和资金管理实施办法》，推行工程建设廉政承诺制和工程建设联系人制度，出台《余杭区政府性投资建设项目管理操作程序》，实行工程变更备案审批制度。

【会计事务管理】一是做好会计从业资格证书办理工作，全年共办理2289人次，全区持证会计人员14095人。二是完成注册会计师报名考试、会计人员继续教育、会计从业资格考试等日常事务工作。三是完成第三届会计知识大赛余杭赛区组织工作，余杭区代表队获得杭州赛区二等奖。

【国有资产监督管理】一是推进国有资产改革。完成杭州余杭城市建设集团有限公司组建工作，推进杭州余杭农林资产经营(集团)有限公司的组建工作，做好工业资产经营有限公司国有股权挂牌工作；明确供销系统监管体制；出台《余杭区国有及国有控股企业重大事项监管暂行办法》和《余杭区国有资产经营公司年薪制考核试行办法》。二是加强国有资产管理。出台《余杭区国有资产管理委员会议事规则》、《余杭区国有资产管理委员会办公室工作规则》，明确区国资委和区国资办工作职责；完成全区行政事业单位资产清查工作，共清查出资产部类损失6327万元，资产部类增加3249万元；启用区级行政事业单位固定资产网络化管理系统，实现纸质和网络同步申报；加快财政周转金清理，全年共收回借款及投资收益625万元，经批准核销财政周转金353万元。

【干部队伍建设】开展以“五型”机关建设为载体，以“五结合、五改进、五不让”为目标要求的机关“作风建设年”活动，深化干部队伍建设。一是加强学习教育。局主要领导亲自撰写材料为全体党员干部上党课；发放《细节决定成败》、《方法总比困难多》等4本书进行学习、交流；开展全员轮训和“三个能手”竞赛活动；开通网络学校，要求全体干部通过网络进行学习；开展调查研究，完成《新企业所得税法对余杭经济发展的影响分析》等38个重点调研报告。二是优化服务举措。开展服务大厅竞赛和评选“党员先锋岗”活动，推进人民满意基层站所创建和基层站所规范化建设；组织开展“百名党员访企业”活动，上门为企业提供政策业务辅导；推出预约服务、延时服务、上门服务等个性化服务举措。三是完善管理制度。修订完善局内部管理考核办法，加大违规处罚力度；制定出台作风建设问责办法，明确要求，规范行为；成立内部督查小组，开展不定期抽查，督促作风建设、效能建设及各项制度的执行。四是提倡清正廉洁。落实党风廉政建设责任制和反腐倡廉工作组织领导及责任分工，签订党风廉政建设责任状；组织全体中层以上干部前往杭州市南郊监狱开展警示教育；成立乒乓球、羽毛球、书法等10个兴趣小组，培养良好生活情趣。

(杭州市余杭区财政局供稿 吴 建执笔)

富阳市财政工作

【概况】2007年，富阳市实现生产总值289亿元，比上年增长21.2%。其中：第一产业增加值21.7亿元，增长9.9%；第二产业增加值181亿元，增长23.6%；第三产业增加值86.3亿元，增长19.4%。一、二、三产业增加值占GDP的比重分别为7.5:62.7:29.8。人均生产总值45291元，增长20.4%。全市完成财政总收入38.76亿元，增长28.1%，其中地方财政收入20.45亿元，增长28.1%；财政支出20.10亿元，增长22.6%。全年财政实现收支平衡。

【支持经济发展】一是筹措支农资金。安排预算内支农资金2.30亿元，增长22.7%；筹措其他各项支农资金2亿多元，主要用于农业基础设施、村庄环境保护设施的建设，优化农业产业结构布局，提升产业化水平。二是扶持和发展地方经济。拨付工业经济发展类资金9872万元，商贸、流通类资金188万元，外经外贸类资金1211万元。投入经济改革资金1182万元用于充实社保基金；办理政策退库3000万元，用于民生支出，使国有企业在稳定市场供给、保障公益性服务方面发挥积极作用。向省、市两级争取工业经济发展类扶持资金4743万元。三是推进农业综合开发工作。实施鹿山街道上里畈中低产田改造、新登镇大山畈中低产田改造、受降茶厂“眉茶精深加工”、桑普实业有限公司的财政贴息及“水稻测土配方施肥及高产高效集成技术示范推广”这5个项目，总投资7338万元，其中省以上财政资金1170万元，富阳市级财政资金470万元，自筹及其他资金5698万元。

【组织财政收入】一是抓好个人所得税征管，全年补缴个人所得税964万元。二是抓好各项政策的落实到位。实施资源税源头控管，继续做好资源税由民爆公司统一代征工作，资源税增长72.04%。落实和完善印花税全行业预征办法，印花税增长41%。以房产税、土地使用税调查为契机，掌握房产税和土地使用税基本情况，对房产保有环节的房产税、土地使用税相关信息进行核查和补充，促进征管质量的提高和税收收入的增长。三是加强部门间的合作。及时与国税部门进行数据信息比对，确保城建税的可持续增长。全年地方七税共增收 1.09 亿元。加强建筑业管理，与城建招标办加强协调共享信息，从抓源头、抓项目、抓台账、抓跟踪等四方面进行管理。全年房地产行业入库税收占总税收的三分之一以上，增收额占总增收额的 42.9%，其中房地产营业税和土地增值税分别增收 6828 万元和 4817 万元。

【非税收入征管】出台《非税收入征收管理暂行办法》，调整行政事业单位政府统筹资金的征缴比例，市级机关和财政补助事业单位政府非税收入，在扣除上级分成、上缴税费及成本类收入扣除相关成本费用后的 50%作为政府统筹资金，全年共统筹政府资金 4096 万元，从当年起统筹比例从 15%提高到 50%。

【构建大财政体系】按照政府全部财力"收入一个笼子、预算一个盘子、支出一个口子"的大财政管理模式，从 9 月份起，调整计划编排和资金核算体系，开始编制大财政预算体系。一是强化政府财力统筹。以编制大计划、大收支、大财政、大预算报表为手段，统揽政府财力。二是以编制政府财力预算为龙头实现支出统筹。将预算内收入、政府性基金、土地出让金、国资收益、行政事业单位收费、社保基金等所有政府可调控资金全部纳入预算，由市财政统筹安排。三是以编制部门预算为基础全面完善预算编制体系。逐步建立科学、合理、规范的项目指标体系和各类支出标准，规范预算分配。同时实行预算执行结果等级评定。

【强化支出管理】一是组织实施市级部门预算编审工作，预算提交市人大常委会审议的部门由上年的 21 个增加到 35 个。"二上二下"的预算编制流程全部通过"金财工程"软件完成，各类专项资金纳入部门预算，并试编政府采购预算。二是做好全市党政机关更新车辆的审批和采购工作。全年共组织监督政府采购 153 次，采购金额 3.94 亿元，节约资金 6415 万元，节支率 16.3%。三是重视投资评审工作，全年委托有关中介机构审核结算的竣工项目 71 个，送审金额 4.04 亿元，核定工程金额 3.60 亿元，核减 4440 万元，核减率为 11%。

【优化支出结构】实施"大财政、大收支、大预算"，统筹预算内外和基金收入，整合全市资金、资产和资源，统筹整合财政支农政策与各项专项资金。全年用于教育、卫生、社保和农林水的预算投入为 12.05 亿元，占财政支出的 60%。新增财力 2.10 亿元，其中用于解决民生问题 1.50 亿元，实现新增财力的三分之二以上用于民生的目标，保证各项重点支出的法定增长，解决人民群众最关心、最直接、最现实的就医就业就学和社会保障、环境保护、社会治安、文化建设等问题。□

【实施新一轮乡镇财政体制】按照确保运转、鼓励发展、兼顾公平的原则，制订 2007 年至 2011 年新一轮乡镇财政运行体制。实行"划分类别、核定基数、收支挂钩、超收留用"的财政管理办法，将乡镇街道划分为工业主导型、综合发展型和农业生态型，并实行不同的环比增长。核定收支基数，体制的核心机制是实行收入环比超上年全额留用。

【强化公有资产监管】印发《关于加强机关事业单位房地产管理的实施意见》和《富阳市机关事业单位房地产移交工作规程》，组建富阳市机关事业单位公共资产管理中心，第一批 65 家市本级机关事业单位在年末基本完成房地产核实和相关资料的报送工作。据统计，65 家单位移交给公共资产管理中心的房产建筑面积 28.26 万平方米，土地面积 33.96 万平方米，账面价值 3.80 亿元。

【改革投融资体制】一是全面推进投融资体制改革和机制创新工作，提出全市投融资体制改革实施方案并组织实施。二是按照"统分结合、多元筹资、自求平衡、滚动发展"的资产运营体系建设要求，先后增资并完善市城投公司(含原交投公司、水投公司)、教育发展公司，组建交通发展投资公司、新登城镇投资公司等投融资平台。三是拟订《富阳市政府投资机构管理暂行办法》、《富阳市政府性投资项目融资计划管理暂行办法》、《富阳市政府机构经费预算管理试行办法》、《富阳市国有资产营运机构财务监督管理办法》等投融资管理制度。

【会计管理】一是实施会计人员考核，在对 489 户工商企业的日常税务稽核和检查中，499 名违反会计职业行为的会计受到记分处理。二是实施会计从业人员持证上岗情况自查工作，全市 1451 户申报企业、行政事业单位作了自查，查出无证上岗人员 837 人。三是组织参加第三届全国会计知识大赛，其中网上答题 27467 人，参赛率 327.7%，位居杭州地区第一，获得特别组织奖。

【干部队伍建设】一是加强作风纪律建设。以"作风纪律建设年"和"第一个财税服务年"活动为契机，对全局 300 余台电脑进行逐台清理，凡与工作无关的游戏、股票等软件一律清除，并进行复查。二是开展竞争上岗工作。全局 104 名干部报名参加竞聘，有 13 名被提拔，其中 6 位中层副职被聘为中层正职，7 位一般干部被聘为中层副职。竞岗后，全局 28 名干部被聘任为中层正职，32 名干部被聘任为中层副职，对 31 名一般干部进行岗位调整。三是发挥群团组织作用。局工会、团委和妇委会共同举办以"打造阳光财税，争做阳光干部"为主题的演讲比赛。全局 79 名运动员参加富阳市第六届运动会的所有比赛项目，夺得金牌榜第三名，团体总分第三名的好成绩，同时获组织奖。参加富阳市"庆五一迎奥运"健身跑、拔河比赛、文艺晚会、健美操和"三八"女子跳绳比赛等活动。开展各项关爱社会、帮困结对活动，全局干部职工个人捐助 10 万余元，各单位集体捐助 4 万余元，直接帮扶结对特困户、下岗女工、留守儿童、贫困学生等 90 余人。

(富阳市财政局供稿　刘学文执笔)

建德市财政工作

【概况】2007 年，建德市全市实现生产总值 138.96 亿元，比上年增长 16.2%，其中：第一产业增加值 18.00 亿元，增长 2.1%；第二产业增加值 82.18 亿元，增长 21.1%，第三产业增加值 38.78 亿元，增长 15.5%。一、二、三产业增加值占生产总值的比重分别为 13.0%、59.1%、27.9%。人均生产总值 27242 元，增长 20.3%。全市财政总收入 16.80 亿元，其中地方财政收入 8.42 亿元，增长 24.5%；地方财政支出 10.65 亿元，增长 22.3%。全年财政实现收支平衡。

【组织财政收入】继续坚持国税、地税、非税收入并举的组织收入要求,在依法治税、规范管理的前提下,加强国地税合作,增强地税部门服务经济的能力。按照"均衡入库、持续增长、优化结构、调控有力"的目标,规范征管流程,强化经济税源管理,推进申报、缴库现代化。加强房地产交易计税价格管理,推进以契税为"抓手"的房地产交易税收一体化征管,全面实施二手房交易最低计税价格体系。以综合预算为平台,强化国有资产、国有资源有偿使用收入的"收支两条线"管理。重新公布各类行政事业性收费项目的收费标准,规范非税收入征缴减免,增加政府财政收入。

【支持经济发展】坚持政策引导、资金支持、体制激励、优质服务有机结合,创新财税支持经济发展的方式方法,推动经济发展方式转变。一是落实国家、省、杭州市有关优惠政策和市委、市政府有关扶优扶强、招商引资、加快经济发展的各项政策,发挥财政"四两拨千斤"的杠杆作用,促进重点企业做大做强、中小企业提质增效,鼓励优质企业上市,提升总体经济质量,全年共安排招商引资、工业功能区基础设施建设及封闭运行资助、工业企业技改资助、外向型经济发展奖励、金融贡献奖等各类财政扶持资金 7455 万元。二是发挥税收优惠政策对经济发展的政策效应,兑现出口退(免)税、国产设备抵免、下岗再就业、技术改造等相关税收政策,全年共计 3.23 亿元。三是履行职能,当好参谋,为决策服务、为企业服务。落实市委鼓励经济发展各项战略要求,协调有关部门开展政策调研,研究完善、落实财税支持经济发展的政策,并利用各种形式和渠道,加大对企业的政策辅导,促进经济健康发展。

【优化支出结构】按照公共财政的要求,在财力安排上实现支出结构调整的要求,存量支出侧重优化结构,增量支出侧重于民生需求、和谐社会要求。一是明确"统筹规划,分步实施;结合实际,因地制宜;突出重点,分类指导;方式灵活,注重实效"的四项支持原则,为支持新农村建设提供指导性意见,加大对农民饮用水安全工程投入力度,实施农村住房政策性保险,全面完成"双千万双百公里渠系"建设工程,落实粮食综合直补政策。二是全面启动义务教育经费保障机制改革,落实城乡义务教育阶段免收杂费政策,继续实施农村中小学教育"四项工程",提高中小学校公用经费保障水平。三是完善社会保障体系建设。完善失地农民养老保障办法,实行农村困难群众住房补助,确保城乡低保等困难群体生活费按时足额发放,提高优抚对象、义务兵家属优待金,提高农婚知青、精减下放人员生活困难补助标准,提高城镇居民医疗保险标准,对城镇"三无"人员实行医疗补助,并两次提高新型农村合作医疗报销比例。全年全市社会救济支出 1535 万元,抚恤安置支出 1447 万元,医疗卫生支出 8662 万元,分别增长 19.3%、11.5%和 19.4%。四是保证重点支出,财政一般预算安排的支农、教育、科技支出分别增长 31.4%、24.2%、62.7%。

【加强支出管理】按照"收入一个笼子,支出一个口子,预算一个盘子"的要求,部门收支全部按"收支两条线"的原则编入部门预算。探索专项资金分类管理,设置"机动项目经费",约束专项资金规模不断扩大的趋势。扩大财政直接支付范围,改进资金支付方式,财政直接支付资金从上年的五项资金(政府采购、科技三项费、财政资助资金及部分民政抚恤资金和部分交通建设资金)扩大到十项(增加政府投资重点项目资金、城市建设资金、水利专项资金、教育资金和部分社保资金等五项资金),直接支付总额 4.80 亿元。增强财政监督职能,会计核算中心深化职能转型提升,从事后审核向过程监控转变。政府采购实行"管"、"采"分离,规范采购程序。整合国有投融资公司,扩大国有资产运作平台,实行国有经营公司经费预算化管理,提高国有资产管理集约化水平。

【推进依法行政】加强财税法制建设,全面落实财税"五五"普法的各项工作,以税收宣传月为平台,全方位多角度开展财税法规政策宣传,全面落实行政执法责任制和执法过错追究制,开展财税执法职能、依据和财税审批事项清理,规范执法行为,全面推进依法理财治税工作。坚持做到年度预算编制、预算调整及年终决算按照法定程序,提请人大及其常委会审议,严格执行经人大审议通过的财政预决算决议。定期和不定期地向市人大常委会、市人大财经工作委员会以及市政协报告财政预算执行情况,接受指导和监督。加强乡镇财政工作的指导,组建乡镇财务管理网络,加大对乡镇财政管理制度建设的考核监督,强化乡镇教育负债管理,督促其建立偿债准备金,并规范乡镇预算的审批管理,出台乡镇工业功能区封闭运行办法,强化融资平台建设和债务管理。

【加强干部队伍建设】一是以学习型组织建设为平台,提高干部综合素质。在系统内开展科学发展观、和谐社会观和各种类型的形势政策教育,提高干部职工的政治思想素质。按照学习型组织要求,明确阶段性创建目标。强化"学分制"考核,对干部参加政治学习、业务考试、素质培训、调研课题等进行量化记分制,促进干部自觉参与、激发学习的激情、动力。完善"一季一题争明星"活动,自学为主、辅导为次、统分结合,提升干部业务学习和岗位操作应用能力,系统上下学习氛围日益浓厚。二是以"上台阶项目"为突破,提升财税工作绩效。确定 40 个上台阶项目,落实到各个科室(单位),进行年度实施情况考评。三是以"文化建设"为平台,构建活力团队。引进人性化管理的新理念,倡导"快乐工作每一天",形成积极向上精神状态、和谐协调的优良环境。四是以效能建设为抓手,打造良好财税队伍形象。完善相关制度,规范办事程序和执法规范,简化服务程序,加强科室间协调互促。

(建德市财政局供稿 袁绍红执笔)

临安市财政工作

【概况】2007 年,临安市实现生产总值 197.30 亿元,比上年增长 17.1%,其中:第一产业增加值 20.14 亿元,增长 3.8%;第二产业增加值 117.28 亿元,增长 19.6%;第三产业增加值 59.90 亿元,增长 17.4%。人均生产总值 36119 元,增长 16.6%。全市财政总收入 18.7 亿元,增长 27.2%,其中地方财政收入 9.8 亿元,增长 21.8%;全市财政总支出 11.6 亿元,增长 23.1%。全年财政实现收支平衡，略有节余。

【支持经济发展】发挥财税职能作用，综合运用政策、资金、管理和服务等手段，探索促进经济发展的新路子。全年兑现市本级工业发展专项资金4917万元，向上争取科技创强、节能减排等补助资金2074万元，审核办理各类减免税9399万元，推动工业强市战略的实施。市本级安排新农村建设各项资金1.93亿元，推进农业综合开发、农业龙头企业壮大和村庄整治等工作。筹措重点项目建设资金4.5亿元，向上争取国债等补助资金1.13亿元，加快重点工程建设和城市化进程。

【优化支出结构】把调整和优化财政支出结构的重点放在“控、压、保”上，保障民生需求，维护全市改革发展稳定大局。制定《临安市行政事业单位会议接待费开支标准》、《临安市行政事业单位办公设备配备标准》，为规范财政日常支出提供制度保障。制定新一轮就业再就业政策，调整城乡最低生活保障标准，落实重点优抚对象医疗保险政策，增加城乡公共卫生服务经费，实施农民健康工程，完善农村合作医疗保险制度，免除义务教育杂费，提高中小学生人均公用经费，出台城镇廉租住房保障办法，全年用于“三农”、科教文卫、社会保障、生态环保和平安创建等重点领域的支出7.84亿元，增长36.8%，占全市一般预算支出的67.6%。

【加强政府非税收入管理】出台国有土地使用权出让收支管理办法，将国有土地出让金纳入财政预算管理。加强非税收入征管，全年共征收行政事业性收费收入2.40亿元、预算外调节金1180万元、罚没收入4559万元。制定《临安市社会保险费征缴管理办法》，全年共征收各类规费收入4.15亿元，增长36.8%；其中社会保险费收入3.10亿元，增长46.8%。

【推进部门预算改革】推进政府收支分类改革，采用新的收支科目编制2007年财政收支预算，把一般预算资金、专项资金和项目建设资金统一纳入预算编制范围，加强预算执行情况的分析、监督工作，提高预算管理的科学性和规范性。开展行政事业单位津补贴发放清理工作，按要求制定规范公务员津补贴实施方案。

【加大支出管理改革力度】推进政府采购工作，扩大政府采购范围和规模，加大政府采购监管力度，全年实施政府采购金额7808万元，资金节约率15.4%。制定《临安市财政性投资项目委托评审操作办法》，加大对项目建设全过程的监督力度，全年共委托中介机构对119个项目进行审价，送审资金1.96亿元，净核减工程造价2563万元，核减率13.1%。出台《临安市财政支出绩效评价管理办法》，选取环境监测技术项目、医疗救助资金和部分支农项目进行绩效评价，加强财政资金使用效益的监管。

【促进国有资产规范管理】制定《临安市国有资产投资控股有限公司绩效考核办法》和相关内部管理制度，促进国资公司正常经营。开展行政事业单位清产核资工作，共清查市级行政事业单位280家，资产合计5.49亿元，净资产4.28亿元，制定《临安市国有剥离资产管理办法》、《临安市行政事业单位国有资产处置收益管理办法》，按照“三公”原则处置国有资产521万元，促进国有资产保值增值。

【财政监督管理】制定《临安市基本医疗保险费使用监督管理办法》、《临安市残疾人就业保障资金支出管理办法》，开展社会保障资金、生态市建设、救灾资金使用和部门预算执行、行政事业性收费、财税政策落实等方面的专项检查。实施会计管理新模式，把会计管理职能延伸到税务、审计等部门，加大对会计人员的考核、培训力度，全年共检查企业267家，考核会计人员396人，评出9名先进会计工作者，全年组织会计人员8306人次进行继续教育培训，促进财会队伍素质和会计信息质量的提高。

【干部队伍建设】组织学习党的十七大精神和胡锦涛同志“6.25”讲话、党风廉政建设、财税基础知识“菜单式”培训和岗位大练兵等活动，开通临安财税网校和网上党建学习园地，采用学分制形式对干部学习情况进行考核，全年共举办各类培训班5期，参训1700人次，提高财税干部的综合素质。修订完善《临安市财政地税局干部职工教育、培训、管理、考核、监督办法》，做到年初有任务、年中有跟踪、年终有考核。

（临安市财政局供稿　王　敏执笔）

桐庐县财政工作

【概况】2007年，桐庐县实现生产总值142.75亿元，比上年增长14.2%，其中：第一产业增加值12.82亿元，增长5.2%；第二产业增加值90.38亿元，增长15.3%；第三产业增加值39.55亿元，增长14.7%。三次产业结构比例为9.0:63.3:27.7。人均GDP为35908元，增长13.7%。全县财政总收入13.80亿元，增长16.5%，其中地方财政收入6.68亿元，增长16.6%；财政总支出8.48亿元，增长13.1%。当年实现财政收支平衡。

【促进经济发展】围绕推进产业升级、结构调整、转变发展方式，以政策引导、资金扶持、机制放活为措施，着力扶持高效生态农业、先进制造业、高新技术产业和第三产业特别是现代服务业等发展。一是落实生态农业示范园区、专业示范村、农业品牌建设等26个项目的产业化扶持奖励政策；争取并组织实施国家农业综合开发项目，完成总投资1135万元的分水、横村两个小流域治理项目，实施完成碧于天蜂产品深加工产业化项目；江南中型灌区节水配套改造、蜂之语“蜂产品精加工”等项目通过立项。二是整合工业经济发展扶持政策，扶持装备制造业和高新技术产业发展，修订完善促进针织、制笔业块状经济发展政策，制定出台推进企业上市工作的若干意见，推动企业上市。三是调整完善商贸服务业、旅游业发展扶持政策，加快产业结构调整步伐。四是用足用好各项税收政策，落实固定资产加速折旧等优惠政策，批准技术改造国产设备投资抵免税923万元，财产损失税前列支335万元。全年财政扶持企业补助资金4200余万元。五是打造融资平台，实行财政性资金存贷挂钩办法，做好县重点建设项目、工业功能区及滨江区块改造融资工作。

【调整支出结构】按照惠及全县人民、构建和谐社会的要求,坚持以人为本,优化资源,着力解决人民群众最关心、最直接、最现实的问题。一是加大对"三农"的支持力度。安排落实农村安全饮用水、农民下山集聚发展、水利设施建设、杭千高速沿线整治等新农村建设专项资金;完成"农民补贴网"建设工作,对种粮大户实行财政直补。全年财政投入"三农"资金4.70亿元,增长23.7%。二是增加对各项社会事业的投入。推进教育资源整合,全面落实义务教育经费保障机制,继续推行农村中小学"四项工程",提高农村中小学公用经费保障标准,全年共安排教育支出2.12亿元,增长13.2%。着力提高企业自主创新能力,促进科技平台建设;支持文化体育事业发展,确保体育馆、游泳馆、广播电视中心建设及群众文化"三百"活动、县第三届运动会资金需求;支持城市社区卫生和农村卫生事业发展,全面实施"农民健康工程",推进公共卫生体系建设。全年共安排科技支出2895万元,增长70.1%;文化体育与传媒支出2661万元,增长12.5%;医疗卫生支出7434万元,增长40.2%。三是完善就业再就业和社会保障体系建设。建立城镇居民医疗保险制度;修订完善工伤保险、女职工生育保险、医疗救助及城乡居民低保制度;深化新型农村合作医疗等制度。调整城乡居民最低生活保障和全县最低工资标准,从7月1日起,城镇居民和农村居民每人每月最低生活保障分别调整到250元和150元;从9月1日起,全县最低工资标准调整为700元。支持城镇廉租住房保障制度建设。实施城乡低保困难群众物价补贴,落实重点优抚对象生活补助。四是深化"平安桐庐"建设。全年共安排公共安全支出7771万元,增长21.6%,支持法律援助、司法救助、人民调解等工作,维护社会稳定。五是筹措资金,确保城市基础设施建设和公共设施等政府重点工程项目建设的顺利推进。继续实施公用经费、经常性业务费"零增长",控制一般性支出过快增长,规范支出管理。

【深化财政改革】深化部门预算、国库集中支付、政府采购等公共财政体制改革。制定出台县级部门预算调整暂行办法,严格预算执行,强化预算约束。全面实施政府收支分类改革,提高预算透明度。稳步推进国库集中支付制度改革,将"十百"工程、大中型水库移民直补等专项资金全部纳入财政直接支付,全年财政直接支付资金2.39亿元,增长43.1%。制定出台政府采购实施细则,建立日常考核和集中考核相结合的评审专家考核办法;扩大政府采购范围和规模,推行办公用纸定点采购;全年政府采购金额7600万元,财政资金节约率在11.5%以上。深化农村综合改革,提出加强村级债务管理工作意见,推进村级组织运转保障机制建设。制定上报公务员津补贴实施方案,规范公务员收入分配秩序。开展以"规范、创新、争优"为主题的财税管理年活动,提高工作执行力,提升财税管理水平。

【强化财政监督】制定出台政府性投资项目管理办法,强化政府投资项目全程监控,规范投资行为。对桐庐县体育馆、综合市场等重点建设工程概算资金进行审查,有效节约财政性资金。推行财政支出绩效评价工作,逐步建立财政支出绩效激励与约束机制,按照分级评价与全省综合评价相结合的方式,组织开展环境监测项目绩效评价。修订完善政府性债务管理暂行办法,实施政府性债务统一规范、动态监控的管理机制,逐步建立偿债准备金。贯彻落实行政事业单位国有资产管理暂行办法,全面完成行政事业单位国有资产清查工作,建立国有资产动态监管体系。制定出台《县级罚没物资管理暂行办法》。修订财政监督工作操作规程,构建稳定长效的财政监督机制。组织开展财政支农资金、建设系统部门预算编制与执行等专项检查,加强财政专项资金管理。加大财政周转金清欠力度,全年共收回财政周转金110万元。制定出台桐庐县会计从业人员考核办法,实施"税收+会计"稽查新模式,建立会计信息质量长效监督机制。完成县税务学会和会计学会换届工作和第三届全国会计知识大赛桐庐赛区工作。

【严格行政执法】开展行政机关内设机构行政许可职能归并工作,设立行政许可科(与法规科合署办公)。贯彻实施《行政许可法》,认真清理行政许可项目,对非行政许可审批项目进行清理和规范,理清执法依据和行政职权。简化行政审批环节,再造行政审批流程。组织行政执法证知识更新培训考试和部分新进人员行政执法证申领专业法律知识考试。

【信息化建设】继续实施"金财工程"一体化建设,完善财政综合办公平台(FOA),升级公文数据交换系统,规范公文格式和公文传输制度。推广实施桐庐县行政事业单位资产动态监管系统和非税收入征管信息系统单位版,完善预算内财务软件,新增15家会计核算远程结报单位。

【加强队伍建设】开展作风建设年活动。组织学习十七大精神、胡锦涛总书记在中纪委七次全会上的重要讲话等,深刻剖析、落实整改,提高财税队伍综合素质和行政能力。开展"树新形象、创新业绩、建新桐庐"主题实践活动,局党委班子带头下农村、访企业、进社区、走基层,切实为农村、为企业、为社区、为干部职工解决问题。深化"人民满意基层站所"创建活动,设在县行政审批中心的财政(地税)窗口获县"十佳人民满意基层站所(办事窗口)"荣誉称号,并在"千企评百岗"中获社会评议组第一名;县财政地税局在县级机关、直属单位综合考评中位列第一,被评为优秀单位(满意单位)。推进学习型机关建设,继续开展中层干部读书会活动,严格考评机制,在全局开展读书活动,推荐干部职工阅读好书。抓好干部职工教育培训工作,共组织各类学习培训10余期,培训人员300余人次。倡导"三个好好"和"三走近三远离"理念,组建乒乓球、书画摄影等八个俱乐部,开展形式多样的文体活动,丰富干部职工业余文化生活。

(桐庐县财政局供稿 谢 凌执笔)

淳安县财政工作

【概况】2007年,淳安县实现生产总值80亿元,比上年增长14.8%,人均生产总值20513元。其中一、二、三产业增加值分别为16.20亿元、32亿元、31.90亿元,分别增长4.6%、16.5%、17.2%。全县财政总收入7.39亿元,增长21.4%,其中地方财政收入4.13亿元,增长25.6%;地方财政收入占财政总收入的比重55.8%,提高1.9个百分点。全年实现财政支出10.16亿元,增长 26.7%；教育、农林水事务、环境保护支出占财政支出的比重分别比上年提高 1.6、1.0 和 5.3 个百分点。财政运行情况良好，实现财政收支平衡。

【组织财政收入】加强税源管理，开展房产税、城镇土地使用税等税源调查，继续对重点企业、重点行业和重点项目税源实施监控。加强行业税收征管，制定旅游业税收管理办法，启用新版房地产和建筑安装业统一发票，全面核定住宿业和餐饮业内部承包项目税收定额。加强小税种征管，调整城镇土地使用税征税土地等级范围和税额标准，全年共征收地方小税种 5020 万元，增长 22.8%。加大税收执法力度，联合公安、国税开展打击制售和使用假发票活动，对工业制造、餐饮、房地产、建筑安装等行业进行税收专项检查，全年查补总额 391 万元。全面推行社会保险费"五费合征"，综合运用财政、税收等手段促进社保费征管，扩大社保费征集覆盖面，全年共征收社会保险费 1.91 亿元，增长 23%。

【支持地方经济发展】发挥财政资金导向作用，鼓励企业增加投入，全年县财政安排和向省市争取的扶优扶强、科技创新、外贸奖励等用于支持企业发展的资金 6036 万元。用足用好国家和省市各项税收优惠政策，增强企业发展后劲，全年国、地税减免税(费)额合计 3500 余万元。贯彻落实"旅游强县"战略，支持旅游业发展，全年安排落实旅游业发展资金 7000 余万元。支持工业园区建设，适时调整开发区和园区财政分配体制，帮助园区解决建设资金缺口 6500 万元。

【支持新农村建设】加大农业基础设施建设投入，全年安排落实水利基础设施建设、土地整理、农业综合开发补助资金 7486 万元。支持农业结构调整，提高农业增效和农民增收的能力，全年安排落实农业产业化扶持资金 1680 万元。支持农村社会事业发展，提升农村公共服务水平，全年安排落实"十百工程"、农村饮水工程、生态能源等补助资金 2854 万元。支持农村居民改善生活条件，全年安排落实库区移民后期扶持资金和下山移民补助资金 1.10 亿元。继续对生态公益林保护予以补助，全年安排落实补助资金 2359 万元。支持农村精神文明建设，安排落实"广播村村响"补助资金 200 万元。保障村级组织正常运转，安排落实村干部误工报酬补助资金 200 万元。

【支持社会保障体系建设】完善社会保障资金多渠道筹措机制，全年从土地有偿使用收入总额中安排社会保障风险准备金 2800 万元。支持社会救助体系建设，调整并提高城乡居民最低生活保障标准，对困难群众基本生活因副食品价格上涨给予动态补贴，全年共安排落实最低生活保障、五保对象集中供养、农村贫困家庭危房改造、敬老院建设等补助资金 1693 万元。支持就业和再就业工作，全年共安排落实再就业、农村劳动力转移培训、创建充分就业社区等补助资金 1007 万元。支持医疗保障体系建设，将未参加城镇职工基本医疗保险的城镇居民纳入新型农村合作医疗范畴，加大对医疗机构基础设施和医疗设备补助力度，全年安排落实新型农村合作医疗、农村和城市社区公共卫生、农民健康体检等补助资金 3286 万元。落实被征地农民基本生活保障制度，全年安排落实被征地农民基本生活保障资金 414 万元。

【支持教育事业发展】加大教育基础设施投入，全年安排落实教育基础设施建设补助资金 1.04 亿元，增加 4521 万元。支持学校改善教学条件，提高义务教育购置教育装备县财政补助比例，并对前两年购置教育装备等予以追加补助，全年共安排补助资金 1042 万元。加大教育资助力度，扩大义务教育困难生资助面，将职业学校一二年级学生全部纳入资助范围，全年安排落实教育资助资金 912 万元。支持农村中小学教师素质提升工程的实施，全年安排落实补助资金 115 万元。

【支持生态环境保护】支持生态县建设，保障生态建设所需资金。加大环境基础设施建设财政投入，全年安排落实污水处理、环境监控等环保基础设施建设补助资金 3533 万元。加大治污财政投入，安排落实节能减排、水上餐厅歇业关停收购等补助资金 1168 万元。支持农村环境整治，将农村保洁员工作经费纳入财政预算，全年安排落实农村环境整治和保洁员工作经费 273 万元。

【深化财政改革】深化财政管理改革，在县级预算单位全面推行部门预算编制办法，制定并实施部门预算调整办法。完善会计集中核算模式，对纳入会计集中核算的单位全面实行会计远程结报。完善政府采购管理办法，扩大政府采购范围，将政府投资的建设工程纳入政府采购范围。调整和完善乡镇财政管理体制，加大对乡镇财政的转移支付力度，改善乡镇财政状况。加强财政资金管理，将国有土地使用权出让收入纳入基金预算管理，取消土地出让金收入专户，通过非税收入汇缴专户划转地方国库。

【强化财政监管】制定政府投资项目资金管理办法，对基础设施建设项目预算实施审查批复，共审查项目预算资金 2.80 亿元，核减资金 1800 余万元。加强财务监管，制定县级行政事业单位财务管理办法，对县级行政事业单位财务管理工作进行考核。加强会计基础管理，组织参加第三届全国会计知识大赛，开展会计信息质量专项检查，对全县会计从业人员进行新企业会计准则培训。加强政府性债务管理，制定政府性债务管理办法，全面清理乡镇政府性债务。加强行政事业单位国有资产管理，对全县 267 家行政事业单位国有资产进行全面清查，并委托中介机构对其中 59 家资产总额较大的单位进行专项审计。

【加强队伍建设】开展"作风建设年"活动，召开"在平凡中闪光"主题演讲会，营造学先进、比先进、超先进的氛围。开展"体验生活、奉献爱心"活动，组织干部到乡镇困难学校体验生活。发挥工、青、妇和各兴趣小组的作用，组织开展丰富多彩文化娱乐活动，丰富干部职工的业余生活。按照公开、公平、公正的原则，在局系统范围内进行公开选拔中层干部。制定中层干部管理办法，规定中层干部任职条件、任用程序和退出机制。加强干部培训教育，采取多种形式组织干部职工进行业务培训，鼓励干部参加各类学历教育和职称考试，全年组织各类业务培训 6 批 283 人次。2007 年县财政局在县综合考评中被评为"优胜单位"。

(淳安县财政局供稿 叶旭日执笔)

宁波市财政工作概况

宁波市财政工作

【概况】2007 年,宁波市生产总值 3433.10 亿元,比上年增长 14.8%,其中:第一产业实现增加值 153.60 亿元,增长 3.9%;第二产业实现增加值 1888.70 亿元,增长 14.5%,其中工业增加值 1716.40 亿元,增长 15.8%;第三产业实现增加值 1390.80 亿元,增长 16.4%,占地区生产总值的比重 40.5%。全市财政一般预算收入 723.92 亿元,增长 29%,其中地方财政收入 329.12 亿元,增长 27.9%;全市一般预算支出 371.04 亿元,增长 26.8%。全年财政收支平衡。

【加强收入精细化管理】以组织收入为中心,强化科学化、精细化管理,落实各项税收政策,地税部门全年组织各项收入 400.90 亿元,增长 26.2%。一是抓税源基础管理。加强税收收入分析和企业纳税评估,强化对 367 户重点税源企业的监控。完善税收管理员制度,落实管理责任。加强发票管理和纳税服务,强化税源管理的基础。二是加强各税种征管。规范企业所得税汇算清缴工作流程,开展年所得 12 万元以上纳税人自行纳税申报工作,推行个人所得税全员全额申报。加强货运、建筑等重点行业营业税管理,统一全市城建税、资源税等税种征收标准,贯彻车船税、城镇土地使用税暂行条例及实施细则,开展土地增值税清算,促进小税种增收。落实住房转让环节营业税、个人所得税政策,实行二手房转让最低计税价格办法,发挥税收调控作用。三是挖掘非税收入增收潜力。规范土地出让金收支管理。增强社保费征管力量,推进税费"同征、同管、同考核"一体化管理模式。余姚、慈溪、奉化三市相继成立社保费征收管理部门,北仑对自由职业者率先实行"分户管理、直接扣缴"的社保费征收模式。四是规范税收执法行为。推行税收执法责任制,修订完善征管业务和工作操作流程,健全岗责体系。加强税收执法监督,开展经常性的税收执法检查,对企业所得税、个人所得税、房地产税收政策执行、交通运输企业税收征管情况进行重点执法检查。清理规范性文件,公布失效和废止的文件 248 件,明确执法依据,界定执法职权,促进依法行政。推进税收秩序整治工作,查处各种涉税违法案件,开展税收专项整治和专项检查,全市共查补各项税款 1.56 亿元。

【促进经济结构转变】一是加大对自主创新的投入力度。全市安排科技创新资金 7.26 亿元,重点支持工业攻关、高新技术重点研发、中小企业创新、科技创新创业投资和软件产业发展。出台软件产业财税扶持政策,支持软件企业、软件创新研发应用和信息化公共平台建设。安排 8000 万元支持科技综合服务平台建设和科技合作,安排农业科技资金 5000 万元,促进经济结构的优化。二是推进产业结构优化。工业结构优化升级资金扶持重点向装备制造业、信息化、品牌和节能产品生产倾斜,全市安排 1.41 亿元专项资金,其中市级安排 8500 万元,支持 114 个重点优势行业技术进步项目建设和 16 项工业重点新产品的研发生产。完善农业产业化发展财税扶持政策,支持高效农业、生态农业,推进农业产业基地建设,推行农业政策性保险,提升农业产业层次。三是支持服务业加快发展。引导和促进旅游、现代物流及商贸、金融等现代服务业加快发展,花大力气做大三产,支持出口产品附加值的提高及产业升级,鼓励引进优质外资,推动企业"走出去"。四是支持节能减排和环境保护。推进生态市建设,规范节能专项资金管理,整合支持循环经济专项资金,全市用于各类节能和生态环保专项资金 2.78 亿元,增长 200.4%,为转变经济发展方式起到导向作用。

【加大构建公共财政力度】市级新增财力的 73%用于社会事业和改善民生,重点保障市政府提出的十方面实事工程和"解难创优"活动的落实。完善帮困助学体系,城乡同步实施免除杂费的义务教育,全市 62 万名学生每年可减少学费支出约 1.40 亿元;鄞州、江北、东钱湖、高新园区对义务教育段学生实施免杂费、课本费、作业本费的免"一费制"义务教育。全市新型农村合作医疗参保人数扩大到 370 万人,人均筹资金额 129.7 元,其中各级财政补助 99.7 元;安排 1 亿元用于医疗机构基础设施建设,支持启动 30%以上乡镇卫生院建设;全市城乡医疗救助支出 7540 万元,38724 人次得到医疗救助,城乡社区公共卫生补助标准提高到人均 20 元。全市投入就业再就业扶持资金 5 亿元,13.9 万人得到政策扶持,建立覆盖城乡全体居民的社会保障体系;安排 1560 万元支持启动市区城镇居民医疗保险工作,有 16 万人享受到政府补助;余姚、慈溪率先建立新型农村养老保险制度;城乡居民最低生活保障家庭每人每月分别提高物价补贴 25 元和 15 元。加大政府投入力度,市财政公交投入 2.77 亿元,增长 145%,其中用于限价票及老年人、残疾人等弱势群体的免费乘车补贴 9236 万元。支持新农村建设,全市共投入资金 74.90 亿元,启动 86 个重点示范村创建和 357 个村环境整治,完成清水河道建设 295 公里,新增造林面积 35113 亩,改善 42 万农民人口饮水,培训新型农民 19.8 万人次。支持新一轮广播电视村村通建设,完成 53 个偏(边)远山区 20 户以上自然村有线电视"村村通"任务;2005 年至 2007 年市县财政累计安排"万场电影千场戏剧"进农村活动专项资金 1735 万元,对 43940 场电影和 2855 场戏剧进行补助,实现"一月一村放映一场电影"的目标。

加大扶贫力度,支助1500户危房改造,实现下山移民2178户;市级安排南部地区专项转移支付资金1.20亿元,支持区域统筹。

【规范财政管理】实施政府收支分类改革,深化部门预算改革。完成全市规范公务员津贴补贴方案测算工作。财政国库集中支付制度扩大到市级部门预算的22个党政机关和所属事业单位,财政直接支付比例占支出额的85.8%。慈溪、海曙、北仑等地正式启动国库集中支付改革试点,海曙、保税区在推行公务卡结算试点方面作出探索。健全政府采购制度,采购规模持续稳定增长,全市政府采购支出82.7亿元,增长40.8%,节约资金14.12亿元,节约率14.6%。开展财政支出绩效评价工作,重点评价项目增加到20个。加强非税收入管理,土地出让金已全部纳入基金预算。完善相关制度,规范财政专项资金和政府债务管理。改革财政资金投入方式,对重大城建、交通基础设施项目尝试综合运用资本金注入的手段,构建政府重大基础设施项目筹资平台,财政资金集聚和乘数效应逐步放大。加大财政监督力度,强化部门预算、专项资金和会计信息质量检查。组织参加"用友杯"第三届全国会计知识大赛,宁波市代表队荣获全国决赛第4名。完成全市行政事业单位国有资产清查工作。"金财工程"一体化建设全面启动,政府财政管理信息系统投入试运行。

【加强干部队伍建设】组织学习胡锦涛总书记"6·25"重要讲话和党的十七大精神,市局党委以召开党委中心组(扩大)会议、开展专题党课教育辅导等形式组织学习党的十七大精神。以"抓作风、树形象、保发展、促和谐"为目标,在全系统开展"作风建设年"活动,加强干部的思想、作风和业务建设。贯彻落实《公务员法》,实施公务员登记、职务级别确定及工资套改工作,完善干部考察考核机制,建立干部人事信息管理系统,推进干部管理的规范化、制度化。加强廉政教育,健全防范制度,强化"三权"监督,深化源头治理,落实党风廉政建设责任制,构建具有财税行业特色的惩防体系。分层次、多渠道地开展干部更新知识和岗位业务技能培训,完成财税系统第一轮"235"干部轮训计划,全系统共举办各类培训班460期,培训干部1.2万人次。开展以"青年文明号"、"巾帼文明岗"、"群众满意基层站所(办事窗口)"、"文明机关"、"文明处室"、"基层文明单位"等为载体的精神文明创建活动,市局机关被评为第五轮市级文明机关、29个基层单位被评为第十批宁波市市级文明单位。群众性文体活动广泛开展,举办全市财税系统第二届运动会,北仑区财政、地税局、市局机关、慈溪市财税局分获团体前三名。

(宁波市财政局供稿 单柳青执笔)

宁波市鄞州区财政工作

【概况】2007年,鄞州区实现生产总值520.84亿元,按可比价格计算,比上年增长16.5%。其中:第一产业增加值20.96亿元,第二产业增加值329.45亿元,第三产业增加值170.43亿元,分别增长5.3%、15.1%和20.9%。一、二、三产业增加值占生产总值的比重调整为4.0:63.3:32.7。人均生产总值66195元。全区财政一般预算收入108.01亿元,增长43.1%,其中地方财政收入52.90亿元,增长45.2%;全年财政支出42.64亿元,增长33.6%。全年财政收支平衡,预算执行情况良好。

【支持经济发展】贯彻"竞争力提升行动纲领",调整优化财政扶持经济发展政策,支持"做精一产、做强二产、做大三产",推进经济发展方式转变,促进财政经济良性互动。整合财政支农资金,落实各项惠农政策,支持农业产业化经营,推进农业经济结构调整。出台扶持产业发展、创业风险投资、软件产业、128创新园发展和福利企业可持续发展等政策,支持先进制造业基地建设,鼓励企业科技创新、高新技术产业发展和品牌建设,促进企业实现梯度转移和产业升级。加大节能降耗工作支持力度,稳步发展循环经济和清洁生产。调整完善外经贸扶持政策,优化出口商品结构,鼓励进口贸易,促进外经贸持续健康发展。依托新城区建设和南部商务区开发,支持发展现代商贸业和商务经济,鼓励发展现代物流业,引导房地产业健康发展,第三产业对财政收入的贡献率35.8%,财政收入结构进一步优化。

【保障民生和社会事业发展】围绕公共财政及和谐鄞州建设目标,不断优化财政支出结构,集中财力办大事。当年全区用于社会事业及民生支出40.60亿元,确保基础设施、教育、卫生、社保、"三农"等重点支出需要。一是支持宁波(鄞州)博物馆、体育中心二期、交通道路等公共设施项目建设,加快完善重点功能区块,打造宜居宜业的区域环境。二是加大教育扶持力度。健全义务教育经费保障机制,投入4156万元使全区中小学生享受免费义务教育。安排2000万元实施职高免学费教育,安排5800万元全面化解职校和普高基建债务。三是支持农村卫生事业发展。支出2198万元推进镇乡卫生院和社区卫生服务中心规范化建设。安排5900万元用于新型农村合作医疗,使参保人员住院补偿率提高到42%,门诊医疗费补偿率为15%。四是构建全覆盖的社会保障体系。完善老年人养老保障制度,支出2450万元使7350名老人能按月领取280～380元不等养老保障金。支出6738万元使5万多名生活无保障的老年人每月领到90～130元的生活补贴。支出1140万元使12923名困难残疾人享受到每月60～200元的生活补助。同时做好区农职保移交市工作,共上划资金3.67亿元。五是加大新农村建设力度。支持新村建设和旧村改造,出台培育高素质新型农民扶持办法、政策性农村住房保险和农业保险制度,完善就业再就业扶持政策,促进农业增效、农村发展和农民增收。完善社会救助体系,建立物价上涨补贴和油价补贴机制,解决弱势群体生产生活困难。加大边远地区和困难镇乡转移支付力度,促进区域统筹发展。六是重视生态文明建设,全面落实农村水改,启动污水处理系统建设,实施垃圾集中化处理,支持环境整治,促进人与自然和谐发展。

【深化财政改革】一是继续深化预算改革。完善《部门预算管理办法》,细化预算编制。调查各部门结余资金情况,加强国土局等重点部门结余资金统筹力度。调查分析津补贴发放情况,完成公务员津贴补贴方案测算工作。二是稳步推进绩效评价。

对外来人口管理专项经费、就业再就业补助、残疾人保障金、“双五十”工程、企业科技开发补助等8个重点项目进行绩效考评，并专题征求区人大等部门意见，形成重点项目的评价指标体系，提高评价质量。三是扩大国库集中收付范围。将公安、工商等五部门资金纳入国库管理，土地出让金收入进国库核算，支出通过基金预算安排。财政性基建项目全面实行财政集中支付，全年支付额15805万元，发挥财政部门在资金拨付前的审核监督职能。四是转变公共投资项目财政管理职能。做好已接手财政性基建项目财务决算评审工作，核减造价9156万元，并对送审核减率在10%以上的8家施工单位进行曝光。将投资决算评审业务移交区审价中心，调研公共建设项目财务管理新模式。

【加强财政管理】强化政府采购监管职能，将政府采购信息发布范围扩大到国家级网站，出台《鄞州区政府采购合同监督管理暂行办法》，加强供应商供货及售后服务管理，公正处理各项投诉。扩大政府采购范围，全区政府采购22739万元，节约资金4488万元。加强政府负债管理，根据可用财力增加较多的实际，归还部分陈债。当年全区政府性负债债务率为41.34%，比上年下降12个百分点。出台加强土地出让及收益管理等办法，使土地出让金收支管理工作更加规范化。加快财政信息化建设步伐，完善网上预算管理、指标管理、资金申拨、总会计核算等系统建设。组织会计知识大奖赛，清理查处无证上岗和违规兼职现象，组织好各类会计考试，规范会计基础管理。规范预算执行，严把扶持经济发展等专项资金政策兑现关。加强财政法制管理，开展预算执行情况等专项检查，提高资金使用效益。

【加大镇乡财政监管力度】设立镇乡（街道）财政管理科，强化镇乡财政工作的指导与管理。出台《镇乡财政管理暂行办法》及其实施细则，全面实施镇乡财政预算预审制度，开展镇乡财务检查，调查镇乡债务规模，规范镇乡财政管理。提升镇乡财政信息化管理水平，完成镇乡财务核算及指标管理系统的招标及初步设计。加强镇乡财政主要人员岗位轮换工作的指导，举办镇乡领导干部公共财政管理研修班及镇乡财政干部财政管理培训班，提高镇乡财政规范化管理水平。

【加强国有资产管理】全面开展全区行政事业单位资产清查，全区325家单位拥有净资产48.49亿元。出台行政事业单位出租房屋管理暂行规定及实施细则，规范房屋统一招租行为，加强租金统筹力度，促进国有资产保值增值。完成住房货币化分配三年结束目标。配合完成公务用车改革，做好车改车辆公开拍卖工作，拍卖成交544辆，成交价3947万元，比评估价增长22%。

【通过ISO9001质量认证】从3月起导入ISO9001质量管理体系，对各科室（中心）的职能、流程及权限进行梳理与整合，制订77个作业指导书，推进财政工作规范化、科学化、制度化管理，并通过审查验收。

【干部队伍建设】围绕“让权力运行更加规范透明，让人民群众更加放心满意”主题，推进“作风建设年”活动。加强干部政治理论教育，建立与区委党校联合培训机制，开展十七大精神、物权法等培训。加强财政业务培训，鼓励干部职工开展学历学位和职称考试，提高干部履行岗位职责所必需的理论知识和工作能力。优化服务环境，规范办公场所设置，统一制作上岗牌、楼层指示牌，出台窗口工作人员考核办法，规范办公礼仪，有效提升服务水平。将岗位工作纳入计算机进行实时量化考核，努力实现以制度管事管人。加大党风廉政宣传教育力度，继续抓好“城乡结对、共建文明”主题教育活动，增强为民理财意识。加强廉政文化建设，落实党风廉政建设责任制，公开领导班子廉政承诺，对中层干部和重点岗位人员进行轮岗，加强薄弱环节和关键岗位管理。坚持以全国先进的标准检验干部的思想与工作作风，在全省财政系数作先进事迹巡回报告。重视精神文明创建工作，通过市级文明单位验收，被评为区级群众满意机关。发挥群团组织的作用，组织开展第二届鄞州区财政系统趣味运动会等文体活动，丰富干部的业余生活，增强团队凝聚力，促进财政文化建设。

（宁波市鄞州区财政局供稿　毛盈飞执笔）

宁波市海曙区财政工作

【概况】2007年，海曙区实现生产总值290.47亿元，比上年增长12.1%，其中：第二产业增加值47.67亿元，增长0.9%；第三产业增加值242.76亿元，增长14.5%。三次产业比重为0:16:84。财政一般预算收入41.93亿元，增长21.8%。其中地方财政收入25.92亿元，增长22.1%；全年财政一般预算支出12.60亿元，增长18.8%。全年财政收支平衡，略有结余。

【扶持经济发展】一是建立对税务部门税收增收的考核激励机制。在年初合理分配各征收部门收入任务指标的基础上，出台抓收入、促增收的考核激励政策，调动税务部门充分挖掘征收潜力的积极性和主动性，做到应收尽收，促进区域经济实力壮大。二是建立对街道发展经济的评优机制。在运用区与街道财政体制调动街道抓收入的积极性基础上，增设对街道发展经济评优考核机制，以税收总量、增幅、引进大企业及现代服务业的比重等为指标，建立各项考核体系，对各街道经济发展情况进行综合考核评估，激励先进，鞭策后进，增强街道发展经济的针对性和有效性。三是健全扶持企业的政策导向机制。运用各项财政扶持政策，完善并落实好扶持重点企业和现代服务业的相关财政政策，优化产业结构，稳定重点税源，放大财政资金的“乘数效应”。

【推进财政改革】一是深化部门预算管理，增强部门预算编制的科学性。规范收支行为，对有收费项目的单位，分析预测其收费收入的增减变化因素，科学编制收入预算，调动单位增收节支的积极性。对各部门历年资金结余及上年部门预算执行情况进行调查摸底，合理编制部门预算。加强基础数据管理，对基础信息进行全面核实，并通过计算机管理，提高预算编制质量。二是实施政府收支分类改革。加快对现有财政业务软件的升级改造，准确转换年度报表数据，保障财务数据的连贯性和可比性，减少数据分析中的不确定因素。加强对各单位的业务培训，并对单位的账务设置情况进行检查，督促财务人员转变观念，适应改革。三是加快推进国库集中支付改革扩面工作。将国库集中支付改革试点单位增至15家。全年通过国库集中支付的财政资金为 7.47 亿元,其中财政直接支付金额占 81%,财政性资金均能安全、及时拨付。四是推行公务用卡结算,规范资金管理。5 月 1 日起,在全省率先推行公务用卡结算。至年底,结算范围由 13 家试点单位推广到 56 家,通过公务用卡支付公务消费 1112 万元,《中国财经报》、《浙江日报》等多家媒体相继对此作了报道。五是深化政府采购改革,推进政府公共服务类采购工作。全年全区政府采购金额共计 8028 万元,增长 13.2%,采购规模及采购范围进一步扩大。同时,在开展政府公共服务类采购方面进行探索和尝试,完成社会治安动态视频监控系统、区统发工资代理银行、国库集中支付和公务用卡代理银行、区公务用车制度改革车辆委托拍卖中介机构等公共服务类项目的采购工作。当年公共服务类采购项目总金额 1329 万元,占政府采购总金额的 16.6%。六是配合做好公务用车制度改革。对全区公务用车使用情况、车辆数量和各项经费开支等情况进行调查摸底,形成用车制度改革经费测算报告,提交有关部门作为决策参考;起草并制订与车改配套的相关财务制度,按照规定办理公务用车资产处置手续,完成区第一批单位的公车改革。

【保障重点支出】按照"稳中求进"的原则,贯彻"增收节支"精神,量入为出、控制总量、保证重点,合理安排各项支出。调整和优化财政支出结构,完善公共财政支出体系,加大对民生及公共服务领域的投入。全年为确保社会保障和扶贫帮困工作的顺利开展,安排社会保障和就业经费支出 12957 万元,增长 20.4%。为保证社会公共支出和确保教育、科技法定增长比例,安排文教科卫事业费支出 35697 万元,增长 37.0%。为优化社会治安环境,投入公共安全经费 16632 万元,增长 22.3%。为提升社会管理水平,逐步改善市容环境,加快城市建设步伐,共投入城乡社区事务经费 19843 万元,增长 44.0%。

【加强财政监督】修订、完善区财务考核办法,增加国库集中支付、国有资产管理、会计规范化等专题内容,使考核办法更具针对性和实效性。审查年度政府性投资项目计划,对全区各单位基建财务管理情况开展专项检查,探索和完善基建财务管理。加强内审工作,增强内控制度的严密性和完整性。发挥财务总监资金监管和业务指导作用,加强对重点部门和重点项目资金使用效益和规范性的监管。开展"城市建设"、"社会保障"、"再就业工程"等专项资金的检查。探索财政绩效考评相关工作,选取"科技三项费用"作为财政绩效考评试点,开展数据采集、前期调研等工作。组织行政事业单位资产清查工作,掌握全区国有资产信息,实现资产有效管理。

【会计管理】强化会计事务管理,提高会计事务管理水平。落实行政执法责任制,规范和健全会计从业资格和代理记账管理制度。探索、创新会计人员继续教育形式,提高培训质量,举办海曙区高级会计学术讲座。贯彻、实施新会计准则,组织第三届全国会计知识大赛宁波海曙赛区比赛,组团参加宁波赛区的比赛,获团体二等奖和组织奖。做好会计从业资格统一考试和会计专业技术资格考试工作,两项考试考务工作均被评为市级"考试管理先进单位"。

【干部队伍建设】一是开展"作风建设年"活动。组织专题警示教育和十七大精神学习,提高干部职工的思想道德素质,增强依法行政意识。以创建"群众满意办事窗口"为抓手,推进全局行风政风建设。会计核算中心荣获区"群众满意办事窗口"荣誉称号。二是实施中层干部竞争上岗。推出 4 个科级领导岗位,实施竞争上岗,优化干部队伍结构,提升队伍整体素质。三是加强党风廉政建设。定期召开局党风廉政工作会议,签订党风廉政责任状,做好来信来访和举报投诉的查处和回复工作。四是开展法制宣传教育。制订法制宣传教育工作计划,明确局法制宣传教育领导小组成员及分工,签订责任状。组织学习《公务员法》、《监督法》、新《劳动合同法》等,开展劳动法知识竞赛,抓好干部职工学法用法工作。组织专题警示教育,运用视频、网络、报纸、杂志、宣传栏等多种手段开展宣传教育。

(宁波市海曙区财政局供稿 徐晨执笔)

宁波市江东区财政工作

【概况】2007 年,江东区实现生产总值 227.20 亿元,比上年增长 12.7%,其中:第一产业增加值 0.4 亿元,下降 5.3%;第二产业增加值 86.1 亿元,增长 7.7%;第三产业增加值 140.7 亿元,增长 16.1%。全区完成财政一般预算收入 31.80 亿元,增长 23.8%,其中地方财政收入完成 20.53 亿元,增长 24.6%;一般预算支出为 13 亿元,增长 26.3%。全区财政收支继续保持平衡。

【积极组织收入】当年全区财政收入主要呈现四个特点:一是继续在较快增长区间运行,在上年 27.5%的高增长基础上,保持 23.8%的快速增长,全年增收 6.14 亿元。二是主体税种收入稳定增长,增值税、营业税、企业所得税、个人所得税、契税五大主体税种收入为 28.89 亿元,占财政一般预算收入的 90.8%,增收 4.97 亿元,占总增收额的 81.2%;其中契税收入 2.92 亿元,列全市第一。三是第三产业税收比重进一步上升,第三产业税收 23.80 亿元,占财政一般预算收入的 74.8%,拉动财政收入增幅 19.5 个百分点。四是大企业税收贡献突出,全区纳税 1000 万以上的 38 家企业共纳税款 10.06 亿元,增收 2.86 亿元,占全部增收额的 46.8%。

【促进经济发展】一是做好招商引资和服务项目工作,加强与有关部门的对接、联动,形成工作合力;参与区突出贡献企业奖励、工业政策等扶持政策的制订落实工作;主动参与服务重大项目建设,推进区域经济结构调整和优化。二是加大科学技术投入,提高自主创新能力。全年科学技术支出 3778 万元,增长 15.5%。发挥财政资金引导作用,加大对科技创新、自主知识产权、环保节能等方面的扶持力度,引导企业提高自主创新能力,支持创新型城区建设。三是完善经济扶持政策,推动产业结构优化升级。重点支持现代服务业、楼宇经济、都市型工业和外向型经济的发展。区财政共安排 4030 万元专项资金,用于扶持物流、金融、会展、中介、信息等现代服务业发展;加快商务楼宇建设步伐,打造特色商务楼宇。

【保障民生支出】一是加大教育文化事业投入力度,做到学有所教。全年教育支出占财政一般预算支出的18.3%,主要用于保障免费义务教育、提高教师福利待遇、提高生均公用经费标准、改善学校基础设施等,推进全区基础教育优质均衡发展。发展社区教育,安排社区教育专项经费。落实1500万市民文化广场配套资金,安排专项经费用于支持社区基层文化、社区文化活动和图书馆建设,丰富居民文化生活。二是完善公共卫生服务体系,做到病有所医。全年财政投入卫生经费6383万元,增长96.7%。提高社区卫生经费补助标准,市区两级财政共投入2333万元,用于基层卫生服务站标准建设;卫生监督、妇幼保健、疾病控制等公共卫生支出1085万元;建立公立医疗机构经费补助机制,全年累计补助1628万元;健全对低保、低收入对象的医疗救助制度,落实145万元经费,减轻困难群众的医疗负担。三是提高社会保障水平,做到弱有所靠。全年安排低保资金600万元,实现低保人员的应保尽保。为解决城市化过程中失地农民的保障问题,市、区两级财政已累计投入5600余万元用于建立被征地人员养老保险体系,被征地人员的总体参保率88%。财政预算安排2950万元,用于区社会福利中心建设。四是建立健全就业、再就业帮扶体系,做到岗有所造。落实再就业优惠政策专项资金1300万元,用于再就业援助、社保补贴、用工补助等优惠政策;支持公益性岗位开发,安排公益性岗位补贴资金1400余万元;拨付资金5700余万元开展解难创优和三车整治工作。五是推进实事工程建设,做到难有所解。市、区两级财政共出资3788万元,实施全区63万平方米的老小区综合整治工程;落实专项资金,对全区11个低洼积水地段进行改造,推进黄鹂等11个小区的准物业试点工作;落实683万专项资金,用于垃圾中转站、撤村建居社区路灯改造、公厕整修和垃圾房改造,提升全区的整体环境。

【深化财政改革】一是深化部门预算改革。落实政府收支分类改革,按新的科目编制下达财政预算。强化部门预算实施力度,加强基本支出和项目支出预算管理,规范预算经费追加调整。制订全区预算管理办法,规范预算编制流程,实行部门预算编制"二上二下"的编制规程。二是扩大资金集中结算范围。资金集中结算单位由31家增加为33家;减少会计集中核算单位,由21家减少到20家。全年完成资金收支总额31.9亿元。开展国库集中支付改革调研,制订相关实施方案和操作方法,为具体实施打好基础。三是加强政府采购管理。建立落实政府采购程序及实施规范、政府采购联络员制度等一系列长效机制。加强政府采购预算的审核管理,扩大政府采购的范围和规模,提高政府采购效率和工作质量。当年全区政府采购资金8599万元,节约资金1055万元,节约率为12.3%。

【规范财政管理】一是做好财政规范管理制度的制订工作。2007年为"制度建设规范年",制订区预算管理办法、追加预算管理办法、财政监督办法等15项规范性管理制度,涉及财政财务的编制、执行、日常管理等各个方面,形成全面、科学、规范的财政管理体系。二是加强财政资金支出管理。做好行政事业单位日常经费的审核拨付工作。全面推行财政业务电子信息化管理,将全区93家行政事业单位纳入财务信息化管理平台,对各行政事业单位财务和预算执行情况进行实时监督管理。加强项目资金管理,对近三年的全区基建项目资金财政财务管理情况进行综合分析,掌握支出进度及管理中存在的问题,提出合理化建议。三是组织开展全区行政事业单位资产清查工作。组织全区170户行政事业单位开展资产清查工作,全区纳入资产清查单位的账面资产总额26.19亿元,摸清行政事业单位资产底数和管理中存在的薄弱环节。规范行政事业单位资产管理和处置审批,全年累计审批资产处置48笔,集中处置拍卖资产账面价值1400多万元。四是加大财政监督力度。组织开展财务管理专项检查,纠正检查中发现的问题,提出规范建议;加大财政监督意见落实情况的回访工作,财政监督管理职能得到加强。五是加强会计管理和服务。组织开展会计执法专项检查,重点加大对会计无证上岗和兼职会计的检查力度,查处一批会计违法行为。做好第三届全国会计知识大赛江东赛区的各项工作。规范会计人员继续教育工作,对人员相对集中、有条件的单位会计从业人员实行上门业务培训服务,为会计人员提供优质服务。六是推进"金财工程"。完成区财政局外网建设。开展财政综合信息管理系统的调研和开发工作。建立完善行政事业单位资产管理系统、财务信息化管理系统等财政管理平台,提高财政管理信息化水平。

【提高干部队伍素质】一是在全体干部中开展以"六崇六加强"为主要内容的"作风建设年"活动。组织学习胡锦涛总书记在中纪委七次全会上的重要讲话等文件精神,开展"爱岗敬业,多做贡献"为主题的学习讨论活动。开展以"服务基层、服务项目、服务企业"为主要内容的"三服务"活动。优化工作流程,转变工作作风,提高服务质量。二是加强工、青、妇等群团工作,健全群团组织机构,开展文明创建活动。举办区财政局第一届运动会,组织参加市财税系统体育运动会、社区文艺演出等一系列丰富多彩的群众性文体活动。三是全面落实党风廉政建设责任制,签订落实党风廉政建设目标责任状和"作风建设年"活动目标责任状。加大党风廉政教育力度,通过组织开展廉政专题讲座、学习贯彻廉政建设会议精神和先进典型事迹等形式,加强廉政教育。四是强化干部教育培训工作,提高机关干部素质。落实局内各项规章制度和服务承诺,提高工作效能。

(宁波市江东区财政局供稿 马津晶执笔)

宁波市江北区财政工作

【概况】2007年,江北区实现生产总值136.09亿元,比上年增长8.1%。第一、二、三产业增加值分别为3.83亿元、57.02亿元、75.24亿元,增幅分别为-3.1%、-8.2%、25.4%。三次产业结构比重为2.81:41.90:55.29。全区财政一般预算收入34.06亿元,增长30.7%;其中地方财政收入19.63亿元,增长32.6%;财政一般预算支出16.60亿元,增长48.6%。全年财政收支平衡。

【优化收入结构】一是收入结构更趋合理。各主体税种保持均衡增长,营业税、契税等地方性税种增幅较高,分别达到

34.8%和32.2%。三产税收占收入总量的比重继续提高，达到51.7%。金田铜业等重点企业稳步发展，企业梯队结构得到优化。二是乡镇财政实力进一步增强。全区乡镇本级地方财政收入增幅40%，均高于全区增幅。

【推进经济结构优化】完善财政扶持机制，做好树强扶优工作，推进产业结构调整和经济发展方式转变。全年兑现产业扶持资金和科技研发、技改、清洁生产等专项扶持资金超1亿元，参与完善服务业、工业企业、创意产业等相关政策，突出航运物流、特色街区等扶持重点。房产、海运等支柱行业继续保持良好发展态势，重点骨干企业支撑作用增强，现代服务业加快发展，全区产业结构进一步优化，第三产业比重由上年的48.2%提高到55.3%。

【加大新农村建设投入】落实区政府制订出台的一系列支农惠农政策，全年预算内资金用于“三农”计1.33亿元，占当年可用财力的9.3%。推进慈江中型灌区节水配套改造等农业综合开发项目，提高农业综合生产能力。落实各项惠农政策，农村社保、新型合作医疗等社会事业加快发展。安排新农村建设专项资金3000万元用于小康示范村、农村水改和贫困村扶持等项目，推进农村环境整治、联网公路、亮灯工程等基础设施建设，改善农村生产生活和投资环境。

【注重民生事业发展】调整和优化支出结构，财政收入增量部分重点向社会事业和民生工程倾斜。加大卫生事业投入，推进区人民医院、洪塘社区卫生服务中心等基础设施建设；完善新型农村合作医疗制度，参保人数6.9万人，覆盖率98.4%。推进教育、文化等社会事业发展，全年用于教育、文体等事业投入2.41亿元，改善外来务工人员子女就学条件，义务教育保障机制和帮困助学体系进一步健全。加大社会保障投入，全年社会保障和就业扶持资金支出1.40亿元，安排2000万元用于农村低保、被征地人员社保补贴和农村劳动力就业培训等工作，建立覆盖城乡的社会保障和救助体系。

【推进财政改革】一是完善预算管理体系，深化部门预算编制工作，政府收支分类改革平稳过渡。加强以土地出让金为重点的预算外综合管理，非税收入信息管理系统得到应用。稳步推进财政支出绩效评价工作，对森林防火、动物防疫专项等项目开展绩效评价试点。加强财政专项资金管理，先后制定出台《新农村建设专项资金管理办法》等规章制度，结合绩效评价开展财政支农资金管理年活动，规范专项资金运作，确保项目资金有效合理使用。健全政府采购制度，采购规模持续稳定增长，在城市管理、道路保洁等方面探索公共服务政府采购的运作模式。二是加大财政管理力度。完善乡镇财政管理体制，做好新一轮区对镇(街道)财政管理体制方案的调整完善工作。加强会计人员管理，贯彻落实新会计制度，组织参加第三届会计知识大赛。继续推进行政事业单位财务人员专题培训，提高行政事业单位财务管理水平。加大财政监督力度，强化政府投资公司的国有产权管理，完成全区行政事业单位资产清查工作。规范政府性债务管理，出台《江北区政府性债务管理暂行办法》，加大对投融资资金管理力度，合理运作调配全区资金，确保各项重点建设工程顺利开展。

【队伍建设和管理】一是开展“作风建设年”主题活动，组织作风建设专题讲座，落实“千名干部下基层”实践活动，撰写民情日记，完成调研走访、征求意见等各个阶段工作任务。加强企业服务工作，召开重点企业座谈会，落实企业联系走访制度，为企业排忧解难。在全区机关作风评议活动中，区财政局获经济部门第一名。二是深化教育管理。以培养学习型干部为目标，制订教育培训计划，分层次、多形式着手，先后组织开展以十七大精神、《党章》、《物权法》等为主要内容的政治思想教育、业务讲座和法律法规培训，提高干部队伍的政治素养和业务水平。完善重点工作分解落实的考核激励机制和干部绩效考核制度，推进竞聘工作，共有6名干部走上中层正、副职岗位。继续抓好公务员综合素质培训、干部后续教育和高学历人才培养引进工作，推进干部队伍整体素质提升和结构优化。三是注重廉政文化建设。健全内外结合的廉政监督网络，落实惩防体系建设各项工作任务。拓展党风廉政建设教育方式，注重载体的丰富和氛围的营造，以形式多样的活动为抓手，推进廉政文化工程，先后开展廉政诗歌朗诵会和廉政文化进机关等活动，形成教育、预防、监督三者并重的廉政工作机制。四是抓好文明创建工作，开展各类文明创建活动，局机关获宁波市第十批文明单位称号，会计核算中心获省级巾帼文明示范岗等荣誉称号。组织参加市财税系统运动会、建党文艺汇演等，丰富干部职工的精神文化生活。

(宁波市江北区财政局供稿 徐 逸执笔)

宁波市镇海区财政工作

【概况】2007年，镇海区实现生产总值154.00亿元，增长15.0%，其中：第一产业增加值4.20亿元，增长2.5%；第二产业增加值93.30亿元，增长14.2%；第三产业增加值56.50亿元，增长15.5%。人均生产总值83787元，增长21.4%。财政一般预算收入33.96亿元，增长24.3%，其中地方财政收入16.30亿元，增长23.9%；全年一般预算支出15.69亿元，增长11.9%。全年财政收支平衡。

【整合财政资源】一是整合财政政策。根据镇海实际，对科技与工业经济政策、服务业政策、外向型经济发展扶持政策进行整合，并按产业归类，分别出台《关于加快科技创新促进工业经济又好又快发展的若干政策意见》、《关于扶持服务业发展的若干政策意见》、《关于进一步促进开放型经济发展的若干意见》等相关政策。同时，对现有科技、清洁生产、重点产业化专项、人才和品牌等奖励资金进行整合，在政策和财政支出上统一为科技奖励资金，并建立财政性科技投入稳定增长机制，为建设科技强区提供财力保障。二是把握政策扶持重点。重点扶持循环经济、科技自主创新、现代服务业和中小企业发展。安排1000万元，扶持15家循环经济试点企业，推进节能降耗工作。对市级以上工程中心、市级以上高新技术企业及企业创品牌创名牌、申请专利和信息化建设分别给予奖励。扶持物流市场和航运业，推进现代服务业发展。三是调整政策扶持力度。突出财政政策导向，优化资金投向，坚持集中财力办大事，调整财政扶持企业发展的奖励力度，转变财政支出结构和资金扶持方式，推进产业结构升级。

【保障民生需求】一是加大新农村建设投入。全年全区财政投入“三农”资金总额4.94亿元，增长13.0%。二是加大就业和社保投入。统筹安排社会保障和就业资金11818万元，增长23.4%，落实新一轮就业再就业政策；在全市率先开展城乡统筹的居家养老工作，推进“农村社会扶助证”、困难老人生活补助和城镇老年居民医疗保障制度的实施。三是加大社会事业投入。全年投入教育事业经费25714万元，保证全区教育事业均衡优质发展；医疗卫生支出12508万元，增长22.4%，支持新型合作医疗开展，探索合作医疗门诊报销制度；支持文化事业发展，安排文化体育与传媒支出资金3535万元，保障宁波帮博物馆等文化项目建设。四是加大生态环保和实事工程、重点工程投入。安排生态环保资金4278万元，推进环境监测中心等工程项目建设；安排政府实事工程投入3400万元、基础设施建设17709万元，支持镇海新城和老城区低洼地段等基础设施改造。

【深化财政改革】一是继续深化部门预算管理改革。区级单位全面推行部门预算，4个街道实施部门预算试编，5家单位的部门预算提交区人大会议审查。加强制度建设，出台《镇海区部门预算编制试行办法》、《镇海区本级项目库管理办法》。统一财政预算软件管理平台，实现预算执行具体业务的程序流转和信息共享。二是推进国库集中支付制度改革。做好改革前期调研、分析准备和试点单位初步选定等工作。三是开展财政资金绩效评价。制定财政支出绩效考评工作实施方案，将清洁生产试点企业投入、生态林带整合、居家养老服务等五大类项目作为考评重点，实施绩效考评工作。四是完善政府采购制度。编制政府采购预算，扩大货物类、工程类、服务类项目的采购规模。五是完善区镇(街道)财政体制。结合市对区财政体制，制定新一轮镇(街道)财政体制改革方案，即重新划分区、镇(街道)的收入范围，对共享收入由“比例分成”改按“增收分成”；对产业园区(开发区、化工区、机电园区)全部实行“比例分享”体制，园区的企业按属地原则进行调整；对招宝山街道补助按基数环比增长，并对自行招商引资的现代服务业项目实行奖励政策，调动各级财政增收积极性。制定镇(街道)财政管理工作规程，加强对镇(街道)财政管理。

【强化财政监管】一是建设“节约型”机关。制定《关于创建节约型机关管理考核办法》及具体操作办法，出台《行政事业单位内部财务管理制度体系的指导性意见》、《行政事业单位财务结报管理的若干规定》和《关于加强行政事业单位财务基础管理的意见》等三个有关财务核算方面的规范文件。开展公务用车制度改革的有关经费测算工作，制定《个人公务交通费报销管理办法》等五个配套制度。二是加强财政专项资金监管。建立健全科技资金、环保资金、农村再生资源实事工程资金等专项资金管理制度，确保财政资金支出的规范有序。三是加强国有资产管理。开展行政事业单位国有资产清查，制定完善资产管理相关制度、办法；加强政府性投资公司监管，拟定政府性投资公司财务管理办法；实施新一轮会计委派，拓展委派会计职能。推进工业国投公司改革工作，开展机关事业单位节余资金清查。四是加强基建财务管理。设立基建财务管理科，完善基建财务管理制度。参与项目各环节管理，推广基建资金财政直接支付制度。五是加强政府性债务管理。开展地方性债务调研，做好政府债务情况统计，按规定设立偿债准备金，实行专户管理。六是规范内部管理。重点改革内部资金管理体制，对原由各业务科室管理的专项资金进行整合，集中到国库科统一管理，提高资金运行效率。

【推进作风建设】一是提升干部队伍思想理论素质。将作风建设与财政业务工作结合起来，组织开展财政知识百题竞赛、作风建设大讨论和主题征文竞赛等活动。二是注重提升干部职工业务技能。开展学习型机关建设，开设财政干部能力素质和管理水平系列讲座，组织开展首届财政青工技能比武大赛，提高干部的学习能力、创新能力。三是健全反腐预警机制。落实党风廉政建设责任制，构建具有财政行业特色的惩防体系。加强廉政教育，增强干部勤廉意识；强化制度规范，完善监督措施，实现依靠制度管人管事管钱；健全监督机制，提高财政干部廉洁理财能力；落实反腐倡廉源头治理工作任务，确保财政权力正确行使。四是推进文明创建工作。区财政局被区委、区政府命名为区级文明单位，被市委、市政府命名为市级文明单位；局属事业单位会计核算中心荣获“宁波市模范集体”称号；局工会积极创建省级“模范职工之家”取得显著成效，被省委组织部、省总工会授予党建带工建，开展工会“三级联创”活动“模范职工之家”称号。

(宁波市镇海区财政局供稿　胡志利执笔)

宁波市北仑区(宁波经济技术开发区)财政工作

【概况】2007年，北仑区(宁波经济技术开发区)实现生产总值377.20亿元，增长15.3%，其中第一、二、三产业增加值分别为6.50亿元、226.80亿元、143.90亿元，增幅分别为-1.2%、14.1%、18.2%。全区实现财政一般预算收入70.07亿元，增长27.2%，其中：北仑区本级完成27.89亿元，增长31.4%；宁波经济技术开发区完成42.18亿元，增长24.5%。全区实现地方财政收入31.98亿元，增长25.8%。全区财政一般预算支出29.56亿元，增长13.8%，其中北仑区本级13.58亿元，增长15.6%；宁波经济技术开发区15.98亿元，增长11.9%。全年财政收支平衡。

【加强财源建设】一是加强区域税源管理，维护税收秩序。组织对全区509家企业的财政贡献度调查，并会同各部门对109家无任何财政贡献企业进行追踪调查，通过分析企业纳税情况，拟定政策，协调采取相应措施。二是对街道、乡镇实行新的财政管理体制，调动街道、乡镇生财理财积极性，培植财源，推进招商引资，促进三产税收增长；推进开发区企业社会事务的属地化管理，强化街道、乡镇社会管理和公共服务职能，为企业发展创造公平、良好的环境。三是完善重点财源监控体系，做好重点税源建设工作。四是坚持“抓大不放小”，加大对非税收入征管力度。

【支持经济发展】一是突出重点，坚持创新驱动，加大对自主创新的投入力度，支持服务业和循环经济发展，推进产业结构优化升级。投入1975万元，重点扶持5个优势行业技术改造项目、区级技术中心、绿色和节水型项目、节能和清洁生产项目等。根据循环经济和建设资源节约型社会的工作安排，发放专项资金奖励167万元。二是落实扶农政策，促进社会主义新农村建设。做好农业产业化基地建设，加大农业综合开发力度。开展中心村、农村中心集聚点和示范村建设的规划编制工作。加大投入力度，完成第一轮“十百工程”建设任务。推进农村新社区建设，街道、乡镇连锁超市和农村放心店覆盖率100%。加强水利设施和清水河道工程建设，红卫碶、穿山碶外移扩建工程进展顺利，完成河道清淤118公里，提高区域河道行洪排涝能力。

【加大民生投入】加大教育扶持力度，全面实施免费义务教育，对北仑户籍义务教育段学生和符合条件的外来务工人员子女免收学杂费，义务教育段入学率保持在100%。出台促进学前教育发展的政策措施，成立区早期教育指导中心。完善社会保障体系，启动城镇居民医疗保险政策，安排资金近220万元，惠及城镇老年居民近五千人、非从业人员七千人、未成年人一万人；建立“小病有惠”制度，投入3105万元资金用于新型农村大病合作医疗，完善新型农村合作医疗保障体系；开展对“4050”人员、零就业家庭和特困群体的就业援助，培训被征地人员和农村剩余劳动力1.2万人，安排2780万元用于再就业经费和农村劳动力素质培训经费。重视公共卫生建设，安排600万元用于公共卫生建设，并安排预防保健和卫生监督业务经费768万元，为健全公共卫生体系建设提供保证。支持文化体育建设，推动文化下基层活动，完善文化设施，安排专项资金100万元，对现有的文化体育社会资源进行整合。

【深化财政体制改革】根据财政支出管理制度改革和绩效评价工作的重点，确定体育设施向社会开放财政补助、流动人口子女就学财政补助专项经费实施重点绩效评价。推进国库集中支付制度改革试点，根据国库集中支付制度改革试点方案，从财务网络监管单位到会计集中核算单位逐步推进。深化部门预算编制改革，修改、完善部门预算编制软件，推行预算追加征询制度的落实工作，增强预算追加的透明度。强化政府采购制度改革，加大监管力度，探索政府公共服务的政府采购，提高政府采购效率和质量；扩大采购规模，全年采购9.87亿元，资金节约率8.44%。

【强化财政监督管理】加强财政法治建设，宣传财政法规，完成规范性文件的汇编工作，营造依法理财的良好环境。加强项目资金管理，跟踪掌握各项工程进度，完善财政资金直接支付制度，保证建设资金有序运作。运用绩效理念，加强财政监督检查。加强财政法律法规宣传教育，做好行政执法责任制工作。开展行政事业单位财务培训，抓好会计人员继续教育。

【加强干部队伍建设】组织学习胡锦涛总书记“6.25”重要讲话和党的十七大精神，以科学发展观、构建和谐社会和中国特色社会主义理论武装头脑，指导财政工作。开展“作风建设年”活动，结合实际情况，分阶段抓好落实，完善作风建设的长效机制。采用多种形式做好财政业务等培训。加强廉政教育，推进各项重大财政管理制度改革，加快构建财政专项惩防体系。健全机关内部约束机制，提高干部廉洁自律。开展文明机关、文明单位、巾帼示范岗、行风建设示范岗等的争创活动，增强干部队伍凝聚力和向心力，树立财政新形象。区会计核算中心荣获国家级“巾帼文明岗”的光荣称号。

(宁波市北仑区财政局[宁波经济技术开发区]财政局供稿 潘成方执笔)

宁波大榭开发区财政工作

【概况】2007年，宁波大榭开发区实现生产总值103亿元，比上年增长19.6%，其中第二产业增加值38.88亿元，增长43%。全年实现财政总收入33.39亿元，增长20%，其中地方财政收入12.6亿元，增长20.2%；完成财政总支出13.78亿元，增长20.4%。全年财政收支平衡。

【夯实财源基础】一是实施税源动态监控和分析机制。完善对区重点行业、重点企业、重点税种的监控体系，加大对有限责任公司个人股份的监控力度，及时捕捉税源异常信息，分析宏观经济态势等因素对财政收入的影响，每月对收入进度、入库总量、行业结构和税种结构进行研究分析，提高财政收入分析预测水平。二是强化税收征管。落实交通运输业和建筑安装业税收的专人管理，建立企业台账，实时根据异常波动开展核查，全年交通运输业入库17173万元，增长35.6%；查缺补漏，抓纳税申报数据比对，补征税款311万元；以地税新征管系统“税易07”顺利上线为契机，完善纳税人基础资料，规范税收征管；明确个人转让房屋等政策，制定落实建筑安装业税收管理办法和砂石开采资源税委托征收管理办法；完善与国税、工商、经发局的联席会议制度，加强与城建、国土分局等部门的沟通联系，理顺工作机制。三是固本培源，确保收入增长。优化服务质量，完善税企联系制度，通过上门走访、财税政策辅导、编制《财税信息》等方式为企业发展排忧解难，全年收集汇总纳税人意见建议58条，开展新办企业纳税人辅导班12期(辅导企业101户)，举办税收答疑会3期(累计辅导企业470户)；依托港口优势，扶持重点企业、高新技术企业做大做强，挖掘新的增长点。

【支持和谐社会建设】一是支持生态区建设，营造和谐人居环境。更新手段，完成23个节能改造项目，节能减排初显成效；深化区域安全体系建设，加大对环境监控能力建设投入，开展区域安全评价，建设化工区公共安全应急指挥系统、自动气象站、环境监测站，推进临港工业的持续发展；支持水利设施建设，投资改造加固部分水库及渡口码头，加强全区防洪防潮能力；加大对公园绿化、大桥绿化的投入改造，提升全区人居环境质量。全年安排生态环保建设资金5500万元。二是健全就业和社会保障机制。安排1亿元用于大榭居民共享开发建设成果，安排2500万元用于补充社保风险资金，安排400万元用于落实劳动力培训、再就业补助、企业养老金补助等优惠政策,鼓励用人单位招用就业困难人员;支持公益性岗位开发,安排公益性岗位补贴资金204万元,搭建就业服务平台,加强就业培训帮扶工作,解决部分就业困难人员的再就业问题;实施城镇老年居民养老保障,落实低保资金,实现低保人员的应保尽保。三是加大科教文事业投入。全年安排教育支出3437万元。实行免费义务教育,提高教师福利待遇,连续五年每年安排100万元教师培训经费;提高生均公用经费标准,健全家庭困难学生资助制度,改善学校基础设施;安排专项经费用于支持社区基层文化建设、社区文化活动和图书购置,丰富居民文化生活。四是完善公共卫生服务体系。拓宽资金筹集渠道,加大对公共卫生机构的经费投入,用于社区卫生服务站、120急救中心、妇幼保健站、公共卫生与食品安全检测中心建设;完善新型合作医疗制度,投入57.5万元设立小病受惠门诊补助制度,提高政府补贴标准;对大榭岛居民开展3年一轮的免费健康体检,健全对低保、低收入对象的医疗救助制度,减轻群众的医疗负担。

【创新财政管理机制】一是探索并开展财政支出绩效评价工作,建立财政支出绩效评价工作制度,对医疗设备购置、公益性岗位、新型农村合作医疗三个项目资金的绩效目标完成情况、所取得的经济效益、社会效益、财务管理状况等进行客观评价,针对发现的问题,提出完善措施,增强资金使用管理部门的绩效理念。二是推进政府收支改革。做好新旧预算科目的过渡性编制工作,以新预算软件实施为平台,做好库维护,保障从指标管理、资金拨付到会计核算,实施软件化管理,提高工作效率。三是采用委托审计方式对本区国有企业上年度会计报表进行全面审查,根据审计暴露的问题,有针对性地就部分企业亏损原因、上年经营情况及当年财务预算情况开展专项调查。四是开展对周边地区国有资产增值保值考核情况的工作调研和对本区自来水公司、文体产业公司的专项调查,制定国有资产增值保值考核办法。

【强化财政监督管理】一是加强对基本建设项目财务管理。做好项目前期审查及招标文件、合同会审工作,严把工程结算和竣工财务决算关,做到事前、事中、事后全过程跟踪审核,共审核预(结)算102项,送审总金额2.35亿元,审定金额2.16亿元,核减率8.4%。二是加强项目资金管理。统筹资金结余,对各核算单位年初项目资金结余作出分类处理;根据财政支出预算和收入进度,合理安排各项支出资金,确保全年财政收支平衡。三是开展专项资金使用监督检查。分别对本区最低生活保障金、社团临时救济费专项资金、环境监测站专项经费、管委会办公室信息化建设专项经费使用情况实施监督检查,强化对财政专项资金使用的规范性。四是清查全区行政事业单位资产。全面摸清各类财产的家底,核实单位人员结构、收入渠道、支出结构、资产状况及债权债务等情况。五是完善政府采购管理。采取以政府采购中心集中采购和部门集中采购相结合的方式,实施车辆、计算机及网络设备、仪器设备等项目的政府采购;加强对日常采购的监督,通过招投标确定公务车辆定点维修单位。

【提升干部队伍素质】一是注重干部政治思想教育。学习贯彻党章和党的十六届六中全会、十七大精神,开展职业道德和反腐倡廉教育,签订党风廉政责任状。加强党内关爱、为民服务等社会实践活动,引导全体干部牢固树立"为民、务实、清廉"的行为理念和责任意识。二是加强教育培训和工作调研。落实教育培训计划,全年共组织《车船税暂行条例》、新《会计准则》与税法差异等业务培训;出台鼓励干部职工进修学历(专业技术职称)的有关制度,鼓励干部员工改善知识结构。三是严格内部管理,创建文明单位。制定督查督办工作机制,做到全程跟踪,件件落实;做好ISO9000质量管理体系的具体实施,实现持续改进;落实政务信息公开机制,增强财税工作的公开性和透明度;利用门户网站开展行风建设问卷调查,满意率99.3%。通过开展争创活动优化服务,改进作风,促进工作。区财政局获"市级文明单位"荣誉称号,局会计核算中心被授予"省级巾帼文明岗"荣誉称号。

(宁波大榭开发区财政局供稿 徐晓莉执笔)

宁波国家高新技术产业开发区财政工作

【概况】2007年,宁波国家高新技术产业开发区(以下简称"高新区")实现生产总值67.02亿元,比上年增长49%,其中:第二产业增加值39.61亿元,增长50.7%;第三产业增加值27.42亿元,增长46.5%。全区财政总收入12.54亿元,增长56%,其中地方财政收入7.06亿元,增长70%;财政支出11.21亿元。全区收支平衡,财政预算执行情况良好。

【加强财源建设】一是出台协税护税网络建设实施方案,成立协税护税网络,督促梅墟、新明两街道加强区内异地经营企业管理。二是对区内市属经营企业和近百家高新技术企业进行实地调查走访,了解企业生产经营状况,重点辅导春季大招商活动中新引进并被认定为高新技术的企业落实招商成效。三是强化财政"扶优扶强"的企业扶持策略。加强产业培育力度,兑现产业扶持和总部经济政策,着力"扶优扶强",鼓励并扶持重点企业做大做强,积极培植重点财源,增强高新区财力。

【加强收入管理】一是增强收入的分析和组织协调机制。密切与国地税联系,强化税收征管和收入的计划管理。定期召开财政、国地税收支分析会议,分析财政收入形势,明确下阶段工作的重点和突破点。二是开展税源调查工作。完成2006年度企业所得税税源调查工作,并就新税法实施对园区企业所得税收入的影响进行专题调研,加强对税源企业的监管。三是规范土地出让金管理。把握土地出让金收入进度,完成招拍挂土地出让金清欠入库,配合市审计局做好土地出让金收支情况专项审计调查工作。

【强化支出监管】一是树立公共财政理念,加大对民生工程的支持力度,全年财政用于民生支出9134万元。按照事权划分和支出性质,合理安排支出,推进社会事业发展。二是规范财政扶持资金的审核拨付,注重支出绩效管理。财政资金重点向规模以上高新技术企业和总部企业倾斜,全年安排扶持资金2.27亿元,鼓励、引导和帮助企业做大做强,并选择重点项目进行绩效评价,提高财政扶持资金的使用效益。三是按规定做好行政事业单位资金审核、报账工作。四是配合行政事业单位,按月编制会计报表,建立规范、准确的财务管理数据档案。五是申报国家开发银行中长期贷款,缓解园区建设中长期资金需求。

【完善财政体制】一是完善街道财政管理体制。出台新明街道财政管理体制方案,核定财政收支基数,明确区与街道之间的财政分配关系。二是调整创业中心财政体制,完善创业孵育体系,促进科技成果转化和高新技术产业发展。

【细化财政管理】一是加强预算管理。按收支分类改革要求,调整财务处理办法,重新设置会计科目报表,完成数据转换工作,为规范财务核算、执行新会计科目奠定基础。完成预算编制及调整工作,提高预算编制科学性和约束力,强化预算执行和监督。加强部门预算管理。审核各部门预算追加,清理财政资金往来款项,完善部门账户资金管理,对部门预算指标及使用情况进行清理核对。二是加强基建财务管理。加强基建项目日常管理,按需审核项目概算,合理控制投资规模,节约财政资金。加强造价管理,核减工程造价。加强征地拆迁资金管理,出台征地拆迁资金使用管理暂行办法,规范征地拆迁资金使用。三是加强国资管理。实行国有及国有控股公司重大事项监管审批制度,规范国有企业运行机制,规避企业运营风险。联合纪工委,组织中介机构对对外借款等重大事项情况进行检查。实施国有独资公司年度经营预算编制制度,对公司工资福利、办公经费等费用实行总额控制。加强国有股权转让监管力度。完善相关制度。加强国有企业经营管理人员风险投资和风险管理、企业内部控制制度的业务培训。四是对全区行政事业单位资产进行全面清查。出台行政事业单位资产处置办法,完善行政事业单位资产管理制度。

【推进机关作风建设】一是加强教育培训。组织"作风建设年"主题教育活动、国有企业经营管理人员风险投资及管理培训、党风廉政建设培训等一系列教育培训活动。二是强化内部管理。完善规章制度,优化办事流程,明确工作职责,建立面向服务的工作导向机制。核算中心推出服务明星评比、上门财务交流等活动,促进机关文明建设。三是加强监督考核,完成目标考核各项任务。四是开展调研和社会实践活动,拓宽干部员工视野。五是加强廉政建设。制定工作办法,实行财政精细化管理,对财政管理进行全流程分析,加强过程控制。开展廉政谈心、重要情况通报、述职述廉、民主生活会等多种形式廉政教育,做到预防为主,苗头性、倾向性的问题能得到及时纠正。

(宁波国家高新技术产业开发区财政局供稿 周勇民执笔)

宁波保税区财政工作

【概况】2007年,宁波保税区建区15周年,全区实现生产总值103亿元,比上年增长42.8%。实现财政总收入16.90亿元,增长23.8%,其中地方财政收入8.33亿元;财政支出11.30亿元,增长27.6%。全年实现财政收支平衡。

【培植地方财源】一是引导区内工业企业开拓内销渠道,走访重点纳税大户,挖掘潜力,促其扩大经营业务。二是要合理充分利用税收政策,促使区内房地产企业所得税不流失,做好动态分析,加强监管,做到应收尽收。三是关注国家财税政策新动向及周边区域产业扶持政策的新变化,开展前瞻性的财政优抚政策调查研究。四是利用市国际贸易平台建设新的影响力,优化外贸进出口结构,调整政策措施,加强出口指标控制,稳定现有外贸、物流重点税源企业,吸引新的税源企业落户发展。五是落实支持中小企业发展的金融政策,优化融资环境,推进中小企业贷款工作进程,加大中小型科技企业的财政投入,加强政策引导,提高科技自主创新能力。

【推进预算管理改革】一是以政府预算收支分类改革为契机,全面推进部门预算工作。在上年部门公用经费八项费用实行按类核定的基础上,结合实际预算执行情况,完善公用经费定额核定办法。按照项目支出预算管理要求,实行"单位申报-财政核定-执行反馈-绩效考核"全过程监管。根据上级部门要求,确保政府预算收支分类改革顺利实施。二是做好津贴补贴的清理规范工作,按实测算核定相关经费。三是推进政府采购工作,完善相关监管制度。扩大政府采购范围,对直属企业使用财政资金的采购行为按规定实施政府采购管理。完善制度,推进政府采购领域反商业贿赂工作。四是推进全区国库集中支付制度改革。五是推进财政支出绩效评价制度试点工作。

【加强国有资产监管】一是通过实施财务信息网络化、财务管理预算化、资金管理集中化等措施,加大直属企业投融资、资金、成本费用、物资购销、担保等重要财务事项的管控力度。二是建立财务损益预算实现报告制度,反映近三年财务会计主要经济指标的增减变动状况和国有资产保值、增值、减值动态。三是建立投融资决策报告制度,使国有企业资本运作成为非商业化政府项目融资的重要援助力量。四是强化国有资本处置监管,严把决策、资产评估、产权交易"三道关",严格执行国有产权转让挂牌规则、信息披露规则和竞价交易规则等交易程序。五是健全企业考核体系,全面评价企业经营管理水平,强化委派会计财务监督作用。

【提升专业服务水平】一是完善各项服务举措,优化办事环境。继续搞好全区会计人员培训活动,全年举办5次专题培训,参加人次达900余人,同时为100多家企业免费赠送专业财务杂志,完成会计证换证1400余份。二是发挥会计学会、网站平台、报表电子报送系统等载体作用,加强与企业感情联络和信息沟通,全年为企业进行网上答疑250多条次。三是发挥部门专业优势,为培育和稳定重点企业和纳税大户企业做好相关服务工作,帮助企业申报各类项目评审,争取有关补助资金,完成2005年度34家工效挂钩清算核定工作。四是走访企业,全力为企业排忧解难。全年走访企业50多家,深入了解企业经营情况,挖掘潜在税源,为企业解决实际困难。为企业提供免费代理记账服务。五是坚持做好对内服务,帮助管委会独立核算部门加强内部财务控制制度建设。通过不定期走访核算单位,举办财务联系人座谈会等形式,加强日常交流和信息互通。

【抓好队伍整体建设】一是按照作风建设年的统一要求,落实各项文明办公措施,做好各类台账记录。加强工作流程管理,形成岗位约束机制。加强日常督查和台账记录。二是加强文书流转、重点工作督办和档案等内部办公事务管理,对现有信息系统进行整合改造。三是组织业务培训。加强信息员队伍建设及对外宣传。三是继续搞好"巾帼文明岗"、"青年文明号等"各类特色创建活动。区会计结算中心获省级"巾帼示范岗"称号。继续组织好各类党团集体活动,开展家访、谈心等活动,关心干部职工生活。

(宁波保税区财政局供稿 应容与执笔)

宁波东钱湖旅游度假区财政工作

【概况】2007 年,宁波东钱湖旅游度假区实现生产总值 19.93 亿元,比上年增长 19.1%。其中第一、二、三产业增加值分别为 1.33 亿元、13.40 亿元、5.20 亿元, 分别增长 6.4%、21.8%、19.0%。一、二、三产业结构比重为 7:67:26。全区财政一般预算收入 5.02 亿元,增长 79.3%,其中地方财政收入 2.75 亿元,增长 93%;全区一般预算支出 2.58 亿元,增长 116.8%。全年实现财政收支平衡。

【扶持经济发展】运用财政补贴、财政投资等政策手段,激发企业自我发展的活力,提高经济运行效率,促进区域经济可持续健康发展。一是完善产业扶持政策,强化财政资金导向作用。重点鼓励和支持旅游、商贸等服务业发展,出台《关于进一步加快旅游业发展的若干意见》,推出多种鼓励旅游、服务产业发展的奖励政策,创造发展第三产业的良好环境。二是支持自主创新。加大科技经费投入力度,全年共投入财政资金 289 万元,重点用于支持企业技术改造和研发能力建设。三是拓宽融资平台,保障重点建设支出,推动东钱湖开发建设发展。全年累计安排建设资金 11.53 亿元,其中:安居工程 2.07 亿元,道路基础设施 1.13 亿万元,征地拆迁 6906 万元,效实中学、旅游景区、绿化等项目 1.29 亿元,其他项目 6.34 亿元。

【保障民生需求】一是完善低保政策,健全养老体系,提高困难群众补助标准。扩大失地农民养老保障参保范围,继续推行农村医疗保险,通过财政补贴形式促进就业再就业,全年区财政共计安排财政资金 3264 万元用于失地、就业、低保、老有所养等各种形式社保、救助。二是加大对教育文化事业投入。全年财政教育支出 4801 万元。其中 1000 万元专门用于中学校舍改造。新增财力向农村倾斜,支持万场电影千场戏进农村活动,丰富居民文化生活。三是加大新农村建设财政投入,全年用于新农村建设资金 4538 万元。支持农业产业基地建设,发展高效生态农业,推进农业科技创新,安排林特基地、名牌农产品,无公害农产品基地等各个项目补助合计 40 余万元。推进农村劳动力再就业,安排财政补贴完成对各类农民的培训 1302 人次,安排失地农民再就业补助 85 万元。统筹安排财政资金,支持"百村示范、千村整治"、"旧村改造"、"农村水改"、"山塘水库综合治理"、"林相改造"等工程建设,完善农村公共服务体系,扶持欠发达村发展,推进区域统筹发展。

【强化财政监管】继续深化部门预算改革,对所辖一级预算单位全部实行部门综合预算,逐步将非税收入纳入国库管理和预算编制范围,将部分收入比较稳定的非税收入纳入专项编制范围。加强行政事业单位财务规范化检查,完善基本支出和项目支出管理制度,推行政府收支分类改革,推出财政支出绩效考核评价制度试点工作。推行政府采购预算编制管理工作,提高服务类采购所占比重,提高政府采购支出占当年财政支出比例,提高政府采购工作的效率和效益, 促进建立资源节约型社会。全年采购金额 898 万元,节减率 18%。

【干部队伍建设】加强思想政治教育,以创建学习型组织为载体,树立终身学习和终身教育的理念。坚持教育与管理并重,多层次、多角度开展干部业务培训,撰写调研文章和学习心得,更新知识结构,造就一支善于学习、勇于创新、德才兼备的高素质干部队伍。推进财政文化建设,开展精神文明创建活动。完善和落实惩治和预防腐败体系,结合财政工作实际,开展廉政教育,提高财政干部抵制腐败行为的自觉性。

(宁波东钱湖旅游度假区财政局　周 波执笔)

余姚市财政工作

【概况】2007 年,余姚市实现生产总值 410 亿元,比上年增长 14%,其中第一、二、三产业增加值分别为 27.1 亿元、246.9 亿元、136 亿元,分别增长 5%、14.8%、13.8%,三次产业比重调整为 6.6:60.2:33.2。全市财政一般预算收入 63.37 亿元, 增长 26.2%,其中地方财政收入 30.29 亿元,增长 25.0%;全市财政一般预算支出 31.00 亿元,增长 15.8%。财政运行情况良好,收支平衡。

【支持经济社会发展】一是落实各项经济扶持政策。全年兑现各项政策资金 2.01 亿元,其中:工业经济 3446 万元,主要支持企业技改、新产品(商标、名牌)奖励、节能与清洁生产,促进工业发展;科技创新 12105 万元,主要支持企业专利、技术研发、技术合作;外向型经济 2262 万元,主要支持企业开拓国际市场;商贸经济 2209 万元,主要支持专业市场、会展业、旅游业发展。二是支持新农村建设。投入资金 3006 万元,用于农业综合开发、村庄整治改造,完善农村生产基础设施。投入资金 8645 万元,用于"千库保安"、河道保洁工程、农民饮水工程和小型农田水利等项目建设;投入资金 4882 万元,用于农业产业基地、土地整理、小康示范村建设、下山移民、无公害农产品产地补助等项目。投入资金 5364 万元,用于效益农业示范基地建设、农业科技推广、农产品质量检测及测土配方、重大动物疫病防治、农业信息综合服务系统、农机推广和机械化插秧示范推广等项目,促进提高农业科技含量。投入 3400 万元,用于特色农业、生态绿色农业、休闲观光农业。三是加大社会保障力度。投入资金649万元，用于落实城乡最低生活保障制度。投入资金500万元，用于提高义务兵优待金标准。实施经济适用房货币化补贴办法，投入资金3000万元，帮助480户居民解决住房困难。加强社保基金征收管理，到年底社保基金余额32.10亿元。实行“小病受惠”办法，扩大新型农村合作医疗受益面。实施城镇居民基本医疗保险、新型农村养老保险、老年人生活费补助制度，在全国范围内率先实现基本医疗和养老保险全覆盖。增加就业和再就业支出，投入资金1100万元，用于再就业援助、农村低保家庭公益性岗位补贴。四是支持社会事业发展。安排科学、教育、文化、卫生支出10.25亿元，增长28.6%，高于财政可用资金增幅7.8个百分点。出台新的教育费附加分成办法，完善义务教育经费保障机制，增加教育公用经费，支持教育事业发展。扶持基层和农村文化设施建设和大型群众性文化活动，推进文化强市建设。加大对城乡公共卫生、医疗服务、医疗保障支出，推进卫生强市建设。增加公共安全支出，推进“平安余姚”建设。落实老小区整治、“一户一表”改造资金1900万元，促进人居环境的改善。

【深化财政改革】一是开展财政资金直补试点。5月全面推行生态公益林补偿金“一卡到户”直补制度，全市124个行政村的2.6万户农民成为享受对象，直补资金340万元，户均130.7元。9月起开展农资综合直补工作，通过“一折通”，将641万元补贴资金直接发放到每个种粮农户。参与中国农民补贴网建设，将全市10多万户种粮农户的数据信息录入农民补贴网，为对种粮农民实行财政综合补贴、补助资金直接划拨到户打下基础。二是推进财政支出绩效评价。扩大评价范围，对全市29个项目开展绩效评价，其中4个项目委托省财经学院专家实施和指导。三是开展规范津贴补贴工作，制定规范津贴补贴工作方案。四是继续推进其他改革。实施政府收支分类制度改革，保证新老科目转换和准确核算。试行财政资金申拨管理系统，做好政府收支分类改革前两年财政决算数据的转换输入工作。继续完善政府采购制度，编制政府采购预算。完善公务用车改革办法，做好公务用车改革扩大试点工作。

【加强财政监督管理】加强预算收支执行分析，做好预决算编制工作。加强单位预算结余资金管理，对单位历年一般结余超过50万元的部分，在安排预算时直接抵支50%，共抵支2000万元。开展专项结余清理，收缴专项结余1010万元。做好非税收入资金管理软件升级工作，加强非税收入资金管理。出台土地出让收支管理办法，统一纳入国库管理。加强项目预算管理，会同有关部门实施政府投资项目代建制，规范项目资金来源审批，按工程进度及时拨付项目建设资金。开展全市行政事业单位资产清查。加强粮食财务和粮食风险资金管理，确保粮食收储、价外补贴等资金及时足额到位。做好会计集中核算单位资金结报、核算工作，全年共办理86家集中核算单位的资金收付25422次，收付总量18亿元。发挥会计核算中心监督作用，严把财务审核关，对报账单位内部审批程序、财务开支标准、费用列支渠道、政府采购手续、车辆定点维修、印刷业务定点等进行监督，发出拒付整改通知书5份，金额29.84万元。8月份，会同市监察局对8个乡镇、街道农业发展资金使用管理情况进行重点检查。会同市农林局、民政局对村级组织财务资产管理情况、民间非盈利组织进行考核和检查。对已批准的四家会计代理记账机构及其从事的代理记账业务情况进行审查。

【加强投融资管理】成立投融资科和投融资中心，加强管理力量。配合各投资主体加强与金融机构的联系和合作，其中与国家开发银行签订合作协议，达成10个重点基础设施建设项目的贷款意向；与世界银行初步达成泗门镇新农村建设项目贷款意向。优化债务结构，提高期限长、利率低的中长期贷款比例，降低财务成本。加强偿债准备金管理，到年底偿债准备金余额1.20亿元，多次用于投资公司贷款转期，解决公司临时的资金周转困难。加强对各投资公司监督，督促公司严格执行各项投融资和内部管理制度，做好债务分析和预警工作，防范债务风险。做好托管资产保值增值工作，规范资产管理，积极稳妥处置历史遗留问题，对个别不明晰资产产权，重新进行界定，补办合法手续。

【支持乡镇(街道)财政建设】根据乡镇(街道)财政困难和新农村建设情况，加大转移支付力度。出台新的教育附加收入分成办法，加大对农村义务教育事业的倾斜力度。市财政专项安排6000万元，用于全市义务教育段教师奖金补助。出台土地出让金分成办法，理顺市镇两级财政体制，减轻乡镇(街道)潜在的建设负债压力。加强乡镇债务监督管理，继续从严控制乡镇财政性基本建设项目，督促乡镇(街道)及时偿还集资款和其他性质借款，缩减乡镇(街道)负债规模。

【干部队伍建设】一是增强干部素质。认真学习、落实党的“十七大”精神。建立教育培训制度，落实教育培训计划。加强政治思想教育，开展各类理论学习活动。建立微型党课制度，提高教育效果。组织党员干部参观嘉兴南湖党的“一大”会址等教育基地，接受革命传统教育。二是加强内部管理。依托计算机管理系统，探索新的税收岗位责任体系。组织开展中层干部竞争上岗，32位同志通过竞聘担任中层干部。加强一般干部轮岗交流，55位同志换新岗位。建立健全制度，抓好制度落实，规范干部日常行为。三是加强廉政建设。开展警示教育，安排“五个一”教育活动，强化干部职工的廉政意识。建立健全廉政建设长效机制，落实党风廉政责任制。建立健全监督机制，加大监督检查力度。对局内部财政资金管理情况开展专项检查，规范财政资金运作秩序，确保资金安全。四是加强作风建设。开展作风建设年活动。通过各种途径，向社会各界发放问卷500份，局领导带队分组走访全市纳税50强企业，广泛征求意见。五是加强精神文明建设。组织参加宁波财税系统第二届运动会，飞镖、羽毛球项目分别获得团体第一、第三的好成绩。开展“双百结对”、“双千结对”文明共建活动，全局10个基层单位获宁波市局级文明单位；丈亭分局获全国巾帼文明示范岗，会计核算中心、泗门分局被命名为省级巾帼文明示范岗。 (余姚市财政局供稿 黄 颖执笔)

慈溪市财政工作

【概况】2007年,慈溪市实现生产总值530.9亿元,比上年增长14.6%;其中第一、二、三产业增加值分别为24.95亿元、329.42亿元、176.54亿元,增幅分别为5.6%、14.6%、16.1%。全市完成财政一般预算收入75.11亿元,增长21.1%,其中地方财政收入35.51亿元,增长22.7%;一般预算支出37.81亿元,增长22.4%。全年全市财政收支平衡。

【促进经济社会发展】一是做好义务教育阶段学生的免除学杂费工作,加大师资培训投入,建立校舍维修长效机制,市本级用于教育方面的支出4.21亿元,使全市义务教育段学生免除学杂费,公立学校在校生免除课本作业本费。二是全面实施城镇居民养老保险和医疗保险,全市新型农村合作医疗参保人数扩大到85.08万人,人均筹资金额170元,其中市级财政补助60元;安排1亿元用于医疗机构基础设施建设;全市城乡医疗救助支出906万元,1473人次得到医疗救助。三是全面实施城镇老年居民养老保障和农民基本养老保险,实现社会保障全覆盖;全市投入就业再就业扶持资金5000万元,13668人得到政策扶持;支持农村住房保险,全市319个村(社区)的农户全部参加农村住房保险,财政补助金额214万元;落实低保自然增长机制,城乡居民最低生活保障家庭每人每月分别提高物价补贴25元和15元。四是支持新农村建设,市本级用于"三农"的资金8.13亿元,加快推进农田水利、旧村改造、二次改水等基础设施建设。五是保障基础设施建设资金需求,围绕新型城市化和"十大民生"工程建设,克服建设资金筹措困难,着力保障市重点建设工程项目的资金需求,安排新一轮旧城(城中村)改造2.78亿元,背街小巷改造600万元,道路环通工程1.56亿元,公交客运一体化建设2000万元。

【推进财政改革】一是平稳运行政府收支分类改革,规范收支核算。二是稳步推进国库集中支付,政府采购资金国库直接支付范围扩大到市一级预算单位,对计生扶持资金补助、水库移民后期补助资金、土地安置补偿费分年支付资金及六个基建项目实施国库(财政)直接支付,全年国库集中支付额7.30亿元,占一般预算总支出的19.3%。三是启动财政支出绩效评价工作。拟订财政支出绩效评价办法(试行),对全市社区保安经费和城区水环境整治支出两个财政专项经费支出项目和四个基建项目进行绩效评价。四是研究制定并实施财政性资金保值增值管理办法,对财政性资金实行定期和协定存款利率相结合的办法。五是深化国有企业改革,基本完成市场服务中心重组及改革,研究制定建设系统国有企业调整改革方案。

【加强财政监督管理】一是制订一系列加强财政财务管理的若干规定,与有关部门配合完成全市公务用车改革和规范公务员津贴补贴方案的测算工作。加强对全市行政事业单位"三费"支出和个人收入发放管理,在市本级行政事业单位中试行常用办公设备标准化管理。创新政府公共服务类支出方式,对全市的社会治安监控网络实行社会化建设,以政府购买服务的模式运作,实现社会资源的专业配置。二是加大政府投资项目竣工财务决算审批力度,全年共完成竣工财务决算审批项目32个,送审总投资额6.23亿元,核减投资额557万元,审核应上交财政结余资金1904万元。三是加强政府性债务监管。探索政府性债务制度化管理机制,控制债务规模,创新融资平台,成立国家开发银行金融合作办,调整政府性负债资金结构。

【加强队伍建设】一是推进"作风建设年"活动。开展专项教育,重点开展"投资建设专项服务年"活动,以"十百千"开门纳谏、"访百家企业、送优质服务"等活动为载体,建立落实各项财税政策的服务责任和服务意识。二是加强廉政教育。落实党风廉政建设责任制,构建具有财税行业特色的惩防体系,创新教育方式,开展家庭助廉、廉政文化进机关示范点活动,组织全系统干部职工赴监狱开展警示教育,编排反腐小品等。三是推进干部素质教育。分层次、多渠道开展干部更新知识培训和岗位技能培训,进行税收管理员岗位能手评比。

(慈溪市财政局供稿 杨继辉执笔)

奉化市财政工作

【概况】2007年,奉化市实现生产总值169.51亿元,比上年增长13%,其中:第一、二、三产业增加值分别为15.57亿元、86.15亿元、67.79亿元,增幅分别为4.8%、12.4%、15.7%。全市实现财政一般预算收入22.54亿元,增长27.9%,其中地方财政收入10.89亿元,增长24.9%;全市财政一般预算支出13.94亿元,增长17.6%。全市财政收支平衡。

【加强地方财源建设】推进节能降耗工作,支持循环经济发展。落实工业结构调整专项资金,加强先进制造业基地建设,规模以上工业企业净增137家。全年科技创新支出3642万元,重点用于提高企业科技研发和自主创新能力,高新技术产业产值增长20%,创建国家级和省级企业工程技术中心各1家,新产品产值率27.5%。建立现代服务业发展财政专项资金,鼓励和支持现代服务业加快发展。承担地方出口退税6914万元,推动外向型经济发展。抓好浙江船厂等"总部经济"项目的引进和建设,培育后续财源。各项体现地方财力增长的税种均实现较快增长,营业税、企业所得税、个人所得税和契税四大税种增幅分别为21.1%、46.8%、34.6%和83.6%;房产税、土地使用税等七个地方小税增势活跃,共征收入库1.60亿元,增长24.4%,占地税总收入的比例为17.3%。第三产业税源快速拓展,税收比重较上年增加3.1个百分点。

【支持社会和谐发展】全年用于民生事业支出为同期财政支出的70%,民生支出比重比上年提高5个百分点,统筹解决一批关系群众切身利益的突出问题。一是倾力于新农村建设。按照“多予、少取、放活”原则,财政支出重点投向新农村建设,投入资金7.95亿元,增长30.4%,增幅高于平均支出12.8个百分点。加大对农村基础设施建设投入,全年投入1.57亿元,完成2.8万亩土地整治任务,42987名农民饮水条件得到改善,农村环境综治取得实效。落实农业扶持政策,加大惠民补贴力度,近4.5万农户直接受益。向国家争取石油价格改革财政补贴资金4434万元,重点对渔业、林场等行业给予补贴。安排生态公益林保护资金484万元,对生态公益林实施全面保护。投入扶贫资金608万元,实现下山移民743户。落实政策性农业保险,当年惠及708家农户。全额支付农村劳动力普及性培训资金,完成农村劳动力培训10287人,增强农民自身创收增收能力。二是支持社会事业发展。将农村义务教育所需经费全面纳入公共财政保障范围,安排义务教育经费2.33亿元,增长23.2%,免除48780名城乡义务教育阶段学生的学杂费,平均每个小学生减负280元,初中生减负340元。投入3000万元用于改善农村义务教育办学条件。安排中等职业教育经费1471万元,推进职业教育与当地经济社会同步发展。教育总支出3.28亿元,增长31.0%。环境保护支出增长18.5%,城乡居住环境大为改善。公共安全支出1.32亿元,增长24.0%,保障“平安奉化”建设。三是构建社会保障体系。构建涵盖农村低保、新型农村合作医疗、城镇居民合作医疗、城乡救助等在内的社会保障体系和社会公平发展体系,用于医疗卫生及社会保障性支出合计1.82亿元,增长20.4%。城乡医疗救助制度有序推进,共投入医疗救助资金523万元。筹措各类社会福利救济资金1019万元,解决弱有所助问题。完善城乡低保制度,帮助920名城镇低收入居民和8862名农村低保户改善生活条件。落实就业再就业财政扶持政策,投入增长196%,受益人数16086人。四是支持政府实事工程建设。投入1.17亿元用于城乡道路建设、住房救助等政府重点实事工程的兴建,改善社会经济发展环境。

【深化财政体制改革】一是完善财政专项资金绩效监管体制。制订出台《关于推行财政支出项目绩效评价的工作意见》,对卫生专项资金、粮食储备基金、科技专项资金、新农村合作医疗基金和中小学布局调整专项资金等部分重点专项资金实施绩效管理和监督;政府投资项目实行“评审在先、支付在后”的管理办法,通过绩效管理为政府节减资金3147万。二是全面推行政府收支分类改革。部门预算编制从原来的101项细化到260项,提高预算收支的透明度。三是推进国库集中支付改革。将公务员和教师的工资、政府采购资金、基本建设资金和部分涉农专项资金纳入国库集中支付范围,国库集中支付规模6.11亿元。四是政府采购改革不断规范。完善政府采购流程的实施程序,扩大服务类政府采购范围,开展政府采购专项检查和政府采购领域商业贿赂专项治理工作,促进政府采购的规范化,政府采购规模1.59亿元,节约财政资金1500万元。五是深化非税收入管理改革。探索建立非税收入管理政策框架,出台《规范土地房产转让和建设项目规费(基金)的收取和减免办法》和《土地出让金收支管理实施意见》,全面应用土地出让金管理系统,建立出让金专户,将土地出让金收支全额纳入地方政府基金预算“两条线”管理。六是改革财政支农资金拨付方式,建立“农民补贴网”,对护林农民补偿资金和水库移民后期扶持资金实行“一卡通”发放,使2万户农户和2.2万移民从中受益。

【加强干部队伍建设】分层次开展机关中层干部民主评议、全体工作人员岗位等级评议、临聘人员民主测评等考评活动,在干部交流、能级管理中充分借鉴评议结果,推进人力资源有效配置。制定预防职务犯罪联席会议制度,加强与检察机关的协调配合,规范财税执法管理行为,市局被评为宁波市财税系统纪检监察工作先进单位。组织开展以“两提高、一降低”(提高工作效率、提高服务质量、降低工作成本)为载体,以“五心”(虚心学事、精心谋事、用心做事、公心干事、同心共事)为核心,以“转作风、强创新、促发展”为主题的作风建设年活动,并以服务发展、群众得益、人民满意为落脚点,开展“群众满意基层站所”等文明创建活动,优化工作作风。局机关连续三年位列全市市级机关创优质服务行风评议第一名,基层各单位的行风评议满意度均达95%以上,在所辖地组织的行风评议活动中均被评为行风优胜单位,并分别有1家和2家基层单位荣获宁波市、宁波市财税系统创建和评议“群众满意基层站所”先进集体的光荣称号。

(奉化市财政局供稿 蒋 敏执笔)

宁海县财政工作

【概况】2007年,宁海县实现生产总值194.29亿元,比上年增长16.1%,其中:第一产业增加值20.14亿元,增长5.2%;第二产业增加值112.38亿元,增长18.9%;第三产业增加值61.77亿元,增长15.0%。一、二、三产增加值占生产总值的比重为10.4:57.8:31.8。全县人均生产总值32793元,增长19.5%。全县财政一般预算收入27.66亿元,增长29.7%,其中地方财政收入12.9亿元,增长30.1%;全县财政一般预算支出17.01亿元,增长24.3%。全年财政收支平衡。

【促进经济发展方式转变】支持现代农业,促进效益农业加快发展,全年落实农业产业化、主导农产品扶持和海洋经济发展等专项资金700万元。推进先进制造业基地建设,鼓励和引导企业加强技术改造;支持高新技术产业发展,全年验收企业技改贴息133家次,兑现奖励扶持资金1307万元;落实国产设备投资抵免企业所得税、技术开发费税前加计扣除等税收政策,全年审核减免企业所得税5404万元;支持地方特色产业做优做强,对首次上规模、企业开发新产品、循环经济与清洁生产等项目兑现1510万元,实力工程企业和农业龙头企业政策兑现1460万元。支持招商引资工作,促进外向型经济发展,全年兑现奖励资金1199万元。加大对服务业的财政支持力度,全年安排商贸、旅游等第三产业发展资金900万元,为61家次商贸服务企业兑现奖励资金246万元。

【优化财政支出结构】财政支出重点向民生倾斜,全年新增财力74.3%用于民生支出。一是支持新农村建设，安排新农村建设资金1000万元和农村"康庄工程"配套资金800万元，到位农村改水工程、清水河道工程等专项建设资金5000万元；推进农业综合开发项目建设，县本级安排1070万元，带动总投资2864万元，实施土地治理项目6.78万亩；继续实施种粮直补、水稻良种补贴、保护价收购等扶持政策，全面建成农民补贴网，为落实支农惠农政策奠定基础；支持下山移民和农村劳动力素质培训，开展政策性农业保险试点和政策性农村住房保险，完善农村公共服务体系和社会保障体系。二是加大教育投入，在落实"两免一补"资金的基础上，全面实现城乡义务教育免收学杂费；推进农村中小学"四项工程"建设，集中1100万元财政资金，用于农村中小学教师素质提升、食堂宿舍改造等，促进教育事业均衡发展。三是加大公共卫生投入，安排公共卫生服务经费878万元、基层卫生院标准化改建400万元、第一医院传染病房和妇保院住院楼建设800万元，并对农村卫生村创建进行补助，加快公共医疗卫生体系建设。四是增加社会保障支出，贯彻落实就业再就业政策，安排就业再就业专项补助资金，加大对失土农民和特困户的生活保障力度，扩大新型农村合作医疗制度覆盖面。五是加大公共文化设施建设投入，实施广播电视"村村通"工程，支持"千场电影百场戏"进农村活动和新农村健身路径建设，丰富群众文体生活。六是加大公检法司财政投入，支持公共安全动态监控系统建设，推进"平安宁海"建设。全年教育、卫生、抚恤社救、公共安全、环境保护支出分别增长26.1%、31.5%、48.6%、27.7%、127.6%，高于一般预算支出平均增幅。

【加大财政改革力度】理顺县和镇乡(街道)两级政府间的财力和事权关系，出台新一轮镇乡(街道)财政管理体制，增强镇乡财政履行公共服务职能的保障能力。推进部门预算改革，统筹安排预算内外资金，建立预算基础资料库和项目库，按部门分类分档核定人员经费和公用经费。开展专项资金绩效评价，全面审核新型农村合作医疗、公共卫生服务、农业产业化等8项专项资金，并建立项目长期评价机制，强化对专项资金使用的监管。推进国库集中支付改革，构建集中支付管理信息平台，实现各类财政性专项资金账户统一管理、资金统一拨付、财务统一核算。加强政府采购制度建设，扩大采购范围和规模，调整采购类型，提高服务类比重。当年完成政府采购金额12598万元，增长23.6%，资金节约率12.5%。稳妥做好公务员工资制度改革和规范公务员收入分配秩序工作。推进"金财工程"建设，会计核算网络逐步向镇乡(街道)延伸。

【完善财政监管机制】开展调查研究，起草政府性债务管理实施暂行办法，加强政府性债务的举借管理和支出监控。实行土地出让金财政统一安排，并纳入基金预算编制。加强国有资产管理，全面开展行政事业单位资产清查，制定国有产权交易管理暂行办法，对政府性投资公司经常性支出实行预算化管理。规范财政内部监督，出台财政内部监督检查实施办法。开展专项资金使用和预算执行情况检查，查处违规资金1046万元。加大对政府投资项目财政支出的审核力度，推行政府性投资项目的双预算制度和决算复核制试点，试行双预算的4个项目预算造价10775万元，预算核减512万元，节约率4.75%；完成1个决算复核项目，总投资2189万元，在初审核减94万元基础上，复审再核减50万元。出台中介机构考核管理办法，提高中介机构的项目评审质量。全年完成城北污水处理厂等185个工程项目的竣工结决算审查，送审造价共计42522万元，核定总造价40059万元，核减率6%。以支农资金管理年活动为契机，扩大财政支农资金直补制和报账制，强化监管，提高财政资金使用绩效。加强财会教育培训，强化财政法规宣传，推进会计基础工作规范化，维护财税秩序，提高会计信息质量。组织会计人员参加全国会计知识大赛，组队参加宁波市比赛获团体三等奖。

【加强干部队伍建设】以"作风建设年"活动为主线，围绕"树立忧患意识谋发展、提高工作效能抓落实"主题，全面加强干部队伍建设。开展作风建设专题学习讨论，组织学习党的十七大精神，并联系财税工作实际，查找存在问题，增强忧患意识、责任意识和发展意识。注重干部业务能力提升，全年开展各类业务培训26批次，参训人员1634人次。坚持选贤任能，通过竞聘选拔中层干部6名。发挥工青妇等组织的作用，组织开展形式多样的文体活动。局机关和长街所分别获宁波市文明单位荣誉。加强党风廉政教育，落实党风廉政建设责任制，培育廉政文化，推进财税系统反腐倡廉建设。深化效能建设，优化服务环境，"群众满意基层站所"创建工作取得成绩，全系统获省级先进单位1家、市级先进单位1家、县级先进单位2家，1人被评为市级先进个人、2人被评为县级先进个人。（宁海县财政局供稿 王其川执笔）

象山县财政工作

【概况】2007年，象山县实现生产总值195亿元，比上年增长17%，其中第一产业增加值30.5亿元，增长2.4%，第二产业增加值98.5亿元，增长24.5%，第三产业增加值66亿元，增长13.5%。一、二、三产业的比例调整为15.6:50.5:33.9，人均生产总值36670元。全年财政一般预算收入22.77亿元，增长28.6%，其中地方财政收入11.35亿元，增长29.2%；完成财政支出16.44亿元，增长36%。全年财政收支平衡。

【支持经济发展】争取到国债转贷、上级补助和融资资金5.2亿元，支持天安路延伸工程、上张水库、白溪引水、三门口大桥、标准海塘修复、避风锚地等重点实事工程建设。投入技改各项资金2500万元，撬动企业技改财务投入33亿元，促进工业结构优化升级。落实各项优惠政策8000万元，增加中小企业担保中心资本金800万元，为3家中小企业争取到融资租赁资金2000万元，缓解中小企业资金不足。投入农业综合开发资金1339万元，主要用于扶持农业龙头企业、农业产业化基地和农业专业合作社建设，建成标准农田11200亩、标准化产业基地3个。到位油价补贴资金1.69亿元，降低渔业生产成本，建立完善农业政策性保险体系。

【注重保障民生事业】将全县新增财力80%以上用于社会事业和改善民生，重点保证实事工程和"解难创优"活动的落实。

一是加大就业和社会保障投入力度。全县投入就业再就业扶持资金500万元,1.2万人得到政策扶持,初步建立覆盖城乡的社会保障体系。全县新型农村合作医疗参保人数扩大到40.43万人,人均筹资金额78元,其中各级财政补助3103万元,全年19384人次享受到大病统筹。投入142万元巩固被征地农民养老保险制度,参保人员3212人。城乡居民最低生活保障家庭每人每月分别提高物价补贴25元和15元,有825位农村五保对象实现集中供养,集中供养率92%。二是加大对教育卫生事业的支持力度。将32736万元资金投向教育事业,继续实行"两免一补"政策,实施爱心营养餐工程,落实义务教育阶段免收学杂费政策,免收50259名中小学生学杂费998万元。安排1670万元用于医疗机构基础设施建设,支持乡镇卫生院标准化改造。三是支持新农村建设。县财政直接投入资金2050万元,推进"1560"工程,改善8.36万名农民饮水状况,开展新型农民培训,受惠2.18万人次。加大扶贫力度,支持欠发达地区完成300户危房改造、下山移民377户。同时,投入生态建设资金1299万元,支持循环经济发展,推进节能减排工作;调增预算2200万元,启动并推进墓葬整治工作;投入公共安全资金13623万元,支持平安象山建设,维护社会稳定。

【加强财政支出管理】坚持"调整结构、确保重点、压缩一般、加强管理"的原则,统筹安排财力。加大预算执行管理力度,严格按预算指标、按时间进度拨款,坚持按照保工资、保稳定、保法定支出的顺序安排支出。优化支出结构,妥善处理各种实际需要与客观可能之间的矛盾。严把追加经费的审核关,重点控制人、车、会等非生产性支出,把有限的资金用在刀刃上。加强行政事业单位财务基础管理工作,严格执行《县级行政事业单位经费开支规定》等各项规章制度,规范行政事业单位的财政财务管理。

【深化财政管理改革】一是深化部门预算改革。明确各部门为预算编制责任主体,统筹安排单位预算内外资金和其他收支,坚持人员经费按实际、公用经费按定额、项目经费按可能,实行零基预算、综合预算,真正实现"一个部门一本预算",增强财政分配的透明度和预算约束力。二是稳步推进国库集中支付制度改革。在技改贴息、科技三项费用实现国库直拨的基础上,先后对政府采购、基本建设等专项资金实行国库直拨,全年直拨资金20029万元。三是深化收支两条线改革。加强对各项行政罚没收入和行政事业性收费等非税收入的监管,巩固提高收缴分离管理系统成效,全县118个行政事业单位上缴一般预算外收入59264万元,支出48782万元。四是推进金财工程建设。开发运用机关资金统一结算软件,"E"财软件已深入到部门预算编制中,土地出让金信息化系统开发成功并得到应用,财政与各部门及银行的网络链接日渐稳定,实现数据共享、实时联系。五是财政绩效评价取得成效。在市定项目的基础上,将矿山复绿、扶持农业合作社项目列入县绩效评价一般项目。

【加大财政监管力度】一是完善政府性投资项目财政管理措施。从规范环节着手,出台政府投资项目资金管理办法,确保专款专用,提高项目资金使用效益。探索政府性投资项目竣工结算和财务决算委托中介审核举措。对大目涂、上张水库、白溪引水、污水处理厂四个市县重点项目实施全过程跟踪管理,节约资金3000余万元。开展财政性资金投资项目的审查,评审项目417只,直接审减投资1632万元。二是发挥财政监督检查作用。围绕财政改革的热点、焦点问题,关口前移、查错纠弊、强化服务、以查促管,全年共检查行政事业单位14家,制止纠正违规违纪金额2576万元,提高了行政事业单位的财政财务管理水平。三是深化会计(财务总监)委派制度。发挥委派会计作用,在加强日常监管的基础上,对专项资金和工程项目资金实行重点控管,全年共制止和纠正违规违纪金额6140万元,维护财政纪律的严肃性。

【加强国有资产管理】一是调整完善国有产权结构,建立国有企业出资人制度。新设国有独资公司6家,退出竞争领域1家。向新办国有独资企业派董事或监事,维护国有股东权益。二是规范国有资产处置行为。执行《象山县国有资产产权交易规则》,凡资产处置和股权转让,一律以评估价为基准,全部进入县产权交易中心,处置所得全额上缴国资办重新分配,全年共办理国资交易22宗,交易额22012万元。三是做好行政事业单位国有资产清查工作。通过户数清理、重点抽查、资产核实等阶段,摸清全县211家行政事业单位资产。出台行政事业单位房屋出租管理暂行办法,规范行政事业单位房屋出租行为。

【加强政府采购管理】拓宽采购范围,全年采购金额12690万元,节约财政资金1260万元。适时调整常用设备、空调等六大类物品的采购方式,完善协议采购定点供应商的确定办法,对投标供应商较多的行业由准入制改为择优限额制,依法依规公开采购结果,规范采购行为,提高采购效率。加强政府采购联络员队伍和专家库建设,充实政府采购管理队伍。执行《象山县政府采购验收暂行管理办法》,把好政府采购项目验收关,保证政府采购质量。

【加强会计基础管理】贯彻新企业会计准则体系,精心组织财会人员参加会计知识大奖赛,全县有4216人参加网上答题,参赛率72%。建立实施新准则的联络点,跟踪了解新准则对会计实务的影响和存在问题,下情上传、上情下达,增强新准则的可操作性。完善会计人员继续教育制度,规范继续教育管理机制,自编培训教材,分期分批培训会计人员,全年共组织培训25期,培训近5000人次。

【规范乡镇财政管理】本着综合平衡、财权与事权相统一的原则,确定新一轮乡镇财政体制,做到"乡财能乡理,乡事能乡办",调动乡镇"增收节支"积极性。运用财政转移支付等手段,加大对困难乡镇的扶持力度,增强其自身造血功能。完善考核制度,改变观念,形成上项目要量力而行,举债办事要考虑偿还能力、减债消赤也是政绩的共识。各乡镇建立防范和化解财政债务风险的相应办法,控制乡镇财政债务规模。

【强化干部队伍建设】学习党的十七大精神,通过组织专题学习会等形式,学深吃透,领会精髓,增强做好财政工作的事业心和责任感。以"抓作风、树形象、促发展、创和谐"为目标,扎实开展"作风建设年"活动,全面加强干部的思想、作风和业务建设。加强学习教育,坚持正面教育为主,典型教育育人,倡廉反腐,警钟长鸣。坚持党风廉政建设责任连带制度,层层签订责任状,一级一级抓落实。执行"四条禁令",严查有章不循、有禁不止的行为。继续实行中层干部竞争上岗,做好干部跨部门交流工作,严格按照程序办事,一批优秀的年轻干部得到提拔使用。

(象山县财政局供稿 贺海光执笔)

温州市财政工作概况

温州市财政工作

【概况】2007年,温州市生产总值2157.00亿元,按可比价格计算,比上年增长14.3%。其中:第一产业增加值71.24亿元,增长0.5%;第二产业增加值1168.73亿元,增长13.8%;第三产业增加值917.02亿元,增长16.0%。人均生产总值28362元,增长13.2%。三次产业结构调整为3.3:54.2:42.5。全年市居民消费价格总水平比上年上涨3.5%。全年累计进出口122.48亿美元,其中:出口101.48亿美元,进口21亿美元,分别增长25.6%和15.9%。全年财政总收入293.26亿元,增长21.6%,其中地方财政收入157.03亿元,增长21.9%;市本级财政收入41.04亿元,增长16.1%。全年地方财政一般预算支出176.99亿元,增长23.2%,市本级财政支出38.84亿元,增长14.7%。财政收入占地区生产总值比重为13.6%,比上年提高0.5个百分点。全年财政运行状况良好,财政收支平衡。

【组织财政收入】坚持多管齐下,控总量,优结构,提高组织收入的质量和效益。全年全市财政总收入、地方财政收入分别增收52.16亿元、25.23亿元;全市地方财政收入占财政总收入的比重为53.55%,其中市区为55.07%,提高0.13个百分点和0.17个百分点,夯实了政府财力基础。一是加大产业结构调整力度,围绕促进经济发展方式转变,大力发展第三产业。全年第三产业入库税收70.28亿元,增长22.6%。二是推进税源科学化、精细化管理。关注企业所得税两法合并的新形势,测算分析对收入的影响,协调规范企业所得税管理;推进房地产税收一体化征管研究。贯彻落实《车船税》和《城镇土地使用税》新“条例”,推进12万元以上个税自行纳税申报工作,全市申报人数达2万余人。三是全面推进“五费合一”征收工作。结合温州实际,推进社会保险费“五费合征”工作,制定和落实工作方案,以及工伤保险、灵活就业人员社会保险、城镇居民医疗保险等征缴办法,并做好基本养老保险费年度结算、社保费信息化建设等基础工作,健全社保费征缴机制,做大社保费规模,全市社保基金等各项规费收入为69.97亿元,增长19.7%,其中社保费收入54.82亿元,增长17.6%。

【支持经济发展】围绕工业发展“12345”工程,安排先进制造业基地专项资金8000万元,促进先进制造业发展。安排现代服务业发展专项资金8000万元,扶持旅游、商贸、物流、金融、科教、信息等现代服务业发展。围绕“招商选资工程”,安排扶持开放型经济发展专项资金9000万元,重点支持招商选资、口岸建设、公平贸易等,促进外向型经济发展。安排生态环保、节能减排方面资金7300万元,重点支持“10大工程”节能行动、重点水源地保护等,确保经济增长可持续性。

【保障重点支出】围绕新型城市化建设,市级统筹财力安排投资额64.40亿元,增长59.3%,重点支持“五个一”工程、温福铁路、甬台温铁路、绕城高速、七都大桥、文明城市创建及水利、教育、卫生、环保、文化等公共基础设施建设。安排教育资金15.90亿元,重点支持新温大建设、高等中等职业教育和农村中小学教育。围绕“文化大市”、“平安温州”等部署,安排文化资金3.10亿元,安排公检法司资金7.20亿元,重点支持文化大市“六大工程”、政法系统“两所一庭一中心”建设等,维护社会安定和谐。出台市区生猪批发销售和定点屠宰临时性财政补助政策,落实粮食最低保护价补助政策,确保“菜篮子”、“米袋子”的稳定供应。围绕创新型城市的部署,安排科技三项费用6450万元,人才专项资金2556万元,并设立规模为3000万元的科技型中小企业创新基金,支持各类创新平台搭建和创新要素培育,提高自主创新能力。

【确保民生需要】按照公共财政、构建和谐社会和为民办实事的要求,优化支出结构,全年市级新增财力用于民生方面的比重为75.1%。围绕“学有所教、劳有所得、病有所医、老有所养、住有所居”目标,市级预算内外分别安排就业、卫生、社保、廉租住房等方面资金0.10亿、3.30亿、6.20亿和1.69亿元,把有限的财政资金用在最急需解决的民生问题上。围绕新农村建设和“139富民攻坚计划”,市级在农口方面安排的资金比上年增加5000万元,支持农业强龙工程、现代农业产业化示范基地、千百工程、乡村康庄工程、新农村建设示范村等工作。加大财政扶持力度,支持23个欠发达乡镇脱贫,市级对各县(市)的资金补助和奖励3.50亿元。围绕办好“五件实事”的部署,安排为民办实事资金1.40亿元,支持和落实新农村新校园工程、广播电视“村村通”、农村新型合作医疗、乡镇卫生院配齐“新六件”等为民办实事项目。

【推进财政改革】一是深化部门预算改革,适当调整部门预算编制方法,按需尽力将可预见的工作经费列入部门预算;邀请人大、政协、纪检等部门参与评审,出台财政拨款结余管理办法,并制定市级财政审批程序等,提高部门预算的科学性和合理性。二是深化政府采购改革,开发应用网上采购软件,提高政府采购效率和服务质量,全市政府采购节约资金3.66亿元,节约率为11.4%。推行支出绩效评价制度,对106个支出项目开展绩效评价,涉及资金5.50亿元。三是启动国库集中支付改革,制订《温州市财政国库管理制度改革方案》,在会计核算中心财政集中支付制的基础上,选择10家有代表性的市级单位和部分专项资金进行国库集中支付试点。四是执行土地出让金管理新政策,与国土、人行联合转发土地出让金收支管理办法。五是深化农村综合改革,开展"乡财乡用县管"改革试点,出台化解乡镇债务办法,确保基层政权正常运转。

【强化财政监管】开展财政专项资金(优惠政策)清理,按照"控增量、保总量、优结构、讲绩效"的原则,形成专项资金清理方案。为解决财政专户过多、管理分散、资金调度运作乏力等问题,完成财政银行账户清理任务。做好市本级行政事业单位账户清理,加强财政预算资金和银行账户管理。开展行政事业单位资产清查,全市共清查3709家行政事业单位,其中市本级395家。做好公务员津贴补贴清理归并工作。加强支出监管,参与规范"公务活动、公务消费、公车使用"支出管理工作,控制行政运行成本。按照政府性债务管理办法的要求,多渠道筹集偿债准备金,防范财政风险。抓好周转金清收扫尾工作。抓好农村教育、市政园林系统等热点重点领域专项资金检查,对全市32家企业会计人员持证上岗情况、依法设置会计账簿情况和会计制度执行情况进行检查。

【加强队伍建设】以"作风建设年"、满意单位评选等一系列活动为载体,从加强教育、健全制度、强化监督等方面下工夫,加强干部队伍建设。一是开展"作风建设年"活动。根据上级的部署,以"阳光行动"集中受理投诉、"走进矛盾、破解难题"蹲点调研、"行风热线"广播直播、基层满意站所评议等活动为载体,开展"作风建设年"活动,获温州市解放思想大讨论活动先进集体。二是建章立制,加强内部管理。对内部岗位职责体系进行整合,组织制定和修订局党组议事规则、班子建设、公文处理、考勤管理、月度工作例会、干部学习等10多项内部管理制度,制订财政工作人员作风建设纪律十项规定,出台依法行政实施方案及过错责任追究办法等。四是深化学习型组织创建。组织制定读书笔记、工作笔记等干部学习制度,全年共组织各类培训28期,2100人次受训,提高干部综合素质和工作能力。五是深化干部人事制度改革。严格按照《干部选拔任用工作条例》和《公务员法》的规定,组织制定干部选拔任用管理暂行办法,实行后备干部管理,组织民主推荐活动。(温州市财政局供稿 林 坚 杨海曼执笔)

温州市鹿城区财政工作

【概况】2007年,鹿城区生产总值262.60亿元,按可比价格计算,比上年增长14.4%,全区人均生产总值38306元,增长12.9%。全区财政总收入28.46亿元,增长22.4%,其中地方财政收入14.25 亿元,增长27.5%;全年地方财政总支出10.82亿元,增长25.2%。全区财政总收入占全区生产总值比重为10.8%。当年财政收支保持基本平衡。

【加强财源建设】一是优化经济结构,加快发展科技产业,全年安排科技资金2546万元,提高科技对区域经济增长的贡献率。二是支持招商选资和重点财源项目建设,合理调度资金,确保重点项目技改贴息、技术创新、招商选资等奖励。三是扶持节能减排和可持续发展,提高企业环保治理的能力,投入1017万元资金用于制革业和电镀基地的环境治理。四是支持企业争创名牌,对获得省级以上品牌荣誉的企业给予奖励。同时深入企业宣传政府扶持企业的优惠政策,编制完成2006年国有企业资产统计资料工作,全面掌握鹿城区国有企业整体财务状况。

【重视收入管理】围绕年初确定的收入任务,层层分解,夯实收入基础,定期召开财税收入分析会议,及时解决收入中遇到的困难和问题。完善收入征管机制,重点实行收入分析监测,实时监控重点企业,确保收入及时、足额入库。严格"收支两条线管理",运用政府非税收入征管信息系统,以票据监管为源头控制,实现财政、执收单位、代理银行征管信息共享,提高政府非税收入的征管效率。开展税收社会化征管工作,建立税收社会化征管例会制度,开展全方位的宣传活动,加强财政、国地税等相关部门与街道、乡镇之间的信息互通和沟通协调,选择南门街道、双屿镇进行工作试点,构建协税护税网络,最大限度地减少税收流失,实现财政收入稳定增长。

【优化支出结构】围绕发展主题,整合财力资源,促进全区社会事业健康发展。一是突出"三农"扶持重点。全年累计拨付农业财政经费3994万元,保障农业农村基础设施建设和生态环境建设的资金需求。二是保障重点工程建设。通过存量资产变现、银行融资和财政资金调度等手段,集中财力支持基础设施建设,全年共拨付建设资金10.45亿元,保障重点项目建设支出需要。三是加大社会保障投入。全年安排各类社会保障补助资金4576万元,支持城乡"低保"、再就业、医疗救助、农村卫生、政策性农村住房保险和法律援助等工作。全区4176户8866人得到最低生活保障;城镇"三无"人员和农村"五保"对象集中供养率100%;新型农村合作医疗参合率96.9%,实现未参加城镇职工医疗保险的城镇低保居民的全覆盖;新温州人合作医疗覆盖面进一步扩大,参合人数2.09万;解决全区2881人次救助对象的医疗费用补助;为经济困难群众提供无偿法律援助的资金需要。四是确保社会事业发展。教育支出24603万元,全区义务教育全面纳入公共财政保障范围,建立分项目、按比例负担的义务教育经费保障机制;卫生支出10294万元,着力构建鹿城区公共卫生体系;安排300万元专项资金重点扶持群众文化建设、文化精品工程等工作;投入社区补助经费1733万元,保证社工福利和社区创建;加大对"平安鹿城"建设的投入。

【推进财政改革】全面实施政府收支分类改革,深化部门预算编制,按照综合预算和零基预算的原则,统筹运用预算内外财力,完善定员定额管理,建立预算外预留经费制度,规范部门预算结余资金管理,明确划分基本支出与项目支出的界限,增强预算约束力。深化政府采购改革,加强分散采购管理,发挥部门单位实施政府采购制度的能动性。出台《鹿城区财政支出绩效评价办法》,建立科学、合理的财政支出绩效评价体系,提高财政资金的使用效益和效率,对财政支出运行全过程及其效果进行客观、公正的衡量比较和综合评判。区会计核算中心开通核算单位远程查询系统,实现各核算单位对财务数据的实时监督和查询。推进耕地占用税征管方式改革,按照方便纳税人和提高征收效率的原则,整合耕地占用税征管力量,在会计核算中心设立耕地占用税征收窗口,启用耕地占用税开征软件。完善农民补贴网建设的数据采集和录入工作,累计兑付各项农民补贴资金356万元。

【严格财政监管】规范和加强行政事业单位国有资产管理,开展行政事业单位资产清查,完成全区202户单位资产清查工作。深化财政资金专户管理,制定《关于加强与规范财政资金专户管理的实施方案》,对现有的财政资金专户进行全面清理归并,对区属行政事业单位银行账户开设情况进行摸底排查及统计汇总。加强项目资金管理,健全预算资金支付管理制度。加强对建设单位基本建设财务制度执行情况的财政监督和财务管理,加强建设单位管理费的开支标准、范围的审核、监督、管理,对费用开支的标准、范围等情况进行检查,全面了解掌握建设单位财务运行情况。掌握政府工程项目负债动态情况,定期编制政府项目负债表,严格监控项目负债,对政府投资项目进行动态监管,筹集还贷周转金,降低政府融资风险。规范行政事业单位的财务行为,出台《鹿城区行政事业单位财务管理暂行规定》,规定行政事业单位收入、支出、暂存款、结余等九个方面的管理工作。开展会计法律法规的宣传、培训和贯彻实施,对《会计法》实施情况进行检查,提高会计人员职业素质。

【提高队伍素质】以"作风建设年"、"满意不满意单位"评选等一系列活动为载体,从加强教育、健全制度、强化监督等方面下工夫,加强干部队伍建设。对内部岗位职责体系重新组织梳理和整合,确保内部管理有章可循、有据可查、奖罚分明。共承办了38件建议、提案,其中主办件27件,办理结果满意率为100%。同时根据"作风建设年"活动的总体部署,开展以"科学发展创新业、为民办事树风范"的主题活动,通过宣传动员、集中学习、个人自学、专题党课和知识测试等方式,加强全局的思想、组织、作风、业务、制度"五大建设",改进思想作风,完善业务流程,简化办事程序,牢固树立服务意识,增强财政工作的透明度。鹿城区财政局在"满意不满意单位评议"活动中排名分别为12位。

(温州市鹿城区财政局供稿 张 谷执笔)

温州市龙湾区财政工作

【概况】2007年,龙湾区本级(不包括温州经济技术开发区)生产总值182.73亿元,比上年增长15.5%,其中:第一产业增加值2.83亿元,增长4.1%;第二产业增加值143.79亿元,增长15.6%;第三产业增加值36.11亿元,增长16.1%。三次产业比重为1.5:78.7:19.8。人均生产总值为57462元,增长13.8%。全区财政总收入24.30亿元,增长21.3%,其中地方财政收入10.05亿元,增长23.4%;当年财政支出5.49亿元,增长12.0%。全年实现财政收支平衡。

【抓收入优结构】围绕做大财政收入"蛋糕",坚持收入征管和结构优化"两手抓",财政收入增长率扭转了自2002年以来递减的势头,地方财政收入占财政总收入比重比上年提高0.7个百分点,收入结构进一步优化。一是筹措安排专项资金和财政贴息资金,全年共拨付先进制造业基地资金(技改资金)1066万元、外贸资金1034万元、科技支出1926万元,加快工业经济结构调整和产业优化升级,促进支柱产业和重点行业发展。同时,完善农业产业化发展财政扶持政策,支持高效农业,推行农机现代化,提升农业产业层次。全年共落实三个产业带发展资金250万元,保障滩涂养殖、平原蔬菜及丘陵杨梅的产业化生产。二是加强收入分析预测,及时掌握经济发展和财政收入的总体趋势。针对镇街道财政收入出现的新情况和新问题,调整完善镇街道财政管理体制,激发镇街道聚财理财的积极性。

【保重点促民生】坚持"存量调结构,增量优方向,增量调存量"的要求和"控压保"三字原则,优化财政支出结构,把支出重点放在人民群众最关心、最直接、最现实的就业就医就学、社会保障、社会治安和安全生产等方面,提高公共财政支出效益。一是把支持教育事业的发展作为重点。全年全区教育支出预算安排18647万元,占全区财政支出的34%。继续实施"四项工程"建设,减免学杂费1300多万元,向贫困学生发放教育资助券和营养券共计196万元。二是加大社会保障投入,促进再就业、城乡最低生活保障、新型农村合作医疗和公共卫生建设等工作的实施。全年城乡2027户低保对象得到最低生活保障补助479万元。提高新型农村合作医疗筹资标准,扩大报销补偿范围,将普通门诊费用纳入报销范围,筹资标准由每人每年53元提高到每人每年85元,区本级安排资金500万元。三是增强政法机关经费保障力度,加大对政法建设投入,全年公检法司支出8470万元,确保创建"平安龙湾"的资金需要。四是完善农业投入机制,确保全区农业工作稳定发展。全年区本级共安排农口预算内经费2665万元,预算外资金427万元,重点支持农民增收和粮食稳定生产。安排农村劳动力素质培训及工作经费92.8万元,培训人数10694人,发放合格证书8675人次,为被征地农民再上岗创造条件。五是加强基本建设管理,按照"挖掘增量资金,盘活存量资金,滚动调拨资金,按月核拨资金"的思路,筹措基本建设资金6.03亿元,确保重点工程建设需要。

【抓改革求创新】一是实施政府收支分类改革,建立新的政府支出功能分类和经济分类,为预算管理、统计分析、宏观决策提供全面、真实、准确的经济信息。二是开展行政事业单位银行账户清理整顿工作,对全区156家单位的487个账户开展自查和初步审核,为全面启动财政国库集中支付制度改革打下基础。三是配合区纪委做好清理公务员考核奖励性补贴工作。四是继续加强政府采购工作,共组织、审核2450万元采购项目,节减财政支出。五是深化"收支两条线"改革。完善执收执罚单位、代理银行、财政的三方对账制度,实现信息共享动态监管。

【强监管提绩效】一是深化财政监督检查。联合区纪委、区物价局检查各学校春季收费情况,杜绝教育乱收费行为。二是加强基本建设资金财务监督管理,严格工程预(结)算审查管理。全年共委托审查工程结算141个项目,累计送审价11397万元,审定价10300万元,共核减1097万元,核减率9.6%。三是组织开展全区行政事业单位资产清查工作,共清查全区148家单位,清查汇总账面资产总额10.23亿元。四是推进财政支出绩效评价工作。对医疗救助专项资金和杨梅特色优势农产品基地建设项目进行绩效评价,共涉及资金781万元。五是开展《会计法》实施情况检查工作,举办多种形式的培训班,促进企业增强法制观念,规范会计核算行为。

【加强队伍建设】一是开展"服务创品牌,满意在财政"暨"三进三促"活动,局领导带领各科室负责人"进企业、进农村、进单位",听取各部门各单位的意见和建议,帮助解决难点热点问题,促进发展环境优化、惠农政策落实和服务效能提高。二是完成区财政局与地税分局分设工作。三是加强财政干部职工的素质教育、廉政教育和业务学习,建立每月两个晚上集中学习的"夜学"制度,组织军事打靶、观看电影《村支书郑九万》和《南京》等活动,加强党员和干部职工廉政文化与人生观的教育。

(温州市龙湾区财政局供稿 黄君畅执笔)

温州市瓯海区财政工作

【概况】2007年,瓯海区实现生产总值192.85亿元,比上年增长14.8%,其中:第一产业增加值3.92亿元,增长2.4%,第二产业增加值126.57亿元,增长14.8%;第三产业增加值62.37亿元,增长15.6%。全区财政总收入22.12亿元,增长24.3%,其中地方财政收入9.78亿元,增长24.7%;财政支出8.79亿元,增长12.4%。当年财政收支平衡。

【服务经济有序发展】全力扶植工业经济和开放型经济发展,用足用活各项优惠政策。打造先进制造业基地,落实专项资金支持企业技改,提升企业竞争力。全年共审核上报技改贴息项目24个,拨付市、区两级财政补助资金602万元。落实出口贴息政策,支持开发型经济发展。全年审核兑现省、市、区三级财政出口贴息资金645万元,惠及企业75家次,鼓励企业出口创汇,缓解因出口退税滞后给企业造成的资金压力。累计投入资金666万元,完成泽雅万亩中低产田改造项目的工程扫尾工作。拨付工程建设资金35714万元,支持区重点工程项目建设。

【优化支出结构】改进预算编制模式,按照综合预算和零基预算的编制原则,统筹预算内外财力,早编细编部门预算,确保财政收支平衡。根据实际需求和财力可能及时调整定额标准,保障机关工作人员、教师工资的及时足额发放和政府机构正常运转的资金需要。安排专项资金2332万元保障新型农村合作医疗、农业基础设施和农村新社区等新农村建设,安排专项资金950万元,保障与群众休戚相关的安全生产、社会稳定等方面的资金需要。全年安排支农资金4537万元,其中粮食生产技术推广等工作资金145万元、农业基础设施建设390万元、改善欠发达地区生产生活条件和生态环境资金350万元、泽雅水库移民保险金158万元。

【强化财政监管】控制镇(街道)的消费性支出和建设性支出,继续实行会议费、招待费"总量合并、分次定额、总额控制"的管理办法,确保镇级财政安全有效运行。审核单位工资改革情况和住房公积金调整,执行政府采购控制目录,开展"财政支农资金管理年"活动,加强对高效生态渔业补助资金、农村教育发展专项资金、市政园林系统专项资金等的检查,确保专项资金专款专用。强化国有资产管理,推进国有企业改制工作,追缴瓯海建设开发公司股权转让款495万元;完成行政事业单位国有资产清产核资工作;规范国有资产配置,全年共受理审批万元以上国有资产处置58笔,累计金额1930万元。多措并举清理财政周转金,全年共累计催收周转金329万元、落实转让债权1150万元。

【深化财政改革】创新工程审核机制。对以财政资金为主要资金来源且投资总额在500万元以上的建设项目直接由区审计局负责审核,500万元以下的建设项目由财政局负责审核。全年共审核竣工结算项目276个,净核减额1401万元。推进财政信息化管理。自行研发"资金申拨单打印"、"单位工程项目拨款管理软件"等软件,与"金财工程"软件配套。实行财政资金网上申拨,简化申拨程序,提高资金拨付速度。构建全区范围的农民补贴网,实现农补资金安全快捷到户。全年共完成全区10个镇街道185个自然村29047户农户的"一卡通"办理,落实种粮农民生产资料综合补贴108万元。

【提升队伍素质】以作风建设为抓手,转变机关作风。制订"狠抓作风促效能 理财为民创新绩"为主题的实践活动和创"四型机关"的活动载体,树立为民理财的新形象。以完善提高为手段,内部制度建设实现新突破。实行网上流转公文模式,启用电子印章,推进无纸化办公。制订目标管理责任制、工作规则、考勤管理暂行办法、理论学习实施意见、廉政责任分工、财政应急预案等系列制度文件,实现用制度管人、管事的目的。开展"向我看齐"纪念建党86周年专题活动,协助工团妇开展羽毛球比赛等系列活动,提升机关干部活力。

(温州市瓯海区财政局供稿 练寓丛执笔)

温州经济技术开发区财政工作

【概况】2007年,温州经济技术开发区实现生产总值118.75亿元,比上年增长23.2%,其中:第二产业增加值91.58亿元,增长18.4%;第三产业经营销售额188.29亿元,增长20.5%,实现增加值27.17亿元,增长29.6%。全区全年实现财政总收入15.52亿元,增长20.9%,其中地方财政收入7.28亿元,增长18.4%;全区财政支出5.47亿元,增长115.8%。当年财政收支平衡。

【支持经济发展】一是加快园区建设投入。全年共拨付基本建设资金6.70亿元,其中征地支出2.10亿元,支持滨海园区、温州大道、科技城、高新园区标准厂房、上江路改建、民营科技产业基地等重点项目建设。二是支持产业提升,促进经济发展方式转变。安排技改贴息、科技三项经费、名牌奖励、技术创新等专项资金1379万元的同时，并向上争取财政专项资金补助，全年省市财政共补助先进制造基地、循环经济、质量赶超、技术创新、商贸流通等专项资金729万元，加大对企业的扶持力度，促进产业结构优化升级。三是落实支持先进制造业和第三产业等行业的税收优惠政策，全年共办理财产损失税前列支419万元、国产设备投资抵免企业所得税1106万元、水利建设专项资金减免99万元。

【加强收入管理】一是加强税源调查分析。在组织人员加强对现有税源及潜在税源调查摸底的基础上，分析经济和税收的相关性及总体增长趋势，并定期对税收计划执行情况进行分析和预测，掌握重点税源变化动态和影响收入的增减因素，把握组织收入的主动权。二是加强税源控管。在明确不同岗位的税源监控职责基础上，从各个层面、各个环节加强税源监控，实现税源监控全面化、重点化和动态化的有机结合。三是加强税种管理。完成年收入12万元以上个人所得税自行申报工作。加强土地使用税、房产税、印花税等小税种征缴，做大小税种，壮大地方财力。全年各小税种收入8488万元，增长35.2%。四是加强纳税评估。通过对税负率、销售收入变化率等相关数据的分析和比较，筛选30户企业提交市局选案办。开展餐饮服务业专项纳税评估，对部分申报异常企业、注销户企业进行纳税评估。五是加强非税收入征缴。坚持税费并举，在加强社保费等规费征缴的同时，做好工伤保险费征缴的宣传解释和申报征收工作。全年社保费收入1.41亿元，增长28.0%。六是加强部门协作。加强与工商、国税、房管、国土等部门的协调和配合，从源头上强化对厂房店面出租、二手房交易、个人提供劳务以及漏征漏管户等税源的控管。

【支持和谐社会建设】加大对生态环保、文化、教育、卫生、安全生产、扶贫等方面的投入，加快和谐园区建设。支持文明平安园区创建，强化安全生产、产品质量、社会综合治理活动；推进“139富民攻坚计划”，新落实18家企业挂钩帮扶18个欠发达乡镇，落实结对帮扶资金230多万元，结对企业达31家；筹集资金1亿元，用于市水利投资公司的资本金注入；与泰顺、文成等欠发达县结成山海协作协议，筹集资金5000万元，用于市山海协作项目泰顺彭月基地建设；继续深化科教文卫工作，投资开发区第一所九年一贯制滨海学校；进一步健全社区医疗服务中心。

【深化财政改革】一是提高部门预算编制质量，在预算指标下达前和预算执行中两次组织人员上门听取意见，加强与部门单位沟通，增强部门参与共同理财的积极性。建立各部门单位报账员财务例会制度，及时通报各部门单位预算执行情况。二是完善绩效考评机制，扩大绩效考评范围，将预算调整的及时性与绩效考核相挂钩，提高财政专项资金的使用效益。三是扩大政府采购范围，全面加强对工程货物的采购管理。全年共组织政府采购115次，中标金额1.93亿元，资金节约率20.3%。四是推进信息化建设。开发预算项目管理信息系统，推进预算管理一体化改革。梳理业务流程，反复对项目库管理、指标管理、支付控制、政府采购、绩效评价、会计核算等各环节进行讨论研究和确定；加强与软件开发公司的配合和沟通，改进业务流程，完善业务管理模式。

【强化财政监管】一是加强基建工程结算审核，全年共办理工程结算58项，送审金额3.77亿元，定案金额3.49亿元，节约工程造价2774万元。二是按照中央和省市关于规范土地出让金管理的具体要求，明确土地出让金收支工作流程，规范土地出让金管理。三是开展行政事业单位国有资产清查，共清查19家单位，合计清理待处理资产311万元。四是开展全区行政事业单位、国有企业的银行账户清查，清查范围包括开发区有关的社团协会、社区居委会、国有独资公司和市属派驻部门在内的25个单位，共清查银行账户52个，其中要求撤销的账户3个。

【提升队伍素质】按照开展作风建设年活动的统一部署，结合财税工作实际，分阶段有步骤地开展各项活动，推进干部队伍建设。一是加强党风廉政建设。以落实党风廉政建设责任制为龙头，坚持从源头上预防、从制度上强化、在治理上下功夫，强化廉政教育，推进党风廉政建设工作。二是建立健全干部学习交流机制、中层干部例会制度、考勤制度等，增强干部职工学习的自觉性和主动性，共同研究解决工作中的重点难点问题。三是健全内部审批制度。制定审批事项委托授权制度和分局印章管理制度，将9项审批权下放至一线，简化审批流程，提高审批效率。制订工程款审批拨付流程，明确基建拨款的各环节职责、审批权限、工作要求和办理时限，规范基建拨款程序，提高基建拨款效率。四是建立重点工作目标考核机制。每个科室在做好日常工作的同时确定1至2项重点工作，定期对重点工作完成情况进行跟踪考核评价。五是开展登山、球类比赛等系列文体活动，增强干部集体荣誉感和团队凝聚力，树立团结拼搏的良好形象。2007年区财政局被评为温州市财税系统基层文明单位。

(温州经济技术开发区财政局供稿 薛 茜执笔)

瑞安市财政工作

【概况】2007年，瑞安市实现生产总值327.03亿元，比上年增长14.0%，其中：第一产业增加值11.24亿元，增长-0.4%；第二产业增加值177.01亿元，增长14.9%；第三产业增加值138.79亿元，增长14.1%。第一、二、三产业占GDP的比重调整为3.5:54.1:42.4。人均生产总值28356元，增长12.7%。全市财政总收入40.03亿元，增长22.8%，其中地方财政收入21.16亿元，增长21.0%。全市财政总支出21.14亿元，增长21.4%。财政总收入占生产总值比重为12.2%，比上年提高0.56个百分点。财政预算执行情况良好，全年财政收支平衡。

【支持经济发展】转变发展思路，调整财税政策、资金扶持方式和方向，推进产业结构优化升级，促进经济发展方式转变。一是加大财政支持农业经济结构调整力度。全年安排专项资金1.29亿元，重点支持特色产业基地、农业综合开发、小流域治理、农业产业化、水库除险加固、灌溉用水以及造林等项目，改善农业基础设施。二是推动工业经济优化升级。落实工业经济“三个年”活动，支持先进制造业基地建设，安排科技创新、技术改造、品牌提升、外向经济等各项奖励、补助资金7595万元，重点扶持机械电子、汽摩配、高分子材料及其塑料制品等支柱产业和高新技术产业发展。三是支持第三产业发展。研究完善、落实财税支持服务业发展的政策措施，加大资金投入力度，落实旅游产业等第三产业发展资金575万元，支持第三产业特别是现代服务业的发展。四是改善经济发展环境。通过预算安排、"拨改投"、向上争取、社会融资等办法，筹措资金14.10亿元，确保旧城改造、温福铁路瑞安段、飞云江三桥及接线、瑞枫公路、东新公路等重点建设项目的资金需要。

【组织财政收入】一是加强收入分析和调控。建立财政、国税、地税收入联合分析制度，加强税收经济分析，调配增收任务，把握组织收入的主动权；继续推行税收征管例会和税源分析报告会制度，强化收入分析预测决策机制。完善税源间接控管模式，提高基层征管单位税源管理意识，提升税源监控和案头评估能力。二是推行科学化、精细化的税收征管。健全税源监控机制，扩大监控范围，细化监控指标，实现"人对事、事对户"的征管新模式；实施房地产开发项目登记管理制度，规范房地产业、建筑安装业的预收账款开票行为，推进房地产交易一体化征管；全面推行个人所得税全员全额申报制度，调整城镇土地使用税征税范围和适用标准，开展餐饮服务业、建筑业及企业所得税等专项评估工作，完善重点行业、重点税种的税收征管；加快税收"征管社会化"步伐，建立"易漏"建筑企业税收由建设部门代征制，完善土地增值税由国土部门协助把关制，继续推行村及小散个体出租房税收委托代征制，提高零散税收的征管效率。三是加强非税收入征管。加强土地出让金征收管理，规范土地出让金管理流程；做好年度收费验审工作，强化行政事业单位收费管理；开展非税收入调研，拓宽非税收入渠道。按照"扩大覆盖，夯实费基，统一费率，规范征管"的工作思路，推进社保费"五费合征"，建立以职工工资总额为缴费基数的社保费征缴新模式，全年共征缴社保费7.06亿元，增长9.5%。

【支持新农村建设】整合项目节余资金，加大财政对"三农"的资金投入，全年安排新农村建设资金8.70亿元，比上年增加1.63亿元，支持社会主义新农村建设。一是支持现代农业生产。落实惠农补贴政策，拨付种粮、良种、农机等三项补贴资金361万元，以"一折通"发放农民综合直补资金534万元，落实农村政策性住房保险、农业生产保险、农业灌溉水费等财政补助资金496万元，落实渔业、林业、交通运输业等油价补贴资金4932万元，安排粮食企业亏损补贴资金1300万元，促进农业生产结构调整。二是推进农村新型合作体系建设。出台《关于促进农村合作"三位一体"建设的若干政策意见》，支持以农民专业合作、供销合作、信用合作为基础的农村合作"三位一体"建设。落实财税优惠政策，鼓励农民专业合作社规范化建设，对验收合格的，给予项目建设补助5万元；扶持建设起点高、上档次、集中连片的11种特色农产品基地，按不同标准分别给予一定的补助。加大信贷支持力度，通过开户、存款等方面的支持，鼓励农村合作银行将新增存款的70%投放于"三位一体"农村合作建设，并在利率上实施优惠政策；市财政出资500万元，增加农信担保公司的注册资金，增强其担保能力。发展农业科技，按照农业科技三项经费主要用于支持农村合作"三位一体"建设的要求，对组织实施重大农业科技攻关项目、农业科技特色基地、星火计划、创办农业科技创新服务中心等农业科技发展项目分别给予补助。三是加大农村公共产品投入。落实新增教育、卫生、文化支出主要用于农村的政策，实施九年制义务教育阶段免收学杂费政策，推进农村公共卫生服务项目建设，促进公共服务均等化。四是促进农民收入稳定增长。支持农民职业技能培训和实用技术培训，提高农民靠"素质"增收、致富的能力。

【促进社会和谐】一是加大对教科文事业的投入力度，确保重点支出需要。全年预算内安排教育资金6.09亿元，增长26.9%，重点支持教育食宿工程、助学工程、营养餐工程、教师素质提升工程等"四项工程"和"职业教育六项行动计划"。全年全市共有25所学校完成食宿工程，建筑面积46892平方米，共有15.21万名学生享受助学金待遇，7676名学生享受免费营养餐待遇。二是支持公共卫生事业发展，安排卫生经费8677万元，保障公共卫生服务、农村合作医疗、农民健康体检等方面资金需要。三是加大民政抚恤、救助救济、扶贫以及就医、就学、就业、安居、住房保险等社保资金投入，共安排相应资金1.32亿元，帮助、救助弱势群体和困难群众。四是完善政法、安全等部门经费保障机制，强化经费管理，全年共安排政法系统预算内外资金共1.28亿元，落实安全监察资金335万元，安排综合治理和"平安瑞安"建设专项资金600万元，支持"平安瑞安"建设。

【深化财政改革】一是深化政府收支分类改革。全面实施新的政府收支分类制度，提高财政预算透明度。二是推进"乡财市管"改革。研究制定和启动实施以"预算共编、账户统设、工资统发、资金统管、集中记账、控制开支"为主要内容的"乡财市管"改革总体方案，出台《乡镇财政预算管理制度》、《乡镇财务管理制度》、《乡镇会计集中记账管理制度》等一系列配套制度和措施；全面开展乡镇财政、财务、债务清理，实行"两保两挂"(即在"保吃饭，保运转"的基础上，实行经济发展专项奖励与乡镇税收收入增长相挂钩、消赤保平专项奖励与乡镇增收节支和消化财政赤字实绩相挂钩)和"一奖一削"(即"克难攻坚奖励"激励机制和"削峰填谷"约束机制，对按时保质保量完成招商引资、重点工程政策处理、工业用地征用等重点工作任务的乡镇给予专项奖励；对超限额发放的福利奖金征收福利调节基金，用于补助财政综合收支平衡且福利发放水平相对较低的乡镇)的激励约束机制，促进乡镇财政解困；按照"清理一个、集中一个"的办法，逐步对23个包干制乡镇实行"集中记账"，统一会计核算办法，规范乡镇财务支出。三是深化"收支两条线"管理改革。修订完善国有土地使用权出让收支管理办法，明确国有土地所有权出让收入结算及报表填报工作相关部门职责，规范土地出让金管理流程。四是稳步推进财政支出绩效评价改革。设立绩效评价机构，建立绩效评价专家库，组织开展财政支农资金以及环境自动监测网络建设等项目的绩效评价，推进财政绩效评价试点。

【加强财政监管】一是研究制定《行政事业单位办公设施配置标准》，控制一般性行政开支。二是按照"一项资金，一个办法"的要求，在原有基础上又相继制定《瑞安市发展工业循环经济财政专项资金管理办法》、《瑞安市农村公共卫生专项资金使用管理办法》等19项财政专项资金管理制度，规范专项资金管理。三是加强国有资产监督管理，全面开展行政事业单位清产核资工作，摸清行政事业单位资产家底；以降低国有资产营运成本、提高营运效益为目标，拟定全市国有资产营运机构一体化方案；加大国有存量资产盘活力度，以市场化运作方式盘活水产城海洋大厦项目等3项资产1.05亿元。四是继续加强政府采购工作，全年政府采购规模3.24亿元，资金节约率17.7%。五是发挥财政投资评审作用，全年共核减财政性投资工程金额4188万元，核减率9.4%。六是加大会计监督检查力度，在全市范围开展《会计法》执行情况及从业资格证专项检查，共对47家违反规定的企业进行处罚。七是开展财政资金专户清理工作，制订有关财政资金专户开户审批和财政资金存款调拨制度，规范财政收支管理，加强财政资金专户开户情况监督。

【加强队伍建设】一是开展"作风建设年"活动。制定《关于开展"作风建设年"活动的实施意见》，明确实施步骤和方法，全面加强全局思想作风、学风、工作作风、领导作风和生活作风建设，弘扬新风正气，抵制歪风邪气，实现作风转变。推进温州"第三次跨越"为主题的解放思想大讨论活动，在全系统掀起学习理论、解放思想的热潮；举办"转变作风、跨越发展"主题演讲比赛，营造良好舆论氛围。优化服务，提高资金拨付效率，对救灾资金实行先拨付后补办手续的特别措施，打造民政救济资金"快速通道"；深入开展"双百结对"工作，发挥文明单位的示范带动作用；组织局领导蹲点调研活动，共为"联系村"解决或协调解决专项资金60万元。二是抓好干部队伍思想教育。加强"惩防体系"建设，制定年度教育工作计划，全年共编发廉政教育宣传资料12期，同时通过举办"反腐倡廉"专题报告会、"廉政故事"巡回演讲会等活动，加强对干部职工的"六观"(即世界观、人生观、价值观和权力观、地位观、利益观)教育；落实廉政谈话制度和公车管理、公务接待、公务外出管理等制度，从源头上防范违法违纪行为的发生。三是推进学习型机关建设。抓好以财政系统岗位技能为重点的专门业务培训、公务员更新知识培训等工作，全年共组织1094人次参加各类培训考试；规范学历教育和职称管理工作，全年共投入学历教育经费近25万元，新取得研究生、本科、专科学历56人次。四是推进干部人事制度改革，公开选拔农税中心副主任和局办公室副主任，实行岗位轮换21人次。五是发挥党团工妇作用，开展以"三走近、三远离"为主题的各项文体活动。2007年，市财政局被评为全省"耕地占用税契税决算工作先进单位"、"财政教科文工作县级先进单位"、"财政系统县级计算机应用先进单位"。

(瑞安市财政局供稿　谢钦袖执笔)

乐清市财政工作

【概况】2007年，乐清市实现生产总值360.92亿元，比上年增长14.7%，其中：第一产业增加值12.72亿元，下降1.1%；第二产业增加值228.13亿元，增长15.8%；第三产业增加值120.07亿元，增长14.5%。三次产业结构调整为3.5:63.2:33.3。财政总收入46.17亿元，增长22.7%，其中地方财政收入21.63亿元，增长22.3%；全市地方财政一般预算支出23.63亿元，增长27.9%。当年实现财政收支平衡，并略有结余。

【支持经济发展】一是落实各项支农惠农政策。当年市财政一般预算支出用于新农村建设的资金13.32亿元，增长28.5%，土地出让收入向新农村建设倾斜，促进农业基础设施、现代农业产业体系、农业设施装备、粮食安全体系建设等。粮食直补等农业补贴规模增加、范围扩大，建立覆盖全市2.37万农民的"一折通"综合直补网，实施政策性农业保险保费补贴试点。二是支持工业经济发展。调整完善促进工业经济和开放型经济发展财税扶持政策。筹措落实3000万元财政奖励补贴资金，争取上级补助资金2235万元，落实科技经费4816万元，支持企业做大做强、品牌创建、技术改造和外向型经济发展。优化财税服务，对企业上市、改制重组等过程中涉税事项提供主动、及时的政策辅导。与科技部门联合制定《技术开发费加计扣除办法》，全年为企业国产设备抵免税收和技术开发费加计扣除分别为8650万元和2224万元。三是加大支持第三产业发展力度。安排3128万元资金，支持创建全国优秀旅游城市和景区配套建设。筹措落实支持服务业发展专项资金，研究发展第三产业的财税政策措施。四是支持重点工程建设。筹措落实11.19亿元财政性建设资金，重点支持标准海塘、供水、污水处理、城市新区、乐清湾港区、甬台温铁路等一大批关系全局发展的基础设施工程及民生方面工程建设。

【组织财政收入】深化"三个三"工作措施，税收收入结构进一步优化，地方税收入比重比上年提高1.65个百分点，第三产业税收比重比上年提高1.76个百分点。加强收入分析预测，准确把握经济税收形势，提高组织收入的调控能力。推进科学化、精细化管理，年所得12万元以上的个人自行纳税申报目标任务数圆满完成，制定调整了自2008年开始实施的土地使用税土地等级和税款标准。以契税为"把手"房地产交易税收一体化管理扎实推进。推进税收信息化建设，实现《税友2006》系统的成功切换和平稳过渡，全面应用"一户通"电子缴税系统，实现在所有商业银行实时扣缴税款。加大税务稽查力度，全年共组织检查350户纳税户，共查处滞补罚款3184万元。强化非税收入征管，当年社保"五费"的增长率和征缴率均在20%以上和97%以上；完成工伤保险12.87万人的年度扩面任务。加强土地出让收入和海域使用金的征管，做好教育费附加、水利资金的征收管理，增加政府非税收入。

【保障和改善民生】当年全市财政支持民生支出占地方财政一般预算支出的70.8%，增长25.2%；其中增量中民生支出比重为68%，财政支出增量三分之二以上用于改善民生。一是全面实施义务教育保障机制改革，市财政落实免杂费和提高公用经费保障水平资金3812万元、解决教育系统基建拖欠款和校舍维修资金9785万元、食宿改造工程资金2882万元；安排514万元资金支持职业教育。二是支持社会保障和就业再就业工作。完善促进就业再就业扶持政策，企业职工基本养老保险个人账户做实5%，出台城镇居民医疗保险试行办法，完善医疗救助办法；安排3634万元被征地农民基本养老保险资金，参保人数3.3万人，做到应保尽保并按时足额发放;农村和城镇低保对象保障标准分别提高至170元和270元,并给予物价上涨补贴。开展政策性农村住房保险。三是支持卫生文化事业发展。建成公共卫生大楼,支持乡镇卫生院配齐"新六件"和省级卫生城市复评,健全三级卫生服务网络;落实2368万元新型农村合作医疗财政补助资金,参合人数82.4万人,筹资标准提高至70元。推进文化体制改革和"六项工程"建设,重点实施广播电视村村通工程、农村电影数字化放映。四是支持生态环境建设。落实918万元资金用于支持生态市创建和沼气处理等工艺对农村生活污水进行处理。安排550万元资金支持重点污染源防治、污染防治新技术、新工艺推广等项目的建设。五是支持"平安乐清"建设。落实公检法司经费保障制度,将"平安千村"、禁毒专项资金和外口管理经费纳入财政预算内给予保障;落实1920万元资金,支持公安政法武警系统基层机构基本建设、装备建设、技术演练和"清风行动"专项工作,维护社会稳定。六是支持乡镇财政建设。增加405万元资金提高乡镇事业人员定额标准,兑付"二补一奖"资金1125万元,安排608万元资金补助欠发达乡镇解决财政困难问题,筹措4200万元扶贫资金。拨付858万元大中型水库移民后期扶持资金。

【深化财政改革】深化部门预算改革,调整和完善定员定额体系,在经建口进行完善部门预算改革试点,加大对行政事业性收费的统筹力度。按照国库集中支付制度改革方向,做好各项准备工作,提高国库资金管理水平。深化非税收入"收支两条线"管理,理顺非税收入管理机制,建立非税收入收缴中心,完善非税收入征管体系。推进绩效评价工作,组建设置职能科室。深化政府采购制度改革,加大对政府采购违法行为的处罚力度,扩大政府采购规模,全年政府采购规模1.26亿元,资金节约率为13.3%。推进"金财工程"一体化建设,全面启用升级版的"部门预算编制"软件和FOA办公自动化系统,实现预算内外"资金申拨"一体化。建立对经济开发区激励型的财政体制。做好公务员津补贴规范工作。

【强化财政监督】全面开展"五五"财税普法,落实行政执法责任制,公布行政执法依据目录,全面清理废止的财政规范性文件,出台行政规范性文件制定管理办法,清理规范非行政许可审批项目。开展财政专项资金整合使用的调研分析。开展部分财政专项资金专项检查和会计信息质量检查,对财政违法违规行为给予行政处罚并予以纠正。完成行政事业单位国有资产清查和银行账户清理整顿工作,撤销235个银行账户。加强政府性债务管理,及时计提政府性债务偿还准备金,加强债务预警体系指标跟踪分析。加强土地出让金收支管理,按照规定使用土地出让金,足额计提国有土地收益资金和被征地农民养老保险基金。贯彻实施新企业会计准则,加强会计从业人员资格管理,推进企业财务管理法制化建设。

【加强队伍建设】一是抓作风建设。开展作风建设年活动和创建满意基层站所活动。局领导班子到农村参加蹲点调研。选拔任用部分中层干部并开展轮岗交流。打造"阳光财税",加强与部门、乡镇和服务对象的沟通协调,被评为群众满意单位。二是抓素质建设。开展十七大精神等思想政治教育,继续开展大规模的岗位业务全员轮训,开展《税友2006》应用等专题培训。加强正面示范教育和反面警示教育。对32项内部管理制度进行梳理和修订并汇编成册,在内部行政事务管理中推行"阳光政务工程"。完善干部离岗审计制度。三是抓文化建设。发挥党、工、团、妇作用,丰富干部业余生活。财税网青年中心组织网上交流、野外活动等项目,组队参加"农村合作银行杯·和谐乐清"群众性歌咏比赛并获得金奖。继续开展创建文明单位、"青年文明号"、巾帼示范岗、"四好科室"等活动。加强机关党的建设,局机关成立机关党委。把"真心、真情、真意"作为服务干部的宗旨,组织干部参加扶贫济困和为系统困难干部献爱心等活动。

(乐清市财政局供稿　仇德龙执笔)

永嘉县财政工作

【概况】2007年,永嘉县实现生产总值154.49亿元,比上年增长16.6%,其中一、二、三产业增加值5.51亿元、96.13亿元、52.85亿元,分别增长0.1%、13.6%、15.1%;人均生产总值17029元,增长12.3%。全年财政总收入18.38亿元,增长23.7%,其中地方财政收入9.21亿元,增长23.8%;全县财政一般预算支出13.53亿元,增长27.1%。全年财政收支平衡。

【支持经济发展】一是支持工业经济发展。配合县政府出台促进先进制造业和优化招商引资产业结构的政策以及扶持中小企业担保机构发展的政策措施,及时兑现县政府有关企业技术改造、外贸出口、创名牌等优惠政策,扶持企业上规模、产品上档次、管理上水平,打造先进制造业基地。全年争取省、市企业补助资金1078万元,兑付品牌创建等扶持企业资金773万元。二是支持第三产业发展。重点支持旅游、物流、商贸等第三产业发展。县财政专项安排838万元资金用于旅游业发展,通过鼓励商贸流通企业争创品牌、筹集资金支持"千镇连锁超市"建设等措施,加快新型流通业发展。三是集中财力支持基础设施建设。全年共筹集4.56亿元资金,支持104国道乌牛至张堡段改建、县城防洪工程、41省道岭下至上塘段改建、楠溪江供水工程、鹅浦河公园一期等基础工程建设。

【优化支出结构】一是支持社会主义新农村建设。全年全县农林水事务支出19954万元,其中预算内支出9799万元,增长24.3%。继续实施粮食直补、优质良种、农机具补贴等措施。推进农民饮用水工程,落实2100万元资金解决1.53万农民安全饮水问题。开展新农村"星级创建"和"魅力家园"共建活动,落实共建结对项目资金500多万元,创建星级新农村79个,改善农村生产生活条件。二是支持教育事业发展。深化"四项工程"建设,着力抓好义务教育经费保障制度改革,履行政府的教育经费保障职能。全年全县教育事业费支出5.14亿元,其中一般预算支出4.61亿元,增长35.6%。三是支持新型社会保障救助体系建设。全年社会保障和就业资金支出6284万元,增长36.5%。支持五保对象和城镇"三无"对象集中供养工作,共拨付集中供养和项目资金254万元,集中供养率92%。继续实施以大病统筹为主要形式的新型农村合作医疗制度，共拨付新型农村合作医疗财政资金1873万元，累计参保人数39.7万人，拨付农村医疗救助资金421万元。四是支持"平安永嘉"创建。全年公共安全支出1.32亿元，重点支持社会治安防控体系建设，提高保障公共安全和处置突发事件的能力。

【深化财政改革】一是推进预算管理制度改革。编制全县总预算，完善行政事业单位主要办公设备购置内控标准，制定政府采购财政审核权限，完善预算外资金预算指标管理操作办法。推行政府收支分类改革，完成新旧政府收支分类科目的衔接和过渡。完成全县行政事业单位资产清查工作。二是推进国库集中收付制度改革。健全落实各项资金管理制度，加强财政性资金拨付管理。推进会计集中核算改革，当年进入集中核算的单位为101家。三是深化财政信息化建设。实施"金财工程"，做好预算编制软件等日常维护。加强县局外部网站维护工作，继续增加网站功能，支持财政对外发布信息。

【加强财政监管】加强乡镇财政管理，制订新一轮县对乡镇的财政体制，加大对乡镇的转移支付力度，全年乡镇一般预算支出4.18亿元，增长29%。提高对乡镇财政超收分成的比例，全县38个乡镇全年超收分成总额3381万元，是上年的6.4倍。推行"乡财乡用县管"财政管理方式，确定试点乡镇，抽调人员开展试点工作，对试点乡镇的财务情况进行摸底调查，并制定相关配套办法。配合县政府举办政府系统理财协税专题讲座，增强乡镇长、部门负责人依法理财的观念，提高科学理财水平。整合预算内外资金，加大综合财政预算政策执行力度，完善收费项目库管理，推行收费公示制度，加强"收支两条线"管理。加强对县重点建设工程财务等方面的监督管理，严格项目立项估概算、工程预结算、基建拨款等审查，健全基本建设项目事前、事中、事后的全过程监督机制。全年共审核基本建设拨款资金5.23亿元，核减7239万元，核减率为13.8%。组建了县发展有限公司，加强国有资产管理和融资搭建平台。

【干部队伍建设】一是开展"作风建设年"活动。局领导干部开展"办实事、解民忧"及"联乡、联村、联户、联企业、联项目"活动。二是加强廉政和行风建设。制订党风廉政建设实施方案，落实党风廉政责任制，全面推进党风廉政建设。行风建设工作做到"力度不减、纪律不松、督查不少、处罚不软"，每周不少于一次督查，共进行69次行风督查。通过走访、设立意见箱、寄发调查表等形式，办理好群众来信来访。在全县行风效能评议中，县财政局获第三名。三是提倡"三走近、三远离"，以财政文体活动为载体，丰富干部职工的业余文化生活。

(永嘉县财政局供稿 叶星郎执笔)

洞头县财政工作

【概况】2007年，洞头县实现生产总值26.42亿元，比上年增长13.4%，其中：第一产业增加值3.25亿元，增长0.2%；第二、三产业增加值分别为8.67亿元、14.51亿元，增幅分别为16.7%、14.8%。全年实现财政一般预算收入3.31亿元，增长22.4%，其中地方财政收入1.77亿元，增长16.3%；全县财政总支出5.26亿元，增长20.3%。财政运行情况良好。

【组织财政收入】一是加强税收收入分析。紧紧把握税源变化情况，做好季度税收统计与分析，加强对重点骨干企业的税源监控。二是加强行业税收管理。做好营业税分行业税收管理，加强对房地产业和海运业的税收征管，做好个人所得税全员管理，首次开展年所得12万元以上个人所得自行申报工作。三是优化税收结构。当年地方税收结构占比60.8%，提高地方可用财力。四是注重对小税种的日常征管。特别是两个新条例的贯彻与实施，使得"地方七税"入库大幅提升，增长51.3%。五是强化非税征缴。全年社保基金、医保基金等各项规费收入7153万元，增长34.7%。六是做好契税征缴管理工作。加强部门协作，动态跟踪房产销售情况，全面摸清契税分布状况，设置契税征收窗口，全力推进房地产税收一体化管理。全年契税共入库1440万元，增长96.4%。七是加强土地出让金管理。开展土地出让金专项检查，制定土地出让金收支办法，并将土地出让金纳入政府基金预算管理，规范土地出让金的收支使用行为。

【支持经济社会发展】一是推进渔农村建设。建立农村政策性住房保险和农村困难群众住房救助机制，改善渔农民住房条件和环境。实施"六六八"示范工程和"千村整治、百村示范"工程，完善渔农村基础设施。下拨各项道路、水利、绿化、渔用码头、救灾等支农专项资金5421万元。二是加快工业发展步伐。安排工业发展基金1050万元，通过财政贴息、技改补助、新产品开发奖励等形式，支持县重点支柱企业做大做强，提升产品的市场竞争力；引进标准厂房建设项目，推进六大工业园区建设，积极培育新的增长点。三是发展壮大第三产业。落实下岗职工再就业、房地产交易以及扶持第三产业发展的有关财税优惠政策，为现代服务业的发展壮大提供政策支持；加大旅游产业投入，完善旅游基础设施建设，提升洞头旅游新形象；突出资源优势和区位优势，培育、壮大海运业，建设海运强县。四是保障重点工程建设资金。争取洞头(温州)陆域引供水工程建设补助资金5000万元，中心渔港和防波堤工程补助资金4625万元，争取市级补助资金2100万元。向国家开发银行贷款融资1亿元，全年财政统筹投入重点工程建设资金3亿元，保障重点工程建设的资金需求。

【优化财政支出结构】一是加大对教育、科技、文化事业的投入力度。全年教育投入5669万元，增长25.4%，重点支持基础教育建设；继续实施农村教育"四项工程"和校网调整工作，建立中小学校舍维修长效机制，改善农村教育条件和环境；免除全县农村义务教育阶段学生的学杂费；建立"教育券"、"营养券"制度，继续对困难学生进行补助；提高农村中小学生人均公用经费标准，减轻农村教育负担。科技三项经费支出700万元，增长20.4%。文化事业支出1107万元，增长43.1%。二是加大对公共卫生医疗体系的投入力度。扩大新型农村合作医疗制度覆盖面，提高新型合作医疗的参保额度和报销标准，将农村低保对象统一纳入所在地新型农村合作医疗，其个人出资部分全部由县财政补助，全县参保率85%以上，参保标准达为70元；完善城乡医疗救助制度,县财政按人均6元的标准安排医疗救助专项资金。全年医疗卫生支出2563万元,增长29.2%。三是加大对社会保障等方面的投入力度。安排160万元用于城镇和农村低保户的生活补助;安排就业专项资金150万元,用于就业培训补贴和就业再就业岗位设置,为弱势群体、下岗失业人员创造更好的就业机会;从当年开始,县财政每年注入社会保障风险基金300万元,逐步建立养老保险个人账户隐性缺口补充机制。四是加大对社会事业发展的投入力度。筹措资金支持生态县、省级文明县城的创建工作,投入生态县创建资金360万元,投入省级文明县城创建资金230万元。

【推进财政各项改革】一是深化部门预算改革。按照预算管理制度和政府收支分类改革的要求,部门预算试点单位在上年基础上扩大了一倍,并逐步对现行的财政预算编制方法、程序、结果等对社会各界进行公开,依法接受人大、政协以及社会各界的监督。二是深化农村综合改革。制定《2007-2011年乡镇财政管理体制》和《乡镇债务管理意见》,建立"两保两挂三奖"财政政策,农村综合改革的各项工作取得阶段性成效。三是健全政府采购制度。修订和完善政府采购工作规程,加强政府采购日常管理。强化对政府采购全过程的监督,做好政府采购信息的报送工作。全年共组织41次集中采购,采购金额979万元,资金节约率为18.7%。四是实施"金财工程"。购置小型机,做好软件的管理和使用,提高财政信息化水平。

【强化财政绩效监管】一是推进财政支出绩效评价。设置绩效评价机构,出台内部协调机制,设立专家库和项目库,对全县11个重点项目开展绩效评价,涉及资金8047万元,加大财政支出的监督和检查,提高财政资金使用效益。二是加强重点建设资金的审价管理。做好项目事前、事中、事后的监督管理,严格按照资金跟着进度走的原则,提高资金使用效率。做好项目申报资金和结算资金的双项审核,节约工程支出成本。全年共审价188个项目,送审价1.15亿元,审定价1.02亿元,核减率11.3%。三是加强国有资产的监督管理。完成行政事业单位固定资产清查工作。探索国有资产管理的有效形式,提高国有资产运营的质量和效益,实现其保值增值。四是加强会计监督职能作用。宣传贯彻实施新的《会计法》、新企业会计准则和审计准则,加强会计基础管理,做好会计资格、等级考试、后续教育培训等工作,提高会计人员素质,规范会计秩序。开展专项资金和会计信息质量检查,共查处违纪金额303万元。

【加强干部队伍建设】一是简化办事程序。全面整理财政、地税办事事项、办事程序,简化审批程序,缓解审批难、办事手续繁琐、审批期限长等问题。二是开展"作风建设年"活动。组建"税收110"志愿者服务队、开设意见征求栏、制定学习制度、开展"阳光政务、阳光预算、阳光采购、阳光稽查"等。加大监察检查工作力度,坚持定期与不定期相结合的方式,加强对干部职工的监督检查。三是开展竞争上岗、双向选择工作。通过公平竞争、平等考试方式,聘任3名中层正职和4名中层副职;一般干部职工进行双向选择科室聘用制度,对3名未聘人员进行待岗培训。四是加大党风廉政建设责任制的考核力度。提出党风廉政建设责任制考核与目标考核挂钩措施,并实行"一票否决"制度,加大对干部职工的考核力度,党风廉政建设被评为县级优秀单位。

(洞头县财政局供稿 朱红波执笔)

平阳县财政工作

【概况】2007年,平阳县实现生产总值139.40亿元,按可比价计算,比上年增长12.7%,其中:第一产业增加值8.70亿元,增长0.1%;第二产业增加值68.40亿元,增长11.8%;第三产业增加值62.30亿元,增长15.6%。人均GDP 16353元,增长12.3%。全县财政总收入13.30亿元,增长21.7%,其中地方财政收入7.10亿元,增长24.7%;全县财政总支出11.90亿元,增长27.3%。当年实现财政收支平衡。

【优化财政收入结构】一是推行精细化管理,提高综合治税水平。强化税源管理、纳税评估、税务稽查职能,依托信息化网络完善各环节信息共享机制,及时掌握税源变化情况,确保税款依法按时足额征收入库;全面应用"税友2006"征管系统,实行"一户通"缴税办法;实行房地产税收一体化管理,强化契税、营业税、土地增值税等征收,提高税收征管效率。二是加强主体税种征管。全年增值税累计入库5.94亿元,增长13.6%;所得税累计入库2.66亿元,增长38.1%;营业税累计入库1.93亿元,增长37.3%,三大主体税种收入占财政总收入79.3%。三是健全机制,加强非税收入征管。推进"五费合征"工作,制定出台《平阳县工伤保险费征缴管理方法》,促进工伤保险扩面,做好社保费征缴,加大欠费清欠力度,全年完成社保费等非税收入4.17亿元,增长29.4%;出台实施《工业用地招标拍卖挂牌出让实施办法》,完善政府非税收入征管,全年土地出让金入库6.91亿元,政府性收费入库1.86亿元,增强政府财力。

【支持经济发展】坚持政策引导、资金支持和优质服务有机结合,推动经济增长方式转变。贯彻落实财税优惠政策,全年全县共办理出口退税1.02亿元,办理免抵调库1.06亿元,审批减免税费6689万元,安排落实外贸出口发展、企业技改项目贴息、工业循环经济、工业创新资金1290万元,增强企业发展后劲。全年累计投入财政资金2.80亿元支持重点项目建设。按照"一要吃饭、二要建设"的要求,立足全县财力实际,拓宽融资渠道,全年融资2.54亿支持水头制革基地污染整治和水头标准厂房、温福铁路平阳段、瓯南大桥、生态发电厂工程等项目建设。开展政府债务化解工作,全年共调剂安排资金1.01亿元用于偿还政府性债务。

【保障民生项目】围绕公共财政建设要求,加大对民生项目的保障力度。一是向"三农"倾斜。重点支持富民攻坚、农村劳动力培训和下山移民等工作。全年农林水事务支出1.22亿元,增长20.7%。二是向教育事业倾斜。重点支持义务教育经费保障机制改革、义务教育学杂费减免和教育信息化建设等工作。全年教育支出3.57亿元,增长34.1%。三是向文化事业倾斜。用于支持新农村文化设施建设、非物质文化遗产保护等工作。全年文化体育与传媒支出3109万元,增长21.6%。四是向社会保障和就业方面倾斜。用于支持城镇居民医疗保障、城乡居民最低生活保障、完善被征地农民保障等工作,确保资金及时、足额发放。完善就业再就业管理,促进困难人员就业。全年社会保障和就业支出8586万元,增长26.2%。五是向生态环境保护方面倾斜。重点支持治理污染、生态县建设等工作,促进经济社会发展与资源环境相和谐。全年环境保护支出3241万元,增长27.9%。六是向卫生事业倾斜。用于支持农村卫生院建设、新型农村合作医疗建设等农村公共卫生事业,推动城乡居民基本卫生保障建设。全年医疗卫生支出7814万元,增长3.3%。七是加大对公共安全的支出力度。用于支持"平安平阳"建设支出7664万元,增长7.5%。

【深化财政改革】一是全面实施政府收支分类改革,完善定员定额标准、经费包干等管理办法,部门预算逐步细化。二是推进"收支两条线"改革,土地出让收入全额缴入地方国库,支出通过基金预算安排,实行彻底的"收支两条线"管理。三是全面推进"乡财乡用县管",实施由县财政直接监管乡镇财政收支的管理模式,对除昆阳、鳌江、萧江、水头、麻步、腾蛟六大镇外的25个乡镇财务实行集中核算。四是出台控制行政运行成本实施意见。规范公文会议、公务接待、公用用车、公务外出(简称"四公")管理,按照"成本核算、总额控制、'四公'单列、定点管理、刷卡结算、费用公示、结果考核、过错问责"的要求,建立节约消费、支出合理、控制有力、监督有效、公开透明的运行机制。

【强化财政监管】一是加强支出监管。发挥会计集中核算职能,严把审核关,全年共拒付不合理支出550万元。二是提出全县津贴补贴发放方案,规范津贴补贴发放行为。三是加强财政绩效评价工作,成立绩效评价科,组织开展支农、科技等方面专项资金检查,以检查促管理。四是加强国有资产评估和交易监管,继续推进国有企业改制,成立平阳县国有资产清查监管改革领导小组,组织开展对313户行政事业单位进行资产清查,清查资产总额25.78亿元。同时做好开征户外广告资源有偿使用收入的前期调查工作。五是加强基建财务管理,发挥基建资金专户作用,实行源头控管。六是参与行政事业性收费验审工作,重点验审关系到群众切身利益的收费项目和收费标准的执行情况,共取消收费项目34项,暂停收费项目3项,转经营服务性3项,注销收费许可证139个,发出整改通知书14份,立案查处案件4件。七是组织开展会计信息质量、《会计法》执行情况等检查,加强相关单位财务培训、后续教育,规范单位财务行为。

【加强队伍建设】一是开展作风建设年活动,以加强作风建设为主轴,促进干部职工廉政、勤政和优政。立足三个结合,即与财税业务工作、与学习型组织建设、与各项文明创建相结合,推进各项工作。二是参加"百名科长服务基层"活动。组织17个科室参加满意不满意科室评议活动,通过改进工作方法,提高服务质量,密切群众关系。三是建立和完善各项制度,把制度贯穿于反腐倡廉的各个环节,依靠制度惩治和预防腐败。分别建立公有资产管理、请销假登记、目标责任制管理、政务公开等制度。

(平阳县财政局供稿　谢秉煌执笔)

苍南县财政工作

【概况】2007年,苍南县实现生产总值177.84亿元,比上年增长12.7%。其中:第一产业增加值15.03亿元,增长0.8%;第二产业增加值78.72亿元,增长12.5%;第三产业增加值84.09亿元,增长15.1%。人均生产总值14227元,增长14.8%。全年完成财政总收入16.89亿元,增长32.5%,其中地方财政收入10.01亿元,增长37.6%;全年财政总支出15.65亿元,增长19.0%。全年全县财政收支平衡,财政预算执行情况良好。

【加强财源建设】综合运用税收、财政补助、贴息、以奖代补等政策手段,逐步形成有利于科学发展的财税政策、体制、机制,支持"做精一产、做强二产、做大三产",推进经济发展方式转变。重视统筹城乡和区域协调发展,加快推进新型城市化和新农村建设。注重"拉框架、提功能、注内涵、促形象",推进城市化基础设施建设。制定和完善财政支持企业技术改造、科技创新、外向型经济以及现代商贸流通业发展政策措施,根据县政府有关涉企财政扶持政策的规定,安排915万元扶持资金,支持技术改造、科技创新、创品牌、外向型企业拓展国际市场等;根据省市扶持企业的有关政策,帮助企业组织申报省市先进制造业基地补助、科技创新、信息化建设、节能、现代物流业、"千镇连锁超市"建设,以及"万村放心店"建设等项目,共获得省市扶持资金1110万元,吸引社会资金投入项目建设约2.30亿元,引导商业银行及信用社增加对小企业贷款5.35亿元。全年审批财产损失6246万元,审批减免税1521万元,审核技改国产设备抵免企业所得税624万元,及技改国产设备投资新项目可抵免企业所得税1332万元,推进全县经济结构调整、产业升级、技术进步和扩大对外贸易。制定出台促进现代服务业发展的政策措施,支持商贸流通业、旅游业、现代物流业发展,第三产业占国民经济总量的比重47.2%。筹集资金,支持瓯南大桥、78省道改建、江南海涂围垦、千库保安、县城污水处理厂、垃圾发电厂、特色工业园区、土地整理、县(乡)道路砂改油和康庄工程等基础设施建设。

【加大对三农的投入】全年投入"三农"资金9.23亿元,其中农林水支出1.49亿元,重点用于扶持县级农业龙头企业,扩大农业基地规模,提高农业产业化经营水平;加强扶贫资金管理,配合县扶贫办做好有关乡镇上报项目的调查审核工作,在调查的基础上根据年初预算安排下达资金,全年共下达财政扶贫资金590万元;扶持农业龙头型产业发展;加大农业综合开发财政投入,落实配套资金133万元;做好全县农民补贴网和"一折通"建设,完成全县17.5万户种粮农户、3587万个信息数据的网络管理系统建设和17.5万本种粮农户"一折通"的建立工作;安排专项资金,支持"千万农村劳动力素质培训"、"千万农民饮用水"、康庄工程及县乡道硬化、村庄整治、新型农村合作医疗、村级组织活动场所等,完善农村公共服务社会保障体系。

【支持和谐社会建设】一是全部免除义务教育阶段学生学杂费,继续做好家庭经济困难学生的资助工作,大幅度提高生均公用经费保障水平,确保教育培训和科研专项经费需要;支持学校基础设施建设,确保校网布局调整、食宿改造、学校标准化建设等工程的顺利实施。全年落实教育支出5.54亿元,其中地方教育费附加支出2926万元,分别增长33.2%和183.0%。安排文化资金3428万元,增长43.9%,重点支持文化苍南"六大工程"建设。安排卫生资金9275万元,增长44.4%,重点支持农村公共卫生设施建设。二是完善基本养老保险制度,深化医疗保险改革,加强工伤、生育、失业保险,推进被征地农民基本生活等社会保障工作。县级共安排各项社会保障补助资金1.66亿元,其中:安排医疗卫生资金5021万元,支持农村公共卫生服务、新型农村合作医疗、农民健康体检工程、医疗救助等项目,减轻城乡困难群众看病就医的经济负担;发放低保金1265万元,低保对象实现应保尽保;投入资金315万元,全面开展农村五保和城镇"三无"对象集中供养工作;安排救灾、救济、优抚资金5165万元;安排专项资金1299万元,扶持大中型水库移民后期扶持工作。

【深化财政改革】一是继续深化部门预算改革。做好早编细编预算,将预留经费细化到具体项目,完善公用经费定额,合理安排部门可预见的、必要的开支,增强部门预算的刚性,减少临时追加。二是有序推进国库集中支付改革。逐步扩大国库集中支付范围,减少资金拨付环节,增加资金使用透明度。推进"乡财乡用县管"改革,在原12个"代理报账制"乡镇的基础上,从8月份起将云岩等11个乡镇纳入乡镇财政"代理报账制"范围,从11月份起将乡镇事业人员工资纳入国库统一发放。三是开展财政支出绩效评价。制定绩效评价试行办法,对农业、医疗救助、省补助高效生态农业基地建设项目等专项资金进行绩效评价;督促有关主管部门及项目单位开展专项资金项目自评;通过对项目的评审、论证、跟踪和评估,实现预定财政资金绩效目标。四是严格"收支两条线"管理。将部门的所有收入全部纳入专户,加强部门经营性收入缴入财政非税收入汇缴专户的力度。全年行政事业费收入3190万元,增长63.2%;政府性基金收入12.64亿元,增长85.4%;土地出让金收入12.05亿元,增长96.2%。五是继续深化政府采购制度改革。加强政府采购预算计划管理和采购项目备案管理,全年共招标采购98次,采购金额5014万元,节约资金1178万元,节约率19%。

【强化财政监管】完善财政部门内部监督检查制度,规范财政资金分配程序及拨付渠道。开展行政事业单位资产清查,初步摸清行政事业单位的"家底"。对教育、交通、环保、农村水利、社保、扶贫、救灾、种粮综合直补等涉及群众利益的专项和转移支付资金,加强审批、拨付、使用等各环节的监督检查。开展对重大公共建设项目资金的财务监督、跟踪问效,确保财政资金安全、有效运行。加强财政中介组织的监督指导,促进中介组织的规范化建设。完善财政投资评审机制,扩大投资评审范围,提高财政资金使用效益。

【加强干部队伍建设】支持和鼓励干部职工参加在职学历教育和职称考试,提升学历层次,优化知识结构,全系统大专以上学历干部人数占比73%。做好优秀干部的选拔和培养,共提拔21名中层干部,其中副职15名、正职6名。深化廉政教育,以纪检网页为平台,发布反腐倡廉信息,开展警示教育;以手机短信为抓手,在元旦、春节等各节假日前发送廉政短信,促进干部廉洁自律;完善廉政监督网络,重新聘请12位苍南县财政地税系统党风廉政建设及效能建设特邀监督员;继续开展预防职务犯罪工作,建立健全惩防机制,构建财税系统惩防体系。开展"作风建设年"活动,根据县委、县政府"三级联评"要求,组织开展"树阳光财税,创满意单位"活动,广开言路,接受社会监督,开展阳光投诉现场活动和向社会各界征求意见活动,共寄送征求意见函462份。

(苍南县财政局供稿 陈青友执笔)

文成县财政工作

【概况】2007年,文成县实现生产总值27.86亿元,比上年增长16.4%,其中:第一产业增加值3.55亿元,增长2.1%;第二产业增加值9.18亿元,增长26.5%;第三产业增加值15.13亿元,增长14.3%,三次产业结构比为12.8:32.9:54.3。全县人均GDP7571元,增长15.7%。全年财政总收入2.85亿元,增长23.3%,其中地方财政收入1.91亿元,增长24.1%;财政总支出7.23亿元,增长19.9%。全年财政实现收支平衡。

【组织财政收入】开展税源调查,分析收入结构和特点、税源变化情况,及政策、体制、气候等影响因素,采取相应的征管措施。从行业入手,加强建筑业、房地产业等重点行业营业税的征管;狠抓以城建税为主的地方小税种征收管理,扩大房产税和土地使用税征收范围。全年入库营业税3732万元,增长35.9%;"地方七税"1411万元,增长14.2%。优化收入结构,税收收入占地方财政收入比重为57.2%,比上年提高1.3个百分点;地方税占地税税收收入比重为61.1%,比上年提高5.1个百分点。加强契税、耕地占用税等农业税收征管,全年入库农业税收1472万元,其中契税1370万元,增长69%。加大"五费合征"工作力度,加强社会保险费扩面征缴,社会保险五项基金入库8541万元,各项社会保险费征缴率均达95%以上。深化"收支两条线"管理,拓宽非税收入渠道,扩展非税收入管理范围,加强对政府性资源有偿使用收入管理。

【支持经济发展】整合财政资金、财税政策,引导金融、社会资金投向,破解资金、土地等瓶颈制约因素,改善经济发展环境。加大基础设施建设投入,筹集资金6800万元,支持新文中、峃珊公路、体育馆、河滨公园、县城管网改造、泗溪河治理(四期)等重点工程项目建设。筹集资金1100万元,支持工业基地等基础设施和配套设施建设。安排专项资金300万元,支持旅游宣传和促销。安排工业技改贴息资金300万元,科技三项经费180万元,支持企业技改和新产品研发。安排专项经费200万元,支持项目包装和重点项目前期论证。安排全民创业资金100万元,人才专项资金100万元,支持全民创业和技术创新。落实财税优惠政策,减免税收1100万元,出口退税3224万元,支持新办企业、企业改制,鼓励技术创新、引进外资以及外贸出口,促进产业结构调整。减免税收350万元,支持福利企业发展,促进残疾人就业和下岗职工再就业。

【保障重点支出】一是加大财政支农力度,全县用于“三农”支出的财政性资金3.89亿元,增长32%。其中:筹集资金590万元,支持实施“千库保安”工程及小型农田水利设施建设;落实配套资金100万元,支持实施龙溪小流域治理和修复南田坑水毁工程;安排资金260万元,支持农业科技推广、农业产业化和扶持农民专业合作组织;筹集资金3700万元,支持乡村“康庄工程”建设;落实资金620万元,支持农村自来水设施、村级办公楼建设;安排资金220万元,实施“百村整治、十村示范”工程;筹集扶贫开发资金2600万元,支持贫困村基础设施、公益事业建设;发放农资综合补贴资金242万元,安排资金110万元,实施“千万农村劳动力素质培训工程”,促进农民增收。二是支持教科文卫事业发展。建立义务教育经费保障机制,落实义务教育阶段学生免杂费和困难学生免教科书费政策,支持农村教育“四项工程”和职业教育“六项行动计划”的实施。全县教育支出1.73亿元,增长37.5%。支持卫生基础设施建设和乡镇卫生院配置“新六件”,推进新型农村合作医疗制度建设,完善农村公共卫生服务体系。全县医疗卫生支出5482万元,增长61.4%。加大对文化体育事业的支持力度,全县文化体育与传媒支出1836万元,增长58.7%。三是支持和谐社会建设。加大财政对社会保障的投入,筹集社保基金8540万元,财政补助资金3500万元,支持医疗、养老等社会保险制度建设。安排配套资金300万元,支持城乡低保和“五保”集中供养。筹集资金220万元,落实农村住房政策性保险和农村医疗救助政策。筹集救灾资金2700万元,支持地震、台风等自然灾害的灾后重建工作。筹集资金185万元,支持下岗职工再就业培训和生活困难补助。安排资金1500万元,支持破产、改制企业安置下岗职工。建立政法部门公用经费保障机制,落实资金550万元,支持政法部门基础设施建设和装备配置。安排资金140万元,支持食品、药品安全体系建设。落实资金275万元,支持安全生产和消防安全工作。安排专项经费150万元,支持省级文明县城、生态县建设等创建工作。统筹安排资金485万元,用于生态公益林保护。筹集资金800万元,支持污水处理厂建设。安排排污费197万元,用于重点污染源治理。筹集资金175万元,支持珊溪库区周边环境整治。

【推进财政改革】推进部门预算编制改革,扩大部门预算编制范围、细化部门预算编制内容。推进国库集中收付改革,研究制定国库集中收付办法,筹备成立国库集中支付中心。首次编制政府采购预算,继续扩大政府采购规模和范围,全年累计采购金额3524万元,节约资金435万元,节约率12.3%。开展财政支农资金、财政性投资项目、公益性建设项目的绩效评价试点工作。

【推进乡镇财政改革】制定出台《文成县乡镇财政管理体制改革实施方案》,扩大乡镇财政收入分成范围,增加乡镇财政收入分成奖励额度。继续推行“两保两奖”激励政策,安排资金347万元,鼓励乡镇消赤保平,提高乡镇财政自我平衡能力。建立“以丰补歉”制度,筹集债务准备金445万元,用于弥补赤字和以后年度的以丰补歉。出台《文成县化解乡镇债务的实施方案》,按照“制止新债、摸清底数、分类处理、逐步化解”的办法,落实乡镇政府增收节支和县财政补助奖励等措施,逐步化解乡镇债务,当年实际化解乡镇债务165万元。

【加强国有资产监管】开展行政事业单位资产清查,摸清家底,查出资产盘盈3185万元,资产损失1139万元。加强非转经资产监管,规范采购、日常管理、核算及处置国有资产行为。加强国有资产投资经营,促进国有资产保值增值。积极探索国投公司运营模式,促进国有资本和财政性资金合理、优化配置,提高国有资本经营效益。

【规范财政监督】强化财政收支监管,组织开展2006年度部分支农专项资金、农业产业化资金、农民专业合作社资金、财政扶贫资金等专项检查,查处违规使用财政资金和会计造假、会计信息失真等行为。加强建设单位管理费管理、财务清理、竣工财务决算审批等各项工作,做好建设项目竣工结算审查,全年审查竣工结算项目32个,核减资金80万元,核减率5.5%。推进政府性投资项目绩效评价工作,全县投资30万元以上的政府性投资项目全部纳入绩效评价范围,有27个项目列入绩效自评,5个项目列入财政部门评价,涉及财政资金5100万元。

【加强队伍建设】以开展“作风建设年”活动、创建“群众满意基层站所”和“学习型组织”为载体,加强干部队伍建设,提高工作效能,提高群众满意度。在全县的满意单位评选和行风评议中,名列第二,被评为满意单位;在全县社会服务较多科室评选中,预算科、农财科被评为满意科室。局财税党(政)校被评为温州市示范基层党校;局团总支被评为温州市“五四红旗团委”。

(文成县财政局供稿 赵秀英执笔)

泰顺县财政工作

【概况】2007年,泰顺县实现生产总值27亿元,比上年增长15.8%,其中:第一产业增加值3.2亿元,增长2.9%;第二产业增加值10.1亿元,增长19.9%;第三产业增加值13.7亿元,增长16%,人均生产总值为7688元。三次产业结构调整为11.9:37.4:50.7。全县财政总收入2.71亿元,增长26.0%,其中地方财政收入1.87亿元,增长24.5%;全县财政总支出6.89亿元,增长1.6%。全年财政运行情况良好。

【抓财源建设 促进经济发展】一是筹集生态建设资金,加大主要生态功能区投入,推进环境整治,加快生态乡镇、污水管网、垃圾集中处理、户用沼气等建设步伐,提高森林生态效益补偿标准。二是培育新兴工业发展。运用财政补助、税收减免等政策措施,引导企业开展自主创新、推进传统产业改造提升。筹措资金,支持彭月基地引水工程等配套设施建设。三是扶持旅游业发展。落实第三产业尤其是旅游业扶持政策,支持农家乐特色村、示范点发展。全年共筹集旅游专项资金1147万元;支持氡泉景区游步道、廊桥文化园旅游重点项目建设。

【抓组织收入 增强可用财力】一是加强税收收入征管和调控。加强税收计划管理,落实调控措施,确保收入持续稳定增长。

强化对房地产、建筑、交通运输等重点行业和重点税源的监管，推进房地产税收一体化，贯彻落实车船税和城镇土地使用税两个新条例，加强资源税、房产税等地方小税种征管。强化个人所得税征管，完成年所得12万元以上自行纳税申报工作。发挥以查促管的职能作用，规范税收秩序。二是加强非税收入征管。执行“收支两条线”和“票款分离”规定，规范行政事业性收费项目和标准，确保非税收入应缴尽缴，全年纳入预算管理的行政事业性收费、罚没收入、国有资源有偿使用收入等非税收入7165万元，增长10.6%。推行社保费征收模式改革和扩面征收，全年共组织社保费收入8917万元，增长9.0%，企业养老金支付能力为8.1个月。三是健全收入激励机制，形成理财合力。兑现2006年度财政奖励资金829万元，增强乡镇调控能力，提高乡镇参与理财的积极性。提出完善乡镇财政收入超收分成奖励机制的方案，由县政府发文实施。当年地方财政收入占财政总收入的比重为68.8%；地方财政收入中，税收收入比重61.7%，非税收入比重比上年下降5个百分点；地税部门组织的税收收入中，营业税与地方八税累计入库6283万元，占税收收入比重61.9%，财力结构得到优化。

【抓支出结构调整 保障社会和谐】坚持“控、压、保”，压缩一般性支出，保障事关群众切身利益的民生投入，先后落实“十大民生实事工程”资金3100多万元。加大教育投入，全年预算内教育总投入增长21.4%，占财政总支出比例由上年的20.0%提高到25.0%。财政投入资金740万元，保障全县义务教育阶段教师月生活补助和年终考核奖，提高教师待遇。完善以县为主的义务教育经费保障机制，提高生均公用经费标准，实施教育“四项工程”；全年减免学杂费780万元。加大公共卫生投入，全年卫生支出增长35.3%；实施新型农村合作医疗、乡镇卫生院配备“新六件”、农民健康工程；提高县内住院报销标准和医疗救助标准；落实资金430万元，支持县一医迁建工程建设。加大社会保障和就业投入，社会保障和就业资金支出增长49.3%；推动困难救助、集中供养等工作，提高被征地农民保障水平和最低生活保障标准；落实困难群众物价补贴324万元。实施“万名农村劳动力素质培训工程”和“千名农村劳动力就业帮扶工程”。加大“住房救助工程”投入，筹措资金1100多万元，完成农村困难群众危旧房改造1067户，启动经济适用房建设，推进政策性农民住房保险工作。加大新农村建设投入，落实各项支农惠农政策，集中支持发展高效生态农业、示范性农村合作组织、现代农业示范基地，支持实施千百工程、农民饮用水工程、千镇连锁超市和万村放心店工程。加大农业综合开发力度，强化管理措施，推进松洋乡小流域治理项目实施，落实筱村、利众两个农业综合开发项目资金指标。支持震区重建，改善震区群众生产生活条件；实施村干部关爱工程，村两委主要干部误工报酬补助从900元提高到1600元。健全农民直补网络，推进种粮农民直补工作，农民补贴网络建设工作通过省级考评，在全市农民补贴网建设工作评比中获得一等奖。加大“平安泰顺”投入，加强社会稳定等公共事务的财力保障，当年公检法人均经费接近3万元，计划生育工作全县人均经费16.01元。

【抓财税监管 推进财税改革】稳步推进县轴承厂、县医药公司等国有企业改制，规范宇丰集团财务管理及工资费用，开展行政事业单位国有资产清查；加大国有资产交易监管力度。推进预算管理改革，部门预算试点工作深入实施。强化政府采购监督管理，全年政府采购规模2078万元，资金节约率15.0%。探索化解和控制乡镇债务，建立偿债风险准备金。出台《泰顺县财政专项资金管理办法》，规范专项资金管理。出台《泰顺县财政支出绩效评价实施办法》，绩效评价工作进入正常化轨道。加强对政府投资项目资金预结算审核，对重点工程实行定期检查，控制建设成本，全年预结算审核8202万元，核减额971万元。土地出让金纳入地方基金预算管理，收入全部缴入国库，支出一律通过地方基金预算从土地出让收入中安排。推进公务员工资制度改革，制定津贴补贴改革方案。严把会计核算关，出台《结报审核反馈整改制度》和《备用金管理暂行办法》，实行招待费总额每月告知制度，对单位接待费总额是否超标实行预警。开展财政周转金清欠工作。

【抓队伍管理 提高行政效能】一是开展作风建设年活动。深入乡镇、农村、企业，开展调查研究，征求意见，集思广益；开展创建满意基层站所、“阳光投诉”、“走进矛盾、破解难题”、“百企(单位)联百村，千名干部联千户”、百名科长服务基层等系列活动。二是加强支部建设。新成立第六支部，并开展全局六个支部换届选举，选出新支部班子，增强党员先锋模范意识。三是推进党风廉政建设。落实党风廉政建设责任制，与各科室、基层分局(所)签订党风廉政建设目标责任书。开展廉政教育党课、学习先进典型、预防犯罪和杜绝职务犯罪警示等党风廉政教育；利用短信平台，提醒干部好好学习、好好工作、好好做人。建立健全基层财务管理、车辆管理、效能巡查、违反纪律处罚规定等规章制度，做到以制管人、管事。践行“三走近、三远离”，开展丰富多彩的文体活动。县财政局在2007年度县委工作目标考核中获先进单位；在社会各界评议满意不满意单位活动中被评为满意单位。

(泰顺县财政局供稿 刘志潮执笔)

嘉兴市财政工作概况

嘉兴市财政工作

【概况】2007年,嘉兴市生产总值1585.18亿元,按可比价计算,比上年增长14.4%。人均生产总值47153元,增长14.0%。其中第一、二、三产业增加值分别为100.22亿元、947.26亿元、537.7亿元,增幅分别为4.7%、14.8%、15.7%。三次产业的结构调整为6.3:59.8:33.9。社会消费品零售总额501.22亿元,增长16.6%。全社会固定资产投资900.01亿元,增长12.4%。进出口总值160.62亿美元,增长26.9%,其中出口总值116.74亿美元,增长27.2%;进口总值43.88亿美元,增长26.2%。城镇居民人均可支配收入20128元,增长12.9%;农村居民人均纯收入10163元,增长13.5%。全市财政总收入209.44亿元,增长26.8%,占GDP的比重13.2%,其中地方财政收入105.24亿元,增长29.0%,占财政总收入的比重50.2%。全市财政支出107.42亿元,增长24.4%。市本级财政总收入66.67亿元,增长27.0%,其中地方财政收入36.12亿元,增长27.1%。市本级一般预算支出37.36亿元,增长23.3%。财政运行情况良好,收支平衡。

【组织财政收入】完善重点税源管理,落实税源间接控管措施,探索税源行业监管。开展行业性的纳税评估工作,分析和建立行业税收预警指标。全面运用《浙江地税信息系统(2006版)》,落实"扩大覆盖、夯实费基、统一费率、规范征管"的措施,加快推进"五费合征"进程,调整城镇土地使用税及车船税的征收范围和征税标准。加强政府非税收入管理,规范土地出让金收支管理和罚没物资的收缴、处置、监督管理。

【助推经济发展方式转变】发挥财政职能作用,围绕"做精一产,做强二产,做大三产"的目标,按照"规范操作,公开透明"的原则,修改完善第三产业发展资金、节能专项资金管理办法,配套出台操作细则,强化财政支持经济发展资金的使用管理。开展"财政支农资金管理年"活动,完善财政支持新农村建设导向目录和政策措施,加大财政对新农村建设的支持力度,促进农村经济发展和农民增收。当年市本级共落实各项支持经济发展的奖励和贴息补助1.47亿元,支持中小企业技术创新和技术改造、实施名牌战略;着力支持科技平台和创新环境建设、提高企业自主创新能力和大院名校科技成果在本地产业化;着力支持发展现代服务业。

【财政支出向公共服务领域倾斜】将支出重点放在人民群众最关心、最直接、最现实的就业、就医、就学、社会保障、公共安全、环境保护、文化建设等方面,切实改善民生。当年市本级财政超收用于民生支出占74.8%。启动义务教育经费保障机制改革,落实中小学免收学杂费政策,继续实施农村义务教育"四项工程",对符合条件的民办学校给予财政补助,提高中小学校公用经费保障水平,落实上述政策市级财政新增支出2497万元。贯彻落实城乡居民合作医疗保险制度,提高参保人员缴费标准和财政投入标准。加大社会保障投入,出台并实施通过财政补助方式的城乡居民养老保险制度。安排文化发展建设资金1455万元,进一步加大财政对公益性文化事业投入。

【整合财政支农资金】市财政局出台《嘉兴市本级财政支农资金整合实施意见》,将市本级财政农业发展资金、水利建设资金、造地改田资金、农业综合开发资金、土地出让金用于农业开发部分,农村村庄整治资金、农村劳动力转移培训资金、三产发展资金、科技发展资金、排污经费中用于农业部分等,纳入支农资金整合范围。整合以规划为龙头、以项目为平台,根据市、区农业和农村"十一五"发展规划和其他相关专项规划,确定各级、各行业"十一五"和年度重点实施支农项目。以规划为资金整合的导向来统筹项目,以项目为载体引领各级、各类政府资金的投向。整合实行以区为主,市区联动。年初编制整合资金安排计划,落实新农村建设项目补助控制指标。市对区上报项目及市级项目实行统一集中审核、统一集中下达。

【财政补贴社会养老保险】《嘉兴市城乡居民社会养老保险暂行办法》于10月1日起正式实施,在筹资制度上实行个人积累,政府补贴。嘉兴市由此成为全省第一个对城乡居民参加社会养老保险给予财政补贴的设区市。参保人员个人按规定的缴费基数和8%的比例缴费并建立养老保险个人缴费账户;统筹地财政按5%给予补贴,其中3%用于建立参保人员补贴账户,2%用于建立城乡居民社会养老保险统筹基金。市本级由市、区两级财政分别按2.5%的比例承担;各县(市)由县(市)、镇(乡、街道)两级财政分别承担。达到领取养老金年龄(一般为年满60周岁,缴费年限满15年)并办理领取手续的参保人员,养老金月标准按养老保险个人缴费账户与补贴账户储存额本息之和的1/156计发。同时,对具有本市户籍且居住生活满30年等条件,年龄在70周岁以上的未享受各类社会养老保障待遇的高龄老人,实行养老基本生活补助。其中,70至89周岁的城镇居民每人每月补助80元,农村居民每人每月补助50元;90周岁(含)以上的城镇居民每人每月补助150元,农村居民每人每月补助90元。所需资金由市、区财政按4:6比例筹集,列入城乡居民社会养老保险统筹基金。

【建立新居民服务管理经费保障机制】嘉兴市为新居民(来禾务工、经商、创业的非本市户籍、有固定住所人员的统称)提供工作、生活等方面的全方位服务。市及各县(市、区)把新居民服务管理经费列入财政预算,建立经费保障机制。按比例提高相关部门的服务管理经费,将专职协管员经费纳入财政预算。市财政采取“以奖代补”的形式,按新居民每人不低于15元的标准,对市本级各区在专职协管员队伍建设、解决新居民子女就学、预防接种等方面给予经费支持。

【深化部门预算改革】一是在市级部门预算编制中明确提出财政对农业、教育、科技的预算安排增长幅度高于财政经常性收入预算的增长幅度,教育经费在财政支出总额中的比重随着国民经济发展逐步提高。二是对纳入预算管理的行政事业性收费收入取消“以收定支”的做法,完善增收节支考核奖励办法,加大控制“三公消费”的考核力度,调动单位理财积极性。三是完善财政供给办法。重新明确财政定项、定额供给单位,重新确定财政定项供给的项目和定额供给的标准。四是建立落实部门领导财务管理责任制,加强支出审核和审批,减少财政资金使用中的铺张浪费现象,降低行政成本。五是尝试将单位本年度收入以外,累计结存尚未列支的财政拨款结余资金纳入部门预算。

【政府投资项目财政跟踪评审】对政府投资项目实行事前、事中、事后全过程的财政财务监督,提高财政资金使用效益,市政府投资项目财务中心于2007年4月份开始对投资额在3000万元以上和列入市政府实事项目的新建或在建市级政府投资项目,安排市项目预算审核中心或委托符合资质条件的中介机构进行项目跟踪审价招标、评标。年内共对15个具备条件、计划总投资20.28亿元的项目实施全过程跟踪评审,及时发现项目超概等问题,督促建设单位进行整改。

【全面推开绩效评价】在原市级行政事业单位项目经费绩效考评工作基础上,扩大绩效评价实施范围,全面推开市级部门单位项目绩效自评工作。50个市级部门单位的78个2006年度预算安排财政专项资金50万元以上的项目,由部门单位按要求对项目支出的绩效和预定目标的实现情况进行了自评,并将包括基本概况、项目绩效目标、项目执行情况、自评结论、问题与建议、评价人员等内容的自评报告报主管部门和同级财政部门。财政部门对部门单位项目自评工作开展情况进行抽查,遴选部分具有代表性和一定影响力的重点项目组织绩效评价,项目评价结果作为下年度安排部门预算的重要依据。

【推进农村综合改革】推进以“三改革、一化解、一建立”为主要内容的农村综合改革工作。上半年完成乡镇机构改革,并按实运作。南湖区全面实行授权综合行政执法,嘉善县将城管执法延伸到乡镇,桐乡等县(市)在个别乡镇进行授权行政执法试点;农村义务教育管理体制全部实现以县为主,所有县(市、区)义务教育支出基数上划至县级,免除学杂费,实施义务教育“四项工程”,实现城乡学校统一预算分配、学校建设和教学设施统一标准、同类学校同等待遇,促进城乡教育均衡发展;调整和完善县乡财政管理体制,新增财力主要向乡镇倾斜;突出对乡村债务的管理,建立偿债机制和责任追究制度,逐步化解公益性债务;扶持村级组织运转,全市2007年共安排村级组织正常运转资金3803万元。

【深化“五型机关”创建】2007年,市财政地税局深入推进“创建‘五型机关’、构建和谐财税”活动,成立六个服务团队,深入基层、农村、企业、机关,送税法、送政策、送服务,了解财税政策执行情况和意见建议,及时研究解决基层的困难。开展“作风建设年”和民主评议基层站所暨创建“群众满意基层站所”活动,针对工作中反映出来的问题,及时整改,并建立良好工作作风的长效机制。落实党风廉政建设责任制,坚持“三靠两抓一组织”,从制度建设入手,建立和完善推进党风廉政建设的有关制度,“制度管人、制度管事、制度管权”格局基本形成。组织开展调查研究工作,调研成果转化效果明显。2007年,市财政地税局在市级机关工作目标责任制考核中连续第六年获优秀部门,并获“群众满意机关”称号。 (嘉兴市财政局供稿 程卓蕾执笔)

嘉兴市南湖区财政工作

【概况】2007年,南湖区实现生产总值144亿元,比上年增长16.3%。三次产业分别增长3.4%、18.4%、16.3%,三次产业比为7.3:49.3:43.4。城镇居民人均可支配收入19238元,增长12.3%;农民人均纯收入10191元,增长13.1%。财政一般预算收入18.97亿元,增长33.4%,其中地方财政收入6.78亿元,增长40.2%;财政支出5.78亿元,增长37.2%。全年财政收支平衡。

【促进地方经济发展】围绕“产业集群”,统筹安排工业发展资金3800万元,重点支持制造业基地平台建设和区级重点骨干企业技术创新、科技创新补贴。加大对三产发展的政策扶持,以打造城市中心商贸区为抓手,区、街道安排三产发展资金800万元,重点支持楼宇经济和都市经济园建设。同时,财政安排2500万元参与市政府成立基础设施建设和标准厂房建设的担保公司,保证各工业功能区平台建设的资金需求。当年安排农村道路桥梁等建设经费6780万元,筹措和安排以“小街小巷整治及改造”为主的市区整治经费1400万元,改善城乡群众的生产、生活环境。

【支持“三农”发展】加大财政支持“三农”力度,统筹安排农业、农村、农民的专项资金1.62亿元,增长27.2%,其中财政预算内支农支出增长24.1%。重点用于标准农田建设、河道整治、都市农业示范(观光)基地建设、农民种粮贴补等农业和农村基础设施建设。完善财政资金直接收付制度,对财政安排的部分工业补助资金和农民种粮种油实行财政直接支付,确保资金足额到位。

【财力向民生倾斜】当年统筹安排公共卫生经费1850万元,重点解决基层群众就医问题,增加城乡合作医疗的投入。安排社保和抚恤、社会救济支出1683万元,保障贫困家庭的基本生活需要,并安排180万元改造困难群众住房。安排促进就业专项资金500万元,推进城镇下岗职工、农村被征地农民的基本生活保障。

【确保教育科技投入】筹措和安排区教育支出2.30亿元,增长41.0%,重点解决城乡教师待遇问题,补充农村学校的办学经费，减免在校学生的杂费和课本费。其中教育事业费支出1.52亿元，增长21.6%。当年安排科技方面的支出1840万元，增长60.0%。筹措安排科技城建设经费3870万元，推进科技创新平台建设。

【支持建设"平安南湖"】统筹安排维护社会稳定和公共安全支出8900万元，增长16.7%。加大对政法机关及街道社区装备业务经费的投入，对社区、村增加群防性治安力量的配备，为"平安南湖"建设提供财力保障。

【深化公共财政改革】加快推进部门预算、国库集中支付、政府采购、收支两条线等财政改革及农村综合改革，健全公共财政制度。完善中心镇财政管理体制，加大财力性转移支付力度。深化部门预算改革，增加部门预算刚性，完善国有资本经营预算，强化项目预算管理，提高预算管理水平。推进区级财政国库集中支付改革，深化政府采购制度改革，扩大政府采购范围和规模，探索和创新政府采购管理的有效形式，提高采购质量和效益。抓好农村综合改革工作，巩固农村税费改革成果。推进"金财工程"一体化建设，提升财政现代化管理水平。

【强化财政监督管理】倡导建设节约型社会和节约型单位，控制和压缩一般性支出。加强预算管理，执行支出预算。贯彻落实《浙江省财政支出绩效评价实行办法》，健全和完善绩效评价工作制度体系，加快建立绩效评价信息库和专家库，推进财政支出绩效评价工作。制定政府投资基本建设项目财政财务监督管理办法，逐步建立财政综合评审工作机制，加强政府投资项目财政财务管理。强化政府投资性国有公司财务监管，防范和规避财政风险。深化行政执法责任制，规范财政执法行为。强化财政专项资金检查，开展财政资金有效性的监督。加强行政事业单位国有资产管理。贯彻实施《会计法》、《注册会计师法》，加强会计监管力度，整顿和规范会计秩序。

【加强干部队伍建设】学习贯彻党的十七大精神，增强贯彻落实科学发展观的自觉性和坚定性，始终保持正确的政治方向。加强对干部的培养、交流、选拔、任用，加强对干部多种岗位的使用和锻炼，增强队伍活力，提升能力素质。通过深入基层、深入实际，走进矛盾、破解难题，提高干部创新能力和解决实际问题的能力。 （嘉兴市南湖区财政局供稿 陈 嘉执笔）

嘉兴市秀洲区财政工作

【概况】2007年，秀洲区实现生产总值130.81亿元，比上年增长14.6%，其中：第一产业增加值10.95亿元，增长4.3%；第二产业增加值80.35亿元，增长15.7%；第三产业增加值39.51亿元，增长15.4%。三次产业结构调整为8.4:61.4:30.2。全区人均生产总值达54182元，增长14.1%。全区财政一般预算收入15.80亿元，增长39.0%，其中地方财政收入5.27亿元，增长30.9%；全区财政一般预算支出6.21亿元，增长25.7%。全年财政收支平衡。

【支持经济发展】一是整合各类财政专项资金，提供发展经济财力保障。2007年筹措工业、三产和招商引资等专项资金2000万元，建筑业发展专项资金200万元、节能减排专项资金200万元、龙头企业专项奖励资金225万元，重点支持经济结构优化及三产发展，鼓励发展专业市场和现代物流业、旅游休闲业和节能减排。二是创新融资办法，拓宽融资渠道，做好融资服务工作。通过增加国有资本和盘活国有资产存量等方式，拓宽融资渠道，构筑融资平台。筹措资金4000万元，建立区欣宏农村发展有限公司，通过土地整理等项目，争取银行贷款1.20亿元。同时，通过向上争取和利用区级财政间隙资金累计调度3.96亿元，有效缓解了区、镇（街道、工业园区）资金运行中的困难。三是加大农业综合开发力度。实施新塍富云中低产田改造、新塍新福中低产田改造、新塍万亩产业园三个项目，总投资3739万元，与一期沙马项目连成一体，形成完整的防洪抗洪"大包围"体系。

【保障重点支出】一是确保教育等重点支出，区财政一般预算安排教育支出17090万元，增长29%。二是加大对"三农"的支持力度，预算安排支农资金19189万元，其中一般预算本级支出5370万元，增长23.7%。三是加大对基层公共卫生、城乡合作医疗和社会保障等事业的投入，完善各项保障机制。四是保障基层组织正常运转，加强对经济薄弱村的扶持，区财政安排村干部报酬专项补助资金492万元，经济薄弱村专项扶持资金100万元。五是注重公共安全，加大对公检法等部门的经费保障力度，建立各项应急专项资金，提高政府管理公共事务和应对突发事件的能力，促进"平安秀洲"建设。

【推进财政改革】一是全面实施政府收支分类改革，建立规范合理的政府收支分类体系。二是调动镇、街道生财、聚财、用财的积极性，调整区对镇、街道的财政管理体制。三是全面推进部门预算编制改革，健全支出预算定额标准体系和项目预算管理模式，稳步推行政府预算公开制度，主动接受人大、审计和社会监督。四是继续深化政府采购改革，规范政府采购程序，加大集中采购力度，扩大政府采购范围和规模。五是推进国有资产监管体系建设。建立区国有企业信息管理系统、国有企业预算制度、业绩考核办法等，完善国有资产监管和考核体系。

【加强财政监管】贯彻《财政违法行为处罚处分条例》，加强财政收支监管，规范财政收支行为。开展财政资金专项检查和财政资金绩效评价，重点检查下拨给农民的各项补贴资金、乡村两级转移支付补助资金、社会保障资金、扶贫救灾资金等，把好资金关口，严格"收支两条线"管理，开展"和谐环境诚信年"主题活动，开展会计信息质量检查，推进会计诚信建设。

【干部队伍建设】一是深入开展学习型机关的创建活动，抓好"作风建设年"和机关效能建设，全面提高干部队伍素质。二是贯彻落实《秀洲区建立和健全惩治和预防腐败体系实施细则》，按照教育、制度、监督并重的惩治和预防腐败体系，落实党风廉政建设责任制，增强干部拒腐防变的能力，确保党风廉政各项工作落到实处。 （嘉兴市秀洲区财政局供稿 沈志荣执笔）

海宁市财政工作

【概况】2007年,海宁市实现生产总值304.25亿元,按可比价格计算,比上年增长15.3%,其中:第一产业增加值16.37亿元,增长3.4%;第二产业增加值190.19亿元,增长16.1%;第三产业增加值97.70亿元,增长15.8%。三次产业结构比例为5.38:62.51:32.11。全市财政总收入36.58亿元,增长27.9%,其中地方财政收入17.90亿元,增长32.9%;全市财政一般预算支出17.63亿元,增长25.8%。全年实现收支平衡。

【支持地方经济发展】完善扶持政策,引导经济发展方式转变,制定和完善《关于进一步加快结构调整促进工业经济又好又快发展的若干政策意见》和《关于加强节能工作若干意见》等政策;鼓励企业以科技创新改造传统产业,增强市场竞争力,共安排工业技改贴息资金1739万元,高新技术发展项目配套资金250万元;推进节能节水和加快循环经济的发展,提高资源节约和综合利用水平,对33户节能节水项目给予财政奖励138万元;贯彻落实"三个三"工作措施,支持第三产业特别是现代服务业的发展,全年安排第三产业扶持资金144万元,支持中介服务业、社区服务业、文化服务业等行业发展。

【推进新农村建设】加大新农村建设投入,按照城乡一体化要求,围绕增加农业基础设施建设投入、改善农村生产生活条件、发展优势农产品、调整区域布局、增加农民收入来安排专项资金支出,全市农口一般预算实际支出15136万元,增长26.1%,用于农业产业化结构调整、土地整理及标准农田建设、"小康示范、百村整治"工程、乡村康庄工程、农村桥梁改造等。深化农村综合改革,按照"三改革、一化解、一建立"的改革要求和具体部署,执行改革的各项政策,探索实行镇级机构改革、农村义务教育改革、市镇财政管理体制改革、镇村债务化解和建立村级组织运转保障机制。推进农业产业结构调整,全年共安排农业产业化资金2000万元,用于发展优质高效农产品生产,扶持特色农产品基地建设和农业龙头企业,提高农业产业化经营水平,加快农业科技创新。

【保障民生和社会事业支出】优化支出结构,强化预算安排,加大财政对社会保障的投入力度,全市对社会保障投入3.36亿元,增长99.0%。完善社会保障体系建设,配合劳动、地税部门全面推进社保基金五费合征,扩大工伤、生育保险覆盖范围,解决原乡镇工办人员、失水渔民社会保障问题,首次将外来务工人员纳入大病医疗保险范围,全面推开政策性农村住房保险。落实好就业再就业财政扶持政策,享受政策补助就业困难人员达9073人,落实就业再就业专项资金3500万元。完善财政公共卫生保障机制,加大对市级医疗机构、农村卫生院、疾控卫生监督机构等公共卫生基础设施的投入,实行城乡合作医疗新政策,提高筹资标准、报销比例,降低起报线,合作医疗人均筹资120元/人。实施义务教育经费保障机制改革,将义务教育全面纳入公共财政保障范围,实施义务教育阶段免收杂费政策,提高中小学校公用经费的保障水平,落实职业教育六项行动计划。

【深化财政改革】完善新一轮镇(街道、管委会)财政管理体制,明确各镇(街道、管委会)的财政收入范围、财政支出范围、财政收入基数、财政支出基数以及超收分成办法,增强重点区域的自我发展能力,支持区域特色经济和第三产业发展,加快中心镇建设,促进资源的优化配置。规范镇、街道机关收入分配制度,按照强化规范管理,突出绩效考核的要求,规定全市镇(街道)公务员的工资、奖金和津补贴发放标准。改革土地出让金收支管理模式,将土地出让收支全额纳入专户,实行"收支两条线"管理,规范土地出让收入使用范围,重点向新农村建设和社保倾斜。规范政府采购程序,提高政府采购效率,以扩大政府采购规模为重点,加强部门协作,理顺工作关系,全年共完成政府采购7552万元,节约财政支出1435万元,政府采购资金节约率15.9%。创新国有企业财务审计工作,通过直接委托中介机构审计的方式,对50户国有企业的对外投资、对外担保、工资发放、企业重大决策等16个重点事项进行重点审查,财政部门对中介机构的审计报告进行抽查,对违反财务制度和税收规定的情况予以通知改正、移送处理。实行房地产税收一体化管理,设置专门窗口受理相关业务,提高房地产交易人的办税效率。

【加强财政监管】落实财政检查责任制,建立财政与监察部门联系通报和协作配合制度,有重点地开展特色优势农产品基地建设专项资金、农村能源生态示范项目专项资金、省级种子种苗工程专项资金的实施情况和管理制度建设情况检查,镇级事业单位会计信息质量检查,市级行政单位房屋出租情况等专项检查。全面开展行政事业单位资产清查工作,对清查工作实施动态跟踪管理,完成市、镇(街道)二级共391户的资产清查工作,涉及资金34.50亿元。加强对政府投资项目的管理,制定政府投资项目工程变更管理制度,对工程变更的范围、价款调整、审批权限等作出具体规定,控制工程造价。探索财政支出绩效评价,建立绩效评价内部协调工作制度,明确每个财政业务科室的绩效评价工作职责,建立绩效评价联席会议制度,召开第一次财政支出绩效评价联席会议,对海宁盐官宰相府第风情街建设项目、地表水水质和环境空气质量自动监测站建设项目开展绩效评价,对全市30万元以上部分财政支出项目开展绩效自评。

【加强会计管理】创新会计管理模式,在连杭经济区财政分局设立会计管理窗口,在各镇(街道)建立会计管理与服务网络,将会计人员的学历变动、报名考试、后续教育等职能委托给当地财政所进行管理。加强代理记账机构的管理和监督检查工作,规范代理记账业务和会计核算行为,利用税务稽查的优势,对会计从业人员实行考评,对会计工作实行执法检查,使会计管理工作由"事务型"向"管理、监督、指导、服务"型转变。

【加强干部队伍建设】开展作风建设年活动,制定系统"作风建设年"活动和民主评议基层站所暨创建"群众满意基层站所"活动的实施方案,建立作风建设长效机制。抓好党风廉政建设,落实领导干部个人收入和重大事项报告制度，在全系统党员干部中开展“为民、务实、清廉”主题教育月活动，明确各科室、各单位党风廉政建设责任，逐级签订“一岗两责”责任书。深化学习型机关建设，定期召开中层干部创新工作交流会；注重提高干部的业务能力和操作技能，组织开展“财政绩效评价”、“公务员公共管理基础”和新录用公务员入门教育等培训工作；继续鼓励广大干部参加学历教育和职称考试，至年底，全局干部本科以上学历以上 142 人，占全体干部的 65.7%。

（海宁市财政局供稿 沈凌燕执笔）

平湖市财政工作

【概况】2007 年，平湖市实现生产总值 240.28 亿元，按可比价格计算，比上年增长 14.0%，人均生产总值 49689 元。其中：第一产业增加值 13.46 亿元，比上年增长 6.5%，第二产业增加值 158.08 亿元，增长 13.9%，第三产业增加值 68.74 亿元，增长 15.8%。三次产业占生产总值的比重分别为 5.6%、65.8%和 28.6%。全年财政总收入 31.85 亿元，增长 26.8%，其中地方财政收入 15.06 亿元，增长 27.1%；全市财政一般预算支出 15.72 亿元，增长 22.0%。当年财政收支运行情况良好，财政收支平衡。

【组织收入】2007 年，全市地税系统共组织各项收入 19.98 亿元，增长 19.9%。其中：税收收入 10.81 亿元，完成计划的 107.4%，增长 22.8%。社保基金收入 7.15 亿元，比上年增长 18.9%。一是强化地税征管。贯彻“依法治税”的工作方针，加强税收收入分析，把握组织收入方向和力度，提高税收征管质量和效率。做好个人所得税自行申报工作，运用电视、报纸、短信平台等开展宣传。推广应用个人所得税全员管理信息系统。完善“三个三”工作措施考核办法，重点抓好车船使用税和土地使用税政策调整后的落实到位工作。二是推进地税征管信息化。做好《浙江地税信息系统》(2006 版）实地测试和推广应用工作，进行技术培训，加强技术攻关，按时完成上线运行工作。三是加强非税收入征缴工作。规范和完善社保基金征缴制度，探索社保费的征缴模式，加强社保基金的征缴。拓宽非税收入征收领域，贯彻落实国有土地使用权出让收支管理新政策，强化出让土地收益基金征收工作。

【保障重点支出】一是支持教育事业发展。全年全市财政预算安排用于教育的支出 3.43 亿元，增长 31.7%，高于财政经常性收入增幅 14.7 个百分点，确保各类教育机构的正常运转、提高生均公用经费和添置教学设备、全市中小学校修缮基建等支出。二是加大就业和社会保障投入。全市财政用于就业和社会保障总投入 8.07 亿元，其中地方财政一般预算安排 0.61 亿元，政府性基金安排 6.41 亿元。筹集安排“五项保险基金”6.41 亿元，失土农民生活补助费 3600 万元、失土农民生活保障金 6000 万元、再就业专项资金 1316 万元等专项资金。三是推动医疗卫生事业发展。地方财政一般预算用于医疗卫生支出 5257 万元，其中：城乡合作医疗基金 2144 万元，行政事业单位医疗保险资金 797 万元，落实公共卫生专项资金 942 万元，到年底全市参加城乡新型合作医疗人数 30.48 万人。四是加大文化事业的投入。市财政一般预算用于文化体育与传媒支出 3320 万元，比上年增长 20.5%。五是加大生态保护投入。实施水环境整治三年行动计划，加强污染防治，建立健全环境保护的长效机制，设立污染减排专项资金，每年从工业、农业、科技发展资金切块注入 500 万元，专项用于本市范围内污染减排和环境保护工作。

【促进经济发展】整合财政资源，加大科技投入，支持企业自主创新。全年市财政预算内科技支出 5921 万元，比上年增长 23.3%，占财政经常性支出比重 5.9%。全市财政共兑现各项经济发展专项补助资金 8724 万元，其中：工业发展资金 4680 万元，外经贸发展资金 957 万元，科技发展资金 2029 万元，信息化专项资金 300 万元，对基础设施建设、重点发展产业、经济开发区和工业组团实施政策倾斜，注重提升产业和产品层次，扩大产品的市场竞争力。落实标准厂房、孵化中心的奖励政策，以缓解土地等要素的制约。继续贯彻落实技改国产设备抵免所得税政策，共核准购置国产设备 2.1 亿元，审批抵免企业 79 户，抵免企业所得税 2984 万元。

【加大“三农”投入】全年市财政预算内、外共用于“三农”资金 2.91 亿元，增长 21.8%，支持效益农业、绿色生态农业等发展。其中安排农业水利项目资金 4300 万元，“新村示范、村庄整治”专项资金 1500 万元。制定扶持“三农”的支持政策，做好种粮农民化肥柴油补贴信息网建设，开展政策性农业保险和农村住户保险试点工作。继续做好农业综合开发工作，投资 780 万元的土地综合治理“黄姑星火子项目”已基本完成。

【支持服务业发展】调整完善财税支持服务业发展的政策措施，加大资金投入力度，市财政安排服务业发展专项资金 1000 万元，支持第三产业特别是现代服务业的发展，到年底已经兑现服务业发展资金 758 万元，支持现代物流、商贸流通、旅游业、市场等建设。落实上级支持服务业发展的各项税费优惠政策，对符合政策的医疗劳务、教育劳务等企业办理相关税费减免。

【深化财政改革】一是继续深化部门预算。对财政收入、部门预算编制和镇(街道)预算管理进行信息化改革，建立统一的预算编制平台、镇(街道)财政核算平台和财政收入动态分析平台，完成政府收支分类改革的过渡工作。二是推进国库集中支付制度改革。建立更严密、安全的国库数据信息库，探索和实施财政国库现金管理，逐步扩大国库集中支付的范围。三是完善政府采购制度。实施采购计划编制、招标、监督三分离，扩大协议供货的范围，全市共组织政府采购金额 7285 万元，比预算节约资金 982 万元，节约率为 11.5%。四是加强财政专项资金管理。调整完善支持经济发展的激励政策，明确专项资金使用方向和归口管理单位，制定各专项资金管理办法，建立农业、工业、服务业、科技、信息化、外经贸等六个经济发展专项资金管理委员会，提高专项资金的使用绩效。

【国有资产监管】整合市本级经营性国有资产，增强国有公司融资能力。将各改制单位剥离资产、行政事业单位经营性资产30万平方米,在保持原有使用权、管理权、收益权不变的前提下,整合到相关国有公司,用于全市基础设施、城市建设中的融资抵押,扩大全市融资平台。优化重组市级国资运营机构,拟订市级国资运营公司优化重组实施方案。履行国有资产经营公司融资职能,办理担保11起,担保金额5.14亿元,支持全市重点项目建设。加强政府债务管理,编制全市政府性债务年度举债和使用计划,落实偿债机制,充实偿债准备金,降低财政风险。

【干部队伍建设】抓好机关效能建设,开展"作风建设年"和民主评议基层站所暨创建"群众满意基层站所"活动,开展"两提高一降低"机关效能建设主题活动,转变机关作风,增强服务意识和效能意识。落实党风廉政建设责任制,坚持"三靠两抓"工作思路,深化党风廉政教育,制定下发党风廉政建设和反腐败工作意见,签订廉政保证书,构建具有财税特色的惩防体系。2007年,平湖市财政局被评为平湖市级文明单位、嘉兴市级"文明单位"、全省财税系统纪检工作先进单位、全省财政监督工作先进单位;财政支付中心报销部被评为省级"巾帼青年文明号"和"机关效能建设示范岗"。 (平湖市财政局供稿 江全明执笔)

桐乡市财政工作

【概况】2007年,桐乡市实现生产总值272.1亿元,比上年增长15.8%,人均生产总值40854元,增长15.5%;第一、二、三产业完成增加值分别为19亿元、152.6亿元、17.1亿元,分别增长6.3%、17.1%、15.6%。全市财政总收入完成35.15亿元,增长29.5%,其中地方财政收入17.06亿元,增长32.3%;全市一般预算支出16.97亿元,增长26.8%。财政预算执行情况良好,实现财政收支平衡。

【组织财政收入】一是强化收入预测分析。加强收入计划管理,完善税收收入分析预测制度,按月、季分行业、分税种进行收入分析和预测,及时掌握收入动态。二是加大税收征管力度。以推广应用《税友2006》为契机,开展税收精细化管理,健全纳税评估机制。加强重点税源监控,重点税源监控户从上年的415家增加到500家。三是加强非税收入管理。完善社保费"五费合征"工作,适度调整征收政策,重点抓好"五费合征"后的首次汇算清缴工作。全年累计征收社保费7.37亿元,增长26%。规范非税收入征管秩序,制订出台《国有土地出让收支管理办法》、《国有土地出让收入分配办法》,全市纳入预算管理的政府非税收入31.29亿元,增长38.3%。

【支持经济发展】整合优化各类财政资金,支持地方经济发展,推动经济发展方式转变。市财政部门配合市委、市政府开展全市经济扶持政策的调研,提出整合财政支持经济发展政策的总原则,即"控制总量,优化结构,放大效应",构筑财政扶持经济发展新平台。全年安排2亿元财政资金支持经济发展,重点支持农业、工业、房地产业、建筑业、外向型经济和第三产业的发展。发挥税收政策的功能作用,全年地税部门批准减免税和国产设备投资抵免所得税277户,税额1.04亿元;落实"乡镇企业社会性开支减征企业所得税"政策,减征企业所得税1000多万元。

【保障民生等重点支出】一是加大对新农村建设的投入力度,统筹城乡协调发展。全年农林水事务支出1.38亿元,增长38.8%;城乡社区事务支出1.35亿元,增长65.9%。支持"十村示范、百村整治"工程、村级壮大工程、动物防控系统建设和农业产业化发展,落实政策性农业保险各项工作措施,开展农村劳动力转移培训,加快全市新农村建设步伐。二是全面建立完善教育经费保障机制,促进教育事业发展。全年教育支出4.85亿元,增长29.3%。将义务教育全面纳入公共财政保障范围,完善"以市为主"的农村义务教育管理体制,落实义务教育阶段免收杂费政策。三是加大公共卫生事业投入。全年医疗卫生支出1.01亿元,增长74.2%。加大新型合作医疗财政资助力度,出台《市城乡居民合作医疗实施办法》,市财政人均补助提高到54元,并提高报销比例;安排财政资金支持农村、社区卫生基础设施建设、乡村医生培训和农民健康体检等,改善群众就医条件。四是加大环境保护和生态建设的投入,全年环境保护支出4508万元,增长122.4%。

【建立财政质量管理体系】市财政局制定各科室、各岗位执法责任制,明确岗位职责、工作流程,建立制约和平衡机制,实现财政资金管理的科学化、规范化、高效化。全面启动ISO9001质量管理体系建设,完成财政质量管理体系的设计、文件编写等,编制44个程序文件、57个作业指导书,并编制全局质量手册和各科室工作手册。财政质量管理体系覆盖全局各业务科室和综合科室,涉及各工作岗位。体系运行前后,分四期对全体干部职工进行质量体系文件集中培训,并组织业务考试。7月1日质量管理体系试运行后,组织两次内审,及时纠正发现的问题,并对体系文件进行适当修改。12月,市财政局通过质量管理体系认证。

【推进财政改革】一是深化部门预算改革。以预算执行为抓手,严肃财经纪律,严格财务管理,出台节支考核办法,节减财政支出;完善部门基本支出和项目支出的预算管理办法,合理安排符合公共事业发展规划的项目支出,规范和加强单位支出预算管理和监督。二是完善政府采购制度。规范政府采购工作程序,实施政府采购预算,严格审批采购项目,扩大政府采购范围和规模。全年政府采购规模8109万元,资金节约率为11.2%。三是开展支农资金整合试点工作。作为农业部、浙江省、嘉兴市三级支农资金整合试点县,成立市财政支农资金整合领导小组,制定支农资金整合实施方案,建立农业主导产业、村庄整治重点项目、土地治理项目区三个资金整合平台,明确财政支农资金的具体支持对象、支持标准、支持环节,整合各部门、各渠道的支农建设资金,建立规划、资源、资金"三位一体"财政支农工作管理模式。

【加强国有资产监管】一是确立国资监管机构基本框架。成立市国资委,下设国资办,与市财政局合署办公。市政府授权市国资办代表国家履行国有资产出资人职责,并承担市国资委的日常监督管理工作。二是建立国有资产经营责任制。出台《关于规范国有专业投资公司内部管理的若干意见》,就国有专业投资公司在完善公司法人治理结构、加强内部控制、投资担保监管制度体系建设、财务管理、厂务公开、年度经营业绩考核工作等方面作了规定。三是加强行政事业单位资产管理。组织实施全市行政事业单位资产清查工作,实施行政事业单位资产的信息化管理,完成国有资产管理系统的开发应用,促进国有资产保值增值。

【完成农民补贴网建设】根据有关对种粮农民予以补贴的政策,收集全市12.4万户农户的基础信息,调查核实农户的种粮面积,形成农民补贴管理网络。种粮农民在全市邮政储蓄网点开设财政补贴专用卡(即"一卡通"),市财政局通过"一卡通"将586.15万元农资综合直补、粮食直补和良种补贴资金直接发放给10.66万户种粮农民。

【强化财政监督管理】一是加大会计监管力度,规范各类会计行为,提高会计信息质量。加强分会和学组建设,扩大会计学会的平台作用,成立濮院毛衫行业分会、国有城镇企业分会、崇福皮草分会,实现税企互动,提高会计人员的素质和会计信息质量。组织《会计法》和新企业会计准则宣传培训,组织开展第三届全国会计知识大赛。二是开展绩效评价工作,加强财政专项资金管理,提高财政资金使用效益,发挥财政监督在调整优化财政支出结构中的作用,先后组织开展河道综合整治工程项目和环境自动监测网络建设项目的绩效评价。

【加强干部队伍建设】一是开展作风建设年活动。通过召开干部职工座谈会、开展网上满意度调查、邀请行风监督员进行明查暗访等多种形式,查找工作中存在的问题和薄弱环节,分析原因,积极整改。二是推进学习型组织建设。组织开展党的十七大和省第十二次党代会等会议精神的学习,组织财政质量管理体系导入培训、中层干部读书会、"勤学、修身、奉献"读书和征文评选等学习活动,举办"转作风、创业绩、树形象"演讲比赛和会计业务知识竞赛,提升干部职工的政治和业务素质。三是健全落实党风廉政建设责任制。局领导与各单位、各部门的负责人签订党风廉政建设责任书,科室领导与一般干部签订廉政承诺书,形成一层抓一层、层层抓落实的责任机制;组织全体干部职工进行"知荣辱,廉洁在我心"签名活动。组织对有资金账户的科室、支付中心等单位进行内部审计,规范内部财务管理行为。

(桐乡市财政局供稿 沈荣民执笔)

嘉善县财政工作

【概况】2007年,嘉善县实现生产总值181.42亿元,按可比价格计算,比上年增长16.4%。人均生产总值达47615元,增长16.4%。第一产业、第二产业、第三产业增加值分别为15.91亿元、106.93亿元、58.58亿元,分别增长5.3%、18.7%、15.5%。全县财政总收入23.15亿元,增长23.3%,其中地方财政收入11.02亿元,增长26.1%;全县地方一般预算支出9.6亿元,增长25.5%。全县当年收支平衡,财政预算执行情况良好。

【做大做优收入"蛋糕"】落实"三个三"措施工作成效明显,财政总收入占GDP的比重比上年提高0.5个百分点,地方财政收入占财政总收入的比重比上年提高1.05个百分点。一是抓税源管理强基础。完成全县税务登记换证工作,换发税务登记户13556家;抓好年所得12万元以上纳税人自行纳税申报工作,全县申报人数1586人;规范个体税收征管秩序,县城区域个体工商户管理实行国、地税合署办公。二是抓税种管理调结构。重视营业税征管,对房地产交易和房地产开发行业进行重点监控,加大对住宿餐饮业"以票控税"的力度,全年入库营业税2.74亿元,增长13.1%;扩大地方小税种征管成效,制定《无原值房产和无依据租金房产税评估指标体系》,贯彻新《车船税条例》和《城镇土地使用税条例》,地方小税种共入库1.86亿元,增长48.2%;重视契税、耕地占用税征收,全年共征收9930万元,增长40.5%。三是抓非税管理增财力。推进"五费合征"工作,建立起"以当月工资总额为缴费基数、单位缴费基数与个人缴费基数相分离"的社保费征缴管理办法,全年各项规费共入库5.72亿元,增长23.4%。在全省率先试点新版省级"金财工程—非税系统",全县使用该系统的执收点73家,全年上交财政专户收费资金4344万元。

【促进经济发展方式转变】一是做优一产。全年财政支农支出1.02亿元,增长42.8%。重点扶持大棚果蔬、食用菌、淡水鱼、现代花卉苗木(经济林)等四大主导产业。全年安排扶持现代农业发展资金2937万元,其中发展花卉产业专项资金1000万元,新发展钢管大棚花卉种植面积2255亩,新建花卉示范园区4个。二是做强二产。整合财政资金,调整专项资金的支持重点,支持先进制造业发展,全年共兑付工业企业各类奖励、扶持和贴息资金3652万元,及时办理各类减免税、费共计5231万元。三是做大三产。贯彻促进服务业发展的各项政策,在继续扶持发展餐饮、娱乐等生活性服务业的同时,重点支持以旅游、体育等为代表的发展性服务业和现代物流、交通运输、金融保险、信息服务等生产性服务业。全年拨补三产发展资金780万元,涉及餐饮住宿、中介服务、商贸、电子商务、连锁经营等服务业项目。全县第三产业地税税收收入比上年增长20.47%。

【加大民生事业投入】一是注重新农村建设投入。完成政策性农村住房保险和政策性农业保险试点工作。根据农村综合改革有关要求,对全县46个经济薄弱村兑付财政专项扶持资金290万元。确保对种粮农民的补贴资金及时足额到位,建成涵盖全县67000户种粮农民的财政补贴网。二是注重社会保障投入。全年共拨付各类社会保障资金5.21亿元。其中:企业职工基本养老保险金2.28亿元,失土农民生活补助金8102万元,职工医疗保险金6685万元,城乡居民合作医疗基金3050万元。重视解决被征地人员养老生活统筹问题,落实被征地人员养老统筹金5915万元,另外通过国有企业亏损补贴和土地出让收益充实县级社会保障资金1亿元。三是注重公共服务领域投入。实施农村义务教育"以县为主"的管理体制,明确县镇两级政府对农村义务教育的管理责任及教育经费投入机制。拨付城市社区卫生服务、农村公共卫生服务补助资金共590万元,落实乡镇卫生院改造专项资金280万元。加快推进农村文化阵地建设,安排文化信息资源共享工程专项资金412万元。统筹安排城乡基础设施建设资金,全年基本建设支出达到5.15亿元。

【细化部门预算编制】一是改革经常性项目经费编制办法。根据部门单位的性质、规模、履行职责等因素,将原经常性项目经费细分为"经常性项目经费"和"履行部门职能特定经费"。二是继续推行财政综合预算改革。对有预算外收入的单位,在核定部门单位支出预算的基础上,根据核定的财政供给方式,继续按照先安排单位预算外收入,后安排财政补助的原则编制。三是加强分类管理。按资金性质分类,分别编制单位的一般预算支出、基金预算支出和预算外支出预算,并形成相应的预算和计划。四是贯彻省委、省政府关于规范公务员津贴补贴的精神,探索建立嘉善县公务员津贴补贴的发放、监督制约机制。

【推进国库改革与创新】一是以金财工程为依托,以财税库银网络为载体,构建财政收支网上信息传递平台,提高资金运行结算的效率。二是执行《行政事业单位银行账户管理暂行办法》,预算单位银行账户开立、变更、撤销实行审核和审批制度,结合人民银行账户年检核对银行账户652个,核销114个,开立221个。三是扩大国库集中支付范围,从2007年7月起尝试对水利建设项目、扶持花卉产业发展项目、水产养殖塘标准化建设项目推行财政集中支付。

【规范政府采购工作】继续扩大政府采购范围,县级政府集中采购目录及限额标准为3大类12个项目92项,并首次实行公务用车定点维修供应商公开招标。建立起政府采购联系人制度,提高采购人的政策水平和实际操作能力。实现政府采购信息网上发布,方便各单位采购时进行相关信息比对。全年实行招标80次,预算金额2.15亿元,实际采购金额1.89亿元,节约额2600万元。

【加强政府性债务管理】由财政预算安排建立1000万元的县级政府性债务偿债准备金,并将政府性债务指标列入乡镇财政考核范围。落实《嘉善县政府性债务管理实施暂行办法》,建立和完善政府债务归口管理制度,配合成立政府性债务管理领导小组,明确新增债务决策程序。加强对政府性债务的动态管理,每月进行本级政府性债务分析。

【强化国有资产监管】对全县300多户行政事业单位国有资产进行清查。规范国有房产出租行为,会同审计、监察等部门对部分行政事业单位国有房产出租情况进行调查,对发现的问题及时督导纠改,全年共有213个国有标的租赁权进行公开拍卖。

【开展财政监督和绩效评价】制定《嘉善县财政专项资金管理暂行办法》,对专项资金在预算管理、预算执行、考核和监督等方面作出具体规定。对全县11个镇城乡居民合作医疗管理办法执行情况进行检查,组织财政支农资金使用管理、会计信息质量、政府采购等专项检查。选择11个主管部门的18个财政专项支出项目布置绩效自评,开展医疗救助专项资金、农业综合开发项目中低产田改造、环境监测自动化项目等的绩效评价工作。

【抓好干部队伍建设】一是组织开展以"讲实干、讲创新、讲服务、讲廉政、讲业绩、比贡献"为主要内容的"作风建设年"主题实践活动。提出并解决关系民生的十件实事和四个难点问题;建立完善"局领导蹲点调研"、"与乡镇、部门工作协调"、"共建年轻干部社会实践基地"等制度。二是加强学习型机关建设,坚持每周五的政治理论学习制度,年中召开中层干部思想政治工作研讨会。三是抓好廉政建设。通过廉政报告会、节前短信提示、心理健康知识讲座等方式,对干部进行多方位廉政教育;制定中层干部党风廉政预警信息库管理办法;向全体干部职工家属发放助廉信。四是推进文明创建工作。配合做好创建省级示范文明县城工作,组织干部200人次抓好包干路段环境卫生巡查;开展社区共建活动,组织志愿服务队深入社区为民服务。县财政局被评为县级群众满意机关。 (嘉善县财政局供稿 郑 毅执笔)

海盐县财政工作

【概况】2007年,海盐县实现生产总值180.14亿元,按可比价格计算,比上年增长10%;人均生产总值49117元。第一、二、三产业增加值分别为13.97亿元、119.58亿元、46.59亿元,分别增长3.2%、8.9%、15.3%。全县实现财政总收入16.03亿元,增长23.8%,其中地方财政收入8.07亿元,增长30.7%;地方财政支出9.03亿元,增长28.6%。全年财政收支平衡。

【支持经济社会发展】坚持政策引导、资金支持、体制激励、优质服务相结合,调整财政资金的投向和结构。投入现代农业扶持资金760万元,推进科技兴农、农业产业结构调整和农产品质量安全建设。以奖代补兑现"十百"工程奖励资金749万元,投入3111万元用于村庄整治工程、农村河道整治工程及农业土地开发、粮食综合直补、种粮大户补贴以及购置大型农机具补贴。兑现经济薄弱村扶持资金210万元,用于全县经济薄弱村创收项目补助和保障村级组织正常运转。全年依法对635户企业减免各项税、费(基金)2939万元,用于支持企业出口退税地方财政支出3200万元。投入150万元支持国家级标准件研发中心建设,投入414万元支持科技孵化功能建设。投入1471万元用于支持全县信息化建设、科技计划项目实施及高新技术企业补助,提升自主创新能力。

【壮大地方财政实力】在依法理财治税、规范管理的前提下,创新组织收入措施,确保财政收入持续增长和结构优化。组织税源调研,应对政策变化;加强税源监控体系建设,确定4户中央级和20户省级监控、33户县级和112户分局级监控,全年共监控税收收入4.65亿元,占地税部门组织税收收入的72.5%;加强个体税收征管,定额方式调整为"定额加发票超额",全面实行"系数调整法",定额调整涉及20个行业918户企业;扩大个人所得税全员全额管理范围;开展国地税联合发证、联合信用等级评定和双定信息交换;房地产交易环节税收一体化管理实现源头控管,全年征收房地产交易环节各项税费8004万元,比上年增长62.5%;出台《海盐县国有土地使用权出让收支管理办法》,按照"收支两条线"规定,将土地出让金统一纳入政府性基金收支预算;推进完善社会保险费"五费合征"办法,全年征收社会保险费5亿元,增长30%。

【保障和谐社会建设】一是坚持城乡统筹发展,推进新农村建设。加大对农村生活污水、生活垃圾集中收集等项目的财政资金投入,改善农村生活环境;落实各项惠民便民政策措施,通过“一卡通”,及时兑现种粮大户补贴、良种补贴、能繁母猪补贴等各类补贴1162万元,提高兑付效率;加强农综开发项目资金管理,2006年国家农综开发项目通过省级检查验收;出台《海盐县村庄规划建设专项资金管理办法》,做好示范点建设启动资金拨付管理。二是支持社会保障体系建设。调整城乡居民最低生活保障标准,启动一次性物价上涨动态补贴机制;落实各项优抚政策,保障优抚对象合法权益;关心弱势群体,出台救助制度,保障全县一户多残的258户家庭基本生活;落实就业再就业新政策,实施“农村劳动力素质培训工程”等四项工程,推进创业富民。三是推动城乡教育均衡发展。继续加大对基础教育的投入,实施义务教育经费保障机制改革、“四项工程”和职业教育“六项行动计划”;落实城乡义务教育阶段免收杂费政策。四是支持卫生事业发展。统筹安排城乡公共卫生服务专项资金,确保城乡居民享有基本卫生服务和基本卫生安全保障;实现参保农民人人享有免费健康体检。五是支持“平安海盐”建设。投入专项资金加强全县专职巡防队伍建设、“打防控”一体化建设和消防能力建设,提升维护社会治安能力;出台《海盐县司法救助专项资金使用管理办法(试行)》,建立法律援助、司法救助新机制。

【推进财政管理改革】一是深化部门预算改革。完善部门预算支出定额标准体系,细化定额标准;扩大预算编制范围,试编全县财政综合预算。二是推进国库集中收付制度改革。扩大直接支付范围,拓宽财政直接支付领域,规范国库集中支付业务流程;组织实施政府收支分类改革。三是创新政府采购工作。成立政府采购供应商投诉处理领导小组;推行定期统一集中采购制度和定点采购、协议供货制度;推行公务用车定点维修;组织开展政府采购履约专项检查。全年完成政府采购金额6517万元,资金节约率10.2%。四是完善镇(区)财政体制。制定出台《关于规范和化解乡镇债务管理暂行办法》,组织调研下一轮镇(区)财政体制。五是推进农村综合改革。率先实现“以县为主”的农村义务教育管理体制;重点扶持12个经济薄弱村的12个重点项目,确保村级组织正常运转和村级经济发展壮大。

【加强财政监管】建立绩效考评体系和绩效评价专家库,强化项目考核,重点关注涉及人民群众切身利益的重大项目支出。会同有关部门开展环境自动监测网络建设项目、2004-2006年医疗救助专项资金及海盐县生猪品种改良专项资金等重点项目的绩效评价工作。健全监管制度体系,组织实施行政事业单位资产集中处置,开展行政事业单位国有资产清查,建立行政事业单位资产科学化动态管理机制。按照政府性债务管理办法,引入多元化筹资机制,引导社会资金参与基础设施投资和建设,健全偿债准备金制度,防范和化解财政风险。组织开展企事业单位《会计法》执行情况和会计信息质量检查,强化会计核算和会计队伍诚信建设。

【提高干部队伍素质】一是围绕“作风建设年”活动要求,组织“走进矛盾,破解难题”专题活动。参与“一城三地”建设系列实践活动,征集的金点子和作风建设方案被采纳录用。争创“群众满意机关”、“群众满意基层站所”,通过各级考核,县地税直属分局和县局机关分别被评为嘉兴市群众满意基层站所、县级群众满意机关。二是开展争先创优系列活动。通过建章立制、完善体系,财税学习型机关通过复核验收;以窗口服务为载体创建文明示范岗;机关、基层上下联动,全面开展省、市级文明单位创建。三是开展专题教育系列活动。分阶段组织开展“增强服务意识,提高办事效率”等多个专题的研讨交流,增强干部职工做好新时期财税工作的使命感、责任感。四是抓好廉政教育系列活动。贯彻落实《海盐县财政地税系统建立健全惩治和预防腐败体系工作方案》,分解党风廉政建设和反腐败工作目标责任,把党风廉政建设各项任务落实到岗、到人。五是增强队伍凝聚力,构建和谐、团结、创新的工作氛围。开展“心连心”慈善募捐,参加“庆祝海盐解放58周年”暨万人长跑健身活动,组队参加省、市系统运动会,陶冶情操,激发团队精神。

(海盐县财政局供稿 范建松执笔)

湖州市财政工作概况

湖州市财政工作

【概况】2007年,湖州市实现生产总值895.94亿元,比上年增长14.4%,其中:第一产业增加值73.29亿元,增长4.4%;第二产业增加值510.74亿元,增长15.0%;第三产业增加值311.91亿元,增长15.9%。人均生产总值34748元。全市财政总收入114.06亿元,增长24.3%,其中地方财政收入61.68亿元,增长23.9%;市本级财政总收入53.50亿元,增长22.5%,其中地方财政收入28.93亿元,增长22.9%。全市财政支出68.82亿元,增长21.9%;市本级财政支出31.66亿元,增长25.3%。全市财政收支平衡,略有结余。

【组织财政收入】一是抓好基础工作。建立收入预测通报制度,提高收入分析和预测质量,增强组织收入的主动性和预见性。强化户籍管理、税源管理、发票管理等基础工作。二是抓好配套措施。以餐饮等行业为重点,深化纳税评估。三是抓好税种管理。完善营业税"以票控税"办法。推行个人所得税全员申报,全市纳入管理的扣缴单位超过9000户。成功实施年所得12万元以上个人所得税自行申报制度,全市自行申报人数8538人,补缴个人所得税1400余万元。扩大城镇土地使用税的征税范围,推进土地资源集约节约利用。加强资源税征管,促进生态环境保护。贯彻落实车船税新政策,加强房产税征管。推进房地产税收一体化管理。做好契税和耕地占用税征收工作,全市入库6.30亿元,增长53.8%。四是抓好非税收入征缴。完善社保费"五费合征"办法,统一单位缴费率,做好工伤保险费扩面征缴工作,全市新增参保人数18.5万人。加强对政府性资源收入管理,市本级将土地出让金收入和城市公用事业附加费纳入基金预算管理,将电视台广告收入纳入财政专户,实行收支两条线管理,规范建筑地方高等教育费征缴管理。

【支持经济发展】一是促进创业创新。加大科技投入,全市财政科技支出2.90亿元,增长40.2%,重点支持科技创新平台和载体建设,促进完善创业创新服务体系。培育和引进创业创新人才,全市财政安排1.16亿元,用于职业教育"五大工程"实施和技术人才引进;市财政拨出专款支持人才公寓建设。二是促进现代农业发展。整合财政支农资金,完善并落实各项财政补贴政策。全市安排农业发展资金9300万元,拨付粮油直补、油价补贴、生态公益林补贴、能繁母猪补贴等7609万元。建成覆盖全市的"农民补贴网",免费为近46万农户办理邮政"一折通"。筹措落实粮食风险基金,支持粮食安全体系建设。全市财政投入8075万元,推进土地治理和产业化经营项目的实施。三是促进工业经济发展。运用资金扶持和税收优惠政策,促进产业结构调整,支持高新技术产业发展,推进先进制造业基地建设。发挥企业技术改造项目国产设备投资抵免所得税、研发费用加计扣除等税收优惠政策的作用,全市财政拨付扶持企业技术创新、高新技术产业发展等资金2.21亿元,争取到省以上专项补助资金2.06亿元。全市财政拨付专项资金5762万元,支持节能降耗减排和资源节约集约利用,促进循环经济发展。四是促进服务业加快发展。全市财政拨付7150万元,重点加大对旅游业、现代物流业的扶持力度,支持采用先进技术和装备提升商贸流通、交通运输等传统服务业,推进农村流通网络建设,营造放心消费的环境。五是促进开放型经济发展。推动外贸增长方式转变,鼓励利用外资和对外经济合作,全市办理出口退税25.91亿元,拨付财政扶持资金4744万元。

【优化支出结构】全市财政支出增量中民生支出占80.8%,达10亿元。一是大力支持新农村建设。全市用于"三农"的财政性资金24.70亿元,增长34.0%,其中预算内农林水事务支出6.02亿元,增长39.1%。全市财政拨付2.74亿元,支持老虎潭水库、大钱港整治、合溪水库等水利重点工程建设,改善水利基础条件。安排专项资金补助湖州市与浙江大学合作项目52个,带动社会投入24.1亿元。全市财政拨付2.71亿元,对新农村建设实验示范镇(乡)、村实行"以奖代补",扶持中心镇发展,支持完成127个环境整治村建设、新创建40个全面小康示范村,完成河道清淤865公里,改善农民饮用水条件,支持农村路网建设。二是促进就业再就业。全市财政拨付再就业资金5004万元,用于再就业人员社会保险补贴、农民工就业服务和劳动力市场建设等,城镇家庭零就业问题基本解决。三是为群众办实事。及时向全市困难群众拨付动态物价补贴454万元,对高校学生实行生活补助。推进经济适用房和廉租房建设,对1240户农村困难群众危房改造实施补助,推进政策性农村住房保险工作。进一步推进农村"五保户"集中供养,集中供养率97%,供养标准年人均4500元以上。继续对老年人乘坐公交车给予专项补助。四是促进社会事业协调发展。推进义务教育经费保障机制改革,提高中小学公用经费保障水平,全市预算内教育支出15.33亿元,增长28.1%。实施农村中小学"四项工程"。拨付专款实现市区中小学生集中接送。推进完善公共卫生体系,支持社区卫生服务中心和服务站建设,形成城乡社区卫生服务体系,支持建成市公共卫生中心、市传染病医院。全市财政拨付1706万元,为企业离退休人员建立两年一次的免费体检制度。落实建设文化大市的各项政策措施,增加文化发展专项资金投入,专项安排文化遗产保护经费。五是完善社会保障体系。通过预算内外多渠道筹措资金,确保社保基金支出需要。全市社会保障基金支出24亿元,增长29.7%。在全省率先实施城镇居民基本医疗保险制度,全市5.51万人参保。全市财政拨付新型农村合作医疗保险补助资金8723万元,人均筹资标准提高到87元。实行被征地农民基本生活保障"即征即保、应保尽保",市区新增参保人员1.2万人。提高城乡居民最低生活保障、被征地农民基本生活保障、企业退休人员基本养老金标准。六是推进城市化和生态建设。市财政预算安排2.80亿元,支持中心城区老居住区改造和消防安全隐患整治,推进人民路、苕溪路等道路拓改工程,支持滨湖大道建设;支持建成市工业和医疗废物处置中心、16座污水处理厂。做好太湖水污染防治工作,全市争取到财政部太湖流域水污染防治专项补助资金2.10亿元、省财政太湖蓝藻治理专项资金1500万元,支持环境质量和重点污染源的监管整治。七是推进"平安湖州"建设。保障公共安全基本需要,支持乡镇公共安全监管中心建设、"三合一"企业整治、安全生产和食品药品安全监管等工作。

【深化财政改革】深化部门预算改革,全面推行综合预算和零基预算,市级部门预算提交人大财经委审查的单位增加到25个。国库集中支付改革有序推进,"湖州模式"得到省财政厅肯定并在全省推广;扩大集中支付范围,对纳入集中核算单位的离退休和事业单位工作人员工资全部实行直接支付。规范收支两条线管理,首次编制土地出让金收支预算,成立政府非税收入专职征管机构。政府采购制度日趋成熟,市本级全面实行政府采购计划管理,首批20家国库集中支付单位实现网上申报审批,全市累计政府采购金额5.06亿元,节约资金9140万元,综合节约率15.3%,公开招标比例为76.2%。稳步开展财政支出绩效评价,市财政局绩效评价处单设运行,市本级对涉及经济社会发展重点的31个财政专项资金投入项目开展绩效评价。继续推进农村综合改革,推进农村义务教育体制改革,指导、推动县区完善和强化乡镇财政收支管理,实施"以奖代补"办法鼓励乡镇化解债务,建立乡镇政府性债务偿还准备金制度和预警、奖惩机制,全市共化解乡镇债务4.79亿元、村级债务1.73亿元。

【提升管理水平】加强财政法治建设,开展财政"五五"法制宣传教育,做好行政规范性文件清理工作,积极推进政务公开。实行预算指标管理,规范预算追加审批程序。加强财政专项资金管理,做到一个专项一个管理办法。建立健全财政资金投入的决策和介入机制,全面实施政府性债务计划管理,实行规模控制。市本级对政府投资项目实行概算评审,完成评审项目68个,净核减概算金额2.11亿元,核减率为14.2%。全面完成行政事业单位资产清查,开展行政事业单位资产购置计划工作,加强行政事业单位国有资产监管。强化会计基础工作,推动会计诚信建设,开展市会计领军人才培养,组织参加第三届全国会计知识大赛,在浙江赛区团体总决赛中取得佳绩。开展财政监督检查,全市完成检查项目67个,纠正违规资金8202万元。

【树好队伍形象】倡导"谦虚、务实、协调、创新"的作风,实践"增强责任,用心做事;勤学多思,善于谋事;务实协调,团结共事;清正廉洁,干净干事"的要求,提升干部队伍面貌和能力水平。深入开展作风建设年活动,组织开展"千名财税干部服务万家企业"、"百名干部联百村、财税服务新农村"等活动,创建"群众满意基层站所",推出十项举措向社会公开承诺;开展文明机关、基层文明单位、文明处室、青年文明号和文明家庭等创建工作。加强学习型组织建设,分层次抓好干部理论教育,开展业务培训工作;坚持开展"机关学习日"、"中层干部论坛"活动,举办学习型组织"创新奖"评选和学习型组织辩论赛。党风廉政建设常抓不懈,抓好党风廉政教育。组织学习胡锦涛总书记在中纪委第七次全会上的重要讲话精神,开展"构筑思想防线,珍爱阳光人生"为主题的警示教育活动和"廉政文化进财税"专题教育活动,举办廉政故事演讲比赛;落实党风廉政建设责任制,着力构建具有系统特色的预防腐败体系。

(湖州市财政局供稿 赵明明执笔)

湖州市吴兴区财政工作

【概况】2007年,吴兴区实现生产总值189.58亿元,比上年增长14.4%,人均生产总值40547元。全社会固定资产投资额81.35亿元,增长18.3%。全区财政总收入14.21亿元,增长24%;其中地方财政收入7.23亿元,增长28.2%。城镇居民人均可支配收入20046元、农民人均纯收入9685元,分别增长12.9%和14.4%。全区财政支出4.79亿元,增长8.11%。全区财政收支基本平衡。

【组织财政收入】坚持"依法征收,应收尽收",强化收入管理,分析收入形势,调整和强化工作措施,细化税源管理,建立科学的监控管理体系。落实征管措施,挖掘增收潜力,保持财政收入持续较快增长,促进财政经济良性互动发展。抓好耕地占用税征收管理,完善财政部门自征、国土部门协助的征管办法,确保税款及时入库。继续加大对财政性收入的统筹与调控力度,抓好土地出让金、采矿权出让金等各项资源性收入的筹集与管理。执行"收支两条线",加大非税收入收缴力度,确保非税收入及时入库。在确保收入稳定增长的同时,着力优化收入结构,提高地方可用财力所占比重,当年全区地方财政收入占财政总收入的比重50.8%,比上年提高1.6个百分点。

【保障重点支出】优化支出结构,加大公共财政领域的支出保障力度,支持与促进全区经济社会的统筹协调发展。围绕调整优化产业结构,转变经济发展方式,集中财力2260万元,用于科技进步与企业技术创新。完善操作办法,重点实行扶优扶强,培育壮大财源。加大对"三农"的投入,筹措农业发展资金2540万元,用于种粮大户、农机具、粮种补贴、粮农柴油补贴、森林生态补偿和支持农业龙头企业、小型水利建设等。落实惠农政策,建成农民补贴网,为全区6.1万户农户建立邮政一卡通存折账户,通过一卡通发放农资综合补助338万元。确保城乡九年制义务教育经费投入,教育支出18269万元,占区级财政支出的

45%。保障义务教育公用经费、教师工资统发、教师社会保障缴费和住房公积金等支出需求，逐步解决退休教师住房补助；财政全额补助义务教育阶段免收杂费资金1211万元；继续推进农村教育"四项工程"。全力支持城乡统筹协调发展，加大对街道社区的投入力度，完善社区服务功能，稳步提高社区工作者保障水平。加大对城乡公共卫生事业的支持，筹措2700万元财政资金用于农村合作医疗、农村公共卫生体系建设、城镇居民医疗保险、添置公共卫生设备。筹措1030万元用于"百千工程"、农村道路、危桥改造及西部山区中心城镇的建设。完善新型社会救助体系专项资金管理办法，统一财政专户，统筹各类救助资金1400多万元用于最低生活保障、贫困家庭危房改造等救助支出。优化支出结构，建立村级运行保障机制，实施农民培训工程，支持社会主义新农村建设。

【推进财政改革】完善"金财工程"建设，在规范管理的同时，提高工作效率，提高财政管理现代化水平，连续五年被省财政厅评为县级计算机应用先进单位。推进政府收支分类改革，注重新老体系衔接，确保平稳过渡。继续深化乡镇财政管理方式改革，着重以预算编制为龙头，指标管理为抓手，政府性债务系统核算为补充，规范乡镇财政收支行为。结合农村综合改革，制定新一轮区对乡镇的财政管理体制。探索具有吴兴区特色的教育资金财政管理新模式，从秋季学期开始对中心城所有区管中小学校、幼儿园和教育事业单位的财务收支在会计集中核算的基础上，实行财政国库集中支付改革，提高财政资金的使用绩效。创新办法，开展加强村级组织财务监管试点工作。规范政府采购预算的编制与执行，加强政府采购资金安排上的计划性和预见性，做好控购工作。加强《政府采购法》宣传，根据政府采购工作规程，规范政府采购办事程序，提高采购效率，加强对协议供货单位的监管。全年共实施政府采购879批次，累计采购金额4857万元，比采购预算节约650万元，节约率为13.4%。

【强化财政监督】依托"金财工程"在加强预算支出管理方面的作用，强化部门预算执行中的刚性，做到"以机管人"，强化财政监督职能。加强预算执行分析，对预算单位内部财务管理中存在的问题提出管理建议，提高部门和街道的财政财务管理水平。加大财政监督检查力度，提高会计信息质量，强化会计基础管理工作，规范会计秩序，实施会计行政许可审批结果公告制和温馨提示制。组织参加第三届全国会计知识大赛荣获市一等奖。组成区财务管理专项检查组，对乡镇、街道和部分区级部门财务管理执行情况进行专项检查。完善财政票据管理办法，建立健全领票单位档案，加大票据管理力度。加强国有资产管理，开展全区行政事业单位资产清查工作，摸清国有资产家底。加强对东部新区建设资金的管理，提高资金使用效益。按照"控制新债，摸清底数，明确责任，分类处理，逐步化解"的具体要求，加强政府性债务管理，规范举债行为，防范政府性债务风险，实现项目化、动态化管理。

【加强队伍建设】加强党风廉政建设，落实党风廉政建设工作责任制，坚持在重大节假日前有针对性开展"廉节"教育，建立和完善内部监督制度，签订党风廉政建设责任书，强化责任监督，全面构建防腐体系。连续第五年获得区先进党组织称号。开展作风建设年活动，贯彻落实党的十七大精神，通过建立规章制度、完善监督体系、突出工作重点、加强调查研究、鼓励开拓创新、提高干部素质等各种有效途径，结合财政工作实际，培养造就一支政治强、业务精、作风正、形象好的财政干部队伍。开展争先创优活动，在区委区政府年度综合目标考核中，连续第五年被评为一等奖。区机关会计核算中心被区委区政府评为"群众满意办事窗口"。加强学习型组织建设，推进机关党员干部学理论、学业务、学经济、学法律，提高机关党员干部的创业、创造、创新能力，全面提升干部队伍的整体素质。

(湖州市吴兴区财政局供稿 倪志伟执笔)

湖州市南浔区财政工作

【概况】2007年，南浔区实现生产总值160.86亿元，比上年增长14%，其中：第一产业增加值15.58亿元，增长4%；第二产业增加值101.73亿元，增长15.2%；第三产业增加值43.55亿元，增长15%。全区财政总收入14.12亿元，增长23.6%，其中地方财政收入6.25亿元，增长29.9%；全区财政总支出为4.50亿元，比上年实绩增长29.8%。全区财政当年收支平衡，财政预算执行情况良好。

【组织收入】一是组织收入更趋精细化。分解年度收入任务，将任务目标层层落实到各镇、开发区，完善财税目标责任制，坚持实行一月一调度一分析，推行"任务月分解，进度月考核"的考核办法，实现均衡入库，增强组织收入的主动性。强化收入与经济指标的关联度分析，探究税收收入与国民经济发展、经济结构调整、经济政策变化的内在关系，促进税收收入与经济的同步协调发展。挖掘纳税评估潜力，全面深入掌握重点税源企业的生产经营和纳税情况，提高收入分析和预测质量，增强组织收入的预见性。二是收入结构更趋合理化。优化收入结构，加强税收征管，有效开展专项整治，形成征管合力，"抓大不放小"，确保应收尽收，保持地方税种的增长态势。

【服务经济】一是支持农业产业化。全区预算内对农支出形成稳定增长的机制，支持农业龙头企业发展、农业结构调整、规模特色养殖、农业科技的应用。主动帮助衔接好农业政策和申报农业项目、申请上级财政补助资金，支持农业骨干特色企业做强做大。二是支持创新创业。围绕"工业经济发展年"战略，集中财政资金，重点扶持木地板、电磁线、电梯电机、不锈钢制品等支柱产业的发展。主动帮助一批生产规模大、产品科技含量高的企业向上申报各类项目255个，争取补助资金近5000万元，鼓励企业技术研发和技术改造，推动重点企业技术创新和产品创新进程，品牌建设成效明显，为工业经济迅速发展注入新机能，培植新型主体财源。三是支持第三产业发展。实施好各项财政扶持政策，安排旅游商贸发展专项资金，利用南浔古镇等优秀旅游资源，做好做大旅游业，增加后续财源。

【保障重点】一是落实惠农政策。整合支农资金，把惠农政策落到实处。在10.45万农户中采集录入信息794.3万条,建立全区农民补贴网,及时免费为网内所有农户办理"一卡通",发放油价补贴资金819万元。筹集资金1385万元,支持农村卫生服务站建设和运行,提高农民健康水平。落实"百村示范、千村整治"工程专项资金1804万元,推进村庄环境整治,加快新农村建设步伐。二是完善社会保障体系。当年新增财力的82%投向民生工程,重点倾向于人民群众最关心、最直接、最现实的就业就学就医、社会保障和环境保护、社会治安等方面支出。全年拨付资金558万元,用于落实最低生活保障及农村"五保"、城镇"三无"人员集中供养基本保障。做好"病有所医"工作,人均合作医疗财政补助标准比上年提高20元,推进全区农村新型合作医疗制度的深入实施。落实大学生村官经费,支持农村劳动力培训经费318万元,提升劳动力综合素质水平。统筹安排好教育经费,落实"两免一补"政策,投入减免学杂费和贫困资助工程资金1161万元,保障教师工改补发工资资金需要,不断健全农村义务教育经费保障机制。三是保障重点项目的实施。科学合理调度资金,集中财力保证重点项目的支出需要。筹措资金用于四个中心城镇基础设施建设;安排资金1276万元,支持道路改造和安全隐患整治等设施建设;投入577万元支持城镇环境整治,改善城镇面貌。

【推进改革】一是深化部门预算改革。按照区级部门预算编制实施方案,采取定员定额的编制方法,实行预算内外资金的统筹安排;启用部门预算编制软件,进行新的收支分类科目编制,完善基本支出预算定额标准,细化项目支出预算,提高部门预算编制的完整性和准确性,固化部门预算。二是推进乡镇财政体制改革。通过新一轮区对镇财政体制的确立,确保镇政权的有效运转,提高基层政权的行政能力。制定并下达镇(开发区)债务收支计划,规范镇、开发区举债行为,防范财政风险。三是推行绩效评价制度改革。出台财政支出绩效评价实施意见,选择农业项目补助资金进行绩效评价试点工作,规范资金使用程序,提高财政补助资金使用效益。四是推进国库集中支付改革工作。成立国库集中支付中心,做好人员调配,确定四家区级部门作为首批国库集中支付试点单位。

【队伍建设】一是构建长效教育机制,以"干部素质提升年"为契机,利用星期一夜校时间,采取多种教育形式,组织干部主题教育培训,提高干部政治理论水平和实际处事的综合能力。二是加强机关效能建设,贯彻"管理优化年"措施,推进"作风建设年"工作,开展大讨论大实践活动,以创市级文明单位为目标,借ISO质量管理体系年审之机,规范内部管理体系,增强局干部职工服务意识,铸造一支高效率、会干事、优作风的干部队伍。三是加强公务员管理,完善干部考核办法,采取干部选拔竞争机制,增加干部争先创优意识。

(湖州市南浔区财政局供稿 马君君执笔)

德清县财政工作

【概况】2007年,德清县实现生产总值168.00亿元,比上年增长15.0%,其中:第一产业增加值12.60亿元,增长4.7%;第二产业增加值104.90亿元,增长16.2%;第三产业增加值50.50亿元,增长16.8%。一、二、三产业比例调整为7.5:62.4:30.1;人均生产总值39583元。全县财政总收入21.45亿元,增长23.9%,其中地方财政收入11.15亿元,增长20.0%;全县财政总支出11.80亿元,增长22.1%。全县财政收支平衡,略有结余。

【组织财政收入】一是注重税源分析。加强宏观经济运行分析,运用税源控管平台掌握重点税源变化动态,实施规模企业和行业性纳税评估,开展新企业所得税法实施和促进残疾人就业税收优惠政策调整对税收影响的调研,加强对招商引资企业投入产出等的分析,提高税源管理科学化、精细化水平。二是加强税收征管。加大营业税征管以票控税力度,完善企业所得税征管办法。首次开展年收入12万元以上个人所得税自行申报,个人所得税全员管理自行申报企业从2006年的841户增加到2877户。调整资源税征收标准、土地增值税预征率、城镇土地使用税征收范围和税额标准,贯彻落实车船税新条例,优化收入结构,增强地方可用财力。构建个体税收社会化管理网络,委托国税代征地方税费431万元。三是抓好契税、耕地占用税和社保基金征管。抓好土地出让历年项目收入分解,契税、耕地占用税完成1.02亿元,增长46.9%。实行社会保险费"五费合征"征缴机制,实现地税、社保、银行三方实时联网,加大欠费清缴力度,征收社会保险基金收入3.97亿元,增长24.4%。

【促进经济发展】一是支持"强工业"。财政安排和按临杭产业带政策返回资金2.16亿元,支持开发区和乡镇工业园区平台建设;安排技术创新、科技三项经费和扶持企业上市资金3510万元,兑现各类财政政策补助资金4768万元,减免增值税、企业所得税和国产设备抵免企业所得税2.03亿元,办理出口退税4.28亿元。二是推动"精农业"。筹措财政支农资金,安排农业发展基金、农业创新基金、水利建设基金和农业风险基金5936万元;落实种粮农民综合直补和种粮大户等补贴政策1056万元。推进农业综合开发工作,完成白彪中低产田改造项目和阜溪源山区小流域治理项目主体工程,开展高峰坞山区中低产田改造项目和利虹禽业蛋鸭养殖示范项目。三是推进"扩城市"。筹措土地出让金等预算外资金,拨付基本建设项目资金3.34亿元。四是鼓励"兴三产"。贯彻《关于加快服务业发展的若干意见》和《关于加快服务业发展财税扶持的实施意见》,安排三产发展专项资金700万元,扶持以现代物流、旅游业为重点的现代服务业发展。

【优化支出结构】一是优先发展教育。实行"以县为主"的教育管理体制,出台义务教育经费保障办法。调整困难学生资助政策,继续实施义务教育"四项工程"和职业教育"六项行动计划"。二是完善社会保障体系。建立最低生活保障标准增长机制,做好城乡困难群众动态物价补贴。支持"金保工程"建设,推进社保信息一体化。深化基本医疗保险制度改革,完善城镇职工基本医疗保险政策;出台《德清县城镇居民医疗保险实施细则》,实现医疗保障全覆盖;提高新型农村合作医疗统筹标准和报销比例,实现实时结报。三是促进充分就业。全面落实就业再就业扶持政策,拨付专项支出1358万元;重点扶持城镇零就业家庭、被征地农民和农村低保对象就业,支持充分就业社区和城乡统筹就业体系建设。四是支持新农村建设。安排农林水事务支出7066万元、农村公路联网及养护资金1000万元、农村供水一体化工程建设资金600万元、经济薄弱村补助资金110万元、大中型水库移民后期扶持资金223万元。安排生态县建设专项资金3200万元、西部生态保护专项资金600万元,推进生态县建设;继续落实平安创建资金,安排公共安全支出9396万元,促进"平安德清"建设。

【深化财政管理改革】一是推进预算管理改革。调整行政事业单位财政供给标准,完善部门预算管理实施意见。提高政府投资效益。加强政府性专项资金(基金)使用管理,提高政府性专项资金(基金)使用效益。二是开展绩效评价。制定财政支出绩效评价实施意见、内部协调工作制度和工作规程,完成省环境自动检测网络建设、市淘汰水泥机立窑项目和医疗救助专项资金的绩效评价。三是完善政府采购办法。明确采、管机构工作职责,建立健全政府采购领域治理商业贿赂工作长效机制;开展农业保险试点,实行行政事业单位公务车辆定点保险;扩大协议供货范围,提高政府采购效率,全年政府采购金额4241万元,节资率10.6%。四是加强乡镇财政财务管理。出台新一轮乡镇财政管理体制,建立开发区财政管理体制,完善乡镇财办财政工作目标考核办法,举办全县乡镇财政财务管理培训班。五是推进信息化建设。加快"金财工程"建设,深化对财政收入分析系统的应用;应用《税友2006》,提高税收征管信息化水平;推广应用乡镇代征税收开票软件;完成县局视频网络会议系统建设。

【强化财政监督管理】一是推进依法行政。出台年度依法行政工作推进计划,梳理财政地税系统行政执法职权和行政执法依据,出台税收执法责任制考核评议和过错责任追究实施办法;完成IS09000质量管理体系文件修订,规范工作规程。二是强化税收监管。对公路货物运输代开票纳税人征收定期税款,规范货运税收管理。开展房地产等行业税收、高收入行业个人所得税和国地税联合专项检查,查补地方税费和罚款1350万元。三是深化非税收入管理。完善非税收入"收支两条线"管理,实现"财政统管"。加强行政事业性收费项目和收费标准监管,规范收费行为。建立国有土地收支统计报表体系,加强国有土地使用权出让收入征管。四是加强国有资产和国债项目管理。全面开展行政事业单位资产清查工作,完成第一轮行政事业单位国有资产委托监管考核。加强县国债项目财政财务管理,配合财政部检查组对三家污水处理厂进行专项检查。五是强化涉农资金管理。推进农民补贴网建设,加强种粮农民补贴资金管理。开展省拨涉农项目资金大检查,推进"财政支农资金管理年"活动。六是加强会计队伍建设。贯彻实施《会计法》,规范会计从业行为;组织开展第三届全国会计知识大赛德清赛区比赛,提高会计队伍整体素质。

【加强干部队伍建设】一是全面推进学习型组织建设。落实党组理论中心组学习、民主生活会和周一晚学习制度,开展"读书修身、牢固宗旨"读书月活动。组织干部年度教育培训,支持和鼓励干部参加在职学历教育和职称考试,提升学历层次、优化知识结构。开展财税经济调研,完成省级调研课题16个和县级调研课题2个。开展新一轮中层干部竞聘上岗,新提拔7名年轻干部,优化中层干部队伍结构。二是开展机关作风建设。以"一创二优"为载体,开展作风建设年活动,制定实施意见和细则,全面落实岗位责任制、服务承诺制等各项服务制度。推出行政事业单位网上账务查询业务,设置办税大厅服务满意度评价器。开办税收阳光教室,为新办企业和下岗失业创业人员提供纳税辅导。三是加强党风廉政建设。落实党风廉政建设责任制,调整班子成员责任范围及分工,层层签订责任书,实行领导干部"一岗双责制"。建立投诉机制,开展明查暗访,健全内外结合的廉政监督网络。坚持预防为主原则,通过上党课、听专题、树典型等多种形式,强化党员干部廉洁自律意识,维护财政系统良好形象。

(德清县财政局供稿 褚洁滢执笔)

长兴县财政工作

【概况】2007年,长兴县实现生产总值193.5亿元,比上年增长15%,其中:第一产业增加值18亿元,增长4.8%;第二产业增加值108.7亿元,增长15.4%;第三产业增加值66.8亿元,增长17.5%。三次产业结构调整为9.3:56.2:34.5。人均生产总值31398元,增长18.7%。全县财政总收入28亿元,增长27.2%,其中地方财政收入15.4亿元,增长27.6%;全县财政总支出16.5亿元,增长18.5%。全县财政当年收支平衡。

【优化收入结构】以促进地方财政收入快速增长为核心,坚持依法治税、依法理财的工作方针,科学调整优化结构,努力做大收入蛋糕。一是强化税收税源监管,全面推行税源间接控管模式,开展网络比对,以票控税,完善税源监控分析体系,加强重点税源的监控和管理。二是加强营业税分行业税源管理,培植营业税基础,全年入库营业税3.91亿元,增长19.5%。三是落实小税种考核办法,提高小税种占比。全年七个小税种入库3.09亿元,增长45.3%,占地方税收的27.5%,比上年提升3个百分点。四是加强社保基金征收力度,全年社保"五费合征"共入库4.60亿元,增长20.6%。五是通过加强政府性基金等非税收入征管,增强地方可用财力。

【支持经济发展】以"工业立县"为立足点,综合运用税收、财政补助、贴息、以奖代补等政策手段,支持结构调整、产业转型,县财政全年兑现财政扶持资金2.56亿元,实施"六大战略",打造"六个区"。一是引导企业加大技改力度和科技创新的投入,提升自主创新能力和装备技术水平。二是完善现有农业补助政策,支持农业基础设施建设、农业科技创新和现代农业体系建设,推进农业和农村经济结构战略性调整。三是继续全力支持招商引资,为项目落地、"大好高"项目建设投产提供政策和资金支持。四是支持发展平台建设,鼓励和引导资源要素向工业园区集聚,增强开发区和乡镇工业集中区的承载能力。五是支持"人人创家业、户户达小康"全民创业活动,发展现代家庭工业,强势推动集聚集群发展。六是加大现代服务业扶持力度,县财政兑现三产引导、旅游发展等现代服务业发展资金1678万元，推动“月光经济”发展，改造提升传统服务业。七是支持生态环境整治，加大对节能减排工作的支持力度，支持循环经济发展，增强可持续发展能力。

【保障重点支出】落实控、保、压的优化支出结构措施，财政支出体现公共财政“普惠”原则，增加对民生、社会公共事业的投入，当年新增地方财政支出中81.8%用于民生，着力解决人民群众最关心、最直接、最现实的利益问题。一是支持新农村建设。完善惠农政策，改善农业基础设施，支持农业科技创新和现代农业体系建设，推进新农村“十大工程”建设。全县财政投入支农资金2.36亿元，其中：财政预算内农林水事务总支出1.96亿元，增长27.4%。二是支持社会事业发展。全年共投入教育经费4.73亿元，完善教育经费保障机制，城乡义务教育杂费免除部分由财政全额保障；提高中小学公用经费标准，小学从生均265元/年提高到生均380元/年，中学从生均355元/年提高到生均480元/年，促进教育优先、均衡发展。支持公共卫生体系建设，医疗卫生预算内总支出7144万元，增长40.7%。开展新型农村合作医疗、农民健康体检、农村公共卫生服务等工作，促进基本公共卫生服务均等化。建立健全社会保障资金多渠道筹措机制，加大社会保障财政投入，落实促进就业再就业各项政策，支持民政福利事业发展。支持科技创新体系建设，促进科技事业发展。加大支持文化事业投入，支持文化大县建设。三是支持生态县建设。加大对环境保护和生态建设投入，建立和完善财政生态补偿办法，环境保护预算内总支出4058万元，增长54.3%。四是支持“平安长兴”建设。公共安全预算内总支出1.35亿元，同口径增长20.3%。五是树立勤俭节约思想，严控会议费等一般性支出，对行政性开支和基建支出实行刚性约束。

【深化财政改革】一是细化财政支出预算编制，提高预算编制的科学性，使支出预算编制公平、公开、公正、民主和透明。二是以综合预算和零基预算为核心，规范、细化6个单位的部门预算编制。完善行政公检法经费管理办法和行政事业单位综合预算管理办法，加强预算管理，强化预算执行，实现预算内、预算外资金的综合平衡。三是遵循保障、激励、发展的原则，制定科学规范、保障到位、激励有力的新一轮乡镇（开发区、街道）财政管理体制，调动乡镇发展经济的积极性，增强乡镇（开发区、街道）财政自求平衡、自我发展的能力。四是稳妥做好公务员工资制度改革和规范公务员收入分配秩序工作。五是深化“收支两条线”改革，完善执收执罚部门收支管理办法。六是完善政府采购管理制度和监管体系，探索和创新政府采购管理的有效形式，提高政府采购工作效率。

【强化财政监管】一是出台《县级财政资金管理办法》，规范财政资金拨付流程，强化资金监管。二是履行好乡镇财政的业务指导和监管职能，下发《关于进一步加强乡镇财政财务监督管理的意见》和《乡镇财政预算、决算制度》等13项有关乡镇财政财务管理制度，加强检查，规范乡镇财政管理，提高乡镇财政管理水平。三是加强政府性债务管理。出台《长兴县政府性债务管理暂行办法》和《长兴县政府性债务管理暂行办法实施意见》，规范举债和偿债行为，严格控制新债，落实偿债责任，稳妥化解政府债务，防范财政风险。

【加强队伍建设】一是开展“作风建设年”活动，依托“星期一夜校”、“周五学习日”学习制度，建立作风建设长效机制。开展“百名干部联百村，财税服务新农村”活动，落实“走进矛盾、破解难题”专项行动，发挥系统干部职工回馈社会的传统美德，全年共计帮扶结对200多人，捐助困难群众资金4.41万元。二是加强干部教育培训。增加对教育培训的投入，全年投入经费115万多元，保证全系统教育培训工作的顺利开展。制定落实全年教育培训计划，开办领导干部学法用法培训班。利用专题报告、业务轮训、知识竞赛、职称考试等形式，开展干部职工政治理论学习、法律法规教育和专项业务培训。三是创新党风廉政建设，加强反腐倡廉工作。召开推进惩治和预防腐败体系建设专题会议，深入推进惩防体系建设。加强内部审计，严格责任考核和追究。健全群众来信来访管理制度，深化部门政务公开，开展纳税人满意度问卷调查，召开特邀监察员座谈会，开展“廉政文化进财税”专题教育活动，率先设计开设廉政教育电脑屏幕保护系统，办事窗口设立“一切以群众满意为标准”宣传栏，制作“文明用语”和“服务忌语”牌等内外相接、多方参与、上下联动的监督措施，提高党员干部的思想境界和政治素质，营造廉政勤政氛围，提升综合服务水平。四是开展文明创建活动。2007年度全县财税系统内获1个省级文明单位、1个省局级基层文明单位、3个市级文明单位、5个市局级基层文明单位、2个市级文明科室，5个市级“青年文明号”。

（长兴县财政局供稿 陈家志执笔）

安吉县财政工作

【概况】2007年，安吉县实现生产总值122.57亿元，比上年增长14.3%，其中：第一产业增加值12.44亿元，增长4.4%；第二产业增加值61.22亿元，增长13.9%；第三产业增加值48.91亿元，增长17.8%。人均生产总值26960元。全年完成财政总收入11.11亿元，增长26.5%，其中地方财政收入6.24亿元，增长26.8%；财政总支出8.88亿元，增长16.2%。全年财政收支平衡，财政预算执行情况良好。

【依法组织收入】以“三个三”财税工作措施为抓手，规范执法，依法征管，挖掘潜力，组织收入，实现财政收入较快增长，收入结构得到优化。一是健全协税护税网络。加强部门协作，建立信息传递共享制度，及时掌握税源信息，强化建筑业、房地产业、文化娱乐业、交通运输业等行业税收管理，扫除征管盲点。做好契税、耕占税、车船使用税的委托代征工作。二是加强主体税种征管。对工业性小规模纳税企业进行全面巡查，对转椅、竹制品两大行业全面开展纳税评估，强化税源监控，促进纳税公平。在做好企业所得税汇算清缴工作的同时，改进企业所得税征管，对企业所得税实行分类管理，对343家B类企业按行业预征率预征，对252家C类企业按核定应税所得率征收，企业所得税入库

1.52亿元,增长57.9%。依托有关部门涉税信息,对房地产业、建筑业进行逐户监控,房地产业和建筑业入库税收2.41亿元,增长24.8%。加强个体税收征管,以税务登记换证为契机,清理漏征漏管户,及时调整税收定额,个体经营入库税收1.35亿元,增长29.1%。完善和深化个人所得税全员申报工作,推进年所得12万元以上个人自行纳税申报工作,全县共有864位高收入者自行申报纳税156万元。三是加大小税种征管力度。加强房地产业土地增值税预征和清算工作,完善制造业和私房出租房产税征管措施,强化制造业和房地产业印花税清缴工作,调整城镇土地使用税税额标准。地方小税种入库1.34亿元,增长35.8%,促进收入结构优化。四是强化非税收入征管。全年征收五项社会保险基金2.82亿元,增长29.1%,其中企业职工养老保险基金2.06亿元,增长29.6%。征收地方教育附加、残疾人就业保障金和水利建设基金等3770万元,增长18.0%,促进财源结构优化。

【支持经济发展】围绕工业平台提速、产业结构提质的要求,积极筹措资金,继续加大对园区平台建设投入力度,争取国家开发银行政策性贷款1.89亿元,加快推进城北新区建设。筹措预算内外各类工业发展专项资金8527万元,增长18.1%。拨付园区建设资金2708万元,重点支持工业平台建设。拨付先进制造业基地建设资金2220万元,减免企业政策性税收619万元,扶持重点企业做优做强,促进装备制造业发展。拨付外贸发展资金646万元,办理出口退税6.33亿元,提高外向型经济国际竞争能力。拨付招商引资专项资金1258万元,落实开放引进战略,促进大招商。拨付科技专项资金819万元,加大科技投入和创新型人才培养,引导各类创新主体加大研发投入,提高企业自主创新能力。拨付中小企业融资担保资金292万元,提高中小企业融资能力,切实促进中小企业和民营经济发展。安排现代家庭工业发展资金300万元,支持家庭工业优化工程。安排旅游发展资金300万元,落实第三产业扶持政策,挖掘生态资源优势,培育高端旅游休闲产业。培育社会中介、社区服务业、文化产业和连锁经营等现代服务业发展。推进企业主辅分离,扶持发展生产性服务业,使服务业成为全县经济增长的新引擎。

【优化支出结构】在支出管理上做到"控、压、保",确保财政收支平衡。一是保障重点支出。加大财政支农资金投入,推进社会主义新农村建设和农村综合改革的相关工作。全年农林水事务支出8975万元,增长39.7%。拨付专项资金2599万元,扩大生态建设和村庄环境整治成果,推进新农村示范区建设。加强城乡基础设施建设投入,城乡社区事务支出2504万元,增长34.6%。保障教育事业支出,累计拨付教育经费2.39亿元,增长20.5%。加强平安安吉建设,公共安全支出9178万元,增长27.8%。二是加大医疗卫生和社会保障投入,促进社会保障体系完善和社保水平提高。落实新型农村合作医疗调整政策,将筹资标准从年人均35元提高到65元,差额部分660万及时足额安排。三是推进农业综合开发,确保土地治理和多经项目顺利实施。四是会同粮食主管部门和企业做好各项粮食工作。轮换粮食6722吨,建成县粮食中心库。做好农民柴油、化肥等农资增支实行综合直补的核实和拨付工作。初步建成县中国农民补贴网,全县10万户农户的基础数据录入其中;做好粮食综合直补工作,发放粮食综合直补资金525万元,补贴农户10万户,受益农民34万人。

【推进财政改革】一是推进部门预算编制改革。将部门预算编制单位增加到20个,规范定员定额标准和预算审查程序,逐步实现细编早编预算。二是推进乡镇财政管理体制改革。深入到全县15个乡镇及开发区调查研究,按照逐步建立公共财政框架目标,事权和财权相对应,加强乡镇财政建设,支持乡镇招商引资和平台建设,充分调动乡镇培植财源和组织收入积极性,制定了新一轮乡镇财政管理体制。三是深化农村义务教育经费保障机制改革。强化政府对义务教育的保障责任,完善"以县为主"的办学机制,落实免除义务教育阶段学生杂费和家庭经济困难学生资助工作,提高义务教育阶段中小学生公用经费保障水平,建立中小学校校舍维修改造长效机制,巩固和完善义务教育中小学教师工资保障机制。四是顺利实施政府收支分类改革,顺利完成各项过渡工作。五是实施公务员工资制度和事业单位工作人员收入分配制度改革,足额安排工资改革资金,落实改革政策。

【强化财政监督】推行财政专项资金项目管理制度,加强农业综合项目监督,土地治理项目实行公示制、招投标制和监理制,产业化经营项目实行财务总监委派制。贯彻《浙江省财政支出绩效评价办法(试行)》,对再就业资金、集中供养及医疗救助专项资金、环境自动监测网络建设项目开展绩效评价。加强乡镇政府性债务管理,全面清理教育债务,将乡镇化解义务教育债务纳入乡镇综合考核范围。财政部门对11个行政事业单位财务收支及部分专项资金使用情况进行专项检查,对部分事业单位进行会计信息质量检查,规范财务收支行为。加强会计执业和会计师行业监管,促进会计诚信建设。

【加强干部队伍建设】加强特邀监察员和行风监督员队伍力量,成立预防职务犯罪工作指导协调小组,制订实施意见。建立健全与公检法部门联合预防职务犯罪机制。制订行政过错责任追究暂行办法,强化对行政执法权和行政管理权的监督,严格责任追究。完善和落实系统内干部轮岗交流制度,加大干部轮岗交流力度,中层干部交流面77.6%。与国税联合开展中层干部专项法制培训,强化系统上下广大干部职工的法治意识。在系统内掀起"解放思想、和谐发展"大讨论,开展树先进学先进比先进活动,倡导学习之风、务实之风、团结之风和创新之风,增强干部队伍的凝聚力和战斗力。　(安吉县财政局供稿 缪永永执笔)

绍兴市财政工作概况

绍兴市财政工作

【概况】2007年,绍兴市实现生产总值1971亿元,按可比价计算,比上年增长14.3%,其中:第一产业增加值108.21亿元,增长3.4%;第二产业增加值1195.22亿元,增长15.5%;第三产业增加值667.57亿元,增长14.1%,三次产业比调整为5.5:60.6:33.9。全市全年实现社会消费品零售总额515.44亿元,增长17%。全市完成全社会固定资产投资843.27亿元,增长10.1%。全市进出口贸易总额192.95亿美元,增长38.3%,其中自营出口总额138.12亿美元,增长31.5%。全市城镇居民人均可支配收入21971元,增长12.8%;全市农村居民人均纯收入9730元,增长12.9%。全年全市完成财政总收入237.10亿元,增长28.4%,其中地方财政收入122.10亿元,增长29.2%;市本级完成财政总收入59.90亿元,增长25.9%,其中地方财政收入33.90亿元,增长26.2%。全年全市完成财政支出113.80亿元,增长19.1%,其中市本级完成财政支出29.8亿元,增长9.7%。当年,全市和市本级均实现财政收支平衡,略有结余。

【整合政策支持经济发展】一是整合完善财政扶持工业企业又好又快发展政策。新政策涉及结构调整、节能降耗、自主创新等七大方面内容,市级投入财政性资金6500万元,比上年增加2000万元,其中设立节能降耗专项资金1000万元,用于企业节能降耗的奖励。二是整合完善财政扶持现代服务业发展政策。市级投入财政性资金4600万元,比上年增加1000万元,重点支持发展现代服务业、引进现代服务业项目、发展楼宇经济和企业总部、工业企业主辅分离以及企业个人投资新办现代服务业。三是整合完善财政扶持科技创新发展政策。市级投入财政性资金5000万元,比上年增加1500万元,支持科技创新与服务平台建设,推动企业加大科技创新投入,促进高新技术成果的转化。四是整合完善财政扶持开放型经济发展政策。在鼓励企业"走出去"的同时,新出台鼓励企业"引进来"的若干扶持政策,重点扶持国家鼓励类产业,支持高技术高附加值和自主知识产权产品出口、鼓励引进重大外资项目。五是加大城乡基本建设投入力度,集中资金推动越州新城和古城保护、曹娥江大闸、嘉绍跨海大桥等重大基础设施建设,全年财政预算内共投入基本建设资金3.05亿元,共争取到国债及上级补助基本建设资金1.42亿元,申报省级基本建设资金项目7项,申报资金5.46亿元。

【加大"三农"投入力度】以推进农村综合改革、中心镇建设为重点,财政加大对"三农"事业的投入,全年全市用于"三农"事业的财政性资金43.60亿元,增长25.6%,其中,市本级财政安排各项支农支出2.70亿元,增长55.9%。推进全市农业化项目建设,全年市本级财政部门共向上申报农业产业化项目80余个,包括:国家级产业化项目1个,国家级农业科技示范推广项目1个,国家级农业专业合作组织支持项目1个,省级农业产业化项目5个,农村小型公益设施项目2个,农业科技成果转化项目1个,共争取省以上扶助资金3469万元。掌握粮食产销和补贴基本情况,及时兑现对种粮农户的各项补贴政策,建立以4.2万户农户为信息点,集农户的基本情况、土地承包、播种面积、政策补助为一体的农民补贴网络体系,并对市区农民补贴通过邮政储蓄网点实施"一折通"发放。

【支持教育事业发展】一是促进义务教育均衡发展。市政府出台《市本级义务教育经费保障机制改革实施方案》、《关于加强市区农村教育促进城乡教育均衡发展的意见》,推进城乡教育管理体制均衡和经费保障一体化。落实做好义务教育阶段学生免缴杂费政策,逐步提高公用经费的保障水平,生均公用经费定额从小学300元、初中500元提高到小学580元、初中780元;建立义务教育学校校舍维修改造长效机制,设立中小学校舍维修专项资金;完善义务教育中小学教师工资保障机制,对市及市级以上有关部门出台的教师津贴补贴资金,由财政全额予以保障;做好义务教育阶段家庭困难学生的资助和教育资助券审核发放工作。二是加快发展职业教育。增加职教事业专项经费投入,设立职业院校专业教学专项经费、职业院校专业建设专业技能奖励基金、职业院校奖学金,加大对职业院校扶困助学的资助力度,提高教育费附加用于职业教育的比例。三是大力发展高等教育。财政筹资1.3亿元扶持绍兴文理学院"十一五"期间重点学科、实验室建设,对人才引进及部分基建实行财政贴息;支持市级高校重点学科专业建设,经费由每年200万元增加到400万元;做好高校贫困学生助学贷款贴息工作,全年享受助学贷款贴息7631人,发放助学贷款5752万元,发放助学贷款贴息60.89万元。四是着力发展学前教育。根据《关于加快发展市区学前教育的若干意见》,市级财政按教育部门登记注册的非在编幼儿教师人均5000元的标准设立专项资金,加大对民办幼儿园的公助力度。

【推进文化强市建设】全年市本级财政安排文化发展专项资金600万元,用于扶持奖励文化事业和文化产业发展。财政安排专项资金1540万元,保障各项节会活动的顺利开展,集中投入到公祭大禹陵活动、第23届中国兰亭书法节、2007年绍兴水城风情旅游节、2007年中国茶文化节、第六届世界合唱节活动中,并加强对节会资金使用的绩效监管。支持体育事业发展,确保市游泳健身中心、市体育中心改造等工程建设。

【完善社会保障体系】推行社会保险"五费合征"征缴模式,促进社会保险"提质扩面",增强社保基金的自我平衡能力,截至年底,全市养老保险基金支付能力超过34个月。在扩大基本医疗保险覆盖面的同时,重点支持城乡居民和未成年人医疗保障制度建设,从制度层面上实现人人享有医疗保障的目标。构建完善城乡居民最低生活保障标准自然增长机制,将最低生活保障资金足额列入年初财政预算,全年市级财政共落实低保资金591万元,4817名低保对象得到生活救济;发放困难群众动态补贴139万元,5549名困难群众得到困难补助;筹集8867万元资金,专项用于被征地农民基本生活保障;建立大病医疗救助资金动态筹资机制,市级财政按不低于人均6元的标准对820名困难对象落实316万元医疗救助专项资金;保障农村五保和城镇三无对象的集中供养,集中供养率100%;支持新型农村合作医疗制度建设,全年市财政安排合作医疗资金1300万元,比上年增加100%。做好困难群体帮扶工作,保障离休干部、伤残军人、劳模、企业军转干部、部队随军随调家属等特殊人群的养老、医疗及生活困难救助所需经费,落实企业退休职工、参加新型农村合作医疗的农民、育龄妇女两年一次的健康体检资金。

【发展医疗卫生事业】建立农村公共卫生补偿机制,完善市、镇(街道)、村(社区)三级公共卫生网络,全年安排2102万元财政性资金用于补贴直接面向农村公共卫生服务的项目支出,提高突发公共卫生事件应急处理能力和水平。建立市级医疗机构财政补偿机制,明确公共卫生产品和医疗消费界限,提出财政补偿范围及补偿办法。完善城镇社区卫生服务机构财政补助政策,合理配置城镇医疗卫生资源。建立市区学校、幼儿园学生儿童医疗保障财政补助机制,市级财政承担意外伤害门诊及意外身故、残疾有关保费。

【促进就业工程建设】落实小额担保贷款、税费减免、岗位补助、社会保险补贴等就业再就业财税扶持政策,全年市级财政共筹措就业再就业资金2894万元,累计安排就业再就业财政性资金2657万元,其中,对市区13583名"4050"就业困难人员和43家商贸(服务)型企业发放补贴2180万元,对市区1122名大中专毕业生发放见习补贴108万元,发放公益性岗位补贴41万元。

【发展生态环保事业】建立以公共财政投入为主的"生态市"建设多元投入机制,确保国家生态园林城市和联合国人居奖创建;支持重点区域环境保护和大气污染减排工作,保障曹娥江引水工程、市县共建垃圾填埋场工程、绍兴污水处理厂三期工程等项目的顺利建设;筹措专项资金支持农村造林和城市现代林业园区建设以及汤浦水库水资源保护、市区河道清淤、截污和整治等工程建设。

【支持平安绍兴建设】确保政权建设和政法机关办案经费的投入,建立司法救助专项资金,提高法律援助经费保障水平。落实物价补贴、扶持生猪生产发展等政策,缓解油价、肉价等产品价格过快上涨对生产生活带来的压力,全年市级财政共拨付石油价格补贴资金1037万元、公交调价补贴资金1269万元、公交购车及运营补贴资金700万元。

【完善部门预算管理】创新部门预算的编制工作,建立2006年度全市财政供养人员预算管理信息系统,健全财政分类、分档的定额标准体系。制定《绍兴市市本级部门预算调整暂行办法》和《绍兴市市本级部门预算调整操作办法》,进一步加强对预算执行情况的监管。

【加强财政绩效评价】全面实施"项目单位、主管部门、财政部门"三层次的绩效评价体系,突出对社会关注度高、影响大、事关民生的项目以及公共卫生、环保、城建项目实施重点评价,开展公共卫生服务项目市县联动评价。全年市本级共实施财政绩效评价项目65个,其中,单位自评项目45个,主管部门评价项目9个,财政部门组织评价项目11个,涉及财政性资金29972万元。完善财政绩效评价各项配套制度,市政府下发《绍兴市财政支出绩效评价管理办法》,明确财政绩效评价组织管理体系、项目计划、评价实施和结果应用等方面内容;制订《绍兴市中介机构参与绩效评价工作管理暂行办法》,建立中介机构执业信誉记录制度;实施财政绩效评价意见反馈机制,对财政部门实施评价的4个项目和全省联动项目出具绩效评价意见书。

【强化政府采购职能】强化财政政府采购监管职能,出台《绍兴市政府采购供应商管理实施细则》,实行供应商准入登记制度、诚信承诺制度和扣分评级制度;探索开展单位内部政府采购制度建设;推行协议供货省市联动机制,将复印机、传真机、服务器等9类通用性设备纳入省本级协议供货范围,实行跨区域合作。进一步扩大政府采购规模,全年全市完成政府采购金额20.90亿元,资金节约率13.6%。

【加强投资项目监管】发挥政府投资项目财政监管职能,落实政府性债务管理制度,科学制定当年市级政府投资项目资金计划;强化对投资项目资金及债务控制计划执行情况的监督,建立债务计划季报制度,探索建立市级财政性债务、担保和承诺台账,控制债务规模,降低财政风险。推进政府投资项目"阳光评审",探索政府投资项目信息平台建设,借助信息化手段加强对建设项目资金的管理与监督;尝试开展项目评审结果公示制,加强对工程项目评审中介机构的监管。

【加强国有资产监管】加强行政事业单位国有资产监管,开展市本级行政事业单位国有资产清查。在市本级行政事业单位中试行办公用房装修、办公家具、空调、办公设备和车辆配备标准化管理;规范购置程序和购置经费管理,将行政事业单位固定资产购置经费预算列入年度部门预算。

【加强会计管理工作】修订完善《绍兴市会计人员工作考核办法》,出台《绍兴市会计人员工作考核办法实施意见》,成立会计人员工作考核评审小组,建立会计工作信息收集和联络反馈机制,当年共对8名违规会计人员作出不同程度的处罚。继续加强对会计人才的评价、选拔和培养工作。当年全市共有54人取得高级会计师资格,全市高级会计师人数达502人。做好会计人员继续教育工作,全年全市共培训中级会计人员3920人,初级会计人员4万余人,持证人员培训率84%以上。

【完善财政监管机制】制订《财政监督检查工作操作规程(试行)》,规范财政监督检查选案、实施、复核、执行等环节,提高监督检查工作的规范性和合法性。加强对银行账户和银行存款的管理,制订《定期存款和银行账户管理的暂行规定》,从存款归位、账款清理、评价激励、制度管理四个环节入手,增强银行资金管理的安全性和有效性。结合开展财政支出绩效评价工作,选择城市维护费、市直卫生服务专项经费支出等项目进行财政资金支出项目的效能监察。

【深化非税收入改革】落实国有土地出让收支管理新政策，从2007年1月起将土地出让金全额缴入国库，会同国土、人行等部门联合出台《市区国有土地使用权出让收支管理操作意见》，按"以收定支，收支平衡"的原则，推进土地出让收支预算化、资金管理金库化、监督检查经常化工作，全年市级共收缴入库土地出让金42.4亿元。加强预算外"收支两条线"管理，清理和整顿行政事业性收费项目，全年共对28个系统的收费项目进行核准，取消项目39个，确认可执收项目249个；加强财政票据管理，全年市级财政收缴预算外资金13.4亿元，预算外统筹资金1605万元。

【加强干部队伍建设】一是开展"作风建设年"各项活动，将"作风建设年"活动与机关文明建设、行风效能建设有机结合起来，在全市"企业评部门、群众评行风"活动中，财税系统位列所有参评部门第7位，比上年上升1位；在市级部门101个重点岗位民主评议活动中，财税系统参评岗位全部进入前15名，被市作风办、市效能办联合命名为"群众满意机关科室"。二是开展财税系统"学习型组织"建设，在组织开展中心组理论学习、全员业务轮训、"全员读书月"等常规活动，筹建财税网络学校，成功开发网络学习平台，至年底已发布多媒体课件15个、各专业题库4万题、电子图书15套。组织以"创新创业"为主题的全市财税系统读书会。三是深化党风廉政建设。通过层层签订责任书，明确各级领导工作职责以及党风廉政建设的工作内容、步骤、要求。巩固"学党章、铭告诫、算好账"专题警示教育成果，依托纪检监察网站，坚持发送廉政短信和滚动播放警言警句。四是完善内部管理制度。制定《干部管理暂行办法》，对历年来的内部管理制度逐个进行归并、完善、补充和修订，共涉及人事管理、学习教育、办事程序、办文办会、财务资产、内部监督等6个方面共74项制度，实施包括每周工作计划报送制、每月工作计划报送制和每月、季工作点评制等一批新制度。

(绍兴市财政局供稿 裘立周执笔)

绍兴市越城区财政工作

【概况】2007年，越城区实现生产总值345.44亿元，比上年增长13.2%，其中：第一产业增加值7.24亿元，增长3.6%；第二产业增加值178.89亿元，增长12.6%；第三产业增加值159.31亿元，增长14.3%。第一、二、三产业占生产总值的比重为2.1:51.8:46.1。全区财政总收入1.90亿元，增长26.2%，其中地方财政收入1.90亿元，增长26.2%；财政支出3.62亿元，增长28.3%。全区财政收支平衡。

【组织财政收入 支持经济平稳协调发展】一是抓收入。抓好出租房产税收入，全年全区共征收税款1172万元；抓好非税收入，加强政府性基金管理，做大政府非税收入"蛋糕"，全区纳入财政专户管理的政府非税收入7794万元；抓好统筹收入，对部门一般预算外收入纳入预算管理，按照政府非税收入统筹原则，全年共统筹非税收入275万元。二是筹资金。通过项目申报、上门争取等方式，争取工改增资资金2156万元，教育专项资金3373万元，计生卫生专项资金1500万元，城市维护资金533万元等。全年累计争取到省市财政各类补助资金1.19亿元。

【优化财政支出 增强财政公共服务职能】一是优农业，补助传统项目。落实村庄卫生整治、农民饮用水工程补助资金349万元，改善农村生态与农民生活环境；落实村镇农田机耕路、排灌设施改造资金406万元，改善农业生产条件，提高农业综合生产能力；落实水利防汛、动植物防疫等农业灾害建设补助资金214万元，构筑农业生产安全防线。做好山林生态建设补助，确定公益林补偿面积5.6万亩，拨付森林生态效益管护、补偿资金61万元，保障森林生态效益建设工程的顺利实施。做好农业粮食生产补助，拨付粮食直补资金145万元，做好农民直补网建设，开通农户存折"一卡通"，及时将补贴发放到农户手中。二是兴教育，保障基础项目。落实农村中小学"四项工程"政策，全年共有4213人次接受"教育券"资助，减免杂费、课本作业本费和住宿费65.87万元，其中1937人次接受"营养餐券"资助，资助金额19.37万元，资助人数与金额分别较上年增长190.8%和173.2%；拨付专项资金59万元，用于农村中小学教师的全员培训工程第二、三阶段的培训；落实2007年度义务教育经费保障机制改革专项补助1828万元，学杂费减免补助资金788万元；做好教育项目申报工作。三是重政策，兑现重点项目。对2006年度引进的商贸企业给予税收返还及各项奖励资金159万元，及时拨付区政府各项政策兑现资金440万元；向5街道214个老住宅小区改造拨付1205万元资金。

【推进财政改革 提高财政管理水平】一是加强部门预算管理。把好预算编制关，预算资金严格按年度预算计划审核拨付；做好人员变动单位预算指标的调整工作，提高预算编制的科学性、规范性。二是做好非税收支管理。推进政府非税收入收缴制度改革，抓好票证管理，将票据管理和专户稽查有机结合起来，通过收款收据代开使用、收费票据限量供应等手段，加大票据源头控管力度。三是设立新农村建设专项资金专户，制定《越城区新农村建设专项资金使用管理办法》，全年共拨付新农村建设专项资金1415万元，保障新农村试点村、整治村环境整治；做好新农村建设村庄规划编制、村主职干部培训等工作。

【强化财政监督 规范经济秩序】一是加强专项资金绩效评价。将3699万元涉及财政专项资金的38个项目列入绩效考评，对其中的教育、农业、卫生等重点项目进行绩效检查评价。二是加强村级财务管理。对上报的村级财务收支预算情况进行汇总、分析。对全区村级债权债务状况进行全面摸查和清理，建立区、镇(街)、村三级的债务监测预警机制和定期通报制度。在对全区行政村主要干部近三年的报酬、奖金发放情况进行调查分析的基础上，制订《关于规范村干部报酬指导意见(试行)》；对各镇街、行政村执行区委、区府加强村级财务管理的15项制度的情况等开展专项检查。三是加强政府采购和车辆控购工作。完善越城区行政事业单位车辆定点保险办法和公务车辆定点维修管理办法，加强对各行政事业单位公务车辆维修、保险管理；做好计算机、打印机、空调机等通用办公设备的协议供货，发挥政府采购规模优势，提高采购效率，全区政府采购金额3407万元，资金节约率8.9%。四是加强会计监督管理。出台《越城区会计人员工作考核办法（试行）》，起草《小企业财务制度范本》；组织会计人员参加第三届全国会计知识大赛，并获得绍兴市赛区组织奖。五是加强会计集中核算。全年核算中心共办理收支业务37659笔，资金进出流量22.8亿元。

【抓好队伍建设 提升财政干部形象】一是围绕学习主线，开展常规教育。开展作风建设年主题活动，制订教育计划，丰富学习内容，深化学习效果；组织干部职工学习《党章》、党的十七大文件，组织学习财政、法律、健康等方面的专业知识。二是围绕活动载体，开展特色教育。开展“树岗位新风、提理财水平”主题活动，全体领导干部参加区“三级干部联千家”活动，按月走访结对帮扶的鉴湖镇云松村和各自的两户困难家庭；全体干部职工开展“财政干部联百家”活动，结合每位财政干部的岗位业务工作，分别确定两至三个项目作为联系单位，每季、每半年走访；对全区各服务对象和行风监督员，继续进行上门走访和书面征询意见，对收集到的意见建议进行整理、研究，抓好整改和反馈，提高工作质量和服务水平。三是围绕中心工作，开展各项创建。加强局党组的自身建设，落实党建和业务工作责任；通过抓学习教育、监督考核等措施带好队伍；深化行风承诺和签订责任书活动，并抓好督促检查，纠正存在问题；开展创建市级“五好”党支部和省级档案管理达标活动，核算中心继续开展创建市级“行风建设示范窗口”和市财政地税系统“行风建设示范窗口”，区财政局档案管理已通过省二级达标验收。

（绍兴市越城区财政局供稿 楼杨燕执笔）

绍兴县财政工作

【概况】2007年，绍兴县实现生产总值541.49亿元，比上年增长16.2%。第一、第二和第三产业分别增长3.5%、17.9%和14.4%；人均生产总值76363元，增长15.7%。全县财政总收入67.02亿元，增长28.7%，其中地方财政收入32.79亿元，增长27.8%；全县完成财政支出27.27亿元，增长10.8%。全年财政收支平衡。

【组织财政收入】一是强化税收征管，深化“税源间接控管”平台建设，建立十个行业税负预警指标体系和“纳税人异常税源关注平台”、“公平税负平台”。扩大重点税源监控面，全年纳入重点税源监控企业468户，比上年增长100户。实施税源分类管理，以行业相关指标预警为重点开展中小企业管理试点；以企业规模分类为主，兼顾行业分类为重点开展企业分类管理试点；按照以电控税、低门槛进入、逐步到位思路开展规范个私家庭工业试点；按照全面铺开，循序推进，自行申报为主，核定征收为辅，普遍征收，抓大不放小的思路开展加强个人房产出租税收征管试点。二是加大税务稽查力度，全年共检查企业484户，立案查处246户，查补地方税费、滞纳金、罚款共计3657万元。三是挖掘小税种增收潜力，七个地方小税种累计入库5.56亿元，增长32%。四是实行基本养老保险费、基本医疗保险费和工伤保险费“三费合征”，全年共征收五项社保费7.78亿元，增长45%。五是做好教育费附加、水利建设专项基金、地方教育费附加三项规费的征收，全年入库三项规费收入3.65亿元，增长16.9%。六是组织契税和耕地占用税，全年共征收2.01亿元。

【促进经济又好又快发展】进一步梳理整合各类财税优惠政策和奖励、补贴政策，促进经济又好又快发展。设立7200万元专项资金，重点用于推进工业结构调整、增长方式转变和经济提质增效；深化“亩产论英雄”理念，鼓励企业科学发展，推进节能降耗减排；培育各类行业龙头企业，着力推进工业结构调整，大力发展中小企业及现代家庭工业；设立3000万元专项资金，加快“科技强县”建设，调整促进高新技术产业化，加大对信息化带动工业化扶持，支持建设以企业为主体、市场为导向、产学研相结合的科技创新体系，促进产业优化升级和经济发展方式转变；设立1000万元专项资金，扶持发展以现代服务业为重点的第三产业；设立2500万元专项资金，扶持外贸发展，支持企业“走出去”，促进外贸增长方式转变。

【支持社会主义新农村建设】加大新农村建设财政支持力度，安排新农村建设专项资金5000万元，比上年增长1倍，用于农村垃圾和生活污水治理、绿色生态农业建设、奖励县级新农村建设先进村、示范村等。实施政策性农业保险财政补贴，帮助农民防范和化解农业产业风险。建立全县“农民补贴网”，确保种粮农户补贴政策落实到位。开拓农信担保业务，有效缓解农民融资担保困难。

【加大农业综合开发力度】组织项目工程建设，当年建设项目国家立项3个，省级立项1个。加强对农业综合开发产业化经营项目财政有偿资金的管理，及时组织回收发放到期的有偿资金，全年共发放财政有偿资金1156万元，按期回收委托到期项目财政有偿资金1395万元，按时归还到期省以上财政借入项目资金228万元。加强对农业综合开发项目资金的监管，实行县级报账制，坚持项目财政资金专户储存，专款专用，专账核算，专人管理，确保资金安全运行。

【支持社会保障体系建设】完善城镇老年居民生活保障制度，统筹城镇老年居民生活保障基金，对符合条件的老人给予每人每月220元的生活保障待遇。引导被征地农民养老保险向城镇企业职工基本养老保险转移。推进城乡社会保险制度接轨，做好就业和再就业资金保障工作。完善新型社会救助体系，对低保家庭、困难家庭从基本生活、教育、医疗、就业等方面实施分层分类救助，建立社会救助长效机制。

【支持文教卫事业发展】提高义务教育中小学日常公用经费保障水平，完善义务教育中小学教师工资保障机制，建立农村义务教育学校教师工作补贴制度。支持发展文化产业，对新办和扩建民营文化产业项目进行补贴，鼓励支持民办公益性文化事业，健全山区公共文化服务体系。实施新一轮新型农村合作医疗,支持发展社区卫生事业,缓解居民看病难问题。

【完善县对镇财政体制】按照“保障民生、发展优先、区别对待、权责对等”的原则,制定新一轮县对镇(街)、开发区财政体制方案。加强对镇(街)财政收支预算审核,按照全县财政收支预算安排及财力增减情况,优化镇级财政支出结构。加强镇(街)建设项目立项审批资金来源审核,确保资金来源明确,控制镇(街)举债。加强镇(街)支出管理,合理调度镇(街)分成收入经费,指导镇(街)合理安排资金。

【深化部门预算改革】将部门预算经费划分为六大类,统筹考虑各项收入情况,实行部门非税收入与部门支出安排彻底脱钩,选择卫生、司法两个部门综合预算编制向人代会报告试点。加强和完善部门预算监督管理,修订完善各项财政专项资金管理办法并汇编成册,实施部门预算执行情况通报制度,控制部门预算追加,实行部门预算节支考核。

【完善政府性债务管理】按月通报全县政府债务余额情况,及时准确预测债务偿还规模与进度。按照“量力而行,适度负债,适当超前”的原则安排政府性建设项目,严格立项审批,从源头上杜绝超实际的举债项目建设。完善偿债机制,采取盘活闲置资产、增收节支等措施,逐步清偿历年债务,控制新增债务,降低债务风险。

【加强政府性基建投资评审】扩大财政直接拨付试点范围,参与基本建设各阶段程序化管理,对工程招标标底、投资估算、设计概算、竣工结算进行审核,参与投资计划调整审查、设计变更和超投资管理,全年共评审单位工程造价项目计263个,总送审造价40.80亿元,核减2.62亿元。

【推进财政绩效评价工作】建立项目单位、主管部门和财政部门三级评价体系,完善专家库建设,建立绩效评价联席会议制度,开展新农村建设资金、清水河道建设资金、新型农村合作医疗资金和平原地区通小舜江水工程建设资金、市级社区(农村)公共卫生经费、省级环境自动监测网络建设资金等6个专项绩效评价,提高财政资金使用绩效。

【加强社保资金管理】对所有涉及社保资金管理的相关政策文件进行全面梳理,拟订相关的专项资金使用管理办法,做到规范运作,定期对账。合理安排资金存款结构,最大限度地实现社保资金的保值增值。

【完善政府非税收入征管】对土地出让以镇(街)为单位实行按宗建档,开发应用土地出让金管理软件,进行电算化规范管理,并将土地出让金全额纳入国库,支出一律通过地方政府基金预算列支,彻底实行“收支两条线”管理。对其他政府非税收入,完善“单位开票、银行代收、财政统管”的征收模式,对收费项目和收费标准进行公告,对执收单位进行管理和监督。

【加强国有资产管理】完成全县行政事业单位资产清查,全县行政事业单位(包括镇街)国有资产总量38.34亿元。推广安昌镇资产网络化管理经验,全面实施镇(街)资产三级网络化管理。履行国有资产股东代表职责,对国有资产的投入、运营以及影响国有资本权益的重大财务事项进行重点监管。对基层站所(单位)开展全面资产清理,进行账实核对,提高资产监管水平。

【加强会计队伍管理】开展县机关财会人员会计业务培训和会计上岗证规范建设,加强中小企业会计人员资格管理、业务培训和会计信息检查,健全会计从业人员基础资料,完善会计从业人员信息动态管理,建立会计黑名单公告制,做好会计学会换届工作。

【实现财政ISO质量管理体系认证】以“依法理财、科学管理、廉政高效、优化服务”为质量方针,梳理、优化和再造财政工作流程,在10月份顺利通过ISO9001质量管理体系认证,推进财政工作规范化操作。

【加强干部队伍建设】一是深化学习型组织创建,通过在岗自学、全员轮训、分类培训等多形式加强干部教育培训,完善干部学习激励机制,着力构筑多层次、全方位的学习体系。二是加强政务和制度执行督查,全年开展内部重大事项督查10次,人大代表建议、政协委员提案、市长热线等外来件督查235次,确保政令畅通。三是加强党风廉政建设,层层签订党风廉政建设和行风效能建设责任制。深化惩防体系建设,加强廉政教育,加强廉政和效能制度执行落实情况督查。四是开展“作风建设年”和“创建群众满意基层站所”活动,开展“百千关爱”活动,关心和帮助弱势群体解决生活困难。 (绍兴县财政局供稿 祝建良执笔)

诸暨市财政工作

【概况】2007年,诸暨市实现生产总值440.21亿元,比上年增长14.3%,其中:第一产业增加值28.61亿元,增长13.4%;第二产业增加值272.05亿元,增长16.3%;第三产业增加值139.55亿元,增长18.7%。人均生产总值41854元,增长14.1%。全市共完成财政总收入43.55亿元,增长30.3%,其中地方财政收入22.75亿元,增长30.7%;全市完成财政支出20.64亿元,增长24.8%。全年实现财政收支平衡。

【组织财政收入】一是加强税源预测管理。按照重点税源监控标准实行五级管理模式,重点税源监控企业633户,比上年增加233户。二是深化完善税源间接控管新模式。应用《税友2006》征管软件,强化纳税评估,对绣花机、轴瓦、弹簧、衬衫等11个主要块状经济建立预警指标体系。三是10月1日开始实行养老、失业、工伤保险费“三费合征”,当年社保基金入库7.08亿元,增长30%。四是加强部门沟通协作。建立小规模企业国地税申报比对制度和长效户籍管理新机制,拓展税源信息收集渠道。五是加强主体税种征收。拓宽个人涉税信息采集渠道,3585人进行年所得12万元以上个人所得税自行纳税申报,补税928万元。加强房地产业项目的跟踪管理,建立建筑工程项目户管档案,对个人出租房税种税源登记进行清理,对餐饮、住宿、足浴等行业实施要素定额法。六是加大农税征管力度。加强二手房交易各环节管理,共组织耕、契两税2.36亿元,分别增长72.1%和103.6%。七是加强地方小税种征管。对房地产开发企业和转让不动产的单位预征土地增值税,印花税实行按经营收入预征,车船使用税实行源头征收,资源税实行按炸药量预缴。全市地方税收占税收收入的比重达 57.1%，比上年增加 5.4 个百分点。

【支持经济发展】一是加大促进经济发展的支持力度。推进生产性制造业的主辅分离，支持发展现代服务业，推动全市经济结构调整和产业升级，全年共兑现市本级各类贴息支出 4689 万元。二是落实各项财税优惠政策。运用资源节约型企业、加速折旧、国产设备投资抵免等税收优惠政策，促进企业技术进步，鼓励企业技术改造，引导扶持规模龙头企业，照顾贫弱业户，拉动中间企业。共审批减免各类税收 1.28 亿元，审批企业税前扣除金额 6906 万元。三是完善中小企业信用担保体系。支持 13 家中小企业融资租赁项目 13 个，落实资金 3.43 亿元，缓解中小企业融资难题。

【统筹社会发展】一是财政支出"控、压、保"措施落实到位。压缩一般性支出，控制公用经费标准，科学均衡调度资金，一般公共服务科目累计执行 4.01 亿元，低于财政支出增长幅度 5.1 个百分点。二是加大社会保障投入。推进新型农村合作医疗制度，保障被征地农民养老金发放，完善城镇职工医疗和工伤生育保险保障体系，确保城乡低保、特困残疾等弱势群体的生活，财政预算内支出社会保障资金 2.04 亿元，占总支出的 12%。三是促进教科文等社会事业发展。安排 2700 万元用于免费义务教育，免除全市 12 万名义务教育阶段中小学学生的学杂费，全年教育支出 5.97 亿元，增长 30.1%；扶持建立产学研相结合的技术创新体系，促进科学成果向现实生产力转化，预算内科技支出占 1.01 亿元，增长 31.4%。四是加大"三农"投入。以农村环境整治为突破口，投入新农村建设资金 1.90 亿元；筹集水利建设资金 5270 万元投入河塘整治工程，加快五泄江和西山渠道整治；继续开展农村饮用水工程，投入 5620 万元解决 5 万人的饮水难题；全年预算内支农支出累计 1.44 亿元，增长 32.1%。

【深化财政改革】一是完善部门预算制度。实施政府收支分类改革，实现预算指标信息化管理，推进部门预算的规范、有序、透明管理。二是完善乡镇财务管理制度。运用信息网络和财务核算软件，实施"一本账"核算管理，实时监管乡镇财政财务收支状况。三是加强政府性债务控管。对政府性债务实施实时监控，控制政府性债务规模；加强乡镇财政债务管理，提前完成减债目标。四是深化国有企业产权制度改革。完成富润商业线和东湖市场改制工作，完善行政事业单位国有资产监管网络，提高国有资产使用效率。五是深化国库集中支付制度改革。制定财政国库管理制度改革方案，确定建设银行为试点阶段国库集中支付代理银行，选择市发改局、市价格认证中心、市安监局、市委党校、市房改办 5 家单位进行试点。

【强化财政监管】一是加大政府采购监管力度。提高政府采购质量和效率，扩大采购范围和规模，全年实现采购金额 4.13 亿元，节约资金 3740 万元，资金节约率 9.05%。二是强化基本建设财务管理。做好政府性投资建设项目概（预）算审核工作，控制政府性投资项目建设规模，共审查次坞镇给水管道建设工程等概（预）算项目 72 个，净核减工程概算金额 1.83 亿元，核减率 13.1%。三是加强对政府性资金使用的监管。组织开展收支两条线、社保资金、粮储基金等专项检查，督促部门单位规范使用财政资金。四是开展财政支出绩效评价。建立财政支出绩效评价专家库，落实绩效评价内部协调机制，共完成 81 个绩效评价项目，其中，财政组织完成了医疗救助资金、新型农村合作医疗基金等 16 个项目的绩效评价。

【加强队伍建设】一是加强干部教育培训。按照打造"学习型、创新型、服务型、廉洁型"机关的要求，深入开展"你为谁工作"主题学教活动和学习贯彻党的十七大精神等系列活动；出台《关于进一步深化学习型组织建设的意见》，举办财税业务、《税友 2006》、企业所得税法等培训班。优化中层干部年龄和知识结构，通过竞争上岗，新提拔任用 11 名副职中层干部。二是推进党风廉政和效能建设。开展作风建设年暨领导班子主题实践活动，通过观看教育片、发送廉政短信、召开特邀监察员会议等方式，营造反腐倡廉"大宣教"格局。三是注重财税文化建设。组建工会兴趣小组，举行迎春联欢会、龙舟比赛、绍兴市财税运动会等文体活动，开展中层干部拓展培训，增强集体凝聚力和战斗力。

（诸暨市财政局供稿　斯　巍执笔）

上虞市财政工作

【概况】2007 年，上虞市实现生产总值 309.53 亿元，按可比价计算，比上年增长 14.1%，其中：第一产业增加值 21.92 亿元，增长 3.0%；第二产业增加值 190.94 亿元，增长 16.1%；第三产业增加值 96.67 亿元，增长 12.8%。全年实现财政总收入 33 亿元，其中地方财政收入 16.7 亿元，分别增长 32.1%、36.5%；实现财政支出 16.89 亿元，增长 26.5%。当年实现财政收支平衡。

【支持发展有新加强】支持"三农"发展，加大支农资金投入力度，扶持农业龙头企业、特色农产品基地建设和农民专业合作组织，推动强龙兴农和科技兴农工程，实施粮食大户直补、良种补贴、农业综合直补等补贴政策，支持新农村建设，推进农业综合开发、山区扶贫、村级集体经济、海涂抢险、抗洪救灾、农民转移就业培训等，促进农业增效、农民增收。支持工业经济发展，落实先进制造业基地政策，出台支持企业上市、中小企业、成长型企业、汽车零部件和照明电器、家庭工业、节能降耗和控质减排、建设用地复垦等财税激励政策，促进劳动密集型企业、边界地区企业、新办企业的发展，推进循环经济发展，促进工业经济提质增效，提升工业发展。支持第三产业发展，完善商贸服务业、金融担保业、旅游业发展政策，推动现代商贸、咨询服务、信息技术、中介服务、公共服务、社区服务等现代服务业发展，优化产业结构，促进经济发展方式转变。支持城市经济发展，完善重大社会性投资项目有关规费减免政策，调整企业总部楼宇经济扶持政策，吸收民间资本参与城市化建设，推动"商贸活市"，支持做大做强城市经济。支持集镇经济发展，完善中心镇财政政策，强化乡镇收入分级管理，增加乡镇（街道）可用财力 5814 万元，到位中心镇投融资公司的注册资本 2000 万元，调动经济主体加快发展的积极性，促进集镇经济发展壮大。

【支出结构有新调整】支持社会事业发展，建立义务教育经费保障机制，继续实施农村中小学"四项工程"和职业教育"六项行动"，支持文化"八项工程"、社区公共卫生服务和农民健康体检，落实计划生育奖励扶持政策，投入资金6.08亿元。支持社会保障体系建设，落实就业援助制度，到位就业再就业专项资金2438万元，推动再就业工作的顺利开展；完善社保费征缴政策，多渠道筹措社会保障资金8.45亿元，提高社保基金抗风险能力；完善城镇职工基本医疗保险政策和新型农村合作医疗制度，参与制定城镇居民和未成年人医疗保险政策，基本形成覆盖城乡的医疗保障网；关注社会弱势群体，提高城乡居民最低生活保障、城乡医疗救助、集中供养对象补助标准，落实优抚安置、水库移民安置、离退休干部货币化分房政策，改善企业退休人员生活待遇，支持残疾人社区康复，协助相关部门募集慈善捐款2715万元。支持"平安上虞"建设，拨付公共安全、安全生产、环境保护等专项资金16781万元，维护社会稳定。

【资金运作有新举措】深化政府投融资体制改革，加强政府债务管理，完善偿债机制，注重分析预测，构建风险预警体系，当年累计安排偿债准备金2.33亿元，防范债务风险。强化政府投资项目盘子约束和动态管理，规范审批程序，实行资金、项目、资产、财务四要素联动，做到资金可保、风险可控；拓展融资渠道，调优融资结构，搭建15年期、年利率5.73%的8亿元交通企业债券和8亿元污水企业债券融资平台，其中交通企业债券已在全国率先发行成功；争取到位国家开发银行围涂项目授信额度8.50亿元，中长期贷款比重比上年提升10个百分点。突出政府效益理念，最大程度盘活财政资金，累计调度财政间歇资金16亿元，协调部门公司转贷13.34亿元，建发公司压缩融资存量5.3亿元，节约融资成本1.6亿元，盘活内部资金增加绩效2863万元，实现财政资金运作效益最大化。

【国资改革有新突破】围绕体制、机制、制度创新，健全国有资产管理机构，成立国有资产管理委员会和国有资产管理办公室，相关配套制度已通过决策程序，为规范管理、高效运行奠定组织和制度保障。实施行政事业单位国有资产清查，摸清全市国有资产家底。完善国资经营预算编制，将国资经营预算纳入政府大财力预算体系，增强政府对财力资源的调控能力。盘活国有资产存量，拍卖处置粮食局、发改委、法院原办公用房等闲置资产，清理对外投资，回笼国资收益1.80亿元。

【规范管理有新提高】一是规范支出管理。规范公务员个人收入分配和借用人员奖金福利发放，全面实施临聘人员和公务车辆清理，加强政府采购管理和罚没物资管理，降低行政成本。二是深化预算改革。选取5家单位部门预算上报人大常委会审议，建立政府财力季度分析例会制度，形成收入统揽、预算统编、资金统筹、支出统拨、监督统谋的管理模式，提高预算管理水平。三是强化基础管理。加强会计队伍建设，组织参加全国会计知识大赛，强化会计执业质量管理，夯实财税管理基础；牵头举办领导干部财经知识培训，加强财经法纪宣传，增强依法理财意识；加强非税收入管理，完善土地出让金收支管理办法，全面实行土地出让金收支纳入基金预算管理；加强政府投资项目财政财务管理，强化概算约束，注重制度把关和管理控制，推进竣工决算财务审计工作。四是延伸财政管理。注重对乡镇(街道)、两区及政府重点工程的财政财务运作管理及动态监管，加强乡镇财政管理，提升城中村、市民中心、新农办、污水处理工程、杭州湾新区等政府重点建设工程财务管理水平。五是扩大评价范围。全面推行绩效自评，对粮食收储资金、社区(农村)公共卫生专项资金、农村宅基地整治等重点民生项目开展绩效评价。

【队伍建设有新气象】一是构建领导能力提升平台，坚持执行班子月(周)例会，强化党委理论中心组学习，开展"走进矛盾、破解难题"的专题调研活动，实行科室工作讲评，组织以"构建精神家园、追求进取人生"为主题的中层干部读书会。二是创建学习型组织，学习贯彻党的十七大精神，开展"态度改变人生"为主题的系统读书活动，举行全员业务学习、行政执法培训、文明礼仪培训等教育活动，组织业务知识竞赛，提高综合素质和执法能力。三是开展政务督查，采取日常督查和专项督查相结合的方法，全年共督查139件，受理办结来信来访23件。四是开展党风廉政和行风效能建设，以创新创业年、优化环境年、作风建设年活动为载体，开展"寻找身边的作风问题"大讨论活动，关注社会弱势群体，资助挂钩乡镇、共建社区、帮扶对象、结对学子。

(上虞市财政局供稿 丁光兴执笔)

嵊州市财政工作

【概况】2007年，嵊州市实现生产总值191.85亿元，比上年增长14%，其中：第一产业实现增加值19.27亿元，增长3.7%；第二产业实现增加值108.49亿元，增长15.5%；第三产业实现增加值64.09亿元，增长14.6%。三次产业增加值结构调整为10.0:56.6:33.4。人均生产总值26148元。全市实现财政总收入16.57亿元，增长26.2%，其中地方财政收入8.38亿元，增长29.8%；全年财政支出10.15亿元，增长27.2%。地方财政收入占财政总收入的比重达到50.6%，比上年提高1.4个百分点。全年财政收支平衡。

【促进经济发展】坚持政策引导、资金支持、体制激励、优质服务有机结合，助推工业经济加快发展。对重点骨干企业技术改造项目给予补助或贴息，调动企业做强做大的积极性。安排专项资金，支持乡镇个私集聚区建设，加快形成规模效应。整合科技资金，支持发展高新技术产业，鼓励企业科技创新，对创国家级、省级名牌商标和名牌产品的企业给予奖励。建立和完善项目库，积极争取国家、省市政策和资金的支持，增强企业发展后劲。全年累计拨付各项财政政策奖励补助资金2930万元，其中：开放型经济政策奖励补助682万元，企业名牌产品奖励补助275万元，个私集聚区奖励补助501万元，科技项目创新奖励290万元。

【加快新农村建设】整合财政支农资金，完善农业补贴政策，推进政策性农业保险试点，加大农业综合开发投入，支持农业基础设施、农业科技创新、高效生态农业和现代农业产业体系等建设,推进农业和农村经济结构战略性调整。筹措粮食风险基金,建立粮食作物救灾种子储备制度,支持储备粮库建设,保障粮食安全。支持村庄规划、农村垃圾集中处理、综合整治工作和文明村镇建设,对省级、市级小康示范村给予补助和奖励,对购置农业机械进行政策补贴,推进农村自来水工程和“康庄工程”建设,改善农村生产生活条件。全年拨付新农村建设补助资金4240万元,其中乡村康庄工程建设补助资金300万元,生态保护建设补助资金248万元,村基础设施规划补助资金965万元。

【支持社会事业发展】加大对教育事业的投入力度,在实施“食宿改造工程”等“四项工程”的基础上,新增“放心班车工程”;落实义务教育阶段免收杂费政策,提高公用经费保障水平;继续实施“职业教育六项行动计划”和助学工程,促进职业教育发展。加大社会保障投入,开展农村劳动力素质培训和农村困难群众危旧房改造;安排新型社会救助体系建设专项资金,确保困难群体生活费按时足额发放;提高新型农村合作医疗财政补助标准,开展城镇居民医疗保障制度试点。建立健全司法救助体系和食品药品监管体系,推进“平安嵊州”建设。加强公共文化体育设施和农村文化建设。加大嵊新污水处理厂、上愈堰引水工程等重大基础设施建设投入,完善城市功能。2007年全市新增财力15599万元,其中用于社会事业发展、社会保障和维护公共安全等方面民生支出13232万元,占新增财力的84.5%。

【加强资金使用管理】采取三条措施避免发生财政资金专款不专用的现象:由会计核算中心对部门的项目实行专账核算,准确反映项目资金的使用和结余情况,超出项目范围的支出实行拒付;组织力量不定期抽查部分项目专项资金使用情况,并对200万元以上项目进行绩效评价,检查及评价结果作为审核预算的依据;对部门预算安排的政府采购项目,按中标金额拨付资金,结余的资金收回财政。

【深化财政管理改革】一是分析查找政府采购管理中的薄弱环节,结合财政国库制度改革大势,出台《嵊州市政府采购资金财政直接支付暂行办法》,政府采购资金由财政部门审核,并直接拨付给中标供应商。二是探索财政国库集中支付。制定《财政国库集中支付试行办法(草案)》,选定“工资”、“政府采购资金”、“基本建设资金”、“非预算单位专项资金”等作为试点,采取分步走的办法,对“政府采购资金”先行财政国库集中支付,其他资金逐步推开,为全面实施国库集中支付打下基础。三是规范行政事业单位财务管理。强化部门预算刚性,除政策性增资因素外,一律不追加基本支出预算;强化切块专项资金管理,按项目申报、项目筛选、项目实施、项目验收、绩效考评等程序规范操作;强化资金拨付环节管理,会计核算中心加强对资金预算及用款计划审定和资金使用情况监督。

【完善乡镇财政体制】从2007年起将国税征收的增值税、所得税纳入乡镇超收分成范围,在分成比例设置上,地方固定收入分成高于共享税分成,鼓励乡镇在抓工业经济的同时,重视发展第三产业。

【加强国有资产管理】一是开展国有资产清查。成立国有资产清查小组,按照“统一政策、统一方法、统一要求和分级实施”的原则,完成230家行政事业单位和64家国有企业的资产清查。二是完善考核办法,提高经营者经营国有资产的积极性和责任心。三是完善国有资产处置的审批制度。按国有资产交易的有关规定,对国有资产出租、出让、转让过程实施全程监管,规范投资、转让和出租行为,防止国有资产流失。

【强化非税收入征管】开展非税收入征管系统全省升级试点工作,分别设立面向社会公众的信息查询和咨询平台、面向财政部门和执收单位的业务操作平台、面向缴款人办理缴款业务的代理银行执收平台,实现征管信息的实时共享。

【加强会计管理】一是组织年度注册会计师、注册资产评估师、高级会计师、会计从业资格证及全国会计专业技术资格的考试工作,开展会计电算化的培训工作。二是建立健全会计人员继续教育制度。建立教育培训师资格持证上岗制度、培训质量考核评价制度、会计人员继续教育登记管理制度和继续教育培训机构检查评估制度等制度,全年培训会计人员6000余人。三是建立会计人才库。分别建立总会计师库、财务总监库、行业财务主管库等。

【强化干部队伍建设】以“作风建设年”为契机,重抓效能建设,推行优质服务。一是健全学习提高机制,做到定时间、定内容、定考试目标,评比“十大业务能手”,引导干部钻研财政业务。二是构建职责明确的管理格局,对党风廉政建设和行风效能建设实行捆绑考核,责任落实到人。不定期抽查工作人员“在岗”、“在行”、“在状态”情况和“四条禁令”执行情况,发现问题及时纠正。三是开展个性化优质服务。开展以“送政策、送服务、听意见、听需求”为主要内容的“两送两听”活动,为企业解决一些实际问题;对企业进行财税政策及业务知识专题培训;派指导员帮助新办企业解决各种困难和问题;开展现场办公,方便企业及时办理土地审批手续,促进企业发展。

(嵊州市财政局供稿 黄小明执笔)

新昌县财政工作

【概况】2007年,新昌县实现生产总值152亿元,比上年增长12.8 %,其中:第一产业增加值11.13亿元,增长3.7%;第二产业增加值87.54亿元,增长14.2%;第三产业增加值53.58亿元,增长11.9%。三次产业结构调整为7.3:57.5:35.2。人均生产总值34999元,增长13.6%。全县财政总收入17.08亿元,增长26.5 %,其中地方财政收入7.6亿元,增长27.8 %;全县财政支出8.99亿元,增长23.2%。当年财政收支平衡。

【组织财政收入】采取多种措施强化组织收入。强化地方小税种征管,将土地使用税的征收范围扩大到外商投资企业和外国企业;扩大房产税税基,将房产占用土地的土地价值计入房产原值征收房产税;扩大预征印花税范围,调整印花税应税合同金额占销售(营业)收入的比例。加强建筑业、房地产业税收征管。

提高营业税起征点，支持发展第三产业。贯彻《浙江省社会保险费征缴办法》，落实缴费登记、自行申报等办法，实现税费“软件统一、数据共享”。全年共征收规费收入4.25亿元，增长18.8%，其中社会保险费收入3.38亿元，增长20.7%，各项社会保险费的征集率均在99%以上。

【支持经济发展】落实各项促进经济发展的政策措施，支持企业做强做大、技术创新、名牌培育、信息化建设，推进循环经济、发展外向型经济、建筑大县、大商贸、大旅游等，及时兑现各类奖励和补贴，共审核拨付资金3403万元。同时组织上报各类项目，全年争取各级补助资金1403万元。开展融资工作，新增融资到位资金1.82亿元；配合县城投公司、县高新技术园区、七星新区管委会等做好融资工作；帮助企业拓展融资业务，开展融资企业3户，兴财担保公司担保金额1.03亿元。

【促进新农村建设】一是建立和完善财政支农资金稳定增长机制，全年财政支农支出4183万元，增长34.2%。二是推进新农村建设步伐。安排社会主义新农村建设资金2866万元，其中1780万元用于建立农业产业化、农村自来水改造和农民培训专项资金，安排786万元用于村庄建设整治，安排300万元用于地质灾害村搬迁补助。三是建立农民补贴网，完善种粮直补渠道。完成信息统计、数据录入、审核确认及数据联网上报工作，通过县邮政部门为种粮农民办理“一卡通”，229万元直补资金直接发放到农户手中。

【支持实事工程建设】全年投入重点项目支出3.34亿元，其中县十大重点工程资金9737万元，文明县城创建3709万元，企业政策兑现、技改贴息3009万元，“811”环境污染整治、住房改革补贴、农村困难群众住房救助、城防工程二期、城北大桥等重点项目支出1.69亿元。

【保障教育支出】根据城乡统筹、同步推进原则，将义务教育全面纳入公共财政保障范围，除继续落实全县城乡义务教育阶段免收学杂费政策外，逐步提高中小学校公用经费保障水平。将中小学公用经费标准提高到小学生人均230元、初中生人均330元。印发《新昌县中小学公用经费管理实施细则》，加强管理，规范公用经费使用；建立义务教育阶段中小学校舍维修改造长效机制，继续实施家庭经济困难学生资助扩面工程、爱心营养餐工程、食宿改造工程、教师素质提升工程“四项工程”。加大职业教育经费投入，改善办学条件，提升教育质量。

【增加社会保障投入】一是完善城镇居民和未成年人的医保制度。二是做好城乡低保工作，农村低保提高到每人每月161元，城镇低保提高到每人每月268元。三是建立农村困难群众住房救助措施和实施城镇廉租住房保障措施，累计拨付专项资金310万元，用于农村最低生活保障家庭中的无房户和住房困难户、因灾倒房户和县政府规定的其他困难家庭。四是完善城乡困难家庭医疗救助制度，扩大医疗救助覆盖范围，降低医疗救助门槛，调低起补标准，实行即时救助。五是全面实施“农民健康工程”，按参加新型农村合作医疗农民每人每年10元的标准设立农民健康体检资金，为参加新型农村合作医疗的农民免费提供两年一次的健康体检。

【加强财政支出管理】在财政支出管理上做到该控的控、该压的压、该保的保。继续实行全口径编制部门预算，保障农业、教育、科技等法定支出按一定比例增长，支农支出增长28.7%，教育支出增长27.1%，县安排科技支出增长31.4%。加强行政经费和专项治理管理。控制行政管理费支出，规范会计集中核算工作，设置通用的二级明细科目，逐笔审核单位填报的支出报账单。加强政府采购工作，做好治理政府采购领域商业贿赂、自查自纠政府采购执法专项检查工作。

【加强国有资产管理】做好全县行政事业单位的资产清查工作，建立行政事业单位国有资产动态监管系统，实施动态管理。做好国有企业国有资产的监督管理，在掌握全县国有资产存量的基础上，通过盘活存量资产，优化资本结构，使国有资产发挥更大经济效益。

【强化会计监管】组织好“第三届全国会计知识大赛”，全县有6000多人次参加网上答题。抓好会计从业资格考试，共颁发新证300多本。强化会计基础，规范会计从业资格档案管理。规范代理记账，对3家代理记账机构设立条件作了核查。做好会计人员后续教育培训工作，全县4000多初级会计人员参加培训。全年共举办会计电算化初级培训班9个，培训人数232人，电算化初级考试合格达226人。

【加强队伍建设】一是深化学习型组织建设，在系统内形成终身学习、全员学习、全过程学习的氛围，全局干部大专以上学历97%以上。二是加强党风廉政建设，层层抓落实，构建纵向到底、横向到边、上下联动的责任网络。出台《一月一通报、两月一督查》制度。三是以“作风建设年”为抓手，在行风上求深化，在纠风上求强化，在效能上求优化。推出“三体验，三服务”实践活动，即“体验基层的苦，体验基层的累，体验基层的烦”、“服务基层、服务群众、服务干部”。当年县财政局获县级行风建设优胜单位。

（新昌县财政局供稿　张芝清执笔）

金华市财政工作概况

金华市财政工作

【概况】2007年,金华市实现生产总值1462.45亿元,按可比价计算,比上年增长14.8%。其中:第一产业增加值77.16亿元,增长4.8%;第二产业增加值793.00亿元,增长15.8%;第三产业增加值592.29亿元,增长15.0%。人均生产总值31932元,增长14.2%。全市完成全社会固定资产投资540.41亿元,增长6.6%。实现社会消费品零售总额562.83亿元,增长16.8%。完成进出口总额79.61亿美元,增长29.0%,其中:出口总额75.45亿美元,增长30.0%;进口总额4.16亿美元,增长13.4%。市区城镇居民可支配收入19855元,增长11.5%;全市农村居民人均纯收入6971元,增长13.6%。全市一般预算总收入完成187.40亿元,增长24.4%,其中地方财政收入101.97亿元,增长25.2%;市区一般预算总收入40.05亿元,增长17.7%,其中地方财政收入23.88亿元,增长17.8%。全市一般预算支出累计完成116.15亿元,增长23.9%;市区一般预算支出完成30.14亿元,增长31.8%。全市各县(市、区)连续第13年实现财政收支平衡。

【组织财政收入】全市各级财税部门以实施"双百亿 上台阶"工程为载体,围绕"均衡入库、持续增长、优化结构、调控有力"的四位一体目标,加强收入征管,全市地方财政收入首次跃上百亿元台阶,除磐安外的其他六个县(市)一般预算总收入均超过10亿元。调整地方税有关税收政策,推广应用《地税票据管理辅助系统》,开展城建税、教育费附加等地方税费结算工作;调整所得税征收方式,对查账征收所得税的纳税人实施预警率管理;开展年所得超12万元以上个人自行申报个人所得税工作,全市自行申报人数达14172人,补缴个人所得税7849万元。全市营业税及地方七税占税收收入的比重为56.7%,比上年提高1.6个百分点。市本级继续加强政府性资源收益管理,规范机动车特殊牌号和户外广告资源收益竞拍管理,将行政事业单位公房出租收益纳入专户管理,全年取得政府性资源收益6800万元。强化契税和耕地占用税的征管,全年全市入库农业两税10.53亿元,增长52.4%。完善五费合征政策,全市六个县(市)已推行"五费合征",全市社会保险费等规费入库45.70亿元,增长5.2%。全市地方财政收入占财政总收入的比重为54.4%,比上年提高0.35个百分点,全市大部分县(市)实现财力结构优于上年的目标;市本级地方财政收入占财政总收入的比重为59.6%,比上年提高0.09个百分点。

【支持重点产业发展】财政政策实现从"投资导向型"向"收益导向型"转变,将地方财政贡献率作为园区绩效考核的中心指标,推动"腾笼换鸟"。2007年,市本级落实各项财政扶持资金2.86亿元,减免税、落实优惠政策1.12亿元,利用小企业专项贷款资金发放贷款1.90亿元。按照"控总量、优结构、促协调"的产业扶持原则,集中扶持汽摩配等优势产业和现代服务业发展。修订完善《工业企业技术改造专项资金管理办法及其实施意见》、《市区工业企业搬迁改造实施办法》、《园区考核办法》、《创牌奖励办法》、《浙中模具城发展若干意见》、《重点扶持优势工业企业有关问题的实施意见》等文件,将财政扶持重心向汽摩配产业倾斜。调整服务业发展资金扶持范围,将服务业发展重点转向商业、市场、物流、旅游等产业。落实上级创业创新的各项政策,支持自主创新。加大投入力度,支持企业清洁生产和节能降耗。

【打造民生财政】通过严控一般性支出,存量调结构,增量调方向,增量调存量的方法,着力支持改善民生,全市民生和社会保障新增支出15.8亿元,是当年新增支出的70.6%。全市农林水、教育、环境保护、文化、医疗卫生、社会保障和就业等民生保障支出分别增长27.8%、23.0%、53.0%、45.8%、23.2%、28.2%,均高于当年财政支出平均增幅。同时,一般性支出增幅回落,全市一般公共服务支出增长13.6%,工业商业金融支出等事务支出仅增长1.8%,均低于民生方面的支出增幅。全面落实各项支农惠农政策。整合支农资金,调高对生态公益林扶持标准,加大对农民饮用水工程的投入力度,支持畜牧业、高效生态农业建设、村庄整治、农村劳动者素质提高、欠发达地区发展等项目;落实配套补助资金121万元,促进生猪生产发展,稳定市场猪肉供应。支持城乡教育均衡发展,确保全市义务教育全面纳入公共财政保障范围,全市以各级政府分项目、按比例分担为内容的义务教育经费保障机制已基本建立;从2007年春季学期开始,对义务教育阶段学生杂费实行全免政策,市区义务教育阶段学校免杂费人数89493人,免除杂费1846万元;对不同类型的困难学生实行不同的资助政策,资助金额896万元;享受爱心营养餐学生10584人,投入资金160万元。支持文化大市建设。安排200万元设立金华市区新农村文化建设专项资金,用于实施新农村文化建设十项工程;财政专项安排200万元在市区开展农村文化建设活动,建立120个基层文化建设普及村,创建16个特色示范村;在正常经费外安排200万元用于扶持婺剧事业发展。完善社会保障制度。完善市区企业职工基本养老保险制度;实现工伤保险全覆盖;市本级新增投入650万元,将新型农村合作医疗筹资标准从原来的年人均40元提高到60元;规范困难群众医疗救助办法;调整提高市区惠民医疗救助优惠比例;全面推进城乡统筹就业工作;完善被征地农民基本生活保障制度。推进公共卫生体系建设。市财政安排500余万元资金专项用于乡镇卫生院和村卫生室标准化建设,设立公共卫生和城乡基层卫生人员培训经费;建立健全社区卫生服务机构财政保障机制,促进基层卫生事业发展。

【提升财政管理水平】各地全面推开部门预算、零基预算,完善和细化部门预算,施行部门预算上会审查试点,加强对专项经费和部门预算结余资金的管理,“乡财县管乡用”的财政体制基本到位,农村综合改革取得阶段性成效。完善国库集中支付制度,市本级将财政国库集中支付范围扩大到196家单位。开展绩效评价工作,除一个县外其他县(市)均设立绩效评价机构,市本级对50万元以上的财政专项支出开展绩效评价。继续强化财政投资资金评审制度,全市审核项目1507个,核减额10.71亿元,核减率17.5%,比上年提高6.4个百分点。推行政府采购管采分离,扩大政府采购的深度和广度,全市政府采购17.99亿元,节资率11.9%。

【防范财政风险】继续实行“5+X”机制,控制新增债务。优化政府城建负债结构,把15.40亿元短期贷款置换成长期贷款,缓解短期财政支付风险。将财政资金的理财收入、利息和资金占用费等收入纳入偿债准备金,政府偿债准备金规模在上年的基础上扩大一倍。清理占用的财政资金,通过收回借款、欠款,向上级财政争取调度资金,缓解财政资金周转压力。

【加强干部队伍建设】深入学习党的十七大、省第十二次党代会、省委十二届二次全会精神,组织开展“创业创新”战略大讨论。结合作风建设年和创建群众满意基层站所活动,开展以提高效率和加强服务为主题的专题教育活动,树立责任意识、效率意识和协作意识,从严落实首问责任制、AB岗制、限时办结制,并成立工作效率督察组,健全督查通报制度,实行跟踪问效。创新培训载体,全市财税系统有17087人次参加281个包括政治、业务、礼仪等不同类型不同形式的培训班。在第三届全国会计知识大赛浙江赛区取得团体二等奖,个人第一名和第五名的佳绩。加强财税文化建设,开展摄影、书画协会、体育兴趣小组活动。承办全省财税系统运动会,以“迎奥运、兴财税、强体魄、促和谐”为主题的全省财政地税系统2007年运动会于10月31日至11月2日在金华举行,来自全省各市及省财政厅、省地税局的14支代表队的140名运动员参加比赛。杭州市、温州市、台州市财政局分列团体总分前三名。嘉兴市财政局获得下次运动会承办权。

(金华市财政局供稿 陈志坚执笔)

(注:政府投资项目“5+X”机制:“5”即发展改革委、财政局、国土资源局、规划局、人行金华市中心支行等五个项目协调常任部门,“X”即与具体重大投资项目相关的部门,“5+X”组成市重大投资项目工作协调小组。主要职责是贯彻执行国家、省有关重大投资项目方针政策;联审确定重大投资项目前期工作计划;协调解决前期工作中的问题。)

金华市婺城区财政工作

【概况】2007年,婺城区实现生产总值79.70亿元,比上年增长15.4%,其中:第一产业增加值9.50亿元,增长4%;第二产业增加值40.00亿元,增长23.2%;第三产业增加值30.20亿元,增长9.9%。全区完成财政总收入11.60亿元,增长16%,其中区级地方财政收入2.80亿元,增长25.1%;全区财政支出6.40亿元,增长20.4%。全年财政收支平衡。

【支持工业经济发展】支持外贸出口企业发展,财政补贴外贸自营出口企业401万元,全区外贸出口企业自营出口额4.4亿美元,增长67.3%;鼓励企业加快技术改造,财政投入扶持资金602万元(含市财政补助资金296万元);鼓励企业产品科技创新,财政资助资金180万元,全区2007年获国家级科技项目1个,省级科技项目5个,市级科技项目18个;帮助企业解决银行到期贷款资金置换3800万元,推荐中小企业申请专项贷款1250万元;发挥区国资公司投融资功能,全年融资3400万元。

【落实财政支农政策】落实财政支农政策,向省财政争取各类农业专项资金5140万元,增长71.9%;向市财政争取项目资金1700万元,增长29.8%。做好财政支农资金审核、拨付、监督,全年审核拨付各项支农资金2363万元。通过增加对农业投入,农业基础设施、农业生产条件得到改善。

【保障社会事业发展】2007年区财政继续加大对教育、卫生等社会公共事业的投入,区财政教育事业费支出1.89亿元,增长20.0%,保证教师各项待遇的及时足额到位。加大对公共卫生的投入,全年医疗卫生支出3380万元,增长13.3%。加大对社区专项工作经费的投入,安排资金202万元,增长44.3%。安排退休人员住房货币补贴资金1000万元。统筹资金,加大对科技的投入,继续支持和促进食品安全体系建设、计划生育、“平安婺城”建设、城市社区建设及文化大区建设,加大生态建设投入,巩固和完善农村社会保障和救助体系建设,巩固和扩大新型农村合作医疗成果等,促进各项社会事业的协调发展。

【推进改革完善机制】一是全面实施“乡财乡用区管”管理模式,建立乡镇财政管理中心,以乡镇为独立核算主体,实行“预(决)算共编、账户统设、采购统办、票据统管”,所属单位取消所有账户,其资金往来结算、工资发放和会计核算业务都由乡镇财政管理中心统一办理的管理模式。二是制定实施新一轮乡镇财政体制。按照财权与事权相统一,统筹兼顾、保证重点,公正合理、规范转移,操作简便易行的原则,对乡镇制定实行“划分收支范围、核定收支基数、收支挂钩、增收分成、两保两挂”的第三轮乡镇财政管理体制。三是扩大集中支付、统一核算范围。将尚未纳入会计核算中心实行统一核算的城区中小学校全部纳入集中支付、统一核算的范围。至此,全区161个实行全额拨款行政事业单位(包括社会团体)全部纳入会计核算中心统一核算。四是完成政府收支分类新旧科目转换工作,全面实施政府收支分类改革。五是加强政府非税收入管理。围绕“做大蛋糕、优化结构、推进改革、综合调控、规范管理”的目标,按照“政府所有、足额交户、核定收支、超收分成、减收减支、节支留用”的原则,制定和实施第三轮政府非税收入管理和绩效考核办法。

【完善资金使用制度】一是完善专项资金使用管理。制定并下达《婺城区专项资金使用管理办法》,会同相关部门制定计划生育“四项手术”专项资金、农村公共卫生服务专项资金、司法救助专项资金、农民健康体检专项补助资金等专项资金管理办法。二是逐步推行财政集中支付制度。2007 年 10 月起对低保和定补资金实行直接支付,简化最低生活保障金和定期定量补助款的发放程序,保证救助款及时到达救助对象手中。三是实行预算指标管理信息化,完成预算指标模块、资金申拨模块、会计核算模块建设,有效提高财政资金管理水平。

【加强国有资产监管】加强政府性投资基建项目的管理,对政府债务实行每月编报汇总,动态掌握政府债务情况,为领导决策提供依据;按照《婺城区农村中小学食宿改造工程专项资金管理办法》做好农村中小学食宿改造工程完工项目的决算及开工项目进度的监管,协同配合有关部门完成 3 家国有城镇集体企业改制及全区 196 户行政事业单位的清产核资工作。

【强化监督依法理财】一是加强财政管理,先后组织开展对支农资金、往来资金、会计信息质量等的专项检查,对查出的重点问题提出整改建议并逐一落实到位;二是开展绩效评价,提高资金使用效益;三是完善政府采购监管办法,提高采购效率,当年全区政府采购节约率 12.5%;四是执行人大决议,主动接受人大监督,办理人大代表、政协委员的议案、提案,当年交办的人大议案、提案 34 件,办理答复工作满意率 100%;五是加强会计核算,执行财经法律、法规,做到按预算、按进度办理各项支出,执行各项规定,对手续不全的支出要求补办手续,不符合规定的支出不予办理。落实各项监督措施。

【加强财会队伍建设】重视财务人员业务培训,开展会计人员继续再教育培训,培训人员 3540 余人次;建立健全会计管理组织网络,完善片组会管联系人制度,强化会计监督管理;组织 4000 多人参加第三届全国会计知识大赛婺城赛区比赛,并取得金华市团体三等奖,个人一等奖的好成绩。

【加强干部队伍建设】一是推行全员聘任制,激发干部职工积极性,增强责任感。全局 11 人竞聘取得中层干部岗位。二是以“三走近、三远离”为载体,推进学习型组织创建活动,做到学习培训有计划、有组织、经费有保障;建立书画摄影、体育健身等学习兴趣小组,开展书法比赛、送“福”下村等活动,丰富学习内容;利用网络平台,推行网络学习。三是围绕财政“五五”普法确定的目标和要求,开展财政法制教育培训,提高依法行政水平。四是加强党风廉政建设。坚持教育、制度、监督并重的惩防体系构建,层层签订《党风、行风、作风和机关效能建设责任书》,组织全体干部职工参观廉政文化教育基地、观看警示教育片等,开展警示教育和革命传统教育,做好社会治安综合治理和信访工作。五是实施“作风建设年”活动、“树新形象,创新业绩”活动和“创业富民,创新强区”大讨论;开展机关效能建设和行风建设,加强监督检查和考核力度。六是开展“送温暖、献爱心”捐助活动,做好帮扶结对工作,展“一户一策一干部”帮扶活动,帮扶资金共 8 万余元,送温暖献爱心捐衣物 220 余件。2007 年,区财政局获区落实党风廉政建设责任制先进单位、机关效能与行风建设示范单位、纪检监察工作先进集体、结对帮扶工作先进单位,继续保有市级文明单位称号;会计核算中心被市委、市政府授予“金华市模范集体”,被区妇联评为“优秀巾帼文明示范岗”。

(金华市婺城区财政局供稿 胡京宏 潘志升执笔)

金华市金东区财政工作

【概况】2007 年,金东区实现生产总值 64.60 亿元,比上年增长 15.0%,其中:第一产业增加值 8.00 亿元,增长 5.7%;第二产业增加值 38.50 亿元,增长 17.3%;第三产业增加值 18.06 亿元,增长 12.7%。第一、二、三产业比重为 12.4:59.6:28,人均生产总值 21258 元,增长 12.6%。全区财政总收入 5.30 亿元,增长 24.0%,其中地方财政收入 1.89 亿元,增长 42.7%;全区财政总支出 4.83 亿元,增长 6.0%。全年财政实现收支平衡。

【支持地方经济发展】实施“工业强区、开放带动”战略,贯彻落实“三个三”财税工作措施,全面整合完善扶持措施,形成与产业发展相匹配的财政政策,增强财政政策杠杆导向作用,促进产业结构优化升级和经济增长方式转变。一是应对宏观经济形势的发展变化,在全面梳理分析的基础上,整合完善工业经济发展考核奖励政策,配合有关部门出台《关于加快工业经济发展的若干意见》,财政补助政策向引导企业调整产业结构,增强企业自主创新能力,扶持重点企业做优做强方面转移。二是支持工业经济发展,全年共投入工业发展资金 708 万元,推进 268 个工业项目建设,完成 33 个市重点项目技改,带动企业投入 5.60 亿元,安排外贸贴息 500 万元,带动外贸企业自营出口 3.20 亿美元,发挥财政资金“四两拨千斤”的作用。三是鼓励企业技术进步,安排科技资金 256 万元,当年列入省科技研究计划项目 3 个,省高新技术产品 6 只,省级新产品试制计划项目 16 个,市科学研究计划项目 18 个。四是重视第三产业特别是现代服务业的发展,开展调查研究,向区委区政府提出加快推进服务业发展的建议。实施“千镇连锁超市、万村放心店”工程,安排资金 200 万元,完成 78 家放心店、159 家便利店的创建。

【保障社会事业发展】财政支出按照“控、保、压”的原则,着力解决人民群众最关心、最直接、最现实的问题。一是推进新农村建设,全年统筹安排“三农”资金 1.40 亿元,增长 21%,其中村庄整治投入 4050 万元,完成全面整治村 73 个,完成单项整治村 19 个,受益人口 6 万人。农民饮用水改造投入 1269 万元,对 120 个村庄的饮用水管网进行改造,改善 6.5 万人口的饮用水问题。农业水利设施建设投入 3350 万元,完成病险水库加固 62 座,千库保安 6 座(其中在建 2 座),小流域治理 6 公里,农民生产生活条件得到明显改善。对村级组织运转经费实行财政补助。二是落实义务教育保障机制,将全区义务教育全面纳入公共财政保障范围。安排教育发展专项资金 2006 万元,支持省级教育强区创建和"四项工程"建设。扩大家庭经济困难学生资助范围,资助金额187万元,增长143万元,增幅325%。三是加大对卫生事业的投入,全年投入3200万元,提高新型农村合作医疗补助标准,基本完成245家农村社区卫生室的标准化建设。四是加大社会保障财政投入,全年财政社会保障支出2521万元,增长21.1%,加强被征地农民政府补贴资金的筹措工作,全年筹措上缴5298万元。五是促进"平安金东"建设,全区全年公共安全支出4392万元,增长19.6%。

【推进财政管理改革】一是实施政府收支分类改革,按照经济分类科目对原有的支出核算科目进行全面调整,启用新的财政资金申拨软件,为按新科目组织预算执行和编报决算,搞好财政财务管理奠定基础。二是推行综合预算管理,打破预算内外资金界限,首次将土地出让金收支、国有资产有偿使用收支、土地整理复垦收支、教育发展资金收支和罚没款收支等政府性基金和预算外收支纳入预算编制范围,并将多湖、东孝两个街道和所属中小学校以及直属东关小学和曙光小学纳入部门预算编制范围,扩大部门预算编制范围,提高预算编制的完整性。三是加强非税收入管理,制定出台土地出让金征收使用和公有房产出租收入管理办法,明确土地出让金等预算外收入分配政策,增强政府统筹能力。四是对前两轮区对乡镇财政体制实施情况进行调研,模拟新体制进行大量测算,在征求各镇乡(街道)意见的基础上,提出新一轮区对乡镇财政体制,新体制采取分类的财政分成政策,提高困难乡镇财政保障能力,同时也保持了相对发达乡镇发展经济、培植财源的积极性。

【推行乡财乡用区管】制定出台《金东区"乡财区管乡用"实施方案》,建立金东区乡镇财政监管中心,选择3个乡镇、1个街道进行改革试点,对试点乡镇(街道)的银行账户、资金资产、债权债务、财政票据和人员工资等进行清理清查,开展乡镇(街道)及其学校财务人员业务培训,各试点乡镇重新设置建立财务核算账套,开设新的银行账户,并进行试运行,为在全区推开积累经验。

【加强财政监督管理】一是加强政府投资项目管理,制定出台《关于加强政府投资项目管理的补充意见》,从制度上规范政府投资项目管理。组建项目管理专家库,提高监管水平。注重项目前期监管,加大资金来源、造价控制等审核力度,参与有关工程招标、评标等工作,全年共审核政府性投资项目48个,核减造价1044万元。二是加强政府性债务管理。制定出台《关于加强政府性债务管理的补充意见》,建立健全债务余额管理制度、新增债务报批制度、债务预警机制、债务核查制度和偿债准备金制度等五项制度。开展政府性债务专项调查,建立全区政府性债务台账,加强对债务规模的预警监控。三是加强国有资产管理,开展全区行政事业单位资产清查和国有企业财产清查,掌握国有资产状况和管理现状,初步实现计算机信息化管理。出台《金东区行政事业单位公有房产出租收入管理暂行办法》,将公房出租管理纳入政府采购范围。四是推进绩效评价工作,制定具体实施办法和内部协调制度,对支农资金、医疗救助资金和再就业等项目开展绩效评价。五是开展"财政支农资金管理年"活动,对2004-2006年各项财政支农资金进行全面清理,对部分农业项目资金使用情况进行检查、跟踪和监督,提出相应整改意见。六是加强政府采购管理,坚持公平、规范、便捷、节约原则,严格政府采购操作程序,强化政府采购预算执行,加强单项预算金额较大的分散采购项目的现场监管,逐步将乡镇采购纳入区采购办统一管理,全年完成采购220笔(批)次,节约资金190万元。在为创建省级教育强区配备的学校电脑网络信息系统采购过程中,通过集中采购方式,节约率38%,树立全区政府集中采购的榜样。七是加强会计管理工作,开展会计信息质量检查,组织会计人员参加全国第三届会计知识大赛,参赛率位居全市首位,促进会计人员素质的提高和会计法律法规的宣传。

【强化干部队伍管理】在全局干部职工中开展"作风建设年"和"创业富民、创新强区"大讨论活动,学习党的十七大和省第十二次党代会精神,主动查找自身思想上、作风上和工作上存在的问题,统一干部职工思想,激发创新创业热情。鼓励和支持干部职工参加财政业务培训和学历、职称考试,全年共有20多人次参加省、市组织的绩效评价、政府采购、非税收入管理、财政法规等业务培训,2人参加高级会计师考试。在全局范围开展中层干部竞争上岗和一般干部双向选择工作。加强党风廉政建设,全面落实党风廉政建设责任制,开展"立从政铭言、践廉政承诺"廉政文化建设活动,每位党员干部提炼撰写从政铭言,利用正反两方面案例开展廉政警世教育,聘请行风监督员,党员干部廉洁自律意识进一步增强。2007年,局机关被区委区政府评为岗位目标责任制考核综合先进单位、党风廉政建设先进单位、新农村建设先进部门,受到区委区政府通报表扬,区财政国库支付中心被授予"群众满意基层站所"称号。

(金华市金东区财政局供稿 陈春华 洪 俊执笔)

兰溪市财政工作

【概况】2007年,兰溪市实现生产总值126.60亿元,比上年增长16.5%,其中:第一产业增加值11.87亿元,增长5.1%;第二产业增加值79.49亿元,增长20.8%;第三产业增加值35.24亿元,增长11.8%。人均生产总值19189元,增长16.6%。全市完成财政总收入13.83亿元,增长32.9%,其中地方财政收入6.92亿元,增长27.7%;全市地方财政支出7.84亿元,增长21.5%。当年实现财政收支平衡,并消化历年赤字195万元。

【支持经济发展】一是兑现各项扶持工业政策,重点支持企业技术改造、科技创新等,市财政全年兑现各类工业补助奖励资金9995万元。二是加大经济开发区基础设施建设投入,将当年开发区范围的土地出让金收入共计2.36亿元,全部安排开发区支配使用。三是落实福利企业、资源综合利用企业及国产设备投资抵免等法定税收优惠政策,全年为企业报批减免各类地方税费1.43亿元。四是支持现代农业发展,加大农村基础设施建设投入,促进特色农业、品牌农业和农业龙头企业发展,全年用于"三农"的财政性资金5.77亿元。

【大力组织收入】依法执行新的企业所得税核定征收管理办法,组织开展企业所得税汇算清缴。推进年所得12万元以上的个人所得税自行申报纳税,扩大个人所得税全员申报管理范围。加强房地产交易计税价格管理,实施"二手房"交易基准价制度,强化契税、耕地占用税征管。开征"三资"企业城镇土地使用税,加强地方税费委托代征,规范个体税收及个人出租房产税收征管。强化纳税评估和税务稽查,加强减免税和欠税管理。推开社会保险"五费合征",提高企业申报率和入库率,全年共组织社会保险"五费"收入3.01亿元,增长17.6%,其中养老保险费收入2.03亿元,增长12.8%。组织政府非税收入,开展土地出让金收缴清欠,全年全市共收缴土地出让金7.23亿元,其中清欠1.22亿元。

【保障民生和社会事业支出】推进义务教育经费保障机制改革,落实城乡义务教育阶段免收杂费政策,支持实施农村中小学教育"四项工程"、职业教育"六项行动计划"及农村中小学危旧房改造,全年市财政预算内安排教育事业支出2.56亿元,增长22.0%。加大卫生事业投入,提高新型农村合作医疗财政资助标准,全面实施"农民健康工程",推进农村公共卫生体系建设,全年市财政预算内安排医疗卫生支出5691万元,增长35.0%。完善社会保障体系建设,提高居民最低生活保障水平及离退休人员养老金标准,落实军人抚恤优待政策,确保困难群众生活费按时足额发放,全年共支出各类社会保障资金3.66亿元,增长32.0%。支持实施农村困难群众危房改造、政策性农村住房保险、城镇廉租住房制度及和谐社区建设等,促进社会和谐发展。加大城市基础设施建设投入,支持330国道拓宽改造、污水处理厂、垃圾填埋场、兰黄公路等重点工程及中洲公园改造等为民办实事工程建设,全年共投入财政资金3.27亿元。支持农村基础设施和乡镇园区建设,全年拨付农村和乡镇园区基础设施补助1.46亿元。

【深化财政管理改革】加强预算指标管理,整合财政支农、支工资金,对支农、支工资金实行切块管理,统筹预算内外资金,加强资金总量控制,缓解财政资金供需矛盾。加强预算外资金管理,将全市所有机关部门的预算外资金全部集中专户管理,并成立会计核算中心教育分中心,将学校的财政性资金进行集中管理,增强资金调度能力。出台并实施新一轮镇乡财政管理体制,扩大镇乡财政体制收入范围,提高镇乡财政经费保障水平,提高镇乡财政增收奖励幅度。加强政府性融资公司管理,对由各主管部门管理的融资公司,在统一安排资金还贷的基础上进行业务归并,整合融资平台,改由市基础设施建设公司(市财政为主)统一操作,重大贷款项目提交市人大常委会讨论审定,对贷款资金使用、还贷资金筹措实行统一计划调度,确保平稳运行、避免债务风险。同时,通过贷款打包置换,将原各商业银行的部分短期贷款置换为中长期贷款,延缓还贷压力。

【加强财政监管】推进财政支出绩效评价工作,组织开展农村劳动力培训、外贸政策奖励以及环境自动监测监控系统建设等项目的绩效评价,提高财政资金使用效益。强化财政支出项目审核和监督,继续实施财政投资项目委托审价审计制度,实现财政项目资金的事前、事中和事后的全过程监督。加强政府采购管理,推行定点采购和协议采购制度,全年共组织政府采购428次,节约资金1231万元,节约率为10.8%。编制土地出让金收支预算,逐步将土地出让金纳入国库管理,制订并严格执行土地出让金收支管理制度。开展津补贴清理和规范工作,规范公务员收入分配。加强国有资产管理和监督,全面开展行政事业单位国有资产和国有企业财产清查,完成252家行政事业单位和42家国有企业的资产清查,并完成152家行政事业单位资产清查的委托审计工作。依法加强会计监督,组织开展会计信息质量检查、财政监督检查,维护良好的财经秩序。

【抓好干部队伍建设】一是建设"学习型"机关。制订干部学习培训制度和考核激励机制,调动干部学习的积极性和自觉性。更加注重和强化培训质量和效果,分期分批组织全体干部到湖州税校进行封闭式培训学习。开展调查研究,提出"每位干部每年写一篇调研论文"的工作目标,并将"优化财政收支结构"列入全局调研课题重点。二是建设"节约型"机关。重新制订车辆管理、公务接待等内部管理制度,并对公务接待和出差借款实行预审批制度,实现以制度管财、管钱、管物。三是建设"服务型"机关。按照"作风建设年"的活动要求,组织开展"三服务一争创"活动,推进机关效能建设,执行"四条禁令",开展"部门与您零距离"、现场政策咨询等服务活动。深化政务公开,推进阳光政务,提高办事公开度和透明度。 (兰溪市财政局供稿 章承枫执笔)

东阳市财政工作

【概况】2007年,东阳市完成生产总值210.22亿元,比上年增长12.6%。其中:第一产业增加值10.13亿元,增长4.5%;第二产业增加值117.28亿元,增长11.7%;第三产业增加值82.80亿元,增长15%。人均生产总值26120元,增长11.9%。全市完成财政总收入20.72亿元,增长22.9%,其中地方财政收入11.33亿元,增长27%;全市财政总支出12.76亿元,增长17.1%。全市当年财政收支基本平衡。

【涵养财源】一是支持企业实施产业结构调整和技术创新。安排1500多万元用于企业技改贴息,并加大财政、税收、金融及其他政策对工业企业的扶持和奖励力度,将财政扶持资金与企业对地方贡献相挂钩,相继出台税收增长贡献奖、亩产税收奖、金融机构支持地方工业经济发展考核奖励等奖励办法,促进工业经济增长。二是促进影视文化、商贸旅游等第三产业的发展。对浙江横店影视产业实验区原扶持期满后的延续政策进行明确,同时确定对世界贸易城等市场发展的相关财政税收扶持政策。三是扶持节能减排企业发展。关停一批重污染企业。支持企业自主创新,支持企业生产低能耗、低污染、高附加值的产品,支持企业发展清洁生产和循环经济。四是加大财政支农力度。全年安排支农支出6.68亿元。

【组织收入】一是加强税收征管。完成企业所得税汇算清缴工作,组织所得税入库2.07亿元。推进个人所得税全员申报管理工作,现全市有1445户纳入全员申报管理。做好个人所得12

万元以上的个人所得税申报工作，共实现申报1303人，补缴个人所得税1430万元。先后出台《双定户房产税、土地使用税征收若干意见》、《东阳市萤石矿资源税管理办法》，将萤石矿、青石矿纳入征管范围，促进资源税增长。二是加强非税收入征管。规范行政事业单位收费管理，将学校收费专用票据纳入非税收入征收管理系统。出台《东阳市财政周转金清收实施办法》，妥善处理财政借款债券，防止国有资产流失。三是加强契税征管。全年共征收入库契税1.02亿元，增长30.8%。四是全面推开"五费合征"工作，改进自谋职业者的征缴方式，实现社会保险费由地税部门征管，全年共征缴各项社会保险费5.64亿元，增长18.5%，其中征缴基本养老保险费3.98亿元，综合征缴率99.8%，增长38.0%。

【新农村建设】一是加大对"三农"建设投入。全年投入农民饮用水工程建设资金3691万元；土地整理和农业综合开发资金9500万元；水库除险加固、灌区渠道的改造和清水河道建设2824万元；村庄整治3150万元；农村道路及其安保工程建设3053万元，按"小三农"口径全年安排财政支农资金3.46亿元，增长20.9%。二是加大农村社会事业投入。全年共计安排各类卫生经费1940多万元，主要用于城乡公共卫生服务、农民健康体检和社区卫生服务机构的建设，支持和完善城乡居民医疗服务网络体系，缓解山区群众看病难问题。三是完善农村义务教育经费保障机制，提高保障水平。继续贯彻实施城乡义务教育免收学杂费、帮困助学和营养餐工程等政策；适当提高中小学生均公用经费标准；多方筹措资金，改善办学条件。四是加强支农资金整合，对高绩效的支农项目，扩大资金规模，加大支持力度，取消对绩效较差项目的支持，并对同一区域内各部门实施的建设内容基本相同的项目，尝试多项目结合的管理模式，提高农业专项资金的整体效能。五是推动生态市建设。安排生态公益林补偿资金617万元，环境保护支出增长119.6%。六是开展农民补贴网络建设工作。分两个阶段将全市15.6万户农民种粮补助基础信息录入系统，实现全国联网。做好2007年种粮农民综合直补资金的"一卡通"发放工作，共计发放资金600多万元。

【社会保障】一是做好就业再就业工作。继续安排就业再就业专项资金455万元，加大就业再就业投入，将就业再就业资金的70%用于对劳动技能培训和社会保险补贴，突出解决"4050"等城镇困难人员再就业、大学毕业生就业、农村劳动力转移就业等问题。二是支持东阳市劳动力市场建设，筹集劳动力市场建设资金，确保劳动力市场基础建设。三是推进新型农村合作医疗和各类医疗救助工作。调整新型农村合作医疗制度，将筹资标准由原来的60元提高到90元，筹资水平为人均62元，其中财政出资42元。实施合作医疗门诊费报销制度，适时调整政策，提高受益面和保障水平，并按照基金财务会计制度规定加强基金监管，确保基金安全。四是探索孤寡老人集中供养长效机制。一方面市财政保证集中供养的孤寡老人必要的供养经费，保障五保供养对象每人每年300元的医疗补助；另一方面支持社会力量创办敬老院，当年共有5家民间筹资敬老院已经基本完成建设。

【财政支出改革】一是完善财政综合预算制度。抓好预算执行工作，逐步建立与定额体系相配套的经费支出标准体系和实物配备标准体系。二是深化部门预算制度改革。对2006年的预算执行和决算实施转换，保证预算支出和执行的可比性，确保在2007年的预算编制中，全部使用新收支分类科目。三是加强政府采购日常监管和反不正当交易的制度建设。实施办公通用设备的协议采购和车辆保险、车辆加油的定点采购，并出台《东阳市政府采购协议供货管理办法》。充实和规范政府采购"专家库"，实行采购专家执证评审。四是规范津补贴管理。五是加强政府性投资基本建设项目政府债务管理，控制政府举债规模。筹措城市基础设施建设资金，已落实资金4亿多元。

【预算外资金管理】一是加强土地出让金管理，将土地出让金收支纳入地方政府基金预算管理，出台《东阳市国土使用权出让收支管理办法》，规范土地出让金的收支两条线管理。二是做好预算外资金收支考核结算和兑现。按照有关文件精神，根据收支结算，该奖的奖，该扣的扣，共奖励超收分成1010万元。三是做好收费项目管理，加强票据管理并及时结报票据。

【乡镇财政管理】一是深化"镇财市管"改革，会同市纪委等有关部门联合下发《东阳市进一步加强乡镇财政管理的若干规定》，对规范财政预算制度、加强经费支出管理、控制政府性债务、强化政府采购制度、规范国有资产管理、加强预算外资金管理和严肃财经纪律等方面都作明确规定，规范乡镇财政的财经秩序。二是加强镇乡财政管理中心的内部管理，修改《资金申拨程序》，完善资金从总会计到单位会计的业务流程。强化从管理到审核再到复核各个环节的核对工作，建立差错责任追究制度。三是开通网上银行支付系统与查询系统，实行网上报账，设立A、B岗制度和分日报账制度，完善报账操作流程，提高工作效率。完善票据流转程序，印制票据移交清册，建立票据移交签字制度，控制票证单据遗失问题。

【财政监督】在建立绩效评价专家选用制度基础上，出台《东阳市财政支出绩效评价实施办法》和《东阳市财政局绩效评价内部协调工作制度》，指导绩效评价工作。先后开展对省环保自动监测系统项目、特色优势农产品基地建设项目、高效生态渔业专项资金、医疗救助金等项目的绩效评价工作，并注重绩效评价结果的运用，促进财政资金使用效益的提高。

【国资管理】一是加强"非转经"资产管理，做好行政事业单位街面营业房租赁使用权的公开拍租工作，促进国有资产的保值增值。二是在全市开展行政事业单位财产清查工作，共清查343家单位，通过财产清查，摸清家底。三是加强国有企业财务管理，做好企业改制拖欠资金清收工作，防止国有资产流失。四是加强行政事业单位国有资产处置管理，规范处置程序，着重把好资产评估审核和资产拍卖监管关，促进国有资产有效重组和保值增值。

【会计管理】一是做好会计从业资格证和初级会计专业技术资格考试工作，当年共有649人通过会计从业资格考试。67人取得初级会计专业技术资格，43人取得中级会计专业技术资格。二是加强会计人员的继续教育培训，提升会计队伍素质。三是加大高级会计人才培育力度。当年高级会计师资格考评通过率为78.9%。

【队伍建设】一是开展创业富民、创业强县"两创"大讨论活动。先后召开动员大会、重点企业座谈会，并深入到山区乡镇进行调研，征求社会各界意见与建议。针对在"两创"大讨论中收集到的17条意见建议，逐条分解，层层落实，提高机关作风，提升服务水平。二是完善制度建设。制定目标责任考核制度、车辆管理、公务接待、财物移交、请销假制度等多项内部管理制度，并在机关内部对政府采购、基建建设等方面开展商业贿赂治理专项工作。三是提高干部队伍素质。落实全面学习机制，学习党的十七大精神和省十二届党代会精神，推进学习型组织建设，做好干部培训考试工作。四是推进党风廉政建设。与各基层单位签订《党风廉政建设和行风建设目标责任书》，把党风廉政建设目标责任制融入到各基层单位的工作目标考核之中。每月编印一期“警示”，强化惩防体系建设。（东阳市财政局供稿 杜 丹执笔）

义乌市财政工作

【概况】2007年，义乌市实现生产总值420.90亿元，比上年增长15.7%，人均生产总值59144元。其中：第一产业实现增加值11.80亿元，增长6.1%；第二产业实现增加值194亿元，增长15.9%；第三产业实现增加值215.10亿元，增长16.1%。全年完成财政一般预算收入55.90亿元，增长31.2%，其中地方一般预算收入32.30亿元，增长33.2%；全年财政一般预算总支出27.50亿元，增长16.7%。财政运行情况良好，财政收支平衡，略有结余。

【支持经济科学发展】一是发挥财政资金“四两拨千斤”作用，加大对外向型、科技型企业的财政支持力度。全年共拨付财政扶持企业发展专项资金17621万元；加强节能降耗工作，全年共拨付支持节能产业发展财政扶持资金618万元。二是支持第三产业特别是现代服务业的发展，全年拨付支持现代服务业发展专项资金318万元。三是在依法征收的前提下，贯彻各类税收优惠政策，支持企业发展。全年共落实各类税收优惠8860万元。

【优化财政支出结构】一是继续加大财政支农资金投入，促进新农村建设。当年安排发展现代农业扶持资金3500万元、水利专项资金6000万元，落实中央对种粮农民直接补贴和油价补贴，兑现各项资金1412万元。二是继续加大对教育体制改革的经费保障工作。各镇(街)学校基本建设经费全额由市财政保障；继续实施免费义务教育和“四项工程”，全年免费义务教育专项投入近5000万元；加大对农村薄弱学校支持力度，对在校生少于200人农村学校提高生均公用经费定额标准。三是完善《公共卫生财政补助办法》，加大对公共卫生的投入。完善公共卫生财政保障机制，提高全民健康水平。四是加大对困难群众最低生活保障、医疗救助、就业补助、助残救助等资金的财政投入，完善社会保障体系。五是加大“文化大市”、“平安义乌”、生态市建设等投入，配合做好国家卫生城市、中国优秀旅游城市、平安义乌等工作，促进经济社会科学发展、和谐发展。

【深化财政管理改革】一是深化部门预算改革。继续扩大部门预算“一编到底”改革，范围已扩大至100家，预算执行刚性明显增强；修订完善《义乌市公务招待费管理实施办法》，强化公务招待费管理；加强对市级和镇(街)临时用工人员的审批和经费管理，理顺镇(街)协警人员经费保障体制。二是深化镇(街)财政管理改革。制定《义乌市“镇财市管”预算管理办法》，强化镇(街)财政预算管理；修订完善《2007年镇(街)财政贡献奖考核办法》和《义乌市2007年镇、街道财政工作目标责任制考核意见》，完善财政财务管理；继续加强债务监管，防范镇(街)财政运行风险。三是完善国库集中支付管理。继续扩大国库集中支付范围，实行“金财工程”与“工行网银”的联网，提高工作效率。全年共直拨财政资金27.12亿元，授权集中支付资金2.48亿元，通过网上银行操作财政内部账户资金49.18亿元。四是完善非税收入管理。依托政府非税收入信息化管理系统，强化重点收费项目的动态监管；加强财政票据管理，安排票据稽查计划，严格票据作废、遗失等环节处置手续，以票管费。规范开设账户单位的审批手续，建立账户台账，对相关单位的收入过渡户进行检查，对银行账户实行动态监管。五是开展全市行政事业单位资产清查，摸清家底，为加强行政事业单位国有资产管理奠定基础。六是加快财政信息化建设。推广应用“金财工程”核心软件，通过自主开发或合作开发等方式，开发“金财工程”的延伸系统。

【强化财政监督管理】一是推进财政资金绩效评价工作。落实组织机构和人员编制，不断完善制度建设，扩大绩效评价范围，2007年有35个项目列入绩效评价。二是对13个镇（街）“镇财市管”改革的执行情况进行全面调查，对存在的问题和困难提出改进建议，促进和深化“镇财市管”改革。三是加强基建财务管理。强化项目概算控制，对估算投资500万元以上项目实行概算审核；开展竣工项目财务决算，强化基建财务监管；继续推行工程造价的全过程监管，完善专职联系人制度，积极参与工程前期管理，强化基本建设资金稽核管理。全年共审核概、预、决算570个，核减资金24161万元。四是加强财政支农资金管理。修订完善发展现代农业扶持项目及资金补助等管理办法；建立财政支农项目库，并做好项目的检查验收；推进政策性农村住房保险和政策性农业保险工作，完善农村风险防范体系。五是加强各项社保资金监管。配合市监察局对社会养老保险基金、救灾救济款、低保五保基金和农民健康工程财政补助资金进行专项执法检查，确保各项社保资金安全、规范运行。六是加强会计管理工作。完善制度建设，推进企业会计基础规范化核算工作；组织好会计人员继续教育工作，全年共组织10000余人次培训；举办“金桥杯”会计知识竞赛，并在全国第三届会计知识竞赛中获金华赛区第二名。

【加强干部队伍建设】一是学习宣传贯彻党的十七大精神。制定系统学习方案，组织大讨论活动，统一思想，凝聚人心，激发干部的创新创业精神动力。二是以学习型组织建设为载体，构筑多层次、全方位的学习体系，建立相应的学习激励和制度保障机制，创建学习型机关。继续组织开展全员轮训。三是开展“作风建设年”活动。制定“作风建设年”活动的实施方案，广泛动员，抓好落实，将开展活动与争创群众满意基层站所活动相结合，与行风效能建设相结合。实行政务公开,服务承诺公开,接受社会各界监督;开展满意度调查,广泛征求意见和建议,提出整改和完善措施;进行效能检查,转变工作作风。四是落实党风廉政责任制。坚持教育、制度、查处并重,注重惩防体系建设。与各单位签订党风廉政责任书;强化日常廉政教育,逢会必讲;关注苗头性问题,掌握干部廉政动态。五是加强内控制度建设。对各科(室)的业务流程和内控制度进行收集整理和系统审核,构建财政管理权、税收执法权及行政自由裁量权等内控制约机制,做到用制度管钱、管物、管事、管人。六是加强精神文明建设,倡导健康文明、和谐向上的生活方式。组织参加万人长跑、羽毛球、乒乓球比赛等活动。组织开展党员联万户"七一送温情"、"中秋送温暖"等活动。

(义乌市财政局供稿 杨云松执笔)

永康市财政工作

【概况】2007 年,永康市实现生产总值 211.50 亿元,比上年增长 14.9%,其中:第一产业增加值 6.12 亿元,增长 4.2%;第二产业增加值 140.59 亿元,增长 16.0%;第三产业增加值 64.80 亿元, 增长 13.6%。全市实现财政总收入 26.85 亿元, 增长 15.0%,其中地方财政收入 13.35 亿元,增长 14.2%;全市完成财政一般预算支出 13.74 亿元,增长 19.0%。全市实现当年财政收支平衡。

【培植财源组织收入】继续实施稳健的财政政策,调整财政支出方向,明确发展"总部经济"的财政激励措施。全年落实工业企业发展专项资金 8543 万元,主要用于工业企业技术改造、科技进步、品牌培育、信息化建设和外贸拓展等奖励和补助。市财政每年安排第三产业发展引导资金,扶持现代物流业、市场建设与培育、商贸流通业、旅游业、住宿和餐饮服务业、社区服务业等。全年兑现 2006 年"三产"奖励资金 353 万元,全市有 68 家企业(单位)获奖。依托财政、国税、地税相互协作机制,开展市场税收专项整治,首次进行"12 万元"个所税自行申报工作,先后对防盗门行业、建筑业、查账征收企业等 67 家企业进行纳税评估。通过优化税收收入结构,房产税等"地方七税"占地方税收的比例从上年的 47.3%上升到 2007 年的 55.4%。实行房地产税收一体化管理,入库"契税、耕地占用税"农业两税共 1.21 亿元,增长 95.4%。进行新版非税收入征收管理系统试点工作,重点抓好资源性、资产性政府非税收入,把行政事业单位出租资产租金收入等纳入财政监管范围,全年实现国有资源有偿使用收入 529 万元。

【优化财政支出】财政支出做到有保有压,重点保证事关民生的项目支出,把更多的财政资金投向公共服务领域,按照收支分类改革的支出科目统计,增长较快的主要项目有:城乡社区事务 6131 万元,增长 60.6%;环境保护 2712 万元,增长 31.5%;农林水事务 1.70 亿元,增长 28.5%;一般公共服务 2.48 亿元,增长 21.6%。制订出台《永康市部门预算项目支出管理暂行办法》,对部门预算编制标准、项目支出分类、申报条件和程序、财政审核要求、项目实施及监督检查等方面都进行明确规定。采用"金财工程"软件进行预算编制,开展公务员津补贴专项清理。规范残疾人就业保障金、企业退休人员社区管理经费、计划生育公益金的管理。由财政出资实施"政府买岗位"100 个、大学生任"村官"181 名。根据《永康市人民政府关于义务教育经费保障机制改革的实施方案》,提高义务教育阶段中小学日常公用经费保障水平。从 7 月 1 日开始提高最低生活保障救助标准,农村居民月标准从 145 元提高到 160 元, 城镇居民从 245 元提高到 270 元。实施《城镇居民基本医疗保险暂行办法》,对参保人员给予每人 150 元的财政补助。

【支持新农村建设】多渠道筹资支持农村 "三清四改"(清污、清障、清垃圾,改水、改厕、改路、改环境),其中投入农村饮用水安全工程项目建设资金 1.06 亿元。全年安排现代农业和土地开发资金 2200 万元、农村劳动力转移培训资金 500 万元。全市建成 13.15 万户种粮农户信息数据库。在标准农田建成区推行全程农机化管理,实行"分项目、分内容"落实农业品牌扶持资金,对鸡、鸭、鹅、生猪、大棚蔬菜、水稻等 6 种种养殖业实行农业政策性保险。整合财政支农专项资金 3.26 亿元,归并为三大类,重点支持 15 个综合项目。加快构建农村社会保障体系,继续向离任(退职)村正职干部发放补助款,市财政对每位参加新型农村合作医疗的农民补助额从 15 元增加到 30 元。全年拨付农民健康体检专项资金 300 万元、农村公共卫生服务专项资金 550 万元。

【完善乡镇财政体制】深化农村综合改革,完善"镇财市管镇用"模式,实施乡镇总会计应用软件修改方案,增加指标控制和项目控制功能。制定下发《永康市关于完善镇街区财政管理体制的补充通知》,加大收入增长与奖励挂钩的力度,盘活存量资产,完善财政转移支付制度,妥善处理乡镇债务。实行"核定基数、环比增长、增收奖励"办法。

【财政基础管理工作】将全市 104 家财政预算拨款的行政事业单位及 5 家市政府临时机构的财务纳入集中统一核算。开展新版非税收入征收管理系统首批试点工作。贯彻落实国有土地使用权出让收支管理办法,从原来的"财政专户管理"转变为"缴库管理"。新设"绩效评价科",制定《永康市财政支出绩效评价实施意见》及其实施细则。加强政府债务管理,对有关重点工程项目(包括续建、新建) 预算安排财政资金 8.73 亿元。全年组织政府采购 301 次, 节约资金 4439 万元, 资金节约率 12.67%。精心组织开展第三届全国会计知识大赛永康赛区选拔赛,全年办理会计从业资格证 1248 本。完成全市 28 户国有、城镇集体企业及地方金融企业 2006 年度年报年审工作,有 15 家非公大中型企业纳入报表编报范围, 有 54 家外资企业通过网上年检。

【国有资产集中整合】成立市加强国有资产管理、整合办公资源工作领导小组及办公室,抽调有关部门人员实行集中办公,进行国有资产清查、整合,涉及全市 272 家行政事业单位,统计资产总量为 59.37 亿元,负债总额为 18.05 亿元,净资产总额为 41.31 亿元。开展国有企业资产清查工作,全市 78 家国有企业资产合计 42.73 亿元,负债 25 亿元,所有者权益 17.73 亿元,资产负债率为58.5%。下发《关于加强行政事业单位国有资产处置管理的意见》、《关于全市行政事业单位出租资产实行公开拍租的通知》、《永康市行政事业单位国有资产管理办法》、《行政事业单位出租资产公开招租操作程序(试行)》等文件,制定永康市行政事业单位资产分布图,组建永康市国有资产经营管理有限责任公司,对资产实行分类管理。在12月首期组织了2个批次的行政事业单位出租用房经营权公开拍卖,平均年收益率同比增长分别为38.4%、21.7%。

【干部队伍建设】一是开展作风建设年活动。召开“作风建设暨总部经济工作动员大会”,开展“比工作态度、赛服务效果,比工作速度、赛服务效率,比工作质量、赛服务效益”的“三比三赛”活动。二是加强党风廉政建设。组织干部观看廉政教育片,定期发送“廉政短信”,举办“弘扬财税文化,推进廉政建设”廉政书画比赛作品展,开展“党员干部赌博问题专项治理”教育活动。三是在全局继续践行“服务零距离、流程零障碍、培训零收费、办事零差错、工作零投诉”和“进门有亲切感、咨询有信任感、办事有放心感、出门有满意感”(简称“五零四有”)服务工作目标。

(永康市财政局供稿 应建武执笔)

武义县财政工作

【概况】2007年,武义县实现生产总值83.82亿元,比上年增长16.3%,其中:第一产业增加值8.11亿元,增长6.2%;第二产业增加值48.36亿元,增长17.1%;第三产业增加值27.36亿元,增长17.9%。人均生产总值25256元,增长22%。全县实现财政总收入12亿元,增长34.8%,其中地方财政收入6.27亿元,增长38.1%;全县财政总支出8.91亿元,增长25.6%。全县当年财政收支平衡。

【支持地方经济发展】设立中小企业发展专项资金支持中小企业创业,重点扶持科技型、创新型、成长型中小企业发展,全年安排中小企业发展资金6940万元,扶持企业做强做大。对由县内城乡居民创办并从事五金机械、汽摩配等特色产业生产制造及为上述产业配套加工的家庭工厂给予政策扶持。扶持旅游、服务业等第三产业发展,县财政安排旅游和第三产业发展资金500万元,主要用于全县旅游规划编制、温泉品牌保护、旅游品牌整体形象宣传、商贸流通企业发展等。引导民间资金投向第三产业,推进第三产业发展。

【做大地方财政收入“蛋糕”】强化重点税源监控,及时分析收入与税源走势,调整征管决策。实行房地产税收一体化征收管理,对个人转让二手房征收土地增值税。对房地产业、建筑业等地方重点税源实施按工程项目管理,加强企业申报数据与建设、房管、招标等部门的信息比对工作。加强自建和出租厂房的税收管理,强化房产税、土地使用税等地方税种的征管。开展对税收贡献率偏低企业的调研,制定征管措施,加强部门协作,堵塞税收漏洞。深化“收支两条线”改革,加强非税收入管理,增强地方财力。当年全县营业税和地方七税分别入库14752万元和8819万元,分别增长49.7%和40.1%,两项合计占地税税收收入的比重为56.8%,提高0.31个百分点。地方财政收入占财政总收入的比重为52.2%,提高1.22个百分点。

【支持民生和社会事业发展】调整财政支出结构,加大对农业、教育、卫生、社会保障、环境保护等民生和社会事业发展方面的支出,促进和谐社会建设。在支持新农村建设方面,安排支农专项资金1665万元扶持现代农业发展;筹集5000万元资金全面启动“清泉工程”建设,解决农村人口饮用水困难;安排3000万元财政资金用于村庄整治和生态村建设;安排1000万元启动低收入农户奔小康工程。在支持社会事业方面,安排教育支出23783万元,增长31%;安排科技支出1541万元,增长22.1%;安排文化支出1548万元,增长45.4%;安排社会保障和就业支出5815万元,增长30.2%;安排环境保护支出2819万元,增长162%。

【加强财政监督管理】一是完善部门预算管理。把预算内外资金全部纳入部门预算,按照“两上两下”的程序编制预算,自觉接受人大监督。二是加强行政事业单位财务管理。全县进核算中心统一核算的单位143个。三是改革乡镇财政管理方式。建立乡镇财政管理中心,首批10个山区乡镇财政纳入中心统一管理。四是健全政府采购制度。执行采购预算制度,强化对政府采购的监督管理,完善内外并重的监督制约机制。全年执行政府采购金额5694万元,节约采购资金677万元,节约率10.6%。五是加强政府性投资项目管理。完善政府性投资项目管理办法,开展国有控股公司在建项目调查,摸清政府性投资项目的基本情况。加强政府负债管理,积极防范财政风险。六是加强对财政专项资金的监督检查,开展财政支出绩效评价工作。对38个项目开展绩效自评工作,涉及项目资金9788万元,并对农村合作医疗基金和医疗救助专项资金、环境自动监测网络建设资金、武阳中学和实验小学教育支出等项目资金进行重点绩效评价。全年清收财政周转金1246万元。七是开展行政事业单位财产清查和国有企业清产核资工作,加强国有资产监督管理。八是加强预算外资金管理。强化土地出让金监管,出台《武义县国有土地使用权出让收支管理办法》,全县所有的土地出让金收入全部纳入政府性基金收支预决算管理。九是加强会计监督管理。开展会计信息质量检查,对违反会计法规的行为提出限期整改。组织参加全国会计大赛。组织会计从业资格、专业技术资格考试工作,加强会计人员后续教育。

【强化干部队伍建设】围绕“转变作风、提升素质、优化服务、树立形象”的主题,开展“作风建设年”活动。开展以读“一本好书,写一篇心得体会,钻一门业务知识,写一篇调研报告”为内容的“四个一”读书活动,在全系统营造浓厚的学习氛围。加强干部教育培训,以学习十七大精神为重点推进理论教育,全年举办干部教育培训24期,累计培训1356人次。开展扶贫帮困活动,全局干部与166户低收入农户、特困党员、低保户结对扶持。抓好机关效能建设,提高工作效率。加强党风廉政建设,夯实党员干部拒腐防变的思想防线。组织干部开展各种业余活动。

(武义县财政局供稿 郑华忠执笔)

浦江县财政工作

【概况】2007年,浦江县实现生产总值93.43亿元,比上年增长15.1%,其中:第一产业增加值5.23亿元,增长4.9%;第二产业增加值58.84亿元,增长15.1%;第三产业增加值29.36亿元,增长17.4%。第一、二、三产业结构调整为5.6:63:31.4。全县完成财政总收入10.71亿元,增长24.1%,其中地方财政收入5.69亿元,增长25.9%;全县完成财政支出7.05亿元,增长28.9%。全县实现财政收支平衡。

【支持经济发展】综合运用税收、财政补助等政策手段,促进产业结构调整和优化升级,推进经济发展方式转变。加大对工业企业引进先进技术装备、开拓国际市场等方面的扶持力度,推进企业自主创新和加快外向型经济发展,兑付工业科技发展扶持资金3587万元;加大第三产业扶持力度,设立文化旅游发展专项资金,促进以旅游业为龙头的服务业发展,重点支持"江南第一家"景区建设、"上山遗址"保护发掘、第五届书画节等项目,拨付文化旅游发展专项资金1000万元;加大农业综合开发投入,支持农业基础设施建设、农业科技创新、高效生态农业和农民专业合作社发展,推进农业产业结构调整。

【强化收入征管】加快税收征管信息化建设,全面建立数据采集、税源监控、税收分析、纳税评估、税务稽查"五位一体"的税源管理模式,开通"一户通"电子缴税系统,提高税收征管质量和效率;建立财政、国税、地税联动考核机制,促进收入增长和结构优化;以优化收入结构为目标,开展城区出租房房产税、浦江开发区和各工业功能分区契税、企业印花税等专项清理活动,实行房地产税收"一体化"管理,增加地方政府可用财力;实行非税收入分类规范管理和收支绩效考核,提高非税收入征缴率;推进社会保险费"五费合征",全年社保基金收入17835万元,增长37.1%;出台《浦江县国有土地使用权出让收支管理办法》,加强国有土地使用权出让收入征收管理,全年共收缴土地出让金5.10亿元。规范行政事业性收费管理,全年收入11376万元,增长6.5%。优化财政收入结构,地方财政收入占财政总收入的比重达到53.2%,比上年提高近1个百分点。

【促进和谐社会建设】强化财政公共服务职能,调整优化支出结构,着力解决人民群众最关心、最直接、最现实的教育、社会保障、医疗卫生、平安建设等方面的问题。加大教育事业投入,全年预算内外教育支出2.67亿元,其中预算内支出1.98亿元,增长23.9%,重点用于学校布局调整和基础设施建设,拨付浦江中学新校区搬迁建设费、浦江职业技术学校迁建前期经费、浦阳一小迁建等工程款9949万元;加大社会保障投入,提高城乡最低生活保障标准和困难群众医疗救助筹资标准,拨付被征地农民生活保障金和再就业补助资金,落实困难群众物价补助资金,完善集中供养制度,全年社保资金支出3655万元,增长34.2%;加大医疗卫生事业投入,完善城乡公共卫生服务体系,提高新型农村合作医疗筹资标准,全年医疗卫生事业支出4624万元,增长23.5%;支持"平安浦江"建设,完善司法救助经费投入机制,建立司法救助专项资金,保障困难群体合法权益。

【支持新农村建设】调整和完善财政支农政策,拓宽资金筹集渠道,加大"三农"投入。全年预算内外"三农"资金支出2.69亿元,其中预算内用于农村建设的资金1.06亿元,增长54.9%。推进城乡一体化发展,拨付53个村庄整治资金1342万元;解决农民饮水难问题,拨付128个村甘泉工程资金3142万元;实施前吴袅溪山区中低产田改造、大楼溪山区小流域治理项目,落实农业综合开发资金1296万元;支持农用地和建设用地复垦,拨付土地整理资金4143万元;支持通济桥水库除险加固、"千库保安"等水利工程建设,水利建设资金支出3792万元;发展高效生态农业,扶持农业龙头企业和农民专业合作组织,农业发展基金支出617万元;落实农村义务教育经费保障机制,义务教育免收杂费资金支出475万元,农村中小学"四项工程"资金支出1345万元,增长54.6%;帮助农村富余劳动力转移再就业,农村劳动力素质培训工程专项经费支出148万元;研究出台《关于支持社会主义新农村建设有关税收政策的通知》,明确发展高效生态现代农业、加快发展新农村社会事业等方面的税收减免政策,引导社会资本流向农村,参与新农村建设。

【深化财政改革】深化部门预算改革,细化预算编制,改革政府收支分类科目,实行人员经费按实列支,公用经费定额包干,项目支出从细安排,预算内外统一拼盘的预算编制原则,实现预算编制的公开、公平、规范;加快推进农村综合改革,全面实施新一轮乡镇(街道)财政体制及浦江开发区财政管理方式改革,扩大"乡财乡用县管"范围;启动公益事业市场化管理改革,以城市公共绿地养护为起点,实行公开招投标,完善"花钱买服务、办事不养人"的财政资金管理办法;加强专项资金管理,基本支出和专项支出实行分户核算,项目专项支出专款专用;加强土地出让金收支管理,对土地出让金的收支程序、范围、违规处罚等方面作出明确规定,明确收购、转让划拨土地使用权资金的收付标准;加强工会经费管理,规范工会经费的来源和使用范围。

【强化财政监督】加强政府负债管理,按照"适度举债、讲求效益、加强管理、规避风险"的要求,控制举债规模,改善债务结构,防范财政风险。出台《关于加强乡镇(街道)政府性债务审批管理的通知》,对乡镇(街道)的举债行为、预算管理、审批程序作出严格规定;严格基建项目评审,参与工程前期工作,做到关口前移,全年审核项目120个,审核金额3.15亿元,核减资金3893万元,平均核减率为11%;对农村中小学"四项工程"资金、医疗救助资金、垃圾填埋场排污工程、工业科技发展扶持资金等项目开展绩效评价,提高财政资金使用效益;加强公共卫生资金管理,对农民健康体检补助资金进行检查,追回虚报补助资金。

【加强国有资产监管】抓好基础管理工作,完成全县企业国有资产产权登记年检工作;开展国有企业财产清查活动,摸清经营性国有资产现状;加强企业经营目标责任制考核,对全县国有企业经营目标责任制考核进行审批,规范国有企业工作人员奖金福利发放;严格资产界定,对县建设局下属两家企业进行国有资产界定,防止国有资产流失;加强行政事业单位国有资产处置、租赁管理,加强资产配置、使用、处置等环节的监督管理。

【加强队伍建设】一是开展"创业富民、创新强县"大讨论活动、"走进矛盾,破解难题"、"双千双百"、"学义乌、创三新"等等一系列专题活动,推动创业创新;开展税收业务知识考试,提高业务知识水平。二是加强制度建设,增强制约机制,在完善以往年度考核办法的基础上,强化工作目标责任制考核;成立税收执法责任领导小组,严格税收执法程序,提高执法质量;开展涉企中层民主评议活动,推进效能建设,改进工作作风。三是继续开展星级服务窗口和优质服务标兵评选活动,组织参加全国第三届会计知识大赛金华赛区比赛、县"创业创新"演讲比赛等活动;在全县机关部门工作目标责任制考核和人大代表测评部门满意度工作中名列前茅,荣获省级"青年文明号"、浙江省职工职业道德建设"示范班组",金华市"三八红旗集体"等一系列称号,通过全国"巾帼文明岗"的验收;继续组织书画、摄影、健身等兴趣小组参加市、县举办的竞赛评比活动,增强干部队伍凝聚力。

(浦江县财政局供稿 金晨旦执笔)

磐安县财政工作

【概况】2007 年,磐安县实现生产总值 33.59 亿元,比上年增长 14.4%,其中:第一产业增加值 5.26 亿元,增长 4.9%;第二产业增加值 18.67 亿元,增长 17.5%;第三产业增加值 9.66 亿元,增长 14.1%。一、二、三产业增加值占 GDP 的比重为 15.6:55.6:28.8。人均生产总值 16167 元,增长 17.5%。全县完成财政总收入 4.36 亿元,增长 20.9%,其中地方财政收入 2.25 亿元,增长 21.1%;完成财政支出 5.97 亿元,增长 25.3%。全年财政实现收支平衡。

【培植财源】一是落实支农惠农富农政策。财政预算内支农支出 6767 万元,增长 26.4%,重点支持农民培训、农村道路、农田水利、农村饮用水、下山移民、土地整理、示范整治、农业综合开发、农业品牌和产业化建设等项目。二是加大创业创新政策扶持。县财政安排资金 1800 万元支持金磐开发区、磐安工业园区、新城区等创业平台建设,促进产业集聚提升;兑现工业发展激励资金 730 万元,助推企业技术创新、品牌创优和做大做强,增强核心竞争力;落实税收扶持政策,合计减免税收 606 万元。三是支持第三产业发展。贯彻执行加快发展商贸流通业、房地产、旅游业、农家乐等一系列政策,发挥资金、政策的引导作用,推动经济结构调整和发展方式转变,夯实地方财源发展基础。

【组织财政收入】一是加强各项税收征管。对企业所得税实行最低税负率控制,制定和完善行业税收征管办法和措施,全面推行个人所得税全员申报和年所得 12 万元以上个人所得税自行纳税申报,加大对高收入群体的税收监管;对政府性建设项目实施动态监控,启动企业房屋建筑业税收专项整治,开展饮食业、房地产业税收专项检查,加强行业发票管理,加大"以票管税"力度;加强小税种征管,车船使用税实行委托代征,资源税改核定征收为委托代征扣缴,清理和补征土地使用税;推进税收征管信息化建设,提高税收征管能力和效率。二是加强农业税收征管。执行农业两税"先税后征"管理办法,推行房地产税收一体化管理,开展农业税收专项清理工作,耕占税、契税收入分别完成 563 万元和 438 万元,分别增长 212.8%和 14.7%。三是加强非税收入征管。制定出台社会保险费"五费合征"实施方案,规费征管实行税收化模式,全年完成社会保险费、教育费附加等其他收入 9602 万元,增长 20.9%。完善非税资金收支预算制度,制定《土地出让金收支管理办法》,加强非税收入管理,全年完成政府性基金、土地出让金等非税收入 1.88 亿元,增长 22%。

【推进社会事业发展】一是推进教科文事业发展。落实城乡义务教育阶段免收杂费政策,完善贫困学生资助体系,提高中小学校公用经费保障水平,实施学校标准化建设,支持教育创强。教育支出 1.41 亿元,增长 25.5%,其中对中小学减免杂费补助资金 425 万元,受益学生 19340 名;安排中小学生营养餐、教育券补助资金 309 万元,受益学生 13727 名;落实中职学生助学金、营养餐等困难补助资金 175 万元,受益学生 779 名。科技投入 1246 万元,增长 51.4%,支持科技创新以及科技成果的转化和应用。文化体育与传媒支出 1972 万元,增长 63.8%,支持古茶场保护、农村文化繁荣、广播电视村村通等工程建设。二是推进"平安磐安"建设。公共安全支出 4730 万元,增长 19.4%,用于加大对公检法司等部门的财政投入,支持政法部门增强办案能力。环境保护支出 2546 万元,增长 70.3%,支持创建省级生态县建设,促进环保事业的发展。

【保障和改善民生】加大社会保障资金投入,支持社会保障体系建设,落实失地农民基本生活保障、新型农村合作医疗、城市和农村医疗救助、就业再就业、城市和农村低保等财政补助资金分别为 305 万元、727 万元、128 万元、440 万元、517 万元,有 2406 名失地农民、5637 名新型农村合作医疗参保群众、506 名医疗救助对象、1317 名就业再就业人员和 4966 名低保人员受益。加大医疗卫生支出力度,医疗卫生支出 2728 万元,增长 13.1%。制定《外来务工人员综合社会保险财务和会计制度》,推进外来务工人员综合社会保险工作。全年下拨救灾款 331 万元,使"韦帕"、"罗莎"两次台风过后的灾后重建工作顺利进行。

【财政改革】一是深化财政管理制度改革。一级预算单位全面推行政府收支分类、部门预算和国库集中支付制度改革。实施"乡财县管、校财县管、医财县管"改革,启动"金财工程"一期建设,财政部门和 80 余个单位实现联网。政府采购"采、管"职能全面分离,扩大政府采购范围和规模,并试行源头采购。二是推进国有资产管理制度改革。开展国有资产清查,加大国有资产集中管理的力度,缓解政府性融资抵押物的瓶颈问题。拓展国有资产经营。国有资产经营公司、交通发展公司、旅游发展公司三个融资公司的注册资金从 3700 万元扩大到 2.1 亿元,增强政府性融资公司的实力。三是探索科学理财增效新途径。通过开设财政集团账户,对部分财政间歇性资金实行统一集中管理,调整财政存款分布,对县财政性资金实行存贷挂钩考核。通过整合调度财政间歇性资金,解决磐安中学、县广电局等单位的贷款5000多万元。

【财政监管】一是加强财政资金使用管理和监督检查。加强财政资金支出的监督管理,规范各单位的财政资金支出行为,财政性项目和政府采购分别核减支出1205万元和819万元。以独立检查和联合检查的方式,对13个单位及项目开展会计信息质量和财务收支专项检查,共收缴违纪款20万元。二是组织开展财政支出项目绩效评价。组织各个项目单位具体经办人员开展业务培训,增强实施项目单位“要钱不能随意、花钱要讲效益”的绩效理念,规范操作程序,共对10 个项目实施跟踪问效。

【队伍建设】一是建立和完善内部管理制度。健全人、财、物、事、督五个内部管理制度,修订《内部管理制度汇编》分发给每个干部。二是加强思想政治教育。以“作风建设年”活动和“创业富民,创新强县”大讨论为载体,开展思想作风教育整顿;以各党支部“微型学堂”为平台,坚持“每月一课”学习辅导制度,开展社会主义荣辱观、八个方面良好风气、党的十七大精神、省第十二次党代会等政治理论学习。三是开展各项专题活动。开展“作风建设年”、“创建群众满意基层站所”、“涉企中层岗位评议”等活动,在完善岗位目标责任制、党工团妇活动、财税干部职工工作规范等管理制度的基础上,健全和强化财税管理、执法、服务考评机制,激发财税干部参与创建活动的积极性。四是深化机关效能建设。坚持首问责任制、限时办结制等服务承诺制度,建立和健全监督检查、督查督办、财务管理等工作制度,促进各项工作的提速增效。五是加强党风廉政和预防职务犯罪教育,完善惩防体系,加大内外监督力度,完善以教育强自律、以监督防蜕变的防腐倡廉工作机制。 (磐安县财政局供稿 张 纲执笔)

衢州市财政工作概况

衢州市财政工作

【概况】2007年,衢州市实现生产总值468.18亿元,比上年增长15.5%,其中:第一产业增加值57.74亿元,增长4.9%;第二产业增加值239.67亿元,增长19.2%;第三产业增加值170.77亿元,增长14.5%。三次产业增加值结构调整为12.3:51.2:36.5。人均生产总值为18940元,增长15.0%。全社会固定资产投资317亿元,增长15.9%。社会消费品零售总额179.45亿元,增长16.6%。进出口总额10.61亿美元,增长65.8%,其中:出口7.22亿美元,增长55.7%;进口3.39亿美元,增长92.3%。市区城市居民人均可支配收入16388元,增长12.7%;农村居民人均纯收入6071元,增长13.3%。全市财政总收入48.91亿元,增长27.3%,其中地方财政收入29.35亿元,增长24.8%;市本级财政总收入25亿元,增长27.5%,其中地方财政收入14.42亿元,增长23.6%。全市财政支出55.51亿元,增长25.5%,其中市本级25.13亿元,增长26.4%。全年财政收支平衡。

【支持经济发展】调度2亿元财政资金用于开发区、园区和乡镇工业功能区建设,支持企业做大做强。落实中央和省市税收优惠政策,全市办理退付增值税5051万元,依法为纳税人减免税费1.14亿元,办理财产损失和企业技术开发费税前扣除6745万元。贯彻落实出口退税政策,支持开放型经济发展,全市共办理出口退税4.41亿元。以支持农业基础设施建设、农业结构调整、农业综合开发、农民技能培训和农业社会化服务体系建设为重点,加大农林水投入,全市农林水事务支出6.14亿元,增长28%,其中市本级2.17亿元,增长55.4%。全市投入6312万元,完成7.4万亩的土地治理建设任务。支持农产品基地建设,全年新增农产品基地34个,认定面积7万亩。落实能繁母猪补助、"订单粮食"价外补贴以及种子种苗、农机具购置等补贴补助政策,全市兑现粮农综合直补资金2955万元,168万农民受益。以旅游休闲业、现代物流业、职业教育和技能培训业、家政服务业为扶持重点,发挥财政资金导向作用,投入服务业发展引导扶持资金1850万元,促进第三产业发展。

【组织财政收入】出台《进一步加强税费征管工作的实施意见(操作版)》,被省地税局作为典型在全省推广。依托《税友2006》,加强税收和非税收入的精细化管理,促进收入增收。加强重点税源监控,实行季度收入分析制度,全市纳入监控的重点纳税企业1260家。将土地增值税预征率从1%提高到2%,完善房地产税收一体化制度,全市房地产业税收增长36.7%。落实新土地使用税和车船税政策,全市土地使用税和车船税收入分别增长57.3%和36.4%。组织对历年土地契税和耕地占用税进行清缴,全市契税收入和耕地占用税收入分别增长50.4%和45.6%。坚持以查促管,全市共检查纳税户732户,查补税(罚)款3003万元,其中:市本级共检查纳税户277户,查补税(罚)款2228万元。完善社保费"五费合征"工作,将工会经费、残保金纳入《税友2006》社保费管理模块实行"七费同基"。

【保障重点支出】按照公共财政要求,调整优化支出结构,加大民生和各项重点工作投入。全市财政民生支出38.98亿元,占财政支出的70.2%,增长30%。一是加大"三农"投入。全市财政预算内外"三农"投入16.18亿元,增长51.7%,支持改善农村生产生活条件和新农村建设。二是加大社会保障体系建设投入。提高养老金标准,全市50321名企业离退休人员养老金按时足额发放;建立新办企业和企业低收入职工基本养老保险补贴制度,693名低收入职工获得基本养老保险补贴;对城乡低保对象及特困职工进行物价补贴,提高低保标准,全市5.44万人纳入低保范围,低保支出6229万元,增长78%。支持就业再就业工作,就业和再就业财政支出1252万元。三是加大城乡社会事业发展投入。全市教育支出13.61亿元,增长26.9%。全面实施义务教育阶段学生免除杂费政策,全市24.21万名学生免除杂费5381万元。投入7348万元对51所中小学校进行食宿改造,资助家庭经济困难学生1.07万人次,补助爱心营养餐10.82万人次。加大卫生事业投入,提高公共卫生保障和服务水平,全市医疗卫生支出3.3亿元,增长19.3%。加大公共文化事业投入,全市文化体育与传媒支出1.32亿元,增长44.0%,促进文化事业和文化产业发展。加大生态环保等事关长远发展投入,全市环境保护支出2.05亿元,增长92.5%;公共安全支出4.82亿元,增长25.1%。

【深化财政改革】深化部门预算改革,全面实施政府收支分类改革,首次将民政、农业、科技、教育四个部门预算提交人代会审查;启用部门预算编制软件,应用预算指标管理信息系统,提高预算编制和管理水平。开展国库集中收付改革的各项准备工作,制定改革方案、管理办法等相关规定,为实施国库集中收付改革打下基础。出台财政支出绩效评价工作实施意见等相关制度,推进财政支出绩效评价工作,市财政共对42个财政专项支出项目进行绩效评价,涉及财政资金2.20亿元。推进政府采购制度改革,拓宽协议供货范围,协议供货和定点采购的项目从原来的4个扩大到11个。全市政府采购合同金额7.78亿元,资金节约率15.9%。深化收支两条线管理改革,市级除医疗机构外235个单位的非税收入和往来款纳入财政专户管理;落实规范国有土地出让收支管理制度，土地出让收入缴入国库管理。加强农村综合改革的指导和督促，农村综合改革持续取得实效。加快“金财工程”建设，提高财政管理的信息化水平。

【加强财政监管】全面梳理行政许可审批事项，清理行政执法依据340项、非行政许可审批事项22项，并在网上进行公告。全面清理1993年以来的规范性文件，共清理出规范性文件69个，保留59个。开展“五五”普法，完善行政执法责任制，规范财政执法行为，推进依法理财工作。坚持以制度管人管事，完善内部管理，出台《市政府专项资金管理信息公开办法》、《科学民主决策制度实施办法》、《国库资金拨付管理办法》、《涉企财政专项资金申报制度》等相关制度，实行财政资金和处室经费统一集中管理。加强彩票公益金监管，全年实现彩票销售收入3.04亿元，筹集公益资金2410万元。加强对住房公积金监管，全年归集住房公积金3.17亿元，发放贷款2.69亿元。加强政府性债务管理，首次编制和执行市直国有投资公司(单位)债务收支计划，控制政府性债务规模。加强基本建设预算编制和执行，市本级安排基本建设预算资金2.52亿元，项目57个，全年直接支付项目资金1.85亿元。加强财政性投资基本建设项目的审价管理，全市净核减1.61亿元，核减率11.4%。组织对41家企事业单位的会计信息质量进行检查，补缴各项财政收入1596万元；组织对支农专项资金管理使用情况进行专项检查，检查项目51个，涉及专项资金1424万元；组织对全市财政资金管理情况进行专项检查，共检查各类资金34780笔，涉及资金总额207.6亿元，促进财政资金管理进一步规范。开展会计人员继续教育培训，提高会计人员素质，夯实财政财务工作基础。全市新办会计从业资格证1577人，持证会计人员19095人。组织做好全国会计知识大赛衢州赛区各项工作，全市2.7万人参加大赛，获省财政厅特别组织奖。

【国有资产管理】全面完成行政事业单位资产清查和专项检查。至2006年底，市本级265家行政事业单位资产总量39.92亿元，负债16.37亿元，净资产23.55亿元。以资产清查为契机，组织对各行政事业单位资产管理情况进行全面清理。制订行政事业单位国有资产管理暂行办法。强化经营性国有资产监管，以国有企业董事会、监事会换届为契机，全面参与国有企业重大事项研究与决策，加强对企业负责人的管理。完善国有资产管理制度，制定《经营性国有资产部门托管责任制实施办法》，明确主管部门职责，规范企业国有资产监管。落实企业经营者年薪制和工效挂钩办法，完成衢州日报社、衢州广电总台、市自来水总公司2006年度经营责任制考核工作。加强市直国有投资公司管理，制订市国有资产经营有限公司及其子公司会计核算办法，规范投资公司会计核算行为。做好新的政府投资公司的组建工作，做大融资平台。组织对市国资公司接管的国有资产进行公开转让和出租，盘活存量资产7000余万元。

【干部队伍建设】开展“机关干部作风建设年、投资发展环境提升年”活动，促进干部思想作风、工作作风的转变。加强学习型组织建设，坚持定期学习制度，组织开展各类政治理论学习16次，组织干部培训13期，培训干部1950人次；首次与扬州税务进修学院合作举办培训班，全系统50多名处(科)长参加培训，市局被市委学习办评为学习型机关。加强信息和调研，全年报送信息1500余篇，完成调研报告150多篇。支持干部参加学历教育和职称考试，市局本科以上学历干部230人，占78.5%，比上年提高6.5个百分点；中级以上职称128人，占43.7%，比上年提高7.4个百分点。落实党风廉政建设责任制，做到一级抓一级，层层抓落实。组织开展争先创优活动，取得成效，市财政局全年获市以上各类单项和综合先进单位奖项54个，获市以上单项和综合表彰先进个人34人次，其中刘小聪同志获“全国五一劳动奖章”，获“省级劳动模范”等荣誉称号。

(衢州市财政局供稿 郑成岗 许建华执笔)

衢州市柯城区财政工作

【概况】2007年，柯城区实现生产总值41.16亿元，按可比价计算，比上年增长14.5%，其中：第一产业增加值7.40亿元，增长5.8%；第二产业增加值12.30亿元，增长19.0%；第三产业增加值21.46亿元，增长15.3%。三次产业增加值占全区生产总值比重分别为18.0%、29.9%和52.1%。全区财政总收入2.80亿元，增长26.4%，其中地方财政收入1.88亿元，增长20.8%；全区财政总支出4.62亿元，增长37.2%。全区财政收支平衡。

【支持经济发展】一是加强对企业技改项目财政贴息资金申报和管理，加大技改贴息支持力度，安排创业创新、技术改造等科学技术支出1077万元，比上年增长9.0%，推进全区经济结构调整和产业升级。安排重大项目前期经费、招商引资项目经费，做大做强支柱产业。二是优先保障重点项目支出，支持经济增长方式转变，全年共调度7826万元资金，支持园区平台建设。三是发挥担保公司为中心企业信用担保作用，扶持中小企业发展。四是落实各项财政优惠政策，办理再就业税收优惠政策的认定，兑现外贸出口、农业龙头、高新技术企业的财政奖励，培育经济增长点。

【强化收入征管】一是配合税收征管部门加强税收征管，一方面，加强税源调研分析，加大对重点企业、重点建设工程的监控力度；另一方面，完善政府收入目标考核机制，调动各乡(镇、街)和园区组织收入的积极性。坚持抓大不放小，堵塞收入征管漏洞，尤其是配合税收征管部门做好个人所得税申报和税法宣传等工作，依法征管，应收尽收，实现财政收入稳步增长。二是推行和完善“单位开票、银行代收、财政监管”的征收模式，提高非税收入征缴率。全年全区政府非税收入4.16亿元，下降10.2%。三是加强社会保险费收入征管，建立欠费情况通报等征收信息的反馈联系制度，推进养老保险金全覆盖工作，全年共征收养老保险金5791万元，增长36.8%；失业保险金588万元，增长204.3%，做好职工基本医疗保险及大病医疗补充保险费的征收工作，全年征收职工基本医疗金及大病医疗统筹费2966万元。

【优化支出结构】科学界定财政支出范围，在确保工资等刚性支出的前提下,继续加大对教育、科技、卫生和社会保障等方面的投入,推动全区各项社会事业健康发展。全年教育支出1.87亿元,增长51.2%;公共卫生支出2155万元,增长31.6%;科技支出791万元,增长14.1%。建立健全社会保障资金多渠道筹措机制,按照社保基金"地税征收、财政监管、社保支付"的管理模式,提高支付能力,当年全区财政社会保障支出2263万元,占财政支出比重为4.9%。整合政府资源,新增财力重点向民生领域倾斜,全年财政用于民生支出2.31亿元,财政民生支出占比49.9%。同时,坚持"控压保"三字原则,优化财政支出管理,控制行政管理费支出,压缩会议费、招待费、差旅费等一般性财政支出,倡导节约型社会建设。

【支持新农村建设】一是继续加大对农业的投入,区财政农、林、水支出6574万元,增长163.5%。二是落实粮食生产直接补贴政策。采用"一卡通"发放农户种粮补贴70万元。为实现对粮食补贴的动态管理,建立6万余农户粮食生产直接补贴的基本信息统计库。三是加大农业综合开发力度。推进标准农田建设,实行低产农田改造;扶持效益农业和农业产业化的发展,加强农业科技推广体系建设;支持"十村示范,百村整治"、下山脱贫等农村基础设施建设。四是支持农村各项社会事业发展。全年安排农村中小学生均公用经费735万元,投入900万元资金实行教育布局调整;落实好农村公共卫生及突发事件控制经费;做好部分农村计划生育家庭奖励扶助工作,为全区620名符合奖励扶助条件的计划生育家庭发放奖励扶助资金37.2万元;推进农村社会保障体系建设,包括完善新型农村合作医疗制度,保障被征地农民的基本生活,建立重点优抚对象优抚标准自然增长机制,城乡低保户实现应保尽保。

【推进财政管理改革】一是完善乡镇(街)财政管理体制。结合市与区财政管理体制,对乡镇(街道)实行"划定范围、核定收支、超收分成、短收赔补、一定四年"的财政管理体制,并按照"预算共编,账户统设,集中收付,采购统办,票据统管"的要求,做好"乡财区管"工作,提高财政资金使用效益和乡镇(街道)理财水平。二是推进政府收支分类改革。按照政府收支分类改革方案,组织相关人员进行培训,进行预算科目和数据的转换工作。三是规范财政项目资金管理。完善财政资金运行内控制度,明确资金拨付流程、拨付依据、审批权限、拨付工作职责,做到资金拨付有序、安全。四是完善会计集中核算制度,提高会计核算质量。完善单位财务收支稽审制度,建立单位经费使用预警制度,做好部门单位的财务收支监管工作。会计核算中心全年共纠正各种不规范原始凭证450余笔,拒付不合理开支212余万元,规范随意发放津补贴76余万元,拒付应列入政府采购而擅自办理的业务3笔。五是继续深化政府采购制度改革。规范政府采购行为,严格招标程序,严格协议供货、部门集中采购及部门(单位)自行采购审批制度。全年全区采购金额1243万元,资金节约率10.6%。

【强化财政监督】一是开展财政支出绩效评价工作。建立财政监督绩效评价业务科室,明确职责;出台绩效评价操作规程、内部协调工作制度。按照"先易后难、由点及面、稳步推进"的原则,对2006年度区本级财政支出超过50万元的项目进行疏理,区人武部新办公楼营院建设等5个项目单位均按要求完成自评工作。二是开展"财政支农资金管理年"活动。以确保支农资金"规范、安全、有效"为主题,通过"制度清理、重点检查、献计献策、总结巩固"四个阶段活动的开展,各乡镇以及涉及财政资金的农林水等部门已对2004年底支农专项资金结余数、2005—2006年省、市、区财政支农专项资金进行自查,并对农业产业化、农民专业合作社组织等25个项目进行重点检查,其中19个项目已通过省级审计。三是完成全区104家行政事业单位的资产清查工作,摸清行政事业单位"家底",为资产管理基础数据库提供初始数据。参与企事业单位改制,做好国有资产的监管和服务工作。四是开展行政事业单位非税收入票据清理,核销各类财政票据34919本。五是规范行政事业性收费行为,会同区属有关部门及时公布取消各项行政事业性收费项目,公布行政事业性收费项目和标准,各执收单位建立收费公示制度,规范行政事业单位收费行为。六是开展内查工作。对2004—2006年度预算外资金、财政专项资金、"三农"资金的管理和使用情况进行内部专项检查。

【加强干部队伍建设】一是推进机关干部思想作风建设。按照"学习动员、统一思想,转变作风、落实责任,建章立制、巩固深化,总结经验、争先创优"四个阶段,采取召开一次动员会,组织一次大讨论,开展一项调研,制定一份整改方案等多种方式,开展"机关干部作风建设年、发展环境提升年"活动。二是推进"学习型机关"建设。抓好干部全员学习培训工作,学习贯彻党的十七大精神,开展财政课题调研,全年有12篇调研课题分别获省市财政学会一二三等奖。组织干部学习财政法律、法规,参加区法制部门开展的市场经济理论培训。组织参加第三届全国会计知识大赛,获得衢州赛区第一赛程第一名。三是推进机关党风廉政建设。坚持自律与他律、教育与管理相结合,增强教育的针对性、有效性。层层签订党风廉政建设责任书,做到一级抓一级,层层抓落实。对本部门治理商业贿赂开展情况进行一次"回头看",并制订财政内部管理的长效机制。2007年度区财政局在全区所有部门联评中获前三名,并先后荣获"和谐好班子"、社会经济发展争先考核先进单位等荣誉称号。

(衢州市柯城区财政局供稿 徐良书执笔)

衢州市衢江区财政工作

【概况】2007年,衢江区实现生产总值53.55亿元,比上年增长14.2%,其中:第一产业增加值12.75亿元,增长6.2%;第二产业增加值24.15亿元,增长19%;第三产业增加值16.65亿元,增长14.4%。三次产业占比调整为23.8:45.1:31.1。人均生产总值13379元,增长18.5%。全区财政总收入3.47亿元,增长20.4%,其中地方财政收入2.09亿元,增长20.9%;全区财政总支出5.82亿元,增长37.6%。全年财政收支平衡。

【支持经济发展】一是支持工业主导特色产业,全年兑现财税优惠政策2600万元、安排财政贴息1000万元、工业发展基金300万元。全区规模企业新增5家，亿元企业10家，规模企业实现产值41.3亿元，增长28.6%，规模企业占工业总产值56.2%。安排科技创新专项资金400万元，实施国家科技项目1个、省级19个、市级3个。新增省高新技术企业1家、省级中小企业技术中心2家，开发省级新产品15个，获国家专利授权32项。新增省名牌和省著名商标2个。二是支持绿色特色农业。全年区级财政支农支出2929万元，增长45%。支持农业基础设施、农业综合开发、“粮、橘、竹、猪”传统优势产业和绿色特色农业发展。全区粮食生产面积48.5万亩，总产量18.6万吨，被评为全国粮食生产先进县。建成畜牧生态化养殖小区15个，规模化生态化生猪养殖水平超过42%，生猪存栏、出栏数分别增长15.2%和14.8%，被确定为全国生猪调出大县。建成现代农业示范区3个、柑橘生产示范基地1.3万亩、毛竹高效经营示范基地1.8万亩、培育绿色特色农产品基地3.9万亩。新增无公害农产品6个、绿色和有机食品3个。新发展农业龙头企业35家，省、市级农业龙头企业32家。新培育市级规范化专业合作社26家。三是促进第三产业。支持物流业、特色旅游业、房地产业发展。新建改造城区农贸市场3个，实现“千镇连锁店、万村放心店”全覆盖。新增“农家乐”特色村(点)12个，全年接待游客105.8万人次，旅游总收入5.5亿元，增长22.8%。房地产开发投资2.15亿元，增长29.4%，商品房销售面积7.1万平方米，交易额1.7亿元；建筑业产值13.2亿元，增长56.7%。

【强化收入征管】加强国税、地税部门的工作协调，完善政府税收目标责任制，调动各征收部门的积极性。坚持抓大不放小，在加强增值税、营业税、企业所得税、个人所得税等主体税种征管的基础上，强化矿产资源税、城镇土地使用税、印花税、土地增值税征管，开展餐饮、重轻钙、砖瓦等行业纳税评估和税收查补工作。加强耕地占用税、契税税源调查与分析，依法强化征管，确保应收税款及时足额入库。坚持“以票管费”，充分运用CFS系统，强化监管，规范征缴程序，强化非税收入征管。全区财政收入规模扩大，收入结构优化，地方财政收入占财政总收入比重为60.1%，提高0.24个百分点，财政总收入占GDP比重提高0.3个百分点。

【保障重点支出】优化财政支出结构，统筹政府财力，确保改善民生等各项重点支出的需要。一是支持社会事业发展。全年区级财政对教育、医疗卫生、科技、文化等的支出分别为1.28亿元、2614万元、1078万元、479万元，分别增长13.5%、42.1%、32.6%、10.1%。新增农村教育“四项工程”支出3934万元，完成中小学食宿改造面积1万平方米及衢州三中新校区、樟潭中心小学迁建一期主体工程建设，启动实验中学扩建二期工程建设。新创建教育强乡镇6个，成功创建省级教育强区。推进公共卫生建设，区疾控中心综合楼投入使用、区妇保院医疗保健院结顶、农村卫生院改造全面完成并建成社区卫生服务中心(站)60家。发展文化事业，区文化馆(青年少年活动中心)开工建设；新建乡镇文化站5个、100平方米以上村级文化活动室36个；全区行政村和20户以上集中居住自然村广播电视联网率100%，有线电视入户率达69%。二是保障社会保障资金需要。全年社会保障和就业支出4531万元，其中区级财政支出2937万元，增长25.5%。低保家庭子女全部免费入学，农村中小学家庭困难学生资助面扩大。低保、五保集中供养及新型农村合作医疗在提高标准的基础上实现扩面，新增低保对象1107户22 71人。农村“五保”人员、城镇“三无”人员集中供养率分别为85.5%和96.7%；新型农村合作医疗参合率87.4%、农民健康体检率91.4%；农村政策性住房保险参保率95%；农村283户困难群众得到住房救助；3648名被征地农民生活得到保障，被征地农民实现“即征即保”。大中型水库后期扶持政策落实到位，全年兑现直补资金1605万元，实施扶持项目301个，完成大中型水库库区和移民安置基础设施建设和经济发展规划编制。开展就业再就业援助活动，新开发城镇就业岗位1087个，实现再就业377人，消除城镇零就业家庭。

【支持新农村建设】整合支农项目资金6000余万元，支持村庄整治、垃圾填埋、沼气工程、千库保安、饮用水等工程建设。整治村庄95个、被确认省市级全面小康建设示范村10个、启动建设示范村10个、整治村35个，垃圾集中处理行政村比例为70.8%。新建改建农村户用沼气池2979只，新增户用沼气容积3.4万立方米。完成“千库保安”工程6座、“千万亩十亿方”节水工程5公里、河道整治46公里、土地整理6.67万亩、低产田改造1.4万亩、改善和解决5个乡镇42个行政村4.2万人的饮水问题。乡村康庄工程路基改造和路面硬化368公里，等级公路通村率和通村公路路面硬化率分别达到98.2%和92%，1 7个乡镇(街道)实现“双百”目标。完成23省道峡川至320国道段改建工程樟潭至大洲公路衢江段建设。安置乌溪江库区异地脱贫群众1579人，全面完成4年安置7000人任务。农村劳动力转移就业技能培训11863人，培训后转移就业7924人。

【支持环境整治】筹措资金6900万元，用于化工业、钙产业、乌溪江饮用水源保护区养殖业等环境污染整治。9月底，衢江经济开发区沈家化工园区49家化工企业全部关停搬迁。同时，关闭旧式石灰窑108个、拆除钙棚200多个；关停粘土砖瓦企业24家。化工企业污水排放量降为零，化学需氧量(COD)排放量、二氧化硫排放量分别比上年减少7.4%和29.1%，成功摘掉省级环境监管区“帽子”。全区集中式饮用水水源水质达标率100%，出境水质全年达标；环境空气质量全年有330天达到国家二级以上标准，全面完成2003-2007年生态省建设及2004-2007年“811”污染整治既定目标。2007年度生态环保考核列衢州市第一名、被评为全省“811”环境污染整治先进集体。

【推进财政改革】一是改革预算编制办法。预算内外资金(含土地收益基金、水利建设基金)收支统一汇总编入一本预算，扩大部门预算覆盖面，规范预算管理。二是完善国库集中支付制度。按照“收入一个笼子、预算一个盘子、支出一个口子”的要求，推行国库集中支付制度。三是推进财政支出绩效评价。增设绩效评价科，配备人员，重点对医疗救助以及步胜渔家乐渔业基地、全旺生猪生态养殖小区等专项资金进行绩效评价。四是推进政府采购制度改革，政府采购实现“采管分离”，理顺政府采购职能。五是加快投融资机制改革。组建新农、交通及廿里工业功能区等投资公司，并实行财政性资金与金融机构存贷挂钩的办法，拓宽政府融资渠道。

【强化财政监管理】一是制定《衢江区财政资金管理办法》,规范区级财政预算内资金、乡镇财政体制经费、非税收入资金及其他财政性资金审核与拨付行为。二是开展行政事业性收费清理检查,减轻农民和企业负担546万元。会同物价部门将涉及行政事业性收费(政府性基金)项目和标准的75个文件汇编成册,印发到部门单位和企业,规范行政事业性收费行为。三是开展区、乡两级政府性债务清理,摸清政府性债务底子,理顺管理职能,严格控制新增债务。四是开展区乡财政性资金专项检查。共检查财政账户192个,其中区本级37个、乡镇155个。五是加强国有资产监管。公开拍卖闲置的电影大楼、驻杭办事处房产以及望江苑、衢江花园部分房产,拍卖收益1676万元。六是加强会计管理。举办会计人员继续教育培训班4期,培训235人。组织会计人员参加全国第三届会计知识大奖赛,获得衢州赛区团体第三名。开展第二届优秀会计工作者评选活动,评出优秀会计工作者15名。对外贸企业进行会计信息质量检查。严格行政事业单位经费拨付和经费报销制度,纠正不符合经费拨付、报销规定184笔,涉及金额1069万元。

【加强队伍建设】一是加强政治业务学习。组织学习政治理论、党的十七大文件精神、政策法规和财税业务知识;向干部推荐阅读《细节决定命运》、《情商决定成败》等书籍,要求人人写出读书体会。抽调部分干部赴扬州、湖州财税干校培训。二是开展"树新形象、创新业绩"主题实践活动,改善机关作风,提升机关效能。三是重新修订内部各项管理制度。建立健全岗位目标责任制、考勤考绩、政务公开、财务报销、车辆及电脑设备管理等制度,并编印成册,人手一册,对照执行。四是开展"中层干部选任、一般人员定岗定位"活动,5名年轻干部走上中层岗位。五是加强党风廉政建设。重新修订惩治和预防腐败体系计划,局长与分管领导、分管领导与科室负责人签订《党风廉政建设目标管理责任书》;将反腐倡廉十项工作内容纳入岗位目标责任制;开展党风廉政建设专题教育,组织全体干部职工到十里丰监狱接受警示教育。六是发挥工会、妇联作用,培养健康兴趣,丰富业余生活。

(衢州市衢江区财政局供稿 舒雪贵执笔)

江山市财政工作

【概况】2007年,江山市实现生产总值106.8亿元,比上年增长16.6%,其中:第一产业增加值14.1亿元,增长5.4%;第二产业增加值58.3亿元,增长20.7%;第三产业增加值34.4亿元,增长15.0%。全市完成财政总收入9.06亿元,增长23.6%,其中地方财政收入5.37亿元,增长21.1%;全市财政总支出9.05亿元,增长25.4%。全市全年财政收支平衡。

【支持经济发展】制定加快推进商贸流通业、运输业、建筑业、新农村建设、"四位一体"新型农业服务体系建设、政策性农业保险等多项扶持政策,明确和规范财政扶持政策导向。出台促进工业企业发展财政专项资金管理暂行办法,兑现企业财政补助(奖励)政策。安排企业发展资金3458万元,向上级争取资金1411万元,落实市工业30条等各项涉企政策;对江化股份等龙头企业实行"一企一策"进行重点扶持;及时办理各项税收优惠政策,全年减免各项税费4222万元,审批财产损失税前扣除1848万元、技术开发费加计扣除1522万元。拨付信用社改制地方财政配套资金1000万元,推进农村合作银行筹建;落实"房地产16条"和"建筑业8条"等政策措施,实现房地产和建筑业稳健发展。支持农业基础设施建设,市财政投入1321万元支持农业综合开发项目,筹措2777万元推进以千库保安工程为重点的水利设施建设,改善农业、农村生产条件。落实各项惠农补贴政策,建立能繁母猪补贴制度,及时拨付粮食直补、农机购置以奖代补、生态公益林等补助资金。安排100万元贴息,支持市经济开发区基础设施建设;对乡镇工业基地融资给予财政贴息,激发乡镇推进工业基地建设的积极性。拨付资金3510万元,安排财政调度资金9200万元,全力支持工业平台建设。扶持重点纳税工业企业短期转贷,累计发放无息转贷资金1.36亿,帮助企业转换贷款2.32亿,缓解重点纳税企业融资难题。增加市担保中心注册资本至3000万元,帮助市担保中心向国家开发银行贷款4000万元;取得国家开发银行贷款1亿元;帮助金龙电站小水电项目获得贷款300万美元。

【优化收入结构】继续完善企业所得税分类管理,规范房地产企业土地增值税的预征办法,调整二手房转让征收土地增值税政策,对非普通住宅转让征收土地增值税,扩大印花税代征范围,委托市国土局征收国有土地转让和出让印花税,贯彻实施车船税、城镇土地使用税新政策,规范服务业为重点的个体税收定额。推进个人所得税全员管理,做好年所得12万元以上个人所得税自行申报工作。落实房地产税收"一体化"管理要求,做好契税和耕地占用税征收工作。市政府下发《江山市社会保险费征缴办法及实施细则》,规范社会保险费的征缴管理,全面启动"五费合征"工作。

【优化支出结构】当年一般预算用于民生方面支出6.25亿元,增长26.8%,高于一般预算支出增长2个百分点;财政投入"三农"支出增长39.9%;财政投入教育用于教师素质培训、布局调整、食宿改造等教育发展的资金增长29.6%;农村公共卫生支出增长25%。拨付新农村建设补助资金1694万元,支持示范村创建重点村、整治重点村建设。安排资金800万元,整合省补资金等相关资源,支持山区农民下山脱贫工程。拨付1113万元专项资金,重点支持四都、坛石、新塘边三个镇的农民饮用水工程建设。筹措财力推进乡镇垃圾中转站、农民素质培训等项目建设。提高村干部误工报酬、退职村干部养老保障金和集体经济薄弱村运转经费的补助标准;安排专项资金推进村规模调整,加强农村基层政权组织建设。做好弱势群体救济救助和优抚工作,发放救济救助款1181万元、优抚资金900万元。筹措资金1693万元,落实大中型水库移民后期扶持政策。建立城镇居民医疗保障制度,实现城乡居民医疗保障全覆盖。完善义务教育经费保障机制,加强对义务教育学校公用经费、校舍维修资金、贫困生资助和教师工资福利的保障力度。拨付免杂费资金1580万元,对全市5.94万名义务教育阶段学生教育实行免除杂费;提高贫困生教育资助认定标准,投入资金1000多万元,资助2.6万名家庭经济困难学生接受教育;增加财政投入386万元,提高义务教育阶段中小学日常公用经费保障水平。拨付专项资金675万元,启动职业教育"六项行动计划"。完善民办教育发展财政扶持政策,提高民办教育券补助标准,建立民办学校高考奖励制度。拨付专项支出1652万元,推进教育食宿改造工程建设。投入资金760万元,支持峡口、贺村、石门等3个乡镇学校教育布局调整建设;统筹4000万元资金用于全局性和城区的教育布局调整。拨付文化事业发展、文保等资金2550万元,繁荣文化事业。通过国有投资公司,多渠道筹集基本建设资金,加大对全市基础设施的投资建设。全市投入基础设施建设资金4.1亿元,支持46省道外移工程、老48省道大修工程、老城区拆迁改造、污水处理工程、城市饮用水网工程等工程建设。

【推进财政管理改革】编制基金预算、政府采购预算、非税收入收支计划,逐步健全预算编制体系。实行政府收支分类改革,开展新旧数据转换、衔接。建立财政部门与人民银行国库的收支数据交换平台,实现收支数据共享。出台财政资金支付内控管理制度,保障财政资金支付安全。推行非税收入预算化管理,统一预算编制口径,深化财政综合预算。开展行政事业单位核算基本情况和部门会计核算分中心基本情况调查,制定会计集中核算扩面工作实施方案,将财务归口地方管理的省行政垂直管理部门、履行政府职能有政府性基金收入的单位、凭借政府权力组织收入的自收自支企业化管理事业单位等三类型24个单位纳入会计集中核算管理,加强财政部门对行政事业单位的财务监督。认真总结远程报账经验,查找问题,为财政集中支付改革奠定基础。制定《乡镇收入统计与年终体制结算操作规程》,组织乡镇财政人员培训,加强乡镇财政建设。完善《江山市政府采购管理办法》,明确政府采购机构职责、采购范围、预算管理、信息公开和投诉、专家管理、责任追究,严肃政府采购的纪律,加强日常采购活动监管,规范政府采购行为。全年货物、服务类政府采购金额3870万元,节减资金支出457万元,平均资金节减率11.8%。

【国有资产管理】全面完成国有资产清查工作,确保国有资产纳入监管范围。强化国有投资公司财务收支管理,对项目、债务、考核、部门管理职责、人员费用等行为进行规范,防范债务风险。做好行政事业单位房屋拆迁补偿、国资处置收益收缴,共收取各项收益2107万元。做好市政府招待所、种子公司、电影院、婺剧团的改制安置费用测算,推进事业单位改制。

【基建财务管理】出台加强政府投资代建项目管理的若干意见,简化和规范项目管理工作程序和手续,审核关口前移。严格审查政府投资项目,完善建设项目资金财政直拨制度,协助建设单位筹措项目建设资金,加强对施工单位承建项目工程款的监督和检查,确保项目工程款及时足额拨付。组织基建工程概预(结)决算评审或委托评审工作,加大对财政性投资工程预决算审价资质管理,指导财政性投资项目工程预决算审价中介机构的审价行为,节减政府投资建设资金。

【加强财政监督】试行政府债务计划管理,开展债务管理指标分析,健全债务预警机制,防范财政风险。制定财政支出绩效评价实施办法、内部协调制度、专家库建设管理办法,开展9个财政支出项目绩效评价,推进科学、规范、高效的财政资金分配和管理体系建设。制定年度监督检查和会计信息质量检查计划,拓宽监督检查范围,对峡口水库管理局等10个单位开展检查,加强行政事业单位工会财务管理。开展全市行政事业性收费项目和收费标准全面清理,建立全市行政事业性收费和政府性基金收入项目档案库,强化"以票管收"。分类分批推进会计人员继续教育,推进会计制度联系点建设,提高会计管理水平。

【加强队伍建设】层层签订党风廉政建设责任书,召开党风廉政建设会议,确保责任到人。制定特邀、兼职监察员管理办法,调整特邀、兼职监察员队伍。制定系统内部监督检查暂行办法,在系统内部开展内部监督。完善财务管理、请休假、税务稽查"廉政执法意见反馈单"等制度,狠抓制度的贯彻落实。出台干部教育培训计划,委托扬州税务进修学院对干部进行知识更新培训,实现专业提高型培训向能力提升型培训的转变。组织多形式文体活动,组队参加全市体育比赛和文艺活动。制定基层文明单位创建计划、民主评议基层站所暨创建群众满意基层站所实施方案。在全市评议市机关部门活动中被评为市机关部门评议最佳满意部门。

(江山市财政局供稿　董志成执笔)

龙游县财政工作

【概况】2007年,龙游县实现生产总值72.27亿元,比上年增长14.5%,人均生产总值18010元,增长14.4%。其中:第一产业增加值9.10亿元,增长5.1%;第二产业增加值38.53亿元,增长17.2%;第三产业增加值24.64亿元,增长14.0%。第一、二、三产业增加值结构为12.6:53.3:34.1。全县完成财政总收入6.01亿元,增长26.7%,其中地方财政收入4.05亿元,增长24.8%;财政支出7.47亿元,比上年增长21.3%。全县全年财政收支平衡。

【支持县域经济发展】落实各项优惠扶持政策,支持开放型经济发展,全年办理增值税退税16082万元,其中出口货物退增值税8190万元。支持园区平台建设,将财政资金重点投向园区拓展、产业发展、基础设施建设等方面,全年拨付开发区建设资金2500万元,在此基础上新增2亿多元用于"一区三块"1万余亩土地征用。加大对第三产业特别是现代服务业的扶持,设立500万元服务业专项扶持资金,拨付物流园区建设资金1500万元。放大财政杠杆作用,设立工业发展、服务业发展等专项资金,通过投资贴息、科研贴补、项目配套、转移支付等手段,兑现招商引资优惠政策、加快园区综合建设,激发和吸引上级资金、银行资金、民间资金等投入县域经济建设,拉动经济增长和财政增收。

【加大民生投入】按照公共财政的要求,调整和优化支出结构,加大民生和重点领域投入。环保、科技、文化、教育等民生支出分别增长253.2%、120.8%、51.6%、24.8%，民生支出占财政支出的比重由上年的72.4%提高到73.3%。一是支持新农村建设。以"十村示范、百村整治"工程为龙头，加快实施新农村建设系列工程，全年通过财政渠道直接投入"三农"领域的资金4.06亿元。实施政策性农业保险财政补贴，帮助农民防范和化解农业产业风险；完善全县"农民补贴网"建设，确保种粮农户补贴政策落实到位。二是支持义务教育保障机制改革。建立教育经费管理"三项机制"("三保一促"的经费保障机制，"两保一挂"的债务化解机制，"两优工程"的教育发展促进机制)，落实义务教育"六项政策"，提高义务教育保障水平，解决多项义务教育教师待遇遗留问题，全年财政对教育的投入1.97亿元。三是支持社会保障体系建设。提高城乡居民最低生活保障标准，全县共有11059人列为低保对象，发放保障金905万元。全面推进社会保险"五费合征"，新增各类参保人员3.06万人次。扩大农村五保和城镇"三无"对象集中供养范围，集中供养率分别为90%和100%。提高新型农村合作医疗报销补助标准，参保率96.1%。完善社会保障体系，出台城镇居民基本医疗保障制度，2.45万名居民参保。

【组织财政收入】一是强化征管基础。开展多种形式的税法宣传，全面推行"税友2006"，完善网上申报平台；全面实行"银税库"联网，促进税费收入及时足额入库；推进个人年收入12万元的个人所得税自行申报工作；完善纳税评估制度，加强对税收代征单位的管理，取消乡镇税收代征点，严格规范税收代征行为；加强税源管理，将税收与经济联动分析机制延伸到各税源管理单位。二是加强地方小税种征收。全面开征出租营业用房产税收，贯彻落实土地使用税、车船税征管新政策，加大契税和耕地占用税的源头控管，建立税源动态数据库；完善二手房转让税收征管制度，房产交易入库税收比上年增长152%。三是稳步推进"五费合征"办法，加强社保费执法刚性。四是加大稽查力度。对房地产业等重点行业实施重点稽查，查补税款325万元；责成企业开展"四税自查"，通过自查入库税收1200多万元；发挥以查促管、以查促收作用，营造公平竞争的税收环境。五是加强国地税合作。实行国税代征地税税费制度，联合开展税务登记证办理，联合募集福利企业、资源综合利用企业慈善基金，全年共募集1123万元。

【深化财政改革】深化部门预算编制，部门预算的编制范围扩大到17个部门，细化部门预算的支出内容，重点突出专项经费的项目支出编制，对教育、卫生、建设、规划等重点单位的部门预算进行全面审核，做到有保有压，量力而行。抓好专项资金管理，出台财政专项资金管理办法，并着手制订各专项资金的细化管理办法。进一步完善财政支出绩效评价制度，采取项目单位、主管部门、财政部门三级评价，对相关专项资金支出领域开展绩效评价工作。建立健全"三库"制度，即财政扶持政策项目库、开发区企业享受财政扶持政策数据库、政府投资项目资料库，把好项目、政策、资金关。强化基本建设拨款管理，对应项目按进度有序拨款，保证重点建设项目用款需要。完善乡镇财政管理体制，调整乡镇财政收支基数和超收分成比例，提高乡镇(街道)公用经费标准，加大对乡镇(街道)一般转移支付力度，新增乡镇财政转移支付补助900多万元，增强乡镇财政的保障能力。

【强化国资营运监管】开展行政事业单位资产清查和专项检查，查明全县191家行政事业单位资产总量15.28亿元，负债5.99亿元，净资产9.29亿元。规范行政事业单位经营性资产使用管理，委托县房管处对行政事业单位的经营性资产实行统一公开招租，首场招租会由农业局等单位组织29个标的，谈妥租金收入46万元。加强国有资产公开转让监督管理，协同规划、国土部门以及拍卖公司，针对转让资产的特点制定不同的拍卖方案。创新融资方式，提高融资效益，通过"增量引进"，为政府重点项目筹集资金，共争取城市基础设施和新农村建设项目等新增贷款3亿元；通过"存量整合"，对部分存量债务进行重组置换，共转贷4亿元，优化债务结构，降低财务成本，化解政府债务风险。

【加强干部队伍建设】以学习型组织建设为载体，通过全员轮训、分类培训等多种形式，加强干部教育培训，全年共实施各类培训14期，900多人次参与培训。以"民主评议基层站所暨创建群众满意基层站所"为载体，提高服务质量与行政效能，社会群众对财税工作的满意度不断提高，在"满意单位"参评中县财政局排名从上年度的第27位上升第19位，在执法类部门中排名从上年度的第10位上升到第6位。建立反腐倡廉工作机制，开展预防职务犯罪等活动，增强廉政建设的针对性和有效性。开展内部财政监督检查和行政效能监察，强化内控与督查。规范内部管理，完善各项考核制度及议事规则，明确局班子会议及中层干部会议例会制度，形成上下顺畅的沟通机制，推进财税重点工作进程。创新党团工妇等活动形式，组织开展各项兴趣小组活动，引导干部"三走近、三远离"，增强干部凝聚力。

(龙游县财政局供稿 蒋澄宇执笔)

常山县财政工作

【概况】2007年，常山县实现生产总值49.00亿元，比上年增长15.6%。其中第一、二、三产业增加值分别为6.10亿元、25.60亿元、17.30亿元，分别增长6.8%、18.6%、14.8%。完成财政总收入4.54亿元，增长24.8%，其中地方财政收入2.96亿元，增长25.3%；完成财政总支出6.93亿元，增长23.7%。全年财政收支平衡。

【支持经济建设】发挥财政政策和资金的导向作用，支持构筑全县经济发展平台，着力扶持发展地方财源。县财政安排专项资金，支持"平安常山"、"和谐常山"建设和打造、提升招商引资环境。全年共调度4800万元财政资金，支持工业园区建设。加大科技投入，支持工业企业自主创新，培育工业经济的新增长点，支撑和促进工业经济实现速度、结构、质量、效益协调发展。制定完善财政税收扶持政策，培植地方财源。支持民营企业技术创新、知名品牌开发和服务体系建设；整合各种资源，扶持培育第三产业，鼓励发展现代流通业、循环经济和外向型经济。全年共对73个企业技改项目安排拨付359万元技改贴息和奖励，用于外贸出口奖励及补助支出272万元，兑现县委县政府鼓励发展的各项财政贴补政策支出1800万元，办理政策性税收减免480万元，共涉及纳税人380户，增强企业发展后劲。

【增强政府财力】坚持依法组织收入，狠抓税源监控，优化收入结构，促进地方财政收入可持续增长。一是着重加强税收精细化管理。抓好重点税源的管理，深化税收分析和预测工作。推进税款缴库方式改革，全面实行“银税库”联网，加强税收基础数据管理。二是着重深化地税征管。推进TF2006的应用实施，促进ISO9000质量管理体系有效运行，全面应用税源间接控管平台。三是完善征管办法。贯彻落实城镇土地使用税、车船税征管新政策，并及时清理欠税。制定出台“五费合征”办法，加强规费管理。全年共组织各项规费收入1.31亿元，占地方税费收入比重为39.1%，增长28.5%。四是优化地方财力结构。地方财政收入占财政总收入的比重为65.2%，比上年提高0.4个百分点；地税收入占地方财政收入比重为69.3%，比上年提高1.5个百分点；非税收入占地方财政收入比重为17.7%，比上年降低2.9个百分点。

【加大支农力度】贯彻落实各项支农惠民政策，促进农业增效、农民增收，并确保农民负担不反弹。一是增加支农资金投入。加大对农业特别是粮食生产的支持力度，新增支出主要用于落实支农惠民政策，县财政对“三农”的投入为1.84亿元，增长57.0%。二是推进新农村建设。制定新农村建设项目申报指南，预算内安排专项资金2070万元，按进度及时拨款，确保新农村建设的资金来源。三是扶持农业龙头企业。完善扶持政策，扶持农业龙头企业和农业专业合作组织的发展，提高农业企业市场竞争力和辐射带动力。四是支持农业科技推广发展。促进有科研能力的单位、企业、个人进行新品种、新技术特别是农业深加工技术的研究开发，扶持发展地方特色农业产业，如胡柚、食用菌、农家乐等产业。

【推进和谐社会建设】调整和优化财政支出结构，加大财政对公共领域的保障力度，财政支出向公共产品和公共服务领域倾斜。全县财政民生支出占当年财政支出总量的比重从2006年的60.6%提高到69.2%，当年财政支出增量中民生支出的比重提高7个百分点。一是支持就业再就业和社会保障。落实税费减免、小额担保贷款、社会保险补贴、就业服务补贴、公益岗位补贴等各项促进再就业的优惠政策。社会保障支出比上年增长24.1%。二是促进科教文卫事业加快发展。教育经费向基础教育特别是农村义务教育倾斜，完善科技创新科技进步激励机制，支持疾病预防控制体系、医疗救治体系和应急队伍体系建设。教育、科技、卫生支出分别增长21.2%、32.4%、27.1%。三是支持社会事业项目建设。对符合公共财政支出范畴的公益性、基础性项目给予支持；对经营性项目，通过财政资金的引导，实行市场化运作，研究探索社会事业项目建设资金管理的新模式。

【健全资金管理制度】健全和完善财政资金内控制度，推进财政资金管理的制度化、规范化和信息化，建立财政资金管理体系。制定财政性资金管理方案，并相继建立完善多项配套制度，如内部监督检查制度、限时办结制度、财政资金拨付管理规程等；制定完善工业发展、新农村建设、服务业发展、民情沟通日等20多个专项资金管理办法，规范资金的申报、审核、审批、拨付程序；扩大政府采购范围，修订政府采购目录；规范收入分配秩序，修订完善国有资产交易制度。发挥财政监督、监察职能，采取多种形式，定期与不定期地对内控制度监督和监察，促进制度的贯彻和落实。

【规范资金审核拨付】一是建立资金拨付管理机制。将县财政资金归并到国库集中管理，严格按财政资金管理办法执行，实施预算编制、预算执行、预算监督三分离，促进财政资金管理规范、透明、高效；将财政局工作经费统一列入局办公室管理，支出一支笔审批。二是明确岗位职责与权限。明确对局主要领导、分管领导、科室负责人、经办人员、出纳人员等在资金拨付过程中的工作职责和管理权限，以保障资金使用安全。三是规范资金拨付程序，具体规定经常性预算资金、专项资金、部门预算外资金、财政局日常经费等资金的拨付程序。四是严格财务管理规定。建立相应的岗位责任制，财政资金的审批、拨付、稽核、核算等岗位相分离，确保财政资金运行安全。五是强化资金审批拨付的监督机制。建立资金拨付使用跟踪检查制度，定期不定期地检查资金使用的合理性和效益性，对有关项目资金的使用情况开展绩效评价工作。

【推进财政改革】一是整合优化财政支农资金。常山县被财政部及省财政厅列入财政支农资金整合优化试点单位，以提高支农资金使用效益为目标，将所有财政支农资金统筹安排使用。二是稳步推进财政支出绩效评价工作。采取项目单位、主管部门、财政部门三级评价，在扶贫工作、社会保障、农村公共卫生等领域开展绩效评价工作。三是推进预算管理改革。修订完善财政专项资金预算、项目支出预算跟踪管理等一系列办法，健全部门预算制度体系；完善会计集中核算，推进以国库单一账户体系为基础、资金缴拨以国库集中收付为主要形式的财政国库管理制度改革；加强政府采购制度建设，从源头上做到采购程序和方法的规范、公正、透明；创新乡镇财政管理模式，启动“乡财县管乡用”改革，全县所有乡镇(办事处)财政财务都列入国库集中核算管理。四是加强财政专项资金管理。对农业综合开发财政无偿资金全面实行县级报账制管理。完善建设项目资金管理办法，对基建资金实行财政直接支付，健全重点建设项目和财政投资项目全过程跟踪问效机制，推行政府投资重点项目的绩效评价和效能监察，规范专项资金的使用。五是改革涉农贴补资金发放方式。结合农民补贴网建设，推进涉农贴补资金“一折通”发放改革。全年通过“一折通”形式发放各项财政涉农贴补资金2189万元，受惠农民2.9万户。

【强化财政监管】积极探索财政监督新思路、新机制、新方法，深化内部监督。全年共对27个单位开展财政监督检查，共查出违纪金额51万元。开展税收票款和税务经费内部审计检查，完善内控机制。贯彻落实行政事业单位国有资产管理暂行办法，开展资产清查。开展行政事业单位津贴补贴清理和规范工作，规范公务员收入分配。深入宣传贯彻实施《会计法》、新企业会计准则和审计准则，加强会计基础管理，开展会计信息质量专项检查工作，加强行政监管和会计诚信建设。

【加强队伍建设】一是深化学习型组织创建活动，建立较为完备的学习激励机制和制度保障体系。支持和鼓励干部职工参加在职学历教育和职称考试，提升学历层次，优化知识结构。二是加强和改进干部教育培训，创新培训内容、方式、方法，举办了

18期财税业务培训班，开展党的十七大精神专题学习教育辅导，组织干部到省三监现场接受警示教育，在局内开展先进集体和先进工作者评选活动等，提高干部政治思想素质和能力素质。三是推进"作风建设年、项目服务年"和创建基层文明站所活动，健全作风建设的长效机制。四是强化党风廉政建设。局长与每位班子成员及科室单位签订党风廉政建设责任书；完善制度约束，全面推行岗位目标责任制；加强纪检监察的专门督查，发挥财政监督职能开展重点督查，依靠社会各界的力量协助督查。五是规范内部管理。修订完善内部管理的规章制度，如限时办结、车辆管理、财务管理等制度，并编印成册，干部职工人手一册，形成用制度规范从政行为的框架。县财政局在县委县政府工作目标责任制考核中被评为优秀单位；在县委组织的群众满意不满意单位评选活动中被评为满意单位。

（常山县财政局供稿 郑秀平执笔）

开化县财政工作

【概况】2007年，开化县实现生产总值45.10亿元，比上年增长16.0%，人均生产总值12970元。其中：第一产业增加值8.20亿元，增长4.5%；第二产业增加值21.50亿元，增长22.30%；第三产业增加值15.40亿元，增长14.5%。一、二、三产业占GDP比重调整为18.1:47.7:34.2。全县财政总收入4.29亿元，增长38.7%，其中地方财政收入2.55亿元，增长40.3%；财政总支出6.93亿元，增长30.0%。全年财政收支平衡。

【组织财政收入】围绕增强政府可用财力目标，依法理财治税，加强税收收入、非税收入征管，地方财政收入占财政总收入的59.5%，比上年提高0.7百分点。一是加强税收收入征管。建立收入分析制度，完善三级监控体系，扩大重点税源范围，推进房地产交易税收一体化管理，强化契税、耕地占用税征收，贯彻城镇土地使用税、车船税新条例，实行建筑用石资源税源头控管，税收收入稳定增长。二是加强非税收入征管。规范行政事业性收费项目、标准，严格单位银行账户管理，完善财政票据按月结报和限量供票制度，实现"以票管收"。加强与国土、银行等部门协作，土地出让收支全额纳入国库管理。探索对矿产资源、道路经营、户外广告等非税收入管理，扩大公共资源性收入范围。

【支持经济建设】一是支持特色工业经济发展。落实加快工业发展和硅产业集聚发展、分类扶持服务业发展以及加快提高科技创新能力的财税扶持政策，兑现"工业60条"和外贸发展奖励、招商引资、项目库建设考核等扶持企业资金2167万元，增强特色工业和服务业发展后劲。二是加大对"三农"的投入。全年农林水事务支出1.10亿元，增长15.0%。主要用于农业基础设施、现代农业体系、农业科技进步、新型农民培训等，促进茶、菌、桑等主导产业发展，加快"四位一体"新型农业合作组织建设，保障农村饮用水、十村示范百村整治、沼气能源、千库保安工程、万里清水河道、农业信息化和农田水利、下山脱贫等工程建设资金需求。通过种粮农民补贴网发放农资综合直补387万元，发放种粮大户、良种、农业机械等补贴155万元。加大对农业综合开发的投入，全面完成徐塘中低产田改造项目。三是争取政府项目建设信贷资金。利用现有非经营性国有资产产权集中管理搭建的政府项目投融资平台，获得国开行、农发行、工行、信用联社等金融机构支持，完成政府项目融资2.23亿元，缓解建设资金供求矛盾，推进政府性投资项目顺利实施。

【优化支出结构】按照公共财政和构建和谐社会的要求，落实"控、压、保"措施，财政支出重点向民生倾斜，增强财政对公共产品、公共服务及公益性事业的保障能力。一是加大社会事业投入。完善农村义务教育经费保障机制，提高中小学公用经费保障水平，落实城乡义务教育阶段免收杂费政策，免收杂费650万元。继续实施义务教育"四项工程"，拨付经费2000万元，推进城乡教育均衡发展。投入367万元启动职业教育"六项行动计划"，建立职业教育营养餐和奖学助学制度，加快职业教育发展。加大农村公共卫生服务投入，全年农村公共卫生专项资金支出455万元。支持农村文化建设，全年村级文化活动室、送戏下乡、农村文化繁荣等资金支出166万元。全年教育、科学技术、文化体育与传媒、医疗卫生支出分别增长17.4%、17.8%、53.2%、10.2%。二是增加社保资金支出。加快社会保障资金多渠道筹措机制建设，支持低保、五保覆盖面扩大，农村五保、城镇"三无"人员集中供养率分别为85.4%和95.5%。落实困难群众基本生活物价上涨动态补贴政策，发放物价补贴156万元。即征即保被征地农民基本生活保障，各项救助资金运行规范有序。实施促进就业再就业优惠政策，为四十、五十岁年龄段下岗人员发放社保补贴486万元。开展政策性农村住房保险工作，农村住房承保面89%。落实农村困难群众住房救助机制，补助住房困难群众危房旧房改造211万元。扩大社保覆盖面，加快建设社会救助体系。全年社会保障和就业支出5370万元，增长16.0%。三是加大基础设施建设支出保障力度。预算内全年投入城乡社区事务支出2825万元、环境保护支出3250万元、交通运输支出1836万元，分别增长139%、217.7%、360.2%，用于支持污水处理、垃圾填埋场、街道改造、亮化工程、道路建设等基础建设项目，提升生态县建设水平。其中投入3731万元，支持城市污水处理和垃圾填埋场等基础设施建设，保障城乡垃圾集中处理等"以奖代补"资金需求。

【深化财政改革】以建立公开、公正、科学、透明的财政运行机制为目标，全面实施政府收支分类改革，继续推进部门预算、国库集中收付、收支两条线管理等财政改革。一是在总结上一轮乡镇财政体制和把握形势变化的基础上，加强乡镇财政建设。完善乡镇财政考核制度，加大对乡镇财政考核力度，促进乡镇落实各项财政会计制度。二是开展规范津补贴工作，完成规范公务员津贴补贴实施方案，开展考核奖励性补贴清理。三是实施财政支出绩效评价，建立财政支出绩效评价实施办法、操作规程、内部协调工作制度等，组织开展项目单位、主管部门、财政部门三个层面的绩效评价，重点组织实施环境监测项目、2004—2006年度医疗救助资金等绩效评价。

【强化财政监管】坚持依法理财、科学理财、公开理财,不断创新财政监督机制,加强监管力度,发挥财政资金使用效益。一是加强政府性债务管理。对政府性债务实行归口管理,建立台账登记制度,掌握债务状况及动向,对各政府性投资公司的举债根据实际需要统筹安排、统一调度,有效防范债务风险。二是组织各项专项检查。开展五大镇每季一次和其他乡镇半年一次的财政财务检查,推动乡镇财政规范管理。开展行政事业单位收费年审和银行账户检查,对暂未纳入财政专户管理的单位进行清理,杜绝单位非税收入体外循环。与检察院联合召开全县乡镇部门财务管理人员职务犯罪案件剖析会,提高财务人员遵守会计法规的自觉性。开展财政监督检查,提高行政事业单位会计信息质量。开展预算单位财政收支专项检查,规范单位财务收支管理。组织财政资金内部检查,加强内部控制。三是完善国资监管机制。全面开展行政事业单位国有资产清查,加强行政事业单位资产管理。对县属重点国有资产投资经营公司的董事会、监事会及经营管理人员调整委派。加强公司法人治理结构建设,在实行国有资产授权经营后,明确公司的权利和责任,提高经营者管理的积极性,全年国有资产经营收益2683万元。加强对政府投资项目财务管理,完善基建工程付款审签制度,对垃圾填埋场等9个政府性投资项目联合稽察,确保工程建设质量,化解政府投资风险。四是加强政府采购监督管理。扩大政府采购规模和范围,制定政府集中采购目录和限额标准。加强对中标供应商的管理,基本建立起县级政府采购供应商家库。全年政府采购金额1816万元,节约资金607万元,节约率25.0%。

【加强队伍建设】开展"四新"(县委提出的"树立新理念、展示新形象、增强新本领、创造新业绩")教育、群众满意基层站所创建等"作风建设年"系列活动,提升服务层次,拓宽服务领域,创新服务方式。贯彻落实惩治和预防腐败体系,治理商业贿赂,从思想教育入手,抓制度建设,抓监督检查,提升反腐倡廉意识。开展班子"树立新形象、创造新业绩"教育、党员干部警示教育等活动,改善机关作风。开展"服务基层、服务农村、服务社区"活动,参与省级文明县城的创建,帮助联系村抓好新农村建设。设立行政服务分中心,创新财政服务平台。实施"五五普法"规划,开展《人大监督法》、《行政机关公务员处分条例》等学习培训,强化依法行政。县财政局在2007年度县级机关部门经济社会发展工作目标中被评为一等奖;在县委组织的群众满意不满意单位评选活动中被评为满意单位。

(开化县财政局供稿 汪正华执笔)

舟山市财政工作概况

舟山市财政工作

【概况】2007年,舟山市实现生产总值407.00亿元,比上年增长17.0%,其中:第一产业增加值44.57亿元,增长1.3%;第二产业增加值178.00亿元,增长23.4%;第三产业增加值184.43亿元,增长15.5%。三次产业结构调整为11.0:43.7:45.3。全市人均生产总值42118元。全社会固定资产投资279.64亿元,增长27.7%。社会消费品零售总额132.37亿元,增长16.2%。外贸进出口总额40.76亿美元,增长50.3%。城镇居民人均可支配收入19856元,增长13.3%。渔农村居民人均纯收入9725元,增长16.7%。港口货物吞吐量1.28亿吨,增长12.3%。旅游接待人数1305万人次,增长13.2%。水产品总产量123.83万吨,下降1.1%。全市财政总收入52.56亿元,增长41.6%,其中地方财政一般预算收入35.06亿元,增长44.5%,地方财政收入占财政总收入的比重为66.7%,比上年提高1.4个百分点;全市地方财政一般支出56.52亿元,增长38.5%。市本级财政总收入24.10亿元,增长40.4%,其中市本级地方财政一般预算收入16.57亿元,增长44.8%;市本级地方财政一般支出19.70亿元,增长35.6%。全市财政当年实现收支平衡,略有结余。

【组织财政收入】一是坚持依法治税,组织税收收入。从9月3日开始全面推广应用《税友2006》,建立完善了税收预测分析机制,加强部门信息共享,加强对建筑、房地产、海运等重点行业税源监控管理。落实二手房转让营业税政策,并实行计税基准价办法;贯彻建筑业税收管理暂行办法;做好年所得12万元以上个人所得税自行申报工作。抓好小税种征收,开征外资企业城镇土地使用税,提高建筑用砂资源税定额标准,落实城镇土地使用税调整工作,推行资源税、车船税委托代征。发挥稽查威慑力,全市检查纳税户553户,查补收入2552万元。全年地税部门完成地税收入30.35亿元,增长41.9%。二是坚持“税费并举”,组织非税收入。会同社保部门下发相关文件,全面实行社保费“五费合征”,共组织五项社保费收入7.56亿元,增长48.7%。

【扶持经济发展】按照“以港兴市、工业强市、服务富市”战略,发挥财政职能,推进海洋经济发展。一是筹措安排财政资金,支持经济发展。安排先进制造业基地建设和船舶业发展资金7468万元、水产品精深加工发展资金742万元、外贸发展资金766万元、家庭工业发展资金122万元、名商标奖和名牌产品奖励资金412万元,推动临港工业发展。投入旅游发展专项资金5347万元,加大海洋旅游开发、推介力度;投入海运业发展资金5407万元,扶持海运业做大做强。安排渔农业发展和增效资金1.22亿元,发展现代渔农业,推进渔农产业结构调整和渔民转产转业。二是发挥国家税收优惠政策效应。按规定全市减免各种税费7052万元,审批财产损失税前扣除金额4367万元,审批国产设备抵免企业所得税8088万元,增强经济实体的发展后劲。

【优化支出结构】按照“增量调方向,存量优结构,增量带存量”的思路,进一步调整和优化财政支出结构。全市新增财力用于民生方面的支出比重为74%,比上年提高2个百分点,全市财政进一步向公共财政、民生财政转变。一是推进社会主义新渔农村建设。“暖人心、促发展”工程专项支出8879万元,其中用于“以奖励代保障”支出4243万元,老年渔农民奖励保障金标准提高到每月38元。加大统筹城乡发展力度,安排渔农村小康社区建设补助资金4881万元。补助渔农村合作医疗经费2572万元、渔农民健康体检经费417万元、渔农村计划生育家庭奖励资金186万元。投入1.57亿元推进村庄示范整治、农村河道整治、病险水库除险加固等一批渔农村重点工程。大幅度提高贫困群体医疗救助水平,并在全市全面推开城镇居民医疗保障制度。落实就业和再就业各项财政扶持政策。二是持续加大社会各项事业投入。推进教育事业发展,全部免除义务教育阶段学生杂费,安排贫困家庭学生教育资助940万元,安排903万元提高义务教育阶段中小学日常公用经费保障水平,加大对职业教育的支持力度。落实人才引进、培养、技能竞赛经费1072万元。增加科技经费的投入,全市科技支出增长46.8%,提高自主创新能力。安排专项资金2713万元,推进海洋文化建设,加大对公益性体育事业的资金扶持。改善社区卫生服务机构设施条件,构建城乡居民健康信息平台。创建“平安舟山”,全市公共安全支出4.18亿元,增长26.9%。加大对环境保护和生态建设的投入,环境保护支出8800万元,增长105%,其中“绿色生态舟山”建设支出4000万元。落实“菜篮子”及市场、粮食风险资金997万元,保障市场稳定供应。三是推进公共基础设施建设,不断优化发展环境。支持污水处理、水库管网、标准渔港等一批重点工程的顺利实施。通过筹集土地出让收入等政府性资金用于重大基础设施建设,促进大陆连岛工程、城乡供水一体化、海涂围垦、新城建设等重点基础设施建设的推进。

【深化财政改革】一是深化部门预算改革。扩大部门预算编制范围,把使用政府性资金保障人员经费的事业单位列入部门预算管理范围;调整和完善部门预算编制的定员定额标准。市本级有10家单位的部门预算提交市人代会审议。二是推进财政绩效评价。组织开展7个项目财政支出绩效评价,采取邀请人大代表和政协委员参加、中介机构参与等措施,完善评价组织方式,并建立了绩效评价结果反馈和应用制度。三是推进财政国库管理制度改革。制定财政国库管理制度改革方案,建立财政国库集中支付信息系统和银行支付清算系统,启用财政资金申拨管理信息系统,做好实行国库集中支付单位账户清理归并工作。四是深化政府采购改革,把工程类的办公用房、文化卫生体育等公益设施建设等纳入政府采购监管范围,全市政府采购金额5.66亿元,增长88%,节约率12.7%。五是实现政府收支分类改革的平稳过渡;完成农村综合改革有关工作任务。

【加强财政监管】探索"收入一个笼子、预算一个盘子、支出一个口子"公共财政管理模式,加强政府性资金监管。一是加强财政性专项资金管理,开展财政拨款结余资金清理,通过会计核算中心规范资金拨付管理;制定《市本级车辆购置专项资金管理办法》等15个专项资金管理办法,开展财政支农资金整合试点工作。二是加强财政性投资项目审核。把好立项关、资金拨付使用关、项目预决算审查关、项目审核结果复查关。全市共完成财政投资基建工程预(结)、决算审核金额1.87亿元,核减资金1671万元。三是强化政府性债务监管。加强政府性债务统一归口管理,加强部门协作,严格审批程序,市本级政府性债务余额比批准计划余额减少2.01亿元,比计划净增额减少43.9%。四是加强政府非税收入管理。完善政府非税收入征管体系,以票据管理为抓手,规范行政事业性收费和基金征收行为,提高非税收入财政专户入库率。对预算外资金财政专户拨款实行预算指标和专户余额双重控制。加强土地出让金管理,完善土地出让金的宗地核算。五是全面对行政事业单位资产进行清查,并对全市353家单位实施专项审计,摸清行政事业单位资产家底。六是强化会计监督。加强会计从业资格管理,继续加强会计师事务所、资产评估机构行业自律建设。开展会计信息质量检查和会计师事务所的执业质量检查,规范会计执业行为。七是加强经营性国有资产监管。相继出台《国有企业负责人经营业绩考核试行办法》、《重大事项报告制度》、《对外投资管理办法》等制度。对市属8家直管企业进行经营业绩考核,开展企业财务总监委派试点,对国有企业出资人进行规范和清理,做好舟山市电力公司体制上划相关工作。

【提高队伍素质】一是加强机关作风建设。全面开展"作风建设年"暨"创建群众满意基层站所"活动。二是深化学习型组织建设。组织干部学习党的十七大精神等政治理论;在全局开展"人为师荣,帮带争先"活动,结成38对师徒帮带对子;组织局中层干部、业务骨干分别到上海复旦大学和浙江税校进行培训等。三是加强精神文明建设。制订创建计划,创建省级文明单位,深化"青年文明号"和"巾帼示范岗"创建。四是加强党风廉政建设,规范内部管理。坚持"三靠两抓",层层落实党风廉政建设责任制和《惩防体系实施细则》;完善行政执法责任制和执法过错责任追究制具体实施细则,提高防范执法风险意识,防止违法乱纪问题的发生。市财政局经复评合格继续保持市级文明单位的荣誉,还被评为全市第二轮行政执法责任制工作先进集体和市级依法行政工作先进集体、全市重点事项重点工程实事项目组织实施先进单位、市级机关党建工作先进单位、市级机关创建学习型机关先进单位等。

(舟山市财政局供稿 邵裕龙执笔)

舟山市定海区财政工作

【概况】2007年,定海区实现生产总值165.78亿元,比上年增长17.1%,人均生产总值44330元,增长16.7%。其中第一、二、三产业增加值分别为6.60亿元、70.30亿元、88.88亿元,增幅分别为0.4%、17.9%、17.9%,产业结构比例调整为4.0:42.4:53.6。全区财政总收入7.06亿元,增长41.0%,其中地方财政收入4.20亿元,增长51.4%;财政总支出8.92亿元,增长37.5%。全年财政收支平衡。

【优化收入结构】扶持特色企业成为财源主力,重点扶持对财政收入贡献度大、可持续发展型企业,鼓励优势产业、临港工业、海岛型产业发展。政府扶持的侧重面从招商引资转向对现有企业提升规模、提高企业科技含量、增加产品附加值和节能减排方向。投入工业发展资金3155万元支持机械制造、水产品精深加工、船舶修造等优势产业的发展,投入第三产业发展资金1800万元扶持海运业的发展。推进农渔业经济平稳发展,落实财政支农政策,扶持农业科技、高效生态农业示范项目、农家乐休闲旅游项目和农民专业合作组织等,培育特色优势农产品生产基地建设,推进农业产业化经营。投入农业水利基础设施、村庄整治、小康社区创建和农村饮用水改造工程等各类财政支农资金1.62亿元,增长59.3%。落实粮食、生猪综合直补等惠农政策,完成农民补贴网建设,惠及全区3万农户。推进渔农业和渔农村经济结构战略性调整,全年累计完成农业综合开发投资2283万元,出台财政支农资金整合工作实施方案,确保财政支农资金投入到重点区域、重点工程、重点项目。乡镇区域发展更趋平衡,全区11个农村乡镇(街道)中,10个乡镇财政总收入、地方财政收入增幅均超过25%,乡级财政总收入平均增幅34.7%。全区财政收入结构进一步优化,地方财政收入占财政总收入的比重达到59.5%,比上年提高4个百分点;税收收入占地方财政收入89.8%,比上年提高1.7个百分点。

【发挥财政职能改善民计民生】全面落实义务教育保障新机制,拟定义务教育经费保障机制改革方案,出台《定海区中小学校舍维修改造专项资金管理办法》、《定海区中小学公用经费管理暂行办法》、《定海区农村中小学家庭经济困难学生资助扩面工程实施办法》和《定海区农村中小学安心营养餐工程实施办法》,实施中小学布局结构调整,投入1050万元用于金塘中学新校舍建设和定海六中基建项目贷款还本付息。确保对家庭经济困难学生资助,有6691人次学生接受财政资助。提高城乡最低生活保障标准和新型社区老年人奖励保障金标准,向4165名在册低保对象发放低保资金746万元,增长36.4%,向3.54万名在册奖保金发放对象发放奖保金1581万元,增长19.9%,向1897名大中型水库移民扶持对象发放后期扶持资金114万元,投入财政资金191万元对250户农渔村困难群众危房进行改造,改造房屋1.63万平方米,向全区200名特困残疾人发放生活困难费12万元,4.44万名被征地农民纳入基本生活保障,累计发放被征地农民基本生活补助资金3915万元,已享受补助1.81万人。投入财政资金66.54万元支持农户参加政策性农村住房保险,参保率100%。安排财政资金110万元开展农村住房防灾能力普查。建立健全三大医疗保障体系,新型农村合作医疗财政补助标准提高到60元/人,参保率92.86%。确定城镇居民医疗保障筹资方案。发放贫困群体医疗救助资金103万元,增长62.0%。安排农渔村卫生院补助资金及农渔村公共卫生专项资金802万元,增长15.0%。安排专项资金153万元用于农渔民健康体检,安排专项资金40万元用于免费婚检工作,安排专项资金20万元用于母婴健康工作,对已婚育龄妇女接受常见妇科疾病检查给予每人每次10元的财政补助。安排专项资金624万元投入城区畜禽禁养、畜禽养殖污染治理和动物防疫,投入资金1145万元支持全区林业生态建设和"绿色舟山"建设,下达资金731万元推动村庄示范工程,安排资金300万元启动大陆连岛工程及主干公路景观带建设,安排专项资金50万元推进殡葬改革。支出8577万元保障公检法司机关经费和专项经费,投入财政资金260万元用于食品药品安全和安全生产的监管经费。

【创新改革增强效益】实施政府收支分类改革,处理好新科目体系与现行预算管理方式的衔接、科目口径的变化和数据转换等问题。加强全口径预算管理,提高预算完整性和透明度。根据"工资福利支出按实际,商品与服务支出按定额,项目支出按轻重缓急及财力可能"的原则编制部门预算;强化绩效预算意识,严格预算编制程序,细化、健全支出定额体系。开展远程报账试点,会计核算中心职能由核算逐步向预算执行管理转变。加强地方政府性债务管理,出台政府性债务管理实施细则,正确处理发展速度与财力可能、债务规模与偿债能力之间的关系。加强乡镇街道财政体制建设,为制定新一轮乡镇财政体制打好基础。开展以强化支出管理为核心的"乡财乡用县管"试点工作。开展"财政支农资金管理年"活动,对现行支农资金和农业财政管理制度进行清理,出台财政支农资金整合工作实施方案。完善政府采购监督体系,制定《定海区政府采购规范实施办法》和《定海区政府采购文件备案管理暂行办法》,建立以财政部门为主,纪检监察、审计等部门共同配合的有效监督机制以及政府采购服务反馈制度;政府采购规模稳步增长,实施政府采购4050万元,资金节约率13.4%。

【国有资本为财政增收助力】国有资本进一步从纯经营性领域退出,采用资产转让、分期付款等形式回收对企业投资款87万元。加大对公共基础性领域的投入,新投资成立北部临港投资开发有限责任公司等4家子公司,新增注册资本6200万元。通过公开拍卖形式收回西山路17亩存量土地,取得土地收益1398万元。区国资公司将紫窟涂围垦土地1182亩作为抵押物,由康兴水利公司向银行融资1.7亿元,解决各国有公司建设资金短缺问题。多渠道筹措资金,为下属13家单位调剂短期资金缺口11580万元,争取到国家开发银行授信额度1.4亿元。区经济担保公司为各类经济实体提供担保1.9亿元,其中对中小企业担保1.05亿元,对各类政府性基础项目担保0.68亿元。

【强化财政监督管理】落实《定海区财政支出绩效评价工作实施意见》、《定海区绩效评价专家管理暂行办法》、《定海区财政支出绩效评价操作规程及指标体系》、《定海区财政局绩效评价内部协调制度》等一系列制度,召开绩效评价联席工作会议,完成7个项目绩效评价,涉及资金总额4508万元。对全区独立核算的120家行政事业单位资产进行清查,并委托中介机构对其中38家单位实施专项抽查审计,抽查审计资产4.81亿元,占全区账面总资产的56%。修订《定海区基本建设资金财政专户管理暂行办法》,加强对基本建设项目资金使用的全过程监管;对纳入基本建设资金财政专户管理的政府性投资基建项目进行清理,批复基本建设竣工财务决算8个,核定支出2292万元;审结工程预、结算造价23个,审核资金节约率6.6%。开展财政供养人员清理,规范人员编制和工资管理,建立健全机构编制与组织、人事、财政相互配合协调的约束机制。成功运行"金财工程"预算指标管理、预算拨款等软件,加强部门预算执行,提高工作质量和效率。"五五"普法宣传教育进入组织实施阶段,组织干部学习《物权法》、《干部法律知识读本》等法律知识。开展第三届全国会计知识大赛各项组织工作,参赛者5508人,组队参加舟山赛区比赛并获全市二等奖。通过召开民营企业会计基础工作现场会等方式促进企业会计基础工作规范化,举办会计人员后续教育培训班13期,培训会计人员1800名。

【抓好机关自身建设】开展"作风建设年"活动,各科室结合工作职责制订包括规范办事程序、改善服务态度、提高工作效率、践行服务承诺等内容的"作风建设年"具体活动方案。参与"局长进社区"活动,落实社区建设等经费。加强机关效能建设,政务公开上墙,公开办事程序,严格办事时限。制定督查工作制度,提高财政部门行政效能。通过廉政宣传标语上墙、廉政知识进电子显示屏、组织观看廉政教育影片等形式,增强全局干部廉政意识。严格执行党风廉政教育联席会议制度,发放廉政贺卡,推行领导干部廉政账户制度,抓好重点节假日廉政教育工作。开展以"读书修德、感悟人生"为主题的"读书论坛"活动和以"以德律己、共创和谐"为主题的"读文思廉"活动;组织全局干部到"勤俭创业连"参观;邀请党校老师为全局干部上"十七大"报告辅导课;组织32名同志参加完成全区国家公务员公共管理课程学习与考试。巩固市级文明单位成果,申报创建省级文明单位。开展各种文体活动丰富干部业余生活。

(舟山市定海区财政局供稿　钟国勇执笔)

舟山市普陀区财政工作

【概况】2007年,普陀区实现生产总值127.43亿元,比上年增长18%,人均GDP39917元,增长17.8%。其中第一、二、三产业增加值分别为17.48亿元、55.42亿元、54.53亿元,增幅分别为0.4%、26.5%、16.2%,三次产业的结构比重调整为13.7:43.5:42.8。全区财政总收入12.9亿元,增长51.6%,其中地方财政收入8.2亿元,增长52.2%;全区财政支出13.4亿元,增长

53.9%。全年财政收支平衡。

【优化财源结构】财政收入结构进一步优化,地方财政收入占财政总收入比重为63.7%,高于全省平均水平12.8个百分点,继续位于全省前列。贯彻落实"三个三"工作措施,发挥财政专项资金的引导作用,转变经济发展扶持方式,加大对重点行业、重点企业的支持力度,安排各类扶持资金8290万元,促进临港工业、海运业、旅游业、商贸业等二、三产业的快速发展,稳固税源基础。全年来自二、三产业的税收收入分别为2.70亿元、4.60亿元,分别增长61.8%、31.4%。同时,依法加强税费征管力度,土地增值税、契税、城镇土地使用税等地方小税种收入稳步增长,占地方税收收入比重为24.4%,比上年提高1.6个百分点。通过整合征管职能,拓宽管理范围,建立非税收入增收激励机制,挖掘政府非税收入来源渠道,全年实现非税收入7960万元,占地方财政收入比重为9.7%,比上年提高2.4个百分点。

【保障重点支出】调整支出方向,新增财力重点向民生和"三农"方面倾斜。一是提高义务教育保障水平,完善职业教育助学、奖学金制度,建立离岛困难学生补助机制,全年用于教育支出21286万元。二是支持医疗卫生体制改革,建立城镇居民医疗保险制度,安排资金对企业退休人员进行免费体检,全年用于医疗卫生支出6002万元。三是保障公共安全部门运转,支持标准化建设,促进科技强警,推进"平安普陀"建设,全年用于公共安全支出8719万元。四是加大社会保障投入,渔农村老年人奖保金从每人每月33元提高到38元,城乡低保标准分别从240元、145元提高到250元、150元,渔农村新型合作医疗人均筹资标准从58元提高到90元,筹措资金确保失地农民、居家老人、弱势群体等社会保障政策的顺利落实,全年用于社会保障支出2.57亿元。五是建立财政支农资金的稳步增长机制,重点保障渔农村小康社区建设、渔农村饮用水改造、农田治理、渔农民转产转业等项目支出;启动面向渔农村的"三个一"工程,即一个社区一个项目、一个学校一个项目、一个卫生院一个项目,进一步改善渔农村生产、生活环境,全年用于"三农"支出9034万元。

【推进财政改革】按照"收入一个笼子,支出一个口子,管理一个盘子"的管理目标,深化部门预算改革。构建三级十套大预算体系,建立涵盖政府性综合财力的全口径预算;修订财务开支标准,规范预算编制程序;贯彻收支分类改革,按新的收支分类科目完成年度预算编制;启动国库集中支付改革,制订完善实施方案和配套制度;推进"金财工程"建设,探索网络化财政支付形式;引入绩效预算理念,出台行政事业单位房修资金绩效预算管理办法,开展事前考评,根据考评结果安排预算,以预算绩效化促进资金分配的公平化;扩大标准化配置范围,将房屋装修、教学设备等纳入标准化配置,提高财政资金使用效益;出台基建项目超预算约束管理办法,建立基建项目超预算承担机制,增强预算执行刚性;规范行政事业单位项目资金使用行为,对发展性项目实行跟踪管理,确保项目资金专款专用。

【强化财政监督】一是全面完成财政业务制度体系建设,制定出台财政监管、国资监管、资金管理、会计核算等四大类112项制度,实现了"一项资金一个制度"和"一本账套一个办法"的管理目标。二是健全政府债务管理体系,制定完善政府性债务管理的具体实施办法,有效控制政府性债务风险。三是实施专家审核、人大参与的绩效评价办法,建立评价结果反馈机制,完成对小康社区建设资金、饮用水改造资金等10个财政支出重点项目的绩效评价工作。四是加强全区会计信息质量检查、会计师事务所执业质量检查和"小金库"清理工作,规范企事业单位财务行为。五是根据监管与操作相分离的原则,重新梳理采购办与招投标中心的工作职责,做好《浙江省政府采购管理软件系统》的运行和推广工作,推进政府采购信息化。全年政府采购支出9879万元,增长138%,累计节约资金1507万元,资金节约率为13.24%。

【完善国资监管】落实行政事业单位资产清查工作,全面掌握行政事业单位的资产现状;开展国有资本经营预算试点工作,加强国资收支管理;实施企业财务规范化管理考核,促进企业财务和经营行为规范运作;完善国企收入分配办法,企业收入分配更趋合理;健全财务总监委派制度,凸现政府对国企监管作用。

【提升队伍素质】一是深入开展"作风建设年"活动,出台加强局领导班子自身建设的若干意见,提出八个方面的自律要求,实施局领导每周工作计划告示制度,组织开展"树新形象、创新业绩、促新跨越"主题实践"六个一"活动,推进机关效能建设,提升工作效率和工作质量。二是深化组织文化和学习型组织的创建工作。顺利完成"普陀财经干部大学"学习计划,出台深化学习型组织文化建设方案,培养造就以"普陀财政人"共同价值观为底蕴的机关团队,形成"高素质、高效率、善创新、优服务、好形象、优环境"的普陀财政风貌。同时,拓展"财政人之家"服务功能,组织开展第三届机关运动会、卡拉OK比赛、"走近消防"等团队活动,干部职工的团队凝聚力、战斗力、学习力进一步增强。三是推进党风廉政建设。落实《党风廉政责任制暂行规定》等规章制度,加强党风廉政教育,增强干部职工的反腐倡廉意识;开展治理商业贿赂工作,把握政府采购、国资监管等重点环节、重点领域的自查工作,确保治理工作深入到位;完善惩治和预防腐败体系实施细则,确保财政干部的清正廉洁和财政事业健康发展。

(舟山市普陀区财政局供稿 陈轶伦执笔)

岱山县财政工作

【概况】2007年,岱山县实现生产总值65.67亿元,比上年增长17.1%,其中:第一产业增加值12.99亿元,增长2.3%;第二产业增加值26.53亿元,增长28.2%;第三产业增加值26.15亿元,增长15.2%。人均生产总值34036元,增长17.9%。三次产业比例调整为19.8:40.4:39.8,首次形成"二三一"结构。全县财政总收入4.87亿元,增长42.1%,其中地方财政收入3.10亿元,增长42.8%;全县一般预算支出8.18亿元,增长29.2%。全县当年实现财政收支平衡。

【支持经济发展】运用资金扶持和税收优惠政策,促进产业结构调整,加快以船舶修造为主的临港工业发展,依托县内重点骨干企业，拉长产业链，走规模扩张和产业集聚道路，鼓励和引导企业开展配套协作，盘活存量资产，促进生产要素优化配置。继续实施“走出去、引进来”战略，向省市财政争取技术创新和先进制造业基地建设资金1334万元，加大企业技改投入。支持农业基础设施建设，全年共筹集支农资金6335万元用于改善农业、农村生产条件。做好农民补贴资金工作，42万元补贴资金全部按时落实到户。制定出台《岱山县储备粮油财政补贴资金管理暂行办法》，明确县内各类储备粮油的补贴标准及奖励办法。筹措落实粮食风险基金，支持粮食安全体系建设。协调相关部门，确保全县14676万元油价补贴资金及时、足额核发到补贴对象。以海洋文化节为契机，落实各项资金，加快旅游业由单纯观光型向休闲度假型转变。落实税收减免扶持政策，财政安排及税收优惠再就业资金1328万元。

【组织财政收入】贯彻“抓大不放小”工作思路，不断拓宽税基，涵养、寻找新财源税源，挖掘税收增收亮点。地方七项小税种总量比上年增收1478万元，增长34.3%。贯彻落实年所得12万元以上个人自行纳税申报工作，缴纳个人所得税127万元。出台非税收入管理暂行办法，政府性非税收入比上年增收2544万元，增长27.7%。编制土地出让金收支预算，实行“收支两条线”管理，全年土地出让金收入5.61亿元，增长265.3%。全面推行“五费合征”工作，规费收入1.10亿元，增长37.3%，征缴率95%。

【优化支出结构】围绕全县产业发展重点，运用财税政策、财政资金、财税管理和服务手段，发挥财政的政策导向作用，加大对统筹城乡发展、社会保障和新型社区建设资金的投入，推进教育、文化、卫生等事业发展。县级财政一般预算支出中支农、教育、科技三项支出合计占县财政总支出的49.2%。一般性支出有所控制，公共服务支出增长16.5%。县本级预算内用于民生项目支出达到3.15亿元，占当年县级财政一般预算支出的65.5%。保障城乡环卫一体化建设、生态绿化、新型社区建设、小康社区建设、渔农村合作医疗、城乡贫困群体、弱势群体等各项资金。

【深化财政改革】完善综合预算编制办法，全面实施部门预算改革，全县81个全额拨款预算单位全部纳入部门预算实施范围。实施金财工程预算编制管理系统，推进财政改革。加强对各预算单位收支科目方面的指导，稳步实施政府收支分类改革。对政府所有经常性资金纳入政府性基金预算编制范围，把公积金增值收入、夜排档拍卖收入等政府资源性收入纳入财政管理。强化乡镇财政管理，制定出台《乡镇财政工作协作制度》，做好新一轮乡镇财政体制调整准备工作。加强全县政府性债务管理，对全县政府性债务的举借进行审批，综合分析全县的负债率、债务率和偿债率等债务风险监测指标情况，提高债务分析质量。规范财政资金管理，把所有财政性资金纳入国库统计，建立财政各项资金账实核对机制。按规定实行“收支两条线”管理，规范土地出让金收支管理。加强社保专项资金管理，掌握和分析全县社保基金收支执行情况。落实全县行政事业单位退休人员住房补贴补助资金490万元。依法汇编政府采购预算，推进政府采购协议供货和定点采购管理制度，全年政府采购预算资金安排单位60家，采购资金1761万元，资金节约率15.3 %。完善核算中心内部工作机制，全面推行远程结报。

【强化财政监督】出台加强和规范政府非税收入征收管理办法，对收费、基金项目进行审批管理。整合政府性资金，对政府所有经常性资金纳入政府性基金预算编制范围，政府资源性收入纳入财政管理。对2004年之前的政府性投资项目逐户清理，回收财政性结余资金810万元，政府性投资项目审价资金节约率12%，节约资金345万元。对全县134家行政事业单位资产进行全面清查，委托两家中介机构对全县55家行政事业单位的自查结果进行专项抽查审计。做好全县2004-2006年大病医疗救助专项资金和2006年农村公共卫生专项资金使用管理情况绩效评价工作。出台国有资产管理体制调整方案，理顺与国资监管机构、行业主管部门职、责、权关系。加强县级储备粮油管理，积极落实岱山县粮食安全应急预案。做好财政行政违法案件的审理工作，有的放矢地实施内部监督。开展会计信息质量检查，做好执证会计人员继续教育和学会换届选举工作。

【提升队伍素质】开展学习型机关建设，设立财税业务论坛，举行各种形式的业务交流活动，提高干部分析问题、解决问题的能力，被县委组织部评为组织工作创新奖。开展争先创优活动，确定九项在全县或全市系统领先的工作事项，制定干部岗位目标责任制等十个制度和规定，强化考核工作，坚持年终考核与季度考核并重，保证了阶段性工作落实到位。以“作风建设年”为契机，完善和改进服务质量，开展“巾帼文明岗”创建活动，推进“青年文明号”建设。加强机关效能建设，定期组织人员进行机关效能督查，巩固机关效能建设成果。开展扶贫帮困活动，响应“回报家乡、回报社会”捐资助学活动的倡议，全局结对社区及部队5对，结对贫困学生28对，捐助各类资金12.6万元。开展群众性文体活动，举行全局干部职工运动会。

（岱山县财政局供稿　陈佩兰执笔）

嵊泗县财政工作

【概况】2007年，嵊泗县实现生产总值47.32亿元，按可比价格计算，比上年增长14.5%，其中：第一产业增加值7.50亿元，增长4.1%；第二产业增加值23.85亿元，增长21.1%；第三产业增加值15.97亿元，增长10.6%。三次产业增加值结构调整为15.8:50.4:33.8。全县人均生产总值59011元，增长15.3%。全县财政总收入3.65亿元，增长20.7%，其中地方财政收入2.98亿元，增长20.8%；全县财政总支出6.31亿元，增长32.7%。当年实现财政收支平衡。

【确保财政收入增长】一是有效监控财源变化，全力组织税收收入。重新确定重点税源监控名单，主要加强对洋山港、马迹山二期、LNG、洋山石油存储基地等工程项目的管理，确保主体税收足额征收。二是坚持“抓大不放小”，挖掘新的税收增长点。下大力气抓好小税种征管,合理确定车船税、城镇土地使用税等小税种的征收标准。全年小税种收入共4282万元,增长54.9%,占地方税收收入的14.4%。三是全面推行"五费合征",做好宣传引导工作,共组织社会保险费收入6633万元,增长18.5%,征缴率为99%。四是坚持"以查促管",强化税务稽查力度。以整顿和规范税收秩序为主线,以专项检查为核心,发挥税务稽查的震慑作用,全年查补各类税款、滞纳金、罚款共计393万元。

【推进产业结构优化】一是坚持"以渔稳县",以推进社会主义新渔村建设为主线,加大财政支持力度。全年财政投入"三渔"资金2.63亿元,增长34.9%。主要安排渔业专项资金531万元;县本级新增安排渔农村社区道路建设支出428万元;安排海水淡化资金1169万元。安排海水养殖、水产品加工、渔民转产转业等支出952万元,重点培植海参养殖加工、厚壳贻贝苗种海区保苗等项目。落实石油价格改革财政补贴政策,全年兑付油价补贴7757万元,全县受惠渔船2016艘、养殖户825户、出租车125辆、客运公司10家。二是坚持"以港兴县",支持港口运输业发展。落实海运业、小规模运输企业和船只、集卡运输行业的优惠政策,集卡运输企业注册实现零的突破;海运业发展势头良好,目前水上货运企业达7家、船舶170多艘,计15万载货吨。三是坚持"以旅活县",加大对旅游业发展扶持力度。县财政安排1000万元,专项设立旅游发展资金,主要用于旅游产业发展规划编制、重点旅游活动和重大旅游节庆活动策划宣传及重点旅游项目的建设与开发。制定风景旅游产业发展专项资金管理暂行办法,管好用好专项旅游发展资金,做好旅游项目贴息、补助和奖励工作。

【促进和谐社会建设】当年财政用于民生支出2.23亿元,增长28.6%。一是支持公共卫生体系建设,促进基本公共卫生服务均等化,医疗卫生支出4330万元,增长124.8%。加大对公立医院和乡镇卫生院的财政补助,加强城乡居民的公共卫生服务体系建设,建立流动医院、惠民医院和万名医师支援渔农村工作,促进送医、送药下渔农村,推进母婴工程和优生促进工程。二是加强就业和社会保障,落实促进就业再就业的各项工作,社会保障和就业支出3875万元,增长35.1%。推进新一轮渔农村新型合作医疗工作,提高筹资标准,全县参保人数45310人,参保率90.6%;及时发放渔农村老年村民以奖代保金439万元;及时下拨社会保障资金,拨付合作医疗资金362万元,实际享受人数106217人次;支付最低生活保障资金195万元,实际享受人数1251人。继续支持落实就业再就业政策,扶持自主创业和自谋职业,加强劳动职工的教育培训、渔农村富余劳动力和"两转"渔民的就业培训,扩展公益性岗位,帮助"4050人员"和零就业家庭就业。三是推进义务教育保障机制建设,做好贫困家庭扶困助学工作,发放教育券1961份,营养券716份,支付贫困家庭扶困助学金90万元;转移支付生均公用经费42万元,小学生均提高50元,初中生均提高90元。

【深化财政管理改革】一是深化财政管理改革,完善财政制度建设。制定地方政府性债务管理实施暂行办法,加强政府性债务管理;制定财政性资金债权管理制度、财政项目资金结余收缴管理办法,确保财政性资金的安全;全面实施《政府采购工作规程》,加强采购预算管理,强化对采购单位的指导和监控,不断提高政府采购工作服务质量;制定乡镇财政管理体制,加强对乡镇财政建设的管理和指导。二是统筹预算编排,强化收支管理。通过"二上二下"的必经程序,科学制定预算定额,提高预算编制质量,稳步推进支出管理改革,降低行政运行成本。强化乡镇财政日常管理,指导乡镇预算编制,促进乡镇财政健康发展。三是开展专项治理,加强预算监管。做好行政事业单位资产清查工作,共清查户数109户,委托中介机构重点审计49户,被查单位账面资产合计5.5亿元。加强土地出让金核算管理,制定具体的核算结算办法。将土地出让金收支纳入基金预算,收支全部从国库进出,确保资金的规范使用。

【完善财政监管机制】一是加强财政法制建设,贯彻《浙江省省级预算审查监督条例》,全面开展财政"五五"普法,规范财政执法行为,全面推进依法理财工作。二是加强财政财务监管,提高财政资金效益。理顺国有资产管理体系,探索国有资产管理新思路,制定国有及国有控股企业对外投资对外担保管理暂行办法、国有企业董事会管理暂行办法、国有企业监事会管理暂行办法等制度。三是加强财政支出绩效评价的制度建设和监督效力。制定出台财政支出项目绩效评价指标体系、操作规程等,健全财政支出绩效评价制度体系。建立全县财政支出绩效评价专家库。组织开展对省空气自动监测站、医疗救助专项资金、特色优势农产品基地建设等项目的绩效评价。突出财政的监督职能,确保项目资金使用更趋规范。四是组织开展对农财科、县国有资产投资经营有限公司和县资产经营有限责任公司内部业务的检查,规范各部门的财务会计行为。五是规范会计管理,提高全县会计人员素质。开展2007年会计信息质量检查,规范会计核算,强化会计基础工作。

【加强队伍干部建设】一是注重学习教育,提高队伍素质。结合财税业务发展和干部队伍建设需求,制定年度教育培训计划。坚持夜学习制度,组织干部职工学习十七大精神、各级领导有关作风建设的讲话精神和文明礼仪等。在全局上下倡导"视财税为家、视资金为己"的理念,强化工作主动性和责任心,提高全体干部职工的思想觉悟和行为修养。二是组织开展"作风建设年"暨创建"群众满意基层分局"活动,多次深入基层进行调研,解决基层分局在工作、生活上的困难,慰问生活困难党员。三是强化廉政建设,保持优良党风。抓好治理商业贿赂工作,做好对不正当交易行为的自查自纠工作。学习贯彻中纪委有关文件,组织收看反腐电教片,紧绷廉政之弦,做到警钟长鸣,树立良好的部门形象。

(嵊泗县财政局供稿 刘白羽执笔)

台州市财政工作概况

台州市财政工作

【概况】2007年,台州市实现生产总值1722.89亿元,增长14.5%,其中:第一产业增加值116.45亿元,增长2.1%;第二产业增加值927.98亿元,增长16.1%;第三产业增加值678.46亿元,增长14.6%。人均生产总值30385元,增长13.5%。全社会固定资产投资总额727.64亿元,增长16.7%。全社会消费品零售总额596.17亿元,增长16.5%。外贸出口总额93.65亿美元,增长33.1%。城镇居民人均可支配收入20942元,增长10.0%。农村居民人均纯收入8331元,增长13.1%。全市实现财政总收入218.38亿元,增长24.3%,其中地方财政收入108.86亿元,增长26.4%;全市财政支出126.98亿元,增长22.1%。全年财政实现收支平衡。

【优化收入结构】按照“三个三”工作思路和“四位一体”组织收入要求,加强营业税分行业税源管理,首次组织开展年所得12万元以上个人所得税自行纳税申报工作。贯彻落实车船使用税、城镇土地使用税管理新条例,加强资源税、印花税等地方小税种征管,推进房地产税收“一体化”管理进程。加强行政事业性收费和政府性基金等非税收入管理,完善罚没收入、土地出让金、新增建设用地有偿使用费及户外广告等资源有偿使用收入管理制度建设;完善社保基金管理模式,全面实施地税“五费合征”。当年全市地方财政收入占财政总收入的比重为49.9%,比上年提高0.84个百分点。

【支持经济发展】坚持“做优一产、做强二产、做大三产”,推动经济增长方式转变。一是加大对农业投入力度,全市农林水事务支出8.55亿元;整合支农资金,完善对农民的直补政策,推进政策性农业保险,提高农业综合开发水平及农业防灾减灾能力。筹措粮食风险基金521万元,争取省级粮食直补资金3747.6万元,保障粮食安全。二是坚持工业立市,用好用活出口退税、国产设备投资抵免、所得税优惠等财税扶持政策,促进工业经济发展。全年全市共优惠企业所得税5.30亿元,安排先进制造业基地专项资金2.89亿元,争取省级中小企业发展和小企业贷款风险补偿资金550万元,支持民营经济和中小企业发展。加大科技投入,全市科技支出2.70亿元,整合科技资金,增强企业自主创新能力、支持高新技术产业发展。加大节能降耗减排支持力度,扶持资源节约型和环境友好型企业,促进循环经济发展。争取财政油价补贴资金4.81亿元并及时拨付。争取省级外贸项目资金939.2万元,修改完善外经贸扶持政策,提高外经贸扶持资金使用效益,优化出口方式,调整出口商品结构。三是支持第三产业发展,贯彻落实市委市政府《关于加快现代服务业发展的若干意见》,加大财政资金投入,加大对餐饮、娱乐等传统服务业和物流、信息、技术咨询以及文化、教育、旅游等现代服务业的扶持力度。有序推进土地出让,实现房地产业可持续发展,全市土地出让金收入99.41亿元,增长47.9%,促进财政收入的可持续增长。

【支持社会事业发展】按照“增量优方向、存量调结构、增量调存量”的原则,调整和优化财政支出结构。着力解决人民群众最关心、最直接、最现实的就业就医就学、社会保障和环境保护、社会安全和安全生产、基层文化建设等方面的问题,全市和市级财政增量用于民生支出70%以上。一是支持新农村建设,全市用于新农村建设资金46.36亿元,增长24%。落实水库移民资金4842万元、农村劳动力转移培训资金3048万元、“百千工程”资金4.36亿元、“千万农民饮用水工程”资金2438万元,支持农村危旧房改造,推进政策性农村住房保险工作,完成全市种粮农民补贴网的建设。推进农村综合改革,完善村级组织运转保障机制。二是支持教育事业,全市教育支出31.68亿元。义务教育全面纳入公共财政保障范围;落实义务教育阶段免收杂费政策,提高中小学公用经费保障水平;多方筹措资金,保证农村中小学教育“四项工程”、“远程教育工程”、“书香校园工程”、职业教育“六项行动计划”、“中职困难生营养餐工程”以及贫困学生资助、学生伙食补助的资金需求。三是加快公共卫生体系建设,全市公共卫生支出3.79亿元。规范农村卫生事业财政保障机制,健全农村医疗卫生服务网络,提高农村和社区公共卫生服务能力。四是加大对文化事业的投入,全市文化事业支出2.94亿元,为台州市图书馆、档案馆等一批重点建设项目提供资金保障,促进“文化大市”建设。五是支持社保事业发展,加快社会保障资金多渠道筹措机制建设,加大财政社会保障投入,扩大社保覆盖面。全市社会保障基金支出28.19亿元,增长38.2%。加快社会救助体系建设,配合各部门制订出台养老服务业、困难群众社会救助、城镇居民医疗保障等相关政策,开展城市居民医保试点,全市医疗救助支出3032万元,新型农村合作医疗支出2.32亿元,自然灾害救助支出3421万元。研究解决被征地农民的社会保障问题,被征地农民基本生活保障支出2.32亿元。六是筹措就业再就业资金,支持就业再就业工作,就业资金支出3002万元。七是加大对环境保护和生态建设投入,投入生态环保专项资金1.66亿元,推动“生态市”建设。八是加大公检法司财政投入,支持食品药品监管体系建设,推进“平安台州”建设。

【深化财政改革】一是深化部门预算改革,各县(市、区)全面建立部门预算,以建设节约型财政为目标,按照“控、压、保”的要求,调整优化支出结构,根据新的政府收支分类科目编细、编实部门预算。实施政府收支改革。二是构建国库集中支付框架，市级14家单位和温岭、路桥两地开展试点。三是深化财政绩效评价工作，制定《台州市财政支出绩效评价实施意见》，各县（市、区）局成立专门机构。温岭市建立绩效评价指标库和人才专家库，路桥区建立财政监督评价委员会制度，临海市将环境自动监测建设、疾病预防控制等社会关注度高、事关民生的项目和专项资金使用纳入绩效评价范围。四是开展规范津补贴工作，清理和规范各部门（单位）津补贴，制定规范公务员津贴补贴实施方案。五是扩大政府采购范围和规模，加强协议采购管理，强化采购现场监督，充实采购专家库。全市共完成采购金额18.66亿元，资金节约率14.8%。

【强化财政监管】一是加强政府性投资管理，开展2006年市级政府性投资（负债）情况和2007年投、融资计划调查，编制政府投资（负债）预算方案；在调研基础上形成市级政府性债务偿还能力分析报告。二是清理行政事业单位资产状况。加强国有资产管理，临海、黄岩、温岭等地成立国资局或国资运行机构，摸清家底、加强监督。三是继续做好基本建设资金直接拨付扩大试点工作，强化项目监管，履行基本建设资金监督管理职能。椒江区加强基本建设财政财务管理，集中财力办大事，支持中心大道等市、区重点工程建设。做好财政预算投资项目审核工作，提前介入台州供水工程等重大项目的财政资金审核监管工作。当年全市共审核项目2288个，总额53.96亿元，核减总额3.66亿元。会同有关部门做好全市党政机关办公楼等楼堂馆所建设项目清理。四是加强财政专项资金管理，制订和完善信息化建设等多个专项资金的管理制度。做好生态市建设、环保、服务业、先进制造业等专项资金的分配工作，提高资金使用效益。组织实施全市预算外资金收入管理以及政府统筹工作，壮大政府可用财力。加强住房公积金、彩票资金管理。五是严格预算管理，继续控制和压缩一般性预算支出，落实市政府提出的行政公用经费比去年节减10%的目标，一般公共服务支出增速有所压缩。市级列入考核的77个单位公用经费节约率为25%。六是加强注册会计师行业监管和会计诚信建设，做好第三届全国会计知识大赛台州赛区组织工作，开展会计信息质量和会计师事务所执业质量检查，维护财经秩序。

【加强队伍建设】继续落实"三靠两抓一组织"以及"好好学习、好好工作、好好做人"、"三走近、三远离"等干部队伍建设理念。以提高干部的学习力、执行力、防腐力和凝聚力为重点，推进学习型组织建设，把在职学习课题化、学历教育制度化、干部培训科学化和其他学习多样化的"四化"要求落到实处。学习十七大精神，以"作风建设年"和创建人民满意机关活动为契机，建立健全市局对县（市、区）局年度工作目标考核制度、市局处室工作目标考核制度。组织开展"转作风，强创新，促发展"和"加快中心城市发展"大讨论以及"走进矛盾、破解难题"专项活动。落实党风廉政建设责任制，深化"两权"监督制约，加强干部理想信念和廉洁从政教育，搞好廉政文化建设。组织市局中层干部到浙江某监狱开展警示教育，做到正面示范和反面警示教育相结合。加强机关作风建设，倡导和实践"谦虚、务实、协调"的工作作风。加强制度建设，规范内部管理。抓班子建设，要求班子成员做全局的表率，加强学习，培养班子求真务实、勤政廉洁的工作作风。

（台州市财政局供稿　卢云芬执笔）

台州市椒江区财政工作

【概况】2007年，椒江区实现生产总值234.42亿元，比上年增长12.5%，其中第一产业增加值6.79亿元，与上年基本持平；第二产业增加值110.49亿元，增长12.8%；第三产业增加值101.45亿元，增长14.3%；三次产业结构优化为2.9:53.8:43.3。城镇居民人均可支配收入20875元，农民人均纯收入9259元，分别增长12.8%和9.6%。全区实现财政总收入28.75亿元，增长21.7%，其中地方财政收入15.1亿元，增长20.3%；全区财政总支出10.89亿元，增长14.1%。全年实现收支平衡。

【优化收入结构】当年地方财政收入占财政总收入的比重为52.5%。地方财政收入总量继续保持三区第一、全市第二，财政总收入列三区第一、全市第三。全区镇、街道实现财政总收入16.81亿元，3个街道超3亿元，7个街道超亿元，全区9个镇、街道全部增收。土地契税成为当年地方性收入的亮点，全年收入5171万元，增收3104万元。全年组织政府性基金收入6.42亿元。

【促进经济发展】一是推进产业结构升级转型。落实和完善区先进制造业基地建设、第三产业发展、外向型经济发展、企业自主创新、海运业发展、农业产业化等扶持政策，整合各类奖励机制，减少对企业的一般性奖励，集中财力，重点加大对自主研发、科技创新、产业升级、品牌建设的奖励与扶持力度，推进经济发展方式的转变。增强区域创新能力，新增省级以上高新技术企业8家、高新技术研发中心3家，中国名牌产品增至5个，中国驰名商标增至8个，拥有国家免检产品5个。第三产业加快发展，三产在经济结构中的比重上升0.8个百分点。二是扶持农业经济发展。组建椒江区农信担保公司，创新信贷管理方式，解决农村企业贷款难题。加大项目扶持力度，全年申报省市级以上农业产业化、农业科技推广示范等支农项目66个。总投资851万元的大陈岛深水网箱养殖基地建设项目被农业部列入"2007年农业综合开发优势特色种养示范项目"。新建市级以上农家乐特色村（点）3个，举办首届生态农业休闲观光节。三是支持重点工程顺利推进。全区新建在建重点项目18个，总投资26.18亿元，当年计划投资5.18亿元，财政部门筹措并按进度拨付财政性建设资金3.25亿元，保障中心大道、白云山隧道等一批市区重点工程的顺利推进。以十一塘指挥部、污水处理二期指挥部、基础设施投资公司和国有资产经营公司为核心，做大做强融资平台。政府性债务管理从指挥部各自为政逐步过渡到由财政统一运作。

【保障民生支出】一是加大公共财政扶农力度，全年支农支出和农林水事业费11823万元，增设特色产业"强镇强村"、"村村清"工程、农家乐发展等专项资金。建立种粮农民补贴信息网，将涉农补贴以"一折通"直接发放到户。财政投入5135万元继续推进"十百工程"和"环境卫生综合整治工程"，建成全面小康示范村17个，整治合格村168个，占总村数61%。二是完善社会保障体系。开展社会保险费“五费合征”工作，筹集各类社会保障金3.68亿元。完善医疗保障体系，形成城镇职工基本医疗、城镇居民医疗、新型农村合作医疗、政府医疗救助“四位一体”新格局。城乡最低生活保障金分别提高到300元、180元。农村退役士兵首次领取一次性就业安置费。全年投入就业再就业资金1033万元，为5700多名下岗失业人员支付社保补贴、购买就业岗位，支持建立免费职业介绍机构。三是支持教科文体事业发展，全年预算内教育支出29910万元。启动实施义务教育经费保障机制改革，将义务教育全面纳入公共财政保障范围。全部免除义务教育中小学生学杂费，资助困难学生书本费、住宿费，4749名困难学生享受免费爱心营养餐，建立义务教育阶段中小学校舍维修改造长效机制，巩固和完善中小学教师工资保障机制，中小学日常公用经费标准提高到生均380元和260元。出台一系列职业教育扶持政策，职教生助学金覆盖面达到100%。采取措施切实解决教育负债问题，以置换方式为椒江五中消化了3000万元的教育负债。全年科技支出3457万元，增长14.2%。椒江区连续第四次荣获“全国科技进步先进区”称号，被评为全国科普示范区。文体广播事业费支出2018万元。四是继续改善城乡公共卫生和生态环境，全年公共卫生财政投入5009万元。实施农民健康体检工程，建立企业退休职工两年一次的免费体检制度，首次为9000名企业退休职工免费体检。增加新型农民合作医疗财政补助，提高报销限额标准，增设医疗费报销代办点，新农合参保率89.6%，参保农民32万。全年投入2146万元建设填埋场和中转站等垃圾处理设施，投入425万元整治背街小巷、城中村，投入1253万元开展水环境整治和污染源普查，投入295万元拆迁畜禽养殖场治理农业面源污染，发展生态环保事业。五是保障市民食住行和公共安全。把“菜篮子”市场供应作为重点民生问题，设立专项资金，建立和完善粮食储备、生猪活体储备、冻肉储备、食糖储备制度，投入各类储备经费887万元。共向1870户城乡低保对象发放各类物价补助475万元。全年投入3230万元，对35公里的县乡道路进行改扩建。投入528万元用于建设农村联村联网公路和民间桥梁修建。出资200万元补贴城乡公交，落实老年人优惠乘车规定。安排专项资金为7103名海洋捕捞渔民投保雇主责任险和附加医疗险。补贴近百万元帮助全区十万农户购买政策性农村住房保险。“百姓家园”安居主体工程基本完工。保障公共安全经费，支持实施“天网工程”和“数字城管”，推进“平安椒江”建设。

【财政管理改革】一是继续推进预算管理改革。顺利实施政府收支科目分类改革。全面推行部门预算，7个部门的预算上报人大审查。出台《椒江区行政事业单位办公设备配置标准》等规范性支出标准，预算编制注重科学化、规范化、精细化。综合考虑发展水平等因素，调整镇、街道财政管理体制，调动基层聚财、理财积极性，控制和化解乡镇债务。二是政府采购工作向规范化、规模化推进。采购的重心转向求“深”求“广”，工程类项目纳入政府采购范围，完善新一轮行政事业单位公务用车定点保险、定点维修、定点加油工作，加大政府采购违规违法案件查处力度。全年实际采购金额5101万元。三是财政性投资项目评审职能前移，重点对政府性项目事前把关、事中追踪，为项目预算编制工作服务。四是提升财政监管水平。设立绩效评价机构，推进财政监督与绩效评价，开展专项资金绩效评价和一般性资金监督检查工作。启动实施“支农资金管理年”活动，对21个项目进行自查和重点检查。开展行政事业单位资产清查，确认217家单位国有资产35亿元，加强国有资产处置和收益管理。

【干部队伍建设】围绕“做好三项服务，争做人民群众放心满意的理财人”这个主题，开展“作风建设年”活动，全局机关作风、服务能力、工作业绩综合提升。2007年财政局被列为区学习型组织建设示范点，被评为台州市财政地税系统先进单位，椒江区十佳人民满意机关，椒江区党建工作、平安建设、保密工作、政务信息等先进单位，作风建设优胜单位。会计核算中心顺利通过“全省巾帼文明岗”复检。在全区综合目标考评中，区财政局获得一等奖。 （台州市椒江区财政局供稿 王永斌执笔）

台州市黄岩区财政工作

【概况】2007年，黄岩区实现生产总值165.52亿元，比上年增长13.5%；人均生产总值28269元，增长13.4%。第一、二、三产业增加值分别为9.87亿元、89.61亿元、66.04亿元，增幅分别为4.6%，13.6%，14.8%。全区实现财政总收入24.74亿元，增长22.8%，其中地方财政收入11.88亿元，增长23.4%；全年地方财政支出11.62亿元，增长16.7%。地方财政收入占财政总收入的比重为48.0%，财政总收入占生产总值的比重为14.9%。财政收支平衡，财政预算执行情况良好。

【组织财政收入】一是利用各种有利条件，研究经济与财政收入发展态势。加强财政、地税、国税、统计等部门之间信息互通，掌握宏观经济发展态势；围绕财政经济运行中的热点、焦点和难点问题，强化税收收入总量与GDP、工业增加值等经济指标的关联分析和重点行业、重点企业的动态分析；对收支增减异常进行调查研究，增强收入预测的科学性和准确性，堵漏增收。二是树立科学经营城市理念，促进城市建设投资主体多元化，加强政府债务管理；实施“腾笼换鸟”，促进三大产业协调发展。三是夯实税基，加强税源监控。做好企业纳税人各种信息采集和建档管理；完善台账管理制度，对税前弥补亏损、国产设备投资抵免等需要延续管理的事项，通过建立台账并追踪每年的变化情况，实行动态管理。

【培植后续财源】一是创新财政支持工业经济发展机制，扶持区先进制造业基地建设。财政资金从支持企业生产向支持产业公共服务平台建设转变，将原区本级财政、区政府和省市安排扶持制造业发展的各类资金整合为先进制造业基地建设专项资金，全年安排财政扶持资金3000万元，重点支持主导产业发展，扶持壮大行业龙头企业和提高共性关键技术，推动技术进步。二是支持重点技改项目建设。加大对工业性投入的财政扶持，安排2000万元用于企业技术改造补助。争取上级专项资金补助2250万元，办理各类退税5.78亿元，增强企业发展后劲。三是设置节能降耗建设资金用于节能节电技改项目、省清洁生产试点企业、区“四节一综合”试点企业补助,支持节能降耗,鼓励企业向资源节约型、生态环保型转变。四是出台工业结构调整财政扶持资金补助办法,专项用于结构调整、科技进步补助。五是设立第三产业财政引导资金,支持现代流通业、重点市场发展、农贸市场提升改造、汽车4S店建设、食品安全检测等第三产业。

【强化财政管理】一是完善创新机制,推进预算管理改革。全面启用政府新收支科目,针对薄弱环节组织全区行政事业单位的财务人员进行强化培训,确保新老收支科目衔接。重新调整制定部门预算定额标准,分类分档建立公用经费定额标准、车辆费用定额标准、单位办公设备配置标准,使定额标准更加科学、合理。完善土地出让金管理制度,将国有土地出让金收支纳入政府基金预算管理,收入缴入地方国库,支出通过地方政府基金预算。加强政府债务管理工作,制订政府债务管理办法,建立政府性债务风险预警机制和防范机制,建立政府偿债准备金。实施绩效评价结果运用办法,开展对民政优抚社救专项资金、公共卫生专项资金、环境保护专项资金、科技三项资金绩效评价,将财政监督前移,把评价结果与财政资金安排直接相联系,建立以结果为导向的财政资金使用新办法。做好政府性项目预算编审工作,全年共完成工程概算审核15项,金额1.05亿元,预算编制审核79项,金额3.18亿元,结算审核143项,金额1.50亿元,核减造价1501万元,核减率10.0%,确保财政性资金的规范、高效、合理使用。二是优化支出结构,着力改善民生。整合各种财政资源,重点加大在“三农”、教育、科技、社会保障、医疗卫生、公益文化、生态环境、节能减排等方面的投入。全年支农支出1.35亿元,教育支出3.31亿元,科技支出3731万元,社会保障支出5233万元,医疗卫生支出4895万元,文化体育支出1788万元,环境保护支出1120万元。三是深化预算外资金管理改革,加强“收支两条线”管理。强化“以票管费”,规范使用预算外资金管理信息系统软件;加强土地出让金收入管理,保证收入及时足额缴入财政专户;加强专项资金管理,对各项专项资金严格按照规定使用,年初有预算,拨款按进度,使用讲绩效。四是加强国有资产管理,保障国有资产保值增值。清理和清查行政事业单位国有资产情况,黄岩区行政单位总资产为7.12亿元,净资产为3.50亿元,事业单位总资产为30.32亿元,净资产为20.71亿元。成立区国有资产管理中心,制订行政事业单位国有资产管理规定、行政事业单位经营性资产操作流程等管理制度,实行行政事业单位非经营性资产的统一经营管理,出租资产公开信息,阳光招租。五是加强政府采购管理,扩大采购范围。做好政府采购机构管采分离工作,采购中心由区机关事务局管理。全年全区政府采购金额1.01亿元,资金节约率14.4%。

【加大“三农”扶持力度】与相关部门协作上报项目60多个,争取省以上支农项目补助资金6600多万元、市级项目补助资金800多万,推进现代农业发展和社会主义新农村建设。一是加大农业基础设施和动植物防控经费投入。投入1855万元完成标准农田建设3564亩、土地整理建设3489亩和100多亩建设用地复垦,完成修复防洪堤、拦水坝和7座水库除险加固工程、河道疏浚治理189公里,改善农业生产环境。控制动植物疫病防治,免费为全区养殖户提供疫苗和实施防疫措施。二是以村庄整治和“三强”工程为重点,推进新农村建设。区级财政专项投入村庄整治工程建设4752万元,引导全社会投入资金5343万元。全年建成省级全面小康建设示范村5个,市级全面小康建设示范村9个,村庄整治合格村58个。投入2377万元用于乡村康庄工程建设。建立了专业河道保洁队伍,对市区的110公里和302公里乡镇级河道实施常年保洁。三是实施对农民直接补贴和建立农民保障体系,增加农民收入。安排直补资金4201万元,实施对种粮农民、水库移民后期扶持及生态公益林林农补助。对参加新型农村合作医疗的33万农民、参加农民住房保险的13万户农户实行补助。

【加强干部队伍建设】以“作风建设年”活动为契机,发挥党、工、团和妇女组织作用,加强干部队伍建设。一是开展“作风建设年”活动和“树新形象,创新业绩”、“走进矛盾、破解难题”、创建“群众满意基层站所”、“一帮一”结对帮扶、“为民办实事”等主题实践活动,联系财税工作实际,在全局开展“五项承诺”和“四项实践”活动,促进财税工作作风转变。二是强化工作考核,促进工作质量的提高和工作任务的完成。制订全局重点工作落实方案,修改和完善全局量化责任制考核办法,每月对全局九大类三十八项重点工作进行督查、通报,并将考核结果与评先挂钩。落实区委、区政府综合目标考核和台州市财政地税局工作目标考核。三是加强党、工、团和妇女组织建设。按照党章和有关规章,对党总支、工会、团委和妇委会进行换届。举办以“勇于攀登、迎接挑战”为主题的“五一”登山活动和以“三走近、三远离”为主要内容的“迎国庆、展风采”文化周活动,增强干部凝聚力。当年,区财政局获得省财政地税纪检监察系统“做党的忠诚卫士当群众的贴心人”等多项省市级荣誉。

(台州市黄岩区财政局　夏智敏　彭　颖执笔)

台州市路桥区财政工作

【概况】2007年,路桥区实现生产总值237.5亿元,比上年增长14.3%,人均生产总值55114元,增长16.5%。第一、二、三产业增加值分别为7.9亿元、119亿元、110.7亿元,分别增长0.3%、17.2%和12.5%;三次产业结构为3.3:50.1:46.6。全区实现财政总收入27.77亿元,增长24.8%,其中地方财政收入13.31亿元,增长27.4%;完成一般预算支出8.82亿元,增长17.5%。财政收支平衡,财政预算执行良好。

【组织财政收入】一是强化收入责任制,建立财税协同、区镇(街道)联动考核机制,加强财政、国税、地税、银行等部门之间协调,健全信息互通制度、收入分析例会制度,加强财、税、库的协作关系,动态掌握财政收入进度,抓好税源分析和监控,确保收入稳定增长。二是完善非税征管机制,健全非税收入执收单位基本信息库和收入项目库,调整单位非税收入和支出定额。建立土地出让金征收管理联动考核机制,提高征管效率。探索国有资产收益管理,加强行政事业单位公有房屋出租、闲置土地等国有资源开发利用,增强政府调控能力。三是优化收入结构,完善地方

"七税"征管措施，加强资源税、印花税、契税等税种征管力度，保证各时段、各税种的收入入库平衡有序。全年地方财政收入占总收入比重比上年提高1个百分点。

【支持经济发展】围绕"创业富民、创新强区"和建设现代汽车城、现代商贸城战略目标，运用财政体制、政策、资金和转移支付等调控手段，支持经济发展方式转变。一是调整完善各项扶持政策，参与区政府关于转变经济增长方式、加快服务业发展、提高工业经济综合竞争力等一系政策的制定，调整和完善技术改造、外贸出口等财政扶持政策，建立以企业为主体、全社会支持的科技创新体系，培育和壮大产业集群。二是落实各项财税政策，加大投入力度，全年共拨付区本级科技资金3798万元，占当年财政正常性预算支出的5.0%。向上级争取企业挖潜改造等各项补助资金2098万元，支持企业研发创新和技术改造，打造先进制造业基地。三是支持现代农业发展，提高农业综合开发水平，先后出台《路桥区农业专项资金管理规则实施办法》等五个相关配套制度，完善财政支农政策，巩固农业基础地位。

【优化支出结构】按照科学发展观和"五个统筹"的要求，把财政支出的重点放在改善民生、和谐社会等方面。一是支持社保体系建设，建立社保资金多渠道筹措机制，全年社会保障基金支出1.88亿元，增长19.6%。拨付3621万元用于医疗卫生事业，建立和健全医疗保障体系。投入资金388万元，使全区485名"三无五保"对象纳入财政供养范围。关注残疾事业，全年落实残疾人就业保障资金675万元。二是支持教育事业发展，启动义务教育经费保障机制改革，将义务教育全面纳入公共财政保障范围，提高中小学公用经费保障水平。全年一般预算支出2.99亿元，增长19.6%。实施农村中小学教育"四项工程"，投入专项资金2000万元用于中小学食宿工程改造，推动城乡教育均衡发展。三是保障各项事业协调发展，加强文化强区支持力度，全年拨付文化体育与传媒资金1523万元，增长23.9%，丰富市民文化体育活动。加大创建保障力度，投入3000万元"多城同创"专项资金，支持城市保洁、公园建设、基础设施的完善。加大"平安路桥"建设投入，全年公共安全支出1.03亿元，为创建和谐社会建设提供财力保障。支持城市廉租房、政策性农村住房保险、示范村整治等工作，全力提供财力保障。

【支持农村建设】加大财政资金对"三农"的倾斜力度，确保农业发展、农村稳定、农民增收。一是强化农业基础设施建设，全年财政累计投入"三农"项目3.15亿元，增长23.7%。重点支持农业基础设施、农民素质培训、动植物疫病防治、农产品质量安全、农业资源和生态保护等。二是加大新农村建设力度，分别设立500万元农村环卫专项资金、200万元"强镇强村"工程专项资金、200万元经济相对薄弱村专项资金及离任村居干部生活补助专项资金，保障农村基层建设。三是加大农业综合开发力度，向中央、省市争取各项支农资金3270万元，支持农业综合开发。结合"财政支农资金管理年"活动，对近年来财政性支农资金和项目进行全面清查，规范资金管理与使用。做好农民补贴网建设，兑现粮食综合直补等补贴性资金282万元。针对"麦莎"、"韦帕"超强台风造成的重大损失，安排和调度抗灾救灾资金，支持防汛抗灾和灾后恢复生产。

【推进管理改革】一是实施政府收支分类改革，根据新的政府收支分类科目编细、编实部门预算，完善预算分配制度，强化对部门单位的预算约束。发挥会计核算中心职能作用，完善结余资金、项目资金的使用管理办法，对专项结余资金全额收回并重新安排，全年批复结转资金1.29亿元，核算收入13.95亿元，核算支出13.25亿元，受理报账业务82841笔。二是执行"收支两条线"管理，完善预算外资金收支计划，把收费管理、票据管理、资金收缴全部纳入网络管理。开展国库集中支付改革试点的前期准备工作，对进入核算的单位，所有资金统一集中核算，从制度上杜绝资金分散、多头开户等现象。三是构建以绩效评价为主的财政监督体系，成立绩效评价科，出台财政支出绩效评价实施意见，在全省率先建立财政监督评价委员会制度，绩效评价体系初步建立。

【强化监管职能】一是完善政府采购制度，出台《政府采购方式和采购类型审批管理办法》等办法，规范政府采购行为。全年共完成采购金额4473万元，资金节约率13.5%。二是加强国有资产管理，成立国有资产管理中心，对全区153家行政事业单位国有资产进行清查盘点，摸清国有资产"家底"。加强对行政事业单位资产处置的审批权限、审批程序、收益分配管理，确保国有资产保值增值。三是深化财政基建支出管理，扩大基建集中核算覆盖面，完善会计委派制度，加强项目立项、竣工、验收到决算审价监管力度，实施工程用款按"预算、计划、进度"拨付制度，全年审核批复基建送审造价2.40亿元，审定价2.16亿元，净核减2458万元，核减率为10.3%。

【规范财经秩序】一是贯彻《财政违法行为处罚处分条例》和《财政监督条例》，会同纪检、审计等部门对全区区管干部兼职取酬、单位拉赞助费和慰问金等情况进行清查。对259家行政事业单位的公务车辆进行清理核实，实行车辆定编管理，定点保险、定点维修、定点加油的"四定"制度。二是加强财政财务管理，修订《路桥区调整和完善镇(街道)财政管理体制实施方案》，明确区、镇(街道)两级财权、事权。完善政府性债务收支计划编制、审批制度，控制政府性债务规模和增长速度，防范债务风险。完善预算外资金事前、事中、事后的监督检查制度，加强对收费立项、收费标准、票据使用、银行账户等环节的追踪问效，制止乱收费、乱罚款、乱摊派，规范财经秩序。三是强化会计管理，提高队伍素质，全年举办各类培训班24期128个班次，4228人次参加后续教育。抓好会计专业技术资格考核，换发、核发从业资格合格证书和从业资格证书434本和805本。组织参加第三届全国会计知识大赛。

【加强队伍建设】一是以"作风建设年"和"学先进找差距，创新创业促发展"大讨论等专题教育活动为载体，深入开展机关作风建设。出台《工作目标责任制考核管理办法，促进争优创先。二是推进人事制度改革，对局内6名中层干部、7名一般干部进行轮岗和双向选择，促进岗位之间的合理流动。三是围绕"六型机关"这一主线，开展以"四学四增"(即学理论，增强明辨是非能力；学法律，增强依法履职能力；学业务，增强服务发展能力；学管理，增强促和谐能力)为主题内容的各项创建活动，推进干部创新创业意识。完善行风监督员制度，拓宽行风监督渠道，创新廉政教育载体。发挥党、工、妇、青作用，加强精神文明创建工作，提高干部职工的德、能、勤、绩、廉整体素质。

(台州市路桥区财政局供稿　郑宣彬执笔)

临海市财政工作

【概况】2007年,临海市实现生产总值226.77亿元,比上年增长14.6%,其中:第一产业增加值19.29亿元,增长3.2%;第二产业增加值121.80亿元,增长15.6%;第三产业增加值85.68亿元,增长15.8%。第一、二、三产业结构调整为8.5:53.7:37.8。全市财政总收入完成26.61亿元,增长25.1%,其中地方财政收入13.61亿元,增长27.7%;全市财政支出完成16.85亿元,增长26.8%。当年财政收支平衡。

【支持经济建设】发挥财税职能作用,当好参谋把好关,参与经济政策制定的调研、起草与修订完善,并确保农业发展30条、服务业发展36条等政策的执行。盘活存量资金,用活增量资金,支持工农业、三产服务业发展。共筹措落实资金1亿多元,重点支持先进制造业基地、节能减排降耗和房地产业、现代物流、商贸流通业等发展,及时兑现技改贴息、新产品开发、工业企业纳税大户奖励、支持现代服务业发展等扶持资金,推进企业技术进步和产业结构调整。筹措落实资金2亿多元,支持农业综合开发、"百村整治、千村示范"工程建设、农村水利基础设施、农村环境整治、大中型水库移民后期扶持、农业产业化建设等,推进了新农村建设。用足用活税收减免优惠政策,全年审批企业财产损失2107万元;核准国产设备投资抵免企业所得税2997万元;批准技术研发项目加计扣除2075万元;为三产服务业、下岗再就业等减免各种税费8000多万元,促进地方后续财源培植。

【组织财政收入】坚持"均衡入库、持续增长、优化结构、调控有力"组织收入原则,加强重点税源征管、营业税监管,全面落实房地产税收"一体化"管理,全年入库房地产业税收2亿多元,增长57.9%。规范个人所得税管理,全市1962家企业11.5万人通过全员申报管理系统申报纳税;年收入12万元以上高收入群体有1654人自行申报了个人所得税。全年征收入库个人所得税1.74亿元,增长28.2%。加强船舶修造业税收征管,出台船舶修造行业税收征管办法,集中力量对造船业税收进行清理,全年入库造船业税收1900万元,增长211.8%。继续强化小税种征管,突出房产税、土地使用税的税源监控,组织对外商投资企业土地使用税缴纳情况进行全面普查,全年入库房产税4594万元,增长34.9%,城镇土地使用税入库2908万元,增长50.6%。对资源税委托民爆公司代征,比上年增收334万元,增长65.5%。加大重点稽查打击力度,重点抓好金融保险业、中外合资企业所得税在国税缴纳企业的小税种专项检查,全年共检查183家,查补入库税费763.5万元。与警方联合成功破获"3.29"假发票案件,查获假发票74.5万份,13名犯罪分子被判刑,4名犯罪嫌疑人移送属地处理。通过优化收入结构,增加了地方可用财力,为地方经济发展提供财力保障。

【保障民生支出】压缩会议费、招待费、差旅费、出国费等一般性财政支出,停止公车购置审批,落实新增财力三分之二以上用于民生和社会事业支出的要求,把更多的财政资金投向公共产品和公共服务领域,全年财政新增财力用于民生项目支出1.96亿元。其中:新增义务教育阶段免收杂费、农村中小学校教育"四项工程"等支出5100万元;新增城乡低保、医疗救助、农医保等社会保障支出3500万元;新增环境保护、"平安临海"建设等支出7600万元。筹措资金支持农村住房保险改革,财政补贴268万元,26.5万户农户办理住房保险。建立"农民补贴网络信息系统",为23.2万户农户开办了种粮补贴"一折通",发放补贴741万元。协助房改办做好经济解困房工作,落实底垫资金确保经济解困房工程的如期建设。会同市建设局落实城镇廉租房保障资金,并及时将补助资金发放到困难群众手中。

【深化财政改革】启动部门综合预算改革试点工作,按照"分步实施、稳步推进"的原则,在人员多、预算编制相对复杂的单位进行试点,对收入预算实行预算内外资金统筹考虑的综合预算法,对支出预算实行零基预算法,重新制定单位定员定额标准,为全面推行部门综合预算改革打下基础。继续推进财政支出绩效评价体系建设。重点抓城市防洪工程、环境自动监测建设项目、疾病预防控制、医疗专项资金等绩效评价。建立重点工程建设项目绩效评价指标体系,确定130多个评价指标。加强土地出让收支管理体制改革,制定出台土地收益财务管理制度,规范土地出让收支核算,实现"收支两条线"管理。深化社会保障管理体制改革,推进社保费"五费合征"工作,全年征收入库社保费4.42亿元,增长23.2%。

【强化财政监管】组织开展支农资金专项检查,与审计部门联合对农民培训资金进行专项审计,规范专项资金使用管理。加强行政事业单位资产清查工作,摸清资产家底,清查增加资产7101万元,防止国有资产流失。抓好地方财政性投资项目的资金管理工作,加强财政预算投资项目的预决算审核,全年编制预算和审核结算项目215个,总额8.87亿元,净核减9504万元。继续加强会计集中核算工作,严格审核62家核算单位支出报销凭证,从源头上预防违法违规行为发生。完善政府采购工作,实现管理机构与操作机构的分离,全年发布采购招标信息672次,组织招标236期,采购总额1.50亿元,资金节约率17.7%。加强会计队伍建设,组织参加全国会计知识大赛,全年举办各类会计培训班36期。

【加强队伍建设】一是开展"治庸提速增效"作风建设年活动。组织开展"千名干部下基层、蹲点调研谋发展"、"百名干部下基层,税企共创和谐谋发展"和"一户一策一干部"结对帮困等活动,全局183名干部与困难群众进行结对帮困,落实帮扶资金91500元;发动干部112人,结对联系企业103家,以"五上门五促进"为载体,帮助企业落实政策解决难题200多个。同时修订出台10多个管理制度,强化作风建设,促进工作作风的转变和效能的提高。二是推进党风廉政建设。坚持标本兼治、重在治本的方针,建立党政齐抓共管,纪检组织落实,各责任人各负其责的立体式、全方位的惩防体系。健全教育机制、约束机制、监督机制、廉政激励机制、测评预警机制和职务犯罪预防体系,从源头上加强防范和制约,提高财税干部的拒腐防变能力。三是深化学习型组织创建活动。引导干部"三走近三远离",开展乒乓球、摄影等健康有益的文体活动。完善干部公务员讲台制度,编印财税公务员讲台论文集,全年共完成调研课题50多篇,其中省级、台州市级获奖、发表10多篇。抓好干部教育培训工作,全年组织培训办班11期次,重点培训计算机、法律知识等。四是开展争先创优活动。开展争创"青年文明号"、"文明单位"、"基层满意站所"、"作风建设十佳单位"等活动。全年获省级、台州市级和临海市级各种先进集体荣誉54项,个人荣誉45人次。

(临海市财政局供稿 朱崇胜执笔)

温岭市财政工作

【概况】2007年,温岭市实现生产总值410.86亿元,比上年增长13.8%;人均GDP为35380元,增长13.1%。其中:第一产业增加值31.59亿元,增长1.1%;第二产业增加值220.12亿元,增长14.7%;第三产业增加值159.15亿元,增长15.2%。三次产业结构调整为7.7:53.6:38.7。全市财政总收入41.89亿元,增长25.5%,其中地方财政收入20.41亿元,增长29.2%;全市财政支出21.93亿元,增长28.0%。全年财政收支平衡。

【强化财政收入征管】一是多方寻求增收良策。专门组织中层以上干部和业务骨干,到兄弟县市学习取经,寻找增收良策,推出多项强化征管、增加收入的举措。二是全面强化收入征管。探索实施重点税源五级管理模式,建立日报表、周工作例会、月税收分析等制度,增强组织收入的前瞻性。完善鞋业税收征管措施,出台羊毛衫、工量具行业税收征管办法,强化船舶修造行业税收征管。实施房地产税收一体化管理,推出对销售不动产、建筑业实施项目管理的7项措施。强化非税收入征管,实行土地出让金国库统一管理,开展海域使用金和地方高等教育费收费自查。顺应土地招拍挂项目集中推出时势,做好契税政策调整,启动房地产交易契税滞纳金加收,全年入库契税17634万元,增长70.2%。三是积极寻求多方协作。与国税部门建立协作领导小组,建立定期或不定期工作例会制度、与工商部门建立税务登记在工商部门发证环节办证制度、工商与地税部门登记户定期交换和注销户定期交换比对制度;与电力部门建立用电数据定期导出制度;与消防部门建立装饰业大额通报与小额代征相结合的税收监管制度。

【力促经济社会发展】一是突出对农村和农业工作的支持。安排财政预算内支农支出2.26亿元,增长38.5%,保证"两补一奖"、政策性农业保险、大中型水库移民补助等惠农政策的落实到位,促进生态公益保障体系建设、示范村和整治村建设、标准农田建设、农民饮用水和河道整治等工作的正常开展。二是支持社会事业发展。加大财政对教育事业的投入,全年教育支出6.44亿元,落实城乡义务教育免收学杂费政策,保障中小学校公用经费,完成农村学校食宿改造工程,完善贫困学生资助体系。加大对卫生事业的投入,安排医疗卫生支出1.15亿元,推进基层医疗卫生服务机构建设,完善城乡医疗卫生服务网络,全面实施"农民健康工程"。安排6112万元,继续加大对科技、文化、体育等社会事业的投入,保障非物质文化遗产保护、"文化三下乡"、市体育中心、王伯敏艺术馆等文化项目建设的资金需要。安排社保资金4.75亿元,加大社会保障体系建设投入,提高新型农村合作医疗政府资助和抚恤社救标准,扩大困难群体医疗救助范围,组织了城镇企业退休职工健康体检,落实社会分层分类救助制度,确保了被征地农民、低保家庭等困难群体生活费和物价补贴的按时足额发放。三是突出对经济又好又快发展的支持。坚持以发展经济为己任,引导财税干部投身于"走进矛盾、破解难题"专项行动,投身于全市"东西并进、整体跃升"发展战略的实施,及时兑现各项财税优惠政策,发挥财税对经济发展的推动作用。全年审批购置国产设备投资抵免企业所得税3170万元;落实市科技重大支持项目资金1190万元;拨付技改贴息资金2263万元、各项工业奖励资金775万元、三产服务业引导资金465万元、工业园区和标准厂房建设资金468万元;拨付油价补贴1.82亿元,缓解了因原油涨价对全市各行业生产经营带来的压力。加大环境保护和生态建设投入,多方筹措和合理调度财政资金,启动城乡污水处理、垃圾集中处理设施建设,出台政府生态补偿办法,设立循环经济发展专项资金。

【创新财政管理方式】一是创新国有资产管理机制。在市政府成立国有资产投资发展有限公司的基础上,重点围绕投资计划编制和子公司审计,多次与发改局等部门研讨,形成并实施全市128个项目涉及22亿元资金的投资方案。协同审计部门对纳入经营范围内的六部门一公司资产负债情况进行全面审计,有序推进土地出让和闲置资产处置,实施母子公司间的资产划转和下属营运机构的资产整合,参与向省发改委上报总额为12亿元、期限为10年的企业债券发行申请。二是创新财政支出管理方式。制订财政国库管理制度改革方案,从5月1日开始在市法院、交通局、水利局、民政局、质监局进行试点,实现会计集中核算向国库集中收付转轨,支付资金涵盖预算内、外。推行财政支出绩效评价,出台财政支出绩效评价实施方案,规范绩效评价程序,建立财政支出绩效评价指标库和人才专家库。扩大财政支出绩效评价范围,组织对12个项目进行评价,强化财政支出跟踪问效,增强部门和单位绩效理念及责任意识。

【提升财政监管水平】按照"适度举债、讲求效益、规范管理、规避风险"的原则,市政府出台地方政府性债务管理实施办法。强化对政府性建设项目的财政监管,探索工程代建制试点,抓好委派会计日常管理,出台委派会计管理办法和重点工程联系单管理办法。部署开展行政事业单位资产清查,完成对266家单位资产的核查,摸清家底。推进农民补贴网建设,按时完成24多万户农民的"一卡通"开设。先后对环保、教育、农林、水产等部门开展财政监督检查,对发现的问题及时会同相关部门进行处理。扩大政府采购范围和规模,加大采购信息公开力度,全年共组织各类采购196次,节约资金3075万元,平均资金节约率为11.5%。继续加强对镇(街道)财政的监督和指导,联合审计、监察等部门对16个镇(街道)的收支平衡和消赤指标执行情况进行考核,保障新一轮镇(街道)财政体制的正常运行。

【加强干部队伍建设】以深入开展"作风建设年"和"基层满意站所"建设为抓手,打造学习型、效率型和廉洁型机关。全局下属六个征管分局和驻办证中心窗口全部被评为“基层满意站所”，并在所属地镇（街道）组织的评比中得分居前。开展干部轮岗交流，分中层干部和一般人员两批次，对22名中层干部进行交流。落实“一户一策一干部”制度，组织全局干部对松门镇的108位低保户进行结对走访；继续深化“扶残结对帮困”活动。重视老干部工作，关心老干部生活；开展工青妇和兴趣小组等群团组织活动；开展财政地税系统“十佳好干部”评选。开辟“地税文化长廊”，开展廉政承诺、廉政演讲和征文比赛，查办个别违纪行为，着力构建惩治和预防腐败体系，维护财政地税部门的良好社会形象。（温岭市财政局供稿 潘方军 蒋丽娜执笔）

玉环县财政工作

【概况】2007年，玉环县实现生产总值221.73亿元，比上年增长20.4%，人均生产总值54532元。其中：第一产业增加值14.04亿元，增长0.4%；第二产业增加值146.42亿元，增长24.8%；第三产业增加值61.27亿元，增长16.0%。全县实现财政总收入30.83亿元，增长28.6%，其中地方财政收入13.76亿元，增长32.4%；财政总支出15.08亿元，增长38.4%。全年财政收支平衡，并略有结余。

【优化地方收入结构】一是调查研究，形成合力。围绕优化收入结构，深入基层实地调研，开展地方财源调查，建立领导联系企业制度，每位局领导联系1家重点企业，抓重点企业监控；赴外地考察调研服务业发展。二是健全落实“三个三”工作措施长效机制，加强地方税征管。制定五单工程考核办法，出台城镇土地使用税调整办法，组织开展三资企业城镇土地使用税和城市房地产税普查，重点普查楚门辖区税源情况，开征龙溪乡房产税和城镇土地使用税，完成营业税普查，开展外商投资企业、外国企业城建税测算，平稳下放“三资”企业日常税收征管权限。把好房地产交易评估关口，推进房地产税收一体化。发展三产，重点支持物流企业做大，加强陆上运输、海上运输等运输行业发票监管，推进企业主辅分离。三是加强规费征管，拓展增收渠道。实施规费管理指标量化考核，加强残疾人就业保障金征收，出台失业保险征缴管理办法，启动实施社保基金“五费合一”地税征收模式，实现养老保险、失业保险、医疗保险、工伤保险、生育保险“五费合征”。地方财政收入占财政总收入的比重为44.63%，比上年提高1.3个百分点。

【支持经济又好又快发展】通过综合运用税收、财政补助、贴息、以奖代补等政策手段，制定三产扶持政策，安排三产发展专项扶持资金，重视扶持工业和服务业发展。落实科技投入4668万元，支持科技创新平台建设和企业提高自主创新能力。兑现多层厂房或标准厂房奖励、企业享受技改政策、“绿色企业”、“一厂一策”、“连锁超市” 等工业及三产扶持政策奖励资金6400多万元，审批减免国产设备投资抵免、企业财产损失、技术开发费加计扣除、乡镇企业10%部分和灾情等各类税费2亿多元，支持企业发展。

【促进社会和谐发展】财政支出向统筹经济社会和谐发展方向倾斜，确保基础设施等重点工程建设有序进行，加大对“三农”、文化、教育等民生事业发展的财政支持力度，安排教育事业投入3亿元、文化体育事业投入2590万元，支持教育强县、文化大县事业发展。安排财政支农投入1.71亿元，加强动植物防疫防控，加快渔民转产转业，支持饮水工程、村庄整治、农民素质培训等惠农支农建设，帮助台风受损农户恢复生产，推进新农村建设。落实发放油价补贴7252万元，捕捞渔船、城市公交、农村客运、出租车、岛际客运受惠。安排社保资金4.05亿元，支持基本养老保险、失业保险、医疗保险、工伤保险和残疾人就业保障等社保事业发展。落实公共安全经费1.28亿元、医疗卫生9614万元和城乡社区事务7018万元，推动公共安全体系、医疗卫生服务体系建设，支持推进城乡社区事业发展。

【加强财政监督管理】继续推进部门预算改革，实施项目支出分解细化编制，启动运行预算管理系统，探索建立预算支出项目库，启动政府收支科目改革。着手调研乡镇财政负债情况，探索“乡财县管”新思路，出台乡镇财政体制改革方案讨论稿。全面运行政府非税收入征管信息系统，出台土地出让收支管理办法和国有土地使用权出让收支管理实施意见，将土地出让收支全额纳入基金预算，实行“收支两条线”管理，全年完成一般预算外收入1.18亿元，专项预算外资金收入3.41亿元。开展年度会计信息质量检查、财政专项资金检查和环境自动监测网络建设项目绩效评价，重视完善重点建设项目委派会计制，加强财政基建监管，调查财政性资金投资项目预结算审查和投资项目重点情况，组织开展漩门三期、坎门后沙拆迁安置工程等部分县重点投资项目资金财务大检查，共核减231项工程结算送审金额2321万元。继续从产权制度改革入手，参与县盐业公司、县电影公司及县良种繁育场改制，做好县解放塘农场转制后存续资产的管理；强化存量国有资产监管，规范产权转让，印发国有资产收益专项资金管理暂行办法，提高国有企业改革专项资金使用效益。开展行政事业单位资产清查，完成固定资产清查软件推广应用和培训。部署“财政支农资金管理年”活动，组织全县农口部门开展支农资金自查。加强公用经费支出监控，实现行政公用经费比上年降低10%的考核目标。依托政府采购网信息平台，治理政府采购领域商业贿赂，健全长效机制，实施政府采购“阳光工程”，共采购130批次，节约资金1775万元，资金节约率13.5%。

【加强干部队伍建设】开展“作风建设年”和“坚定创业信心，弘扬创新精神”主题大讨论活动，实施“财税服务月”系列活动，壮大充实行风监督员队伍，执行县管干部驻村联户制度，组织机关干部进村入户与139户低保户一对一结对帮扶，成立“党员扶贫帮困助学基金”，重点扶持帮助贫困大学生就学。开展形势任务教育、政治理论学习、党风廉政教育和专题辅导，组织进行全员岗位技能轮训，抓好财政业务知识培训。通过组织全局干部职工观看反腐倡廉影视片，邀请县纪委领导作反腐败专题报告，组织中层以上干部到监狱接受现身说法教育，利用视频电视滚动播发廉政警言警句，实行考勤卡每月一句廉政警言警句，发放廉政明信片、廉政短信等措施，推进党风廉政建设。深入开展人民满意机关、“五好科室”和“群众满意基层站所”创建活动，结合

IS09000体系，完善部门目标考核办法，建章立制，整理修订内部管理规章制度，导入“一窗式”服务，完善考评制度，创新纳税服务制度，添置“纳税服务评价器”，实行外部监督，提高办事效率，促进机关效能建设。2007年，县财政局获县级“先进集体”、“人民满意机关”称号。

（玉环县财政局供稿　盛杰星　黄　枫执笔）

天台县财政工作

【概况】2007年，天台县实现生产总值85.3亿元，比上年增长13.3%，其中：第一产业附加值7.5亿元，增长1.5%；第二产业附加值39.6亿元，增长13.3%；第三产业附加值38.2亿元，增长15.6%。全县财政总收入10.01亿元，增长14.4%，其中地方财政收入5.16亿元，增长21.3%；全县财政总支出8.97亿元，增长11.8%。全年财政收支平衡。

【支持经济发展】按照“工业平台建设年”、“旅游产业推进年”的总体要求，筹措建设资金1000万元，重点支持工业功能区等工业平台建设，缓解工业发展空间小的矛盾；制定工业企业技术改造技术创新项目财政专项资金补助管理暂行办法，安排技术研究与开发等专项资金1933万元，促进企业自主创新、设备改造、节能减排，推动经济发展方式转变；落实并用足用好各项税收优惠政策，核准国产设备投资抵免企业所得税1197万元，审批企业财产损失税前扣除87万元，技术开发费加计扣除2193万元，依法减免地方税收1010万元，增强企业发展后劲。制定现代服务业发展引导资金管理试行办法，安排旅游发展扶持资金930万元。

【推进“三农”发展】全年预算内安排“三农”资金3.62亿元，预算外筹集土地复垦基金3175万元，水利建设专项资金1459万元，并向省、市争取各类支农资金4605万元，确保财政支农资金投入的稳定增长。开展“财政支农资金管理年”活动，加强支农资金的监管。参与粮食安全体系建设，安排516万元资金用于县级储备粮轮换。完成农民补贴网建设，直补资金566万元以“一折通”形式及时足额发放到全县12万户农户手中。

【组织财政收入】坚持抓紧、抓早、抓主动，重点加强对饮料酒、机电、医药化工等六大支柱行业的税源调研和监控，抓好收入持续增长。加强与有关经济管理部门的信息共享和工作协调，主动掌控收入进度。完善征管举措，抓好精细化管理，研究落实“三个三”工作措施，抓好收入结构优化，全年营业税及地方七税收入2.22亿元，增长40.2%，地方财政收入占总收入的比重提高2.99个百分点。继续加大税务稽查力度，推行文明稽查、阳光稽查、人性化稽查，抓好以查促管。拓宽非税收入征收领域，加大对执收单位和执收项目的清理，加强非税收入征管，抓好政府财力集聚，全年共收取政府非税收入6.19亿元。

【保障民生支出】全年财政对科技、文化体育、卫生医疗、教育的投入分别为1529万元、2078万元、4632万元和3.05亿元，全县社会事业投入比上年增长24.6%，财政支出中事业发展支出比重提高3.91个百分点。实施义务教育经费保障机制，将义务教育全面纳入公共财政保障范围，争取到省财政对教育专项补助3366万元。支持文化事业发展，推进公共卫生体系建设。建立法律援助和司法救助经费投入机制，保障困难群体的合法权益。加大社会保障财政投入，支持社会保障体系建设，全年财政社会保障支出1.93亿元，增长26.5%。完善城镇职工基本养老保障制度建设，加大财政对被征地农民养老保险基金的补助，完善新型农村合作医疗保险制度，建立城镇居民医疗保障制度，完善社会救助体系，推进政策性农村住房保险工作。

【支持生态县建设】建立健全财政生态环保投入机制，增加生态环保投入，全年环境保护投入增长12.3%，支持农村垃圾生态处理、乡镇垃圾中转站、乡镇污水设施和自动监测网等设施建设，并争取城市污水处理和城镇垃圾集中处理设施项目建设的国债转贷资金补助，完善森林生态效益补偿机制，支持省级“生态县”创建。

【优化财政支出】按照“控、保、压”的要求，控制行政管理费支出，控制对竞争性领域基本建设的投入，控制用于经济建设的支出。压缩会议费、招待费、差旅费、培训费等一般性财政支出，倡导节约型社会建设。对事关民生改善、社会和谐的支出，增加投入、大力保障。严格预算管理，规范预算追加，严格审批程序，维护预算的严肃性和权威性。

【深化财政改革】全面深化部门预算改革，坚持早编、细编预算，遵照“两上两下”的预算编制程序，全面实施零基预算，对全县83个部门全部实施部门预算，其中5个部门预算提交县人大主任会议审议，并建立预算执行预警机制，推进财权决策民主化、科学化。完善政府采购监管体系，参与县招投标中心的筹建，联合监察部门出台政府采购工作规程，建立起“政府采购专家库”。出台财政支出绩效评价实施方案，研究建立财政性资金绩效评价指标和标准体系，对就业再就业资金、集中供养机构资金等10个专项资金进行绩效评价。规范和加强非税收入管理，出台国有土地使用权出让收支管理办法，被列为新版“浙江省非税收入征管信息系统”首批试点单位，将户外广告有偿使用收入、行政事业单位房租收入等国有资产（资源）有偿使用收入纳入财政专户管理。

【强化财政监管】一是有序推进财政监督。组织开展对19个乡镇（街道）和部门的财政财务检查，开展对农村低保资金等6个项目的专项检查。二是加强财政投资项目管理。强化财政支出项目的审核和监督，全年组织财政性投资项目工程预算评审31个，送审预算造价1.20亿元，净核减388万元。三是加强资金支出管理。出台《县级财政资金统一核算暂行办法》、《财政资金集中拨付操作规程》，导入财政资金申拨软件，统一财政资金拨付管理。推行会计结算中心内部会计业务互审，规范会计集中核算行为，确保资金安全。开展津贴补贴清理和规范工作，规范公务员收入分配。四是提高财政风险防范意识。出台《天台县清收财政周转金及财政借款实施办法》，加强财政周转金清收。建立偿债风险金制度，强化举债的计划管理，探索政府性债务消除和防范的对策措施，重点开展对教育系统债务的核查。五是加强会计事务管理。宣传贯彻实施《会计法》、新企业会计准则和审计准则，加强行政监管和会计诚信建设，对自来水公司等9家国有企业以及部分外资企业开展会计信息质量专项检查。

【加强队伍建设】制定《天台县财政局地税局重大问题议事

规范》,遵循调研—民主—科学的决策程序,实现决策的科学化、民主化。加强工作目标管理,深化"五型机关"建设,激励全局上下创先争优。组织举办财税系统首届党风廉政建设演讲比赛,动员在职干部开展"联村联户连心"活动。改革和深化用人机制,开展竞争上岗和公开选拔,提拔优秀干部。加强人力资源的优化组合,推行中层干部的跨部门换岗和一般干部的交流。开展"五讲五比"主题活动,将"作风建设年"活动引向深入。以中层干部学习论坛为载体,倡导干部"沉下去调研,提起笔写作"。落实党风廉政建设责任制,加强廉洁财税建设。依法行政工作取得新成绩,县财政局被评为全省财政法制工作先进集体、全市依法行政工作示范单位和依法行政县级先进集体。

(天台县财政局供稿 许 宾执笔)

仙居县财政工作

【概况】2007 年,仙居县实现生产总值 70.73 亿元,比上年增长 13.5%,其中:第一产业增加值 7.56 亿元,增长 4.8%;第二产业增加值 33.79 亿元,增长 14.2%;第三产业增加值 29.38 亿元,增长 14.9%。全县人均生产总值 14667 元,增长 12.2%。全县实现财政总收入 8.12 亿元,增长 22.8%,其中地方财政收入 4.06 亿元,增长 31.8%;全县财政支出 7.27 亿元,增长 16.1%。全年财政收支平衡。

【支持经济发展】一是支持农业发展。抓好农业和水利建设资金的征收,全年入库地方水利建设资金和农业土地开发资金 1123 万元。做好仙居县大战、步路小流域农业生态工程和浙江扬眉饮品有限公司产业化经营项目建设的实施工作,改善农业基础设施。做好支农项目、申报工作,全年共申报项目 14 个,争取资金 431 万元。及时完成农民补贴网建设,473 万元补贴资金已通过"一卡通"发放到农户。全年县财政共拨付涉农专项资金 6224 万元,比上年增加 1926 万元。二是支持工业经济发展。贯彻落实《促进经济发展的若干意见》,加大对科学研究与开发的投入,全年县财政用于科学技术与开发支出 1071 万元,增长 21.6%。安排先进制造业建设专项资金,鼓励企业发展高新技术产品,及时兑现工业扶持优惠政策。落实各项税收优惠政策,全年共减免税费 628 万元。积极搭建融资平台,向国家开发银行融资 5000 万元,用于污水处理工程建设;为仙居县工业园区道路建设融资 1000 万元。三是支持旅游事业发展,着力改善旅游基础设施,全年接待游客 277 万人次,增长 28.8%;门票收入 2902 万元,增长 34.3%;旅游总收入 11.11 亿元,增长 21.1%。

【优化收入结构】加强收入预测与分析,强化收入征管,推行信息化建设,优化纳税服务,加强税务稽查,超额完成税收收入任务。实行社会保险费"五费合征",开展欠费清理、变更工伤保险基金征收方式,加强非税收入管理。在做大做强主体税种的同时,坚持抓大不放小,加强对地方七税的管理。全年地税部门共组织各项收入 4.93 亿元,增长 42.9%。继续深化落实"收支两条线"改革,加强预算外资金管理,努力增加政府非税收入。继续加大财政周转金清收力度,引入检察督促起诉机制,全年回收财政周转金 323 万元。当年地方财政收入占财政总收入的比重 50%,比上年提高 3.4 个百分点,收入结构得到优化。

【规范财政管理】扩大部门预算编制范围,将除教育、卫生系统的下属单位和乡镇外的所有行政事业单位全部纳入部门预算,提高预算透明度。在预算安排上,坚持以人为本的原则,财政支出重点向民生、和谐社会建设等方面倾斜,增加教育、科技、文化、医疗卫生、社会保障等领域的投入,全年新增地方可用财力中用于民生支出 7070 万元,超过新增可用财力的三分之二。加强国有土地出让使用权管理,从 9 月起,将土地出让金全部缴入地方国库,并将公路养路费、散装水泥专项资金、育林基金、森林植被恢复费等纳入财政基金预算管理。完善乡镇财政体制,出台新一轮乡镇财政体制调整方案,加大对乡镇转移支付力度,并将乡镇完成收入任务、收支平衡、赤字消化与年终考核奖专项补助挂钩,着力化解乡镇政府性债务。加强财务管理,规范行政事业单位财务行为。制定政府投资项目工程变更审批暂行办法,遏制工程频繁变更和控制工程投资额度。开展公务员津补贴清理,制定公务员津贴补贴发放实施方案,规范津补贴发放。制定乡镇(街道)财政会计基础工作业务考核办法,重新建立乡镇会计考核制度。

【强化财政监管】一是开展专项资金使用检查。对支农资金、救灾资金、就业再就业资金、扶困助学资金、仙居中学基本建设资金及预算外资金、仙居二中和城峰中学的食宿改造工程资金、技术改造贴息资金等进行专项检查;对县疾病预防中心支出和医疗救助资金进行绩效考评,提高资金使用效益。二是加强政府性投资项目管理。设立审价中心,加强工程竣工核算,完成环城北路、仙居污水处理工程等 59 个项目的竣工结算,核减工程造价 955 万元,核减率 12.6%。三是加强政府采购管理。参与组建县政府采购招投标中心,完善采购程序,全年政府采购资金节约率 11%。四是加强国有资产管理。完成 16 家国有参股企业的财务审计。对全县 181 个行政事业单位资产进行清查,核增资产总值 1798 万元。做好会计管理工作,组织开展第三届全国会计知识大赛。继续做好县级机关会计集中核算工作,强化支出管理。

【提升队伍整体素质】一是抓政治思想教育。成立政治思想教育工作领导小组及办公室,指导全局的政治学习和思想教育;组织干部职工学习十七大精神。二是抓党风廉政建设不放松。通过局领导班子述职述廉、民主生活会、签订党风廉政建设责任状、干部职工学习会、开展专题警示教育和廉政演讲比赛等多种途径,增强干部职工党风廉政建设和反腐败斗争的责任感和使命感。三是抓机关作风建设年活动。开展机关作风建设年活动和人民满意机关、民主评议基层站所及群众满意基层站所创建活动,改进干部作风。四是深化学习型组织建设。鼓励干部职工参加各类培训和学习,全年有 492 人次参加上级部门和县劳动人事部门组织的各类培训。本科学历以上已占全局总人数的 62.8%。创办"财税论坛",着力培养会说、会写、会干的"三会"干部。县财政局连续四年被台州市政府授予"行政执法责任制先进单位",连续四年被县政府评为"县级机关单位综合目标考核先进单位",连续多年被评为县党建工作先进单位。

(仙居县财政局供稿 周水龙执笔)

三门县财政工作

【概况】2007 年,三门县实现生产总值 69.07 亿元,比上年增长 15.4%,其中:第一产业增加值 11.68 亿元,增长 2.2%;第二产业增加值 29.82 亿元,增长 21.7%;第三产业增加值 27.57 亿元,增长 15.2%。全县财政总收入 8.62 亿元,增长 32%,其中地方财政收入完成 4.57 亿元,增长 33.7%;全县财政总支出 9.19 亿元,增长 31.3%。当年实现财政收支平衡。

【支持经济社会发展】整合支农资金 5000 万元,扶持水产、粮茶瓜卉和畜禽等七大特色优势产业;修订完善先进制造业和外贸扶持资金管理办法,支持沿海产业带和区域块状经济发展;争取涉农资金 9000 万元,贯彻实施"海洋经济"战略,配合支持三门青蟹申报国家原产地标识和地理标识保护、青蟹著名商标和中国名牌农产品的申报工作;继续推进"十百工程",强化集镇环境整治力度;初步建立农村垃圾三级处理体系,继续实施"百村饮用水建设工程",累计完成 100 个村级水厂建设任务,解决近 10 万农村居民饮水问题;向农林水事务投入财政资金 1.4 亿元,支持三门农村经济的发展。

【促进收入增长】一是发挥财税职能作用,夯实财源基础。做好减免税工作,全年共审批各类减免税 1556 万元;办理企业税前扣除财产损失和弥补亏损等设涉税事项,为 21 户企业审批税前扣除财产损失 616 万元;执行企业技术改造国产设备投资抵免企业所得税、对企业发生的技术开发费实行加计扣除等政策,鼓励企业加大技术投入;宣传加速折旧政策,促进企业技术改造。二是加强收入分析,把握组织收入方向和力度。加强营业税分行业税源管理,出台造船行业税收征收管理办法,巩固房产税、城镇土地使用税、印花税和资源税等七个地方小税种的征管成效。三是强化税收和非税收入征管,优化收入结构。出台残疾人就业保障金征缴操作办法,全年筹集残疾人就业保障金 341 万元;落实 2006 年度基本养老保险费结算工作,清算企业 800 余户,补缴养老保险费近 60 万元;及时做好民政福利及外资企业养老保险费单位缴费基数比例调整测算、报批工作,做好工伤保险费的全覆盖工作;加强财政票据管理,完善信息管理系统,深化政府非税收入财政专户管理。全县地方财政收入占财政总收入的比重为 53.01%,比上年提高 0.69 个百分点。

【保障重点支出】一是支持社会事业发展,保障科教文卫等经费投入。安排财政资金 2413 万元,改造完成教育食宿面积近 2.2 万平方米;补助扶困助学资金 273.6 万元,资助困难学生 1.1 万人;安排教育培训经费 147 万元,培养培训中小学教师 2130 人。加强文化基础设施建设,投入财政资金 170 万元,完成 2 个东海明珠工程和 102 个基层文化俱乐部,筹措资金 190 万元,支持文化活动中心建设;实施"农民健康工程",投入农村公共卫生资金 552 万元,安排农民健康体检近 20 万人。二是支持社会保障体系建设。完善基本医疗保险制度,筹措医疗救助资金;落实农村五保和城镇"三无"对象集中供养工作,规范最低生活保障制度;全面推进农村居民住院医疗保障工作;做好就业再就业工作,安排资金 101 万元,支持失业人员的再就业培训、社保补贴和困难补助等工作。全年共安排社会保障支出 9572 万元,占地方财政支出的 10.4%。三是加大涉农行业的财政投入,促使财政向基层农村倾斜。四是确保政权的稳定和政府机关的正常运转。执行会议费、差旅费、公务用车管理办法,严格预算管理,规范预算追加,严格审批程序,加强预算监督。

【深化财政改革】一是完善财政管理办法,规范财政管理行为。制定支农资金项目实施管理办法,整合财政支农资金;修订外经贸扶持资金使用管理实施办法,调整、完善工业经济发展政策;做好新一轮乡镇财政体制调整工作;加强基本建设财务管理;做好粮农直补、油价补贴落实和农村住房保险工作。二是深化部门预算,着手准备国库集中收付改革。制定部门预算编制程序,统一定员定额管理和项目申报文本,及时编制部门预算,做好国库资金申拨系统的启动工作。三是财政支出绩效评价稳步开展。出台财政支出绩效评价实施办法,开展对县"康庄工程"、农村改水工程、教育"四项工程"和医疗卫生专项资金使用情况的全面调查;开展对"科技三项费用"、环境自动监测网络建设项目、疾病控制专项资金绩效评价工作;落实 2006 年社团财务检查的处罚处理工作。四是完善政府采购管理。由招投标中心统一监督和管理一定规模的采购政府业务,重点加强对县污水处理厂工程设备、县行政中心设施和办公设备、农村医疗卫生保障设备等大型项目工程和服务项目的政府采购工作监督管理。全年实施政府采购 646 次,实际采购金额 6.79 亿元,资金节约率 18.3%。

【加强财政监管】一是加强政府性债务管理。实行债务归口动态跟踪管理,设立偿债基金,构建债务风险监测和预警体系,实行债务定期统计和报告制度。强化举债项目论证和偿债资金来源管理,明确举债责任,统一债务举借渠道。重视隐性债务管理。二是加强国有资产和会计的监督管理。完成 54 家国有公司基础数据的调查摸底工作;完成全县行政事业单位清产核资工作;对行政事业单位房产出租收入的使用情况进行检查监督;参与三门县招待所改制工作。加强会计从业资格管理;贯彻落实新《企业会计准则》;组织参加全国会计知识大赛;做好会计知识培训和会计技术资格考试工作。三是加强监督检查和法治建设。开展非税收入财政票据检查,规范财政收费票据管理;加强会计信息质量检查。开展财税法制宣传教育,清理和定期汇编规范性文件;深化行政审批制度改革。

【干部队伍建设】一是加强机关作风和党风廉政建设。开展"作风建设年",深化机关效能建设。党风廉政建设实行多层次管理机制;开展行风民主评议活动;开展党组织"每星期学习夜"活动;定期召开支部民主生活会。二是加强干部队伍建设。通过个人自荐(科室推荐)、资格审查公示、中层民主推荐、竞选演讲、全体干部民主投票和组织考察等程序,做好中层干部公开选拔任用和干部轮岗交流工作,对工作年限超过规定时间的干部职工实行轮岗交流。三是做好老干部工作,发挥党团、工会和妇联作用,开展丰富多彩的业余文化活动。

(三门县财政局供稿 叶照虎执笔)

丽水市财政工作概况

丽水市财政工作

【概况】2007年,丽水市实现生产总值425.26亿元,比上年增长15.6%,其中:第一产业增加值49.65亿元,第二产业增加值202.25亿元,第三产业增加值173.36亿元,分别增长3.0%、20.0%、14.7%。三次产业增加值结构调整为11.7:47.5:40.8。全市人均生产总值18644元,增长15.1%。全年全社会固定资产投资237.26亿元,增长6.8%。全市城镇居民人均可支配收入15910元,农村居民人均纯收入4373元,扣除价格因素,分别实际增长8.3%和7.4%。全市财政总收入56.05亿元,增长29.7%,其中地方财政收入32.66亿元,增长31.0%。市本级(包括开发区、莲都区,下同)财政总收入19.15亿元,增长48.1%,其中地方财政收入11.84亿元,增长45.2%。全市财政总支出70.88亿元,增长28.2%,其中市本级财政总支出18.86亿元,增长31.5%。全市财政收支基本平衡,并消化历年赤字162万元。

【组织收入】按照精细化、科学化管理和组织收入"均衡入库、持续增长、优化结构、调控有力"的要求,落实各项税收政策和征管措施,组织好各项收入,增加地方政府可用财力。全市地税部门组织总收入39.79亿元,增长30.9%,其中税收收入26.31亿元,增长31.0%;全市组织农业税收入2.92亿元,增长34.7%,其中耕地占用税2706万元、契税2.65亿元。市本级地税部门组织总收入14.42亿元,增长40.3%,其中税收收入10.01亿元,增长45.7%;市本级组织农业税收入1.33亿元,增长37.6%。强化土地出让金征收和清欠工作,加强政府性基金、行政事业性收费和国有资源有偿使用收入的征缴,完善行政事业单位政府非税收入成本性支出管理。推进行政事业单位房产资源配置市场化工作,实现国有资产盘活收入5600多万元。市本级政府非税收入17.54亿元,增长13.4%。推进社保费"五费合征",落实好以不低于单位职工工资总额的30%计征单位缴纳社会保险费工作,市本级基本实现参保登记、征收机构、缴费基数、征缴流程和登记场所"五统一"的社保费征缴模式。全市地税部门组织社保费收入10.82亿元,增长28.0%;其中,市本级社保费收入3.59亿元,增长23.7%。

【服务经济发展】按照大稳定、小调整的原则,制定新一轮市对莲都区和开发区财政体制,并做好市区事权调整后的经费划转等工作。出台《关于调整莲都区财政体制的通知》,在维持现行市对莲都区"核定收入、差额补助、超收分成、两保两挂"财政体制的基础上,对部分内容进行适当调整。出台《关于调整丽水经济开发区财政体制的通知》,在维持现行市对开发区"核定收支、挂钩补助、开发单列、自求平衡"财政体制的基础上,对部分内容进行适当调整。在原生态市建设专项资金的基础上增设减排专项资金,支持生态市建设和减排工作。落实各项财税优惠政策,实行减免税审批提速,全市共落实税收(费)政策减免6.05亿元。及时拨付制造业、旅游业、商贸流通业发展专项扶持资金,市本级共拨付扶持资金6690万元。

【保障重点支出】坚持"保障重点、压缩一般"的原则,统筹安排和优化整合财政资金,集中财力确保农业、教育、科技、文化、卫生、社会保障和就业等涉及民生的重点投入。全市财政预算内新农村建设投入27.36亿元,增长24.6%;市本级财政预算内新农村建设投入4.77亿元,增长26.0%。开展市直各学校贫困生界定工作,实施职业教育"六项行动计划",加大文化事业及产业项目的扶持,重视科技投入,确保法定增长比例。加大被征地农民社会保障政府补助力度,确保被征地农民社会保障政府补助资金足额到位;完善农村合作医疗制度,推行城镇居民医疗保险试点,建立城区社区卫生服务体系。市本级投入2.77亿元资金,用于经济适用房、农民公寓、廉租房建设,加快建设多层次的住房保障体系。全市教育、科学技术、文化体育与传媒、医疗卫生、社会保障和就业等重点支出分别为15.92亿元、1.64亿元、2.30亿元、4.53亿元、4.09亿元,分别增长25.1%、21.7%、74.3%、21.2%、11.6%;市本级教育、科学技术、文化体育与传媒、医疗卫生、社会保障和就业等重点支出分别为3.71亿元、5235万元、5167万元、1.23亿元、1.20亿元,分别增长34.4%、31.0%、69.8%、33.8%、45.0%。市本级共筹措17.2亿元财政资金用于重点项目建设,促进交通、水利、城市等基础设施建设。

【财政管理改革】部门预算在全市全面推行,按照"收入一个笼子、预算一个盘子、支出一个口子"的要求,将一般预算、预算外资金收支预算、政府性基金(专项资金)预算纳入部门预算编制范围,并同步下达支出指标,整合政府财力资源。深化会计集中核算改革,总结和完善"远程报账、集中支付、自主核算"管理模式,依托政务信息网络建设,实现资金申拨和会计核算网络化、财务数据信息化。全年市预算会计核算中心累计支付财政性资金10.2亿元、往来款7.8亿元。制定市级国库集中支付改革试点方案,开展国库集中支付改革相关工作。加强财政专项资金管理制度建设,完善财政专项资金绩效评价工作,对专项资金首次实行ABC分类计划管理,绩效评价指标随同部门预算指标同步下达。通过单位自评、财政部门抽评以及重点委托市人大、政协、审计部门、行风监督员和社会中介机构等进行评价的方式,提高绩效评价效果。制定《丽水市市直企业财政扶持资金绩效评价暂行办法》,加强和规范市直企业财政扶持资金管理。做好廉租房、产品抽检经费、旅游发展专项资金、地质灾害防治资金、残疾人保障资金、医疗救助专项资金、法律援助资金、农业专家系统建设资金以及自动监测站、莲都仓前菜场等项目的绩效跟踪,提高财政资金使用效益。推进政府采购制度改革,扩大政府采购规模,全市实际采购资金5.23亿元,其中市本级1.30亿元。按照"合理控制负债,逐年降低比例"的要求,加强政府性债务管理。深化农村综合改革,乡镇财务管理体制不断完善,全市97%的乡镇、街道(共190个)实行"乡财乡用县管"模式,莲都区、景宁县乡镇政府性债务全部得到化解。加强市直国有建设单位管理费支出管理,实施政府收支分类改革。推进土地出让收支管理改革,开展规范公务员收入分配制度改革各项工作。

【国有资产监管】开展行政事业单位资产清查工作,全市共清查行政事业单位1954户,其中行政单位594户、事业单位1360户;全面开展市直单位房产出租情况检查,规范市直单位出租房产管理;做好自建、调剂和入驻行政中心单位的资产交接,建立闲置资产处置和调剂机制,先后为市老年大学、市建设局等23家单位调剂办公用房。加强营运机构监管,向市城建公司、交通公司等营运机构委派主副财务总监,实行财务总监主副监制,变总监个人监督为集体监督;完善市供排水公司污水处理厂考核经营机制。完善财政性建设资金直接拨付审批程序,改进直接拨付工作流程。加强市本级政府投资建设项目管理,加大财政投资项目预决算评审力度,对财政基建项目进行估算、概算、预算(标底)、结算、决算全过程的审核,完善财政投资项目资金的全过程监管机制。全年市财政项目预算审核中心共审查工程估算、概算、预算(标底)、结算、决算审查项目306个,送审金额19.25亿元,审定金额17.98亿元,其中结算核减资金572.89万元,结算核减率为7.69%。

【干部队伍建设】印发作风建设年活动实施方案,开展"作风建设年"活动。加强干部教育培训管理,开展多层次的学习教育活动。规范干部上网行为,强化网络保密安全监管。加强调查研究工作,全年共完成局重点调研课题31个。按照市委的统一部署,开展中层干部竞争上岗工作。实行审批程序简化和提速,提升财政服务效能,在市作风办开展的民意调查测评中名列前茅。开展法制宣传教育工作,组织《物权法》、《企业所得税法》等系列专题讲座。贯彻落实党风廉政建设责任制,开展党风廉政教育,增强干部反腐倡廉的自觉性。办好丽水财税"党务政务"公开栏,接受社会监督。发挥党、团、工、妇等组织的作用,开展各类有益活动。

(丽水市财政局供稿 方伟英执笔)

丽水市莲都区财政工作

【概况】2007年,莲都区实现生产总值118.30亿元,比上年增长18.8%,第一、二、三产业增加值分别为9.75亿元、52.29亿元、56.26亿元,分别增长4.3%、23.6%、17.5%。全区人均生产总值31234元,增长17.8%。实现区级财政总收入6.25亿元,增长53.6%,其中地方财政收入3.46亿元,增长47.1%;财政总支出6.92亿元,增长26.8%。全年财政收支平衡,财政预算执行情况良好。

【促进经济发展】一是确保财政对农业投入稳定增长。加大支农支出,全区用于支农的财政资金1.13亿元,增长77.0%,其中,用于"双十百工程"及瓯江沿线村庄环境整治近2000万元、贫困村干部误工补助及村组织运转300万元,用于农业项目资金3000多万元、林业项目资金1000多万元、水利项目资金1500万元。投入农业综合开发资金800余万元,改善农业生产基础条件。按时拨付粮农综合直补资金,通过"一折通"及时发放全年种粮农民综合直补资金235万元,受益农户6.4万多户。出台《新一轮乡镇财政管理体制》,从体制上激活乡镇增收潜能,做大乡镇收入"蛋糕"。乡镇街道招商引资成效明显,收入增长40.7%,乡镇街道共得分成收入1116万元,与上年同比增加580万元。二是培育新财源,促进区域经济发展。全年共筹措资金5300余万元,推进碧湖功能区块开发建设;投入资金1500万元,建设古堰画乡、风情东西,充分利用"浙江绿谷"的自然优势发展生态旅游业,促进第三产业发展。加大企业技改扶持,全年有27家企业获得技改和创新等扶持,兑现企业扶持资金2141万元。

【保障民生支出】一是完善城乡居民社会保障体系。提高城乡低保标准,从7月1日起城镇居民月人均从224元提高到248元,农村居民月人均从135元提高到149元。全区享受城乡低保救助的对象5223人。重视五保"三无"人员集中供养工作,安排敬老院集中供养资金230万元,共有545位孤寡老人实现集中供养和户院挂钩,集中供养率为93.0%。实现城乡居民医疗保障全覆盖,共有70149人参加城镇居民医疗保险,筹资总额为1031万元。加大对新型农村合作医疗投入,区财政投入从原来人均10元到15元再到20元。参加新型农村合作医疗有21万多人,参合率为87.8%,筹资总额1346万元。扩大医疗救助范围,提高救助标准,共有982位城乡困难居民得到救助,发放救助金279万元。二是促进教育公平和教育事业健康发展。落实教育强区经费,确保学有所教,提高学生生均公用经费标准,小学362元/年·人、初中566元/年·人;在预算内安排在职教师经常性业务费,并对上年实发收入较低的教师实行困难补助。推进教育"四项工程",扶困助学比例由上年的19.0%提高到30.0%,发放贫困生爱心营养餐券201万元,享受爱心营养餐的学生2万多人,共有2.5万名学生领到贫困助学金券407万元,安排寄宿制学生柴火费85万元。三是促进再就业援助和就业帮困工作全面落实。全年促进再就业资金投入554万元,涉及社保补贴援助的失业人员2090人,共有2080名下岗失业人员和城乡劳动力接受职业技能培训,同时对职业介绍、公益性岗位就业、小额担保贷款等项目进行补贴。四是加大对科技、卫生事业投入。加大对科技财政保障力度,共投入资金1523万元,推动科技自主创新。加强生态保护,加大对环境保护的投入力度,环境保护支出260万元,增长89.8%;筹措农村公共卫生专项资金398万元,通过购买和补贴公共卫生服务的方式,重点加强面向农民的公共卫生服务。多渠道、多形式筹措资金近500万元,改善乡镇卫生院设施,提高乡镇卫生院的公共服务能力。

【推进重点项目建设】为确保区委、区政府确定的重点建设项目用款需要,突破建设资金难点,筹措建设资金,强化财政支撑保障力度,服务项目建设,全年共安排建设资金30350万元,当年支出27768万元,资金到位率为91.8%。

【完善财政体制】确立市区新一轮财政体制。市财政在大稳定小调整的基础上,加大对城镇居民医疗保险、城乡低保、促进再就业、集中供养等社会保障项目的支持力度,同时也在暂住人口和出租房屋管理、社区有关经费等方面加大支持力度。

【深化财政改革】一是部门预算全覆盖。试编非税收入预算,部门预算已经涵盖预算内、非税收入、政府性基金等所有政府性收支。预算全覆盖为推进绩效考评工作打下基础。二是化解乡镇负债。清理全区乡镇街道历史账目,采取"核销呆账、自行化解、财政补助"的方法,共安排资金500多万元,全部化解乡镇街道负债,乡镇财务纳入规范管理的轨道。三是开展财政绩效评价。单独成立绩效评价科,落实工作人员,并对10～50万元小额财政专项资金管理出台绩效评价工作意见,对林业基金等十多个项目进行评价,对资金使用中存在的问题与用款单位进行沟通。完成"莲都区医疗救助资金"等五个项目的绩效评价工作。四是推进会计委派。出台《关于对国有资产营运公司实行会计委派制管理办法》,将6名会计人员委派到6家国资营运机构,有效进行财务核算与管理,规范区属国有营运机构项目建设资金和营运经费的使用及管理。五是完善政府采购体系。全年实际采购资金3955万元,节约资金855万元,资金节约率17.8%。

【加强财政监督】一是完善财政管理制度。出台《莲都区属行政事业单位工作人员差旅费开支规定》、《莲都区行政事业单位会议费开支管理办法》等七个财政管理规范性文件,编印《财政工作文件选编》发放到各单位部门学习参考,提升财政管理水平。二是完成国有资产清查。开展区属行政事业单位资产清查工作,共清查全区211户行政事业单位,并对其中132户单位的资产清查结果进行专项审计。三是完成金财工程的调试安装及财政应用软件培训等前期准备工作。四是做好第三届全国会计知识大赛莲都赛区的组织工作,一人获全市个人三等奖,区财政局获组织奖。

【干部队伍建设】一是深化"作风建设年"活动。细化工作计划,开展形式多样的活动,全面落实整改方案,"作风建设年"活动取得成效。二是推进学习型机关建设。坚持每周五下午学习制度,学习上级有关文件和会议精神,加强思想教育、业务教育,强化宗旨服务意识,提高干部综合素质。三是加强勤政、廉政教育。研究制定党风廉政建设工作计划,局领导与各科室负责人、各科室负责人与干部职工个人分别签订《党风廉政建设责任状》,层层抓落实。四是抓好财政调研和信息宣传工作。转变作风,深入基层开展调研工作,了解反映区财政运行中存在的困难和问题,并提出建议供领导和上级部门参考决策。2007年,在区政府年度目标责任制考核评比中,区财政局第九次获得优胜单位称号,连续第二次获得区人民满意单位荣誉称号。

(丽水市莲都区财政局供稿 沈 娟执笔)

丽水经济开发区财政工作

【概况】丽水经济开发区财政局于2005年12月成立以来,夯实财政基础工作,建立健全各项制度,稳步推进各项财政改革,逐步形成具有开发区特色的财政管理体制。2007年,全区实现工业总产值103.97亿元,比上年增长72.7%。开发区财政总收入2.16亿元,增长91.2%,地方财政收入9245万元,增长91%;财政一般预算支出4165万元,增长80.5%。全年财政收支平衡,财政预算执行良好。

【支持工业发展】一是发挥财政政策和资金的导向作用,加快企业创业创新和经济增长方式转变,全年兑现企业技术改造项目资助、循环经济建设、工业发展基金、开拓国际市场奖励等共1538万元。二是帮助企业做好项目对接,全年共申报省级先进制造业基地、环保专项、高新技术、节能节水等项目13个,为企业争取各类补助资金373万元。三是推动企业科技创新工作,设立开发区科技创业园,出台科技创业园管理办法,为高新技术成果产业化,加快提升产业档次,创建服务一流的科技创业园提供财政支持。四是加大对循环经济建设和园区生态化改造的投入,全年共投入316万元专项资金用于循环经济规划编制、生态保护及节能减排建设补助,加快合成革干法综合有机废气资源化利用研发,启动水性树脂应用,加快二甲胺资源化回收利用研发,推广合成革工艺废水治理及循环回用技术,推进革基布印染废水回用示范及推广。五是安排专项资金,对开发区功勋和明星企业及优秀经营者进行奖励,鼓励企业做大做强。六是推行和完善土地承诺回购制度,全年帮助33家企业争取银行信贷资金1.59亿元。

【支持重点工程建设】一是投入1.55亿元用于水阁园区道路设施、征地拆迁、场地平整等项目支出,全年新建城市道路12.25公里,新增城市绿地9.73万平方米,完成二期人行道面积共12.05万平方米。二是启动南城建设5.51平方公里区块开发建设,投入1.96亿元用于东三路、北三路、南四路、南五路道路设施和征地拆迁项目支出。三是加快推进商贸项目建设,全面启动商贸中心和物流中心两大区块建设。四是加快推进公建和农村三产项目建设,垃圾中转站、公厕、加油站已建成并投入使用,水阁水厂、水阁小学二期主体工程已完工,水阁中学一期、水阁污水处理厂等项目正开展前期工作。四是发展集中供热,与杭州热电集团签订集中供热项目协议书,投资4.52亿元,并启动项目前期,已完成项目开发业主确定、热负荷调查、热力规划修编、热电公司筹建等工作。五是推进和谐开发区建设,夯实基层综治组织建设,投入170万元综治、流动人口、计划生育等管理专项,完成治安动态视频监控项目建设。

【深化财政改革】一是全面实施政府收支分类改革。对开发区管委会及本级各单位按新科目设置进行核算，确保政府收支分类改革能够全面、准确、及时地反映开发区财务收支活动。二是推进金财工程建设。将指标管理、资金申拨等金财软件投入运行。三是加强政府投资管理。设立财政项目预决算评审中心，全年共委托、协助评审和自审工程估算、概算、预算(标底)、结算审查项目 142 个，送审金额 4.5 亿元，其中完成 65 个项目，涉及金额 3.5 亿元，审减资金 0.15 亿元，核减率 4.3%。四是完善政府采购体系，推进政府采购扩面增量工作，采购项目从一般办公类用品向工程类项目物资、中介服务延伸，全年共实行政府采购 82 次，实际采购金额 526 万元，节约资金 8.9 万元，节资率 16.9%；五是开展财政资金绩效评价工作。对水阁街道的康庄工程专项资金、农村安全饮用水专项资金等项目资金进行重点绩效评价，提高财政资金使用效益。

【加强财政管理】一是加强部门预算管理。在全面推行部门预算管理的基础上，按照"收入一个笼子、预算一个盘子、支出一个口子"的要求，逐步完善部门预算编制，将一般预算、预算外资金收支预算、政府性基金(专项资金)预算纳入部门预算编制范围，并同步下达支出指标，整合政府财力资源。二是规范管理，提高预算约束力。遵循"保人员、保稳定、促发展"和坚持量入为出、量力而行的原则，统筹安排一般财政收支预算；本着必需、合理的原则，根据各单位业务开展需求与资产现有存量，按轻重缓急及财力可能，编制政府采购预算；根据"以收定支、收支平衡"的原则，编制土地出让金收支预算。三是强化专项资金管理。对每项支出实行先批后用，对所有动用专项资金的项目均需先报项目经费预算，确保专款专用。四是加强水阁街道财政财务管理，理顺水阁街道办事处与区的体制关系，加强对街道财政业务的管理，出台《街道办事处财政工作年度考核办法》和《关于深化水阁街道办事处部门预算管理办法的若干意见》，健全街道预算管理、专项资金管理、财务制度建设、债务管理等制度和措施。

【加强队伍建设】一是开展"作风建设年"活动，改变工作作风，提高服务水平，提升干部队伍整体素质。二是开展局领导"走进矛盾，破解难题"包案责任制和联系重点企业制度，高度重视局班子建设，完善内部制度，开展部门"三定"和干部职工内部双向交流工作，增强队伍活力。三是加强学习型组织建设，开展多层次学习教育活动，营造"人人学习、时时学习、处处学习、我要学习"的良好氛围；同时加强法制教育，提高干部职工依法行政能力。四是贯彻落实党风廉政建设责任制，开展党风廉政教育，创新教育载体，增强反腐倡廉的自觉性。五是建立健全"作风建设年"活动的长效机制，执行工程招投标管理制度，完善行政管理各项制度，简化审批程序，优化服务举措，提高办事效率，提升财政部门的服务效能和整体形象。2007 年开发区财政局在开发区管委会目标责任制考核评比中获优秀单位。

(丽水经济开发区财政局供稿 高 森执笔)

龙泉市财政工作

【概况】2007 年，龙泉市实现生产总值 38.01 亿元，比上年增长 14.0%，其中：第一产业增加值 6.85 亿元，增长 4.5%；第二产业增加值 15.12 亿元，增长 20.9%；第三产业增加值 16.04 亿元，增长 12.0%。人均生产总值 13446 元，增长 12.8%。全市完成财政总收入 3.62 亿元，增长 28.9%，其中地方财政收入 2.19 亿元，增长 25.3%；全市财政总支出 6.19 亿元，增长 28.2%。全年财政收支基本平衡。

【涵养财源】一是支持第三产业发展。发挥财政职能作用，落实税费优惠政策，引导民间资金投向旅游业、新型流通业等第三产业。举办第二届龙泉青瓷·龙泉宝剑文化节、大窑龙泉窑遗址考古发掘专家论证会暨新闻发布会等，弘扬特色文化，推进旅游业发展。二是加快改造提升传统制造业。重点支持制造业、高科技企业、循环经济发展和企业品牌培育；确立市对工业园区财政体制，出台工业园区发展考核办法，提升工业平台自我发展能力。三是促进"三农"发展。全年一般预算实现"三农"支出 3.45 亿元，争取到农业综合开发资金 1430 万元，重点支持农民技术培训、农业基础设施建设、现代农业产业体系及粮食安全体系建设，促进农业和农村经济结构调整。出台来料加工奖励政策，全年实现来料加工 9000 万元，促进农民收入结构优化。四是支持市校科技合作。全市与浙江大学正式签约项目 42 个，并以此为平台获省级以上科技项目 34 个；成立浙江林学院龙泉市竹木产业科技创新服务中心，签订 9 个项目金额总计 1125 万元。

【组织收入】一是加强税收征管。完成年度企业所得税汇算清缴。开展年所得 12 万元以上个人所得税自行纳税申报工作，实现个人所得税全员管理全覆盖。调整私人建房营业税计税价格；实现"两违"清理及拆迁户建筑营业税征管到位。开展建筑用砂资源税纳税评估，并委托房地产公司代征；开征瓷土资源税。开展城镇土地使用税税源普查，与工业园区、建设、国土等部门建立信息共享机制；健全与公路稽征、交警等部门的车船税代征机制；开展两税信息比对。加强小税种征管，优化税收收入结构。二是加强契税、耕地占用税征管。加强税源跟踪，实现土地拍卖成交后契税一次性及时入库；根据耕地征用审批进度，做好耕地占用税收缴工作。全年组织契税及耕地占用税 1407 万元。三是加强社会保险费征缴。深化参保扩面工作，实施"先地税缴费、后社保登记"征缴机制；落实以无不良缴费记录为前置条件的企业享受优惠政策、扶持项目审核机制；出台推进社会保险费"五费合征"工作的实施意见，加快推进"五费合征"改革。全年共征缴入库社会保险基金 9257 万元，增长 35.3%。

【优化支出结构】整合政府财力资源，财政支出加快向民生领域倾斜。全年安排就业就医就学、社会保障和环境保护、公共安全等关系民生的支出 4.99 亿元，占财政总支出的 79.1%。其中支持农林水事业发展 9097 万元；坚持教育优先发展，教育事业支出 1.52 亿元，重点支持义务教育经费保障机制改革和教育强市战略及农村中小学"四项工程"；文化事业支出 3115 万元，重点支持稽圣潭塔、大窑龙泉窑遗址等文化遗产保护及乡镇文化中心、广播电视"村村通"等农村文化基础设施建设；医疗卫生支出3770万元,重点支持公共卫生服务体系建设,扶持龙泉市人民医院建设;社会保障和就业支出3388万元,主要用于补助养老保险基金支付、就业再就业、新型农村合作医疗筹资标准提高等;增加生态环保投入,环保支出1266万元,支持城市污水处理及城乡生活垃圾处置等生态环境保护工程;扶贫支出2194万元,支持"万名农民下山脱贫"、"百村千户万人帮扶"、"欠发达乡镇奔小康"等工程。

【推进财政改革】一是推进财政支出绩效评价改革。全年共实施绩效评价项目7个,项目资金2471万元,建立政府性投资项目绩效评价长效机制及绩效考评制度。二是实施"校财县管"新模式。全市义务教育阶段中小学财务纳入会计核算中心统一集中核算,对学校财务收支核算实行"统一管理制度、统一核算方式、统一报账程序"。三是推进财政支农投入机制改革。编制年度农村农业发展重点领域、重点项目扶持导向目录;探索财政支农资金整合,盘活财政支农项目结余资金。四是规范政府采购。完成年度政府采购目录调整;实施公务礼品定点采购,并严格审核报销程序;全年共组织政府采购408次,采购金额3460万元,资金节约率23.3%。五是化解乡镇债务风险。以2005年乡镇(街道)财政决算报表年末余额为考核基数,挂钩负债率、债务率、偿债率等三项指标进行考核。六是深化"乡财县管"改革。施行票据统管、票款同行;统一制订乡镇(街道)支出范围、定额标准、财务核算制度。七是发挥国有资产经营有限公司为基础设施建设筹资的职能。主动寻求与国家开发银行金融合作,支持低丘缓坡综合开发利用试点和城市基础设施改善。八是探索财政扶贫新模式,取得中央和省级补助资金150万元,实施"贫困村村级发展互助资金"试点。

【加强财政监督】一是深入开展"五五"普法。推进"法制财政"建设,完成机关内设机构行政许可职能归并,开展财政税收政策落实情况检查,完成1994—2006年规范性文件清理。二是推进国有资产规范管理。开展全市单位房产出租行为整治,摸清行政事业单位房产出租情况,建立国有房产出租管理长效机制;加大对国有资产处置的监管力度,集中统一报废、出售国有资产,统一调剂闲置国有资产;开展原国企改制遗留资产及其他授权资产收缴工作。三是加强集中核算单位凭证单据审核,全年退回不合规结报业务304笔,金额125万元。四是严把政府性投资项目资金监管。以概算和年度计划控制为核心,加强工程项目进度款和工程结算款的审核监督,全年核减(核缓)支付工程款915万元。五是加强会计监督。开展会计信息质量检查和会计师事务所执业质量检查;组织第三届全国会计知识竞赛暨"商讯杯"龙泉赛区选拔赛工作。六是加强国有粮食企业管理,公开挂牌出售到期储备粮,制定新一轮粮食保管费用包干方案。

【加强干部队伍建设】一是开展"作风建设年"及创建群众满意基层站所(文明窗口)等活动,打造"财税干部下一线"、"中层干部大家评"等队伍建设新平台;开展"我为财税献一计"活动,开通局长信箱,畅通上下言路;围绕财税中心工作,以难题破解作为衡量作风建设成效标准之一,健全作风建设长效机制。二是持续推进学习型组织建设。成立工业经济等调研组,健全学习工作平台。三是开展"一户一策一干部"和重点帮扶村结对工作。与龙南乡8个行政村76户贫困户251人结对,并对干部职工捐助资金实施"集中统一、分类帮扶"的使用办法;完成龙南乡东坑村康庄公路路基贯通、人畜饮用水改造、甜玉米种植增收、村级办公场所新建等四件实事,并在凤阳山毗邻村龙南乡双溪村实施竹产业提升工程。四是倡导"和谐财税"队伍建设理念。发挥工青妇平台作用,开展多种形式的文体活动。2007年,市财政局获龙泉市委、市政府年度工作目标责任制综合考核二等奖,涉工部门效能服务评比排位第一名;局纪检组获省财政厅"做党的忠诚卫士、当群众的贴心人"主题实践活动先进单位;所属事业单位会计核算中心晋级省级巾帼文明示范岗。

(龙泉市财政局供稿 叶 纬执笔)

缙云县财政工作

【概况】2007年,缙云县实现生产总值67.26亿元,比上年增长16.5%,第一、二、三产业增加值分别为5.92亿元、39.29亿元、22.05亿元,分别增长1.0%、21.6%、12.7%;全县人均生产总值15197元,增长19.4%。全年实现财政总收入7.84亿元,增长30.6%,其中地方财政收入3.84亿元,增长34.8%;财政总支出7.92亿元,增长39.8%。地方财政收入占财政总收入的比重为49.0%,比上年提高1.6个百分点。全年财政收支平衡。

【组织财政收入】一是加强财源建设。以培植地方财源为重点,对全县物流业发展状况开展专题调研,制订促进物流业发展的政策措施,引导部分重点企业进行主辅分离试点,当年全县新成立物流企业2家。安排服务业专项资金400多万元,支持旅游、商贸、物流等第三产业发展。以支持企业创新创业为重点,全年安排工业扶持资金2685万元、园区基础设施建设资金2500万元,推动工业企业技改和支柱产业升级。二是加强税收征管。完善税源间接控管机制,加强税收分析预测,扩大重点税源监控面,增强组织收入的主动性和针对性。以优化税收收入结构为目标,加强营业税和地方小税种征管,纯地方税收收入比重占地方税收收入的比重为56.1%,比上年提高2.4个百分点。三是加强与社保等部门的协调配合,加大社保费"五费合征"宣传、培训工作力度,实施社保费"五费合征"改革。全年完成社保费收入1.48亿元,增长69.5%。四是规范非税收入管理。继续推进行政性收费、罚没收入纳入预算管理工作。将土地出让金全额缴入国库,纳入基金预算管理。将单位公房出租收入纳入财政专户实行"收支两条线"管理。

【保障和改善民生】加大对教育、科技、文化、卫生、社会保障以及生态环保等领域的投入。全年教育支出2.49亿元,增长39.8%;科学技术支出2159万元,增长28.1%;医疗卫生支出4924万元,增长30.6%。加大义务教育经费投入,推进农村义务教育经费保障机制改革;从春季学期开始全面免除义务教育学生学杂费,秋季学期开始免除课本费,减轻学生负担;保障学校正常运转，将全县中小学校的生均公用经费标准分别提高到440元和340元；改善学校办学条件，全年拨付教育“食宿工程”建设资金1600万元、校舍维修资金1000万元、教学仪器设备购置专项资金1500万元，用于中小学食宿工程建设、校舍危房改造和教学仪器购置。加大社会保障事业投入，全年社保基金支出1.73亿元，并安排1150万元资金用于被征地农民生活保障基金支出。推进省级文明县城创建工作，安排1531万元专项资金用于城市管理维护和改善城市环境等方面支出。健全生态补偿机制，支持新建溪流域环境综合治理等生态环保项目建设，全年环境保护支出1131万元，增长30.1%。

【支持新农村建设】按照统筹城乡发展的要求，加大支农投入，突出支农重点，加强支农资金整合，促进农村经济社会发展和农民增收。全年安排2225万元资金用于千万农民饮用水工程、小型农田水利工程、千库保安及除险加固工程、村庄整治工程、地质灾害治理等项目建设，改善农村和农民的生产生活条件。继续加大土地开发投入，全年筹措6230万元资金用于建设用地复垦和土地整理等项目建设。安排农业综合开发资金1588万元，实施土地治理项目2个，建成产业化经营项目2个。围绕实施低收入农户增收工程，继续加大对农业产业化和农村劳动力转移培训的投入，支持组建全县首家农业担保公司。推进农村医疗卫生和文化事业发展，将新型农村合作医疗筹资标准提高到70元/人，落实新型农村合作医疗县财政配套资金947万元；安排130万元资金用于农村广播电视“村村通”工程建设。继续支持农民参加政策性农业保险和农村住房保险。抓好农民综合直补网建设，全年各类农资补贴均通过“一折(卡)通”形式直接发放到农民手中，保障种粮农民的利益。做好能繁母猪补贴资金发放工作。

【深化财政改革】推进部门预算改革，将各部门乡镇全部纳入部门预算管理。开展政府收支分类改革，全面使用新的政府收支分类科目。实施“乡财乡用县管”改革，各乡镇财务收支实行会计集中核算。扩大财政集中支付范围，对扶持工业发展奖励资金、政府投资项目建设资金、政府采购资金等实行财政直接支付，提高了资金拨付效率。深化政府采购改革，实现政府采购机构的“管采分离”；扩大政府采购范围，将单位办公用纸纳入定期定点协议采购，将武警装备、储备粮油等纳入政府采购管理。全年，政府采购金额10037万元，节约采购资金2089万元，资金节约率16.4%。推进政府投融资改革，全县行政事业单位共160多宗房地产产权实行集中统一管理，并由县政府授权县国有资产投资经营有限公司等6家国资营运机构管理，为构建政府投融资平台奠定基础。推进规范公务员津贴补贴工作。

【加强财政监管】制订财政资金拨付管理办法，规范资金申拨程序，加强资金拨付管理。出台财政支出绩效评价实施意见，对财政资金绩效评价的范围、程序、单位的责任义务等作了明确和规范，全年共对6个项目开展资金绩效评价。强化财政监督，开展会计信息质量检查，对2家违反财经纪律的单位进行处罚。加强政府性投资管理，规范政府性投资项目工程变更审批程序，扩大政府投资项目代建制和资金直接拨付试点范围，加强对项目筹资、概算审查、资金拨付和结算、竣工财务决算的全程监督管理，全年共对79个项目概算进行审查，送审项目造价2.46亿元，审定项目造价2.08亿元，审减3769万元，核减率为15.3%。开展行政事业单位资产清查工作，摸清行政事业单位的“家底”。开展财政周转金以及暂存暂付款清理工作，经政府同意将借给行政事业单位和政府项目建设的财政周转金作“借改拨”处理。强化会计管理，做好会计职称和从业资格的报名和考试工作，组织开展第三届全国会计知识大赛缙云赛区选拔比赛活动。

【干部队伍建设】一是加强业务培训。先后开展《TF2006》操作、信息写作、税收业务等10多项专题业务培训，组织干部参加会计知识大赛、税收执法资格考试，支持干部参加会计、税务等资格考试和学历教育。落实每周集中学习制度，建立局图书阅览室，营造浓厚的学习氛围。二是加强政治思想教育。组织干部职工集中收看十七大开幕式和参加十七大知识竞赛，开展《行政机关公务员处分条例》、《物权法》等法律法规培训。落实党风廉政建设责任制，开展廉政知识专题讲座，构筑反腐倡廉防线。三是完善《岗位目标责任制考核办法》，突出工作重点，细化量化工作目标，加大考核奖惩力度。开展“作风建设年”和“狠抓落实年”以及创建“群众满意基层站所”等活动，持续改进机关和基层单位的作风和服务，提升财税部门形象。四是发挥工青妇组织作用，引导干部自发建立篮球、摄影、爬山等7个兴趣小组，丰富干部职工业余生活。2007年，县财政局被评为“全县工作先进集体”和“教育创强先进单位”；壶镇财政所(税务分局)被评为县级“群众满意基层站所”，直属财政所(税务分局)获得“县级文明单位”称号。

(缙云县财政局供稿　张树祥执笔)

青田县财政工作

【概况】2007年，青田县实现生产总值68.99亿元，比上年增长16.9%，其中：第一产业增加值4.13亿元，增长2.8%；第二产业增加值40.03亿元，增长19.6%；第三产业增加值24.83亿元，增长15.2%。全县人均生产总值14220元，增长15.8%。全县财政总收入10.07亿元，增长22.4%，其中地方财政收入5.98亿元，增长26.2%；全县财政总支出11.19亿元，增长24.4%。全年财政收支平衡，消化历年财政赤字100万元。

【组织财政收入】贯彻落实“三个三”工作措施，确保财政收入在结构优化的前提下持续稳定快速增长，当年地方财政收入占财政总收入比重为59.4%，提高1.8个百分点。一是强化小税种征管。落实和完善对土地增值税、印花税的预征办法，加强房产税征管，完善资源税“以药控税”管理办法，全年地方小税种共入库9591万元，增长29.9%，占地方税收收入的20.8%。加大农业两税征管力度，契税与耕地占用税收入增长104.2%。二是加强三大主税种征管。对营业税实行分行业管理，全年实现营业税收入1.86亿元。对纳税额10万元以上的企业主体均纳入税源监控，重点税源监控企业全年入库地方税收3.37亿元，占地方税收收入的73.4%。完成年所得12万元以上纳税人个人所得税自行纳税申报工作。全面推广个人所得税全员全额扣缴申报管理系统，800多户扣缴义务人通过申报管理客户端进行个税申报。三是继续完善社会保险费"五费合征"，实现参保企业的全覆盖，五项社保费共入库1.15亿元，增长25.5%。四是发挥税务稽查职能，以查促查、以查促收。全年共检查89户企业，查补税款83万元，查补收入总计154万元。

【服务重点工作】一是推进滩坑移民工作。筹集调度资金1.70亿元支持滩坑电站指挥部各项移民工作，保障移民工作有序推进。抽调干部20余人深入开展移民工作，促进安置地移民和谐融入，对接移民建房结算率名列前茅。获县直部门完成重要工作目标优秀单位，有2名同志获移民工作先进个人。二是做好县长经济责任审计工作。做好自查自纠工作和资料准备工作，率先实现乡镇零负债，得到国务院领导及省委主要领导的重要批示。

【支持工业发展】发挥财政资金导向作用，落实税收优惠政策，鼓励企业技术创新，促进企业上规模上档次，促进产业结构调整。合计拨付企业技术和发展等资金3074万元，其中：拨付工业发展资金372万元、贴息资金1924万元、经贸发展资金349万元、科技发展资金429万元。审核批准浙江利益五金工业公司、浙江尚贵泵业有限公司等4户企业的技术改造国产设备投资抵免企业所得税213万元。

【支持新农村建设】全县财政投入"三农"的各类资金7.20亿元，加快推进新农村建设。一是改善农村基础设施。投入康庄工程等农村公路、桥梁建设资金7000多万元、农村饮用水工程建设资金5000多万元，新农村建设专项资金1000万元，推进农村环境整治、道路、农民饮用水工程建设，改善农村生产生活条件。二是支持农业产业发展。投入支农、扶贫资金5500多万元，移民扶持资金1700多万元，实施种粮、经济作物、农机购置等补贴政策，开展村指导员、大学生进农村等活动，支持农业产业化工作。三是保障村级组织运转。县财政安排400万元，对集体经济年固定收入不到2万元，影响正常工作运转的经济薄弱村加以扶持。四是支持山区农民异地脱贫工作。支持山区农民转移和小规模自然村搬迁工作，全年异地转移2392人，52个自然村完成整村搬迁。五是全面开展被征地农民基本生活保障工作。财政投入1400多万元，净增被征地农民基本生活保障1367人。

【保障民生事业发展】压缩一般性财政支出，加大对民生的投入，将全年新增财力的81.6%用于民生支出。一是推进社会保障体系建设。提高社会保障待遇标准，城乡居民最低生活保障标准分别提高到248元、150元，城乡低保对象实现应保尽保。全面开展农村"五保"和城镇"三无"对象集中供养，集中供养率89.3%。投入新型农村合作医疗资金956万元，参合率82.2%；投入公共卫生专项资金500万元，农村社区卫生服务中心健康体检"新五件"设备配备率100%。二是支持科教文卫事业发展。安排教育支出2.14亿元，小学、初中生均公用经费标准分别为350元、470元。投入资金610万元支持爱心营养餐工程，义务教育寄宿贫困生营养餐标准从每人每周15元提高到20元。投入校建资金6100万元，新建校舍3.2万平方米，改善办学条件。安排医疗卫生支出7507万元，推进人民医院迁建工程和船寮中心卫生院大楼建设，完善城乡医疗卫生体系建设。安排科学技术支出2747万元，其中，技术研究与开发支出1398万元，促进企业自主创新。建立人才基金，对全县"十类人才、百名精英"进行奖励。安排文化体育支出1836万元，建立农村文化基础设施建设资金，开展送书、送戏、送电影等文化下乡活动，建设图书信息共享系统，加快推进广播电视村村通工程。三是推进环境保护工作。加大生态县专项资金投入力度，继续加大环境整治力度，建设县环境监控中心，完成县污水处理厂建设。

【深化财政改革】一是推进国有资产管理改革。实行国有资产集中管理，出台国有资产集中招租办法，对132间出租商铺进行集中招租；通过调剂、拍卖转让等方式，盘活存量资产，提高国有资产使用效益，确保国有资产保值增值。二是推行预算改革。在部门预算3年试点的基础上，全面推行县直部门预算。将工商局等5部门收费、土地出让金收入纳入预算管理。三是实施"收支两条线"改革。全面整理分解各单位预算外资金成本和收入，开展收费许可证年检，规范票据结报、年检、印制，加强非税收入征管。建立财政内部监督制约机制，实现预算外资金信息化管理，对预算外资金的拨付、使用和管理实行全程监管，确保资金安全、高效运行。

【加强财政管理】一是加强政府投资项目管理。严格政府投资项目评审制度，建立评审中心内部和外部审核程序，规范评审工作，全年完成评审项目228个，送审造价7.99亿元，净核减造价6292万元。二是深化绩效评价工作。建立多层次绩效评价机制，对30个单位，150个省级财政安排资金300万元以上、县级财政安排资金50万元以上的项目实施绩效评价。重点对乡村康庄工程建设资金、水利建设资金等8个重点、热点项目开展绩效评价。三是做好专项资金申报管理工作。先后开展教育"四项工程"、农村中小学布局调整、寄宿制学校改造、民间艺术保护、文化下乡等资金申报工作；同时，加强专项资金管理，保证省专项资金的专款专用，发挥资金效益。四是加强政府采购工作。扩大政府采购规模和采购范围，加强采购方式管理，严格政府采购程序，全年政府采购金额6537万元，增长19.9%，资金节约率为23.5%。

【深化干部队伍建设】一是强化干部作风建设。围绕"作风建设年"活动，以创建"学习型、服务型、实干型、廉洁型"机关为目标，倡导"三走近、三远离、一禁止"，面向全社会作出六项公开承诺，将目标要求和社会监督相结合，塑造财税干部务实高效的工作作风和廉洁自律的生活作风。二是深化学习型组织建设。利用"走出去、请进来"的形式，组织一批中层干部在上海国家会计学院进行为期一周的培训，拓宽视野，增强服务意识和团队精神；结合十七大精神宣讲和"和谐家园"等活动，邀请县领导和党校教师进行专题讲解辅导，增强"创和谐、谋发展"的信心和决心。利用图书室，兴趣小组和学历、职称提升教育等形式，为干部提供提高自身综合素质和个人爱好相结合的自助学习平台。三是加强党风廉政建设。落实党风廉政责任制，层层签订责任状，实行目标管理。开展从政道德教育、党纪政纪条规教育、警示教育、先进示范教育和重大节假日期间廉洁自律教育。聘请16位监督员，加强党内监督、行政监督、群众监督和社会监督。四是提升财税文化建设。组织开展运动会、干部职工业余兴趣小组等一系列活动，丰富干部的业余文化生活。2007年，青田县财政局先后获全省财政系统干部教育培训工作先进单位、全省财政地税系统纪检监察先进集体、市级文明单位、县直部门年度工作考核先进单位、县直部门"和谐家园"建设工作先进单位等多项荣誉。

(青田县财政局供稿 张 毅执笔)

云和县财政工作

【概况】2007年,云和县实现生产总值22.41亿元,比上年增长12.0%,其中:第一产业增加值2.68亿元,增长6.5%;第二产业增加值11.41亿元,增长10.4%;第三产业增加值8.32亿元,增长16.2%。人均生产总值20158元,增长11.5%。全县财政总收入2.82亿元,增长19.9%,其中地方财政完成1.65亿元,增长20.4%;全县财政总支出4.66亿元,增长31.8%。全年财政收支平衡,财政预算执行情况良好。

【依法组织收入】一是夯实税收征管基础,规范征收管理。以信息化建设为抓手,实现管理精细化、扁平化、标准化。以《税友2006》操作系统上线运行为契机,规范征管工作流程,完成重点税源监控、企业所得税汇算清缴、个人所得税全员管理、年收入12万元以上个人所得税自行纳税申报等各项工作。加强部门协作配合,推进社会化协税护税体系建设。建立财、税、企联席会议制度,增强地税对经济社会事业发展的调控能力。加大"12366"特服系统宣传力度,全面推行"银税联网"、"网上申报"和"一户通"等现代化、信息化申报模式,建立多元化、多触角、多层次、多渠道的税务服务平台。强化税务稽查工作,全年查补入库税款、罚款、滞纳金119万元。二是优化税收收入结构,提高地方税收比重。全县纯地方税入库7903万元,占地税总入库数的60.8%。三是推进"五费合征"工作。坚持"税费并重"原则,完善征费流程,实行税费征缴同步。全年共组织社保费收入6286万元,增长8.3%。四是完善土地出让金管理。全年土地出让金收入1.28亿元,全额纳入预算管理。五是开展税收宣传,优化执法环境。开展以"依法诚信纳税,共建和谐社会"为主题的税收宣传月活动,增强公民的税收法制观念和依法纳税意识。

【培植经济税源】一是支持企业自主创新。鼓励企业开展清洁生产,对节能降耗、污染减排技术改造等项目给予一定补助。鼓励企业技术创新,对符合条件的企业给予技改贴息及补助,全年共审核、发放奖励贴息资金510万元。鼓励企业进行管理创新,对取得各种管理体系认证的企业,分别给予5000元至2万元不等的奖励。加大对工业园区投入,园区实现产值20.36亿元,增长24.9%。二是支持第三产业发展,推进税源结构优化。依托"小县大城"发展战略,突出"山水家园、童话世界"的城市风格,完善促进第三产业发展政策,形成完整的政策扶持体系,营造良好的发展环境。加大旅游业发展投入,完善商贸流通业发展环境,推动和促进旅游及相关社会服务业快速发展。当年全县第三产业税收占地税收入的比例为47%。

【统筹城乡发展】一是解决事关民生的热点、难点问题。全力保障县委、县政府"六个一百"民生工程建设资金需要,先后投入资金490万元。推进被征地农民社会保障,做好新型农村合作医疗保险、城乡低保提标、安全体系建设、环境整治和保护等资金保障工作。健全和完善医疗保障体系,实现医疗救助"零起点、全覆盖"。当年全县共有3137人参加城镇居民医疗保险,参保率为51.7%。二是加大社会事业投入力度,确保农业、教育、科技等法定支出和公共卫生、计划生育、文化事业等重点项目支出,促进社会事业全面进步。全年财政对科教文卫等社会事业的投入为1.44亿元。三是加快推进新农村建设。加大财政投入力度,全年支农支出1850万元,增长13.5%;农业发展基金300万元,增长9.5%。大力发展高效生态农业和特色产业,扶持产业结构调整,提升农业产业化水平。制定村级组织运转经费保障机制,及时拨付农村垃圾集中处理、粮食直补、能繁母猪补贴等专项资金,改善农村生产和生活条件。为全县2万余户受补农户通过农民直补银行储蓄"一卡通"(一折通)发放种粮农民直接补贴、综合补贴等共117万元。

【深化财政改革】一是深化部门预算改革。全面推行部门预算,对全县行政事业单位(除乡镇)的部门预算采取"两上两下"的编制程序,完善定额标准,细化预算编制,增强部门预算的科学性。二是推进国库集中收付改革。完成财政专项资金集中支付的各项前期准备工作,着手准备会计集中核算软件向国库集中支付软件的切换工作,逐步实现会计集中核算向国库集中支付的顺利接轨。三是做好会计集中核算工作。全县14个乡镇全部纳入乡镇财政管理中心实行统一核算;县会计核算中心全年共退回不合法、不合理的报销单据130笔,金额63万元。四是加强政府采购工作。县政府采购办实现"管采分离",履行监督管理职责,全年共支付采购资金4779万元,节约率为14.7%。五是推进绩效评价工作。构建绩效评价考评体系,制定绩效评价工作制度,成立绩效评价专家库,组织开展环境自动监测网络建设、医疗救助专项资金等项目的绩效评价工作,提高资金使用绩效。

【强化财政监管】一是强化预算外资金管理。整合政府性资金,重点加强对预算外资金、政府性基金管理,把游离于财政监管之外的政府性资金纳入财政管理范围。对国有非经营性和资源性资产,通过公开竞拍等市场化运作方式,提高资产收益。规范非税收入管理,增加政府可用财力。突出加强土地出让金收支管理,全年土地出让金收入1.28亿元,全额纳入预算管理。二是强化财政专项资金管理。制定出台财政资金、政府性债务、政府性基本建设预算等5个管理办法,规范资金管理,防范债务风险。加强政府投资项目等重点专项资金监管,做好支农资金整合试点工作,提高财政资金安全性、有效性和规范性。三是强化国有资产监管。完成行政事业单位资产清查工作,为建立行政事业单位国有资产动态监管系统、加强资产收益管理、规范收入分配秩序打好基础。规范基本建设、政府采购、产权交易、土地出让等经济行为,维护经济秩序。四是强化政府债务计划管理。合理制定政府举债债务的总体规划、政策和目标,严格举债审批程序,实行债务统一管理和总量控制。完善国资公司融资规范化管理,控制担保范围和担保审批。五是强化会计监督管理。加强会计从业资格管理,把好会计从业资格准入关,建立健全会计从业资格证管理档案,做好会计专业技术资格的考试组织工作。

【干部队伍建设】以"作风建设年"活动为契机,创新活动载体,突出部门特色,以"三比三争"主题实践活动、"三帮一带"扶贫助困活动等为平台,推进作风建设。鼓励干部参加学历教育,提高干部整体素质,全局45周岁以下干部中取得大学本科学历的占94.2%。加强廉政教育,落实党风廉政责任制,层层签订党风廉政建设责任书,推进党风廉政建设。2007年,县财政局被市委、市政府命名为市级文明单位,并先后获得县级先进集体和作风建设工作、平安综治工作、基层组织建设、文明创建工作、社区共建工作先进集体称号;县地税局直属分局被评为省级基层文明单位;县地税局办税服务厅被评为全国巾帼文明岗。

(云和县财政局供稿　柳　颖执笔)

遂昌县财政工作

【概况】2007年,遂昌县实现生产总值38.69亿元,比上年增长12.0%,其中:第一产业增加值5.58亿元,增长4.7%;第二产业增加值18.54亿元,增长11%;第三产业增加值14.57亿元,增长16.2%。人均生产总值16879元,增长11.6%。全年财政总收入5.19亿元,增长14.5%,其中地方财政收入2.78亿元,增长16.5%。全县财政总支出6.18亿元,增长31.0%。当年财政收支平衡。

【依法组织收入】按照"均衡入库、持续增长、优化结构、调控有力"的目标,做好组织收入各项工作。加强营业税分行业税源管理,强化个人所得税征管和首次年所得12万元以上个人所得税自行纳税申报工作。加强地方小税种征管,完善"五费合征"社保费管理模式,社保费收入首次突破1亿元。加强政府非税收入征收管理,推广应用新版政府非税收入征管信息系统,努力增加政府非税收入。优化财政收入结构,地方财政收入占财政总收入的比重从上年的52.6%提高到53.5%,地方十个小税种税收收入1.30亿元,增长37.6%,占财政总收入的比重从上年的20.9%提高到25.2%。

【支持经济发展】坚持政策引导、资金支持、体制激励、优质服务有机结合,支持产业结构调整,推动经济发展方式转变。筹措落实旅游发展项目资金2506万元,发展以旅游业为龙头的第三产业。运用财政扶持政策,支持钢铁、化工等企业的重点技改项目,全年共拨付企业各类扶持资金6326万元;落实减免税政策,支持企业发展,全年共审批减免各项税费724万元;出台《遂昌县鼓励个体工商户和初创小企业发展若干意见》、《遂昌县鼓励支持家庭工业发展的若干意见》等相关政策,促进中小企业发展;筹措资金3000万元,组建成立"正达担保公司",努力突破中小企业发展资金瓶颈问题;加大节能降耗工作的财政支持力度,促进循环经济发展。

【保障重点支出】强化公共财政和统筹发展意识,优化财政支出结构,当年县级新增财力全部用于民生支出,促进和谐社会建设。一是加大财政对农业、农村发展的投入力度,支持农业结构调整和农村基础设施建设,多渠道促进农民增收增效。筹集资金4374万元用于土地整理开发,建成标准农田32400亩;筹集1286万元资金,解决9万农村人口的安全饮用水问题;投入963万元,完成新路湾焦川中低产田改造项目和北界桃溪山区小流域治理等农业综合开发项目;继续推进乡村康庄工程建设,全年共筹措资金4535万元,完成通村公路路基拓宽78.7公里,通村公路路面硬化98.7公里。全面启动新一轮广播电视"村村通"工程,全年有83个行政村和253个自然村实现"村村通"。二是加大对重点事业的投入,促进社会事业全面发展,其中教育事业费支出1.32亿元,增长22.9%;社会保障和就业支出3916万元,增长24.5%;医疗卫生支出3667万元,增长34.9%;科学技术支出1216万元,增长28.7%。三是加大对环境保护和生态建设的投入,环境保护支出2073万元,增长428.8%,推进生态县建设。按照"811"环境污染整治要求,安排97万元完成污染源在线监测系统建设,筹措资金683万元实施农村饮用水工程和农村垃圾集中处理工程。

【支持社会保障体系建设】落实就业再就业政策,支持农村劳动力素质培训,确保被征地农民、精减退职职工和低保家庭等困难群体生活费的按时足额发放;支持农村困难群众实施危旧房改造,全面落实政策性农村住房保险工作。加大医疗卫生投入,提高新型农村合作医疗财政补助标准和报销比例;完成城镇居民医疗保障制度试点工作,实现医保政策的全覆盖。全面核查全县城乡低保户情况,实施动态管理,做到"应保尽保、应退尽退",并对城乡低保标准进行第五次提标。全年共筹措新农医资金1110万元,拨付城乡最低生活保障资金355万元、新型农村合作医疗资金1065万元、医疗救助100万元、农村公共卫生245万元、农村"五保"和城镇"三无"对象集中供养资金61万元。

【深化财政改革】一是全面实施部门预算,全县共有77个单位纳入部门预算管理,并根据县级财力完善预算定额标准体系,规范项目预算管理,部门预算总体运行平稳。有序推进国库集中收付改革,不断完善会计集中核算,通过"金财工程"平台,实现"预算、执行、监督"的三分离。二是推进农村综合改革,完善"乡财乡用县管"制度,规范乡镇财政管理。在全面开展乡镇调研的基础上制定出台新一轮乡镇财政管理体制,加大对乡镇财政的转移支付力度,体制补助额从上年的597万元增加到887万元,增加50%;全面落实乡镇债务化解任务,控制乡镇债务规模,乡镇债务从上年的965万元降到614万元,当年化解乡镇债务351万元,兑现乡镇债务化解奖励资金230万元;制定下发《关于规范乡镇财务管理若干问题的通知》,对乡镇公务接待、车辆维修等费用实行一个月内挂账列支办法,控制乡镇账外负债。完善"乡财乡用县管"模式,加强对已纳入"乡财乡用县管"的16个乡镇财政在日常经费、项目经费及往来款项等方面的监管。三是深化政府采购管理改革。完善政府采购制度,规范政府采购行为,提高采购效率和效能。全年政府采购728批次,实际采购资金额4517万元,节约率20.3%。

【规范财政管理】一是加强政府性投资项目管理。加强政府性基建预算管理，根据基建项目实施情况做好预算执行情况的分析和调整工作，主攻融资，抓好转贷，保障项目进度，确保资金链不断裂。建立健全招投标标底审核和建设资金支付确认制度，对重大、重点项目评审进行网上公告，强化政府投资项目财务监督，推行项目竣工财务审批工作，强化项目造价审价，有效控制建设成本。全年共组织完成工程预、结算 180 个，送审造价 1.50 亿元，净核减 1265 万元，核减率 8.5%，控制建设成本。二是加强政府性债务管理，建立归口管理制度和风险监测指标体系，调整优化债务结构，将短期商业银行贷款逐步置换成中长期贷款，已取得国家开发银行 10 年期政策性贷款 8600 万元和农行南尖岩旅游开发项目 8 年期贷款 3000 万元，置换原商业银行的短期贷款，减轻还贷资金周转压力，防范政府债务风险。三是加强政府非税收入成本性支出管理，将预算外资金纳入部门预算编制范围，推行“收入一个笼子、预算一个盘子、支出一个口子”预算管理模式。四是开展行政事业单位国有资产清查，加强行政事业单位资产管理。五是开展财政支出绩效评价工作。搭建财政绩效评价制度框架，制订绩效评价实施办法，对企业技术改造专项资金等 7 个重点项目实施绩效评价。六是加强会计基础管理。宣传贯彻实施《会计法》、新企业会计准则，依法把好会计从业资格准入关。开展会计信息质量检查，整顿财经秩序。

【干部队伍建设】一是结合学习型组织建设，开展“作风建设年”活动，并与开展民主评议基层站所暨创建“群众满意基层站所”活动紧密结合，改进作风，优化服务；开展“双百双千”帮困结对活动，全局 8 个支部 146 名干部职工积极响应，共结对困难户 85 户，送去慰问金及大米、食用油等生活用品。二是以考促学，增强学习效果。通过邀请专家授课、业务知识培训等形式，倡导创新理念和创业精神，抓紧学习调研，提高干部依法治税本领。组织开展综合业务知识考试，以考促学，以学促用。开展“我工作中的‘三个三’”主题调研，促进建立“三个三”工作新机制。三是强化党风廉政建设。组织“预防职务犯罪，构建和谐社会”廉政专题报告，开展廉政作品征集活动，参与廉政故事演讲比赛，健全和完善机关内部管理制度，规范权力运行和约束机制；通过聘请党风(行风)特邀监督员，开展党务、政务、财务三公开等工作，完善内、外部监督机制，树立起公正透明、廉洁高效的财税机关形象。

(遂昌县财政局供稿　项国英执笔)

松阳县财政工作

【概况】2007 年，松阳县实现生产总值 30.27 亿元，比上年增长 13.8%，其中：第一产业增加值为 7.16 亿元，第二产业增加值为 11.40 亿元，第三产业增加值为 11.70 亿元，分别增长 3.6%、22.6%、13.0%。全县财政总收入 3.04 亿元，增长 23.1%，其中地方财政收入 1.79 亿元，增长 23.4%；全县财政支出 5.24 亿元，增长 28.5%。连续 12 年实现财政收支平衡。

【支持经济和社会发展】一是全面落实各项财税政策，促进地方经济健康快速发展。增强服务意识，以税收优惠政策提前办理、简化办理程序、加强指导、与上级税务部门及时协调、加快资金兑付速度等措施，及时准确落实减免税、税前审批、技改贴息和各种奖励政策兑现等财税政策，为工业经济发展创造宽松环境。集中财力增加工业园区贴息支出和中小企业孵化基地基础建设等方面投入，加快工业发展载体的建设。全年为 93 家企业兑现财政贴息技改资金 877 万元，减免企业地方税收 730 余万元，促进工业企业加快发展。加大对商贸流通业、旅游业等第三产业的扶持力度，增强地方经济的发展后劲和对地方财政的贡献率。二是调整和优化财政支出结构，全面实施“控、压、保”各项措施，集中财力加大对农业、科技、教育、公共卫生和社会保障等重点支出的保障力度，统筹推进社会各项事业发展。加大财政支农力度，财政支农支出 6731 万元，增长 15%，促进农村社会经济的发展。加大财政对下山脱贫、移民、农业综合开发和农村基础设施建设的投入，促进农民增收和农村发展。增加事关群众切身利益的民生支出，缓解困难群众的生产生活。当年县财政在公共安全、教育、科技、文化体育、社会保障和就业、环境保护、城乡社区事务、工业商业金融、农林水等方面的支出分别增长 16.4%、24.7%、23.9%、66.8%、15.3%、292.1%、50.0%、60.0% 和 39.0%。

【预算管理】一是推进预算管理改革，落实“支出一个口子”的财政管理模式。调整内部科室部分职能，实行分口管理，为实现预算编制、执行、监督三分离奠定基础；全面应用“资金申拨系统”，规范预算资金拨付流程，加强会计核算工作，规范财政支出管理，提高预算管理的规范性和财政资金的安全有效性。二是深化部门预算改革，改进和规范预算编制工作。在行政事业单位中全面推行部门预算改革，细化和公开预算编制原则、程序、方法、定额标准，坚持科学合理、严格规范的编制程序和原则，统筹安排预算内外资金，增加预算编制的透明度，强化预算约束的刚性。

【项目资金管理】出台财政支出绩效评价工作实施意见，制定绩效评价工作操作流程和设置评价指标体系，加强对财政支出绩效评价工作指导，组织实施环境自动监测网络建设项目等一系列绩效评价工作。加强政府投资项目资金监管，按建设项目工程进度拨付资金，会同有关部门加强政府性投资工程造价管理，组织对财政性投资项目工程概预决算的评审，开展专项资金跟踪问效工作。开展项目单位会计信息质量检查和会计师执业质量检查，重点加强政府投资代建项目财务监督管理。

【预算外资金管理】一是健全预算外收入征管体系，增强政府统筹调控能力。科学界定政府非税收入范围，实行分类规范管理，完善征管体系，加强征管信息化建设，提高非税收入征缴率。通过严格执行“收支两条线”，强化票据审核和管理，查处违规收费和财政票据违章行为等，健全预算外收入征管体系，加强对行政事业单位罚没收入、一般预算外收入和专项收入的征收管理，增强政府统筹调控能力。全年进入财政专户的预算外资金(不含单位往来款)2.28 亿元。二是做好奖金福利统筹金的征收和填补工作,缓解部门单位收入差距。三是加强预算外存量资金的结构分析,做好资金的应急调度工作,为政府筹集和调度应急资金5222万元,缓解对资金调度的应急需求。

【政府采购】完善政府采购协议供货制度,加强集中采购监督管理,对列入集中采购目录、达到限额标准的项目进行严格审批,一律进入招投标中心交易。会同县纪委、县招管办参与每个招标项目的监管,做到采购的全过程监督,规范集中采购行为。扩大采购范围,新增货物类水轮机、发电机组采购,服务类钼矿勘测权采购,工程类农业综合开发项目、疾控中心污水处理系统和无菌实验室等项目。全县实施政府采购64批次,实际合同支付金额4157万元,资金节约率13.4%。

【会计集中核算】一是做好日常支付核算工作,扩大监管范围。将新设或临时性机构及时纳入中心实行集中支付、统一核算。二是加强全县行政事业单位及乡镇人员工资的统一发放和相关项目代扣代缴工作,保证财政供养人员统发工资及时足额发放到位。

【国有资产管理】深化国有资产管理体制改革,加强国有资产管理。一是出台《国有资产营运机构经营目标责任制和机构费用预算管理工作意见》,设置国资营运机构五大考核指标、加强对机构费用的监管,实行年度财务会计审计制度及公司财务和项目财务总监委派制度,加强对国资营运机构财务风险和重点项目的财务监管。二是精心组织,按期保质完成对全县191家行政事业单位资产清查工作。三是推进农民补贴网建设,实现对全县16.85万户农民种粮补贴"一折通"发放。四是做好企业国有产权年检登记工作,年检登记国有资产8.63亿元。

【干部队伍建设】以作风建设为契机,加强队伍建设,提高干部队伍综合素质。鼓励干部职工实践"三走近、三远离"理念,发挥工会、团总支、妇委会作用,组建8个兴趣小组,并以兴趣小组活动和机关运动会等形式,引导干部职工利用业余时间参与健康有益的文体休闲活动。开展针对性更强、层次更高的干部教育培训,重点学习十七大精神、省第十二次党代会精神和新的税收法规政策,全面深化学习型组织建设。完善目标责任制考核、奖惩等内部管理制度,向全体干部职工提出作风建设"七个不让"要求,即"不让领导交办的工作在我手中延误、不让正在办理的事项在我手中中断、不让各项差错在我手里发生、不让前来办事的群众在我这里受到冷落、不让各种不良习气在我身上出现、不让财税部门的形象在我这里受到影响、不让松阳的形象在我这里受到损害。"强化廉政建设,健全渎职犯罪预防机制和惩防体系,在全局签订自律公约,利用一切时机开展廉政教育,增强干部职工防腐拒变能力。 (松阳县财政局供稿 陈文俊执笔)

庆元县财政工作

【概况】2007年,庆元县实现生产总值20.24亿元,比上年增长13.8%,其中:第一产业增加值4.03亿元,增长4.1%;第二产业增加值7.99亿元,增长21.6%;第三产业增加值8.21亿元,增长11.9%。全年财政总收入1.91亿元,增长26.2%,其中地方财政收入1.19亿元,增长28.6%;财政支出4.68亿元,增长6.8%。全年财政收支平衡。

【依法组织收入】实行精细化、科学化管理,坚持"均衡入库、持续增长、优化结构、调控有力"的组织收入原则,增强地方可用财力。一是加强税收征管。逐步规范各税种和重点行业税收征管,开展年所得12万元以上的纳税人首次自行申报工作,推广个人所得税全员申报系统。建立地方八税征管长效机制,贯彻落实城镇土地使用税、车船税两个新条例,依法开征建筑用砂资源税,地方小税种入库1453万元,增长32.2%。全面推进房地产税收一体化管理,完善与房管、国土等部门的工作协调机制,契税、耕地占用税共入库1119万元,增长12.7%。二是加强非税收入征管。依托非税收入征管信息系统,强化非税收入征缴;土地使用权出让收入全部纳入预算管理,共上缴国库土地出让金收入7798万元;公开拍卖探矿权,加强国有资源有偿使用收入征缴,增加政府非税收入。三是加强社保基金征管。深化和完善"地税征收、社保支付、财政监管"的社会保障费管理模式,从9月1日起全面推行"五费合征"工作,全年共组织社保基金等其他各项收入7323万元,增长23.1%;企业参保户数396户,自由职业者参保5807人。

【支持经济发展】通过政策引导、机制激励、财政补助、优质服务等方式,扶持"做精一产、做强二产、做大三产",推动经济发展方式转变。围绕"深化旅游开发年",加大对第三产业特别是生态旅游业发展的扶持力度,来自第三产业的税收收入占地税收入的52.6%。围绕"工业经济服务年",安排工业园区基础设施建设资金3040万元,拨付扶持工业企业奖励等资金,构筑工业经济发展平台,推进工业结构调整和产业优化升级。落实各项国家税收优惠政策,减免(抵免)各项地税税收375万元。围绕"社会主义新农村建设",安排笋竹、食用菌等特色产业发展资金150万元,加强高效生态农业和现代农业产业体系建设;建立全县农民补贴管理网络,落实粮食直补、农机具购置补贴等惠农政策。会同相关部门争取上级政策、资金、项目支持,落实财政油价补贴资金,减轻物价上涨对部分公益性行业的影响。围绕"基础设施建设年",加强城市基础设施建设,投入城市建设资金2540万元,重点用于垃圾填埋场工程、污水处理工程、济川路改造等,加快城市化进程。

【保障民生支出】按统筹发展和公共财政要求,当年新增财力的86.2%用于民生支出,解决人民群众最关心、最直接、最现实的问题。一是推进社会主义新农村建设。全年用于"三农"的财政性资金1.77亿元,重点用于千万农民饮用水工程、康庄工程等一大批重点项目。做好农业综合开发工作,投入财政资金756万元,推进荷地、黄田山区小流域生态工程建设。二是保障各项重点事业支出。教育、科技、社会保障等重点支出增幅均超过财政经常性收入增幅。县财政安排教育支出10431万元,其中投入配套资金703万元继续实施农村中小学"4+1"工程;完善义务教育经费保障机制,落实全部免除义务教育阶段学生杂费政策;完成低收入家庭学生界定工作,推进城乡教育均衡发展。安排科技支出1013万元,提升自主创新能力和水平。加大文化事业投入,安排文化体育支出1035万,其中重点投入配套资金150万元支持"广播电视村村通工程"建设,加强公共文化体育设施和农村文化建设。加大社会保障投入,安排被征地农民基本生活保障资金1000 万元;安排政策性农村住房保险资金,加快住房保障体系建设;落实资金推进城乡低保提标,将民政优抚对象的补助全额纳入财政预算,支持社会保障体系和社会救助体系建设。安排"桑美"灾民重建贴息资金22万元,提升"平安庆元"建设水平。加大医疗卫生投入,实施新型农村合作医疗配套提标,支持农村公共卫生事业发展。加大生态补偿以及节能减排投入,推进生态县建设。

【加强财政监管】加强财政法制建设,规范财政执法行为,推进依法理财工作。加强内部监管,继续落实《庆元县财政资金拨付管理内部操作规程》,促使财政资金拨付流程规范化、科学化。清理、归并财政专户,加强财政专项资金管理。结合"财政支农资金管理年"要求,出台《庆元县农业发展资金暂行管理办法》、《庆元县农村公共卫生服务专项资金管理使用办法》等。严格基本建设投资财政性资金管理,出台《庆元县政府性投资项目资金预算管理办法》,规范政府性投资项目的资金拨付审核、预结算工程量的审价认定、工程价款结算等财务管理。加强财政监督,对"广播电视村村通"等项目进行专项资金使用情况监督检查。管好用好救灾资金,救灾资金通过国家审计署审计。加强财政支出管理,压缩一般性支出,推进节约型政府建设。继续做好财政周转金的清收工作。加强会计队伍建设,贯彻落实新《企业会计准则》,开展会计信息质量检查,维护财经秩序。

【推进财政改革】深化细化部门预算管理改革,全面实施政府收支分类改革。强化会计核算管理,县会计核算中心共安全收付、管理财政资金4.5亿元。完善"乡财乡用县管"管理模式,20个乡镇财务全部进入乡镇会计核算中心,建立乡镇财务远程查询网络,提高乡镇财务管理水平和乡镇财政保障能力。出台《庆元县政府性债务管理暂行办法》和《庆元县化解乡镇政府性债务考核办法》,加强政府债务管理。推进财政支出绩效评价工作,树立财政支出大绩效理念,对医疗救助专项资金、环境自动化监测网络建设等项目开展绩效评价,促进支出效益最大化。深化政府采购改革,规范政府采购行为,共组织采购390批次,实际采购资金2901万元,节约率12.6%。落实控购工作,加强公务用车采购审批管理。开展行政事业单位国有资产清查工作,摸清全县164户行政事业单位净资产;实施国有企业财务总监制度,正式向国资公司、工业园区、城市建设发展公司等8家国有企业(单位)委派财务总监人员。制定并上报《庆元县规范公务员津贴补贴实施方案》,推进收入分配制度改革。推进"金财工程"一体化建设,提高政府的管理效率和公共服务水平。

【加强队伍建设】结合"作风建设年"和创建"群众满意基层站所"活动要求,规范内部管理,凝聚团队精神,提高干部综合素质。加强制度建设,制定、修订、完善《工作月报制度》、《工作目标责任考核暂行办法》、《公务用车使用与管理制度》等一系列内部管理制度,提升整体工作效能。加强惩防体系建设,层层落实党风廉政责任制,提升党风廉政建设水平;坚持内外监督并重,经常开展各类廉政教育,推进权力制衡工作,聘请12位行风特邀监督员。加强学习型组织建设,创新学习形式,实行理论学习中心组局领导轮流组织制度,举行学习十七大精神、新《企业会计准则》、信息新闻写作、新任公务员等培训、讲座,全年各类培训706人次;强化财税学会组织机构建设,鼓励干部参与财税调研。加强队伍组织建设,完善机构设置,增设国库科、行财科、绩效评价科等三个科室,正式招考录用7名公务员;倡导"三个走近,三个远离",发挥工、青、妇组织作用,通过组织演讲比赛、参加篮球赛等载体,丰富文化生活;通过召开老干部座谈会、踊跃参与扶贫助困工作等,促进和谐机关建设。2007年,庆元县财政局获得"庆元县综合治理先进单位"等多项荣誉称号。

(庆元县财政局供稿 练素红执笔)

景宁畲族自治县财政工作

【概况】2007年,景宁畲族自治县实现生产总值18.26亿元,比上年增长11.7%,其中:第一产业增加值3.28亿元,下降1.5%;第二产业增加值6.77亿元,增长17.7%;第三产业增加值8.21亿元,增长12.8%。全县财政总收入2.42亿元,增长2.0%,其中地方财政收入1.41亿元,增长6.3%;财政一般预算支出5.96亿元,增长25.6%。地方财政收入占财政总收入的比重为58.2%,提高2.4个百分点。当年财政收支平衡。

【组织收入】在宁波鄞景扶贫开发区税收全面实行属地管理后的第一年,克服财政增收困难,抓好各项财政收入,坚持税与非税收入并重,拓展财政增收空间。开展财税法规宣传活动,宣传年所得12万元以上个人所得税自行申报,开展房屋出租税收、城镇土地使用税调整、五费合征实施办法、国有资产收益收缴等财税法规专题宣传,营造和谐的征纳关系和良好的征管环境。细化收入考核办法,组织开展房屋出租税收、建筑用石资源税等小税种征管;加强国地税等部门协作,联合开展税务登记、地税发票管理、纳税信用等级评定等工作;加强税源监控,全县重点税源监控面扩大11.1%;推广应用新版《企业所得税纳税申报表》,推广应用税友2006新版征管软件,应用个人所得税全员管理系统,个人所得税第一次成为地税部门组织收入的最大税种。全年组织各类税收收入1.14亿元,增长23.8%。完善社保费征缴的社会协作机制,全年社保基金入库6643万元,增长29.9%;非税收入管理走上制度化、规范化、信息化轨道,全年政府性非税收入2.60亿元。

【加大民生投入】落实科学发展观的要求,财政支出逐步向民生领域倾斜,加大农业、教育、卫生、社保、科技和环保投入,解决人民群众反映强烈的重点、难点、热点问题。提高居委干部、中小学教师的工资福利待遇、生均公用经费标准,解决乡镇政府的用车困难;提高公检法司办公经费,打造"平安景宁"。剔除省市专项补助和上年结转,全年县本级教育支出9214万元,增长15.5%;医疗卫生支出1353万元,增长23.0%;环境保护支出224

万元,增长54.5%,农林水务支出3140万元,增长19.2%;社保支出2128万元,增长23.1%,其中用于被征地农民基本生活保障支出907万元。

【支持重点工程建设】实施政府"一三四八"发展战略,财政预算内安排基本建设资金2000万元,重点支持滩坑库区复建、220输变电工程、城区教育资源整合工程、污水处理厂等项目,确保公共卫生、康庄工程、广播电视村村通工程等配套资金的投入。利用国资融资平台和土地折抵指标为银行提供担保,落实外舍防护工程银行贷款2亿元;全年筹集各类基建资金9230万元,拨付工程建设资金8284万元。

【促进经济发展】科学统筹,合理调度资金,促进经济发展。统筹城乡发展,全年安排新农村支出4392万元,占全年支出的9.9%,实际投入康庄工程、"十村示范百村整治"、农村卫生体系建设、农业综合开发、农业基础设施建设以及农民下山脱贫等支农资金3510万元;支持第二产业发展,筹措资金支持黄金洋和佃源两个工业园区建设,落实好财税优惠政策支持工业发展;开展扶持第三产业发展的政策调研,探索落实扶持第三产业发展的政策措施,年度预算安排旅游发展资金150万元,筹集资金500万元组建旅游发展公司,调度借资1000万元支持畲乡大酒店建设,助推畲乡民族旅游业加快发展。

【规范支出管理】全面实施政府收支分类改革,把改革要求落实到财政预算管理的各个环节,用新科目编制预算,用经济分类编制项目支出预算。细化部门预算,对预算内外资金收支统一编制预算,做到一个部门(包含乡镇)一本账,同时编制非税收支预算、基本建设预算以及社保资金预算等。推进乡财县管改革,重视化解乡镇债务,安排专项资金1021万元一次性化解乡镇债务。逐步完善政府采购执行和监管两分离机制,全年政府采购实际金额3275万元,节约资金648万元,节约率16.5%。以县会计核算中心和乡镇财务核算中心为平台,加强财务会计审核监督和会计信息质量检查,出台绩效评价联席会议制度、绩效评价工作流程和绩效评价内部协调制度等,建立县财政支出绩效评价专家库,组织开展千万农民饮用水项目、医疗救助专项资金、环境自动监测网络建设项目等绩效评价工作,涉及资金1.40亿元。严格落实"控、压、保"要求,压缩一般性预算支出,控制预算追加,特别是控制各类会议费、培训费、用车接待、小额单项工作经费等日常性行政支出,压缩一般性的行政开支。局内部制订节约用水、用电、用纸等节能措施,制订和落实公务接待用餐标准,规范公车管理,减少会议经费,公务接待费比上年下降10%。

【加强国有资产管理】坚持大财政理念,把国资收益管理纳入政府可用财力范畴,推出国资管理市场化运作新举措,扩大政府资产性收益管理范畴,加强资源性收益管理,对国有企业实行会计委派制,公开招考3名委派会计,健全产权登记等日常监管,为政府提供原值近亿元的融资平台,有效拓展政府财力运作空间。加强国有资产的收益收缴,组织6批国有店面公开拍租和1次行政事业单位公车拍卖。

【新农村建设】把支持新农村建设作为工作的重点之一,全年累计投入支农资金4700万元,实施欠发达乡镇奔小康工程、千万农民饮用水工程、土地开发整理、有线电视村村通、下山脱贫和地质灾害避险搬迁等富民工程。支持实施低收入农户增收工程,局班子多次到联系乡镇英川镇开展蹲点调研谋发展活动,为贫困村谋划发展规划;全体干部职工与人均年收入1500元以下的贫困户结成扶贫对子,为贫困农民捐款58000多元;派出1名中层干部到贫困村担任村指导员,确定4个机关党支部与英川镇4个村支部结对帮扶,为4个村支部送去彩电VCD播放机和科技种养业电教片,帮助湖后、董川、石状和寨后等行政村规划了笋竹两用林、高山吊瓜、高山蔬菜等致富项目,落实扶贫资金20万元,筹措资金400万元投入英川小流域治理项目,加快新农村建设步伐。

【滩坑移民】坚持移民工作的龙头地位,统筹安排移民工作经费1000万元,确保全县移民各项工作的顺利开展。调整充实移民工作领导小组,抽调6名得力干部深入库区一线服务移民工作。筹措经费10000元帮助移民联系乡外舍管理区开展移民工作。全体干部职工参与库区籍干部职工亲属思想工作,确保52户对接移民按时间要求安置到位。为移民干部提供车辆、住宿等服务,开展调查研究工作,参与制定滩坑库区建成后各项规划,完成滩坑库区蓄水前期工作。

【加强队伍建设】开展"作风建设年"活动,组织干部职工参加作风建设大讨论和作风建设专题民主生活会等,通过发放征求意见表、设置征求意见箱、召开民主生活会、行风监督员座谈会,查找干部在作风建设、工作落实和服务态度等方面存在的问题,建立财税干部五不准、五个零距离、十项服务承诺等作风建设的长效机制,开展"群众满意基层站所"创建活动。县财政局获全县作风建设年活动先进集体。开展学习型财税组织创建活动,通过"一年读一本好书"等活动激励干部参加学习、教育、培训等,激发干部学习积极性。落实党风廉政建设责任制,组织参加市县财税系统和全县性的征文、书法、摄影等廉政文化竞赛活动。按照优化干部队伍结构和科学设置岗位的要求,竞聘上岗。引导干部职工开展"三走近三远离"活动,组织干部开展爬山、打球、书法和竞技等文体活动,丰富干部职工的业余文化生活。县财政局在全县部门综合考核中连续两年获先进集体,局党组获全县党风廉政建设二等奖、宣传思想政治工作优胜奖等荣誉。

(景宁畲族自治县财政局供稿　刘小明执笔)

增强执行力
巩固发展和谐财税建设成果

"七一"知识竞赛

党委支部书记读书班

成立杭州财税网络学校

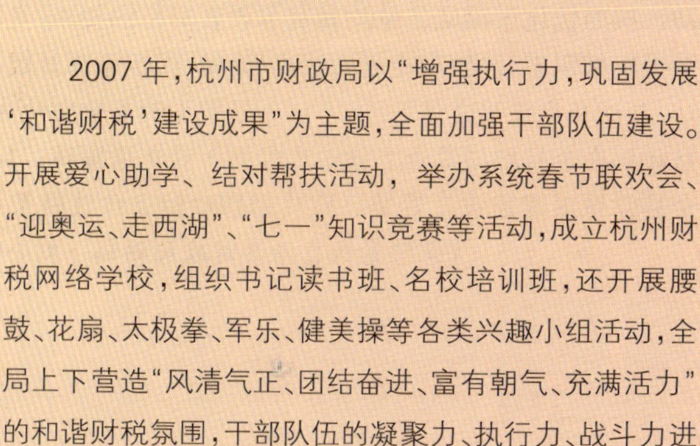

2007年,杭州市财政局以"增强执行力,巩固发展'和谐财税'建设成果"为主题,全面加强干部队伍建设。开展爱心助学、结对帮扶活动,举办系统春节联欢会、"迎奥运、走西湖"、"七一"知识竞赛等活动,成立杭州财税网络学校,组织书记读书班、名校培训班,还开展腰鼓、花扇、太极拳、军乐、健美操等各类兴趣小组活动,全局上下营造"风清气正、团结奋进、富有朝气、充满活力"的和谐财税氛围,干部队伍的凝聚力、执行力、战斗力进一步增强,有力地推动财税各项工作的开展。

腰鼓队表演

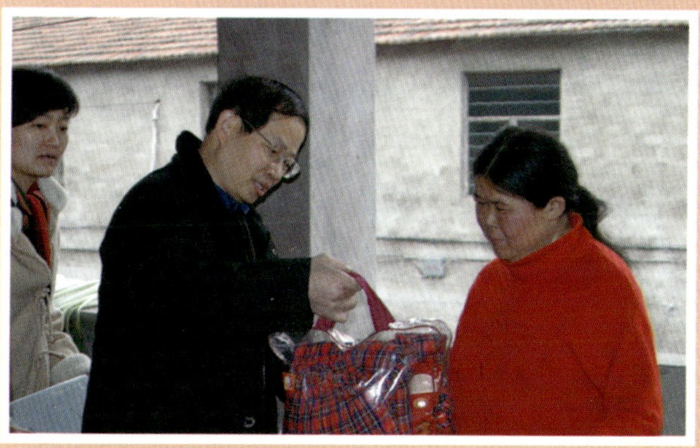

访贫促廉 结对帮扶

杭州市上城区财政着力

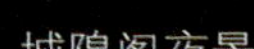

城隍阁夜景

胡雪岩故居

造旅游休闲商务区

繁华的湖滨国际名品街

太极茶道表演

4A 级景区清河坊历史街区

杭州市江干区财政

支持城乡环境生活品质提升

文体中心

采荷中学教育集团濮东校区

背街小巷改善

深澳村远眺

桐庐县财政
积极支持文化名县创建

纪念叶浅予诞辰 100 周年

桐庐县财政部门为创建“文化名县”，投入专项资金确保文化体育事业不断发展。2007 年体育馆、游泳馆、广播电视中心新大楼相继投入使用，群众文化“三百”活动深入开展，成功举办第三届县运会、第七届群众文艺调演、叶浅予诞辰百年纪念系列活动。江南镇深澳村被国家建设部、国家文物局命名为“中国历史文化名村”。

桐庐县第三届运动会

群众文艺活动

新落成的广播电视台

淳安县财政大

千岛湖空气环境质量保持一级水平

有机鱼培育净化千岛湖水质

蓝天白云 青山绿水

省级生态镇——枫树岭镇

推进生态环境保护建设

2007 年，淳安县以科学发展观为指导，按照“以湖兴县、融入都市”的发展战略，紧紧围绕千岛湖生态保护这个中心，大力推进生态环境保护建设。全年安排落实环境保护建设资金 7078 万元，比上年增长 4.3 倍，专门用于“清洁乡村”、污水处理、环境监控、节能减排、水上餐厅歇业关停收购等生态环保建设。在全省设立的省级生态环保财力转移支付资金中，淳安县获得的奖励为全省八大水系源头地区 45 个市、县（市）获得奖励最多的一个县。

环保检测站

建德市财政致力

民生保障，教育为先。建德市财政按照建立公共财政的要求，将义务教育纳入公共财政保障范围，初步建立以“四个确保”(保工资、保运转、保安全、保贫困生入学)为核心的农村义务教育经费保障机制，促进教育事业较快发展，并按照“三个增长、两个提高”的要求，不断加大对教育经费的投入。2007 年免收杂费 1173 万元，财政性教育经费投入 3.3 亿元，占财政支出比重 25%以上。

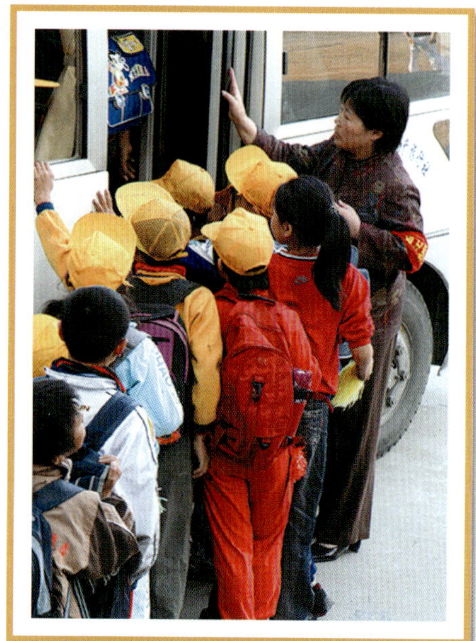
全面实施放心车工程

省委副书记、省长吕祖善在建德调研农村头初中教师在一起

新安江第一小学体育课

新安江第三小学

教育强市

投资3500万元新建成建德市明珠小学

省委常委、杭州市委书记王国平视察建德市新安江中学

建德市创建省级教育强市工作接受省级教育强市验收组验收

严州中学新安江校区

宁波市镇海区财政

加大民生保障力度 提升百姓“幸福指数”

卫生事业“3+3”工程建设

近年来，宁波市镇海区财政局将关注幸福指数、提升生活质量作为公共财政努力方向，通过优化支出结构，将新增财力的70%以投向民生和社会建设领域，切实解决基层和群众最关心、最直接、最现实的利益问题。据统计，2007年，镇海

支持发展现代农业

老年居民领取生活补助

政投入民生和社会事业领域的资金达
.04 亿元，其中社会保障和就业支出 11818
元，医疗和卫生支出 12508 万元，教育支出
714 万元，城乡社会事务 15164 万元，新农
建设专项支出 3900 万元。公共财政的“天
”向老百姓倾斜，使得“少有所学，老有所
，病有所医，困有所助，居有所乐”等幸福生
“基本元素”在公共财政政策下一步步变为
实。

外来务工人员子女共享基础教育

老年人安度晚年

支持建立多层次的住房保障体系

宁波市鄞州区加快发展现代服务业

宁波市鄞州区加快发展现代服务业，目前新城区北部投资25亿元，建筑面积超过50万平方米的宁波万达商业广场商业氛围浓厚。新城区南部由34座顶级商务楼组成的宁波南部商务区一期建设全面开工，一大批服务业项目将落户鄞州。同时商贸商务、休闲旅游、现代物流等产业蓬勃兴起。2007年全区第三产业对财政收入的贡献率进一步提高，财政收入结构正趋优化。

全国重点文物保护单位——阿育王寺

召开全区财政收入超100亿总结表彰大会

南苑国际大酒店

建设中的宁波南部商务区

倾听老干部意见

温州市财政局作风建设凸显成效

温州市财政局开展以全面加强干部的思想作风、工作作风、领导作风、生活作风及学风建设为主要内容的“作风建设年”活动，弘扬新风正气，抵制歪风邪气，着力解决党员干部作风建设中的突出问题，确保政令畅通，创建和谐财税，提升服务效能。2007年在市直机关单位“万人评议政府”活动中，经过社会各界代表围绕“全局观念、服务宗旨、服务质量、办事效率、勤政廉洁、工作业绩”等6个方面评分，温州市财政局综合得分位居第三，跻身全市五个“满意单位”称号。

倾听民主党派、专家学者意见

局长李步鸣接听行风热线

“阳光投诉”活动——认真倾听百姓心声

班子成员下乡调研

瑞安市财政支持文化大市建设

传统的龙舟赛

千年古县—瑞安

文化精品—瑞安古词

有着丰厚文化底蕴的温瑞塘河

千年木刻活字印刷术

平阳县财政
大力支持效益农业发展

南湖乡贡后马蹄笋基地

平阳县开彬农产品有限公司加工场景

蛋鸽

松花皮蛋

鸽制品

平阳县坚持以“农业增效、农民增收、农村稳定”及农产品竞争力增强为目标，全面加大对农业的扶持力度，加快农业结构调整步伐。2007年县财政安排和争取省市资金810万元，大力发展效益农业，推进区域化布局，专业化生产和农业产业化经营，提高了农业的综合生产能力和市场竞争能力，全县传统农业种养产业不断调整优化，种养结构日趋合理，农产品生产总量、质量、效益同步提升。全年实现农业总产值15.22亿元，比上年增长0.4%，其中畜牧业产值3.74亿元，增长25.5%；渔业产值4.18亿元，增长3.6%；林业产值0.55亿元，增长25%。

平阳县全盛兔业

文成县
加大支持农业力度

梨花胜雪吸引游人驻

家门口的成衣加工厂

农家桑葚园乐游

专家现场为农户讲解养兔技术

政府赠送种羊给农户

2007年，文成县财政安排全民创业资金100万元，人才专项资金100万元，鼓励百姓创家业、能人创企业、老板创大业、回乡创新业，鼓励发展来料加工、家庭工业，引导农民发展“农家乐”等服务业，促进广大群众创业致富。全县发展农家乐旅游经营户46家，从业人员300多人；发展来料加工点91个，从业人员4236人，累计完成来料加工产值8307万元。农民人均纯收入4185元，比上年增长16.1%。

苍南县推进基础设施建设进程

苍南县围绕市政重点工程，积极筹集资金，支持交通、生态环保、城市治污、垃圾处理、旅游、文化、体育等基础设施建设，并根据财力可能，增加对特色工业园区、基础测绘、土地整理等方面的投入，促进全县经济和社会各项事业的协调发展。

县城新区建设

县城新区规划

临港产业基地奠基

横阳支江治理工程

远洋捕捞船队

嘉兴市财政支持环境美化

环境美化工程是2007年嘉兴市政府十大民生工程之一，其中包括：园林绿化小品景点186个，总面积约15万平方米，总投资约1282万元；街心绿地广场14块，总面积约16万平方米，总投资约2053万元。该工程的建成，为提升市区园林绿化品位、改善城市环境、营造城市特色、实现城市绿化景观精品化发挥了重大作用。

紫阳

扬帆广场

建设

巴黎都市公园

中环南路东北角

嘉善财政

休闲农业园——大云碧云花园

迅速发展的嘉善房地产业

近年来，嘉善县财政部门以推动服务业发展为工作重点，紧紧围绕建设“人居嘉善、休闲嘉善、物流嘉善”，贯彻促进服务业发展的项政策，支持服务业招商引资工作，用好三产发展专项资金，在继续扶持发展餐饮、娱乐等服务业的同时，重点支持以旅游、体育等为表的发展性服务业和现代物流、交通运输、金融保险、信息服务等生产性服务业，全面提升服务业的层次和水平，取得长足进步，已成拉动县城经济增长的主要动力之一。2007 年县财政拨补三产发展资金 780 万元，涉及餐饮住宿、中介服务、商贸、电子商务、连锁经营二十多类服务业项目。2007 年全县来自第三产业地税收入增幅比上年提高 22.97 个百分点。

国家 4A 级旅游景区——西塘古

大力支持服务业发展

嘉兴市十强商场——东方大厦

汾湖旅游度假区

2007 年国际旅游小姐大赛

海宁市财政发展农业产业化

海宁市财政2007年安排农业产业化资金2000万元，用于促进发展优质高效农产品生产，扶持特色农产品基地建设和农业龙头企业，提高农业产业化经营水平，推进农业产业结构调整，加快农业科技创新。

发展迅猛的特种水产养殖基地

优质水果成为新的农业产业

海宁·长安花卉园区

海宁·浙江省鲜切花之乡

湖州市财政局

召开2008年度全市财政地税工作会议

局党组书记为全局党员干部上党课

湖州市财政局倡导"谦虚、务实、协调、创新"的作风，努力实践"增强责任，用心做事；勤学多思，善于谋事；务实协调，团结共事；清正廉洁，干净干事"的要求，干部队伍能力水平有新的提升。

局领导带队走访企业

局领导深入新农村调研

湖城夜景

长兴高级中学全貌

长兴县财政支持教育事业发展

长兴县财政支持全县教育事业发展，加大教育基础设施建设投入，保证教育经费的增幅高于财政收入的增幅。2007 年，共投入教育经费 4.73 亿元，完善教育经费保障机制，城乡义务教育杂费免除部分由财政全额保障；提高中小学公用经费标准，小学从生均 265 元 / 年提高到生均 380 元 / 年，中学从生均 355 元 / 年提高到生均 480 元 / 年，促进教育优先、均衡发展。

实验小学

职业教育中心

清泉武校全景

职业教育中心数控实训车间

德清县财政局

省财政厅厅长黄旭明慰问德清财政局干部职工

2007年，德清县财政局全面推进学习型组织建设，开展“读书修身、牢固宗旨”读书月活动；组织干部年度教育培训，支持和鼓励干部参加在职学历教育和职称考试，提升学历层次、优化知识结构；积极开展财税业务调研；开展新一轮中层干部竞聘上岗；以“一创二优”为载体，扎实开展作风建设年活动，全面落实岗位责任制、服务承诺制等各项服务制度，干部队伍面貌焕然一新。

分析财税收入形势

举行机关运动会 增强队伍凝聚力

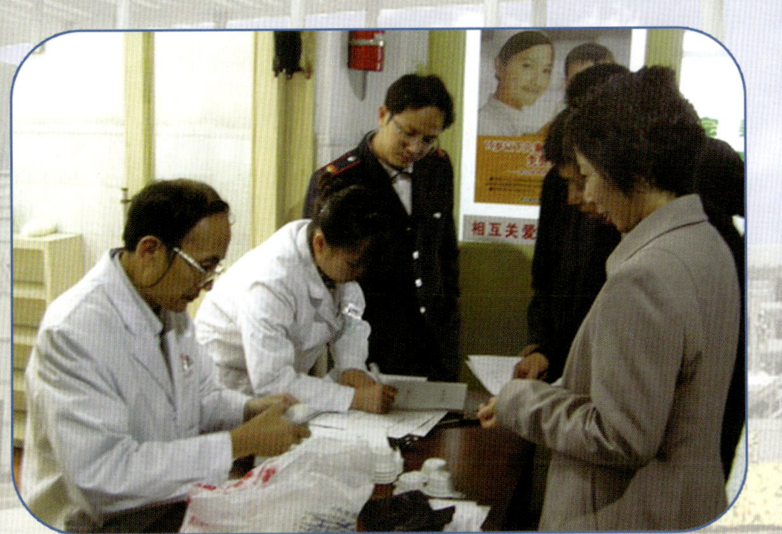

财税服务新农村 干部下乡送健康 组织农民体检

开展文艺活动 宣传财税事业

绍兴市财政局

全市财税系统全民健身运动会

绍兴市财政（地税）局党委书记、局长阮坚勇同志

2007年，绍兴市财政工作围绕“两创”总战略和省、市各项重大决策部署，大力组织财政收入，努力优化收支结构，深化财税管理改革，切实加强队伍建设，努力推动财政地税工作在思维方式、运行机制、管理制度、工作方法、服务理念等方面的创业创新，有力地促进了全市经济社会又好又快发展。全市财政收入保持持续快速增长态势，财政收入总量再创历史新高，当年全市累计完成财政总收入237.1亿元，增长28.4%，其中，地方财政收入122.1亿元，增长29.2%。当年全市累计完成财政支出113.8亿元，增长19.1%，其中，市本级完成财政支出29.8亿元，增长9.7%。

举办"创业创新"为主题的全市财税系统读书会

开展“走进财税开放日”活动

全面深入学习党的十七大报告

绍兴县财政局

参加全市财税系统运动会

开展拓展训练

廉政文化活动

“双十佳”干部评选

2007年，绍兴县财政局着力提升干部“三力”。一是学习力，深化学习型组织创建，完善干部学习激励机制，着力构筑多层次、全方位的学习体系；二是执行力，加强政务和制度执行督查，确保政令畅通；三是凝聚力，举办财税廉政书画作品展，参加绍兴市财税系统首届运动会并取得第一名，建成开放财税陈列室，深化财税文化建设。

后备干部培训班

中层干部聘任

金华市婺城区财政局实行全员聘任

局长主持演讲会

2007 年，金华市婺城区财政局根据区委、区政府有关全员聘任实施意见的文件精神，结合实际制定了局机关全员聘任实施方案。自 6 月底开始，历时一个多月时间，经过宣传发动、组织笔试、中层干部竞聘上岗、一般干部双向选择等阶段，全局 11 人竞聘取得中层干部岗位，33 名干部职工双向选择工作岗位，全局实施全员聘任。

竞聘演讲

全员考试

金华市金东区财政支持新农村建设

澧浦镇山口村健身场　　古街　　多湖街道西盛村村民别墅

金华市金东区以实施新农村建设"十大工程"为抓手，大力推进新农村建设。2007 年共筹集新农村建设资金 1.4 亿元，比上年增长 21%。推进村庄整治工程，完成全面整治村 73 个，120 个村饮用水管网得到改造，受益人口 6.5 万人，新建垃圾中转站 6 座，城区生活垃圾处理率达 100%，农村达 65%；扶持现代农业发展，促进农民增收，新增市级农业龙头企业 5 家，新建农民专业合作社 37 家，培训农村劳动力 1.2 万人，转移就业 9511 人，发展农家乐 78 家，开办来料加工户 3.5 万户，加工费收入突破 2.0 亿元；支持农村社会事业发展，积极实施农村中小学"四项工程"，顺利通过省级教育强区评估验收，完成 245 家农村卫生室标准化建设，建成新型农村合作医疗村级网络直报点 36 家，新农合参保率达 98%。

孝顺镇东下叶村

磐安县
实施“旅居兴县”战略 发展生态旅游业

双瀑争潭

平板长溪

十八涡

磐安县以深入实施“旅居兴县”战略为切入点，建立和完善生态旅游业发展激励机制，充分发挥财政资金“四两拨千斤”的示范引导作用，重点推进生态县建设，加快旅游业、服务业发展，提高第三产业对财政收入的贡献率。2007年，县财政主要用于生态环境保护和旅游项目开发支出2546万元，比上年增长70%。

仙翁送宝

神奇的瑶光湖

江南塞北

义乌城西街道七一村池塘改造

义乌市财政支持新农村建设

义乌市加大财政支农的投入，2007 年安排发展现代农业扶持资金 3500 万元，促进新农村建设。

村民广场一角

组织村老年活

村农民公寓

东阳财政支持第三产业发展

横店“清明上河图”景区

近年来，东阳市坚持“一主多元”发展战略，致力于把东阳建设成为“工业强市、商贸新市、影视名市、建筑大市、文教优市”，推动全市经济、政治、文化、社会全面协调发展。

2007 年，市财政大力支持三产发展，加大对横店影视产业后续发展的政策扶持，大力支持商贸兴市。2007 年 10 月，东阳世界贸易城正式开幕。

东阳世贸城一隅

阳木雕工艺

东阳世贸城开幕

衢州市

大力支持社会主义新农村建设

中央电视台“聚焦三农”走进衢州

衢州市坚持以科学发展观为统领，按照统筹城乡发展、构建和谐社会的要求，不断加大“三农”投入，大力支持社会主义新农村建设，努力促进基本公共服务均等化，取得较好的成效，农民生产生活环境持续改善，农民生活水平显著提高。2007年，全市预算内外“三农”投入16.18亿元，比上年增长51.6%；农村居民人均纯收入6071元，比上年增长13.3%。

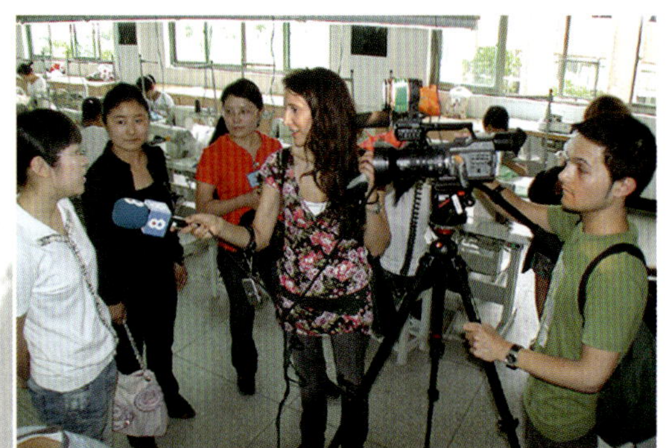
国内外记者采访衢州市的万名农民素质工程

科技大篷车下乡

2007首届中国（衢州）粮交会隆重举行

农民演唱会

浙江（衢州）首届农村科技信息交易会

衢州农民画亮相杭州非物质文化遗产

省、市、区三级领导视察衢江区环境整治工作

省环境执法检查组现场验收

衢江区财政支持环境污染整治

衢州市衢江区财政深入贯彻落实科学发展观，认真实施“生态 建区”战略，大力筹措资金，支持化工业、钙产业、乌溪江饮用水源保护区养殖业等环境污染整治，全面完成各项整治既定目标，成功摘掉省级环境监管区“帽子”，污染减排成效显著。2007 年度，生态环保考核中列衢州市第一名，被评为全省“811”环境污染整治先进集体。

化工园区环境污染整治验收会议

拆除沈家化工园区企业设备

省人大生态环保执法跟踪督查组督查沈家化工园区污染整治工作

开化县重视新农村

开化县重视新农村建设，积
极开展“十村示范百村整治”活
动，作为践行“三个代表”、落实
科学发展观的实际行动。200
年，认真按照示范村建设的要
求，对部分村庄进行规划修编
建成生活污水处理系统，对村庄

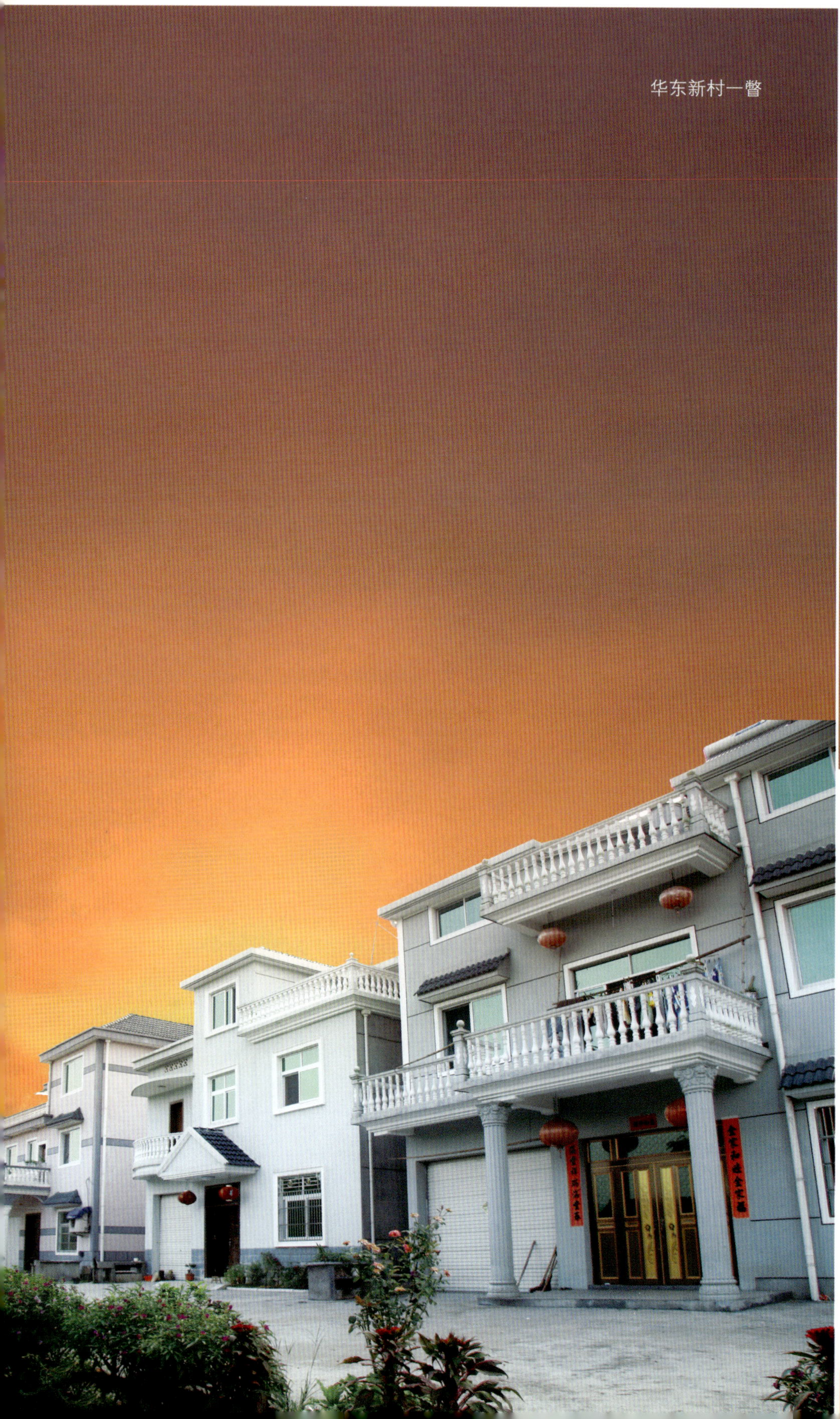

华东新村一瞥

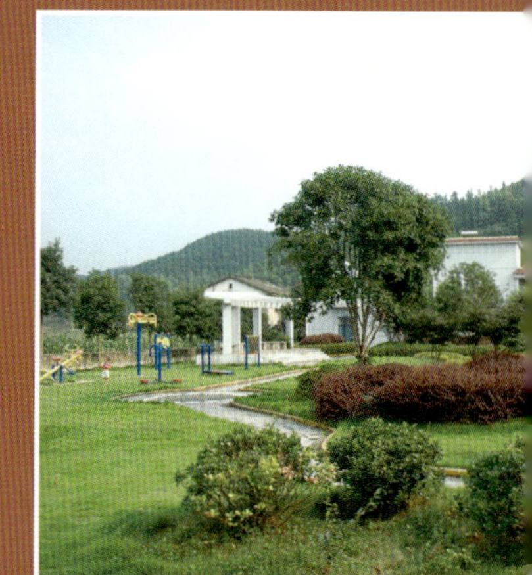

农民休闲广场

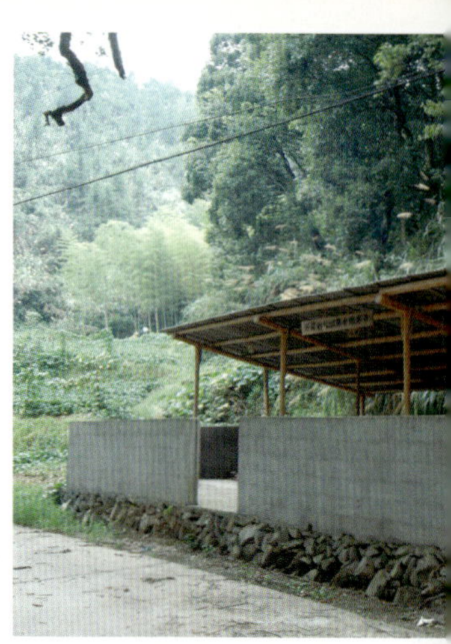

普通型垃圾处理场

建设

水进行纳管处理，硬化村
，绿化村庄，安装路灯，整治
赤膊墙"，建立健全环境卫生
效保洁机制。村容村貌焕然
新，农民生活质量明显提
。

县领导现场指导新农村建设

村道硬化两旁绿化

农民在休闲活动

颇具特色的生态民居——左溪村

龙游县罗家乡小流域治理项目

龙游县农业综合开发取得成效

2007年，龙游县坚持"开发兴农"理念，按照科学发展观和全面建设小康社会的要求，加大农业综合开发投入和项目建设力度，农业综合开发成效非常显著。一是建好土地治理项目，改善农业生产条件；二是实施产业化经营项目，推进农业产业化进程；三是完善农业配套设施，提高农业综合生产能力；四是改善农村生态环境，加快农村和谐社会建设。

龙游县官潭小流域治理项目

龙游县社阳小流域治理项目

省农发办领导率省农发办设计室来龙游现场指导岩头中低产田改造项目

舟山市加大民生领域财政投入

2007年，舟山市新增财力用于民生方面的支出比重达74%，比上年提高2个百分点，为促进海岛和谐社会建设提供财力保障，财政支出结构实现向公共财政、民生财政的实质转变。

临城农民住宅新区

陀区登步岛渔民文化广场

绿色生态 山坡绿化

送医下乡

为渔农村妇女提供就业渠道

以奖励代保障制度受到广大群众欢迎

渔农村老人在敬老院老有所养

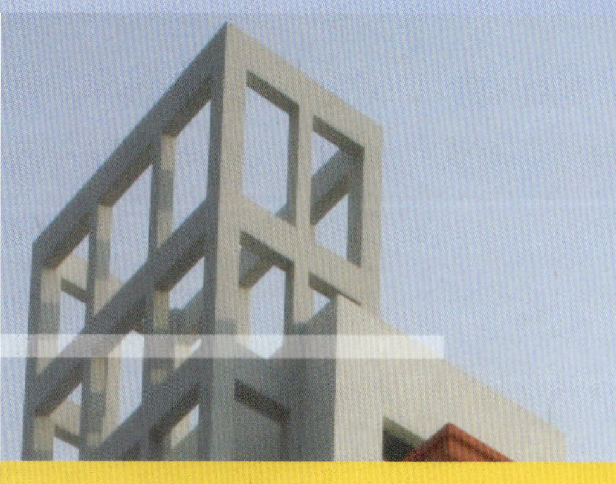

嵊泗县财政加强
海水淡化工程建

厅长黄旭明调研海岛居民用水难题

嵊泗县财政开展大规模的海水淡化工程建设，加大资金投入，化解海岛居民饮用水严重不足的难题。至 2007 年，嵊泗财政投入建设资金 7507 万元，已建成日产 9600 吨的制水规模。其中泗礁本岛海水淡化工程 1-4 期规模日产淡水 6600 吨，投入建设资金 5550 万元；洋山岛海水淡化规模日产 2000 吨，投入建设资金 1457 万元；嵊山岛海水淡化规模日产 1000 吨，投入建设资金 500 万元，基本保障了海岛公共供水并扩大服务范围，有力地促进海岛经济建设。

海水淡化工程

嵊泗海水淡化工程取水场

检验各项指标

岱山县大力支持民生建设

岱山县财政大力支持构建“和谐岱山”的各项民生建设，2007 年用于民生项目支出 3.15 亿元，为全县城乡环卫一体化建设、生态绿化、新型社区建设、小康社区建设、渔农村合作医疗、城乡贫困群体、弱势群体救助等工作提供财力保障。

海水淡化厂

生态绿化

渔农村休闲公园

慰问福利院老人

普陀区

大力发展船舶修造业

舟山市普陀区贯彻省委、省政府建设“海洋经济强省”的战略决策，充分利用海洋资源优势，深入实施海洋开发战略，大力发展以船舶修造业为龙头的临港产业，中远船务、欧华造船、鑫亚船舶、万邦永跃等一批重大项目建成投产，带动了地方经济的快速发展。2007 年，全区船舶修造业实现产值 82.2 亿元，比上年增长 147.4%，占工业总产值比重从上年的 23.7%上升到 42.1%；全年规模工业交通运输设备制造业实现利税 8.63 亿元，比上年增长 2.4 倍，占全区规模工业利税总额的 77.8%，成为拉动地方财政收入快速增长的强劲动力。

温岭市财政

支持创建园林城市

为实现创建省级园林城市和国家园林城市的目标，温岭市提出“沿路森林带、沿河景观带、沿山休闲带”的构想，坚持点线面结合、平面与立体结合、增绿与补绿结合的工作方法，全力打造园林特色，园林城市创建工作取得阶段性成效。自创建园林城市以来，仅城市绿化一项市财政投入7900万元。至2007年底，全市建成区范围内绿地率36.8%，绿化覆盖率41.6%，人均公共绿地面积9.95平方米。

东辉公园夜景

小区绿化

湖心公园

锦屏公园一角

河岸绿化

举办“财税杯”法律知识竞赛，宣传财税法律知识，全区有 19 个乡镇街道及 7 个部门统共 26 支代表队参加，在全区引起广泛的社会关注。

黄岩区财政局

台州市黄岩区财政局以“作风建设年”活动为契机，充分发挥党、工、团和妇女组织作用，切实加强干部队伍建设，夯实工作基础。2007 年，区财政局获得“做党的忠诚卫士，当群众的贴心人”等多项省市级荣誉。

『迎国庆展风采』书法展

开展革命传统教育

财税干部健身操表演一展风采

天台县财政局加强干部队伍建设

2007年，天台县财政局深入组织开展"五讲五比"主题活动，积极推行"五型机关"考核，进一步加强工作目标管理，激励全局干部争先创优，形成全局上下齐心协力干事业的良好氛围。严格按照干部选拔任用工作条例的要求，进一步健全干部任用机制，通过竞争上岗和公开选拔，共提拔26名中层干部，并实行干部的跨部门跨岗位交流，极大地调动起干部的工作积极性。组织开展了"联村联户连心"、党风廉政演讲比赛、迎"七一"主题教育等活动，不断增强队伍活力和凝聚力，有力地推动各项工作的进展。

召开工作思路研讨会，提前谋划全局的发展思路

举行首届党风廉政建设演讲比赛，推进廉洁财税建设

健全干部任用机制，推行中层干部竞争上岗

组织开展生态志愿者服务日活动，身体力行宣传环保

遂昌县

积极推进生态县建设

遂昌县把生态县建设和环境保护纳入县域经济社会发展总体规划，不断加大对生态环保建设的投入，重点支持城乡垃圾集中处理、城市污水处理、生态公益林、千村示范万村整治、生态旅游开发、千万农民饮用水、下山脱贫等项目建设，生态环保工作取得阶段性成果，生态环境得到进一步改善。2007年，该县生态环境各项综合指标位列全国第13位，水功能区水质达标率为100%，集中式饮用水源水质达标率100%，大气环境的警戒指标API值低于100的天数低于1%（2007年度监测有效天数为327天，API值低于100的天数仅为3天），生态公益林面积不断扩大。全县已建成1个全国环境优美乡镇、4个省级生态乡镇、1个省级绿色社区、2户省级绿色家庭、5个市级生态乡镇和19个市级生态村，234个行政村实施了垃圾收集处理，农村生活垃圾收集率达60%。

环境监控中心

全国环境优美乡镇三仁乡

县城污水处理厂

遂昌县上坑垃圾填埋场主库区

工人正在拆除落后的炼钢设

庆元财政推进“中国生态环境第一县”建设

生态旅游——农家乐

生态庆元——良好水质

百山祖风光

廊溪桥

生态农业——吊瓜

2007年，庆元县根据以“生态立县”为主的发展战略要求，不断加大对生态县建设的投入力度，积极推进生态移民工程、“三江源”保护等一系列生态项目建设，生态建设环境保护工作取得新成效。

舒洪中心小学新教学楼

新建中学新建造的学生公寓

缙云县财政支持教育事业发展

学生餐厅

第一所配备有塑胶跑道的农村小学——笕川小学

东渡中学新教学楼

缙云县坚持教育优先发展战略，逐年加大教育事业投入，努力打造让全县人民满意的教育，走出了一条“中下经济、中上教育”的发展道路。2007 年，缙云县财政积极开展义务教育经费保障机制改革，深入实施农村中小学“四项工程”和职业教育“六项行动计划”，推动了教育事业的健康快速发展，全年教育事业支出 2.49 亿元，比上年增长 39.8%，教育支出占财政总支出的比重达 31.4%。

大洋镇学校全景图

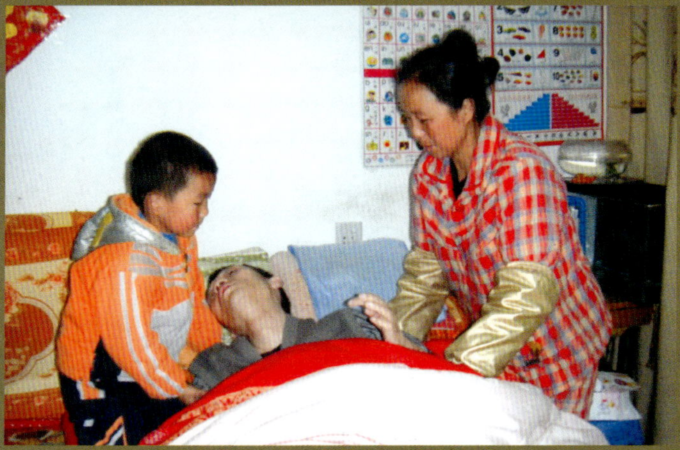

青田县财政全力保障困难群众生活

医疗救助和低保救济为患病村民带来生的希望

关心敬老院孤寡老人

农村贫困学子享有营养餐

公共财政为残疾人生活带来保障

2007年，青田县大力推进公共财政、民生财政建设，全年新增财力1.5亿元的81%，计1.2亿元用于民生民计。在推动民生事业发展的同时，财政支出向城乡困难群众倾斜，通过完善城乡社会救助体系、推进“农民健康工程”、实施“爱心营养餐提升工程”等举措，全力保障城乡低保户、残疾人、孤寡老人、贫困学子等困难群众的生活。同时，青田县财政局积极落实“一户一策一干部”，为联系乡贫困农户送去温暖，使帮扶结对户增加收入。

景宁财政支持教育事业

景宁中学一角

建设中的景宁民族中学

景宁畲族自治县财政加大对教育事业的投入，2007年教育支出12321万元，提高中小学教师待遇，提高生均公用经费标准，促进全县教育事业发展。

景宁民族小学一角

景宁中学全景

财经统计资料

zhejiangcaizhengnianjian

1978年—2007年浙江省财政收支情况表

年份	财政总收入（亿元）	地方财政收入（亿元）	财政支出（亿元）	增长速度(%)			占GDP比重(%)	人均财政支出(元)
				总收入	地方收入	支出		
1978	27		17				22.9	46
1979	26		18	-5.8		1.8	16.4	47
1980	31		17	20.3		-2.3	17.3	45
1981	34		17	10.3		-1.3	16.8	44
1982	37		19	6.7		10.3	15.7	48
1983	42		22	14.1		16.2	16.3	55
1984	47		29	11.7		31.3	14.5	72
1985	58		37	24.8		29.9	13.6	93
1986	69		51	17.8		36.3	13.7	125
1987	76		51	11.3		0.5	12.7	124
1988	86		63	12.0		23.2	11.1	151
1989	97		75	14.8		18.4	11.6	178
1990	100		80	3.4		7.3	11.1	189
1991	110		88	7.2		10.2	10.2	208
1992	118		95	8.6		7.8	8.7	222
1993	167		125	40.8		31.2	8.7	290
1994	209	95	153	25.7		22.4	7.9	353
1995	249	117	180	18.7	23.4	17.8	7.0	413
1996	292	140	214	17.4	19.5	18.5	7.0	486
1997	341	157	249	16.7	12.7	12.4	7.3	543
1998	402	198	287	18.0	25.9	19.4	8.1	645
1999	477	245	344	18.8	23.9	20.0	8.8	770
2000	656	343	431	37.4	39.6	25.4	10.7	958
2001	856	501	597	30.5	46.1	38.5	12.4	1322
2002	1167	567	750	36.3	13.2	25.5	14.6	1653
2003	1469	707	897	25.9	24.6	19.6	15.1	1970
2004	1805	901	1063	22.9	27.5	18.5	15.5	2322
2005	2115	1067	1266	17.2	18.4	19.1	15.7	2750
2006	2568	1298	1472	21.4	21.7	16.3	16.3	3179
2007	3240	1650	1807	26.2	27.1	22.8	17.4	3571

2007年浙江省一般预算收支决算总表

单位：万元

收	入	支	出
预算科目	决算数	预算科目	决算数
一、税收收入	15353548	一、一般公共服务	3289148
增值税	3062238	二、外交	
营业税	4950505	三、国防	42929
企业所得税	2745550	四、公共安全	1737917
企业所得税退税	-3728	五、教育	3838886
个人所得税	1024993	六、科学技术	715442
资源税	61092	七、文化体育与传媒	493408
固定资产投资方向调节税	9	八、社会保障和就业	1079848
城市维护建设税	983666	九、医疗卫生	1122822
房产税	494883	十、环境保护	297530
印花税	233113	十一、城乡社区事务	1546345
城镇土地使用税	189053	十二、农林水事务	1421494
土地增值税	340815	十三、交通运输	450743
车船税	36620	十四、工业商业金融等事务	1326284
耕地占用税	152882	十五、其他支出	705132
契税	1081197	其中：预备费	
烟叶税	646		
其他税收收入	14		
二、非税收入	1141433		
专项收入	632037		
行政事业性收费收入	293740		
罚没收入	638367		
国有资本经营收入	-507465		
国有资源(资产)有偿使用收入	79899		
其他收入	4855		
收入合计	16494981	支出合计	18067928

2007年浙江省本级一般预算收支决算总表

单位：万元

收	入	支	出
预算科目	决算数	预算科目	决算数
一、税收收入	1443964	一、一般公共服务	285498
增值税	209957	二、外交	
营业税	629741	三、国防	7212
企业所得税	415503	四、公共安全	304491
企业所得税退税		五、教育	470832
个人所得税	135719	六、科学技术	169935
资源税		七、文化体育与传媒	99878
固定资产投资方向调节税		八、社会保障和就业	37194
城市维护建设税	35518	九、医疗卫生	201172
房产税	9335	十、环境保护	27804
印花税	7821	十一、城乡社区事务	5463
城镇土地使用税	345	十二、农林水事务	205788
土地增值税	13	十三、交通运输	56023
车船税	12	十四、工业商业金融等事务	166891
耕地占用税		十五、其他支出	32500
契税		其中：预备费	
烟叶税			
其他税收收入			
二、非税收入	303991		
专项收入	146426		
行政事业性收费收入	170096		
罚没收入	16069		
国有资本经营收入	-55375		
国有资源（资产）有偿使用收入	26198		
其他收入	577		
本年收入合计	1747955	本年支出合计	2070681

2007 年浙江省政府性收支决算总表

单位:万元

预算科目	政府性收入	一般预算	政府性基金	预算外财政专户资金
一、税收收入	15353548	15353548		
增值税	3062238	3062238		
营业税	4950505	4950505		
企业所得税	2745550	2745550		
企业所得税退税	-3728	-3728		
个人所得税	1024993	1024993		
资源税	61092	61092		
固定资产投资方向调节税	9	9		
城市维护建设税	983666	983666		
房产税	494883	494883		
印花税	233113	233113		
城镇土地使用税	189053	189053		
土地增值税	340815	340815		
车船税	36620	36620		
耕地占用税	152882	152882		
契税	1081197	1081197		
烟叶税	646	646		
其他税收收入	14	14		
二、非税收入	18855563	1141433	10559755	7154375
政府性基金收入	10559755		10559755	
专项收入	632037	632037		
彩票资金收入	183377			183377
行政事业性收费收入		293740		3277937
罚没收入	638367	638367		
国有资本经营收入	-507465	-507465		
国有资源(资产)有偿使用收入	326806	79899		246907
其他收入	3451009	4855		3446154
收入合计	34209111	16494981	10559755	7154375

2007年浙江省政府性收支决算总表

单位:万元

预算科目	政府性支出	一般预算	政府性基金	预算外财政专户资金
一、一般公共服务	4192647	3289148		903499
二、外交	66			66
三、国防	51997	42929		9068
四、公共安全	1860470	1737917		122553
五、教育	5717380	3838886	297025	1581469
六、科学技术	736408	715442		20966
七、文化体育与传媒	682772	493408	24087	165277
八、社会保障和就业	1311111	1079848	86694	144569
九、医疗卫生	1243829	1122822		121007
十、环境保护	330692	297530		33162
十一、城乡社区事务	10009450	1546345	7023285	1439820
十二、农林水事务	2275302	1421494	546314	307494
十三、交通运输	1441171	450743	651651	338777
十四、工业商业金融等事务	1558674	1326284	50537	181853
十五、其他支出	1402352	705132	22123	675097
支出合计	32814321	18067928	8701716	6044677

2007年浙江省政府性基金收支决算分级表

单位：万元

项　　目	决算数合计	省级	地市级	其中：地市级直属乡镇	县级	乡镇级
三峡工程建设基金收入						
地方农网还贷资金收入						
煤炭可持续发展基金收入						
电源基地建设基金收入						
库区建设基金收入						
铁路建设附加费收入						
民航机场管理建设费收入						
养路费收入	724727	714707	1536		8484	
公路客货运附加费收入	104242	104242				
燃油附加费收入						
转让政府还贷道路收费权收入						
下放港口以港养港收入						
散装水泥专项资金收入	5101	228	867		4006	
新型墙体材料专项基金收入	23008	1479	7588		13941	
中央对外贸易发展基金收入						
旅游发展基金收入						
援外合资合作项目基金收入						
对外承包工程保函风险专项资金收入						
国家茧丝绸发展风险基金收入						
文化事业建设费收入	25711	21511	1971		2229	
地方教育附加收入	374270	44423	75190	5528	243288	11369
地方教育基金收入						
国家电影事业发展专项资金收入		292				
农业发展基金收入	194	106	16		72	
新菜地开发建设基金收入	3167		3167			
林业基金收入						
育林基金收入	5682	2675	455		2552	
森林植被恢复费	6485	3192	417		2876	
中央水利建设基金收入						
地方水利建设基金收入	541430	94160	121513	150	324770	987
南水北调工程基金收入						
灌溉水源灌排工程补偿费收入						
水资源补偿费收入	204				204	
残疾人就业保障金收入	100049	6355	15268		78426	
政府住房基金收入	2680		2001		679	
城市公用事业附加收入	42381		16066		26315	
国有土地使用权出让金收入	7923902	141	3462690	57523	4322294	138777
地方新增建设用地土地有偿使用费收入	271397	239141			32256	
国有土地收益基金收入	248516		103700	276	144816	
农业土地开发资金收入	132120	22305	35487	251	74315	13
大中型水库移民后期扶持基金收入						
大中型水库库区基金收入						
三峡库区非农业户口移民扶助基金收入						
其他政府性基金收入	24197	23	5714		18444	16
收入合计	10559755	1254980	3853646	63728	5299967	151162

2007年浙江省政府性基金收支决算分级表

单位：万元

项　　目	决算数合计	省级	地市级	其中：地市级直属乡镇	县级	乡镇级
三峡工程建设基金支出						
地方农网还贷资金支出						
煤炭可持续发展基金支出						
电源基地建设基金支出						
库区建设基金支出	55		1		54	
铁路建设附加费支出						
民航机场管理建设费支出	82				82	
养路费支出	571737	298088	89285		184102	262
公路客货运附加费支出	79832	50008	11188		18581	55
燃油附加费支出						
转让政府还贷道路收费权支出						
下放港口以港养港支出						
散装水泥专项资金支出	4464	247	995		3222	
新型墙体材料专项基金支出	19004	362	3935	532	14674	33
中央对外贸易发展基金支出	26615	1658	9371		15586	
旅游发展基金支出	224				224	
援外合资合作项目基金支出						
对外承包工程保函风险专项资金支出						
国家茧丝绸发展风险基金支出	230	85	40		105	
文化事业建设费支出	23795	4947	11473		7284	91
地方教育附加支出	296635	20000	51029	8101	204176	21430
地方教育基金支出	390				390	
国家电影发展专项支出	292	292				
农业发展基金支出	7696				4016	3680
新菜地开发建设基金支出	224		224			
林业基金支出						
育林基金支出	2905	300	453		2146	6
森林植被恢复费支出	1685		264		1356	65
中央水利建设基金支出	1250		245		965	40
地方水利建设基金支出	474326	7571	112355	5559	346495	7905
南水北调工程基金支出						
灌溉水源灌排工程补偿费支出						
水资源补偿费支出	223		19		204	
残疾人就业保障金支出	86694	3683	17143	91	64488	1380
政府住房基金支出	933		297		636	
城市公用事业附加支出	41912		11920		29301	691
国有土地使用权出让金支出	6675031	567	2584995	34248	3807208	282261
新增建设用地土地有偿使用费支出	62332	870	5373	4354	53016	3073
国有土地收益基金支出	162654		81435		80886	333
农业土地开发资金支出	80423	384	15456	1269	61642	2941
大中型水库移民后期扶持基金支出	57950		2377	14	55537	36
大中型水库库区基金支出						
三峡库区非农业户口移民扶助基金支出						
其他政府性基金支出	22123	228	5469		16127	299
支出合计	8701716	389290	3015342	54168	4972503	324581

2007年浙江省一般预算收支决算分级表

单位:万元

预算科目	决算数合计	省级	地市级	其中:地市级直属乡镇	县级	乡镇级
一、税收收入	15353548	1443964	3242165	132891	8052423	2614996
增值税	3062238	209957	506019	27106	1549659	796603
营业税	4950505	629741	990802	39310	2658695	671267
企业所得税	2745550	415503	533498	21022	1351095	445454
企业所得税退税	-3728				-3728	
个人所得税	1024993	135719	165068	7561	530450	193756
资源税	61092		11725	7792	21479	27888
固定资产投资方向调节税	9		148		-139	
城市维护建设税	983666	35518	288427	10998	457518	202203
房产税	494883	9335	113365	7557	268962	103221
印花税	233113	7821	49004	4355	124008	52280
城镇土地使用税	189053	345	36462	4223	97146	55100
土地增值税	340815	13	70747	2713	232789	37266
车船税	36620	12	10467	218	25529	612
耕地占用税	152882		37177	36	113539	2166
契税	1081197		429256		624761	27180
烟叶税	646				646	
其他税收收入	14				14	
二、非税收入	1141433	303991	214732	208	603198	19512
专项收入	632037	146426	129785	205	336998	18828
行政事业性收费收入	293740	170096	48711		74276	657
罚没收入	638367	16069	187354	3	434918	26
国有资本经营收入		-55375	-171062		-281028	
国有资源(资产)有偿使用收入	79899	26198	17845		35855	1
其他收入	4855	577	2099		2179	
收入合计	16494981	1747955	3456897	133099	8655621	2634508
一、一般公共服务	3289148	285498	778008	15212	1773135	452507
二、外交						
三、国防	42929	7212	10670		23699	1348
四、公共安全	1737917	304491	428995	17	985432	18999
五、教育	3838886	470832	598169	23090	2163110	606775
六、科学技术	715442	169935	143702	397	384580	17225
七、文化体育与传媒	493408	99878	150561	557	218835	24134
八、社会保障和就业	1079848	37194	302834	3157	604792	135028
九、医疗卫生	1122822	201172	235003	3554	638441	48206
十、环境保护	297530	27804	70877	2162	186624	12225
十一、城乡社区事务	1546345	5463	385835	2536	1012175	142872
十二、农林水事务	1421494	205788	197739	10888	804658	213309
十三、交通运输	450743	56023	188046	1107	190278	16396
十四、工业商业金融等事务	1326284	166891	290129	387	804594	64670
十五、其他支出	705132	32500	211398	1639	416540	44694
支出合计	18067928	2070681	3991966	64703	10206893	1798388

2007 年浙江省社会保险基金收支表

单位:万元

科　目	上年结余	本年收入	本年支出	年终结余
社会保险基金	7548298	6547288	4264021	9831432
一、基本养老保险基金	4543961	3791432	2291193	6044067
二、失业保险基金	541153	288676	84201	745628
三、基本医疗保险基金	1380967	1307678	760754	1927891
四、工伤保险基金	129930	100088	54868	175150
五、生育保险基金	67523	53614	42191	78946
六、其他社会保险基金	884764	1005800	1030814	859750

2007 年浙江省财政一般公共服务支出表

单位:万元

科　目	决算数	科　目	决算数
人大事务	85711	质量技术监督与检验检疫事务	78644
政协事务	56329	国土资源事务	81119
政府办公厅(室)及相关机构事务	1027146	海洋管理事务	6668
发展与改革事务	96613	测绘事务	7794
统计信息事务	43281	地震事务	1683
财政事务	218439	气象事务	11579
税收事务	360080	民族事务	3119
审计事务	43220	宗教事务	4484
海关事务	7354	港澳台侨事务	12041
人事事务	57735	档案事务	25295
纪检监察事务	46641	共产党事务	286441
人口与计划生育事务	146168	民主党派及工商联事务	22791
商贸事务	126482	群众团体事务	58663
知识产权事务	1367	国债事务	27519
工商行政管理事务	175871	其他一般公共服务支出	126132
食品和药品监督管理事务	42739		
一般公共服务支出合计		3289148	

2007年浙江省财政教育支出表

单位：万元

科　目	决算数	科　目	决算数
教育管理事务	95605	留学教育	
普通教育	2751167	特殊教育	16423
职业教育	371677	教师进修及干部继续教育	82234
成人教育	20129	教育附加及基金支出	414900
广播电视教育	13921	其他教育支出	72830
教育支出合计		3838886	

2007年浙江省科学技术支出表

单位：万元

科　目	决算数	科　目	决算数
科学技术管理事务	30352	社会科学	7970
基础研究	9228	科学技术普及	25496
应用研究	51393	科技交流与合作	6006
技术研究与开发	393791	其他科学技术支出	144073
科技条件与服务	47133		
科学技术支出合计		715442	

2007年浙江省文化体育与传媒支出表

单位：万元

科　目	决算数	科　目	决算数
文化	233241	广播影视	75356
文物	63104	新闻出版	7737
体育	80184	其他文化体育与传媒支出	33786
文化体育与传媒支出合计		493408	

2007 年浙江省社会保障和就业支出表

单位：万元

科　目	决算数	科　目	决算数
社会保障和就业管理事务	135108	残疾人事业	18178
民政管理事务	92732	城市居民最低生活保障	22762
财政对社会保险基金的补助	94502	其他城镇社会救济	14355
行政事业单位离退休	117976	农村社会救济	120100
企业改革补助	533	自然灾害生活救助	25976
就业补助	97947	红十字事业	1941
抚恤	95326	其他社会保障和就业支出	131118
退役安置	46054		
社会福利	65240		
社会保障和就业支出合计		1079848	

2007 年浙江省医疗卫生支出表

单位：万元

科　目	决算数	科　目	决算数
医疗卫生管理事务	65103	卫生监督	31044
医疗服务	212590	妇幼保健	14164
社区卫生服务	48033	农村卫生	147670
医疗保障	456776	中医药	2420
疾病预防控制	75789	其他医疗卫生支出	69233
医疗卫生支出合计		1122822	

2007年浙江省环境保护支出表

单位：万元

科　　目	决算数	科　　目	决算数
环境保护管理事务	43847	退耕还林	168
环境监测与监察	33625	风沙荒漠治理	
污染防治	148164	退牧还草	
自然生态保护	62987	已垦草原退耕还草	
天然林保护	82	其他环境保护支出	8657
环境保护支出合计		297530	

2007年浙江省城乡社区事务支出表

单位：万元

科　　目	决算数	科　　目	决算数
城乡社区管理事务	306915	城乡社区环境卫生	220081
城乡社区规划与管理	44727	建设市场管理与监督	7414
城乡社区公共设施	776439	其他城乡社区事务支出	177295
城乡社区住宅	13474		
城乡社区事务支出合计		1546345	

2007年浙江省农林水事务支出表

单位：万元

科　　目	决算数	科　　目	决算数
农业	712132	扶贫	72378
林业	135818	农业综合开发	106539
水利	351904	其他农林水事务支出	42723
南水北调			
农林水事务支出合计		1421494	

2007年浙江省交通运输支出表

单位：万元

科　　目	决算数	科　　目	决算数
公路水路运输	293330	民用航空运输	5910
铁路运输	113590	其他交通运输支出	37913
交通运输支出合计		450743	

2007年浙江省工业商业金融等事务支出表

单位：万元

科　　目	决算数	科　　目	决算数
采掘业	33639	金融业	11042
制造业	207619	烟草事务	483
建筑业	7810	安全生产	36385
电力	1792	国有资产监管	6894
信息产业	17534	中小企业事务	124234
旅游业	72620	可再生资源	268
涉外发展	51656	能源节约利用	16049
粮油事务	96594	石油价格改革财政补贴	177683
商业流通事务	56268	其他工业商业金融等事务支出	407370
物资储备	344		
工业商业金融等事务支出合计		1326284	

2007年浙江省市县级一般预算收支情况表

单位：万元

地区 项目	杭州市	市本级	富阳市	桐庐县	临安市	建德市	淳安县	上城区
一、收入合计	3916195	922319	204533	66815	97935	84236	41273	212112
（一）税收收入	3813148	913229	191972	61830	95093	81166	36934	193631
增值税	655322	108820	44103	17174	20040	17497	5659	22005
营业税	1269437	248807	53395	17954	30809	22753	15373	71141
企业所得税	720219	158079	22285	9016	12568	15424	5823	52545
个人所得税	235178	38574	11373	4004	6573	4942	2114	22794
资源税	7611		2284	400	322	2532	105	
城市维护建设税	266253	97870	13096	3514	7291	5689	1799	8210
耕地占用税	19785	4213	3501	392	1791	1242	141	
契税	325146	209348	18220	3735	8049	5436	2804	
烟叶税								
其他各项税收收入	314197	47518	23715	5641	7650	5651	3116	16936
（二）非税收入	103047	9090	12561	4985	2842	3070	4339	18481
专项收入	107867	33866	7719	2427	3910	3438	1113	3128
行政事业性收费收入	3964		700		150	1198	1027	
罚没收入	112303	39991	6659	2500	4494	2964	2101	20211
国有资本经营收入	-130220	-68200	-3000	-150	-6000	-4750		-5000
国有资源（资产）有偿使用收入	8780	3132	468	208	288	220	98	142
其他收入	353	301	15					
二、支出合计	3357153	886843	201098	84761	116018	106541	101575	96061
一般公共服务	566081	196367	32891	15573	28005	19792	20786	9154
外交								
国防	5473	1774		339	61	311	40	
公共安全	262153	85258	15036	7771	10005	8287	6486	9261
教育	627460	100226	59816	21246	30231	27139	26712	26376
科学技术	121559	47958	4659	2895	5792	4978	1722	3008
文化体育与传媒	72900	26860	4075	2661	2168	2086	2017	309
社会保障和就业	299432	121070	22325	5576	7866	5861	5903	13791
医疗卫生	197029	70228	15433	7434	7318	8622	6964	5603
环境保护	51936	15654	5163	2502	4098	3112	7078	
城乡社区事务	541620	98325	11118	3739	4511	5283	2518	15156
农林水事务	172820	22976	22965	10222	10895	13645	14121	
交通运输	26187	10763	751	827	1065	662	955	
工业商业金融等事务	292398	88486	2471	1931	2741	1613	3631	399
其他支出	120105	898	4395	2045	1262	5150	2642	13004

2007年浙江省市县级一般预算收支情况表

单位:万元

项目 \ 地区	下城区	江干区	拱墅区	西湖区	滨江区	萧山区	余杭区	开发区
一、收入合计	264336	197776	188524	268795	283249	538828	367923	158440
(一)税收收入	259714	197777	186022	262552	279801	523992	354853	156053
增值税	28513	29553	40044	30320	42720	131960	56984	59310
营业税	109806	92456	72504	123618	95888	158387	120434	26266
企业所得税	60408	38640	33702	52747	66305	88202	61889	38244
个人所得税	23186	7368	5782	18731	39484	24882	14040	10083
资源税						1243	725	
城市维护建设税	14075	11084	15143	14771	13749	35264	20108	3872
耕地占用税						3986	4519	
契税						37048	40506	
烟叶税								
其他各项税收收入	23726	18676	18847	22365	21655	43020	35648	18278
(二)非税收入	4622	-1	2502	6243	3448	14836	13070	2387
专项收入	5103	4063	5508	5385	5058	16540	8949	1400
行政事业性收费收入					439	288		162
罚没收入	1401	2387	1788	3723	1531	14929	6898	469
国有资本经营收入	-2000	-6800	-5000	-3000	-4000	-18320	-4000	
国有资源(资产)有偿使用收入	118	349	206	135	420	1362	1223	356
其他收入						37		
二、支出合计	156259	147543	92895	168411	171672	470138	363008	109209
一般公共服务	22903	17153	18271	24817	12177	75437	53863	15852
外交								
国防	35	10	13	270	147	1531	942	
公共安全	11784	11026	10358	15430	5305	31352	24957	5384
教育	31226	24748	21346	37636	17721	112485	84722	4550
科学技术	2745	4625	2883	2820	8337	14337	12795	1858
文化体育与传媒	2308	871	689	1482	809	10881	9560	2477
社会保障和就业	16569	7531	11095	20695	9476	32051	18596	399
医疗卫生	9715	7187	6331	6539	3815	22698	18462	502
环境保护			282	215	775	5065	6758	1116
城乡社区事务	46472	15977	11488	25650	75019	75442	44416	37000
农林水事务	11	1938	740	4414	3348	38499	28378	268
交通运输						8815	2349	
工业商业金融等事务	12482	24944	2744	9239	34683	35064	32294	39533
其他支出	9	31533	6655	19204	60	6481	24916	270

2007年浙江省市县级一般预算收支情况表

单位：万元

项目 \ 地区	西湖风景名胜区	临平工业园区	宁波市	本级	慈溪市	余姚市	奉化市	象山县
一、收入合计	19092	9	3291218	399960	355068	302937	108897	113490
(一)税收收入	18529		3158756	360967	327222	286066	107276	112522
增值税	620		720632	113400	92611	78474	28613	23342
营业税	9846		919845	44555	81168	67909	30037	33445
企业所得税	4342		609537	104830	52487	41277	13442	22091
个人所得税	1248		241527	12173	29808	24697	8740	9655
资源税			5397		408	643	164	817
城市维护建设税	718		215002	67510	19220	12836	7261	5495
耕地占用税			21638		4025	5252	1447	891
契税			187134		16174	22993	8949	8650
烟叶税								
其他各项税收收入	1755		238044	18499	31321	31985	8623	8136
(二)非税收入	563	9	132462	38993	27846	16871	1621	968
专项收入	260		112370	26536	11286	9124	3708	5645
行政事业性收费收入			43818	22389	4388	7446	1689	
罚没收入	257		88504	17512	12429	10001	4337	5533
国有资本经营收入			-121281	-30962	-1000	-10400	-8400	-10500
国有资源(资产)有偿使用收入	46	9	8488	3209	743	670	287	290
其他收入			563	309				
二、支出合计	82997	2124	3710400	923963	378058	310030	139411	164438
一般公共服务	1280	1760	633679	120505	66092	61743	33387	28183
外交								
国防			8550	3209	674	796	175	532
公共安全	4453		309701	83722	41580	28073	13172	13623
教育	1280		590599	113334	89394	60016	32833	32736
科学技术	147		152430	23530	18398	12105	3929	5351
文化体育与传媒	3647		118483	60117	8240	7276	3141	3228
社会保障和就业	628		253004	69532	19935	23139	9740	6565
医疗卫生	178		224949	60298	27597	22664	8496	9896
环境保护	118		42150	5799	2334	2622	3267	3305
城乡社区事务	69277	229	441354	124772	36559	19702	5541	4938
农林水事务	390	10	245623	27499	36035	34994	16909	22819
交通运输			142597	76826	9681	6821	2487	2642
工业商业金融等事务	61	82	375154	87436	16339	17399	7178	21610
其他支出	1538	43	172127	67384	5200	12680	-844	9010

2007年浙江省市县级一般预算收支情况表

单位:万元

项目 \ 地区	宁海县	鄞州区	镇海区	北仑区	江东区	江北区	海曙区	开发区
一、收入合计	129042	430834	162966	145333	205410	196269	259177	174429
(一)税收收入	121792	432279	156184	136648	199165	194312	259125	171345
增值税	31677	95090	40114	29049	15493	26550	19483	58057
营业税	31946	128756	45222	47637	87017	80392	120597	39901
企业所得税	23009	85332	25546	19696	29637	32043	41510	32726
个人所得税	11120	42824	12708	12701	14542	11061	25129	9666
资源税	82	1123	242	1413		161		
城市维护建设税	8331	23605	9210	8114	8770	11944	12250	6121
耕地占用税	1205	3237	1696	484	836	33	90	2142
契税	4311	25871	8030	8404	29415	18033	21216	6027
烟叶税								
其他各项税收收入	10111	26441	13416	9150	13455	14095	18850	16705
(二)非税收入	7250	-1445	6782	8685	6245	1957	52	3084
专项收入	6369	13413	7326	4324	3749	4962	5305	3709
行政事业性收费收入		388	1125	729				
罚没收入	8101	11638	5181	5986	1877	1715	2428	736
国有资本经营收入	-7485	-27786	-7200	-2446		-5000	-8000	-1500
国有资源(资产)有偿使用收入	172	902	265	92	619	280	319	139
其他收入	93		85					
二、支出合计	170136	426379	156878	135833	130349	166043	126036	159809
一般公共服务	34535	66999	27914	22685	20329	55131	26677	20760
外交								
国防	526	637	490	470	163	431	379	40
公共安全	16831	28275	14147	12323	14427	14771	16254	6588
教育	38521	79706	25714	30881	23884	22490	23493	8168
科学技术	5576	19786	6215	8036	3778	6342	6050	9174
文化体育与传媒	4255	16932	3535	2272	2293	1587	1271	3640
社会保障和就业	9157	24874	11818	9661	15281	8060	12957	5069
医疗卫生	12163	31694	12508	8026	6383	10827	4882	6403
环境保护	2269	4383	2928	2861	78	727	300	1709
城乡社区事务	7212	42661	15164	10697	22080	14563	19543	53726
农林水事务	23075	42137	7865	8726	537	11001	885	4963
交通运输	2677	15767	603	1285		3501		8522
工业商业金融等事务	6026	38702	22717	14227	7236	12782	10290	30641
其他支出	7313	13826	5260	3683	13880	3830	3055	406

2007年浙江省市县级一般预算收支情况表

单位:万元

项目 \ 地区	大榭开发区	宁波保税区	东钱湖区	高新开发区	温州市	本级	平阳县	苍南县
一、收入合计	125953	83335	27550	70568	1570271	410375	70746	100112
(一)税收收入	122182	76396	26256	69019	1411742	376572	61855	84781
增值税	44905	11510	4337	7927	299454	21285	14859	15975
营业税	17921	21743	9386	32213	427503	144668	19331	31431
企业所得税	42288	24922	4947	13754	217895	48289	7438	9462
个人所得税	4923	6902	1487	3391	83311	26270	3210	4458
资源税	215		129		573	14	37	27
城市维护建设税	6874	3688	540	3233	104126	24851	3423	4986
耕地占用税			300		14295		1367	1615
契税	1944	100	3082	3935	121658	70155	6313	7347
烟叶税								
其他各项税收收入	3112	7531	2048	4566	142927	41040	5877	9480
(二)非税收入	3771	6939	1294	1549	158529	33803	8891	15331
专项收入	3135	1615	696	1468	56255	10079	2969	3441
行政事业性收费收入	182	4686	176	590	5702		237	3190
罚没收入	294	86	328	322	100061	25470	6955	10163
国有资本经营收入		366		-968	-20441	-7102	-1599	-1667
国有资源(资产)有偿使用收入	160	132	94	115	14441	4556	324	204
其他收入		54		22	2511	800	5	
二、支出合计	137834	86463	25789	72951	1769850	388340	118819	156494
一般公共服务	9124	10747	10178	18690	333832	77549	19586	30073
外交								
国防	11			17	4189	966	617	263
公共安全	2251	120	1884	1660	165802	45530	7664	12545
教育	3437		4197	1795	469567	78985	35666	55371
科学技术	10048	723	102	13287	41628	15497	2092	2101
文化体育与传媒	341		191	164	41075	15026	3109	3428
社会保障和就业	22294	1359	1866	1697	102596	20339	8586	9345
医疗卫生	1725		741	646	108053	19469	7814	9275
环境保护	9095	27	40	406	28983	3668	3241	1968
城乡社区事务	25010	32574	2318	4294	114890	29673	2046	5749
农林水事务	6739		1307	132	143914	16898	12157	14910
交通运输	10065	1720			68673	43817	4333	842
工业商业金融等事务	33694	37568	650	10659	76023	19876	4209	9719
其他支出	4000	1625	2315	19504	70625	1047	7699	905

2007年浙江省市县级一般预算收支情况表

单位:万元

项目 \ 地区	瑞安市	永嘉县	乐清市	文成县	泰顺县	洞头县	鹿城区	瓯海区
一、收入合计	211574	92111	216305	19057	18688	17652	142510	97848
(一)税收收入	189601	82176	193972	10893	11523	15463	131872	92020
增值税	41868	22334	57084	1963	1653	3626	32645	30798
营业税	51528	23244	45340	3732	4955	5805	40852	22298
企业所得税	30283	11886	36755	1592	1603	2042	21420	16299
个人所得税	11561	4302	10774	723	673	743	7984	4221
资源税	94	67	281	5	19	2	9	15
城市维护建设税	13634	5776	16542	707	612	1034	10074	8403
耕地占用税	1399	934	1066	102	95		2562	2150
契税	14796	6836	12185	1370	1216	1440		
烟叶税								
其他各项税收收入	24438	6797	13945	699	697	771	16326	7836
(二)非税收入	21973	9935	22333	8164	7165	2189	10638	5828
专项收入	7699	4293	8872	414	383	666	5621	3804
行政事业性收费收入				1450	825			
罚没收入	19371	6696	16161	1600	1403	1583	4757	2641
国有资本经营收入	-6000	-1477	-3500	800	917	-170		-643
国有资源(资产)有偿使用收入	903	423	800	3359	2664	110	260	26
其他收入				541	973			
二、支出合计	211368	135271	236311	72311	68858	52618	108217	87948
一般公共服务	41462	25630	34785	15752	14079	9930	22476	16866
外交								
国防	342	425	247	36	43	194	418	577
公共安全	20230	13195	13592	5247	4474	3483	19431	10398
教育	64379	46074	77087	17347	17200	8392	24603	24705
科学技术	5437	2324	4816	546	330	700	2386	1878
文化体育与传媒	3251	3715	3083	1836	2279	1107	1775	1602
社会保障和就业	10004	6284	15717	7189	5957	2521	6143	6689
医疗卫生	11247	10582	13816	5482	4636	2563	10294	6781
环境保护	2460	1797	2158	1662	1154	853	4080	1522
城乡社区事务	7927	3799	12747	3047	1732	3404	6783	1881
农林水事务	18009	13874	23516	7093	7776	5421	3747	5825
交通运输	5462	4103	2688	3290	2602	829	18	689
工业商业金融等事务	12344	3115	6695	1934	1560	5996	2153	3588
其他支出	8814	354	25364	1850	5036	7225	3910	4947

2007年浙江省市县级一般预算收支情况表

单位：万元

项目 \ 地区	龙湾区	开发区	嘉兴市	本级	海宁市	桐乡市	平湖市	嘉善县
一、收入合计	100513	72780	1052352	361196	179028	170598	150646	110227
（一）税收收入	91293	69721	1010191	334328	172170	165196	154115	106824
增值税	35076	20288	245093	68609	44055	43154	42197	28996
营业税	13363	20956	287872	104366	46860	44415	43628	27434
企业所得税	18508	12318	143954	49309	27736	24324	18528	16058
个人所得税	6349	2043	56178	16501	8484	9854	8262	5832
资源税	3		2320		1731			
城市维护建设税	9214	4870	70536	19591	11494	10409	12588	5986
耕地占用税	1862	1143	20475	9588	1671	4005	3004	1417
契税			76844	29903	11678	10366	11063	8513
烟叶税			57			57		
其他各项税收收入	6918	8103	106862	36461	18461	18612	14845	12588
（二）非税收入	9220	3059	42161	26868	6858	5402	-3469	3403
专项收入	5905	2109	44190	13773	6702	5861	6594	4535
行政事业性收费收入			21881	12750	1899	1504	690	2789
罚没收入	3040	221	39740	18801	5302	4561	3862	4676
国有资本经营收入			-66566	-19500	-7500	-7000	-15000	-8980
国有资源(资产)有偿使用收入	275	537	2907	1042	455	476	380	381
其他收入		192	9	2			5	2
二、支出合计	78543	54752	1074227	373603	176278	169753	157160	107065
一般公共服务	19505	6139	218814	68746	43539	29908	36590	19974
外交								
国防	61		2619	1038	481	441	587	33
公共安全	8490	1523	104854	39100	17826	16405	12723	10448
教育	19721	37	262182	70752	45168	48517	35754	31968
科学技术	2026	1495	41431	12213	8417	6914	6009	3652
文化体育与传媒	848	16	21356	6317	3643	4880	3386	1457
社会保障和就业	3536	286	49723	19654	5978	8258	6672	5640
医疗卫生	5894	200	45387	11104	6090	10093	6999	5866
环境保护	2251	2169	29684	11780	4647	4508	3614	2940
城乡社区事务	5551	30551	107857	58748	9078	13481	17692	5277
农林水事务	4555	10133	72363	17744	15136	13806	8762	10170
交通运输			25590	13869	372	5022	2816	1974
工业商业金融等事务	2836	1998	48933	11752	10803	4309	14725	4824
其他支出	3269	205	43434	30786	5100	3211	831	2842

2007年浙江省市县级一般预算收支情况表

单位:万元

项目 \ 地区	海盐县	湖州市	本级	长兴县	德清县	安吉县	吴兴区	南浔区
一、收入合计	80657	616780	289302	153620	111500	62358		
(一)税收收入	77558	562975	270278	135538	100471	56688		
增值税	18082	117333	52998	29271	23747	11317		
营业税	21169	165204	80485	39134	26460	19125		
企业所得税	7999	77120	40069	17236	13735	6080		
个人所得税	7245	32399	14587	8360	5988	3464		
资源税	589	23376	8151	9987	4378	860		
城市维护建设税	10468	31594	16512	6934	4831	3317		
耕地占用税	790	14546	7192	2399	3794	1161		
契税	5321	48353	28039	8253	6450	5611		
烟叶税								
其他各项税收收入	5895	53050	22245	13964	11088	5753		
(二)非税收入	3099	53805	19024	18082	11029	5670		
专项收入	6725	19222	8269	5382	3475	2096		
行政事业性收费收入	2249	700			700			
罚没收入	2538	48954	24799	12605	6717	4833		
国有资本经营收入	-8586	-16031	-14628		-90	-1313		
国有资源(资产)有偿使用收入	173	960	584	95	227	54		
其他收入								
二、支出合计	90368	688180	212422	164812	117966	88802	47858	45028
一般公共服务	20057	133962	37162	28698	32377	18337	8555	7078
外交								
国防	39	635	54	92	89	264	59	64
公共安全	8352	71355	34661	13461	9396	9178	2668	1907
教育	30023	153279	29726	38764	24555	23898	18269	16112
科学技术	4226	23294	9205	5762	2908	2801	1209	1151
文化体育与传媒	1673	14248	6818	3127	1998	1737	245	293
社会保障和就业	3521	40658	13054	8137	7417	6408	2484	2757
医疗卫生	5235	40674	12217	7144	8121	5364	3882	3843
环境保护	2195	14772	4368	4058	3292	2803	36	210
城乡社区事务	3581	45393	15523	11761	5339	2504	2910	3162
农林水事务	6745	60174	17295	19578	7066	8975	3622	3052
交通运输	1537	20744	10410	6772	1589	750	396	280
工业商业金融等事务	2520	53972	15157	14660	13640	5783	2358	2251
其他支出	664	15020	6772	2798	179		1165	2868

2007年浙江省市县级一般预算收支情况表

单位:万元

项目 \ 地区	湖州经济开发区	绍兴市	本级	绍兴县	上虞市	嵊州市	新昌县	诸暨市
一、收入合计		1221169	338583	327923	167056	83830	76278	227499
(一)税收收入		1152970	326400	299867	163521	78178	73915	211089
增值税		267545	52505	86132	38412	20072	23009	47415
营业税		328324	104641	83877	49829	21596	16187	52194
企业所得税		166282	50124	40267	23235	10082	12484	30090
个人所得税		60262	16354	13923	8311	4263	4449	12962
资源税		2914	806	599	200	83	11	1215
城市维护建设税		67486	18845	16519	9414	5423	4765	12520
耕地占用税		18544	2479	1266	3938	1371	1971	7519
契税		88601	31812	18840	11734	5864	4249	16102
烟叶税		457				204	253	
其他各项税收收入		152555	48834	38444	18448	9220	6537	31072
(二)非税收入		68199	12183	28056	3535	5652	2363	16410
专项收入		39172	10934	11179	5036	2523	2728	6772
行政事业性收费收入		9092		3092	1160	1720	1200	1920
罚没收入		62289	19598	10873	7151	7633	4269	12765
国有资本经营收入		-48560	-19962		-10178	-6500	-5996	-5924
国有资源(资产)有偿使用收入		6066	1609	2776	366	276	162	877
其他收入		140	4	136				
二、支出合计	11292	1137609	298188	272671	168929	101460	89938	206423
一般公共服务	1755	215942	58175	45655	29288	22241	20508	40075
外交								
国防	13	3323	861	655	701	310	273	523
公共安全	84	116236	40974	26052	13885	7510	8788	19027
教育	1955	257402	56522	47611	40044	30044	23472	59709
科学技术	258	44536	8698	12331	5733	4333	3315	10126
文化体育与传媒	30	26204	10181	6233	2002	2234	1541	4013
社会保障和就业	401	62754	14929	14372	11616	5597	3487	12753
医疗卫生	103	63410	18055	12232	8675	7664	3773	13011
环境保护	5	20261	7225	4013	2333	1574	1327	3789
城乡社区事务	4194	82011	13348	45945	4826	2648	6060	9184
农林水事务	586	105933	27004	23962	23120	10790	6629	14428
交通运输	547	16444	3943	2981	3287	2654	1468	2111
工业商业金融等事务	123	44547	11667	8081	11320	2884	5202	5393
其他支出	1238	78606	26606	22548	12099	977	4095	12281

2007年浙江省市县级一般预算收支情况表

单位:万元

项目 \ 地区	金华市	本级	兰溪市	永康市	武义县	东阳市	磐安县	义乌市
一、收入合计	1019684	238792	69198	133528	62661	113258	22518	322806
(一)税收收入	933011	212728	69637	117498	51977	107494	18650	304930
增值税	187754	31875	15919	32897	13811	20164	5431	55585
营业税	295384	83784	17481	26922	14753	36792	6748	93069
企业所得税	126824	28075	11034	14914	8048	15986	1655	40732
个人所得税	61798	13720	3116	7075	2545	6277	1540	24625
资源税	3184	578	1693	98	258	126	32	348
城市维护建设税	67743	13804	9050	11133	3987	6974	1042	18617
耕地占用税	16380	4412	2262	2275	1214	2888	563	2669
契税	88944	19616	4005	9813	2787	10166	438	37252
烟叶税								
其他各项税收收入	85000	16864	5077	12371	4574	8121	1201	32033
(二)非税收入	86673	26064	-439	16030	10684	5764	3868	17876
专项收入	34103	6967	3669	5953	2272	3791	708	8833
行政事业性收费收入	17247	5848	172	3339	2400	800	1600	2588
罚没收入	44143	14566	1180	6563	5800	2895	1487	6348
国有资本经营收入	-11378	-1923	-5580	-354		-2000		-521
国有资源(资产)有偿使用收入	2558	606	120	529	212	278	73	628
其他收入								
二、支出合计	1161504	177638	101272	137403	89126	127554	59770	274510
一般公共服务	223204	32019	16229	24750	16842	24791	11791	60414
外交								
国防	2567	623	67	384	237	280	28	357
公共安全	121294	25043	7232	13988	8216	12183	4730	30397
教育	297397	24155	31691	44144	23783	36690	14101	60949
科学技术	43544	5346	3366	7589	1541	6492	1591	12956
文化体育与传媒	23815	5115	1701	1772	1548	2437	1972	6237
社会保障和就业	64147	5509	8507	4987	5815	6437	3130	17925
医疗卫生	67029	7173	8331	9747	4849	9066	2728	11044
环境保护	19430	2772	887	2712	2819	2717	2546	3286
城乡社区事务	64284	5620	3045	6131	3368	4868	1932	34318
农林水事务	115691	14997	9759	17016	11567	12175	6767	19397
交通运输	14071	1510	255	202	358	462	259	10002
工业商业金融等事务	46881	8633	5477	3981	8121	7328	1858	5768
其他支出	58150	39123	4725		62	1628	6337	1460

2007年浙江省市县级一般预算收支情况表

单位:万元

项目 \ 地区	浦江县	金东区	婺城区	开发区	衢州市	本级	龙游县	常山县
一、收入合计	56923				293530	144233	40495	29566
(一)税收收入	50097				261521	132066	34777	24332
增值税	12072				45397	25779	4075	3529
营业税	15835				95926	45448	14350	9750
企业所得税	6380				25164	12651	3048	1769
个人所得税	2900				12754	6263	1745	1220
资源税	51				3006	411	94	1368
城市维护建设税	3136				19196	10815	1925	1486
耕地占用税	97				9793	5938	2145	1147
契税	4867				23884	12231	3337	1781
烟叶税								
其他各项税收收入	4759				26401	12530	4058	2282
(二)非税收入	6826				32009	12167	5718	5234
专项收入	1910				11130	5278	1362	1282
行政事业性收费收入	500				4930	1070	538	1292
罚没收入	5304				18075	9232	2802	2490
国有资本经营收入	-1000				-4073	-3990		
国有资源(资产)有偿使用收入	112				1936	577	1016	170
其他收入					11			
二、支出合计	70485	44773	64002	14971	555057	251282	74657	69323
一般公共服务	13599	8766	12115	1888	114449	49144	14851	16117
外交								
国防	185	218	188		1350	532	164	190
公共安全	6878	4392	5595	2640	48193	26028	6188	5587
教育	21424	12491	22851	5118	136105	59882	19677	15391
科学技术	2430	826	1107	300	13466	4836	1983	2215
文化体育与传媒	1739	524	763	7	13188	4810	2096	1715
社会保障和就业	3655	2521	5092	569	34050	13272	5539	4618
医疗卫生	4624	3128	5735	604	32982	14013	4872	4718
环境保护	1091	406	124	70	20509	8049	2900	2769
城乡社区事务	2311	415	1293	983	29833	18755	3049	2445
农林水事务	10624	5607	7667	115	61435	21710	8423	10438
交通运输	166	369	488		8078	4368	468	542
工业商业金融等事务	1688	1417	496	2114	38526	25302	4010	2862
其他支出	71	3693	488	563	2893	581	437	-284

2007年浙江省市县级一般预算收支情况表

单位：万元

项目 \ 地区	江山市	开化县	舟山市	本级	岱山县	嵊泗县	定海区	普陀区
一、收入合计	53703	25533	350636	165687	31000	29809	42011	82129
(一)税收收入	48980	21366	325024	149938	32529	27167	37721	77669
增值税	8246	3768	32480	11869	3609	1126	6615	9261
营业税	17510	8868	151164	65555	15444	19553	16973	33639
企业所得税	4852	2844	35253	18924	2652	1527	3495	8655
个人所得税	2400	1126	15177	6460	1889	679	2347	3802
资源税	1074	59	7112	1633	2047	549	1454	1429
城市维护建设税	3816	1154	16811	8069	1409	1170	2044	4119
耕地占用税	481	82	2717	2424	293			
契税	5067	1468	24195	15287	2855	1327	286	4440
烟叶税								
其他各项税收收入	5534	1997	40115	19717	2331	1236	4507	12324
(二)非税收入	4723	4167	25612	15749	-1529	2642	4290	4460
专项收入	2059	1149	12539	7294	1020	717	1213	2295
行政事业性收费收入	900	1130	7147	5731	27	457	396	536
罚没收入	1714	1837	14445	4543	1830	792	2938	4342
国有资本经营收入	-83		-12500	-4000	-4500		-500	-3500
国有资源(资产)有偿使用收入	122	51	3298	1498	94	676	243	787
其他收入	11		683	683				
二、支出合计	90500	69295	565227	197022	81789	63052	89188	134176
一般公共服务	19856	14481	109948	45303	13948	15428	15156	20113
外交								
国防	203	261	1311	505	276	192	84	254
公共安全	6297	4093	41843	13659	4913	4694	8993	9584
教育	26272	14883	82209	23770	11727	8520	15277	22915
科学技术	2318	2114	14826	7913	1493	1490	797	3133
文化体育与传媒	3009	1558	13684	5908	1788	1738	1749	2501
社会保障和就业	5251	5370	34048	15085	3929	3875	4868	6291
医疗卫生	5531	3848	35781	13155	5673	4330	5410	7213
环境保护	3541	3250	8800	3688	824	917	1260	2111
城乡社区事务	2759	2825	22640	2676	5275	3131	8241	3317
农林水事务	9872	10992	56125	14580	12345	5075	13226	10899
交通运输	864	1836	11954	7346	465	698	830	2615
工业商业金融等事务	4196	2156	69050	6748	17374	11154	10212	23562
其他支出	531	1628	63008	36686	1759	1810	3085	19668

2007年浙江省市县级一般预算收支情况表

单位：万元

项目 \ 地区	台州市	本级	临海市	温岭市	玉环县	三门县	仙居县	天台县
一、收入合计	1088551	69953	136172	204069	137582	45679	40626	51610
(一)税收收入	991572	57312	122163	192189	128805	40496	37607	43981
增值税	233654	4827	27423	42442	42355	8374	9390	9435
营业税	273535	25687	33695	50844	29521	13357	12987	14977
企业所得税	175148	12633	21665	36236	20510	7091	5130	6512
个人所得税	66079	4636	6978	14715	8379	2709	3114	2840
资源税	3616		844	463	426	788	109	46
城市维护建设税	72070	3732	9565	10886	8264	2043	2414	2804
耕地占用税	12003		709	2144	963	1037	704	509
契税	69976	449	7721	17634	9238	1803	954	2537
烟叶税								
其他各项税收收入	85491	5348	13563	16825	9149	3294	2805	4321
(二)非税收入	96979	12641	14009	11880	8777	5183	3019	7629
专项收入	38817	3946	4569	6042	5577	1406	1508	1746
行政事业性收费收入	2400			2000				
罚没收入	74155	8840	10940	9405	6854	4199	4403	5749
国有资本经营收入	-21372	-795	-1702	-6000	-4091	-500	-3058	
国有资源(资产)有偿使用收入	2971	650	202	429	437	77	166	134
其他收入	8			4		1		
二、支出合计	1269285	163299	168538	219287	150842	91863	72694	89716
一般公共服务	287109	52870	34722	43904	28566	22847	14642	21788
外交								
国防	3705	624	216	96	484	497	177	286
公共安全	124704	18757	16545	16293	12794	9927	6246	9436
教育	332682	22773	49359	64427	29950	21705	20987	30534
科学技术	32356	4893	5148	3013	4668	1259	1330	1529
文化体育与传媒	25615	5864	3109	3099	2590	1971	1575	2078
社会保障和就业	61390	5098	9037	11492	9654	4211	3535	4043
医疗卫生	61049	3449	6433	11479	9614	5361	6879	4632
环境保护	21753	5872	6827	2194	1600	621	1014	767
城乡社区事务	60471	8812	7624	7466	7018	5382	3580	3150
农林水事务	109810	11044	12768	22633	13655	10241	6915	7932
交通运输	39465	13300	2500	7523	6198	866	2028	1096
工业商业金融等事务	84898	9409	13083	23242	10982	6350	1394	3693
其他支出	24278	534	1167	2426	13069	625	2392	-1248

2007年浙江省市县级一般预算收支情况表

单位：万元

项目 \ 地区	椒江区	黄岩区	路桥区	丽水市	本级	缙云县	景宁县	莲都区
一、收入合计	150971	118769	133120	326640	116497	38384	14071	1952
(一)税收收入	138102	107368	123549	288674	108347	33284	10590	
增值税	29903	30805	28700	47617	14052	8878	1918	
营业税	38901	22649	30917	106570	42806	9636	3880	
企业所得税	21369	17332	26670	32651	10515	4224	1016	
个人所得税	9224	6376	7108	24611	9530	2150	1888	
资源税	1	277	662	1983	132	97	160	
城市维护建设税	13160	9583	9619	17331	6828	2512	497	
耕地占用税	1424	3648	865	2706	931	556	30	
契税	13224	8229	8187	26462	12416	2199	635	
烟叶税				132			10	
其他各项税收收入	10896	8469	10821	28611	11137	3032	556	
(二)非税收入	12869	11401	9571	37966	8150	5100	3481	1952
专项收入	4772	4397	4854	9946	2843	1610	404	
行政事业性收费收入		400		6763	923	390	1317	1001
罚没收入	9513	8632	5620	19629	4002	3189	1640	902
国有资本经营收入	-1655	-2371	-1200	332		-156		
国有资源(资产)有偿使用收入	239	340	297	1296	382	67	120	49
其他收入		3						
二、支出合计	108673	116214	88159	708755	119366	79178	59560	69257
一般公共服务	24336	25049	18385	166630	40168	15904	12249	11992
外交								
国防	458	867		1995	484	149	174	368
公共安全	13000	11453	10253	67291	16263	7689	3714	7398
教育	29910	33110	29927	159172	18044	24919	10836	19075
科学技术	3457	3731	3328	16437	3613	2159	712	1622
文化体育与传媒	2018	1788	1523	22962	3545	1860	1957	1622
社会保障和就业	3951	5233	5136	40852	5292	4759	2983	6685
医疗卫生	4686	4895	3621	45307	5842	4924	2781	6444
环境保护	168	1120	1570	11448	2002	1131	1014	365
城乡社区事务	8306	5899	3234	30529	9583	2803	2690	1556
农林水事务	5852	13466	5304	71818	5992	6371	6388	7273
交通运输	1048	4224	682	20917	1894	1704	1221	1334
工业商业金融等事务	9421	2911	4413	29011	5663	3854	2659	1343
其他支出	2062	2468	783	24386	981	952	10182	2180

2007年浙江省市县级一般预算收支情况表

单位:万元

项目 \ 地区	龙泉市	青田县	庆元县	松阳县	遂昌县	云和县
一、收入合计	21862	59802	11944	17858	27752	16518
(一)税收收入	19602	53211	10165	14941	24188	14346
增值税	3373	8215	1384	2360	4874	2563
营业税	8075	18627	4203	6148	7528	5667
企业所得税	1524	7510	1252	1808	3434	1368
个人所得税	1236	3284	754	1599	2875	1295
资源税	123	1322	5	70	63	11
城市维护建设税	1516	2264	527	814	1433	940
耕地占用税	23	249	273	7	490	147
契税	1384	5736	846	783	1392	1071
烟叶税			92	30		
其他各项税收收入	2348	6004	829	1322	2099	1284
(二)非税收入	2260	6591	1779	2917	3564	2172
专项收入	726	1560	348	615	1289	551
行政事业性收费收入	690	70	721	974	290	387
罚没收入	991	4734	753	1268	998	1152
国有资本经营收入	-225		-155		868	
国有资源(资产)有偿使用收入	78	227	112	60	119	82
其他收入						
二、支出合计	61862	111980	46803	52408	61769	46572
一般公共服务	13784	25866	10904	11639	13041	11083
外交						
国防	149	131	45	66	208	221
公共安全	4395	9836	4286	4170	4977	4563
教育	15176	25975	11973	12151	13172	7851
科学技术	1064	2845	1037	1178	1216	991
文化体育与传媒	3115	3175	1850	1623	2173	2042
社会保障和就业	3388	5987	2684	2647	3916	2511
医疗卫生	3770	9261	2954	2186	3667	3478
环境保护	1266	583	643	1086	2073	1285
城乡社区事务	2462	3439	1517	2206	2881	1392
农林水事务	9097	9579	5372	6930	8579	6237
交通运输	1626	5894	1703	3185	1173	1183
工业商业金融等事务	2131	3548	1180	2287	4367	1979
其他支出	439	5861	655	1054	326	1756

2007年浙江省市、县(市、区)财政总收入表

单位:万元

地区名称	财政总收入	地区名称	财政总收入	地区名称	财政总收入	地区名称	财政总收入
杭州市	7884237	海曙区	419284	德清县	214518	**舟山市**	525586
市本级	2084073	开发区	421863	安吉县	111086	市本级	240953
富阳市	387628	大榭开发区	333883	吴兴区		岱山县	48663
桐庐县	138009	宁波保税区	165613	南浔区		嵊泗县	36497
临安市	186979	东钱湖区	50213	经济开发区		定海区	70635
建德市	168006	高新开发区	120088	**绍兴市**	2371225	普陀区	128838
淳安县	73948	**温州市**	2932606	市本级	598699	**台州市**	2183788
上城区	391323	市本级	592194	绍兴县	670247	市本级	110379
下城区	476327	平阳县	132838	上虞市	330278	临海市	266106
江干区	355473	苍南县	168964	嵊州市	165698	温岭市	418892
拱墅区	367896	瑞安市	400271	新昌县	170803	玉环县	308300
西湖区	467061	永嘉县	183830	诸暨市	435500	三门县	86168
滨江区	570119	乐清市	461688	**金华市**	1874046	仙居县	81199
萧山区	1115757	文成县	28489	市本级	400528	天台县	100088
余杭区	657800	泰顺县	27146	兰溪市	138268	椒江区	287488
开发区	414492	洞头县	33075	永康市	268466	黄岩区	247435
西湖风景名胜区	29337	鹿城区	284617	武义县	120013	路桥区	277733
临平工业园区	9	瓯海区	221210	东阳市	207229	**丽水市**	560485
宁波市	7239222	龙湾区	243034	磐安县	43649	市本级	189502
市本级	1426561	开发区	155250	义乌市	588800	缙云县	78402
慈溪市	751088	**嘉兴市**	2094362	浦江县	107093	景宁县	24191
余姚市	633669	市本级	666709	金东区		莲都区	1952
奉化市	225429	海宁市	365833	婺城区		龙泉市	36168
象山县	227733	桐乡市	351484	开发区		青田县	100680
宁海县	276618	平湖市	318517	**衢州市**	489113	庆元县	19139
鄞州区	909807	嘉善县	231493	市本级	250018	松阳县	30379
镇海区	339625	海盐县	160326	龙游县	60133	遂昌县	51866
北仑区	278854	**湖州市**	1140628	常山县	45449	云和县	28206
江东区	318268	市本级	535006	江山市	90611		
江北区	340626	长兴县	280018	开化县	42902		

2007年浙江省11个市地方财政收入排序表

单位:万元

排名	所属地区	地方财政收入	排名	所属地区	地方财政收入
1	杭州市	3916195	7	金华市	1019684
2	宁波市	3291218	8	湖州市	616780
3	温州市	1570271	9	舟山市	350636
4	绍兴市	1221169	10	丽水市	326640
5	台州市	1088551	11	衢州市	293530
6	嘉兴市	1052352			

2007年浙江省11个市本级地方财政收入排序表

单位:万元

排名	所属地区	地方财政收入	排名	所属地区	地方财政收入
1	杭州市	922319	7	金华市	238792
2	温州市	410375	8	舟山市	165687
3	宁波市	399960	9	衢州市	144233
4	嘉兴市	361196	10	丽水市	116497
5	绍兴市	338583	11	台州市	69953
6	湖州市	289302			

2007年浙江省县(市)地方财政收入排序表

单位:万元

排序	所属地区	县(市)名称	地方财政收入	排序	所属地区	县(市)名称	地方财政收入
1	宁波市	慈溪市	355068	30	绍兴市	新昌县	76278
2	绍兴市	绍兴县	327923	31	温州市	平阳县	70746
3	金华市	义乌市	322806	32	金华市	兰溪市	69198
4	宁波市	余姚市	302937	33	杭州市	桐庐县	66815
5	绍兴市	诸暨市	227499	34	金华市	武义县	62661
6	温州市	乐清市	216305	35	湖州市	安吉县	62358
7	温州市	瑞安市	211574	36	丽水市	青田县	59802
8	杭州市	富阳市	204533	37	金华市	浦江县	56923
9	台州市	温岭市	204069	38	衢州市	江山市	53703
10	嘉兴市	海宁市	179028	39	台州市	天台县	51610
11	嘉兴市	桐乡市	170598	40	台州市	三门县	45679
12	绍兴市	上虞市	167056	41	杭州市	淳安县	41273
13	湖州市	长兴县	153620	42	台州市	仙居县	40626
14	嘉兴市	平湖市	150646	43	衢州市	龙游县	40495
15	台州市	玉环县	137582	44	丽水市	缙云县	38384
16	台州市	临海市	136172	45	舟山市	岱山县	31000
17	金华市	永康市	133528	46	舟山市	嵊泗县	29809
18	宁波市	宁海县	129042	47	衢州市	常山县	29566
19	宁波市	象山县	113490	48	丽水市	遂昌县	27752
20	金华市	东阳市	113258	49	衢州市	开化县	25533
21	湖州市	德清县	111500	50	金华市	磐安县	22518
22	嘉兴市	嘉善县	110227	51	丽水市	龙泉市	21862
23	宁波市	奉化市	108897	52	温州市	文成县	19057
24	温州市	苍南县	100112	53	温州市	泰顺县	18688
25	杭州市	临安市	97935	54	丽水市	松阳县	17858
26	温州市	永嘉县	92111	55	温州市	洞头县	17652
27	杭州市	建德市	84236	56	丽水市	云和县	16518
28	绍兴市	嵊州市	83830	57	丽水市	景宁县	14071
29	嘉兴市	海盐县	80657	58	丽水市	庆元县	11944

2007年浙江省乡镇财政总收入排序表

单位：万元

排序	所属地区	县(市、区)	乡镇(街道)	总收入	排序	所属地区	县(市、区)	乡镇(街道)	总收入
1	台州市	玉环县	珠港镇	75580	31	杭州市	萧山区	新街镇	14847
2	杭州市	萧山区	宁围镇	38496	32	温州市	平阳县	鳌江镇	14761
3	杭州市	余杭区	闲林镇	38322	33	杭州市	江干区	彭埠镇	14517
4	杭州市	余杭区	良渚镇	32772	34	舟山市	普陀区	六横镇	14291
5	温州市	乐清市	乐成镇	30043	35	绍兴市	绍兴县	福全镇	13932
6	温州市	永嘉县	瓯北镇	29321	36	嘉兴市	海盐县	武原镇	13652
7	杭州市	拱墅区	祥符镇	28837	37	温州市	乐清市	北白象镇	13513
8	杭州市	余杭区	余杭镇	27768	38	台州市	临海市	杜桥镇	13510
9	杭州市	萧山区	闻堰镇	26241	39	嘉兴市	嘉善县	魏塘镇	13076
10	绍兴市	绍兴县	马鞍镇	26028	40	绍兴市	绍兴县	安昌镇	12999
11	温州市	乐清市	柳市镇	25378	41	金华市	义乌市	佛堂镇	12201
12	绍兴市	绍兴县	钱清镇	24840	42	台州市	温岭市	大溪镇	11810
13	湖州市	长兴县	雉城镇	23555	43	杭州市	拱墅区	康桥镇	11705
14	温州市	苍南县	灵溪镇	23534	44	杭州市	拱墅区	半山镇	11509
15	温州市	苍南县	龙港镇	23038	45	湖州市	长兴县	煤山镇	11508
16	杭州市	萧山区	衙前镇	22566	46	杭州市	萧山区	临浦镇	11140
17	杭州市	江干区	笕桥镇	22090	47	杭州市	江干区	九堡镇	11137
18	绍兴市	绍兴县	杨汛桥镇	20960	48	绍兴市	上虞市	道墟镇	10910
19	湖州市	德清县	武康镇	20486	49	嘉兴市	桐乡市	崇福镇	10684
20	温州市	鹿城区	双屿镇	18726	50	绍兴市	上虞市	沥海镇	10366
21	绍兴市	绍兴县	齐贤镇	18528	51	温州市	鹿城区	南郊乡	10164
22	湖州市	南浔区	南浔镇	18508	52	杭州市	余杭区	乔司镇	10000
23	杭州市	西湖区	三墩镇	18019	53	湖州市	吴兴区	织里镇	9922
24	台州市	玉环县	楚门镇	17556	54	嘉兴市	平湖市	乍浦镇	9838
25	绍兴市	诸暨市	店口镇	17108	55	绍兴市	诸暨市	大唐镇	9686
26	杭州市	萧山区	瓜沥镇	16885	56	温州市	平阳县	昆阳镇	9447
27	台州市	三门县	海游镇	16768	57	嘉兴市	海宁市	许村镇	9436
28	台州市	温岭市	泽国镇	16246	58	杭州市	萧山区	义蓬镇	9180
29	杭州市	余杭区	塘栖镇	15012	59	杭州市	萧山区	党山镇	8780
30	杭州市	西湖区	留下镇	14890	60	温州市	瑞安市	塘下镇	8697

（续表）

排序	所属地区	县(市、区)	乡镇(街道)	总收入	排序	所属地区	县(市、区)	乡镇(街道)	总收入
61	嘉兴市	桐乡市	濮院镇	8591	93	绍兴市	绍兴县	夏履镇	6345
62	台州市	玉环县	清港镇	8511	94	湖州市	经济开发区	杨家埠镇	6338
63	台州市	路桥区	金清镇	8366	95	湖州市	德清县	乾元镇	6334
64	温州市	永嘉县	上塘镇	8285	96	杭州市	富阳市	灵桥镇	6205
65	杭州市	余杭区	瓶窑镇	8168	97	嘉兴市	桐乡市	洲泉镇	6193
66	湖州市	德清县	新市镇	8118	98	绍兴市	上虞市	崧厦镇	6152
67	杭州市	余杭区	运河镇	8097	99	杭州市	萧山区	所前镇	6142
68	杭州市	西湖区	转塘镇	8028	100	嘉兴市	海宁市	斜桥镇	6082
69	杭州市	萧山区	义桥镇	7884	101	台州市	温岭市	箬横镇	6033
70	杭州市	余杭区	崇贤镇	7811	102	杭州市	富阳市	新登镇	6027
71	绍兴市	诸暨市	枫桥镇	7731	103	金华市	永康市	古山镇	5986
72	绍兴市	绍兴县	平水镇	7704	104	嘉兴市	平湖市	黄姑镇	5985
73	温州市	乐清市	虹桥镇	7633	105	温州市	平阳县	水头镇	5929
74	湖州市	南浔区	双林镇	7583	106	金华市	义乌市	大陈镇	5873
75	湖州市	长兴县	李家巷镇	7550	107	嘉兴市	秀洲区	王江泾镇	5816
76	杭州市	萧山区	坎山镇	7548	108	湖州市	吴兴区	八里店镇	5772
77	杭州市	萧山区	南阳镇	7431	109	杭州市	萧山区	益农镇	5749
78	杭州市	富阳市	高桥镇	7417	110	嘉兴市	平湖市	新仓镇	5691
79	杭州市	余杭区	仁和镇	7415	111	杭州市	萧山区	党湾镇	5650
80	金华市	兰溪市	灵洞乡	7202	112	温州市	瓯海区	郭溪镇	5549
81	湖州市	德清县	钟管镇	7065	113	绍兴市	越城区	斗门镇	5305
82	绍兴市	越城区	马山镇	7015	114	金华市	义乌市	义亭镇	5297
83	嘉兴市	平湖市	全塘镇	6901	115	温州市	龙湾区	瑶溪镇	5286
84	湖州市	南浔区	练市镇	6851	116	金华市	武义县	桐琴镇	5271
85	杭州市	余杭区	中泰乡	6847	117	台州市	温岭市	新河镇	5213
86	杭州市	江干区	丁桥镇	6813	118	杭州市	萧山区	靖江镇	5173
87	台州市	温岭市	松门镇	6805	119	台州市	路桥区	横街镇	4994
88	温州市	瑞安市	莘塍镇	6748	120	嘉兴市	海宁市	长安镇	4971
89	湖州市	安吉县	递铺镇	6724	121	台州市	路桥区	新桥镇	4936
90	绍兴市	上虞市	章镇镇	6681	122	杭州市	萧山区	浦阳镇	4910
91	杭州市	萧山区	河庄镇	6599	123	绍兴市	诸暨市	璜山镇	4881
92	嘉兴市	平湖市	新埭镇	6372	124	杭州市	余杭区	仓前镇	4856

（续表）

排序	所属地区	县（市、区）	乡镇（街道）	总收入	排序	所属地区	县（市、区）	乡镇（街道）	总收入
125	嘉兴市	海宁市	袁花镇	4802	157	绍兴市	上虞市	小越镇	3853
126	绍兴市	诸暨市	草塔镇	4773	158	绍兴市	诸暨市	山下湖镇	3814
127	湖州市	长兴县	和平镇	4757	159	绍兴市	越城区	灵芝镇	3811
128	温州市	永嘉县	桥头镇	4693	160	嘉兴市	海宁市	丁桥镇	3727
129	绍兴市	诸暨市	牌头镇	4666	161	嘉兴市	海宁市	周王庙镇	3651
130	嘉兴市	海宁市	盐官镇	4589	162	舟山市	嵊泗县	菜园镇	3635
131	温州市	龙湾区	状元镇	4566	163	舟山市	定海区	小沙镇	3595
132	杭州市	临安市	太湖源镇	4528	164	丽水市	缙云县	壶镇镇	3551
133	舟山市	定海区	金塘镇	4463	165	台州市	路桥区	蓬街镇	3375
134	金华市	义乌市	苏溪镇	4451	166	绍兴市	越城区	东浦镇	3313
135	金华市	金东区	孝顺镇	4448	167	嘉兴市	海盐县	百步镇	3271
136	台州市	临海市	汛桥镇	4443	168	台州市	玉环县	龙溪乡	3256
137	湖州市	南浔区	菱湖镇	4441	169	舟山市	岱山县	高亭镇	3255
138	温州市	龙湾区	沙城镇	4430	170	杭州市	余杭区	径山镇	3236
139	金华市	东阳市	横店镇	4407	171	绍兴市	绍兴县	漓渚镇	3218
140	绍兴市	绍兴县	兰亭镇	4373	172	杭州市	萧山区	河上镇	3216
141	杭州市	桐庐县	横村镇	4338	173	杭州市	西湖区	袁浦镇	3200
142	杭州市	富阳市	受降镇	4300	174	杭州市	萧山区	新湾镇	3149
143	杭州市	西湖区	龙坞镇	4259	175	湖州市	南浔区	和孚镇	3109
144	金华市	婺城区	白龙桥镇	4230	176	嘉兴市	海盐县	西塘桥镇	3093
145	嘉兴市	嘉善县	西塘镇	4201	177	绍兴市	越城区	东湖镇	3063
146	杭州市	富阳市	大源镇	4168	178	衢州市	开化县	城关镇	3046
147	湖州市	德清县	雷甸镇	4129	179	湖州市	德清县	洛舍镇	3037
148	温州市	平阳县	肖江镇	4083	180	湖州市	长兴县	夹浦镇	2951
149	绍兴市	上虞市	丰惠镇	4056	181	杭州市	淳安县	千岛湖镇	2911
150	杭州市	萧山区	戴村镇	4023	182	嘉兴市	海盐县	通元镇	2902
151	嘉兴市	桐乡市	乌镇镇	4020	183	杭州市	萧山区	进化镇	2878
152	杭州市	桐庐县	富春江镇	3974	184	嘉兴市	秀洲区	新塍镇	2834
153	温州市	鹿城区	仰义乡	3946	185	温州市	乐清市	象阳镇	2823
154	台州市	临海市	东塍镇	3924	186	嘉兴市	海盐县	沈荡镇	2809
155	舟山市	普陀区	朱家尖镇	3909	187	嘉兴市	秀洲区	王店镇	2808
156	台州市	黄岩区	院桥镇	3870	188	台州市	温岭市	城南镇	2803

（续表）

排序	所属地区	县(市、区)	乡镇(街道)	总收入	排序	所属地区	县(市、区)	乡镇(街道)	总收入
189	舟山市	定海区	干览镇	2763	221	金华市	磐安县	安文镇	2325
190	金华市	武义县	泉溪镇	2756	222	嘉兴市	嘉善县	干窑镇	2324
191	嘉兴市	桐乡市	石门镇	2725	223	嘉兴市	海盐县	秦山镇	2316
192	湖州市	吴兴区	东林镇	2715	224	湖州市	德清县	三合乡	2297
193	绍兴市	绍兴县	陶堰镇	2692	225	嘉兴市	嘉善县	姚庄镇	2293
194	嘉兴市	桐乡市	河山镇	2686	226	温州市	瓯海区	巨溪镇	2282
195	嘉兴市	南湖区	大桥镇	2683	227	绍兴市	上虞市	梁湖镇	2264
196	金华市	义乌市	上溪镇	2671	228	金华市	婺城区	安地镇	2259
197	杭州市	桐庐县	分水镇	2671	229	金华市	永康市	象珠镇	2244
198	湖州市	长兴县	小浦镇	2669	230	衢州市	江山市	贺村镇	2195
199	绍兴市	绍兴县	孙端镇	2639	231	湖州市	吴兴区	妙西镇	2174
200	衢州市	常山县	天马镇	2601	232	湖州市	南浔区	旧馆镇	2172
201	嘉兴市	南湖区	余新镇	2587	233	绍兴市	嵊州市	长乐镇	2166
202	台州市	温岭市	滨海镇	2571	234	杭州市	建德市	寿昌镇	2161
203	绍兴市	嵊州市	甘霖镇	2514	235	杭州市	富阳市	环山乡	2152
204	舟山市	岱山县	东沙镇	2513	236	台州市	温岭市	温峤镇	2134
205	嘉兴市	桐乡市	屠甸镇	2503	237	嘉兴市	桐乡市	高桥镇	2129
206	舟山市	定海区	白泉镇	2496	238	台州市	临海市	沿江镇	2126
207	嘉兴市	海盐县	澉浦镇	2489	239	嘉兴市	秀洲区	油车港镇	2113
208	丽水市	缙云县	五云镇	2475	240	温州市	乐清市	七里港镇	2098
209	嘉兴市	秀洲区	洪合镇	2457	241	嘉兴市	平湖市	广陈镇	2078
210	台州市	温岭市	石塘镇	2453	242	温州市	泰顺县	罗阳镇	2070
211	舟山市	普陀区	展茅镇	2428	243	金华市	永康市	龙山镇	2058
212	台州市	临海市	尤溪镇	2423	244	舟山市	普陀区	虾峙镇	2036
213	丽水市	缙云县	新碧镇	2422	245	湖州市	安吉县	孝丰镇	2029
214	绍兴市	诸暨市	应店街镇	2408	246	杭州市	富阳市	渌渚镇	2029
215	绍兴市	诸暨市	次坞镇	2407	247	湖州市	德清县	新安镇	2022
216	温州市	乐清市	翁洋镇	2400	248	温州市	永嘉县	乌牛镇	2010
217	嘉兴市	平湖市	林埭镇	2370	249	杭州市	建德市	梅城镇	2001
218	台州市	天台县	平桥镇	2359	250	台州市	临海市	涌泉镇	1993
219	杭州市	西湖区	周浦乡	2351	251	舟山市	岱山县	衢山镇	1983
220	金华市	浦江县	黄宅镇	2336	252	温州市	瑞安市	飞云镇	1972

（续表）

排序	所属地区	县(市、区)	乡镇(街道)	总收入	排序	所属地区	县(市、区)	乡镇(街道)	总收入
253	嘉兴市	南湖区	新丰镇	1956	285	金华市	义乌市	赤岸镇	1572
254	绍兴市	上虞市	汤浦镇	1949	286	绍兴市	诸暨市	阮市镇	1552
255	绍兴市	上虞市	上浦镇	1943	287	金华市	永康市	唐先镇	1549
256	嘉兴市	嘉善县	陶庄镇	1887	288	绍兴市	嵊州市	黄泽镇	1542
257	湖州市	长兴县	槐坎乡	1878	289	温州市	洞头县	北岙镇	1522
258	杭州市	桐庐县	江南镇	1868	290	杭州市	临安市	高虹镇	1519
259	温州市	龙湾区	天河镇	1855	291	嘉兴市	南湖区	凤桥镇	1518
260	绍兴市	绍兴县	富盛镇	1838	292	绍兴市	上虞市	驿亭镇	1511
261	嘉兴市	桐乡市	大麻镇	1838	293	杭州市	临安市	昌化镇	1509
262	温州市	苍南县	金乡镇	1803	294	丽水市	云和县	云和镇	1508
263	湖州市	安吉县	梅溪镇	1801	295	杭州市	临安市	於潜镇	1499
264	湖州市	吴兴区	环渚乡	1797	296	温州市	平阳县	腾蛟镇	1497
265	湖州市	德清县	禹越镇	1784	297	绍兴市	上虞市	永和镇	1484
266	绍兴市	越城区	皋埠镇	1774	298	绍兴市	诸暨市	东白湖镇	1482
267	丽水市	松阳县	西屏镇	1772	299	湖州市	安吉县	天荒坪镇	1464
268	金华市	永康市	石柱镇	1748	300	温州市	瓯海区	丽岙镇	1464
269	湖州市	长兴县	洪桥镇	1740	301	温州市	瑞安市	汀田镇	1463
270	台州市	三门县	高枧乡	1740	302	金华市	金东区	曹宅镇	1453
271	湖州市	吴兴区	埭溪镇	1738	303	湖州市	长兴县	泗安镇	1421
272	舟山市	定海区	马岙镇	1729	304	杭州市	西湖区	蒋村乡	1421
273	湖州市	长兴县	林城镇	1704	305	金华市	永康市	花街镇	1409
274	杭州市	建德市	乾潭镇	1703	306	杭州市	萧山区	楼塔镇	1409
275	衢州市	开化县	华埠镇	1688	307	绍兴市	绍兴县	王坛镇	1407
276	绍兴市	诸暨市	安华镇	1672	308	台州市	临海市	白水洋镇	1394
277	舟山市	岱山县	秀山乡	1664	309	金华市	婺城区	乾西乡	1393
278	金华市	东阳市	巍山镇	1657	310	温州市	苍南县	钱库镇	1389
279	温州市	乐清市	黄华镇	1641	311	金华市	东阳市	南马镇	1385
280	台州市	玉环县	芦浦镇	1632	312	金华市	浦江县	白马镇	1368
281	温州市	乐清市	城北乡	1610	313	温州市	乐清市	磐石镇	1354
282	舟山市	嵊泗县	洋山镇	1603	314	温州市	永嘉县	桥下镇	1321
283	温州市	鹿城区	藤桥镇	1584	315	衢州市	龙游县	湖镇镇	1318
284	金华市	金东区	傅村镇	1583	316	嘉兴市	嘉善县	大云镇	1317

（续表）

排序	所属地区	县(市、区)	乡镇(街道)	总收入	排序	所属地区	县(市、区)	乡镇(街道)	总收入
317	湖州市	长兴县	白岘乡	1316	349	丽水市	莲都区	仙渡乡	1067
318	杭州市	临安市	潜川镇	1309	350	绍兴市	越城区	鉴湖镇	1061
319	台州市	黄岩区	宁溪镇	1298	351	台州市	黄岩区	上郑乡	1057
320	台州市	天台县	三合镇	1289	352	湖州市	旅游度假区	白雀乡	1051
321	嘉兴市	南湖区	七星镇	1285	353	温州市	瓯海区	仙岩镇	1049
322	绍兴市	嵊州市	三界镇	1279	354	台州市	三门县	珠岙镇	1045
323	嘉兴市	嘉善县	惠民镇	1274	355	杭州市	淳安县	汾口镇	1045
324	温州市	平阳县	宋桥镇	1268	356	金华市	永康市	西溪镇	1039
325	湖州市	安吉县	高禹镇	1244	357	台州市	黄岩区	头陀镇	1029
326	湖州市	吴兴区	道场乡	1234	358	杭州市	建德市	大同镇	1023
327	绍兴市	诸暨市	同山镇	1182	359	温州市	瑞安市	仙降镇	1018
328	舟山市	普陀区	桃花镇	1180	360	杭州市	临安市	横畈镇	1013
329	金华市	浦江县	郑宅镇	1180	361	温州市	乐清市	大荆镇	999
330	杭州市	富阳市	新桐乡	1173	362	温州市	乐清市	雁荡镇	998
331	衢州市	常山县	辉埠镇	1167	363	金华市	兰溪市	马涧镇	991
332	舟山市	岱山县	长涂镇	1162	364	金华市	东阳市	歌山镇	989
333	杭州市	桐庐县	瑶琳镇	1156	365	湖州市	南浔区	善琏镇	989
334	杭州市	富阳市	胥口镇	1155	366	金华市	金东区	赤松镇	986
335	温州市	苍南县	宜山镇	1154	367	台州市	三门县	健跳镇	980
336	舟山市	定海区	岑港镇	1147	368	绍兴市	嵊州市	崇仁镇	977
337	温州市	平阳县	郑楼镇	1140	369	金华市	浦江县	郑家坞镇	949
338	湖州市	长兴县	虹星桥镇	1134	370	杭州市	桐庐县	凤川镇	919
339	嘉兴市	嘉善县	杨庙镇	1134	371	舟山市	普陀区	东极镇	913
340	金华市	婺城区	蒋堂镇	1111	372	绍兴市	上虞市	谢塘镇	909
341	杭州市	富阳市	场口镇	1105	373	嘉兴市	海宁市	黄湾镇	909
342	杭州市	建德市	李家镇	1103	374	杭州市	余杭区	黄湖镇	904
343	舟山市	定海区	册子乡	1101	375	绍兴市	上虞市	盖北镇	903
344	台州市	临海市	上盘镇	1093	376	金华市	磐安县	尖山镇	899
345	杭州市	富阳市	永昌镇	1086	377	嘉兴市	嘉善县	天凝镇	891
346	嘉兴市	海盐县	于城镇	1076	378	绍兴市	新昌县	儒岙镇	889
347	嘉兴市	嘉善县	丁栅镇	1070	379	杭州市	富阳市	常安镇	888
348	台州市	黄岩区	沙埠镇	1068	380	台州市	黄岩区	屿头乡	882

（续表）

排序	所属地区	县(市、区)	乡镇(街道)	总收入	排序	所属地区	县(市、区)	乡镇(街道)	总收入
381	舟山市	岱山县	岱西镇	881	413	湖州市	长兴县	吕山乡	736
382	台州市	临海市	括苍镇	879	414	金华市	兰溪市	梅江镇	735
383	湖州市	长兴县	吴山乡	871	415	温州市	乐清市	石帆镇	734
384	台州市	黄岩区	北洋镇	871	416	杭州市	富阳市	里山镇	719
385	金华市	婺城区	汤溪镇	871	417	杭州市	临安市	龙岗镇	710
386	金华市	武义县	茭道镇	870	418	金华市	兰溪市	诸葛镇	702
387	台州市	玉环县	干江镇	867	419	温州市	洞头县	大门镇	701
388	金华市	婺城区	竹马乡	862	420	绍兴市	绍兴县	稽东镇	697
389	金华市	婺城区	罗店镇	845	421	杭州市	余杭区	百丈镇	695
390	金华市	东阳市	千祥镇	831	422	湖州市	长兴县	水口乡	691
391	温州市	平阳县	钱仓镇	827	423	衢州市	江山市	上余镇	686
392	湖州市	安吉县	溪龙乡	820	424	丽水市	松阳县	象溪镇	684
393	湖州市	安吉县	昆铜乡	813	425	金华市	东阳市	湖溪镇	684
394	金华市	武义县	王宅镇	801	426	台州市	临海市	桃渚镇	679
395	台州市	天台县	坦头镇	793	427	温州市	乐清市	淡溪镇	677
396	杭州市	富阳市	万市镇	792	428	湖州市	南浔区	石淙镇	674
397	温州市	乐清市	芙蓉镇	784	429	湖州市	安吉县	杭垓镇	673
398	绍兴市	嵊州市	仙岩镇	783	430	杭州市	建德市	下涯镇	670
399	杭州市	临安市	板桥乡	779	431	台州市	临海市	永丰镇	668
400	绍兴市	诸暨市	江藻镇	773	432	湖州市	德清县	筏头乡	660
401	杭州市	建德市	航头镇	767	433	金华市	兰溪市	游埠镇	656
402	湖州市	德清县	莫干山镇	766	434	温州市	瑞安市	陶山镇	649
403	绍兴市	新昌县	城南乡	766	435	台州市	黄岩区	茅畲乡	648
404	杭州市	富阳市	洞桥镇	766	436	丽水市	莲都区	碧湖镇	619
405	绍兴市	诸暨市	街亭镇	765	437	温州市	乐清市	清江镇	618
406	温州市	瓯海区	潘桥镇	763	438	丽水市	缙云县	新建镇	617
407	金华市	金东区	岭下镇	760	439	温州市	平阳县	麻步镇	610
408	金华市	永康市	方岩镇	757	440	杭州市	建德市	大洋镇	607
409	嘉兴市	嘉善县	洪溪镇	753	441	丽水市	缙云县	东渡镇	601
410	杭州市	临安市	藻溪镇	748	442	温州市	乐清市	南塘镇	600
411	温州市	乐清市	白石镇	746	443	绍兴市	诸暨市	王家井镇	599
412	杭州市	桐庐县	钟山乡	738	444	温州市	鹿城区	上戍乡	597

（续表）

排序	所属地区	县(市、区)	乡镇(街道)	总收入	排序	所属地区	县(市、区)	乡镇(街道)	总收入
445	金华市	金东区	澧浦镇	589	477	温州市	平阳县	榆洋镇	482
446	杭州市	建德市	钦堂乡	583	478	丽水市	缙云县	舒洪镇	481
447	湖州市	长兴县	二界岭乡	579	479	金华市	磐安县	尚湖镇	478
448	杭州市	富阳市	春建乡	577	480	金华市	磐安县	方前镇	477
449	台州市	三门县	沿赤乡	573	481	台州市	玉环县	沙门镇	473
450	衢州市	柯城区	航埠镇	567	482	湖州市	安吉县	报福镇	472
451	杭州市	临安市	太阳镇	567	483	绍兴市	新昌县	澄潭镇	472
452	温州市	乐清市	蒲岐镇	562	484	台州市	椒江区	大陈镇	466
453	舟山市	定海区	双桥镇	560	485	湖州市	安吉县	上墅乡	461
454	温州市	苍南县	桥墩镇	558	486	湖州市	安吉县	章村镇	458
455	绍兴市	诸暨市	五泄镇	556	487	温州市	鹿城区	临江镇	457
456	湖州市	安吉县	皈山乡	555	488	金华市	东阳市	画水镇	457
457	金华市	婺城区	罗埠镇	554	489	丽水市	遂昌县	妙高镇	452
458	丽水市	缙云县	东方镇	549	490	温州市	瓯海区	泽雅镇	450
459	杭州市	临安市	三口镇	549	491	衢州市	衢江区	上方镇	446
460	金华市	磐安县	冷水镇	545	492	台州市	三门县	六敖镇	445
461	金华市	兰溪市	香溪镇	540	493	温州市	平阳县	南雁镇	440
462	杭州市	临安市	清凉峰镇	540	494	衢州市	衢江区	湖南镇	440
463	丽水市	庆元县	松源镇	537	495	温州市	乐清市	天成乡	436
464	台州市	温岭市	石桥头镇	536	496	绍兴市	嵊州市	石璜镇	435
465	台州市	仙居县	下各镇	535	497	湖州市	南浔区	千金镇	432
466	金华市	武义县	履坦镇	535	498	衢州市	常山县	宋畈乡	431
467	杭州市	临安市	河桥镇	531	499	金华市	婺城区	苏孟乡	428
468	台州市	三门县	泗淋乡	530	500	金华市	磐安县	新渥镇	425
469	舟山市	定海区	北蝉乡	528	501	衢州市	开化县	马金镇	417
470	温州市	瑞安市	马屿镇	512	502	杭州市	富阳市	渔山乡	416
471	金华市	金东区	塘雅镇	508	503	金华市	磐安县	仁川镇	405
472	湖州市	安吉县	良朋镇	505	504	杭州市	桐庐县	莪山畲族乡	404
473	金华市	金东区	江东镇	494	505	台州市	临海市	河头镇	401
474	杭州市	临安市	西天目乡	489	506	台州市	三门县	亭旁镇	397
475	金华市	兰溪市	黄店镇	486	507	温州市	永嘉县	沙头镇	396
476	杭州市	临安市	乐平乡	483	508	温州市	洞头县	东屏镇	391

（续表）

排序	所属地区	县(市、区)	乡镇(街道)	总收入
509	绍兴市	诸暨市	陈宅镇	388
510	金华市	婺城区	洋埠镇	385
511	金华市	婺城区	琅雅镇	376
512	台州市	三门县	沙柳镇	372
513	杭州市	建德市	杨村桥镇	372
514	温州市	龙湾区	灵昆镇	368
515	金华市	武义县	柳城镇	364
516	衢州市	衢江区	廿里镇	360
517	台州市	仙居县	白塔镇	354
518	衢州市	江山市	清湖镇	354
519	温州市	鹿城区	七都镇	348
520	绍兴市	新昌县	镜岭镇	346
521	丽水市	缙云县	雁岭乡	345
522	杭州市	建德市	莲花镇	344
523	绍兴市	新昌县	大市聚镇	343
524	温州市	苍南县	矾山镇	340
525	金华市	磐安县	深泽乡	338
526	绍兴市	诸暨市	直埠镇	334
527	金华市	磐安县	玉山镇	331
528	杭州市	富阳市	上官乡	330
529	金华市	磐安县	双峰乡	329
530	金华市	磐安县	维新乡	323
531	杭州市	余杭区	鸬鸟镇	323
532	绍兴市	诸暨市	澧浦镇	321
533	绍兴市	新昌县	梅渚镇	320
534	杭州市	淳安县	威坪镇	320
535	衢州市	龙游县	横山镇	319
536	杭州市	建德市	大慈岩镇	311
537	衢州市	龙游县	小南海镇	308
538	台州市	临海市	小芝镇	304
539	湖州市	安吉县	山川乡	303
540	丽水市	景宁县	外舍乡	300
541	金华市	磐安县	双溪乡	300
542	衢州市	常山县	青石镇	297
543	衢州市	柯城区	石室乡	295
544	丽水市	松阳县	古市镇	293
545	丽水市	庆元县	竹口镇	293
546	衢州市	江山市	峡口镇	289
547	金华市	婺城区	雅畈镇	289
548	杭州市	富阳市	龙门镇	286
549	绍兴市	诸暨市	赵家镇	284
550	温州市	洞头县	元觉乡	282
551	衢州市	龙游县	溪口镇	280
552	舟山市	岱山县	岱东镇	279
553	金华市	婺城区	莘畈乡	274
554	金华市	东阳市	东江镇	269
555	衢州市	常山县	芳村镇	265
556	金华市	磐安县	墨林乡	263
557	台州市	天台县	白鹤镇	262
558	金华市	永康市	前仓镇	257
559	金华市	磐安县	胡宅乡	255
560	金华市	磐安县	大盘镇	254
561	温州市	苍南县	马站镇	251
562	金华市	东阳市	虎鹿镇	248
563	温州市	洞头县	鹿西乡	247
564	杭州市	桐庐县	百江镇	239
565	台州市	仙居县	横溪镇	238
566	衢州市	龙游县	塔石镇	238
567	金华市	磐安县	窈川乡	237
568	金华市	东阳市	佐村镇	234
569	杭州市	桐庐县	新合乡	233
570	金华市	磐安县	盘峰乡	231
571	温州市	平阳县	晓坑乡	228
572	丽水市	遂昌县	云峰镇	224

（续表）

排序	所属地区	县(市、区)	乡镇(街道)	总收入	排序	所属地区	县(市、区)	乡镇(街道)	总收入
573	衢州市	常山县	何家乡	223	605	衢州市	衢江区	杜泽镇	172
574	衢州市	江山市	淤头镇	222	606	温州市	乐清市	南岳镇	171
575	湖州市	安吉县	鄣吴镇	220	607	温州市	泰顺县	雅阳镇	169
576	衢州市	常山县	球川镇	220	608	台州市	临海市	汇溪镇	169
577	台州市	温岭市	坞根镇	218	609	绍兴市	上虞市	长塘镇	169
578	丽水市	莲都区	双黄乡	217	610	台州市	仙居县	大战乡	167
579	杭州市	临安市	湍口镇	215	611	丽水市	庆元县	屏都镇	167
580	温州市	瑞安市	碧山镇	210	612	丽水市	庆元县	黄田镇	167
581	杭州市	富阳市	湖源乡	209	613	绍兴市	新昌县	小将镇	165
582	舟山市	普陀区	蚂蚁岛乡	208	614	丽水市	松阳县	望松乡	165
583	衢州市	衢江区	大洲镇	208	615	金华市	兰溪市	水亭乡	162
584	丽水市	景宁县	鹤溪镇	208	616	金华市	东阳市	马宅镇	161
585	金华市	金东区	源东乡	207	617	杭州市	临安市	千洪乡	161
586	台州市	黄岩区	富山乡	206	618	金华市	磐安县	高二乡	158
587	温州市	文成县	百丈漈镇	201	619	杭州市	淳安县	大市镇	157
588	绍兴市	嵊州市	金庭镇	197	620	衢州市	衢江区	全旺镇	155
589	衢州市	衢江区	横路乡	195	621	衢州市	常山县	招贤镇	154
590	温州市	乐清市	四都乡	193	622	温州市	泰顺县	筱村镇	153
591	杭州市	建德市	三都镇	193	623	衢州市	龙游县	石佛乡	151
592	丽水市	莲都区	大港头镇	191	624	杭州市	临安市	大峡谷镇	148
593	杭州市	临安市	岛石镇	191	625	衢州市	柯城区	万田乡	147
594	衢州市	江山市	长台镇	190	626	衢州市	常山县	同弓乡	144
595	温州市	苍南县	望里镇	187	627	杭州市	淳安县	姜家镇	144
596	丽水市	遂昌县	金竹镇	184	628	温州市	鹿城区	双潮乡	143
597	台州市	天台县	洪畴镇	182	629	丽水市	庆元县	隆宫乡	143
598	丽水市	莲都区	太平乡	182	630	台州市	黄岩区	平田乡	142
599	温州市	乐清市	岭底乡	179	631	舟山市	嵊泗县	嵊山镇	141
600	台州市	仙居县	官路镇	179	632	温州市	乐清市	湖雾镇	140
601	绍兴市	新昌县	沙溪镇	178	633	衢州市	江山市	石门镇	140
602	温州市	乐清市	双峰乡	176	634	丽水市	龙泉市	查田镇	139
603	金华市	磐安县	万苍乡	174	635	金华市	武义县	桃溪镇	139
604	台州市	玉环县	鸡山乡	172	636	杭州市	淳安县	临歧镇	139

（续表）

排序	所属地区	县(市、区)	乡镇(街道)	总收入	排序	所属地区	县(市、区)	乡镇(街道)	总收入
637	温州市	泰顺县	司前镇	138	669	丽水市	莲都区	雅溪镇	110
638	丽水市	松阳县	大东坝镇	136	670	金华市	浦江县	岩头镇	110
639	杭州市	富阳市	常绿镇	136	671	温州市	文成县	大峃镇	109
640	温州市	泰顺县	彭溪镇	133	672	绍兴市	诸暨市	岭北镇	109
641	温州市	泰顺县	三魁镇	132	673	杭州市	桐庐县	合村乡	109
642	绍兴市	诸暨市	东和乡	132	674	绍兴市	新昌县	回山镇	108
643	丽水市	莲都区	联城镇	130	675	温州市	永嘉县	西溪乡	105
644	衢州市	衢江区	高家镇	129	676	温州市	苍南县	赤溪镇	105
645	衢州市	柯城区	华墅乡	129	677	台州市	仙居县	湫山乡	105
646	衢州市	江山市	大桥镇	128	678	衢州市	衢江区	莲花镇	104
647	温州市	平阳县	山门镇	125	679	温州市	平阳县	龙尾乡	100
648	丽水市	松阳县	裕溪乡	125	680	衢州市	衢江区	黄坛口乡	99
649	金华市	浦江县	杭坪镇	125	681	绍兴市	新昌县	双彩乡	97
650	金华市	磐安县	九和乡	124	682	丽水市	遂昌县	石练镇	97
651	温州市	永嘉县	岩头镇	123	683	金华市	浦江县	虞宅乡	97
652	衢州市	柯城区	石梁镇	122	684	杭州市	临安市	新桥乡	97
653	衢州市	开化县	池淮镇	122	685	温州市	苍南县	观美镇	96
654	丽水市	莲都区	老竹镇	121	686	衢州市	衢江区	峡川镇	96
655	台州市	三门县	里浦镇	119	687	温州市	文成县	黄坦镇	95
656	杭州市	淳安县	梓桐镇	119	688	金华市	浦江县	前吴乡	94
657	绍兴市	新昌县	巧英乡	118	689	杭州市	临安市	马啸乡	93
658	温州市	永嘉县	徐岙乡	117	690	衢州市	衢江区	云溪乡	92
659	杭州市	临安市	横路乡	117	691	台州市	三门县	花桥镇	91
660	衢州市	开化县	桐村镇	116	692	绍兴市	嵊州市	谷来镇	90
661	温州市	文成县	珊溪镇	115	693	衢州市	常山县	新昌乡	90
662	台州市	仙居县	田市镇	114	694	衢州市	衢江区	双桥乡	89
663	杭州市	淳安县	文昌镇	114	695	衢州市	江山市	四都镇	89
664	台州市	玉环县	海山乡	113	696	温州市	泰顺县	泗溪镇	88
665	绍兴市	嵊州市	北漳镇	113	697	绍兴市	新昌县	新林乡	88
666	衢州市	衢江区	后溪镇	112	698	丽水市	景宁县	梅歧乡	87
667	衢州市	常山县	白石镇	112	699	衢州市	龙游县	模环乡	86
668	台州市	黄岩区	上洋乡	110	700	金华市	东阳市	三单乡	86

（续表）

排序	所属地区	县（市、区）	乡镇（街道）	总收入	排序	所属地区	县（市、区）	乡镇（街道）	总收入
701	台州市	三门县	小雄镇	85	733	金华市	武义县	俞源乡	68
702	衢州市	江山市	凤林镇	85	734	舟山市	嵊泗县	枸杞乡	67
703	丽水市	莲都区	峰源乡	85	735	温州市	泰顺县	柳峰乡	67
704	温州市	泰顺县	西洋镇	83	736	温州市	平阳县	顺溪镇	67
705	绍兴市	上虞市	丁宅乡	83	737	衢州市	开化县	苏庄镇	67
706	金华市	婺城区	沙畈乡	83	738	丽水市	景宁县	东坑镇	67
707	温州市	平阳县	桃源乡	82	739	温州市	苍南县	凤池乡	66
708	温州市	泰顺县	月湖乡	81	740	丽水市	龙泉市	岩樟乡	66
709	温州市	泰顺县	南院乡	81	741	衢州市	开化县	杨林镇	65
710	丽水市	龙泉市	住龙镇	81	742	丽水市	庆元县	安南乡	64
711	丽水市	景宁县	梧桐乡	81	743	温州市	永嘉县	枫林镇	63
712	衢州市	江山市	新塘边镇	80	744	丽水市	遂昌县	王村口镇	63
713	台州市	天台县	街头镇	78	745	丽水市	龙泉市	安仁镇	63
714	丽水市	景宁县	家地乡	78	746	台州市	仙居县	埠头镇	62
715	舟山市	定海区	长白乡	77	747	舟山市	普陀区	登步乡	61
716	绍兴市	上虞市	下管镇	75	748	温州市	泰顺县	百丈镇	61
717	金华市	婺城区	长山乡	75	749	衢州市	开化县	音坑乡	61
718	温州市	泰顺县	龟湖镇	74	750	丽水市	遂昌县	大柘镇	61
719	绍兴市	诸暨市	马剑镇	74	751	金华市	武义县	新宅镇	61
720	衢州市	龙游县	詹家镇	74	752	温州市	永嘉县	黄南乡	60
721	衢州市	开化县	村头镇	74	753	温州市	泰顺县	凤洋乡	59
722	温州市	泰顺县	松洋乡	73	754	温州市	平阳县	宋埠镇	59
723	丽水市	龙泉市	上洋镇	73	755	丽水市	景宁县	渤海镇	59
724	温州市	永嘉县	潘坑乡	72	756	金华市	婺城区	塔石乡	59
725	温州市	泰顺县	仕阳镇	72	757	温州市	永嘉县	张溪乡	58
726	金华市	浦江县	中余乡	72	758	绍兴市	嵊州市	通源乡	58
727	金华市	永康市	舟山镇	71	759	衢州市	常山县	东案乡	58
728	杭州市	淳安县	枫树岭镇	71	760	丽水市	龙泉市	兰巨乡	58
729	舟山市	普陀区	佛渡乡	69	761	丽水市	莲都区	丽新乡	57
730	衢州市	江山市	碗窑乡	69	762	温州市	苍南县	藻溪镇	56
731	温州市	永嘉县	岩坦镇	68	763	丽水市	龙泉市	八都镇	56
732	温州市	文成县	南田镇	68	764	金华市	武义县	大田乡	56

（续表）

排序	所属地区	县(市、区)	乡镇(街道)	总收入	排序	所属地区	县(市、区)	乡镇(街道)	总收入
765	温州市	永嘉县	溪下乡	55	797	温州市	苍南县	中墩乡	42
766	衢州市	常山县	大桥乡	54	798	台州市	天台县	石梁镇	42
767	丽水市	景宁县	澄照乡	54	799	丽水市	缙云县	大源镇	42
768	衢州市	开化县	长虹乡	53	800	金华市	浦江县	花桥乡	42
769	丽水市	庆元县	淤上乡	53	801	温州市	文成县	玉壶镇	41
770	丽水市	龙泉市	塔石乡	53	802	温州市	乐清市	雁湖乡	41
771	温州市	永嘉县	大岙乡	52	803	温州市	苍南县	南宋镇	41
772	温州市	文成县	樟台乡	52	804	衢州市	衢江区	灰坪乡	41
773	温州市	泰顺县	黄桥乡	52	805	衢州市	常山县	新桥乡	41
774	温州市	平阳县	鹤溪镇	52	806	台州市	仙居县	皤滩乡	40
775	温州市	苍南县	芦浦镇	52	807	衢州市	柯城区	九华乡	40
776	温州市	文成县	周壤乡	51	808	金华市	兰溪市	柏社乡	40
777	金华市	浦江县	檀溪镇	51	809	衢州市	江山市	坛石镇	39
778	丽水市	景宁县	九龙乡	50	810	绍兴市	上虞市	岭南乡	38
779	绍兴市	嵊州市	下王镇	49	811	衢州市	江山市	大陈乡	38
780	衢州市	柯城区	七里乡	49	812	温州市	泰顺县	联云乡	37
781	丽水市	龙泉市	锦溪镇	49	813	温州市	苍南县	云岩乡	37
782	丽水市	缙云县	七里乡	49	814	温州市	苍南县	蒲城乡	37
783	衢州市	龙游县	庙下乡	48	815	丽水市	景宁县	秋炉乡	37
784	丽水市	遂昌县	濂竹乡	48	816	丽水市	遂昌县	新路湾镇	36
785	丽水市	景宁县	雁溪乡	48	817	温州市	泰顺县	大安乡	35
786	金华市	武义县	白姆乡	48	818	温州市	泰顺县	碑排乡	35
787	温州市	苍南县	莒溪镇	47	819	温州市	平阳县	吴洋乡	35
788	绍兴市	嵊州市	贵门乡	47	820	台州市	仙居县	步路乡	35
789	温州市	苍南县	巴艚镇	45	821	衢州市	开化县	张湾乡	35
790	温州市	永嘉县	鹤盛乡	44	822	丽水市	景宁县	英川镇	35
791	温州市	泰顺县	九峰乡	44	823	丽水市	景宁县	毛洋乡	35
792	温州市	文成县	巨屿镇	43	824	丽水市	景宁县	标溪乡	35
793	温州市	泰顺县	翁山乡	43	825	温州市	永嘉县	鲤溪乡	34
794	温州市	泰顺县	横坑乡	43	826	温州市	泰顺县	洲岭乡	34
795	绍兴市	新昌县	东茗乡	43	827	衢州市	开化县	林山乡	34
796	丽水市	缙云县	城北乡	43	828	衢州市	江山市	张村乡	34

（续表）

排序	所属地区	县(市、区)	乡镇(街道)	总收入	排序	所属地区	县(市、区)	乡镇(街道)	总收入
829	丽水市	遂昌县	北界镇	34	861	杭州市	淳安县	屏门乡	27
830	温州市	平阳县	凤卧镇	33	862	温州市	永嘉县	大若岩乡	26
831	温州市	苍南县	腾垟乡	33	863	温州市	泰顺县	新浦乡	26
832	衢州市	开化县	齐溪镇	33	864	温州市	乐清市	智仁乡	26
833	衢州市	开化县	大溪边乡	33	865	衢州市	江山市	塘源口乡	26
834	丽水市	莲都区	黄村乡	33	866	金华市	武义县	坦洪乡	26
835	杭州市	淳安县	安阳乡	33	867	杭州市	淳安县	石林镇	26
836	温州市	泰顺县	竹里乡	32	868	温州市	永嘉县	界坑乡	25
837	温州市	平阳县	梅溪乡	32	869	温州市	泰顺县	峰文乡	25
838	台州市	仙居县	朱溪镇	32	870	台州市	仙居县	上张乡	25
839	衢州市	开化县	中村乡	32	871	衢州市	柯城区	姜家山乡	25
840	丽水市	遂昌县	湖山乡	32	872	丽水市	景宁县	沙湾镇	25
841	衢州市	开化县	金村乡	31	873	温州市	泰顺县	洋溪乡	24
842	温州市	永嘉县	溪口乡	30	874	绍兴市	嵊州市	里南乡	24
843	温州市	永嘉县	碧莲镇	30	875	衢州市	江山市	廿八都镇	24
844	温州市	平阳县	凤巢乡	30	876	温州市	文成县	二源乡	23
845	台州市	三门县	横渡镇	30	877	温州市	泰顺县	仙稔乡	23
846	丽水市	松阳县	玉岩镇	30	878	温州市	泰顺县	东溪乡	23
847	温州市	永嘉县	岭头乡	29	879	温州市	平阳县	闹村乡	23
848	衢州市	龙游县	沐尘乡	29	880	温州市	苍南县	凤阳乡	23
849	衢州市	江山市	保安乡	29	881	衢州市	衢江区	岭洋乡	23
850	丽水市	松阳县	叶村乡	29	882	衢州市	衢江区	举村乡	23
851	杭州市	淳安县	浪川乡	29	883	丽水市	遂昌县	龙洋乡	23
852	温州市	永嘉县	巽宅镇	28	884	丽水市	龙泉市	小梅镇	23
853	温州市	泰顺县	下洪乡	28	885	金华市	武义县	三港乡	23
854	温州市	泰顺县	雪溪乡	27	886	杭州市	淳安县	王阜乡	23
855	温州市	苍南县	大渔镇	27	887	温州市	文成县	东溪乡	22
856	台州市	三门县	蛇蟠乡	27	888	温州市	乐清市	镇安乡	22
857	绍兴市	嵊州市	王院乡	27	889	丽水市	缙云县	胡源乡	22
858	衢州市	龙游县	大街乡	27	890	杭州市	淳安县	鸠坑乡	22
859	金华市	武义县	西联乡	27	891	杭州市	淳安县	界首乡	22
860	金华市	浦江县	大畈乡	27	892	温州市	泰顺县	岭北乡	21

（续表）

排序	所属地区	县(市、区)	乡镇(街道)	总收入	排序	所属地区	县(市、区)	乡镇(街道)	总收入
893	温州市	平阳县	南几镇	21	925	杭州市	淳安县	左口乡	17
894	衢州市	衢江区	周家乡	21	926	温州市	永嘉县	西源乡	16
895	丽水市	庆元县	荷地镇	21	927	温州市	文成县	十源乡	16
896	舟山市	嵊泗县	黄龙乡	20	928	温州市	文成县	里阳乡	16
897	温州市	永嘉县	下寮乡	20	929	台州市	仙居县	双庙乡	16
898	温州市	泰顺县	包洋乡	20	930	舟山市	嵊泗县	五龙乡	15
899	衢州市	开化县	何田乡	20	931	温州市	文成县	平和乡	15
900	温州市	文成县	龙川乡	19	932	温州市	苍南县	括山乡	15
901	温州市	文成县	金星乡	19	933	丽水市	龙泉市	竹洋乡	15
902	绍兴市	上虞市	陈溪乡	19	934	金华市	婺城区	岭上乡	15
903	丽水市	云和县	石塘镇	19	935	杭州市	淳安县	中洲镇	15
904	丽水市	遂昌县	柘岱口乡	19	936	杭州市	淳安县	里商乡	15
905	丽水市	缙云县	溶江乡	19	937	温州市	文成县	西坑镇	14
906	温州市	永嘉县	五尺乡	18	938	温州市	文成县	双桂乡	14
907	温州市	永嘉县	渠口乡	18	939	温州市	文成县	金垟乡	14
908	温州市	泰顺县	万排乡	18	940	丽水市	景宁县	鸬鹚乡	14
909	温州市	苍南县	渔寮乡	18	941	丽水市	景宁县	大地乡	14
910	绍兴市	嵊州市	雅璜乡	18	942	丽水市	缙云县	双溪口乡	14
911	衢州市	衢江区	太真乡	18	943	丽水市	缙云县	三溪乡	14
912	丽水市	松阳县	赤寿乡	18	944	丽水市	缙云县	方溪乡	14
913	丽水市	龙泉市	城北乡	18	945	温州市	洞头县	霓屿乡	13
914	丽水市	景宁县	大均乡	18	946	台州市	仙居县	淡竹乡	13
915	杭州市	淳安县	富文乡	18	947	丽水市	遂昌县	黄沙腰镇	13
916	温州市	乐清市	仙溪镇	17	948	丽水市	松阳县	斋坦乡	13
917	温州市	苍南县	炎亭镇	17	949	丽水市	庆元县	岭头乡	13
918	温州市	苍南县	新安乡	17	950	丽水市	庆元县	江根乡	13
919	衢州市	龙游县	社阳乡	17	951	丽水市	莲都区	高溪乡	13
920	衢州市	开化县	塘坞乡	17	952	杭州市	淳安县	宋村乡	13
921	衢州市	江山市	双溪口乡	17	953	绍兴市	嵊州市	竹溪乡	12
922	丽水市	龙泉市	屏南镇	17	954	丽水市	云和县	赤石乡	12
923	丽水市	景宁县	景南乡	17	955	丽水市	松阳县	枫坪乡	12
924	金华市	武义县	大溪口乡	17	956	丽水市	龙泉市	龙南乡	12

（续表）

排序	所属地区	县(市、区)	乡镇(街道)	总收入	排序	所属地区	县(市、区)	乡镇(街道)	总收入
957	杭州市	淳安县	金峰乡	12	989	温州市	平阳县	梅源乡	7
958	温州市	永嘉县	石染乡	11	990	丽水市	庆元县	贤良镇	7
959	温州市	永嘉县	茗岙乡	11	991	舟山市	普陀区	白沙乡	6
960	丽水市	遂昌县	安口乡	11	992	温州市	永嘉县	应坑乡	6
961	丽水市	松阳县	板桥乡	11	993	温州市	永嘉县	花坦乡	6
962	丽水市	庆元县	龙溪乡	11	994	温州市	文成县	云湖乡	6
963	杭州市	淳安县	瑶山乡	11	995	温州市	文成县	仰山乡	6
964	温州市	文成县	公阳乡	10	996	温州市	苍南县	仙居乡	6
965	温州市	鹿城区	岙底乡	10	997	台州市	仙居县	溪港乡	6
966	温州市	乐清市	福溪乡	10	998	丽水市	庆元县	张村乡	6
967	温州市	苍南县	浦亭乡	10	999	丽水市	庆元县	四山乡	6
968	台州市	天台县	龙溪乡	10	1000	丽水市	缙云县	白竹乡	6
969	衢州市	龙游县	罗家乡	10	1001	温州市	乐清市	龙西乡	5
970	丽水市	遂昌县	三仁乡	10	1002	丽水市	遂昌县	西畈乡	5
971	丽水市	松阳县	三都乡	10	1003	丽水市	遂昌县	高坪乡	5
972	温州市	文成县	峃口乡	9	1004	丽水市	遂昌县	蔡源乡	5
973	温州市	文成县	金炉乡	9	1005	丽水市	松阳县	竹源乡	5
974	温州市	文成县	富岙乡	9	1006	丽水市	松阳县	樟溪乡	5
975	丽水市	遂昌县	蕉滩乡	9	1007	丽水市	松阳县	新兴乡	5
976	丽水市	龙泉市	宝溪乡	9	1008	丽水市	景宁县	葛山乡	5
977	丽水市	缙云县	南溪乡	9	1009	丽水市	缙云县	大洋镇	5
978	舟山市	嵊泗县	花鸟乡	8	1010	温州市	平阳县	西湾乡	4
979	温州市	永嘉县	陡门乡	8	1011	温州市	苍南县	霞关镇	4
980	温州市	永嘉县	表山乡	8	1012	丽水市	云和县	紧水滩镇	4
981	温州市	文成县	周山乡	8	1013	丽水市	松阳县	安民乡	4
982	温州市	苍南县	石砰乡	8	1014	丽水市	景宁县	大际乡	4
983	台州市	仙居县	安岭乡	8	1015	温州市	永嘉县	山坑乡	3
984	丽水市	遂昌县	应村乡	8	1016	温州市	文成县	桂山乡	3
985	丽水市	庆元县	五大堡乡	8	1017	台州市	天台县	泳溪乡	3
986	温州市	永嘉县	西岙乡	7	1018	衢州市	柯城区	沟溪乡	3
987	温州市	永嘉县	东皋乡	7	1019	丽水市	云和县	雾溪乡	3
988	温州市	平阳县	南湖乡	7	1020	丽水市	庆元县	左溪镇	3

（续表）

排序	所属地区	县（市、区）	乡镇（街道）	总收入	排序	所属地区	县（市、区）	乡镇（街道）	总收入
1021	丽水市	庆元县	百山祖乡	3		温州市	瑞安市	桐浦乡	0
1022	丽水市	景宁县	郑坑乡	3		温州市	瑞安市	顺泰乡	0
1023	丽水市	缙云县	前路乡	3		温州市	瑞安市	平阳坑镇	0
1024	温州市	永嘉县	昆阳乡	2		温州市	瑞安市	宁益乡	0
1025	温州市	文成县	朱雅乡	2		温州市	瑞安市	梅屿乡	0
1026	温州市	文成县	上林乡	2		温州市	瑞安市	鹿木乡	0
1027	温州市	文成县	黄寮乡	2		温州市	瑞安市	龙湖镇	0
1028	温州市	泰顺县	峰门乡	2		温州市	瑞安市	林溪乡	0
1029	温州市	苍南县	沿浦镇	2		温州市	瑞安市	荆谷乡	0
1030	温州市	苍南县	龙沙乡	2		温州市	瑞安市	金川乡	0
1031	台州市	天台县	南屏乡	2		温州市	瑞安市	湖岭镇	0
1032	台州市	天台县	雷峰乡	2		温州市	瑞安市	桂峰乡	0
1033	丽水市	云和县	崇头镇	2		温州市	瑞安市	高楼乡	0
1034	丽水市	松阳县	新处乡	2		温州市	瑞安市	枫岭乡	0
1035	丽水市	松阳县	四都乡	2		温州市	瑞安市	芳庄乡	0
1036	丽水市	庆元县	官塘乡	2		温州市	瑞安市	东岩乡	0
1037	丽水市	龙泉市	道太乡	2		温州市	瑞安市	大南乡	0
1038	丽水市	缙云县	木栗乡	2		温州市	瑞安市	潮基乡	0
1039	温州市	苍南县	岱岭乡	1		温州市	瑞安市	曹村镇	0
1040	温州市	苍南县	昌禅乡	1		温州市	瑞安市	北龙乡	0
1041	台州市	仙居县	广度乡	1		温州市	瑞安市	北麂乡	0
1042	丽水市	云和县	朱村乡	1		温州市	平阳县	维新乡	0
1043	丽水市	云和县	安溪乡	1		温州市	平阳县	青街乡	0
1044	丽水市	松阳县	谢村乡	1		温州市	平阳县	怀溪乡	0
1045	丽水市	庆元县	举水乡	1		温州市	平阳县	朝阳乡	0
1046	丽水市	庆元县	合湖乡	1		温州市	苍南县	五凤乡	0
1047	丽水市	缙云县	新川乡	1		台州市	天台县	三州乡	0
1048	温州市	文成县	下垟乡	0		金华市	婺城区	箬阳乡	0
	温州市	文成县	石垟乡	0		丽水市	云和县	云坛乡	0
	温州市	文成县	岭后乡	0		丽水市	云和县	云丰乡	0
	温州市	瑞安市	永安乡	0		丽水市	云和县	沙铺乡	0
	温州市	瑞安市	营前乡	0		丽水市	云和县	黄源乡	0

（续表）

排序	所属地区	县(市、区)	乡镇(街道)	总收入	排序	所属地区	县(市、区)	乡镇(街道)	总收入
	丽水市	云和县	大源乡	0		丽水市	青田县	腊口镇	0
	丽水市	云和县	大湾乡	0		丽水市	青田县	巨浦乡	0
	丽水市	青田县	祯旺乡	0		丽水市	青田县	季宅乡	0
	丽水市	青田县	祯埠乡	0		丽水市	青田县	黄洋乡	0
	丽水市	青田县	章旦乡	0		丽水市	青田县	鹤城镇	0
	丽水市	青田县	章村乡	0		丽水市	青田县	海溪乡	0
	丽水市	青田县	小舟山乡	0		丽水市	青田县	海口镇	0
	丽水市	青田县	吴坑乡	0		丽水市	青田县	贵岙乡	0
	丽水市	青田县	温溪镇	0		丽水市	青田县	高市乡	0
	丽水市	青田县	万山乡	0		丽水市	青田县	高湖镇	0
	丽水市	青田县	万阜乡	0		丽水市	青田县	阜山乡	0
	丽水市	青田县	汤洋乡	0		丽水市	青田县	方山乡	0
	丽水市	青田县	舒桥乡	0		丽水市	青田县	东源镇	0
	丽水市	青田县	石溪乡	0		丽水市	青田县	船寮镇	0
	丽水市	青田县	山口镇	0		丽水市	青田县	北山镇	0
	丽水市	青田县	仁庄镇	0		丽水市	缙云县	双川乡	0
	丽水市	青田县	仁宫乡	0		丽水市	缙云县	石笕乡	0
	丽水市	青田县	岭根乡	0					

注：浙江省乡镇财政总收入排序不包括宁波市的乡镇

2007年浙江省乡镇财政基本情况表

单位:万元、个、人

项　　目	合　　计	乡	镇
一、本年乡镇数	1220	458	762
其中:实行“乡财县管”的乡镇数	487	274	213
二、乡镇财政机构数	1038	395	643
其中:财税所数	431	140	291
三、已建立乡镇国库的乡镇数	2		2
四、税务所机构数	224	3	221
国家税务所数	65	1	64
地方税务所数	159	2	157
其中:一乡(镇)一所数	23	1	22
五、乡镇财政所总人数	3576	814	2762
1. 行政编制实有人数	1648	404	1244
2. 事业编制实有人数	1802	385	1417
3. 以工代干人数	39	15	24
4. 集体财务人员人数	87	10	77
六、乡镇财政供养人数	237210	32456	204754
1. 财政预算拨款开支人数	67235	13169	54066
2. 财政补助开支人数	169975	19287	150688
其中:教师	137491	14378	123113
七、赤字乡镇个数	76	34	42
八、乡镇年末总人口	33074420	5397904	27676516
其中:乡村人口	28054796	4781610	23273186
九、乡镇财政一般预算收入分档			
100万元(不含)以下的乡镇数		340	101
100万元(含)~500万元的乡镇数	209	66	143
500万元(含)~1000万元的乡镇数	130	23	107
1000万元(含)以上的乡镇数	440	29	411
十、村民委员会个数	26529	6768	19761

（续表）

项　　目	合　　计	乡	镇
十一、乡镇一般预算收支平衡情况			
一般预算收入	4084234	306121	3778113
本年本级收入	2767607	114223	2653384
税收收入	2747887	113072	2634815
非税收入	19720	1151	18569
上级补助收入	1149735	178981	970754
上年结余	162052	12843	149209
调入资金	4840	74	4766
一般预算支出	3853415	290314	3563101
本年本级支出	1863091	209706	1653385
上解上级支出	1990324	80608	1909716
调出资金			
年终结余	230819	15807	215012
其中：净结余	128816	4848	123968
十二、乡镇政府性基金预算收支平衡情况			
政府性基金收入	430008	7998	422010
本年本级收入	214890	1219	213671
上级补助收入	203447	6350	197097
上年结余	11671	429	11242
调入资金			
政府性基金支出	399263	7593	391670
本年本级支出	378749	6936	371813
上解上级支出	20514	657	19857
调出资金			
年终结余	30745	405	30340
十三、预算外收支情况			
预算外财政专户收入	1647438	113201	1534237
本年本级收入	1227732	72170	1155562
上级补助收入	346389	36780	309609
上年结余	73317	4251	69066
预算外财政专户支出	1551566	101445	1450121
本年本级支出	1544123	101303	1442820
上解上级支出	2603	68	2535
政府调剂资金	4840	74	4766
其中：调入一般预算资金	4840	74	4766
年终结余	95872	11756	84116

2007年全省国民经济和社会发展总量与速度

指　　标	1978年	1990年	1995年	2000年	2005年	2006年	2007年	指数(2007年为以下各年%)			2003-2007年均增长%
								1978年	2002年	2006年	
人口											
年末总人口(万人)	3750.96	4234.91	4369.63	4501.22	4602.11	4629.40	4659.34	124.2	102.7	100.6	0.5
年末从业人员数(万人)	1794.96	2554.46	2621.47	2726.09	3100.76	3172.38	3405.01	189.7	119.1	107.3	3.6
全省生产总值(亿元)	123.72	904.69	3557.55	6141.03	13437.85	15742.51	18780.44	3687.4	193.5	114.7	14.1
第一产业	47.09	225.04	549.96	630.98	892.83	925.10	986.02	315.0	115.1	102.3	2.9
第二产业	53.52	408.18	1854.52	3273.93	7166.15	8509.57	10148.45	7892.3	202.2	115.5	15.1
第三产业	23.11	271.47	1153.07	2236.12	5378.87	6307.84	7645.97	4358.8	199.6	115.4	14.8
人均生产总值(元)	331	2138	8149	13416	27703	31874	37411	2746.8	181.8	112.9	12.7
交通运输											
旅客周转量(亿人公里)	66.68	257.29	483.06	606.73	848.49	929.15	1010.60	1515.6	143.0	108.8	7.4
货物周转量(亿吨公里)	164.19	400.65	874.29	1199.74	3416.90	4363.71	4701.30	2863.3	290.8	107.7	23.8
全社会固定资产投资总额(亿元)	23.23	186.96	1357.90	2267.22	6696.25	7593.66	8420.43	36248.1	234.1	110.9	18.5
财政收支											
财政总收入(亿元)	27.45	101.59	248.50	658.42	2115.36	2567.70	3239.89	11802.9	277.7	126.2	22.7
#地方财政收入(亿元)	27.45	101.59	116.82	342.77	1066.60	1298.20	1649.50	6009.1	291.0	127.1	23.8
财政支出(亿元)	17.43	80.23	180.29	431.30	1265.53	1471.86	1806.79	10366.4	240.9	122.8	19.2
贸易											
社会消费品零售总额(亿元)	46.86	353.75	1472.66	2553.59	4631.69	5325.35	6214.04	13260.9	196.3	116.7	14.4
进出口总额(亿美元)	0.70	27.73	115.12	278.34	1073.91	1391.47	1768.37	252624.3	421.4	127.1	33.3
#出口总额(亿美元)	0.52	21.89	76.98	194.44	768.04	1008.94	1282.96	246723.1	436.2	127.2	34.3
价格指数											
居民消费价格指数(上年=100)		102.1	116.6	101.1	101.3	101.1	104.2				
城乡居民收入											
城镇居民人均可支配收入(元)	332	1932	6221	9279	16294	18265	20574	980.8	159.5	108.4	9.8
农村居民人均纯收入(元)	165	1099	2966	4254	6660	7335	8265	1074.6	145.7	108.2	7.8
教育和文化											
高等学校在校学生数(万人)	2.4	6.0	9.3	22.2	67.7	74.7	80.9	3341.4	197.8	108.4	14.6
中等职业学校在校学生数(万人)	2.8	6.7	13.9	14.8	12.9	11.4	10.4	371.0	84.6	91.1	-3.3
普通中学在校学生数(万人)	214.7	169.6	210.5	249.6	261.1	262.3	266.6	124.2	98.6	101.6	-0.3
小学在校学生数(万人)	501.4	372.4	353.8	353.8	342.4	339.4	335.5	66.9	97.6	98.8	-0.5
报纸出版数量(万份)	24080	66865	113514	173526	264913	280261	291048	1208.7	137.0	103.8	6.5
杂志出版数量(万份)	393	4716	8417	8736	9016	8009	8032	2056.5	97.1	100.9	-0.6
图书出版数量(万份)	12033	19596	22608	27014	27443	27026	25656	213.2	85.0	94.9	-3.2

2007年浙江省国民经济和社会发展统计公报

浙江省统计局 国家统计局浙江调查总队

(2008年3月17日)

2007年,全省人民在省委、省政府的正确领导下,全面贯彻落实科学发展观和党的十七大会议精神,积极实施创业富民、创新强省总战略,加快转变经济发展方式,着力提高经济增长的质量和效益,着力加强自主创新和节能环保,着力推进统筹协调发展,着力改善民生和加快社会建设,全省经济社会保持了良好的发展势头,呈现出增长速度较快、运行质量较好、结构继续优化、创新能力增强、统筹和谐发展水平提高、民生得到进一步改善的良好局面,在全面建设小康社会的道路上又迈出了坚实的一步。

一、综合

初步核算,2007年,全省生产总值为18638亿元,比上年增长14.5%(见图1)。其中第一产业增加值1025亿元,第二产业增加值10092亿元,第三产业增加值7521亿元,分别增长2.8%、15.4%和15.1%。人均GDP为37128元(按年平均汇率折算为4883美元),增长12.7%。三次产业增加值结构从上年的5.9:54.0:40.1调整为5.5:54.1:40.4。

图1 2001-2007年浙江省生产总值及其增长速度

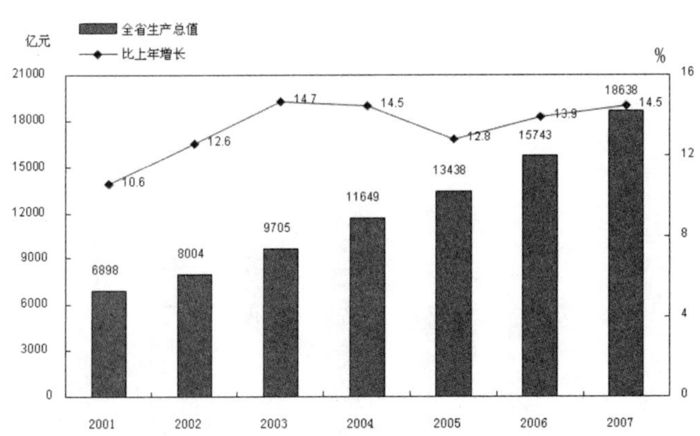

表1 2007年居民消费价格变动情况(上年=100)

	全 省	城 市	农 村
居民消费价格总指数	104.2	103.9	104.4
食品	111.0	110.1	111.8
# 粮食	103.9	104.2	103.7
烟酒及用品	101.8	102.0	101.6
衣着	99.8	100.8	98.8
家庭设备用品及服务	102.1	101.8	102.4
医疗保健及个人用品	102.1	102.2	102.1
交通和通信	98.8	98.5	99.1
娱乐教育文化用品及服务	98.1	99.1	97.2
居住	105.3	105.4	105.2

全省居民消费价格上涨4.2%(见表1)。其中居住类上涨5.3%,食品类上涨11.0%,商品零售价格上涨3.8%,农业生产资料价格上涨7.3%,工业品出厂价格上涨2.4%,原材料、燃料、动力购进价格上涨5.3%,固定资产投资价格上涨4.3%。房屋销售价格上涨8.1%。

年末全省从业人员3250万人,比上年末增加77.6万人。其中城镇从业人员1160万人,增加82.1万人。全年全省新增城镇就业人数73.5万人,年末城镇登记失业率为3.27%,比上年末下降0.24个百分点。

全省财政一般预算总收入3239.89亿元,比上年增长26.2%,其中地方一般预算收入1649.50亿元,增长27.1%。

经济社会发展中还面临许多矛盾和问题:价格上涨压力加大,自主创新能力不强,节能减排形势严峻,资金面和政策面趋于"双紧"。

二、农业和农村建设

全年农作物总播种面积2799.52千公顷,比上年减少1.7%。全年粮食播种面积和单产分别比上年减少2.2%和2.5%,粮食总产量为842.62万吨(见表2),比上年减少4.7%,其中晚稻总产量587.31万吨,比上年减少6.7%。

表2 2007年主要农产品产量

	绝对数(万吨)	比上年增长(%)
粮食	842.62	-4.7
春粮	52.26	10.2
早稻	69.90	-9.2
秋粮	720.46	-5.1
油料	44.79	-5.6
花生	5.18	3.4
油菜籽	38.94	-6.9
棉花	2.57	8.0
糖料	87.35	-0.9
茶叶	16.02	5.1
水果	701.49	6.8
蔬菜	1832.26	2.0

主要经济作物增多减少。其中蔬菜播种面积684.04千公顷,棉花播种面积19.01千公顷,分别比上年增长1.8%和4.2%。

畜牧业生产较好增长,渔业生产稳定增长。全年肉类总产量为179.9万吨,比上年增长5.8%;水产品产量500.14万吨,比上年增长1.8%,其中海水产品产量408.16万吨,淡水产品产量91.97万吨。

现代农业发展迈开新步子。全年净增有效灌溉面积8.9千公顷,新增节水灌溉面积38.28千公顷。农业机械总动力

2331.63 万千瓦，比上年增长 1.7%。

新农村建设成效明显。千村示范万村整治工程深入推进，全年投入整治建设资金总额 151.76 亿元，累计完成示范村 1181 个，整治村 10303 个，全省村庄整治率达到 35.39%。“欠发达乡镇奔小康工程”目标任务如期完成，80%以下的欠发达乡镇农民收入超过全国平均水平，全省共完成下山移民 24509 户、90315 人，26 个欠发达县和黄岩、婺城两区完成下山移民搬迁 21686 户、79870 人，超额完成了全年下山 5 万人的目标任务。全省培训农民 157.2 万人，其中农业专业技能培训 37.2 万人，农民转移就业技能培训 57.5 万人，务工农民岗位技能培训 56 万人，后备劳动力培训 6.6 万人。培训后转移就业 48 万人，培训转移率 84%(同比增长 4.1%)。农业多样化趋势明显。全省已累计发展农家乐休闲旅游村(点)2710 个，去年共接待游客 5621.3 万人次，营业收入达到 30.4 亿元。全省各类农业产业化经营组织达到 10300 万个。农民信箱村级联络点组建达 99%以上，用户达 170 万户，村级联络点按照“八个有”标准组建率达到 83%。全省各级财政对新农村建设投入 496.17 亿元，比上年增长 32.8%。2007 年末，全省农业贷款余额达 1275.59 亿元，比上年增长 26.4%;

三、工业和建筑业

2007 年，全部工业增加值为 9040 亿元，比上年增长 16.3%，其中规模以上工业增加值 7028 亿元，增长 17.9%，轻、重工业增加值分别增长 16.4%和 19.2%(见表 3)。规模以上工业销售产值 35152 亿元，增长 24.1%。国有及国有控股工业企业增加值 1072 亿元，比上年增长 11.4%。规模以上工业企业完成出口交货值 9184 亿元，增长 20.8%。出口交货值占销售产值的比重为 26.1%，比上年下降 0.7 个百分点。

表 3 2007 年规模以上工业增加值

	绝对数(亿元)	比上年增长(%)
工业增加值	7028.46	17.9
# 国有及国有控股企业	1072.06	11.4
集体企业	48.09	8.6
股份制企业	1838.61	15.5
外商及港澳台投资企业	1767.17	18.1
私营企业	2616.43	21.0
# 轻工业	3174.10	16.4
重工业	3854.36	19.2

高技术产业总产值 2901 亿元，比上年增长 16.4%，所占比重为 8.1%。在高技术产业中，集成电路、光通信设备、微波通信设备等产品产量分别比上年增长 37.7%、8.7%和 1.4%。全省新产品产值达 5587.0 亿元，比上年增长 40.3%，新产品产值率为 15.5%，比上年提高 1.8 个百分点。

汽车产量 23.9 万辆，增长 26.1%，其中轿车产量 17.5 万辆，增长 15.3%(见表 4)。

全年规模以上工业企业实现利润 1738.6 亿元，比上年增长 29.8%。其中，国有及国有控股企业 240.5 亿元，比上年增长 32.2%;股份制企业 523.5 亿元，增长 26.8 %;外商及港澳台投资企业 523.2 亿元，增长 35.6%;私营企业 550.8 亿元，增长 29.5%。工业企业产品销售率 97.6%，比上年下降 0.2 个百分点。

全年建筑业增加值 1052.02 亿元，比上年增长 8.4 %。全年

表 4 2007 年主要工业产品产量

	单位	绝对数	比上年增长(%)
纱	万吨	146.71	17.3
布	亿米	114.88	13.8
化纤	万吨	1367.68	65.3
卷烟	亿支	732.86	9.1
房间空调器	万台	350.76	17.4
发电量	亿千瓦小时	1886.15	12.3
钢材	万吨	1588.70	21.4
水泥	万吨	10545.51	6.2
化肥(折 100%)	万吨	54.38	0.4
汽车	万辆	23.88	26.1
# 轿车	万辆	17.54	15.3
集成电路	亿块	36.93	37.7
光通信设备	台	40017	8.7
移动电话机	万台	4170.72	-15.0
微型电子计算机	万台	130.28	-14.7

资质以上建筑企业利润总额 182.5 亿元，比上年增长 19.7%;税金总额 216.1 亿元，增长 21.0%。

四、固定资产投资和房地产业

2007 年，全社会固定资产投资 8432.8 亿元，比上年增长 11.1%(见图 2)，其中限额以上投资 7716.8 亿元，比上年增长 10.8%，增幅比上年回落 2.7 个百分点。限额以上非国有控股投资 5096.0 亿元，增长 15.1%，占全部限额以上投资的 66.0%。

图 2 2001-2007 年浙江省全社会固定资产投资及其增长速度

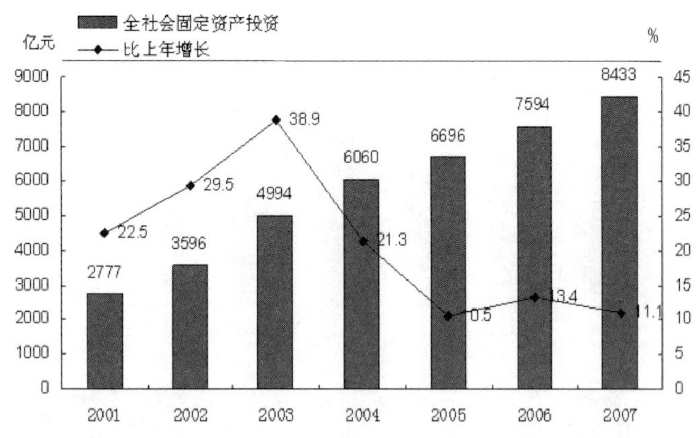

在限额以上固定资产投资中，第一产业投资 32.9 亿元，比上年增长 50.6%;第二产业投资 3616.4 亿元，增长 11.9%。其中工业投资 3600.8 亿元，增长 12.1%;第三产业投资 4067.5 亿元，增长 9.6%。

全年限额以上投资项目 24524 个，比上年增长 4.8 %。其中，新开工项目 12281 个。相继建成了华能玉环电厂一期、杭州湾跨海大桥南岸接线工程、杭甬高速复线等一大批重大项目。

全年房地产开发投资 1820.8 亿元，比上年增长 15.7 %，增幅比上年回升 7.6 个百分点。商品房销售额 2603.8 亿元，比上年增长 53.8%。

五、国内贸易

全年社会消费品零售总额6214亿元，比上年增长16.7%，扣除价格因素，实际增长12.4%。其中，城市消费品零售额4117.2亿元，比上年增长17.0%，县及县以下消费品零售额2096.8亿元，增长16.1%。分行业看，批发零售贸易业零售额5437.8亿元，增长16.7%；住宿餐饮业零售额717.4亿元，增长17.6%；其他行业零售额58.9亿元，增长3.7%。

在限额以上批发零售贸易业销售额中，汽车类零售额比上年增长14.3%，通信器材类增长1.8%，建筑及装潢材料类增长22.1%，服装、鞋帽、针纺织品类增长23.4%，家具类增长39.7%，食品饮料烟酒类增长23.1%，石油及制品类增长16.2%，文化办公用品类增长16.8%，家用电器和音像器材类增长21.2%。

年末全省共有商品交易市场4096个，比上年增加32个。其中，超十亿元的市场133个，超百亿元的市场15个，分别比上年增加8个和2个。商品交易市场成交额9325亿元，比上年增长13.1%。新型流通业态发展较快。“千镇连锁超市”、“万村放心店”工程全面完成，全省1212个乡镇开设了连锁超市1689个，9751个行政村开设了连锁便利店10788个，共建放心示范店28110个。

六、对外经济

全年进出口总额为1768.4亿美元，比上年增长27.1%，其中进口485.4亿美元，增长26.9%，出口1283亿美元，增长27.2%(见表5)。

表5 2007年进出口主要分类情况

	绝对数(亿美元)	比上年增长(%)
进出口总额	1768.4	27.1
出口额	1283	27.2
#一般贸易	993.8	28.5
加工贸易	273.1	20.7
#机电产品	555.9	31.2
#高新技术产品	101.8	0.1
进口额	485.4	26.9
#一般贸易	292.3	36.4
加工贸易	123.4	21.2
#机电产品	137.9	11.5

表6 2007年对主要市场进出口情况

国家或地区	出口额(亿美元)	比上年增长(%)	进口额(亿美元)	比上年增长(%)
欧盟	334.5	34.3	58.4	32.1
东盟	70.9	29	48.4	25.2
美国	246.4	12.3	39	37.6
中国香港	51.2	42.3	3.8	15.3
日本	88.3	7.8	77.7	21
韩国	40.4	26.1	60.4	13.6
中国台湾	15.7	21.7	73.3	56.9

对主要市场的出口均保持较快增长，日本和台湾是2007年浙江进口贸易额最多的国家和地区(见表6)。

全省新批外商直接投资项目2919个，比上年减少18.5%，合同外资和实际到位外资分别为204和103.7亿美元，分别增长6.8%和16.6%。第三产业利用外资继续保持良好势头，合同外资68.6亿美元，实际外资29.8亿美元，分别增长43.2%和52.2%，分别占外资总额的33.6%和28.8%，比重分别提高8.5和6.7个百分点。

全年对外承包工程、对外劳务合作、对外设计咨询完成营业额20.8亿美元，比上年增长2.3%。批准境外投资项目420个，总投资6.6亿美元，其中中方投资6.1亿美元，总投资和中方投资分别增长69.2%和1倍。

七、交通运输、邮电和旅游

全年交通运输、仓储和邮政业增加值706.72亿元，比上年增长10.5%。

全年铁路、公路和水运等运输方式完成货物周转量4962.38亿吨公里，比上年增长13.7%；旅客周转量1026.5亿人公里，增长10.5%。沿海港口货物吞吐量5.7亿吨，增长12.0%(见表7)。

表7 2007年铁、公、水路运输方式完成运输量

	单位	绝对数	比上年增长(%)
货物周转量	亿吨公里	4962.38	13.7
铁路	亿吨公里	336.06	11.7
公路	亿吨公里	493.64	14.5
水运	亿吨公里	4132.68	13.8
旅客周转量	亿人公里	1026.5	10.5
铁路	亿人公里	258.52	7.2
公路	亿人公里	761.07	11.7
水运	亿人公里	6.91	3.0
沿海港口货物吞吐量	亿吨	5.7	12.0

全年邮电业务总量1327.1亿元，比上年增长29.1%。其中，邮政业务总量42.2亿元，增长13.3%；电信业务总量1284.9亿元，增长29.7%。

全年新增固定电话交换机容量153万门，总容量3246万门。新增移动电话交换机容量1709万户，总容量为5903万户。年末固定电话用户达2406万户，比上年新增16万户，其中城市电话用户1601万户，新增34万户，农村电话用户804万户；移动电话用户3529万户，全年新增517万户。国际互联网稳步发展，年末全省互联网用户数为681万户，比上年新增107万户。

全年国内旅游者19100万人次，比上年增长18.6%；国内旅游收入1820亿元，增长19.7%。接待境外入境旅游者511.18万人次，增长19.7%，其中，外国人343.64万人次，增长22%；香港、澳门和台湾同胞167.54万人次，增长15.2%。国际旅游外汇收入27.08亿美元，增长26.8%。全年国内国际旅游总收入2026亿元，增长19.9%。

八、金融、证券和保险

年末金融机构本外币各项存款余额29030.33亿元，比上年末增长16.1%，其中人民币存款余额增长16.8%。全部金融机构本外币各项贷款余额24939.89亿元，比上年末增长20.2%，其中人民币贷款余额增长23.7%。年末城乡居民本外币储蓄存款余额11381.16亿元（见表8），比上年末增长5.4%。

表8 2007年全部金融机构本外币存贷款情况

指标	年末数（亿元）	比上年增长（%）
各项存款余额	29030.33	16.1
其中：企业存款	10456.83	21.5
城乡居民储蓄存款	11381.16	5.4
其中：人民币	11160.73	6.6
各项贷款余额	24939.89	20.2
其中：短期贷款	14825.62	24.0
中长期贷款	8975.24	19.2

按照五级分类统计，年末全省主要银行业机构不良贷款余额241.97亿元，比年初减少24.17亿元，不良贷款率为1.12%，比年初下降0.37个百分点。

截至2007年末，全省全年新增上市公司31家（其中境内首发上市20家，境内买壳上市3家，境外上市8家），新增融资额406.63亿元，创历史新高，其中，阿里巴巴公司筹资131.3亿元，刷新了我省上市公司首发融资额最高纪录。目前，全省共有上市公司154家，累计融资1001.08亿元。A、B股上市公司120家，累计融资585.89亿元，其中，中小板上市公司43家，占全国200家中小板上市公司的21.5%，全国排名第一。境外上市公司34家，累计融资415.19亿元。

全年保险业保费收入441.94亿元，比上年增长21.8%。其中，财产险保费收入175.48亿元，比上年增长29.4%；人身险保费收入266.47亿元，增长17.2%。支付各类赔款及给付173.66亿元。其中，寿险业务给付73.16亿元；健康险和意外伤害险赔款及给付10.31亿元；财产险赔款90.19亿元。

九、教育和科学技术

全省拥有普通高校77所（含筹建）。全年研究生招生12326人，在学研究生31409人，毕业生7387人；普通本专科招生24.97万人，在校生77.8万人，毕业生18.39万人。普通高考录取率72%，比上年提高1个百分点；高等教育毛入学率达到38%，比上年提高2个百分点。各类中等职业教育招生26.9万人，在校生76.9万人，毕业生24.9万人。普通高中招生27.67万人，在校生87.08万人，毕业生29.35万人。初中招生62.48万人，在校生179.47万人，毕业生53.64万人，初中毕业升高中段的比例为96.55%，比上年提高2.53个百分点。小学招生54.85万人，在校生335.46万人，毕业生62.81万人；小学毕业生升学比例达99.99%，初中入学率、巩固率分别为99.91%和99.96%。特殊教育招生1612人，在校生1.3万人。全省拥有幼儿园10411所，在园幼儿147.78万人。

全年全社会科技活动经费投入500亿元，比上年增长22.6%；占全省生产总值的比例为2.68%，比上年提高0.07个百分点。R&D经费占全省生产总值的比例为1.52%，比上年提高0.1个百分点。地方财政科技投入71.5亿元，比上年增长30.2%；地方财政科技拨款占地方财政支出的比重由上年的3.7%提高到4%。

年末全省拥有县及县以上独立的研究开发机构147家，国家、省部级重点实验室和中试基地45家、省级高新技术企业研发中心645家，其中国家级企业技术中心25家；拥有省级区域创新服务中心87家，其中国家级生产力促进中心8家。全年受理专利申请6.9万件，授权专利4.2万件，分别比上年增长30.2%和35.5%。全年技术市场合同成交金额130多亿元。

年末全省有1047家产品质量检验机构，其中国家检测中心16个；产品质量、体系认证机构5个，全省有9257家企业获得55398张3C证书。法定计量技术机构74个，全年强制检定计量器具140.77万台件。全年测绘部门完成各种比例尺地形图5.51万幅。

十、文化、卫生和体育

年末全省文化部门共有艺术表演团体71个，群艺（文化）馆、文化站1579个，公共图书馆93个，博物馆76个。省市级广播电台、电视台各12座，县级广播电视台66家。全省乡镇和行政村的有线电视联网率分别达到99%和97%。全省有线电视用户数1007万户，比上年增长6%，入户率为64.8%，广播、电视人口覆盖率分别达到98.7%和99.1%。全省制作生产的各类电影16部、电视剧32部808集、动画22部590集，全省广播电视业经营收入78亿元，比上年增长6.3%。全年城市影院共放映电影33.4万场，观众870.7万人次，票房收入2.1亿元，比上年分别增长16.3%、16.3%和25%。

全省13家图书出版社，共出版图书7640种，总印数2.6亿册；全省公开发行的报纸有70种，年发行量达28.6亿份，比上年增加0.7亿份，平均每千人每天拥有155份报纸；出版期刊218种，年发行量近1亿册。全省共有综合档案馆97个，已开放各类档案10349个全宗，共计200.7万卷49.8万件。

年末全省共有卫生机构15870个，其中医院、卫生院2671个。医院和卫生院床位14.5万张。卫生技术人员23万人，其中执业医师和执业助理医师10万人，注册护士7.2万人。

2007年底，全省各县（市、区）已建立社区卫生服务中心1360个，占应建社区卫生服务中心总数的82.3%，社区卫生服务站（室）6601个，社区责任医生2.6万人。初步建立覆盖全省、多层次、多形式的城乡社区卫生服务体系。

建立健全公共卫生体系，加强重大传染病的防控工作。2007年全省累计报告发生甲、乙类传染病173318例，报告死亡病例281例。报告总发病率为348.03/10万，比上年下降2.21%，报告死亡率为0.56/10万，比上年下降了6.62%，病死率为0.19%，比上年下降4.53%。全省共18个美沙酮维持治疗门诊启动运转率达100%，累计治疗80.1万人次。全省共有11个市，72个县（市/区）开展免费抗病毒治疗工作。全省建立了1个确证中心实验室，12家确证实验室，6家筛查中心实验室，402家HIV筛查实验室，形成省、市、县三级艾滋病检测实验室网络。

结合“千村示范、万村整治”工作，积极推进农村改水改厕，农村自来水普及率达89.7%，卫生厕所覆盖率达80.6%，累计创建国家级卫生城市(县城、镇)30 个,农村环境卫生条件得到明显改善。

全年我省运动健儿共取得世界冠军 8 个、亚洲冠军 12 个、全国冠军 81 个。共举办国际性体育竞赛 8 项次、全国性竞赛21 项次、全省性竞赛 56 项次。全省共有 5 个县(市、区)和 101 个乡镇通过省级体育强县、强镇的检查验收。全年发行体育彩票 36.2 亿元,比上年增加 3.67 亿元,位居全国第 2 位。

十一、人口、人民生活和社会保障

据 2007 年人口变动抽样调查,年末全省常住人口 5060 万人,比上年增长 1.6‰。其中,男性人口 2565.4 万人,女性人口 2494.6 万人,分别占总人口的 50.7%和 49.3%。全年出生人口 52.1 万人,出生率 10.38‰;死亡人口 28.0 万人,死亡率为 5.57‰;全年自然增长人口 24.1 万人,自然增长率为 4.81‰。

图 3　2001-2007 浙江省城镇居民收入及其增长速度

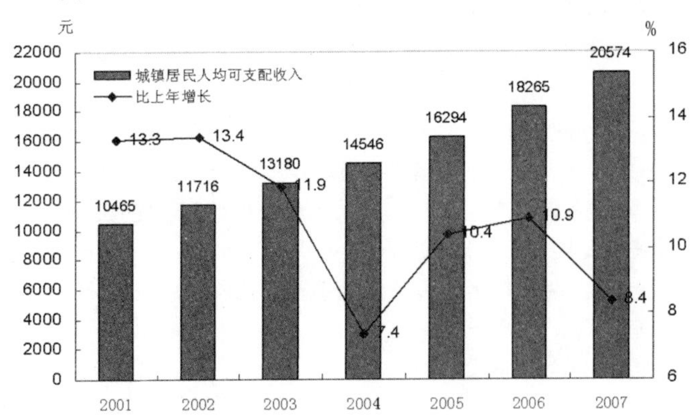

图 4　2001-2007 年浙江省农村居民收入及其增长速度

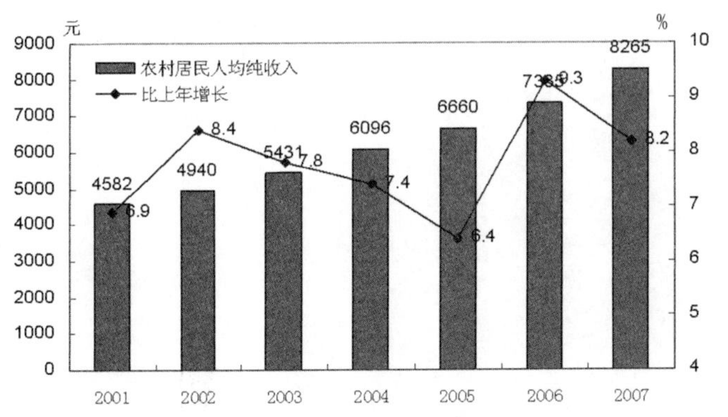

据对全省城乡住户抽样调查,2007 年全省城镇居民人均可支配收入 20574 元,农村居民人均纯收入 8265 元,扣除价格因素,分别比上年增长 8.4%和 8.2%,城镇居民人均可支配收入连续 7 年、农村居民人均纯收入连续 23 年列全国各省区第一位(见图 3、4)。城镇居民收入的基尼系数(衡量居民内部收入分配差距的指标)为 0.3315,农村居民的基尼系数为 0.3535。城镇居民人均消费支出 14091 元,比上年实际增长 1.6 %;农村居民人均生活消费支出 6442 元,实际增长 7.5%。城镇居民家庭恩格尔系数(即居民家庭食品消费支出占家庭消费总支出的比重)为 34.7%,比上年提高了 1.8 个百分点;农村居民家庭恩格尔系数为 36.4%,比上年下降了 0.8 个百分点。城镇居民人均住房建筑面积 34.7 平方米;农村居民人均居住面积 57.06 平方米,比上年末增加 1.49 平方米。年末城乡居民家庭耐用消费品拥有量继续增加(见表 9),其中每百户城镇居民家用汽车拥有量 13.9 辆。

全年全省参加企业养老保险人数 1076 万人,比上年末增加 112 万人,增长 12%;企业养老保险基金收入 377 亿元,支出 226 亿元,累计结余 604 亿元,比上年末增加 151 亿元,基金支付能力稳定上升,支付能力达 28 个月。参加失业保险人数 585 万人,比上年末增加 79 万人,增长 16%;基本医疗保险参保人数 855 万人,比上年末增加 124 万人,增长 17%;工伤保险参保人数 1003 万人,增加 399 万人,增长 66%;生育保险参保人数 505 万人,比上年末增加 122 万人,增长 32%。

新型农村合作医疗制度全面实行,受益面不断扩大。全省 87 个有农业人口的县(市、区)已全部实施新型农村合作医疗制度,参加人数 3000 万人,人均筹资 90 元,参保率为 89%,当年度参合农民住院补偿率 24.4%,有 86 个县实行了小病在乡村医疗机构门诊小额报销制度,门诊受益面为 69%,基金结余率 11.7%,运行平稳、有序。

新型社会救助体系进一步深化完善。据初步统计,全省已有城乡低保对象 65.2 万人,其中城镇 9.03 万人,月均补助 165.87 元 / 人;农村 56.2 万人,月均补助 96.44 元 / 人,支出保障金 5.49 亿元。年末全省各种收养性社会福利单位拥有床位 13.78 万张,收养人员 9.82 万人。农村五保集中供养率 94.3%,城镇"三无"集中供养率 98.8%。现有 1485 个乡镇(街道)和 2.75 万个社区(村)建立了社会救助综合管理服务机构,分别占总数的 98%和 79%,社会救助工作人员 3.4 万名。

表 9　2007 年城乡居民每百户主要耐用消费品拥有量

	单位	城镇居民	比上年增长(%)	农村居民	比上年增长(%)
洗衣机	台	92.9	-0.2	59.72	8.3
电冰箱	台	100.0	0.8	74.98	10.6
空调器	台	161.0	5.6	54.00	26.9
摩托车	辆	30.4	-4.6	57.85	-7.7
家用汽车	辆	13.9	25.7	3.96	27.4
彩色电视机	台	182.9	1.0	144.17	5.3
固定电话	部	95.5	-0.3	93.19	-1.9
移动电话	部	190.7	4.4	150.30	11.6
家用电脑	台	73.8	13.8	19.38	35.8

十二、资源、环境和社会公共安全

全年实际建设占用耕地 15.07 千公顷,比上年减少 0.6%。生态退耕 80.3 公顷,改桑、茶、果园及挖鱼塘占用耕地 714.2 公顷。土地整理等新增耕地 12258.1 公顷。当年净增加耕地 2909.8 公顷。

全年全省水资源总量 906.1 亿立方米;人均水资源 1805 立方米。总用水量 208.2 亿立方米,其中,生活用水量 23.4 亿立方米,生产用水量 172.9 亿立方米,城市环境用水量 11.9 亿立方米，全省人均用水量414.7立方米。年末全省拥有省市县三级海洋环境监测预报机构24个，气象雷达观测站点6个，卫星云图接收站点10个。

全省八大水系、运河和主要湖库171个省控监测断面中有60.8%的断面水质满足水环境功能要求，比上年提高0.6个百分点。钱塘江流域市县交接断面水质达标率79.8%；全省19个省控饮用水源地水质达标率为68.4%；全省城市空气综合污染指数为1.81，11个设区市城市环境空气质量达到二级标准的天数均在85.9%以上。全省城市总体声环境质量保持在上一年水平。据初步统计，城市污水处理率、城市生活垃圾无害化处理率分别为59%和82%，分别比上年提高2.1和0.5个百分点。

单位能耗和污染物排放下降，节能减排取得进一步成效。关停了一批高耗能、高污染企业或生产线，企业也加大了对节能减排项目的技术改造。据初步核算，全省单位GDP能耗同比下降4.18%，规模以上工业单位增加值能耗同比下降8.0%，降幅分别比上年提高0.66和1个百分点。37个行业大类中，有32个行业的单位增加值能耗有不同程度的下降，下降面从上年的7成提高到接近9成，其中降低率在10%以上的行业主要有有色金属、纺织、食品制造等9个行业。

全省主要污染物减排指标在2006年双下降的基础上，2007年的降幅进一步加大，化学需氧量(COD)排放量和二氧化硫排放量降幅分别居全国第3和第4位。

生态省建设成效显著，全年完成造林面积11.6千公顷，森林覆盖率为60.5%。全省已有39个市、县(市、区)获得国家级生态示范区的验收命名，累计创建国家级环境优美乡镇86个、省级生态乡镇450个、全国绿色学校49所，全国绿色社区27个，建成省级生态环境教育示范基地49个，以及一大批省级绿色学校、绿色社区、绿色医院、绿色饭店、绿色家庭等。全省建有省级以上自然保护区19个，其中国家级自然保护区10个。建有省级以上森林公园99个。

全年因洪涝和干旱造成的直接经济损失196.2亿元，其中农业直接经济损失96.2亿元。全年农作物受灾面积846.3千公顷，其中，绝收117.75千公顷。全年全省海域共发现赤潮40次，比上年增加7次；累计赤潮面积约8500多平方公里，比上年下降6.6%。

建设"平安浙江"取得阶段性成效。据调查，2007年我省群众安全感达95.97%，被认为是全国最具安全感的省份之一。全年全省共发生各类事故36577起、死亡7369人、直接经济损失31533.1万元，分别比上年下降15.8%、5%和12.4%，实现了"三下降"的目标。

注：(1)本公报所列各项数据为年度初步统计数据。

(2)全省生产总值和各产业增加值绝对数按现行价格计算，增长速度按可比价格计算。

(3)全省人均生产总值按年平均常住人口口径计算。

财经法规选编

zhejiangcaizhengnianjian

浙江省人民政府办公厅
关于进一步加强节能工作的实施意见

2007年3月21日　浙政办发〔2007〕17号

为深入贯彻《国务院关于加强节能工作的决定》(国发〔2006〕28号)和《浙江省人民政府关于加强节能降耗工作的通知》(浙政发〔2006〕35号)精神,进一步加强我省节能工作,确保"十一五"节能降耗目标的实现,经省政府同意,现提出如下实施意见:

一、积极推进"十百千"节能行动。围绕10大节能工程,支持电力、纺织印染、造纸、冶金、建材、石化等行业开展以余热余压利用、集中供热、变频调速技术、系统能源优化等为主的节能技术改造。省每年扶持100项左右节能重大技术推广和示范项目,促进全省节能技术改造的深入推进。大力推进1311家重点用能企业节能行动。各重点用能单位要发挥示范带头作用,认真落实节能目标责任,加强企业用能管理,推广应用节能技术,认真推行清洁生产。

二、淘汰不符合能耗标准的设备和装置。认真落实国家《产业结构调整指导目录(2005年本)》(国家发改委令第40号)、《浙江省限制和淘汰制造业落后生产能力目录》(浙经贸制造〔2005〕858号)和《浙江省建设工程淘汰和限制使用技术产品目录》(建设发〔2006〕184号),加速淘汰落后生产能力。严格执行《国务院批转发展改革委、能源办关于加快关停小火电机组若干意见的通知》(国发〔2007〕2号),淘汰高耗能发电机组,按期完成我省"十一五"小火电关停计划。淘汰不符合国家和省强制性能效标准的锅炉,鼓励使用节能环保型锅炉,分批拆除集中供热范围内的锅炉。进一步抓好水泥机立窑、砖瓦窑拆除工作。认真落实能效标识和节能产品认证等相关制度。

三、依法关闭整改无望的企业。结合"治旧控新"和标本兼治的节能、减排工作要求,对存在严重违法用能行为并拒不改正的企业,对整改无望的高耗能、高污染企业,对不按期淘汰国家和省明令淘汰的落后技术、装备和产品的企业,对属于"十五小"和"新五小"的企业,各级政府及有关部门要依法责令其停产或予以关闭,依法吊销排污许可证和停止供电,属实行生产许可证管理的,依法吊销生产许可证;属无证生产的企业,依法进行强制性关闭。

四、严格控制新开工高耗能项目。建立高耗能行业准入制度,控制高耗能行业发展。禁止投资建设各类不符合国家产业政策的耗能项目。凡需国家批准的项目、省内年新增综合用能3000吨标煤及以上(或年新增用电300万千瓦时及以上)新建、改建和扩建的固定资产投资和技术改造项目,未进行节能审查或未能通过节能审查的一律不得审批、核准、备案和验收。对擅自批准项目建设的,依法依规追究直接责任人责任。建立工业、建筑、交通等领域固定资产投资项目节能评估和审查制度。省经贸委要会同发改委、建设厅、交通厅等有关部门抓紧制订具体管理办法。各地、各部门在招商引资过程中,要将项目的能耗水平作为重要审核条件,严格把关。

五、加强电力调度和电力需求侧管理。优化发电排序调度方式,充分利用可再生能源、水电、核电、余热余压和资源综合利用发电,优先安排低煤耗、低排放机组发电,逐步采取"上大压小"的措施,鼓励发展热电冷三联供,提高能源利用效率。定期公布发电和热电企业综合能耗指标,实施发电企业用能效率、热电企业供热水平与机组发电量计划挂钩管理。电力企业要制订节能降耗考核办法,努力降低能耗。坚持有序用电、节约用电并举,加强需求侧管理,利用价格杠杆挖掘低谷用电潜力,推广冰蓄冷等负荷转移技术,促进用户用电负荷移峰填谷。加快电网建设,优化配电网供电范围。进一步推广应用无功补偿设备,提高终端电压质量和功率因素水平。

六、严格建筑节能规范管理。统筹考虑城乡空间布局、规模控制以及重大基础设施的安排,根据能源环境等要素的承载能力制订建设规划。新建公共建筑必须符合节能设计标准。在项目的设计、建造或改造中,要对建筑围护结构采取隔热保温措施,使用节能型用能系统和材料。既有公共建筑,要积极制订公共建筑用能系统运行节能和公共建筑能耗限额管理制度,高能耗的既有公共建筑要逐步进行节能改造。依法加强建筑节能设计、施工、质监、监理、工程竣工验收及备案等环节的监管,加强建设工程建筑节能方案及措施的专项审查管理,强化参建各方建筑节能工作的责任,对未经节能专项审查或达不到建筑节能标准的工程不予立项,不准开工、验收备案、销售使用和评优。建立完善建筑能耗统计和建筑能效标识制度。

七、大力发展新型墙体材料。加快新型保温隔热墙体材料的发展与应用,推进建筑节能材料的产业化。落实禁止粘土砖生产和使用的法规政策,深入开展对粘土砖瓦行业的整治。加快新型墙体材料企业的技术改造和新产品开发,重点发展以工业尾矿、粉煤灰、脱硫石膏、建筑渣土、煤矸石、江河湖海泥、城市垃圾等固体废物为原料的新型墙体材料,降低万块标砖综合能耗。

八、加强交通运输节能。引导运输企业提高组织化程度,促使运输企业调整经营结构,统筹各种交通运输模式的有机衔接和交通基础设施的合理配置,发展先进的运输组织方式,优先发展城乡公共、水运和轨道交通,提高运输效率。鼓励企业发展重型、厢式化运输车辆和大吨位、特种运输、专用运输船舶等节能先进运力,推行内河标准化船型,降低吨公里运输能耗。鼓励使用醇类、燃料电池等节能环保型混合动力交通工具,倡导使用符合国家标准的小排量汽车，加快交通领域节能技术的推广应用。建立重点运输企业能源消耗统计定点报告制度。

九、积极推动农村节能。研究制订农村建筑设计、施工和验收等管理办法。加强农村节能和可再生能源开发利用。大力推广应用沼气、太阳能和生物质能等可再生能源，支持规模畜禽养殖场建设大中型沼气工程，鼓励欠发达地区农村发展户用沼气池。加快淘汰和更新高耗能落后农业机械和渔船装备，加快实行拖拉机报废更新制度。

十、抓好机关、事业单位节能。县级以上政府机关事务管理部门和有关部门要制订本级机关单位的能源消耗定额，建立能源消耗考核制度，努力降低机关单位建筑面积和人均能源消耗。切实落实国家三部委发布的《节能产品政府采购实施意见》(财库〔2004〕185 号)，禁止采购淘汰类用能产品和设备。严格执行公务用车配备标准，鼓励使用符合国家标准的低油耗、低排放环保型车辆。

十一、控制室内空调温度。所有公共建筑内的单位，包括机关、社会团体、企业组织和个体工商户，除特定用途外，夏季室内空调温度设置不低于 26 摄氏度，冬季室内空调温度设置不高于 20 摄氏度。有关部门要按照室内温度有关标准，加强监督检查。

十二、加强能源统计体系建设。加快能源统计队伍建设，充实能源统计力量，强化业务培训，提高人员素质。加强能源统计制度建设，完善省级能源平衡表编制方法和市级全社会能耗测算方法，加快建立能够准确反映各地区能耗水平、节能目标责任和评价考核制度的节能统计体系。加强重点用能企业、规模以下工业、建筑业和第三产业能耗统计，做好主要产品单位消耗统计，积极推行重点用能单位网上直报制度，建立并完善数据审核和评估制度。

十三、加快能源标准化体系建设。落实《浙江省资源节约地方标准制订计划》(浙质联发〔2006〕17 号)，加快制订和发布主要耗能行业单位产品生产能耗限额标准以及重点耗能设备能效标准；建立健全建筑节能设计、施工和节能管理标准，研究制定建筑节能材料、节能建筑评价和工业建筑节能标准。规范节能产品市场准入，加大对节能降耗标准执行的监督检查，保证节能降耗标准的实施。

十四、强化能源计量监控体系建设。加快社会公共检测平台建设，加大能源计量先进监测技术和装备的投入力度，提升重点耗能企业能源计量的在线检测能力。各级质量技术监督部门要督促企业合理配备能源计量器具，完善企业计量检测体系，增强企业能源计量管理水平。建立健全用能单位能源计量数据采集、分析和运用机制，企业能源统计、考核报表数据应能追溯至计量检测记录，确保数据准确可靠。

十五、切实加强节能执法。各级经贸部门要加强本地区能源监察执法体系建设，建立节能执法稽查制度；要与发改委、质监、建设、环保等部门建立节能联合执法机制，提高节能执法综合能力和水平。各级能源监察监测机构要加大节能执法稽查力度。各级质量技术监督部门要强化对生产和流通领域能源类、节能类、耗能类和替代能源类产品的监管，建立节能产品质量公告制度，对生产和销售不合格产品的，依法予以严厉处罚。

十六、完善节能价格机制。充分发挥价格杠杆作用，按照产业政策要求，建立有利于节能降耗的价格机制。完善差别电价政策，加大差别电价实施力度。省经贸委要会同有关部门对高耗能企业进行甄别和分类。对经认定属于淘汰类、限制类的高耗能企业和其他能耗超标企业，各级价格主管部门应认真督促落实差别电价政策，对其用电实行加价。

十七、积极培育节能市场服务体系。加强节能中介服务机构建设，支持节能技术服务机构创新服务模式、拓宽服务领域、提高服务水平。各行业协会要协助政府做好行业节能管理、技术推广、宣传培训、信息咨询等工作。大力推行合同能源管理，对于合同能源管理的项目，各级政府要给予扶持。鼓励建立节能服务投资担保机构。鼓励用能企业广泛推行节能自愿协议，实施节能改造。培育发展节能产业和节能市场。

十八、实行节能奖励制度。各地区、各部门对节能管理、节能科学技术研究和推广工作中做出显著成绩的单位和个人要给予表彰和奖励。能源生产经营单位和用能单位要制订科学合理的节能奖励办法，结合本单位的实际情况，对节能工作中作出贡献的集体、个人给予表彰和奖励，节能奖励计入工资总额。

十九、强化节能目标责任制。节能降耗目标任务纳入各级政府和各有关部门的目标责任制。各市要将省下达的目标任务进一步分解到各县(市、区)，分解到每一个重点用能单位。将能耗指标纳入各地经济社会发展综合评价和年度考核体系，作为地方各级政府领导班子和领导干部任期内落实科学发展观的重要考核内容，作为国有大中型企业负责人经营业绩的重要考核内容，并实行节能工作问责制。切实加强对目标责任制的评价考核，进一步完善考核办法。

二十、加大节能宣传、教育和培训力度。新闻出版、广播影视等部门和有关社会团体要开展形式多样的节能宣传活动，增强公众能源忧患意识和节约意识，倡导健康、文明、节俭、适度的消费理念，使节能成为每个公民的良好习惯和自觉行动。要弘扬节能先进典型，曝光浪费行为。认真组织开展一年一度的节能宣传周活动，丰富活动内容，提高宣传成效。教育部门要将节能知识纳入基础教育、高等教育、职业教育培训体系。各级工会、共青团要重视对广大职工特别是青年职工的节能教育，广泛开展节能合理化建议活动。各级科协要围绕节能开展系列科普活动。

浙江省人民政府办公厅转发省建设厅等部门关于优先发展城市公共交通若干意见的通知

2007 年 3 月 16 日　浙政办发〔2007〕18 号

各市、县(市、区)人民政府,省政府直属各单位:

省建设厅、省发改委、省科技厅、省公安厅、省财政厅、省劳动保障厅、省国土资源厅、省物价局《关于优先发展城市公共交通的若干意见》已经省政府同意,现转发给你们,请认真贯彻实施。

省建设厅　省发改委　省科技厅　省公安厅

省财政厅　省劳动保障厅　省国土资源厅　省物价局

关于优先发展城市公共交通的若干意见

为加快推进新型城市化建设,满足人民群众出行需要,切实缓解城市交通拥堵问题,根据《国务院办公厅转发建设部等部门关于优先发展城市公共交通意见的通知》(国办发〔2005〕46 号)和建设部等四部委《关于优先发展城市公共交通若干经济政策的意见》(建城〔2006〕288 号),结合我省实际,现提出以下意见:

一、充分认识优先发展城市公共交通的重要意义

城市公共交通是关系国计民生的重要基础设施,是与人民群众生产生活息息相关的社会公益事业。改革开放以来,我省城市公共交通事业有了长足发展。但是,随着经济社会发展和城市化进程的不断加快,城市人口和机动车辆迅速增长,一些城市交通拥堵、群众出行不便等问题日益突出,不仅影响了城市发展和人民生活,也成为群众十分关注、反映强烈的热点问题。优先发展城市公共交通,加强规划和基础设施建设,改善城市交通条件,提高人民群众生活品质,促进城市和谐、有序发展,是贯彻落实科学发展观、构建社会主义和谐社会和建设节约型社会的重要举措。各级城市政府和有关部门要切实提高认识,进一步确立"公交优先"发展战略,把优先发展公共交通纳入政府重要议事日程,明确指导思想、目标任务和政策措施,加大工作力度,促进公共交通事业加快发展。

二、城市公共交通发展的总体要求和主要目标

城市公共交通发展的总体要求是:坚持以人为本、科学规划,政府主导、政策扶持,统筹城乡、协调发展的原则,科学编制公共交通发展规划,加大路网、场站等基础设施建设,落实优先发展公共交通扶持政策,稳妥地推进公共交通行业改革,提高运营服务质量和效率,为群众提供安全、便捷、舒适、低价的公共交通服务。

城市公共交通发展的主要目标是:到 2010 年,基本确立公共交通在城市交通中的主体地位,形成布局合理、结构优化、高效快捷、辐射农村并与城市规模、人口和经济发展相适应的公共交通系统。万人拥有公交车特大城市要达到 15 标台以上、大中城市达到 12 标台以上、小城市达到 10 标台以上;公共交通站点覆盖率(按 300 米半径计算)建成区大于 50%、中心城区大于 70%;公交车平均运营速度达到 20 公里/小时;公交分担率特大城市达到 30%以上、大中城市达到 20%以上、小城市达到 15%以上。

三、编制和实施公共交通规划

(一)科学编制公共交通规划。交通规划是城市总体规划的重要组成部分。城市政府要在对交通现状、需求和发展前景进行充分调查研究的基础上,以公共交通为核心,在编制县市域总体规划时,同步编制城市综合交通体系规划和城市公共交通专项规划,杭州、宁波、温州等城市要编制城市轨道交通建设规划。城市交通规划要与城市总体布局和人口产业分布相协调,科学配置和利用交通资源,建立以公共交通为导向的城市发展和土地配置模式;要综合考虑公共汽车、轨道交通和出租汽车等各种交通方式、换乘枢纽配置,以及与对外交通的衔接,重点确定公共交通结构、线网分布、场站布局、用地规模及规划控制、建设计划、资金筹措方案等。

(二)统筹城乡公共交通。要按照统筹城乡的要求,编制城乡一体、区域共享的城乡公共客运交通专业规划,统筹、优化城乡公共客运交通线网,明确各类公共交通工具的功能分工、设备配置、场站规模及空间布局形态,实现城市公共交通向农村的延伸、覆盖。要采取有效措施,确保城区公共交通线路与农村客运的有机衔接和协调发展,方便农村居民出行。

(三)认真组织规划实施。城市政府要将公共交通规划编制所需经费纳入同级财政预算,确保完成规划编制任务;要制定和完善相关政策措施,保障规划的顺利实施,确保规划的严肃性和稳定性。城市公共交通行业主管部门要会同有关部门严格按照国家规定的程序,认真组织技术论证、审查和批复,并定期对公共交通规划的实施情况进行监督检查。同时,要健全完善公共交通技术标准体系,公共交通场站设施建设、车辆配备、设施装备、服务质量等方面要严格按照国家和省颁布的相关标准实施建设和管理。

四、加强公共交通基础设施建设

(一)合理设置场站和配套设施。城市政府要按照城市公共交通规划要求，将公共交通场站和配套设施纳入城市建设计划，确保资金和建设责任的落实。要将公共交通场站作为新建居住小区、开发区、大型公共活动场所等工程项目配套建设的一项内容，实行同步设计、同步建设、同步竣工、同步交付使用。对符合公共交通车辆通行条件的居住区，应设置公共交通线路及相应的站点。城市主要交通干道建设要同步设置港湾式停靠站，配套建设站台、候车亭等设施，城市交通换乘枢纽、首末站等要配置公共卫生等设施；在不干扰正常通行的前提下，合理设置出租汽车和小公共汽车停靠点。各级规划、建设行政主管部门在规划许可证发放、施工图审查、施工许可证发放、工程竣工备案时，要对公共交通设施的同步实施情况进行严格审查把关，对未按规定配套建设公共交通场站等公共交通设施或随意改变设施用途的建设项目，一律不予审批和验收。

(二)加强城市交通换乘枢纽建设。交通换乘枢纽是一体化交通系统的关键环节。符合条件的城市要合理规划布局，建立换乘枢纽中心，实现各种交通方式的方便快捷换乘，以及城市交通与铁路、公路、民航等对外交通之间的有效衔接。杭州、宁波、嘉兴、湖州等城市要统筹高速铁路、磁悬浮以及城市交通，尽快规划建设综合客运交通换乘枢纽中心。换乘枢纽中心要配套建设机动车、非机动车停车场，配备相应的指向标识、线路图、时刻表、换乘指南等服务设施，方便乘客换乘。

(三)保障公共交通的道路优先使用。要把公共交通优先道路和优先通行信号系统建设作为近期建设的重点，通过设置公共交通专用道路、单向优先、逆向专用线路和路口专用道及优先通行信号等，保证公共交通车辆对道路的专用或优先使用。公安交通管理部门要加强优先车道和优先通行信号系统管理，逐步建立城市公共交通优先车道、专用车道的监控系统，对干扰城市公共交通正常运行的车辆要严格执法，保证城市公共交通专用道的畅通，提高城市公共交通车辆的运行速度和准点率。

五、优化公共交通运营结构

(一)大力发展公共汽(电)车。公共汽(电)车是城市的主要公共交通形式，各地要在稳步增加线路、延长运营里程、扩大站点覆盖面的基础上，优化线网结构和运力配置。公共汽(电)车线路和停靠站点的设置要广泛征求和听取群众的意见，向居住小区、商业区、学校聚集区等城市功能区延伸，方便人民群众生产生活。小公共汽车作为常规公共汽(电)车的补充，具有灵活、方便的特点，要充分发挥其优势，合理引导，加强管理，规范服务。大力发展"环保公共交通"，鼓励和支持开展混合动力和电动等清洁能源公共汽车的研发和应用，加快推进清洁能源公共汽车在城市主要景区和城区道路示范运行，并逐步在城市公共交通中推广。

(二)积极研发大运量快速公共汽车系统(BRT)。大运量快速公共汽车系统具有运量大、运行快、运营成本相对低廉的优势，有条件的大中城市应根据客流增长情况和道路交通条件，结合城市道路网络新建和改造，优先研究和开发建设大运量快速公共汽车系统，逐步提高其在城市公共交通运营线路和里程中的比例。

(三)有序发展城市轨道交通。发展轨道交通是解决大城市交通拥堵问题的有效途径。杭州、宁波、温州要按照"量力而行、有序发展"的方针，把轨道交通项目作为城市长远建设和发展的重点，制定规划，组织实施。要积极探索轨道交通建设、运营和投融资体制的改革，增加各方投入，促进轨道交通健康发展。

(四)加快智能公共交通系统建设。要积极推广和运用高新技术和先进科技成果，对传统的公共交通系统进行改造，加大科技投入，推动以智能交通为重点的城市公共交通信息化建设。加快公共交通出行查询系统、线路运行显示系统、运营调度系统、车载信息系统、站点和停车场站管理系统建设，方便乘客及时准确了解公共交通的有关信息。积极推广使用跨行业、跨地区的通用电子支付凭证，推行"一卡通"式跨地区的IC卡电子票证，提高普及率。争取用3年时间，各城市建成公共交通综合信息网络和现代化的运营调度指挥管理系统。

六、积极稳妥地推进行业改革

(一)理顺行业管理体制。城市政府要妥善协调有关部门的职责分工，督促有关部门履行公共交通管理的职能，落实和执行优先发展公共交通的政策以及上级公共交通行政主管部门的工作部署。要打破城乡分割、部门分割，积极推进城乡客运的公交化改造，凡纳入城市公共交通规划、承担公共交通运营、执行公共交通票价的，应执行与城市公交相同的税费政策，并享受政府的扶持政策。

(二)改革投融资体制。各地要根据市政公用事业改革的总体要求，按照"打破垄断、适度竞争、规范服务、方便群众"的原则，在保障公共利益和公共安全的前提下，积极引进市场机制，稳妥推进城市公共交通行业的各项改革。在明晰产权的基础上，鼓励城市公共交通企业多渠道筹集资金，积极引导社会资金包括境外资本参与国有城市公共交通企业改革和重组，实现投资主体多元化、经营管理市场化，使城市公共交通企业真正成为自主经营、自我发展、自我约束、自我完善的市场主体。

(三)推行特许经营制度。各地在有序开放公共交通市场的同时，实行公共交通特许经营制度，形成国有主导、多方参与、规模经营、有序竞争的格局。对现有的城市公共交通企业，要规范特许经营合同；新开辟线路或重新确定经营者的线路和设施，应依照有关规定对经营者的经营资格、技术、服务质量和安全生产进行审查，并采取招标方式授予特许经营权。对授予城市公共交通线路特许经营权的企业，应同时明确其承担的社会公益性责任、准点守时责任、交通安全责任、社会效益责任和车辆更新降低污染的责任。严禁拍卖或者无固定期限出让城市公共交通线路和设施经营权。已经实行城市公共汽车线路拍卖或承包的，城市政府可通过召开听证会的形式，对线路经营权出让(承包)数量、金额、期限、审批程序、出让(承包)金用途以及经营权转让、权属关系等进行全面清理和规范。经营者不得转让经营权，不得采取挂靠、承包经营等形式分解经营权，一经发现应立即收回经营权。

(四)加强监管和服务。各级城市公共交通行政主管部门要加强对城市公共交通企业经营和服务质量的监管，健全和完善监管体系，进一步规范经营行为，依法查处非法运营、妨碍公共交通正常运行、危害公共交通安全等行为。积极推行等级服务评定制度，加强行业自律和行风建设，开展文明线路、文明车组创建活动，提高服务水平。城市公共交通企业要科学调度车辆和编制运行图，加大行车密度，及时疏解客流，缩短乘客等候时间。加强车辆养护，及时淘汰不符合国家有关安全和环保要求的车辆，确保公共交通车辆运行安全。

七、制定落实优先发展公共交通的扶持政策

（一）实行低票价政策。为最大限度吸引客流，提高公共交通出行分担率，要继续坚持城市公共交通低票价政策。城市公共交通票价要兼顾经济效益和社会效益、企业成本和居民承受能力等综合因素科学合理地确定，其调整要本着公开透明的原则，按照国家和省里的有关规定，实行听证程序，充分听取广大乘客和社会各界的意见。建立各种公共交通之间的合理比价关系，实现优势互补，提高整个公共交通系统的运行效率。落实公共交通福利政策，对符合国家和省里规定条件的老年人、残疾人、残疾军人等，凭城市公共交通主管部门和城市公共交通企业联署签发的有效证件或政府规定的其他有效证件享受免费或优惠乘车，对学生、成年人月票予以优惠。各地要从实际出发，按照安全、整洁、经济的要求更新车辆，防止以更新高档豪华车辆提高票价的行为。

（二）加大公共交通财政投入。城市公共交通建设的投入要以政府投入为主，其发展应当纳入政府公共财政体系，统筹安排，重点扶持。各城市政府每年都要列出专项资金，用于城市公共交通设施建设。各地征收的城市公用事业附加费、基础设施配套费等政府性基金要向公共交通倾斜。根据财力情况，每年应安排一定的财政资金用于综合交通换乘枢纽、公共交通场站、车站、后方设施的建设和环保型车辆的更新等。加大公共交通科研投入，对公共交通规划理论与方法、综合交通枢纽设计、公共交通优先的道路网利用和信号系统、综合交通信息平台、车辆智能化和安全性有关标准等组织立项，加大科研力度。

（三）实行公共财政补贴、补偿政策。建立规范的成本费用评价制度、政策性亏损评估和补贴制度，对城市公共交通企业实行严格规范的成本费用审计与评价，通过成本、费用审计和评价，合理界定和计算政策性亏损额度，并由财政给予补贴。城市公共交通企业应承担社会公益性服务和政府指令性任务，其中社会公益性项目，由各地界定确认并报省建设厅核准后，向社会公布；政府指令性任务范围按国家法律、法规和地方政府的有关规定确定。各地要及时对城市公共交通企业承担的社会公益性服务及完成政府指令性任务所增加的支出进行审定核实，进行专项经济补偿。为保障乘客利益，城市公共交通企业可根据实际为车辆办理车上乘客责任险，其保险费政府予以适当补助；保险公司要从支持公益事业发展出发，在费率上予以优惠。各地对因成品油价格调整而实行的燃油补贴资金，不得滞留、挤占、截留和挪用，确保补贴资金专款专用和及时足额到位。

（四）加强对城市公共交通的政策扶持。对城市公共交通企业征收的城市公用事业附加费等，应当用于发展城市公共交通。对在城市行政区域内行驶并执行城市公共交通票价的城市公共交通企业应按规定享受养路费减免政策。对符合现行有关税收优惠政策条件的城市公共交通企业，经有关行政主管部门审核批准后，可享受相应的税收优惠。城市公共交通规划确定的停车场、保养场、首末站、调度中心、交通换乘枢纽等设施，其用地符合《划拨用地目录》的，应以划拨方式供地，经有关行政主管部门审核批准后免征城市道路挖掘占用费、绿地占用费和绿化补偿费。

八、加强企业职工权益保障

（一）稳步提高职工待遇。各级政府、城市公共交通行业主管部门和城市公共交通企业要切实关心公共交通职工的工作和生活，根据城市公共交通系统职工劳动强度、安全责任大的特点，建立与社会效益相联系的工资增长机制，稳步提高职工工资水平。

（二）依法参加社会保险。城市公共交通企业要按照国家的规定为职工足额缴纳养老、医疗、失业、工伤、生育等社会保险费和住房公积金。同时，要保证国家法律法规规定及劳动合同、集体合同约定的劳动保护和福利待遇。

（三）加强各项劳动权益保障。要认真执行国家工时制度，保障职工休息、休假权益，坚决杜绝司乘人员疲劳驾驶出行。职工加班要严格控制在劳动法律法规允许的范围内，并依法支付加班工资。企业不得以任何理由拖欠职工工资和社会保险费用。企业在转制过程中，必须履行报批手续，制订职工安置方案，妥善处理职工劳动关系、社会保险关系接续等问题。

九、做好对优先发展公共交通的组织实施

优先发展城市公共交通，是一项复杂的社会系统工程。城市政府要从履行政府公共服务的职能出发，切实加强组织领导，加强资金投入和保障，及时研究和解决公共交通发展中的困难和问题。省建设厅要会同有关部门加强对各地推进和落实优先发展城市公共交通工作的指导和监督检查，制定考核目标，定期开展工作评估，对优先发展城市公共交通取得显著成绩的城市给予表彰。各地要结合本地实际，制定优先发展公共交通的具体措施，把“公交优先”发展战略真正落到实处。

浙江省人民政府办公厅
关于印发2007年浙江省深化体制改革实施意见的通知

2007年4月3日　浙政办发〔2007〕20号

各市、县（市、区）人民政府，省政府直属各单位：

《2007年浙江省深化体制改革实施意见》已经省政府同意，现印发给你们，请结合实际，认真贯彻实施。

2007年浙江省深化体制改革实施意见

2007年是实施全省经济体制改革"十一五"规划的关键一年,是改革工作落实科学发展观、构建和谐社会和全面接轨国际规则的重要一年。为进一步推进改革工作进程,促进全省经济社会又好又快发展,现就2007年我省深化体制改革提出以下实施意见:

一、指导思想

深入贯彻落实党的十六届三中、六中全会和中央经济工作会议、省委十一届十一次全会、全省经济工作会议精神,按照科学发展观和构建和谐社会的要求,建立健全落实科学发展观的体制机制,加快推进资源要素市场化配置改革,促进经济增长方式转变;建立健全促进和谐社会建设的体制机制,加快推进有利于实现社会公平正义的制度创新和体制转型;改革行政管理体制,加快建设公共服务型政府和与之相适应的公共财政体制。

二、基本原则

——坚持正确的改革方向,紧紧围绕完善社会主义市场经济体制,协调推进经济、政治、文化、社会"四位一体"的改革。

——坚持以人为本的改革观,把维护人民群众的切身利益作为改革的出发点和落脚点,妥善处理好各种利益关系,保证广大人民群众共享改革发展成果。

——坚持以改革促发展,用改革的办法解决经济社会发展中深层次的体制机制矛盾,在关键领域和重点环节实现新突破。

——坚持把改革的力度、发展的速度和社会的可承受度结合起来,正确处理改革发展稳定的关系,确保各项改革平稳推进。

三、主要任务

(一)深化促进经济增长方式转变的改革。

1.建立有利于节能减排的体制机制。研究制定关停小火电、小钢厂等淘汰落后生产能力和有利于资源循环利用的政策措施,制订出台化工、轻纺等行业用电定额管理办法,制定限制小火电、鼓励新能源发展的差别电价政策。积极探索环境资源有偿使用制度改革,加快建立污染物减排的激励约束机制和政策措施。推进水务管理体制改革,扩大阶梯式水价试点范围。

2.完善推进自主创新的制度保障。建立完善以企业为主体、市场为导向、产学研相结合的技术创新体系。研究制定知识产权开发保护政策。完善落实技术要素参与收益分配的政策。研究制订创业投资引导基金实施方案,探索研究专利等无形资产质押贷款试点。

3.深化国有企业改革。继续深化省属国有企业产权制度改革。完善企业法人治理结构,落实企业监事会和职工董事制度。制订出台省属国有企业经营业绩考核办法,研究制订省属国有资产收益管理办法。加快推进市、县两级城建、交通、水利等领域国有企业的产权制度及管理体制改革。积极探索市政公用事业的产权制度、运行方式和监管体制改革。

4.改善促进民营经济新飞跃的体制环境。全面落实省政府《关于鼓励支持和引导个体私营等非公有制经济发展的实施意见》(浙政发〔2006〕1号),进一步清理各种不利于民营企业发展的规定。积极稳健开展中小企业融资担保体系建设,扩大中小企业信贷制度改革试点。

5.深化农村经营管理体制改革。做好出台浙江省村经济合作社组织条例的有关工作,推进农村集体资产股份制改革。深化完善农村土地承包经营权流转的政策,加快推进土地流转机制改革,开展城镇建设用地增加与农村建设用地减少相挂钩的改革试点。加快农技推广制度改革,完善农技推广服务体系。健全"因灾致贫"的风险防范机制,进一步扩大政策性农业保险试点范围,全面实施政策性农村住房保险。

(二)深化社会体制改革。

6.推进收入分配制度改革。规范完善最低工资制度,完善工资集体协商机制,建立完善防止工资拖欠的体制机制。深化事业单位收入分配制度改革,建立健全事业单位收入分配的监管机制。

7.加快就业和社会保障制度建设。研究建立有利于促进就业再就业各项扶持政策落实的体制机制,实施城乡"五统一"的就业制度,制订出台促进城镇零就业家庭、农村低保家庭实现再就业的援助政策。加快推进以大病统筹为主的城镇居民医疗保障制度建设,稳妥推进事业单位养老保险制度改革,探索开展农村养老保障。继续推进企业养老保险扩面和工伤保险全覆盖、被征地农民基本生活保障和新型社会救助体系、社会福利、慈善事业建设。

8.深化教育体制改革。研究制定提升高等教育质量和水平的相关政策。推进教师教育的改革,研究制定鼓励报考师范类院校的激励政策,开展师范生免费教育改革试点。全面推进义务教育经费保障机制改革,继续推进农村中小学教育"四项工程",扩大低收入家庭子女免费就学的范围。抓好职业教育"六项行动计划"的实施。进一步深化中小学教材出版发行体制改革,切实减轻学生负担。

9.深化医疗卫生体制改革。推进城乡社区卫生服务体系建设,研究支持城乡社区卫生服务机构发展的政策。探索建立社区卫生服务机构与医院分级治疗、双向转诊的政策制度。深化药品流通体制改革,探索建立药品集中直接采购制度。开展医疗卫生体制改革总体思路的研究。

10.深化文化体制改革。进一步深化文化体制综合改革试点。积极推进经营性文化单位转企改制,分类推进艺术院团改革,稳步探索新闻媒体宣传业务和经营业务"两分开"。加快建立覆盖全社会的公共文化服务网络,创新公共文化服务组织体制和运行机制。

(三)深化行政管理体制改革。

11.深化行政审批制度改革。根据国务院部署,开展行政法规规章清理工作。进一步减少审批项目,做好非行政许可项目的规范清理工作。创新行政审批方式,探索建立高效规范的网上审批系统。开展县级政府部门审批事项的整合与集中改革试点。深化投资体制改革，制订出台《浙江省政府投资项目管理办法》的相关配套政策，加快出台《浙江省企业投资项目管理办法》。全面推进依法行政，继续推进相对集中处罚权改革试点。

12.深化农村综合改革。制订出台关于乡镇政府执法监管、强化公共服务改革试点工作的意见，选择一批中心镇先行试点。制订出台有利于促进农村义务教育债务消化的激励政策，逐步消化乡镇义务教育债务。积极推进“三个三”的村级治理结构建设，完善村级组织运行机制。建立完善统筹城乡发展水平年度评价报告制度。

13.深化财政体制改革。开展防范和控制政府性债务的体制改革，加大风险防范力度。全面推广义乌市部门预算等财政体制改革经验，继续深化部门预算、国库集中支付、财政支出绩效评价、收支两条线等财政体制改革。完善政府采购的效率机制和监管体制，扩大政府购买公共服务改革试点，建立“以钱养事”新机制。规范完善公务接待制度，降低行政成本。

14.深化完善县域经济发展的体制改革。坚持强县扩权和扩权强县并重，加快推进县域经济社会发展的管理体制改革。认真做好扩大义乌市经济社会管理权限改革试点工作，研究制定扩大县级政府管理权限、加快县域经济发展的政策。制订出台中心镇培育政策，大力实施“中心镇培育工程”。

15.推进事业单位和行业协会的改革。完成事业单位分类认定工作。加快生产经营类、中介服务类事业单位的转企改制步伐，规范完善公益类事业单位管理体制。加快“政事分开、管办分离”的体制改革研究，选择条件成熟的地区和部门开展试点。研究制订行业协会与行政机关脱钩的实施意见，并抓紧完成脱钩改制任务。研究制订规范中介机构管理、促进中介服务业发展的实施意见。开展新一轮机构改革思路研究。

省级各部门要切实加强领导，突出改革重点，明确改革任务，强化改革责任，切实将各项改革措施落到实处。对已经出台的改革方案，要精心组织实施，力争取得实效；对新启动的改革事项，要认真制订改革方案和相关的配套政策，力争有实质性突破；对一些前瞻性的改革事项，要认真调研，广泛听取意见，为适时推进改革打下坚实基础。

市、县(市、区)政府要根据本意见，结合实际，明确重点，精心组织，扎实推进各项改革。

浙江省人民政府办公厅关于进一步完善新型农村合作医疗制度的意见

2007年4月4日　浙政办发〔2007〕23号

新型农村合作医疗是现阶段我省农民的基本医疗保障制度。近年来，在各级党委、政府的高度重视和积极推动下，全省87个有农业人口的县(市、区)已全部实施了新型农村合作医疗，参合农民2902万人，占全省农业人口的86%，累计筹集合作医疗资金39.33亿元，报销医疗费用33.32亿元，1420.95万人次受益，另有1441.5万参合农民得到免费健康体检，为保障我省农民身体健康作出了积极的贡献。但是，目前我省新型农村合作医疗总体上筹资水平和保障能力较低，地区之间工作不平衡，部分县(市、区)还存在乡镇收缴的经费未及时足额纳入财政专户、村集体垫资代缴、基金赤字或结余率过大、困难群体未能应保全保等问题。此外，尚有15%的县(市、区)未实现信息化管理，有11%的县(市、区)未实行普通门诊费用报销。为进一步完善我省新型农村合作医疗制度，经省政府同意，现提出以下意见：

一、继续高度重视新型农村合作医疗工作

建立新型农村合作医疗制度，是从我国基本国情出发，解决农民看病难问题的一项重大举措，对于提高农民健康水平，缓解农民因病致贫、因病返贫，统筹城乡发展，建设全面小康社会具有重要意义。各市、县(市、区)政府及有关部门要从执政为民、建设社会主义新农村和构建社会主义和谐社会的高度，进一步统一思想、提高认识，把完善新型农村合作医疗工作摆在重要位置，认真组织力量，开展调查研究，科学合理调整方案。实行科学、民主决策，新方案实施前要征求省卫生行政主管部门的意见。加强对合作医疗资金筹集、使用的审核和监管，每年组织实施专项审计调查，如发现问题要及时整改。

二、加大政府投入，提高筹资水平

(一)建立稳定可靠、合理增长的新型农村合作医疗筹资机制，加大政府扶持力度，提高个人缴费水平。从2007年起，各县(市、区)的筹资标准不低于60元，并根据政府财力和当地农民承受能力，逐步提高筹资标准。

(二)中央财政给予我省各县(市)以及农业户籍人口比例高于70%的市辖区(除宁波市外)，每个参合农民每年2元的补助，按实际情况直接补助给各地。

(三)从2007年起，除宁波市外，省财政对经济欠发达地区、海岛及其他财政实行“两保两挂”地区的实际参合农民的补助标准，从每人每年10元，提高到每人每年20元；对经济发达县(市、区)的实际参合农民的补助标准，从每人每年3元，提高到每人每年6元；对其他县(市、区)的实际参合农民的补助标准，从每人每年5元，提高到每人每年10元。

(四)各县(市、区)应根据省定筹资标准的要求，相应增加政府资金投入力度。同时，积极引导农民在下一个筹资年度适当增加个人出资额度。要坚持合作医疗互助共济的性质，坚持农民个人出资的原则。

(五)农村五保户、低保家庭和特困残疾人等困难群体，其合作医疗个人出资部分由当地政府负责解决，做到困难群体应保尽保。

三、完善合作医疗补偿方案

(一)扩大合作医疗的受益面。实行"住院统筹为主、兼顾门诊统筹"的补偿模式。在实行大病住院统筹的基础上,全面推行门诊费用报销制度。用于门诊统筹的资金占合作医疗基金总额的比例原则上不低于15%。门诊费用报销主要在乡镇卫生院(社区卫生服务中心)实行,报销费用不低于当次门诊费用的10%,实行当场实时结报,并逐步实现计算机联网管理。同时,积极探索总额预付与按工作量计算相结合的付费方式。

(二)提高合作医疗的补偿水平。基金年结余率应控制在10%以内。降低住院补偿起付线,一般为同级医疗机构门诊次均费用的2～3倍。提高住院补偿封顶线,可达当地农民人均纯收入的4倍左右。适当减少住院补偿的分段,并根据当地医药费用的实际情况,降低高额费用段的补偿比例,实行分段报销比例先递增后递减的补偿方案。补偿比例的设置要向基层医疗机构倾斜,起付线和个人自负比例应随着医疗机构等级的提高而相应提高,引导农民和医疗机构避免"小病大看"。

(三)补偿方案的调整应从新的年度开始,以保持政策的连续性和稳定性。各市卫生行政主管部门要加强对所辖县(市、区)的工作指导,做到统筹兼顾,避免邻县之间补偿方案差别过大。鼓励有条件的地区提高合作医疗的统筹层次,探索试行市级统筹。

四、加强合作医疗管理能力建设

(一)加强经办机构能力建设。各地要本着精简、效能的原则,根据服务人口和工作量,合理配备工作人员和工作经费,并加强人员培训,形成相对稳定、较高素质的管理经办队伍,不断提高管理能力。各级卫生行政主管部门要切实承担合作医疗业务指导和管理的责任,加强对经办机构和定点医疗机构的监管,保障参合农民的权益。同时,要加快信息化建设进程。到2007年底,全省所有县(市、区)都应实行合作医疗信息化管理,实现本县(市、区)范围内定点医疗机构就诊当场报销。省财政对经济欠发达地区、海岛及其他财政实行"两保两挂"地区的合作医疗信息化建设,给予专项经费补助,以进一步推动全省合作医疗信息化工作,各地要确保专款专用。尚未实行信息化管理的县(市、区),要根据规定的时限倒计时制定工作计划,落实必要的经费和场所,配备相应的技术人员,使用全省统一的管理软件。已建立信息化管理系统的县(市、区),要按照有关标准和要求逐步规范完善。

(二)继续探索以政府购买服务的方式,多种形式经办合作医疗。对于商业保险公司参与新型农村合作医疗的县(市、区),地方政府要切实履行公共管理和公共服务职能,搭建好合作医疗信息管理系统平台,主动掌握本地农民健康状况、参合情况和费用结报等信息资源。合作医疗有关数据和农民健康档案等信息资源不得用于有损农民利益的商业目的。

(三)加强合作医疗基金管理。要严格执行《浙江省新型农村合作医疗基金财务制度(试行)》和《浙江省新型农村合作医疗基金会计核算办法(试行)》,基金预算年度应与会计年度一致,基金支出户应设立在合作医疗管理委员会认定的国有商业银行,合作医疗基金和利息必须全部用于参合农民的医疗补助,不得以任何理由挪用、挤占。委托乡镇、村收缴的个人缴费,要按照财务规定,及时足额送存财政专户或经办机构收入户。各级财政、卫生、审计等部门要加强对合作医疗基金的监督管理和审计。

五、加强合作医疗费用控制

(一)建立定点医疗机构准入和退出机制,实行动态管理。进一步加强对定点医疗机构的监管,实行"报销款由定点医疗机构垫付,管理部门审核后拨付"的支付方式。积极探索"总量控制、总额预付、按人头付费、次均费用限额"等费用控制方式。建立定点医疗机构监测评价指标体系,把医疗费用上涨幅度、医疗服务质量以及合作医疗制度执行情况等纳入对定点医疗机构的考核范围,考核结果要与定点资格和费用拨付挂钩。

充分利用现代信息技术手段,加强数据统计分析,及时掌握各级各类医疗机构的费用变化,提高对医疗费用的监管能力。县及县以下定点医疗机构参合农民的年门诊、住院次均费用增长幅度应低于当地农民年人均纯收入的增长幅度。目录外的自费医药费用占总医药费用的比例原则上不得超过15%,确因疾病需要使用自费药品、进行自费检查的,要事先征得患者或其家属同意后方可使用。

(二)积极发挥农村社区卫生服务机构对农民健康的促进作用。参合农民在乡镇卫生院(社区卫生服务中心)住院的报销比例要高于县级以上医疗机构,逐步建立完善农村社区卫生服务机构与县级以上医疗机构之间的双向转诊制度,积极试行农村"社区首诊制",引导参合农民"小病在社区,大病到医院"。要鼓励农民接受中医药服务,将适宜的中医药服务纳入合作医疗报销范围,并适当提高报销比例。

六、做好参合农民的健康体检工作

(一)确保体检工作质量。各地要进一步加强乡镇卫生院基础设施和基本装备建设,落实农民健康体检的人力、财力和物力等各项保障措施。通过集中体检、下村巡回体检和农民自行到乡镇卫生院体检等多种方式,因地制宜,创造性地开展工作。要结合城市医生支援农村制度,加大县级以上医疗卫生机构的业务指导和技术支持力度,通过人才培训、设备援助、下乡巡回服务等方式,协助乡镇卫生院为农民提供优质的健康体检服务,保证体检质量。

(二)重视体检后续服务。对体检中发现的疾病和各种异常情况,要本着人性化服务的理念,如实反馈体检结果,积极主动地进行相关的健康宣教,并提供必要的后续服务。要将有健康问题的农民作为社区卫生服务的重点对象,实行上门跟踪服务;对发现患有重大疾病的,要及时提出转诊建议并帮助联系上级医院;对诊断不明的,要有针对性地提出下一步医学检查建议,切实把好事做好。

(三)发挥健康档案的作用。要结合体检结果,整合现有免疫规划、妇幼保健、学生体检等专项工作的有关信息,建立完整的农民家庭健康档案,并做好服务对象的健康管理工作。农民家庭健康档案的信息化管理要与合作医疗和社区卫生服务信息化管理相衔接,在各种诊疗服务过程中用活用好健康档案,真正实现信息共享、造福农民。

浙江省人民政府办公厅关于进一步做好减轻农民负担工作的意见

2007年6月14日 浙政办发〔2007〕54号

为了切实维护农民群众的根本利益，有效防止农民负担反弹，促进和谐社会建设，根据《国务院办公厅关于做好当前减轻农民负担工作的意见》（国办发〔2006〕48号）精神，经省政府同意，现就进一步做好减轻农民负担工作提出如下意见：

一、充分认识做好减轻农民负担工作的重要意义

减轻农民负担，是党在农村的一项长期的基本政策，是增加农民收入、促进农村经济发展的客观需要，是预防和化解社会矛盾、构建和谐社会的必然要求。近年来，随着农村税费改革和社会主义新农村建设的全面推进，支农惠农政策进一步强化，农民负担明显减轻。但是，由于一些地方放松了对农民负担的监督管理，个别地方、个别领域农民负担有所反弹，乱收费出现了向新主体、新领域转移的迹象，影响了农村社会的和谐稳定。各地、各有关部门要充分认识加强减轻农民负担工作的重要性，克服“农民负担已经很轻，不需要再抓”的思想，强化领导责任，狠抓政策落实，切实做好减轻农民负担各项工作。

二、减轻农民负担工作的总体要求和基本原则

（一）总体要求。以“三个代表”重要思想为指导，全面落实科学发展观，按照建设“平安浙江”、构建和谐社会的要求，认真贯彻“多予、少取、放活”的方针，以减轻农民负担、维护农民合法利益为中心，加强制度建设，加大监管力度，落实支农惠农政策，确保农民负担继续减轻不反弹，不发生涉农负担恶性案（事）件和重大群体性案（事）件。

（二）基本原则。一是坚持标本兼治，深入推进农村综合改革，逐步消除农民负担反弹隐患；二是坚持尊重农民意愿，规范村民“一事一议”筹资筹劳，引导农民积极参与民主议事；三是坚持推进基层民主，规范基层民主制度，强化民主监督，增强民主意识，切实保障农民群众的知情权、决策权和监督权；四是坚持预防与查处相结合，加强宣传教育，健全农民负担监测网络，严肃查处违规违纪行为，努力构建减轻农民负担长效防控体系。

三、减轻农民负担的工作重点

（一）规范涉农收费项目管理。除法律、行政法规、地方性法规规定设立的行政事业性收费项目外，各地、各部门一律不得出台新的专门面向农民的行政事业性收费项目。依法设立的收费项目由省财政厅、省物价局按照国家有关规定严格审批，并抄告省农民负担监督管理部门，严禁“搭车”收费。认真落实《浙江省人民政府关于实施义务教育经费保障制度改革的通知》（浙政发〔2007〕5号）精神，严格执行农村义务教育收费政策，除按规定收取课本费、作业本费和寄宿费外，学校不得再向学生收取其他任何费用。同时，要加强对农业生产资料等生产性费用的监管。

（二）严格规范村级组织收费。开展对村级组织乱收费的专项治理，严禁有关部门委托村级组织向农民收取税费。建设农村公益事业必须量力而行，不准向村级组织、农民专业合作社和农民摊派、集资或强制要求村级配套，不准将部门经费缺口转嫁给村级组织。村级组织要正确处理发展村集体经济与减轻农民负担的关系，严禁用押金、违约金、罚款等不合法行为来约束村民、管理村务。乡镇、村级组织和农村中小学校公费订阅报刊应遵循自愿原则，严格执行“限额制”，严禁摊派发行。

（三）加大对农民反映突出问题的治理力度。要把减轻农民负担工作的重点放在农民反映强烈、经常上访的地方和领域，有针对性地开展综合治理。当前，要着重加大对农村义务教育、农民建房、农村土地、殡葬、农机监理、畜禽防疫检疫、计划生育等乱收费、乱罚款问题和截留、平调、挪用农民的各种补贴、征地补偿款等行为的治理力度。省级涉农收费部门要突出重点领域，在本系统内进行专项治理，开展自查自纠。要把农民负担问题较多、农民反复上访的县（市、区），列为省级农民负担综合治理县（市、区），实行重点监控。

（四）严肃查处涉及农民负担的案（事）件和违规违纪行为。要继续采用明察暗访等方式，加强农民负担监督检查，重点查处向农民乱收费、乱罚款以及截留、平调、挪用补贴补偿款等涉及农民负担的案（事）件，并视情况予以通报。注重农民负担案（事）件处理落实情况检查和对当事人的回访，确保案（事）件处理质量。尽快制订完善涉及农民负担违规违纪行为的处理办法，明确查处的原则、范围和程序等，为查处违规违纪行为提供依据。

（五）加强农民负担动态监管。坚持和完善农民负担监测、检查、专项审计、项目审核以及发放登记负担卡等日常监管制度。加强农民负担信访工作，按照受理及时、督办得力、处理到位的要求，完善信访受理、督办、处理和反馈制度，畅通信访渠道。加大减轻农民负担政策、法规的宣传力度，使农民知法、干部守法。加强农民负担监测网络建设，各市选择1至3个县（市、区）作为农民负担动态监测点，逐步建立农民负担信息数据库。

四、健全减轻农民负担工作制度

（一）健全减轻农民负担工作责任制。继续坚持主要领导负总责的工作制度和“谁主管、谁负责”的部门责任制。继续开展减轻农民负担工作年度专项考核，考核结果作为有关部门工作实绩和任用领导干部重要依据。完善农民负担案（事）件责任追究制，对涉及农民负担的违规违纪行为，按照《浙江省涉及农民负担案（事）件责任追究实施细则（试行）》（浙委办〔2003〕11号）处理。

（二）落实涉农收费“公示制”。涉农税收、价格及收费情况，除在乡镇政府、行政村所在地和“农民信箱”统一公示外，涉农收费单位要在收费现场进行公示。要及时更新公示内容，创新公

示形式，通过张贴或壁挂涉农收费牌、发放宣传资料等形式，提高公示质量。

(三)健全村民"一事一议"筹资筹劳制度。规范筹资筹劳对象和范围，严格执行筹资筹劳标准，严禁违背农民意愿、超标准筹资筹劳和强行以资代劳，防止将"一事一议"筹资筹劳变成加重农民负担的新方式。

各级政府特别是县乡两级政府要高度重视减轻农民负担工作，把这项工作作为转变作风、构建和谐社会的重要内容来抓，切实加强组织领导。农民负担监督管理部门要加强调查研究，积极创新工作机制，切实加强监督管理。涉农收费部门要认真履行职责，落实支农惠农政策，共同维护好农民群众的根本利益。

附件：浙江省村民一事一议筹资筹劳实施办法(略)

浙江省人民政府办公厅
关于促进农资连锁经营网络建设的若干意见

(2007年6月28日　浙政办发〔2007〕58号)

为了方便农民群众购买质优价平的化肥、农药等农业生产资料(以下简称农资)，促进现代农业发展，根据省委、省政府《关于深化改革充分发挥供销合作社在新农村建设中重要作用的意见》(浙委〔2006〕106号)、《关于2007年社会主义新农村建设的若干意见》(浙委〔2007〕52号)精神，经省政府同意，现就促进农资连锁经营网络建设提出如下意见：

一、总体要求

农资连锁经营网络建设要坚持方便农民购买、服务现代农业的宗旨，按照市场主导、政府推动的原则，大力提升传统流通业态，积极发展连锁经营，着力构建覆盖全省农村的农资连锁经营网络，提升农资商品总体质量水平，加快形成规范、公平、竞争、开放、有序的农资市场秩序，有效保障农业生产安全。到2010年，力争全省农资连锁门店总数达到2000家，实现乡镇有农资连锁店、主要农业村有农资连锁分销店；农资连锁经营销售额占全省农资销售额的比重达到80%左右；培育2～3家核心竞争力强、跨地区发展、连锁门店数在200家以上、销售额超5亿元的知名农资连锁经营龙头企业和一批信誉好、品种全、价格平、质量优的连锁店；培育若干个在全省具有较高知名度、受农民欢迎的农资连锁经营品牌。

二、工作措施

(一)大力培育发展农资连锁经营龙头企业。选择若干家经营规范、质量可靠、规模较大的农资生产、流通企业作为农资连锁经营龙头企业，并采取有力措施予以重点培育和扶持。省级农资连锁经营龙头企业的认定等相关工作由省经贸委会同省供销社、省农业厅等有关部门具体负责，实行动态管理。

(二)加快推进农资连锁经营网络建设。供销社系统要充分利用农资经营优势，盘活现有资产，建立具有统一采购、跨区域连锁配送功能的大型农资经营企业和覆盖全省农村的农资连锁经营网络。从2007年起，省财政每年安排专项资金，支持全省供销社农资连锁配送中心建设。鼓励农资连锁经营龙头企业通过全资、控股、参股、加盟等多种方式跨区域发展农资连锁经营网点，建立农资商品配送和供应网络。农资连锁经营龙头企业建设农资商品配送中心、仓储和直营门店等项目所需用地，由当地政府在省切块下达的新增建设用地指标中按国家政策统筹安排。鼓励省级农资连锁经营龙头企业通过控股、参股等形式整合、重组市、县(市、区)农资经营企业及乡村农资商店，通过加盟等形式发展农资连锁经营网络，并同等享受各级政府的相关优惠政策。引导规模较小的连锁经营企业和单个门店加入农资连锁经营龙头企业。

(三)积极推进规范连锁和集中配送。鼓励农资连锁经营龙头企业发展统一采购、配送、管理、价格、标识、核算和服务，并能对连锁门店实行有效管理的直营连锁经营方式；支持其发展建立在统一配送基础上的加盟连锁经营。支持省级农资连锁经营龙头企业在各县(市、区)建立农资商品配送中心和物流设施，为直营、加盟连锁经营点以及其他农资连锁经营企业、农资商店提供配送服务，提高农资商品统一配送率。

(四)支持企业依法拓宽经营范围。鼓励农资连锁经营龙头企业拓宽农资经营范围，依法开展种子、农机具、饲料、兽药等经营服务。农资连锁经营龙头企业及其下属连锁经营网点可以凭种子生产企业出具的委托书办理相关工商登记手续后开展种子经营。鼓励农资连锁经营龙头企业充分利用资金、网络、物流设施等资源，开展农副产品收购业务，帮助农民解决农产品"卖难"问题。

(五)进一步规范农资市场秩序。打破地方、部门保护和区域垄断经营，促进农资市场大流通。加快推进农资信用体系建设，促进农资经营企业依法诚信经营。有关农资经营企业要依法建立经营档案，规范经营行为。各级农业、工商、公安等部门要加强农资市场监管，改进执法检查方法，避免多头、重复检查，着重加大对无证无照经营、假冒伪劣农资商品坑农害农、垄断经营等行为的打击力度，加强对易燃易爆及有毒农资商品的监督管理，规范农资市场秩序。

(六)简化证照办理程序。各市、县(市、区)政府要对农资经营前置审批事项依法进行清理，简化和公开审批程序，提高办事效率。农资连锁经营龙头企业(全资、控股企业)新建配送中心、新开连锁门店，可持加盖农资连锁经营龙头企业或其全资、控股企业确认印章的营业执照复印件直接到所在地工商行政管理部门办理登记注册，免于办理工商登记核转手续；其他个人需加盟农资连锁经营龙头企业开设乡村农资连锁店的，可持与农资连锁经营龙头企业或其全资、控股企业签订的《加盟协议书》及农资连锁经营龙头企业(全资、控股企业)出具的愿意承担经营责任的承诺书，直接到当地工商行政管理部门办理工商登记手续，开展农资经营。农资连锁经营龙头企业下属连锁配送中心、直营门店、加盟门店经营与农资连锁经营龙头企业相同范围、品种的农资商品，可由农资连锁经营龙头企业统一到相关安全监管部门办理危险化学品经营许可证。对经营规模较小、产品危险性较低、按照危险化学品经营要求建设的农资连锁经营网点，在农资连锁经营龙头企业承诺承担安全责任、落实安全措施的情况下，可由安全评估机构在对农资连锁经营龙头企业开展安全评价时，以检查表的形式对该龙头企业下属所有连锁经营网点的安全条件进行确认，并在统一办理许可证时，将附有检查确认表的安全评估报告提交有关安全监管部门。

（七）实行统一纳税。农资连锁经营龙头企业在省内跨市、县域经营的，凡与总部微机联网，由总部实行统一采购配送、统一核算、统一规范化管理、不设银行结算账户、不编制财务报表和账簿的直营门店，报经省国税局、省地税局会同省财政厅批准后，可由总部向其所在地税务机关统一申报缴纳增值税和企业所得税。农资连锁经营龙头企业实行统一纳税后，所属地区间财政利益按省财政厅等部门《关于省内跨区域连锁经营统一核算企业税费有关预算管理问题的通知》（浙财预字〔2005〕28号）有关规定执行。

（八）提高农资商品配送效率。公安、交通、城管、安全监管等部门要为农资连锁经营龙头企业配送农资商品提供便利。为降低农资商品配送成本，普通收费公路中政府还贷性收费公路的站点可对农资连锁经营龙头企业运送农资商品的配送车辆，凭农资连锁经营龙头企业出具的运送证明，给予享受免费通行"绿色通道"的政策。

（九）切实加强领导。加强农资连锁经营网络建设，是社会主义新农村建设的重要内容之一，是适应市场经济要求、提升农资商品整体质量水平、规范农资市场秩序的有效途径，对于维护农民群众合法权益、保障农业生产安全、发展现代农业具有十分重要的意义。各地要高度重视农资连锁经营网络建设工作，切实加强领导，落实具体政策措施。全省农资连锁经营网络建设工作由省经贸委牵头协调，省供销社、省农业厅等部门负责具体实施。各级经贸、农业、工商、供销、财政、公安、交通、安全监管、税务、国土资源等相关部门要认真履行职责，加强指导，优化服务，落实具体措施，合力推进全省农资连锁经营网络建设。

浙江省人民政府办公厅
关于加强中小企业信用担保体系建设的若干意见

2007年10月23日 浙政办发〔2007〕93号

为切实加强我省中小企业信用担保体系建设，努力改善中小企业融资环境，促进我省中小企业又好又快发展，根据《国务院办公厅转发发展改革委等部门关于加强中小企业信用担保体系建设意见的通知》（国办发〔2006〕90号）和《浙江省促进中小企业发展条例》，经省政府同意，现对加强我省中小企业信用担保体系建设，提出如下意见。

一、指导中小企业信用担保体系健康有序发展

（一）加强中小企业信用担保体系建设，应坚持政府引导扶持与市场化运作相结合、业务创新与防范风险相结合、依法经营与加强监管相结合、提升信用与行业自律相结合的原则，努力促进我省中小企业信用担保机构健康有序发展。

（二）鼓励多渠道筹措担保资金，多元化构建中小企业信用担保体系。积极发展政策性担保、商业性担保和互助性担保等多种形式的担保机构。有条件的地方可以探索建立中小企业信用担保基金或区域性再担保机构。

（三）鼓励中小企业信用担保机构依法通过多种渠道增资扩股或资产重组，进一步增强担保资本实力和抗风险能力。各级政府及有关部门应重点扶持注册资本金5000万元人民币以上的担保机构，鼓励其做优做强。

（四）设立中小企业信用担保机构应符合法律法规和有关政策规定。取冠省名的担保机构最低实收资本应达到5000万元人民币。注册资本1亿元以上的中小企业信用担保机构，按规定由省中小企业工作部门负责初审，报国家发展改革委批准后，依法登记设立。

（五）积极鼓励、支持和引导中小企业信用担保机构规范经营，依法积极为中小企业提供担保服务。坚决打击违法违规经营活动，维护金融秩序，防范金融风险。

二、规范提升中小企业信用担保机构

（六）各类中小企业信用担保机构要依法完善法人治理结构，建立健全担保运作制度和内部风险控制制度，坚持市场化运作，加强法人化管理。

（七）中小企业信用担保机构要加强担保资金管理。担保机构的实收资本应按国家规定统一存入单独设立的账户，实行专户管理、专款专用，不得抽逃资本金，确保担保资金用于中小企业信用担保业务。

（八）中小企业信用担保机构要切实加强风险管理。健全和完善对被担保企业的事前评估、事中监控和事后追偿与处置机制。对单个项目或单个企业提供的担保责任余额，不得超过担保机构实收资本的10%，实收资本1亿元以上的不超过15%。担保机构担保责任余额，最高不得超过实收资本的10倍。

（九）中小企业信用担保机构可根据贷款企业的贷款用途、现金流量、企业经营状况和经营者个人信息等情况，全面分析其还款能力和信用状况，合理确定反担保条件和方式，采取积极的反担保措施。

（十）中小企业信用担保机构要认真加强财务管理。严格按照财政部《担保机构会计核算办法》等有关规定，认真编制财务会计报表，真实反映财务状况，定期向中小企业工作部门报送财务报表。

（十一）中小企业信用担保机构要根据国家产业政策导向，重点支持科技型、外向型、劳动密集型、资源节约型、农副产品加工型、生态环保型、社区服务型等初创和成长性好的中小企业。

（十二）中小企业信用担保机构要积极创新担保服务和担保产品。主要为中小企业提供小额短期贷款、融资租赁以及其他经济合同等担保和再担保服务，严格控制中长期贷款担保，努力控制风险并提高担保服务效率。

三、推进担保机构与金融机构互利合作

（十三）中小企业信用担保机构与银行业金融机构要按照平等、自愿、公平及等价有偿、诚实守信的原则，加强互利合作。鼓励金融机构和担保机构根据双方的风险控制能力，合理确定担保放大倍数。支持银行业金融机构与风险控制能力强、信用好的担保机构建立风险比例分担机制，促进中小企业信贷融资业务健康发展。

（十四）中小企业信用担保机构对被担保的中小企业资信调查、贷款风险评估、贷后监督等工作，应当与合作的银行业金融机构协调联动，共同建立安全有效的借、保、贷、还运行监管机制。

（十五）银行业金融机构要积极支持中小企业信用担保机构开展担保服务。对列为国家发展改革委中小企业信用担保试点单位并且管理规范、财务状况良好、信用等级较高、经营期3年以上无不良担保记录的担保机构，银行业金融机构可予以重点合作与支持，简化审贷手续，并可按人民银行利率管理规定适当下浮贷款利率。

（十六）银行业金融机构要积极创新与中小企业信用担保机构的合作方式，努力拓展合作领域，推出更多适合中小企业融资需求的金融产品和服务项目。政策性银行可依托当地中小商业银行和担保机构，开展以中小企业为主要服务对象的转贷款、担保贷款业务，积极开展金融服务创新。

四、切实为中小企业担保业务的开展创造有利条件

（十七）各地在继续做好以企业房产、土地等为主的原有担保物的同时，要积极探索其他不动产、动产以及债权、特许收费权、工业产权等方面的担保新品种，努力挖掘各种合法有效的担保资源。鼓励中小企业以原材料、半成品、产成品等动产，以商标、专利、技术成果等权利，以应收款、保单、出口退税、经营权等担保物开展抵、质押。

（十八）中小企业融资担保中涉及工商、房产、土地、车辆、船舶、设备和其他动产、股权、商标、技术专利权等抵押物登记和出质登记，凡符合要求的，各级政府及有关登记部门应积极为其办理相关登记手续。担保机构可以查询、抄录或复印与担保合同和客户有关的登记资料，有关登记部门要积极提供便利。

（十九）担保双方当事人经协商，可自主决定是否需要评估、保险、公证等事项，并可自主选择具备相应资质的中介机构，登记部门应予认可。各登记部门及其他相关部门不得强令或变相强求担保当事人双方进行评估、保险、公证等服务。

（二十）各级政府及有关登记部门要依法简化登记手续，提高办事效率，加强对担保物及担保合同的审查，积极推进抵押物登记、出质登记的标准化和电子化，提高服务水平，降低登记成本。对于担保机构办理代偿、清偿、过户等手续的费用，要按国家有关规定予以减免。

（二十一）各级政府及有关部门按照规定可向社会公开的企业信用信息，应向担保机构开放，支持担保机构开展与担保业务有关的信息查询。有条件的地方要建立互联互通机制，实现可公开企业信用信息与担保业务信息的互联互通和资源共享。

五、加强中小企业信用担保体系建设的政策扶持

（二十二）各级政府要依据《浙江省促进中小企业发展条例》，加大财政对担保机构的支持力度。省政府每年安排一定的中小企业信用担保专项扶持资金，用于扶持中小企业信用担保体系建设。市、县政府应当安排一定的专项扶持资金，通过参股、资助、补贴等方式，支持担保机构的设立和发展。

（二十三）积极探索建立中小企业信用担保风险补偿激励机制。对年末担保责任余额在5%以内，且提取的风险准备金不足以弥补代偿损失的部分，经当地中小企业工作部门会同财政部门进行绩效考核后，可给予一定的风险补偿。

（二十四）凡经省、市中小企业工作部门会同有关部门推荐，并经国家发展改革委和国家税务总局批准的中小企业信用担保机构，其所从事的担保业务收入，可按规定免征营业税。

（二十五）中小企业信用担保机构可按照不超过当年年末责任余额1%的比例以及税后利润的一定比例提取风险准备金。风险准备金累计达到其注册资本金30%以上的，超出部分可转增为担保资本金。担保机构实际发生的代偿损失，可按规定在企业缴纳所得税前扣除。

（二十六）中小企业信用担保机构的担保费率实行与其运营风险成本挂钩。基准担保费率可按银行同期贷款利率的50%执行，具体担保费率可依项目风险程度在基准费率基础上上下浮动30%～50%，也可经担保机构监管部门同意后由担保双方自主商定。

六、做好中小企业信用担保体系建设的监管与服务

（二十七）进一步明确中小企业信用担保机构监管与服务职责。全省中小企业信用担保体系建设工作由省中小企业局牵头，省发改委、省财政厅、省工商局、省地税局、省金融办、人行杭州中心支行、浙江银监局共同参加。中小企业工作部门要按照“谁审批谁负责、谁主管谁负责”的责任追究制，牵头承担担保机构的监管责任和风险处置责任，切实加强对担保机构的综合协调和服务，指导担保机构规范经营；工商部门要加强担保机构的市场准入和退出监管，依法查处违反登记管理的行为；人民银行要会同中小企业工作部门加强担保机构的资信评级工作，并作为担保机构与银行合作的重要依据；银监部门要会同有关部门加强对银行与担保机构的合作、融资管理，对从事非法金融业务的要依法查处，涉嫌犯罪的要及时移送司法机关追究法律责任；发展改革部门要加强对中小企业信用担保机构诚信建设的指导，共同参与资信评级工作；财政部门要加强对有关担保机构的财务监管和财政风险补偿资金使用情况的监督。

（二十八）建立中小企业信用担保机构备案管理制度。中小企业信用担保机构应在办理工商登记或者变更登记后一个月内，到所在地中小企业工作部门备案。中小企业工作部门应及时汇总并定期向相关部门通报备案情况。

（二十九）建立中小企业信用担保机构信用评级制度。积极开展对担保机构的信用评级工作，并将担保机构的信用等级向社会公告，推动担保机构不断提升信用，树立良好的形象。

（三十）鼓励和支持中小企业信用担保机构加强行业自律。

积极建立健全担保行业协会，制定行业自律公约和业务操作规范，组织业务培训和信息交流，探索加强行业内部职业资格制度建设，切实加强和健全中小企业信用担保行业自律机制。

（三十一）各级政府要切实加强中小企业信用担保体系建设工作的领导。积极组织和协调各有关职能部门通力合作，优化服务，认真研究中小企业信用担保机构发展中的重大问题，加强对中小企业信用担保机构的指导和监管，努力促进我省中小企业信用担保规范、有序、健康发展。

浙江省人民政府办公厅
关于印发浙江省“十一五”大社保体系建设规划的通知

2007年12月2日 浙政办发〔2007〕101号

各市、县（市、区）人民政府，省政府直属各单位：

《浙江省“十一五”大社保体系建设规划》已经省政府同意，现印发给你们，请认真贯彻实施。

浙江省人民政府办公厅

浙江省“十一五”大社保体系建设规划

序 言

为贯彻党的十六届六中全会精神，根据《浙江省国民经济和社会发展第十一个五年规划纲要》，编制《浙江省“十一五”大社保体系建设规划》。本规划所指大社保体系，包括就业、社会保险、社会救助、社会福利、慈善事业五个方面的内容。本《规划》期限为2006年－2010年。

就业是民生之本，社会保险、社会救助、社会福利、慈善事业是安邦之策、和谐之基。加快“十一五”时期就业、社会保险、社会救助、社会福利和慈善事业“五位一体”的大社保体系建设，发挥其作为改革发展“减震器”、社会公平“调节器”、社会安定“稳定器”的作用，对于促进我省经济社会又好又快发展，构建社会主义和谐社会，实现全面建设小康社会、提前基本实现社会主义现代化目标，具有重大意义。

改革开放以来特别是“十五”时期，我省高度重视大社保体系建设，基本构筑了与经济社会发展相适应的大社保体系框架，为促进社会和谐稳定发挥了重大作用。初步形成了政府促进就业、市场调节就业、劳动者自主就业相结合的就业机制，率先在全国推行市场化取向的就业制度改革，城乡统筹就业试点深入开展，职业技能培训扎实推进，促进就业的政策法规体系和公共服务体系加快完善。初步建立了覆盖城乡、功能完善、多层次的社会保险体系，各项制度更加规范，基金征缴力度不断加强，全省基本养老、基本医疗、失业、工伤、生育五大保险覆盖面进一步扩大，基本养老保险参保率和发放水平居全国前列。初步建立了以最低生活保障为基础、专项救助为支撑、慈善事业等为补充的新型社会救助体系，率先在全国建立覆盖城乡的最低生活保障制度，率先启动被征地农民基本生活保障制度，农村五保和城镇“三无”对象集中供养制度、农村新型合作医疗制度以及教育、医疗、住房保障等专项救助制度全面推进。社会福利和慈善事业大力发展，福利服务网络逐步健全。总体上我省大社保体系建设在全国居领先水平，正站在一个新的历史起点。

同时也要看到，随着经济社会的加速转型，落实科学发展观、构建社会主义和谐社会的进一步深入，我省大社保体系建设既面临难得的机遇，也面临严峻的挑战。人口总量高峰的逐步临近，既使我省处于“人口红利期”，又使就业再就业压力日益加大；城市化、工业化的加速推进，既促使劳动力尤其是农村劳动力加快流动，又对社会保障制度建设提出了新要求；就业方式的多样化，既有利于社会充分就业，又要求现行社会保险制度有更大的包容性；人口老龄化程度的加深，既增加了人民群众对社会保障的需求，又使基金运行承载着巨大支付压力。适应新的形势，必须从全局和战略的高度，进一步增强紧迫感、责任感、和使命感，全面推进大社保体系建设，走出一条具有浙江特色的大社保体系建设新路子。

一、指导思想、基本原则和目标任务

（一）指导思想。

以邓小平理论和“三个代表”重要思想为指导，深入贯彻科学发展观，按照人人享有基本社会保障的目标，以促进就业为根本，以社会保险、社会救助和社会福利为基础，以基本养老、基本医疗、最低生活保障为重点，以慈善事业、商业保险为补充，加快完善大社保体系，为全面建设惠及全省人民的小康社会、加快构建和谐浙江、率先基本实现社会主义现代化提供重要保障。

（二）基本原则。

1. 坚持广覆盖、保基本，统筹城乡大社保体系建设，实现制度全覆盖，因地制宜、量力而行，合理确定保障水平，让广大人民群众共享发展改革成果。

2. 坚持多层次、多渠道，根据城乡区域发展的现实情况和不同人群的保障需求合理确定保障模式，建立企业、个人缴费、政府投入相结合的多元化筹资机制，引导社会力量广泛参与。

3. 坚持可衔接、可持续，系统设计大社保体系，规范完善政策法规，统筹各类保障需求和社会承受能力，促进保障制度、政策的衔接和可持续运作。

（三）发展目标。

到2010年，我省大社保体系的发展目标：实现“五个基本”，建立就业、社会保险、社会救助、社会福利、慈善事业“五位一体”可持续运作的大社保体系。

——基本建立统筹城乡的就业制度。基本形成城乡统一的人力资源市场和平等就业服务制度，形成促进就业长效机制，实现城乡就业比较充分、劳动关系比较和谐、分配格局比较合理。“十一五”期间新增城镇就业300万人，城镇登记失业率控制在4.5%以内；转移农村劳动力200万人，全省第一产业从业人员下降到20%左右；全省技术工人达到700万人，初级、中级、高级技能人才比例达到40:45:15；创建充分就业社区，基本消除城镇“零就业家庭”。

——基本建立比较完善的社会保险制度。基本形成养老、医疗、失业、工伤、生育五大保险整体推进、五费合征格局，城镇稳定就业人员基本实现全覆盖。到2010年，全省企业职工基本养老保险在职参保人数达到1000万人以上，基本医疗、失业、工伤、生育保险的参保人数分别达到900万人、770万人、1200万人、450万人以上。新型农村合作医疗参保率在90%以上。对新增的被征地农民生活保障做到即征即保。城镇居民基本医疗保险实现制度全覆盖，参保率在80%以上。

——基本建立覆盖城乡的社会救助制度。建立健全社会扶贫帮困长效机制，分层分类救助制度全面建立，灾害救助制度更加完善。“十一五”时期，城乡居民最低生活保障制度全面实现“应保尽保”，农村五保和城镇“三无”对象集中供养率巩固在80%以上，基本解决城市低收入住房困难家庭的住房问题，教育、医疗等专项救助基本实现“即时救助”。

——基本建立覆盖城乡的新型社会福利制度。由补缺型向适度普惠型转变，构建以孤儿、老年人、残疾人为主要服务对象，惠及城乡各类困难群众的新型社会福利体系。全省综合社会福利床位数年均递增10%，2010年达到18万床。

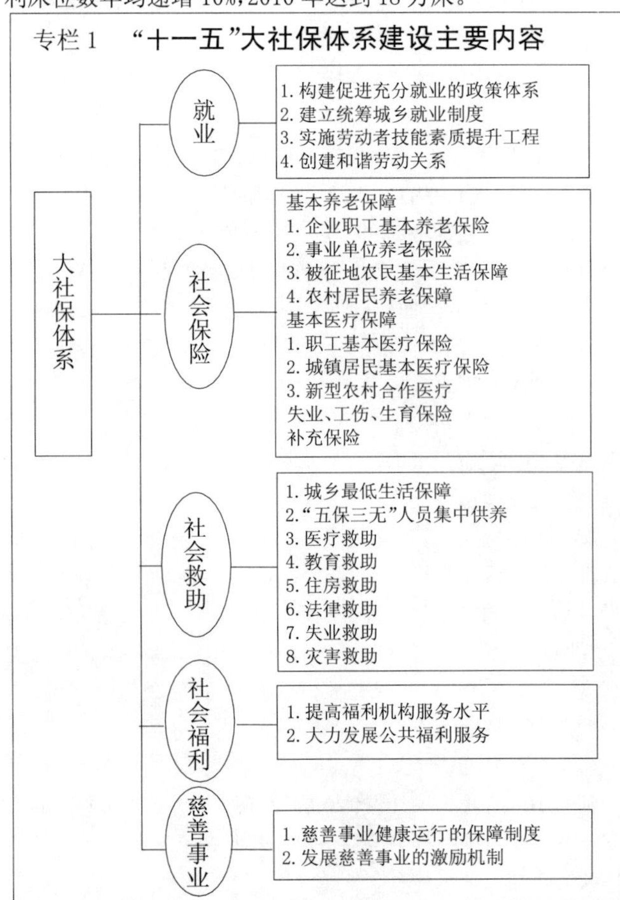

——基本建立现代慈善事业健康运行制度。慈善公益氛围浓厚，公募与非公募慈善组织共同发展，慈善劝募秩序规范，志愿服务组织普遍建立，慈善事业整体水平全面提升。到2010年，全省慈善捐款达到全省生产总值的1%左右，形成一批影响广泛的慈善品牌。

二、主要任务和措施

(一)就业。

1. 构建促进充分就业的政策体系。把扩大就业、控制失业率作为经济社会发展的优先目标，继续实施积极的就业政策，实现经济发展和扩大就业的良性互动。积极发展就业容量大且符合国家产业结构调整政策的劳动密集型产业、服务业和各类所有制的中小企业，改善就业结构，增加就业岗位。完善支持自主创业、自谋职业政策，加快建立促进就业长效机制，实施新一轮促进就业扶持政策，重点做好城镇失业人员特别是就业困难人员、城镇新增劳动力特别是大中专毕业生、农村转移劳动力特别是被征地农村劳动力的就业工作，加强对城镇零就业家庭和农村低保家庭的就业援助。积极创建充分就业社区，做到零就业家庭发现一户、消除一户。积极促进农村低保家庭就业，综合运用职业培训、职业指导、职业介绍等手段，形成“进村入户、抓低促面”的帮扶机制。大力开发公益性岗位，落实岗位补贴等激励措施，加大对困难人群的就业援助力度。加强失业调控，建立覆盖各类失业人员的失业登记制度，完善失业预警机制，制定预案和相应措施，减少长期失业人员数量，保持就业形势稳定。

专栏2 统筹城乡就业制度的主要内容
1. 建立城乡统一的劳动力资源管理制度，实现城乡就业的统筹规划和调控管理。 2. 建立城乡统一的就业制度和就业促进政策，实现城乡劳动者的平等就业。 3. 建立城乡统一的人力资源市场和就业服务体系，为城乡劳动者就业再就业提供良好服务。 4. 建立城乡统一的职业技能培训体系，提高城乡劳动者素质和就业竞争能力。 5. 建立城乡统一的用工管理制度，切实维护城乡劳动者的合法权益。

2. 建立统筹城乡就业制度。实行城乡劳动者平等就业，建立城乡统一的劳动力资源管理制度、就业制度和就业促进政策、人力资源市场和就业服务体系、职业技能培训体系和用工管理制度。消除城乡劳动力转移就业的体制性障碍，深化户籍、土地、住房、教育、医疗等公共服务制度改革，改善农民工进城就业环境。加快建设城乡统一、平等竞争的人力资源市场。支持并规范发展各类专业性职业中介机构和社会化服务组织。建立制度化、专业化、社会化的公共就业服务体系。到2010年，建立覆盖城乡、省市县三级联动的职业介绍和就业服务的信息网络。

3. 实施劳动者技能素质提升工程。全面提高劳动者的就业能力、职业转换能力、创新能力和创业能力。实施高技能人才培训工程，健全有利于高技能人才脱颖而出的评价、考核、选拔机制，开展“钱江技能大奖”和“浙江省技术能手”等劳动技能比武活动，加快高技能人才培训基地的建设，形成政府推动和社会支持相结合的高技能人才培养体系。引导企业建立技能劳动者使用与培训考核相结合、待遇与业绩贡献相联系的激励机制。创新培训方式，建立面向企业的“订单培训”机制，提高培训的针对性、实效性。做好下岗失业人员的再就业培训。深入实施“农村劳动力素质培训工程”，落实被征地农民免费培训政策，培育新型农民，提升农民转移培训的质量和水平。健全技能人才的评价、使用和激励机制，完善劳动预备制度、职业资格证书制度。整合社会培训资源，加强职业教育和培训的技术支持服务体系建设。

4. 创建和谐劳动关系。加强政府部门、企业、工会三方劳动关系协调机制建设。全面实施劳动合同制度和集体合同制度，大力开展区域性、行业性集体协商。加强多种用工形式下的劳动合同管理，完善企业履行集体合同的监督保障机制。完善劳动争议处理制度，建立健全企业调解、区域性(行业)调解和仲裁调解相结合的调解网络。规范工资分配秩序，完善劳动、资本、技术、管理等生产要素按贡献参与分配的制度，提高劳动报酬在初次分配中的比重。继续推进企业工资决定机制的转变，着力建立工资集体协商制度，健全最低工资制度，根据经济发展水平逐步提高最低工资标准。进一步发挥工资指导线、人力资源市场价位、行业人工成本信息对工资水平的引导作用，建立企业职工工资正常增长机制。完善国有企业工资收入分配规则和监管机制。建立完善工资支付保障金制度和政府欠薪应急周转金制度。加大劳动保障监察执法和工会劳动保障法律监督力度，保障劳动者权益。在全省广泛开展创建劳动关系和谐企业活动，强化企业建立社会责任制度。

(二)社会保险。

1. 基本养老保障制度。

企业职工基本养老保险。进一步扩大基本养老保险覆盖面，在所有县(市、区)实现企业全覆盖的基础上，发达县(市、区)努力实现职工参保基本全覆盖。稳步做实基本养老保险个人账户，建立与经济发展水平相适应的基本养老金动态调整机制。进一步夯实缴费基数，着力规范养老保险政策。通过社会保险费“五费合征”，依法强化扩面征缴力度。完善省级养老保险基金调剂机制，提高统筹地区养老保险基金支付能力，确保基本养老金按时足额发放。继续解决好未参保集体企业职工的养老保障问题。

研究解决农民工参保的流动性障碍问题，对就业流动性较大的非本统筹地区的农民工，可以探索建立适合农民工特点的养老保险政策。

专栏3　完善企业职工基本养老保险制度的实施进程
1. 2006年起，按照国务院统一部署，完善企业职工基本养老保险制度。
2. 各地根据基金积累情况逐步做实养老保险个人账户，个人账户记账比例由11%降至8%，全部由个人缴费形成。
3. 改革基本养老金计发办法，实行五年过渡期，2010年调整到位。
4. 大力推进企业年金制度，完善多层次养老保险。
5. 进一步扩大养老保险覆盖范围，到2010年末，参保人数达到1000万人以上。

事业单位养老保险。按照“老人老办法、新人新办法、中人平稳过渡”的原则，稳妥推进事业单位养老保险制度改革，加快探索与企业职工基本养老保险制度相衔接的养老保险模式。

被征地农民基本生活保障。全面落实被征地农民基本生活保障制度，切实做到应保尽保、即征即保。完善征地制度，规范被征地农民补偿标准。被征地农民基本生活保障水平原则上要高于当地城市居民最低生活保障水平。加强被征地农民保障资金的筹集和管理，确保政府承担的保障资金及时足额到位。实施对被征地农民就业社会保险补贴。加快建立被征地农民保障风险准备金，有效应对未来支付风险。

农村居民、养老保障。按照“广覆盖、低起点”、“个人、集体和政府”三方共同筹资的要求，探索建立与农村社会经济发展水平相适应的新型农村社会养老保险制度，有条件的发达县(市)要积极开展试点。探索开展保险型、福利型、救助型等多种形式的保障模式。

2. 基本医疗保障。

职工基本医疗保险。进一步扩大医疗保险覆盖面，基本实现职工、城镇个体劳动者及灵活就业人员基本全覆盖。探索建立适应农民工特点的医疗保险办法，重点解决大病统筹问题。加强基本医疗保险基础管理，完善参保的激励与约束机制，规范医疗保险服务行为。大力发展社区卫生服务，探索社区首诊和双向转诊的有效机制，探索实行参保居民分级医疗的办法。推进医疗保险制度、医疗卫生体制、药品流通体制改革的配套联动，提高医疗卫生资源配置效率。

城镇居民基本医疗保险。按照属地管理的原则，把城镇职工基本医疗保险覆盖范围以外的其他城镇居民，包括老年人、未成年人、丧失劳动能力的残疾人以及其他城镇非从业人员等，纳入城镇居民医疗保险范围。城镇居民医疗保障水平按照不低于当地新型农村合作医疗和不高于城镇职工基本医疗保险的保障水平确定。保障方式既可以采取建立城镇居民医疗保险制度、未成年人医疗保险制度，也可以与新型农村合作医疗相衔接。加大政府扶持力度，各级财政的补助标准不低于参加医疗保险人员筹资水平的三分之一。做好与城镇职工基本医疗保险、新型农村合作医疗和医疗救助制度的衔接。鼓励有条件的地区探索建立城乡一体化的居民基本医疗保障制度。

新型农村合作医疗。建立与经济社会同步增长的动态筹资机制，争取使新型农村合作医疗的人均筹资标准达到当地农村居民上年度人均纯收入的1.5%左右。推行“大病住院统筹为主、兼顾小病门诊统筹”的保障模式，稳步提高住院补偿标准，扩大受益面。控制年度基金结余率，提高参保人员大病住院实际补偿水平。创新农村合作医疗经办模式，鼓励有条件的地方探索商业保险公司参与新型农村合作医疗的业务管理。坚持为参保农民提供2年一次的免费健康体检。

3. 失业、工伤、生育保险。

失业保险。重点推进规模以上民营企业及其职工参加失业保险。建立失业保险与促进就业的联动机制。在保障失业人员基本生活的基础上，根据国家规定，调整失业保险基金支出比例和结构，充分发挥失业保险促进再就业功能。完善失业保险金申领办法，结合失业人员求职和参加职业培训的情况完善申领条件。

工伤保险。全面推进企业、事业单位、民间组织及有雇工的个体工商户参加工伤保险，用三年左右的时间将与所有用人单位有劳动关系的农民工全部纳入工伤保险，实现从业人员基本全覆盖。完善工伤认定制度和劳动能力鉴定制度，探索工伤补偿与工伤预防、工伤康复相结合的有效途径，建立预防工伤事故的有效机制和工伤康复制度。

生育保险。扩大生育保险覆盖面，推广生育保险和医疗保险协同推进的管理模式，实现"三统三分"，即在同一参保单位和人群，实行统一缴费、统一参保，在保险定点机构、医疗服务和费用结算等方面实行统一管理，切实保障生育女职工的合法权益。

4. 补充保险。

积极鼓励有条件的企业建立企业年金，初步形成基本养老保险、企业年金和个人储蓄养老保险相结合的多层次养老保险体系。完善企业年金基金监管制度，实现规范运作。进一步规范补充医疗保险，构建以基本医疗保障为主体，以保障大病风险为重点，兼顾多层次需求的医疗保障体系。大力发展商业性医疗、养老保险，支持商业保险参与和介入各类补充性保险的运作。

（三）社会救助。

1. 巩固完善最低生活保障制度。全面巩固动态管理下的应保尽保、应补尽补、应退尽退，确保困难群众基本生活。加强低保与其他社会保障制度以及再就业工作的衔接，探索建立正向激励机制。健全最低生活保障标准与城镇职工最低工资标准联动机制，建立低保家庭收入核查机制，加强低保审核的规范化管理。在确定最低生活保障标准的基础上，根据困难群众致贫、致困的不同情况，实施分层分类救助制度，提高社会救助的合理性与公正性。

2. 巩固农村五保和城镇"三无"对象集中供养制度。确保供养资金落实，切实做到应保尽保、按标施保。在落实基本生活保障前提下，进一步解决供养对象的医疗问题。加强敬老院规范化建设和供养老人照料管理，逐步实现敬老院按供养人员数的10:1配备管护人员。

3. 全面实施教育救助制度。全面实施义务教育阶段免学杂费制度，公共教育资源向农村、欠发达地区倾斜。实施"农村中小学家庭困难学生资助再扩面工程"、"农村中小学爱心营养餐工程"，推行"教育券"制度，确保困难家庭学生上学。在已经将农村居民人均纯收入2000元以下、城镇居民人均可支配收入4000元以下家庭学生纳入资助范围的基础上，要根据经济社会发展，逐步扩大资助范围和资助标准。对贫困家庭子女教育资助从义务教育阶段延伸到高中（中等职业学校）及高等教育阶段。加快实施"农村中小学食宿改造工程"，到2010年，生均住宿面积不低于3平方米。实施"职业院校助学奖学行动计划"和"中等职业学校家庭经济困难学生爱心营养餐工程"。进一步完善高等教育资助体系，扩大助学贷款覆盖面。进一步规范资助程序，加强对受助学生的动态管理。

4. 全面实施医疗救助制度。扩大医疗救助覆盖范围，逐步降低医疗救助起报"门槛"，对确需救助的困难群众在经新型农村合作医疗或城镇基本医疗保险报销后，实行即时救助。推行定额包干门诊助医卡、慈善助医卡，为特殊困难对象解决日常医疗和起补线以下部分的医疗支出。建立困难群众"绿色通道"救治的医疗经费保障机制。每个县（市）都要办好一所"惠民医院"，鼓励多方筹资兴办"慈善医院"。到2010年，医疗救助资金达到当地人均6元以上，所有需要救助的群众均能得到救助。

5. 全面实施住房救助制度。建立健全以廉租住房制度为重点的住房保障政策体系，按照"住有所居"的要求，着力解决城市低收入家庭的住房困难，扩大廉租住房制度实施覆盖面和受益面。2010年底前，基本实现城市低保标准两倍以下低收入住房困难家庭廉租住房应保尽保，基本满足城镇居民人均可支配收入60%以下低收入住房困难家庭购买或租赁经济适用住房，基本完成旧住宅区的综合改造，多渠道改善农民工等其他困难群体的住房。改进和规范经济适用房制度，严格经济适用住房准入条件和上市交易行为。加大实施农村符合救助条件的困难家庭的住房救助力度，有计划、分步骤改善下山移民和受地质灾害影响的困难群众住房条件。加快推进政策性农村住房保险，构建政府主导、采用市场运作模式的农村住房风险防范和救助机制。

6. 全面实施法律援助制度。加快法律援助机构建设，健全法律援助中心，建立统一标志的接待服务窗口，确保为经济困难群众无偿提供各项法律援助。鼓励事业单位、社会团体等组织和法律工作者为困难群众提供法律援助，维护困难群众的权益。支持各级工会建立健全法律援助机构，切实维护农民工和困难职工的劳动权益。

7. 规范完善灾害救助制度。提高救灾减灾能力。建立健全覆盖城乡的备灾减灾、灾害应急响应、灾民生活救助、灾后恢复重建和社会应急动员等灾害救助应急体系。完善以救灾工作分级负责、救灾经费分级负担制度为基础，灾害应急机制为主体，社会动员机制相配套的灾害救助制度。进一步加强省级救灾物资

专栏4　**社会救助体系建设的主要任务**

分项制度	主要任务
最低生活保障制度	实现应保尽保、应补尽补。
五保人员集中供养制度	实现应保尽保、按标施保，满足"五保三无"人员、高龄老人和其他需要照料老人的机构养老所需，供养老人得到有效照料，生活质量不断改善。
住房救助制度	扩大廉租住房制度覆盖面，实现廉租住房保障应保尽保。
教育救助制度	继续实施农村中小学家庭困难学生资助再扩面工程、农村中小学爱心营养餐工程、农村中小学食宿改造工程。进一步完善高等教育资助体系。
医疗救助制度	逐步降低医疗救助门槛，提高医疗救助水平，对确需救助的困难群众实行即时救助。推行定额包干门诊助医卡、慈善助医卡。建立困难群众"绿色通道"救治的医疗经费保障机制。
法律援助制度	加快法律援助机构建设，健全法律援助中心，建立统一标志的接待服务窗口，确保为经济困难群众无偿提供各项法律援助。
灾害救助制度	探索制定各类灾害救助标准，建立覆盖县、乡镇、村（居）三级避灾场所，形成网络，实现救灾工作的全覆盖。

储备库建设，在灾害多发地区建立救灾物资储备库和应急避灾场所。创新灾害救助的实施方式。规范完善自然灾害救助预案，加快建立救灾快速反应视频系统。

（四）社会福利。

1.提高福利机构服务水平。以养老机构为重点，形成政府引导、政策扶持、国家和社会兴办社会福利机构的新格局。大力加强老年福利机构建设，按照国家“爱心护理工程”的要求，逐步建立长期照料服务体系。发展儿童福利机构，到2010年，各设区市建有一所综合性的儿童福利机构、流浪儿童救助保护中心，每个县、市和有条件的区建有一所救助管理站、精神病人福利院。发展残疾人福利事业，扶持福利企业健康发展，进一步落实按比例安排残疾人就业的政策，建设一批残疾人教育、康复、救助福利机构。加强社区福利服务网络建设，形成设施布局合理、功能完善、服务便捷的服务网络。

2.大力发展公共福利服务。健全老年人福利政策，落实各项优待规定，加大资金投入，着力解决老年人养老、医疗等问题。重视残疾人工作，着力推动就业、教育、康复、医疗等问题的解决。全面贯彻落实孤儿救助各项政策。完善优抚安置政策。整合公共福利服务资源，提升整体福利服务水平。创新福利服务供给模式，推行政府购买福利服务制度，促进相关社会组织承接具体公共福利服务职能。探索建立社会工作者制度，健全社会工作者组织网络。加快建设街道社区福利服务中心及其信息平台，建立健全社区福利服务联动机制。到2010年，全省60%以上的农村确立以公共服务为主的社区化管理模式。

（五）慈善事业。

1.建立保障慈善事业健康运行的有效制度。加强慈善文化建设，推动慈善文化进社区、进乡村、进机关、进企业、进学校活动，增强公众的慈善意识，扩大慈善事业的影响力和感召力。加强慈善组织能力建设，强化公募慈善组织的规范化建设，培育发展非公募慈善组织，打造慈善救助“品牌”项目，培育慈善家队伍。完善社会捐赠站点和慈善服务体系，基本形成覆盖城乡的慈善工作网络。规范慈善劝募秩序，形成自律和监督相结合的管理机制，提高慈善组织的公信力。开发各类慈善资源，推动慈善救助项目化，重点在安老、助孤、帮残、济困、赈灾、助医等项目上发挥作用，并逐步向环境保护项目、文化艺术项目方面拓展。建立健全彩票公益金支持慈善事业发展的机制。加强社会捐助工作规范化建设，做好“对口援助”、“结对帮扶”等工作。总结推广“慈善超市”、“捐助站（点）”的有效运行模式，促进其可持续发展。积极发展志愿服务组织，到2010年，注册登记社区志愿者占城镇人口的8%。普及红十字会相关法律法规及红十字运动知识，加大救灾、救护、救助力度，建立行之有效的筹资机制和运行机制。

2.完善发展慈善事业的激励机制。完善慈善捐赠税收优惠政策，落实法律法规关于自然人、法人或者其他组织向慈善事业捐赠按规定享有个人所得税、企业所得税方面的优惠政策，促进劝募市场的形成和发展。建立政府表彰和社会表彰相结合的鼓励机制，组织开展“浙江慈善奖”的表彰活动。探索建立社会互助激励机制，提倡职工互助，大力开展职工互助互济保障活动，全面推广“义工服务时间储蓄银行”等做法。推动全民志愿服务制度的建立，培育和发展志愿服务组织。全省人均参加社会公益服务达到2小时。

三、保障措施

大社保体系建设是构建社会主义和谐社会的基础工程，是维护人民群众切身利益的民生工程，是落实科学发展观的实事工程，是推动浙江又好又快发展的保障工程。必须加强组织、筹资、政策、法制、项目、平台等保障措施，实现制度上相互衔接、政策上相互支撑、工作上相互促进，开创大社保体系建设新局面。

（一）组织保障。

大社保体系建设涉及面广、政策性强、任务繁重。各级政府要把大社保体系建设作为社会管理和公共服务的重中之重，切实负起全责。主要领导要亲自抓大社保体系建设，认真研究部署大社保体系的规划和政策制度的设计，确保各项工作落到实处。建立健全政府牵头，发展改革、劳动保障、民政、教育、建设、卫生、司法、财政等部门参与的大社保协调组织，整合资源，合力推进，营造齐抓共管的良好氛围。要充分发挥工会、共青团、妇联、残联、慈善总会、红十字会等组织的作用，建立政府各部门与慈善等社会帮扶组织之间的协调机制，积极引导社会各方面的力量参与到大社保体系建设中去，群策群力把这项工作抓好。

要完善宏观调节体系，把就业、社会保险、社会救助、社会福利和慈善事业的各项目标任务纳入国民经济和社会发展的中长期规划、年度计划和工作部署中去，建立健全相应的统计制度、通报制度和预警机制。要完善目标责任体系，把大社保体系的考核指标列入政府和部门考核的内容，做到责任分明、考核分明、奖惩分明，形成一级抓一级、层层抓落实的考核督查机制。要建立统筹协调的工作机制，省里建立大社保协调组织，协调和解决大社保体系建设中的重大事宜，统一规划、统揽制度、统筹资源，实现制度衔接、政策平衡、机制顺畅，整体协同推进大社保体系建设。

（二）筹资保障。

加强社会保险基金征缴和监管。大力推进实施社会保险费“五费合征”，做到参保登记、征收机构、征缴基数、征缴流程和数据信息“五统一”，到2010年，基本实现社会保险费征缴制度化、法制化和规范化。

建立健全多渠道、多形式、多层次的大社保发展资金筹措机制。加强对大社保建设的公共投入，调整财政支出结构，加快推进社会保障投入预算制度化，切实提高就业和社会保障支出占财政支出的比重，确保每年增幅高于当地财政经常性支出的增长比例。按照统筹层次，明确各级政府对各项社会保险基金平衡的责任，重点落实对养老金收支缺口的补助资金，逐步做实个人账户。积极开辟筹资渠道，收缴入库的国有资产收益、国有土地出让收入等，必须提取一定比例充实大社保资金。发挥政策杠杆作用，充分动员社会力量，整合社会资源，拓展筹资渠道，形成政府、用人单位、居民家庭和个人、社会其他方面共同负担的大社保投入机制。在促进就业和完善社会保障制度等方面实行财税、信贷等优惠政策。大力倡导企业、各类社会组织投入慈善和社会福利、社会救助事业。

加强部门协调配合，建立健全行政监督、专门监督、社会监督、内部控制相结合的监督体系。建立健全省、市、县三级社会保障基金监督委员会，依法对社会保障法规政策执行、社会保险费征缴、社会保险金发放、基金管理和运营各环节进行全过程监督管理。社会保险基金实行收支两条线管理，专款专用，严格按照国家规定的方式保值增值，确保基金的安全完整。规范社会保险待遇支付，严防基金流失，加大对以非法手段获取社会保险待遇行为的查处力度，堵塞基金支付漏洞。

专栏5　大社保体系建设六项保障措施
组织保障：建立一个大社保协调组织；
筹资保障：形成一个多元化大社保资金筹措机制；
政策保障：完善一个制度相衔接、可持续运作的创新政策体系；
法治保障：构建一个覆盖大社保各项业务的法律法规体系；
项目保障：实施一批提升大社保服务能力的重大工程项目；
平台保障：构筑一个公共服务信息网络和基层工作平台。

（三）政策保障。

根据浙江经济社会发展实际和转型期需要，着眼民生，更加关注体制外人群的社会保险，更加关注困难群体的社会救助，更加关注特殊人群的社会福利，更加关注全社会参与的慈善事业，不断创新完善大社保政策体系。立足统筹城乡、制度全覆盖，针对农村、农民、农民工、城镇未纳入社会保险的居民等体制外群体，鼓励创新、试点先行，逐步探索建立多形式的社会保障模式，在实践中总结完善，确保科学设计、可持续运作。

积极稳妥地解决各类社会保障制度政策的有效衔接。着力解决就业、社会保险、社会救助、社会福利、慈善事业之间的政策衔接，研究解决区域之间、城乡之间、不同单位之间各类人群社会保障制度设计、政策衔接中存在的问题，探索解决各种人员流动时社会保险关系接续问题的有效办法，实现不同群体之间社会保障制度政策的有效衔接。要兼顾需要和可能，加强对各项保障政策的可持续性研究，合理确定保障程度。完善预警监测机制，确保各类社保资金运行安全。

（四）法制保障。

按照建设“法治浙江”的要求，加强大社保体系立法工作，加快推进大社保工作法治化。“十一五”期间，研究出台促进就业、工伤保险、社会保险基金监管、最低生活保障、慈善公益事业等地方性法规；制定职业技能鉴定、城镇职工基本医疗保险、生育保险、被征地农民基本生活保障、新型农村合作医疗等政府规章；修订出台职工基本养老保险、法律援助、农村五保供养等法规。根据需要，相应修改、制订有关大社保体系建设的其他政策规章。

加强大社保体系的执法监察。严格执行行政许可的设定规则和实施主体、程序、收费、监督检查、责任追究等各项规定。加大执法力度，建立健全权责明确、行为规范、监督有效、保障有力的行政执法体制。加大力度查处违反劳动保障法律法规行为，整治非法用工和打击违法犯罪，切实保障城乡劳动者的合法权益。建立健全普法教育工作制度，推进大社保体系普法工作制度化。

专栏6　社会保险五费合征的内容要求
1. 参保登记统一：一次性办理5项社会保险的统一登记。
2. 征收机构统一：由各地地税机关集中、统一征收。
3. 征缴基数统一：以本月企业全部职工工资总额为缴费基数。
4. 征缴流程统一：直接向主管地税机关申报缴纳。
5. 数据信息统一：统一和规范各项社会保险的基本信息。

（五）项目保障。

组织实施重点工程项目。实施救助关爱工程，各市、县（市）及有必要的区设立城市流浪乞讨人员救助管理站。实施福利服务工程，建设针对不同对象的福利院、光荣院、敬老院、老年护理院和关怀医院等，完成省残疾儿童康复中心异地迁建工程，市级以上城市建有一所集养育与康复于一体的儿童福利服务机构，11个市和有条件的县（市）建立精神残疾人、重度残疾人托养机构和庇护工场。实施救灾减灾能力建设工程，建设省级救灾物资储备库。

全面提升大社保服务能力。加快实施金保工程和“数字民政”建设，着力提高工作效能。推进城乡统筹就业和培训工程，搞好城乡统筹劳动保障示范区建设，建设一批高规格的职业教育培训中心。加强人力资源市场与公共就业服务平台建设。实施社会保险管理服务能力建设工程，各县（市）都要建立一个规范化的人力资源市场、一个高质量的培训机构、一个互联互通的信息化网络、一个社会化的公共服务平台、一个服务高效的社会保险经办管理服务场所。

（六）平台保障。

进一步加强大社保基层工作平台建设。在乡镇、街道一级设立劳动保障和社会救助综合管理服务机构，切实做到机构、人员、经费、场地、制度和工作“六到位”。社区和村要设立工作站（室），并要有专兼职劳动保障、民政、残疾人工作人员，形成覆盖城乡，集就业、社会保险、劳动关系调整、社会救助、优抚安置、社会福利等职能于一体的大社保服务网络。立足资源整合、力量统筹，建立健全覆盖城乡的省、市、县、乡镇（街道）、社区

专栏7　大社保体系立法计划
就业：
《浙江省促进就业条例》
《浙江省职业技能鉴定办法》
社会保险：
《浙江省工伤保险条例》
《浙江省社会保险基金监督管理条例》
《浙江省职工基本养老保险条例》（修订）
《浙江省城镇职工基本医疗保险办法》
《浙江省生育保险办法》
《浙江省征地补偿和被征地农民基本生活保障办法》
《浙江省新型农村合作医疗管理办法》
社会救助：
《浙江省法律援助条例》
《浙江省农村五保供养工作实施细则》
《浙江省最低生活保障条例》
《浙江省残疾人扶持办法》
慈善事业：
《浙江省慈善公益事业促进办法》
《浙江省志愿服务工作条例》

(村)五级职业介绍服务网络、劳动保障管理服务网络、社会救助网络和慈善工作网络，提高专职工作人员比例。县以上普遍建立志愿服务组织，建立覆盖城乡的慈善组织及其工作网络。

构筑覆盖城乡的大社保公共服务信息网络平台。按照"统分结合、远近兼顾、县为基础"的要求，实行全省一盘棋，统一规划，整合资源，加快构建覆盖省、市、县三级的劳动就业、社会保险、优抚安置、社会救助、社会福利和慈善事业等信息服务网络，与全国广域主干网络相衔接，网络终端延伸到所有乡镇、街道、社区的大社保服务机构，在此基础上建立本省的网络并联、信息共享、全省统一的大社保信息服务网络。创建大社保门户网站，逐步整合12333劳动保障电话咨询服务中心和福利服务特服热线系统等为公众提供咨询的信息资源，形成统一归口、分头服务的运行系统。加强基础管理，整合服务资源，规范服务流程和工作标准，提高公共服务水平。

浙江省财政厅 浙江省发展和改革委员会 浙江省农业厅 浙江省地方税务局 浙江省林业厅转发财政部等五部门关于发展生物能源和生物化工财税扶持政策实施意见的通知

2007年2月13日 浙财建字〔2007〕4号

各市、县(市)财政局、发改委(局)、农业局、地税局、林业局(宁波不发):

为促进我省发展生物能源和生物化工，现将《财政部、国家发展改革委、农业部、国家税务总局、国家林业局关于发展生物能源和生物化工财税扶持政策的实施意见》(财建〔2006〕702号)转发给你们，请贯彻执行。

财政部 国家发展改革委 农业部 国家税务总局 国家林业局关于发展生物能源和生物化工财税扶持政策的实施意见

各省、自治区、直辖市、计划单列市财政厅(局)、发展改革委、农业厅(局)、国家税务局、地方税务局、林业厅(局):

发展生物能源与生物化工对于替代化石能源、促进农民增收、改善生态环境，具有重要意义。“十五”期间我国在部分地区试点推广燃料乙醇取得良好的社会效益与生态环境效益。随着国际石油价格的上涨，迫切需要加快实施石油替代战略，积极有序地发展生物能源与生物化工。根据国务院领导指示精神，下一阶段将重点推进生物燃料乙醇、生物柴油、生物化工新产品等生物石油替代品的发展，同时合理引导其他生物能源产品发展。目前我国生物能源与生物化工产业处于起步阶段，制定并实施有关财税扶持政策将为生物能源与生物化工产业的健康发展提供有力的保障。

一、生物能源与生物化工财税扶持政策的原则

(一)坚持不与粮争地，促进能源与粮食“双赢”。我国人多地少，粮食安全至关重要。发展生物能源产业一定要在确保国家粮食安全基础上稳步推进。当粮食出现阶段性供过于求时，国家有计划地拿出一部分粮食加工转化为生物能源，将有助于丰富粮食转化渠道，平衡粮食供求，有效保护粮价，保护农民种粮积极性。国家鼓励利用秸秆、树枝等农林废弃物，利用薯类、甜高粱等非粮农作物和小桐子、黄连木等木本油料树种为原料加工生产生物能源，鼓励开发利用盐碱地、荒山和荒地等未利用土地建设生物能源原料基地。今后将具备原料基地作为生物能源行业准入与国家财税政策扶持的必要条件。促进实现粮食安全与能源安全的双赢。

(二)坚持产业发展与财政支持相结合，鼓励企业提高效率。生物能源与生物化工产业的发展最终要靠市场，要立足于提高产业自身竞争力。在发展初期，实施国家财税扶持政策将有助于突破制约因素，加快产业发展进程。财税扶持政策要有利于鼓励企业提高效率，有利于科技进步。各类企业要公平竞争，成本低、效率高的企业将优先获得国家支持，体现效率优先原则。国家支持成熟技术的推广。对尚未完全成熟、但发展前景广阔，影响意义深远的新技术，如纤维素制酒精等，国家鼓励产学研相结合，扩大产业化示范，国家财税扶持政策将充分整合与利用现有的各种资金支持渠道，集中力量突破若干关键技术。

(三)坚持生物能源与生物化工发展既积极又稳妥，引导产业健康有序发展。随着国际油价上涨及受国家政策鼓励，生物能源与生物化工产业发展内在动力不断加强，当前地方新上项目的积极性较高，有投资过热的倾向。如不能正确加以引导，将可能破坏生物能源资源;燃料乙醇、生物柴油产品质量如不合格，将可能影响到交通运输安全;在生物能源和生物化工生产环节，如不严格标准，会造成环境污染，增加能源消耗。因此，发展生物能源与生物化工必须充分考虑资源、技术、环保、能耗等多方面因素，稳步发展。国家实施财税扶持政策，将限定支持对象、控制支持范围、把握支持力度，引导产业健康有序发展。

二、发展生物能源和生物化工财税扶持政策内容

(四)实施弹性亏损补贴。目前国际石油价格高位运行，如果油价下跌，生物能源与生物化工生产企业亏损将加大。为化解石油价格变动对发展生物能源与生物化工所造成的市场风险，为市场主体创造稳定的市场预期，将建立风险基金制度与弹性亏损补贴机制。当石油价格高于企业正常生产经营保底价时，国家不予亏损补贴，企业应当建立风险基金;当石油价格低于保底价时，先由企业用风险基金以盈补亏。如果油价长期低位运行，将启动弹性亏损补贴机制，具体补贴办法财政部将会同国家发展改革委另行制定。

(五)原料基地补助。国家鼓励开发冬闲田、盐碱地、荒山、荒地等未利用土地建设生物能源与生物化工原料基地，从而确保生物能源与生物化工有稳定原料供应来源，确保发展生物能源与生物化工不与粮争地。开发生物能源与生物化工原料基地要与土地开发整理、农业综合开发、林业生态项目相结合，享受有关优惠政策。对以“公司+农户”方式经营的生物能源和生物化工龙头企业，国家给予适当补助。具体补助办法，财政部将会同国家发展改革委、农业部、国家林业局另行制定。

(六)示范补助。国家鼓励具有重大意义的生物能源及生物化工生产技术的产业化示范，以增加技术储备，对示范企业予以适当补助。具体补助办法财政部将另行制定。

(七)税收优惠。对国家确实需要扶持的生物能源和生物化工生产企业,国家给予税收优惠政策,以增强相关企业竞争力,具体政策由财政部、国家税务总局上报国务院后另行制定。

三、生物能源和生物化工财税扶持政策的组织实施

(八)国家财税扶持政策将紧密结合生物燃料乙醇专项规划、生物柴油试点方案。发展生物能源和生物化工应坚持统一规划、防止一哄而起。燃料乙醇将在现有基础上,扩大推广范围,重点发展非粮原料燃料乙醇的生产。近阶段燃料乙醇扩大推广仍将采用"定点生产、定向流通、封闭运行"的方式。生物柴油按国家统一规划,有序开展试点推广。生物能源与生物化工企业实行严格的行业准入制度。地方发展改革委、财政部门根据国家统一的推广规划,联合推荐申报定点企业,申请企业必须符合行业准入标准。国家发展改革委、财政部按有关规定选择并确定定点企业。

(九)国家财税扶持政策将坚持专家评审,科学决策。组织实施财税扶持政策,要充分借助专家力量。由相关领域的专家对地方申报定点企业的生产技术条件、资产财务状况、原料基地情况、生产环保能耗等进行全面论证与评审。在专家评审的基础上,国家发展改革委、财政部按照公开、公平、公正的原则选择效率高、补贴少的企业作为定点企业,并予以公示。

(十)建立政策保障机制,在确保国家粮食安全的前提下稳步发展生物能源和生物化工。建立粮食安全影响因素评价制度,财政部将会同有关部门组织专家对地方申报的生物能源和生物化工项目消耗粮食、占用土地情况进行专项评审,充分论证与考虑对国家粮食安全的影响。对以粮食为原料生产生物能源与生物化工,国家实行严格的计划控制,只有按国家计划生产才能享受财税扶持政策,未经国家批准的粮食加工转化生物能源,不能享受国家财税扶持政策。对以薯类、甜高粱等非粮农林作物为原料生产生物能源与生物化工,要配套建设原料基地,只有具备原料基地的生物能源与生物化工企业才能享受国家财税扶持政策,原料基地建设要开发利用荒山荒坡等未利用土地,不能占用现有耕地。财政部门严格考核各企业原料基地建设及规模,作为补贴预算依据。

(十一)加强资金监督,确保资金使用安全规范有效。申请生物能源和生物化工财政扶持专项资金,必须按本实施意见的规定程序执行,未执行相关规定者,不能享受国家财税扶持政策。财政部驻各省、自治区、直辖市、计划单列市财政监察专员办事处负责审核确认定点企业生产销售的生物能源产品数量,作为弹性亏损补贴的依据,并对原料基地补助及示范补助的使用情况进行日常监督。农业、林业行业主管部门要加强原料基地建设和开发利用工作的指导。地方财政部门要及时掌握了解企业生产销售情况、原料基地建设情况、示范技术进展情况,加强对财政补贴资金的追踪问效,并向财政部报告。

四、提高认识,加强协作,实施好对生物能源及生物化工发展的财税扶持政策

(十二)充分认识实施财税扶持政策,支持生物能源与生物化工发展的重要意义。积极发展生物能源与生物化工,尤其是发展生物燃料乙醇等石油替代品,具有重要战略意义。国家财税扶持政策对促进生物能源与生物化工的发展至关重要。各级财政等部门要充分认识财税扶持政策的重要意义,将其作为工作的重点,落实好国家有关扶持政策。并且要在摸清当地生物资源底数的基础上,因地制宜,积极支持生物能源与生物化工产业的发展,为企业发展创造良好的政策环境,促进有序开发利用生物能源与生物化工。

(十三)加强部门间配合,共同推动生物能源发展。发展生物能源与生物化工是一项系统工程,需要多个部门的协同配合。中石油、中石化等成品油销售企业要按有关法律规定,收购燃料乙醇等生物能源产品,并积极建设混配中心,为发展生物能源创造良好的市场环境。技术标准管理部门要抓紧制定相关技术标准,为生物柴油等试点推广准备条件。农业、林业部门要做好生物质资源评价,做好育种等基础工作,并引导做好生物能源与生物化工原料基地建设。国家将加大公共能力建设的投入,支持开展各项基础工作。

(十四)本办法自下发之日起执行,由财政部负责解释。

浙江省财政厅转发财政部关于加强政府采购货物和服务项目价格评审管理的通知

2007 年 2 月 28 日 浙财采字〔2007〕6 号

各市、县(市、区)财政局、政府集中采购机构,省级各单位:

现将《财政部关于加强政府采购货物和服务项目价格评审管理的通知》(财库〔2007〕2 号)转发给你们,并提出如下补充意见,请一并贯彻执行。

一、各地、各部门在政府采购活动中,要以实现政府采购经济有效性为目标,切实提高政府采购资金使用效益,确保政府采购价廉物美、服务优良。

二、采购人或采购代理机构应当遵循"评审标准制订权和评审权"相分离的原则,采购项目的评审方法和评审标准必须按照规定事先在采购文件上载明,对采购文件载明的评审方法和评审标准已经征询过意见的专家,不得再作为评审专家参加评标、谈判或询价。评审小组也不得擅自在评审前或评审过程中改变采购文件已经载明的评审方法和评审标准。

三、集中采购机构要充分发挥集中采购的规模优势,对纳入政府集中采购的项目,其中标或成交价格应当低于市场平均价格,以实现政府集中采购在节约财政资金、提高财政资金使用效益等方面的优越性。

四、评审小组在评审时发现供应商的报价明显高于其市场报价或低于成本价的,应当要求该供应商书面说明并提供相关证明材料。供应商不能合理说明原因并提供证明材料的,评审小组应将该供应商的采购响应文件做无效处理，并在评审报告中说明。采购人或采购代理机构应将上述情况报同级财政部门，对弄虚作假、恶意串通的供应商，应将其列入不良行为记录名单，在1至3年内禁止参加政府采购活动。

五、各级政府采购监管部门在采购文件备案登记管理过程中，要加强对评审方法和评审标准的审查，对在采购文件中未载明评审因素及评审标准的，或违反规定设置评审方法、评审因素和评审标准的，不按采购文件设定的标准和方法进行评审的，应当不予备案登记，并责令其改正，否则应认定其采购结果无效，并追究相关单位和人员责任。

六、各地、各部门在执行过程中有何问题，请及时函告我们，联系电话：0571-87055741。

附件：

财政部关于加强政府采购货物和服务项目价格评审管理的通知

党中央有关部门，国务院各部委、各直属机构，全国人大常委会办公厅，全国政协办公厅，高法院，高检院，有关人民团体，各省、自治区、直辖市、计划单列市财政厅（局），新疆生产建设兵团财务局，中央国家机关政府采购中心，中直机关采购中心，全国人大机关采购中心：

为了加强政府采购货物和服务项目价格评审管理，规范评审行为，维护政府采购活动的公开、公正和公平，保护政府采购当事人合法权益，现就政府采购货物和服务项目价格评审有关事项通知如下：

一、充分认识价格评审的重要性

价格是政府采购货物和服务项目评审的重要因素，是评价采购资金使用效益的关键性指标之一，各地区、各部门在政府采购活动中，要严格执行《政府采购法》和《政府采购货物和服务招标投标管理办法》（财政部令第18号）的规定，科学选择评审方法，在满足需求的情况下，坚持低价优先、价廉物美的原则，加强价格评审管理，保护政府采购当事人的合法权益，切实提高采购资金的使用效益。

二、统一综合评分法价格分评审方法

政府采购货物和服务项目采用综合评分法的，除执行统一价格标准的服务项目外，采购人或其委托的采购代理机构应当依法合理设置价格分值。货物项目的价格分值占总分值的比重（权重）不得低于30%，不得高于60%；服务项目的价格分值占总分值的比重（权重）不得低于10%，不得高于30%。

综合评分法中的价格分统一采用低价优先法计算，即满足招标文件要求且投标价格最低的投标报价为评标基准价，其价格分为满分。其他投标人的价格分统一按照下列公式计算：

投标报价得分＝（评标基准价／投标报价）×价格权值×100

采购人或其委托的采购代理机构对同类采购项目采用综合评分法的，原则上不得改变评审因素和评分标准。

三、统一竞争性谈判采购方式和询价采购方式评审方法

采购人或其委托的采购代理机构采用竞争性谈判采购方式和询价采购方式的，应当比照最低评标价法确定成交供应商，即在符合采购需求、质量和服务相等的前提下，以提出最低报价的供应商作为成交供应商。

四、公开评审方法和评审因素

采购人或其委托的采购代理机构采用综合评分法的，应当根据采购项目情况，在招标文件中明确合理设置各项评审因素及其分值，并明确具体评分标准。投标人的资格条件，不得列为评分因素。加分或减分因素及评审标准应当在招标文件中载明；采用竞争性谈判或询价采购方式的，应当在谈判文件或询价文件中载明“符合采购需求、质量和服务相等”的评审方法、最后报价时间等相关评审事项。

五、加强评审活动管理

采购人或其委托的采购代理机构在政府采购货物和服务项目评审之前，应当制定评审纪律和评审工作规则，但不得改变采购文件载明的评审方法和评审标准。评审纪律和评审工作规则在评审活动开始前印发各评审人员遵照执行。评审人员应当严格遵守评审纪律和评审工作规则，按照采购文件载明的评审方法、评审标准开展评审活动。

政府采购货物和服务项目评审过程中，不得去掉最低报价。

六、加强监督检查

采购人或采购代理机构在采购文件中未载明或未清晰载明评审方法及相关事项的，财政部门应当责令采购人或采购代理机构改正，限期修改采购文件，并延长投标截止期或谈判、询价日期。评审工作规则实质性改变采购文件载明的评审方法或评审标准的，以及评审人员未按照采购文件载明的评审方法、评审标准进行评审的，财政部门应当认定采购无效，责令重新开展采购活动，并视情况给予采购人、采购代理机构或相关评审人员警告或通报批评；情节严重的，应当取消相关评审人员资格并在财政部指定媒体上公告。

浙江省财政厅转发财政部关于加强政府采购供应商投诉受理审查工作的通知

2007年3月9日　浙财采字〔2007〕7号

各市、县（市、区）财政局：

为规范和加强政府采购供应商投诉的受理审查工作，提高各级财政部门依法处理供应商投诉案件的质量和效率，现将财政部《关于加强政府采购供应商投诉受理审查工作的通知》（财库〔2007〕1号）转发给你们，并结合我省实际提出以下意见，请一并认真贯彻落实。

一、各级财政部门应当建立健全政府采购监督管理机构，依法履行政府采购法律、法规赋予的各项职责，并指定专人负责政府采购供应商投诉案件的受理审查、案件调查和处理等工作。

二、规范政府采购供应商投诉案件的受理审查、调查和处理工作程序，提高工作效率。政府采购投诉案件各个环节的处理工作都必须严格依法进行，并在法定期限内作出处理决定；有关信息或材料、文件的传递都应当采用书面方式（具体法律文书格式可参阅《浙江省政府采购供应商投诉处理工作文书（示范本）》），并按规定办理签收或交接手续，确保投诉处理工作程序合法、手续齐全、处理高效。

三、严格审查，依法取证，正确处理投诉案件，切实提高案件处理工作的质量和水平。各级财政部门应对政府采购供应商投诉案件进行严格的受理审查，对不符合投诉条件的投诉，要区别不同情况作出（修改后重新投诉、转送有管辖权的部门或不予受理的）审查处理意见，并及时告知投诉人。

四、明确工作职责，加强监督协调，降低投诉案件的行政复议或诉讼风险。各级财政部门作出的投诉处理决定书，法制机构要注意审核把关，以最大限度降低投诉案件的行政复议或诉讼风险。

财政部关于加强政府采购供应商投诉受理审查工作的通知

党中央有关部门，国务院各部委、各直属机构，全国人大常委会办公厅，全国政协办公厅，高法院，高检院，有关人民团体，各省、自治区、直辖市、计划单列市财政厅（局），新疆生产建设兵团：

为了规范政府采购供应商投诉及财政部门受理投诉行为，保护政府采购当事人合法权益，维护政府采购秩序，提高投诉处理效率，现就政府采购供应商投诉受理审查有关事项通知如下：

一、充分认识加强供应商投诉受理审查工作的重要性

供应商投诉是政府采购法赋予供应商的权利，是发挥供应商监督，促进政府采购活动公开、公正、公平，维护政府采购当事人合法权益的有效措施。各级财政部门要高度重视供应商投诉，不得阻碍供应商投诉，不得无故拒绝供应商投诉，要指导供应商投诉，及时办理受理审查工作，从源头上提高投诉处理工作效率。

二、不予受理的投诉要书面告知

财政部门经审查，有投诉人不是参加投诉项目政府采购活动的当事人、被投诉人为采购人或采购代理机构之外的当事人、所有投诉事项未经过质疑、所有投诉事项超过投诉有效期、以具有法律效力的文书送达之外方式提出的投诉等情形之一的，应当认定为无效投诉，不予受理，并及时书面告知投诉人不予受理的理由。

三、投诉书允许修改但要限定期限

财政部门经审查，有投诉书副本数量不足、投诉事项或投诉请求不清晰、相关依据或证明材料不全、投诉书署名不符合规定等情形之一的，应当及时告知投诉人限期补充或修改后重新投诉，逾期不予受理。

财政部门在投诉审查期间，认定投诉事项与采购人行为有关但采购人不是被投诉人的，应当要求投诉人将采购人追加为被投诉人，并限期修改投诉书重新投诉，逾期不予受理。

财政部门经审查，供应商投诉事项与质疑事项不一致的，超出质疑事项的投诉事项应当认定为无效投诉事项，并告知投诉人撤回投诉书，对在质疑有效期内的未质疑事项进行质疑，或限期修改投诉书重新投诉，逾期不予受理。

四、涉密事项的投诉要提供依据

投诉事项属于有关法律、法规和规章规定处于保密阶段的事项，财政部门应当要求投诉人提供信息来源或有效证据，否则，应当认定为无效投诉事项。

五、严格执行受理审查程序

财政部门收到供应商投诉后，应当在5个工作日内完成审查工作。

在供应商投诉受理审查期间，相关信息或材料、文件的传递，财政部门、投诉人以及相关当事人应当采用书面形式，并办理签收手续。

浙江省财政厅 浙江省国土资源厅 中国人民银行杭州中心支行 转发财政部 国土资源部 中国人民银行 关于印发国有土地使用权出让收支管理办法的通知

2007年3月16日 浙财综字〔2007〕23号

各市、县（市、区）财政局、国土资源局、人民银行：

经省政府同意，现将《财政部 国土资源部 中国人民银行关于印发〈国有土地使用权出让收支管理办法〉的通知》（财综〔2006〕68号，以下简称《办法》）转发给你们，并结合我省实际，提出如下补充规定，请一并贯彻执行。

一、土地出让收入由各级财政部门负责征收管理，由市、县国土资源管理部门负责具体征收。

二、为加强对依法收取的定金、保证金和预付款的规范管理，各级财政部门必须建立相应的专用存款账户，专门用于定金、保证金和预付款的缴纳。对已经开立"土地出让金财政专户"的，定金、保证金和预付款纳入该专户核算，不再另设账户。国有土地使用权出让合同生效后及时划转冲抵土地价款；没有中标的，及时将有关款项退还当事人。"专户"产生的利息收入上缴同级国库，作为土地使用权出让收入，纳入当地政府基金预算管理。

三、全省的国有土地收益基金比例确定为国有土地使用权出让总成交价款的3%～5%，具体比例由各市、县根据当地实际情况确定，并报省财政厅和省国土资源厅备案。

四、各地在编制年度土地出让收支预算计划时，要认真执行《办法》第二十九条的规定，有条件的地方，要将土地出让收入和支出预算细化落实到具体地段、地块，提高年度土地出让收支预决算编制工作的准确性。

五、全省土地出让收入一律全额就地缴库。

六、国土资源部门在签订国有土地使用权出让合同时，凡出让总价款中包含有关税费项目的，应以清单形式写明各类税费的项目和金额，并抄送同级财政部门。

七、各级财政、国土资源部门要建立与地方国库的定期对账制度。地方国库在国库会计核算系统的"机关代码——财政部门"下增设"4444444401 国土资源部门"，并按月向财政部门、国土资源部门提供"财政／国土资源部门"征收收入对账表，确保有关数据准确无误。

八、对浙政发〔2002〕27号文件中明确的留用安置土地，土地所有权转为国有出让的，其收益继续全额归集体经济组织所有，但必须按《办法》规定全额缴纳土地出让金，市、县政府通过土地出让支出预算予以全额安排。

九、对2007年1月1日前已经签订国有土地使用权出让合同，且已经生效的，按原政策规定执行。对2007年1月1日前已经预付的征地和拆迁补偿费支出、土地开发支出等，可以凭原支付凭据在土地出让金缴库时予以抵扣。

十、各地在缴纳新增建设用地土地有偿使用费时，应填制预算拨款凭证，收款单位栏填写"财政部门"，账号栏填写"2560×××"(根据当地国库的"待报解中央和地方共享收入"账户填写)，同时填制"一般缴款书"，将"预算拨款凭证"和"一般缴款书"同时送人民银行国库，国库部门通过"3210×××待处理款项"账户办理支出及缴库业务。

财政部　国土资源部
关于印发《土地储备资金财务管理暂行办法》的通知

各省、自治区、直辖市、计划单列市财政厅(局)、国土资源厅(国土环境资源局、国土资源局、国土资源和房屋管理局、房屋土地资源管理局)，新疆生产建设兵团财务局、国土资源局：

为规范土地储备管理行为，加强土地储备资金财务管理，根据《国务院关于加强国有土地资产管理的通知》(国发〔2001〕15号)以及《国务院办公厅关于规范国有土地使用权出让收支管理的通知》(国办发〔2006〕100号)等有关规定，我们制定了《土地储备资金财务管理暂行办法》。现印发给你们，请遵照执行。执行过程中发现问题，请及时向财政部、国土资源部反映。

附件：土地储备资金财务管理暂行办法

附件：

土地储备资金财务管理暂行办法

第一章　总　则

第一条 为规范土地储备行为，加强土地储备资金财务管理，根据《国务院关于加强国有土地资产管理的通知》(国发〔2001〕15号)以及《国务院办公厅关于规范国有土地使用权出让收支管理的通知》(国办发〔2006〕100号)等有关规定，制定本办法。

第二条 本办法适用于土地储备资金财务收支活动。

第三条 本办法所称土地储备资金是指土地储备机构按照国家有关规定征收、收购、优先购买、收回土地以及对其进行前期开发等所需的资金。

第四条 土地储备资金实行专款专用、分账核算，并实行预决算管理。

第二章　土地储备资金来源

第五条 土地储备资金来源于下列渠道：

(一)财政部门从已供应储备土地产生的土地出让收入中安排给土地储备机构的征地和拆迁补偿费用、土地开发费用等储备土地过程中发生的相关费用。

(二)财政部门从国有土地收益基金中安排用于土地储备的资金；

(三)土地储备机构按照国家有关规定举借的银行贷款及其他金融机构贷款；

(四)经财政部门批准可用于土地储备的其他资金；

(五)上述资金产生的利息收入。

第六条 财政部门根据土地储备的需要以及预算安排，及时核拨用于土地储备的各项资金。

第七条 土地储备机构储备土地举借的贷款规模，应当与年度土地储备计划相衔接，并报经同级财政部门批准，不得超计划、超规模举借贷款。土地储备机构举借的贷款，只能专项用于土地储备，不得用于其他用途。

第三章　土地储备资金使用范围

第八条 土地储备资金专项用于征收、收购、优先购买、收回土地以及储备土地供应前的前期开发等土地储备开支。

第九条 土地储备资金使用范围具体包括:

(一)征收、收购、优先购买或收回土地需要支付的土地价款或征地和拆迁补偿费用。包括土地补偿费和安置补助费、地上附着物和青苗补偿费、拆迁补偿费,以及依法需要支付的与征收、收购、优先购买或收回土地有关的其他费用。

(二)征收、收购、优先购买或收回土地后进行必要的前期土地开发费用。包括前期土地开发性支出以及照财政部门规定与前期土地开发相关的费用等,含因出让土地涉及的需要进行的相关道路、供水、供电、供气、排水、通讯、照明、绿化、土地平整等基础设施建设支出。

(三)征收、收购、优先购买或收回土地需要支付的银行及其他金融机构贷款利息支出。

(四)经同级财政部门批准的与土地储备有关的其他费用。

第十条 土地储备机构用于征地和拆迁补偿费用以及土地开发费用支出,应当严格按照《国务院办公厅关于规范国有土地使用权出让收支管理的通知》(国办发〔2006〕100号)以及财政部、国土资源部、中国人民银行联合公布的《国有土地使用权出让收支管理办法》(财综〔2006〕68号)的有关规定执行。

第十一条 土地储备机构所需的日常经费,应当与土地储备资金实行分账核算,不得相互混用。

第四章 土地储备零星收入管理

第十二条 土地储备零星收入是指土地储备机构在持有储备土地期间,临时利用土地取得的零星收入,不包括供应储备土地取得的全部土地出让收入。

供应储备土地取得的全部土地出让收入,统一按照国办发〔2006〕100号文件以及财综〔2006〕68号文件规定实行“收支两条线”管理。

第十三条 土地储备零星收入包括下列范围:

(一)出租储备土地取得的收入;

(二)临时利用储备土地取得的收入;

(三)储备土地的地上建筑物及附着物残值变卖收入;

(四)其他收入。

第十四条 土地储备零星收入全部缴入同级国库,纳入一般预算,实行“收支两条线”管理。

第十五条 土地储备零星收入缴入同级国库时,填列《2007年政府收支分类科目》103类“非税收入”07款“国有资源(资产)有偿使用收入”99项“其他国有资源(资产)有偿使用收入”科目。土地储备零星收入缴入同级国库的具体方式,按照省、自治区、直辖市、计划单列市财政部门规定执行。

第五章 土地储备资金收支预决算管理

第十六条 土地储备机构应当于每年第三季度参照上一年度土地储备计划,按宗地编制下一年度土地储备资金收支项目预算,经主管部门审核后,报同级财政部门审定。其中:属于政府采购范围的,应当按照规定编制政府采购预算,严格按照政府采购有关规定执行。

第十七条 同级财政部门应当及时批复土地储备机构土地储备资金收支项目预算。

第十八条 土地储备机构应当严格按照同级财政部门批复的预算执行,并根据土地收购储备的工作进度,提出用款申请,经主管部门审核后,报同级财政部门审批。其中:属于财政性资金的土地储备支出,按照财政国库管理制度的有关规定执行。

第十九条 土地储备机构需要调整土地储备资金收支项目预算的,应当按照规定编制预算调整方案,经主管部门审核后,按照规定程序报同级财政部门批准后执行。

第二十条 每年年度终了,土地储备机构要按照同级财政部门规定,向同级财政部门报送土地储备资金收支项目决算,并详细提供宗地支出情况。土地储备资金收支项目决算由同级财政部门负责审核或者由具有良好信誉、执业质量高的会计师事务所等相关中介机构进行审核。

第二十一条 土地储备机构从财政部门拨付的土地出让收入中安排用于征地和拆迁补偿、土地开发等支出,按照支出性质,分别填列《2007年政府收支分类科目》支出功能分类212类“城乡社区事务”08款“国有土地使用权出让金支出”01项“征地和拆迁补偿支出”和02项“土地开发支出”等相关科目。同时,分别填列支出经济分类科目310类“其他资本性支出”09款“土地补偿”、10款“安置补助”、11款“地上附着物和青苗补偿”、12款“拆迁补偿”,以及310类“其他资本性支出”05款“基础设施建设”支出科目。

第二十二条 土地储备机构从国有土地收益基金收入中安排用于土地储备的支出,按照支出性质,分别填列《2007年政府收支分类科目》支出功能分类212类“城乡社区事务”10款“国有土地收益基金支出”01项“征地和拆迁补偿支出”和02项“土地开发支出”科目。同时,分别填列支出经济分类310类“其他资本性支出”09款“土地补偿”、10款“安置补助”、11款“地上附着物和青苗补偿”、12款“拆迁补偿”,以及310类“其他资本性支出”05款“基础设施建设”支出科目。

第二十三条 土地储备机构日常经费预决算管理,按照同级财政部门规定执行。

第二十四条 土地储备资金会计核算办法,按照财政部规定执行。具体办法由财政部另行制定。

第六章 监督检查

第二十五条 各级财政、国土资源管理部门应当加强对土地储备资金使用情况、土地储备零星收入缴入国库情况以及土地储备机构执行会计核算制度、政府采购制度等的监督检查,确保土地储备资金专款专用,督促土地储备机构及时足额缴纳土地储备零星收入,努力提高土地储备资金管理效率。

第二十六条 土地储备机构应当严格执行本办法规定,自觉接受财政部门、国土资源管理部门和审计部门的监督检查。

第二十七条 对于违反本办法规定的行为,严格按照国务院发布的《财政违法行为处罚处分条例》(国务院令第427号)等有关规定进行处理。同时,要依法追究有关责任人的责任。

第七章 附 则

第二十八条 各省、自治区、直辖市及计划单列市财政部门应当会同国土资源管理部门根据本办法,结合本地区实际情况,制定具体实施办法,并报财政部、国土资源部备案。

第二十九条 本办法由财政部会同国土资源部负责解释。

第三十条 本办法自印发之日起实施。

浙江省财政厅转发财政部关于做好中国农民补贴网数据评审进一步推进中国农民补贴网建设的通知

2007年6月13日 浙财企字〔2007〕96号

各市、县（市、区）财政局：

现将《财政部关于做好中国农民补贴网数据评审进一步推进中国农民补贴网建设的通知》（财建〔2007〕213号）转发给你们。并结合我省实际，补充以下几点意见，请一并贯彻执行。

一、我省数据评审工作的时间安排

2007年6月12-13日，由省财政厅对县（市、区）报送的数据逐一进行评审。

6月14日召开全省农民补贴网数据评审工作会议，对评审工作进行部署培训。

6月15-21日，由各县（市、区）针对初审结果进行纠错查弊，并将修正后的农民补贴网数据和有关纸质材料上报。

6月22-23日，由省财政厅组成评审小组（各市均为成员单位）对各县（市、区）报送的数据进行评审，按财政部要求进行考评计分，并将结果反馈给各县（市、区）财政局签字盖章。

二、数据评审工作要按统一的规范和流程进行。各县（市、区）财政局对此次项评审工作的底稿等资料也要建立严格的档案管理制度。

三、请各县（市、区）财政局在6月21日前完成数据纠错查弊工作，并将修正后的电子数据及经县级人民政府盖章确认的分县汇总表（纸质报表）和经各县（市、区）财政局具体经办人签字的评审过程表报市财政局，电子数据还须同时报省财政厅企业处王静芳的电子邮箱；各县（市、区）财政局6月23日前将省财政厅数据评审小组反馈的评审结果表、数据考评计分登记表和数据评审报告签字盖章后报市财政局。各市财政局在6月24日前将以上资料统一报省财政厅。

四、按照财政部要求，省财政厅将参照财政部的考评办法对各县（市、区）建网的质量和进度统一进行考评，并将考评结果及时通报，实行奖优罚劣。

此项数据评审工作时间紧、任务重，请各市、县（市、区）财政局务必高度重视，精心组织，再接再厉，确保按时完成我省农民补贴网数据评审工作。

财政部关于做好中国农民补贴网数据评审进一步推进中国农民补贴网建设的通知

各省、自治区、直辖市财政厅（局）：

在各级财政部门的共同努力下，中国农民补贴网建设工作总体进展顺利。目前，各省（区、市）数据收集工作已全部结束，中国农民补贴网建设取得阶段性成果。为确保中国农民补贴网数据准确可靠，经研究决定，对前一阶段收集的中国农民补贴网数据进行一次全面评审，采取有效措施，加快推进中国农民补贴网建设。现将有关事宜通知如下：

一、统一思想、提高认识，高度重视中国农民补贴网建设工作

中国农民补贴网是我国第一个以每户农民为统计对象的大型网络信息管理系统，也是一项重要的基础工作和惠民工程。国务院领导对中国农民补贴网建设工作高度关注，寄予厚望，多次作出重要批示。社会各界对此也十分关注，中央电视台等国内主要新闻媒体对年内开通中国补贴网进行了新闻报道。目前中国农民补贴网建设已成为政府关注民生、体察民情的德政工程，深入人心。

中国农民补贴网建设是金财工程的重要组成部分，是财政系统的重要工作任务，也是各级政府的一项重要基础性工作。网络建成后，不仅为各级财政部门提供补贴管理的高效便捷的基础管理平台，更重要的是将为政府“三农”决策提供全面的基础数据支撑，形成财政服务“三农”的公共信息平台。财政部对此非常重视，部领导多次作出重要批示。财政部经济建设司将建网工作作为经建司的“一号工程”，全力保障建网工作的顺利进行。地方各级财政部门一定要认真贯彻落实好国务院领导和部领导的批示精神，从讲政治的高度，充分认识中国农民补贴网建设的重要意义，采取切实措施，做好中国农民补贴网建设工作。

二、严把质量关，全面开展数据评审工作，按时完成评审任务

确保中国农民补贴网数据真实可靠是中国农民补贴网建设的基础。前一阶段，经过地方各级财政部门共同努力，顺利完成了数据收集整理工作。为了进一步巩固中国农民补贴网建设前期成果，保证中国农民补贴网数据的质量，各省（区、市）财政厅（局）要迅速行动，严格把关，对收集的中国农民补贴网数据进行一次全面评审。

数据评审工作分两个阶段。第一阶段，由省级财政部门对分县报送的数据逐一进行评审，纠错查弊。经省级财政部门评审、确认后，由省级财政部门按统一的格式和要求，将评审结果报送财政部。第二阶段，对各省级财政部门报送的数据，在财政部的直接指导下，委托相关机构进行严格的评审。

数据评审要执行规范的评审流程，按统一的格式、要求，规范操作。要建立严格的档案管理制度，财政部对各省(区、市)数据评审的工作底稿，要经审核人、负责人签字，并加盖省财政厅公章后，整理归档。

数据评审工作要统一时间表，全国一盘棋。各省对分县数据的评审工作，务必于6月25日前结束，并于6月25日前将评审结果报财政部。报送内容：经过认真考评核实无误的中国农民补贴网数据(电子数据)；经县级人民政府签章确认的分县汇总表(纸质报表)；经省级财政部门审核无误并签章确认的全省汇总表(纸质报表)；经省级财政部门签章的分县评审得分登记表(纸质报表)；电子数据上报光盘，纸质报表以A4纸打印装订成册。

三、严格落实责任制度，实行公开考评，奖优罚劣

收集数据的质量好坏直接关系到网络建设的成败。为确保各地数据真实可靠，确保补贴网建设的顺利进行，各地要建立严格的责任制度，将责任落实到岗、落实到人。对此次数据评审工作，主要领导要亲自把关。因地方工作影响全国补贴网建设进程的，要实行严格的问责制度。为促进建网工作顺利开展，财政部将对各省建网工作情况统一进行考核、评比，实行奖优罚劣。

财政部将在此次数据评审结果基础上，组织专门机构，对各省建网的质量和进度等情况实行全国统一考评，评分定等。各省(区、市)对地以下各级财政部门也要实行严格的考评制度，具体办法由省级财政部门根据本省情况研究制定，并报财政部备案。

考评坚持公开、公平、公正的原则，考评结果及时通报。根据工作进度，财政部将及时把各省(区、市)考评结果上报国务院，并通报各省级人民政府。必要时通过中央电视台等新闻媒体向全社会公告，接受舆论监督。

补贴网建设工作是一项重要的基础工作，是理财为民的切实体现。财政经建系统的广大干部职工，要充分认识到承担这项工作的义务和责任，把能否保证建网工作的质量和进度，作为考验各级财政部门经建工作的重要标尺。财政部对各省(区、市)的考评结果，将作为今后评价财政经建工作的重要依据，对建网工作做得好的省份给予相应的奖励，对做得差的省份给予批评。

对各省(区、市)补贴网建设中收集的相关数据严重失实、情节严重，以及弄虚作假、套取中央财政补贴的，将追究相关责任人的责任。

浙江省财政厅转发财政部关于要求加强与规范财政资金专户管理的通知

2007年8月15日 浙财库字〔2007〕11号

各市、县(市)财政局(宁波不发)：

现将《财政部关于加强与规范财政资金专户管理的通知》(财办〔2006〕12号)转发给你们，并结合我省实际，作如下补充，请一并贯彻执行。

一、省财政厅已按要求将省本级所有财政资金专户的核算管理和省级预算单位开立账户的审批职能统一调整到国库处。各级财政部门要按照要求抓紧做好本级财政资金专户的归口统一管理工作。

二、在清理、归并财政资金专户时，各级财政部门按照《浙江省人民政府关于加强地方政府性债务管理的通知》(浙政发〔2005〕5号)要求，在商业银行开设的“偿债准备金专户”可继续保留使用。

三、各级财政部门应当将每一年度内开立、变更、撤销财政资金专户的情况形成书面报告，并填制《浙江省____市(县)财政资金专户备案表》(见附件2)，于下一年度1月20日前报省财政厅国库处。在2007年10月31日前，各地应将2006年度财政资金专户的情况及备案表上报省财政厅国库处。

附件：1. 财政部关于加强与规范财政资金专户管理的通知

2. 浙江省________市(县)财政资金专户备案表(略)

财政部关于加强与规范财政资金专户管理的通知

各省、自治区、直辖市、计划单列市财政厅(局)：

加强与规范财政资金专户管理，是深化财政国库管理制度改革、强化财政资金监管的关键环节，也是从源头上预防和治理腐败的重要措施。近年来，各地财政部门在当地党委、政府领导下，认真贯彻落实党中央、国务院关于加强银行账户管理的要求，对财政部门管理的资金专户进行了清理、归并，取得了一定成效。但目前财政资金专户管理仍然存在专户过多、重复设置、管理分散等问题，有的还比较严重，迫切需要进一步加强规范与管理。根据《财政国库管理制度改革方案》、《财政总预算会计制度》、《国务院办公厅转发监察部、财政部、人民银行、审计署关于清理整顿行政事业单位银行账户的意见的通知》(国办发〔2001〕41号)以及《财政部办公厅关于严格控制和规范管理财政资金专户的通知》(财办库〔2001〕44号)等规定，现对加强与规范财政资金专户管理的有关要求通知如下：

一、加强与规范财政资金专户管理的基本原则

各级财政部门为核算具有专项用途的财政资金，在商业银行及其他金融机构开设的资金账户，均属于应当加强规范与管理的范围。各级财政部门应对本级开设的财政资金专户进行认真清理、整顿，并按照以下原则进一步加强管理。

(一)归口统一管理。各级财政部门应当加强内部协调，尽快将各类财政资金专户(包括预算内、预算外以及其他财政专户)统一归口到同级财政国库部门管理，财政国库部门要主动沟通、协商，及时办理专户管理交接手续。

（二）严格按程序开设专户。各类财政资金专户的开设，应当按照财政部门内部审核程序，经财政国库部门核准后办理，凡未按规定程序开设的财政资金专户，一律撤销。

（三）同类专户归并。各级财政部门应对本级开设的财政资金专户进一步清理、归并，属于同一性质或相似性质的资金专户应予以合并，进行分账核算，并将待撤销专户内资金按规定划转，及时办理撤户手续。

（四）慎重选择开户银行。为确保财政资金运行的安全、高效，原则上各级财政国库部门应在当地国有、国有控股银行开立财政资金专户。在保证资金安全的前提下，也可以采取招标方式选择财政资金专户的开户银行。

二、财政资金专户设置的具体要求

为适应财政国库管理制度改革的要求，各级财政国库部门应遵循“规范、统一、高效、精简”的原则设置财政资金专户。具体要求如下：

（一）财政资金专户应当经国务院、财政部以及省级人民政府或省级财政部门以正式文件批准后开设。凡是经上述机关批准的原开户文件已废止、政策执行到期，应将原专户撤销。对仍有结余资金的，应按规定将结余资金转入国库，确需单独反映的可进行分账明细核算。专户中结余资金转出后应当及时办理撤户手续。

（二）上述相关文件正在执行中，可根据本地区实际情况，按规定设置相关的财政资金专户。同一性质或相似性质的专项资金开设多个财政资金专户的，应进行归并，实行分账核算。

1. 各级财政部门在同级农业发展银行（包括代理机构）分别开设的“粮食风险基金”、“消化粮食挂账资金”、“国家储备粮油资金”、“处理陈化粮资金”、“甲字、五〇六储备粮油资金”等各类财政资金专户，除“粮食风险基金”和“消化粮食挂账资金”暂分别保留一个专户外，其余粮食资金专户归并为一个“国家储备粮油资金专户”，实行分账核算。

2. 各级财政部门为核算世行、亚行及其他政府贷款设立的贷款专户，可按照世行、亚行贷款协议以及其他有关规定设置专户，有条件的地方可将多个贷款专户进行归并，分账核算。对“还本付息”专户，可根据管理需要按币种进行归类，分账核算。“还贷准备金”不得单独开设专户，已开设的一律撤销，财政预算资金安排的“还贷准备金”等应统一在国库单一账户分账核算，其他资金来源的“还贷准备金”可在“还本付息”专户中分账核算。

3. 对核算各项社会保险基金开设的“企业职工基本养老保险基金”、“失业保险基金”、“城镇职工基本医疗保险基金”、“工伤保险基金”、“生育保险基金”、“国有企业下岗职工基本生活保障资金”、“城市医疗救助基金”、“农村医疗救助基金”、“城市居民最低生活保障补助资金”、“药品收支结余”和“再就业资金”以及应纳入社会保障基金财政专户管理的其他各项社保资金专户，各级财政部门应积极创造条件，尽快将其归并为一个“社会保障基金”财政专户，并按照基金种类分别建账，分账核算。

4. 各级财政部门管理的预算外资金财政专户或非税收入财政专户，应尽量归并。原则上在同一家商业银行只开设一个财政专户。

5. 其他财政资金专户按照本通知规定，尽快予以归并，加强规范管理。

（三）各级财政部门实行财政国库管理制度改革的相关专户，按照国库集中收付制度改革的规定设置。

（四）各级财政部门按规定开设的财政资金专户，开立后一年内没有发生资金往来业务的，应办理撤户手续。

（五）各级财政部门需新增专户的，按照以下程序办理。财政部各司（局）需开设新的财政资金专户以及要求地方财政开设相关专户的，应按有关规定会商国库司，国库司报部领导批准后，发布相关文件，由财政国库部门按规定统一开设财政资金专户。地方省级财政部门需开设新的财政资金专户以及要求省级以下财政部门开设相关专户的，比照财政部新增财政资金专户程序办理。

凡未按上述规定程序办理或履行规定程序但未得到批准的，一律不得开设新的财政资金专户。

三、加强对财政资金专户的管理和监督

各级财政部门应当加强对本级财政资金专户的管理，上级财政部门要加强对下级财政资金专户的监督、指导。

（一）完善国库单一账户体系。适应深化财政国库管理制度改革的需要，各级财政国库部门应积极采取有效措施，进一步清理、规范财政资金专户，完善国库单一账户体系，逐步实现财政资金专户的“集中管理、分账核算、统一调度”。

（二）建立财政资金专户管理档案制度。各级财政部门应在清理、规范本级财政资金专户基础上，建立财政资金专户管理档案制度，对各类财政资金专户实施动态管理。

（三）建立财政资金专户管理年度报告制度。省级财政部门应当在财政年度内将本级财政资金专户的开立、变更、撤销情况形成书面报告，并填制《省、市、自治区财政部门资金专户备案表》（见附件），于下一年度 1 月底前报财政部国库司。

各地可根据本通知规定，研究制定适合本地区实际的财政资金专户管理办法，并报财政部备案。

附件：省、市、自治区财政部门资金专户备案表（略）

浙江省财政厅 浙江省对外贸易经济合作厅转发财政部 商务部关于印发进口贴息资金管理暂行办法的通知

2007年11月12日 浙财企字〔2007〕217号

各市、县(市)财政局、外经贸局(宁波不发),省级有关企业:

现将财政部、商务部《关于印发〈进口贴息资金管理暂行办法〉的通知》(财企〔2007〕205号)转发给你们,并就有关事项补充通知如下,请一并贯彻执行。

一、对进口高新技术、设备和资源性产品实行财政贴息政策,是国家促进进出口贸易平衡发展的一项重要措施,各市、县(市)财政局、外经贸局要根据国家发改委、财政部、商务部《关于发布鼓励进口技术和产品目录的通知》(发改工业〔2007〕2515号)和本办法的规定,认真做好进口贴息资金的申报工作。

二、2007年度进口贴息资金项目的申报工作要求,财政部、商务部近期将下文布置,各市、县(市)财政局、外经贸局、省级有关企业接到本通知后,要抓紧做好2007年度进口贴息资金项目申报的各项准备工作,具体申报事项我们将根据财政部、商务部的要求另行通知。

财政部 商务部关于印发《进口贴息资金管理暂行办法》的通知

各省、自治区、直辖市、计划单列市财政厅(局)、商务主管部、新疆生产建设兵团财务局、商务局,有关中央管理企业:

为了做好贸易平衡促进工作,规范和加强进口贴息资金的管理,提高财政资金的使用效益,我们制定了《进口贴息资金管理暂行办法》,现印发给你们,请遵照执行。

附件:进口贴息资金管理暂行办法

附件:

进口贴息资金管理暂行办法

第一章 总 则

第一条 为了加强和规范进口贴息资金的管理,发挥财政资金在扩大进口,促进贸易平衡发展,推动产业结构调整和经济增长方式转变等方面的宏观导向作用,制定本办法。

第二条 本办法所称进口贴息是国家财政对企业以一般贸易方式进口列入《鼓励进口技术和产品目录》中的产品(不含旧品)、技术,以贴息的方式给予的支持。

第三条 贴息资金的管理应当遵循公开透明、科学管理、突出重点、利于监督的原则,充分体现财政资金的引导和带动作用。

第四条 商务部负责贴息资金的规划、组织、实施、审核和管理工作。财政部负责贴息资金的审核、拨付、监督检查工作。

第二章 进口贴息的申请条件、贴息标准与需提供的材料

第五条 企业申请进口贴息应当符合以下条件:

(一)申请企业近三年内没有违法违规的行为,无恶意拖欠国家政府性资金行为。

(二)进口产品的,申请贴息的企业应当是《进口货物报关单》上的收货单位;进口技术的,应当是付汇凭证上的付汇单位。

(三)申请贴息的进口产品应当是每年1月1日至12月31日期间已完成进口报关;申请贴息的进口技术应当是每年1月1日至12月31日期间执行合同,并取得银行出具的付汇凭证。

(四)进口产品、技术未列入其他贴息计划。

(五)技术进口合同中不含违反《中华人民共和国技术进出口管理条例》(国务院令第331号)规定的条款。

(六)进口《鼓励进口技术和产品目录》中"鼓励发展的重点行业"项下的设备,未列入《国内投资项目不予免税的进口商品目录(2006年修订)》(财政部公告2007年第2号)。

第六条 进口贴息的标准

(一)以进口额作为计算贴息的本金。进口产品的,以中华人民共和国海关进口货物报关单列明的进口金额乘以固定人民币汇率计算;进口技术的,以技术进口付汇凭证上的付汇金额乘以固定人民币汇率计算。

(二)贴息率不高于贴息清算时中国人民银行公布的最近一期人民币一年期贷款利率。

(三)财政部和商务部在年度贴息资金总额内确定贴息系数,核定贴息金额。

第七条 企业申请贴息应当提供以下材料:

(一)企业法定代表人签字的贴息资金申请报告,内容包括:企业基本情况、进口用途、预计可产生的效益等,及申报说明(见附表1);

(二)企业营业执照(复印件);

(三)《进口贴息资金申请表》(见附表2)及电子数据;

(四)进口产品订货合同或技术进口合同(复印件);

(五)进口产品的,需提供《中华人民共和国海关进1:3货物报关单》(复印件);

(六)进口技术的,需提供银行出具的注明技术进口合同号的付汇凭证(复印件);

(七)进口"鼓励发展的重点行业"项下的设备,需提供《国家鼓励发展的内外资项目确认书》(含进口设备清单,复印件)、《进出口货物征免税证明》(复印件)及《进口货物报关单》(复印件)。

以上材料均需加盖企业公章。

第三章 申请贴息资金的程序

第八条 每年1月31日前,地方企业向所在省、自治区、直辖市及计划单列市商务和财政主管部门提交本办法第七条规定的上一年度的申请贴息材料和相应的电子数据。逾期各商务、财政主管部门不予受理。

第九条 各省、自治区、直辖市及计划单列市商务和财政主管部门对地方管理企业申请贴息的材料进行联合审核和汇总,并应当于每年3月1日前上报商务部和财政部。

中央管理企业由集团总部汇总后,于每年3月1日前直接向商务部和财政部提交上一年度的申请贴息材料。

第十条 地方商务和财政主管部门、中央管理企业向商务部和财政部报送申请贴息材料包括:1.本地区、企业贴息资金申请报告;2.《进口贴息资金申请汇总表》(见附表3)及其电子数据;3.本办法第七条规定的有关材料。

第四章 贴息资金的审核与下达

第十一条 财政部和商务部共同委托专门机构对地方商务和财政主管部门及中央管理企业报送的材料进行审核。对审核后符合要求的企业下达贴息资金。

第十二条 财政部门按照财政国库管理制度规定拨付相应资金。

第十三条 企业收到贴息资金后,按照现行规定进行财务处理。

第五章 贴息资金的管理与监督

第十四条 财政部和商务部共同负责进口商品贴息的追踪问效工作。

第十五条 各省、自治区、直辖市及计划单列市商务和财政主管部门应当定期对进口贴息资金的执行情况进行监督、检查,确保贴息资金及时到位,并负责于每年5月1日前向商务部和财政部联合报送上年度贴息资金使用报告。报告应当包括贴息资金的拨付、使用、使用效益等情况的汇总分析和评价。

第六章 法律责任

第十六条 有下列情形之一的,按照本办法第十七条的规定处理:

(一)采取各种不正当手段骗取贴息资金;

(二)挪用或截留侵占贴息资金;

(三)拒绝有关部门依法监督、检查,或对有关部门依法监督、检查不予配合。

第十七条 对违反本办法规定的有关行为,视情节轻重,依法进行以下处理:

(一)警告并责令限期改正;

(二)全额收回已取得的贴息资金;

(三)被处罚的企业不得再申请进口贴息资金;

(四)依据《财政违法行为处罚处分条例》(中华人民共和国国务院令第427号)对相关人员或单位予以处理,情节严重涉嫌犯罪的,移送司法机关。

第七章 附　则

第十八条 本办法自发布之日起施行。

附表:1.企业贴息资金申报说明(略)

2.年进口贴息资金申请表(略)

3.年进口贴息资金申请汇总表(略)

浙江省财政厅 浙江省经济贸易委员会转发财政部关于印发屠宰环节病害猪无害化处理财政补贴资金管理暂行办法的通知

2007年12月18日 浙财企字〔2007〕278号

各市、县(市)财政局、经贸委(贸易局)(宁波不发):

现将财政部《关于印发〈屠宰环节病害猪无害化处理财政补贴资金管理办法〉的通知》(财建〔2007〕608号)转发给你们,并就有关问题补充通知如下,请一并贯彻执行。

一、为了进一步推进屠宰环节病害猪无害化处理,保障猪肉质量安全,在中央财政对无害化处理补贴40%的基础上,由省财政再予补贴40%,其余20%由市县财政给予补贴,即省财政补贴病害猪损失200元/头、无害化处理费用32元/头;市县财政补贴病害猪损失100元/头、无害化处理费用16元/头。

二、县级以上地方经贸(贸易)主管部门要认真担负起本辖区内生猪屠宰环节病害猪无害化处理的监督管理,并会同财政部门做好无害化处理生猪数量的审核上报工作。屠宰环节病害猪无害化处理具体监管办法待商务部下文后另行布置。

三、各市县财政和经贸(贸易)部门要积极做好2007年度屠宰环节病害猪无害化处理数量的申报审核工作,并于2008年1月31日前分别汇总上报省财政厅和省经贸委。在审核病害猪无害化处理数量时,要重点对病害猪无害化处理通知单、屠宰场病害猪无害化处理台账、生猪屠宰季(月)报等进行严格审查核实,防止弄虚作假、骗取财政补贴资金行为发生。

四、各级财政部门要加强对屠宰环节病害猪无害化补贴资金的监督管理,并筹措落实相应配套补贴资金,及时做好补贴资金的拨付工作,不得截留或挪用。对于发现虚报数量骗取财政补贴资金的单位或个人,要严格按规定追回补贴资金,并取消对该单位或个人的屠宰环节病害猪无害化处理补贴。

财政部关于印发《屠宰环节病害猪无害化处理财政补贴资金管理暂行办法》的通知

各省、自治区、直辖市、计划单列市财政厅(局):

根据《国务院关于促进生猪生产发展稳定市场供应的意见》(国发[2007]22 号)等有关文件精神,为保障猪肉质量安全,有效保护消费者利益,国家财政决定对屠宰环节病害猪无害化处理予以补助。为加强财政补贴资金的管理,我们制定了《屠宰环节病害猪无害化处理财政补贴资金管理暂行办法》。现予印发,请遵照执行。

附件:屠宰环节病害猪无害化处理财政补贴资金管理暂行办法

附件:

屠宰环节病害猪无害化处理财政补贴资金管理暂行办法

第一章 总 则

第一条 根据《国务院关于促进生猪生产发展稳定市场供应的意见》(国发〔2007〕22 号)等有关文件精神,为保障猪肉质量安全,有效保护消费者利益,国家财政对屠宰环节病害猪无害化处理予以补助。按照《中华人民共和国预算法》及其实施细则的有关规定,为加强对屠宰环节病害猪无害化处理财政补贴资金的管理,特制定本办法。

第二条 无害化处理财政补贴包括病害猪损失补贴和无害化处理费用补贴。中央财政和地方财政分别对病害猪损失及无害化处理费用给予一定比例的补贴。

第二章 补贴对象和标准

第三条 病害猪损失补贴的对象为提供病害猪的货主和自宰经营的企业,财政补贴标准为 500 元 / 头。无害化处理费用补贴的对象为进行无害化处理的生猪定点屠宰企业,财政补贴标准为 80 元 / 头。

病害猪损失补贴只对病害活猪,送至定点屠宰企业时已死的病害猪不享受损失补贴。无害化处理费用补贴包括病害活猪及病害死猪。

第四条 中央财政对东、中、西部地区实行差别补贴政策。按上述财政补贴标准,中央财政对东、中、西部地区分别补贴 40%、50%、60%,东、中、西部地方财政分别负担 60%、50%、40%。

第三章 补贴资金审核及拨付

第五条 病害猪损失和无害化处理费用所需的财政补贴资金由生猪定点屠宰企业提出申请,报同级财政部门。省级财政部门会同省级商务部门核定本地区生猪定点屠宰企业病害猪数量及所需财政补贴资金。

第六条 省级财政部门于每年 2 月底前,编制上年本地区屠宰环节病害猪无害化处理财政补贴资金预算,并填制附表(附后),向财政部申请中央财政补助资金。

第七条 中央财政补助资金采取预拨方式下达。财政部根据各省级财政部门申请,清算上年中央财政补助资金,审核并预拨本年中央财政补助资金。

第八条 财政部将中央财政补助资金预拨至各省级财政部门,地方财政部门安排应负担的补助资金后,将补贴资金直接拨付到病害猪货主或生猪定点屠宰企业。

第四章 监督管理

第九条 地方各级财政部门应对屠宰环节病害猪无害化处理财政补贴资金使用情况定期进行监督检查,财政部将不定期抽查。

第十条 屠宰环节病害猪无害化处理财政补贴资金必须专款专用,严禁截留、挪用。对弄虚作假、截留、挪用等违反财经纪律的行为,按《财政违法行为处罚处分条例》(国务院令第 427 号)等有关规定进行处理,同时将已经拨付的财政补贴资金金额收回上缴中央财政。

第五章 附 则

第十一条 本办法自印发之日起施行。

附表:屠宰环节病害猪无害化处理财政补贴资金预算申请表(略)

浙江省财政厅 浙江省劳动和社会保障厅 浙江省城镇居民医疗保障省级补助资金管理暂行办法

2007 年 2 月 27 日 浙财社字〔2007〕23 号

根据《浙江省人民政府关于推进城镇居民医疗保障制度建设试点工作的意见》(浙政发〔2006〕45 号),为规范城镇居民医疗保障省级补助资金使用管理,提高资金使用效益,制定本办法。

一、城镇居民医疗保障省级补助资金来源

城镇居民医疗保障省级补助资金是省财政预算安排用于全省城镇居民(不包括已参加城镇职工基本医疗保险的居民,下同)医疗保障的专项补助资金。

二、城镇居民医疗保障省级补助资金使用范围

根据"发挥政府资金的引导作用和激励作用"的原则，城镇居民医疗保障省级补助资金按统筹地区（不含宁波）实际参加城镇居民医疗保障的城镇居民人数给予补助。

三、城镇居民医疗保障省级补助资金补助标准

城镇居民医疗保障省级补助资金采取按地区分类分档补助的办法。从2007年起，省财政对经济欠发达地区、海岛及其他财政实行"两保两挂"地区的实际参保城镇居民，给予每人每年40元的补助；对省委办公厅、省政府办公厅《关于扩大部分县（市）经济管理权限的通知》（浙委办〔2002〕40号）确定的经济强县（市）及非"两保两挂"市的实际参保城镇居民，给予每人每年12元的补助；对其他县（市）的实际参保城镇居民，给予每人每年20元的补助。

四、城镇居民医疗保障省级补助资金申拨程序

（一）补助资金申请

各市、县（市、区）财政、劳动保障部门是城镇居民医疗保障省级补助资金的申请部门，申请城镇居民医疗保障省级补助资金需报送以下资料：

1. 城镇居民医疗保障省级补助资金申报书；

2. 各市、县（市、区）城镇居民参保缴费入账证明材料；

3. 各市、县（市、区）当地财政补助资金到位证明材料，主要包括预算指标通知单、拨款单、银行对账单等复印件；

4. 其他相关材料。

各级财政、劳动保障部门于每年4月底前附上述相关材料向省财政厅、省劳动保障厅联合提出申请。第一次申报时还须报送当地城镇居民医疗保障制度实施正式文件。

（二）补助资金拨付

城镇居民医疗保障省级补助资金分上、下半年两次下拨，其中，上半年按本年度的50%预拨，下半年按各统筹地区制度实施开展和督查考核情况核拨。上半年补助资金于5月底前预拨，下半年补助资金于年内尽早核拨，并于下一年预拨补助资金时按上年实际参保人数进行清算调整。

各级财政部门应按规定落实地方补助资金，在"财政社会保障补助资金专户"中专账核算管理。在收到省财政厅相关经费文件后，应及时将补助资金拨付到"财政社会保障补助资金专户"。

五、监督检查和绩效考核

各级财政、劳动保障部门要加强对城镇居民医疗保障省级补助资金的管理，定期组织检查考核，并接受审计部门审计和社会监督。

（一）对违反规定使用、骗取城镇居民医疗保障省级补助资金的行为，根据《财政违法行为处罚处分条例》有关规定查处。凡有下列行为之一者，除责令立即纠正外，省财政厅会同省劳动保障厅将酌情采取暂停或终止拨款、收回补助资金等措施。

1. 虚报参加城镇居民医疗保障人数，套取补助资金的；

2. 地方财政补助资金未按规定及时足额到位的；

3. 将城镇居民医疗保障省级补助资金移作他用的；

4. 未能按时准确上报有关报表及资料的；

5. 其他违反城镇居民医疗保障制度规定的。

（二）实行城镇居民医疗保障省级补助资金绩效评价制度

省财政厅、省劳动保障厅将适时组织对城镇居民医疗保障省级补助资金使用情况的绩效评价，绩效评价情况作为今后年度安排补助资金的重要依据。各级财政、劳动保障部门负责对本地区城镇居民医疗保障省级补助资金的管理和绩效评价。

六、本办法自2007年3月1日起实施。

浙江省财政厅
浙江省政府采购方式和采购类型审批管理办法（试行）

2007年3月12日　浙财采字〔2007〕8号

第一章 总　则

第一条 为加强政府采购管理，规范全省各级国家机关、事业单位和团体组织（以下简称采购单位）的政府采购方式及采购类型审批管理工作，根据《中华人民共和国政府采购法》（以下简称政府采购法），特制订本办法。

第二条 因特殊原因，预算金额达到公开招标数额标准以上的项目需要采用非公开招标采购方式采购，或者纳入集中采购目录内的项目要求分散采购或单位自行采购的，其申报、审核和审批工作适用本办法。

本办法所称非公开招标采购方式，是指邀请招标、竞争性谈判、单一来源采购、询价以及财政部认定的其他采购方式。

本办法所称分散采购，包括分散自行组织采购和分散委托采购两种类型。其中分散自行组织采购是指由采购单位自行组织并严格按照《政府采购法》的有关规定实施的采购；分散委托采购是指由采购单位委托具有"政府采购业务代理资格"的社会中介采购代理机构组织实施的采购。

本办法所称单位自行采购，是指由采购单位自行按照单位内部的有关采购管理办法或参照《政府采购法》的有关规定组织实施的采购。

第三条 政府采购方式和采购类型的审批，应当遵循"授权合法、职责明确、情形适当、操作简便"的原则。

第四条 政府采购应当坚持以公开招标为主要采购方式。因特殊情形确需采用非公开招标方式的，其采购方式的选用和确定应当符合《政府采购法》和本办法规定的适用情形。

预算金额在分散采购限额标准以下的项目，可以采用"单位自行采购"的采购类型，采购方式由单位自行确定。

第五条 采购方式和采购类型的审批申请，应当由采购单位以书面形式（包括电子数据形式）向同级财政部门提出。

采购单位委托政府采购代理机构采购的项目，其采购方式审批申请原则上由政府采购代理机构向同级财政部门申报，但应当在政府采购委托代理协议中事先约定。

第六条 采购方式和采购类型的审核审批工作，经授权后由县级以上财政部门负责。其中各级财政部门的采购类型审批权限应当经省政府授权；县级财政部门的采购方式审批权限应当经市级以上财政部门授权。

第七条 未经同级财政部门批准，采购单位不得将应当采用公开招标的项目以非公开招标采购方式开展采购活动，不得将纳入集中采购目录内的采购项目采取分散采购或单位自行采购。

第二章 适用条件

第八条 有下列情形之一的采购项目，可以申请邀请招标采购方式：

(一)具有特殊性，只能从有限范围的供应商处采购的；

(二)采用公开招标方式的费用占政府采购项目总价值的比例过大的。

第九条 有下列情形之一的采购项目，可以申请竞争性谈判采购方式：

(一)技术复杂或者要求特殊，不能确定详细规格或具体要求的；

(二)采用招标所需时间不能满足用户紧急需要的；

(三)不能事先计算出价格总额的；

(四)招标后，没有供应商投标或者没有合格标的或者重新招标不能成立的。

第十条 有下列情形之一的采购项目，可以申请单一来源采购方式：

(一)只能从唯一供应商处采购的；

(二)发生了不可遇见的紧急情况不能从其他供应商处采购的；

(三)必须保证原有采购项目一致性或者服务配套的要求，需要从原有供应商处添购，且添购金额不超过原合同采购金额百分之十的。

第十一条 采购规格、标准统一，市场现货货源充足且价格变化幅度较小的采购项目，可以申请询价采购方式。

第十二条 采购响应截止时间结束后或评审期间，发现参加采购或者对采购文件作出实质性响应的供应商不足 3 家，如采购文件事先已在指定媒体公开征求了供应商意见且没有重大异议或专家论证认为“采购文件没有不合理条款”，公告时间及程序符合规定的，可以按原采购方式继续进行采购活动；但如只有 1 家供应商参加或响应，或指定了产品品牌，供应商报价高于市场平均价的，应当降低供应商特定资格条件或技术标准后重新组织采购，之后仍只有 1 家供应商参加或者对采购文件作出实质性响应的，可以申请单一来源或其他采购方式。

第十三条 纳入集中采购目录内的项目，采购单位申请分散采购或单位自行采购类型的，应当符合下列条件：

(一)采购项目涉及国家安全和秘密，不宜由采购代理机构参与的；

(二)因非单位自身原因而引起的采购任务紧急，集中采购不能满足其时间要求的；

(三)因项目专业特殊或技术复杂，当地集中采购机构认为其暂不具备采购能力的；

(四)按专业要求应特别定制，且不具有批量采购性质而不适合集中采购的。

第十四条 预算金额达到公开招标数额标准以上的，采购单位要求分散自行组织采购的，同时还应当符合下列条件：

(一)具有独立承担民事责任的能力；

(二)具有编制采购文件和组织实施采购的能力；

(三)具有与采购项目规模和复杂程度相适应的技术、经济等方面的专业人员；

(四)采购经办人员应当经过省级以上财政部门组织或认定的政府采购业务培训。

不符合以上条件的，采购单位应当委托具备“政府采购业务代理资格”的采购代理机构组织采购。

第三章 申报材料

第十五条 符合第八条第一款、第九条第一款和第十条第一款规定情形，采购单位或其委托的采购代理机构以此申请相应采购方式的，应当提供 3 个以上政府采购评审专家对该采购项目及需求是否符合上述规定情形的书面论证意见。

符合第十三条第三款规定情形，采购单位以此申请分散采购的，应当提供集中采购机构的书面意见。

第十六条 采购单位或其委托的采购代理机构应以书面形式提出采购方式和采购类型申请。

申请采购方式的报告应当描述采购内容或项目名称、预算金额、预算确认(或计划审批)号、拟采用的采购方式、理由和法律依据，以及其他相关证明材料；申请采购类型的报告应当说明项目的特殊性、分散采购或自行采购理由、相关证明材料及具体的采购实施方案，并应经单位主管部门审查同意。

第十七条 采购单位或其委托的采购代理机构申请非公开招标采购方式的，在申报时应当提供下列材料：

(一)书面申请报告；

(二)《政府采购非公开招标采购方式审批表》(见附 1)；

(三)评审专家论证意见(符合本办法第十五条规定的应提供)；

(四)原签订合同复印件(符合本办法第十条第三款情形的应提供)；

(五)在指定政府采购媒体上发布的采购公告(复印件)及原采购文件，以及采购失败和废标的相关证明文件；

(六)财政部门认为需要提供的其他材料。

第十八条 采购单位申请分散采购或单位自行采购类型的，在申报时应当提供下列材料：

(一)书面申请报告；

(二)因涉及国家安全和秘密的，提供有关部门出具的相关证明材料；

(三)集中采购机构的书面意见(符合本办法第十三条第三款情形的应提供)；

(四)采购单位分散采购或自行采购的实施方案；

（五）采购单位主管部门审查意见；

（六）财政部门认为需要提供的其他材料。

第四章 审批程序

第十九条 财政部门在收到采购单位或委托的采购代理机构的申请报告及相关材料后，应当及时审查，对不符合规定的，应当在2个工作日内退回或通知申报单位修改补充；对符合规定的，应当在5个工作日内予以批复。

财政部门按规定需要在省级以上政府采购指定媒体公示或组织专家论证的，其所需时间可予以除外。

第二十条 省本级的采购方式和采购类型申请、审查、批复工作流程按如下规定执行：

（一）单位申报。申请分散采购或单位自行采购的，采购单位应当在申报政府采购预算执行时，提出采购类型及其采购方式的申请，并通过《浙江省政府采购信息管理系统》，经单位主管部门审查并签署意见后，报省财政厅审批。

采购单位或其委托的采购代理机构（包括集中采购机构）在采购过程中申请提出非公开招标采购方式的，应当填制《政府采购非公开招标采购方式审批表》，并提供相关材料，按规定报省财政厅审批。其中委托采购的，采购代理机构申请提出非公开招标采购方式时应当结合采购单位意见。

（二）财政审查。省财政厅收到单位申报材料后应当按照本办法第十九条规定时间及时予以审查。审查的重点是：申报材料的完整性，非公开采购方式选择适用情形的合法性和合理性，专家论证意见的公正性，分散采购或自行采购实施方案的可行性等内容。如有必要，省财政厅可以组织政府采购评审专家对其申请采购方式和采购类型的适用条件进行论证。

（三）单一来源采购方式的审查。对采购预算达到公开招标数额标准以上的项目拟采用单一来源采购方式的，省财政厅应当在省级以上政府采购指定媒体予以公示，公示后无异议的予以批复。

（四）确认批复。采购单位在采购预算申请执行时提出的，省财政厅应当以《省级政府采购预算执行确认书》的形式予以批复；省级单位或委托的采购代理机构在采购执行过程中提出的，省财政厅应当以《政府采购非公开招标采购方式审批表》的形式予以批复。

各市、县（市、区）财政部门可以结合本地区实际情况，确定本地区的采购方式和采购类型申请和审查批复工作流程。

第五章 法律责任

第二十一条 采购单位或其委托的采购代理机构应当采用公开招标方式而未按本办法规定办理申请审批，擅自采用其他采购方式的，同级财政部门应当按照《政府采购法》第七十一条或《政府采购货物和服务招标投标管理办法》（财政部令第18号，以下简称18号令）第六十八条的有关规定进行处理。

第二十二条 采购单位应当实行集中采购而不委托集中采购机构采购，或应当实行分散委托采购而不委托具有资格的政府采购代理机构采购的，同级财政部门应当按照《政府采购法》第七十四条或财政部18号令第七十二条的有关规定进行处理。

第二十三条 本办法自发文之日起实施。各市、县（市、区）可以结合实际制订具体的实施细则。

附1：政府采购非公开招标采购方式审批表（略）

附2：省财政厅政府采购方式和采购类型内部审批工作规程（略）

浙江省财政厅 浙江省劳动和社会保障厅
浙江省省级就业再就业培训经费使用管理办法

2007年3月14日 浙财社字〔2007〕25号

为进一步规范就业再就业培训经费管理，提高资金使用效益，根据《浙江省人民政府关于进一步做好就业再就业工作的实施意见》（浙政发〔2006〕16号）精神，特制定本办法。

一、培训经费来源和使用原则

（一）就业再就业培训经费在省级就业再就业专项资金中列支。

（二）就业再就业培训经费坚持注重实效、专款专用、严格管理原则，经费补贴与培训质量和就业效果紧密挂钩，切实促进就业再就业培训工作开展。

二、经费使用范围

（一）补贴对象

1.持我省颁发的《再就业优惠证》人员；

2.持我省颁发的《失业证》人员；

3.省内和外省进城务工农村劳动者。

（二）补贴项目及标准

1.职业技能培训补贴。失业人员、进城务工农村劳动者在未就业期间参加经省劳动保障厅和省财政厅共同确定的定点培训机构举办的职业资格培训，并取得《国家职业资格证书》的，政府按每人不超过800元给予补助，实际培训费低于800元的按实补助。在岗农村劳动者参加所在的经省劳动保障厅和省财政厅共同确定的定点单位组织的或委托社会培训机构组织的岗位技能提升培训，取得《国家职业资格证书》的，政府按照培训标准的二分之一给予补贴，最高不超过500元；取得《浙江省职业技能培训结业证书》的，政府按照培训标准的三分之一给予补贴，最高不超过300元。

国家职业资格培训的课时要求和培训费标准参照《杭州市就业再就业职业技能培训职业（工种）和补贴标准》执行。

其他职业技能培训的课时要求和培训费标准由省劳动保障厅根据培训内容、培训成本大小以及市场情况等核定。

2.定向培训补贴：是指经省劳动保障厅和省财政厅共同确定的定点培训机构或定点单位（以下统称定点培训单位）对已经达成用工意向的失业人员、进城务工农村劳动者开展的岗前培训。对用人单位与培训人员签订的劳动合同期限不少于1年的，政府按照实际就业人数和人均培训标准的二分之一给予补贴，人均补贴标准最高不超过500元。对用人单位与培训人员签订的劳动合同期限不少于6个月的，政府按照实际就业人数和人均培训标准的三分之一给予补贴，人均补贴标准最高不超过300元。定向培训的课时要求和培训费标准由省劳动保障厅根据培训内容、培训成本大小以及市场情况等核定。

3. 职业技能鉴定补贴：失业人员参加初次职业技能鉴定取得相应职业资格证书的，职业技能鉴定费用（不含工本费）给予全额补贴。

（三）失业人员、进城务工农村劳动者在两年内，每人只能享受一次职业资格培训补贴或岗位技能培训补贴或定向培训补贴，不能同时或重复享受。

政府补贴项目原则上向艰苦工种、紧缺工种倾斜。

三、资金申拨程序

培训补贴和职业技能鉴定补贴实行按季申拨。每季季末20日前，各定点培训单位向省劳动保障厅培训处申报经费补助，并附以下资料：

（一）《省级就业再就业培训（鉴定）经费补贴申请表》（附1）；

（二）《省级就业再就业培训办班申请表》（附2）；

（三）《省级就业再就业培训鉴定（考核）发证名册》（附3）；

（四）《省级就业再就业培训（鉴定）经费补贴发放名册》（附4）。

省劳动保障厅审核后，于季末26日前报省财政厅审核。省财政厅审核后，在3个工作日内将资金拨付给各定点培训单位，同时将资金拨付情况抄送省劳动保障厅。

四、管理、监督与奖惩

（一）定点培训单位的管理。定点培训单位实行一年一批。每年11月底前，凡省级各主管部门所属的、具有培训资质的培训机构和授权省国资委管理的省属企业，有意向且有能力对失业人员、进城务工农村劳动者开展职业技能培训和定向培训的，经主管部门同意，均可向省劳动保障厅培训处提出定点申请，并提供如下资料：

1.《省级就业再就业培训定点申请表》（附5）；

2. 单位法人证明原件及复印件。

如属再次申请的，还需报送当年就业再就业培训工作完成情况。

省劳动保障厅汇总各单位定点申请，填写《省级就业再就业培训计划汇总表》（附6），并附各单位《省级就业再就业培训定点申请表》，于每年12月10日前报送省财政厅。

省财政厅会同省劳动保障厅根据当年省级就业再就业培训工作考核情况、次年省级就业再就业培训经费预算等，确定次年的定点培训单位及各单位的计划培训任务，于次年1月10日前批复各单位。

（二）培训办班的管理。定点培训单位在开班前七天，须向省劳动保障厅培训处提出开班申请，并提交《省级就业再就业培训办班申请表》（附2），经省劳动保障厅签署意见后，组织培训招生工作。省劳动保障厅在签署意见后2个工作日内负责将开班情况报省财政厅备案。

失业人员、进城务工农村劳动者凭本人身份证原件、复印件和其他有效证明，向定点培训单位办理培训报名手续，并缴纳培训费用。缴费确有困难的人员，定点培训单位可采取帮扶措施。

定点培训单位受理学员报名后，应及时汇总，填写《省级就业再就业职业技能（定向）培训学员名册》（附7），并于开班后五天内报送省劳动保障厅备案。

定点培训单位应按核准的开班方案中明确的教学课时和内容，认真组织实施培训教学工作。教学实施过程中，定点培训单位不得随意缩减培训课时，降低培训要求。

培训结束前二周，定点培训单位应按要求及时做好技能鉴定（考核）相关申报手续，确保培训与鉴定（考核）的及时衔接。培训结业学员经技能鉴定（考核）合格后，培训单位应按鉴定（考核）机构提供的发证名册，填写《省级就业再就业培训（鉴定）经费补贴发放名册》（附4），由培训学员本人签名按规定标准领取培训和鉴定补贴。定点培训单位须在已享受培训和鉴定补贴人员的《失业证》、《就业援助证》等证件上加盖享受培训、鉴定补贴记录章。

（三）各定点培训单位要按照规定加强和完善基础管理工作，建立培训台账，台账必须记录清楚学员姓名、年龄、身份证号、住址、培训专业、培训时间、补助金额、收费情况、就业单位和联系方式等，自觉接受省劳动保障部门、省财政部门和省审计部门的检查监督。

（四）省财政厅、省劳动保障厅要强化省级就业再就业培训工作的事前、事中管理和事后的绩效考核，提高培训经费使用效益。

（五）就业再就业培训经费严格按照规定的范围、标准和程序使用管理。各部门、各单位不得截留、挤占、挪用。对违反本办法和其他有关规定，弄虚作假、截留、挤占、挪用、贪污、冒领培训补贴等行为的单位和个人，按《财政违法行为处罚处分条例》有关规定进行查处。属定点培训机构违法违规的，取消其开展就业再就业定点培训资格；属个人违法违规的，取消其享受其他再就业补贴的资格。

五、本办法自发布之日起执行。原有关规定与本办法不一致的，按本办法执行。

附：1. 省级就业再就业培训（鉴定）经费补贴申请表（略）
2. 省级就业再就业培训办班申请表（略）
3. 省级就业再就业培训鉴定（考核）发证名册（略）
4. 省级就业再就业培训（鉴定）经费补贴发放名册（略）
5. 省级就业再就业培训定点申请表（略）
6. 省级就业再就业培训计划汇总表（略）
7. 省级就业再就业职业技能（定向）培训学员名册（略）

浙江省财政厅 浙江省档案局
浙江省重点档案抢救和保护补助费管理办法

2007年3月16日 浙财教字〔2007〕32号

一、总 则

第一条 为了进一步加强我省各级国家综合档案馆的档案抢救和保护工作，规范和加强重点档案抢救和保护补助费的管理，提高资金的使用效率，促进我省档案事业发展，根据《国家重点档案抢救和保护补助费管理办法》和财政财务制度的有关规定，特制定本办法。

第二条 本办法所称的重点档案是指在各个历史时期产生的，在政治、经济、科学、文化、历史和艺术等方面具有重要的研究和利用价值，国家需要永久保存的珍贵历史档案。包括：

1. 入选国家和省档案文献遗产名录的档案。

2. 1949年以前，反映中国共产党及其领导的革命组织、革命根据地、革命政权，以及革命活动家的档案。

3. 1949年以前，反映各个历史时期的政权机构、社会组织和著名人物的档案。

4. 中华人民共和国成立初期，具有重要保存和利用价值的土地、婚姻等档案和重大活动档案；反映党和国家领导人、省级领导活动的声像、照片等档案；其他具有全省乃至全国意义的档案。

5. 经省档案局鉴定和确认的其他重点档案。

第三条 省档案局按照统筹规划、确保重点、分步实施、分级负责的原则，组织开展重点档案抢救和保护工作。保存在省档案馆的重点档案，由省档案局负责组织实施抢救和保护工作；保存在地方各级国家综合档案馆的重点档案，由地方各级档案行政管理部门负责组织实施。

第四条 地方各级国家综合档案馆保存的国家和省重点档案，抢救和保护所需经费以地方财政投入为主，省级财政适当补助。省财政设立重点档案抢救和保护补助费（以下简称补助费），专项用于补助省、市、县（市、区）（不含宁波地区，下同）国家综合档案馆对处于濒危状态的国家重点档案的一次性抢救，并改善保管条件，使之达到永久保存的要求。

补助费由省财政厅和省档案局共同管理。

二、补助费的分配和使用

第五条 补助费按照“项目管理、统筹安排、奖补结合、濒危优先、专款专用”的原则进行分配使用，优先支持地方档案抢救和保护工作进展快、质量高、资金投入力度大、补助费使用效果好、抢救和保护任务重的地区，适当照顾经济欠发达地区。

第六条 补助费的使用范围为：

1. 档案征集费。指用于征集散失在民间或国外的，属于本办法第二条规定的抢救和保护范围档案的费用。

2. 档案修复费。指档案的修裱、脱酸、加固、字迹恢复和更换卷皮卷盒等项目的费用，及专项设备的购置和维护费用。

3. 档案复制费。指档案复印、缩微、数字化、翻译、汇编出版、高标准仿真件制作等项目的费用。

4. 特藏库改造费。指库房改造、特殊装具更换、购置专用恒温恒湿设备、安全监控设备、自动报警和灭火设备以及相关管理系统等所发生的费用。

三、补助费的申请

第七条 补助费按项目进行管理，项目实施周期应在12个月以内，实施周期超过12个月的较大项目，应细分成几个小项目分批进行申报和实施。

第八条 补助费的申请条件：

1. 符合补助费使用范围和原则的规定；项目申报材料真实、完整、规范，能比较全面地反映项目具体抢救和保护情况。

2. 补助项目在以前年度未曾受理，或项目内容（指抢救具体内容、补助费的使用范围等）不重复。

3. 已按照本办法第十一条的规定，及时、准确、翔实上报近两年项目实施情况。

4. 申报项目必须能在12个月以内的实施周期内完成。分期实施的项目，申请前应已完成前一期项目的抢救任务。

5. 上年度补助项目没有发生本办法第十四条所列行为。

第九条 补助费申请每年开展一次，申请时间为每年1月1日至5月31日。补助费的申请程序如下：

申请单位与当地财政部门联合向省财政厅、省档案局报送正式申请报告，并填写《浙江省重点档案抢救和保护补助费项目申报书》（见附件，以下简称《申报书》），连同项目计划书、实施方案等项目材料，各上报1份给省财政厅和省档案局。分批实施的项目，需同时附送前一期项目的实施情况总结和补助费使用情况的文字材料。已落实地方配套资金的需提供相关证明。《申报书》和其他项目材料的内容必须真实、完整、翔实，项目名称拟写规范，否则不予受理。

省档案局将根据当年申报项目的内容、价值、可行性等情况，推荐部分项目申请国家重点档案抢救和保护补助经费。被推荐的申请单位需按《国家重点档案抢救和保护补助费管理办法》的要求，补充有关申报材料。

第十条 根据市、县（市、区）档案馆的申请材料，省档案局汇总、初审后，提出分配预案。省财政厅审核后，由省财政厅和省档案局联合下达补助费。

四、项目实施和补助费的管理

第十一条 各项目单位要严格按照项目申报内容、周期组织实施。项目实施周期终了后2个月内，项目实施单位应按绩效评价有关规定开展绩效自评工作，并向省财政厅和省档案局分别上报项目实施绩效自评报告和总结材料及项目抢救档案目录。

第十二条 当年未完成项目，年终结余补助费，结转下年度继续使用；项目完成后如有节余资金，经同级财政部门批准，可继续用于项目单位其他重点档案的抢救和保护工作。

第十三条 市、县（市、区）档案馆应加强专项经费管理，严格开支范围，提高经费使用效率，确保专款专用，不得挤占和挪用项目经费。

第十四条 地方各级财政部门和档案行政管理部门负责对本地区补助费的使用情况进行监督和管理。省财政厅和省档案局对全省档案抢救和保护补助费的使用情况开展不定期检查。发现有下列行为的，省财政厅和省档案局除追缴项目补助经费外，暂停核批所在市、县（市、区）下一年度补助项目，并依法追究相关人员的责任。

1.《申报书》内容填写不真实。

2.擅自变更已批项目内容。

3.截留、挪用补助费。

4.因管理不善，导致国家、省重点档案遭受损失。

5.无故滞留应拨补助费。

6.其他违反国家有关法律、法规和规章的行为。

第十五条 省财政厅和省档案局适时对抢救和保护补助费使用情况进行绩效评价。

五、附 则

第十六条 本办法自发布之日起实行。

附：1.浙江省重点档案抢救和保护补助费项目申报书（略）

2.重点档案抢救和保护项目明细表（略）

浙江省财政厅
浙江省省级农产品行业协会专项补助资金管理办法

2007年4月6日 浙财农字〔2007〕60号

第一条 为规范和加强省级农产品行业协会专项补助资金（以下简称专项资金）管理，提高资金使用效益，根据《浙江省人民政府关于推进行业协会改革与发展的若干意见》（浙政发〔2006〕57号）和农业财政专项资金管理的有关规定，特制定本办法。

第二条 专项资金的补助对象为经省政府批准归口省农产品行业协会联席会议秘书处联系的省级农产品行业协会。

第三条 专项资金使用范围：

1.履行法律、规章规定和政府部门授权或委托职能所需要的支出。如用于开展行业标准起草、行业信息披露、行业纠纷裁决、资质资格认定、检验检测以及行业规划、行业统计、行业调查、公信证明等支出。

2.履行行业代表、行业服务职能所需要的支出。如代表会员进行反倾销、反补贴，提供保障措施等所需的调查、应诉和诉讼费用，以及收集、分析、发布国内外行业经济信息，开展产品推介、展销展示等服务，组织重大公益性活动等支出。

3.支持行业协会牵头兴办担保机构，用于一次性补助行业协会进行投资参股及增资扩股的支出。

4.支持行业协会牵头或参股的担保机构（含基金）为协会内成员进行技术改造、优质农产品基地建设、农产品收购等提供贷款担保，用于增加风险准备金的支出。

第四条 专项资金的分配。省级农产品行业协会根据上年支出情况和当年工作计划编制年度预算（预算表式另发），于每年4月底前将申请文件和年度预算报送省财政厅和省有关部门。如行业协会牵头兴办担保机构的，必须提供企业营业执照、章程或增资扩股有效文件。省财政厅会同省有关部门，根据各产业协会的业务范围、上年的工作实绩、本年度的工作任务和计划，并综合考虑我省农业和农产品发展的需要，确定各产业协会的补助额度，其中贷款担保采取以奖代补的分配方式，即依据上年担保公司的实际经营业绩及为协会内各会员提供的服务情况，根据上年日均贷款担保的比例，按日均贷款担保额予以适当的补助。省养蜂业风险救助金和省粮食贷款风险准备金等基金，根据合理的消耗适当予以补助。

第五条 专项资金的管理和监督。省级农产品行业协会要加强日常财务管理，建立严格的财务制度，保证会计资料合法真实、准确完整，定期如实向主管部门提供省财政补助资金使用财务报告及有关情况；担保公司（基金）在处理年度待处理财产损溢时必须事先向省财政报批。每年年度结束后，省级农产品行业协会按规定要求编制决算（决算表式另发），于次年2月底前将全年的资金使用情况说明和年度决算报送省财政厅和省级有关部门。省级有关部门要加强对各协会的资金使用与管理情况进行监督检查，并可委托中介机构进行检查。对违反本专项资金使用规定，骗取、截留、挪用专项资金的，视情节轻重，按《财政违法行为处罚处分条例》等有关法律法规查处。

第六条 本办法自发文之日起施行。原制定的《浙江省省级农业产业协会专项资金管理办法》（浙财农字〔2002〕231号）同时废止。

浙江省财政厅 浙江省农业厅 浙江省林业厅 浙江省海洋与渔业局 关于印发浙江省财政农业产业化以奖代补资金管理办法的通知

2007 年 4 月 25 日 浙财农字〔2007〕68 号

各市、县(市、区)财政局、农业局、林业局、海洋与渔业局(宁波不发):

为规范省财政农业产业化资金管理，提高资金使用效率，我们制定了《浙江省财政农业产业化以奖代补资金管理办法》，现印发给你们，请遵照执行。执行中有何问题，请及时反馈给我们。

附件:1. 浙江省财政农业产业化以奖代补资金管理办法

2. 以奖代补资金申请表(略)

附件 1:

浙江省财政农业产业化以奖代补资金管理办法

第一条 根据省委、省政府《关于全面推进社会主义新农村建设的决定》(省委〔2006〕28 号)精神，为规范浙江省财政农业产业化资金管理，提高资金使用效率，依据浙江省财政农业专项资金管理的有关规定，制定本管理办法。

第二条 浙江省财政农业产业化以奖代补资金 (以下简称“以奖代补资金”)由省级财政预算安排。

第三条 以奖代补资金的使用要贯彻落实中央和省委、省政府关于建设社会主义新农村、建设现代农业的各项方针政策，重点围绕我省农业主导产业，以促进高效生态农业、提高农业总体效益、增加农民收入为目标，在对农业龙头企业上一年实施的提高农产品精深加工、增加农产品附加值、带动农民增收显著的项目进行审核评价后，确定以奖代补项目和省补助资金。

第四条 以奖代补资金的支持对象是农业产业化国家重点农业龙头企业、经省级有关部门公布的监测合格的省级骨干农业龙头企业。为支持欠发达地区发展农业产业化，对浙委〔2005〕22 号文件明确的欠发达县(市、区)可以申报 2 家市级农业龙头企业。

第五条 申请以奖代补资金的项目内容:

1. 开发、引进优良品种和先进实用加工、储藏保鲜技术;

2. 开展市场信息服务，建设营销网络;

3. 申报农产品质量标准认证，培育产品品牌，提供食品安全服务;

4. 与本省农民建立固定产销协作，实行“订单”和“二次返利”的农产品原料生产基地建设;

5. 企业技术改造贴息。

第六条 申请以奖代补资金的项目必须是企业上一年实施本年度申报前完工的项目。省以上财政资金上一年度支持过的项目不属于以奖代补资金申请范围。

第七条 申请以奖代补资金的材料:

1. 以奖代补资金申请表;

2. 有关部门审核认可的完工项目支出凭证或项目完工决算材料复印件;

3. 上一年度企业损益表;

4. 上一年度企业完税凭证;

5. 省级有关部门对新产品、新技术、企业技术改造的鉴定和论证意见;

6. 申请以奖代补资金的项目实施情况;

7. 与农民的产销协作协议书(合同书)、订单、二次返利复印件，如涉及人数较多，可列细表，并随机抽取三份;

8. 市级农业龙头企业附认定文件复印件。

第八条 以奖代补资金申报程序。省级农口主管部门会同省财政厅下达以奖代补资金申报指南。市、县(市)农口主管部门和财政部门在审查核实企业申报材料的基础上，择优选择上报项目，以正式文件联合上报省级农口主管部门和省财政厅(各一份)。市、县(市)农口主管部门和财政部门必须对申报内容的真实性、合规性负责。

第九条 省级农口主管部门对市、县(市)上报的项目进行审核，提出以奖代补项目审核意见，并征求相关省级农产品行业协会的意见。省财政厅根据省级农口主管部门的意见，结合本年度资金规模，确定资金补助方案，并会同省级农口主管部门下达以奖代补项目和资金。

第十条 市、县(市)财政部门在收到省下达的以奖代补项目和资金文件后，应及时将资金拨付给项目单位。项目单位收到的以奖代补资金必须全额用于技术改造和生产经营，不得用于各种奖金和福利开支。

各级财政和农口主管部门应切实加强对以奖代补资金的管理和监督检查工作。凡发现有虚报、骗取、套取、挪用、移用以奖代补资金行为的，一经查实，除责令立即纠正并收回所补资金外，属企业责任的，取消该企业今后申报以奖代补资金的资格，同时停止该市、县(市)下一年度申报以奖代补资金资格，并按照《财政违法行为处罚处分条例》等有关法律法规进行查处。构成犯罪的，移送司法部门依法追究刑事责任。

第十一条 本办法由省财政厅负责解释，自下发之日起施行。《省财政农业产业化以奖代补资金管理暂行办法》(浙财农〔2004〕113 号)同时废止。

浙江省财政厅 浙江省卫生厅 浙江省省级卫生事业专项资金管理暂行办法

2007 年 4 月 25 日 浙财社字〔2007〕42 号

第一章 总 则

第一条 为规范和加强省级卫生事业专项资金的管理，保障资金安全，提高财政资金使用效益，根据国家和省有关法律、法规、规章和财务制度的规定，制定本办法。

第二条 本办法所称省级卫生事业专项资金(以下简称“专项资金”)，是指由中央财政转移支付、省级财政预算安排的用于全省性或区域性卫生工作、完成特定卫生工作任务或实现某一卫生事业发展目标的专项资金。

第三条 专项资金按照“统筹规划、科学立项、统一分配、分级管理、专款专用、追踪问效”的原则进行分配和管理。

第四条 专项资金的立项必须符合全省卫生事业发展中、长期规划，突出重点，充分论证，合理安排，确保重点工作目标和任务的实现。

第二章 资金分配和使用

第五条 省卫生厅根据专项资金用途，确定项目实施范围，然后由项目单位填报申报书，经各市、县(市、区)财政、卫生部门审核筛选后，联合向省财政厅、卫生厅申报。

第六条 省财政厅、省卫生厅根据市、县(市、区)财政、卫生部门提出的申请，结合相关资金管理办法，对中央下达和省级安排的各项资金进行综合平衡后提出专项资金分配方案。

第七条 各级财政、卫生部门在收到省级专项资金补助文件和项目管理方案后，应在 1 个月内将专项资金拨付到项目实施单位，严禁任何部门无故拖延，影响项目的顺利实施。各项目单位要严格按照项目管理方案的要求，建立目标管理责任制，如期完成项目任务。对明确要求市、县(市、区)财政安排配套资金的项目，各项目市、县(市、区)财政部门应按要求落实配套资金，并列入年度预算或追加预算，确保资金足额到位。

第八条 项目实施所需设备、药品等属于政府采购范围的，应按《政府采购法》及有关规定组织实施采购。预算金额达到公开招标数额标准以上的，应当采用公开招标的采购方式。

第九条 专项资金要严格按照国家有关法律、法规、规章、财务制度和有关项目管理方案的规定合理安排使用，并按支出内容进行项目核算，确保专款专用。严禁任何单位和个人以任何形式平调、挤占和挪用专项资金。

第十条 凡使用专项资金形成的资产，均属国有资产，应纳入项目单位资产统一管理，合理使用，认真维护，防止国有资产流失。

第十一条 未完成项目的年度结余资金，可结转下年继续使用。项目完成后如有资金结余，经省级财政、卫生部门批准，可调整用于与该项目有关的业务工作。

第十二条 各项目单位需按季编制卫生事业专项资金项目执行情况统计表和简要分析说明材料，以全面反映卫生事业专项资金预算安排、执行进度及资金使用等情况。《项目执行情况统计表》及简要分析说明材料由各市卫生局于季度终了 10 日内汇总并加盖公章后报送省卫生厅。

第三章 监督和检查

第十三条 各级财政、卫生部门要加强对专项资金的监督检查。在项目执行期间或项目完成后，省财政厅将会同省卫生厅，对项目的执行情况、资金的安全性、合法性和配套资金落实情况等进行专项检查或抽查，发现问题按规定及时纠正和处理。

第十四条 对骗取截留、挪用专项资金、擅自变更项目内容、地方配套资金不能按时到位、不按期报送有关资料的，省财政厅、卫生厅将根据有关规定和具体情况采取停止项目拨款、暂停安排新的补助项目和收回专项资金等措施，并按照《财政违法行为处罚处分条例》等有关法律法规的规定进行查处。

第四章 绩效评价

第十五条 各市、县(市、区)财政、卫生部门应在年度终了 2 个月内向省财政厅、卫生厅提交所属项目单位专项资金使用情况说明，包括项目执行情况、资金使用绩效和管理情况等内容。

第十六条 省财政厅、卫生厅将根据项目实施情况对部分专项资金进行绩效评价。绩效评价的内容包括：项目执行情况、资金使用和管理情况、目标完成情况、项目实施取得的社会效益和经济效益、项目执行和资金使用的经验和存在的问题、改进工作的意见等。各市、县(市、区)财政、卫生部门除认真完成省财政厅、卫生厅布置的绩效评价工作外，也应根据当地财政支出绩效评价文件规定的实施范围，开展项目实施过程或完成结果的评价。

第十七条 各地项目完成情况和绩效评价结果作为以后年度安排财政专项资金的重要依据。

第五章 附 则

第十八条 各地财政、卫生部门应结合当地实际情况，根据本办法制订具体的实施办法，报省财政厅、卫生厅备案。

第十九条 本办法自发布之日起执行。

浙江省财政厅 浙江省发展和改革委员会 浙江省文物局
浙江省文物库房、安全技防建设专项资金管理办法

2007年4月30日 浙财建字〔2007〕58号

第一条 为加强全省馆藏文物的有效保护，有序推进文物库房、安全技防的建设，提高文物系统风险单位的抗风险能力，落实《浙江省文物库房与安全技防建设规划》，根据《文物保护法》及财政、财务管理有关法规的规定，特制订本办法。

第二条 专项资金主要用于补助市、县文物收藏单位的文物库房建设、馆藏文物保存环境的改善以及文物系统风险单位安全技术防范工程建设。

第三条 专项资金的补助，实行项目管理。文物库房、安全技防原则上都应作为独立的项目进行运作。

第四条 文物库房项目，主要是指文物库房的新建、现有文物库房的加固，以及为改善馆藏文物的保存环境而进行的文物库房改造。该项目的申请应符合下列条件：

（一）项目已经有关部门批准；

（二）当地配套资金基本落实；

（三）项目已进入实施阶段。

第五条 安全技防项目，主要是指文物系统风险单位的安全技术防范工程建设（含改造工程），重点是安全技防的达标项目。该项目的申请应符合下列条件：

（一）一级风险单位的技防工程设计方案已经国家文物局、公安部批准，二、三级风险单位的安全技防工程设计方案已经省文物局、省公安厅批准；

（二）当地配套资金落实；

（三）当年能完成实施。

第六条 专项资金的使用，应坚持“突出重点，力求实效、专款专用”的原则，并适当向欠发达地区倾斜。

第七条 专项资金的申请，由当地财政、发改、文物部门联合行文，同时报送省财政厅、省发改委、省文物局。

第八条 专项资金申请须提交下列材料：

（一）当地财政、发改、文物部门联合申报的文件；

（二）项目的批准文件；

（三）项目基本情况资料，包括项目概况、经费预算及资金来源构成、形象进度计划、地方配套资金证明。

第九条 专项资金的申请时间为每年的7月31日前。

第十条 省文物局对各地申请材料进行汇总，并负责通报上年度项目资金的实施情况。

第十一条 省财政厅、省发改委、省文物局三家召开联席会议，经认真讨论研究后，确定补助方案。

第十二条 省发改委负责下达项目的投资计划，省财政厅负责专项资金的下达，省文物局负责项目实施情况的督查。

第十三条 各地财政部门收到专项资金后，应及时将补助资金足额拨付到项目实施单位，任何单位不得以任何理由挪用、截留、挤占专项资金。

第十四条 专项资金的使用和管理接受财政、发改、文物、审计等部门的监督检查。

各地文物管理部门应在每年三月底前将上年的项目实施情况上报省文物局。

第十五条 专项资金下达后，项目未如期实施或不实施的，当地财政应会同文物、发改部门停拨或及时收回专项资金。

第十六条 对于违反本办法有关规定的，省财政厅、省发改委、省文物局责成有关单位及时整改；情节严重的，对有关单位及相关负责人给予通报批评，停止拨付或收回已拨的专项资金，并在五年内停止安排该市县专项补助资金，并按《财政违法行为处罚处分条例》进行查处。

第十七条 本办法自发布之日起施行。

浙江省财政厅
关于印发浙江省政策性农村住房保险财政补助结算办法的通知

2007年4月30日 浙财外金字〔2007〕19号

各市、县（市、区）财政局（宁波所属市县不发）：

为做好我省政策性农村住房保险工作，加强财政补助资金的结算管理，我们制定了《浙江省政策性农村住房保险财政补助结算办法》，现印发给你们，请遵照执行。

执行中有何问题，请及时同我厅联系。

附件：1. 浙江省政策性农村住房保险财政补助结算办法

2. 欠发达市县和海岛市县名单

3. 浙江省政策性农村住房保险保费省财政补助结算表（略）

附件 1：

浙江省政策性农村住房保险财政补助结算办法

第一条 为进一步推进我省政策性农村住房保险工作，加强财政补助资金的结算管理，根据《浙江省人民政府关于开展政策性农村住房保险工作的通知》（浙政发〔2006〕67 号）精神，特制定本办法。

第二条 政策性农村住房保险财政补助（以下简称“财政补助”）以农户自愿交费参保为基础，农户不参保，财政不补助。

第三条 财政补助由市、县（市、区）财政（以下称“当地财政”）和省财政分担。对一类风险区域参保农户每户每年由当地财政补助 6 元，省财政补助 4 元；二类风险区域参保农户每户每年由当地财政补助 4 元，省财政补助 3 元。农村低保户和没有实行集中供养的“五保”人员，其自交保费部分由当地财政全额补助。

第四条 省财政补助与农户参保比例相结合。以市、县为单位，农户参保面达到 50%（含）以上，且市、县财政补助落实到位的，省财政按农户实际参保数量给予同比例补助。参保面未达到 50%的，省财政不补助。欠发达地区及海岛县（见附件 2）当地财政需承担的部分，由省财政补助一半。

宁波市需省财政补助的部分，由宁波市财政自行解决。

第五条 县（市、区）人保公司开出保单后，当地财政应及时与其结算全部财政补助保费资金，包括当地财政补助资金和省财政补助资金。

第六条 当地财政根据县人保公司提供的本年度本地农户参保情况以及本级财政补助情况，填报《浙江省政策性农村住房保险保费财政补助结算表》（见附件 3），于每年 6 月底前上省财政厅。

第七条 省财政对以市、县为单位的农户参保面、当地财政补助落实情况进行考核。经考核符合条件的，省财政根据政策规定及时拨付省补助资金。经考核不符合条件的，省财政不予补助，应补财政补助资金全额由当地财政承担。每年度 6 月后至年底农户参保需省财政补助的，由当地财政于次年初补报，省财政经审核后予以补拨。

第八条 开展政策性农村住房保险财政补助工作，涉及面广，政策性强，各级财政要将补助资金纳入年度财政预算，并根据农户参保情况及时足额补助到位。

第九条 本办法自下发之日起施行。

附件 2：

欠发达市县和海岛市县名单

一、根据浙委〔2005〕22 号文件精神，欠发达市县包括：丽水市、衢州市、淳安县、武义县、磐安县、苍南县、永嘉县、文成县、泰顺县、三门县、仙居县、天台县、云和县、景宁县、龙泉市、青田县、遂昌县、松阳县、缙云县、庆元县、龙游县、常山县、江山市、开化县、平阳县（25 个）。

二、根据浙委〔2005〕22 号文件精神，海岛市县包括：舟山市、岱山县、嵊泗县、洞头县（4 个）。

浙江省财政厅
浙江省农业综合开发资金会计核算办法

2007 年 5 月 10 日 浙财农发字〔2007〕10 号

第一章 总　则

第一条 为规范和加强农业综合开发资金会计核算工作，保证会计信息质量，根据《中华人民共和国会计法》、《农业综合开发资金会计制度》及补充规定、《浙江省农业综合开发财务管理实施办法》等有关规定，制定本核算办法。

第二条 本办法适用于管理农业综合开发财政资金的各级财政部门和农业综合开发办公室（以下简称农业综合开发管理部门）。各级财政部门应设立农业综合开发资金专户（以下简称“财政资金专户”），用以核算农业综合开发财政资金的收入（借入）和拨付（借出）情况。各级农业综合开发办公室（以下简称农发办）设立农业综合开发资金报账专户（以下简称“报账专户”），用以核算报账资金的收入和拨付情况。

第三条 各级农业综合开发管理部门应根据《会计法》的规定设置会计机构，配备持有“会计从业资格证书”的会计人员，建立相应的内部会计控制制度，确保会计工作的顺利进行。

第四条 农业综合开发资金会计核算必须遵守国家有关法律、法规及本办法的规定，独立、完整、系统、真实地记录和反映与农业综合开发有关的各项经济活动。

第五条 会计核算应以各项业务活动持续正常的运作为前提。

第六条 会计核算应划分会计期间，分期结算账目和编制会计报表。会计期间分为年度、季度和月度。会计年度自公历 1 月 1 日至 12 月 31 日止。

第七条 财政资金专账核算采用收付实现制，其他会计核算采用权责发生制。

第八条 会计记账应当采用借贷记账法。

第九条 会计核算以人民币为记账本位币。发生外币收支的，应当折算为人民币核算，折算应采用业务发生当日的汇率。

第十条 会计记录的文字应当使用中文。少数民族自治地区可以同时使用少数民族文字。

第二章 一般原则

第十一条 会计核算应当以实际发生的经济业务为依据，客观、准确、全面地记录和反映农业综合开发资金的收支情况和经济活动。对于重要的业务事项，应当单独反映。

第十二条 会计信息应当符合国家宏观经济管理的要求，满足有关各方了解农业综合开发资金活动情况及其结果的需要，有利于加强资金管理的需要。

第十三条 会计核算应当按照国家统一会计制度规定进行，以确保会计指标口径一致，相互可比。对使用电子计算机进行会计核算的，生成的会计资料应当符合国家统一会计制度的规定。

第十四条 会计处理办法前后各期应当一致，不得随意变更。如确有必要变更，应将变更的情况、理由和对财务状况及结果的影响在会计报表附注中加以说明。

第十五条 会计核算应当及时进行，不得提前或延后。

第十六条 会计记录和会计报表应当清晰明了，便于理解和利用。

第三章 资　产

第十七条 资产是指为实施农业综合开发项目所占用或使用的能以货币计量的经济资源，包括现金、银行存款、应收款项、有偿资金放款、委托贷款、借出有偿资金、参股经营投资、转出参股经营资金、待处理有偿资金等。

第十八条 应收款项是指应当收回的待结算款项，包括财政资金专户和报账专户预拨的款项。应收款项应及时清理结算，不得长期挂账。

第十九条 有偿资金放款是指财政部门按照有关规定借给用款单位，应按时收回的农业综合开发财政有偿资金。

第二十条 委托贷款是指财政部门按照有关规定，通过经中国人民银行批准的金融机构以委托贷款的形式办理的农业综合开发财政有偿资金。

第二十一条 借出有偿资金是指上级财政部门借给下级财政部门的农业综合开发财政有偿资金。

第二十二条 参股经营投资是指财政部门拨付给国有资产运营公司用于参股经营投资的农业综合开发资金。

第二十三条 转出参股经营资金是指上级财政部门拨付给下级财政部门用于参股经营投资的农业综合开发资金。

第二十四条 待处理有偿资金是指有偿资金放款或委托贷款超过约定的还款期限，经审核批准，但尚未按规定程序列入呆账的有偿资金。待处理有偿资金的核销，必须按规定的程序报批。

第四章 负　债

第二十五条 负债是指为实施农业综合开发项目所承担的、能以货币计量的、需要以资产偿还的债务，包括借入有偿资金、转入参股经营资金、其他应付款等。

第二十六条 借入有偿资金是指下级财政部门从上级财政部门借入的农业综合开发财政有偿资金。

第二十七条 转入参股经营资金是指下级财政部门收到的上级财政部门参股经营投资的农业综合开发资金。

第二十八条 其他应付款是指借入有偿资金以外的应付未付农业综合开发款项。

第五章 净资产

第二十九条 净资产是指资产减去负债后的差额，包括本级有偿资金、未完项目结存、本级参股经营资金、参股经营收益等。

第三十条 本级有偿资金是指本级财政拨入的农业综合开发财政有偿资金，以及占用费收支结余、其他收支结余和完工项目结余等转入的农业综合开发资金。

第三十一条 未完项目结存是指农业综合开发财政资金的收入数和拨款数的差额。

第三十二条 本级参股经营资金是指本级投入的用于参股经营投资的农业综合开发资金。

第三十三条 参股经营收益是指投入到参股经营项目的财政资金实际取得的收益。

第六章 收　入

第三十四条 收入是指为实施农业综合开发项目，按规定渠道取得的非偿还性财政资金以及相关收入，包括拨入上级财政资金、拨入本级财政资金、占用费收入和其他收入。

第三十五条 拨入上级财政资金是指收到上级财政拨入农业综合开发财政无偿资金。

第三十六条 拨入本级财政资金是指收到本级财政拨入农业综合开发财政无偿资金。

第三十七条 占用费收入是指按规定收取的农业综合开发财政有偿资金占用费。

第三十八条 其他收入是指银行存款利息收入以及农业综合开发投资形成的资产运营收入（不含投资参股收益）。

第七章 支　出

第三十九条 支出是指为实施农业综合开发项目而发生的资金支出，包括拨出资金、农发资金支出、占用费支出和其他支出。

第四十条 拨出资金是指上级财政部门拨给下级财政部门或财政部门拨给同级农发办报账专户的财政无偿资金。

第四十一条 农发资金支出是指农业综合开发土地治理项目（含科技推广项目）的全部支出和产业化经营项目（含贷款贴息项目）的财政无偿资金支出。

第四十二条 占用费支出是指支付借入财政有偿资金的占用费、财政有偿资金委托银行贷款手续费、按规定从占用费收入中提取的业务费及必要的回收费用支出等。

第四十三条 其他支出是指按规定支付给银行的手续费和必要的资产营运费用等。

第八章 会计科目

第四十四条 农业综合开发资金会计科目使用要求：

（一）本核算办法规定的会计科目，是汇总和检查农业综合开发资金活动情况和结果的总账科目。各级农业综合开发管理部门可根据实际工作需要选用，不得随意减并或自行增设，不得擅自更换科目名称。

（二）本核算办法统一规定会计科目的编号，以便于编制会计凭证，登记账簿，实现会计电算化。各级农业综合开发管理部门不得自行更改统一的会计科目编号。

（三）各级农业综合开发管理部门在使用会计科目编号时，应与会计科目名称同时使用。可以只使用会计科目名称，不用科目编号，但不得只填科目编号，不写科目名称。

第四十五条 各级农业综合开发管理部门适用的会计科目如下：

会计科目表

序号	编码	科目名称
（一）资产类		
1	111	现金
2	112	银行存款
3	121	应收款项
4	131	有偿资金放款
5	132	委托贷款
6	133	借出有偿资金
7	134	参股经营投资
8	135	转出参股经营资金
9	161	待处理有偿资金
（二）负债类		
10	211	借入有偿资金
11	212	转入参股经营资金
12	241	其他应付款
（三）净资产类		
13	311	本级有偿资金
14	341	未完项目结存
15	351	本级参股经营资金
16	352	参股经营收益
（四）收入类		
17	421	拨入上级财政资金
18	422	拨入本级财政资金
19	441	占用费收入
20	451	其他收入
（五）支出类		
21	511	拨出资金
22	521	农发资金支出
23	541	占用费支出
24	551	其他支出

第四十六条 会计科目使用说明

（一）资产类

第111号科目 现金

1.本科目核算农业综合开发管理部门库存现金的增减变动及余额情况。

2.现金增加时，借记本科目，贷记“银行存款”等科目；现金减少时，借记“其他支出”等有关科目，贷记本科目。

3.各级农业综合开发管理部门应设置“现金日记账”，出纳人员根据收付款凭证逐笔序时登记，做到日清月结、账款相符。要认真执行《现金管理暂行条例》，严格控制现金支付。

4.本科目期末借方余额，反映库存现金数额。

第112号科目 银行存款

1.本科目核算农业综合开发管理部门存入银行的农业综合开发资金各种款项的增减变动及余额情况。

2.银行存款增加时，借记本科目，贷记“拨入上级财政资金”等科目；银行存款减少时，借记“拨出资金”等科目，贷记本科目。

3. 各级农业综合开发管理部门按开户银行和存款种类等，分别设置“银行存款日记账”，由出纳人员根据收付款凭证逐笔序时登记，每日终了应结出余额。银行存款日记账应定期与银行对账，至少每月一次。月终时，账面余额如与银行对账单余额之间有差额，应逐笔查明原因进行处理。属于未达账项，应编制“银行存款余额调节表”，调节相符。

4.本科目期末借方余额，反映银行存款数额。

第121号科目 应收款项

1.本科目核算农业综合开发管理部门应当收回的待结算款项，包括财政资金专户和报账专户的预拨款项。

2.发生时，借记本科目，贷记“银行存款”等科目。收回时，借记“银行存款”、“拨出资金”等科目，贷记本科目。财政资金专户和报账专户预拨时，借记本科目，贷记“银行存款”科目。根据财政部门和农发办审核同意的金额，核准项目建设单位报账时，借记“拨出资金”科目，贷记本科目。补付的金额，借记本科目，贷记“银行存款”科目；退回无需支付的金额，借记“银行存款”科目，贷记本科目。

3.本科目应按债务单位或个人设置明细科目。

4.本科目期末借方余额，反映未收回的应收款项。

第131号科目 有偿资金放款

1.本科目核算财政部门借给用款单位需定期收回的农业综合开发财政有偿资金。有偿资金放款的占用费收入不在本科目核算。

2.农业综合开发有偿资金放款时，借记本科目，贷记“银行存款”等科目；收回时，借记“银行存款”等科目，贷记本科目。

3.本科目按债务人设置二级明细科目，按项目名称设置三级明细科目。

4.本科目期末借方余额反映尚未收回的有偿资金放款。

第132号科目 委托贷款

1.本科目核算财政部门按照有关规定，委托银行办理的有偿资金放款。委托放款的占用费收入不在本科目核算。

2.委托贷款划拨时，借记本科目，贷记“银行存款”等科目。收到归还的委托贷款时作相反会计分录。

3.本科目应按债务人设置二级明细科目，按项目名称设置三级明细科目。

4.本科目期末借方余额反映尚未收回的委托贷款。

第133号科目 借出有偿资金

1.本科目核算上级财政部门借给下级财政部门的财政有偿资金。资金占用费收入不在本科目核算。

2.借出时，借记本科目，贷记“银行存款”科目；收回时作相反会计分录。

3.本科目应按债务人设置二级明细科目，项目名称设置三级明细科目。

4.本科目期末借方余额反映尚未收回的借出有偿资金。

第 134 号科目 参股经营投资

1. 本科目核算按照《国家农业综合开发投资参股经营试点管理办法》运作的投资参股经营资金。

2. 拨付时，借记本科目，贷记“银行存款”科目；国有股权溢价转让退出时，借记“银行存款”等科目，贷记“参股经营投资”、“参股经营收益”等科目；折价转让退出(或破产清算)时，借记“银行存款”、“参股经营收益”等科目，贷记“参股经营投资”科目。

3. 本科目应按被投资参股单位设置明细科目。

4. 本科目期末借方余额反映参股经营投资的实际成本。

第 135 号科目 转出参股经营资金

1. 本科目核算上级财政部门拨付给下级财政部门的参股经营资金。

2. 拨付时，借记本科目，贷记“银行存款”等科目；下级财政部门交回参股经营资金时，作相反会计分录。

3. 本科目应按下级财政部门设置明细科目。

4. 本科目期末借方余额反映转出的参股经营资金。

第 161 号科目 待处理有偿资金

1. 本科目核算经批准列入和待核销的有偿资金放款、委托贷款。

2. 逾期未还的有偿资金放款、委托贷款经批准转入时，借记本科目，贷记“有偿资金放款”、“委托贷款”等科目；按规定程序报经批准核销时，借记“本级有偿资金”、“借入有偿资金”等科目，贷记本科目。

3. 本科目应按项目年度和名称设置二级明细科目。

4. 本科目期末借方余额反映尚待核销的待处理有偿资金。

(二)负债类

第 211 号科目 借入有偿资金

1. 本科目核算下级财政部门从上级财政部门借入的农业综合开发财政有偿资金，借入有偿资金的占用费不在本科目核算。

2. 借入时，借记“银行存款”科目，贷记本科目；归还时，作相反会计分录。

3. 本科目应按项目年度和名称设置二级明细科目。

4. 本科目期末贷方余额，反映尚未归还的借入有偿资金。

第 212 号科目 转入参股经营资金

1. 本科目核算上级财政部门拨入的参股经营资金。

2. 拨入时，借记“银行存款”等科目，贷记本科目；交回时，作相反会计分录。

3. 本科目应按被投资参股单位设置明细科目。

4. 本科目期末贷方余额反映转入的参股经营资金。

第 241 号科目 其他应付款

1. 本科目核算应付未付的款项。

2. 发生时，借记“银行存款”等科目，贷记本科目；还款时，借记本科目，贷记“银行存款”等科目。

3. 本科目应按债权人设置明细科目。

4. 本科目期末贷方余额反映尚未支付的应付款项。

(三)净资产类

第 311 号科目 本级有偿资金

1. 本科目核算本级财政拨入有偿使用的农业综合开发资金，以及完工项目结余、占用费收支结余、参股经营收支结余和其他收支结余转入的农业综合开发资金。

2. 收到本级财政拨入的有偿使用的农业综合开发资金时，借记“银行存款”科目，贷记本科目；年终“其他收入”、“占用费收入”等科目的余额转入本科目时，借记“其他收入”、“占用费收入”等科目，贷记本科目；同时将“其他支出”、“占用费支出”等科目的余额转入本科目，借记本科目，贷记“其他支出”、“占用费支出”等科目。

收到交回的完工项目结余时，借记“银行存款”等科目，贷记本科目；本级有偿资金经批准转作无偿使用时，借记本科目，贷记收入类相关科目。

3. 本科目期末贷方余额反映有偿资金规模，年终余额结转下年。

第 341 号科目 未完项目结存

1. 本科目核算财政资金专户和农发办报账专户当年财政资金拨入数和拨出数的差额。

2. 年终决算时，将本年度财政资金收入与拨出资金及有关支出科目的余额结转到本科目。结转收入时，借记“拨入上级财政资金”等科目，贷记本科目；结转拨出时，借记本科目，贷记“拨出资金”等科目；项目竣工结算后，“未完项目结存”贷方余额应转入“本级有偿资金”科目，结转后无余额。

3. 本科目按项目名称设置二级明细科目。

第 351 号科目 本级参股经营资金

1. 本科目核算本级财政拨入的参股经营资金。

2. 拨入时，借记“银行存款”等科目，贷记本科目；年终结账，应将本科目余额转入“未完项目结存”，借记本科目，贷记“未完项目结存”科目。

本科目结转后应无余额。

3. 本科目应按被投资参股单位设置明细科目。

第 352 号科目 参股经营收益

1. 本科目核算按照《国家农业综合开发投资参股经营试点管理办法》运作的投资参股资金的参股经营收益和运营费用。

2. 收入时，借记“银行存款”等科目，贷记本科目；按投资比例上交上级财政部门参股经营收益和支付资产机构运营费用时，借记本科目，贷记“银行存款”科目；年终结账，应将本科目余额转入“未完项目结存”，借记本科目，贷记“未完项目结存”科目。

本科目结转后应无余额。

3. 本科目应按被投资参股经营单位设置明细科目。

(四)收入类

第 421 号科目 拨入上级财政资金

1. 本科目核算收到上级财政部门拨入的财政无偿资金。

2. 收到拨款时，借记“银行存款”科目，贷记本科目；年终结账，应将本科目余额转入“未完项目结存”，借记本科目，贷记“未完项目结存”科目。

本科目结转后应无余额。

3. 本科目按项目年度和名称设置二级明细科目。

第 422 号科目 拨入本级财政资金

1. 本科目核算收到本级财政拨入的财政无偿资金。

2. 收到时，借记"银行存款"科目，贷记本科目；报账资金专户收到财政资金专户拨付（含预拨）的报账资金时，借记"银行存款"科目，贷记本科目。年终结账，应将本科目余额转入"未完项目结存"，借记本科目，贷记"未完项目结存"科目。

本科目结转后应无余额。

3. 本科目按项目年度和名称设置二级明细科目。

第 441 号科目 占用费收入

1. 本科目核算按规定收取的财政有偿资金占用费。

2. 收到时，借记"银行存款"等科目，贷记本科目；年终结账，应将本科目余额转入"本级有偿资金"科目，借记本科目，贷记"本级有偿资金"科目。

本科目结转后应无余额。

3. 本科目按上级和本级设置二级明细科目。

第 451 号科目 其他收入

1. 本科目核算银行存款利息收入和农业综合开发投资（不含投资参股经营）形成的资产营运收入等。

2. 收到时，借记"银行存款"等科目，贷记本科目；年终结账，应将本科目的余额转入"本级有偿资金"科目，借记本科目，贷记"本级有偿资金"科目。

本科目结转后应无余额。

3. 本科目可根据需要设置明细科目。

（五）支出类

第 511 号科目 拨出资金

1. 本科目核算财政部门拨给下级财政部门的财政无偿资金或财政部门拨给同级农发办报账专户的财政无偿资金。

2. 财政部门拨给下级财政部门无偿资金时，借记本科目，贷记"银行存款"等科目。

财政部门拨给同级农发办报账资金专户无偿资金时，借记"拨出资金"科目，贷记"银行存款"科目。年终结账，应将本科目余额转入"未完项目结存"，借记"未完项目结存"科目，贷记本科目。

本科目结转后应无余额。

3. 本科目按项目名称设置二级明细科目。

第 521 号科目 农发资金支出

1. 本科目核算农业综合开发土地治理项目（含科技推广项目）的全部支出和产业化经营项目（含贷款贴息项目）的财政无偿资金支出。

2. 经财政部门和农发办审核同意的金额，核准项目建设单位报账时，借记本科目，贷记"银行存款"、"在建工程"等科目；年终，应将本科目余额转入"完工项目结余"，借记"完工项目结余"科目，贷记本科目。

3. 本科目按项目名称设置二级明细科目，按有关治理措施或建设内容设置三级明细科目，按单项工程名称设置四级明细科目。

第 541 号科目 占用费支出

1. 本科目核算支付借入财政有偿资金的占用费、财政有偿资金委托银行贷款手续费、按规定从占用费收入中提取的业务费及必要的回收费用支出等。

2. 发生支出时，借记本科目，贷记"银行存款"等科目；年终结账，应将本科目余额转入"本级有偿资金"科目，借记"本级有偿资金"科目，贷记本科目。

本科目结转后应无余额。

第 551 号科目 其他支出

1. 本科目核算按规定支付给银行的手续费和必要的资产营运费用等。

2. 发生支出时，借记本科目，贷记"银行存款"等科目。年终结账，应将本科目余额转入"本级有偿资金"科目，借记"本级有偿资金"科目，贷记本科目。

本科目结转后应无余额。

第九章 年终清理结算和结账

第四十七条 各级农业综合开发管理部门在年度终了前，应根据决算编审要求，对各种收支账目、往来款项、货币资金等进行全面清理结算，并在此基础上办理年度结账，编报决算。

第四十八条 年终清理结算的主要事项如下：

财政部门财政资金专户与同级财政预算核对年度财政预算收支和预算调整情况，保证与预算数字相符；与上下级财政部门核对年度预算调整及资金拨付情况，保证拨付、往来款项相符；与同级农发办报账专户及各项目建设单位核对拨借款数额，保证拨借款项相符。农发办报账专户与各项目用款单位核对拨款数额，保证拨付款项相符。

财政资金专户、报账专户与开户银行对账，银行存款账面余额要与银行对账单余额相符或者调节后相符。账面现金余额，要同库存现金相符。

清理债权债务，收回、归还到期款项，对待处理有偿资金要按规定程序及时清理报批。

第四十九条 经过年终清理和结算，把各项结算收支登记入账后，即可办理年终结账。年终结账工作一般分为年终结账、结清旧账和记入新账三个环节，依次进行账务处理。

年终结账。计算出各账户 12 月合计数和累计数，结出 12 月末余额，编制结账前资产负债表。试算平衡后，再将各个收支账户的余额分别转入资产及净资产相关科目，填制 12 月 31 日的记账凭证办理结账。

结清旧账。将所有账户结出全年发生额和年末余额，然后在下面通栏划双红线，表示本账户全部结清。

记入新账。根据本年度各个总账账户和明细账户年终转账后的余额编制年终决算"资产负债表"和有关明细表，将表列各账户的余额直接记入新账，并在"摘要"栏注明"上年结转"字样，以区别新年度发生数。

第十章 会计报表的编报

第五十条 农业综合开发资金会计报表是反映农业综合开发资金筹集、使用及其执行结果的书面报告，是了解情况、掌握政策、推进农业综合开发工作的重要资料，也是编制农业综合开发中长期规划和下年度项目计划的基础。

第五十一条 农业综合开发资金会计报表包括农业综合开发资产负债表、农业综合开发净资产变动情况表、农业综合开发财政资金收支决算表、农业综合开发预算内支出决算明细表、农业综合开发财政资金拨借情况表、农业综合开发财政有偿资金使用和回收情况表、农业综合开发财政有偿资金科目余额表和报表编制说明书。会计报表格式及编制说明见本办法附表。

各级财政部门应定期编制农业综合开发资产负债表、农业综合开发净资产变动情况表、农业综合开发财政资金收支决算表、农业综合开发预算内支出决算明细表、农业综合开发财政资金拨借情况表、农业综合开发有偿资金使用和回收情况表、农业综合开发财政有偿资金科目余额表和财务情况说明书。各级农发办要定期向同级财政部门报送农业综合开发资产负债表、农业综合开发净资产变动情况表、农业综合开发财政资金收支决算表和财务情况说明书。财政部门编制的财务报表要与同级农发办编制的财务报表进行合并,形成农业综合开发财务报告。会计报表要保证数字真实、内容完整、报送及时。会计报表应根据登记完整、核对无误的账簿记录和其他有关资料编制,切实做到账实相符,账表相符,账证相符,不得估列代编,更不能弄虚作假。汇总单位除编制本级报表外,还应根据本级报表和审核无误的全部所属单位的报表,编制汇总会计报表。应按照上级要求的时限和方式,及时报送报表,保证上级汇总的需要,年度会计报表应于次年3月中旬上报省财政厅。

第十一章 附 则

第五十二条 农业综合开发事业费的核算,按行政或事业单位会计制度执行。

第五十三条 县级农发办在报账专户中进行土地治理项目工程资金专账核算的,以及县级农发办设在财政部门并具有资金和项目管理职能的,所设的财政资金专户同时又是财政无偿资金报账专户并进行土地治理项目工程资金专账核算的,土地治理项目工程资金核算参照《浙江省农业综合开发土地治理项目会计核算办法》执行。

第五十四条 本核算办法没有特殊规定的一般会计处理方法,按财政部颁发的《会计基础工作规范》办理。会计档案的管理,按财政部、国家档案局颁发的《会计档案管理办法》执行。

第五十五条 本核算办法自公布之日起执行,原《浙江省国家立项农业综合开发资金会计核算办法》(浙财农字〔2002〕215号)同时废止。过去有关规定与本核算办法不一致的,以本核算办法为准。

附:1. 农业综合开发资产负债表(略)
2. 农业综合开发净资产变动情况表(略)
3. 农业综合开发财政资金收支决算表(略)
4. 农业综合开发预算内支出决算明细表(略)
5. 农业综合开发财政资金拨借情况表(略)
6. 农业综合开发财政有偿资金使用和回收情况表(略)
7. 农业综合开发财政有偿资金科目余额表(略)

浙江省财政厅
浙江省农业综合开发土地治理项目会计核算办法

2007年5月10日 浙财农发字〔2007〕9号

第一章 总 则

第一条 为规范和加强会计核算工作,保证会计信息质量,根据《中华人民共和国会计法》、财政部《农业综合开发资金会计制度》及《浙江省农业综合开发财务管理实施办法》等有关规定,特制定本核算办法。

第二条 本办法适用于国家和省级立项农业综合开发土地治理项目的建设单位(以下简称建设单位)。

第三条 建设单位应根据《会计法》的规定设置会计机构,配备持有"会计从业资格证书"的会计人员,建立健全相应的内部会计控制制度,确保会计工作的顺利进行。

第四条 本办法核算的土地治理项目建设资金,是指用于农业综合开发土地治理项目建设的所有资金,包括中央和地方财政资金、乡村和农民自筹资金、其他资金等。

第五条 会计核算必须遵守国家有关法律、法规及本办法规定,独立、完整、系统、真实地反映与土地治理项目有关的各项经济活动。

第六条 会计核算应当以土地治理项目的一次性建设为前提。对于有两期以上开发项目的市、县(市、区),应当按每期(项目年度)设置一套会计账簿。实行会计电算化的单位应按项目年度分别设置账套进行核算。

会计核算记录和反映土地治理项目的开工、建设、完工和移交以及村群自筹资金的筹集情况,并随项目的竣工验收、移交使用而结束账务。

第七条 会计核算应划分会计期间,分期结算账目和编制会计报表。会计期间分为年度、季度和月度。会计年度自公历1月1日至12月31日止。

会计账户按照项目年度设置。会计报表应在各项目年度的会计报表的基础上进行汇总,并编制总括反映土地治理项目资金资产负债情况、净资产变动情况的汇总会计报表。

第八条 会计核算以权责发生制为基础;采用借贷记账法记账。

第九条 会计核算以人民币为记账本位币。发生外币收支的,应当折算为人民币核算,折算采用业务发生当日的汇率。

第十条 会计记录的文字应当使用中文。少数民族自治地区可以同时使用少数民族文字。

第二章 一般原则

第十一条 会计核算应当以实际发生的经济业务为依据,客观、准确、全面地记录和反映土地治理项目建设资金的收支情况和经济活动。对于重要的会计事项,应当单独反映。

第十二条 会计信息应当符合国家宏观经济管理的要求,满足有关各方了解土地治理项目建设资金活动情况及其结果的需要。

第十三条 会计核算应当按照规定的会计处理方法进行,会计指标应当口径一致,相互可比。

第十四条 会计处理办法前后各期应当一致，不得随意变更。如确有必要变更，应将变更的情况、理由和对财务状况及结果的影响在会计报表附注中加以说明。

第十五条 会计核算应当及时进行，不得提前或延后。

第十六条 会计记录和会计报表应当清晰明了，便于理解和利用。

第十七条 各项财产物资应当按照取得或购建时的实际成本计价，乡村和农民以物折资应按市场价计价。除国家另有规定者外，不得自行调整其账面价值。

第三章 资　产

第十八条 资产是指为实施土地治理项目所占用或使用的能以货币计量的经济资源，包括现金、银行存款、应收款项、预付工程款、材料、在建工程、间接费用、竣工工程等。

第十九条 现金是指库存现金。银行存款是指存入银行的土地治理项目资金。

第二十条 应收款项是指应当收回的待结算款项。应收款项应当及时清理结算，在项目建设完成前清理完毕，不得长期挂账。

第二十一条 预付工程款是指建设单位按工程施工合同或工程施工协议的规定预付给项目施工单位的工程款或材料。

第二十二条 材料是指为土地治理项目工程建设而储存的各种物资，包括乡村和农民以物折资缴纳的物资和材料。材料成本由买价、运杂费、运输途中的合理损耗、入库前的挑选整理费用、税金和其他费用等组成。

第二十三条 在建工程是指正在建设之中，尚未完工，需继续承建的土地治理项目实体工程成本。

第二十四条 间接费用是指不直接形成实体工程，但与实体工程有紧密联系所发生的共同费用，包括工程监理费、勘测设计费、工程预决算审计费、材料损耗等。

第二十五条 竣工工程是指符合项目建设要求并经县级农业综合开发管理部门验收合格的土地治理项目实体工程成本。

第四章 负　债

第二十六条 负债是指为实施土地治理项目所承担的，能以货币计量，需要以资产偿还的债务，包括应付工程款、应付质量保证金、其他应付款。

第二十七条 应付工程款是指项目施工单位向项目建设单位办理工程竣工结算并提供了合法票据后，建设单位应付未付的工程款项。

第二十八条 应付质量保证金是指建设单位按工程施工合同的有关条款预留的、应付给项目施工单位或监理单位的工程质量保证金。应付给项目施工单位的质量保证金按不高于工程合同金额10%预留；应付给工程监理单位的质量保证金按监理费用总额的20%预留。

质量保证金在完工工程试运行期满（工程监理项目质量保证金在项目验收合格）后，应视运行情况或验收情况及时清理结算。

第二十九条 其他应付款是指除应付工程款、应付质量保证金以外的应付未付的款项和收到的财政预拨款项。

第五章 净资产

第三十条 净资产是指资产减去负债后的差额，包括竣工工程基金、完工项目结余、未完项目结存。

第三十一条 竣工工程基金是指已竣工等待移交的工程所占用的资金。其金额应当与“竣工工程”一致。

第三十二条 完工项目结余是指完工工程办理竣工决算后的资金结余。

第三十三条 未完项目结存是指当年收到的未完工项目资金。

第六章 收　入

第三十四条 收入是指收到的实施土地治理项目的非偿还性资金及相关收入，包括拨入资金、交入自筹资金、其他收入等。

第三十五条 拨入资金是指拨入的农业综合开发财政资金。

第三十六条 交入自筹资金是指乡村和农民群众自愿投入的用于土地治理项目建设的资金和物资。

第三十七条 其他收入是指银行存款利息收入等。

第七章 支　出

第三十八条 支出是指为实施土地治理项目建设而发生的资金和材料的耗费，包括土地治理项目的农发资金支出、其他支出等。

第三十九条 土地治理项目的农发资金支出是指土地治理项目的全部支出，包括发生的科技推广费、项目管理费等不构成实体工程成本的支出和从“在建工程”转来的完工工程支出。

第四十条 其他支出是指按规定支付给银行的手续费等支出。

第八章 会计科目

第四十一条 土地治理项目核算会计科目使用要求：

（一）本核算办法规定的会计科目，是汇总和检查土地治理项目建设资金活动情况和结果的总账科目。建设单位可根据实际工作需要选用，非经省财政部门同意不得减并或自行增设，不得擅自更换科目名称。二级以下明细科目建设单位可根据本核算办法的规定和项目的特点设置。

（二）本核算办法统一规定会计科目的编号，以便于编制会计凭证，登记账簿，实现会计电算化。建设单位不得自行更改统一的会计科目编号。

（三）建设单位在使用会计科目编号时，应与会计科目名称同时使用。可以只使用会计科目名称，不用科目编号，但不得只填科目编号，不写科目名称。

第四十二条 建设单位适用的会计科目如下：

会计科目表

序号	编码	科目名称
（一）资产类		
1	111	现金
2	112	银行存款
3	121	应收款项
4	141	预付工程款
5	151	材料
6	171	在建工程
7	172	间接费用
8	181	竣工工程

（二）负债类

9	221	应付工程款
10	231	应付质量保证金
11	241	其他应付款

（三）净资产类

12	321	竣工工程基金
13	331	完工项目结余
14	341	未完项目结存

（四）收入类

15	411	拨入资金
16	431	交入自筹资金
17	451	其他收入

（五）支出类

18	521	农发资金支出
19	551	其他支出

第四十三条 会计科目使用说明

第 111 号科目 现金

1. 本科目核算库存现金的增减变动及余额情况。

2. 现金增加时，借记本科目，贷记“银行存款”等科目；现金减少时，借记“材料”等有关科目，贷记本科目。

3. 建设单位应设置“现金日记账”，出纳人员根据收付款凭证逐笔序时登记，做到日清月结、账款相符。要认真执行《现金管理暂行条例》，严禁白条抵库，严格控制现金支付，尤其是要杜绝大额现金支付。

4. 本科目期末借方余额，反映库存现金数额。

第 112 号科目 银行存款

1. 本科目核算存入银行的用于土地治理项目的款项增减变动及余额情况。

2. 银行存款增加时，借记本科目，贷记“拨入资金”、“其他应付款”、“交入自筹资金”、“其他收入”等科目；银行存款减少时，借记 “预付工程款”、“应收款项”、“在建工程”、“农发资金支出”等科目，贷记本科目。

3. 建设单位应当设置“银行存款日记账”，由出纳人员根据收付款凭证逐笔序时登记，每日终了应结出余额。银行存款日记账应定期与银行对账，至少每月一次。月终时，账面数应与银行对账单的同期余额相符。如与银行对账单余额之间有差额，应逐笔查明原因进行处理。属于未达账项，应编制“银行存款余额调节表”，调节相符。

4. 本科目期末借方余额，反映银行存款数额。

第 121 号科目 应收款项

1. 本科目核算应当收回的与项目建设相关的待结算款项。

2. 发生时，借记本科目，贷记“银行存款”等科目。收回应收款项时，借记“银行存款”等科目，贷记本科目。

3. 本科目应按债务单位或个人设置明细科目。

4. 本科目期末借方余额，反映未收回的应收款项数。

第 141 号科目 预付工程款

1. 本科目核算建设单位按工程施工合同或工程施工协议的规定预付给项目施工单位的工程款或材料。

建设单位根据工程施工合同或工程施工协议预付工程款或材料，施工方应出具有效的收领凭证。

2. 预付时，借记本科目，贷记“银行存款”、“材料”等科目；转作支出时，借记“在建工程”等科目，贷记本科目。

3. 本科目按项目名称设置二级明细科目，按施工单位设置三级明细科目。

4. 本科目期末的借方余额反映尚未办理结算的预付工程款总额；期末如为贷方余额，反映尚未补付的款项。所有单项工程竣工并办理结算后，本科目应无余额。

第 151 号科目 材 料

1. 本科目核算为土地治理项目建设而储存的各种物资。小额的、用途明确的一次性使用材料，也可不通过本科目。

2. 购入或自筹交入材料时，借记本科目，贷记“银行存款”、“交入自筹资金”等科目；材料领用时，借记“在建工程”、“预付工程款”等科目，贷记本科目；发生材料损耗时，应区别原因，借记“间接费用”等科目，贷记本科目。

项目全部完工后，应将剩余材料及时作价处理。处理时，借记“银行存款”、“现金”等科目，贷记本科目。

3. 本科目应当按材料种类和规格设置明细科目。

4. 本科目期末借方余额反映材料的实际库存数。

第 171 号科目 在建工程

1. 本科目核算在建工程成本，不构成实体工程成本的应核销支出不在本科目核算。在建工程的核算内容，除自筹交入材料外均应有相应的合法票据。

2. 发生直接形成实体工程的支出时，借记本科目，贷记“银行存款”、“预付工程款”等科目；摊销间接费用时，借记本科目，贷记“间接费用”科目；当单项实体工程完工并通过县级自验合格，结转已完工工程成本时，借记“农发资金支出”科目，贷记本科目；同时，借记“竣工工程”科目，贷记“竣工工程基金”科目。

3. 本科目按项目名称设置二级明细科目，按有关治理措施设置三级明细科目，按单项工程名称设置四级明细科目。

4、本科目期末借方余额反映未完工实体工程所发生的工程成本。

第 172 号科目 间接费用

1. 本科目核算不直接形成实体工程，但与实体工程有紧密联系所必须发生的共同费用，包括工程监理费、勘测设计费、工程预决算审计费、材料损耗等。

2. 费用发生时，借记本科目，贷记“银行存款”、“现金”等科目。

间接费用应按单项工程预算占全部实体工程预算总额的比例进行分摊。单项工程完工分摊时，借记“在建工程”科目，贷记本科目。

3. 本科目按项目名称设置二级明细科目，按有关经济内容设置三级明细科目。

4. 本科目期末借方余额反映已经发生但尚未分摊的间接费用成本。

第 173 号科目 竣工工程

1. 本科目核算经验收合格的完工工程成本。凡不构成实体工程成本的应核销支出，不在本科目核算。

单项工程完工后，项目施工单位应及时编制竣工决(结)算并向建设单位提出验收申请。建设单位要对施工单位编制的工程竣工决(结)算进行审核。

2. 竣工时,借记本科目,贷记"竣工工程基金"科目。当竣工工程正式移交给使用单位时,借记"竣工工程基金"科目,贷记本科目。全部移交后,本科目应无余额。

3. 本科目应按项目区设置二级明细科目,按工程名称设置三级明细科目。

第 221 号科目 应付工程款

1. 本科目核算应付未付给项目施工单位的工程款项。

2. 发生应付工程款项时,借记"在建工程"等科目,贷记本科目。将应付工程款支付给施工单位时,借记本科目,贷记"银行存款"等科目。

3. 本科目应按项目名称设置二级明细科目,按施工单位设置三级明细科目。

4. 本科目期末余额反映应付未付给施工单位的款项。

第 231 号科目 应付质量保证金

1. 本科目核算按工程施工合同的有关条款预留的、应付给项目施工单位或监理单位的工程质量保证金。

2. 预留质量保证金时,凭相关的合法票据,借记"在建工程"等科目,贷记本科目;将应付质量保证金支付给施工单位或监理单位时,借记本科目,贷记"银行存款"等科目。

质保期内发生工程质量问题时,维修资金从应付质量保证金中列支;质保期满,留存的质量保证金余额退还施工单位,按规定予以没收的部分,经批准及时转入"完工项目结余"科目,借记本科目,贷记"完工项目结余"科目。

3. 本科目应按项目名称设置二级明细科目,按施工单位设置三级明细科目。

4. 本科目期末贷方余额反映应付未付的质量保证金。

第 241 号科目 其他应付款

1. 本科目核算除应付工程款、应付质量保证金之外的应付未付的款项和收到的财政预拨款项。

2. 发生时,借记"银行存款"等科目,贷记本科目;还款时,借记本科目,贷记"银行存款"等科目。

3. 本科目应按债权人设置明细科目。

4. 本科目期末贷方余额反映尚未支付的应付款项。

第 321 号科目 竣工工程基金

1. 本科目核算已竣工、但尚未正式移交使用的完工工程资金。

2. 竣工时,借记"竣工工程"科目,贷记本科目;当竣工工程正式移交使用时,借记本科目,贷记"竣工工程"科目。本科目余额应当与"竣工工程"科目一致。全部移交后,本科目应无余额。

3. 本科目应按项目区设置二级明细科目,按工程名称设置三级明细科目。

第 331 号科目 完工项目结余

1. 本科目核算办理竣工决算后的土地治理项目资金结余。

2. 年终结算时,应将相应的已完工工程收入和支出同时转入本科目。结转收入时,借记"拨入资金"等科目,贷记本科目;结转支出时,借记本科目,贷记"农发资金支出"等科目。

3. 所有工程完工,办理总竣工决算后,应编制完工项目结余款项移交表,及时将完工项目结余中属财政无偿投入的部分交回财政资金专户,属乡村和农民群众自筹投入的部分按程序退还乡村和农民群众;移交时,借记本科目,贷记"银行存款"、"材料"等科目。

4. 本科目按项目名称设置明细科目。

第 341 号科目 未完项目结存

1. 本科目核算当年收到的未完工项目资金。

2. 年终结算时要将本年度收到的未完工项目资金余额转入本科目贷方;项目完工时,本科目应无余额。

3. 本科目按项目名称设置明细科目。

第 410 号科目 拨入资金

1. 本科目核算财政资金报账专户拨入的财政无偿资金。

2. 拨入资金时,借记"银行存款"、"其他应付款"等科目,贷记本科目。年终转账应将本科目余额分完工工程和未完工程,借记本科目,贷记"完工项目结余"、"未完项目结存"科目。

3. 本科目按项目名称设置明细科目。

第 431 号科目 交入自筹资金

1. 本科目核算项目单位或乡村、农民群众交入的用于土地治理项目的资金或物资。

2. 交入时,借记"银行存款"、"材料"等科目,贷记本科目;年终转账,应将本科目余额分完工工程和未完工程,借记本科目,贷记"完工项目结余"、"未完项目结存"科目。

3. 本科目按项目名称设置二级明细科目,按筹资单位或个人设置三级明细科目。

第 451 号科目 其他收入

1. 本科目核算银行存款利息收入等。

2. 收到时,借记"银行存款"科目,贷记本科目;年终时,应将本科目的余额转入"完工项目结余"科目,借记本科目,贷记"完工项目结余"科目。

本科目结转后应无余额。

3. 本科目可根据需要设置明细科目。

第 521 号科目 农发资金支出

1. 本科目核算土地治理项目的全部支出,包括发生的科技推广费、项目管理费等不构成实体工程成本的支出和从"在建工程"转来的完工工程支出。

2. 发生时,借记本科目,贷记"银行存款"、"在建工程"等科目;年终,应将本科目余额转入"完工项目结余",借记"完工项目结余"科目,贷记本科目。

3. 本科目按项目名称设置二级明细科目,按有关治理措施或建设内容设置三级明细科目,按单项工程名称设置四级明细科目。

第 551 号科目 其他支出

1. 本科目核算按规定支付给银行的手续费等支出。

2. 发生支出时,借记本科目,贷记"银行存款"等科目。

3. 年终时,应将本科目余额转入"完工项目结余"科目,借记"完工项目结余"科目,贷记本科目。

本科目结转后应无余额。

第九章 竣工结算和结账

第四十四条 项目竣工后,建设单位应根据竣工清理结算要求，对各种收支账目、往来款项、货币资金、财产物资进行全面的清理结算。并在此基础上办理结束阶段的会计处理，编制竣工总决算。

第四十五条 竣工清理结算的主要事项如下：

1. 与同级财政资金报账专户和项目施工单位核对资金往来数额，保证往来款项相符。

2. 与开户银行对账，银行存款账面余额要同银行对账单的余额相符(或调节相符)。账面现金余额，要同库存现金相符。

3. 清理债权债务，收回、归还到期款项。

4. 对库存材料进行清查盘点，加强材料管理和成本核算。对应当处理的材料损溢进行及时处理。

第四十六条 经过竣工清理和结算，把各项结算收支登记入账后，即可办理结束阶段的会计处理，编报竣工决算会计报表。

第十章 会计报表的编报

第四十七条 土地治理项目会计报表包括资产负债表、净资产变动情况表、报表编制说明书。会计报表格式见本办法附表。

第四十八条 建设单位应按规定编报月度、季度、年度及项目竣工决算报表。会计报表要保证数字真实、内容完整、报送及时。报表应根据登记完整、核对无误的账簿记录和其他有关资料编制。切实做到账实相符，账表相符，账证相符，不得估列代编，更不能弄虚作假。

第十一章 附 则

第四十九条 本核算办法没有特殊规定的一般会计处理方法，按财政部颁发的《会计基础工作规范》办理。会计档案的管理，按财政部、国家档案局颁发的《会计档案管理办法》执行。

第五十条 投工投劳的劳动力价值另行设置备查账归集和核算。

第五十一条 本办法由省财政厅负责解释。

第五十二条 本核算办法自2007年度项目建设起开始执行，原执行的《浙江省国家立项农业综合开发项目会计核算办法》(浙财农发字〔2002〕2号)同时废止。

附：1. 资产负债表(略)

2. 净资产变动情况表(略)

浙江省财政厅 浙江省建设厅
浙江省城乡供水一体化专项资金管理暂行办法

2007年5月10日 浙财建字〔2007〕68号

第一条 为加快推进全省城镇集中供水向农村延伸工程建设，解决全省广大农村居民的饮水问题，规范和加强浙江省城乡供水一体化专项资金的使用和管理，发挥财政资金使用效益，根据财政专项资金管理有关规定，制定本办法。

第二条 本办法所称浙江省城乡供水一体化专项资金(以下简称“城乡供水一体化专项资金”)是指由省级财政预算安排，采取“以奖代补”方式，专项用于支持全省城镇集中供水向农村延伸工程建设的补助资金。

第三条 城乡供水一体化专项资金按照“突出重点、以奖代补”和“统一标准、按年下达”以及对欠发达地区(海岛)适当倾斜的原则进行安排。

第四条 城乡供水一体化专项资金的补助范围和标准

(一)补助范围。全省范围内已列入城乡供水一体化实施计划并在当年度组织实施的建设项目，重点支持县城或国家级重点镇和省级中心镇供水管网向周边农村延伸以解决农村居民饮水问题的建设项目。

(二)补助标准。凡属于城乡供水一体化专项资金补助范围的建设项目，视年度专项资金安排额度，按以下标准进行补助：

1. 欠发达地区(海岛)按新增农村受益人口不超过50元/人的标准进行补助。

2. 其他地区按新增农村受益人口不超过30元/人的标准进行补助。

第五条 城乡供水一体化专项资金的申报条件

申报城乡供水一体化专项资金的城镇集中供水向农村延伸工程建设项目，必须同时具备以下几个条件：

(一)申报项目应符合本办法第四条规定的城乡供水一体化专项资金补助范围；

(二)已编制建设规划和实施计划，已按规定程序办理相关审批手续，已按规定建立管理机构和落实收费制度；

(三)项目已组织实施，配套资金(地方自筹、银行贷款等)已落实，项目在实施过程中能严格执行城乡供水一体化工程建设管理有关规定且实施情况良好。

第六条 城乡供水一体化专项资金的申报程序和要求

(一)符合城乡供水一体化专项资金补助范围和申报条件的项目，由当地财政、建设主管部门初审并经设区市财政、建设主管部门复审后，联合行文向省财政厅、省建设厅申报。

(二)项目的申报材料应包括：1.《浙江省城乡供水一体化专项资金申请表》(见附表)；2. 城乡供水一体化工程建设规划和项目立项批复、项目初步设计和开工报告等批复文件；3. 资金筹措方案和落实情况(含银行贷款合同和贷款承诺书，地方配套资金承诺及到位情况等)；4. 项目实施方案和实施进度情况；5. 城镇供水收费的批准文件；6. 水质检测报告等。

申报材料须统一按A4纸张制作，要求装订成册，有封面和目录，并按前款所列的序号装订成册。

(三)申报城乡供水一体化专项资金的时间为每年6月底之前，逾期的可以在下年度申报。

第七条 城乡供水一体化专项资金的核定和下达

省财政厅、省建设厅根据本办法有关规定，共同对申报项目进行审核，必要时进行实地调查核实，在此基础上核定补助的具体项目和资金数额，并联合下达给各有关市、县(市)财政、建设主管部门。

第八条 城乡供水一体化专项资金的使用管理

（一）城乡供水一体化专项资金的使用管理由各级财政部门会同建设主管部门具体负责实施，实行专款专用，严禁截留、挪用或转作他用。

（二）各有关市、县（市）财政局应根据项目实施进度，及时拨付资金。当年未完成的项目，专项资金年终有结余的，可结转下年度继续使用。

（三）项目单位应按照国家和省有关财务会计制度规定进行财务管理和会计核算，严格控制开支范围和标准，努力提高资金使用效益。

（四）城乡供水一体化专项资金的使用，应接受财政、建设、审计等部门的监督和检查。各级财政、建设部门要加强对城乡供水一体化专项资金的监督管理，检查项目实施进展情况，督促项目单位严格按规定使用专项资金，并落实配套资金，确保项目建设进度，充分发挥专项资金使用效益。项目竣工后，应根据有关规定及时编报竣工财务决算，及时组织验收并投入使用。

（五）省财政厅、省建设厅将不定期地对项目实施情况、专项资金使用情况进行监督检查，实施跟踪问效，并逐步建立绩效评价制度。

（六）对违反本办法规定的，将督促有关单位限期整改；情节严重的，省财政厅将责令项目所在地财政部门停止拨款和收回专项资金。对擅自改变资金用途或弄虚作假骗取专项资金的单位和个人，按照《财政违法行为处罚处分条例》的规定进行查处。

第九条 本办法由省财政厅、省建设厅负责解释。

第十条 本办法自发文之日起执行。

附表：浙江省城乡供水一体化专项资金申请表（略）

浙江省财政厅 浙江省教育厅
浙江省中小学校舍维修改造专项资金管理办法（试行）

2007 年 5 月 11 日 浙财教字〔2007〕70 号

第一条 为加强中小学校舍维修改造专项资金管理，提高资金使用效益，保证校舍安全，根据《国务院关于深化农村义务教育经费保障机制改革的通知》（国发〔2005〕43 号）、《财政部、教育部关于印发〈中小学校舍维修改造专项资金管理暂行办法〉（试行）的通知》（财教〔2006〕6 号）、《浙江省人民政府关于实施义务教育经费保障机制改革的通知》（浙政〔2007〕5 号）和国家有关规定，制定本办法。

第二条 中小学校舍维修改造专项资金（以下简称“专项资金”），是各级财政预算安排的、用于义务教育阶段公办中小学（以下简称“中小学”）校舍维修改造的资金。

第三条 中小学校舍维修改造以市县为主。各地根据义务教育阶段中小学在校生人数和在用校舍面积、使用年限、单位造价等因素，在财政预算中安排校舍维修改造专项资金，计算公式如下：

预算年度中小学校舍维修改造专项资金＝上年末中小学在用校舍面积×单位造价÷使用年限

单位造价按不低于 700 元、使用年限在 30－50 年的范围内，由各地根据实际情况确定。

省财政设立专项资金，根据市县校舍维修改造成效、改造规模、财力状况、项目申报情况等因素，给予市县奖励性补助。

第四条 专项资金主要用于中小学的教学及教学辅助用房、行政办公用房、生活服务用房等校舍的维修改造。首先用于危房改造和破旧房改造，在有余力情况下，可用于学校配套设施建设。当年没有校舍维修改造任务或当年校舍维修改造资金小于专项资金规模的，可安排适当资金消化历年中小学建设债务，但不得用于偿还非义务教育阶段学校的建设债务或挪作他用。

校舍维修改造包括校舍的翻修工程、大修工程和中修工程。翻修工程，是指需全部拆除、另行设计、重新建设的工程。大修工程，是指需增加或拆换部分结构性主体部件，但不需要全部拆除的工程。中修工程，是指需增加或拆换少量主体部件，但保持原房屋规模和结构的工程。

小修工程是指以及时修复小损小坏，保持房屋完好为目的的日常养护工程。小修工程纳入中小学公用经费开支范围。

新建学校或整体迁建学校所需资金，由各地通过其他途径筹措，不在专项资金中安排。

第五条 市县专项资金累计结余数超过年度安排数、次年没有校舍维修改造任务的，报经省财政厅、教育厅同意，市县财政预算可暂停安排次年度专项资金。

第六条 专项资金实行财政分账核算管理，封闭运行，集中支付。各级财政安排的专项资金，都要纳入财政统一管理，按专项资金支出计划和项目进度支付资金。

第七条 专项资金实行计划管理和项目管理。次年有维修改造要求的学校应填报《浙江省中小学校舍维修专项资金项目申请书》（另发）、提供相关材料向当地财政、教育部门提出申请。

市县财政、教育部门根据中小学布局调整规划和学校申请，结合专项资金规模，按收支平衡、略有结余的原则，于每年 6 月底前编制下一年度中小学校舍维修改造专项资金收支计划报省财政厅、教育厅。申请省专项资金补助的，《浙江省中小学校舍维修专项资金项目申请书》应同时报省财政厅、教育厅。

结合省专项资金规模，省财政厅、省教育厅对各地申报项目审核后，于当年年末前核定下一年度省专项资金补助项目。项目预算于次年下达。

第八条 市县财政部门应根据省奖励补助实际、按不缩减专项资金支出总计划的原则调整中小学校舍维修改造专项资金项目预算，并及时将项目预算批复到项目学校。不得因为省专项资金奖励补助数小于市县申报数而压缩支出项目和预算，市县应采取增加市县专项资金、筹措其他资金等办法解决。

第九条 市县财政、教育部门和项目学校应严格按专项资金项目预算执行。实施过程中确需调整的项目应按程序报批，省补项目应报省财政厅、省教育厅批准。

年度中发生应急性校舍维修任务，市县财政、教育部门应调度资金先予维修。按申报程序列入下一年度专项资金支出计划。

第十条 县级教育行政部门要严格按照国家规定的程序和有关建筑工程技术标准、规范和管理制度，组织工程管理和质量监督，确保工程质量。中小学校舍的维修改造要因地制宜，本着安全、经济、实用的原则，严格按照国家相关法律及规范的要求组织实施。建筑设计、施工、监理单位必须具有国家认定的资质，要坚持先勘察、后设计、再施工。

第十一条 中小学校舍维修改造资金实行项目公示、工程预算和竣工决算审计制度，严格控制支出，提高资金使用效益。土建项目的保修，由施工单位在工程项目竣工后出具工程项目保修单，并按规定预留一定的工程费用作保修保证金。保修期内出现质量问题的，所需费用由施工单位负担。县级财政、教育部门要按照《政府采购法》等有关规定，对校舍维修改造项目实行政府采购。

第十二条 建立校舍安全预警体系，认真落实校舍定期查勘鉴定制度。中小学校要加强校舍日常安全检查，发现险情及时报告县级教育行政部门。地方各级教育、财政部门都要掌握本地区中小学校舍安全情况，并及时列入维修改造计划，组织维修改造。

第十三条 建立校舍安全管理目标责任制度。县级财政、教育部门根据年度计划和项目资金预算，具体负责校舍维修改造项目的实施。省财政奖励性补助项目的实施和资金使用情况，要逐级上报省财政厅、省教育厅。

第十四条 建立校舍维修改造资金使用的考评制度，对资金落实到位和维修改造成效突出的地区给予奖励，省财政在安排下一年度专项资金时，以项目资金形式予以兑现。

对因工作不力、保障措施不到位，或挤占、挪用、截留校舍维修改造资金，造成校舍安全责任事故的，按照《财政违法行为处罚处分条例》等有关规定进行查处；情节严重构成犯罪的，依法追究刑事责任。

第十五条 市县财政、教育行政部门可以依据本办法，制定实施细则，并报省财政厅和省教育厅备案。

第十六条 本办法自公布之日起施行。

浙江省财政厅 浙江省扶贫工作办公室 浙江省林业厅 浙江省民政厅 浙江省民族宗教事务委员会 浙江省统计局 浙江省财政扶贫资金管理监测信息系统管理实施细则

2007 年 5 月 28 日 浙财农字〔2007〕77 号

第一章 总 则

第一条 为了规范“财政扶贫资金管理监测信息系统”(以下简称“扶贫管理系统”)的使用和管理，保障“扶贫管理系统”安全和有效运行，提高财政扶贫资金监督管理水平，根据财政部、国家发展改革委、国家民委、国务院扶贫办、国家统计局联合印发的《财政扶贫资金管理监测信息系统管理暂行办法》(财农〔2007〕43 号)的要求，特制定本实施细则。

第二条 “扶贫管理系统”是指由财政部、国家发展改革委、国家民委、国务院扶贫办、国家统计局共同提出并建设，以现行财政扶贫资金管理体制和制度为基础，对财政扶贫资金及相关项目情况、贫困变动状况等内容进行监测的管理信息系统。

本细则所指财政扶贫资金是指各级财政预算内资金，是指 2007 年以前列政府预算收入科目第 2801 款，2007 年及以后列政府收支分类科目第 213 类 05 款之 04、05、06、07、08、99 项的财政资金。我省扶贫资金类型包括发展资金、少数民族资金、国有贫困林场资金等，其中：发展资金包括下山脱贫、农民培训、开发农业、省级扶贫开发区、村干部误工报酬、来料加工等。

第三条 “扶贫管理系统”是“金财工程”的子系统之一。“扶贫管理系统”的管理遵循统筹规划、统一标准、分级负责、安全运行、有效监督的原则。

第四条 按照财政部、国家发展改革委员会、国务院扶贫办、国家民委、国家统计局的要求，中央、省、市、县(市、区)财政、扶贫、民(宗)委(局)、民政(老区办)、统计等单位为各级用户单位。

第五条 各级财政部门要联合其他用户单位做好“扶贫管理系统”的使用和监督管理工作。

第二章 系统使用

第六条 为保证“扶贫管理系统”运行的安全有效，我省“扶贫管理系统”挂在省财政内网，使用网络版操作，网址为 http://10.40.0.110:7001/ 。

第七条 财政扶贫资金、项目、贫困监测及其他相关信息的录入，坚持“谁负责，谁录入”的原则。财政扶贫资金信息数据由各级财政部门负责录入；财政扶贫项目信息数据由各级项目部门负责录入，其中省扶贫办下达的长兴、安吉县老区项目、省林业厅下达的国有贫困林场项目，由各级扶贫办和民政局、林业局密切配合，做好信息数据的衔接工作，由各级扶贫部门负责录入；贫困监测信息、相关统计指标以及其他基础类数据由各级统计部门负责录入和及时更新。

上述资金、项目信息须在审批确定后的 15 个工作日内录入“扶贫管理系统”。

第八条 各市、县(市、区)财政部门在收到省级以上财政扶贫资金文件后，必须将资金信息数据及时录入到“扶贫管理系统”中的“资金管理——本级预算资金安排——本年度资金安排”；各市、县（市、区）财政预算安排的扶贫资金直接用于扶贫的项目，既要在“资金管理——本级预算资金安排——本级预算资金安排管理”中录入，也要在“资金管理——本级预算资金安排——本年度资金安排”中录入；各市、县（市、区）财政预算安排的扶贫资金用于本级部门的项目，既要在“资金管理——本级预算资金安排——本级部门支出”中录入，也要在“资金管理——本级预算资金安排——本年度资金安排”中录入。

各市、县（市、区）扶贫办、民宗局在收到省级扶贫项目文件后，及时将项目信息录入“扶贫资金管理”系统中的“项目管理”。录入时，首先进入“项目库”，根据表中所需内容，将每一个具体项目逐一录入，然后导入“申报库”，按项目归属年份，选择相应的年份申报。如果是上年度的项目，文件是本年度下发的，年份应选择上年度。

对本年度下达的上年度的扶贫资金和项目，应及时将该资金和项目信息数据录入在上一年度内。如：2007 年下达的 2006 年度扶贫资金，录入信息数据时选择 2006 年度。

第九条 各级财政部门对录入“扶贫管理系统”的项目实施报账制管理，对已报账的项目资金，应及时在“扶贫监测系统”中实行报账处理，以便及时反映这些项目的执行情况。实行国库集中支付的，按照国库集中支付制度的有关规定执行。

第十条 各级用户（省、市、县、区）必须及时、准确进行填报，加强对所录数据的审核校对工作，确保数据的真实准确。省级各用户在向中央传送数据前，需对归口管理的数据进行审核把关。信息出现错误需要变更时，按照以下原则处理：

向中央服务器传送前发生变更，由各省、市、县（市、区）用户自行更改。

向中央服务器传输后数据产生变更，由数据对口部门向省级对口部门报告更改数据内容及原因，经省级对口部门审核后，会同省财政上报中央对口部门及中央财政，由中央有关部门同意后，方可更改数据。

省级服务器管理及传送由省财政厅信息中心专人负责，于每月的 1 日和 16 日（节假日顺延）向中央服务器传输数据。

第三章 系统管理

第十一条 “扶贫管理系统”所有数据，只能由用户部门用于扶贫管理事务，未经批准不得随意引用和公布，不得用于任何商业用途。

第十二条 各级用户单位应指定专人，负责“扶贫管理系统”录入工作，并明确相应的岗位职责。

“扶贫管理系统”操作人员应选用德才兼备、责任心强、业务熟练的人员担任，保证操作人员的相对稳定。如果操作人员确需变动，各用户单位要自行做好新操作人员的培训工作及业务衔接工作。

第十三条 各级用户操作人员要切实增强安全意识，严禁泄露密码和数据。

第十四条 各级用户单位之间要密切配合、及时沟通、相互协调。

第四章 问题反馈及版本更新

第十五条 各级用户单位要及时总结“扶贫管理系统”运行管理过程中出现的问题并及时反馈。在“扶贫管理系统”运行中，发现“扶贫管理系统”功能不能适应实际业务需要、“扶贫管理系统”业务规则不能满足业务需求，或者在扶贫业务改革中有新的业务需求，各地可根据实际情况统一汇总，逐级上报。

第十六条 因扶贫业务需要确需进行版本更新的，由财政部组织完成。版本更新后的下载方式及说明将及时在财政部扶贫资金管理信息系统主页上提供。

第五章 附　则

第十七条 各级用户单位要加强引导、完善服务，积极推动“扶贫管理系统”使用管理工作。

第十八条 省级各用户单位定期或不定期地对各地“扶贫管理系统”数据信息录入工作开展联合抽检和内部检查，并将抽查检查结果予以通报。财政扶贫资金项目管理费的分配与“扶贫管理系统”录入工作情况进行挂钩，实行奖优罚劣。对没有按照有关规定完成数据录入或录入的数据信息不及时不准确的或违反本细则其他情形的市、县（市、区），省财政在本年度内将少安排或不予安排扶贫资金项目管理费。

第十九条 本办法自下发之日起施行。

浙江省财政厅 浙江省经济贸易委员会 浙江省供销社 浙江省再生资源回收利用体系建设专项资金使用管理暂行办法

2007 年 5 月 28 日　浙财企字〔2007〕74 号

第一条 为了加强浙江省再生资源回收利用体系建设专项资金的使用管理，充分发挥财政资金政策导向和扶持作用，提高财政资金的使用绩效，加快我省再生资源回收利用体系建设，促进资源的节约利用和综合利用，根据国家和省有关规定，特制定本办法。

第二条 浙江省再生资源回收利用体系建设专项资金（以下简称“专项资金”）由省财政预算专项安排，用于规范发展再生资源回收利用网络，建立健全省再生资源回收利用体系，促进节约型社会建设和循环经济发展。

第三条 专项资金的管理坚持公开、公平、公正的原则和科学、规范、有效使用，充分发挥供销社企业的主导作用，重点支持供销社系统再生资源回收利用体系建设，促进我省建立以城市社区和农村乡镇回收网点为基础、集散市场为依托、龙头企业为骨干三位一体再生资源回收利用体系。

第四条 专项资金的支持对象为在浙江省境内(不含宁波)注册,依法经营、纳税,专业从事再生资源回收、加工和利用的企业和相关单位。

第五条 本办法所指的再生资源回收、加工、利用企业是指以再生资源回收为主营业务,包括回收、加工、利用生产性和生活性再生资源及其他特定废旧物品等企业。本办法所称的再生资源集散市场,是指按商业网点布局规划设立的,符合城市服务功能与环保要求,集收购、储存、分类、集散、加工于一体的废旧物品集散市场。

第六条 专项资金的使用范围

(一)建设再生资源回收利用网络。支持再生资源回收企业应用连锁经营等现代流通方式,在城市社区和农村乡镇居民区设立再生资源收购网点,实行统一规划、统一标识、统一管理等经营模式,回收生活性再生资源,并做到回收物当日收、当日清,不在居民区回收站点存储。支持再生资源回收、加工、利用企业围绕我省产业集群,通过设立固定或流动的网点,重点回收废旧金属、塑料、橡胶制品、电子产品等生产性再生资源,鼓励进行初加工,并逐步向深加工发展,最终实现再生资源回收行业的产业化。

(二)培育再生资源回收利用龙头企业。支持具有一定规模的再生资源回收利用企业,通过吸收加盟等手段,组织个体经营户进行联合规模经营;运用连锁经营等方式,有效整合网络资源;加快硬件设施改造和信息化建设,实现再生资源回收利用工作标准化、规范化和无害化,提高组织化程度,逐步建立健全再生资源回收利用体系。

(三)改造建设再生资源集散市场。支持符合商业网点布局规划、有产业依托的再生资源集散市场建设和改造提升,加大对市场硬件设施的投入和信息化建设,逐步形成功能分明、科学有序,具备储存、集散、加工、交易、信息收集发布等功能的再生资源市场。

(四)开展再生资源回收人员培训和利用技术研究。支持再生资源行业协会和龙头企业组织再生资源回收人员进行业务培训,特别是对个体经营人员的培训工作;支持再生资源回收利用龙头企业开展再生资源利用共性技术研究和开发,提高再生资源综合利用水平。

第七条 专项资金采取补助和项目贴息相结合的支持方式。对于新设立的再生资源回收网点,按照网点建设所需资金的一定比例给予补助;对再生资源龙头企业、再生资源集散市场的硬件设施改造和信息化建设等项目,按直接投资额的一定比例给予贴息;对人员培训的场租费给予一定比例的补助;对利用技术研发给予一定数额的经费补助。

第八条 专项资金年度支持重点及相关事项,根据再生资源回收利用体系建设工作总体安排,由省经贸委会同省供销社提出,经商省财政厅后研究确定,并于每年5月底前由省经贸委、省供销社会同省财政厅联合下发申报通知,布置申报工作。

第九条 符合本办法规定的使用原则和支持重点的省内再生资源回收利用企业及相关单位,申请专项资金补助或贴息时应提供以下材料:

(一)专项资金申请文件及申请表,申请文件应对补助或贴息项目的基本情况、实施进度和预计绩效作出说明;

(二)会计师事务所出具的网点建设、项目实施、投资额度等情况专项审计报告书;

(三)企业(单位)法人营业执照复印件、商务主管部门出具的专业从事再生资源回收利用的备案证明;

(四)经过审计的上一年度企业财务会计报告;

(五)培训项目的实施和费用开支情况;

(六)其他要求提供的材料。

第十条 市、县(市、区)专项资金申请单位应在每年6月底前向所在地经贸、财政部门上报申请文件和有关材料,经县(市、区)经贸、财政部门审核并会商同级供销社签署意见后,联合上报市经贸、财政部门;市经贸、财政部门对全市上报材料进行统一审核汇总并商同级供销社签署意见后,联合行文上报省经贸委、省供销社和省财政厅;省属企业上报材料经省级主管单位审核签署意见后,正式行文报送省财政厅、省经贸委。逾期或材料不齐的项目将不予受理。

第十一条 省经贸委、省供销社和省财政厅收到市、县主管部门和省属企业申报材料后,根据各自职能对材料进行审核,必要时应对重点项目进行论证,提出项目安排及补助资金的审核意见,由省财政厅会同省经贸委、供销社联合下文将专项资金下达到市、县(市)财政和省属企业。

第十二条 各级财政、经贸和供销社部门要认真做好项目的申报工作,严格把好项目审核关,财政部门侧重于项目的投资额度、资金使用绩效等审核;经贸和供销社部门侧重于项目的申报条件、内容等审核。

第十三条 各级财政、经贸和供销社部门要加强对项目执行和资金使用情况的监督检查,并逐步建立健全绩效评价制度,切实提高财政资金使用效益。

第十四条 市、县(市)财政部门对于省财政下达的专项资金,应及时、足额拨付到项目申请单位。任何部门和单位不得以任何理由截留、挤占和挪用专项资金。

第十五条 项目申请单位收到财政拨付的资金后,应严格按规定使用,并按现行财务会计制度进行处理。对于违反本办法规定使用、骗取财政资金的单位及个人,按照《财政违法行为处罚处分条例》和其他有关法律法规进行查处,并从次年度开始3年内取消该企业专项资金扶持资格。

第十六条 本办法自发布之日起施行。

浙江省财政厅 浙江省教育厅
浙江省中小学公用经费管理暂行办法

2007 年 5 月 31 日 浙财教字〔2007〕84 号

第一条 为规范和加强中小学公用经费支出管理，提高资金使用效益，根据《浙江省人民政府关于实施义务教育经费保障机制改革的通知》(浙政发〔2007〕5 号)、《财政部、教育部关于印发〈中小学公用经费支出管理暂行办法〉的通知》(财教〔2006〕5 号)等有关文件精神，制定本办法。

第二条 本办法所称中小学是指公办义务教育阶段学校。

第三条 中小学公用经费是指保证中小学正常运转、在教学活动和后勤服务等方面开支的费用。

公用经费开支范围包括：教学业务与管理、教师培训、实验实习、文体活动、水电、交通差旅、邮电、日常专用材料等购置，房屋、建筑物及仪器设备的日常维修维护等。

为便于各级财政、教育部门和中小学校加强公用经费管理和会计核算，根据财政部制定的《2007 年政府收支分类科目》(财预〔2006〕13 号)，中小学公用经费的支出范围为：《支出经济分类科目》“302 商品和服务支出”类级科目下的“办公费”、“印刷费”、“咨询费”、“手续费”、“水费”、“电费”、“邮电费”、“物业管理费”、“交通费”、“差旅费”、“出国费”、“维修（护）费”、“租赁费”、“会议费”、“培训费”、“招待费”、“专用材料费”、“劳务费”、“委托业务费”、“工会经费”、“福利费”、“其他商品和服务支出”等 22 个款级支出科目。

因购置按固定资产管理的办公设备、专用设备、图书资料等而发生的支出不在生均定额标准支出范围内，所需经费在年度支出预算中另行安排，具体列报《支出经济分类科目》“310 其他资本性支出”类级科目下相关款级科目。

2007 年春季学期开始后，中小学校不得收取教辅材料费、学具费、校服费、保险费、体检防疫费等代办收费。取消存车费、热饭费、饮水费等服务性收费，相应的合理支出纳入公用经费开支范围。

各学校应按《政府收支分类科目》要求，对公用经费进行明细核算，以准确反映学校公用支出状况。

第四条 教师培训费在学校年度公用经费预算总额中按 10%安排，用于教师按照学校年度培训计划参加培训所需的差旅费、伙食补助费、资料费和住宿费等开支。

中小学校要按规定在公用经费中足额安排信息技术费，用于教学资源和软件的购置以及网络信道费用支出。

中小学校要按规定严格控制招待费支出。

中小学公用经费不得用于人员经费、基本建设投资、偿还基建债务等方面的开支。

第五条 中小学公用经费是学校经费综合预算的重要组成部分，应按生均标准列入年度预算，实现收支平衡。

第六条 各地按 2003 年省定标准安排的中小学校公用经费(含财政安排的预算内资金和收取的杂费)由各地承担。2007 年春季学期起，中央和省提高公用经费标准所需资金实行省与地方分担机制，具体分担比例按相关规定执行。

省、市、县要按规定的分担机制足额安排落实本级应承担的资金。在义务教育经费保障机制改革前，中小学生均公用经费已达到或高于 2007 年省定最低标准的地方，不能降低。

第七条 全省中小学基准生均公用经费定额标准由省财政、教育部门制定，逐步提高。各地应根据实际情况制定本行政区域内中小学校生均公用经费定额标准。各地生均公用经费定额标准不得低于全省基准定额。

各地财政、教育部门应按生均公用经费标准分配中小学公用经费，同时又要兼顾不同规模学校运转的实际情况，适当向办学条件薄弱的学校倾斜，保证较小规模学校和教学点的基本要求。

第八条 中小学要按照轻重缓急、统筹兼顾的原则安排使用公用经费，既要保证开展日常教育教学活动所需的基本开支，又要适当安排促进学生全面发展所需的活动经费开支。

第九条 中小学校应当按照规定，制定本校公用经费内部管理办法，细化支出范围与标准，加强实物消耗核算，建立规范的经费、实物等管理程序，厉行节约，提高经费使用效益。

中小学校要建立物品采购登记台账，建立健全物品验收、进出库、保管、领用制度，明确责任，严格管理。

第十条 中小学公用经费由县级财政部门按照中小学经费预算及时拨付。已经实施财政国库管理制度改革的县(市、区)，县级财政应当按照财政国库管理制度改革方案确定的支付办法，实行国库集中支付。对中小学实行会计集中核算的县(市、区)，公用经费资金直接支付到县级财政部门确定的直接核算学校经费的有关账户。暂未实行财政国库管理制度改革和会计集中核算的县(市、区)，县级财政部门根据中小学校预算及学校用款计划(拨款申请)拨付公用经费资金。

县级财政部门要减少资金拨付的中间环节，严禁有关部门挤占、挪用学校公用经费。

第十一条 中小学校购置列入公用经费管理的仪器设备、教学办公用品及图书资料等应当编制政府采购预算，统一纳入中小学预算，并按照《政府采购法》的规定，由县级以上(含县级，下同)有关部门组织实施政府采购。

县级以上有关部门要将批准的公用经费物品采购计划书面通知到各有关学校；向学校提供物品时，须同时向学校提供物品清单，包括物品的种类、数量、型号、单价、供货单位等内容。

第十二条 中小学要将公用经费使用情况每学期在校内外公布，接受师生和群众的监督。

第十三条 各级财政、教育行政部门要严格管理，加强监督，定期组织检查，对不按规定使用公用经费，或挤占、挪用、截留、平调学校公用经费的，按《财政违法行为处罚处分条例》等有关规定进行查处，追究相关人员和有关领导的责任。

第十四条 各市、县(区)财政、教育部门应根据本办法，制定当地公用经费标准并结合本地实际情况制定实施细则，报省财政厅、教育厅备案。

第十五条 本办法发布之日起实施。

浙江省财政厅 浙江省供销合作社联合社 浙江省供销合作社扶持资金使用管理暂行办法

2007年6月8日 浙财企字〔2007〕91号

第一条 为加强浙江省供销合作社扶持资金(以下简称扶持资金)管理，提高资金使用效益，促进全省供销合作社的发展，重点培育一批符合产业发展方向、带动力强的专业合作社，根据有关规定，结合我省实际，特制订本办法。

第二条 扶持资金是根据《中共浙江省委、浙江省人民政府关于深化改革充分发挥供销合作社在新农村建设中重要作用的意见》(浙委〔2006〕106号)文件精神，由省财政预算安排，专项用于扶持全省(不含宁波，下同)供销社系统组建的农民专业合作社建设和供销社为主举办的农信担保公司奖励。

第三条 扶持资金使用原则：

(一)坚持为“三农”服务的宗旨；

(二)坚持发展与提高并举、突出重点和适当向欠发达地区倾斜的原则；

(三)坚持办社方向，以建设新农村、发展现代农业为目标，努力把供销合作社改造成为新型农民合作经济组织。

第四条 扶持资金使用范围：

(一)主要用于支持全省供销社系统组建的蔬菜、茶叶、果品、畜牧、水产养殖、竹木、花卉苗木、蚕桑、食用菌、中药材等10大主导产业的农民专业合作社的生产、加工、流通等环节基础设施改造和设备更新；

(二)用于以供销社系统为主举办的，并为农民专业合作社提供信用担保服务的农信担保公司奖励；

(三)用于农民专业合作社为入社农户开展农业科技培训服务补助。

第五条 申请扶持资金的专业合作社必须同时符合以下条件：

(一)办理工商登记注册一年以上，管理民主，产权清晰，运作正常规范；

(二)实行独立核算，自负盈亏，财务管理规范，内控制度健全；

(三)具有比较紧密的产业化经营体系，适应食品安全要求的标准化生产能力，产品具有较强市场竞争力；

(四)入社社员100户以上，带动农户500户以上，年销售规模800万元以上；经济欠发达市、县(市)、区新办的特色农民专业合作社入社社员30户以上，带动农户100户以上，年销售规模100万元以上。

第六条 符合本办法规定的使用范围和申报条件的农民专业合作社，均可申请扶持资金补助。申请时应提供以下材料：

(一)扶持资金申请文件(申请文件应对项目所产生的绩效情况作出说明)；

(二)扶持资金申请表(表式见附1)；

(三)项目可行性论证报告；

(四)上一年度财务报告；

(五)工商登记证复印件；

(六)专业合作社章程。

第七条 扶持资金采取贴息、奖励和补助相结合的支持方式。对农民专业合作社的基础设施改造、设备更新和农业科技培训服务按一定额度给予贴息或补助；对为农民专业合作社提供信用担保服务做出突出成绩的农信担保公司给予一定额度的奖励。

第八条 扶持资金申报和审批程序：

(一)项目申请单位应在每年6月底前向所在地财政和供销社部门上报申请文件和有关材料，其中：区属单位上报材料由区财政和供销社部门审核并签署意见后，联合上报市财政和供销社部门。各市、县(市)财政和供销社部门对申请项目进行审核和实地考察后，按每年各市、县(市、区)不超过1家推荐；经济欠发达市、县(市、区)每年可再择优推荐1家新办的特色农民专业合作社，于7月底前联合行文上报省财政厅和省供销社；省属单位上报材料需经省级主管单位审核签署意见后，于7月底前正式行文报送省财政厅和省供销社。逾期或材料不齐的项目将不予受理。

(二)省供销社和省财政厅收到各市、县(市)和省属单位申报材料后，要根据各自职能对材料进行审核，必要时对重点项目要进行论证，提出项目安排及补助资金的审核意见，由省财政厅会同省供销社将专项资金联合下达到市、县(市)财政部门。

(三)各市、县(市)财政部门收到扶持资金后，应及时、足额拨付到项目申请单位。项目申请单位应严格按规定用途使用，并按现行财务会计制度进行账务处理。

第九条 对供销社为主举办的农信担保公司考核奖励按有关考核办法另行报批。

第十条 扶持资金监督检查、违规处理：

(一)项目申请单位必须按批准的扶持项目专款专用，严格资金使用的审批管理制度，自觉接受上级和当地有关部门对扶持资金使用情况的审计、监督和检查；

(二)各级供销社和财政部门要加强对项目执行和资金使用情况的监督检查，并于年度终了3个月内将扶持资金使用和检查情况联合上报省供销社和省财政厅。省供销社将会同省财政厅不定期的对扶持资金使用情况进行抽查；

(三)任何部门和单位不得以任何理由截留、挤占和挪用扶持资金。对于违反本办法规定使用、骗取扶持资金的部门、单位和个人,按照《财政违法行为处罚处分条例》和有关法律法规进行查处,并由当地供销社负责将扶持资金追回上交省财政。单位违法违规的,从次年度开始3年内取消该单位的扶持资格。

第十一条 本办法自发布之日起施行。省财政厅、省供销社联合制定的《浙江省供销社系统农村专业合作社贴息资金暂行办法》(浙财企二字〔2004〕37号)同时停止执行。

附:浙江省供销合作社扶持资金申请表(略)

浙江省财政厅 浙江省供销合作社联合社
浙江省供销社系统农产品批发市场建设专项资金管理暂行办法

2007年6月11日 浙财企字〔2007〕92号

第一条 为了加强浙江省供销社系统农产品批发市场建设专项资金(以下简称专项资金)管理,提高资金使用效益,进一步加快我省农产品流通网络体系建设,保障农产品流通安全,根据有关规定,结合我省实际,特制定本办法。

第二条 专项资金由省财政预算安排,并专项用于全省供销社系统农产品批发市场基础设施建设和升级改造。

第三条 专项资金的使用以国家和省有关农产品流通发展的政策为依据,符合我省产业发展规划及区域发展导向,确保专项资金的规范和有效使用。

第四条 专项资金的分配按照公开、公正、公平、坚持择优扶强、突出重点和适当向欠发达地区倾斜的原则,促进建立以市场为基础、企业为主体、政策为导向的发展机制,进一步增强农产品批发市场的综合竞争力。

第五条 专项资金支持对象为在浙江省内(不含宁波)工商部门注册,依法持续经营,由供销社系统管理的农产品批发市场。

第六条 专项资金使用范围:

(一)促进农产品批发市场升级改造。支持农产品批发市场改造提升,重点支持封闭式活禽交易屠宰区、物流配送、冷链系统、检测中心、信息平台、安全监控、废弃物处理等项目建设。

(二)扶持产地农产品专业批发市场建设。支持特色、优势农产品产地专业批发市场的基础设施建设,重点支持以经济欠发达地区品牌农产品为主要交易对象的专业批发市场建设项目。

第七条 专项资金年度支持重点和相关事项,根据国家和省政府发展农产品流通的总体要求以及本办法的有关要求,由省供销社提出,商省财政厅后研究确定,并于每年5月底前由省供销社、省财政厅联合下发项目申报通知,布置申报工作。

第八条 专项资金采取贴息和补助相结合的支持方式。对市场基础设施以及封闭式活禽交易屠宰区、物流配送、冷链系统、废弃物处理等建设项目,按直接投资额的一定比例给予财政贴息;对市场检测中心、信息平台、安全监控等配套设施项目给予一定数额的补助。

第九条 符合本办法规定的使用原则和使用范围的企业,均可申请专项资金贴息或补助。申请时应提供以下材料:

(一)专项资金申请文件及申请表,申请文件要对项目实施、投资及绩效情况进行重点说明;

(二)企业营业执照复印件;

(三)近期财务会计报告;

(四)项目批准或备案文件;

(五)其他要求提供的材料。

第十条 项目申请单位应在每年6月底前向所在地财政和供销社部门上报申请文件和有关材料,其中:区属企业上报材料由区财政和供销社部门审核并签署意见后,联合上报市财政和供销社部门;各市、县(市)财政和供销社部门对上报材料进行统一审核汇总后,于7月底前联合行文上报省财政厅和省供销社;省属企业上报材料须经省级主管单位审核签署意见后,于7月底前正式行文报送省财政厅和省供销社。逾期或材料不齐全的项目将不予受理。

第十一条 省供销社和省财政厅收到各市、县(市)和省属企业申报材料后,根据各自职能对材料进行审核,必要时对重点项目要进行论证,提出项目安排及补助资金的审核意见,由省财政厅会同省供销社将专项资金联合下达到市、县(市)财政部门。

第十二条 市、县(市)财政部门对于省财政下达的专项资金应及时、足额拨付到项目申请单位。项目申请单位收到财政部门拨付的资金后应严格按规定使用,并按现行财务会计制度进行处理。

第十三条 各级财政和供销社部门要加强对项目执行和资金使用情况的监督检查并进行绩效评价,切实提高财政资金使用效益。

第十四条 任何部门和单位不得以任何理由截留、挤占和挪用专项资金。对于违反本办法规定使用、骗取财政资金的部门、单位及个人,按照《财政违法行为处罚处分条例》和其他有关法律法规进行查处,并从次年度开始3年内取消该企业专项资金扶持资格。

第十五条 本办法自发布之日起开始执行。

浙江省财政厅 浙江省残疾人联合会
浙江省省级残疾人康复补助资金管理暂行办法

2007年6月14日 浙财社字〔2007〕55号

第一章 总 则

第一条 为规范和加强省级残疾人康复补助资金的管理，保障资金安全，提高资金使用效益，根据《浙江省残疾人事业"十一五"发展规划》(浙政发〔2006〕62号)及财政部、中国残联印发的《中国残疾人事业五年计划纲要专项资金管理办法》(财社〔2003〕27号)等文件精神，制定本办法。

第二条 本办法所称省级残疾人康复补助资金（以下简称"省级康复补助资金"），是指由中央财政转移支付、省级财政预算安排的用于全省性或区域性康复工作、完成特定康复工作任务的专项资金。

第三条 省级康复补助资金按照"统筹规划、合理安排、专款专用、讲求实效"的原则进行分配和管理。

第二章 资金使用范围和重点

第四条 省级康复补助资金的使用范围：

(一)用于完成残疾人事业五年发展规划所确定的各项残疾康复和预防目标任务所需经费的补助，具体包括：

1.用于社区康复需求与服务调查、人员培训以及残疾人的康复救助；

2.用于视力残疾人筛查和手术、助视器验配和训练、定向行走训练和导盲用具配发以及组派医疗队补助；

3.用于聋儿康复训练、家长培训、助听器验配以及聋儿筛查、组派小分队补助；

4.用于智力残疾摸底调查、人员培训以及智力残疾康复费用补助；

5.用于精神残疾摸底调查、人员培训以及精神病患者医疗、康复训练补助；

6.用于肢体残疾康复摸底调查、人员培训以及肢体残疾人康复费用补助；

7.用于残疾人装配普及型假肢、矫形器和购买辅助器具的补助；

8.直接用于上述项目的组织协调、宣传教育、建档统计经费补助以及一线康复人员补贴等。

(二)用于中央或省级阶段性专项康复项目的配套补助。如残疾人事业专项彩票公益金康复项目、"长江新里程计划"项目、"视觉第一中国行动"项目、"听力重建启聪行动"项目等。

(三)用于省政府、省残工委下达以及省财政厅、省残联确定的其他直接为残疾人康复服务的项目补助。

第五条 省级康复补助资金的使用重点：

省级康复补助资金重点用于对经济欠发达及海岛市、县(市、区)实施残疾康复和预防项目所需经费的补助。

第三章 资金分配和管理

第六条 凡属残疾人事业五年发展规划所确定的各项残疾人康复及预防目标任务的经费补助以及阶段性专项康复项目的配套补助，由省残联提出初步分配意见，经省财政厅审核后，于每年六月底前以省财政厅、省残联名义联合行文下达。

第七条 凡属省政府、省残工委下达以及省财政厅、省残联确定的其他为残疾人康复服务的项目补助，应由有关市、县(市、区)财政部门、残联及承担康复工作任务的省级有关单位在每年四月底之前提出书面申请，并填报《浙江省省级康复补助资金项目申报书》(详见附件)。省残联根据申请单位的申报内容，提出初步分配意见，经省财政厅审核后，于每年九月底前以省财政厅、省残联名义联合行文下达。

第八条 各级财政部门、残联在收到省级康复资金补助文件后，应在一个月内将专项资金拨付到项目实施单位，严禁任何部门无故拖延，影响项目的顺利实施。各项目单位要严格按照项目管理要求，建立目标管理责任制，如期完成项目任务。对明确要求市、县(市、区)财政安排配套资金的项目，各项目市、县(市、区)财政部门应按要求落实配套资金，并列入年度预算或追加预算，确保资金足额到位。

第九条 省级康复资金补助项目实施所需设备、器材等属于政府采购范围的，应按《政府采购法》及有关规定组织实施采购。预算金额达到公开招标数额标准以上的，应当采用公开招标的采购方式。

第十条 省级康复补助资金要严格按照国家有关法律、法规、规章、财务制度和有关项目管理方案的规定合理安排使用，并按支出内容进行项目核算，确保专款专用。严禁任何单位和个人以任何形式平调、挤占和挪用专项资金。

第十一条 凡使用省级康复补助资金形成的资产，均属国有资产，应纳入项目单位资产统一管理，合理使用，认真维护，防止国有资产流失。

第十二条 未完成项目的年度结余资金，可结转下年继续使用。项目完成后如有资金结余，经同级财政部门、残联批准，可调整用于与该项目有关的业务工作。

第四章 资金监督和检查

第十三条 各市、县(市、区)财政部门、残联及省级有关单位应在年度终了二个月内向省财政厅、省残联提交所属项目单位专项资金使用情况说明，包括项目执行情况、实际支出情况、资金使用绩效和管理情况等内容。

第十四条 各级财政部门、残联要加强对省级康复补助资金的监督检查，发现问题按规定及时纠正和处理。在项目执行期间或项目完成后，省财政厅将会同省残联，对项目的制度保障、配套资金落实、支出的合法性和有效性以及项目实施所取得的绩效等情况进行专项检查或绩效评价。检查或评价结果，将作为以后年度安排省级康复补助资金的重要依据。

第十五条 对骗取截留、挪用专项资金、擅自变更项目内容、地方配套资金不能按时到位、不按规定实施政府采购、不按期报送有关资料的，省财政厅、省残联将根据有关规定和具体情况采取停止项目拨款、今后2-3年内暂停安排新的补助项目或收回专项资金等措施，并按照《财政违法行为处罚处分条例》和《政府采购法》等有关法律法规的规定进行查处。

第五章 附 则

第十六条 本办法自发文之日起执行。

附：浙江省省级康复补助资金项目申报书（略）

浙江省财政厅 浙江省供销合作社联合社
浙江省农资连锁网络体系建设专项资金使用管理暂行办法

2007年6月19日 浙财企字〔2007〕98号

第一条 为了加强浙江省农资连锁网络体系建设专项资金（以下简称专项资金）管理，提高资金使用效益，加快全省农资连锁网络体系建设，根据《中共浙江省委、浙江省人民政府关于深化改革充分发挥供销合作社在新农村建设中重要作用的意见》（浙委〔2006〕106号）有关规定，结合我省实际，特制定本办法。

第二条 浙江省农资连锁网络体系建设专项资金由省财政预算安排，专项用于全省（不含宁波，下同）农资连锁网络体系建设。

第三条 专项资金的使用管理按照公开、公平、公正，坚持择优扶强、突出重点和适当向欠发达地区倾斜的原则，坚持科学、规范、高效使用，鼓励和支持有实力的农资经营企业跨区域、跨部门开展农资连锁经营，培育农资连锁核心企业，通过打造农资连锁网络体系，进一步规范全省农资市场秩序，促进我省高效生态农业发展，实现农业增效和农民增收。

第四条 专项资金使用范围

（一）支持农资连锁经营企业新建或改建农资配送中心，重点用于农资配送中心的仓储设备、配送车辆、信息平台等项目建设；

（二）支持农资连锁经营企业开展测土配方、科学施肥、科技培训等农资科技服务。

第五条 专项资金申请条件

申请专项资金的农资连锁经营企业必须同时符合以下条件：

（一）办理工商登记注册、独立核算、管理规范、诚信经营；近年来无销售假冒伪劣商品、坑农害农的行为；

（二）实行统一采购、统一配送、统一标识、统一经营方针、统一服务规范和统一价格管理；

（三）农资配送中心建筑面积不小于1000平方米，且符合商务部《农资农家店建设与改造规范》要求的农资连锁门店不少于20家。

第六条 专项资金采取贴息和补助相结合的支持方式。对农资配送中心的基础设施和仓储设备、配送车辆、信息平台等给予贴息或补助；对农资科技服务给予补助。

第七条 专项资金申报材料

符合本办法规定的使用范围和申报条件的农资连锁经营企业，均可申请专项资金贴息或补助，申请时应提供以下材料：

（一）专项资金申请文件及申请表，申请文件要对项目实施、投资及绩效情况进行重点说明；

（二）项目批准或备案文件；

（三）工商登记证复印件；

（四）近期财务会计报告；

（五）其他要求提供的材料。

第八条 专项资金申报和审批程序

（一）项目申请单位应在每年6月底前向所在地财政和供销社部门上报申请文件和有关材料，其中：区属企业上报材料由区财政和供销社部门审核并签署意见后，联合上报市财政和供销社部门；各市、县（市）财政和供销社部门对上报材料进行统一审核汇总后，于7月底前联合行文上报省财政厅和省供销社；省属企业上报材料须经省级主管单位审核签署意见后，于7月底前正式行文报送省财政厅和省供销社。逾期或材料不齐的项目将不予受理。

（二）省供销社和省财政厅收到各市、县（市）和省属企业申报材料后，根据各自职能对材料进行审核，必要时对重点项目要进行论证，提出项目安排及贴息或补助资金的审核意见，由省财政厅会同省供销社将专项资金联合下达到市、县（市）财政部门。

（三）市、县（市）财政部门对于省财政下达的专项资金，应及时、足额拨付到项目申请单位。项目申请单位收到财政部门拨付的资金后应严格按规定使用，并按现行财务会计制度进行处理。

第九条 各级财政和供销社部门要加强对项目执行和资金使用情况的监督检查，并进行绩效评价，切实提高财政资金使用效益。

第十条 任何单位不得以任何理由截留、挤占和挪用专项资金。对于违反本办法规定使用、骗取财政资金的单位及个人，按照《财政违法行为处罚处分条例》和其他有关法律法规进行查处，并从次年度开始3年内取消该单位专项资金扶持资格。

第十一条 本办法自发布之日起开始执行。

浙江省财政厅 浙江省经济贸易委员会 浙江省重点传统工艺美术保护发展专项资金管理暂行办法

2007 年 7 月 2 日 浙财企字〔2007〕97 号

第一条 为加强浙江省重点传统工艺美术保护发展专项资金(以下简称专项资金)管理,提高资金使用效益,根据《浙江省传统工艺美术保护办法》(浙江省人民政府令第 120 号)精神,特制定本办法。

第二条 专项资金来源:

(一)省财政预算安排;

(二)国内外企业、社会团体和个人的捐款;

(三)工艺美术大师及单位、个人捐赠作品出售(含拍卖)所得资金。

第三条 专项资金的使用以国家和省有关政策为依据,必须符合我省传统工艺美术保护和发展工作的要求,确保专项资金的规范和有效使用。

第四条 专项资金的使用原则

(一)坚持公开、公正、公平;

(二)坚持保护和发展相结合;

(三)坚持保证重点、兼顾一般。

第五条 专项资金使用范围

专项资金主要用于扶持浙江省传统工艺美术保护和发展工作确定的省传统工艺美术品种和技艺项目。具体包括:

(一)经浙江省传统工艺美术品种和技艺评委会认定的传统工艺美术品种和技艺项目的发掘、抢救支出,以及对传统工艺技术、工艺流程的革新支出。

(二)尚未列入省传统工艺美术品种和技艺项目,但在国内属于稀有的传统工艺美术品种和技艺项目的发掘、抢救支出。

(三)为国家作出突出贡献的工艺美术大师的生活补助,重点用于 70 周岁及以上省级和国家级工艺美术大师的生活补助。

(四)传统工艺美术珍品、精品的收购和征集奖励,重点用于省政府为保护需要而征集的工艺美术珍品、精品奖励。

(五)重点传统工艺美术人才的培养(含培训、对外交流、技艺竞赛等),重点用于我省职业院校开设省传统工艺美术品种和技艺项目的专业课程培训费补助、省级以上工艺美术大师带徒学艺补贴。

(六)对重点传统工艺美术保护、发展有突出贡献人员的奖励。

(七)对全省传统工艺美术保护发展服务体系建设的补助。

对符合上述使用范围的项目采取贴息或补助方式给予支持。

第六条 专项资金年度支持重点和相关事项,根据全省工艺美术保护和发展工作要求由省经贸委提出,商省财政厅后研究确定,并于每年 5 月底前由省经贸委、省财政厅联合下发项目申报通知,布置申报工作。

第七条 符合本办法规定的使用原则和使用范围的单位和个人,均可申请专项资金补助。申请时应提供以下材料:

(一)专项资金申请文件及申请表,申请文件应对项目所产生的绩效情况作出说明;

(二)可行性分析报告;

(三)省传统工艺美术品种和技艺认定证书或荣誉证书复印件;

(四)企业营业执照复印件或个人身份证、资质证明的复印件;

(五)企业提供经过中介机构审计的上一年度财务会计报告;

(六)其他要求提供的材料。

第八条 申请单位应在每年 6 月底前向所在地财政和经贸部门上报申请文件和有关材料,其中:区属单位上报材料由区财政和经贸部门审核并签署意见后,联合上报市财政和经贸部门;各市、县(市)财政和经贸部门对上报材料进行统一审核汇总后,于 7 月底前联合行文上报省财政厅和省经贸委;省属单位上报材料需经省级主管单位审核签署意见后,于 7 月底前正式行文报送省财政厅和省经贸委。逾期或材料不齐的项目将不予受理。

第九条 省经贸委和省财政厅收到各市、县(市)和省属单位申报材料后,要根据各自职能对材料进行审核,必要时对重点项目要进行论证,提出项目安排及补助资金的审核意见,由省财政厅会同省经贸委将专项资金联合下达到市、县(市)财政部门和省属单位。

第十条 市、县(市)财政部门对于省财政下达的专项资金,应及时、足额拨付到项目申请单位。项目申请单位收到财政部门拨付的资金后,应严格按规定使用,并按现行财务会计制度进行处理。

第十一条 各级财政和经贸部门要加强对项目执行和专项资金使用情况的监督检查,并逐步建立健全绩效评价制度,于年度终了 3 个月内将资金使用情况书面上报省财政厅、省经贸委。

第十二条 任何单位和个人不得以任何理由截留、挤占和挪用专项资金。对于违反本办法规定使用、骗取财政资金的单位及个人,按照《财政违法行为处罚处分条例》和其他有关法律法规进行查处,并从次年度开始 3 年内取消该单位及个人专项资金补助资格。

第十三条 本办法自发布之日起执行。省财政厅、省经贸委《关于印发 < 浙江省重点传统工艺美术保护发展专项资金管理暂行办法 > 的通知》(浙财工字〔2001〕116 号)同时废止。

浙江省财政厅 浙江省地方税务局
关于实行房屋交易最低计税价格管理办法的通知

2007 年 7 月 11 日 浙财农税字〔2007〕12 号

各市、县(市、区)财政局、地方税务局:

为加强房屋交易环节税收的征管,根据国家税务总局有关房地产税收一体化管理及转让房屋税收征管的要求和浙江省财政厅、浙江省地方税务局《关于推进房地产税收一体化管理工作的意见》(浙财农税字〔2006〕38 号)精神,现就实行房屋交易最低计税价格管理办法等事项通知如下:

一、实行房屋交易最低计税价格管理办法的意义

为适应房地产交易市场的发展,切实加强房地产交易环节税收征管,统一各相关税种的计税价格,堵塞因申报价格偏低造成的征管漏洞,提高工作效率和方便纳税人,迫切需要加强房屋交易计税价格的管理。各级财政、地税机关要根据当地房地产市场实际,共同制定房屋交易最低计税价格管理办法,用于房屋交易环节各税种的征管。

二、制定房屋交易最低计税价格的主要依据

市、县(市、区)财政、地税机关的契税征管部门为主负责本辖区房屋交易最低计税价格的制订工作,房屋交易环节其他相关税种征管部门积极配合。要按照房屋的坐落地点、建筑结构、建筑年限、层次朝向等制定分类房屋交易最低计税价格体系。房屋交易最低计税价格的确定可以综合参考以下方面的要素:(1)土地基准价;(2)房屋拆迁补偿价;(3)房屋的拍卖价;(4)商品房的市场价;(5)房地产评估机构的评估价格;(6)征收机关征税的相关记录等。

房屋交易最低计税价格可由征管机关参照上述要素直接进行制定,也可聘请有资质的房地产评估机构参与制定。征管机关要明确房屋交易最低计税价格管理办法的实施范围和对象,并要根据当地房地产市场行情变动,对最低计税价格适时进行调整。

三、实行房屋交易最低计税价格征管的要求

各地实行房屋交易最低计税价格管理办法后,当纳税人申报的房屋交易价格高于房屋交易最低计税价格时,按纳税人申报的房屋价格征税;当纳税人申报的房屋交易价格低于房屋交易最低计税价格时,除下列情况外征管机关按房屋交易最低计税价格征税。

1.因房屋本身质量问题,纳税人申报的交易价格低于房屋交易最低计税价格的,经征收机关核实,按核定的价格作为计税价格。

2.由法院裁定、判决和仲裁机构裁决的房屋权属,以司法裁定的价格为计税价格。

3、税收法规另有专门规定的。

四、房屋交易最低计税价未涉及房屋类型的征管办法

对不属于房屋交易最低计税价格管理办法施行范围内的房屋交易,各地可以从当地实际出发采取其他征管办法确定其计税价格。

五、加强房屋交易环节税收征管

各级财政、地税机关要按照“三个三”工作措施要求,认真抓好房地产税收一体化管理工作。要加强征税窗口的力量配备,合理设置办税业务流程,切实加强交易环节税收征管,同时不断完善便民服务措施,简化办税表单文书,提高服务质量和效率。

本通知自文到之日起施行。原《浙江省财政厅关于制定二手房交易契税计税基准价的通知》(浙财农税字〔2005〕24 号)同时停止执行。各地要根据本通知要求,抓紧做好组织实施工作。

浙江省财政厅
关于浙江省农业综合开发“十一五”工作的意见

2007 年 7 月 12 日 浙财农发字〔2007〕17 号

各市、县(市、区)财政局、农业综合开发办公室(宁波不发),省监狱管理局农业综合开发办公室:

为进一步做好农业综合开发工作,扎实推进社会主义新农村建设和现代农业发展,经省政府同意,现就“十一五” 期间我省农业综合开发工作提出如下意见,请结合本地实际,认真贯彻落实。

根据党的十六届五中、六中全会精神和《中共中央国务院关于推进社会主义新农村建设的若干意见》(中发〔2006〕1 号)、《中共中央国务院关于积极发展现代农业 扎实推进社会主义新农村建设的若干意见》(中发〔2007〕1 号)以及《中共浙江省委、浙江省人民政府关于 2007 年社会主义新农村建设的若干意见》(浙委〔2007〕52 号)的要求。“十一五”期间,我省农业综合开发的基本思路是:以邓小平理论和“三个代表”重要思想为指导,牢固树立和落实科学发展观,围绕建设社会主义新农村的目标和任务,按照“拓展外延、深化内涵、强化监督、规范管理、提高效益”的工作要求,进一步加大农业综合开发投入,着力加强农业基础设施建设,改善农业生产条件和生态环境,促进农业结构调整和增长方式转变;大力扶持农业龙头企业及农民专业合作经济组织，发展农业产业化经营，促进农民持续增收；推进农业综合开发机制创新，切实加强资金和项目管理，确保资金安全运行和有效使用。为提高我省农业综合生产能力，增加农民收入，推进社会主义新农村建设，构建社会主义和谐社会做出新贡献。

"十一五"期间我省农业综合开发的主要目标是：围绕省委、省政府提出的全面建成1500万亩标准农田，确保300亿斤粮食生产能力，做大做强农业主导产业，加快发展高效生态现代农业的总目标，以农业综合开发项目建设为平台，重点扶持一批农业基础设施建设、农业生态环境整治、农业后备资源开发项目和优势农产品种养基地、农产品精深加工、流通设施项目。促进农业科技进步和农业结构战略性调整，推动农业增长方式转变，提高农业资源利用率、农业劳动生产率和农产品市场竞争力，增强农业综合生产能力和抗灾能力，努力使项目区成为高效生态的现代农业示范区和社会主义新农村建设先行区。

"十一五"期间我省农业综合开发要做好的重点工作是：

一、紧紧围绕发展现代农业、建设新农村的目标要求，不断丰富农业综合开发的内涵

农业综合开发是国家巩固和加强农业基础地位、提高农业综合生产能力的一个有效手段，是发展现代农业、建设社会主义新农村的一支重要力量。要把农业综合开发摆上更加重要的位置，充分发挥农业综合开发在发展现代农业中的龙头带动作用，利用浙江市场化、工业化、城市化较快的有利条件，根据人多地少、农业经营规模比较小的省情，积极拓展农业综合开发的外延与内涵，创新农业综合开发机制，提高农业资源集约开发利用水平，走出一条符合浙江实际的资源节约型和技术密集型的农业综合开发新路子。

坚持科学规划，注重"四个结合"：一是与培育农业主导产业有机结合，推进农业结构调整、促进区域化布局的主导产业块状经济的形成和特色产业强县、强镇的培育；二是与农业科技推广有机结合，创新农作制度，大力发展设施农业、循环农业、精准农业、有机农业等高效生态的生产模式，使项目区成为农业标准化生产示范基地，大幅度提高农业资源综合开发利用水平；三是与农业产业化经营有机结合，大力培育农业龙头企业、农民专业合作社等现代农业生产经营主体，在中低产田改造、山区小流域治理中推进土地使用权流转，促进农业适度规模经营和农业产业化经营；四是与新农村建设的各类工程项目有机结合，在规划土地治理、标准农田建设、山区小流域治理、低丘缓坡资源开发时，积极做好与项目区内村庄整治、乡村康庄工程、河道治理等工程项目的整体规划与配套实施，实现投资建设效益最大化。

二、完善农业综合开发投入机制，做大农业综合开发投入"蛋糕"

完善农业综合开发投入机制，进一步增加财政资金投入，积极引导农民自主投入和社会力量参与农业综合开发，建立健全稳定增加农业综合开发投入的长效机制。

（一）积极争取中央财政增加投入。充分利用发展现代农业、建设新农村的有利条件，创新开发机制，提高开发效益，以出色的工作业绩争取中央财政对我省农业综合开发的更大支持。

（二）加大地方财政资金投入。按照国家农业综合开发政策，及时足额落实省级和市、县财政配套资金。省财政按中央财政资金总投入的1:1落实省级配套资金，市、县财政按省规定的比例足额落实配套资金；同时，鼓励各地开辟新的筹资渠道，将土地出让金等统筹安排用于农业综合开发，加大地方财政资金投入。

（三）引导农民增加投入。项目建设要以"农民要办"为前提，充分尊重农民意愿，通过农业综合开发项目与新农村建设项目配套推进等办法，激发农民群众参与项目规划、建设和运行管护的积极性；通过采取竞争立项、先建后补、单项工程业主负责制、拍卖产权等方式，鼓励农民对其直接受益的工程建设按照"一事一议"方式筹资投劳，并在项目实施中注重推进农户适度规模经营和农民组织化程度，使项目取得更好的经济社会效益。

（四）吸引和带动社会资金增加投入。利用我省民间资金丰裕、工商企业投资现代农业积极性较高的有利条件，充分发挥财政资金的引导作用和市场机制对资源配置的基础性作用，吸纳更多的社会资金增加对农业综合开发的投入。

"十一五"期间全省农业综合开发总投资争取达到135亿元，其中：省以上财政资金35亿元，市、县（市、区）财政资金10亿元，农民自筹及其他社会资金投入90亿元。

三、以高标准农田建设为重点，不断改善农业生产条件

坚持从浙江实际出发，把以高标准农田建设为重点的农业资源集约开发利用，作为提高农业综合生产能力的重要途径。按照推进农业标准化的新要求，逐步提高土地治理项目的投入标准和建设标准，加强老项目区的再改造，加大新围滩涂和低丘缓坡资源的开发，提高山水田林路的综合治理和农业基础设施标准化建设水平，努力把项目区建设成为农业标准化生产的示范基地。

（一）加强高标准农田建设。加大对我省粮食主产区和特色优势农产品区域的高标准农田建设，按照项目区农业主导产业标准化生产的要求，加强农业基础设施建设，把项目区建成符合高产优质高效要求的标准化农田。同时，加大对山区小流域综合治理的力度，把山区小流域农业生态工程建设与省政府确定的100条小流域治理有机地结合起来，配套推进小流域内的村庄整治建设，保护和改善农业生态环境，不断提高山区农业综合生产能力。

（二）实施老项目区再改造。按照建设现代农业和新农村的要求，在永久农保区内，对一部分投入标准和建设标准偏低、工程运行时间较长、设施破损老化较严重、难以适应现代农业发展需要的老项目区进行再改造。通过科学规划和建设，把老项目区改造成为农业基础设施健全、农业标准化生产、产业化经营水平比较高的高效生态的现代农业示范园区。

（三）加大对新围滩涂和低丘缓坡资源的开发改造。我省滩涂和低丘缓坡资源比较丰富，是重要的土地后备资源。农业综合开发要加大对这些农用土地资源的基础设施建设和土壤改良，提高这些农业资源的集约利用率和土地产出率，为保障粮食生产安全、发展高效生态的现代农业做出新贡献。

（四）切实提高农业综合开发项目科技含量。完善土地治理项目科技推广费使用管理，大力推广先进适用、操作简便的农业技术和标准化生产技术。农业综合开发科技推广费重点用于项目区粮、油、蔬菜、瓜果等农业新品种和良种的繁育推广以及测土配方施肥、农业节水节地节本技术推广等。充分发挥农业科学研究机构和涉农高等院校在农业综合开发中的技术支撑作用，促进农业科研新成果在农业综合开发项目上的有效转化。

四、以扶持龙头企业为重点，推进农业产业化经营

在推进农户适度规模经营的基础上，大力培育农业龙头企业、农民专业合作经济组织等农业产业化经营组织，提高农民组织化程度和农业产业化经营水平。

（一）加大农业龙头企业扶持力度。认真总结农业综合开发投资参股经营试点经验，进一步加大投资参股经营力度，结合贴息、补助、有偿无偿投入相结合等多种扶持方式，围绕主导产业，重点扶持一批规模较大、辐射带动作用强、市场竞争优势明显、科技含量高的国家级、省级龙头企业；着力扶持一批与农民利益联系紧密、带动农民增收的成长型市级龙头企业，适当扶持正在成长上升、确能带动农民致富的县（市）级农业龙头企业，促进农业结构调整和优势农产品加工转化增值，推动区域优势主导产业发展，提升农业产业化经营水平。

（二）积极扶持农民专业合作经济组织。要进一步完善农民专业合作经济组织扶持政策，重点扶持以产品或产业为纽带组织起来的农民专业合作经济组织，鼓励农民专业合作经济组织与龙头企业之间的合作，形成更加强大的市场竞争力和为农民服务的能力。

（三）注重农产品流通设施建设。要把加快农产品批发市场的改造和提升，发展适应现代农业要求的物流产业，作为农业综合开发的一个新亮点。通过农业综合开发项目建设，扶持一批设施先进、功能完善、能够辐射长三角和全国的农产品批发市场。提高农产品储藏保鲜能力，大力发展农产品现代物流业。

五、加强科学管理，把农业综合开发工作提高到一个新水平

（一）创新农业综合开发机制。根据“民办公助”原则，积极探索“先建设、后补助”的农业综合开发扶持方式，激发市、县政府和农民群众的开发积极性；按照“龙头企业 + 基地 + 专业合作社 + 农民”的模式，建立“政府推动、市场化运作、龙头企业带动、农民组合”的开发机制，通过投资参股经营、贴息、补助、有偿无偿相结合等方式，逐步形成农民积极筹资投劳、政府持续加大投入、社会力量广泛参与的多元化投入机制。

（二）积极探索资金整合机制。以农业综合开发资金为载体打造项目平台或产业平台，在县域范围内，统筹安排发展现代农业、推进新农村建设的各类支农资金，按照“来源不同、渠道不乱、密切配合、成果共享”的原则，实行项目集聚共建、资金集中投入，探索农业综合开发推进新农村建设的有效模式，提高财政支农资金的整体使用效益。

（三）加大对欠发达地区的投入力度。认真贯彻省委、省政府推进欠发达地区跨越式发展的要求，通过农业综合开发项目建设，推动欠发达地区改善农业生产条件和生态环境，着力解决制约我省发展现代农业、建设新农村的瓶颈和短腿。

（四）进一步加强资金和项目管理。加强以“选准项目”为核心的事前监管，严把立项关，强化监督检查，确保工程质量；严格执行农业综合开发资金专户存储、专账核算、专人管理、专款专用制度和财政无偿资金县级报账制、财政有偿资金委托银行贷款制度，确保资金规范、安全、有效地使用；明确产权归属，加强建后工程管护，确保工程长期发挥效益；认真开展农业综合开发管理工作质量考评和项目绩效评价工作，不断提高全省农业综合开发管理水平和资金使用效益；加强调查研究和队伍建设，增强服务意识，转变工作作风，努力提高工作能力，扎扎实实地把农业综合开发事业推向前进。

浙江省财政厅 浙江省经济贸易委员会
浙江省装备制造业财政专项资金管理暂行办法

2007 年 7 月 27 日 浙财企字〔2007〕128 号

为了加强浙江省装备制造业财政专项资金（以下简称“专项资金”）的使用、管理和监督，提高财政资金使用绩效，增强我省装备制造企业自主创新能力，提升我省装备制造业的竞争能力，特制定本办法。

第一条 资金来源。根据部门预算管理的要求，按照规定程序，每年由省财政预算统筹安排。

第二条 支持对象。在浙江省范围内（不含宁波市）工商管理部门登记注册、具有独立法人资格、内部财务管理健全、依法纳税、从事装备制造业的企业，以及依法成立的装备制造业研发机构和公共技术服务平台。

第三条 基本原则

（一）严格执行国家有关法律、行政法规和财务规章制度的规定，坚持公开、公正、公平、科学、规范、效率和突出重点、专款专用的原则。

（二）按照“市场导向、政府推动、自主创新、重点突破”的要求，以提高装备制造业现代化水平和国际竞争力为核心，突破一批关键共性技术，培育一批重点企业和重点产品，着力打造一批具有特色优势的产业集群，促进装备制造业向技术创新、制造集约化、设备成套化、服务网络化发展，不断提高装备制造业在全省经济发展中的地位和作用。

第四条 支持重点

（一）支持装备制造业重点领域首台（套）产品的研制和生产，加快发展拥有自主知识产权的装备制造业重点产品，鼓励订购和使用省内企业生产的首台（套）重大技术装备，引导用户单位对首台（套）设备投保。

（二）支持装备制造业技术创新和创新成果产业化，重点支持以突破我省装备制造业发展重点领域的关键技术和制造能力瓶颈问题为目标的重大技术装备开发、装备制造业成果产业化及技术改造、公共服务平台等项目。

第五条 支持方式和标准

(一)支持方式:对装备制造业首台(套)项目实行奖励及风险补助，对技术创新及创新成果产业化和公共服务平台项目原则上采取一次性无偿补助。

(二)支持标准:

1. 对经界定的国内首台(套)装备产品生产企业一次性给予100-300万元奖励，省内首台(套)装备产品生产企业一次性给予50-100万元奖励。具体奖励金额依据产品的创新程度、技术先进性、产品质量可靠性、产业带动性、经济社会效益等方面进行综合评定。

2. 对订购和使用本省生产的首台(套)产品的省内用户单位按照国家有关规定要求实行技术装备保险的，可给予用户单位一定比例的保费补贴。

3. 对装备制造业技术创新及创新成果产业化项目，按照经审计确认后的企业技术开发、技术转让、购买专利和软件、关键技术装备等技术创新投入的一定比例给予补助。

4. 对为集群产业和工业园区装备制造业企业服务的公共技术服务平台建设项目，按照经中介机构审计后的购置研究开发、中试转化、检验检测等必要的仪器设备直接投资额一定比例给予资助。

对于同时能满足以上多个支持标准的企业，原则上只能享受其中一项标准。

第六条 项目申报审定程序

(一)装备制造业首台(套)产品奖励的评审确定及保费补贴的申报程序:

1. 省经贸委要研究制定《浙江省加快发展装备业重点领域首台(套)产品界定办法》，并建立评审专家库，同时委托相关技术服务机构承担具体界定评价工作。

2. 每年5月底前，由省经贸委按照《浙江省加快发展装备制造业重点领域首台(套)产品界定办法》的规定组织首台(套)产品申报工作，并在评审专家库中随机抽取一定数量的专家对省内企业申报的上两个年度首台(套)产品进行界定评审，确定当年度全省装备制造业重点领域首台(套)产品初步名单，并在省经贸委网站上进行公示后，确定年度《浙江省加快发展装备制造业重点领域首台(套)产品目录》，会同省财政厅研究确定奖励金额。

3. 省内用户对订购和使用的省内企业生产的首台(套)产品进行投保的，应提供相关的证明资料，于每年6月底前向当地经贸委(局)和财政局提出保费补贴申请，经初审符合申报要求的，由地方经贸委(局)和财政局汇总后，随同其他项目申报文件一起联合上报省经贸委、省财政厅。

(二)装备制造业技术创新及创新成果产业化和公共技术服务平台项目补助的申报程序:

1. 每年由省经贸委、省财政厅在征求有关专家意见的基础上，确定年度财政专项资金申报重点领域，于6月底前通知各地组织项目申报工作。

2. 符合本办法要求和省经贸委、省财政厅确定的重点领域的项目，企业向当地经贸委(局)和财政局提出申请，经初审符合申报要求的，由地方经贸委(局)和财政局汇总后联合上报省经贸委、省财政厅。

3. 符合本办法要求的装备制造业公共技术服务平台项目，相关单位向当地经贸委(局)和财政局提出申请，经初审符合申报要求的，由地方经贸委(局)和财政局汇总后联合上报省经贸委、省财政厅。

(三)同一企业的同一项目不得向省级多个专项资金主管部门申报，否则取消该项目当年申请专项资金资格。

第七条 申报材料

(一)项目资金申请表(随年度申报通知另发);

(二)企业营业执照、税务登记复印件;

(三)上两年度的财务审计报告;

(四)具有一定资质的中介机构出具的项目投资额及企业技术开发、技术转让、购买专利和软件、关键技术装备等的技术创新投入的专项审计报告;

(五)公共服务平台项目还应提供服务的企业数量、提供的技术水平、产品设计档次等证明资料;

(六)按要求需要提供的获奖证书、专利证书、环评证明及其他相关材料。

第八条 项目评审

(一)省经贸委、省财政厅建立省装备制造业财政专项资金项目评审专家库，每年随机抽取一定数量的专家，对各地申报的项目进行评审。

(二)对部分重大项目，省经贸委和省财政厅可委托有资质的专业评估机构对项目进行投资风险和预期效益评估。

第九条 资金下达

根据专家评审结果，并综合考虑项目申报单位其他有关情况，由省财政厅、省经贸委研究确定当年补助奖励项目及金额，并联合行文下达资金计划。其中财政隶属关系为市、县的企业，由省财政厅将资金拨付到相关市、县财政局，由市、县财政局转拨给企业;省属企业由省财政厅直接拨付给企业。

第十条 管理费用

省经贸委、省财政厅聘请专家或委托中介机构对省装备制造业财政专项资金申报项目进行评审、论证、评估等的管理性支出，按不超过专项资金总额3‰的比例按实列支。

第十一条 监督管理

(一)切实加强财政资金监督、管理。各级财政部门要加强对专项资金的监督管理，必要时应组织中介机构对专项资金项目进行抽查审计，确保资金专款专用、防止截留或挪用。省经贸委将在相关网站上及时发布当年省装备制造业财政专项资金扶持项目的名单，以接受社会监督。

(二)实行扶持项目的中止机制。各级经贸部门要强化项目实施全过程的监督管理，掌握工程进度并及时反映情况。对达不到标志性目标要求，或进展情况差、资金使用无明显效果的项目，经省经贸委和省财政厅认定，应及时予以中止，并追回已拨的财政专项资金。

(三)严格执行《财政违法行为处罚处分条例》(中华人民共和国国务院令第427号)，对违反本办法有关规定弄虚作假骗取或挪用财政专项资金的企业单位，要依法进行查处，同时在3年内取消该单位申请专项资金补助的资格。

第十二条 绩效评价

(一)省经贸委要根据省政府办公厅《关于认真做好财政支

出绩效评价工作的通知》(浙政办发〔2005〕91 号)的要求,会同省财政厅制定装备制造业专项资金绩效评价办法,并对装备制造业专项资金使用绩效进行年度评价。

(二)各市、县经贸委(局)和财政局要加强对省装备制造业财政专项资金的跟踪问效,每年第一季度将上一年度获得财政支持的本地项目实施情况、产生的绩效情况书面报送省经贸委和省财政厅。

第十三条 本办法自发布之日起施行。

浙江省财政厅
浙江省省级行政机关工作人员差旅费开支规定

2007 年 7 月 30 日 浙财政字〔2007〕57 号

第一条 为了保证出差人员工作与生活的基本需要,完善公务活动接待制度,按照勤俭节约、从紧必需的原则,制定本规定。

第二条 本规定适用于省级机关,包括党政机关、人大机关、政协机关、检察院和法院机关、民主党派和人民团体机关,以及参照公务员法管理的事业单位。

第三条 差旅费是指离开杭州市城区(含所属萧山区和余杭区,下同)开展公务活动所必需的费用(不含出国出境),其开支范围包括城市间交通费、住宿费、伙食补助费和公杂费,实行凭据报销与定额包干相结合的办法。

第四条 出差人员的住宿费除第五条中表列一、二类人员凭据按实报销外,对其余人员实行限额凭据报销的办法,按出差的实际住宿天数计算报销。

第五条 工作人员出差的交通费和住宿费开支标准:

(一)乘坐车、船、飞机和住宿的等级标准(见下表)。

类别	项目 / 等级及标准 / 职务	火车	轮船	飞机	其他交通工具	住宿费限额标准(元)
一类	正副省长以及相当职级人员	按实报销	一等舱位	头等舱位	按实报销	按实报销
二类	正副厅长以及相当职级人员	按实报销	二等舱位	经济舱位	按实报销	按实报销
三类	其余人员	按实报销(除一等软座外)	三等舱位	经济舱位	按实报销	省外 200 省内 150

(二)表列其他交通工具不包括出租车。

第六条 交通费开支规定

(一)正、副省长及相当职级人员出差,因工作需要,随行人员一人可以乘坐轮船一等舱位、火车软席列车一等软座,住宿费按实报销。

(二)出差人员乘飞机要从严控制,出差路途较远或任务紧急的,经单位有关领导批准方可乘坐飞机,凭据报销。

(三)软席列车设有一、二等软座的,副厅级及以上人员出差,可以乘坐一等软座,并按照一等软座车票报销;处级及以下人员出差,乘坐二等软座,并按照二等软座车票报销。

第七条 公杂费(包括市内交通费及通讯费等)开支规定及标准

(一)工作人员到省外出差,公杂费在每人每天 30 元的最高限额内开支并凭据报销;省内出差,在每人每天 15 元的限额内开支并凭据报销。对出差人员经批准乘坐飞机的,其乘坐往返机场的民航专线客车费用,航空旅客人身意外伤害保险费(限每人每次一份),可在以上限额之外再凭据按实报销。

(二)工作人员离开工作单位所在地到基层单位实(见)习、到外地挂职锻炼或支援工作以及参加省内、省外会议期间和各种培训学习班期间,不实行公杂费报销办法。

(三)公杂费可含出租车费,并以住宿费票据为凭,按出差自然天数计算报销。

第八条 住宿费开支规定

(一)出差人员住宿费(同一次出差可按平均每天住宿费计算)在规定的限额标准内凭据按实报销,实际住宿费超过规定限额标准部分,个人自负。

(二)处级及以下人员出差住宿原则上两人一个标准间。单人出差或男、女出差人员为单数,其单数人员住宿费可按照不超过上述规定限额标准两倍内凭据报销,超过部分个人自负。

(三)参加住宿费自理的培训班,住宿费在上述限额标准内凭据报销。

第九条 伙食补助费开支规定及标准

(一)工作人员出差的伙食补助费,以住宿费票据为凭,按自然天数计算,每人每天补助标准省外为 50 元,省内为 30 元。出差人员如当天来回的,可凭车、船等交通费票据(如带自备车出差,则需以该车辆出差途中的过桥过路费票据为凭。确无票据可凭的,需经单位领导批准)报销当天的伙食补助费,并按 1 天的限额标准报销公杂费。

工作人员参加会议来回途中,可凭飞机、车、船等交通费票据所示天数(如带自备车参加会议,则以会议通知为凭、以实际在途天数计算,但最高不超过 4 天)报销伙食补助费和公杂费。

(二)工作人员离开工作单位所在地到基层单位实(见)习、

到外地挂职锻炼或支援工作等，在基层单位或外地工作期间的伙食补助费每人每天省外为25元，省内为15元，休息天除外。

（三）为鼓励出差人员乘坐火车，不乘飞机，以节约开支，并鉴于在途期间伙食费用较高等原因，在途期间，连续乘坐火车超过12小时的，可凭车票每满12小时，加发50元伙食补助费。

（四）参加本系统和其他有关部门举办的短期（3个月以内）培训学习班，在培训学习期间每人每天伙食补助费省外为25元、省内为15元。

培训时间在3个月（不含3个月）以上的，伙食补助费按本款上述标准减半发给。

具会议性质或伙食非自理的培训学习班不发伙食补助费；培训学习班所在地人员不发伙食补助费。

第十条 工作人员参加各类会议（除洽谈会、订货会外）期间的伙食费、住宿费以及会议场租费、资料费、公杂费、空房费原则上均应由组织召开会议的单位统一开支，参会人员应在会前咨询、了解会议费用开支情况，对要求与会人员分摊会议费的会议，可拒绝参加。

第十一条 不脱产人员参加省级部门组织的活动，其活动期间由组织单位按每人每天50元计发误工补助，伙食补助费和往返车船费比照工作人员办理，已享受会议伙食者不再发给伙食补助费。参加各部门举办的与生产经营管理和分配有直接关系的各种专业性、技术性训练班，不再发给误工补助、伙食补助费、公杂费等各种补贴。

第十二条 工作人员调动工作的交通费、住宿费、伙食补助费、公杂费等，按以上规定和标准执行，由调入单位报销。其行李、家具等托运费，由调入单位凭据报销。托运费只得报销一次。

工作人员调动工作，一般不得乘坐飞机。

第十三条 汽车驾驶员出车补助

（一）汽车驾驶员出差补助标准与一般工作人员相同。

（二）汽车驾驶员的其他各种补贴按月人均300元以内的标准掌握，由省级各单位按照多劳多酬、拉开差距的原则自行制定补贴办法和实施细则，报省财政厅备案（纳入国库集中支付单位同时抄送1份给省级机关会计核算中心）。

第十四条 长期派驻外地工作人员离开派驻地出差的执行本规定，在派驻地工作期间不得报销出差伙食补助费和公杂费。

第十五条 下列情况的人员不能享受出差有关补助：

（一）已享受会议伙食补助者；

（二）调干待分配工作者；

（三）在所在地参加各种临时办公室、指挥部、领导小组等机构工作者；

（四）已享受讲课补贴、野外津贴、下海津贴和其他作业津贴者。

第十六条 本规定自2007年8月1日起开始执行。原有关差旅费开支规定同时停止执行。

其他省级事业单位可参照执行。

各市、县（市）财政部门可参照本规定并结合当地实际情况自行研究制定办法，报省财政厅备案。

浙江省财政厅
浙江省省级部门项目支出预算管理办法

2007年8月2日 浙财预字〔2007〕11号

第一章 总 则

第一条 为了进一步深化预算管理改革，规范和加强省级各部门项目支出预算管理，提高资金使用效益，保障行政工作任务完成，促进各项事业发展，依据《中华人民共和国预算法》、《浙江省省级预算审查监督条例》等有关规定，特制定本办法。

第二条 本办法适用于与省财政厅直接发生预算缴款、拨款关系的行政事业单位的项目支出预算管理。

第三条 项目支出预算是省级行政事业单位为完成其特定的行政工作任务或事业发展目标，在基本支出预算之外编制的年度项目支出计划。

第四条 省级部门项目支出预算管理的基本原则

（一）统筹财力，综合预算。项目支出预算要体现预算内外资金统筹安排的要求。省财政厅对部门申请安排的项目根据部门向财政申请的预算拨款数、投入项目的预算外资金和项目的其他资金来源情况进行全面评估，审核确定安排部门的项目支出预算。

（二）量力而行，合理排序。在对部门申请安排的项目进行可行性论证的基础上，综合考虑国家政治、经济政策，省级财力及部门收入状况，优先安排省委、省政府已经确定的项目以及本部门事业发展迫切需要、切实可行的项目。

（三）严格管理，追踪问效。省财政厅和省级主管部门对财政预算安排的项目从立项、执行、完成全过程进行审查监督。在立项阶段，要对项目的可行性和预期效益进行评估论证；在执行阶段，要按项目实施进度拨付资金，并督促项目资金按规定的用途使用；项目完成后要开展决算审查和绩效评价，以确保项目资金的使用效益。

第二章 项目分类

第五条 项目按照其支出性质分为专项公用类项目和发展建设类项目。

第六条 专项公用类项目，是指行政事业单位为履行职能，完成工作任务，而发生用于商品和服务支出、人员类支出的特定项目。具体包括：

（一）大型会议、培训类项目：是指行政事业单位围绕中心任务和业务工作召开全省性的工作会议等项目。

（二）重大宣传、活动类项目：是指省委、省政府确定的重大宣传、活动项目。

(三)重大课题调研、规划类项目:是指省委、省政府确定的重大课题调研、规划等项目。

(四)信息化运行维护类项目:是指为保证行政事业单位计算机网络和业务信息化系统正常运行和信息安全而必须支付的硬件设备维护、软件维护和数据更新等方面的技术服务、有线网络信息服务、零配件费用支出项目。

(五)执法办案类项目:是指政法部门和具有执法依据的专设执法机构,为履行职能在基本支出范围外支出的执法服装费、罚没物品的仓储保管和销毁费用及举报奖励等。

(六)大宗印刷类项目:是指行政事业单位为履行专业职能,需印制数量大、同一用途的印刷项目。

(七)房租类项目:是指行政事业单位无办公业务用房,确需承租办公业务场所的房租项目。

(八)物业管理费类项目:是指行政事业单位聘请社会机构进行办公业务用房的保安、公用区域卫生保洁、基础设施的日常养护和小修等涉及物业管理方面的项目。

(九)其他专项公用类项目:是指行政事业单位为履行职责、完成工作任务,在上述项目之外发生专项公用类项目。

第七条 发展建设类项目,是指行政事业单位为完成其特定行政工作任务和事业发展目标,一次性或阶段性发生的属于基本支出外的项目。具体包括:

(一)房屋建筑物购建类项目:是指用于购买、自行建造办公业务用房、仓库、职工生活用房、教学科研用房、学生宿舍、食堂等建筑物(含附属设施,如电梯、通讯线路、水气管道等)的支出及前期费用。

(二)大型修缮类项目:是指按财务会计制度规定允许资本化的各类设备、建筑物、公共基础设施等大型修缮的支出。

(三)信息网络购建类项目:是指行政事业单位用于电子政务工程、信息化网络改造等支出。

(四)设备购置类项目:是指行政事业单位为完成其特定行政工作任务和事业发展目标或开办时所发生的交通工具购置、办公设备购置、专用设备购置及储备物资购置项目。

(五)其他发展建设类项目:是指行政事业单位为完成其特定行政工作任务和事业发展目标在上述项目之外发生的发展建设性支出项目。

第三章　项目库

第八条 项目库是对项目进行规范化、程序化、动态化管理的数据库系统。

第九条 项目库管理遵循统一规划的原则。由省财政厅统一制定省级部门项目库管理的规章制度、项目申报文本,统一设计计算机应用软件。

第十条 项目库分为省级部门项目库和省财政项目库。省级部门和省财政厅按照规定对各自设立的项目库实行管理。

省级部门项目库,由省级部门按照申报项目支出预算的要求,结合本部门特点,对所属单位申报的项目进行筛选排序后设立。

省财政项目库,由省财政厅根据项目支出预算管理的需要,结合财力可能,对省级部门所报项目进行筛选排序后设立。

第十一条 省级部门项目库由省级部门负责本部门预算管理工作的财务主管机构进行具体管理。省财政项目库由省财政厅负责总预算的机构进行具体管理。

第十二条 项目库中的项目应当按照轻重缓急进行合理排序,并实行滚动管理。首先应保证省委、省政府既定的政策规划安排的项目;其次是安排好经常性项目;第三是其他项目。

第四章 项目申报

第十三条 省级部门按照省财政厅编制年度预算的要求,统一汇总向省财政厅申报项目支出预算。

第十四条 省级部门向省财政厅申报的项目应当符合以下条件:

(一)符合中央、省有关方针政策;

(二)符合财政资金支持的方向和财政资金供给的范围;

(三)属于本部门履行行政职能和促进事业发展需要安排的项目;

(四)要有明确的项目绩效目标、组织实施计划和科学合理的项目预算,并经过充分的研究和论证。

第十五条 省级部门要根据履行行政职能的需要、事业发展的总体规划,合理安排项目的立项,要从立项依据、可行性论证、项目绩效目标等方面对新项目进行编制和严格审核。

第十六条 项目申报要根据省财政厅规定要求,按照政府收支功能分类和经济分类科目编制预算。

第十七条 对列入部门预算的专项公用类项目一般应列支商品和服务支出经济分类科目,特殊情况经省财政厅批准也可以列支其他经济分类科目;发展建设类项目,不得列支工资福利支出、商品和服务支出、对个人和家庭补助经济分类科目。

第十八条 项目申报属性分为新增项目和延续项目。

新增项目是指本年度新增的需列入预算的项目。

延续项目是指以前年度已批准并已确定分年度预算,需在本年度及以后年度预算中继续安排的项目。延续项目必须明确项目的起止年限,未经省财政厅批准部门不得自行变更项目名称、内容、金额。

第十九条 项目申报口径分为经常性、阶段性和一次性。

经常性是指每个财政年度需要安排经费的项目。

阶段性是指一个财政年度以上且在一定年限内需安排经费的项目。

一次性是指在一个财政年度内经费安排完毕的项目。

第二十条 项目申报重要程度分为重要工作和一般工作。

重要工作是指省委、省政府确定安排的项目,须提供文件依据。

一般工作指履行工作职能所需安排的项目。

第二十一条 项目按照部门预算编报要求分专项公用类、发展建设类进行类别申报。

第二十二条 项目申报文本由项目申报书、项目可行性论证报告及相关材料组成。

第二十三条 项目申报文本的填报要求:

(一)省级部门申报当年预算时,应按照省财政厅规定填写项目申报材料,其中:房屋建筑物购建类项目、大型修缮类项目、信息网络购建类项目、设备购置类项目、物业管理费类项目须按要求报送相关补充材料。

（二）新增发展建设类项目中金额在300万元以上或者专业技术复杂的项目，应当填报项目的可行性论证报告、专家咨询意见。

（三）省级部门申报的项目包括上年延续项目和当年新增项目。当年新增项目必须填写项目申报文本；上年延续项目计划及项目预算没有变化的，省级部门应当在项目支出预算总报告中予以说明；项目计划及项目预算发生变化的，须重新填写项目申报文本，并附项目调整依据；

（四）省级部门应当按照省财政厅规定的时间报送申报材料，申报材料的内容必须真实、准确、完整。

第二十四条 项目申报程序

（一）项目单位应当按照预算管理级次申报项目，不得越级上报；

（二）省级部门对申报的项目审核后，将符合条件的项目纳入省级部门项目库；

（三）对进入省级部门项目库的项目，省级部门择优排序后汇总向省财政厅申报。

第二十五条 按照规定属于政府采购的项目，应当编制政府采购预算，并按照政府采购制度的有关规定执行。

第五章 项目审核

第二十六条 项目审核内容主要包括：

（一）项目单位及所申报的项目是否符合规定的申报条件；

（二）项目申报书是否符合规定的填报要求，相关材料是否齐全等；

（三）项目的申报内容是否真实完整；

（四）项目的规模及开支标准是否符合规定；

（五）项目排序是否合理等。

第二十七条 省财政厅对省级部门申报的项目进行审核后，对符合条件的项目，排序纳入省财政项目库。

第二十八条 对于纳入省财政项目库的房屋建筑物购建类项目、大型修缮类项目、信息网络购建类项目、50万元以上设备购置类项目、物业管理费类项目，以及其他专业技术较复杂的项目，须先由省财政项目预算审核中心进行审核，其审核意见作为预算安排的必要依据。

第六章 项目核定与组织实施

第二十九条 省财政厅根据国家有关方针、政策和省级部门行政工作任务、事业发展目标，确定当年省级部门项目安排的原则和重点，并根据年度省级财力状况和项目排序，安排项目支出预算，列入省级预算。

第三十条 项目支出预算一经批复，省级部门和项目单位不得自行调整。预算执行过程中，如发生项目变更、终止的，必须按照项目支出预算管理规定的程序报批，并进行预算调整。对于在项目支出预算额度内的经济分类科目金额，执行时可根据实际情况按规定通过编制用款计划调整。

第三十一条 省级部门应当按照批复的项目支出预算组织项目的实施，并责成项目单位严格执行项目计划和项目支出预算。

第三十二条 省级部门和省财政厅应按照结余资金管理的有关规定，加强对项目支出结余资金的管理，提高财政资金使用效益。

第七章 项目清理与滚动管理

第三十三条 为推动项目滚动管理，在当年部门预算批复后下一年度部门预算编制开始前，省财政厅将对上年度预算批复的项目进行清理，即从上年度预算已批复项目中确定下年度预算需继续安排的延续项目。

第三十四条 省财政厅将对当年部门预算中一次性项目和执行年限到期的延续项目予以取消；对到期后需继续安排预算的项目，视同其他项目类的新增项目，省级部门须按照规定程序重新申报。

第三十五条 对延续项目要严格按照立项时核定的分年度预算逐年编报。编报延续项目预算时，项目的名称、编码、项目的使用方向不得变动，如发生变动视同其他项目类的新增项目，按照规定程序重新申报。

第八章 机动经费项目的管理

第三十六条 机动经费是为解决部门在年度预算执行过程中的零星支出和临时性开支，减少预算执行中的调整，而按年初预算布置要求设立的专项经费，列入专项公用类项目。

第三十七条 机动经费实行项目预算管理，可用于基本支出，主要用于编制内增人、增编等支出，但不得擅自用于提高人员待遇；机动经费也可用于其他项目支出。

第三十八条 机动经费动用时应按以下顺序安排支出：编制内增人、增编增加的支出，当年执行中新增不可预见的项目支出，当年预算已安排项目执行中出现的缺口等。

第三十九条 动用机动经费须按预算申报程序报批。

第四十条 机动经费规模较大的部门可根据本办法规定的原则，单独制定本部门的机动经费管理办法。

第九章 项目监督与绩效评价

第四十一条 省财政厅、省级部门以及项目单位等要对项目的实施过程和完成结果进行监督、检查。对违反国家有关法律、法规和财务规章制度的，按照《财政违法行为处罚处分条例》等有关规定进行查处；情节严重构成犯罪的，依法追究刑事责任。

第四十二条 项目完成后，项目单位要及时组织验收和总结，并将项目完成情况报省级主管部门；省级主管部门要将项目完成情况汇总报送省财政厅。

第四十三条 对年度预算安排的项目实行绩效评价制度，具体评价工作按照我省绩效评价有关规定组织实施。

第四十四条 省财政厅和省级部门要将项目完成情况和绩效考评结果分别列入省财政项目库和省级部门项目库，并作为以后年度省级部门项目审批立项和省财政厅安排项目支出预算的重要依据。

第十章 附　则

第四十五条 省对市县专项转移支付参照本办法申报。

第四十六条 本办法自发布之日起试行。原省财政厅《关于印发〈浙江省省级部门项目支出预算管理暂行办法〉的通知（浙财预字〔2002〕17号）同时废止。

附：1. 省级部门项目支出预算申报文本（范本）（略）

2. 项目可行性报告（编写提纲）（略）

浙江省财政厅
浙江省省级部门财政拨款结余资金管理暂行办法

2007年8月3日 浙财预字〔2007〕12号

第一章 总 则

第一条 为规范和加强省级部门财政拨款结余资金管理，优化财政资源配置，提高财政资金使用效益，根据《中华人民共和国预算法》、《中华人民共和国预算法实施条例》、《浙江省省级财政国库集中支付管理办法》等有关规定，制定本办法。

第二条 省级部门财政拨款结余资金（以下简称部门结余资金），是指同省级财政有缴拨款关系的省级行政、事业单位在预算年度内，按照省财政批复的本部门预算当年尚未使用及列支的财政预算内拨款资金。

第三条 部门结余资金按支出性质划分为基本支出结余和项目支出结余。

第四条 省级部门应当对部门结余资金中的基本支出结余和项目支出结余分别进行统计、核算，并与单位会计账表相关数字核对一致。

第五条 部门结余资金按形成时间划分为当年结余和累计结余。当年结余是指省级部门当年财政拨款形成的结余；累计结余是指省级部门截止到某一年度年底形成的累计财政拨款结余资金。

第二章 结余资金的管理

第六条 部门基本支出结余包括省级行政事业单位工资福利支出、对个人和家庭补助、商品和服务支出经费结余。基本支出结余归单位，包干使用。

第七条 部门项目支出结余资金分为净结余资金和专项结余资金。

（一）项目支出净结余资金包括：项目已完成形成的结余；由于受政策变化、计划调整等因素影响，项目中止或撤销形成的结余；某一预算年度安排的项目支出连续两年未使用完形成的结余。

（二）项目支出专项结余资金是指项目当年已执行但尚未完成而形成的结余，或项目因故当年未执行需要推迟到下年执行形成的结余资金。

第八条 对部门项目支出的净结余资金，省财政将收回用于安排下一年度省级部门的项目支出预算，或收归财政用于平衡总预算。

第九条 省级部门的阶段性项目，有专项结余资金的，应根据项目进度申报下一年度预算；对阶段性项目专项结余较多的部门，省财政厅在下一年度不安排或少安排有关项目支出预算。

第十条 省级部门在年度预算执行过程中，调整项目支出专项结余资金使用用途的，应报省财政厅批准。

第十一条 对累计结余资金比上年增加较多的省级部门，省财政厅在下达“一下”控制数时，将视部门结余资金增长情况，大幅度压缩该部门项目支出预算。

第三章 结余资金的报送及确认

第十二条 预算年度结束后，省级部门应对本部门和所属预算单位的结余资金情况逐级汇总，并对形成结余的原因进行分析说明，于下年1月10日之前将本部门《20××年度财政拨款结余资金情况表》（格式及填制说明见附1、2）和有关说明文件报送省财政厅。

第十三条 省财政厅负责对部门结余资金数额和有关项目完成情况进行审核确认，并将审核意见及时通知省级部门。

第四章 结余资金使用的监督检查

第十四条 省财政厅对部门结余资金管理情况进行定期和不定期的检查。

第十五条 省级部门在结余资金管理中违反本办法的，省财政厅将责成其纠正，并相应调减部门预算。省级部门结余资金使用中违反国家有关法律、法规和财务规章制度的，按照《财政违法行为处罚处分条例》等有关规定进行查处；情节严重构成犯罪的，依法追究刑事责任。

第五章 附 则

第十六条 省级部门可根据本办法，结合部门实际情况，制定本部门结余资金的具体管理办法。

第十七条 对纳入预算管理的各项政府性基金项目结余资金，按照各项基金管理的有关规定执行。

第十八条 本办法自发布之日起施行。

附：1. 财政拨款结余资金情况表（略）

2. 财政拨款结余资金情况表填制说明（略）

浙江省财政厅
浙江省财政支持商贸服务业发展若干政策问题的指导意见

2007年8月3日 浙财企字〔2007〕140

服务业是指为满足生产者、消费者的服务需求，提供不同形式服务劳动和服务产品的产业，服务业特别是现代服务业已成为现代化程度和社会文明进步的重要标志，是拉动经济增长的重要力量。加快发展服务业，能够有效缓解我省资源要素和环境生态的制约，确保完成节能减排目标任务，有利于促进经济结构优化、经济发展方式转变和扩大就业，实现浙江经济“腾笼换鸟”

和舒缓社会矛盾，确保我省国民经济平稳、协调、可持续发展。

近几年来，我省各级财政部门根据国家和省委、省政府有关文件精神，认真贯彻落实省财政厅党组提出的"三个三"财政工作措施，形成了加快服务业发展的共识，持续加大了对服务业的支持力度，并取得了良好的效果。但我省服务业增加值占生产总值的比重仍然不高，到 2010 年要达到 45%的目标，难度也很大。商贸服务业是服务业的重要组成部分，2006 年，全省商贸服务业中仅批发零售和餐饮住宿增加值即占到服务业增加值的 26.9%。由此可见，商贸服务业的发展速度将直接决定我省"十一五"期间服务业工作目标的完成。因此，"十一五"期间，省财政将把支持商贸服务业发展作为重要的工作内容，进一步加大支持力度，各级财政部门要对现有政策进行梳理，并不断加大支持力度。现结合我省商贸服务业发展现状、重点领域和薄弱环节，就财政支持商贸服务业发展有关政策问题提出如下指导意见：

一、继续把支持商贸流通业发展作为重要内容

"十五"期间，我省商贸流通业得到较快发展，但总体上仍存在流通企业规模偏小、组织化程度较低、现代化水平不高等问题，新型流通业态发展步伐不快，传统流通业态亟需改造提升。各级财政部门必须继续把支持商贸流通业发展作为重要内容，修订完善现有支持流通业发展的各项政策，进一步加大对商贸流通业的支持力度，配合有关部门做好商业网点的规划和布局，鼓励发展连锁经营、商品配送、电子商务等新型流通方式，支持运用现代流通技术改造提升传统流通产业，提高我省流通现代化水平；支持培育一批大型骨干流通企业集团，充分发挥其在流通行业的示范作用，带动我省商贸流通业的快速发展。

二、大力支持现代物流业的发展

近几年来，我省物流企业和物流园区得到了较快的发展，但总体发展水平仍然不高，第三方物流企业仍需改造提升，物流园区亟需加快建设步伐。各级财政部门要研究相应的政策措施，推进传统交通运输企业改制重组，发展现代形式的第三方物流企业；要大力支持物流园区基础设施建设和信息化改造，发挥物流园区的集聚效应，促进第三方物流企业的快速发展，为制造业提供方便快捷的服务；要充分发挥和利用我省港口（含海港、内河港口和空港）资源的有利条件，大力发展港口物流企业和物流基地，促进我省港口物流整体水平的进一步提高。

三、进一步促进商品交易市场的改造提升

我省是市场大省，商品交易市场的发展在全国处于领先水平，对于我省经济的发展起到了很好的桥梁和纽带作用。但随着经济社会的发展，信息、交通状况的逐步改善，传统的市场交易方式已逐渐难以适应市场经济发展的要求，亟需改造提升和转型升级。各级财政部门要研究改进思路，积极促进商品交易市场的改造提升，巩固和发展我省市场大省地位。要支持商品交易市场提升功能、转型升级，建立完善信息中心和服务平台，发展电子商务和会展业，支持有条件的商品交易市场改造成为大型购物中心，提升我省商品交易市场的整体水平。

四、积极推进企业主辅分离发展生产性服务业

生产性服务业是指直接为生产过程提供中间服务的服务业产业，是现代服务业的重要组成部分和发展方向。受传统计划经济的影响，我省许多企业还不同程度存在着主辅业不分的问题，既不利于提高社会服务效益，也增加了企业不必要的负担，同时也制约了生产性服务业的发展。做好主辅分离、辅业整合是推动和促进生产性服务业发展的有效途径。各级财政部门要出台相应的财税政策措施，采取资产划转、合并重组等行政和经济手段，推进企业剥离原材料采购、仓储运输业务等辅业经营，组建成立自主经营、独立核算、自负盈亏、单独纳税的生产性服务实体和物流配送企业，并逐步促使企业实行物流配送外包，提高社会化服务水平和服务效益；对于企业剥离组建的生产性服务实体，在开办初期财政要给予适当的政策扶持。

五、着力扶持社区服务业的快速发展

发展社区服务业是与城市化进程相协调、与城乡居民需求相适应的客观要求，社区服务业既事关民生，又是一个亟待开发的大市场。我国社会正在步入家庭小型化和人口老龄化阶段，生活的现代化和劳动的社会化，这些都可以直接促使人们产生社会化服务的需求。近几年来，我省社区服务业得到一定的发展，但总体水平仍然不高，不同程度存在着小、散、乱，服务不规范、从业人员素质低等诸多问题，亟需政府统一规划、合理布局，并给予必要的政策扶持。各级财政部门要安排专项资金，制定相应的政策，大力支持社区服务业的发展，要充分发挥社区服务业协会和龙头企业的示范作用，制定行业标准，加强人员培训，规范行业管理；要着力培育一批社区服务品牌试点示范企业，鼓励企业发展社区连锁便利店、"菜篮子"直营店和大众"放心早餐"等便民服务网点；积极支持面向社区商业服务的信息平台建设，鼓励有条件的企业利用信息技术开展社区便民服务和家政服务，发展网上交易、网上服务。

六、采取有效措施支持国际服务贸易发展

我省国际服务贸易仍处较低水平，2006 年全省国际服务贸易出口额仅相当同期货物出口贸易总额的 5.16%，而且主要集中于国际货物运输、旅游和对外工程承包及劳务输出等方面，发展的潜力仍很大。各级财政部门要针对我省建筑施工行业相对发达、人员素质相对较高的优势，引导鼓励企业发展对外工程承包及劳务输出；要支持具备条件的中心城市建立和完善服务外包基地，努力形成一批具有一定国际竞争力服务外包基地；要鼓励企业承接国际服务外包业务，培育一批具备国际资质的服务外包企业；要支持大型商贸企业和流通市场"走出去"，在国外设立购物中心和交易市场等，积极开拓国际商贸服务市场。

七、大力推进城乡公用服务事业改革和发展

随着我省城市化和中心集镇的快速发展，城乡公用服务事业相对落后、社会化程度等问题日益突出，特别是城乡公共交通的发展严重滞后，老百姓出行难的问题仍没得到根本性解决。各级财政部门要充分发挥自身职能作用，进一步采取切实可行的政策措施，积极推进城市公用事业改革，要逐步打破城市公用服务事业政府包办的局面，在法律法规没有禁入的领域和行业，要支持社会法人、民间资本共同参与城市公用服务事业改革，促进城市公用服务事业的较快发展；要采取财政贴息和补助相结合的方式，大力支持发展快捷、便利、准点的城乡公共交通，切实改进城乡公共交通落后的状况，解决城乡居民出行难的问题，节约能源利用，实现节能减排，减少环境污染；要推进公用事业向中心集镇和农村社区延伸，扩大农村公共服务的覆盖面，全面促进农村社会公共事业的发展。

八、进一步支持农村商贸流通服务体系建设

近几年，省委、省政府采取了一系列措施支持农村商贸服务基础设施建设，农村商品流通和服务体系建设有了一定改善，但农村商贸服务基础设施仍然相对落后，农村流通服务体系还不够健全，农村食品安全和农产品销售难等问题仍不同程度存在。各级财政部门要继续加大支持力度，积极推动城市商贸服务业向农村辐射和延伸，形成覆盖城乡的商贸服务网络，开拓农村市场，引导农村消费，逐步实现城乡联动的商贸流通服务体系；要鼓励有一定规模的企业在乡村设立连锁门点，建立营销网点，并实施工业品配送下乡，农产品直销进城，确保城乡食品安全，降低农产品流通成本，提高农民收入；要积极支持农业生产资料经营企业在乡村设立连锁经营门店，确保农资商品供应方便、放心和安全；要大力支持农产品批发市场标准化建设和冷链系统改造，培育农产品配送龙头企业，逐步解决农产品销售难的问题；要继续促进各类农村专业合作社发展，为农民群众提高生产、技术、销售等方面服务，提高农业生产的专业化、规模化水平。

九、积极扶持再生资源回收利用网络建设

建立完善的再生资源回收利用网络，提高资源的节约利用和综合利用率，对于促进节约型社会建设和循环经济发展将发挥重要作用。目前我省再生资源回收利用工作取得了一定成效，但再生资源利用企业规模化程度仍然不高、综合利用水平依然较低、城乡网点仍然相对缺乏。因此，各级财政部门必须采取切实可行的政策措施，支持培育一批具有一定规模的再生资源回收利用企业，发挥再生资源回收利用的示范带头作用；要支持城市社区和乡村再生资源回收网点建设，构建比较完善的再生资源回收网络；要支持再生资源集散市场建设和改造，促进再生资源的综合利用；要支持再生资源回收人员的培训，促进规范经营；要支持再生资源利用技术的研究开发，提高再生资源的利用水平。

十、切实促进公共服务和平台建设

我省块状经济特征明显，中小企业占有重要地位，切实做好公共服务平台建设，不仅是有利于服务业发展，也势必促进中小企业的发展。各级财政部门要进一步支持中小企业信息服务平台建设，为中小企业提供免费顾问、专家热线咨询、业务成长方案、信息科技应用及推广电子商务等专业服务；要进一步支持中小企业技术创新服务平台建设，为中小企业研究开发新产品、新技术及新工艺等方面提供技术服务，帮助中小企业解决发展中的技术瓶颈问题；要进一步支持外经贸信息服务平台建设，为外经贸企业“走出去”开展对外投资贸易提供信息咨询和方案评估等服务；要支持工业园区、科技园区、物流园区等信息服务和技术创新服务平台建设，为园区内企业提供公共信息和技术咨询服务；要积极支持商贸服务业品牌建设，做好“老字号”的保护、宣传和发展工作，支持培育一批商贸服务业品牌企业；要加快培育和大力支持适应新形势需要的各类行业协会、商会等社会中介服务组织发展，为社会经济发展服务；要支持商贸服务业人才的培训，全面提高商贸服务业人员素质。

浙江省财政厅
浙江省农业综合开发财政资金报账管理实施办法

2007年8月9日 浙财农发字〔2007〕20号

第一章 总 则

第一条 为加强农业综合开发资金管理，提高资金使用效益，确保项目建设质量，根据财政部《农业综合开发资金报账实施办法》（财发〔2001〕11号）和《浙江省农业综合开发资金和项目管理实施办法》（浙财农发字〔2006〕6号）、《浙江省农业综合开发财务管理实施办法》（浙财农发字〔2006〕44号）等规定，制定本实施办法。

第二条 本办法适用于国家和省级立项农业综合开发土地治理项目（包括中低产田改造项目、中型灌区节水配套改造项目、山区小流域农业生态工程项目、科技推广项目）和产业化经营项目（包括有偿无偿相结合项目、贷款贴息项目）。

第三条 本办法所指财政资金，包括中央、省、市、县（市、区）各级财政安排用于农业综合开发项目的财政无偿资金。

第四条 农业综合开发财政资金报账管理是指农业综合开发财政无偿资金使用单位（以下简称项目单位），根据批准的年度项目计划、工程设计（初步设计或实施方案）、合同等，按照项目建设进度，凭真实、合法、有效、完整的原始凭证及相关资料（以下简称报账凭证），向农业综合开发办公室（以下简称农发办）报账提款，经农发办和财政部门审核同意后拨付资金的管理制度。

第五条 县及县级以上财政部门开设农业综合开发财政资金专户，负责财政资金的筹集与管理。市、县（市、区）农发办开设农业综合开发财政无偿资金报账专户（以下简称报账专户），负责报账工作具体事宜及报账资金的日常核算和管理。

第六条 农业综合开发项目单位应做好报账基础工作。土地治理项目工程资金由市、县（市、区）农发办按项目进行专账核算；土地治理科技推广项目和产业化经营项目财政无偿资金由项目实施单位设置明细科目核算或建立项目资金辅助账。

第二章 报账资金管理

第七条 中央财政资金和省级财政资金由省财政厅从省农业综合开发资金专户直接拨付到市、县（市、区）农业综合开发财政资金专户。

第八条 市、县（市、区）财政部门应在规定时间内将本级财政配套资金足额拨入农业综合开发财政资金专户，并按照项目建设进度和规定的审批程序及时将各级财政无偿资金拨入农业综合开发报账专户。

第九条 市、县（市、区）农发办和财政部门对项目单位提交的报账凭证进行审核后及时拨付资金，并对各级财政无偿资金的拨入和拨出进行核算。

第十条 报账资金拨付实行转账结算，严格控制现金支出，严禁白条入账。

第十一条 农业综合开发财政无偿资金使用范围严格按照《浙江省农业综合开发资金和项目管理实施办法》、《浙江省农业综合开发财务管理实施办法》等有关制度规定执行。

第十二条 项目管理费由市、县(市、区)农发办按土地治理项目财政投资额的规定比例提取使用，不计入工程成本。

第三章 报账程序管理

第十三条 市、县(市、区)农发办应将省农发办下达的年度项目计划及时批复给项目单位，编制财政无偿资金用款计划，报同级财政部门审定。

第十四条 市、县(市、区)财政部门根据批准的项目计划、项目用款计划，按照项目建设进度和规定的审批程序，及时将农业综合开发项目财政无偿资金从财政资金专户分批拨入报账专户。

第十五条 项目单位按照项目建设进度，填写农业综合开发项目报账申请单(具体格式详见附表)，附项目支出报账凭证，向农发办报账提款。

第十六条 市、县(市、区)农发办和财政部门对项目单位的报账凭证和项目建设质量进行审核后，农发办在同意报账的原始凭证上加盖"农业综合开发已报账"印章，将原始凭证原件退回项目单位记账，原始凭证复印件作为报账专户拨付资金的辅助凭证。土地治理项目工程支出原始凭证直接作为报账专户(工程核算专户)的记账凭证。

第十七条 土地治理项目实行工程承包(含招投标，下同)的，由施工单位依据承包合同，按照工程建设进度，向农发办报账提款，经农发办和财政部门审核同意后，按合同约定分批拨付资金。

工程完工、已办理竣工决算并经县级验收合格后，拨付其余的工程款项(按承包合同预留的质量保证金除外)。

第十八条 土地治理科技推广项目和产业化经营项目，由项目单位依据批准的项目计划、初步设计或实施方案、合同等，按照项目建设进度，凭项目支出原始凭证和相关资料向农发办报账提款，经农发办和财政部门审核同意后拨付资金。

第四章 报账凭证管理

第十九条 农业综合开发项目单位向农发办报账提款应出具的原始凭证包括增值税专用发票、普通发票(以下简称发票)、银行结算凭证、银行结息凭证等，并提供以下相关资料：

(一)土地治理项目须提供：经批准的项目计划，工程设计，合同，工程联系单，监理意见，单项工程验收单，工程结算单，审价结论，工程竣工图，县级验收合格意见等。

(二)科技推广项目须提供：支出明细表，科技推广合同、实施方案，培训资料、培训通知及签到单，阶段性工作总结等。

(三)产业化经营有偿无偿相结合项目须提供：财政无偿资金支出明细表，经批准的项目计划、初步设计或实施方案，有关合同、培训通知及签到单等。

(四)产业化经营贷款贴息项目须提供：立项批准文件，贷款合同等。

第五章 监督检查

第二十条 市、县(市、区)财政部门、农发办和项目单位要建立健全内部控制制度和监督制约机制，共同做好报账管理工作，并积极配合审计部门实施审计，加强监督检查。

第二十一条 发现下列情况，不予报账：

(一)违反国家有关法律、法规和规章制度的；

(二)未列入农业综合开发项目计划、未按工程设计(初步设计或实施方案)、合同实施以及未经批准擅自改变项目计划的；

(三)未按要求提供报账凭证、未设置明细科目核算项目资金或未建立项目资金辅助账的；

(四)存在施工质量问题，未按要求整改的；

(五)其他不符合规定的开支。

第二十二条 对报账管理工作中出现的违法违规问题，依据《财政违法行为处罚处分条例》等法律法规的有关规定严肃查处。

第二十三条 凡不实行财政无偿资金报账管理的市、县(市、区)，取消其农业综合开发项目县资格。

第六章 附 则

第二十四条 农业综合开发农口部门项目财政无偿资金报账管理参照本实施办法执行。

第二十五条 各市、县(市、区)财政部门、农发办应结合本地实际制定具体的实施细则，并报省财政厅(农发办)备案。

第二十六条 本实施办法从2007年度项目开始施行。原《浙江省农业综合开发县级报账制实施办法》(浙财农发字〔2002〕4号)同时废止。

附：1. 浙江省农业综合开发土地治理项目施工单位报账申请单(略)

2. 浙江省农业综合开发土地治理科技推广项目财政资金报账申请单(略)

3. 浙江省农业综合开发产业化经营项目财政无偿资金报账申请单(略)

4. 浙江省农业综合开发财政贴息资金报账申请单(略)

浙江省财政厅 浙江省民政厅
浙江省农村"五保"和城镇"三无"对象
集中供养省级专项资金使用管理办法

2007年9月21日 浙财社字〔2007〕130号

第一条 为规范和加强我省农村"五保"和城镇"三无"对象集中供养省级专项资金(以下简称"供养资金")管理，保障资金安全，提高资金使用效益，根据国务院《农村五保供养工作条例》和《浙江省人民政府关于进一步完善新型社会救助体系的通知》

(浙政发〔2005〕65 号)等有关规定,制订本办法。

第二条 本办法适用于我省各级财政、民政部门,以及承担农村"五保"和城镇"三无"对象(以下简称"供养对象")集中供养任务的各级养老机构(以下简称"供养机构")的集中供养省级专项资金收支和管理活动。供养机构主要包括:社会福利院、光荣院、城镇老年福利机构、农村老年福利机构。

第三条 本办法所指供养资金是指省财政为保障供养对象基本生活所需的必要开支而设立的专项资金。主要用于:

1. 供养对象吃、穿、医等方面的直接开支;

2. 供养机构设备购置、房屋新建或改扩建等方面的支出。

第四条 供养资金的分配原则

1. 统筹安排,专款专用;

2. 以地方财政投入为主,省级财政补助为辅;

3. 省级补助资金主要采取以奖代补形式,并向经济欠发达地区倾斜。

第五条 供养资金申请拨付与补助

1. 开展集中供养工作的市、县(市、区),筹集供养资金确有困难的,可由当地民政、财政部门联合行文,分别报省民政厅和省财政厅申请供养资金补助。

2. 申请补助资金的报告应包括以下内容:本市、县(市、区)开展集中供养工作基本情况、集中供养所需资金总额、已落实资金数、要求省级补助金额,以及其他相关的说明材料。

3. 省财政厅、省民政厅根据各地集中供养工作开展情况、财政状况、工作成效,以及上年度省级补助供养资金使用管理等情况,采取以奖代补的形式核拨补助。

第六条 供养资金的使用严格执行"专账核算、专项管理、专款专用、讲求实效"的原则。

1. 具有法人资格的供养机构,必须对供养资金实行独立核算;对不具有法人资格的供养机构,必须由县级民政局或街道(乡、镇)设立专账,对供养资金进行明细核算。

2. 供养机构应严格区分各项供养资金的性质,实行"专项管理,专款专用"。省级供养资金不得用于供养机构工作人员和日常公用经费支出。

3. 供养机构应规范供养资金的支出管理,各项费用支出均须提供合法的原始凭证。设备购置、维修、房屋新建或改扩建等项目支出必须符合国家关于政府采购、基本建设等相关规定。

4. 供养机构应充分发挥供养资金使用绩效,对投资总额在 100 万元(含)以上的项目经费,应当进行绩效评价。

第七条 供养机构应定期报告供养资金使用情况。

1. 供养机构应定期(由当地财政部门自行确定)编制供养资金收支情况表,并及时报送当地民政和财政部门。

2. 具有法人资格的供养机构应根据当地财政部门的要求编制年度决算。年度决算的各项收支必须完整、准确,不得估列代编,不得随意调整收支数字,转移资金。

3. 供养机构年度决算必须附财务情况说明书。财务情况说明书必须包括:供养资金收支情况,供养对象基本情况和特殊情况的说明,以及其他有关重要项目的明细资料等。

4. 有省级下拨供养补助资金的市、县(市、区)民政、财政部门应将当年省级补助资金使用情况,于次年 1 月底前以书面形式报告省民政厅、省财政厅。

第八条 供养资金使用的监督管理

1. 各供养机构应建立健全内部规章制度,严格收支管理,规范会计核算,并自觉接受财政、审计和民政等有关部门的监督检查。

2. 各级民政部门应切实加强供养资金的使用管理,并通过张榜公布、新闻媒体公告等方式定期向社会公布供养资金使用情况,自觉接受社会监督。

3. 各级财政部门应加强对供养资金使用管理的监督检查,以确保供养资金的合理使用和专款专用。

4. 对骗取截留、挪用专项资金、擅自变更项目内容、不按规定实施政府采购、不按期报送有关资料的,省财政厅、省民政厅将根据有关规定和具体情况采取停止项目拨款、今后 2-3 年内暂停安排新的补助项目或收回专项资金等措施,并按照《财政违法行为处罚处分条例》和《政府采购法》等有关法律法规的规定进行查处。

第九条 各市、县(市、区)财政、民政部门应根据本办法,结合当地实际,制订本市、县(市、区)的供养资金管理办法。

第十条 本办法自发布之日起执行。

浙江省财政厅 浙江省民政厅
浙江省社会捐赠省级专项资金使用管理办法

2007 年 9 月 26 日 浙财社字〔2007〕132 号

一、总 则

第一条 为加强对社会捐赠省级专项资金(以下称"省级捐赠资金")的使用管理,根据《中华人民共和国公益事业捐赠办法》(中华人民共和国主席令第 19 号)和加强政府非税收入管理的有关规定,制定本办法。

第二条 本办法所指的社会捐赠资金为省民政厅代表省政府接收的、由单位和个人自愿捐赠的各种资金,包括救灾捐款、社会福利事业捐款、突发性重大事件捐款,以及其他公益事业捐款。

二、收入管理

第三条 省级捐赠资金实行收支两条线管理。收入全额上缴财政专户,支出由省财政通过财政专户拨付。

第四条 省民政厅接收社会捐款时,必须向捐赠者出具由省财政厅统一监制的"浙江省公益事业捐赠票据"。

第五条 省民政厅应严格按照《浙江省财政票据管理暂行办法》有关规定领取、使用和核销"浙江省公益事业捐赠票据"。

第六条 省民政厅接收的社会捐赠资金应按规定及时、全额上缴省级财政非税收入专户。

第七条 省财政厅按季将省民政厅缴入省级财政非税收入专户的捐赠资金划拨到省级社会捐赠资金专户。遇特殊情况，则按支出需要即时划拨。

第八条 省民政厅应将接收捐赠资金的有关情况（如捐赠单位、金额等），以适当的方式向社会公布。

三、支出管理

第九条 省级捐赠资金使用原则

（一）结合各级财政预算内资金统筹安排、合理使用的原则。

（二）先收后支、以收定支的原则。

（三）充分尊重捐赠者意愿，实行专款专用的原则。

第十条 省级捐赠资金的使用范围

省级捐赠资金分定向捐款和非定向捐款两大类。对定向捐款必须严格按照捐赠者的意愿使用；对非定向捐款根据捐赠资金的性质，可用于救助灾害、救济贫困、资助社会福利事业、社会公益事业以及直接用于救灾救济等方面的必要开支。

第十一条 省级捐赠资金用款程序

（一）省民政厅根据捐赠资金的性质和接收捐款的数量提出资金分配原则和详细的资金使用方案，商省财政厅同意后使用。其中重特大灾时救灾捐款的使用方案须报请省政府领导同意。

（二）省财政厅根据批准的资金使用方案办理相关的拨款手续。其中：属于补助市、县（市、区）的经费，由省财政厅、省民政厅联合下文，并由省财政厅直接将款项拨入各市、县（市、区）财政局有关财政专户；属于补助省级有关单位的经费，由省财政厅直接将经费拨入省级有关单位账户。

（三）市、县（市、区）申请补助省级捐赠资金的基本要求：根据省级捐赠资金的性质和使用范围，当地民政、财政部门筹集相关资金确有困难的，可由当地民政、财政部门联合行文，分别报省民政厅和省财政厅。

申请补助资金的报告应包括以下内容：本市、县（市、区）有关项目基本情况、所需资金总额及资金落实情况、要求省级补助的金额，以及其他相关的说明材料。

四、监督管理

第十二条 省民政厅应建立健全内部规章制度，切实加强对省级捐赠资金使用的管理，确保资金按规定的用途合理使用，充分发挥资金的使用效益，并督促资金使用单位及时反馈资金使用情况。

第十三条 省财政厅、省民政厅应加强对社会捐赠省级专项资金使用情况的监督检查，发现有违规行为的，应及时予以纠正，以确保社会捐赠资金的专款专用和合理使用。

第十四条 民政、财政部门应自觉接受社会、捐赠者以及审计部门的监督检查。省民政厅应定期向社会公布省级捐赠资金使用情况，其中对接收的定向捐赠资金必须向捐赠者书面反馈资金使用情况。

五、附　则

第十五条 本办法不适用于通过红十字会、慈善总会等部门接收的社会捐赠资金。

第十六条 本办法自发布之日起实施。

浙江省财政厅 浙江省农科教协调领导小组办公室
浙江省“千万农村劳动力素质培训工程”财政补助资金管理办法

2007 年 9 月 30 日　浙财农字〔2007〕245 号

第一章 总　则

第一条 为进一步加强和规范“千万农村劳动力素质培训工程”财政补助资金（以下简称“培训补助资金”）的使用和管理，提高资金的使用效益，根据省委、省政府《关于实施“千万农村劳动力素质培训工程”的通知》（浙委办发〔2004〕21 号）精神，特制订本办法。

第二条 本办法所指培训补助资金是指各级财政为提高从事农业生产和经营的农民运用先进适用农业技术和经营管理能力、被征地农民和下山移民及农村富余劳动力转移就业技能，促进高效生态现代农业发展和农村劳动力向二、三产业转移设立的专项培训资金。在岗务工人员和农村后备劳动力培训资金的来源和使用，按《浙江省人民政府关于大力推进职业教育改革与发展的意见》（浙政〔2006〕41 号）的有关精神执行。

第三条 各地要按照“分级负担，适当补助”的原则，建立和完善“政府主导、多方筹资”的培训投入机制。各市、县（市、区）财政部门应根据当地农村劳动力培训实际，设立“千万农村劳动力素质培训工程”专项资金。具体的补助标准，由各地根据不同的培训内容、培训时间、培训工种等自行确定。

第四条 培训补助资金的使用以农民直接受益为原则，对受训农民的培训费进行补助。被征地农民、转产转业渔民、下山移民、农村富余劳动力和专业农户等是农村劳动力培训补助的重点对象。其中，对获得相关就业技能的培训费用，原则上由政府资金补助。

第五条 培训补助资金可以在按要求完成培训任务后，直接补贴给受训农民，也可以通过减免培训收费的方式补贴给定点培训基地。

第六条 省财政每年安排的“千万农村劳动力素质培训工程”专项资金，重点用于支持欠发达和海岛县（市、区）以及享受省财政“两保两挂”体制和工资转移支付政策的县（市、区）开展农村劳动力培训，并按培训实绩，实行分类补助。

第七条 省培训补助资金主要用于对获得国家职业资格等级证书、县级以上劳动部门核发的职业资格证书和由省农科教协调领导小组办公室颁发和认可的技能培训合格证书的本省户籍农民进行补助。

第二章 补助条件

第八条 本省农村劳动力在当地按照高效生态农业主导产

业开展农业专业技能等培训，并获得省农科教协调领导小组办公室颁发和认可的技能培训合格证书的，省财政给予一定补助，超出部分由当地财政给予补助。

第九条 农业专业技能培训累计时间一般不少于80课时(含理论与实践课)，转移就业技能培训时间一般为30～120天，具体培训时间由培训机构根据培训内容和工种确定，并报当地农村劳动力培训工作办公室(以下简称农培办)备案。

第十条 鼓励有条件的职业技术院校和社会培训机构，根据市场紧缺工种的需求，按照技能培训与就业服务挂钩的要求，积极开展省内跨县域的定向职业技能培训(以下简称省内异地培训)，促进农村劳动力的异地就业和培训资源的区域共享。

第十一条 承担省内异地培训任务的农村劳动力定点培训基地须经省农科教协调领导小组办公室认可。培训基地须按实际培训和转移的人数以及实际发生的培训成本如实上报培训费用。省内异地培训所需培训费用，按照“政府补一点、用工单位出一点、培训机构让一点、个人付一点”的原则予以解决，政府补助部分由省财政和培训机构所在地财政按一定比例分别给以补助。

第十二条 农村劳动力定点培训基地须经市、县(市、区)级农培办资格认定，通过招投标方式确认。培训收费标准须经当地财政、物价部门核定，并报市、县(市、区)级农培办备案。各地农培办要将各定点培训基地的专业设置、培训时间、培训能力、培训条件和收费标准等情况向社会公布。

第三章 资金申报

第十三条 直接补助给受训农民的，在受训农民按要求完成培训任务并获得职业资格证书后，由受训农民凭当期开班证明、身份证、培训基地收费凭证和职业资格证书等原件，经县(市、区)农培办审核并领取补助资金。

第十四条 通过减免培训收费的方式补贴给定点培训基地的，由定点培训基地凭项目合同书、开班证明、学员名册、受训农民职业资格证书发放登记单等材料，经县(市、区)农培办审核确认后，到当地财政部门申拨补助资金。当地财政部门按培训实绩确定补助人数，核发补助资金。

第十五条 补贴给开展省内异地培训的定点培训基地的，由培训基地凭项目合同书、开班证明、学员名册、收费凭证、培训基地与企业签订的定向培养合同、参训农民职业资格证书发证登记单、学员与企业签订的一年期以上的就业合同、学员输出地户籍证明等材料，经培训基地所在市农培办审核，并经省农科教协调领导小组办公室确认后，由省农科教协调领导小组办公室向省财政部门申拨补助资金(具体补助办法另行制定)。

第四章 省培训补助资金

第十六条 省“千万农村劳动力培训工程”补助资金重点向欠发达地区倾斜，其中，淳安县、洞头县、平阳县、苍南县、永嘉县、文成县、泰顺县、磐安县、武义县、柯城区、衢江区、江山市、常山县、开化县、龙游县、天台县、仙居县、三门县、莲都区、缙云县、松阳县、龙泉市、青田县、云和县、遂昌县、景宁县、庆元县、定海区、普陀区、岱山县、嵊泗县、安吉县、金东区、婺城区、兰溪市享受省一类补助标准；建德市、桐庐县、临安市、浦江县、临海市、长兴县、嵊州市、富阳市、海宁市、桐乡市、平湖市、嘉善县、海盐县、德清县、上虞市、新昌县、诸暨市、永康市、东阳市、玉环县享受省二类补助标准；其他县(市、区)享受省三类补助标准。

第十七条 根据培训内容和转移培训就业率确定不同的培训补助标准，对获得由省农科教协调领导小组颁发和认可的职业技能资格证书、国家职业资格等级证书与县级以上劳动部门核发的职业资格证书并实现转移就业的，分别按三类地区不同标准进行补助。

第十八条 达到转移就业技能培训标准(培训后资格证书获证率达70%以上，获得资格证书的劳动力转移就业率达80%以上)的，三类地区的补助标准分别为人均600元、500元和300元；对没有达到培训标准的，按资格证书获证率和转移就业率下降比率同等降低补助标准；对农业专业技能培训三类地区分别按人均100元、80元和50元予以补助。

第十九条 省培训补助资金中安排部分资金，专项用于省内异地培训的补助。补助标准按当年实际培训人数和培训费用承担比例确定。

第二十条 各县(市、区)按计划完成培训任务后，将符合省培训补助资金使用条件的学员名册、受训农民职业资格证书发放登记单等有关材料，经市审核后报省农科教协调领导小组办公室确认(具体管理办法另行制定)。

第二十一条 省培训补助资金一年结算两次，结算期为上年10月至当年3月和当年4月至9月。

第五章 资金拨付和使用

第二十二条 省财政厅根据省农科教协调领导小组办公室确定的资金分配方案，将省培训补助资金(除省内异地培训补助资金外)，于每年的4月份和10月份分别拨付到各市、县(市)财政。各地应结合本级财政安排的培训补助资金统筹使用。培训资金不得切块给各部门使用。

第二十三条 县(市、区)财政部门对当地农培办审核确认的有关培训材料凭证进行复核无误后，按直接补贴给农民或培训基地的不同方式，及时拨付补助资金。

第六章 资金管理和监督

第二十四条 培训补助资金严格实行项目管理，做到资金到项目、管理到项目、核算到项目。市、县(市、区)财政部门要设立培训补助资金专户，确保专款专用。

第二十五条 受训农民直接领取补助资金时，要登记身份证号和联系电话，并由本人签名(或盖章、按手印)。县(市、区)农培办要登记造册，建立受训农民档案。

第二十六条 当地农培办要对培训机构、培训任务、受训人员、收费标准、资金补助及使用、培训资格证书发证和转移就业等情况进行定期公示，每年不少于两次。

第二十七条 培训机构要建立农民培训台账和农民转移就业台账，报当地农培办备案、备查。对职业资格等级证书获证率低于70%和获得职业资格等级证书农民转移就业率低于80%的培训机构，要取消其农村劳动力培训基地的资格。

第二十八条 各级农培办要设立举报电话，会同同级监察部门认真查证举报事项，对发现的违规违纪行为要及时严肃查处。对骗取、套取、挪用、贪污培训补助资金的行为，要依法追究有关单位和直接责任人的法律责任。

第二十九条 各市、县(市、区)农培办须将当地本年度农村劳动力培训工作完成情况、资金安排落实和使用情况等形成书面材料，于次年1月份上报省农科教协调领导小组办公室、省财政厅，并抄送省有关主管厅局。

第三十条 各级财政部门要依法加强对培训补助资金的监督检查，配合审计等有关部门做好审计、检查、稽查工作。

第七章 附 则

第三十一条 各市、县(市、区)财政部门可根据本办法，结合当地的实际情况，制定具体的实施细则，并报省财政厅备案。

第三十二条 本办法自下发之日起执行。原《浙江省"千万农村劳动力素质培训工程"财政补助资金管理办法(试行)》(浙财农字〔2004〕201号)同时废止。

浙江省财政厅 浙江省教育厅
浙江省普通本科高校、高等职业学校国家奖学金实施细则

2007年10月8日 浙财教字〔2007〕174号

第一章 总 则

第一条 为激励普通本科高校、高等职业学校学生勤奋学习、努力进取，在德、智、体、美等方面得到全面发展，根据《财政部、教育部关于印发〈普通本科高校、高等职业学校国家奖学金管理暂行办法〉的通知》(财教〔2007〕90号)，制定本实施细则。

第二条 本细则所称普通本科高校、高等职业学校是指根据国家有关规定批准设立、实施高等学历教育的全日制普通本科高等学校、高等职业学校和高等专科学校(以下简称高校)。

第三条 国家奖学金根据国家有关规定，由中央政府出资设立，用于奖励高校全日制本专科(含高职、第二学士学位)学生(以下简称学生)中特别优秀的学生。

各高校国家奖学金的名额由省财政厅、省教育厅根据财政部、教育部确定的我省当年国家奖学金的总人数，以及高校类别、办学层次、办学质量、在校本专科生人数等因素确定。在分配名额时，对办学水平较高的高校、以农林水等国家需要的特殊学科专业为主的高校予以适当倾斜，对民办高校(含独立学院)和中外合作办学机构(项目)综合考虑办学质量、学费标准、招生录取分数、一次性就业率、学科专业设置等因素后予以确定。

第二章 奖励标准与基本条件

第四条 国家奖学金的奖励标准为每人每年8000元。

第五条 国家奖学金的基本申请条件:

1. 热爱社会主义祖国，拥护中国共产党的领导;
2. 遵守宪法和法律，遵守学校规章制度;
3. 诚实守信，道德品质优良;
4. 在校期间学习成绩优异，社会实践、创新能力、综合素质等方面特别突出。

第三章 名额分配与预算下达

第六条 省学生资助管理部门根据财政部、教育部确定的我省当年国家奖学金的总人数，按照本办法第三条的规定，于每年8月15日前，提出全省高校国家奖学金名额分配建议方案，报省财政厅、省教育厅审批。

第七条 每年9月1日前，省财政厅、省教育厅负责将国家奖学金分配名额和预算下达全省各高校。

第四章 申请和评审

第八条 国家奖学金每学年评审一次，实行等额评审，坚持公开、公平、公正、择优的原则。

第九条 申请国家奖学金的学生为高校在校生中二年级以上(含二年级)的学生。同一学年内，申请国家奖学金的家庭经济困难学生可以同时申请并获得国家助学金，但不能同时获得国家励志奖学金。

第十条 高校要根据本办法的规定，制定具体评审办法，并报省教育厅备案。

第十一条 高校学生资助管理机构具体负责组织评审工作，提出本校当年国家奖学金获奖学生建议名单，报学校领导集体研究审定后，在校内进行不少于5个工作日的公示。公示无异议后，每年10月31日前，各高校将评审结果逐级报至省教育厅。省教育厅审核、汇总后，统一报教育部审批。教育部于每年11月15日前批复并公告。

第五章 奖学金发放、管理与监督

第十二条 高校于每年11月30日前将国家奖学金一次性发放给获奖学生，颁发国家统一印制的奖励证书，并记入学生学籍档案。

第十三条 各高校要切实加强管理，认真做好国家奖学金的评审和发放工作，确保国家奖学金用于奖励特别优秀的学生。

第十四条 各高校必须严格执行国家相关财经法规和本办法的规定，对国家奖学金实行分账核算，专款专用，不得截留、挤占、挪用，同时应接受财政、审计、纪检监察、主管机关等部门的检查和监督。

第六章 附 则

第十五条 本办法自发布之日起施行。原省财政厅、省教育厅《关于印发〈省政府助学奖学金管理办法〉的通知》(浙财教字〔2005〕193号)同时废止。

浙江省财政厅
关于印发浙江省行政事业单位资产核实暂行办法的通知

2007 年 11 月 9 日 浙财政字〔2007〕145 号

各市、县(市、区)财政局(宁波不发)、省级各有关单位:

为加强行政事业单位国有资产管理,规范行政事业单位资产核实工作,我们研究制定了《浙江省行政事业单位资产核实暂行办法》,现予印发。并就有关事项通知如下:

一、主管部门是资产核实工作的责任主体之一,应当认真组织所属单位有关损益项目的审核认定工作,由财务部门或专职资产管理部门牵头,履行内部审批程序,经本部门资产清查领导小组和主要领导审查通过后形成定性、定量结论。

主管部门应将认定的所属单位全部损益情况汇总并正式行文报财政部门。按照规定权限,属于主管部门审批的,由主管部门自行批复,并将批复结果报送财政部门备案。属于财政部门审批的,由各级财政部门以正式文件予以批复;主管部门向财政部门申报损益情况时,需附报以下材料及电子数据:

1. 申请核实报告;

2. 行政事业单位资产损益(资金挂账)明细表(见附件 2);

3. 中介机构出具的经济鉴证报告或具有法律效力的外部证据。

省级主管部门应将损益认定文件和相关资料,于 2007 年 12 月 15 日前报省财政厅各归口业务处室;按权限由省级主管部门自行批复的事项,要将其批复结果于 2007 年 12 月 31 日前报省财政厅各归口业务处室备案。

二、资产损益批复后,财政部门和主管部门要通过专项检查、资产统计报表审计等多种方式,加强监督检查,督促各单位认真落实各项政策,严格按照本办法规定及时调整相关账务,确保账实相符、账账相符、账表相符,并针对资产管理中存在的问题,建章立制,夯实管理基础,防止前清后乱。

三、本办法下发后,各地、各单位应认真贯彻执行。执行中遇到的问题,请及时向我厅反映。

附件:1. 浙江省行政事业单位资产核实暂行办法

2. 行政事业单位资产损益(资金挂账)明细表(略)

附件 1:

浙江省行政事业单位资产核实暂行办法

第一章 总 则

第一条 为加强行政事业单位国有资产管理,规范行政事业单位资产核实工作,真实反映行政事业单位资产和财务状况,根据财政部《行政事业单位资产清查暂行办法》(财办〔2006〕52 号)、《行政事业单位资产核实暂行办法》(财办〔2007〕19 号)和国家、省有关规定,制定本办法。

第二条 本办法仅适用于 2007 年度资产清查核实工作。

第三条 行政事业单位资产核实,是指财政部门、主管部门根据国家资产清查政策和有关财务、会计制度,对行政事业单位资产清查工作中的资产盘盈、资产损失和资金挂账进行认定批复的工作。

第四条 财政部门、主管部门和行政事业单位,按照"防止流失,兼顾实际"的原则,在规定权限内对资产损益进行处理。国家另有规定,依照有关规定处理。

第五条 行政事业单位(以下简称单位)资产核实工作一般按照以下程序进行:

(一)单位清理。单位根据国家资产清查政策、有关财务、会计制度和单位内部控制制度,对资产清查中清理出的资产盘盈、资产损失和资金挂账,分别提出处理意见,并编制报表和撰写工作报告。

(二)专项审计。接受委托的会计师事务所根据《中国注册会计师审计准则》和国家其他有关规定,对资产清查结果进行审核,并按照财政部门要求出具专项审计报告、经济鉴证报告或证明。

(三)部门审核。主管部门对所属单位申报的资产清查材料(含专项审计报告、经济鉴证报告)进行复核、归纳、整理、汇总,提出审核意见,以正式文件报财政部门,并对规定权限范围内应由主管部门审批的事项予以批复。

(四)财政审批。财政部门对主管部门报送的资产清查材料进行审核,并对规定权限范围内应由财政部门审批的事项予以批复。

第六条 单位对资产清查中的损益事项应提供合法证据。单位负责人对所提供的资产清查材料的真实性、完整性负责。中介机构对所出具的专项审计报告、经济鉴证报告、经济鉴证证明等独立承担法律责任。

第二章 资产盘盈

第七条 资产盘盈是指单位在资产清查基准日无账面记载,但单位实际占有使用的能以货币计量的经济资源。包括货币资金盘盈、存货盘盈、有价证券盘盈、对外投资盘盈、固定资产盘盈、无形资产盘盈、往来款项盘盈等。

第八条 货币资金盘盈是指单位清查出的无账面记载或反映的现金和各类存款等。

(一)现金盘盈,根据现金保管人确认的现金盘点表(包括倒推至基准日的记录)和现金保管人对于现金盘盈的说明等进行认定。

(二)存款盘盈,根据银行对账单和银行存款余额调节表进行认定。

（三）清理出的各项账外收入应比照货币资金盘盈处理。

第九条 存货盘盈是指单位清查出无账面记载或反映的库存材料、材料和产成品等。

存货盘盈，根据存货盘点表、经济鉴证报告或证明、其他材料（保管人对于盘盈的情况说明、价值确定依据等）进行认定。

第十条 有价证券盘盈是指单位清查出的无账面记载或反映的有价证券。

有价证券盘盈，根据有价证券盘点表、经济鉴证报告或证明、有价证券的价值确定依据等进行认定。

第十一条 对外投资盘盈是指单位清查出的无账面记载或反映的单位对外投资。

对外投资盘盈，根据对外投资合同（协议）、文件、当事双方情况说明、经济鉴证报告或证明等进行认定。

第十二条 固定资产盘盈是指单位清查出的无账面记载或反映的固定资产。

盘盈固定资产应当权属清晰，权属关系不明确或者存在权属纠纷的固定资产应当依法界定权属。固定资产盘盈，根据固定资产盘点表、盘盈情况说明、经济鉴证报告或证明、盘盈价值确定依据（发票、竣工决算资料、同类资产的市场价格或类似资产的购买合同）等进行认定。难以确认价值的，可委托中介机构评估确定。

（一）单位清理出的账外固定资产，若产权属于部门内其他单位而被本单位长期无偿占用，且不属于纪检、监察部门规定清退范围的，当事双方协商一致并按规定程序报批后，按账面价值申报无偿划拨；若产权属于部门外单位的，当事双方应对该项资产按市场价值签订无偿或有偿转让合同，并按规定程序上报，经批准后予以处置，纳入资产清查范围内的对方单位按本办法第三章规定处理。如对方单位不同意转让，应予退回。

（二）清查出的因历史原因而无法入账的无主财产，根据《民法通则》等有关规定，依法确认为国有资产的，要及时入账，纳入国有资产管理范围。

已投入使用但尚未办理竣工决算手续的房屋建筑物，按照基本建设财务管理规定及时办理竣工决算有关手续，不作为资产盘盈。

第十三条 无形资产盘盈是指单位清查出的无账面记载或反映的无形资产。

无形资产盘盈，根据无形资产盘点表、盘盈情况说明、经济鉴证报告或证明、盘盈价值确定依据（同类资产的市场价格、类似资产的购买合同、发票或自行开发资料）等进行认定。难以确认价值的，委托中介机构评估确定。

第十四条 暂付款、应收账款等往来款项盘盈是指单位清查出的无账面记载或反映的暂付款、应收账款等往来款项。

暂付款、应收账款等往来款项盘盈，根据盘盈情况说明经济鉴证报告或证明、与对方单位的对账单或询证函等进行认定。

第三章 资产损失

第十五条 资产损失是指单位在资产清查基准日有账面记载，但不归本单位占有、使用或丧失使用价值的，能以货币计量的经济资源。包括货币资金损失、坏账损失、存货损失、有价证券损失、对外投资损失、固定资产损失、无形资产损失等。

第十六条 单位清查出的资产损失应逐项清理，取得合法证据后，对损失项目及金额按规定进行核实认定。对清查出的各项资产损失，虽取得具有法律效力的外部证据，但其损失金额无法确定的，或者难以取得外部具有法律效力证据的，可由社会中介机构进行经济鉴证后出具鉴证报告或证明，作为认定损失的证据。

第十七条 货币资金损失是指单位清查出的现金短缺和各类存款损失等。

现金短缺，在扣除责任人赔偿后，根据现金盘点表（包括倒推至基准日的记录）、短款说明及核准文件、赔偿责任认定及说明、经济鉴证报告或证明、司法涉案材料等进行认定。各类存款损失比照执行。

第十八条 坏账损失是指单位不能收回的各项应收款项造成的损失。清查出的各项坏账，应分析原因，对有合法证据证明确实不能收回的应收款项，按以下方式处理：

（一）因债务单位破产、被撤销、注销、吊销营业执照或者被政府责令关闭等无法收回的应收款项，根据法院的破产公告、破产清算文件、工商部门注销吊销证明、政府部门有关文件等进行认定。对已经清算的，扣除清偿部分后不能收回的款项认定为损失。

（二）债务人失踪、死亡的应收款项，根据公安机关出具的证明进行认定。债务人财产不足清偿或无法追偿债务的，可以根据中介机构出具的经济鉴证报告或证明认定损失。

（三）因自然灾害等不可抗力因素无法收回的应收款项，由单位做出专项说明，可以根据中介机构出具的经济鉴证报告或证明认定损失。

（四）其他逾期不能收回的应收款项，一般应当根据生效的法院判决书、裁定书认定损失。但以下三种情况，可以按照下述方式认定损失：

逾期三年以上、单笔数额较小、不足以弥补清收成本的，由单位出具情况说明，可以根据中介机构出具的经济鉴证报告或证明认定损失；

逾期三年以上、有依法催收记录、债务人资不抵债且连续三年亏损或停止经营三年以上、确实不能收回的，可以根据中介机构出具的经济鉴证报告或证明认定损失；

逾期三年以上、债务人在境外及港澳台地区、依法催收确实不能收回的，可以根据中介机构出具的经济鉴证报告或证明，或者我国政府驻外使领馆、驻外机构出具的相关证明认定损失。

（五）单位为减少坏账损失而与债务人协商，对逾期三年以上的应收款项，按原值一定比例折扣后收回（含收回的实物资产）的，根据双方签订的有效协议、资金回收证明和中介机构出具的经济鉴证报告或证明，对折扣部分可以认定为损失。

第十九条 存货损失是指单位库存材料、材料、产成品等因盘亏、毁损、报废、被盗等原因造成的损失。

（一）盘亏的存货，扣除责任人赔偿后的部分，可以根据存货盘点表、社会中介机构出具的经济鉴证报告或证明，盘亏情况说明、盘亏的价值确定依据、赔偿责任认定说明和内部核批文件等认定损失。

(二)报废、毁损的存货,扣除残值及保险赔偿或责任人赔偿后的部分,可以根据国家有关技术鉴定部门或具有技术鉴定资格的中介机构出具的技术鉴定证明(涉及保险索赔的应有保险公司理赔情况说明)、毁损报废说明、赔偿责任认定说明和内部核批文件等认定损失。

(三)被盗的存货,扣除保险理赔及责任人赔偿后的部分,可以根据公安机关的结案证明、责任认定及赔偿情况说明(涉及保险索赔的应有保险公司理赔情况说明)认定损失。

第二十条 有价证券及对外投资损失,应分析原因,有合法证据证明不能收回的,可以认定损失。

(一)因被投资单位破产、被撤销、注销、吊销营业执照或者被政府责令关闭等情况造成难以收回的不良投资,可以根据法院的破产公告或者破产清算的清偿文件、工商部门的注销吊销文件、政府有关部门的行政决定等认定损失;

已经清算的,扣除清算资产清偿后的差额部分,可以认定为损失;

尚未清算的,被投资单位剩余资产确实不足清偿投资的差额部分,根据中介机构出具的经济鉴证证明,可以认定为损失。

(二)对事业单位参股投资项目金额较小,确认被投资单位已资不抵债且连续停止经营三年以上的,根据中介机构出具的经济鉴证报告或证明,对确实不能收回的部分,可以认定为损失。

(三)行政单位有价证券、事业单位证券等短期投资,未进行交割或清理的,不能认定损失。

第二十一条 固定资产损失是指单位房屋及建筑物、交通运输工具、通用设备、专用设备等因盘亏、毁损、报废、被盗等原因造成的损失。

(一)盘亏的固定资产,扣除责任人赔偿后的差额部分,可以根据固定资产盘点表、盘亏情况说明、盘亏的价值确定依据、社会中介机构的经济鉴证证明、赔偿责任认定说明和内部核批文件等认定损失。

(二)报废、毁损的固定资产,扣除残值、保险赔偿和责任人赔偿后的差额部分,可以根据国家有关技术鉴定部门或具有技术鉴定资格的中介机构出具的技术鉴定证明(涉及保险索赔的应有保险公司理赔情况说明)、毁损报废说明、赔偿责任认定说明和内部核批文件等认定损失。

因不可抗力(自然灾害、意外事故)造成固定资产毁损、报废的,应当有相关部门出具的鉴定报告。包括:事故处理报告、车辆报损证明、房屋拆除证明、受灾证明等。

(三)被盗的固定资产,扣除保险理赔及责任人赔偿后的部分,可以根据公安机关的结案证明、责任认定及赔偿情况说明(涉及保险索赔的应有保险公司理赔情况说明)认定损失。

第二十二条 无形资产损失是指无形资产因被其他新技术所代替或已经超过了法律保护的期限、丧失了使用价值和转让价值等所造成的损失。

无形资产损失,可以根据有关技术部门的鉴定材料,或者已经超过了法律保护期限的证明文件等认定损失。

第二十三条 资金挂账是指单位在资产清查基准日应按损益、收支进行确认处理,但挂账未确认的资金(资产)数额。对于清查出的资金挂账,按照真实客观反映经济状况的原则进行认定。

特殊资金挂账按以下方式处理:

(一)属于按国家规定组织实施住房制度改革,职工住房账面价值、固定基金应冲减而未冲减的挂账,在按国家规定办理房改有关合法手续、移交产权后,按规定核销。

(二)属于对外投资中由于所办企业按国家要求脱钩等政策性因素造成的损失挂账,在取得国家关于企业脱钩的文件和产权划转文件后,可在办理资产核实手续时申报核销处理。

(三)属于基本建设项目实际投资支出超过基本建设概算的,作为自筹基建支出列为暂付款的挂账,应按基本建设程序进行概算调整,基本建设项目实际支出应纳入项目建设成本,并根据竣工财务决算批复转增固定资产。

(四)转制为企业的,因固定资产未按规定核定净值、造成固定资产账面价值和实际价值背离较大的,按照使用年限和已使用年限对固定资产净值进行重新估价。

第二十四条 单位对经批准核销的不良债权(坏账)、不良投资等损失,应当加强管理,建立"账销案存"管理制度,相关资料、凭证应专项登记,妥善保管,并继续进行清理和追索。

第四章 损益证据

第二十五条 单位申报的各项资产盘盈、资产损失和资金挂账,必须提供具有法律效力的外部证据、社会中介机构的经济鉴证证明或内部证据。

第二十六条 具有法律效力的外部证据,是指单位收集到的与本单位资产损益相关的具有法律效力的书面文件。主要包括:政府及其部门的有关文件;单位的撤销、合并公告及清偿文件;司法机关的判决或者裁定文书;公安机关的结案证明;工商行政管理部门出具的注销、吊销及停业证明;专业技术部门的鉴定报告;保险公司的出险调查单和理赔计算单;相关企业的破产公告及破产清算的清偿文件;符合法律规定的其他证明等。

第二十七条 社会中介机构的经济鉴证证明,是指社会中介机构按照独立、客观、公正的原则,对单位的资产损益事项出具的专项经济鉴证证明或鉴证意见书。社会中介机构包括:会计师事务所、资产评估机构、律师事务所、专业鉴定机构等。

第二十八条 单位内部证据是指单位对涉及资产盘盈、盘亏或者实物资产报废、毁损及相关资金挂账等情况的内部证明和内部鉴定意见书等。主要包括:有关会计核算资料和原始凭证;资产盘点表;单位内部技术鉴定小组或内部专业技术部门的鉴定文件或资料;因经营管理责任造成损失的责任认定意见及赔偿情况说明;相关经济行为的业务合同;单位的内部核批文件及情况说明等。

"单位的内部核批文件及情况说明"应当明确、清晰、详细地说明有关事项的发生时间、地点、当事人有关情况、原因、过程,造成损失的还要说明对有关责任人的责任认定、处理意见和赔偿情况,历史遗留问题责任难以认定的,可由单位现任主要负责人提出结论意见。"内部核批文件"可为文件、布告、计划、便函、会议纪要等各种由单位主要负责人签字(章)、加盖单位公章的正式文本；"情况说明" 应为由单位主要负责人签字生效的正式公文。

第五章 审核批复

第二十九条 省级单位资产盘盈按以下权限处理：房屋建筑物、土地、交通运输工具（不含摩托车和非机动车辆）、对外投资以及单项原值20万元以上（含20万元）的仪器设备等资产盘盈，由主管部门审核后，报省财政厅审批；其他资产盘盈由主管部门审批后报省财政厅备案。

第三十条 省级单位的资产损失按以下权限处理：

（一）房屋建筑物、土地、交通运输工具（不含摩托车和非机动车辆）、对外投资以及单项原值10万元以上（含10万元）的仪器设备、单项价值10万元以上（含10万元）的存货、单项价值10万元以上（含10万元）的无形资产、单笔损失2万元以上（含2万元）的货币资金和坏账等资产损失，由主管部门审核后，报省财政厅审批。

（二）其他资产损失由主管部门审批后报省财政厅备案。

（三）此次资产清查中核销的单价5000元以上的资产需移交省级行政事业单位资产处置中心统一进行处置。

第三十一条 各市、县（市）所属单位资产盘盈、资产损失的审批权限，由各市、县（市）财政部门自行确定，并报省财政厅备案。

第六章 账务处理

第三十二条 资产损益确认后，按照以下原则进行账务处理：

（一）财政部门批复、备案前的资产盘盈（含账外资产）可以按照国家统一的财务、会计制度的有关规定暂行入账。待财政部门批复、备案后，进行账务调整和处理。

（二）财政部门批复、备案前的资产损失和资金挂账，单位不得自行进行账务处理。待财政部门批复、备案后，按国家统一的财务、会计制度进行账务处理。

第三十三条 资产核实审批后，单位应在30个工作日内将账务处理结果报主管部门、财政部门备案。未按规定调账的，应详细说明情况并附相关证明材料。

第三十四条 单位需要办理产权变更登记手续的，在资产核实审批后，按有关规定办理相关手续。单位下属企业注册资本发生变动的，应在规定时间内办理工商变更登记手续。

第七章 附　则

第三十五条 各市、县（市）财政部门可根据本办法，结合本地实际，制订具体的实施细则，并报省财政厅备案。

第三十六条 住房公积金管理中心管理的住房公积金的资产核销，按照财政部门有关规定执行。

第三十七条 本办法自发布之日起施行。

浙江省财政厅 浙江省经济贸易委员会 关于印发浙江省"品牌大省"建设专项资金管理办法和2007年浙江省"品牌大省"建设专项资金申报指南的通知

2007年11月12日 浙财建字〔2007〕209号

各市、县（市）财政局、经贸委（经委、经贸局）（宁波不发），省级有关单位：

经研究，现将《浙江省"品牌大省"建设专项资金管理办法》和《2007年浙江省"品牌大省"建设专项资金申报指南》印发给你们，请遵照执行。

附件：1. 浙江省"品牌大省"建设专项资金管理办法

2. 2007年浙江省"品牌大省"建设专项资金申报指南

附件1：

浙江省"品牌大省"建设专项资金管理办法

第一条 为深入实施品牌战略，做好品牌培育工作，增强企业核心竞争能力，推进我省品牌大省建设，提高自主创新水平，调整优化产品和产业结构，促进经济发展方式转变，根据省委、省政府《关于推进"品牌大省"建设的若干意见》（浙委〔2006〕43号）的要求，设立浙江省"品牌大省"建设专项资金（以下简称专项资金）。为加强对专项资金的管理使用和监督，提高其使用绩效，特制定本办法。

第二条 省"品牌大省"建设专项资金每年由省财政统筹安排。

第三条 专项资金安排坚持公开规范、公平公正、专款专用、力求实效和兼顾欠发达地区的原则。

第四条 专项资金主要用于：对获得世界名牌、中国名牌、中国驰名商标、出口名牌、中国名牌农产品、中华老字号、证明商标、国家质量奖等国家级品牌及省级以上相关部门认定的区域品牌（产业基地）的奖励；对全省各类品牌进行培育，促进品牌发展机制的建立和完善，对品牌公共服务平台建设、品牌宣传、专题调研以及商标国际注册等的补助。专项资金奖励当年若有富余，原则上可用于2006年前的品牌培育和追授奖励。

第五条 申报程序

县属（含经济强县）单位报送的材料，按照属地管理、逐级上报原则，报送县经贸和财政主管部门，由县经贸和财政主管部门会同工商、质监、外经贸、农业等部门审核属地企业的相关材料后统一汇总报送市级经贸和财政主管部门，再经市经贸和财政主管部门会同其他部门审核各县（市）及市属企业材料后统一汇总(附3),上报省经贸委、省财政厅,上报材料要求纸质和电子材料各1份。省属申请单位申报材料经省级行业主管部门审核后,可直接报送省经贸委、省财政厅。

第六条 申报材料

(一)专项资金申请表(附1、附2);

(二)企业营业执照复印件;

(三)企业商标注册证书复印件;

(四)企业上年度财务审计报告;

(五)国家有关部门品牌认定文件复印件;

(六)申请品牌培育、公共平台建设项目等补助资金的,需提供相应方案;

(七)其他需要提供的相关材料。

第七条 省经贸委、省财政厅负责全省申报材料的审核汇总,提出"品牌大省"建设专项资金年度安排方案,经省"品牌大省"建设联席会议审定通过后,由省财政厅、省经贸委联合行文下达年度资金。

第八条 各市、县(市)财政主管部门应将省财政下达的专项资金,及时按规定拨付到企业或项目承担单位,并视当地财力情况给予配套扶持。

第九条 企业或项目承担单位应严格按规定将专项资金用于品牌建设,专款专用,按现行的财务会计制度进行专项核算。

第十条 各级财政、经贸主管部门应对项目执行和资金使用情况进行监督检查,切实提高资金使用效益。每年第一季度将上一年度获得财政支持的本地项目实施情况、产生的绩效情况书面报送省经贸委和省财政厅。任何部门和单位不得以各种理由截留、挤占和挪用专项资金,如发现有擅自改变资金用途或弄虚作假骗取专项资金的,按《财政违法行为处罚处分条例》(国务院令第427号)有关规定,除全部追缴拨付资金外,追究相关人员的责任。

第十一条 绩效评价

省经贸委要根据省政府办公厅《关于认真做好财政支出绩效评价工作的通知》(浙政办发〔2005〕91号)的要求,会同省财政厅制定"品牌大省"建设专项资金绩效评价办法,并对"品牌大省"建设专项资金使用绩效进行年度评价,对重点项目进行重点评价。

第十二条 本办法自发布之日起执行。

附1:______年浙江省"品牌大省"建设专项资金申请企业基本情况表(略)

附2:______年浙江省"品牌大省"建设品牌培育等项目专项资金申请表(略)

附3:______年浙江省"品牌大省"建设专项资金申请汇总表(略)

附件2:

2007年浙江省"品牌大省"建设专项资金申报指南

为深入贯彻落实省委、省政府《关于推进"品牌大省"建设的若干意见》(浙委〔2006〕43号),切实做好品牌培育发展工作,加快转变经济发展方式,调整优化产品结构,提高自主创新水平,增强我省企业核心竞争能力,2007年省政府继续设立"品牌大省"建设专项资金。为有序做好专项资金的申报工作,现就有关事项通知如下:

一、品牌资金申请资格条件

(一)企业项目申报主体应具备以下条件:

1.浙江境内登记注册、具有独立法人资格的内资或内资控股企业;

2.具有健全的财务管理制度,财务状况良好;

3.依法经营、照章纳税,无消费投诉、质量事故、侵权等不良记录;

4.专业技术力量雄厚,质量管理体系完善,管理团队稳定高效,总体实力业内领先;

5.2007年度获得国家级品牌称号,包括世界名牌、中国名牌(不包括复评)、中国驰名商标(国家工商行政管理总局认定)、出口名牌(国家商务部认定)、中国名牌农产品、中华老字号、国家质量奖;

6.其他应具备的条件。

(二)非企业项目申报主体可以为相关行业组织、中介机构和有关部门、单位等,应具备以下条件:

1.浙江境内依法登记、或法律予以确认的行业组织、中介机构和有关部门、单位;

2.内部管理规范、运转正常、资金使用合理、有健全的财务管理制度;

3.具备较强的推动品牌建设的业务水平和能力;

4.其他应具备的条件。

二、项目申报材料

(一)企业项目申报需提供以下材料:

1.2007年浙江省"品牌大省"建设专项资金申请企业基本情况表;

2.企业营业执照复印件;

3.企业商标注册证书复印件;

4.2007年所获国家有关部门认定文件复印件;

5.由合格专业机构出具的企业上年度财务审计报告;

6.其他需要提供的相关材料。

(二)非企业项目申报需提供以下材料:

1.2007年度获得的证明商标需另提供相应国家认定文件复印件;

2.区域品牌(产业基地)的申报需另提供相应的规划、产业发展情况介绍和国家、省有关部门授予、确认或命名文件复印件;(2007年每个市申报不多于5项,并根据重要程度进行排序)

3.申请品牌培育、公共平台建设项目等补助资金,2007年每个市申报不多于2个;

4.其他需要提供的相关材料。

以上材料应真实可靠齐全,并装订成册。

三、申报截止时间:请各地经贸部门和财政部门于12月15日前将申请材料分别上报省经贸委基地办和省财政厅经建处,逾期或材料不齐的均不予受理。

各地经贸和财政主管部门要高度重视专项资金申报工作，严格按要求组织符合条件的企业和单位申报品牌资金。

四、联系方式

省经贸委先进制造业基地办公室

联系人：盛其红，联系电话：0571-87058091，传真：0571-87056922，电子邮件：shengqh@zjjmw.gov.cn；

省财政厅经建处

联系人：何喜平，联系电话：0571-87058453。

浙江省财政厅 浙江省教育厅 浙江省劳动和社会保障厅 浙江省中等职业学校国家助学金实施细则

2007年11月19日 浙财教字〔2007〕219号

第一条 为落实《国务院关于建立健全普通本科高校、高等职业学校和中等职业学校家庭经济困难学生资助政策体系的意见》(国发〔2007〕13号)，根据《财政部教育部关于印发中等职业学校国家助学金管理暂行办法的通知》(财教〔2007〕84号)和《财政部劳动保障部关于做好技工学校国家助学金发放管理工作的通知》(财教〔2007〕85号)，为加强中等职业学校国家助学金(以下简称国家助学金)的管理，确保资助工作顺利实施，制定本实施细则。

第二条 本办法所称中等职业学校是指政府有关部门根据国家有关规定批准设立并备案，实施中等学历教育的各类职业学校，包括公办和民办的普通中专、成人中专、职业高中、技工学校、技师学院、职业技术学院附属的中专部和中等职业学校等。

第三条 中等职业教育实行以国家助学金为主，以校内奖学金、学生工学结合、顶岗实习、学校减免学费等为辅的资助政策体系。国家助学金资助对象是具有中等职业学校全日制正式学籍的所有在校学生。

国家助学金实行分类资助：

(一)低保家庭子女、福利机构监护对象、革命烈士子女、五保供养对象以及残疾学生，在校期间免学费、代管费并享受爱心营养餐。

(二)农村居民年人均收入1500元以下、城镇居民年人均可支配收入3000元以下的低收入家庭子女，在校期间免学费并享受爱心营养餐。

(一)、(二)类学生统称困难生。具体标准和认定办法由各市、县(市、区)根据资助目标结合实际制订。全省平均困难生资助面维持在在校生的10%。

(三)除上述困难生以外的其他学生，一、二年级给予每生每年1500元的国家助学金，第三年通过工学结合、顶岗实习获得一定报酬，用于支付学习和生活费用。

中职奖学金、农业种养技术专业免收学费政策继续执行。

第四条 困难生免学费、代管费和享受营养餐所需经费，由省与县市分担，分担办法按浙政发〔2006〕41号、浙教计〔2007〕62号文件执行。其他学生的国家助学金按"五类地区法"由省与市县分担，省财政分别承担100%、70%、50%、30%和20%。市县分类见附1。宁波市中职学校国家助学金由宁波市自行确定市县分担比例。民办中等职业学校地方分担资金由所在地财政承担。

各级财政应将经费预算在每年8月底之前下达到所属各中等职业学校。

第五条 学校应将《中等职业学校资助指南》(附2)随同入学通知书一并寄发给录取的新生。

困难生入学时，学校不得收取相关费用，并及时办理营养餐供应手续。其他学生入学后，学校要为每位受助学生分别办理银行储蓄卡，直接将助学金发放到受助学生手中，一律不得以实物或服务等形式，抵顶或扣减国家助学金。

为学生办理银行储蓄卡，不得向学生收取卡费或押金等费用，也不得从学生享受的国家助学金中抵扣。

第六条 建立中等职业学校学生信息管理系统，为中等职业学校国家助学金的发放和管理提供支持。

每学年开学2周内，学校应如实将在校学生名单录入信息管理系统，如实填报资助信息。同级教育、劳动、财政部门应及时审核学校录入的相关信息，并及时向省教育、劳动、财政部门报送《中等职业学校国家助学金受助学生汇总表》(附3)。

第七条 中等职业学校国家助学金实行学校法人代表负责制，校长是第一责任人，对学校助学工作负主要责任。学校要制定本校国家助学金具体实施办法，设立专门机构和配备专职人员具体负责助学工作。

中等职业学校要建立专门档案，将学生资金发放等有关凭证和工作情况分年度建档备查。

第八条 中等职业学校要依法办学，规范管理，要按照国家有关规定收取学费，并从事业收入中足额提取5%的经费，用于家庭经济困难学生的学费减免、校内奖学金、助学金和特殊困难补助等方面的开支。

有条件的中等职业学校要积极实行"绿色通道"制度，对携有可证明其家庭经济困难材料的新生，先办理入学手续，根据核实后的家庭经济情况予以不同方式的资助，再办理学籍注册。

第九条 国家鼓励地方政府、行业企业和社会团体设立中等职业学校助学金、奖学金，鼓励和引导金融机构为接受中等职业教育的学生提供助学贷款。

第十条 各级财政、教育、劳动部门应加强对国家助学金的管理，实行专款专用、专账核算，并接受审计、监察部门的检查和社会的监督。对弄虚作假、套取财政专项资金或挤占、挪用、滞留国家助学金的行为，将追究直接责任人和相关领导的责任。

第十一条 本实施细则自发布之日起执行。

附1：市县分类表(略)

附2：中等职业学校学生资助指南(略)

附3：中等职业学校国家助学金受助学生汇总表(略)

浙江省财政厅 浙江省国土资源厅 中国人民银行杭州中心支行关于印发全省规范土地收支管理制度落实情况专项检查实施方案的通知

2007年11月30日 浙财综字〔2007〕134号

各市、县(市、区)财政局、国土资源局、人民银行(宁波不发):

日前,财政部、国土资源部、中国人民银行下发了《关于开展规范土地收支管理制度落实情况专项检查的通知》(财综函〔2007〕68号),并将于2007年12月上旬在全国范围内开展规范土地收支管理制度落实情况的专项检查,要求各省于2007年11月底前完成自查和情况上报工作。为认真做好我省的专项检查工作,省财政厅、省国土资源厅和人民银行杭州中心支行共同研究制定了《全省规范土地收支管理制度落实情况专项检查实施方案》,现印发给你们,请认真组织实施。

附件:1.全省规范土地收支管理制度落实情况专项检查实施方案

2.财政部、国土资源部、中国人民银行关于开展规范土地收支管理制度落实情况专项检查的通知

附件1:

全省规范土地收支管理制度落实情况专项检查实施方案

根据财政部、国土资源部、中国人民银行《关于开展规范土地收支管理制度落实情况专项检查的通知》(财综函〔2007〕68号)要求,结合我省实际,制定本实施方案。

一、检查范围

2007年1-10月,省级及各市、县(市、区)新增建设用地审批和新增建设用地土地有偿使用费(以下简称新增费)征收缴库情况;国有土地使用权配置和土地出让收入征收缴库情况;土地储备和土地储备资金筹集、使用情况;新增费和土地出让收入支出使用情况;国有土地出让收支统计报表体系落实情况。

二、检查内容

(一)相关配套文件制定情况

省级及各市、县(市、区)人民政府转发或制定新增费和土地出让收入收支管理配套文件的有关情况。请提供配套文件复印件,并对结合本地情况进一步细化有关政策的内容作出详细说明。

(二)新增费收缴和支出管理政策执行情况

1.新增建设用地情况。2006年各市、县(市、区)新增建设用地面积有多少公顷,其中1-10月有多少公顷;2007年1-10月,新增建设用地面积有多少公顷。

2.新增费征缴入库情况。2006年各市、县(市、区)新增费征收和缴入中央国库、地方国库(含各级地方国库汇总数)分别有多少亿元,其中1-10月各有多少亿元;2007年1-10月,新增费征收和缴入中央国库、省级国库分别有多少亿元。如果存在征收金额与缴库金额不一致的情况,请详细说明原因。

3.新增费征缴方式。各市、县(市、区)新增费的具体征缴方式。请从开具缴款通知书到资金入库各个环节作出详细说明。如果已将新增费纳入非税收入收缴管理制度改革,请说明新增费从财政汇缴专户划转国库的时限。

4.新增费缴纳主体及资金来源。缴纳新增费的主体是地方人民政府还是具体用地单位,缴纳新增费的资金来源情况。

5.新增费相关资料抄送情况。省级国土资源管理部门是否按规定将缴款通知书、用地批准文件抄送有关省级财政部门和财政监察专员办事处。该内容由省级负责向财政部、国土资源部和中国人民银行报送。

6.新增费的具体监缴措施。省级财政部门和财政监察专员办事处对新增费入库情况进行监缴的具体措施,以及与人民银行国库部门和国土资源管理部门对账的具体措施。该内容由省级负责向财政部、国土资源部和中国人民银行报送。

7.新增费分配和使用情况。省级分成新增费(不含上级转移支付部分)的分配办法和使用情况。已安排支出多少亿元,具体用于哪些项目,结余资金有多少亿元。该内容由省级负责向财政部、国土资源部和中国人民银行报送。

8.国库办理新增费收支业务情况。人民银行各省级分库办理新增费缴库和支出的具体情况。该内容由省级负责向财政部、国土资源部和中国人民银行报送。

(三)国有土地使用权配置及土地出让收入的收缴与支出管理政策执行情况

1.国有土地使用权配置情况。2006年各市、县(市、区)供应国有土地面积有多少公顷,其中1-10月供应国有土地面积是多少;2007年1-10月,供应国有土地面积有多少公顷。请提供以划拨、出让(包括协议和招拍挂)、租赁、变更和其他供地方式供应国有土地的具体情况。

2.土地出让收入情况。2006年各市、县(市、区)国有土地出让总价款、土地出让纯收益(指土地出让总价款在财政专户内核拨补偿性支出和开发性支出后的余额)分别有多少亿元,其中1-10月各多少亿元;2007年1-10月,已征收土地出让收入多少亿元,已缴库多少亿元。如果存在征收和缴库金额不一致的情况,请详细说明具体原因。

3. 土地出让收入征缴方式。详细说明本地土地出让收入的具体征缴方式。请从开具缴款通知书到资金入库各个环节进行详细说明。如果已将土地出让收入纳入非税收入收缴管理制度改革，请说明土地出让收入从财政汇缴专户划转国库的时限。

4. 划拨土地收入缴库情况。土地使用者以划拨方式取得国有土地使用权而依法向市、县(市、区)人民政府缴纳的土地补偿费、安置补助费等是否纳入土地出让收入管理，是否及时缴入国库，支出是否及时安排。

5. 国有土地收益基金情况。各市、县(市、区)国有土地收益基金的计提比例、计提数额分别为多少，其具体使用情况如何。

6. 农业土地开发资金情况。各市、县(市、区)农业土地开发资金的计提标准为多少，已计提金额多少亿元。是否按规定标准计提。请说明未按规定标准计提农业土地开发资金的原因。

7. 代收代缴税费情况。各市、县(市、区)国有土地使用权出让总价款中是否包含代收代缴的税费，代收代缴的税费都有哪些项目，分别是如何核定的。对于工业用地，代收代缴的税费占当地工业用地出让最低价标准的比重大致是多少。

8. 土地出让收入使用情况。2007 年 1-10 月，各市、县(市、区)土地出让收入支出多少亿元，其中：征地和拆迁补偿支出、土地开发、支农支出、城市建设支出和其他支出分别有多少亿元，各占多大比重。从土地出让收入中安排用于城市廉租住房保障的资金有多少亿元，占土地出让净收益的比例。土地征收和土地前期开发的资金来源情况。城市建设支出所占比重与 2006 年相比有何变化。

9. 征地补偿费用公示情况。各市、县(市、区)是否已建立对征地农民发放土地补偿费、安置补助费以及地上附着物和青苗补偿费的公示制度。请对公示程序、公示范围、具体发放方式等作出详细说明。

10. 国库办理土地出让收支业务情况。人民银行省级分库办理土地出让收入缴库和支出的具体情况。该内容由省级负责向财政部、国土资源部和中国人民银行报送。

(四)土地储备管理政策执行情况

1. 土地储备规模情况。各市、县(市、区)2007 年土地供应计划为多少公顷。现有土地储备规模有多少公顷。储备土地中征收土地的规模有多少公顷，占多大比重。

2. 土地储备资金状况。各市、县(市、区)2007 年土地储备资金总额有多少亿元。其中，贷款有多少亿元，占多大比重。2007 年 1-10 月土地储备资金支出多少亿元，其中：征地和拆迁补偿费用、前期土地开发费用、经财政部门批准的其他费用，以及支付的贷款利息分别有多少亿元，各占多大比重。

3. 土地储备零星收入情况。2007 年 1-10 月土地储备过程中取得的土地储备零星收入有多少亿元，是否足额缴入同级国库。

4. 土地储备资金收支预算情况。请说明本市、县(市、区)2007 年土地储备资金收支预算编制程序和编制情况。

(五)土地出让收支统计报表体系落实情况

1. 是否已建立各级财政部门、国土资源管理部门和中国人民银行分支机构之间的协作机制，并说明具体情况。

2. 是否已按照要求报送相关报表。

(六)贯彻落实规范土地收支管理相关文件过程中存在的问题及改进工作的建议

1. 规范新增费收支管理中存在的问题、原因分析，以及进一步改进工作的政策建议。

2. 规范土地出让收支管理中存在的问题、原因分析，以及进一步改进工作的政策建议。

3. 填报土地收支统计报表体系中存在的问题、原因分析，以及进一步改进工作的政策建议。

上述检查内容，除注明由省级负责提供的以外，其他均由各市、县(市、区)按问答形式完成。

三、检查安排

检查采取各市、县(市、区)自查与省财政厅、省国土资源厅、人民银行杭州中心支行重点抽查相结合的方式，分两个阶段进行。

(一)自查阶段。2007 年 11 月下旬 -12 月初，由各市、县(市、区)按照本实施方案规定的检查内容进行自查，逐项填报《2007 年 1-10 月新增建设用地审批和新增费征收情况自查表》(附 1)，逐宗填报《2007 年 1-10 月国有土地使用权出让收支管理情况自查表》(附 2)，逐地填报《2007 年 1-10 月土地储备资金筹集使用情况自查表》(附 3)，其中：附 1 由省级负责填报，市、县(市、区)要做好相关的自查工作；附 2 由市本级及所属各县(市、区)逐宗填写，市以县(市、区)为单位汇总后，附市本级及所属各县(市、区)的宗地明细报省；附 3 由各市汇总后报省。上述附表各地可从省国土厅网站(www.zjdlr.gov.cn)“公告通知栏”下载。

各地对自查发现的问题要采取有效措施抓紧加以纠正，各有关部门要根据自查自纠情况共同撰写本地自查报告，由各市汇总后，于 2007 年 12 月 7 日前以书面形式(含电子文档)报送省财政厅、省国土资源厅和人民银行杭州中心支行。

(二)重点抽查阶段。2007 年 12 月上旬，省财政厅、省国土资源厅、人民银行杭州中心支行将视情况结合财政部、国土资源部、中国人民银行的重点抽查，选择至少 1 个市、1 个县(市、区)进行实地检查。对检查中发现落实规范土地收支管理制度不力的地方，将在全省范围内进行通报。重点抽查阶段的具体事宜另行通知。

四、检查要求

各市、县(市、区)财政、国土资源管理部门和人民银行分支机构要对专项检查工作予以高度重视，密切配合，在时间紧、任务重的情况下，要严格按照本实施方案的规定认真组织开展自查工作，建立自查工作责任制，并按照本实施方案规定做好本地区自查情况的汇总与报送工作，充分反映本地区贯彻落实相关政策过程中存在的问题，从完善政策、增强操作性等多方面进行认真分析，提出相应的政策建议。

五、联系人及联系方式

省财政厅综合处 李慧辉 电话：0571-87056597

省国土资源厅土地利用处 项振德 电话：0571-88877872

人民银行杭州中心支行国库处 徐成 电话：0571-87686559

附：1. 2007 年 1-10 月新增建设用地审批和新增费征收情况自查表(略)

2. 2007 年 1-10 月国有土地使用权出让收支管理情况自查表(略)

3. 2007 年 1-10 月土地储备资金筹集使用情况自查表(略)

附件 2：

财政部　国土资源部　中国人民银行 关于开展规范土地收支管理制度落实情况专项检查的通知

各省、自治区、直辖市、计划单列市财政厅（局）、国土资源厅（国土环境资源局、国土资源局、国土资源和房屋管理局、房屋土地资源管理局），新疆生产建设兵团财务局、国土资源局，中国人民银行上海总部，各分行、营业管理部、省会（首府）城市中心支行、大连、青岛、宁波、厦门、深圳中心支行：

2006 年下半年，国务院先后发布了《国务院关于加强土地调控有关问题的通知》（国发〔2006〕31 号）和《国务院办公厅关于规范国有土地使用权出让收支管理的通知》（国办发〔2006〕100 号），对新增建设用地土地有偿使用费（以下简称新增费）、国有土地使用权出让总价款（以下简称土地出让收入）的征收使用管理提出了新要求。随后，财政部、国土资源部和中国人民银行陆续印发了一系列文件，进一步明确了相关具体政策措施，要求各地认真落实。为全面了解土地收支管理政策的执行情况，促进各项制度的贯彻实施，财政部、国土资源部和中国人民银行将于 2007 年 12 月上旬开展规范土地收支管理制度落实情况专项检查。现就有关事项通知如下：

一、检查范围

2007 年 1 月 -10 月，各省、自治区、直辖市及计划单列市新增建设用地审批和新增费征收缴库情况；国有土地使用权配置和土地出让收入征收缴库情况；土地储备和土地储备资金筹集、使用情况；新增费和土地出让收入支出使用情况；国有土地出让收支统计报表体系落实情况。

二、检查内容

（一）相关配套文件制定情况。各省、自治区、直辖市和计划单列市及省级以下人民政府转发或制定新增费和土地出让收入收支管理配套文件的有关情况。请提供配套文件复印件，并对结合本地情况进一步细化有关政策的内容作出详细说明。

（二）新增费收缴和支出管理政策执行情况。

1. 新增建设用地情况。2006 年本地区新增建设用地面积有多少公顷。其中，1 月 -10 月有多少公顷。2007 年 1 月 -10 月，本地区新增建设用地面积有多少公顷。

2. 新增费征缴入库情况。2006 年本地区新增费征收和缴入中央国库、地方国库（含各级地方国库汇总数）分别有多少亿元。其中，1 月 -10 月各有多少亿元。2007 年 1 月 -10 月，本地区新增费征收和缴入中央国库、省级国库分别有多少亿元。如果存在征收金额与缴库金额不一致的情况，请详细说明原因。

3. 新增费征缴方式。本地区新增费的具体征缴方式。请从开具缴款通知书到资金入库各个环节作出详细说明。如果本地区已将新增费纳入非税收入收缴管理制度改革，请说明新增费从财政汇缴专户划转国库的时限。

4. 新增费缴纳主体及资金来源。缴纳新增费的主体是地方人民政府还是具体用地单位，缴纳新增费的资金来源情况。

5. 新增费相关资料抄送情况。省级国土资源管理部门是否按规定将缴款通知书、用地批准文件抄送有关省级财政部门和财政监察专员办事处。

6. 新增费的具体监缴措施。省级财政部门和财政监察专员办事处对新增费入库情况进行监缴的具体措施，以及与人民银行国库部门和国土资源管理部门对账的具体措施。

7. 新增费分配和使用情况。省级分成新增费（不含上级转移支付部分）的分配办法和使用情况。已安排支出多少亿元，具体用于哪些项目，结余资金有多少亿元。

8. 国库办理新增费收支业务情况。人民银行各省级分库办理新增费缴库和支出的具体情况。

（三）国有土地使用权配置及土地出让收入的收缴与支出管理政策执行情况。

1. 国有土地使用权配置情况。2006 年本地区供应国有土地面积有多少公顷。其中，1 月 -10 月供应国有土地面积是多少。2007 年 1 月 -10 月，本地区供应国有土地面积有多少公顷。请提供以划拨、出让（包括协议和招拍挂）、租赁、变更和其他供地方式供应国有土地的具体情况。

2. 土地出让收入情况。2006 年本地区国有土地出让总价款、土地出让纯收益（指土地出让总价款在财政专户内核拨补偿性支出和开发性支出后的余额）分别有多少亿元。其中，1 月 -10 月各多少亿元。2007 年 1 月 -10 月，本地区已征收土地出让收入多少亿元，已缴库多少亿元。如果存在征收和缴库金额不一致的情况，请详细说明具体原因。

3. 土地出让收入征缴方式。详细说明本地区土地出让收入的具体征缴方式。请从开具缴款通知书到资金入库各个环节进行详细说明。如果本地区已将土地出让收入纳入非税收入收缴管理制度改革，请说明土地出让收入从财政汇缴专户划转国库的时限。

4. 划拨土地收入缴库情况。土地使用者以划拨方式取得国有土地使用权而依法向市县人民政府缴纳的土地补偿费、安置补助费等是否纳入土地出让收入管理，是否及时缴入国库，支出是否及时安排。

5. 国有土地收益基金情况。本地区国有土地收益基金的计提比例、计提数额分别为多少，其具体使用情况如何。

6. 农业土地开发资金情况。本地区农业土地开发资金的计提标准为多少，已计提金额多少亿元。是否按规定标准计提。请说明未按规定标准计提农业土地开发资金的原因。

7. 代收代缴税费情况。本地区国有土地使用权出让总价款中是否包含代收代缴的税费，代收代缴的税费都有哪些项目，分别是如何核定的。对于工业用地，代收代缴的税费占当地工业用地出让最低价标准的比重大致是多少。

8. 土地出让收入使用情况。2007 年 1 月 -10 月，本地区土地出让收入支出多少亿元。其中，征地和拆迁补偿支出、土地开发、支农支出、城市建设支出和其他支出分别有多少亿元，各占多大比重。从土地出让收入中安排用于城市廉租住房保障的资金有多少亿元，占土地出让净收益的比例。土地征收和土地前期开发的资金来源情况。城市建设支出所占比重与2006年相比有何变化。

9. 征地补偿费用公示情况。本地区是否已建立对征地农民发放土地补偿费、安置补助费以及地上附着物和青苗补偿费的公示制度。请对公示程序、公示范围、具体发放方式等作出详细说明。

10. 国库办理土地出让收支业务情况。人民银行各省级分库办理土地出让收入缴库和支出的具体情况。

(四)土地储备管理政策执行情况。

1. 土地储备规模情况。本地区2007年土地供应计划为多少公顷。现有土地储备规模有多少公顷。储备土地中征收土地的规模有多少公顷，占多大比重。

2. 土地储备资金状况。本地区2007年土地储备资金总额有多少亿元。其中，贷款有多少亿元，占多大比重。2007年1月-10月土地储备资金支出多少亿元。其中，征地和拆迁补偿费用、前期土地开发费用、经财政部门批准的其他费用，以及支付的贷款利息分别有多少亿元，各占多大比重。

3. 土地储备零星收入情况。2007年1月-10月土地储备过程中取得的土地储备零星收入有多少亿元，是否足额缴入同级国库。

4. 土地储备资金收支预算情况。请说明本地区2007年土地储备资金收支预算编制程序和编制情况。

(五)土地出让收支统计报表体系落实情况。

1. 是否已建立各级财政部门、国土资源管理部门和中国人民银行分支机构之间的协作机制，并说明具体情况。

2. 是否已按照要求报送相关报表。

(六)贯彻落实规范土地收支管理相关文件过程中存在的问题及改进工作的建议。

1. 规范新增费收支管理中存在的问题，原因分析以及进一步改进工作的政策建议。

2. 规范土地出让收支管理中存在的问题，原因分析以及进一步改进工作的政策建议。

3. 填报土地收支统计报表体系中存在的问题，原因分析以及进一步改进工作的政策建议。

三、检查安排

检查采取各地区自查与财政部、国土资源部、中国人民银行重点抽查相结合的方式，分两个阶段进行。

(一)自查阶段。2007年11月中旬-11月下旬，由各省、自治区、直辖市及计划单列市财政部门、国土资源管理部门和中国人民银行分支机构组织并督促本地区各县(市、区)按照本通知规定的检查内容进行自查，逐项填报《2007年1-10月新增建设用地审批和新增费征收情况自查表》(附件1)，逐宗填报《2007年1-10月国有土地使用权出让收支管理情况自查表》(附件2)，逐地填报《2007年1-10月土地储备资金筹集使用情况自查表》(附件3)，各地对自查发现的问题要采取有效措施予以纠正，各省级有关部门要根据自查自纠情况共同撰写本地区自查报告，于2007年11月30日前以书面形式(含电子文档)报送财政部、国土资源部和中国人民银行。

(二)重点抽查阶段。2007年12月上旬，财政部、国土资源部、中国人民银行根据各地自查自纠情况，选择部分地区进行重点抽查，在每个抽查地区选择至少一个市(地)、一个县(市、区)进行实地检查，将检查情况汇总报告国务院。同时，对检查中发现落实规范土地收支管理制度不力的地区，将在全国范围内进行通报。重点抽查阶段的具体事宜由财政部、国土资源部、中国人民银行另行通知。

四、检查要求

各省、自治区、直辖市及计划单列市财政部门、国土资源管理部门和中国人民银行分支机构要对专项检查工作予以高度重视，密切配合，在时间紧、任务重的情况下，要严格按照本通知规定认真组织开展自查工作，建立自查工作责任制，督促各县(市、区)迅速开展自查工作，并按照本通知规定做好本地区自查情况的汇总与报送工作，充分反映县(市、区)贯彻落实相关政策过程中存在的问题，从完善政策、增强操作性等多方面进行认真分析，提出相应的政策建议。

附件：1. 2007年1-10月新增建设用地审批和新增费征收情况自查表(略)

2. 2007年1-10月国有土地使用权出让收支管理情况自查表(略)

3. 2007年1-10月土地储备资金筹集使用情况自查表(略)

浙江省财政厅
浙江省廉租住房保障资金管理实施办法

2007年12月5日　浙财综字〔2007〕135号

第一章　总　则

第一条 为规范全省廉租住房保障资金的管理，切实提高廉租住房保障资金的使用效益，确保廉租住房保障资金专款专用，根据《国务院关于解决城市低收入家庭住房困难的若干意见》(国发〔2007〕24号)、《财政部关于印发〈廉租住房保障资金管理办法〉的通知》(财综〔2007〕64号)和《浙江省人民政府关于加快解决城市低收入家庭住房困难的实施意见》(浙政发〔2007〕57号)的规定，制定本办法。

第二条 本办法所称廉租住房保障资金是指按照规定筹集并用于廉租住房保障的专项资金。

第三条 各级财政部门是廉租住房保障资金的主管部门，负责廉租住房保障资金的筹集、管理、预算分配、拨付和监督检查。

省级财政部门商同级建设、发展改革、国土资源、民政等部门负责制定全省廉租住房保障资金管理实施办法，安排省级廉租住房保障补助资金，督促市、县（市、区）财政部门落实廉租住房保障资金。

市、县（市、区）财政部门具体负责本地区廉租住房保障资金的筹集、拨付、管理和预决算审核以及监督检查工作。

市、县（市、区）廉租住房行政主管部门负责廉租住房保障资金的预决算编制，严格按照财政部门规定安排和使用廉租住房保障资金。

第四条 廉租住房保障资金的筹集、拨付、使用和管理依法接受审计机关的审计监督。

第二章 资金来源

第五条 各级财政部门要结合当地财力，积极参与制定廉租住房保障计划，并按照年度廉租住房保障计划以及国发〔2007〕24号、浙政发〔2007〕57号文件规定的来源渠道筹集廉租住房保障资金。

第六条 廉租住房保障资金主要来源于下列渠道：

（一）住房公积金增值收益扣除计提贷款风险准备金和管理费用后的全部余额；

（二）按土地出让金净收益的10%以上或土地出让金总额的2%以上提取的用于廉租住房保障的资金；

（三）市、县（市、区）财政预算安排用于廉租住房保障的资金；

（四）省级财政通过转移支付安排给欠发达地区的廉租住房补助资金；

（五）直管公房出售、出租收入以及拆迁补偿资金的结余部分资金；

（六）社会定向捐赠的资金及其他渠道筹措的资金；

第七条 土地出让净收益为当年实际收取的土地出让总价款扣除实际支付的征地补偿费（含土地补偿费、安置补助费、地上附着物和青苗补偿费）、拆迁补偿费、土地开发费、计提用于农业土地开发的资金以及土地出让业务费等费用后的余额。

第八条 省级财政通过转移支付安排的廉租住房补助资金按照省级有关廉租住房保障专项补助资金管理实施办法规定执行。

第九条 廉租住房租金收入严格按照财政部规定实行"收支两条线"管理，专项用于廉租住房维护和管理，不足部分在一般预算中安排。廉租住房租金与廉租住房保障资金不得混同安排使用。

第三章 资金使用

第十条 廉租住房保障资金实行专项管理、分账核算、专款专用，专项用于廉租住房保障开支，包括收购、改建和新建廉租住房开支以及向符合廉租住房保障条件的低收入家庭发放租赁补贴开支，不得用于其他开支。

第十一条 收购廉租住房开支，指利用廉租住房保障资金收购房屋用于廉租住房保障的支出，包括支付的房屋价款等开支。

第十二条 改建廉租住房开支，指对已收购的旧有住房和腾空的公有住房进行维修改造后用于廉租住房保障的支出。

第十三条 新建廉租住房开支，指利用廉租住房保障资金新建廉租住房的开支，包括新建廉租住房需要依法支付的土地补偿费、拆迁补偿费以及支付廉租住房建设成本支出。

第十四条 发放租赁补贴开支，指利用廉租住房保障资金向符合廉租住房保障条件的低收入家庭发放的租赁补贴支出。

第四章 预算管理

第十五条 廉租住房保障资金实行项目预算管理。市、县（市、区）廉租住房行政主管部门应当会同有关部门于每年第三季度根据下年度廉租住房保障计划，编制下年度廉租住房保障支出项目预算，经同级财政部门审核，并报经同级人民政府提请同级人大批准后实施。

市、县（市、区）财政部门要商有关部门根据当地年度廉租住房保障计划，指导同级廉租住房行政主管部门科学、合理测算廉租住房保障资金需求，并根据年度廉租住房保障资金来源情况，做好年度廉租住房保障支出项目预算编制工作。

第十六条 市、县（市、区）财政部门在安排年度廉租住房保障支出项目预算时，首先要按照《住房公积金管理条例》（国务院令第350号）的规定，确保将住房公积金增值收益计提贷款风险准备金和管理费用后的余额全部用于廉租住房保障；其次要按规定将土地出让金净收益的10%以上比例或土地出让金总额的2%以上比例用于廉租住房保障。上述两项资金和其他资金不足的，由市、县（市、区）财政通过本级预算予以安排。

第十七条 年度廉租住房保障支出项目预算中涉及购建廉租住房的，必须符合固定资产投资管理程序。

第十八条 年度廉租住房保障支出项目预算经批准后，市、县（市、区）廉租住房行政主管部门应当严格按照批准的预算执行，原则上不得突破预算。

第十九条 开展住房困难状况调查及城市低收入家庭资格认定等日常工作经费，经市、县（市、区）财政部门核准后，列入同级财政预算。

第五章 资金拨付

第二十条 市、县（市、区）财政部门按照批准的廉租住房保障支出项目预算，以及实施进度拨付廉租住房保障资金，确保廉租住房保障资金切实落实到廉租住房购建项目以及符合廉租住房保障条件的低收入家庭。

第二十一条 廉租住房保障资金原则上实行国库集中支付。申请租赁补贴的符合廉租住房保障条件的低收入家庭，经市、县（市、区）廉租住房行政主管部门、民政部门公示和审核确认无误后，由市、县（市、区）财政部门根据市、县（市、区）廉租住房行政主管部门、民政部门的审核意见和年度预算安排，将租赁补贴资金直接支付给符合廉租住房保障条件的低收入家庭或向廉租住房保障对象出租住房的租赁方。暂未实施国库集中支付制度的地区，市、县（市、区）财政部门按照地方财政国库管理制度有关规定拨付租赁补贴资金，确保租赁补贴资金落实到人、到户。

第二十二条 收购、改建和新建廉租住房，由市、县（市、区）廉租住房行政主管部门根据工程合同和进度、购房合同以及年度预算，提出预算拨款申请，经同级财政部门审核后，由同级财政部门将资金直接支付给廉租住房建设单位或销售廉租住房的单位和个人。

第二十三条 市、县（市、区）财政部门在直接支付廉租住房租赁补贴资金或直接支付收购、改造和新造廉租住房资金后，应告知同级廉租住房行政主管部门。

第六章 决算管理

第二十四条 每年年度终了，市、县(市、区)廉租住房行政主管部门应当按照同级财政部门规定，报送年度廉租住房保障支出项目决算。年度廉租住房保障支出项目出现资金结余，经同级财政部门批准后，可以继续滚存下年安排使用，但廉租住房行政主管部门和财政部门在编制、审核下年度廉租住房保障支出项目预算时，要将上年滚存结余资金一并纳入其中。

第二十五条 市、县(市、区)廉租住房行政主管部门在向同级财政部门报送年度廉租住房保障支出项目决算时，还应当会同民政部门提交年度廉租住房保障工作实施进展情况，包括当年租赁补贴发放户数、发放标准、发放金额，当年购建廉租住房套数、面积、位置、金额，当年廉租住房实物配租户数、面积、金额等相关资料。

第二十六条 市、县(市、区)财政部门应当会同廉租住房行政主管部门、发展改革部门、民政部门将市、县(市、区)年度廉租住房保障工作实施进展情况和廉租住房保障资金筹集、使用和管理情况，于次年2月10日前报省财政厅等相关部门备案。省财政厅会同省建设、发展改革、民政部门汇总全省年度廉租住房保障工作实施进展情况，于次年2月28日前报财政部等相关部门备案。具体报表格式详见附表。

第七章 监督检查

第二十七条 市、县(市、区)财政部门应当配合同级廉租住房行政主管部门会同民政部门建立廉租住房保障对象的动态监管机制，对于年度享受廉租住房保障的低收入家庭的收入状况进行跟踪复核，确认其是否可以继续享受廉租住房保障制度。对于不符合廉租住房保障条件的，应当停止发放租赁补贴、按照市场租金收取廉租住房租金或收回配租的廉租住房。

第二十八条 各级财政部门要加强对廉租住房保障资金筹集和使用情况的监督检查。对于不按照规定筹集、安排使用和管理廉租住房保障资金的，要严格按照《财政违法行为处罚处分条例》(国务院令第427号)等有关规定进行处理，并依法追究有关责任人员的行政责任。构成犯罪的，依法追究刑事责任。

第八章 附 则

第二十九条 本办法自2008年1月1日起实施。

附表：___市、县(市、区)___年廉租住房保障情况表(略)

浙江省财政厅
浙江省政策性渔业保险补贴专项资金管理暂行办法

2007年12月26日 浙财农字〔2007〕470号

第一条 为鼓励和支持我省政策性渔业保险工作开展，促进渔民增收和渔区稳定，省财政设立政策性渔业保险补贴专项资金(以下简称补贴资金)。为加强补贴资金管理，提高资金使用效益，根据《浙江省财政农业专项资金管理规则实施办法》(浙财农字〔2004〕107号)、《浙江省省级部门项目支出预算管理办法》(浙财预字〔2007〕11号)，特制定本暂行办法。

第二条 补贴资金实行"预算管理、按实结算、专账核算"。

第三条 省海洋与渔业局负责补贴资金的预算编制、结算和使用的监督管理，并督促浙江省渔业互保协会对补贴资金的收支实行专账核算。

第四条 补贴资金的补贴对象为浙江省渔业互保协会正式会员。

第五条 补贴资金的补贴险种为雇主责任互保、渔船全损责任互保。

第六条 补贴标准。省财政对雇主责任互保、渔船全损责任互保均按会员应缴保费金额的20%给予补贴。

雇主责任互保、渔船全损责任互保的保险费率等与补贴资金有关联的事项发生变动的，省海洋与渔业局应及时函告省财政厅。

第七条 补贴资金的拨付。补贴资金由省海洋与渔业局根据与浙江省渔业互保协会的实际结算情况编制用款计划，经省财政厅审核后拨付。

第八条 补贴资金必须专款专用，不得挤占、挪用。如有财政违法行为的，将按照《财政违法行为处罚处分条例》等有关法律法规进行查处。

第九条 省海洋与渔业局应按照《浙江省财政支出绩效评价实施意见》(浙财绩效字〔2006〕2号)的有关要求做好补贴资金的绩效评价工作。

第十条 与浙江省渔业互保协会的补贴资金结算办法由省海洋与渔业局制订，报省财政厅备案。

第十一条 本办法自发布之日起施行，至2010年止。

重要财政文选

省领导论财政

在省财政厅、省地税局调研时的讲话（摘要）

中共浙江省委常委、常务副省长 陈敏尔

财政地税工作在经济社会发展全局中具有重要作用，财政地税部门是省委、省政府领导下的重要部门，这些年来为浙江经济社会发展作出了重要贡献，尤其是以下四个方面值得充分肯定和总结坚持：

一是理财思路清晰。“一要吃饭，二要建设，三要有所积累，四要增强调控能力”的理财原则，“三个三”的思路和机制，“做精一产、做强二产、做大三产”的支持经济发展思路，都有助于把收入的蛋糕做大，把支出的结构做优，体现了浙江人的智慧，体现了“浙江精神”，体现了吴越文化。

二是财政体制有效。省直管县财政体制、“两保两挂”、“两保一挂”财政政策，这些不是“通用语言”，而是“浙江语言”，有浙江特色。另外，各项财政转移支付政策、部门预算管理制度、国库集中支付制度、财政专项资金绩效评价制度等，都有助于管住管活，有助于贯彻好富民强省战略，有助于丰富以发展县域经济为特色的浙江经验，体现了“小河有水大河满”的自然辩证法，具有历史性的贡献。

三是工作重点突出。积极组织财税收入，2006 年我省地税部门取得各项收入突破 1500 亿元、税收收入突破 1000 亿元、非税收入突破 500 亿元的三大历史性突破，这首先靠经济发展创造税源，同时也离不开地税部门大力加强依法治税和信息化建设所付出的努力；积极优化财政支出结构，体现财政的公共性，将新增财力 70%以上用于民生支出；积极推进财政管理体制改革和地税征管体制改革，使财税体制更趋公开、公平、公正，体现了依法依规；规范公务员收入分配、农村综合改革、政府性债务管理等专项工作，都抓住了重点，做出了亮点。

四是支撑作用显著。近些年的财政地税工作，对我省改革、发展、稳定大局起到了重要的支撑作用；对省委、省政府办好关系长远发展的大事和关系百姓民生的实事起到了十分重要的支撑作用。省委、省政府对财政地税部门的工作、队伍和班子都给予了充分肯定，是非常满意的。

即将召开的省第十二次党代会将对未来五年我省经济社会发展谋篇布局，也必将对财政地税工作提出更高更新的要求。经济社会要实现又好又快发展，势必对财政地税工作提出更高更新的要求。当前财税工作可谓“收支基数高，工作基础好”，这是压力，也是责任。为此，财政地税工作要着力把握好以下三个方面：

（一）要进一步认清财政地税工作的重要职责。要以科学发展观为指导，以加强公共财政建设为重点，为浙江的率先发展、科学发展、和谐发展提供物质基础、政策手段和体制保障。要以高度的责任感和使命感，践行为民理财、依法理财、科学理财、民主理财，做到生财有道、聚财有方、用财有规，积极为我省又好又快发展发挥职能作用。

（二）要进一步加大公共财政的建设力度。一要进一步构建可持续增长的财政收入管理体制。组织财政收入的关键是平稳、可持续，有后续能力，避免“大起大落”。组织收入要利于把财政收入的“蛋糕”做大做好，有利于培育后续财源，有利于依法依规地加强税收征管，有利于规范非税收入管理。二要进一步构建科学合理的财政支出管理体制。财政支出管理要有利于落实公共财政理念，有利于优化支出结构，加大民生支出的力度，加大对欠发达地区扶持的力度，加大公共服务支出的力度；要有利于提高资金绩效，提高财政资金使用效益。三要进一步构建依法依规的财政监管体制。着重把财政专项资金、政府性债务管好。

（三）要进一步研究服务于经济社会又好又快发展的重点课题。一是大力推进创新型省份建设。以科技进步推动产业升级、提升经济质量，就要增强财税工作对创新的支撑，提高财政地税工作对科技进步的贡献率、科技进步对经济的贡献率，来扭转高投入、高消耗、高排放、低效益的经济增长方式，从而推动浙江的科技创新，特别是自主创新“走在前列”。二是大力推进社会民生保障。要增强公共财政的公共产品和公共服务供给能力，重点解决“三就”（就学、就业、就医）、“三保”（社会保障、环境保障、人文保障）、“三安全”（生产安全、消费安全、社会安全）等人民群众最关心、最直接、最现实的利益问题；同时，要从社会主义初级阶段的实际出发，量力而行，尽力而为，掌握好“度”，逐步解决民生问题。三是大力推进现代服务业发展。要以发展现代服务业调整优化经济结构，就要利用其占地少、能耗低、无污染、从业人员素质高的特点，加快发展金融业、现代物流业、文化创意产业等发展空间大的行业。发展现代服务业，发达地区有潜力，欠发达地区也有潜力；沿海有条件，山区也有条件。浙江文化特别适合发展现代服务业。财政地税部门要通过采取有针对性的财政投入和税收调节，把发展现代服务业营造成工作的着力点、各界的兴奋点、经济的增长点。四是大力推进区域统筹。这几年我省对欠发达地区的扶持力度已经很大，但还要加强沟通，形成共识，从率先基本实现共同富裕、为全国作出政治贡献的高度，继续做好统筹区域发展这篇文章。五是大力推进环境友好型、资源节约型社会建设。积极利用节能减排任务指标形成的“倒逼”机制，努力破解环境容量、资源供给、土地紧张等现实难题。这些都要求财政地税部门与时俱进、因势利导，进一步发挥好财政地税的“杠杆”作用。

做好财政地税工作，自身建设、队伍建设是根本，要把“三靠两抓一组织”、“三走近、三远离”，“好好学习、好好工作、好好做人”等具有财税部门特色的做法坚持好，把学习型队伍建设摆到首要位置，把学习作为生活方式和工作方法，建设一支学习型、创新型、务实型的队伍，为我省经济社会又好又快发展作出新的更大贡献。

（2007 年 6 月 6 日 根据录音整理）

厅(市)领导谈财政

在省财政厅处长会议上的讲话(摘要)

省财政厅厅长 黄旭明

2006年,我们以科学发展观为统领,紧紧围绕省委、省政府"四位一体"的战略部署,建立健全"三个三"工作措施长效机制,积极发挥聪明才智和主观能动性,各项工作做得卓有成效,亮点频现,几乎没有留下什么遗憾,是比较圆满的一年。去年财政收入的规模很好,财政总收入达到2568亿元,地方财政收入1298亿元,收入结构也很好,地方财政收入占财政总收入的比重比上年增长了0.2个百分点;顺利完成公务员工资制度改革和津补贴规范;争取到了财政部同意我省按照"三税"的2%征收地方教育附加;省属高校还贷、政府外债、市县政府性债务、乡镇债务管理等各项工作取得明显进展,有效防范了财政风险;向中央争取免缴我省1999—2002年新增建设用地有偿使用费16.80亿元,向财政部争取到了10.39亿元油价补贴资金,争取到2005年省属烟草企业税后利润19.38亿元上缴省财政,有效增加我省财力;部门预算、国库集中支付、绩效评价"三位一体"的公共财政制度进一步健全完善;农业综合开发三年验收顺利通过;在全系统招录公务员工作反响、效果都很好,在全系统形成了良好的导向;事业单位干部提拔工作非常平稳顺利;行政后勤工作又有了新的进步,为大家创造了良好的工作生活环境;财务管理更加规范,基本做好了上会被重点审查的准备;车库征地规划已经基本完成;老干部工作做得很成功,"两手抓"都很有成效;系统运动会"努力之后、意料之外"获得了团体第二名,举办厅机关趣味运动会,增强了凝聚力;纪检监察工作多次在部里、省里介绍经验,工作很出色;政府收支分类改革、政府采购、政府非税收入管理、农村综合改革等等,都做了很多卓有成效的工作,得以扎扎实实地推进;内部管理不断完善,队伍建设取得新成效,读书的人越来越多,犯错误的人越来越少,厅机关及厅属企事业单位的亲和力、凝聚力、战斗力不断增强;工作环境越来越好,上下左右已经形成和谐协调的工作氛围。此外,去年财政部给我省的补助达到了57.5亿元,比上年增加了13.2亿元。这些成绩的取得,是省委、省政府正确领导的结果,是各市县、各部门大力支持的结果,更是在座各位带领本部门、本单位干部职工共同努力的结果。在此,厅党组由衷地感谢在座的处长、感谢不在座的同志。

今年是党的十七大和省十二次党代会召开之年,是深入贯彻落实科学发展观、积极推进社会主义和谐社会建设的重要一年,也是各项财政事业继续健康发展的重要一年。做好今年的工作,意义特别重大。对今年的工作,全省财政地税工作会议已经作了全面部署。总的是要把中央和省委、省政府的要求部署结合财政工作实际贯彻好、落实好,把"三个三"工作措施进一步加以细化,真正建立起长效机制。在经济方面,要做精一产、做强二产、做大三产,把"腾笼换鸟"的工作做好,少搞一点一般的加工业,多搞一点服务业;把低端的逐步有序地放出去,把高端的引进来做大做强;在产业链条中把研发、设计留住,做大做强,把中间的生产环节放出去。在社会事业方面,要着力解决中央提出的人民群众最关心、最直接、最现实的问题,补社会事业的短腿,具体包括就业、就医、就学,社会保障、环境保护,社会安全(包括社会治安、食品药品安全等)、安全生产,文化(农村基层文化和城市社区文化)等。在收入方面,均衡入库、可持续增长、优化结构、调控能力四个层次缺一不可。在支出方面,要提高资金的使用效益,按照"存量调结构,增量优方向,增量调存量"的原则,将资金使用的重点放到党和人民群众最关心的事情上,完善部门预算和国库集中支付制度,加强绩效考评及考评结果的应用。

处长作为财政厅的中坚力量,要认真学习中央、省委、省政府的决策部署和省领导指示精神,自觉树立和努力践行胡锦涛同志在中纪委七次全会上强调的"八个方面作风",保持良好的精神状态,奋发进取,狠抓落实,扎实做好各项财政工作,为推动我省经济社会又好又快发展作出新的贡献。

一、奋发有为,始终保持良好的精神状态

党的路线方针政策都很明确,关键是我们以一种什么样的精神状态,去学习、去理解、去贯彻、去落实、去追求实效。无数事实也证明,无论一个人,还是一个地方、一个单位,能否保持良好的精神状态,对工作、对发展都是个十分重要的问题。同样的环境、同样的情况下,精神状态好,就会积极主动地开展工作,再大的困难也能克服;精神萎靡不振,遇到小困难也会畏难发愁,怨天尤人,做不好工作,办不成事情,给单位、给事业带来损失,错过机遇。

当前,我省财政经济发展呈现良好的势头,各方面工作都取得了较好的成绩,具有了坚实的基础。面对成绩,也出现了一些需要我们引起注意的问题。比如,有的同志干事创业的激情有所淡化,工作标准有所降低,凭老观点老经验办事,筋骨吊得不够紧,对新事物研究不够,工作中还存在漏洞;不少同志对第一线、第一手、"原生态"的情况调查研究了解掌握不够,对存在的问题、矛盾及其解决的办法满足于"朦胧美";有的同志在个人职级问题上心理预期比较高,想得多了一些,工作精力还不够集中;也有的同志对既要稳步推进改革、认真履行职责,又要方便兄弟部门开展工作、不断优化服务两者结合得不够好,等等。社会总是不断向前发展，时代总是不断进步，实践没有止境，创新也没有止境。浙江经济社会发展正处在关键时期，我们的财政事业正处于党委政府越来越重视、社会关注度越来越高、地位作用越来越明显的时期，我们必须保持冷静的头脑，始终保持一个良好的精神状态，积极向上，埋头苦干，在任务面前勇于承担，困难面前勇于进取，矛盾面前勇于开拓，真正把精力集中到干事创业上来，推动全省财政事业不断向前发展。

保持良好的精神状态，要有强烈的事业心和责任感。财政工作是省委、省政府工作的重要组成部分，是市场经济条件下党委、政府发挥职能合理配置资源的主要手段之一。财政工作做得好或不好对全局工作的影响很大。财政厅各位处长岗位不一，任务不同，但都是为了忠实履行党委政府在财政管理方面的根本职能，都是光荣的岗位，有作为的岗位。每一个岗位都很重要，和领导接触的频率可能会有高低，参加会议可能会有多少，但绝不意味着哪个处室、哪个岗位不重要，工作和岗位没有显眼不显眼之分，各个处室和单位都是财政厅不可或缺的。我们每一位处级领导干部，都要非常看重自己的工作和职责，珍惜自己工作的岗位、担任的职务、享受的待遇，任何时候都要以事业为重，胸怀全局，开拓创新，奋发进取。要结合本职工作，在如何做精一产、做强二产、做大三产，推进产业结构优化升级、“腾笼换鸟”和经济增长方式转变上；在积极发挥财税职能，着力推动和谐社会建设上；在不断深化财政改革，健全公共财政制度上，积极动脑筋想办法，沉下身子实实在在地干事情，挖空心思、千方百计地抓好各项工作的落实，做敢于负责、善抓落实的模范，真正“用心想事、用心做事”。在现实工作中，领导是管“领”和“导”的，是管原则和思路的，我们要善于“引进消化”、“集成创新”、“分解落实”，要防止照搬照抄、粗放经营、悬在空中。大家认真用心工作，对事业有利，对社会有利，对个人也是一种成就。

二、勤学善思，切实增强工作能力

作为处级领导干部，应该说大家都具备了相当的知识和水平。这几年通过创建学习型机关，学习的条件和氛围进一步好转，处长们的文化水平和知识储备进一步提高。但是，有知识、有文化、有水平，不等于就有能力。体现在工作上，是勉强被动地应付工作还是积极主动地开展工作，是常规性地完成工作还是创造性地做好工作是有区别的，也是能力差异的表现。我一直认为，处长们要做好三项工作，第一是完成日常的工作；第二是完成领导交办的工作；第三是通过吃透上级精神，结合具体实际，有见解、有思路，创造性地开展工作。处长们还要达到三种境界：一是队伍、业务不出问题；二是还能出成绩；三是最高境界，就是竟然还能出干部。这些都应成为处长们努力的方向。现在有些处级干部觉得“老办法不灵，新办法不会”，工作找不着感觉，工作能力有所欠缺。

因此，要通过学习思考，尽可能拓宽知识面，学习做好本职工作所必需的财税、管理、经济、法律、科技以及文史哲等各方面知识，并逐步转化为自身的理论素养，转化为指导财政工作实践的能力，切实增强工作能力。胡锦涛总书记提出的树立“八个方面良好风气”第一条就是要“勤奋好学、学以致用”。自觉学习，终生学习，假以善于思考，注重积累，不时地反刍、梳理、感悟，从中找出规律性的东西，用以指导面上的工作和今后的工作，这不仅是适应新的形势和任务的要求，而且也是领导干部打牢立身为官根基的基本途径。处长们要努力使自己成为这方面的模范，不断地提高科学决策的能力、开拓创新的能力、善于解决问题的能力，努力把实际工作同贯彻执行党的路线方针政策相结合，创造性地开展工作，推动财政事业的车轮滚滚向前。当然，学习也可以活泼一些，可以请专家讲讲环境保护、论语、医学卫生、新闻发言、财税改革等方面的内容。

三、完善机制，确保各项工作圆满完成

从前两个月情况看，今年的工作已有了一个良好的开局，但任务仍很艰巨。各处室、各部门要着力完善高效运作的落实机制，促进各项工作的落实。一要进一步突出责任分解。各处室、各单位要根据工作目标，认真排查自身承担的工作目标和重点工作，进一步细化任务，明确工作时限要求，将各项目标分解落实到具体责任人员，切实做到任务分解到位、责任落实到位。二要进一步加大督查力度。要加大对重点目标、重点工作的督查，根据时间进度抓督查，突出实效抓督查，及时发现和解决问题，推进全年工作目标的全面完成。三要进一步强化考核奖惩。要在进一步完善和执行好各项工作制度和办事程序的同时，完善机关工作目标责任制考核方法，加强对工作落实情况的监督检查，该表扬的要大力表扬，该批评的要严肃批评，该提醒的要提醒，该完善的完善，确保各项工作的圆满完成。

四、加强作风建设，不断提高队伍综合素质

成事在人，败事也在人。带好队伍，是做好新形势下财政工作的有力保障。处长在厅机关处于承上启下的位置，在财政厅这个大家庭中，对加强干部队伍建设、凝聚人心、增强战斗力，地位和作用都很重要。我们的干部队伍素质整体上是好的，这几年我们的财政工作做得这么出色，与有一支高素质的干部队伍是分不开的。但在现实生活中，有些处长也觉得机关党员多、素质高、业务强、面孔熟，从而放松了对处室人员的严格要求，忽视了对他们的管理和教育，只管工作不管人，机关各人管各人。长此以往，将会给财政事业的健康发展带来不利影响。

带好这支队伍，主要还是一靠教育，二靠制度，三靠各级领导以身作则。胡锦涛总书记在中央纪委七次全会上明确提出了全面加强领导干部作风建设、大力倡导八个方面良好风气的要求，这一重要讲话是指导当前和今后一个时期反腐倡廉工作和党的建设尤其是领导干部作风建设的重要文献。省委、省政府在节后上班的第一天就专门召开动员大会，对在全省开展“作风建设年”活动作出部署，要求我们发扬党的光荣传统和优良作风，适应新形势新任务的要求，全面加强作风建设，弘扬新风正气，抵制歪风邪气，努力实现干部作风的进一步转变，抓党风促政风带民风，为推动我省经济社会又好又快发展提供有力保障。

作风建设很重要，关系党的生死存亡。我们一直重视作风建设，“谦虚、务实、协调”、“三走近、三远离”、“三个好好”、“三靠两抓”以及促进和谐社会建设三个层次的意见等等都是作风建设的重要内容。我们还充分抓住机关效能建设、先进性教育和学习党章的机会，不断地给大家“敲打敲打”。作风建设不是推倒重来，要注意巩固和发扬已有的成果。我们的作风建设既要合拍合群，又要有个性特点。作风建设永无止境，我们要认真学习胡总书记关于"八种良好风气"的讲话精神,以及习书记和王华元书记在省纪委十次全会上的讲话、吕省长在省政府廉政工作会议上的讲话精神,通过落实中央和省委、省政府的决策部署,做好党和政府、人民群众赋予和期望的财政工作来检验我们的作风建设;在做好财政工作中,坚持和发扬党的优良作风。

作为处级领导干部,要认真贯彻落实胡总书记讲话精神,积极投身"作风建设年"活动,不仅要身体力行,自觉树立和努力践行"八种良好风气",以其养身、以其立威、以其服人,努力做"八种良好风气"的模范实践者和积极推动者;同时,要高度重视所在处室、所在单位的作风建设,以党员民主评议和作风建设为抓手,充分发挥党支部在改进机关作风中的作用,切实采取有效措施,加强对干部的管理教育,教育干部要勤奋好学、学以致用;心系群众、服务人民;真抓实干、务求实效;艰苦奋斗、勤俭节约;顾全大局、令行禁止;发扬民主、团结共事;秉公用权、廉洁从政;生活正派、情趣健康,坚定他们的理想信念,提高干部的综合素质和工作能力,使每一个党员成为一面旗帜,每一名干部成为一根标杆,以优良的作风保证各项任务的完成。

大家提出的意见、建议和要求不多,我们还是要尽心竭力为大家创造好的硬环境和软环境。比如,团结、正气、和谐的环境;做好干部人事工作,按省委巡视组提出的意见,从有利于工作的角度对干部进行适当轮岗,下派年轻干部到基层锻炼,了解国情、省情,增进对基层的感情,同时创造机会解决职务方面的问题。在不违反中央和省里规定的情况下,做好后勤福利工作,改善办公条件。

(2007 年 2 月 28 日)

突出重点 务求实效 扎实推进作风建设

——黄旭明同志在厅、局机关"作风建设年"活动动员大会上的讲话(摘要)

一、统一思想,端正态度,深刻领会当前开展"作风建设年"活动的重要意义

党的作风关系党的形象,关系人心向背,关系党和国家的生死存亡。我党历来重视作风建设。七届二中全会上,毛主席强调共产党人要牢记"两个务必"。十五届六中全会通过了《中共中央关于加强和改进党的作风建设的决定》,提出"八个坚持,八个反对"。今年1月9日,胡锦涛总书记在中纪委七次全会上倡导要形成"八个方面的良好风气"。厅党组根据省委、省政府部署,在省厅、省局机关开展"作风建设年"活动,意义十分重大。

第一,开展"作风建设年"活动,是贯彻胡总书记、习书记等领导讲话精神的具体体现。厅党组历来重视作风建设。我反复强调,一个单位一件、两件事没做好,一个、两个人出问题还不是最可怕的,最可怕的是整个风气不好。作风建设好比一件"汗衫",破一两个洞,补一补还能穿,如果整件汗衫烊掉了,有再好的布也补不起来了。所以,我们一直坚持"箍桶理论",对干部作风进行不断敲打。几年来,通过"三个代表"重要思想学习教育、机关效能建设、干部从政道德教育、保持共产党员先进性教育和各项专题教育,在厅、局干部职工的努力下,机关作风不断优化,形成了心齐气顺、风正劲足的良好局面。队伍建设不断取得新成效,读书的人越来越多,犯错误的人越来越少,厅、局机关及企事业单位的亲和力、凝聚力、战斗力不断增强;工作环境越来越好,上下左右已经形成和谐协调的工作氛围。但是,还有些问题值得我们引起注意。比如,有的同志干事创业的激情有所淡化,工作标准有所降低,凭老观点老经验办事,对新事物研究不够,工作中还存在漏洞;不少同志对第一线、第一手、"原生态"的情况调查研究了解掌握不够,对存在的问题、矛盾及其解决的办法满足于"朦胧美";有的同志服务意识不强,对部门、对基层口气大,态度不够好;有的同志在个人职级以及福利等问题上心理预期比较高,想得多了一些,工作精力不够集中;也有的同志对既要稳步推进改革、认真履行职责,又要方便兄弟部门开展工作、不断优化服务两者结合得不够好;也有的单位对稳健经营、转制改制、搞好服务、接收人员等不够顾全大局,等等。我们要按照胡总书记的指示和省委、省政府开展"作风建设年"活动的要求,切实解决少数干部在学风、思想作风、工作作风、领导作风和生活作风等方面存在的突出问题,抵制歪风邪气,弘扬新风正气,牢固树立并坚持弘扬厅、局机关及所属单位的良好风气。

第二,开展"作风建设年"活动,是推进科学发展和构建和谐社会的必然要求。党风促政风带民风。机关作风是党的作风的重要体现,也是推动科学发展和和谐发展的保证。机关各部门及其工作人员的作风好不好,直接影响到党群干群关系。"一叶落而知天下秋,瓶水冰而知天下寒",人民群众对党和政府的评价依据最直观、最主要的就是来源于机关作风,他们往往凭着对机关作风的感受,来评价一个部门的好与差,甚至由此来评价党和政府的工作。我们的干部能不能做到勤政廉政、高效务实、心系民生,关系到党和政府在群众中的形象和威信,关系到和谐社会的建设。作为财税部门,首先要为政府构建大和谐提供可靠的财力支撑;其次要优化上下左右的工作环境,实现与服务对象之间的和谐,按照"依法、规范、作风、高效、服务"十个字的要求,创造和谐氛围;再次是内部要增强亲和力、凝聚力和战斗力,实现每个干部职工内心世界的和谐,成为党和政府放心、人民群众满意的单位。通过"作风建设年"活动,可以更好地促进广大干部职工改进作风,解决那些妨碍科学发展、影响社会和谐的矛盾和问题。

第三,开展"作风建设年"活动,是新形势下促进财政、地税事业不断发展的迫切需要。检验我们工作的成效,有三个层次的境界:一是做好日常的工作;二是做好领导交办的工作;三是吃透领导精神,结合具体实际,发挥主观能动性,经过反复推敲、研究,有自己的见解、思路和要求,创造性地做好工作。要达到这三个境界,必须有良好的精神状态和作风。新的形势和任务,对各级机关的执政能力和管理水平提出了新的更高的要求,我们要用扎实的作风、发展的思路、创新的理念,进一步推动和深化财税改革,全面提高领导、管理和服务的水平。财政、地税部门作为综合经济职能部门，作为党委、政府“看得见的手”，在市场经济条件下，承担着合理配置资源的职能作用。财政、地税工作做得好不好，对全局工作的影响很大。当前，我省正处于改革发展的关键时期，要充分发挥财政、地税部门职能作用，圆满完成省委、省政府“四位一体”的战略部署和目标任务，关键取决于厅、局广大干部的精神状态和工作作风。我们只有高度重视自身发展中存在的问题，保持与时俱进、奋发有为的精神状态，保持勤学善思、开拓创新的思想活力，保持艰苦奋斗、精益求精的工作作风，才能把各种力量凝聚起来，把各方面的积极性调动起来，同心同德，积极进取，推动财政、地税事业新发展。

二、开展“作风建设年”活动的目标任务、重点内容和实施步骤

省厅、省局开展“作风建设年”活动，必须以邓小平理论和“三个代表”重要思想为指导，全面落实科学发展观，深入学习领会胡锦涛总书记重要讲话和习近平书记、吕祖善省长、王华元书记等领导的讲话，贯彻落实中纪委七次全会和省政府、省纪委等会议精神，发扬党的光荣传统和优良作风，适应新形势、新任务的要求，全面加强作风建设，着力解决突出问题，推动党风、政风和学风进一步好转，以作风建设促财税工作，以财税工作成效检验作风建设的成果，为全省经济社会又好又快发展提供有力保障。

开展“作风建设年”活动的目标任务：一是重点对照胡锦涛总书记倡导的“八个方面的良好风气”，按照习近平书记在“作风建设年”活动动员会上对当前机关作风问题的剖析及要求，结合实际进行反思，实事求是地查摆问题，有针对性地采取有效措施，进行整改；二是按照“谦虚、务实、协调”的要求，着力解决机关作风建设中的突出问题，牢固树立勤奋敬业、务实开拓、真抓实干、干净干事的良好风气；三是教育和引导全体干部职工进一步转变观念、转变作风，增强服务意识和创新意识，增强破解难题的能力，不断巩固扩大先进性教育和机关效能建设的成果；四是修订完善规章制度，建立作风建设长效机制，实现作风建设与财税业务工作“两手抓、两手都要硬”，推动和谐机关建设。

开展“作风建设年”活动的重点内容是：认真学习，结合实际，对照检查，找准问题，认真开展批评和自我批评，提出整改意见；求真务实，突出重点，把作风建设的要求体现到工作中去，确保作风建设活动取得实效。结合省厅、省局作风建设的实际，着重要抓好以下几个方面的工作。

第一，进一步加强思想作风和学风建设，在财税工作实践中全面落实科学发展和构建和谐社会的要求。当前财税改革任务繁重，新出台的政策制度多，我们不仅要好好学习，吃透上级精神，而且要学以致用，围绕财税改革和中心工作，用心想事，用心做事，创造性地开展工作。要按照科学发展观的要求，继续深入贯彻“三个三”工作理念，充分发挥财政、地税的职能作用，通过各种财税政策手段，整合财税资源，做好“腾笼换鸟”这篇文章，坚持做精做绿一产、做强做优二产、做大做强三产，推动我省经济增长方式转变。要坚持在“依法治税，规范管理”的前提下，按照均衡入库、持续增长、优化结构、增强调控能力四个方面的要求，做好有效组织收入工作。要按照构建和谐社会要求，补社会事业这条“短腿”，财政支出着力向“三最”倾斜，逐步实现公共服务均等化。支出安排要体现“普惠”原则，重点放在人民群众最关心、最直接、最现实的“三就两保两安全”等方面。支出结构要坚持“存量优结构，增量调方向，以增量调存量”的方法和稳健原则进行。要把省委、省政府对财税工作的一系列要求，把省人大对今年预算草案的审查报告四个方面的要求落到实处，要把吕省长的政府工作报告，特别是“新增财力三分之二以上用于民生”的要求和10件实事落到实处，还要把吕省长在义乌会议上“收、支、管”的试点要求和债务问题的部署落到实处。

第二，大兴调查研究之风，坚持“以民为本”，与时俱进，开拓创新。厅、局领导和各个业务部门的负责人要尽量争取抽出一定时间，结合年度主要工作任务和重点调研课题，真正沉下去，蹲点调查了解基层和群众最关心、最迫切要求解决的是什么，反映最强烈的热点难点是什么，掌握第一手、第一线、“原生态”情况，提出解决这些问题的意见和建议，供厅局领导或班子决策参考。通过调查研究，总结推广一些好的经验、做法。发现制度设计和工作中的缺点和不足，找出需要改进的地方，找准工作的着力点。

第三，切实贯彻“两提高一降低”，进一步深化效能建设，努力建设节约型政府。稳步推进“三位一体”公共财政框架体系建设。部门预算要一年比一年更加完善；国库集中支付和收支分类改革要按省政府和财政部的原则办，尽快全面推开；绩效评价要扩面和加大结果应用的力度。政府采购要逐步扩大规模，规范高效，体现党和国家方针政策，努力让节能产品、国产设备享受到“主场”的优势。控制和化解市县政府债务和乡镇政府债务方面要有实际进展。要贯彻落实《行政许可法》，开展“法律六进活动”，不断提高依法行政能力和依法理财治税水平。要继续发扬艰苦奋斗、勤俭办一切事业的作风。无论是工作上，还是生活中，时时处处要抵制铺张浪费，把该省能省的钱省下来，真正用好纳税人的每一分钱。进一步改进文风、会风，切实精简各类文件，提倡开短会、开小会、讲短话。要按中央和省里要求，进一步改进和规范公务接待，简化公务礼仪，公务用餐提倡自助餐。要进一步降低行政成本，提高行政效能，努力建设节约型机关、节约型单位。

第四，要不断改进工作作风，提升服务能力和水平，全心全意为兄弟部门服务，为基层服务。要按党和国家的方针政策，按省委、省政府的决策部署，按公共财政的原则，按最广大人民群众的迫切需要，让那些应该用钱的单位，更有效地、更方便地用到钱、用好钱。要以人家不来跑或者少来跑就能办成事为追求的目标和衡量的标准之一。当前，尤其要妥善处理好稳步推进各项改革与方便兄弟部门顺利开展工作之间的矛盾，主动多沟通、多协调，营造和谐共事的良好环境。在与基层、与其他部门打交道时，我们尤其要注意待人处事的态度，真诚地为大家服务。

省厅、省局开展“作风建设年”活动，要按照大局着眼、小处入手、抓住重点、整合载体、讲求实效的思路，按照省里部署，分三个阶段实施：第一阶段安排在2到4月，主要是宣传发动，组织学习，提高认识，营造氛围。第二阶段安排在5到8月，主要是征求意见，查摆问题，认真整改。着重要围绕今年财税重点工作任务落实整改措施。第三阶段安排在9到12月，主要是总结提高，形成长效机制。对以往作风建设、效能建设、先进性教育和各项专题教育形成的制度进行梳理分析，汇编成册，注重从制度上巩固整改成果，使作风建设发挥长效作用。

三、加强领导，分步实施，切实按照省委部署扎实开展活动，坚持体现财政地税的个性特色

第一，要加强组织领导，确保活动不"走过场"。开展"作风建设年"活动，是省委、省政府学习贯彻落实胡锦涛总书记重要讲话的一项举措，是厅党组今年思想政治教育和队伍建设的重点工作。为此，厅党组专门召开了会议，认真作了部署。厅、局分别成立了"作风建设年"活动领导小组，并设立了办公室负责日常工作。按照省里部署，结合各自工作和队伍建设的实际情况，分别制定了具体实施方案。各部门、各级领导要充分认识作风建设活动的重要性和紧迫性，把这项活动摆上重要议事日程，加强领导，精心组织，周密部署。尤其是各处室局、单位一把手，要亲自抓，切实担负起活动第一责任人的责任。其他领导要配合抓。同时，各级领导要带头学习提高，创新观念；带头调查研究，找准问题；带头查摆问题，落实整改。要自觉践行"八个方面的良好风气"，以其养身，以其立威，以其服人，努力做优良作风的模范实践者和积极推动者。

第二，要整合资源，形成合力，确保作风建设和业务工作两不误。这项活动从3月开始直到年底，时间跨度长，工作任务重。要善于总结近几年来省委、省政府各项专题教育活动及厅党组有关队伍和作风建设的经验，把"作风建设年"活动与深化机关效能和节约型机关建设结合起来，与保持共产党员先进性教育结合起来，与深化学习型组织建设结合起来，与进一步落实党风廉政责任制结合起来，与推进依法行政和健全惩防体系结合起来，形成合力，进一步推进作风建设。搞"作风建设年"活动，不是推倒重来，而是继承以往好的做法，探索新方法，并予以巩固深化。我们不能学狗熊掰玉米棒子，掰一个丢一个，而是要继续依托"三靠两抓一组织"，坚持"谦虚、务实、协调"，坚持"好好学习、好好工作、好好做人"，积极倡导"三走近、三远离"，在巩固队伍建设已有成果的基础上，进一步改善作风。各处室局、各单位要正确处理好活动与业务工作的关系，做到作风建设与业务工作两不误。要紧紧围绕今年我省财税工作的"六个着力"，查找基层和群众反映突出的热点、难点问题，狠下工夫加以解决，确保今年各项财税工作任务的完成。

第三，要抓住重点，抓出实效。活动总体上按省委部署，分三个阶段贯穿全年。同时，结合财政、地税部门队伍建设和业务工作实际，体现个性特色。在具体实施过程中，各部门、各单位要找准存在的突出问题，一个问题一个问题地进行剖析，一项内容一项内容地进行整改。要把握几个重点时段，一个阶段、一个阶段地抓好落实。并且注重从制度上巩固活动成果，致力于形成作风建设的长效机制，发挥长效作用。

古人云："君子检身，常若有过"。作风建设是没有止境的。我们相信，通过今年"作风建设年"活动，我们的思想认识会更加提高，自律意识会更加增强，行为约束会更加自觉，以优良的作风确保我们振奋精神，锐意进取，用优良的成绩迎接党的十七大和省第十二次党代会的胜利召开！（2007年3月19日）

抓好业务 带好队伍 当好参谋
推动财政地税事业更好更快发展

——黄旭明同志在全省财政地税系统局长培训班上的讲话（摘要）

正当全省人民豪情满怀、以实际行动迎接省党代会即将召开的时候，全省财政地税系统的58位连任局长和46位新任局长相聚杭州，利用现场会和培训班的形式，共同探讨如何进一步加强系统队伍建设和做好财政地税工作。财政地税事业的持续兴旺发达，需要一代又一代财税人的薪火相传和不懈努力。在历届浙江省财政厅党组卓有成效工作的基础上，本届厅党组自2003年接过接力棒以来，和各市县区局的领导们一起，带领系统2万多名干部职工，尽心尽责、开拓创新、奋发有为，取得了有目共睹的成绩，财政地税事业取得了新的可喜的发展。财政地税事业的兴旺发达，我们用"出业绩、出干部、出思想"三个方面来概括。从"出业绩"的角度来看，近年来，全省财政地税收入持续较快增长，收入结构不断优化，财政实力迈上新台阶，财政调控能力不断增强；财政支出结构进一步优化，公共管理和公共服务领域的财政投入不断加大，财政支出着力向民生、社会事业和欠发达地区倾斜，有力地促进社会主义和谐社会建设；财税改革不断深化，以部门预算制度、国库集中收付制度、绩效评价制度"三位一体"为标志的公共财政制度不断健全；财税管理不断强化，财政资金使用效益不断提高。2003年以来，省厅、省局在省政府工作目标责任制考核中都连续被评为优秀单位，省局更是获得七连冠的殊荣。从"出干部"的角度来看，最令人欣慰的是全系统读书的人越来越多，犯错误的人越来越少，还涌现出杨森材、谢永、冯伟、潘小燕、邬玉萍、陈丹聃及义乌市财政局、上虞市财政局、绍兴县地税局柯桥税务分局、杭州市地税局西湖税务分局、仙居县地税局城区税务分局等一大批先进人物和先进单位；全省不少财政地税干部走上了各级党政领导岗位，这次换届就有29位。省厅、省局被选拔到省级其他部门的处级、厅级领导干部也不少，系统内一批又一批年轻有为的干部正在茁壮成长。与此同时，受党纪政纪处分人数从2002年的30人逐年下降到11人。从"出思想"的角度来看，业务方面，在对原有的财政政策和机制进行完善的基础上，2003年出台了"做大蛋糕、优化结构、综合调控、推进改革"十六字工作思路，2004年，中央实施宏观调控政策后，厅党组结合实施"八八战略"、建设"平安浙江"，在充分调查研究的基础上及时提出了"三个三"财税工作措施。队伍建设方面，厅党组提出的"谦虚、务实、协调"、"三个好好"、"三靠两抓一组织"和"三走近、三远离"等一系列抓好队伍建设的思路和举措，正日益成为我们系统队伍共同的思想基础，并有力地促进了积极向上、团结和谐精神风貌的形成。

今天，我们正处于这样一个承前启后的历史时期，市县财政地税局长实现了新老更替，系统又增添了一批新生力量。面对庭前的花开花落和窗外的云卷云舒，我们也不无良多感触。但是，我们考虑最多、始终不敢忘怀的，还是财政地税事业如何更好更快地发展。大家知道，影响事业发展的因素很多，但很关键的，是在座各位局长的作用。今天，财政地税事业发展的首要责任，历史地落在在座各位局长的肩上，需要各位局长抓好业务、带好队伍、当好参谋，积极营造有利于事业发展的和谐环境。回顾本届党组近五年来的实践，我们提出并牢固树立"谦虚、务实、协调"的工作作风；提出并不断发展"三个三"财税工作理念；提出并切实贯彻"三靠两抓一组织"队伍建设思路。借此机会，我想与各位新老局长就这些方面作个交流分享，以期共同为财政地税事业的发展作出新的贡献。

一、当好参谋，协调关系，积极营造财政地税工作的和谐环境

一个政党或者一个系统的作风，关乎其兴衰存亡。2003年初，本届厅党组上任伊始，就提出牢固树立"谦虚、务实、协调"工作作风的要求，而且明确要求广大干部必须做到。尽管当时还没有像今年这样提"作风建设年"任务，但"谦虚、务实、协调"的工作作风，和省委倡导的浙江精神是一致的。我们各位局长要成为落实这一作风的楷模。

"谦虚"是一种美德，更是一种智慧，它给我们拓宽了不断前进的道路。财政地税部门联系面这么广，要接触这么多领域，新情况新问题又层出不穷，对这些领域都要拿出自己的意见，不虚心向前人和别人学习，很难有真知灼见。同时，谦虚还有助于我们协调各方面的关系，在互动沟通的过程中，增进相互了解，化解各方面矛盾。现实生活中有些矛盾，并不是由于利益的对立而产生，往往是由于沟通不够、情况不明造成的误解，甚至可能是由于傲慢与偏见引起的情感冲突。所以，谦虚不仅有利于对方，更有利于自己，不仅有助于工作的顺利开展，同时有助于形成和谐的工作环境。

"务实"就是尊重实际、注重实干、讲求实效。尊重实际就是要从财政地税工作所处的环境条件来研究分析财政地税工作，就是要从历史发展的过程去把握财政地税各项改革，也就是尊重客观规律。注重实干主要是由财政地税工作性质决定了的。我们经手的都是真金白银，都是老百姓的血汗钱。如果人云亦云，作风浮夸，头脑发热，对党和人民事业的危害可能会更大一些。实实在在地潜心研究工作，成为这方面的权威，把财政地税工作弄透彻，无论是出台政策还是组织收入、分配资金，都能掷地有声。尤其是与各项改革相关的财政地税问题，要探究它过去是怎么样的，现在存在什么问题，将来会朝着什么方向发展。这种问题现代市场经济国家是怎么处理的，学术界的意见是什么，实务界是怎么反映的，我们可以选择的态度和方法有哪几种，利弊怎样。只有这样，才能把各项工作做实，才谈得上实干。讲求实效，是我们追求的目标。财政地税工作要按照党和国家的方针政策，按照党委政府的决策部署，按照"均衡入库、持续增长、优化结构、调控有力"的原则组织好收入，充分发挥税收职能作用，推动浙江产业结构、经济结构的调整和优化，推动经济增长方式的转换，促进资源节约，保护生态环境，推进创新型省份建设；按照公共财政的原则安排好支出，让那些应该用钱的单位，更有效地、更方便地用到钱、用好钱。我们的各项工作，最后客观效果怎么样，党和政府很关心，兄弟部门很关注，老百姓也越来越关心。要让党和政府放心，让老百姓满意，财政地税工作不务实肯定是不行的。

"协调"，就是使各种关系、各个环节、各个因素、各种层次和谐起来，形成合力达到目标的过程。利益冲突是客观存在的，过去、现在和将来都存在，关键看如何协调。财政地税部门掌管财政资金、组织税收收入，而资金永远是个稀缺资源，财政永远也不可能满足所有人的所有需求；地税工作通俗地说，是代表国家从纳税人口袋中拿钱，我们的工作要大家理解支持，这就需要我们去协调，去营造一个和谐的财政地税工作环境。

作为局长，在搞好协调、营造和谐环境方面，首要的问题是角色定位，也就是要弄清楚，我在什么方位上，我是什么角色，我应该发挥什么作用。既然你是局长，就有协调上下左右关系的职责；既然你是行政执法部门的负责人，就有依法治税理财、坚持规范管理的底线；既然你是财政地税局的局长，在别人眼里，你掌管着政府的资金，掌握着征管权力，就有个协调需要与可能的问题；既然你是浙江某个市县区的局长，当然要集中精力研究当地实际，把党和国家的路线方针政策、省委省政府的决策部署、厅党组的财税工作要求与本地实际有机地结合起来，协调整体与局部的关系，把自己的事情办好；既然你是今天的局长，本届政府的财政地税局长，就必须面对现实，清醒认识经济社会发展所处的阶段，把握发展的过程，协调好改革发展稳定的关系。

在诸多关系中，一是要认真履行职责，当好党委政府的参谋。作为政府的综合部门，要自觉接受党委政府的领导，争取党委政府的支持，紧紧围绕党委政府的中心工作，充分发挥财政地税职能，忠实地贯彻执行党委政府的决策。在这个前提下，要掌握"原生态"情况，加强前瞻性调研，提出切实可行的财税方面的政策建议，供党委政府决策参考。当前财政地税部门，着重要研究如何顺应我省经济社会发展的趋势，奋发有为，促进经济社会又好又快发展的问题。我省经济发展正处于关键阶段，我们有必要、有条件加快"腾笼换鸟"，实现又好又快发展。在这个过程中，财政地税局长有责任、有能力发挥积极的作用，当好党委政府的参谋。二是要真心诚意，换位思考，与同级机关互相配合、平等合作、求同存异。财政地税部门要主动支持配合其他机关开展工作，想他们所想，急他们所急，按照党和国家的方针政策，按照党委政府的决策，按照公共财政的原则，让那些应该用钱的单位，更有效地、更方便地用到钱、用好钱，把稳步推进改革、认真履行职责与方便兄弟部门开展工作、不断优化服务两者结合好。同样，地税工作也需要兄弟单位大力支持。治税环境仅靠地税部门的力量很难得到真正优化，必须加强与兄弟部门的协调，建立以党政机关、职能部门、新闻媒介、社会群团组织为主体的协税护税网络，健全地方税收司法保障体系，举全社会之力，共同推进依法治税、规范管理。当然，由于所处的角度不同，存在不同的看法是完全正常的，我们要按照"谦虚、务实、协调"的要求，多一些听取与商讨，不要说"我给你……"，尽量缩小差距，达成共识。在这里，多一些换位思考只有好处，这将更加有利于提高我们的参谋水平，更加有利于部门之间的协调，更加有利于把握工作的主动权。

二、钻研业务，用心做事，切实贯彻“三个三”财税工作措施

这次换届后，我们分析了一下局长的构成，有四种情况。第一类，是连任的局长，有58位；第二类，是从财政地税系统出去，又回到本系统的局长，有7位；第三类，是系统内部提拔的局长，有13位；第四类，是从外系统调任的局长，有26位。为了财政地税事业的发展，为了浙江4900万人民的和谐生活，我们走到一块来了。不论老局长新局长，站在这个新的历史起点，都有一个学习财政地税业务的任务。老局长要温故而知新，靠吃老本在我们这个系统里是不好混的，所以必须在新的学习思考基础上，不断创新，常做常新；回到财政地税系统的新局长，尽管曾经在财政地税岗位上工作过，但是这些年发展这么快，变化这么大，需要重新学习；系统内部提任的局长，可能长期从事财政地税某方面的工作，对某一领域很熟悉有建树，但面临一个全面学习、理解、把握的过程；从外系统调任的局长，有着不同岗位上工作的经历，这对从多角度考虑做好财政地税工作，是一个很好的条件，但是财政地税业务纷繁复杂，横要融会，纵要贯通，非得沉下心来认真学习不可。如果我们占了财政地税局长这个位置，占了这么一个受人关注的重要岗位，又不去用心钻研业务，满足于书记县长旁边转转，满足于做做表面文章，满足于在财政地税圈里跌跌撞撞、稀里糊涂混饭吃，党和政府的培养、人民的重托、事业心责任心使命感将会统统付之流水。

财政税收，是以国家政权为依托的分配活动，是国家参与社会产品分配的一种特殊分配关系。

从根本上说，财政是由经济决定的。但是经济的发展不完全等同于财政发展，并且财政可以反作用于经济。

众所周知，从事资金的分配和拨付活动，是财政最基本的工作内容。但是，财政决不仅仅是资金的计算和拨付。财政分配和拨付的每一笔资金，都必须体现党委政府的决策，体现人民群众的意愿和利益，体现公共财政的原则。

税收，更不是简单地收钱。税收的征收和管理，必须不折不扣地贯彻由党和政府意志转化而成的国家税收法律、法规、政策，还要把税收收入越收越多，还要不断地满足日益增长的财政支出需求。今天，我们把几千年延续、发展而来的税收制度、税收征收、税务管理、税收稽查无一遗漏地承载于信息化之中，并且通过信息化整合，改造税收征管的业务流程，推进税收征管的公开、公平、公正和现代化。

财政有一本收支平衡账，其形式是收支一定要轧平，而其本质则是毛主席说的“预算是规定政府活动的范围和方向的”。

按照公共财政的原则，我们还要坚持体现财政的公平性、公共性、公益性和法治性等特点。

随着改革的不断深入，各种深层次的矛盾逐渐显现，解决的难度越来越大，说财政地税工作处于风口浪尖一点也不为过。这就要求我们减少不必要的迎来送往和无谓应酬，把注意力集中到财政地税工作的热点、难点和焦点上来。每一位局长要把财政地税工作放到党和政府工作的大局中，放到历史发展的大趋势中，注重学习，善于思考，坚持积累，经常梳理和感悟，找准在当前我省经济社会发展阶段中财政地税部门的位置、角色及应发挥的作用。

2004年，面对宏观经济形势的变化，厅党组按照科学发展观的要求，在调查研究的基础上，进一步细化“做大蛋糕、优化结构、综合调控、推进改革”十六字工作思路，及时提出了“三个三”的财税工作措施。

“三个三”财税工作措施主要是解决“三个背景”下如何做好“可持续增长”和“做好、分好‘蛋糕’”这两篇文章。从内容上看，主要是三个方面：一是要充分发挥财税职能，在支持国民经济持续协调较快发展中，更加注重支持第三产业特别是现代服务业的发展；二是要优化税收收入结构、政府财力结构和财政支出结构等三个结构。要在依法治税、规范管理的前提下，积极主动地搞好财政收支结构的调整工作，增强调控能力；三是在财政支出管理中一定要严格做到“控、压、保”，促进社会主义和谐社会建设。

抓好当前的财政地税工作，还要做到：

一是要坚定不移地贯彻落实科学发展观，坚决优化产业结构，转换经济增长方式。

我省陆地面积小，物质资源少，但人多且聪明能干；人均GDP近4000美元、工业化到了中后期、节能减排任务艰巨，产业结构不合理，服务业占比明显偏低；工业以中低档次为主，客观上需要招收低档次为主的劳动力并引发诸多社会问题（人群素质、社会事业及社会保障的压力、环境污染、社会治安等）；经济增长空间已到了不腾笼无以增鸟和换鸟的地步；一些市县领导认识不齐，贯彻省委省政府发展服务业、循环经济等决策不平衡，有的地方不坚决、不到位。长此以往，有可能沦落到很尴尬的地步。

要把中央和省委、省政府的要求部署结合财政地税工作实际贯彻好、落实好，真正建立起“三个三”工作措施的长效机制。在发展经济上，要做精一产、做强二产、做大三产，把“腾笼换鸟”的工作做好，少搞点一般的加工业，多搞点服务业；把低端的有序地放出去，把高端的引进来做大做强；在产业链条中把研发设计和市场营销留住，做大做强，把中间的生产环节放出去。

要深入研究、不遗余力地通过财税政策、财政资金、财税服务等，支持第三产业尤其是现代服务业的发展。大力发展服务业特别是现代服务业和有优势的传统服务业，对于提升二产和一产的水平与效益，乃至全省国民经济的整体素质与效益，对于提高区域人群素质、改善社会治安、减轻社会负担，对于缓解生产要素制约、实现节能减排目标、减轻环境污染压力，对于增加城乡就业、方便群众、提高人民生活质量，对于当地政府和当地群众更多更快地积聚财富，都具有十分重要的意义和作用。实际上，也是我省在经济发展中面对现实，扬长避短，继续走在前列的别无选择的正确路径，服务业就是也必将成为下一轮的经济增长亮点。我省经济发展到了今天这个阶段，我们就应该像多年以来抓农业那样重视发展服务业，就应该像重视工业那样抓服务业的发展，就应该像20年前推动乡镇企业改制那样推动服务业的发展，争取通过10年乃至20年的努力，在浙江省尽快形成“三、二、一”的三次产业格局。

二是要坚定不移地构建和谐社会，以民生为出发点和归宿，坚决把“三个最”落实在财税工作的具体实践中。

党中央提出构建和谐社会，非常重要，非常及时，非常正确。和谐社会是我们心向往之的崇高目标，也是我们面对现实的执政之基。马克思主义认为社会主义基本规律有一个很重要的内容是“为了人的全面发展”。共产党领导人民打江山时的响亮口号是为了劳动人民翻身得解放，过上幸福美好的生活。我们执政快60年了，建设和发展到了今天，必须重视社会事业和经济建设、城市和农村、地区之间、人与自然等协调发展了，必须体现以人为本、解决“三最”了！

我们认为，在当前，着力解决人民群众最关心、最直接、最现实的问题，主要可以概括为“三就两保两安全加文化”，具体包括就业、就医、就学，社会保障、环境保护，社会安全（包括社会治安、食品药品安全等）、安全生产，文化（农村基层文化和城市社区文化）等。要加快健全和完善“三位一体”的公共财政制度框架，包括要提高财政资金的使用效益，按照“存量调结构，增量优方向，增量调存量”的原则，将资金使用的重点放到党和政府、人民群众最关心的事情上。在坚持公共财政“普惠”原则的同时，财政资金要向农村倾斜，向欠发达地区倾斜，向低收入人群倾斜。并且，真正把这些党和政府的阳光实实在在地照耀到人民群众身上。

三是要坚定不移地坚持在依法治税、规范管理的前提下，实现财税收入的“均衡入库，持续增长，优化结构，调控有力”。

不懂得生财、聚财之道，就不是一个合格的地税局长，也不是一个合格的财政局长。在始终坚持依法治税、规范管理的大前提下，2000年5月我们提出了税收收入要均衡入库的要求，不能出现起落无度、手足无措的局面；2001年9月，我们提出了保持浙江地税收入可持续增长的要求，强调税要“越收越多”，而不是“越多越好”；2004年7月，我们提出了“三个三”措施，要求优化收入结构；2006年底，我们认为在浙江省，到了这个阶段，在组织收入上还要有强大的调控能力，确保省委省政府驾驭全局的需要。在税收征收管理中，我们还一直强调“税收经济观”、“税收财政观”、“抓大不放小”、“精细化管理”，以及要像重视税收收入一样，重视加强对社保资金等非税收入的征收管理。

当前，各地要一丝不苟地抓好《税友2006》的推广应用。《税友2000》从推广应用到现在已有5年多时间了，这几年中一是地税业务增加了不少，一些原有的工作也有很多变化；二是信息技术本身有了很大的进步和发展，社会应用水平有很大突破；三是税收的科学化、精细化管理已到了一个新的阶段，纳税人、社会各界对地税机关的期望值越来越高，在优化服务、公开办税、提高管理效率方面都有新的要求。《税友2006》的应用，对提高管理水平，规范执法行为，进一步加快地税系统的征管改革，服务经济发展都很有意义。所以希望大家要提高认识，树立信心，主动、积极地做好相关工作，为《税友2006》的顺利推广应用做出自己应有的努力。

要充分理解系统的统一性、完善性和应用工作的复杂性，实行一把手负责，做到全员参与。《税友2006》的上线运行是个大工程，涉及到各个部门和每一位税务干部，涉及到人力、物力、财力的大量投入，涉及到许多重要业务和岗位职责的调整，没有一个坚强有力的组织领导核心、没有主要领导的亲自负责和参与是不行的。所以，各单位领导要高度重视《税友2006》试运行和推广应用工作，要实行“一把手负总责、分管领导直接抓”。

《税友2006》的推广应用是2007年全省征管改革和信息化建设“重中之重”的工作，任务艰巨，既是一次挑战，又是一次机遇。“沧海横流方显英雄本色”。在日常工作中各单位也许差别不大，但在突击性、高难度的任务面前就能显示出管理水平和组织协调能力。《税友2006》的上线运行，给每个单位提供了一次机遇，特别是在座的局领导和各条线上的业务骨干，《税友2006》的上线运行是发挥大家组织协调能力、展现业务水平和技术能力的很好机会。希望大家发扬求真务实的工作作风，勇于创新、敢为人先、克服困难，全面完成《税友2006》试运行工作任务，为全省地税系统信息化建设再立新功，为不断丰富和发展“三个三”财税工作措施构建广阔而扎实的平台。

四是要坚定不移地健全和完善公共财政制度，努力实现我省财政对中央财政“硬财富”和“软财富”的双贡献。

1.健全和完善“三位一体”的公共财政制度框架。部门预算要全面推开，并且要更加细化，更加科学、更加合理。不仅要推进改革，还要有利于其他单位的工作。把国库集中支付制度推广好，落实好，使财政资金使用效率大大提高，从源头上预防和治理腐败，在制度上提供保障。绩效评价要继续加大宣传力度，让大家知道用好政府的钱是很不容易的。用钱要考核，要评价，用得好与不好都有不同的措施。

2.健全和完善省与市县财政体制。继续推动区域之间的协调发展，继续推动人与自然之间的协调发展，继续保持省委省政府的调控能力。逐步探索并推动事权财权的清晰界定和更多地实行一般性财力转移支付。

3.健全和完善“增量”与“存量”的互动关系。把握“存量调结构，增量优方向，增量调存量”的互动关系。确保新增财力三分之二以上用于民生，坚决落实“控、压、保”。

4.健全和完善财政风险防范体系。

①家底交给“当家”的，口子要开而有度，盘子要有保有压。

②把握好“一毛钱”和“500万元”的关系非常重要。即如果是一次性的，数字大一点也不是最可怕的，但是如果是进基数的，即使是一毛钱也要特别谨慎。一定要为领导当好参谋，出好主意。

③落实吕省长义乌会议重要讲话，坚决控制政府性债务。财政的风险主要在债务。一定要“适度举债，讲求效益，加强管理，规避风险”，关键是两个字——可控。

5.要坚定和平稳地推进财政改革。

①规范津补贴要认真。津补贴的规范和统一是大势所趋，各地要认真执行，谨慎操作。各地切不可动手动脚，不要做出头的椽子。

②“三子”要试点，要完善，要推行。要探索“收入一个笼子、预算一个盘子、支出一个口子”的问题，把试点搞好。关于进一步加强公共财政管理，吕省长已经为我们指明了方向，并提出了总体思路。作为局长，要因势利导、顺势而为、乘势而上，扎实做好工作、深入研究探索，争取党委政府的支持和部门的理解，力争“收、管、用”这三个方面取得成果。

③密切关注推进农村综合改革。在中国，农村、农民永远是

政权的基础。在农村问题上一定要清醒，一定要坚定。农村综合改革是大事情，一定要抓紧、抓好。农村的事情、包括农村综合改革的事情，我们永远不能掉以轻心。

此外，我们要珍惜所作所成。浙江省上下之间关系和谐，区域之间协调发展，贫富之间与全国相比差距较小，大社保体系比较健全，工作环境和谐，内部分配规范，队伍建设抓得好，等等。这些方面确实有很多值得我们深思，值得我们珍惜，值得我们去保持和发扬，这些都是很宝贵的。

三、以身作则，带好队伍，切实加强领导班子和干部队伍建设

局长是全局干部职工的“领头羊”，起着抓班子带队伍的作用。一个单位的精神风貌如何，局长至关重要。那么，局长怎样才能抓好队伍建设？我认为，概括起来就是做好表率、订好制度、抓好班子、带好队伍。

（一）要叫响“向我看齐”

古人说，“政者正也，帅之以正，孰敢不正？”毛主席也说过，“政治路线确定之后，干部就是决定的因素”。可见，领导干部的带头作用至关重要。作为局长，在各方面要从严要求自己，凡是要求别人做到的，自己首先要做到；凡是要求别人不做的，自己坚决不做，叫响“向我看齐”，以自己的言行为大家做表率。实践证明，敢于叫响“向我看齐”，至少要做到以下三点：

一是要淡泊名利。人活在世上，无论贫富贵贱，穷达逆顺，都免不了要和名利打交道。局长也不例外。一些单位人际关系紧张，往往由名利问题引起。一个人如果心中没有远大的目标，势必就会看重眼前的名利。信仰动摇了，理想淡漠了，失去了远大的目标，自然就会看重眼前的名利。淡泊名利，无私奉献，心中装着人民，心中装着党的事业，是共产党人应有的精神追求。江泽民同志多次要求领导干部好好想一想，参加革命为什么？现在当干部应该做什么？将来身后留点什么？这是我们应该经常自省的问题。把这个问题想清楚，想正确，才能在思想上淡泊名利，高尚纯洁，行动上一身正气，堂堂正正；才能言传身教，凝聚人心；也才能叫响“向我看齐”。

二是要廉洁奉公。习近平同志曾语重心长地要求每一位领导干部要算“经济账、法纪账、良心账”。这“三笔账”，我们算清楚想明白了，才能在工作、生活中做到慎独、慎初、慎微，做到两袖清风，坦荡做人。也只有这样，才能叫响“向我看齐”。

三是要公道正派。作为局长，能否公道处事、公正用人，涉及到你在队伍中的威信和全局同志心悦诚服的程度。讲人品官德，这是最重要的体现；讲领导水平，这是最重要的标志。要想做到公道正派，关键要做到心放得正、水端得平、腰挺得直，无论是处理工作还是评价干部，公家的事情要出以公心，一视同仁，不可有远近亲疏之分；同时，要敢于坚持原则，提倡树立正气，以身正服人。只有这样，才能叫响“向我看齐”。

其实，作为局长，还有一条，就是业务上、文字上要拿得起来。

（二）制度规范

管人、管钱、管物、管事都须有制度。制度要不断完善，更要坚持抓落实。

（三）要抓好班子

作为局长，重在拍板、难在拍板，水平、能力也大多体现在拍板决策上。但是个人的学识、能力、精力总是有限的，因此，要抓好班子、依靠班子，充分调动班子成员的积极性。

抓好班子，一定要认真贯彻落实民主集中制原则。一是要作风民主集思广益。人和钱不是你家里的，在研究和决策问题时，要发扬民主，广泛听取意见，集思广益，博采众长，通过民主决策努力实现科学决策。

二是要善于当班长不当“家长”。历史的经验和教训告诉我们，党章党规也要求我们，一把手切不可独断专行，搞“一言堂”。

三是要善于集中。局长的核心职责是决策，也是行政首长负责制的客观要求。但在实际工作中，影响决策的因素很多，在研究处理财政地税工作的重点难点问题时，特别在原则问题上一定要有主心骨，要保持清醒头脑，要善于集中正确的意见，统一分歧意见，依靠集体智慧，择善而从，作出正确决策。

抓好班子，一定要坚持分工负责，放手放权。班子协调地运作的基础是明确分工、责任到人。作为班长，切不可越俎代庖陷于事务。但要把自己的想法、工作的要求交代清楚，使分管局长能够准确领会和把握你的意图，切忌含糊其辞，模棱两可，让下属感到无所遵循、无所适从。

在推进落实工作时，既要调动好积极性，放手放权让分管局长大胆负责地抓好分管的工作，又要加强工作指导，发现问题及时沟通提醒。同时，还要注意引导班子成员围绕中心工作，形成合力抓落实，防止“各吹各的号、各唱各的调”，确保步调一致。

抓好班子，一定要搞好团结。实践证明，团结出凝聚力，团结出战斗力。班子是整个干部队伍团结的支柱，是整个系统协调的核心，局长是领导班子团结协调核心的核心。从实践中来看，主要领导协调班子成员搞好团结，既体现其自身的品行和境界，又是其必备的素质和职责。局长要顾全大局，真心诚意地团结同志、凝聚人心；要用科学发展，积极向上、统一认识、凝聚班子，打牢团结共事的思想基础；要讲境界、讲大局、讲奉献，引导班子成员彼此多尊重、多协调，遇事多沟通，工作多支持；要立规矩、明职责，减少矛盾，避免无谓纠纷，创造和谐的人际关系和工作氛围。这样，才能使班子成员齐心协力地为实现既定目标而共同奋斗，真正使班子经得起各种考验。

（四）要带好队伍

党委政府把我们放在局长的位置上，同时也就把财政地税系统干部队伍交给了我们。厅党组认为，全省财政地税系统干部队伍是一支优秀的队伍。这支队伍传统作风好、政务基础好、干部综合素质好。因此，只要教育引导好、制度执行好、各级领导带头好，我们就能带好这支队伍。厅党组一直以来非常重视系统队伍建设。在总结以往经验的基础上，本届党组提出并切实贯彻“三靠两抓一组织”的队伍建设思路，取得了积极成效。可以说，“三靠两抓一组织”的队伍建设思路，已在全省财政地税系统深入人心，并日益成为推动我省财政地税出业绩、出干部、出思想的重要保障。

所谓“三靠两抓一组织”队伍建设思路，具体地说，“三靠”，就是一靠教育、二靠制度、三靠领导以身作则；“两抓”，就是正面抓、抓正面；“一组织”，就是建设学习型组织。今天着重讲一讲系统学习型组织建设的问题。

我们提出要建设学习型组织，已经有好多年了，应该说是走在前列的。去年在永康，召开了全省财政地税系统创建学习型组织暨队伍建设经验交流会。今天上午，大家参加了学习型组织建设现场会，明天上午将就下一阶段如何提升系统学习型组织建设质量开展讨论、交流。从面上的情况看，各地结合当地实际，开展了形式多样、内容丰富的创建活动，推动了队伍建设，提升了财政地税部门形象，促进了财政地税各项工作任务的完成。在2006年5个开展评比、达标的地方中，杭州、绍兴、嘉兴、金华、衢州等5个市局，都被市委市政府评为“创建学习型组织先进单位”或“第一批达标单位”。

然而，学习型组织建设永无止境，依然任重而道远。当前和今后一个时期，系统学习型组织建设要按照三年分阶段目标循序深入开展，重点是在现有的基础上，如何提升建设质量。这个质量就是学习型组织建设要能够实实在在地推进系统队伍作风建设，能够实实在在地解决干部队伍中存在的问题，能够实实在在地提高干部队伍的创新能力和应变能力。通过学习型组织系统思考、自我超越、改善心智模式、建立共同愿景、团体学习等五项修炼，不断改进思想作风、学风、工作作风、领导作风、生活作风等五大作风，着力解决值得我们引起注意的五方面问题：有的同志干事创业的激情有所淡化，工作标准有所降低，凭老观点老经验办事，对新事物研究不够，工作中还存在漏洞；不少同志对第一线、第一手、“原生态”的情况调查研究了解掌握不够，对存在的问题、矛盾及其解决的办法满足于“朦胧美”；有的同志服务意识不强，对部门、基层口气大，态度不够好；有的同志在个人职级以及福利等问题上心理预期比较高，想得多了一些，工作精力不够集中；也有的同志对既要稳步推进改革、认真履行职责，又要方便兄弟部门开展工作、不断优化服务两者结合得不够好。

针对我省财政地税系统在深化学习型组织建设中取得的成绩和存在的一些问题，各地要进行认真梳理和总结，着力解决工学矛盾，解决与中心工作、队伍建设紧密结合的问题，解决提高学习效果的问题，促进学习型组织建设活动在我省财政地税系统得以健康、深入、持久地开展下去，并不断取得新的成果。

1. 对创建学习型组织的认识要进一步深化

各级财政地税部门尤其是在座各位，对创建学习型组织的内涵要有一个准确的把握，加深对创建学习型组织的认识。一是要认识到创建学习型组织不是“为学习而学习”，而是要把提高个人素质和改进本职工作结合起来，贵在改善知识结构，更新理念，不断增强在财政地税工作中贯彻科学发展观的能力；二是要认识到创建学习型组织不是“为创建而创建”，而是要追求活动形式和内容的统一，去芜存菁，抓住实质，丰富内涵，使干部职工通过创建活动确有身心的受益；三是要认识到创建学习型组织不是权宜之计，而是一个没有终点的永恒过程，要通过学习型组织建设活动，顺势应时，开拓创新，与时俱进，使个人和团队共同进步，保障促进各项任务的圆满完成，朝着财政地税事业的共同愿景不断靠拢。

2. 增强创建学习型组织措施的针对性

为使学习型组织创建活动富有成效，各级财政地税部门要努力增强创建措施的针对性，并要注意处理好几个关系：一是创建学习型组织活动的各项新举措要同已采取的措施结合好，不是推倒重来，不要标新立异；二是处理好硬件建设和实际效果的关系。学习型组织建设要有一定的投入与设施保障，但更要注意让有限的经费发挥最大效益；三是要处理好创建学习型组织与制度建设的关系，讲求制度的实用性，要避免为创建而建立的形式制度，坚决克服脱离实际、摆花架子的作风，实实在在地开展创建活动。当前，要与全系统开展的“作风建设年”活动和民主评议基层站所暨创建“群众满意基层站所”活动结合起来，通过抓学习型组织建设，不断改进我们的作风，不断提升广大人民群众的满意度，不断促进地税事业的发展。

3. 创建学习型组织的手段要不断创新

各级财政地税部门在下一步创建学习型组织活动中，要通过学习，在思想观念上不断创新；在制订创建措施和工作计划时，要结合本地、本单位实际，务求实效；创建活动既要有利个人的成长，又要满足工作的需要，要将两者有机地结合起来，通盘考虑，扎实开展，取得更大实效。（2007年5月29日）

在部分市县财政地税局长座谈会上的讲话（摘要）

省财政厅厅长 黄旭明

一、上半年财政地税主要工作情况

今年以来，在省委、省政府的正确领导下，全省各级财政地税部门以科学发展观为统领，紧紧围绕省委、省政府的战略部署，建立健全“三个三”工作措施长效机制，以增强财税实力、强化财税职能、提高理财治税能力、提升工作效能为主线，积极推进经济增长方式转变，优化财税收支结构，深化财税管理改革，完善财税运行机制，全省财政收支持续稳定较快增长，促进了全省经济建设、事业发展和社会稳定。

（一）支持经济发展，提升经济发展质量。按照“做精一产、做强二产、做大三产”的支持经济发展思路，坚持政策引导、资金支持、体制激励、优质服务有机结合，不断创新财税支持经济发展的方式方法，推动经济增长方式转变。上半年，全省农林水事务支出52.57亿元，中央财政下拨我省粮农农资综合直补资金3.25亿元，有力支持了农业基础设施、现代农业产业体系、农业设施装备、粮食安全体系建设和农业科技创新等，推进了社会主义新农村建设。进一步整合财政资金，调整优化专项资金的支持重点，贯彻落实企业所得税减免税政策，发挥财税杠杆的导向作用，支持装备制造业发展，支持可再生资源的回收、加工和综合利用，支持关停小火电和水泥机立窑拆除工作，进一步加大对节能产业发展、节能降耗及减排工作的财税支持力度。鼓励、引导企业增加研究开发经费的投入，转化、应用专利成果，进一步促进以企业为主体的创新体系建设，提高企业技术创新能力；加大对高新技术产品出口和服务贸易的支持力度，安排中小企业发展专项资金，促进外经贸企业和中小企业发展。进一步研究完善、落实财税支持服务业发展的政策措施，加大资金投入力度，有力支持了第三产业特别是现代服务业的发展。上半年，全省第三产业地税税收收入增幅高于第二产业增幅 6.8 个百分点，比去年同期提高 19.1 个百分点，增收贡献达三分之二，占全省地税税收收入比重为 62.6%，比去年同期提高了 1.2 个百分点。

(二)积极组织收入，增强政府财力。在依法治税、规范管理的前提下，按照“均衡入库、持续增长、优化结构、调控有力”的目标，做好组织收入各项工作。进一步加强企业所得税税源管理；稳妥有效地推进年所得 12 万元以上的个人自行纳税申报工作，全省共有 19.39 万人自行申报，位居全国第四，补缴税款 3.04 亿元；完善“地税征收、社保支付、财政监管”社会保险基金管理模式，已有 33 个市县推行“五费合征”。加强房地产交易计税价格管理，扎实推进以契税为“把手”的房地产交易税收一体化征管，强化契税、耕地占用税征管。以新版政府非税收入征管信息系统为抓手，加强政府非税收入管理。认真贯彻落实国务院有关规定，做好全省用于农业土地开发的土地出让金和海域使用金的清缴工作；加强户外广告资源有偿使用收入征收管理，努力增加政府非税收入。

(三)优化支出结构，全面改善民生。按照“存量调结构、增量优方向、增量调存量”的原则优化支出结构，着力解决人民群众最关心、最直接、最现实的就学就业就医、社会保障和环境保护、社会安全和安全生产、文化建设等方面的问题，推进和谐社会建设。启动义务教育经费保障机制改革，建立各级政府分项目、按比例分担的义务教育经费保障机制，落实全省城乡义务教育阶段免收杂费政策，逐步提高中小学校公用经费保障水平；继续实施农村中小学教育“四项工程”、“农村中小学现代远程教育工程”建设和职业教育“六项行动计划”，启动农村中小学“书香校园工程”和“中职困难生营养餐工程”；增加对高等教育的投入，促进高等教育发展；进一步完善贫困学生资助体系，足额安排助学贷款贴息资金和风险补偿金。进一步加大对促进就业再就业工作投入，完善扶持促进就业再就业政策，促进困难人员就业，重点扶持城镇零就业家庭和农村低保家庭劳动力就业。加大新型农村合作医疗财政资助力度，增加对欠发达、中等和发达市县新型农村合作医疗补助，安排落实集中供养的农村五保和城镇三无人员医疗补助，支持城镇居民医疗保障制度建设工作，进一步完善城镇社会保险体系，确保被征地农民、精简退职职工和低保家庭等困难群体生活费的按时足额发放。加大农村卫生院建设发展投入，制定城市社区卫生财政补助政策，支持农村和社区公共卫生工作。进一步加大对环境保护和生态建设的投入，对钱塘江源头地区生态环境保护实行省级财政专项补助，并研究完善全省财政生态补偿办法；进一步完善森林生态效益补偿机制。加大对畜禽养殖污染治理和动物防疫基础设施投入，支持全省城市污水和城乡垃圾集中处理设施项目建设，加快环境质量和重点污染源自动监测网络建设，支持电厂脱硫技改项目、推行清洁生产、自然保护区建设和保护、生态示范区建设及重点区域、流域污染的防治等项目建设，进一步推动“生态省”建设。进一步完善基层政法部门经费保障政策；探索建立司法救助新机制；加大食品药品监管体系建设投入；支持农村“多员合一”试点工作，加强农村社区公共安全，推进“平安浙江”建设。积极筹措资金支持农村文化建设，开展我省新一轮广播电视村村通工程建设，加强新农村文化设施建设；出台有利于文化遗产保护的财政投入政策，加大物质文化遗产和非物质文化遗产的保护力度；加大文化产业扶持力度，促进文化产业发展，加快推进“文化大省”建设。加强部门配合，积极推进我省政策性农村住房保险工作。安排农村困难群众住房救助专项资金，支持农村困难群众实施危旧房改造。进一步加大对欠发达地区的扶持力度，今年省财政安排下山脱贫等扶贫资金 2.79 亿元，促进区域间的协调发展和公共服务的均等化。

(四)深化财税改革，完善运行机制。研究出台优化收入结构财力性奖励补助办法，进一步完善省对市县财政体制。深化部门预算改革，省级 20 个部门的部门预算在省十届人大五次会议进行审查，其中省水利厅部门预算被重点审查并获通过。加快推进国库集中支付制度改革，2007 年 1 月 1 日起纳入部门预算编制的省级预算单位全面实行国库集中支付，嘉兴、金华、湖州、台州等四个市进行改革试点。全面实施政府收支分类改革。充实绩效评价信息库，进一步完善全省参与绩效评价中介机构库，初步建立全省财政支出绩效评价指标库，开展省级项目绩效自评工作，对全省环境自动监测网络建设等重点项目实施绩效评价。继续做好全省公务员津贴补贴规范工作，拟订全省和省本级规范公务员津贴补贴实施方案，国务院已经批复我省执行。加强政府采购制度建设，规范政府采购行为，发挥政府采购在支持自主创新和节能减排方面的政策功能，将复印机、服务器、扫描仪、摄影摄像设备和汽车等通用设备纳入政府采购协议供货。预计上半年全省采购规模可达 80 亿元，同比增长 40%以上。继续抓好农村综合改革，深入推进乡镇机构、农村义务教育管理体制、县乡财政管理体制改革，积极开展控制和化解债务工作，进一步完善村级组织运转保障机制。开发、完善和推广“金财工程”一体化软件。推广应用新的《浙江地税信息系统》和基层单位 ISO9000 质量管理体系。

(五)加强财税监管，提高理财治税水平。加强财税法制建设，全面开展财税“五五”普法，积极推进政务公开，进一步落实行政执法责任制，完善行政层级监督机制，加大监督力度，规范执法行为，全面推进依法理财治税工作。完善相关制度，加强各项财政专项资金管理。加强财政投资项目管理，对省重点建设项目和财政重大投资项目实行全过程的跟踪问效机制。强化财政支出项目审核与监督，上半年全省共完成各类财政支出项目审核 3106 个，涉及项目资金总额 195.05 亿元，核减不合理资金 22.14 亿元。认真落实全省地方政府性债务管理工作会议精神和相关管理制度，进一步加强地方政府性债务管理；着力调整政府外债投向结构，完善偿债机制，强化债信管理。积极开展行政事业单位国有资产清查工作，抓紧制度研究，切实加强行政事业单位资产管理。加强注册会计师行业行政监管和会计诚信建设，开展会计信息质量和会计师事务所执业质量检查，加快浙江省高级会计领军人才的培养工作。开展地税宣传进社区和进农村活动，推广税、银、库联网“一户通”税款缴库服务，优化浙江地税网站纳税申报和涉税咨询服务，提供优质、多元的纳税服务。大力加强财政支出管理,改革完善差旅费、会议费、接待费三项费用标准,落实定点饭店政府采购工作,积极推进节约型政府建设。

(六)加强作风建设,提升干部队伍综合素质。按照省委的统一部署,结合财政地税工作实际,制订体现财政地税特色的"作风建设年"活动和民主评议基层站所暨创建"群众满意基层站所"活动的实施方案,扎实开展机关"作风建设年"活动,进一步转变机关作风,增强服务意识,提高工作效率。召开全省财政地税系统建设学习型组织现场会,深化学习型组织建设。坚持"三靠两抓"工作思路,深化党风廉政教育,落实党风廉政建设责任制,深入构建具有行业特色惩防体系,切实抓好党风廉政建设。在八小时以外积极倡导"三走近、三远离",形成健康文明、积极向上的生活方式,促进和谐机关建设。

二、关于全省财税经济形势

(一)上半年财税运行情况

今年以来,我省经济保持了较快的增长势头,各级财政地税部门建立健全"三个三"工作措施的长效机制,财税收入增长与经济增长实现了良性互动。上半年,全省完成地方财政收入869.89亿元,增长29.2%,完成年度预算的59.9%;财政总收入完成1718.00亿元,增长28.8%,全省地方财政收入和财政总收入累计增幅为近三年同期最好水平。全省地税部门共组织各项收入1058.37亿元,增长30.1%,其中:税收收入734.89亿元,增长33.7%;社保费250.68亿元,增长24.1%。我省上半年地税收入总量在全国各省市中位居第三,增幅超过全国地税部门平均增幅4.4个百分点,在地税收入前六大省市中增幅居首位。全省财政支出完成726.70亿元,增长18.7%,完成年度预算的44.1%。全省出口退税完成442.76亿元,增长28.1%;超基数地方负担7.5%部分达13.25亿元,比上年同期增加7.41亿元。全省财政预算执行呈现"五个同步":

一是主体税种与地方小税种同步增收,财政收入结构进一步优化。今年以来,除企业所得税受汇算清缴一次性因素影响增幅较高外,四个主体税种增幅都在24%以上,平均增幅达到31.1%,仅低于近年来一直保持快速增长的地方小税种增幅3.7个百分点,使主体税种与地方小税种同步增长。从结构看,在主体税种特别是企业所得税快速增长和非税收入减收的情况下,全省财政收入结构进一步优化。上半年,全省地方财政收入占财政总收入的比重为50.63%,比上年同期提高0.14个百分点,税收收入占地方财政收入的比重达到94.0%,比上年同期提高1.9个百分点,高于全国地方平均11.5个百分点。

二是二、三产业税收同步增收,第三产业税收占比进一步提高。随着我省经济结构和经济增长方式的逐步转变,以先进制造业为主的第二产业和以现代服务业为主的第三产业税收呈现快速增长,上半年全省第二产业和第三产业税收同步增收,第三产业税收增长快于第二产业。上半年,全省地税部门入库第二产业税收274.41亿元,增长29.5%,增幅比去年同期提高8.7个百分点,其中在第二产业税收收入占比最大的制造业税收增幅达到了36.9%,比去年同期提高了16.9个百分点;入库第三产业税收459.84亿元,增长36.3%,增幅比去年同期提高24.6个百分点,快于第二产业税收增长6.8个百分点,占地税部门税收收入的比重达到62.6%,比上年同期提高1.2个百分点。

三是各所有制企业税收同步增长,收入增长的稳定性进一步增强。从各经济类型看,上半年,不仅股份制企业、港澳台和外商投资企业、私营企业税收增长较快,国有、集体企业税收也同步增长。多种所有制经济的共同发展,进一步增强了我省财政收入增长的稳定性。以增值税和企业所得税为例,上半年,两项税收(地方部分,下同)股份制企业共入库125.95亿元,增长33.4%;外资企业入库49.81亿元,增长42.0%;私营企业入库56.84亿元,增长37.5%;国有企业入库37.42亿元,增长26.5%;集体企业入库16.29亿元,增长27.8%。

四是全省各地区同步增收,地区协调发展能力进一步增强。从各市汇总情况看,全省11个市的地方财政收入增幅全部在20%以上,增幅最高的舟山市达到43.4%,最低的金华市增长21.1%,其他各市增幅在30%左右。从11个市本级的地方财政收入增长情况看,宁波、台州、舟山、丽水四个市本级的增幅均在30%以上,增幅最高的舟山市本级达到47.3%,其他各市本级的增幅除金华市增长19.7%外,均在20%以上。从县(市)地方财政收入增长情况看,在2006年地方财政收入8亿元以上的27个县(市、区)中,除永康市增长8.2%、瑞安增长14.7%外,其他县(市、区)增幅均在20%以上,有18个县(市、区)增幅高于全省平均增幅。在2006年地方财政收入8亿元以下的县(市)中,增长普遍较好,仅景宁、磐安、嵊泗、松阳四县增幅低于20%。

五是事关民生的各项支出同步增长,财政支出结构进一步优化。上半年,全省财政支出增长18.7%,增幅比上年同期提高1.8个百分点,事关民生的各项支出同步增长,占比不断提高。上半年,用于教育、科学技术、社会保障和就业、环境保护、城乡社区事务、农林水事务支出增幅均在20%以上,医疗卫生支出增幅19.7%,占财政支出的比重分别比上年同期提高0.52、0.08、0.40、0.15、0.35、0.39和0.05个百分点,财政支出结构不断优化。

(二)下半年财税经济形势分析

上半年财税收入快速增长的动因,既有经济增长拉动和体制机制优势的因素,也有上年同期基数较低和一次性增收因素、价格波动因素的影响,总体看,上半年的收入执行是经济发展和效益提高的综合反映。下半年,随着一次性增收因素的消失和受去年前低后高的收入走势影响,财政收入增速会有所放缓。展望全年,确保财税收入快速增长的有利因素不少,但也面临不小的压力。

有利因素:一是今年上半年我国消费、投资和出口三大需求继续保持强劲增长动力,消费结构升级引导投资结构、产业结构调整步伐加快,城乡居民收入、财政收入和企业利润增长较快,物价水平总体保持平稳,基本延续了近年来又好又快的发展态势。根据下半年国内外经济环境、经济运行惯性,并充分考虑新出台宏观调控政策效果的时滞,预计下半年我国经济将仍运行在这一轮经济周期上升期。二是省第十二次党代会进一步明确了我省今后5年的奋斗目标和主要任务,为全省经济和社会各项事业发展进一步指明了方向,必将调动各方面的积极性、主动性和创造性,促进全省经济又好又快发展。预计下半年全省经济将继续保持平稳协调较快增长的态势。三是省委、省政府近年来实施的加快第三产业特别是现代服务业发展、支持民营经济发展和先进制造业基地建设等一系列政策措施，为我省经济又好又快发展注入了强大动力。四是“五大百亿工程”等投资建设或改扩建的重点工业项目将陆续投产见效，将形成新的税收增长点。五是国家提高车船税、城镇土地使用税等税额标准，以及进一步加强非税收入收缴管理改革等，也会给财政带来一定的增收。六是“三个三”财税工作措施长效机制的建立和不断完善，将进一步推动各地第三产业、高新技术企业、循环经济、新农村建设等的发展，为财政收入持续增收奠定稳固的基础。

不利因素：一是固定资产投资增幅放缓。1-5 月，全省限额以上固定资产投资 2304.5 亿元，比去年同期增长 8.9%，增幅同比回落 6 个百分点，其中工业投资增长 10.7%，增幅同比回落 6.5 个百分点；制造业投资增长 14.1%，增幅同比回落 9.3 个百分点。新开工项目大幅下降，5 月末新开工项目 4654 个，累计投资 1845.1 亿元，分别比去年同期下降 16.2%和 12.9%。二是土地制约仍然突出。三是上半年财政收入快速增长有货币流动性过剩导致的价格上涨因素，下半年存在不确定性。四是房地产业税收增长将趋于平缓。今年上半年房地产业税收增收较多，对税收收入的增收贡献率较大。下半年国家对房地产业将有可能进一步加大调控力度，建设部等八部门将开展房地产市场秩序专项整治，房地产业税收能否在去年下半年高增长基数上实现稳定增长有待关注。五是各项税收政策、税制改革对经济和税收的影响变数增加。今年上半年国家宏观调控政策频频出台，同时税制改革也将进一步推进，其效应将在后期逐步显现。如出口退税税率下调政策将给我省外贸出口企业，特别是出口服装、家具、鞋类和塑料制品等浙江传统商品的企业带来一定冲击。残疾人就业税收优惠政策将在下半年全面推行，其中减免增值税和营业税、免征所得税也将带来财税收入的变化。新的企业所得税法的即将实施以及贯彻落实中央节能减排政策等，都将在短期内对我省的经济增长和税收增长带来不确定因素。

总体上分析，预计下半年财税收入增幅与上半年相比会有适度回落，但总体仍将保持较快增长的态势。

三、关于下半年主要财政地税工作

今年是深入贯彻落实科学发展观、积极推进社会主义和谐社会建设的重要一年，圆满完成今年各项财政地税工作任务，对于推动全省经济社会又好又快发展，迎接党的十七大胜利召开，意义十分重大。全省各级财政地税部门要以贯彻落实省第十二次党代会精神为动力，立足全局，认清使命，以实干、进取、创新的精神，扎实做好下半年各项工作，全面完成今年各项任务，为顺利完成“十一五”的各项目标打好基础。

(一)紧密结合财政地税工作实际，深入学习贯彻胡总书记“6·25”讲话和省第十二次党代会精神

胡锦涛总书记 6 月 25 日在中央党校发表的重要讲话，科学分析了当前我国面临的新形势、新任务，全面阐述了以邓小平理论和“三个代表”重要思想为指导，深入贯彻落实科学发展观的基本要求，深刻回答了党和国家发展的一系列重大理论和实践问题，提出了“四个坚定不移”的科学论断，并进一步深刻阐述了中国特色社会主义事业的总体布局，对经济、政治、文化、社会建设提出了重要要求。省第十二次党代会对我省今后五年经济社会发展和党的建设提出了总体要求、目标任务和主要措施，对财政地税工作提出了更新更高的要求。财政地税是政府工作的重要职能部门，全省财政地税系统的同志们尤其是各位领导同志，务必认真学习、深刻领会，把思想和行动统一到胡锦涛总书记重要讲话精神和省第十二次党代会的战略部署上来，进一步增强大局意识、使命意识、责任意识，重新审视、思考财政地税部门在浙江现阶段经济社会发展中，在科学发展、和谐社会建设中的角色、地位和作用，充分发挥财税职能作用，集中财政地税部门的聪明才智和创业热情，开拓进取、不断创新，狠抓年初确定的各项工作的落实推进，全面谋划和扎实推进省第十二次党代会提出的目标任务的贯彻落实。

(二)抓好组织收入各项工作，增强调控能力

从目前看，今年财税收入形势较好，但仍应密切关注经济走势和税制改革动态，加强经济与税收形势分析，随时追踪收入规模和结构变化，及时采取措施，牢牢掌握组织收入主动权。对于收支工作，我们一直强调：我们当然看重位次，但更看重可持续增长；我们当然看重规模，但更注重质量；我们当然要做好收支平衡的本职工作，但更看重全省的利益和全省各项事业的发展；我们从来不刻意追求名次，但一定要掌握强大的调控能力！厅党组提出的“三个三”工作措施的核心，就是要增强经济财税效益意识，增强党和政府调控能力。我们要在依法治税、规范管理的前提下，努力实现“均衡入库、持续增长、优化结构、调控有力”的目标。在当前收入形势较好的时候，一方面要注意去掉水分，打实基础；另一方面要客观具体地作出有说服力的分析；还要珍惜机会，优化收入结构。在做好税收收入征收管理的同时，做好非税收入的征收管理。做好土地出让金征收管理和纳入预算管理的工作。要密切关注税制改革动态，做好新企业所得税法实施、增值税转型、物业税试点、资源税改革等的测算分析，及早提出应对措施。要认真研究财税收入增长变化规律，准确判断财税经济形势变化趋势，加强收入预测，特别要在一些关键时点加强财税收入预测，提高预测准确性，把握好收入的总量、结构、质量和速度，实现收入入库平稳有序，防止出现收入进度大起大落、收入结构本末倒置、财税部门手足无措的局面，牢牢掌握强大的财税调控能力，确保省委、省政府驾驭全局的需要，同时也为明年组织收入工作打好基础。

(三)加强和完善财政支出管理，优化财政支出结构

在当前财政经济较好的形势下，如何加强和完善财政支出管理显得尤为重要。财政部刚刚召开厅局长座谈会，专题研究进一步加强和完善财政支出管理问题。全省各级财政部门必须树立忧患意识、公仆意识、节俭意识，当好“管家”，做好参谋，注重瞻前顾后，坚持管理创新，把财政支出管理工作越做越好。

1. 坚持以人为本，支出向“三最”倾斜。要按照惠及全省人民、构建和谐社会的要求，按照“存量调结构，增量优方向，增量调存量”的方法，优化财政资源配置，增强公共产品和公共服务供给能力，高度重视解决民生问题。在坚持公共财政普惠原则的同时，资金分配要向农村倾斜、向欠发达地区倾斜、向低收入人群倾斜，确保新增财力的三分之二以上用于民生，着力解决人民群众最关心、最直接、最现实的问题，主要概括为“三就两保两安全加文化”，即就业、就医、就学，社会保障、环境保护，社会安全

(包括社会治安、食品药品安全等)、安全生产,文化(农村基层文化和城市社区文化)等,进一步提高人民群众的幸福感和满意度,共建共享和谐社会。

2.坚持规范高效,主动把握支出进度。要从经济社会发展全局的高度,切实保障重点支出需要,提高对公共服务领域、重点事业的保障能力。要积极创新思路、创新机制,在安全、规范、有效的前提下,对已经决定安排的重点支出,积极、主动地尽早拨付资金,加快支出进度。财政花钱不一定越少越好,该办的事、该花的钱,要积极筹措,舍得投入,及时落实。

3.坚持科学安排,分好用好超收收入。今年收入形势较好,预计全年会有一定的增收和超收收入。超收收入使用安排总的思路是:按照科学发展、构建和谐社会的要求,牢固树立忧患意识、公仆意识、节俭意识,财政支出安排要体现党委政府的决策和意志,体现人民群众的利益和意愿,体现公共财政的原则和要求,以民生为重点,以节俭为原则,注重瞻前顾后,优化支出结构,深化管理改革,确保新增财力的三分之二以上用于民生。一是既要依法治税、规范管理,又要打实基础,保持财政收入的持续增长;二是做到依法理财,按程序办事;三是当好参谋助手,体现主动买单;四是坚持公共原则,重在改善民生;五是讲求吃好蛋糕,优化支出结构;六是创新财政管理,保安全讲绩效。同时,要严格预算管理、预算追加管理及其审批程序,维护预算的严肃性和权威性。

4.坚持两个务必,建设节约型政府。要牢固树立过紧日子的思想,在财政支出管理上切实做到"控、压、保",该控的控,该压的压,该保的保。在有力保障党和政府重大决策实施、政府职能履行、政权建设需要的基础上,坚持勤俭办一切事业,大力压缩会议费、招待费、差旅费、出国费等一般性财政支出,严格控制行政管理支出的过快增长,建设节约型政府。

(四)深化财税管理改革,完善财税运行机制

按照建立公共财政制度的要求,大力推进以部门预算、国库集中支付、绩效评价"三位一体"等为主要内容的财政管理改革,逐步建立起运行有序、管理规范、约束有力、科学高效的财政运行机制。要积极探索"收入一个笼子、预算一个盘子、支出一个口子"的试点工作,进一步加强公共财政管理。继续推进政府收支分类改革,健全政府采购制度改革,平稳推进规范津补贴改革各项工作,全面推进农村综合改革。要认真落实年初吕省长义乌会议重要讲话精神,进一步贯彻落实浙政发〔2005〕5号、浙政办发〔2006〕6号文件要求,切实做好地方政府性债务的归口管理,规范举债行为,合理控制举债规模,完善偿债应急预案,建立健全偿债准备金制度,尚未建立偿债准备金制度的市县和已经建立但没有达到3%-8%比例的市县要尽快达到规定比例,提高化解政府性债务风险的能力。继续开发、完善和推广"金财工程"一体化软件,提高财政信息化管理水平。要完善纳税评估办法,建立健全行业纳税评估指标体系;做好税控装置推广应用的前期筹备和试点应用工作。做好《税友2006》技术培训和推广应用工作,改版升级地税网站,提升地税管理和税务公开水平。

(五)加强干部队伍建设,推动财税事业更好更快发展

要持之以恒地继续坚持贯彻"三靠两抓一组织"和"谦虚、务实、协调"、"三个好好"、"三走近、三远离"等财税系统行之有效的干部队伍建设理念,扎扎实实推进系统学习型组织建设,加强干部教育培训,认真贯彻落实党风廉政建设责任制,进一步抓好党风廉政建设,全面提高干部的综合素质,促进财税工作理念、方法和机制的创新,提升财税部门为党和政府、为兄弟部门、为基层服务的能力和水平,推动财税事业更好更快发展。

要深入推进机关"作风建设年"活动和评创"群众满意基层站所"活动,进一步改进机关工作作风。领导表率是作风建设的关键,各级领导及班子成员要在作风建设方面继续叫响"向我看齐",在各方面从严要求自己,凡是要求别人做到的,自己首先要做到;凡是要求别人不做的,自己坚决不做。领导干部一定要按照"八个坚持、八个反对"的要求规范自己的言行,树立"八个方面的良好风气"、做到"五个带头",自觉遵守财税系统"五条禁令",做作风建设的表率。通过领导班子和领导干部的带头作用,一级为一级做表率,一级带着一级干,推动全省财政地税系统作风的进一步好转,把全省财政地税事业不断推向前进。

(2007年7月26日)

进一步统一认识 加快发展服务业 推动财政收入更好更快增长

——黄旭明同志在全省第二次地方财政收入8亿元县(市)会议上的讲话(摘要)

"两保两挂"和亿元县(市)会议,我们隔年各开一次。2003年在富阳召开的4亿元县(市)会议,以加强地方政府债务管理、规避财政风险为主题,提出了地方政府债务管理的"十六字要求"。2004年在磐安召开的"两保两挂"会议,以贯彻落实国家宏观调控政策,统一思想认识,做大蛋糕、确保财政收支平衡为主题。2005年在宁波市鄞州区召开的第一次8亿元县(市)会议,以科学理财为主题,这是转变财税工作理念和工作方式,构建"三个三"工作措施长效机制,更好地促进地方财税经济良性运行的会议。2006年在淳安召开的"两保两挂"会议,以节约型社会建设为主题,这是落实科学发展观,化解经济发展与资源短缺矛盾,实现经济社会可持续发展的会议。今年的主题是加快发展服务业,调整产业结构,转换经济发展方式,实现经济社会又好又快发展,同时促进我省财税收入更好更快地增长。五年来,通过这一平台,每年围绕一个主题,就财政经济工作中的重点、难点问题进行交流、探讨,实践证明是需要的、有效的。昨天上午有8位同志在大会上作了交流发言,下午进行了分组讨论,大家就当前服务业发展和财政经济工作进行沟通、探讨,发言和讨论很精彩,让我们真有眼睛一亮、为之一振的感觉。下面,我讲

几点意见，供大家参考。

一、在当前经济社会发展阶段和现行财政体制框架内，充分认识加快发展服务业的重大意义

服务业是指为满足生产者、消费者的服务需求，提供不同形式服务劳动和服务产品的产业，它是在社会劳动分工不断深化、经济专业化不断发展、企业内部职能不断外化的基础上产生的，通常即指第三产业。其发展一般有两个普遍规律：一是产业结构演进规律，即随着经济发展及人们收入水平的提高，产业结构从“一二三”到“二一三”，再到“二三一”，最终达到“三二一”；二是第三产业发展的阶段性规律，即第三产业内部各行业大致存在着以下的先后发展次序：第一阶段是批发零售贸易和餐饮业、运输邮电业领先发展；第二阶段是金融保险业和房地产业等加快发展；第三阶段是科学教育文化及信息产业迅猛发展。服务业一般可分为传统服务业和现代服务业。传统服务业一般包括批发和零售、住宿和餐饮、交通运输和邮政等。现代服务业是个动态概念，既包括新兴服务业，也包括对传统服务业的技术改造和升级，现阶段主要包括通信服务业、网络服务业、计算机服务和软件业、现代物流业、金融保险业、文化传媒业、技术服务业、中介服务业、会展业等。与传统服务业相比较，现代服务业是新经济的体现者，具有信息化、国际化、规模化、品牌化等优势，有突出的高成长、高增长、高科技知识含量和强辐射等产业特征，对优化产业结构，提高产业竞争力和区域综合竞争力具有十分重要的作用。目前，世界 GDP 总量中服务业产值已超过 60%；服务贸易占世界贸易总额的 1/4；服务消费占所有消费的 1/2 左右，服务业特别是现代服务业已成为现代化程度和社会文明进步的重要标志，是拉动经济增长的重要力量。

(一)服务业对经济质量提升和社会繁荣进步至关重要且是重要标杆

服务业的兴旺发达，是现代经济的一个显著特征，是衡量经济社会发展水平和繁荣程度的重要标志。首先，服务业作为国民经济的重要组成部分，是国民经济持续发展新的增长点。目前，全球主要发达国家服务业增加值占国内生产总值比重达 70%左右，发展中国家平均水平达到 50%以上。“十五”期间，我省服务业增加值年均增长 13.4%，高于同期 GDP 年均 12.8%的增速，其中 2001 年和 2002 年服务业增速超过工业，服务业对国民经济增长的贡献明显，成为推动经济增长的新引擎。其次，服务业尤其是现代服务业对提高整体经济质量和生产效率至关重要。现代服务业能显著优化创业环境，能与制造业紧密形成互动机制，从而强力拉动区域经济的创新发展。服务业不仅是世界公认的一个独立产业和主导产业，而且由于其极强的粘合力，能够以其特有的形态广泛渗入其他生产领域，支持做精第一产业、做强第二产业，提升产业整体竞争力。

服务业的发展也是现代社会繁荣进步的象征。首先，服务业的发展为居民家庭服务、医疗服务、交通通信、文化体育、教育培训、娱乐、住房等消费提供了更多样和更优质的服务，大大改善了居民的生活条件，逐步满足了人们除温饱之外对更高层次的精神和文化需求，促进人的全面发展。同时，通过对社会各方面、各领域的渗透，全面改变和提升人们的生活方式、行为方式、价值取向和文化素质。其次，服务业发展有利于提升城市品位，提高城市竞争力。发展服务业，能优化投资和创业环境，推进资本和高端人才集聚，增强城市实力；能推进社会事业市场化改革，促进服务性活动外部化，扩大对外开放，引入多元主体，激发城市活力；能完善城市公共设施，丰富文化内涵，构筑优美人居环境，美化城市形象，增添城市魅力，提升城市竞争力。第三，发展服务业能有效促进产业结构和就业结构实现“三二一”转变，这是社会形态高级化的重要特征。

(二)服务业是实现浙江经济“腾笼换鸟”和舒缓社会矛盾不可替代的途径

改革开放以来，浙江走出了一条富有自身特色的富民强省之路。但从行业看，大部分是生产加工基地，处于价值链末端，依靠资源要素大量消耗和廉价劳动力实现了经济快速增长。这种粗放式的经济增长方式，带来的资源要素短缺、环境污染承载力的矛盾日趋突出。目前，浙江迫切需要优化产业结构和提升产业层次，实现经济的“腾笼换鸟”：一是二产与三产之间，少搞些一般的加工工业，多搞些现代服务业和有优势的传统服务业；二是二产中，把低端的有序地放出去，把高端的引进来、发展起来；三是在产业链条中把研发、设计和市场营销两端留下来、引进来，把生产环节逐步换出去。做好这些工作，应是我省在高起点上实现经济新飞跃的一条不可替代的途径。从先行工业化国家的经验来看，工业化中后期是服务业加速发展期，如英、美等国家 20 世纪中期服务业超过了工业，日本在工业化中期服务业超过了工业，而韩国在整个工业化过程中服务业一直就超过工业。无论从我省经济社会发展的现实，还是从发达国家的经验来看，发展服务业是实现我省经济发展方式转变的必由之路。

同时，服务业对舒缓社会矛盾发挥着不可替代的作用。加快发展服务业，能有效缓解就业的突出矛盾；能有效缓解人民群众对公共服务的全面快速增长与公共服务不到位、严重短缺之间的突出矛盾；能有效缓解经济发展引发的资源短缺、环境污染之间的尖锐矛盾和冲突。国际经验表明，制造业发展到一定规模和水平，随着产业结构升级和技术进步加速，其吸纳就业的能力开始下降，服务业成为吸纳就业的主行业。当前，发达国家服务业就业比重普遍达到 70%左右，少数发达国家达到 80%以上，而我国服务业吸纳的就业人口不到 1/3，远低于世界平均水平。2005 年我省三次产业就业比重为 24.5:45.1:30.4，实现了从“二一三”到“二三一”的历史性转变。

(三)服务业发展对于地方政府和人民群众积聚财富起到强力的推动作用

近年来，我省服务业发展较快，而且发展层次、企业规模、经营水平等方面都有了一定提高，无论是绝对量还是乘数效应，对经济增长的贡献越来越大，为国民财富的积聚提供了坚实的经济基础。首先，服务业尤其是现代服务业的发展，是地方财政收入可持续增长的重要支撑力量。2006 年，全省来自服务业的地方财政收入占 51.6%，高出第二产业 10.2 个百分点，服务业对地方财政收入的贡献大大超过了工业。其次，加快发展服务业有利于优化财政收入结构。产业结构决定税源结构，从而决定财政收入结构。由于服务业的有力拉动和“三个三”工作措施的深化，2006 年，全省地方财政收入占财政总收入的比重达 50.6%，比 2003 年提高 2.5 个百分点。在地方财政收入超过 8 亿元的 27

个县(市、区)中,2006年服务业占GDP比重超过全省平均水平的仅有义乌(51.0%)和瑞安(42.1%),低于35%的有19个县(市、区),最低的平湖与最高的义乌相差近23个百分点。我这里以乐清与义乌、瑞安为例,乐清2006年服务业占GDP33.8%,财政总收入37.6亿元(义乌为44.9亿元、瑞安32.6亿元),地方财政收入17.7亿元;如果乐清地方财政收入占总收入的比重达到义乌的水平(54%),地方财政收入可增加2.62亿元;如果达到瑞安的水平(53.63%),地方财政收入可增加2.46亿元。可见服务业发展对地方政府可支配财力有着重要影响。

同时,服务业发展对人民群众财富积聚意义深远。服务业作为吸纳就业的主产业,是人民群众收入持续增长的主源头,是人民群众财富积聚的经济基础。2005年,全省城镇单位职工工资总额中来自服务业的占60.1%,比2000年提高了1.6个百分点。从增速看,2005年全省来自服务业的城镇单位职工工资总额比2000年增长1.7倍,而来自一、二产业的增长1.5倍。国民财富的积聚,首要原因在于经济发展,但关键因素还在于人力资本和技术进步的增长。教育、科技等服务业的发展将会极大地加快国民总财富的增长。一旦经济发展从更多地依赖包括土地、资本在内的物质资本变为更多地依赖人力资本,国民财富就有可能实现自然资源投入递减下的持续性加速增长。还有一个不言而喻的现实情况是,在第二产业中,职工工资总额的大部分不是给本省群众的。并且,地方政府不得不从本不宽裕的自身财力中挤出钱来解决新居民骤增的社会问题。

二、立足当前我省经济社会发展现状,加快发展服务业迫在眉睫

(一)充分认清加快服务业发展的紧迫性

改革开放以来,凭借开明务实的各级党委政府、宽松有利的市场环境、充满活力的市场主体、创新进取的人文精神,浙江实现了经济腾飞。但经济繁荣的背后是工业化时代日益逼近的生态危机和粗放型经济增长给资源环境带来的沉重压力。首先,生产要素供给的瓶颈制约日益严重。我们清晰地记得,前两年全省电力负荷缺口居全国之最,电煤库存仅为安全警戒线标准量的一半,能源短缺已从局部性、阶段性的紧张转变为全面性、持续性的紧张。当前,土地的制约进一步加大,若继续粗放型发展,可用耕地将急剧减少,无法长期支撑可持续发展的需要。其次,能耗居高不下。2006年我省万元GDP的能耗为0.87吨标准煤,为全国平均水平的3/4,但与发达国家0.14~0.38吨标准煤的指标相比差距很大。2005年全省二产占GDP的比重为53.3%,耗能占全部用能的75.9%,而服务业单位增加值能耗仅为二产的1/5。第三,环境污染严重。高能耗带来了高排放和高污染,造成生态环境恶化,这不仅危及经济平稳协调可持续发展,而且破坏了生存条件,甚至会导致人类文明的消亡。如果到2010年浙江GDP在2005年基础上再翻一番,即使万元GDP主要污染物排放量降低20%,全省的污染物排放总量也将是2005年的1.6倍,将远远超过我省的生态环境承载能力。第四,外资进入带来的压力。我国加入WTO后,已成为国际服务贸易转移的重要承接地,随着各项承诺的兑现,内资企业将陆续面对外资和跨国服务业巨头的进入。如何在开放中迅速提高本国服务业的国际竞争力,推动服务业健康发展,是当务之急。总之,发展服务业对于浙江确实有扬长避短的特殊意义。深入贯彻落实科学发展观,加快发展服务业,解决资源环境约束和经济粗放发展的矛盾,以最小的资源环境代价谋求经济、社会最大限度的发展,已到了刻不容缓的地步。在倒逼机制作用下,如果抓住机遇,经济成功转型,浙江将成为一流强省,走上日本、瑞士那样的经济发展道路;而如果转型迟迟不成功,我们原有的优势不在,并极有可能无奈地沦为二流省份;同为二流省份,地少、水少、地下没资源、回旋余地小的浙江,处境会更尴尬。

(二)当前加快服务业发展的有利条件和制约因素

1.当前加快发展服务业面临诸多有利条件

党中央、国务院十分重视服务业发展,制定了一系列鼓励和支持发展的政策措施。党的十六大提出要“加快发展现代服务业,提高第三产业在国民经济中的比重”。十六届五中全会通过的“十一五”规划中,再次明确提出要“促进服务业加快发展”。中央办公厅和国务院等相继就文化产业、现代物流业等发展出台扶持意见。今年,国务院出台了《关于加快发展服务业的若干意见》,根据国家“十一五”规划纲要,进一步明确了服务业发展的总体方向和基本思路。

浙江省委、省政府高度重视服务业发展。2005年召开了全省服务业大会,出台了《关于加快服务业发展的若干意见》,明确了浙江省服务业发展的总体目标和发展重点。2006年5月,建立了省服务业工作协调会议制度,负责全省服务业发展的组织协调、统筹规划、政策指导和重大问题研究等工作。特别可喜的是,刚刚闭幕的省十二次党代会,把发展服务业作为“加快推进产业结构升级”的第一条写进赵洪祝书记所作的党代会报告中,明确提出:“加快推进产业结构升级,重点是大力发展服务业,把发展服务业作为新的经济增长点和结构调整的战略重点,从改革体制、加大投入、完善政策等方面,鼓励和支持服务业加快发展。尤其要大力发展金融、创意、信息、咨询、物流、旅游、会展、电子商务等现代服务业,不断提高服务业比重和发展水平。”我们还欣喜地看到,很多市县的党委和政府按照省委、省政府要求,适时努力转换发展方式,近几年显著地重视和支持服务业的发展,领导讲话、发布文件、制定措施,大力地有效地推进服务业的发展。

全省各级财政地税部门积极贯彻中央和省委、省政府的决策部署,构建“三个三”工作措施的长效机制,着力推进我省服务业加快发展。厅党组于2004年7月提出并有效推行的“三个三”工作措施的第一个“三”,就是充分发挥财税职能,在支持国民经济持续协调较快发展中,更加注重支持第三产业特别是现代服务业的发展。省财政厅建立服务业发展引导资金,用于支持全省服务业发展中的薄弱环节、关键领域和新兴行业,促进服务业的市场化、社会化和产业化发展;2006年起省对市县实行优化收入结构奖励性转移支付办法,进一步调动市县发展服务业、加强小税种征收以及优化财政收入结构的积极性;制定服务业发展引导财政专项资金管理办法,针对流通业、信息服务业、文化产业、公共和行业专业创新平台、职业教育、旅游等建立发展专项资金,调动市县政府和企业发展服务业的积极性。省地税局制定促进第三产业发展的14条意见,对物流、软件开发、文化传媒、旅游、社会中介、会展业等现代服务业的税收政策和征管资源进行整合，进一步明确和细化相关税收政策操作办法。很多市县也都及时出台了加快服务业特别是现代服务业发展的政策措施，在梳理、整合原有扶持服务业发展政策和财政专项资金的基础上，强化财政资金支持力度，积极做好各项税收优惠政策落实工作，通过政策、资金和服务等加大对服务业发展的财税扶持力度。如余杭区每年安排1800万元现代服务业发展专项资金，对重点项目、创新型项目、科技型项目和其他优势项目给予重点资助，引导现代服务业健康发展，等等。

总之，目前自上而下的思想基础、政策环境明显得到改善，加上先进制造业发展提供的产业支撑、城市发展提供的平台支撑、人民群众生活水平提高提供的物质支撑，这些有利条件的叠加，使我省服务业迎来了历史性的发展机遇。

2.充分认清制约服务业发展的各种因素

当前，我省服务业发展中还存在不少问题，主要是：发展相对滞后，比重偏低，近五年处于低位徘徊状态；内部结构不合理，升级步伐缓慢，现代服务业所占比重仍然偏低；服务业开放程度低，等等。造成上述问题，主要是一些同志的传统理念转不过弯来，各种体制机制因素制约所致。

一是思想认识不到位。多年来一些地方和部门受千百年来“重本抑末”、“重工轻商”的传统思维影响，形成了一种“不惜一切抓工业”的思维定势和行动习惯。尽管这几年对加快发展服务业已取得越来越多的共识，但“重二轻三”、“发展经济就是发展工业”等一些模糊认识还大有市场，甚至将工业化与发展服务业对立起来，重视服务业发展往往停留在口头上，扶持政策缺位或已有政策落实不到位，具体配套措施少，要素供给中存在政策性歧视，服务业使用土地和水电气的难度和价格普遍高于工业。很多地方不重视区分服务业的各种行业属性，缺乏划分服务业科学合理的标准，尤其对现代服务业的概念内涵、特征等了解不够透彻，不利于对服务业进行分类指导和科学管理。

二是体制机制障碍突出。首先，市场机制的功能作用远没有充分发挥。很多服务行业受政府部门严格管制，垄断色彩强烈，市场化程度低，竞争不充分。一些部门对某些领域过分看重其兼有属性。如银行作为调节经济手段的属性，文化、传媒等作为意识形态的属性等，导致银行、证券、保险、医疗卫生、教育培训、电信等等领域保留着十分严格的市场准入限制，国有经济垄断经营，服务价格实行管制，且定价不透明。其次，某些公共服务领域，政府作为责任主体，存在缺位、越位现象，该退的没退，该进的没进，政府部门过多地承担了本可由社会中介机构提供的服务。承担着公共服务或准公共服务提供的事业单位改革不彻底，名义上脱离了政府机构，实际上仍然舍不得放弃管制权、收益权。再次，管理体制不顺。对服务业的行政审批环节过多；存在政出多门、多头管理及部门分割现象，服务业发展协调会议制度未能切实发挥作用。上述体制机制障碍已在很大程度上影响了服务业发展的规模和效率。

三是政绩考核体系不完善。过去以GDP为中心的政绩考核，容易让地方党政领导对“发展才是硬道理”的内涵产生片面理解，认为“增长率才是硬道理”、“工业发展才是硬道理”。不少地方政府总是倾向于优先发展工业，争先恐后地上工业项目，忽视服务业的发展。GDP成了“一俊遮百丑”的硬指标，妨碍了经济社会全面、协调、可持续发展。

三、坚定不移做大服务业，推动我省经济社会又好又快发展，促进财政收入更好更快增长

当前，我们要进一步统一认识，加强领导，明确目标，突出重点，多措并举，改善环境，坚定不移地做大服务业，推动我省经济社会又好又快发展，促进我省财政收入更好更快地增长。

（一）统一认识，转变服务业发展理念

要澄清两个认识误区。一是澄清“服务业发展滞后必然论”。即认为当前我省服务业尚不具备快速发展的工业经济基础和消费需求，认为服务业滞后于工业发展是必然的。这种对国民经济产业结构演进规律的片面理解，导致不少地方政府继续优先发展工业。其实，只要我们去看一看“传化物流”的发展情况，只要我们想一想在浙金融保险等等服务业的发展情况，就不难理解，工业农业和服务业是不断加强的双向互动关系。工业农业生产的背后必须要有生产性服务业的强劲支撑。当前，我省已处于工业化中后期，城乡居民消费结构和水平在全国列于前茅，我们要更新观念，破解一往情深的生产基地、生产车间、生产工人情结，摒弃消极等待服务业“自然”提升的观念，辩证看待工业化和经济服务化的关系，正确理解三次产业间相互依存、相互制约的关系，大力发展服务业。二是澄清“服务业发展政府无为论”。即认为现在是市场经济，发展服务业是企业的事，不是政府的事。企业是市场经济主体，政府不要越俎代庖，但这并不意味着发展服务业经济中不需要政府的引导、支持，不等于不关政府的事。无论是社会事业、还是经济发展，政府的干预是客观存在的。所谓“不介入”，其实早就介入了。只要干预的指导思想正确，方式方法适当，时机尺度得当，必将起到积极的强而有力的推动作用。发达国家近200年的经验表明，辅之以恰当的政府干预，对促进经济发展方式转变是必要的、有效的。我们一些领导同志多少年来直至今天操劳着其他产业的工作，独独在发展服务业时表现出“清纯”、“超然”的风度是没有说服力的，也是不利于经济协调发展的。

要树立科学发展理念。发展理念决定发展道路和经济发展方式。当前，要摒弃片面追求GDP产出而不计资源环境成本投入、只重视物质财富积累而忽视人的全面发展、只考虑当代人不顾及后代人的发展理念，坚持走科学发展之路。要树立“绿水青山就是金山银山”的环境价值理念；资源节约、环境友好的循环经济增长理念；结构决定功效的宏观调控理念，真正做到又好又快发展。面对当前资源要素和环境约束的“倒逼”带来的严酷现实，我们要充分意识到，这是在经济领域引发一场“效能革命”的历史性机遇，我们要以“浴火重生、凤凰涅槃”的精神状态，做好“腾笼换鸟”这篇文章，做“精”一产，即发展效益农业、生态农业；做“强”二产，即发展高新技术产业，通过高新技和信息化改造、带动传统产业，发展具有比较优势的产业、循环经济等；做“大”三产，即大力发展现代服务业、有优势的传统服务业和与民生密切相关的传统服务业。在整个产业结构优化过程中，服务业特别是现代服务业发展处于协调产业发展的关键环节。要彻底摆脱“重工轻商”的传统思维约束，从保持整个国民经济协调发展的战略高度加深认识，增强危机感、紧迫感和责任感，强化政府对服务业发展的规划引导，努力为服务业发展营造良好环境，推动其加快发展。

（二）加强领导，形成服务业发展合力

1. 强化组织领导。服务业发展是一项紧迫、艰巨、长期的重要任务，要进一步健全领导机制、工作机制，为服务业发展提供更加有力的组织保障。建议借鉴其他产业发展管理模式，明确分管领导，统筹协调服务业发展，研究制定服务业发展规划，部署涉及全局的重大任务，等等。

2. 建立协调机制。针对发展服务业工作存在的部门分割、多头或交叉管理等问题，要尽快建立部门协调机制。目前，省政府已成立工作协调会议制度，建议各市县也相应加强对服务业工作的指导和协调，明确工作重点，落实政策措施，积极推动服务业加快发展。同时，我们将建议借鉴国际经验，尽快筹建全省性的服务业协会或联合会，积极发挥中介机构作用。

3. 明确主抓部门。当前，一些县市积极探索服务业发展的管理模式，并取得较好的效果。如余杭区单独设立第三产业管理办公室，绍兴县、海宁市分别成立商贸三产局、三产粮食局等，负责本地第三产业管理工作。明确服务业发展的主抓部门，有利于落实责任，对促进服务业统筹发展将起到积极推动作用。

（三）明确目标，理清服务业发展思路

根据省委、省政府关于大力发展服务业的决策部署，我们必须牢固树立和落实科学发展观，以拓宽领域、扩大总量、优化结构、统筹发展为主线，以制度创新、科技创新和管理创新为动力，以市场化、产业化、社会化为方向，推动我省服务业大发展、大开放、大提高，努力使服务业成为我省经济增长新引擎。浙江经济发展到了今天这个阶段，我们就应该像多年以来抓农业那样重视发展服务业，就应该像重视工业那样抓服务业的发展，就应该像20年前推动乡镇企业改制那样推动服务业的发展，争取通过10年到15年乃至20年的努力，在浙江省尽快形成“三、二、一”的三次产业格局。

同时，要科学制定服务业发展的总规划，细化、深化专项发展规划和区域发展规划，为服务业发展提供科学指导，并建立实施机制，保障规划有效实施。不仅要有五年规划，每年还要有具体规划和发展目标，并且抓好督促和落实。如诸暨市在全省率先编制《市域商业网点发展规划》，按年度公布商贸流通业发展分类指导目录，有效推动诸暨商贸服务业的发展；临安市早在1997年就制定了旅游业专项发展规划，引导旅游业科学合理发展。

（四）突出重点，明确服务业发展着力点

服务业涉及行业多、各行业性质差异大，要根据需要和可能，分清轻重缓急，处理好服务业全面发展和重点突破的关系。着眼于发挥浙江现有优势，创造新的优势，坚持全面推进、协调发展，并选择市场需求旺、基础条件好、增长潜力大、带动作用强的服务领域重点突破。一是重点发展现代服务业。大力培育现代物流业、金融保险业、电子商务服务业、信息服务业、文化产业等优势产业；积极创造、开拓潜力大的计算机和软件服务业、科技服务业、总部经济、创意服务业、咨询服务业、会展服务业、中介服务等。二是全面提升优势传统服务业。主要是完善提升商贸流通、旅游、房地产等直接满足物质生活需求的消费性服务业。三是积极发展与民生相关的服务业。主要是医疗卫生、教育培训、体育、市政服务、社区服务等公共服务业。各市县要立足当地实际，适应要素禀赋条件，充分发挥区域比较优势，明确发展方向、目标和重点。

（五）多措并举，提高服务业发展水平

1. 深化事业单位改革，加快服务业体制机制创新。事业单位改革滞后不但不必要地加大了行政成本，而且严重影响了服务业市场主体的培育和成长。要按照政企分开、政事分开、事企分开、营利性机构与非营利性机构分开的原则，加快事业单位改革，为服务业加快发展增添生机和活力。对公益性研究、义务教育、公共卫生、全民健身等非赢利性的服务行业，要提高服务效率和服务水平；对赢利性的服务行业，应当先易后难，“靓女先嫁”，积极地、有步骤地分批推向市场，甚至辅之以必要的鼓励和帮助，实现机制转换，改制成为企业，并尽快建立现代企业制度。要进一步推进机关和事业单位后勤服务社会化。

2. 打破垄断，建立公开、公平、规范的服务业准入制度。国际经验表明，在服务业扩张过程中，政府管制政策的调整具有重大作用，直接决定市场进入机会，并决定市场结构以及竞争程度。德国、法国、西班牙电信行业的总要素生产力因法规改革提高了40%。因此，要打破市场壁垒，放宽市场准入，引入竞争机制，让民间资本有更多的发展机会和更大的发展空间，推动我省服务业加快发展。对没有法律禁止的行业，要放开市场准入，允许非国有市场主体进入，参与市场竞争，不断提高效率，改善服务。对不允许其进入的行业，应有法律予以规定。在放宽市场准入的同时，政府应加强实施统一、透明、规范、高效的市场管理。

3. 积极推动服务业从工业中分离。为使工业企业高效率、低成本运转，专注企业核心业务，增强其核心竞争力，将一些内部的、低效率的服务环节从工业中分离，是当前加快发展服务业的重要内容之一。服务性业务从工业中分离，是业态上的分离，业务上的融合，发展的基础在于工业的提升，发展的空间在于服务于工业。要积极利用工业加速调整的重大契机，清理不合理的政策规定，出台强有力的扶持措施，推进工业专业化发展，积极引导工业企业推进服务业务分离，重点推进研发、设计、标准化制定等业务的独立化、专业化、高科技化，剥离后勤服务设施和仓储运输等业务，推进物流、金融等业务的深度开发，实现现代服务业发展提速、比重提升。

4. 找准突破口，扩大和提升现代服务业的发展。当前，应以生产性服务业为突破口，进一步加大政策扶持力度，全方位提升现代服务业的发展层次，高起点推动我省已有一定发展水平的现代服务业；对发展不成熟，但未来发展潜力大的现代服务业，应高起点规划，整体策划包装推介，加大招商引资力度，发展各有特色的地域性现代服务业，以提升我省现代服务业的总体发展水平。

5.找准切入点，改造和提升有优势的传统服务业。交通运输、邮电通信、贸易餐饮等传统服务业目前仍是我省服务业主体，提供的增加值占全省服务业的1/3，且在运用现代新型业态和组织结构等方面刚刚起步。因此，要找准切入点，通过技术创新，提高服务的科技含量；通过组织创新，运用现代新型业态进行改组；通过管理创新，提升传统服务业的管理水平和经济效益，积极引导传统服务业商业功能结构、网络结构、经营业态、服务理念的调整，使传统服务业焕发新的活力。

（六）改善环境，开创服务业发展新局面

1. 加大财税政策扶持。财税部门作为党和政府的重要经济综合部门，要通过不断完善政策设计和优化制度安排，着力构建“三个三”工作措施长效机制，整合财税资源，加大扶持力度，推动全省服务业加快发展。一是整合和梳理现有扶持政策，使之条理化、系统化，便于企业操作落实，进一步研究新的扶持政策，切实推进我省服务业的产业升级。要加大优惠政策的宣传落实力度，增加政策的透明度，消除政策落实的人为障碍。二是实行差别化的财税扶持政策。要突出对策措施的针对性，重视因类制宜和重点行业、关键领域的选择，强调分类指导和重点突破。加大投入，完善现代服务业发展引导资金管理办法，对相关项目给予适当的项目贴息和专项补助。对专项资金使用情况实行跟踪问效反馈制度，进行绩效考核，强化监管，提高财政资金使用效益。积极发挥财政资金引导作用，吸引社会资本对重点服务行业投资，努力建立全方位、多渠道、多层次的服务业发展投入机制。对现代服务行业和企业提供个性化的纳税服务，使其及时、全面了解扶持政策和有利于其发展的相关信息，指导其便捷地、规范地办理涉税事项，加快服务业发展步伐。三是规范和完善政府采购制度，为现代服务业发展提供政策导向。进一步扩大采购范围，把广大服务业领域纳入其中，利用政府采购的需求诱导，引导服务业的发展方向。

2. 改善服务业发展法律环境。由于服务业交易的复杂性、产品不具有排他性、获得融资的困难性等，服务业发展需要有健全的法律环境支撑。据有关专家分析，若我国的法律环境能和印度一样，我国服务业占 GDP 比重可提高 4.4 个百分点。一要强化立法，积极推动出台相关地方性法规规章，特别是商贸服务领域综合性法规和现代会展、电子商务等一些在浙江具有较高发展水平，而市场秩序还不够规范领域的专项法规，逐步完善服务领域的法律法规体系；二要严格执法，必须认真贯彻执行有关法律、法规和规章，加大行政执法力度；三要继续加强“信用浙江”的建设力度。

3. 构筑服务业发展新格局。一是构筑具有浙江特色的服务业对外开放新格局。加强与国际服务业的合作交流，是缩短我省现代服务业发展进程，提升整体行业水平的重要途径。要主动承接国际服务业转移，加大现代服务业的招商引资力度，引进跨国服务机构及其伴随而来的网络、人才、管理、机制等。在积极“引进”的同时，实施“走出去”战略，努力推进我省服务企业国际化经营。二是构筑具有浙江特色的区域新格局。立足浙江本土，统筹协调，重点推动杭州、宁波、温州等区域中心城市逐步实现以服务经济为主的产业结构，打造现代服务业高地；嘉兴等城市应发挥区位和人文等优势，迎头赶上，大力发展现代服务业，率先做好“腾笼换鸟”的文章；舟山、义乌、衢州等在港口海运、商贸、职业培训等方面具有优势的中小城市，要进一步突出特色、强化优势，提高市场占有率；农村地区要加快农村公共服务体系建设，加强服务业对现代农业的支撑作用和农村居民生活品质的改善提高。

（2007 年 7 月 26 日）

深化财政改革 强化源头治理
不断提升财政系统整体惩防功能

省财政厅厅长 黄旭明

近几年来，我们紧紧围绕省委、省政府和省纪委的工作部署，认真贯彻落实省委《实施意见》，紧密结合财政工作实际，坚持党风廉政建设“三靠两抓”（即一靠教育、二靠制度、三靠领导以身作则，正面抓、抓正面）的工作思路，努力构建教育、制度、监督并重的惩治和预防腐败体系。财政厅于 2005 年 8 月出台“省财政厅关于贯彻落实省委《浙江省惩治和预防腐败体系实施意见》的工作措施”，各市县财政部门也相继出台具体的工作办法。我们主要从正面入手，要求每个干部务必“谦虚、务实、协调”，坚持“好好学习，好好工作，好好做人”，倡导八小时之外“走近书桌、走近球桌、走近山水，远离酒桌、远离牌桌、远离尘嚣”，努力优化行业作风和提升干部素质，努力从源头上防治腐败，实现了财政系统读书的人越来越多、犯错误的人越来越少的目标，为我省财政事业又好又快发展提供了坚强保障。今年上半年，全省地方财政收入 869.89 亿元，增长 29.2%；财政总收入完成 1718.00 亿元，增长 28.8%。该两组收入累计增幅为近三年同期最好水平。截至今年 3 月份，全省财政系统 12526 人中大专以上学历占 82.2%，比 2002 年提高近 20 个百分点；受党纪政纪以上处分人数从 2002 到 2006 年分别为 13 人、5 人、4 人、3 人、3 人；2003 年以来全省市、县（市、区）财政部门没有发生违法违纪案件的有 78 个，占总数的 88%。同时，省财政厅 2003 至 2006 年连续四年在省政府工作目标责任制考核和党风廉政建设责任制考核中被评为优秀单位，许多市县财政部门连续多年在当地目标考核、满意单位评选、行风评议等活动中名列前茅。全省财政系统已初步搭建起符合财政实际、富有财政行业特色的惩防体系基本框架，党风廉政建设和反腐败工作取得了实实在在的成效。

一、锐意改革，重在落实，着力从源头上规范权力运行、加强资金监管

从源头上预防和治理腐败是构建惩防体系的基本理念、重要内容和有效手段。财政部门作为政府生财、聚财、理财的重要综合经济部门，肩负着推进部门预算、国库集中支付、“收支两条线”管理、政府采购和财政支出绩效评价等公共财政改革的艰巨任务。围绕惩防体系《工作要点》和《责任分解》的要求，紧扣规范权力运行、加强资金监管这个核心，重点抓了以下工作。

（一）推进部门预算改革，努力形成公正透明的财政分配机制。按照省委、省政府和财政部的要求，省级在 2000 年至 2003

年开展部门预算试编的基础上,2004年(也是本届政府第一个编制预算年)省级137个部门实质性全面推行部门预算改革。今年全省所有市、县、区全部实施了部门预算。一是全面实施综合预算制度。编制全口径资金预算,将部门和单位的所有收支(包括预算内和预算外收入)全部纳入部门预算管理,基本实现了“一个部门一本预算”。按照“收入一个笼子,预算一个盘子,支出一个口子”的要求,进一步加大综合预算管理力度。二是逐步完善零基预算方法。建立“分类分档”的省级行政单位定额标准、省属医疗机构和大专院校定额标准。同时,按照“人员经费按标准、公用经费按定额、专项经费按轻重缓急逐项核定”的原则,实施“控、压、保”措施,实现“基数法”编制预算向“零基预算”的转变,改变了以往财政资金分配不透明、单位之间“贫富”不均和“争预算基数”现象。三是大力加强项目预算管理。明确立项依据,严格报批程序,实施项目库管理,确保部门预算一经批准原则上不再追加,强化预算的约束力。通过部门预算改革,增强了部门单位的理财意识,强化了对预算单位经济活动的事前控制、事中监督和事后检查,提高了财政分配机制的公正性和透明度。

(二)推进国库集中支付改革,努力构筑财政资金运行“安全网”。按照“总体规划、分步实施、稳步推进”的原则和《浙江省财政国库管理制度改革方案》的要求,省级国库集中支付改革自2005年10月起在会计集中核算单位开始试点,今年1月在省级部门预算单位全面推开,目前纳入省级国库集中支付改革的预算单位共有730多家,资金范围涵盖了预算内(含政府性基金)和预算外资金;嘉兴、金华、湖州、台州市也已推开。一是建立国库单一账户体系。通过建立国库单一账户体系,将所有财政收入纳入一个“笼子”管理,财政支出由零余额账户一个“口子”支付,财政间歇资金沉淀于国库存款账户,改变了以往财政资金通过预算单位层层转拨,分散滞留于各个预算单位账户的情况,提高了国库资金的管理水平和调度能力,也有利于资金的保值增值。二是实行财政直接支付。按照国库集中支付制度的要求,对于大额支出,根据预算单位提出的支付申请,由财政部门通过财政零余额账户将资金直接支付到商品供应商和劳务提供者,预算单位“花钱不见钱”,避免了传统支付方式下,由财政部门将预算资金拨入单位账户后,单位在实际使用时可能发生的挤占、挪用资金等现象。三是实行财政授权支付。对于零星、小额支出由财政授权预算单位根据批准的用款计划自行支付,同时,通过支付信息管理系统实行实时动态监控,全面掌握收款单位的名称、账号、支付金额等信息,发现可疑信息可及时查实、预警,这样,预算单位违规消费、向关联账户划款等现象就能大大减少,资金的安全性得到提高。2005年10月至今年6月,共实现财政直接支付业务10768笔,资金量54.99亿元;财政授权支付业务111706笔,资金量18.04亿元。

(三)推进“收支两条线”改革,努力规范政府收支行为。一是积极构建政府非税收入征管体系。加强政府非税收入法制化建设,研究起草《浙江省政府非税收入管理条例》(草案),目前该草案已报省政府法制办审查;出台土地出让金、海域使用金等征收管理制度,规范征管行为;推进新版政府非税收入征管信息系统的研发和推广应用,加大非税收入征管力度,确保应收尽收、应管尽管;同时,会同人民银行杭州中心支行,对省级财政预算单位开立的银行结算账户进行清理,撤销不符合规定的账户,严把预算单位资金进出“关口”。二是清理行政事业性收费项目和标准。会同省物价部门,对2002年以来各部门的行政事业性收费项目、收费标准、收费依据进行重新梳理,取消了25个部门的66项行政事业性收费,将8项收费转为经营服务性收费项目,规范了收费行为。三是进一步加强财政票据的使用管理,促进“以票管收”。随着“收支两条线”改革不断深化,政府非税收入征管体系不断完善,有利于从制度上消除部门单位可能私设“小金库”的弊端,从源头上规范政府收支行为。

(四)推进政府采购制度改革,努力打造阳光财政的“窗口”。建立政府采购制度是加强财政支出管理、防治腐败的重要举措。一是理顺管理体制。2005年10月省政府采购中心成建制由省财政厅移交省机关事务管理局托管,实现了“管办分离”。各地结合“招投标统一平台”建设,基本建立了以“政府为主协调、财政统一监管、审计监察等部门共同监督”的管理模式。二是强化制度建设。先后出台政府采购招标投标管理、供应商管理、政府采购行为规范和责任追究等制度办法,基本形成了具有浙江特色的政府采购制度体系。三是加强监督管理。建立政府采购“管理者、操作者、使用者”、“招标人、使用人与定标人”、“采购、支付、验收”三个相互分离的监督制约机制,积极发挥监察、审计和媒体监督的作用,促进采购行为规范化。四是推进信息化建设。开发完成“业务管理系统”、“信息公告系统”和“政府采购信息管理系统”,集网上办事、网上服务和网上管理为一体的政府采购网站及信息管理系统初步建成。今年上半年全省政府采购预算规模达到109.76亿元,实际采购96.96亿元,节约资金12.80亿元,节约率为11.66%,进一步促进实现政府“阳光支出”。

(五)推进财政支出绩效评价工作,努力提高财政资金使用效益。财政支出绩效评价是把绩效管理理念与方法引入财政支出管理、以提高政府管理效能和财政资金使用效益为核心的监督机制。一是抓制度建设。按照省政府《关于认真做好财政支出绩效评价工作的通知》等文件要求,先后制定出台绩效评价《实施意见》、《考核办法》等配套制度,初步建立了我省财政支出绩效评价制度框架。二是抓组织建设。狠抓组织机构和队伍建设,目前10个地级市和40个县(市、区)财政部门已建立绩效评价机构,全省有近400名干部从事绩效评价工作。三是抓信息库建设。全省已有270家机构和740多名专家分别被纳入中介机构库和绩效评价专家库。四是扎实开展评价工作。建立健全“项目单位自评、主管部门和财政部门评价”三个层次的评价体系,重点对教育、卫生、社保、环保等专项资金进行了绩效评价,2006年全省实施绩效评价项目368个。通过开展绩效评价,将评价结果作为编制和安排下一年度项目预算的重要依据,强化了部门单位“要钱不随意、花钱讲效益”的意识,减少了财政专项资金分配的随意性和盲目性,提高了财政资金使用效益。

二、唯新唯实,循序渐进,进一步构筑更加完善的财政系统“防火网”

惩防体系是个动态、开放、发展的系统工程,我们还面临着不断深化、细化、拓展、升级的艰巨任务。下一步,我们将认真贯彻落实省第十二次党代会和省纪委十次全会精神,继续坚持“三靠两抓”不动摇，以读书的人越来越多、犯错误的人越来越少、服务对象和群众的满意度越来越高为目标，着力在抓预防、抓治本、抓创新上寻求突破，进一步健全“不想腐败、不能腐败、不敢腐败”的反腐倡廉“防火网”，不断赋予财政部门惩防体系新的时代内涵与行业特色。

（一）以制度建设为内核，着力在增强惩防体系“公信力”上下功夫。制度建设是贯穿惩防体系的灵魂，体系的公信力很大程度上取决于制度的合法、合理和实效性。制度必须体现“以人为本”的精神，让执行制度的人不吃亏，让违反制度的人受惩罚。要坚持不懈地抓好制度创新和制度建设，注重“立、改、废”相结合，围绕项目审批、资金分配、资金调度、预算指标核定以及内部“人、财、物”管理等问题易发多发的薄弱环节、重点部位和关键岗位建章立制，“还权于制度、规范于程序”，进一步形成配置科学、结构合理、程序严密、制约有效的权力运行机制，增强惩防体系的针对性、前瞻性和可操作性。同时，要以良好的机制推动制度的落实，确保制度一经制定就不折不扣地贯彻执行，对违反制度、规避制度的行为，加大问责力度，切实维护制度的严肃性和权威性。

（二）以“金财工程”为依托，着力在深化“科技促建”上下功夫。“金财工程”是促进财政工作信息化、提升惩防体系科技含量的重要载体。省级目前基本实现了预算指标管理、用款计划管理、支付管理、非税收入管理等预算执行系统软件的一体化，市县的一体化软件建设也在试点推广中。“科技促建”下一步的主要任务是，结合我省“金财工程”建设三年规划，着力构建以“一个公共平台（即基于公共基础信息管理之上的财政综合办公平台）、二级数据处理（即省与市县二级数据处理、全省财政数据集中备份）、三张网络（即省电子政务内网接入、财政虚拟专网和因特网接入）、四大系统（即预算编制系统、预算执行系统、决策支持系统和行政管理系统）、五个统一（即统一领导、统一规划、统一业务规范、统一应用软件和统一组织实施）”为主要内容和特征，管理与技术有机融合的，公开透明、服务便捷、安全可靠的政府财政管理信息系统。从而进一步实现“科技反腐”与“制度反腐”的有机结合、良性互动，以“无情、刚性”的科技手段规范和制约权力运行，推动反腐倡廉“关口”前移。

（三）以督促检查为手段，着力在提高整个系统惩防体系“执行力”上下功夫。一是加强指导。综合运用发文件、召开会议、开展调研等形式，加强对市县财政部门构建工作的指导，及时将省委、省政府和省纪委的工作要求贯彻落实到位。二是推广经验。发现、总结、完善各地惩防体系建设中的好经验好做法，使之成为全省财政系统的共同财富，并把比较成熟的经验和做法制度化。今年 9 月份，将围绕深化惩防体系建设和今后五年反腐倡廉工作思路这个议题，开展一次理论研讨会，群策群力，集思广益，共商防范良策。同时，在省纪委的大力关心和支持下，将于近期开展一次惩防体系专题宣传活动，提高社会各界对财政部门反腐倡廉工作的认知度，进一步把体系构建工作引向深入。三是严格考核。结合党风廉政建设责任制考核，完善体系构建工作的考核方法，切实增强各级责任主体的责任心和使命感，进一步深化上下联动、齐抓共管的工作格局，不断健全长效机制，确保将各项惩防举措真正贯彻好、落实好、执行好。

按照省委《实施意见》的规划，今年是具有浙江特色惩防体系基本框架建成之年，下半年的工作任务仍然十分繁重。我们将认真贯彻落实这次会议和赵书记的重要讲话精神，学习借鉴兄弟单位的宝贵经验，在更高的起点上，继续勇于创新，大胆实践，不断开创财政系统源头治理工作新局面，谱写惩防体系建设新篇章，为我省的科学发展和社会和谐作出财政部门应有的努力！

（2007 年 8 月 14 日）

在全省财税库银横向联网工作电视电话动员会上的讲话（摘要）

省财政厅厅长　黄旭明

一、统一思想，充分认识财税库银横向联网工作的重要意义

财税库银横向联网是指财政、税务、国库、银行利用信息网络技术，通过电子网络系统办理税收收入缴库等业务，税款直接缴入国库，实现税款信息共享的缴库管理模式。其目的是通过横向联网系统，实现纳税、审核、缴库等各个环节的电子化操作，提高财税部门的公共服务水平。财政国库管理制度包括收入收缴制度和国库集中支付制度。我省从 2005 年开始实施国库集中支付制度，目前已取得了阶段性成果，作用明显。而这次推行的财税库银横向联网工作是收入收缴制度以及财税库信息共享机制的一项重大变革，是规范税收收入收缴管理、深化和完善国库集中收付制度改革的重要举措。因此，各部门必须高度统一思想，充分认识实行财税库银横向联网工作的重要意义，确保这项改革在我省顺利实施。

财税库银横向联网作为一种新型、电子化的税款缴库和信息共享管理模式，与传统缴库方式相比，具有显著的优越性，能够实现财政、税务、国库和纳税人之间的多赢。具体来说，其优越性主要体现在以下几方面：

一是能实现税款直达，进一步加快税款入库速度。传统缴库方式从手工开出税票到税款入库至少需 3 天。通过联网实行电子缴库后，可实时或当日入库。

二是能提高工作效率，降低征管成本。实行电子缴库后，可以摆脱大量的手工操作和二次录入，税务机关发出电子税票信息，能在全程使用，大大提高了工作效率。

三是能方便纳税人缴税，降低纳税成本。实行电子缴库后，纳税人可通过互联网、电话、网上银行等方式办理纳税，真正实现了足不出户缴纳税款，极大地方便了纳税人缴税。

四是有利于税款征缴入库全过程的监督管理。与传统方式相比，新办法以电子化、各方按规定程序处理业务，并存有电子记录，责任有据可查，大大提高了税款征缴入库活动的透明度，也降低了税收征缴的监管成本。

五是有利于财税库信息共享，促进财税管理决策分析工作。实行横向联网后，能为相关部门进行统计、预算执行分析和财政管理提供更为及时、准确、全面的信息，有利于财政部门对预算执行情况和宏观经济形势作出更及时、更准确的分析和判断，并对开展国库现金流预测、实施国库现金管理等财政国库管理工作也具有十分重要的意义。

二、明确目标，按照规范化要求推行财税库银横向联网工作

财税库银横向联网工作涉及部门多，业务协作性强，需要有关各方加强沟通、协调，共同做好相关工作。财政部、国家税务总局、中国人民银行已经联合制定了相关制度和标准。我省有关此项改革的工作部署，可以概括为“四个一”：即明确一个目标，把握一个原则，建立一个系统，健全一个机制。

（一）明确一个目标

各地应当认真按照中央三部门的方案规定，结合本地区实际情况，积极推进本地区的财税库银税收收入电子缴库横向联网工作，争取于2010年前在全省范围内推进财税库银税收收入电子缴库横向联网工作的全面实施。通过实行税收收入电子缴库，简化业务操作，加快税款入库速度，最终实现规范税收收入收缴程序和信息共享的目标。具体要求为：一是要简化纳税缴库程序，方便纳税人缴税，提高税款征缴工作效率。二是实行税款资金实时划缴，以信息化管理系统为依托，建立各环节相互制约、科学合理的电子缴库流程体系，在保证税款资金安全基础上，提高税款资金运行效率，保证税款及时足额入库。三是要实现财政、税务、国库间的信息共享，为财政税收经济形势分析和研究制定宏观调控政策提供支持。

（二）把握一个原则

财政、税务、国库等部门应本着方便纳税人、提高税收征缴效率的原则，充分利用社会已有资源和信息化成果，按照规范化要求推行横向联网工作。要简化纳税缴库程序，为纳税人提供方便、快捷的电子缴税业务，不断提高税款征缴工作的服务水平，不断提高税款缴库活动的透明度。要加强对税款征缴入库全过程的监督，保证税款资金征缴入库的规范性和安全性。

（三）建立一个系统

建立财税库银横向联网系统。在财税库银四方业务程序相互独立的基础上，按统一联网方案、统一业务标准、统一接口规范、统一软件开发的要求实施财税库银横向联网。财税库银横向联网系统是横跨多个联网部门的信息网络技术，对网络运行及其信息的安全性、稳定性和保密性要求很高。应当充分重视和加强网络系统建设，严防系统漏洞和安全隐患，切实保证系统运行的安全性、高效性。

（四）健全一个机制

健全一个机制就是要建立健全财税库银横向联网协作机制。横向联网工作是一项综合性的基础工作，涉及多个部门，不可能单靠一、两个部门来完成，因此，财政部门要发挥牵头作用，会同税务部门和人民银行共同组织实施好横向联网工作。各方要统一思想，充分履行职责，工作中要积极加强沟通、相互配合，保证横向联网工作协调、顺利实施。同时，要结合本部门职责，研究横向联网工作中可能出现的新问题、新情况，及时提出对策办法。此外，在横向联网工作中，财政部门要认真做好税收信息共享后的利用工作，对共享明细信息进行全面系统地分析，进一步提升预算执行分析水平。

三、精心组织，扎实推进我省财税库银横向联网工作

财税库银横向联网工作是关系到国家税款安全及时入库、财政平稳运行的一项重要工作，是推进和谐社会建设的大事、要事，各地、各部门必须切实作为当前的一项重要工作抓紧抓好。

首先，要切实做好宣传培训工作。财税库银横向联网是一个新生事物，让各方面都接受需要有一个过程。不仅要使广大纳税人充分认识电子缴税便利、快捷的好处，各联网单位操作人员也要认真、熟练掌握操作业务，只有这样才能为全面实施横向联网工作打下坚实基础。要通过各种渠道和各种方式，包括编写宣传手册、培训教材，大力宣传税收收入电子缴库和信息共享的积极意义，使越来越多的纳税人采用电子缴库方式缴税，使网络系统资源得到充分利用，使横向联网的优越性得以充分体现。各联网单位要做好内部人员的培训工作，掌握具体的操作流程，以扎实的业务功底为纳税人做好服务。

第二，要精心组织，加强领导。省里已成立了由省财政厅、省国税局、省地税局、中国人民银行杭州中心支行等部门主要领导组成的浙江省财税库银横向联网工作领导小组。会后，各地也要成立相应机构负责横向联网中的组织领导和沟通协调工作，保证本地区横向联网工作的顺利开展。

第三，要结合实际，稳步推进。要在深入贯彻落实三部门关于《财税库银税收收入电子缴库横向联网实施方案》的基础上，结合本地实际，明确工作目标，扎实稳步推进横向联网工作。各地在成立横向联网工作小组后，要积极制定横向联网工作时间表，确定开展的准备、测试、实行等阶段的工作内容。认真开展数据核对和数据清理工作，扎实做好联网前期准备工作，并积极开展宣传、动员工作，引导纳税人采用电子缴税方式。同时适时召开财政、税务、国库、商业银行等多部门联席会议，部署各项工作安排等，确保横向联网工作的顺利运行。

（2007年10月25日）

开拓创新 务求实效
全面深入推进财政支出绩效评价工作

——钱巨炎同志在全省财政支出绩效评价工作会议上的讲话(摘要)

一、开拓创新、勇于实践,构建绩效评价工作体系

自2005年4月以来,各级财政部门以科学发展观为指导,紧紧围绕财政中心工作,认真落实厅党组提出的“三个三”工作措施,积极推进财政支出绩效评价工作。在机构队伍、制度建设、评价实施和结果应用等方面,都取得了明显成效。财政支出绩效评价工作,从无到有,由部分试点到全面铺开,不断稳步推进,呈现出持续、健康、良好的发展态势。2005年8月在义乌召开绩效评价工作座谈会时,大家的理解还不深刻,更谈不上如何操作。到今天,各地对绩效评价工作已基本形成共识,并逐步深入开展,可以说,以绩效评价为龙头的预算监督体系在我省已初步确立。

(一)制度框架初步形成

2005年10月,省政府办公厅《关于认真做好财政支出绩效评价工作的通知》(浙政办发〔2005〕91号)下发以后,省财政厅从科学规范、有利操作的角度出发,相继出台了实施意见、中介机构参与评价、评价专家管理等一系列配套制度,对绩效评价工作程序、评价指标和标准、组织方式与评价方法等作了明确规定,为全省开展绩效评价工作提供了制度保障。各地按照省财政厅有关要求,结合实际,也相继出台了有关绩效评价实施办法、操作规程等,并普遍建立了内部协调机制,如绍兴市等地建立了绩效评价联络员制度,绩效评价制度框架初步形成。

(二)机构队伍基本建立

各级财政部门在政府领导的重视下,认真落实评价机构、职能和人员。据统计,到目前为止,全省10个市已全部建立绩效评价管理机构,其中:绍兴、湖州、温州市单独设立了绩效评价处;全省53个县(市)已有51个建立了绩效评价管理机构,其中:龙游县和乐清市单独设立了绩效评价科;全省26个区已有18个设立了绩效评价管理机构。各地绩效评价管理机构建立后,进一步落实了绩效评价职能和人员,机构队伍不断壮大,为推动绩效评价工作的有效开展奠定了重要基础。

(三)评价实施稳步展开

全省各地按照“先易后难、由点及面、稳步实施”的原则和建立“项目单位—主管部门—财政部门”三层次评价体系的要求,积极组织开展项目支出绩效评价工作。在评价对象选择上,紧紧围绕财政管理的重点领域、项目支出的重点部门以及社会关注度高、影响力大特别是事关民生方面的支出项目。在评价组织上,采取“项目单位自评、主管部门和财政部门评价”相结合方式,依托人大、政协及有关专家和中介机构的力量,做好具体评价工作。

两年多来,评价实施范围不断扩大,评价项目不断增加,已涉及教育、科技、卫生、农业、社保、环保、水利、民政、城市建设等支出领域。据统计,全省共对1388个项目实施了评价,涉及资金269.4亿元,其中:省级217个支出项目,涉及资金95.8亿元;各市县1171个支出项目,涉及资金173.6亿元。2006－2007年连续两年,全省按照“统一指标、统一标准、分级评价、上下联动”的评价方式,对第一轮全省再就业专项资金和环境自动监测系统建设项目实施了综合评价。湖州、台州、绍兴等市也以全市联动方式,选择重点项目在全市范围内实施评价。今年起,省级和绍兴、嘉兴、青田等地,按照规定组织实施了项目单位绩效自评工作。在推进项目支出评价的同时,积极探索单位整体支出评价,如省财政厅对疾病预防控制中心和卫生监督所实施整体支出绩效评价试点,台州等地也对单位整体支出评价进行了探索,为单位整体评价积累了一定的经验。

(四)注重培训规范操作

自2006年起,省财政厅连续两年对省级、市县财政部门和中介机构参与评价人员进行了较为系统的绩效评价业务培训。为使参加培训人员更快地了解和掌握绩效评价工作操作方法和规程,组织编印了《浙江省财政支出绩效评价业务指南》作为培训教材。各地也相继组织部门、单位和财政内部有关人员及专家库成员进行业务培训。通过培训,不但增强了各部门、单位对绩效评价工作重要性认识,也提高了评价人员操作水平。同时,加强调查研究,以拓宽工作思路。两年多来,在省财政厅统一布置下,各地绩效评价管理部门积极开展调研活动,加强绩效评价工作研究,着重对分行业评价指标体系、评价标准、组织方式、评价结果应用等方面,进行了深入探讨和专题调研,共形成了28个调研课题,为编印《浙江省财政支出绩效评价参考指标》一书提供了有效素材。

(五)信息库逐步构建

一是建立全省参与绩效评价中介机构库,将符合条件的270家中介机构纳入库中,供各地、各部门委托评价时选择。二是省级和大部分市、县(市、区)建立绩效评价专家库。据初步统计,全省已有1200余名各类专家纳入专家库。三是建立绩效评价指标库,已有9大类68个项目的具体评价指标,供各地、各部门绩效评价时借鉴。四是建立信息共享平台。在省财政厅门户网站和内网处室站点同时开辟“财政支出绩效评价”专题和平台,及时发布绩效评价有关政策制度、中介机构和专家库变更情况以及各地开展绩效评价工作经验、做法等信息,促进各地绩效评价工作交流。

二、肯定成绩、查找问题,促进绩效评价工作质量提高

绩效评价工作的有效开展,对绩效理念的树立、支出效益的提高和支出结构的优化等方面,都起到了积极作用。

(一)绩效理念初步树立

通过绩效评价，各级政府领导、部门和单位逐步树立了绩效理念，重视财政支出绩效问题，并把绩效评价工作列入重要议事日程。有的市县政府领导非常重视这项工作，将年度绩效评价计划(评价项目)提交政府常务会议研究确定；有的市县把绩效评价工作列入年度目标责任制考核内容，作为加强财政支出管理，优化支出结构，提高资金使用效益的重要抓手，认真组织实施。在财政部门的有效推动下，各级主管部门已认识到财政支出绩效评价工作的重要性，有的部门已制定出台了绩效评价实施意见及相关操作制度，并选择项目组织实施评价；有的部门领导主动提出对任期内财政支出执行情况实施评价，全面了解和掌握本部门财政支出使用绩效及存在的问题，以提高管理和决策水平。随着绩效评价工作的全面实施，过去一些部门存在的“要钱随意、花钱不讲效益”的局面将有所改变，“使用财政资金要进行评价，必须讲究效益”的绩效理念正在各地、各部门逐步形成。

(二)支出效益逐步提高

通过绩效评价，对项目运行和资金使用情况进行跟踪问效，不但促进财政支出效益的逐步提高，而且可促进项目单位管理和决策水平的提高。如义乌市财政局在对水库除险加固工程前期工作项目绩效评价中，发现该项目绩效目标设置存在扩大范围和提高标准的问题，根据专家的优化设计方案测算，可缩减近3000万元的投资额。为此，向市政府建议，对建设项目的需求建立审查制度，对盲目提出建设需求，导致资金浪费的行为，实行责任追究制。2005-2007年，省财政厅连续三年对省属高校实验室建设项目实施绩效评价，通过专家前期评价，将高校实验室分成三类，不同类别给予不同的资金安排。项目结束后再进行事后绩效评价，对5个不合格的高校实验室，采取核减或停拨专项经费等措施，减少财政资金的损失浪费，达到很好的效果。

(三)支出结构得到优化

通过绩效评价，对优化财政支出结构，促进社会资源有效配置发挥了积极作用。2006年，经对全省第一轮再就业专项资金的绩效评价，发现各地普遍存在“资金结余偏大，资金使用效率不高”等一系列问题，对此，提出了“存量调结构，充分发挥结余资金作用”等建议，得到省政府领导的高度重视，吕省长专门作了批示，要求省有关部门认真研究解决，为有效促进我省第二轮再就业资金的结构优化，更好地为就业困难人员创造就业机会，使他们真正感受到党和政府的关心，享受改革开放成果。台州市在对先进制造业专项资金绩效评价工作中，发现某主管部门下属单位将财政拨入的先进制造业专项资金分别转入技协、工会等账户，严重违规使用财政专项资金，对此，评价不合格，并专题向市政府领导汇报，提出除在2008年部门预算中取消该部门的所有专项资金外，追回违规使用的财政专项资金。此事在全市引起了很大反响。

(四)管理水平有效提高

通过绩效评价，推动了各部门、单位改进资金使用管理方式，提高管理水平。2006—2007年，在对7所省属高职院校47个实训基地建设项目实施评价中，发现存在实训基地发展无规划，内部管理制度不健全，专项资金核算不规范等较为混乱的问题。对此，评价专家提出，要加强实训基地的规划与科学论证，健全项目资金的核算与管理制度，促进职业院校实训基地发挥应有的作用。绍兴、湖州等市针对专项资金支出目标不明确等问题，要求有关部门上报年度预算时必须明确绩效目标，并予以细化，以加强专项资金源头上的管理，对提高各部门绩效观念和财政资金使用效益将发挥积极作用。

总的来说，全省绩效评价工作已经取得了一定成效，但仍然存在一些问题，亟待解决。

一是思想认识不到位。长期以来，在财政资金分配和使用过程中，存在“重安排、轻监督；重争取、轻管理；重使用、轻绩效”等一系列问题。绩效评价又是一项全新工作，操作本身也有一定难度，特别是有的地方领导对绩效评价的概念、作用了解不多，甚至认为绩效评价能否达到预期效果还是一个未知数；有的地方采取观望、等待的态度，认为绩效评价工作做与不做差不多，只要完成省里布置的任务就行，对绩效评价重要性和必要性认识不足。对部门、单位缺乏有效指导和相应的制度约束，致使有的部门领导认为这项工作是财政部门拍脑袋想出来的，没有实际效果，并产生抵触情绪，认为财政的钱用都用了，绩效评价工作只是财政挑刺的“新花样”，没有多大实际意义。从各地绩效自评工作开展情况看，只有部分单位能按规定认真组织绩效自评工作，仍有不少部门拖延和被动应付绩效自评工作，缺乏主动性。究其原因，主要是对财政支出绩效的重要性认识不到位，故对绩效评价工作不能引起足够重视。

二是推进力度不够大。随着各地绩效评价管理机构的建立和人员的配备到位，绩效评价工作在各地已全面展开。但从全省各地的推进力度看，发展很不平衡，进展缓慢，存在评价范围较狭窄，评价项目较少，评价的广度和深度不够等情况。有的市县仅限于完成省或市布置的联动项目评价；有的市县仍停留在争取个别项目试点，对主管部门和项目单位的绩效自评工作没有推动起来；有的市县对绩效评价工作缺乏长远规划，存在应付甚至是走过场，评价报告质量不高，评价结果不能如实反映项目支出绩效，揭示的问题不深不透等情况。

三是评价结果应用不够。绩效评价结果在于应用，通过应用才能对财政资金使用部门和单位有实质性约束。如果评价结果得不到有效应用，绩效评价工作将失去意义。虽然有关制度和办法已明确评价结果应作为编制和安排部门预算的重要依据，但由于思想认识不到位，评价结果质量可信度不高，以及绩效预算尚未建立等原因，影响了评价结果的有效应用，绩效评价工作的作用不能得到真正发挥，在一定程度上制约了这项工作全面深入开展。

三、深入推进、务求实效，提高财政资金使用效益

党的十七大提出：“要转变经济发展方式，促进国民经济又好又快发展”，明确把发展的质量和效益放在首位。财政事业也要实现“又好又快”发展，不能光求“快”，要在求“好”上下功夫，“好”就是要有好的绩效，没有好的绩效，“快”可能就是一种浪费。吕祖善省长非常重视财政支出绩效问题，他在全省公共财政与政府性债务管理专题研讨班上指出：“要牢固树立公仆意识，着力增强提高财政性资金绩效的本领。财政资金绩效是衡量我们理财能力和水平的重要标准。用好纳税人的钱，千方百计把钱用在刀刃上，努力提高使用绩效，是公共财政的本质要求。要进一步强化财政资金的绩效意识，优化公共财政的支出结构，大力推进和改善专项资金绩效评价工作。同时，要加快建立完善绩效评价制度，加强绩效评价的组织管理，注重绩效评价结果的应用”。这一重要讲话，虽然是给市县长说的，也是对我们财政部门说的，为我们今后做好绩效评价工作指明了方向。2008 年及今后五年绩效评价工作的基本思路是：以科学发展观为指导，紧紧围绕“三个三”工作措施，以“树立理念、规范评价、深入推进、注重应用”为抓手，把绩效管理理念与方法引入财政支出管理，逐步建立与公共财政相适应，以提高政府管理效能和财政资金使用效益为核心的绩效评价工作体系。

(一)树立理念，高度重视绩效评价工作

1. 提高认识，树立绩效理念。财政资金是老百姓的钱，财政部门有责任把它管好、用好，财政资金的使用绩效已越来越被社会公众关注，人大、政协等部门也在加强监督。绩效评价作为提高财政资金使用绩效的重要手段，各级财政部门必须从思想上高度重视，从机构人员上予以保障，从评价经费上予以落实，从评价实施的广度和深度上下更大功夫，并作为一项迫切而长期的任务来抓，促使各部门、单位树立绩效理念，使其真正认识到财政资金不是那么好要的，也不是那么好用的，是必须讲究效益的，把绩效评价工作真正落到实处。

2. 理顺关系，建立协调机制。绩效评价工作是政府赋予财政部门的一项重要职责，要做好这项工作，财政部门内部首先要理顺关系，建立健全内部协调机制，明确职责、落实责任、密切配合。关于机构人员问题，关键是要有人做，机构可以合署，但要明确职责，要有专职人员去做，而且要把工作做好，但是没专人做肯定是不行的。绍兴、湖州等市为深入推进绩效评价工作，设想以市政府名义成立绩效评价工作领导小组，并在财政部门设立绩效评价中心，这也是一种很好的尝试。绩效评价、财政监督与项目评审都属于绩效预算监督体系的组成部分，要相互协调，密切配合。各地可以将绩效评价、财政监督、项目评审有机结合起来，建立联动机制，形成强有力的监督体系。实际上，现在政府管理越来越注重绩效管理，现在的财政管理模式要体现绩效管理，也就是目的管理、目标管理，财政不能仅满足于收收付付，财政支出一定要有效益。应该说，我省以部门预算为龙头的预算编制体系、以国库集中支付为龙头的预算执行体系和以绩效评价为龙头的预算监督体系“三位一体”的财政管理运行体系框架已经初步形成，这三者之间互为因果关系，紧密相连。今后财政工作就要围绕这三大框架来开展，包括处(科)室设置也要围绕这三个方面。

3. 加强宣传，营造良好环境。要通过新闻媒体、网络、知识竞赛等形式，将绩效评价工作的重要性和必要性及评价实施等进行广泛宣传，提高各部门、单位的绩效意识和社会公众的参与意识，争取政府领导的重视和各部门、单位的支持与配合。

随着绩效评价工作的深入推进，各地对这项工作越来越重视，如杭州市将财政监督局(绩效评价处)由正处级升格为市财政局直属副局级，以进一步发挥绩效评价职能作用。青田县将绩效评价工作列入乡镇和部门年度考核内容，每年安排一定的专项经费，以确保绩效评价工作的有效开展。这次会议后，希望大家都能形成共识，开拓创新，勇于探索，要把绩效评价作为向支出要效益的一项重要举措，真正从思想上认识到位，行动上引向深入。

(二)规范评价，提高绩效评价工作质量

各级财政部门要按照“科学规范、客观公正”的原则，积极创新思路，不断总结经验，努力提高绩效评价工作质量。一是完善制度体系。财政支出绩效评价是一项系统工程，涉及面广，政策性强，操作难度大，要在实践中不断探索和完善各项制度，在条件成熟时，可将省政府办公厅 91 号文件上升到政府规章或由人大立法，使绩效评价工作逐步走上法制化、科学化、规范化。二是加强培训与交流。对主管部门、中介机构和评价专家进行全面系统的培训，以座谈、交流等形式，对评价工作存在的问题进行专题研究，不断提高评价人员业务素质和操作技能。三是加强评价质量检查。各地要对各部门、单位和中介机构出具的评价报告进行检查，着重对评价结果是否客观公正、存在的问题是否充分揭示等方面，指导和督促各部门严格按规定程序实施评价，防止流于形式。评价不要只讲好的，评价的目的就是为了“挑刺”，最终要实现“没有刺”。评价就是要发现问题，然后提出改进意见。四是加快信息库建设。建立健全和完善中介机构库及专家库，逐步建立评价项目数据库，实现全省绩效评价数据信息有效共享。

(三)深入推进，拓宽评价工作广度与深度

各级财政部门在确保评价工作质量的同时，要全面实施“三层次”评价，深入推进项目支出评价，逐步开展单位整体支出绩效评价。评价工作有个过程，要稳步推进，要防止评价走过场，本来有问题的经评价后结果却很好，这样就会影响绩效评价工作的实际效果。要做就要扎实做，要使部门、单位感觉到这项工作确实重要、有效。一是全面实施项目单位绩效自评。对规定额度以上的财政专项资金，要全面开展绩效自评工作，加强对绩效自评工作的指导和检查，提高自评工作质量。二是推进主管部门评价工作。主管部门主要负责组织实施，既要对部门本身的专项资金实施评价，又要指导和督促所属单位的评价工作。要充分发挥主管部门的桥梁作用，促进其主动开展评价工作。三是做好重点项目评价。财政部门要对具有代表性和影响力大的重点支出，特别是涉及民生的各项支出，逐步实现全面实施评价。对民生支出的评价，如农民医保和农村公共卫生支出等，可由公众来评价，直接采取问卷调查的方式，征求老百姓意见，看老百姓有没有真正享受到实惠，对政府的服务是否满意。我们不能光听主管部门的意见，主管部门的意见不等于是老百姓的意见。就像评价一种产品的质量好坏，不能光听生产厂家的意见，而要问最终使用人的意见。四是试行单位整体支出绩效评价工作，促进单位提高管理水平和整体支出绩效。五是积极探索事前评价。对重大项目的投资要实行事前评价，逐步实现由事后评价为主扩展到事前、事中、事后全过程评价。

(四)注重应用，发挥绩效评价工作实效

绩效评价工作的目的，在于评价结果应用和财政资金使用效益的提高。因此，我们要认真落实吕省长提出的“在求实效上下更大功夫”的重要指示，探索建立一套与部门预算相结合、多渠道应用的评价结果应用机制。一是激励约束机制。要将绩效评价与部门预算紧密结合，使评价结果真正作为编制和安排部门预算的重要依据。对绩效优秀的，在部门预算安排时给予优先考虑，并予以重点支持；对绩效较差的，在部门预算安排时应从严把握，并减少项目资金的安排，或者干脆取消，或者可以采取其他支出渠道，实现预算安排与绩效优劣真正挂钩。二是反馈机制。要将评价发现的问题与相关建议反馈给被评价单位，并督促整改落实，强化评价工作的约束性。三是共享机制。将绩效评价数据纳入部门预算管理系统，在财政内部实现共享，直接为安排部门预算服务。四是公开机制。评价项目实施情况和评价结果，要在一定范围内予以公开，接受社会公众监督，以增强财政资金使用的公开性和透明度。各地要根据当地实际，积极探索和创新评价结果应用机制，可逐步将评价结果与部门年度考核、人事考核等相结合，使绩效评价工作进一步发挥实效。

同志们，“十一五”时期是我省国民经济和社会发展的关键时期，也是完善公共财政体系的重要阶段，各级财政部门要以高度的事业心和责任感，坚持为民理财的宗旨，牢固树立绩效理念，全面深入推进绩效评价工作，不断提高财政资金使用效益，为健全公共财政体系和全省财政事业又好又快发展作出新的贡献。

（2007 年 11 月 21 日）

在全省财政信息工作会议上的讲话（摘要）

省财政厅副厅长 罗石林

一、充分肯定 2007 年全省财政信息工作取得的成绩

2007 年，在各级领导的高度重视和大力支持下，我省各级财政部门努力增强政治意识、大局意识、责任意识和服务意识，把做好财政信息工作作为搞好政务服务、发挥领导参谋助手作用的一项重要工作来抓，为推进各项财政改革和财政工作作出了积极贡献。各级财政部门广大信息工作人员坚持求真务实、锐意进取、勤奋工作、无私奉献，以高度的政治责任感和优良的工作作风，积极主动地开展工作，在探索信息工作规律、提高信息质量、拓宽服务领域和增强服务效能等方面，都取得了新的进展、新的成绩。据统计，2007 年，各地各部门向省厅办公室报送信息共计 5248 条，平均每天 21 条。厅办公室经筛选后共采用 1287 条，编发《浙江财政信息》（含增刊）153 期。向省委、省政府、财政部办公厅报送信息专报 330 条，分别被采用 33 条、116 条、19 条；经省政府转报，被国办采用 2 条，省领导批示 3 条；已经连续多年被三个办公厅评为信息工作先进单位。从今年前三季度情况看，省厅在省委、省政府、财政部的信息成绩排名仍处于一个相对稳定的位次，与去年基本持平。这些成绩的取得来之不易，这是全省财政系统广大信息工作者辛勤劳动、共同努力的结果。在此，我再次对全省财政系统广大信息工作者所付出的辛勤劳动表示衷心的感谢！

回顾 2007 年度财政信息工作，主要有以下几个特点：

（一）把握信息需求导向，提升信息服务水平

财政信息作为党委、政务信息的重要组成部分，服务性是它的基本特征，目的就是为各级领导尤其是各级党政领导和财政部门领导决策服务，为方方面面理解、支持、促进财政工作服务。因此，今年以来，我们紧紧围绕中央和省委、省政府各项决策部署及财政中心工作，及时反映我省经济社会发展和财政改革与发展中的重点、难点、热点，努力为上级领导决策及其贯彻执行提供全方位、多层次的信息服务。

一是围绕中心抓重点。坚持把领导时刻关注的、正在思考的、有待了解的问题，作为信息工作的切入点，确立围绕领导决策办信息的思路，切实把握党委政府每个时期的工作重点，有选择地采编、报送能带动全局、适用对路的信息。如，财政支出绩效评价工作一直是省领导重点关注的问题，年初吕祖善省长在我厅《关于浙江省财政支出绩效评价工作情况的报告》上作出重要批示：“这项工作开展很有成效，应予以充分肯定。望继续扎实做好这项工作，并在求实效上下更大功夫。”因此，今年我们向上级部门报送了《浙江正式启动重点项目绩效评价工作》、《浙江省积极构建绩效评价机制提高公共支出效益》、《我省开展农业综合开发项目绩效评价》、《省委党校迁建项目开办费审减率近 50%》等多条有关财政支出绩效评价方面的信息，其中《省委党校迁建项目开办费审减率近 50%》得到了省领导的批示，这对推动我省绩效评价工作深入开展，促进各部门更加合理有效地使用财政资金起到了积极作用。另外，我们向上级部门积极报送财政部门支持“生态省”建设和第三产业发展的有关信息，如《浙江省实行专项财政补助加大对钱塘江源头地区的生态环境保护力度》、《浙江建立财政专项资金支持循环经济发展》、《浙江省财政设立信息服务业发展专项资金》、《全省经济强县（市）发展服务业的主要做法及成效》等，从多个角度、多个层面反映了我省财政部门贯彻落实中央和省委、省政府的决策部署情况，为领导及时了解掌握情况提供重要信息。

二是围绕中心抓难点。紧扣财政工作中出现的难题、阻力及矛盾，收集反映发现有助于解决难点问题的设想、计划、措施和方法，为推动全局工作提供服务。如，从今年 1 月 1 日起开始实行新的土地出让金收支管理办法，但是上半年我省各地对这项新规定的执行情况普遍不容乐观，为督促各地尽快严格执行国家和省里的有关规定，我们及时向省政府上报《我省上半年执行新的土地出让金收支管理办法情况不容乐观》的信息，建议省政府加强土地出让金管理工作，引起了省领导的高度重视，吕祖善省长作出重要批示：“要高度重视，采取措施扭转这一状况。”此后，各地逐步加强了土地出让金收支管理，并纷纷将有关贯彻落实的情况向上级部门进行反映。

三是围绕中心抓热点。今年以来，我省各级财政部门按照坚持科学发展、构建和谐社会的要求，认真贯彻落实中央、省委省政府的各项要求，积极发挥公共财政职能作用，财政支出重点放在解决人民群众最关心、最直接、最现实的利益问题，并出台了一系列政策措施。因此，今年我们紧紧抓住人民群众普遍关心关注的敏感问题，加大了这方面的信息反映和报送力度，向省委、省政府、财政部报送了一批有价值有份量的信息。如：《浙江省财政下拨义务教育保障资金确保学校如期开学》、《浙江实施中等职业学校家庭经济困难学生爱心营养餐工程》、《浙江进一步完善新型农村合作医疗制度》、《浙江省进一步调整低保户上

半年最低物价补贴标准》等，这些信息均被省委、省政府采用并被上报到中办和国办。

（二）把握信息特点，提高信息服务质量

质量是信息的生命和灵魂，在信息量迅猛增加、传递速度大大加快的新形势下，按部就班、浮光掠影的信息报送方式已难以适应工作的需求。为此，我们坚持从财政信息工作的内在要求出发，积极探索财政信息工作的特点，从而为上级党委政府提供高质量、有价值的信息。

一是针对财政信息工作的时效性，在“快”字上下功夫。对一些时效性较强的动态性信息，力争在第一时间内上报。如今年，国家出台新的差旅费制度，我们在收到上级部门的文件后，马上编报了《中央国家机关和事业单位实行新的差旅费制度》，让省领导在第一时间了解掌握情况。又如今年我国猪肉等主要副食品价格上涨后，中央及省里相继出台了一系列促进生猪生产发展、稳定市场猪肉供应的文件，我省各级财政部门马上采取有力措施加以贯彻落实，切实保障我省生猪生产健康发展。为此我们及时组稿编写了《我省落实5110万元经费扶持生猪生产稳定猪肉市场》和《浙江省杭州市启动副食品价格上涨应急预案补贴困难群众》等信息，向各级部门和领导进行反映。

二是针对财政信息工作的指导性，在“深”字上下功夫。今年以来，各地进一步加强信息调研，加强对信息的深度挖掘，财政信息的整体开发和综合利用进一步提高，信息质量得到提升。如，岱山县将认真实践“三个三”工作措施，支持地方经济快速、协调、健康发展的有关情况进行综合，向我们报送了《海岛欠发达地区落实“三个三”工作措施的实践》的综合性信息，被录用刊登在今年第18期财政信息增刊上。财政信息增刊第4期刊登的《萧山区实行二手房交易契税计税基准价成效明显》的信息，详细介绍了萧山区加强二手房契税征管的经验，为其他地区提供了很好的借鉴意义，同时对进一步推进我省二手房交易税收“一体化”征管工作起到积极的作用。

三是针对财政信息工作的特殊性，在求“特”字上下功夫。我们在实践中认识到，要做好上报信息工作，就要讲地方话、说地方事、体现地方工作特色，将信息做深、做透，以特取胜，才能不断提高财政信息在上级部门的录用率，提升信息的价值。为此，我们始终坚持突出地方特色，及时寻找和捕捉与其他兄弟单位、兄弟地区相比的不同点，认真整理上报信息。如今年我们向财政部报送的《浙江省设立专项资金支持农村电影发展》、《浙江省加强省属高校债务管理》、《浙江省建立司法救助专项资金保障困难群众合法权益》、《浙江省对失败科技项目给予风险补偿》等都很好地体现了我省财政工作特色。《丽水市直财政专项资金管理实行ABC分类法》、《衢州市建立以可变现资产控制国有投资公司债务管理模式》等信息也很有地方特色，被财政部录用。

（三）把握信息作用，发挥信息宣传价值

随着我省财政改革的逐步深入和财政事业的健康发展，我省各级财政部门在改革发展过程中取得了一系列成绩，出现了诸多创新性的做法和成功之举，这对各地均有示范、启发、借鉴和激励作用。为此，我们将信息工作与财政宣传工作有机地结合起来，有选择地对各地各部门报送的一些创新性、典型性、经验型信息进行加工整理，及时在有关媒体上进行宣传报道，充分发挥了信息的宣传价值。今年以来，《中国财经报》、《浙江日报》分别刊登了《浙江全面启动义务教育经费保障机制改革》、《钱塘江源头生态环保获补助》、《2006年，我省新增财力超过三分之二用于民生》、《温州启动大学生就业见习制度》等多篇有关我省财政改革和管理方面的信息稿件，社会反响良好。省厅办公室还被财政部评为2005－2006年全国财政新闻宣传工作先进集体，温州市的周其正、常山县的郑秀平两位同志被评为全国财政新闻宣传工作先进个人，全省还有多篇新闻稿件被评为全国财政好新闻。

在肯定成绩的同时，我们还必须清醒地看到信息工作中存在的问题，突出表现在几个方面：一是信息质量不够高。不分析、不编辑、转手报送现象时有发生；有些地方简单照抄文件内容，不作任何整理便报送；有些地方报送的信息内容琐碎，如报送一些局机关内部报告会或是演讲比赛等机关事务类信息。二是信息分析不够深入。一些地方报送的信息量虽然较大，但多数只是简短的动态类信息，深入综合分析的信息很少；有些信息标题非常鲜亮，但具体内容只是泛泛而谈，没有深入归纳总结分析，信息价值没有挖掘出来；有些信息公式化、模式化严重，所报信息千篇一面，每篇都给人似曾相识的感觉。三是信息报送不够严肃。报送地方信息是总结先进做法、反映问题、推动各地财政工作的有效手段，但个别地方把报送和采用信息作为工作的终极目标，不求价值，只求有名次，出现了重复报送、超范围报送等行为。四是信息报送不够及时。“文当其时，一字千金”，对大多数信息而言，时效性是至关重要的，但个别地方捕捉信息不及时，信息报送滞后，不能在第一时间内反馈。五是信息报送不平衡。主要是地区与地区之间、部门与部门之间报送信息存在不平衡性；个别市县对信息工作长期不够重视，在去年刚消灭信息空白点的情况下，今年有部分县（区）出现了信息空白。成绩奠定了我们继续前进的基础，但问题也在一定程度上影响了财政信息工作向更深层次的拓展，影响了财政信息工作服务层次的全面提升，影响了办公室部门参谋助手作用的充分发挥。因此，必须巩固和发扬成绩，认真研究解决问题，努力开创新形势下财政信息工作的新局面。

二、把握形势，明确任务，努力开创财政信息工作新局面

当前，我省经济社会正进入一个崭新的发展时期，我们面临的形势和任务发生了全新的变化。党的十七大对深入贯彻落实科学发展观，继续推进改革开放和社会主义现代化建设、实现全面建设小康社会的宏伟目标作出了全面部署。省第十二次党代会明确提出了我省今后五年经济社会发展和党的建设的总体要求、目标任务和战略举措，提出了要坚定不移地走创业富民、创新强省之路。刚刚结束的省委十二届二次全会对结合我省实际深入贯彻落实党的十七大精神，扎实推进创业富民、创新强省作出了全面部署。全会审议通过的《中共浙江省委关于认真贯彻党的十七大精神，扎实推进创业富民创新强省的决定》，是指导我省今后一个时期经济、政治、文化、社会建设和党的建设的纲领性文件。创业富民、创新强省是浙江贯彻党的十七大精神的最佳结合点，符合中央精神和浙江实际，体现了科学发展观的核心和灵魂，是科学发展观在浙江的具体实践，是浙江发展经验的深刻总结和未来发展的总战略。不创业创新，固守原有发展模式，就谈不上科学发展，在浙江新的历史条件下，创业创新具有十分丰富的内涵，是全民的创业和全面的创新。

当前及今后一个时期，财政部门的首要任务，就是要认真学习贯彻党的十七大、省第十二次党代会和省委十二届二次全会精神，统一思想、齐心协力，深入落实科学发展观，扎实推进创业富民、创新强省。办公室作为一个部门、单位的中枢系统，无论是起草综合性文字材料，还是从事财政信息工作，必须牢牢把握这个大局，要站在落实科学发展观及构建和谐社会的高度，围绕中央和省委的战略部署和重大决策，结合财政工作实际，为领导决策提供服务。特别是从事财政信息工作的同志，一定要认真学习和深刻领会中央和省有关党的十七大、省第十二次党代会及省委十二届二次全会精神，学透、吃透精神，增强贯彻落实的自觉性和主动性，结合工作岗位和工作实际，积极创业创新，以扎实有效的工作做好新时期的财政信息工作，为扎实推进全省财政事业的创业创新做出自己的贡献。

（一）强化责任，把对信息工作的认识提升到一个新的高度

面对复杂多变的国际形势、繁重艰巨的改革开放和现代化建设任务，财政工作更加需要信息，更加依靠信息，更加离不开信息，这种对信息工作的需求主要体现在三个方面：一是要有足够数量的信息。只有在掌握了大量的、反映事物方方面面运行状态的信息的基础上，我们才能通过量化分析，进行正确的决策。二是要有较高质量的信息。真实、可靠、对路、适用的高层次的信息，才有助于我们发现带有全局性、倾向性的问题和发现典型经验，用于指导全局工作。三是要有极强时效的信息。内容新、针对性强、传递速度快，信息的价值才能得到充分的体现。准确、及时、全面地向本级和上级部门提供信息，是办公室的重要职责，也是办公室发挥参谋助手作用的重要体现。领导决策需要的信息来自方方面面，但办公室系统是一条重要渠道、主要渠道。在新的形势和任务面前，有必要对信息工作的地位和作用进行再认识、再提高。这里所讲的认识，既是对各级财政部门的领导同志讲的，也是对我们的办公室主任讲的，又是对我们的广大信息工作者讲的。对各级财政部门的领导同志讲认识，是为了引起对信息工作的重视和支持；对办公室主任讲认识，是为了加大抓信息工作的力度；对广大信息工作人员讲认识，是为了增强大家的责任感、紧迫感、荣誉感。

抓好信息工作是正确把握形势、进行科学决策的客观需要。各级领导在决策之前，如果对情况和问题不了解，或者了解得不多，了解得不够，了解得不深，了解得不透，决策就没有针对性，更谈不上科学性，甚至会出现失误。所以，要做到正确决策、科学决策、符合实际的决策，除了各级领导亲自深入基层、调查研究外，大量的情况要通过信息渠道来获得。从这个意义上讲，信息工作就是各级领导的“千里眼”和“顺风耳”，是实现决策科学化的前提条件和重要依据。反过来讲，我们的工作做得好不好，提供的信息及时不及时、准确不准确、真实不真实、全面不全面，将直接影响上级领导对形势的把握，直接影响党委政府的决策。另一方面，抓好信息工作是指导各项工作有效开展的客观需要。对各级领导来讲，制定决策固然重要，但抓决策的落实更加重要。领导制定决策，需要信息工作提供依据；决策落实得怎么样，落实过程中有什么困难和问题，更需要通过信息这条渠道反馈情况，及时对工作进行指导。

既然信息工作的地位和作用这样重要、这样特殊，我们就必须给予特别的看重，特殊的支持；我们的办公室主任就必须真正负起责任、全身心地投入，全力以赴地抓好；我们的信息工作者更必须在其位、谋其政，用其心、尽其力，尽职尽责地把工作做好。希望大家要从落实科学发展观和构建和谐社会的高度，从讲政治、促发展、保稳定的高度，从对党和人民负责的高度，充分认识搞好信息工作的重要性，真正把这项工作放在应有的位置，给予应有的重视，做出应有的成绩，发挥应有的作用。

（二）围绕中心，把信息工作服务内容提高到一个新的层次

我们报送的信息是不是有深度，是不是对上级领导的工作真正有用，关键要看是不是和中央、省委省政府的决策部署同步、是不是和我省财政中心工作脉搏合拍、是不是和人民群众的根本利益相关。如果我们的信息仍停留在只是简单地罗列一些数据、罗列一些概念、罗列一些情况，只是机械地摘录一些文件和会议讲话，只是一般性的、概念性的东西，只是些毛胚和初级产品，就谈不上有用，更谈不上有什么深度。要解决深度不够的问题，就要求我们的信息工作人员必须准确把握各个时期的工作重点，准确预见改革、发展的运行趋势，准确了解各级党委政府的工作意图，站在全局的高度去观察问题、研究问题、分析问题，抓住问题的本质，作出及时的反馈。

结合当前我省的实际情况，明年财政信息工作一定要注意把握以下几点：一是以学习贯彻党的十七大和省第十二次党代会、省委十二届二次全会精神为主旋律，积极报送本地区、本部门、本单位的贯彻落实情况，创造性地开展工作的新思路、新举措、新成效、新经验。这是最核心的一条，是全年信息报送要点的总纲和主题。二是围绕“创业富民、创新强省”的战略决策，积极报送各地有关支持自主创新，推进经济发展方式转变，加快创新型省份建设，促进财政收入又好又快发展等方面信息。三是围绕构建和谐社会的要求，报送各地进一步调整优化财政支出结构，推进基本公共服务均等化和主体功能区建设，完善公共财政体系，加大公共服务领域投入，增强基层政府提供公共服务能力，全面改善民生等方面的信息。四是围绕深化改革这个重点，报送各地进一步加强公共财政管理，深化预算制度改革，强化预算管理和监督，丰富和发展“三个三”财税工作措施并建立长效机制，建立健全资源有偿使用制度和生态环境补偿机制等方面的信息。

（三）开拓创新，把信息工作体制和机制建设推向一个新的阶段

1. 用思想观念的创新带动信息工作发展。要站在全省财政工作的大局大趋势中去思考、去把握财政信息工作的地位和作用，善于从多年形成的思维定式和工作习惯中跳出来，牢牢把握时代脉搏，进一步强化创新意识，不局限于已有的经验，不满足于已取得的成绩，破除故步自封、安于现状的思想，敏锐观察和跟踪信息工作发展的总体趋势，努力探寻信息工作的内在规律，善于提出新的工作思路和措施，积极适应形势、任务和财政工作的发展变化。特别要关注信息技术飞速发展对信息工作所产生的深刻影响，用新的思维去研究问题，用新的观念去谋划工作，用新的手段来强化能力，努力营造鼓励探索、支持创新的浓厚氛围，使信息工作进一步体现时代性、把握规律性、富于创造性。

2. 以运行机制的创新推进信息工作的发展。要完善信息工作日常运作机制，努力建立和完善一个纵向到底、横向到边的信息网络，把信息工作的触角延伸到财政工作的方方面面，消除信息收集的盲区和盲点，增加信息数量，提高信息质量，发挥信息主渠道的作用。要把这个网络经营好、运作好，就要进一步完善上下级财政部门之间的信息反馈机制，完善本级部门处(科)室之间的信息联系、沟通机制，用有约束力的制度鼓励、引导和规范信息工作者或兼职信息员报送信息的工作。

3. 用信息内容的创新支撑信息工作的发展。一是做到传统信息与互联网信息相结合。要广辟信息渠道，延伸信息触角，扩大信息来源，树立"大信息"观念。不仅向领导提供本地区本部门的情况，还要重视互联网上信息的开发和利用，把互联网信息作为搞好信息服务的重要来源。当前，省委省政府办公厅高度重视互联网上的信息，并把它作为党政信息的重要内容，并设有专门的互联网刊物，主要刊登国内外网站中与我省相关的信息，省内外专家、学者、著名人士、研究机构对我省重要政策及国民经济运行过程中出现的问题的评论、意见和建议。因此，如果各地有此类的信息应及时向我们反映。二是报喜信息与报忧信息相结合。随着我省公共财政改革和管理取得阶段性成果，毫无疑问，及时把各项工作中的成绩和经验提供给领导，是信息工作中的一项重要任务，同时又要承认，把财政经济运行中存在的各种矛盾和工作中的困难与问题如实地反映给领导，也是信息工作者义不容辞的职责。对领导机关来说，报喜与报忧同等重要，甚至报忧信息更有意义。因此，各级财政部门的领导要从大局出发，支持信息工作人员全面反映基层真实情况。三是动态信息与综合信息相结合。上级领导站得高、看得远，思考的是全局和长远发展的战略性、深层次问题。信息工作不能满足于报送一般的动态情况，不能满足于一事一报，必须善于换位思考，紧跟领导思维，对信息进行整体开发和综合利用，挖掘信息的深层次价值。不仅要从大量的、零散的信息中发现问题，还要通过对信息的综合分析促进问题的解决。对一些反映问题的重要信息不能满足于只报送一次，要不断跟踪，连续反馈，直至问题得到解决。

(三)提高素质，把信息工作队伍建设推上一个新的台阶

财政部门信息队伍素质的高低，直接决定着信息的质量和信息工作的成效。因此，各级财政部门的领导要注意培养、选调一些政治、业务上比较强，综合素质较高，勇于开拓创新、年富力强的同志从事这项工作，并注重加强信息工作者的培养，要经常关心、主动过问信息工作，帮助解决工作中的具体困难。分管领导要经常给办公室提要求、交任务、出题目，使信息工作人员及时了解领导的决策意图、工作思路和工作部署，增强信息服务的主动性和针对性。信息工作人员要从工作实际出发，本着"缺什么、补什么"的原则，认真学习各种知识，丰富知识储备，改善知识结构。要以创建学习型机关活动为载体，进一步明确学习要求，突出学习重点，创新学习方式，提高学习成效。要大力倡导甘于奉献的精神，努力造就一支学习氛围浓、创新能力强、服务效率高、作风建设好的信息工作队伍。 (2007 年 11 月 20 日)

认清形势 把握机遇
大力推动我省注册会计师资产评估行业做大做强

——罗石林同志在全省主任会计师、资产评估机构负责人培训班上的讲话(摘要)

一、认清形势，正确把握注册会计师、资产评估行业的现状和发展的趋势

我省注册会计师、资产评估行业经过 20 多年的发展，现已初具规模。据最新统计，全省会计师事务所 304 家，资产评估机构 198 家，从业人员 1.1 万余名，其中注册会计师 3149 名、注册资产评估师 1308 名。注册会计师、资产评估行业已经成为现代服务业的重要组成部分和经济生活中不可或缺的重要力量。近年来，为了更好地服务于我省经济转型、产业结构调整以及企业第二次创业，注册会计师、资产评估行业大力引进、培养并集聚了近 6000 名具有注册会计师、注册资产评估师、注册税务师、房地产估价师、土地估价师等执业资格和中高级职称的人才，在稳健发展传统审计、评估业务的基础上，积极拓展新的服务领域，为企业提供了收购兼并、改制重组、管理咨询与财务顾问、税务筹划与代理、内控诊断与内控制度设计、反倾销调查、工程咨询与招投标代理等多种多样的专业服务。在一定程度上满足了我省经济社会的发展需要。

但是从全国来看，或者跳出这个行业从全省经济发展和企业服务需求的层面来看，我们行业的现有规模与我们省经济大省的地位还很不相称；我们行业的发展速度还明显落后于我省经济发展速度；我们行业的执业队伍，不论在数量上还是在素质以及服务能力上，还远远不能满足我省经济发展和企业服务需求。应该说，这是一个比较客观的评价，因为这个评价是从下面几组数据所得出。

2006 年度，全省国民生产总值达 15649.74 亿元，人均 GDP 为 31684 元，人均生产总值在全国排第 4 位，仅次于上海、北京、天津。如果包括 400 万浙商在全国各地创造的 1 万亿元在内，"浙江人经济"已经接近 3 万亿元。

2006 年度，全省财政总收入 2566.26 亿元，总量位居全国第四，仅次于广东、江苏、上海；外贸进出口总额超过 1000 亿美元。

2006 年底，全省共有民营企业 40.6 万家，其中资产总额在亿元以上的超过 1500 家，年总产值或销售总额亿元以上的达 1700 家。全国民营企业 500 强中浙江有 203 家，占总数的 40.6%，连续 9 年居全国首位。全省形成了义乌小商品、永嘉纽扣、嵊州领带、诸暨袜业、海宁皮革、苍南印刷、乐清低压电器、永康五金、桐庐圆珠笔……300 多个产业群。

截至 2007 年 10 月底，全省在境内外上市的公司数量已达 120 多家，仅次于拥有证券交易所的上海和广东，位居全国第

三。目前已经改制完成等待上市的公司超过300家。

反观我们行业的实力与地位：从业务收入总量来看，2006年度是12亿元，在上海、北京、广东、江苏之后，排在第5位，而且只有上海、北京的三分之一，广东的二分之一、江苏的五分之三。从2007年度会计师事务所综合评价前百家排名来看，北京42家，上海12家，广东8家，江苏、浙江各6家。我省进入前百家的事务所数量虽然占到6%，但是业务收入只占2.5%，从具有证券资格的事务所数量来看，我省只有2家，不到总数的3%，而且这2家现有的服务能力基本饱和，我省还有不少上市公司、拟上市公司的服务需求无法在本省得以全部满足。

从以上数据可以看出，我省注册会计师、资产评估行业的规模与实力，不仅与我省经济大省、经济强省、证券大省的地位不相称，而且与外省发展较好、较快的同行相比差距明显，整体实力与竞争能力不强。

对于行业目前的状况，固然有外部环境不佳，如一些政府部门用行政手段强制分割中介市场和配置资源，以及个别政府部门与中介机构争夺业务与人才等方面的原因，但是主要的原因还在于行业内部自身。因为在同样的浙江热土上，在同样的政府领导下，属于同样的民营性质，浙江进入全国民营企业500强的有203家，占到40.6%，而会计师事务所进入百强的只有6家，只占6%。我个人认为行业内部自身主要有这么几个方面的问题：

一是多数会计师事务所、资产评估机构没有制订自己的发展目标，用一句俗语来形容的话就是"脚踩西瓜皮滑到哪里算哪里"。即使有发展目标的，也只是走一步看一步的近期目标，要求不够高，视野不够宽，志向不够大，没有超越传统业务的创意，也没有跳出本行业的勇气和胆魄，更没有跨出浙江的战略思维。

二是多数注册会计师、注册资产评估师缺少一点"浙江人精神"。"浙江人精神"可以概括为：具有创新意识、创造能力、创业精神和敢为天下先的勇气和魄力。为了寻找商机，开拓市场，能历尽千辛万苦、想尽千方百计、说尽千言万语、走遍千山万水，能把小产品做成大产业、形成大市场。这种精神在我们行业特别在主任会计师身上所见不多，而小打小闹、安于现状、小富即安或固守既得利益的比比皆是。

三是团队合作精神欠缺。主要表现在一些所或机构内部矛盾比较多，凝聚力比较差，专业人员不断跳槽，导致原有所的规模越来越小，而新办所越来越多也越办越小，一些所对与他所联合起来做大做强的意志不强，合并成功率不高，大部分所不注重会计市场的培育和开拓，两眼只盯着传统法定业务，因此普遍存在竞争过度、恶性竞争、低价竞争等无序竞争行为，面对高端客户、高端业务被省外所瓜分或熟视无睹、无动于衷，或忍气吞声，无可奈何。

二、抓住发展机遇，切实行动起来，为做大做强注册会计师、资产评估行业而不懈努力

当前，我国经济社会发展进入了前所未有的战略机遇期。党中央从全面建设小康社会、开创中国特色社会主义事业新局面的全局出发，提出了构建社会主义和谐社会的战略任务，作出了着力发展社会事业、促进社会公平正义、建设和谐文化、完善社会管理、增强社会创造活力的重大部署，为包括注册会计师、资产评估行业在内的经济社会各项事业的发展指明了方向。最近，国务院又发布了《关于加快发展服务业的若干意见》，进一步强调加快服务业发展对于经济社会全面进步的重要意义，为注册会计师、资产评估行业等现代服务业的建设与发展，提供了及时而重要的指导。

省委、省政府也十分重视现代服务业的发展，早在2005年就制定下发了《中共浙江省委浙江省人民政府关于加快服务业发展的若干意见》（浙委〔2005〕18）。省政府办公厅近期还要专门下发一个《关于加快中介机构改革发展的若干意见》的文件。省财政厅党组提出的"三个三"工作措施，其中一个"三"，就是重点支持发展第三产业，省财政厅、省地税局先后出台了多项扶持第三产业发展的财政税收优惠政策。这是政策层面的大好机遇。

从行业层面来看，中注协继推出审计准则国际趋同战略、人才培养战略后，2007年5月26日又推出了行业做大做强战略，全面规划了做大做强的战略目标、战略步骤和政策措施。要求注册会计师行业，以"十一五"规划提出的全面建设小康社会的战略目标为指导，以市场需求为导向，坚持科学发展观，充分发挥注册会计师的首创精神和进取精神，不断实现机制创新和技术创新，全面提升注册会计师行业服务经济社会发展、服务企业需要的能力。

再从经济层面来看，我省经济发展态势良好，地区国民生产总值和财政收入继续保持较高的增长幅度，人均GDP和财政收入总量仍然位居全国前列。当前浙江的企业，不管其性质是国有、民营，还是外商投资企业，也无论其是制造业、流通业，还是金融业，都出现生产经营、经济效益双高发展态势，不少经济指标在全国同行业中名列前茅。

从资本市场来看，我省企业争取上市的积极性很高，各级政府支持企业上市的力度也很大。从2003年到2007年上半年，每年全省新增境内上市公司数量占全国新增总数分别为10%、20%、20%、15%、25%。2007今年上半年新增13家，全年有望达到30家。省政府提出要着力打造浙江证券强省，要做大做强具有特色优势的浙江板块，使股份有限公司数量超1000家，三年内再争取上市100家，并鼓励上市公司通过并购重组，调整产业结构，促进优质资源和重点项目向优势上市公司集中。此外，随着证券市场创业板的推出，创业板门槛比较低，其条件更适合中小企业。对于我省众多中小企业来说更是一个契机，必将有大量的中小企业改制上市。

从评估方面来看，目前，评估立法工作正在紧锣密鼓进行当中，相信随着《评估法》的出台，资产评估行业将迎来新的发展契机。

另外，财政资金支出项目绩效评价制度，企业破产清算管理人制度等，也为注册会计师、资产评估行业提供了更多的发展空间。

以上情况表明，无论从当前的政策层面等大环境来看，还是从会计市场既在的和潜在的需求来看，我们的行业正处于前所未有的发展机遇期。为此，我们要审时度势，顺势而为，紧紧抓住这个难得的发展机遇，尽最大努力做大做强，使我们的行业能最大限度地满足我省经济发展和企业各种服务需求。下面就如何做大做强注册会计师、资产评估行业谈点认识。

第一，做大做强没有具体的可供量化的标准，它既是一个相对概念，又是一个不断变化的动态要求，但是它也并非是不可评价和衡量的。评价和衡量我们行业大不大、强不强，是通过它具有的经营规模、业务领域、服务能力与水平等指标来体现，也就是看它能否满足本省经济社会发展和企业各种服务需求。鉴此，需要我们跳出本行业，站在全省经济社会发展需要的高度，来定位本行业做大做强的目标。对省注协来说，要做好规划和引导工作，积极推动会计师事务所、资产评估机构做大做强；对现有规模较大的会计师事务所、资产评估机构来说，要有紧迫感和使命感，通过外联内扩等途径扩大规模和实力，积极创造条件争取各种执业资质并进一步拓展业务领域，提升服务能力和服务水平；从整个行业来说，第一目标要尽快改变对本省高端客户、高端业务服务能力不足的状况；第二目标要走出浙江、跨出国门，为浙商在全国乃至世界各地创业提供更多更好的会计服务；第三目标要积极参与全国高端客户、高端业务市场的竞争并占有一定的市场份额。

第二，做大做强不能泛泛而谈，必须付诸实施。做大做强不只是省注协或几个大所的事，更是各所各机构各执业人员共同的任务。我省所有的会计师事务所和资产评估机构，不论注册地在哪里，也不论现在规模是大是小，都还有很大的发展空间，都面临着规模上迅速做大，业务领域不断拓宽，服务能力与水平全面提高的迫切要求。不过，在行业做大做强的过程中，做大不是要求所有事务所和资产评估机构都做成大所，应该有大中小并存的合理的行业结构。会计、评估市场是一个丰富的、多层次、多需求的市场，服务的客户会有规模上的差别，大、中、小事务所和资产评估机构都有自身存在和发展的条件与空间。因此，我们要从当地政府部门和企业的基本需求出发，结合本所实际，正确分析，找准自身的定位，确定本所做大做强的发展计划和远景目标，做到大、中、小事务所和资产评估机构各有各的特点、专长，做到提供的服务品种各有不同的侧重，在各自不同的市场层面上贡献自己的力量，把全省事务所和资产评估机构做强做精，健康发展，形成科学合理的行业结构布局。

第三，大不一定强，小也不一定弱。如同人胖不一定壮，瘦不一定弱一样。做大是外在的形式，做强是内在的要求，做强、做精、做久更难，也更重要和更有意义。所以，会计师事务所、资产评估机构不论规模大小，注册会计师、注册资产评估师不分年龄老少，都面临进一步做强的要求。做强，既可以是综合实力的强大，也可以是某一方面的强项或行家权威。做强的源泉是注册会计师和注册资产评估师，如果每一位注册会计师、注册资产评估师都是行家，都有某一方面的专业特长，那么由他们组成的团队也会强的。在做大做强的关系上，既能做大又能做强那当然最好，但对大多数事务所和资产评估机构而言，通过改变传统理念，从市场需求出发，加速培养人才和提升专业素质，从而提高服务能力、服务水平，成为小而强的所也许更现实。

第四，做大做强要有规划，要有目标。到“十一五”末期，浙江进入全国十强的所，进入全国二十强的所，进入全国五十强的所，进入全国一百强的所，各有多少家？省注协要订出发展规划，采取措施，大力推进目标的实现。现在已经进入全国百强的所，你们已经具备做得更大更强的基础了，希望你们魄力再大一点，目标再定得再高一点，要争取在全国的排名每年至少上升一位。

三、创新内部治理机制，为会计师事务所、资产评估机构做大做强做久奠定坚实的基础

会计师事务所、资产评估机构创新内部治理机制，规范内部治理行为，提高内部治理水平，既是贯彻落实省委十二届二次全会精神的一个重要举措，是当前一项紧迫而重要的工作，也是事关行业能否健康、稳定、和谐与持久发展的基础设施工程。2007年，中注协内部治理指南的发布，为加强会计师事务所内部治理机制建设，实现行业做大做强，提供了重要的政策指导和制度保障。省注协在推动我省会计师事务所、资产评估机构内部治理机制建设方面，应该说走在全国的前面。2000年以来，先后制定下发了《会计师事务所资产评估机构章程（示范文本）》、《合伙会计师事务所合伙人协议（示范文本）》、《会计师事务所资产评估机构加强制度建设和规范运作的若干意见》、《会计师事务所资产评估机构股东会董事会监事会规范运作的指导意见》、《会计师事务所资产评估机构内部分配及员工薪酬制度的指导意见》，等等一系列有关内部治理机制建设和规范管理与运作的文件。为了进一步推动和指导行业的内部治理机制建设工作，经省注协第四届常务理事会第三次会议审议同意，2007年初省注协成立了内部治理指导小组，内部治理指导小组在深入调查研究和分析我省注册会计师、资产评估行业内部治理现状及存在问题的基础上，针对当前行业迫切需要解决的重点难点问题，经充分讨论后，最近下发了《关于会计师事务所资产评估机构进一步加强内部治理建设若干问题的意见》。如果把会计师事务所、资产评估机构的内部治理机制建设比作一项工程，应该说框架性的蓝图已经有了，基本部件、构件等建筑材料也备好了，接下来的工作，需要各会计师事务所、资产评估机构，把自己的办所理念融入框架性的蓝图中，再精心组织设计与施工。为了做好这项重要的基础设施工程建设，我提几点要求：

第一，各会计师事务所、资产评估机构主要负责人，2007年必须将建立健全内部治理机制工作列入议事日程，适时召开董事会会议或合伙人管理委员会会议，研究部署并建立工作小组或指定专人负责内部治理的有关工作。在研究确立内部治理理念与治理机制时，管理层应当坚持正确的方向，引导和统一股东或合伙人的思想认识，并把握好“五个原则”：一是要确立正确的办所宗旨与经营理念，建立风险管理严格、质量控制有效、公开透明、相互制衡的治理结构和治理机制；二是要以法律法规为依据，形成以章程、合伙协议为核心的完善的内部决策和管理制度体系；三是要以人为本，尊重注册会计师、注册资产评估师的智力劳动和专业价值，充分发挥专业和知识在内部决策和管理中的主导作用；四是要以增进内部和谐为重点，合理规范和有效协调各利益相关者的关系，做到内部劳动关系和谐、协调，员工合法权益得到有效保障；五是要以合伙文化为导向，营造“人合、事合、心合、志合”的治所理念，推动形成诚信、合作、平等、协商的事务所合伙文化。

第二，章程、合伙协议是事务所内部管理与运作的最重要、最核心的法律文件。各执业机构应当在认真总结内部治理经验、教训与分析研究现有章程或协议缺陷的基础上，根据修改后的《公司法》、《合伙企业法》等法律规定以及《会计师事务所内部治理指南》、《有限责任会计师事务所章程范本》、《合伙会计师事务所协议范本》等行业规范，按照法定的程序对现有章程或协议进行认真的修改完善。同时，还要按照《会计师事务所内部治理指南》的内容，在广泛征求意见和充分讨论的基础上，尽快建立或修改完善与章程、协议配套的适合本机构规模与管理需要的内部决策、内部管理与规范运作的具体制度与规范。

第三，注册会计师、资产评估行业最重要的生产要素是人力资源及其创造力，做好"人"的文章是内部治理建设的核心。为此，各执业机构的管理层，尤其是一把手，应当树立起以人为本、尊重劳动、尊重知识、尊重人才、尊重创造的新理念，营造事业留人、感情留人、待遇留人的用人机制与留人氛围。各执业机构必须按照《劳动法》、《劳动合同法》的规定，在2008年1月1日之前与依法应当订立劳动合同的劳动者订立劳动合同，明确劳动合同双方当事人的权利与义务，并按照法律和当地政府政策的规定、标准，为订立劳动合同的劳动者缴纳社会统筹基本养老保险、基本医疗保险、失业保险、工伤保险、生育保险和住房公积金(以下简称"五险一金")，切实保护劳动者的合法权益。同时在制定、修改或者决定有关劳动报酬、工作时间、休息休假、劳动安全卫生、保险福利、职工培训、劳动纪律等直接涉及劳动者切身利益的规章制度或者重大事项时，应当经职工代表大会或者全体职工讨论协商确定。制定合法、合理、公开的劳动报酬分配制度，尤其是按劳动量或贡献分配的效益工资或奖金，要有科学、合理、公开的考核标准和计算办法。按月或按项目实施分配的依据、标准及分配结果应当向参与分配的员工公开，要防止部门负责人或项目负责人暗箱操作或者一人说了算。坚决杜绝克扣、侵占员工应得劳动报酬的问题发生。管理者与员工、股东(合伙人)与非股东(非合伙人)之间要平等相处、坦诚相待，尤其是管理者要善待员工，既要充分调动每位员工的工作积极性，鼓励他们干事业、支持他们干成事业，又要真心维护和保障每位员工的切身利益。

第四，制度制定后还要执行好。制定好的制度难，执行好制度更难。制度的价值和意义在于执行。首先，管理层，尤其是一把手要认识到"其身正，不令而行，其身不正，虽令不从"，要做到自觉遵守和带头执行制度；其次要维护制度的严肃性和权威性，做到"有法必依，违法必究，执法必严"；再次要坚持制度面前人人平等，无论是领导还是群众，是股东还是员工，该奖该罚要做到一视同仁，公正公平。

(2007年11月29日)

在2007年度省本级企业财务会计决算报表布置会上的讲话(摘要)

省财政厅副厅长 罗石林

一、充分肯定2007年企业财务信息工作取得的成绩

(一)组织得力，狠抓落实，圆满完成2006年企业财务决算工作任务

2006年省本级企业财务决算工作，在各部门和单位的高度重视和大力支持下，自2006年11月初开始，于2007年4月底结束，顺利通过财政部的审查和验收，并受到通报表彰。总结2006年企业财务决算工作，有几点体会：一是加大组织力度，做好培训工作。为提高所属企业、单位对国家财会法规及政策的理解和操作水平，许多单位从年报布置环节入手，制定详细的实施方案和工作要求，并逐一落实。在决算布置中密切结合当前财务、会计、税收等政策规定，组织系统年报编报人员，进行统一布置和培训，进一步规范了企业决算编报工作。二是逐级审核，严格把关。企业决算报表经基层单位填报，主管部门或企业集团层层审核后，由省财政厅最后验收。三是完善财务信息的编报软件。为提高会计决算报表质量，我厅组织各市财政企业报表工作人员、省级大型企业集团财务人员、注册会计师和软件工程师，认真学习《企业会计制度》和有关财务规定，以及财政部企业年报填报要求，结合浙江实际，在全国企业年报参数的基础上专门制定浙江参数。经过综合评比，我厅对组织工作得力、上报资料及时完整、数据质量较好的省本级18个先进单位、13个表扬单位、18名先进个人予以通报表扬。

(二)开拓思路，强化质量，2007年企业财务快报工作再上新台阶

2007年，各单位进一步重视和强化企业财务快报信息工作的质量管理，企业快报信息的及时性、准确性及实用性明显提高。突出表现在：一是组织领导工作力度不断加大。各单位根据经济发展和财政工作需要，积极转变观念，创新工作思路，把快报工作作为加强企业财务监测和管理的重要工作来抓，并积极落到实处。二是制定《2007年浙江省企业财务快报填报说明》。根据新《企业财务通则》的规定，以及上市公司执行《企业会计准则》带来的财务指标的变化，我厅及时组织培训并制定了《填报说明》，用于指导企业。三是以省级快报小组为平台，提高快报分析质量。省级4个快报小组成立以来，积极开展活动，省财政每年安排专项工作经费，用于快报专题分析调研、财务人员业务交流等工作，经过两年的努力，完成调研论文8篇，其中2篇被财政部企业司采用。四是做好新旧制度衔接的准备工作。以省机电集团为组长单位的第4快报小组，完成了《首次执行企业会计准则操作手册》的编写工作。

在肯定成绩的同时，我们还必须清醒地看到工作中存在的问题，突出表现为：一是数据质量不够高。误报、错报时有发生。二是分析不够深入。局限于就数字论数字，对现象的分析较多，实质性分析不够深入。三是省级非国有企业及非授权经营企业快报上报极不规范。

二、把握形势，明确责任，进一步做好省本级企业财务信息工作

经统计，截至2006年底，1355户省本级国有企业资产总额3308.55亿元、国有资产总量922.63亿元、销售收入2919.16亿元、利润总额209.57亿元、净利润101.56亿元、上交税金

172.43亿元，分别占全省国有企业总数的35.65%、31.94%、63.33%、66.75%、63.48%、62.30%。由此可见，省本级国有企业在全省国有企业中占有举足轻重的地位。因此，省本级国有企业财务信息工作的好坏，将直接影响到全省国有企业财务信息工作。为此，就如何进一步做好企业财务信息工作，提出以下要求：

（一）提高认识，高度重视企业财务信息工作

信息化是现代社会发展的重要特征与必然要求，企业财务信息作为联系政府和企业的纽带和决策反馈中枢，既是政府制定支持企业改革和发展方针政策、完善企业运行环境的决策参考，也是企业加强内部管理、防范经营风险的重要依据，必须树立全局意识和长远意识，切实把企业财务信息工作抓实抓好。

（二）加强领导，确保各项工作扎实落实和顺利开展

企业财务会计信息工作涉及面广、量大，时间紧、任务重，为确保企业财务信息上报及时和渠道畅通，我厅每年都制定和下发关于决算工作及快报工作的规范性文件，全面部署各项工作任务。各单位领导应高度重视，采取得力措施加以贯彻落实，并从机构设置、人员安排、技术配备和资金投入等方面给予充分保障，切实做到领导重视、责任明确、措施到位、重点突出。

（三）严格规范，不断提高财务信息的真实性、完整性和准确性

认真贯彻执行国家有关财经法律法规及财政部制定的规范性文件，确保财务信息质量，是企业财务信息工作的生命线。各单位应从加强财务会计基础规范入手，健全审核审计机制，加大监督检查工作力度，有效防止和减少各种违规行为的发生，从根本上保障企业财务信息的准确性和真实性。省本级非国有企业和非授权经营国有企业，要按照财政部关于快报编报范围的要求，每月定期向省财政厅报送财务快报。

（四）提高财务分析质量，充分发挥财务信息的基础作用

为最大程度提高财务信息服务于宏观决策和企业微观管理的效能，要积极开拓工作思路，创新工作方式，广泛开展形式多样的分析预测和调查研究活动，密切关注宏观经济、国家政策、市场环境等因素对企业的影响，加强对企业成本、绩效、自主创新、抵御风险等方面能力分析，挖掘体制和机制上制约企业发展的问题，促进财务信息管理与企业日常财务管理、经营决策及宏观政策制定的密切配合，推动企业发展，提高发展的质量。

（五）提高素质，加强企业财务人员队伍建设

企业财务人员队伍素质的高低，直接决定着企业财务工作的质量和成效。因此，各单位的领导要注意培养业务能力比较强，富有责任心，综合素质较高的同志从事这项工作。企业财务人员要从工作实际出发，努力学习财会业务知识和政策法规，不断提升业务能力，为浙江经济又好又快发展做出贡献。

（2007年12月12日）

在全国财政系统人事教育工作研讨会上的交流发言（摘要）

省财政厅副厅长 傅钱生

为加强系统干部队伍建设，2003年以来，厅党组提出了一系列干部队伍建设的新理念、新方法。实践证明，在厅党组的正确领导和人教、监察、党委等部门的共同努力下，干部队伍建设取得了较好的成效，对加强财政管理，促进财政改革创新，确保财政事业又好又快发展发挥了重要的作用。

（一）干部队伍建设的理念

做好财政工作，干部队伍建设是根本。近年来，厅党组根据形势变化和队伍现状，相继提出了具有财政部门特色的队伍建设理念，这些理念正日益成为我厅干部职工和全省财政系统广大干部职工共同的思想和认识。

1.坚持“好好学习、好好工作、好好做人”，努力提升干部的综合素质。好好学习，就是要通过不断学习，提高自身的文化素质和业务素质。财政干部不仅要学习财政、会计、税收、金融等与业务相关的知识，也要学习历史、哲学、法律、宏观经济学等提升素质的知识。好好工作，就是要勤奋努力地工作，要弄懂、弄通财政业务，成为财政的行家里手。还要从更高的层面和发展的角度去把握、寻找财政发展的规律，跳出财政来观察和研究财政，推动财政不断向前发展。好好做人，对己要提高自身素质，对外要做好沟通协调的工作，创造一个和谐的工作和生活环境。

2.坚持“谦虚、务实、协调”，切实改进工作作风。谦虚是一种美德，更是一种智慧。财政部门联系面广，接触的领域多，新情况新问题又层出不穷，对不同的领域都要拿出自己的意见。如果不虚心学习，就不可能有自己的真知灼见。谦虚还有利于我们协调各方面的关系，通过沟通，增进了解，化解各种矛盾。务实，就是要求干部尊重实际、注重实干、讲求实效。要从财政工作所处的环境条件来研究分析财政工作，把各项工作做实，按照公共财政的要求，让需要用钱的地方用到钱、用好钱，让党和政府放心，让人民满意。协调，就是使各种关系、各个环节、各个因素、各种层次和谐起来，形成合力达到目标的过程。财政部门掌管财政资金，而资金永远是稀缺资源，不可能满足所有人的所有需求，这就需要我们去协调，不但要使兄弟部门没有不满，还要让他们理解、支持、配合我们做好工作。

3.坚持“三走近、三远离”，大力营造机关的和谐氛围。我们提出了八小时以外“三走近、三远离”的要求，组织各种业余兴趣小组，让每人至少参加一项活动，把大家八小时之外的时间和精力引导到健康有益的活动中去，在强身健体、涵养性情中远离那些想入非非的念头。这些积极向上的文体活动，对丰富干部职工业余文化生活，创建和谐机关和促进队伍建设起到了积极的作用。

4.坚持“三靠两抓”，加强党风廉政建设。“三靠”是指一靠教育，二靠制度，三靠领导以身作则；“两抓”是指正面抓，抓正面。三靠是内容，回答了“抓什么”的问题，即着眼于廉政教育、制度建设和领导干部以身作则，通过自律和他律相结合防止腐败；两抓是形式，回答了“怎么抓”的问题，即通过正面教育、正面典型引导，以激发人内心深处的真、善、美，扎牢拒腐防变的思想道德篱笆，达到自我约束、自我规范的目的。

5.坚持“一组织”，推进系统队伍建设。“一组织”是指学习

型组织。建设学习型社会是党的十六大提出的全面建设小康社会的目标和任务之一，意义重大。新的历史时期，我们面临着各种机遇和挑战，迫切需要全体财政系统干部大力提高政治鉴别能力、依法行政能力、公共服务能力、调查研究能力、学习能力、沟通协调能力、应对突发事件能力、心理调适能力特别是创新能力等核心能力，迫切需要全体财政系统干部"时时学习、处处学习、人人学习、我要学习"，激活自我赶超精神和创造潜能。因此，以创新为核心的学习型组织建设，成为我们适应形势发展需要、提升队伍整体能力素质、圆满完成财政工作任务的必然选择。

（二）干部队伍建设中的一些主要做法

近年来，我们紧紧围绕财政中心任务，坚持以人为本，积极创造条件，不断完善选人、用人、育人机制，把实现人的全面发展作为干部队伍建设的根本出发点和归宿，着力提升干部队伍素质。

1. 干部选拔任用工作坚持"两条腿"走路，树立起正确的用人导向

近年来，我们在正处级领导和处级非领导职务的提任上，一般采用在民主推荐、考察、公示的基础上，由厅党组委任；在副处级领导干部的选拔任用上，积极推行竞争上岗办法。我厅于2005年与2006年分别在厅机关和直属事业单位开展了副处级领导干部竞争上岗，有15位同志被选拔到厅机关副处级领导岗位，10位同志被选拔到厅属事业单位副处级领导岗位。竞争上岗最大的特点，就是公开竞争，透明度高，竞争职位、任职条件、竞争办法、程序、考试成绩等情况都全部公开，有利于群众监督、评判，不仅优化了处级干部队伍结构，更为优秀人才脱颖而出创造了条件。但如果仅依靠竞争上岗方式，也会导致部分优秀同志因为临场发挥失常等原因而失去机会，此时在民主推荐基础上的党组直接考察委任就起到了一个非常好的拾遗补缺的作用。2007年，我厅机关通过民主推荐、考察、公示，厅党组委任了6位副处级领导干部。这6位同志工作勤奋、敬业，业绩出色，群众公认度较高，结果大家都很满意。因此将竞争上岗与党组考察委任结合起来，采用"两条腿"走路、互为补充的方法是我厅将来选拔处级干部的一个方向。

2. 坚持"凡进必考"，严把进口关

自1998年以来，我厅坚持在公务员招考和事业单位进人上，凡进必考，严格进人标准。2003年以来，通过公开招考，共录用公务员42名，事业单位工作人员20名；还通过考试接收安置军转干部10名。这些新录用人员，专业基础好，文化程度高，学历都在大学本科以上，其中博士研究生2名，硕士研究生25名。2006年我厅首次组织开展了从全省财政地税系统公开选调公务员工作，在系统内外引起了很大的反响。全省财政地税系统共有189名同志报名参加了公开选调工作；有19名同志进入面试和现场答题；对12名同志进行了考察和体检。综合考试成绩、优录条件、考察等情况，按照符合优录条件人员优先及从高分到低分的原则，经厅长办公会议研究，择优选录了6名同志。这是我厅干部人事制度改革的一次大胆尝试和有益探索，具有以下特点：一是根据财政业务工作需要选人，导向激励作用明显；二是群众参与度大，变少数人挑人为多数人选人。面试时，由厅领导、厅机关和直属事业单位负责人、市地人教处长等26名同志担任考官；现场答题时，由厅领导、厅机关和直属事业单位负责人、市地人教处长等60多名同志担任考官；三是入选人员为一线业务骨干，综合素质较高；四是拓宽了选人、进人的视野和渠道，推动了系统内部的人才交流。

下一步，我们还要加大从系统选调优秀公务员到省厅工作的力度，在进人形式上也形成"两条腿"走路，互为补充。

3. 着眼长远，进一步加大年轻干部培养力度

为加强对年轻干部的培养和锻炼，2005年我厅专门制定了《省财政厅新录用国家公务员基层锻炼暂行办法》，要求没有工作经验的新录用公务员到条件比较艰苦、风气良好、管理比较规范的基层财政部门锻炼1-2年。目前已有两批共7名新录用公务员顺利完成了锻炼任务，得到了厅机关派出处室和基层财政部门的一致肯定。今年我厅除了选派优秀的处级干部由省委组织部统一安排挂职锻炼外，又启动了优秀年轻干部的挂职锻炼工作，选派了2名年轻优秀科级干部到县（市）财政部门挂职担任副局长职务。我厅还支持和鼓励干部参加公派留学项目。近年来，有1名同志通过省委组织部组织的公共管理硕士班赴美国学习，5名同志通过财政部组织的英语培训项目赴美国、英国、加拿大等国家学习。对部分具有较大发展潜力的优秀干部，则安排其到重要岗位工作（如团委书记、机要秘书等）锻炼。

下一步，我们将积极创造条件，进一步加大年轻干部的培养力度，为干部的成长进步提供舞台，为财政事业的长远发展提供人才保证。

4. 创新培训教育方式，着力提高干部队伍的综合素质

为了适应形势发展的要求，我厅提出干部教育培训工作要从"专业提高型"向"能力提升型"转变，突出能力素质培养，做到"三个面向"，即面向经济发展趋势，面向个人职业发展，面向财政事业发展，实施多层次的财政干部能力提升战略，促进财政事业的可持续发展。2005年下半年，财政部分管干部教育培训工作的王军副部长曾三次批示，充分肯定我厅的干部教育培训工作的做法与经验。

我厅主要从五个方面开展干部教育培训工作，取得了较好效果：以突出党性修养、增强理论素质为重点，加强干部的思想政治教育；以突出财政业务技能、提高实际应用能力为重点，加强财政业务知识的培训；以突出公务员知识更新、岗位培训，提升干部整体素质为重点，加强综合知识培训；以突出完善知识结构、提高学历层次为重点，努力培养和造就高层次、复合型人才；以突出适应财税改革与发展需要、提高领导干部能力素质为重点，加强各级领导干部的培训。财政局长是各地财政工作的领头羊，领导能力更是至关重要。五年来，我们每年举办一期局长班，共培训市县财税局长475人次。今年我厅还与省委组织部、省地税局联合举办了全省公共财政与政府性债务管理专题研讨班，全省分管财政工作的99位市、县（市、区）长和3位财政局长参加了研讨，吕祖善省长到会讲会。通过这次研讨班，全省各级政府的主要领导对财税工作有了更多的了解和理解，也有了更多地体会和思考；也为我们财税部门更好地开展工作营造了良好的外部环境。

5. 积极开展学习型组织建设，推动系统思想政治工作和干部队伍建设

学习型组织建设是我厅干部队伍建设的核心工作之一。2003年厅党组提出了建设学习型组织的要求，学习型组织建设开始与系统干部队伍建设有机结合起来。2006年我厅召开了全省财政地税系统创建学习型组织暨队伍建设经验交流会，2007年又召开学习型组织建设现场观摩会，不断深化学习型组织建设。目前，我省财税系统的学习型组织建设已初见成效。全省各地结合当地实际，因地制宜搭建平台，开展了形式多样、内容丰富的创建活动，推动了队伍建设，提升了财税部门形象，促进了财税各项工作任务的完成。

此外，充分发挥省财税系统思想政治工作研究会的作用，加强系统思想政治工作。多年来，省财税政研会围绕各个时期的财税中心工作，认真开展系统思想政治工作研究，探索新时期财税系统思想政治工作的新思路、新方法，积极推广研究成果，为财税改革和发展发挥了重要的保障作用。近年来，政研会还配合厅局举办了两届全省财税系统文艺调演，连续四年举办系统运动会，各级财税政研会开展了各类专题知识竞赛、论文评选、演讲比赛和摄影书画展等活动。这些活动的开展，既丰富了系统的文化生活，展示了干部职工积极向上的精神风貌，又增强了队伍的凝聚力、战斗力。

由于厅党组高度重视干部队伍建设，我省财政事业蓬勃发展的同时，财政干部队伍建设也取得了可喜的成绩。全省财政系统读书的人越来越多；受党纪政纪处分的人越来越少，从2002年的13人逐年下降到2006年的3人。系统干部队伍综合素质逐年提高，全系统12526人中，大专以上学历的占82.2%，比2002年提高近20个百分点，厅机关194名公务员，大学本科以上学历人员有170人（其中具有硕士学位和研究生学历的有57人），本科以上学历占87.63%，具有高级职称的82人，占42.27%。2003年以来，全省各级财政部门主要领导有56人被提拔到党委、人大、政府、政协任用，2007年换届就有29位；我厅有3位干部被提拔到外单位担任厅级领导职务，4名干部被提拔到外单位担任处级领导职务，还有多名干部调任到其他党政部门的重要岗位。

（2007年11月8日）

再接再厉 开拓创新 强化监管
努力开创外债金融管理工作新局面

——傅钱生同志在全省外债金融管理工作会议上的讲话（摘要）

一、外债金融管理工作扎实推进

在即将过去的一年里，全省财政外金部门认真学习十七大和省第十二次党代会精神，坚持科学发展观，在厅党组领导下，认真落实“三个三”工作措施，紧紧围绕财政中心工作，不断完善管理制度，继续积极合理有效利用政府外债，加强地方金融资产财务监管，工作扎实推进，亮点较多，取得了较好成绩。

从政府外债工作看，随着宏观区域发展政策的变化，我国利用政府外债的重点逐步向中西部、东北等地区倾斜，我省利用政府外债资金因此逐年减少。针对形势变化，省厅及时调整工作思路，一方面继续争取一定规模的政府外债资金服务于我省经济社会又好又快地发展；另一方面将政府外债工作的重点进一步向提高贷款使用质量、管理水平和使用效益等方面转变，以贷款项目为载体，发挥比较优势，更多地、合理地引进国际先进经验、理念和做法，注重项目示范作用，促进制度创新。主要体现在以下几个方面。

一是围绕财政中心工作，继续积极合理有效利用政府外债。一年来，积极向财政部申报了舟山市普陀区污水处理、仙居县垃圾填埋场、常山县供水、临海市围垦造地、淳安县污水处理等5个项目利用日元提前回收贷款再转贷资金73亿日元，生态林建设项目利用世行贷款1500万美元。生态林建设项目已列入2009年贷款规划。会同省级有关部门多次论证钱塘江流域小城镇环境基础设施建设问题，目前该项目概念已基本起草完成，计划利用世行贷款1.5亿美元。台州市泰隆商业银行利用德国政府贷款项目也开始进行前期准备工作。

尽管我省利用政府外债项目正在减少，但工作做得积极努力，一方面体现在前期准备的项目都抓住了我省经济社会发展的热点和难点问题，对我省在“十一五”期间全面建设小康社会、构建和谐社会将发挥积极的推动作用。如日元再贷款项目着力解决备受关注的节能减排问题，生态林建设项目符合支持“三农”发展、建设“绿色浙江”的政策要求，钱塘江流域小城镇环境基础设施项目如获批准实施，将有利于促进我省经济社会协调发展和新农村建设，泰隆商业银行项目有利于缓解民营中小企业融资难问题。另一方面体现在充分利用贷款结余资金支持新项目建设，盘活项目存量资金，提高现有贷款使用效益。如日元贷款浙江污水项目完工时贷款结余资金25亿日元，这些资金如果不争取，也就不可再利用。为此，省厅积极帮助项目单位编制资金使用方案，调整资金支付类别，在以往争取17.65亿日元贷款结余资金的基础上，2007年又争取了7亿日元，使贷款结余资金使用率达到99.55%。同样，世行贷款浙江城建环保项目贷款结余资金1290万美元的使用方案也获得了世行项目经理的同意。

二是加强项目执行管理，保证项目实施质量。一方面，按照规定的贷款使用范围、支付类别、比例以及限额管好用好贷款，防止出现资金挤占、挪用现象。2007年共向世行提款2300万美元。另一方面，加强项目采购的监督管理，避免出现营私舞弊现象。第三是加强贷款项目的专项检查，监督项目实施、资金使用、债务状况和债务清偿情况。委托中介机构对4个项目的18个项目点进行了检查；配合审计部门完成了世行贷款项目还贷情况、日元贷款浙江污水项目的专项审计调查。针对外国政府贷款项目存在的问题，进一步加强研究，要求正在执行的项目开展自查自纠活动，督促项目单位及时解决存在的问题，以提高项目执行能力，降低项目实施的各种风险。积极开展正在执行中的世行贷款浙江城建环保项目进行绩效评价试点工作，提高资金使用效率。

三是加强债务管理，着力化解早期项目债务风险。联合省级有关部门对形成历史拖欠的政府外债项目进行了一次全面清查，并按照"借用还"与"责权利"相结合原则，进一步明确和落实还款及担保责任。加大债务清偿力度，重点抓好日常还本付息工作。通过努力，拖欠债务的项目个数、拖欠款额均大大降低，2007年没有一个市县被省厅实施预算扣款。到10月底，完成日常还本付息4200万美元。省厅还按照还贷考评办法，对项目管理良好、按时足额还贷的市县给予一定的利费返还。积极研究出台清欠政策，外国政府贷款历史债务问题取得了突破性进展，浙江农业物资器材公司等6个历史拖欠项目在享受中央给予利息、滞纳金、罚息减免的基础上，省里还对按时还款的项目市县给予20%的贷款本金补助。目前17个市县均已按时还款。经测算，6个项目共减免息费、滞纳金7600万元人民币，贷款本金补助2000万元人民币，减轻了有关市县和省级项目单位9600万元人民币的债务负担，减负率达55.94%。经过清欠，我省通过中国进出口银行转贷的日本政府贷款历史拖欠问题已基本解决，有效化解了债务风险。

四是配合做好财经外交工作，积极宣传我省改革开放成果。积极配合财政部完成世行常务副行长访问我省的重要接待工作；成功承办了2007中法财政合作年会；组织我省有关民营企业参加由财政部领导带队的出访活动；配合财政部完成了上海国际发展评价项目两次现场考察接待工作，积极宣传我省改革开放和国际金融组织项目建设成果，为我省"请进来、走出去"、更好地吸引国际直接和间接投资营造了良好的外部氛围。

从地方金融监管工作看，各级财政认真贯彻《金融企业财务规则》和金融国有资产产权登记、保值增值考核、资产评估和产权转让等制度，在做好金融年度报表、产权登记、保值增值考核、中央专项借款管理等工作的同时，努力加强金融资产财务管理，规范资产财务行为。主要体现在制度创新、推进改革和金融风险防范等方面。

一是在制度创新方面，体现在政策性农村住房保险工作取得了成效。我省自然灾害频发，每年的台风等自然灾害造成了大量农村住房倒塌，给广大农民群众带来了严重的财产损失，也给各级政府救灾工作带来了很大的压力。为此，我省制定了政策性农村住房保险制度，充分发挥财政资金"四两拨千斤"的作用，让公共财政最大限度地惠及广大农民群众。在政策制定过程中，省厅积极参与，认真测算及安排财政补助资金，制定省级财政补助资金结算办法。在资金安排上做好"三个结合"，即农户自愿参保与财政补助激励相结合、省财政补助与市县农户参保比例相结合、中央及其他救灾资金补助与农户参保相结合。到2007年10月底，全省(含宁波)各级财政核拨财政补助资金8007.66万元，其中省财政3619.89万元、市县财政4387.77万元。省厅还督促各地落实财政补助资金，监督资金使用情况，确保财政资金及时足额补助到位和合规使用。在各方努力下，政策性农村住房保险工作取得成效，农户参保意识增强，理赔工作及时到位。到10月底，全省共有984.97万户农户参保，参保率为96.1%，保费总收入1.16亿元，其中农户自缴保费3344.82万元。全省受灾农户13752户，理赔5714.76万元。农房保险制度的实施和理赔的及时到位，为广大受灾农户撑起了风险"保护伞"。

二是在推进改革方面，体现在推进农村信用社改革向纵深发展。我省农村信用社无论是存贷款规模、资产质量、支持农村经济社会发展能力等方面一直走在全国前列。农村信用社管理体制下放后，各级政府十分重视农村信用社的改革与发展，到2007年9月底共安排24.15亿元资金或有效资产置换不良资产，保证及时足额兑付央行专项票据，增强竞争发展实力。但我省农村信用社发展不平衡，特别是不良资产、财务负担沉重的农村信用社，如果单凭其自身力量来优化财务状况，顺利兑付央行票据存在很大的困难。为此，今年来省厅共安排6251万元补助部分困难农村信用社所在地政府，以鼓励政府加大扶持力度，帮助农村信用社消化不良资产。通过各级政府的大力推动，目前我省共有77家农村信用社已兑付央行票据37.67亿元，占全省央行票据发行额的99.53%，已兑付的机构数居全国首位。资产质量进一步提高，信贷规模逐步扩大，多家信用联社得到升格，目前全省共有26家农村合作银行、42家一级信用联社、13家二级信用联社。

三是在金融风险防范方面，省厅和部分市县财政部门做了大量工作。一方面，组织力量，安排工作经费，认真开展证券、信托公司个人债权的甄别确认工作，积极筹措资金兑付个人债权，以维护社会稳定。今年来，省厅和部分市县财政部门共支付902.85万元收购中富证券、中科证券涉及我省的个人债权。处置金信信托方面，在争取国家资金、政策支持的同时，我省安排了大量资金兑付个人债权，以缓解社会矛盾，维护社会稳定。另一方面，积极开展地方金融业风险现状调研活动，在掌握基础数据的同时，进行风险成因分析，并提出政策建议，为防范和化解地方金融风险提供了参考依据。第三，省厅自2006年底就研究了农村合作金融机构风险监控指标体系，但随着研究的深入和地方金融风险课题的开展，认为不应局限于指标监控，而应改变"被动买单"为"主动买单"。因此，下半年来省厅赴有关市县开展调研，研究了农业贷款风险补偿政策，并向省政府报告要求于2008年在农村合作金融系统先行试点实施。此项政策的实施，将有利于化解农业贷款风险，也有利于提高农村合作金融机构增加支农贷款的积极性。省厅还组织中介机构对部分市县的农村合作金融机构会计信息质量状况进行了监督检查。

外债金融监管工作取得了一定的成绩，是与党政领导的支持、大家的努力分不开的，也与建立一支高素质的干部队伍分不开的。各级财政部门按照"三个好好"、"三个走近、三个远离"和"三靠两抓一组织"的要求，认真开展"作风建设年"活动和"学习型组织"建设，抓好干部队伍建设，努力提高干部的学习力、执行力、防腐力、凝聚力，促进干部素质的可持续提高，也保证了外金工作的顺利开展。各地继续抓好机关效能建设，进一步增强服务意识，塑造财政机关良好形象。如我们外金系统担负着非贸易外汇财务管理工作，就是一个"窗口"。据统计，今年1—11月，各级财政部门审核、核销购汇人民币限额15600余万元。做细做好这些事务性、服务性的工作，让相关部门满意也是十分不容易的。

二、当前经济财政形势分析

(一)经济财政情况

从国际情况看，世界经济继续增长，贸易规模进一步扩大，尤其是发展中国家经济呈现相互带动、梯次发展的态势。但是，美国次级信贷、住房市场下滑、美元贬值等问题给我国经济产生了一定的影响和挑战。从国内情况看，今年以来我国注重发挥市场在资源配置中的基础性作用，着力推动经济社会又好又快发展，国民经济保持了增长较快、结构优化、效益提高、民生改善的良好态势。我国综合国力大幅提升，发展方式逐步转变，发展潜力不断提高，发展活力持续增强。在投资、消费、出口的拉动下，今年前三季度我国实现国内生产总值16.60万亿元，同比增长11.5%，增幅同比提高0.7个百分点。实现财政收入3.89万亿元，同比增长31.4%，增幅同比提高6.8个百分点。

但是我国经济运行中一些长期积累的突出矛盾和问题还没有得到根本解决，经济增长由偏快转为过热的趋势尚未缓解，价格上涨压力加大，涉及人民群众切身利益的问题还比较突出。最近召开的中央经济工作会议指出，我国正处于改革发展的关键阶段，也处于工业化、现代化的重要时期，因此要深入贯彻落实科学发展观，紧紧围绕转变经济发展方式和完善社会主义市场经济体制，继续加强和改善宏观调控，着力优化经济结构和提高经济增长质量，更加重视改善民生和促进社会和谐，推动国民经济又好又快发展。基于当前经济发展形势，中央调整了2008年宏观调控政策，将实施从紧的货币政策。为抑制货币信贷过快增长，央行最近宣布今年第10次上调存款准备金率，力度明显加大，上调了1个百分点，将执行14.5%的存款准备金率标准，创下20多年历史新高。

从我省情况看，今年来我省坚持以科学发展观统领全局，坚决执行中央宏观调控政策，坚持又好又快发展，坚定地走“创业富民、创新强省”之路，加快转变经济发展方式，努力提高经济增长质量和效益，着力统筹与和谐发展，切实解决经济运行中出现的新情况、新问题，前三季度全省经济社会保持了平稳健康协调较快发展的良好态势，实现生产总值12984亿元，同比增长14.7%，增幅同比提高0.8个百分点。与经济发展相适应，全省财政收入较快增长。1-11月全省财政总收入累计完成3031.4亿元，增长27.4%，其中地方财政收入完成1537.1亿元，增长28.8%，财政总收入和地方财政收入总量均已超过去年全年水平。

但保持我省经济又好又快发展仍面临着很大压力，表现在部分高耗能高污染行业增长较快，节能减排形势依然严峻；全省居民消费价格涨幅创1997年来新高，保持物价稳定压力较大；人民币持续升值、出口退税政策调整、贸易摩擦增多、生产成本上升等，给企业生产经营和提高经济效益带来困难；投资新开工项目仍呈减少趋势，保持投资适度增长和优化投资结构任务艰巨；贷款继续偏快增长，跨区域流动增多，金融信贷风险有所上升。

(二)外债金融监管面临着新挑战

从政府外债看，由于受各种国际政治、经济因素的影响，国际金融组织和外国政府对我国贷款在数量上开始呈现下降趋势，贷款条件也逐渐硬化。随着我国经济的快速发展，与国际金融组织和外国政府的合作方式、方法有所改变，贷款项目合作已远远超越弥补资金缺口的初级阶段，合作重点将转向通过贷款项目促进我国体制改革与制度创新上。随着我国宏观区域发展政策的改变，我国利用政府外债的区域重点逐步向中西部、东北等地区倾斜。应该说，近年来财政部对政府外债项目的安排上对我省并不有利，我省利用政府外债资金开始有所减少，也就是说，今后我省要争取到更多的政府外债项目将更加困难。而从我省情况看，投资增长比例低于生产总值的增长比例，从紧的货币政策将严格控制货币信贷总量和投放节奏，并在今后的宏观调控中发挥重要作用，保持我省经济较快增长的压力在进一步加大。这些都要求我们不断改进工作方法，转变观念，尽快适应和顺应形势发展，在积极利用外债资金的同时，要在拓展外债项目内涵方面下工夫，对已有的外债项目要做精，加强项目资金管理和风险监控，发挥项目杠杆作用，更好地为经济与社会协调发展服务。

从地方金融管理看，一方面，金融风险带来了财政风险，化解地方金融风险的压力很大。另一方面，金融改革任重道远。金融在当前我国经济发展中占据着越来越重要的位置，深化金融体制特别是农村金融体制改革力度将不断加大，证券、保险业改革不会停步，构建现代金融体系的改革任务很重。各级财政要密切关注金融改革所面临的新形势和新挑战，从公共财政的角度来深刻理解并做好金融资产财务监管工作，深化地方金融改革，促进地方金融健康发展，确保地方金融稳定与安全。第三是地方金融监管工作面临着许多困难和问题。金融推动地方经济的发展发挥了十分重要的作用，尽管在各地的努力下，地方金融管理工作在摸索中向前推进，也取得了积极进展，但是地方金融资产财务监管体制尚未完全理顺，监管工作仍然存在着诸多薄弱环节、亟待解决和思考的问题。如财政部门主动参与地方金融事务管理的意愿与实际工作中的被动性、事后性的矛盾。大家深有体会，为防范金融风险财政化，财政部门都有意愿并意识到应该主动参与金融监管工作，但由于管理体制、风险化解责任等问题而无法把握参与地方金融监管的有效切入点，给金融监管工作带来了被动。

三、再接再厉，开拓创新，积极推进外债金融管理工作

当前外债金融管理工作存在的问题和面临的新形势，应该说有成绩，有困难，有挑战，也有机遇，更是对我们做好财政外金工作提出了新的更高的要求。2008年外金工作要认真贯彻落实党的十七大和省第十二次党代会精神，努力开创外金工作新局面。从政府外债工作看，各地要顺应形势变化，切实转变思路与观念，既要重视贷款项目的执行质量和资金使用效率，又要重视引进先进理念和推动创新，努力把项目做精做细。从地方金融监管工作看，要紧紧围绕“改革、发展、开放、调控、监管”和“三个三”工作措施要求，不断拓展监管领域，争取工作主动权，努力推进地方金融业改革发展。

(一)切实转变工作思路，进一步做好政府外债管理

1.继续优化政府外债投向结构，提高贷款资金使用效益。随着形势的变化，今后一个时期我省继续大规模举借政府外债来支持各个领域发展的内外部环境可以说已经不复存在了。在这个形势下，应该及时调整政府外债工作思路，要把积极贯彻科学发展观、全面服务于建设小康社会、服务于构建和谐社会作为今后一个时期政府外债项目合作的着眼点，最大限度地发挥政府

外债项目在推动我省经济社会发展中的积极作用。要把过去重视贷款数量、大量举债来全方位支持经济社会各个行业发展的做法，转变到更加关注贷款项目执行质量、集中有限政府外债资金重点解决当前及今后影响我省又好又快发展的薄弱领域上来。

2.重视和加强政府外债管理，完善借用还全过程管理机制。一是坚持在贷款管理过程中以资金、财务、债务管理为核心，严格审批管理，加大资金监管力度，建立健全科学的偿债机制，加强债务管理，确保形成“借得来、用得好、还得起”的良性循环。二是按照《国际金融组织及外国政府贷款管理办法》的要求，重视参与项目设计、准备、实施、完工等环节的全过程管理。通过合理制定合作规划、完善债务风险管理、加强项目后评价等工作，更加注重对项目事前、事中和事后管理的积极参与。三是将防范债务风险提高到应有的高度，建立和完善债务预警机制，将贷款偿还（包括偿债准备金）的管理纳入制度化、法制化轨道。四是开拓思路，采取有效措施妥善解决因汇率变动、政策调整等原因所带来的早期贷款项目债务拖欠问题，尽快化解债务风险。

3.加强贷款项目监督检查和绩效评价，确保项目实施质量。继续加大财政部门对项目日常监管力度，强化项目办和项目业主负责制，做好自我管理、自我监督。积极探索利用财政监督系统开展对贷款项目的监督与评价；进一步发挥审计系统外部监督作用。今后，省厅将与监督机构对检查过程中发现的共性问题进行意见交流，形成改进项目管理工作的指导意见。及时总结政府外债项目绩效评价试点工作经验，探索建立有效的政府外债绩效评价体系。做好绩效评价成果的推广应用，进一步加强对项目管理工作的指导，从而为我省政府投资项目绩效评价提供借鉴。

4.加强与国际金融组织的知识合作，为完善地方经济社会发展战略献计献策。与国际金融组织的合作，不仅是资金的需要，更是知识合作的需要。随着经济全球化和政府职能的转变，利用国际金融组织的智力资源服务于地方经济社会发展的作用日益突出。目前我省经济社会发展需要积极借鉴国际先进经验，来提高我省经济社会建设水平，探索新思路和新方向。因此，要积极开展与国际金融组织的知识合作。除了贷款项目本身的知识合作外，要继续利用国际金融组织智力资源和技援资金来推动战略性问题的合作，如综合考虑我省的区位特点、优势和环保战略，推进双方在流域环境治理、生态建设、城市发展规划、公私合作机制建立和推广、民营企业发展以及民间金融等方面的合作。

5.利用与国际金融组织私营部门的合作，为民营经济发展提供更多支持。我省经济发展的一大特点是民营经济比较发达，民营企业在我省经济中的作用非常显著，民营经济成为重要的经济增长点，但也面临着全球化、产业结构优化、提高管理水平等诸多挑战。因此，进一步加深与国际金融组织在私营领域的合作将大有可为，而且也能够取得较好的效果。比如，可以与国际金融公司在民营企业资金需求、民营企业管理制度和机制创新和提高企业自主创新能力等方面开展合作。

6.积极探索财政资金与贷款资金的结合方式，提高公共资金的综合使用效益。当前，随着我国综合国力的提高，国际金融组织对我国的优惠资金（包括赠款资金）日益减少，贷款条件相对硬化。而我省需要重点发展的农林、环保、社会发展等领域亟需大量的资金支持和机制创新，但自身偿债能力较弱，在传统的“最终受益人还款”体制下，制约了国际金融组织贷款作用的发挥。探索财政资金和贷款资金的统筹使用，不仅可以有效降低建设项目的资金成本，软化贷款条件，也有利于缓解公共财政资金对薄弱环节投入不足的问题。因此，要借鉴国际金融组织贷款资金的管理模式，进一步推动省内公共资金管理水平和资金使用效益的提高，更好地服务于我省经济社会统筹协调发展。

（二）不断开拓地方金融监管领域，防范和化解金融风险

1.积极推进地方金融业发展。农村合作金融是当前我省农村金融的核心力量，也是金融体系中最为薄弱的环节。各地要进一步深化农村信用社改革，将农村信用社改造成为法人治理完善、内控机制健全、资本相对充足、财务可持续的农村金融服务供给者，夯实农村金融服务体系基础。在推进农村信用社改革方面，一是要在全面总结前一阶段改革经验与教训的基础上，对农村信用社的发展模式、制度设计进行深入研究。据了解，我省将逐步把一级法人、二级法人的信用联社分别提升为农村合作银行和一级法人联社。因此，要更加关注农村合作金融机构的资产质量和财务状况，并认真加以监督管理。要研究以出资人或独立董事的身份，来促进农村信用社建立健全法人治理和内控机制，实现全面提高农村信用社金融服务水平和能力的目的。二是继续落实政府已承诺的扶持政策，用资金和有效资产置换农村信用社不良资产。继续安排并使用好省级财政资金，帮助困难农村信用社提升资产质量，及时足额兑付央行专项票据，增强其竞争发展实力。三是研究取消对农村信用社的限制性政策和规定，允许将部分财政性资金存放在农村合作金融机构，以壮大其支农实力，营造农村信用社公平竞争的外部环境。在促进其他地方金融发展方面，各地要支持一些有实力的地方金融机构引进优秀境外战略投资者和民营资本投资金融业，使金融投资主体多元化，完善金融机构公司治理结构。在这方面，财政部门要认真做好金融国有股本转让审批、产权登记等监管工作。

2.切实加强金融资产财务管理。加强对地方金融资产财务监管是财政部门不可推卸的责任，也是财政部门参与地方金融事务管理的有效手段。要以产权登记为基础，以资产评估核准备案为重点，规范地方金融企业国有产权转让行为，防止国有资产流失。要探索建立以国有金融资本保值增值结果确认为核心的绩效评价制度，促进国有资产保值增值。要以执行《金融企业财务规则》为契机，加大财务监管力度。据了解，财政部正在加强同国家税务总局沟通，要求尽快废止《农村信用合作社财务管理实施办法》，真正理顺农村信用社的财务监管体制。通过财政部的积极努力，地方金融企业财务管理体制逐步理顺。据向省信用联社了解，2005 年国税总局与银监会还下发农村信用社会计决算报表的文件，而从 2006 年度开始不再下发类似的文件，也不再出台相关财务制度，认可《金融企业财务规则》，逐步淡化对农村信用社的财务管理。省厅以此为契机，加强同省信用联社的沟通，要求尽快执行《金融企业财务规则》。最近，省信用联社已制定了农村合作金融机构贯彻执行《金融企业财务规则》的指导意见。

现在地方金融资产财务监管职能正在逐步理顺，各地不要

再错失机会，要加强学习，结合当地实际加大宣传和部门沟通力度，发挥监管职能，认真履行职责，扎实开展监管工作。具体到农村信用社财务管理方面，要加强同当地信用联社的工作联系，以财务登记为抓手，切实履行好财务监管职责。只要大家积极发挥主观能动性，是有所作为的，也是能够促进地方金融发展的。

3. 继续做好政策性农村住房保险工作。2007 年，我省政策性农村住房保险试点工作进展顺利。从制度设计上讲，这是一项开创性的全新工作，是一项比较全面、先进的保险制度，得到了社会各界的广泛认可，当然也面临着一些新情况和新问题。具体到财政部门，主要体现在：一是对当地农房保险工作参与力度不够，不十分了解工作进度、存在问题以及农户的需求。二是部门协调不够，认为这项工作由发改部门牵头，财政部门只是按要求拨付财政保费补助资金。三是与保险公司沟通不够，在拨付财政补助资金前，没有认真审核参保情况。四是部分市县没有按照省厅要求及时申报省级财政保费补助资金，影响了当地和全省财政补助资金的拨付进度。针对存在的问题，各地一是要把此项工作摆上重要议事日程，加强协作配合，继续积极支持此项制度的推进。二是安排专项补助资金，并纳入年度财政预算。及时做好财政保费补助工作，加强资金监督检查。三是加强财政保费补助资金的事前审核工作。省厅将于 2008 年开始，委托保险经纪公司对各地农户参保情况的真实性进行审核，经其审核后的数据作为各地本级财政拨付补助资金和申请省级财政补助资金的依据。

4. 认真开展农业贷款风险补偿工作。近年来，我省金融机构积极创新支农贷款运作模式和品种，不断加大支农信贷投放的力度，有力地支持了农村经济组织发展、农业产业化经营和农村基础设施建设，扎实推进新农村建设。但是金融机构在发放支农信贷方面存在着“两高一低”(风险高、成本高、收益低)问题。为此，根据省政府领导的要求，省厅积极开展调研，研究了农业贷款风险补偿政策。

从风险补偿政策设计看，主要有以下几个特点：一是对银行业金融机构农业贷款进行风险补偿，目的是既鼓励金融机构增加信贷力度，又防范农业贷款的风险。二是采取先试点后推广。由于农村合作金融机构的小农业贷款占全省所有银行业金融机构小农业贷款的 95%以上，是支持“三农”发展的主力军，因此先在农村合作金融系统进行试点，在试点成功的基础上，再对所有银行业金融机构的农业贷款进行风险补偿。三是对农业贷款的范围进行界定，并不是对所有的农业贷款进行风险补偿。具体包括农户和农村经济组织从事农林牧渔业生产、经营、服务活动等贷款，但不包括享受小企业贷款风险补偿政策的农村企业贷款。四是不具体明确风险补偿比例，而是先确定补偿资金额度，在补偿资金结算时再根据新增农业贷款情况来确定具体的补偿比例。五是不强求各地财政安排配套资金，但鼓励各地结合当地实际，安排一定的财政资金对农业贷款进行风险补偿。

最近，省厅已向省政府报告，要求于 2008 年起开展实施此项政策。如果省政府同意实施此项政策，那么将是我们明年的一项重要工作。一是各地要重视同此项工作的开展，加强同当地人行、信用联社的工作联系与沟通协调。二是要会同当地人行切实做好当地农村合作金融机构农业贷款发放情况、新增情况的统计、审核工作。三是根据补偿办法的要求，做好财政补助资金的申报、拨付工作。

(三)重视做好几项基础工作

1. 重视加强外债金融风险的防范和化解工作。事实证明，金融风险财政化已经逐步显现，对财政稳健运行和经济的可持续发展构成了一定威胁，也是成为财政风险管理的核心内容之一。2007 年省厅制定了《浙江省突发公共事件财政应急保障预案》，将金融突发公共事件作为一项重要内容列入其中。各地要对金融风险的隐患在哪里、监管措施是否到位、职责是否明确、风险监测预警及应急机制是否健全、事后救助措施是否落实等问题进行监督检查和贯彻落实。要对政府外债投向是否合理、论证是否科学、对外担保是否规范、还贷准备金是否建立、还贷机制是否健全、债务是否落实等问题进行分析研究和总结提高。

2. 认真做好各类报表工作。我一直在关注财政部对我省地方金融报表和政府外债报表的综合评比结果。近年来，在各地财政部门的重视下，地方金融企业报表编制工作取得了较好的成绩，得到了财政部的肯定。我也相信，我省政府外债报表编制工作同样会取得较好的成绩。这些都是基础性的工作，通过报表数据来反映工作中存在的问题，以此来改进我们的工作方式和方法。这些方面，今后都要进一步加强。

3. 继续加强中央专项借款管理。各地要将中央专项借款的偿还资金本息纳入地方预算，积极筹措资金，按时还款。对不能及时归还借款的市县，省厅将继续实施预算扣款。针对个别市县借款额度较大、按合同归还借款困难的实际，省厅将本着实事求是的原则，在今后的预算扣款中，将按应归还金额的一半予以扣款，以缓解其还款压力。

4. 重视做好非贸易外汇财务管理工作。确保外汇供应，保证我省经贸考察、技术培训、文化交流等外事活动的用汇需要，同样是我们的一项重要工作，各地要依照“保障重点、压缩一般”的原则做好此项工作。

5. 加强宣传工作。各地财政外金部门做了大量有效的工作，但我觉得宣传工作仍做得不够，不太被他人理解。要在适当的时候采取适当的方式来加强宣传工作。2007 年省厅外金处财政信息工作做得较好，全年共有 12 篇次信息被省委办公厅、省政府办公厅采用，说明上级部门是重视外债金融信息交流的。

(四)切实加强调研和培训工作，提高干部队伍素质

外债金融管理工作任重而道远，积极合理有效利用政府外债工作，加强地方金融监管，促进我省经济社会发展，少不了有一支素质优良、业务精通、清正廉洁的干部队伍的支撑。我对我省财政外金干部队伍是充分肯定的，但针对目前面临的任务和干部队伍现状，需要进一步加强干部队伍建设，促进干部队伍素质可持续提高。一是要不断加强政治和业务学习，努力提高能力和水平。政治学习是保证，业务学习是基础。要立足本职工作来加强政治和业务学习，以提高政治素质和业务工作能力。二是要倡导良好的学习、工作、生活环境，提倡“三走近、三远离”，既要身心健康，又要工作愉快；既能静下心来思考问题、埋头工作，又能提起笔来写作文章。三是切实改进工作方法，积极开展调研活动。各地要继续组织多种形式的调研工作，省厅也将采取不同形式组织开展考察学习、专题研究活动。通过改进工作方法，培养

起实事求是的工作作风，增强为基层、为农民服务的意识，想基层所想，急基层所急。四是重视做好业务培训工作。要继续加强干部的法律、理论、业务及外语的培训工作，不断学习新知识，提高干部队伍的理论水平和业务能力，做到依法行政。培训工作要注意提升培训层次，提高培训质量和效果。五是要进一步加强党风廉政建设，做到警钟长鸣，谦虚务实高效。　（2007 年 12 月）

在全省财政支农资金整合试点工作会议上的讲话(摘要)

省财政厅纪检组长 金慧群

一、前阶段财政支农资金整合工作取得的成效和主要经验

财政支农资金整合工作是新时期对财政支农资金管理工作提出的现实要求，中央和省委、省政府高度重视财政支农资金使用效益和资金整合问题。2006 年 8 月，温家宝总理作出重要指示：改革支农资金管理，统筹安排支农资金使用，对于提高支农资金使用效益，保证以免征农业税为主要内容的农村综合改革，促进各项农村经济和社会事业发展，具有重要意义。财政部要着手研究和探索这项工作。回良玉副总理也作出了重要指示：应积极探索新形势下财政支持“三农”的新举措，以使有限的财政支农资金发挥更大的效益。为切实做好财政支农资金整合工作，财政部党组及部领导作出了许多重要批示；吕祖善省长和茅临生副省长也多次要求财政部门整合资金、优化结构，集中财力办大事。2006 年，财政部出台了《关于进一步推进支农资金整合工作的指导意见》；同年，省政府办公厅转发了《省财政厅关于做好财政支农资金整合工作指导意见的通知》。为进一步推动全省财政支农资金整合工作向纵深开展，2006 年，省财政厅在义乌、常山、永康三个县(市)进行首批省级财政支农资金整合试点，通过“上下联动、以点带面”的方式积极稳妥地推进整合工作。作为一项崭新而重要的工作，在各地各部门的共同努力下，财政支农资金整合工作已初显成效，并积累了宝贵的经验。

(一)进一步提高了对支农资金整合工作的认识。一年多来各地的实践表明，财政支农资金整合工作的背后是职责的分工和权利的分配，整合或多或少涉及到部门利益的调整，因此方方面面阻力很大。特别是在现行管理体制没有实质性变化的前提下，开展支农资金整合工作难度很大，有畏难情绪也属正常。从去年开始以县级为平台开展支农资金整合试点证明，县级有整合的基础和条件，在县一级开展整合是可能的，也是办得到的，对促进财政支农资金整合的体制变革和机制创新，为真正从体制、机制上开展整合创造了条件。财政支农资金整合工作在县级的试点已经取得了初步成效，表现在：从上到下，从政府到部门，都深刻认识了整合的必要性和紧迫性，不少地区对资金整合工作的主动性在增强，积极性在高涨，还引发了对体制、机制改革的呼声和要求，从“要我整合”变为“我要整合”，从而为下一步的工作奠定了良好的基础。

(二)进一步加大了支农资金整合力度。从各地工作情况开展来看，不少地方不仅整合了“小农口”的资金，而且对交通、教育、卫生等部门的资金进行整合，并取得良好效果，充分发挥了资金的整合效应。如常山县，以整合资源为着力点，以新农村建设为根本目标，结合实际，创新载体，围绕实施“规划、美化、康庄、健康、富民、保障、文明、先锋”等“八大工程”，对所确定要整合的项目委托有关部门进行总体规划，并进行会审论证，编制详细的实施方案和项目预算、资金来源渠道等，避免建设过程中的不配套或重复交叉，从而在实践中逐步探索出“统一规划、统筹安排、渠道不乱、用途不变、优势互补、各有内容、各建其账、各记其功”和“各炒一盘菜，共做一桌餐”的支农资金整合管理方式。

(三)进一步探索支农资金整合方式。从实践来看，不仅有县一级的整合模式，而且积极探索省级支农资金的整合。2005 年起，按照《浙江省统筹城乡发展推进城乡一体化纲要》和省委、省政府对“三农”工作的要求，省财政厅在对各农口部门年度工作目标、工作重点和省级财政支农资金现状进行认真分析研究的基础上，每年编制《浙江省农业农村发展重点领域重点项目扶持目录》。《目录》的制定促进了规划、项目和资源的整合，整合后的省级财政支农专项资金分为粮食生产能力建设重点、高效生态农业和产业化重点、农业科技进步重点、农业基础设施建设重点、农村环境整治重点和欠发达地区发展重点等六大类 16 大项。《目录》基本反映了今后一个时期我省农业农村发展的重点领域、重点项目、省财政支持的重点和拟达到的建设目标，各专项资金的支持范围、支持对象、支持环节进一步明确，项目申报、立项和资金分配等管理更趋规范。

(四)进一步提高了支农资金使用效益。各地在支农资金整合工作中，特别注重集中财力支持当地优势产业的发展，从而使县级的优势特色产业不断壮大，农民增收效益明显。如永康市，2006 年共整合支农专项资金 2.22 亿元，比 2005 年的 1.44 亿元，翻了近一番。一是突出扶持基础设施和生态治理工程；二是突出农业安全生产体系建设，主要实施动物防控体系建设、森林防火控制体系建设、蔬菜安全监测体系建设、植物防控体系建设和农业保障体系建设等五大工程；三是突出扶持十大地方农业品牌，重点用于扶持品牌农业，通过创牌工程、基地工程、研发创新工程、拓展营销工程的实施，对十大农业品牌进行扶持奖励。支农资金整合的目的是提高资金的使用效益。近年来，省财政厅及省级农口单位分别邀请或委托省人大、省政协、省委政策研究室以及高等院校的专家学者，对部分支农专项资金开展绩效评价工作，全面总结评价财政支农专项资金的决策、实施和运作情况，建立资金使用的“问效制”和“问责制”，从而进一步规范农业专项资金管理行为，提高财政资金的使用效益，为财政支农专项资金的设立和合理界定资金使用方向提供客观依据，推动专项资金的整合和结构优化。

(五)进一步创新支农资金管理形式。通过整合，各地对财政支农资金的管理理念更加科学、规范和严格，财政资金“四两拨千斤”的作用进一步发挥，社会资金投入“三农”的数量大有增加。在整合工作中，既有对支农资金进行合并、归类、清理的方式，也有资金“捆绑”、“打包”下达的方式；既有对预算内资金的整合，也有对预算外资金的整合。从而在工作方式上有了新的探索，拓宽了资金整合工作的思路，积累了成功的经验。如义乌市，以产业和项目为整合平台，通过改革支农资金的预算管理、改变支农资金国库集中支付方式、加强项目规划管理等措施，合理配置公共财政资源。按照“资金渠道不变，审批权限不变，管理责职不变”的原则，把农业、林业、水务等方面的资金，以财政支农预算的方式捆绑起来，集中使用到重点产业的扶持上。根据财政支农资金支持的重点领域和项目，对支农资金用途、扶持对象基本相同或相近的专项支出进行合并，以综合预算的方式进行统一资金安排。在统一预算安排资金、统一管理部门、统一扶持对象、统一扶持标准、统一扶持内容、统一扶持方式的基础上，以统一扶持政策和资金切块的方式进行整合，突出重点产业进行扶持，从而有效地保证农村、农业基础设施建设、生态农业和效益农业发展的资金需要。

回顾总结财政支农资金整合工作实践，使我们深刻体会到，要进一步将工作推向深入，关键在于深刻理解和创造性地贯彻落实中央和省委、省政府的方针政策，立足当地实际，拓展工作思路、创新工作载体，积极探索新的科学发展道路，这是最重要的经验和体会。建立强有力的组织协调机制是前提。必须要有一个权威的协调工作机构，建立党政领导挂帅、各农口部门参加的协调领导小组，研究制定农业发展规划，统一安排资金，实行分工负责、相互配合。创新资金分配使用机制是关键。一是资金审批权限下放，要逐步探索将项目选择权和资金使用权下放到县级；二是改革和完善项目立项管理，普遍推行项目招投标制、公告公示制、专家评审等制度，建立项目库制度，加强资金使用的绩效考评。以发展规划带动支农资金整合是基础。制定发展规划，以规划定项目，以项目筹集资金，以整合资金来保证规划的实施。加强监管是取得整合实效的保证。通过项目公示制、县级财政报账制、绩效考评制以及责任追究制等监管措施，确保整合的支农资金安全有效使用。

在充分肯定成绩的同时，我们也应清醒地看到工作中存在的问题，主要有：一是各地对支农资金整合的认识还不完全统一，指导思想还不完全端正。个别地方对整合的目的、意义不清楚，思想不明确。有的地方以此作为向上争取资金的机会，如果上级没有投入就没有积极性。二是现行体制的制约增加了整合工作的难度。部门的权利、利益在很大程度上影响了整合工作的开展，个别地区、部门甚至有抵触情绪，给财政部门的协调工作增加了难度，带来了阻力。三是有些管理制度滞后，不能适应整合工作的需要。特别在县级，一些管理制度没有跟上资金整合工作的开展，个别地方甚至把整合工作（如涉及项目的调整）作为违纪行为来进行处理。四是支农项目和资金的管理机制不健全，措施不配套，从而影响整合工作的成效。五是上下之间和部门之间的联动措施不多，各级如何联动，整合的范围如何确定，整合的试点如何定位等等，都有待于在实践中不断探索和完善。

我们既要看到工作的成效，又要看到存在的问题，必须时刻保持清醒的头脑。应该说，目前的成效只是初步的，离建立体制性、机制性的支农资金整合工作要求还有相当差距。因此财政支农资金整合工作面临的任务仍然十分艰巨，还有很多难题需要破解。

二、认清形势，扎实推进财政支农资金整合工作向纵深开展

近年来，中央和省委、省政府始终把“三农”工作放在重中之重，各级财政部门认真贯彻执行中央和省委、省政府有关“三农”工作各项政策措施，努力转变职能，深化改革，不断调整和完善财政支农政策，加大对“三农”的投入力度。财政支农资金无论在总量上，还是在种类上都在不断增加，对推进社会主义新农村建设和构建农村和谐社会发挥了积极作用。2007 年，全省各级财政对新农村建设的投入将达到 417.6 亿元（口径为一般预算内），同比增长 11.8%，预计占财政总支出的比重为 25.4%。全省预算内农林水事务支出为 129.07 亿元，比上年增加 11.8%，其中省级为 19.88 亿元，比上年增加 10.8%。截至 9 月底，全省新农村建设财政投入已达 316.56 亿元，完成年度预算的 75.8%，其中农林水事务类、教育类、文化体育与传媒类、医疗卫生类、社会保障类支出分别为 86.87 亿元、157.65 亿元、11.83 亿元、29.37 亿元、30.84 亿元，社会事业和社会保障类支出占新农村建设财政投入的 72.6%。

整合支农资金，不仅非常必要，而且对促进“三农”问题的有效解决具有十分重要的意义。一是支农资金整合有利于逐步规范政府农业资金投向，合理有效配置公共财政资源，促进社会主义农村市场经济体系的建设和完善，实现城乡经济社会统筹协调发展，推进社会主义新农村建设。二是支农资金整合有利于转变政府和部门的职能，合理、准确、清晰确定政府和部门的职能、权利和责任，消除“缺位”和“越位”现象，促进完善政府对农业的支持和保护体系。三是支农资金整合有利于集中力量办大事，提高支农资金的整体合力，可以使有限的资金形成“拳头”，集中力量，对农村社会经济发展中的重点和关键领域给予有力的支持，起到“牵一发动全身”的效应，从而有效缓解农业和农村发展的资金供需矛盾，加快推进农业现代化、工业化和城市化进程。

应该看到，当前整合支农资金具备比较有利的条件，一是有明确的政策要求；二是各方面认识在不断统一和深化；三是通过试点积累了经验。但也存在资金使用管理制度不统一、部门利益分割和支农资金统筹使用管理缺乏统一协调的工作机制等困难。因此，要正确认识支农资金整合工作面临的形势，充分利用有利条件，努力克服困难，积极主动开展工作，进一步推动支农资金整合。

财政部高度重视财政支农资金整合工作，对各级财政明确提出了具体的工作方式和步骤。省委、省政府以及省财政厅党组提出的整合政府财力资源的要求，也为进一步整合我省财政支农资金创造了良好的条件。因此，全省各级财政部门要充分认识和深刻理解进一步开展财政支农资金整合工作的重要意义，积极探索，勇于实践，努力开创财政支农工作的新局面。

三、深入推进财政支农资金整合工作的重点

财政支农资金整合不是简单的调整和归并，也不是单纯地将某一部分资金划归一个部门或机构管理，而是形成一个有机的管理系统。刚才，冯处长已经把财政部对支农资金整合工作的要求和我省下一步工作开展的情况作了详细的介绍，这对我们进一步厘清思路、明确目标，着眼于从体制和机制两方面入手来整合财政支农资金是有很大益处的。结合上述内容，我重点强调六个方面的问题。

(一)强化组织建设保障。2006年，省政府办公厅转发的《关于做好财政支农资金整合工作指导意见的通知》，对市县政府推进财政支农资金整合工作提出了明确的要求。从我省开展财政支农资金整合试点的过程中看，无论是3个试点县(市)还是其他各地，都得到了当地党委和政府的高度重视，纷纷成立了以市县长或分管市县长挂帅，农口各部门参与的组织机构，从而形成了各部门责任明确、各司其职、通力合作的良好工作格局。由于支农资金整合难免会对部门权力和利益进行一些调整，支农资金整合过程中的困难和阻力也是客观存在的。作为财政部门，在支农资金整合工作中，应该将自己定位于协调的角色，积极主动地争取领导的支持，并与农口各部门进行沟通与协调，加强宣传，最大程度地争取部门的理解与支持，按照"政府主导、财政协调、部门参与"的思路推进我省的支农资金整合工作。

(二)构筑资金整合平台。财政支农资金整合的前提是规划和资源的整合，因此，整合资金必须以发展优势主导产业、特色优势项目和区域经济发展为切入点，将资金整合与推进产业结构调整相结合，与发展现代农业相结合，与新农村建设相结合。当前，省政府提出的发展"十大主导产业"，为财政支农资金的整合搭建了良好平台，因此，规划、资源、资金必须"三位一体"，从而使财政支农资金整合的三大目标(即明确资金使用方向、确保资金使用安全、提高资金使用效益)能够更好地得以实现。

各试点县(市、区)可根据本地的具体实际和相关资金使用管理要求，因地制宜选择项目、产业、区域带动等多种形式来构筑平台，确定支农资金整合的方式。一是项目带动。各地可选择一个或几个重点项目，围绕项目的统一规划，将相关资金按各自的用途实施集中投入。二是产业带动。各地可围绕省政府提出的发展"十大主导产业"的思路来突出资金扶持重点，统筹安排使用资金。三是区域带动。各地可围绕"中心镇培育工程"，根据确定的区域发展布局规划，按照相关资金的性质统筹安排，集中投入。

(三)健全规章制度体系。支农资金整合工作是一项系统工程，在协调各方利益的同时，要进一步建立和完善相关的制度和管理办法，为支农资金整合工作的顺利开展提供制度保障。从2005年起，省财政厅就积极开始探索支农资金整合的一些基础性工作，制定了《浙江省农业农村重点扶持项目扶持领域导向目录》，对省级立项的支农资金进行梳理和分类，并在一定程度上指导和服务农口部门编制下一年度部门预算。2006年，又下发了《关于建立和完善农业农村发展重点领域重点项目扶持导向目录制度的通知》，建立起省、市、县三级导向目录，进一步强化支农资金整合"全省一盘棋"的理念，使财政支农系统的各个层次、各个环节在同一个目标的指引下各司其职、形成合力，逐步构建上下联动、协调配合、系统有序的政府支农体系。但与支农资金整合的要求相比，我省相关的配套办法和制度还不够完善。下一步，省与市县都要对现行支农资金使用管理制度进行认真清理，修订并完善服务于支农资金整合的资金分配、使用、管理办法，使各项管理制度相互衔接，避免互相矛盾和交叉重叠，为支农资金整合提供制度支撑。

(四)改革支农分配方式。2007年起，省对13个试点县(市、区)的部分生产性支农资金实行"捆绑"下达，这是贯彻财政部支农资金整合试点中提出的深化支农资金项目审批权限下放改革的一项重要举措。从辽宁、江苏等省情况来看，运用这种分配方式的效果比较明显，能较好地避免专项转移支付中"九龙治水，各行其是"的弊端，对推动市县开展支农资金整合有着积极的作用。根据我省的实际情况，将部分生产性用途的支农资金实行"捆绑"下达市县已具备一定的基础和条件，能进一步推动各地的支农资金整合工作，形成上下联动的局面，但也要避免"一放就乱"的局面。为此，市县自主确定的项目，一是要符合省级农口部门的产业发展规划及立项指南的要求；二是要由省级综合审定项目的立项和资金分配方案，并报分管省长批准后实施；三是这部分项目资金每年申报审批一次，并由省里进行考核，不作为市县的基数。

(五)打造上下联动局面。虽然我们在推进省级支农资金整合方面已经做了一些工作，但整合的力度与省政府主要领导对支农资金整合的要求还有一定的差距。因此，从省级层面上看，我们应该进一步加强与省级农口部门的协调，统一农口部门的思想，取得农口部门的理解和配合，更好地推进省级支农资金的整合工作。在推进市县支农资金整合方面，要不断完善相关制度、办法以及积极探索省级支农资金"捆绑"下达的分配方式，加强对市县支农资金整合工作的指导和沟通。全省要采取"各级联动，点面结合，《目录》引导，纵横齐进"的方法推进支农资金整合工作。各级联动，就是要求省、市、县(市、区)财政都要按照浙政办发〔2006〕127号文件的要求，进一步深化和推动整合工作的开展，上下协调实施。点面结合，就是在抓好试点的同时，积极引导各地结合自身特点选择不同的方式开展资金整合工作，并积极做好面上的宏观指导工作。《目录》引导，就是要求各级财政都要进一步完善《目录》的编制和管理，在现有的基础上，结合中央和省委、省政府对财政支持"三农"工作提出的新要求，及时修改、充实、完善目录，使之内容更全面、形式更规范、要素更齐全。纵横齐进，就是要求各级财政既要对本级的支农资金认真开展清理、合并、归类，开展横向层面的资金整合；又要对上下之间的转移支付资金进行归集和安排，开展纵向层面的资金整合。

(六)重视监督管理工作。从现状看，支农资金管理"重分配、轻监管"的现象依然存在，致使部分支农资金未能发挥其最大的使用效益。随着支农资金整合工作的全面展开和向纵深推进，支农资金管理方式将进一步得到调整和完善。因此，要更加强化对支农资金的监管工作，建立起有效的考核机制，通过相应的考核指标体系，对各市县形成有效的奖惩机制，在赋予市县权力的同时，也要求承担相应的监管职责。省财政应将重点放在对全省面上的宏观监管和政策制定上。通过支农资金监管的"上下一盘棋"，一方面可以保障支农资金整合工作的顺利推进及巩固整合成果，另一方面可以更好地发挥支农资金的使用效益，为我省社会主义新农村建设服务。

四、深入推进财政支农资金整合工作的几点要求

(一)创新支农资金整合方式。省对13个试点县(市、区)，不强求统一的资金整合的路径和模式，鼓励不同级次、不同层面、不同内容、不同形式的整合，提倡各地从实际出发，因地制宜，积极探索，自主创新，形成灵活多样、操作性强、切实有效的整合方式。按照上述模式，在资金整合的具体方式上要研究建立资金筹措和使用的有效机制。在财政资金投入层面，要采取对横向、纵向资金“打捆”、“拼盘”、“合并”等方式归集和安排资金；在财政引导社会资金投入层面，要采取适应市场经济发展要求的贴息、担保、参股、以奖代补、保险等投入方式，吸引社会资金增加投入，发挥资金整合效应。

(二)修改完善支农资金整合试点工作方案。今年确定的13个试点县(市、区)，除保留去年3个试点外，其余均为各市推荐上报。由于准备时间较为仓促，各地的资金整合方案也都参差不齐。刚才，作为今年列入财政部试点的常山县和桐乡市已分别介绍了各自的试点工作方案，相对而言，这两个方案重点突出、要素齐全，其框架和思路可供其余各地参考，但切忌照搬照抄。请其余11个试点县(市、区)会后抓紧修改完善试点工作方案，并于10月19日前将修改后的方案报送省财政厅农业处。

(三)注重支农资金整合工作的宣传。各试点县(市、区)要采取不同形式，积极宣传支农资金整合的必要性和重要意义，介绍支农资金整合好的经验、好的做法和积极成效，促进支农资金整合工作不断迈上新台阶。各地要高度重视支农资金整合动态信息的报送，不仅要及时，而且要有质量。试点县(市、区)的工作动态至少每2个月直接报送省财政厅农业处一次。其中，常山县和桐乡市还应及时报送财政部农业司。

(四)加强指导与监督。各地要认真研究资金整合过程中出现的问题，积极有效地提出解决办法。对整合工作中出现的困难和经验教训及时总结，采取切实可行的保障措施，积极推动支农资金整合工作。各试点县(市、区)政府要进一步加强对支农资金整合工作的领导，统筹安排支农资金的使用，协调部门之间关系，帮助解决工作中的困难和问题，为支农资金整合工作提供必要的支持和保障。各试点县(市、区)财政部门要积极争取当地政府对支农资金整合工作的支持和指导，配合有关部门研究确定本地区农业农村发展重点领域、重点项目，积极当好政府决策的参谋。主动与涉农等有关部门进行沟通协调，与有关部门共同加强资金的使用管理，推进支农资金整合工作。省财政厅将会同省级农口厅局，进一步加强对试点县(市、区)以及其他市县财政支农资金整合工作的指导和监督，并结合2007年开展的“财政支农资金管理年”活动，深入基层开展调查研究工作，认真总结试点工作经验，及时发现并纠正问题。(2007年10月12日)

在全省契税耕地占用税征管工作座谈会上的讲话(摘要)

省财政厅纪检组长 金慧群

一、1-10月全省契税、耕地占用税征收基本情况

今年以来全省经济和财政收入保持了较好的运行态势。财政总收入、地方财政收入分别增长27.4%和28.4%，这与我们契、耕两税的增收密不可分。2007年1至10月，全省共组织征收契、耕两税收入104.6亿元，比上年增长39.5%，增收29.6亿元，完成契、耕两税全年预算任务的108%。其中：契税92.5亿元，增长41.9%，增收27.3亿元；耕地占用税12.1亿元，增长23.4%，增收22808万元。

小浙江(不含宁波)契税、耕地占用税两税收入为86.3亿元，比上年增长41.2%，增收25.2亿元，完成年初省下达任务的110.9%。其中：契税76.2亿元，比上年增长44.9%，增收23.6亿元；耕地占用税10.1亿元，增长18.2%，增收1.6亿元。小浙江69个征收单位中，1-10月契、耕两税收入已经上亿元的有24个，比上年同期增加8个。

契税、耕地占用税收入呈现出以下特点：

(一)收入快速增长，已经跨上百亿元台阶。1至10月，全省两税收入首次过了百亿元台阶，比上年同期增长达到39.5%，超过同期全省地方财政收入增幅11个百分点，比全省同期各项税收增幅29.9%高出近10个百分点。预计全年两税收入至少在120亿元以上。

(二)地区之间增幅不平衡。今年1至10月，大部分地方保持稳定增长，但增幅差异较大。全省增幅最高与最低相差近40个百分点，但同时还有9个县(区)收入出现负增长。

(三)土地出让环节契税增长推动了整个契税收入的快速增长。目前土地和房屋契税基本各占一半，小浙江1至10月共征收土地出让转让环节契税36.1亿元，比上年增长65.5%，其中：出让环节33.4亿元，比上年增长79.8%；转让环节2.7亿元，比上年增长16.3%。房屋交易环节契税40亿元，比上年增长30.8%，其中商品房交易契税24亿元，比上年增长33.9%；二手房交易契税16亿元，比上年增长26.4%。

二、今年来的主要工作

今年以来，大家按照年初确定的工作目标和任务，在“两税”征管工作上积极贯彻“三个三”工作措施要求，不断完善契税、耕地占用税政策和征管办法，进一步发挥征收“把手”作用，积极推进房地产税收一体化征管工作。

(一)及时下达年度征收计划，确保完成收入任务。根据2007年全省财政收入预算的安排、2006年度决算数，结合今年我省建设用地计划和房地产市场趋势，及时下达2007年全省各市、县(市、区)耕地占用税、契税征收任务。认真开展上年度征管实绩考核工作，对完成任务较好、征管绩效明显的单位进行了表彰，进一步调动各级做好工作的积极性。

(二)进一步完善契、耕两税征管政策和制度。针对各地反映的问题，省厅在组织调查研究基础上，制定下发了《关于招标拍卖挂牌出让国有土地使用权过程中有关契税政策的通知》、《关于对地质灾害移民安置建房免征耕地占用税的批复》、《关于两个以上买受人联合购买关闭破产企业的土地房屋契税征管问题的通知》和《关于印发〈浙江省契税征收管理业务规程〉(试行)的通知》等征管文件，积极指导各地做好征管工作。与此同时，各市县也制定了一系列的征管办法，完善了与相关部门的工作措施，较好地做到了应收尽收。

（三）加强与地税部门的配合，积极做好房地产税收一体化征管工作。各地认真按照去年底省厅、省局下达的《关于推进全省房地产税收一体化管理工作的意见》要求，加强财政、地税部门的配合，积极承担"一体化"具体牵头工作，认真做好"一站式"征管。今年省厅农税局与省地税局相关处室多次研究一体化工作中存在的问题，商讨加强征收管理的措施。在调研统计摸清情况的基础上，省厅、省局联合下发了《关于2007年上半年我省房地产税收一体化管理工作情况的通报》，对各地房地产税收一体化工作情况进行通报，既肯定了成效，又对存在的不足之处及时提出改进意见。省厅还组织人员对转国家税务总局制定的房地产税收一体化管理业务规程进行了研讨。目前，全省各市、县普遍建立了房地产税收一体化征管工作领导小组，落实了领导责任。绝大多数市、县实行了房地产交易环节税收"一窗式"征收，方便了纳税人办税。较好地做到征管政策统一，涉税价格一致，提高了征管效率。

（四）积极推行房地产交易最低计税价格管理办法。为适应房地产交易市场的发展，切实加强房地产交易环节税收征管，针对存量房交易成交价格难以监控，征税环节和税种又多，堵塞因申报价格偏低造成的征管漏洞，统一各相关税种的计税价格，提高工作效率和方便纳税人。省厅在充分调研基础上，有针对性地起草文件，提出措施并在充分征求各地意见后，以省厅、省局联合文件下达了《关于实行房屋交易最低计税价格管理办法的通知》。据了解，目前有60%的市、县（市、区）实行了最低计税价格办法，有的还向社会进行公告，明确不再进行纳税评估。这一做法既强化了征管，又减轻了纳税人的负担，公众反响较好。

三、下一阶段的工作

今年两税收入快速增长，除了加强征管措施外，主要得益于我省红火的房地产市场。与去年同期相比，今年推出的土地数量、地价和房价都有较大的涨幅。在国家进一步加大土地、银根等宏观调控力度的形势下，房地产市场的走势具有较大的不确定性。在当前税收收入快速增长的情况下，我们必须要有清醒的认识。

（一）抓好征收管理，圆满完成年度工作任务。离年终只有一个月时间了，大家回去后要根据各自的情况，对照全年的工作计划要求，查漏补缺，确保完成工作任务。同时要采取积极的措施，努力使"两税"收入保持持续稳定增长。要认真按照政策制度要求，做好契、耕两税减免缓审批工作，对缓征期满的，要及时做好催缴入库工作。

（二）继续抓好以契税为"把手"的房地产税收一体化征管工作，提高房地产交易环节税收的科学化、精细化管理水平，发挥房地产税收的宏观调控作用，努力增加地方财政收入。各级农税征管机关要突出做好部门配合协调工作，不断完善征管业务流程，省厅、省局在年底要对这项工作进行认真总结。

（三）做好即将出台的《中华人民共和国耕地占用税暂行条例》及实施细则的贯彻工作。新的耕地占用税条例与老条例在征收范围、征收对象、税率、减免规定等方面有较大的调整，我们要认真学习并制定好我省实施办法。同时要加强政策宣传和培训，确保国家耕占税新政策规定的及时贯彻实施。

（四）完善契税、耕地占用税征管政策，加强征收管理，确保收入稳定增长。当前重点要做好土地市场的契税征管，切实贯彻好不久前省厅下达的《关于招标拍卖挂牌出让国有土地使用权过程中有关契税政策的通知》，主动商同国土部门落实具体措施，切实加强土地转让环节契税的征管。

（五）认真研究解决征收软件问题。原有征管软件已不适应当前两税征管工作的实际需要，特别是开展房地产税收一体化征管工作后，对软件系统又提出了更高的要求。我们要认真重视这项工作，加快开发进度，也可以把市县开发应用较好的征收软件推荐给各地，切实解决征管信息系统问题。

（六）抓好业务学习，加强征收管理队伍。各级农税征收机关要按照建立学习型组织的要求，在认真学习政策业务的同时，加强党的十七大和省委十二次党代会精神的学习，自觉按照科学发展观要求，制定和完善耕、契两税的征管政策制度，服务于我省"创新创业"大局。同时要做好征收队伍管理，加强勤政廉政教育，提高征管效率，为纳税人提供便捷的服务。

（2007年11月29日）

立足专业 开拓创新
推进财政项目审核事业加快发展

——魏跃华同志在全省第一次财政项目审核工作会议上的讲话（摘要）

一、七年来财政项目审核工作的简要回顾

过去的七年，是我省财政项目审核工作求真务实、开拓创新、扎实推进的七年，是全省财政项目审核事业从无到有、做大做强、蒸蒸日上的七年。七年来，尤其是近几年来，全省各级财政项目审核机构紧紧围绕财政中心工作，全面深入领会和贯彻厅党组提出的"三个三"管理理念和工作措施，充分发挥审核机构专业技术优势，积极推进财政项目预算管理的科学化、精细化和规范化，无论是在机构建设、队伍建设方面，还是业务建设、制度建设方面，都取得重大突破和长足发展，业绩斐然，硕果累累。

（一）审核规模不断增大。七年来审核项目不断增加，审核的资金数额逐年增大。2000—2006年，全省各级财政审核机构累计审核项目26283个，审核金额从2000年的104.01亿元增加到2006年的407.86亿元，七年累计审核金额1637.50亿元，平均每年递增21.55%；累计审定金额1480.79亿元，净审减156.71亿元，平均审减率达9.57%。今年上半年，全省审核规模达265.05亿元，比上年同期增长20.10%，净审减22.14亿元，审减率8.35%。审核规模的不断增大，不仅为国家节省了巨额资金，而且有力地推动了项目预算管理和单位财务管理的不断改善。

（二）审核领域不断拓宽。审核的项目数量不断增多，范围不断扩大，目前已经开始覆盖到房屋建筑物购建类、大型修缮类、信息网络购建类、设备购置类以及其他发展建设类项目。今年厅审核中心还配合厅经建处进行农村道路养护费开支标准的调研测算。这些项目涉及到政府投资的不同领域，说明审核的广度在扩展，不断向“应审尽审”的目标推进。同时，对同类项目不同管理环节的审核也在延伸，审核的深度逐步推进。主要表现：一是扩大“盯防站位”，项目审核由过去单纯的基建决算项目扩大到部门预算中的部分项目预算编制。在继续做好基建项目概、预、结（决）算审核的同时，各地财政审核机构都不断拓宽审核领域。如杭州、嘉兴、台州、丽水等地加强对部门项目支出预算的审核，有效遏止了项目资金申报的盲目性、随意性和虚假性。二是冲到最前沿“贴身防守”，认真进行财政直接拨付项目的支付审核。厅审核中心从2003年起即对省财政直拨试点项目进行支付审核，不少市县的财政审核机构也都陆续开展此项工作。台州市财政项目预算审核中心2006年按照该市的有关办法开展基建项目资金财政直接支付审核，共审核18个支付项目，送审金额2228万元，核减（不拨付或暂不拨付）1136万元，核减率高达51%。审核机构直接进行工程项目的支付审核，既承担了繁重的工作量，创造了可观的效益，也承担了不小的压力和风险。总的说，“扩大站位”和“贴身防守”有力地促进了财政项目资金运行的全方位、全过程监管。另外，厅审核中心和部分市县审核机构还积极参与政府工程项目采购的有关审核工作，通过对工程项目的标底、施工图预算和工程量清单进行审核把关，为政府工程采购预算的核定提供了可靠依据。

（三）审核关口不断前移。不少地方财政审核机构积极参与项目的前期工作和项目实施过程的前端审核，实现预算资金安排的提前控制，并通过审核手段“倒逼”项目单位规范资金管理。一是积极参与财政项目估算、概算审核，有效控制项目投资规模，努力减少“单位随意点菜，财政被动埋单”的现象。义乌市财政稽核中心2006年共审核项目概算19个，送审价88364万元，核减7942万元。根据义乌市政府文件规定，市稽核中心形成的审核意见作为投资综合管理部门批准立项的依据之一。二是积极参与财政项目全过程的事前监管，加强建设成本的控制与监督，并及时解决和查处问题。杭州市西湖区财政项目预算审核中心对财政预算和区专款资金安排的项目进行全过程管理，加强事前审核，在项目招投标文件、施工合同和大额工程联系单等关键性的前置环节，设“重兵”监督把关，规范投资管理，控制投资成本。

（四）审核制度不断健全。各级财政部门和审核机构都非常重视制度建设，相继出台一系列规范性文件和工作制度。省厅在总结完善厅审核中心几年来行之有效的做法的基础上，在今年出台的《浙江省省级部门项目支出预算管理办法》中第一次明确规定：对于纳入省财政项目库的房屋建筑物购建类项目、大型修缮类项目、信息网络购建类项目、50万元以上设备购置类项目、物业管理费类项目，以及其他专业技术较复杂的项目，必须先由厅审核中心进行审核，其审核意见作为预算安排的必要依据，并且在“金财工程”有关项目库软件系统中专门设置审核环节，以确保审核工作机制运转的有效性。嘉兴市先后出台政府投资项目三算审批流程、工程竣工结算中有关问题处理、工程变更管理、跟踪评审操作规程等一系列管理制度和操作办法；丽水市2007年开始实施政府投资项目管理办法、财政性基本建设预算管理办法，进一步明确审核中心在项目资金审核方面的职责。其他一些地区也都逐步建立健全审核工作的规章制度。这些规章制度的建立健全，标志着财政项目审核工作开始进入规范化、制度化的运行轨道。

（五）审核队伍不断壮大。自2000年以来，省厅和绝大多数市级财政部门都相继建立机构，许多县级财政部门也建立相应的机构。截至2006年底，全省各级财政部门已建立审核机构（包括评审机构）41家，其中地市级9家，县（市、区）级32家；全省审核机构的工作人员近300人，其中专业技术人员占82%。同时，厅审核中心及部分市县局审核机构在机构建设中还取得重新定性、更名、升格等方面的突破。各级财政审核机构积极开展以“建设一流队伍、争创一流业绩”为目标，争先创优，扎实工作，涌现出一大批先进单位和先进个人。在今年全国第一次工作会议上，厅审核中心获得全国财政投资评审系统先进单位等荣誉称号。杭州市局中心获得“浙江省财政系统先进集体”称号，并被团市委授予杭州市级“青年文明号”称号。各地审核机构也都以扎实的工作、出色的成绩，为财政部门争了光、添了彩。

七年来全省财政项目审核机构能够取得很大发展、做出很大贡献，得益于各级党政领导和财政部门领导的高度重视和亲切关怀，得益于财政系统业务部门的大力支持和密切配合，更得益于全省财政审核机构干部职工的顽强拼搏和默默奉献。借此机会，我谨代表厅党组向奋斗在全省财政项目审核战线上的全体干部职工表示最衷心的感谢！

回顾和检视七年来的工作历程，我们也要清醒地看到，目前财政项目审核工作还存在不少问题和薄弱环节，还不能更好地适应公共财政改革与发展的要求。主要表现：一是事业发展不够平衡。目前全省还有部分市县财政部门没有组建专业机构，没有形成一支财政自己的专业技术队伍，在这些地方财政项目审核事业几乎是一片空白。特别是对那些经济比较发达、项目支出规模较大、有条件也有能力却没有组建这支队伍的市县而言，这是很不应该的。二是体制机制不够完善。在一些地区、一些部门以及一些政府投资领域，政府项目资金的监管体系还不够科学完整，以专业技术手段为依托的财政项目审核机制还不够健全有力，公共财政项目预算管理链条的完整性和严密性都还有不足。三是方式方法缺乏研究。随着审核范围和规模的不断扩大，有没有“萝卜拔了不洗泥”的现象？如何通过更科学、更严谨的审核方式或方法，来确保事关安身立命之本的审核质量，面临着越来越大的考验。

二、当前财政改革发展的环境与氛围

财政项目审核事业，既是公共财政改革的产物，也将伴随公共财政建设的发展而发展。我们必须始终自觉而主动地把财政项目审核工作放到公共财政改革与发展的大局中来认识和把握。

当前，以部门预算、国库集中支付、预算绩效评价为主要标志的“三位一体”财政改革，已经推进到一个新的阶段。我们所处的环境和氛围非常好，面临着财政项目审核事业大发展大提升的难得机遇和新的挑战。这可以通过对今年以来具有标志性意义的三个重要会议精神的学习贯彻，来体会、来感悟。

第一个会议，是今年7月财政部召开的全国财政厅(局)长座谈会。这次会议一个很大的亮点，是十分突出地强调加强财政支出管理问题。会议深刻指出目前财政支出管理中存在的六个问题，比如预算编制特别是项目支出预算不够细化，支出标准体系仍不完善，部分资金分配缺乏科学合理标准，年初预算分配到项目的到位率低，部分资金未细化到具体单位和项目。又如资金监管方面，资金管理的规范化、科学化、现代化水平还不够高，虚报冒领、挤占挪用、损失浪费、违规违纪的资金数额还比较大，资金使用效益不高等。应当说，这些财政支出管理尤其是项目支出管理问题，是与财政项目审核机制不够健全、审核工作不够到位直接相关的。会议明确提出要从六大方面进一步加强财政支出管理。其中，“要加强推进预算绩效评价，注重公共服务和公共产品的质量”以及“加强对财政运行全过程的监督，建设‘法治’财政和‘科技’财政”等“两个加强”，也是给财政项目审核工作提出了更新更高的要求。总的来说，这次会议释放出一个强烈信号，这就是：围绕财政支出，改革要更深化，管理要更细化，监督要更强化。

第二个会议，是今年年初在义乌套开全省财政工作与政府债务管理两个会议。正是在这次会议上，吕省长高屋建瓴地提出财政管理“收入一个‘笼子’、支出一个‘口子’、预算一个‘盘子’”的“三个子”重要论断。之后，厅党组召开一系列会议，制定一系列措施，结合建立健全“三个三”工作长效机制，落实义乌会议精神。最近，吕省长又在市县长财政培训班上阐述了“三个子”的管理思想，认为“三个子”就是公共财政管理体制。我觉得在经济社会转型时期，吕省长的“三个子”加上厅党组的“三个三”能管浙江财政工作许多年。“三个子”强调财政收支的统一性，这正是公共财政的必然要求，而真正做到“三个子”还任重而道远。“三个三”则强调财政收支的结构性，结构决定质量、决定效益，追求质量和效益也是公共财政的必然要求，“三个三”更需要锲而不舍、持之以恒抓下去。只讲“三个子”，忽视“三个三”，所谓的“统一性”就缺乏结构支撑，达不到质量最优化；只讲“三个三”，忽视“三个子”，所谓的“结构性”就是不完整的，达不到功能最大化。可见，“三个子”和“三个三”互为前提，相辅相成，加在一起更完整、更辩证，也更科学，是深化财政改革的思想武器和推进业务工作的管理武器。“三个子”加“三个三”，对我们意味着什么？意味着我们必须着眼于扩大财政项目审核范围，着手于健全财政项目审核制度机制，着力于提高财政项目审核质量和效益。

第三个会议，也是今年年初召开全国第一次财政评审工作会议。这次会议规模之大，规格之高，内容之重要，都堪称“第一次”。尤其是朱部长的讲话，高瞻远瞩，寓意深刻，鼓舞人心，催人奋进。这个讲话是在全国财政评审事业诞生以来，第一次全面准确地阐述了公共财政体制下财政评审工作的性质、地位和作用，把加强财政投资评审放到推动公共财政改革和各项中心工作深入开展的高度来认识和看待；第一次明确无误地肯定了建立健全项目资金管理财政评审机制的不可或缺性，深刻指出财政评审工作必须扎根在预算管理之中；第一次立意高远地把财政评审工作与转变增长方式促进科学发展联系在一起，明确承担起财政评审为增进公共财政运行质量和效率服务的崇高使命。总之，这次全国会议对财政评审事业又好又快发展，意义重大，影响深远。我们一定要认真学习、深刻领会，结合我省实际，把会议精神贯彻落实到工作实践中去。

三、财政项目审核工作总体思路和主要任务

我们已具备事业发展的良好基础，所处环境氛围又是如此之好。如何抓住机遇顺势而为，把我们的事业推上新的台阶？要做的事情很多，要下工夫的地方也很多。我想可以用四句话概括当前及今后一段时期我们工作的总体思路和主要任务，即：锁定一个目标，健全两个机制，把准三个关系，完成四大任务。

(一)锁定一个目标：项目预算管理的科学化和精细化

我们总的目标当然是为公共财政改革与发展服务，为财政中心工作服务。但我们所从事的专业工作侧重在技术经济，必须立足专业，发挥专长，把所追求的目标具体化，从而找准着力的具体方向。我认为，把具体努力目标确定为项目预算管理的科学化和精细化，是更贴近我们的职能定位和专业实际的。这个目标不是空喊大口号，也不是可望不可及的，只要我们锐意进取，不懈努力，孜孜以求，它就是一个可以逐渐逼近实现的现实性目标。

什么叫“科学化”？从项目审核工作来说，就是追求项目功能与项目预算(成本)之间的性价比最大化。在项目审核中，既要考虑满足项目基本功能的合理需要，更要考虑付出的代价包括资源环境的代价尽可能少。这样，才能体现资源节约和环境友好，体现公共财政的质量和效益，体现科学发展观的要求。前段时间厅审核中心对省委党校迁建项目有关资金的审核有增有减，获得吕省长的充分肯定。这个案例我觉得很有典型意义，也给了我重要启发。在特定条件下，一个项目所需代价与其基本功能定位之间一定有某种最佳或次佳的数量关系，审核至少要从专业技术角度找出这个关系，并用专业语言把它量化描述和确认下来。这样给出的结论，既定性、又定量，才是比较科学合理、令人信服的。由此也导出一个观点，就是要辩证对待“审减率”。不讲资金代价盲目追求项目功能，或者不顾项目功能片面强调资金“审减”，都不是科学的态度，都容易走进死胡同。各级审核机构要好好研究项目审核的科学性问题，厅审核中心可以从各地审核案例中选取不同类型、有代表性的案例，从专业技术和审核业务的角度，组织交流，深入探讨，互相启发，取长补短，从中发现一些带规律性的东西，并且把它逐步具体化为审核工作的操作要领和必要规则，以提高项目审核的科学性，提高我们的工作水平。

什么叫“精细化”？这个概念最初大概是企业管理上提出的概念，后来也引用到财政管理中。“精细化管理是一种管理理念和管理技术，是通过规则的系统化和细化，运用程序化、标准化和数据化的手段，使组织管理各单元精确、高效、协同和持续运行。”“精细化管理遵循三大原则，一是注重细节，二是立足专业，三是科学量化。”可以看出，这些理念、技术、手段和原则等等，对我们的项目审核工作也是极有价值的，必须很好地借鉴和运用。

总体而言，科学化是精细化的前提，不讲科学的精细化，越是精细就越是事倍功半；而精细化又是科学化的保证，是使科学精神渗透到管理的整个过程和所有细节的保证，在科学指导下的精细化，越是精细就越是事半功倍。项目审核工作涉及项目评估、规划、设计、勘查和施工，涉及土地、材料、设备和资金，还涉及管理体制、法律法规和政策制度，是内容极为复杂、技术含量较高的专业工作。没有金刚钻，不揽瓷器活”。就是有了“金刚钻”,如果没有科学求真、精细务实的工作态度、方法和作风,要做好这项工作也是难以想像的。

(二)健全两个机制:审核工作机制和质量保障机制

总的说,审核工作机制主要体现在审核机构与财政业务部门的联结接口上,通过这套联结机制把应审必审的财政项目无一例外地纳入专业审核的轨道;而质量保障机制则主要体现在我们自身运作的内部规程上,通过这套内部规程来确保项目审核的规范性、科学性和有效性。从联结接口看,几年来我们已经提出并初步建立了一套“几先几后”的审核工作机制。毫无疑问,随着改革不断深化细化,这些机制需要不断健全、延伸和完善,以便逐步全面做到财政项目“应审尽审”。同时,也不能操之过急,扩大审核范围和规模必须与管理体制改革进程和我们的能力相适应。从内部规程看,能否建立健全以质量保障为核心的一整套内部管理机制并保证其有效运行,则主要取决于我们自身的努力。

我今天要特别强调质量问题,在这个问题上务必增强责任意识、风险意识、忧患意识。质量是我们的生命线,是我们安身立命之本。这不是挂在嘴边、写在纸上、贴在墙上的,必须通过审核工作的每一个流程、每一个动作、每一个细节来保证,必须做到万无一失。凡是涉及业务审核工作的所有内部规章制度,都要贯穿质量这个生命线。就是说,内部管理必须以确保质量为核心、为灵魂、为命脉,并且要以严密的甚至是严厉的质量保证责任制来维护。谁要是把质量搞砸了,就要追究他的责任,严重者还要砸他的饭碗。你不砸他的饭碗,他就砸了大家的饭碗。道理很简单,如果不能保证项目审核的质量,别人凭什么要把这些项目交给我们来审?不能审项目,这个机构还有存在的理由吗?

(三)把准三个关系:业务部门、相关单位、中介机构

能不能正确处理财政项目审核工作与方方面面的关系,对于理顺工作关系、顺畅开展业务确实非常重要。先说项目审核机构与财政业务部门的关系。这个关系实质上是财政系统内部根据职能分工,双方积极配合、衔接协调、互动共赢的关系。业务部门要信赖和依靠项目审核机构的专业优势,真正把专业技术审核当成项目预算管理过程的必要的和必经的环节,创造条件为审核机构提供用武之地;审核机构要发挥专长,填补“空挡”,准确“补位”,竭诚服务,为业务部门提供及时充分、精确可靠的技术支撑。

再说我们与相关单位之间的关系,相关单位包括审核项目涉及的部门、单位或业主,也包括项目立项审批部门等。面对最多的对象是被审单位。我们与被审单位的关系是服务与被服务的关系,审核就是服务,是为了共同加强资金管理,提高投资效益,而不是为了审减资金而审核。因此,要增强服务意识,讲究服务方法,注重服务质量。既要实事求是、态度诚恳地指出问题,说明原因,提出合理建议,包括合理的增加资金建议;也要充分听取对方意见,尊重其合理要求,特别是要注意发现和汲取他们的好做法好经验,达到相互理解,相互支持,共同提高的目的。同时,要始终保持清醒意识和坚定意志。由于项目建设中的关系非常复杂,在概算编制、工程变更、支付结算等等环节上都有直接间接的利益搅在其中。处理这些错综复杂、有时是尖锐对立的利益关系时,要把握的最高原则是:用政策规定、技术标准和专业数据说话,有理、有据、有节。拎得清,底气足,敢碰硬。既不要打官腔、打哈哈,也不要怕压力、怕责难。

要好好研究和梳理我们与社会中介机构的关系。现在审核项目越来越多,范围越来越宽,规模也越来越大,而我们的专业力量毕竟有限,目前又不可能也无必要无限制地扩充机构队伍。所以必须依靠第三方力量,发挥中介机构的作用。实际上,厅审核中心和一些地方已经在这方面做出积极探索。下一步要考虑在总结经验的基础上抓紧制定规范性的管理和操作办法。这个办法不仅仅是要解决面临的力量不足这个突出问题,更重要的是,要从加快事业单位改革、促进中介机构作为现代服务业的重要组成部分加快发展这样的战略高度来研究考虑,做出安排,形成规范。

(四)完成四大任务:审核业务、标准化、信息化及队伍建设

审核业务始终是各级审核机构的首要任务和中心工作,是各项任务的重中之重。要按照“扩面增量、保质提效、强本固基”的要求,在确保审核质量、提高审核效益的前提下,努力扩大审核范围,增大审核规模。一是要积极与业务部门联系沟通,主动上门对接,争取项目业务,在此基础上拟订审核工作计划,必要时可以请示领导加以协调落实。二是在计划任务比较饱满的情况下,注意分门别类,掌握轻重缓急,统筹安排力量,突破重点,带动一般。三是对于需要委托中介机构评审的业务,务必严把“出口”和“进口”两道质量关。四是注重审核业务全过程的基础性工作,包括审核项目启动程序、审核方案实施流程的改进完善,也包括审核过程中疑难杂症的处理和突发事件的应对,以及对初步审核结论再审查再论证的三级复审,以确保最终结论的科学合理和精准可靠,还包括审核业务结束时资料的归集整理、经验的总结提炼等等。

第二项任务是标准化建设,这也是实现科学化和精细化管理目标的重要步骤和重要抓手。可以从两个方面推进标准化建设。一方面是标准化指标体系建设。项目支出是否必要、支出结构是否合理、支出规模是否适度、支出使用是否高效?不同项目的支出除了其特殊性之外,有没有共性问题?有没有可比性?面对诸如此类的问题,如何判断和衡量?又如何把握和操作?这就需要有不同的指标和不同的标准,而这些指标和标准又是公认的、权威的。可惜,现在这套东西非常欠缺。因此,必须加快标准化的项目支出指标体系的建设。这也是整个财政部门的大事,审核中心要在其中发挥专业技术生力军的重要作用。要调动我们的专业能力和智慧,运用各类项目的经济指标、技术参数、专项定额、计算方法乃至相关的数理分析模型等,确定分类科学的项目开支指标体系,给出相对合理的开支标准,然后拿到实践中应用检验,不断修订、完善和提高,最终形成一套科学完整的标准化、定量化指标体系。今年厅审核中心牵头制定了办公用房装修费用支出标准,这套标准得到业务部门的认可、欢迎和信赖,将在2008年省级部门预算编制中正式试用。明年将牵头制订办公用房建设费用和物业管理费用支出标准。这表明这项工作已经有了良好的起步,但仅仅是一小步。要加快建设步伐。把标准化指标体系建设看作我们自己的一个大项目,这个大项目是体现财政管理软实力的,做好这个项目也是锤炼自身专业素质、提升整体管理水平的过程。要研究长远规划,确定阶段目标,拟订实

施方案，采取必要措施，下大决心、下大工夫把这件大实事、大好事做实、做好。

另一方面是标准化审核流程，或者叫规范化审核模式。这里涉及到审核机构的职责定位和纳入审核的项目范围，涉及到项目预算管理不同环节审核关口的设定，也涉及到财政部门或者审核机构可能面临的法律、政策、市场及道德等各种风险。有些问题需要通过完善法规制度来解决，有些则需要通过对内部操作流程仔细分析梳理后的改造和完善来解决，这个过程也就是逐步使流程标准化的过程。流程体现管理思想、体现思维方式，因为它的背后是复杂的管理内容和过程。这里要特别提醒的是，要搜索和找准风险源并将其定性定量，在流程的关键点位预设相关措施，以有效控制、防范和化解各种风险。

第三，加快审核业务信息化建设，打造“科技”审核平台。科学化和精细化，标准化和流程化，都离不开信息化，都要靠信息技术支撑。目前，财政系统以“金财工程”为标志的信息一体化正在深入推进。审核业务信息化建设，是“金财工程”建设的一部分，是财政信息一体化大系统中的一个独特的子系统。所谓独特，就是这个子系统既要做到与业务部门项目预算管理的有效连接，更要满足工程项目管理专业技术审核业务方面的特定需求，而后者正是我们所要搭建的这个平台的主体部分。现在信息技术已经非常成熟，技术路线也都容易设计，关键是要充分挖掘并系统提出的需求，这些需求是多维度的，是表层与深层、近期与远期有机结合的，有的需求可能目前尚无法完全满足，但要立足当前，着眼长远，要有长计划、短安排。

打造信息化平台，至少要有如下要求：从横向看，即本级的信息化，一是按照标准化流程要求，所有的审核业务处理都应该通过这个系统操作。除了与业务部门的联结部分，主要是内部的流程操作，包括初审和三级复审等。二是所有纳入计划和已经执行项目的信息处理，要区别项目类型和业务环节分别操作。比如项目预算编制审核和支付执行审核就必须分别处理。前者会涉及项目管理方面众多复杂的专业技术指标和标准，需要有评估论证过程和足够的信息资源储备；后者则与项目施工现场密切关联，与施工进度相关的资金支付要设法用计算机监控。三是审核业务涉及的各类资料、图纸、数据和文件，以及内部的各项管理包括人事、工资和考核管理等等，都要逐步通过信息化系统管起来。纵向看，即上下级审核机构之间，主要是信息交流和资源共享问题，也要充分挖掘需求，逐一解决。总的看，这个系统建设第一步是先解决操作平台问题，然后逐步向更高层面的管理平台提升。厅审核中心要把它作为一个全省性大工程项目，与厅信息中心密切配合，与各地审核机构密切沟通，抓紧深入研究，周密制定规划，并尽快组织实施。

第四，抓好队伍建设，增强专业优势。总的是要按照厅党组提出的“谦虚、务实、协调”、“三靠两抓一组织”、“三个好好”和“三走近、三远离”等理念和要求，结合审核机构和审核工作的实际，抓好队伍的组织建设、思想建设、作风建设和专业建设。我这里强调一下专业建设问题，就三句话：第一是人才，第二是人才，第三还是人才。这个人才主要是专业人才。展开讲，一是要延揽人才。延就是聘请，揽就是搂住。对专家专才，能“搂住”的要想方设法“搂住”，“搂”不住的、又是工作所必需的，也要千方百计借用“外脑”搞外聘。二是培养人才。审核机构以专业立足，以技术取胜。从单位讲，要加强专业培训，营造学习氛围，形成人才培养的内部机制；从个人讲，要刻苦钻研技术，勤奋历练业务，少一点空谈扯淡，多一点真才实学，努力成为业务娴熟、技术精湛，又品行端正、堪当重任的专业之才。三是改善结构。目前厅审核中心人员中有土木工程、建筑结构、设备材料、电气、电子、企业管理和财会等专业毕业的，学历大都在大学本科以上。随着审核项目种类和数量的增多，省本级和各市县现有的专业人才结构能否支撑，如何改善，这个问题事关长远大计，各级财政部门尤其是审核机构的领导要给予足够关注，要好好研究应对之策。

（2007 年 9 月 12 日）

在全省财政学会秘书长和科研骨干培训班上的讲话（摘要）

省财政厅总会计师 魏跃华

一、关于“三个子”与“三个三”

“三个三”大家耳熟能详，“三个子”可谓新鲜出炉。从认识论和方法论尤其是方法论的角度讲，可以说，“三个子”加上“三个三”是对现阶段财政管理工作和操作业务所有方法论的最高度、最集中的概括，是财政管理方法的全部精要所在。如果这个观点成立，那么在经济社会和财政管理转型时期，我认为“三个子”加“三个三”能管财政工作许多年。下面我从个人理解的角度，对“三个子”和“三个三”作些解读。

首先，从两者各自所要解决的问题来看。“三个子”的要害是解决政府收支管理的统一性、完整性问题。只有一个笼子、一个口子、一个盘子，没有第二个笼子、第二个口子、第二个盘子，其实质就是高度统一、全面完整，这正是公共财政的必然要求。从具体的业务管理制度看，“三个子”显然是落实和体现在部门预算、国库集中收付这两大基本制度中。从管理的技术角度看，能否真正做到“三个子”，恐怕也是公共财政管理体系是否成熟而完备的主要标志。

“三个三”的要害是解决政府收支管理的结构性、功能性问题。在总量既定的前提下，结构问题将最终决定管理的质量、管理的效率和效益。总而言之，“三个三”决定我们的管理水平。

其次，从两者之间的关系来看。“三个子”和“三个三”，是财政管理这一个问题的两个方面，总的说是总量与结构的关系，是讲求总量的统一性和完整性与讲求结构的合理性和完美性这两大方面的辩证统一。如果只讲“三个子”，忽视“三个三”，所谓的“统一性”就缺乏结构支撑，达不到质量最优化。反过来，只讲“三个三”，忽视“三个子”，所谓的“结构性”就是不完整的，达不到功能最大化。

可见，“三个子”和“三个三”互为前提，相辅相成，加在一起就更完整、更辩证，也更科学，是深化财政改革的思想武器和推进业务工作的管理武器。说它是财政改革的思想武器,是因为改革要靠理论指导,要靠思想开路。说它是业务工作的管理武器,实际上"三个三"我们已经用了几年了,虽然还没有到得心应手、炉火纯青的地步,但也一年一年娴熟老练起来。我们还总结了不少行之有效的方法,如"存量调结构,增量优方向,增量调存量"等等。每个业务口子都有自己的小存量、小总量和小结构问题。"三个子"的武器虽然这几年也在用,特别是一些市县做得比较好,但我觉得总体上还不够理直气壮,思路和措施也不如"三个三"那么清晰、有力。这将是今后需要重点破解的问题之一。

第三,从财政改革发展的实践进程来看。既然"三个三"本质是追求质量和效益,而追求质量和效益又是公共财政的必然要求,是财政管理的永恒主题,那么"三个三"就需要锲而不舍、持之以恒并且富有创新地抓下去。这个问题黄旭明厅长在多种场合说得很多、很全、很透了,我这里不展开了。

现在看来,"三个子"有待研究解决的问题似乎多一些。比如说"收入一个笼子"在实践中就有不少问题。首先就有一个从现实出发打造一个什么样的"笼子"的问题。从道理上讲,这个"笼子"无疑就是国库集中收付制度,其载体就是国库单一账户体系。前年德清培训班上我曾较详细地介绍过这方面的情况,阐述过这个单一账户体系就犹如一个"笼子",而且从技术角度讲这个"笼子"可以做到无限大。真正的难点不在于做大笼子本身,而在于把钱往这个"笼子"即国库里面赶进去,但是现在还很不好赶。原因何在?

第一个原因,人民银行出于自身利益,始终不愿意打开国库现金管理的大门。这已经变成能否真正建立科学、规范、高效的国库集中收付制度的一个非常大的制约因素。问题的实质是财政与央行、中央与地方有利益矛盾。

从央行角度看,不论什么理由都无法否认一个事实:即政府存款放在国库基本上给央行白用。从长期零利息,到目前仅仅支付活期存款利息,而且存款源源不断,央行付出的代价相比其获得的利益微不足道。反观财政,如果财政资金大量闲置,那就意味着浪费,就必须寻找出路,最现实的出路就是现金管理,而现金管理最简单的办法是转存商业银行,收益率可以高好几个百分点。如果央行不打开这个大门,就将大大延缓国库集中收付改革的进程。再从商业银行角度看,实行国库集中支付后,政府存款将越来越向央行集中,原来分散滞留在商业银行的政府资金趋于枯竭。如果考虑货币乘数的放大效应,银行信贷资金对地方经济发展的影响就更大了。这样一来,改革似乎就变成这么一个问题:是只顾满足集中支付的管理需要,还是更要顾及当地资金的流动性和经济发展?两者孰轻孰重,地方政府自然掂得出份量。

第二个原因,市县政府有顾虑,不愿意贸然把所有可用资金全部往"笼子"里赶。什么顾虑?顾虑中央和省里打主意,要集中一块。进了国库就成了"瓮中之鳖",很容易被集中,至少是要想再拿出来会很不方便。最突出的表现是土地出让金入库不理想,到目前入库率只有几个百分点。这里确实是有实际问题,这些年拉城市框架、搞基础建设,地方政府主要依赖这块资金,如果入库后在使用这块资金上设置了障碍,那等于是绑住了地方政府的手脚。但中央的政令要畅通,要令行禁止。省政府最近下达了通知,再次明确要求按规定办,估计到年底入库率会大为提高。

在这种情况下该如何考虑"一个笼子"的问题?首先,"笼子"肯定要有,这不能动摇。其次,确有必要对"笼子"的概念做出适合现阶段实际的合理解释。否则,在目前体制下如果把某些改革想得太理想、太超前,结果很可能是作茧自缚,或者是欲速不达。这个问题科研部门能不能做一做研究,找一找根据,给出一个站得住的说法。义乌已经在实践上初步回答了这个问题,理论上如何提升,值得研究。

"三个子"中如果一个"笼子"的问题解决了,就是说真正做到了政府性资金财政管理的"一个笼子",那么,一个"口子"支出的前提问题就基本上迎刃而解了,接下来的难题还在一个"盘子"上。我理解,这个预算盘子真正的全部的实质意义,恐怕不仅仅在于它是不是全口径的、全覆盖的,恐怕更在于到底谁来决定它的范围、大小和内容。要真正做到这个意义上的"一个盘子",还有很多表层的和深层的问题需要解决,有的难度还很大。比较现实的办法是更多地研究解决第一个层面上的问题,但也不可避免地要牵动深层次问题,所以两个层面问题的研究要有机结合。

比如,体制性的制约因素。新的政府收支科目分类体系今年已经开始执行,新的收支分类涵盖了全部政府性资金,是全口径的、全覆盖的。但为平稳过渡,目前仍然维持现行的预算管理体制。现在向人代会报告需要审查批准的预算还是一般预算收支。我省改革步子要快,省级已经报告部门预算、基金预算、一般预算收支以外的非税收入预算、专项资金安排情况等。这个问题最后将归结为政府与人大的政治关系,涉及到政治体制。从市场经济改革的方向上看,从宪政意义上看,真正的公共财政体制,政府在其中只是预算执行的角色。毛主席说,预算是规定政府活动的范围和方向的。但谁来规定预算?如果政府能够规定预算,那也就能够自己规定自己的活动范围和方向了。可以说,现在不少弊端都与此相关。但是,如果都由人大规定、审批,在目前的国情下又会是一种什么情况,很难讲。还有预算编制中目前仍保留着"有预算审批权的部门",比较典型的是发改委的"基建切块预算",还有交通部门的政府性基金等。如果这一条不破除,整个预算盘子就难以做到全方位、多维度,难以做到"横向到边,纵向到底"。

又如,管理模式的制约因素。从财政内部看,预算综合部门管理预算的模式很大程度上还是长期以来的传统模式,收支平衡的核心内容和落脚点还是一般预算收支。过去的预算资金概念只对应国库资金,没有进入国库的资金就不叫预算资金,而叫预算外资金。好在这个界限已经打破——编制部门预算,并且有时特别强调这个部门预算叫"综合预算",加上"综合"二字的目的是把它与原有的一般预算内资金区别开来。其实,预算就是预算,没什么综合不综合的。预算有收入与支出、不同类别之分,有编制范围大小、程序不同之别等等,从用项上看,只要是有合法的资金来源保证并且经过法定程序审核报批后,不论是什么渠道的资金来源,也不论是编在哪个部门,都是具有同等法律效力的预算。总之,现在预算管理的范围和力度是不够全面的、不够彻底的,管理的模式还没有从传统意义上的脱胎出来。

总起来看,"预算一个盘子"不仅仅是统一形式的需要,更是规范监督管理、强化预算约束乃至推进政府职能转变的需要。从上述实际问题中大家可以感觉到,要真正做到"三个子",的确是任重而道远。

二、关于科研成果转化问题

黄旭明厅长对此问题非常重视，年年有专门批示。这些年我们在解决这个问题上做出很大努力，也取得很大成效。但是，总体感觉做得还不够，离黄厅长的要求、离财政改革发展的要求还有差距。因为我们对这个问题的认识有一个从朦胧到比较清晰、从肤浅到逐步深化的过程。今天特别提出这个问题，与大家进一步做些探讨。

首先，有效解决成果转化问题，使我们的研究成果能够更多更好地应用到实际工作中去，这是科研工作尤其是地方科研工作生命力旺盛的集中表现。成果转化，说白了就是科研成果要有用。没有用的东西不能叫成果。其次，采用什么办法、通过什么路径来实现成果的转化，这的确是一个需要不断思考、不断研究并不断解决的问题。这里有两个问题提出来和大家一块思考。

（一）面向实际和深入实际问题

这虽然是个老问题，但也是非首先解决不可的，因为这是决定研究成果能否成功转化的先决条件。应该说，面向实际我们一直做得很好，可以说我们所有的课题都是面向实际的，没有空谈扯淡的东西。深入实际做得如何？有时是做得好的，有时就未必了，我看有时多少有点做表面文章、做应景文章之嫌，对实际工作没有多大意义。比如有些课题研究沉不下去、沉不到底，没有新意、没有深度。要深入、深入、再深入，“深入成就深度”。不用说，要做到文章有新意、有深度是很不容易，其中有很多影响的因素，但如果沉都沉不下去，那就注定没有新意，注定没有深度。

要深入实际大概没有什么省事、讨巧的办法，只有老老实实去做，只有扑下身子，广泛全面、具体细致地接触实际。接触实际的办法还是有的，比如学习研究改革和管理方面的文件资料，其中有些文件纯属操作性的内容，但如果它涉及到你研究的方向，那就千万不要认为没有研究价值而一带而过。实际上现在不少政策问题往往取决于操作上能不能行得通。有句流行的话叫“细节决定成败”，这个细节决不是鸡毛蒜皮、细枝末叶、可有可无的，肯定是能够在一定条件下影响甚至左右全局的东西，你不去仔细研究操作细节，你又怎么知道政策执行的合理性、可行性如何？又如带着问题到基层调查研究，这也是常用的方法。再如参加有关会议，了解领导们关注的重大问题并下工夫去研究等等，诸如此类都是很好的办法。还有一个办法是主动与业务科处室保持联系，去了解和收集、发现和发掘他们那个领域所关心的焦点、难点、热点问题，或者是烦恼的问题，共同去研究或者科研部门为主去研究，研究的成果为他们所用。也就是说，一开始就应当有清晰的考虑，有比较明确的指向，努力找出成果转化的结合点或转换点。这样搞出来的研究就贴近实践，研究的成果自然就是工作中用得上的东西。

另外，课题研究本身也应当作为深入实际的过程，只要角度对、切入点准，这个研究越深入实际就可能越有价值。比如最近厅科研所准备与经建处做一个政府投资管理方面的课题。搞这个课题确实很有必要，不过先要弄清几个问题。一是从投资方式上看政府投资有直接投资、间接投资（资本金注入）等方式，是不是要把政府通过对一个项目主体注资后实行企业化运作的方式也纳入研究范围?我想不一定，因为太复杂，可能力不从心。可能主要还是从作为公共投资、生产公共产品的主要方式即政府直接投资这个角度去研究，这相对容易界定。二是从政府投资的领域看，又有各种类型的项目，上这些项目试图达到的目标是不一样的，就是说政府投资有多重目标，你的研究是都要满足，还是其中一二个目标？我想恐怕只能是有限目标、有限项目（范围）。比如说公路的投资管理问题，包括高速公路、收费公路及其他普通公路，其中又有国道、省道和农村道路。公路可以明确界定为公共产品，它的公益性是无可置疑的。但是在建设、营运、维护等管理体制、机制方面有很多问题值得研究。比如说我省高速公路现在都是企业化运作，这也是很多国家采取的方式，问题是我们这些公司都是以盈利为经营目标。占有公共资源并且无限期收费，那肯定是永远包赚不赔。赚来的钱拿去投资房地产，美其名曰国有资产保值增值。但是对社会来讲，成本很高，除了要缴养路费，还要再高价付费，这是公共产品吗？我的观点，对这类企业应当与自来水公司、城市公交公司一样，视为公用企业，至少要限制其投资方向，把它的投资看作是公共财政的延伸，取之于路，用之于路。虽然目前的状况有些积重难返，但不是说就只能永远这样下去，总要有一个改革的方向，因为太不合理，与政府公共服务的目标是背道而驰的，所以要研究。三是政府投资管理体制问题。至少有投资决策、执行和监督三大环节。你是都去研究，还是主要从财政职能出发去研究?我想应该是后者。总之，事先把关系捋清楚了，把角度和聚焦点、切入点找准了，然后再深入有关单位开展调研，收集整理资料并进行综合分析，形成比较系统的观点，哪怕最后真的就只是研究马路问题，国内国外、省内省外，体制政策，管理机制，操作运转，各个方面都深入进去，搞出的成果一定是业务部门十分欢迎的，因为有价值、有用、解渴。

（二）研究方法问题

最根本的方法就是理论密切联系实际。具体说，不同问题有不同的研究方法，就是同一问题由于立场、原则不同，研究的角度和方法也会不同，一切都要从实际出发。就我们这个部门、层面而言，我们这个科研机构的职能有点类似于党委政府的政研室，但又有所不同。他们更综合、更宏观，研究一般性的结论，大政策、大思路更多一些，我们恐怕就要具体得多。所以，我们的研究方法就应有所不同。我认为，总起来讲就是少一点“归纳”和“总装”，多一点“演绎”和“拆解”。归纳和演绎是两种相对的推理方法，这里借用这对概念是想说，我们不要满足于一般性、总括性的结论，不要停留在面面俱到的“归纳”上，而是应当更多地注意从个性的、个案的、具体的实际问题着眼去观察、去研究，从小角度、小环节、小题材着手去“演绎”、去“拆解”。有些小题材，看似不起眼，但于细微处见精神，小题材也能做成大文章。换一种形象一点的说法，叫“先聚焦，再放大”。比如对支持现代服务业发展问题的研究，大呼隆式、总括式的研究，我看很难解决一些实际问题。现在一个很大的实际问题，一个关键（重点）方向，不是去泛泛地讲如何如何提高服务业比重，而是研究生产性服务业的发展问题，这可能是提升整个服务业水平的核心问题。生产性服务业问题也不能泛泛研究，其中的一个关键部位，是如何将生产性服务业从制造业中分离出来的问题。一般说来，生产企业有核心业务和非核心业务，更有可能从一户户企业分离出来的是他们的非核心业务。只有把分散在各个企业中的服务性业务剥离出来专业化，才能形成一个相对独立的产业，也才能逐步实现标准化并提升其整体水平，甚至发展成一个地区的核心产业。而在如何剥离这个关键部位又有一些关键点位或环节，如每个大企业都有自己的信息中心，信息服务就可以从企业剥离出来。还有现在谈得很多的物流，不就是把分散在各个企业中的仓储运输业剥离出来之后形成的吗？一旦分离出来、集聚起来，这些服务业就会形成自身优势，成本更低、质量更好，效率和效益也都会更高。为强化这种分离，就要研究财政政策、税收政策怎么应用，研究现代服务业发展专项资金怎么用得更好，就容易对症下药，点到"穴位"，收到实效。这就是我说的，运用"演绎"、"拆解"的方法，从关键方向，到关键部位，再到关键节点，一层层深入进去，在把整个事情整明白的同时我们的对策也有了，而且也就容易触类旁通，放大效应。总之，"点"上的事情搞不清搞不准，就想放大到"面"上去，这样的研究所得出的结论，最终的命运很可能是：一点没错，也一点没用。

三、关于下一步财政科研的重点方向

1. 财税促进"创业富民、创新强省"战略实施。"创业富民、创新强省"是省第十二次党代会提出的今后五年我省的发展道路，也是我省创新优势、实现新发展的必由之路。我们一定要从全局和战略的高度，深刻领会党代会精神，紧密结合财政工作实际，思考在浙江现阶段经济社会发展中，财政工作如何充分发挥职能优势，在"创业富民、创新强省"中发挥促进作用。重点研究如何通过政策扶持、资金引导和公共财政体制的完善，促进我省在加强自主创新、深化改革开放、提升民营经济、统筹城乡区域发展、节约资源保护环境以及全面改善民生等方面实现新突破。在这个研究过程中，也要十分注重我们自身管理的创新问题。

2. 充分发挥公共财政作用，全面改善民生。民生问题事关执政为谁的根本问题，事关公共财政改革的大方向。在构建惠及全省人民的小康社会过程中，如何把全面改善民生的要求，主动地、自觉地、全面地贯彻落实到各项财政工作之中，还需要下很大功夫。按照共建共享小康社会，让人民群众共享改革发展成果的新形势、新思想、新要求、新任务，研究的重点是公共财政惠及范围，研究的难点是如何进一步丰富和完善财政工作思路，发挥财政职能作用，调整和优化财政支出结构，规范财政转移支付，逐步实现基本公共服务均等化。研究要突出从完善制度、创新机制入手，以公共化为取向，以均等化为主线，以规范化为原则，加快完善公共财政制度，用改革的办法更好地为全面建设惠及全省人民的小康社会服务。

3. 促进经济发展方式转变的财税政策。从我省实际来看，转变经济发展方式的治本之策是调整经济和产业结构，中心环节是提升自主创新能力，主攻方向是节能减排，发展重点是大力发展服务业。转变经济发展方式，要求财政部门在财政管理工作中把握全局，加强宏观调控，统筹兼顾，特别需要加强与发展相适应的公共财政体制和机制建设。当前，应重点研究如何发挥财政职能作用，实施"腾笼换鸟"战略，深入实施"三个三"工作措施，加快服务业发展，调整经济结构和产业结构，增强企业自主创新能力，大力推进节能减排和环境保护，促进我省经济社会又好又快发展。

4. 创新财政支出管理新机制研究。今年年中全国财政厅局长会议明确提出，要把财政支出管理改革作为今后一个时期财政改革的重点内容。因此，积极创新财政管理理念、完善运行机制、不断调整和优化财政支出结构，应是今后一个时期财税科研的重点内容之一。要按照健全公共财政制度的要求，创新理念，大力推进以部门预算、国库集中支付、财政支出绩效评价"三位一体"为主要内容的财政支出管理改革，创新财政管理，逐步建立起运行有序、管理规范、约束有力、科学高效的财政运行机制，保安全、讲绩效。

四、关于做好财政科研工作的几点要求

1. 围绕中心，服务大局。为财政实践和财政中心工作服务，是财政科研的根本目的，也是财政科研保持旺盛生命力的关键所在。为此，一要增强"围绕中心，服务大局"的意识，主动开展科研工作。在制定年度调研课题时，要进一步明确为中心工作服务的方向，要紧密结合当前的经济和财政中心工作选题，既要选择对全局有普遍意义的课题，又要选准小中见大的课题；既要围绕领导决策主动调研，又要研究业务中的难点问题，积极为领导决策服务，为业务部门服务，为实际工作服务。希望大家能发挥好主动性，立足财政、放眼全局，开展针对性研究，为财政改革和中心工作拿出叫得响、见实效、有影响的科研成果，把财政科研工作有机地融入到市场经济改革和构建和谐社会的大潮中。二要增强科研的前瞻性。财政科研工作不能因循守旧，不能就事论事，不能只在原有的研究层次上打转转，要敢于超前研究问题，为财政改革与发展提供前瞻性的认识和预测，以进一步增强财政工作的主动性。当前，应充分发挥学会作用，分析研究财政运行中的趋势性、倾向性、苗头性的问题，进行超前研究，以拓宽财政研究的广度和深度，提出预见性意见和建议，提出具有可操作性的具体措施，为领导和有关部门提供及时、有益的参考。三要注意研究的持续性，要以不懈的精神，持续不断地跟踪研究和分析问题，发挥好"智囊团"的作用，推动我省财政的可持续发展。四要进一步做好财政宣传工作，更好地服务于财政中心工作。加强财政宣传，及时释疑解惑，争取各方面的理解和支持，有利于推动财政工作的顺利开展。与普通媒体宣传相比，财政科研工作者贴近财政工作实际，宣传既有理论、又有实践，导向准确；与财政部门行政性宣传相比，财政科研工作者角度较好，宣传更易于各方面接受。

2. 深入调研，讲求实效。调查研究是财税理论与实践研究的基础，也是科研工作的重点。一要深入开展调查研究。当前，经济环境和财政形势都发生了很大改变，开展财政科研的背景及要求也在不断变化。对此，需要财政科研工作深入实际，深入基层，紧跟财政改革的步伐，寻找改革中富有规律性、合理性、可行性的内容，通过调查研究提炼升华为正确的理论，更好地指导财政改革实践。深入调查研究，贵在"深入"二字。只有通过深入、扎实、有效的调查研究，尽可能地获取大量的第一手素材，才能敏锐地发现问题、很好地把握发展趋势、准确掌握财经运行动态，并从理论层面上认知问题的本质与倾向，提出符合实际情况、具有可操作性的对策建议。二是提高财政科研成果的有效利用。财政科研的归宿是指导并推动财政改革与发展，财政科研工作应注意把握这一目的性。提出建议要服务于财税工作的需要，要有科学、正确的理论依据和真实可靠的事实依据；要有及时性、针对性和可操作性；

更要具有预见性、前瞻性,做到与时俱进,为宏观经济和财税工作提供参考。为此,研究要站在全局的高度去分析问题,既要谋划大的思路,又要努力将其细化为具有可操作性的具体措施;既要找准财政问题的症结所在,又要拿出解决问题的具体办法,有时对同一个问题还要提出几种解决方案,供决策时比较和选择。三是财政科研工作应以实证研究为主。研究的分析方法很多,作为实际部门的财税科研工作,应注意更多的进行实证研究分析,以公共财政理念为指导,运用经济学思维观察问题、研究问题,要看到当前,更要着眼长远;要考虑财税工作实际,也要顾及其他方面的需求。这样的分析研究才能提出新方案、新办法;这样的分析研究才有层次、有创意、有价值。

3.广泛发动,创新机制。为财政中心工作和财政改革服务是财政学会工作的出发点和落脚点。财政学会要大力巩固和发展协作研究机制,因地制宜地组织开展形式多样的学术交流和调研活动,充分利用财政学会这个平台,多层次、多视角地与业务工作相联系,找准科研与业务的结合点,吸引业务部门关注科研、与学会合作,取长补短;吸引更多有志于财政科研的同志参与科研事业,相互配合,合力攻关,形成理论与实践相结合、政策研究与财政业务相结合的良性运转,进而达到理论指导实践、实践验证理论。广大财税干部最贴近财政运行和财政改革,最熟悉财政政策和财政信息,最明白应该着重研究什么问题,他们才是财税科研的主体和主力。只有他们的才智都被调动起来,财税科研工作才算得上有业绩,学会、科研工作才能在财政工作大局中有影响、有地位。另外,还应积极延伸学会的桥梁作用,广泛联系,为财政中心任务做好服务。以课题为龙头,以开展地方性和应用性研究为重点的工作思路,不断完善科研网络。积极尝试与有关职能部门、有关科研院所及大专院校加强课题研讨、政策咨询等方面的横向联系,共同推动公共财政和市场经济改革。不同的部门站在各自的角度上观察经济和财政工作会得出不同的结论,学会与不同部门进行学术交流,可以克服片面性,从不同的角度、不同的层次、全面准确地把握研究的方向。积极尝试与兄弟学会建立紧密的协作与沟通,这样不但可以推动科研工作的开展,还能通过交流提升财政科研成果的质量,扩大科研成果影响的范围。

(2007 年 9 月 26 日)

在全省信息中心主任会议上的讲话(摘要)

省财政厅总会计师 魏跃华

一、关于财政信息一体化的认识问题

认识和理解的问题是观念性的问题,观念问题很重要,因为它往往是行动的先导,将影响甚至决定一个行动计划的指导思想正确不正确、科学不科学。

首先,对财政信息一体化的认识要不断地深化和细化。2005 年黄旭明厅长提出信息化的真谛是一体化,说到了点子上、要害上,把这个理念作为“金财工程”建设的重要指导思想。但对一体化到底“化”些什么,怎么“化”法,在“化”的过程中会碰到什么问题、怎么解决等等,当时的认识并不是那么具体清晰。曾经设想先设计一个总流程循环图,但由于没有解决业务的总体框架和结构的问题,总流程图无果而终。当然,也不是毫无作用。框架结构的问题解决后,流程仍然十分重要,最终仍将形成一个总的流程式的循环系统。2006 年 8 月,财政部召开全国金财工作会议,提出了一个以“一二三四五”为“金财工程”建设目标的三年规划。随后省财政厅也紧锣密鼓,制订了省里的规划方案。至此,我们对“金财工程”一体化有了一个比较全面和具体的理解,有了一个对业务和技术的框架和结构上的总体把握。

但是,认识到此并没有结束。最近谢旭人部长对“金财工程”建设作出重要指示,十分强调信息化建设要统筹规划,统一领导、一体化推进。他指出:“要树立一体化建设的指导思想,做到管理一体化、业务一体化和技术一体化。”对这三个“一体化”,他作了具体阐述:“管理一体化就是要在部党组领导下,由信息化领导小组统一组织、统一规划、统一管理、统一协调;业务一体化就是要根据财政管理的基本要求,统一业务规范;技术一体化就是要建立统一的信息平台,制定统一的技术标准和接口要求。”这个阐述是对财政信息一体化十分透彻、十分完整的阐述。说它透彻,是指它把管理、业务和技术分成三个层面,并且都要一体化,而且从顺序和逻辑看,前两个必须首先一体化,核心是业务一体化。说它完整,是说这三个一体化离开哪一个都不能叫信息一体化,同时,它们只有也必须“化”成一个整体,才能构成完整的信息一体化。

其次,对财政信息一体化的认识还要不断地提升和拓展。财政信息一体化系统既是一个闭合式的系统,也应当是一个开放式的系统。作为闭合式系统,这是财政管理业务年复一年、周而复始的性质所决定的,它必须成为闭合式的大循环系统。作为开放式系统,这又是财政管理改革和发展的需要所决定的,它必须与外界保持密切的联系,充分进行信息交换,也必须保持系统本身适当的张力,适时进行系统扩容。也就是说,今后要考虑拉开、拉大框架,以便把更多的东西装进来、“化”进来。

如何解决这个张力的问题、扩容的问题和拉框架的问题,我从财政管理改革发展的角度来谈一点看法。现在财政改革到了关键阶段,无论是从外部的体制环境,还是从内部的管理操作上看,改革都到了关键阶段,到了酝酿重大突破的前夜。

从外部的体制环境看,要逐步推进“三个子”改革,这也是公共财政的必然要求。而真正实行“三个子”,必然触动现有的体制格局、管理模式和利益关系。且不说权力重新分配、利益关系重新调整,单单从信息流上讲,就会碰到很多的障碍和阻力。因为财政需要从外部获取海量的信息,掌控更多的信息流,这样才有更多的话语权和主动权。从这个意义上讲,比资金更重要的是资金背后的信息。今年获得经济学诺贝尔奖的“机制设计理论”,就专门研究了不完全信息及获取信息的成本问题。要获取信息,就绕不开一个机构的设置和业务的运作等管理体制方面的问题,而这个体制的问题指望它自己从内部去解决很难,一般的业务制度或规范不起作用，用技术一体化去对付它更是没门。在信息化工作上，要资源整合、信息共享，要提高效率、降低成本等等，这些都说了许多年，效果并不理想，最大的制约就是管理体制。要想真正做到信息资源的有效整合，不对机构林立的管理体制做大的整合手术是很困难的，不对传统管理模式做大的集成改造也是很困难的。胡锦涛总书记曾经说过，管理与技术是驱动经济发展的两个轮子，与发达国家相比，我们的技术并不是很落后，但我们的管理很落后，这个话切中时弊。管理上最落后的是体制，落后的管理体制导致运行成本高昂，行政效率低下。十七大提出"大部制"的机构改革方向，这是一个重要信号，表明中央已经看到并且将下决心解决这个问题。

联系到财政工作，推进"三个子"无疑将极大地提高公共财政的管理水平。这个过程中面临的、需要解决的问题很多。比如作为政府基金很大一块的交通规费资金，如何实行"三个子"?如何按照公共财政体制、制度、机制的要求去运作？交通规费资金的管理有两大特点，一是财务体制由省高度集中，二是项目资金由交通部门一条龙式管理。随着事权进一步合理划分，更多的财力将配套下沉，这是基本改革趋势，也是十七大明确的精神。交通资金主要是养路费，养路费改燃油税已经酝酿多年，尽早出台的呼声也越来越高。这也对交通财务体制改革提出紧迫要求。与此同时，项目资金一条龙式的管理模式也必须打破，各级财政的监管范围要扩大、力度要加大，至少开始阶段要与交通部门共享更多的信息资源。尽管这个信息肯定是不完全信息，但它的量仍然会很大。在推进交通资金财政管理的业务一体化进程中，如果技术一体化不能配套跟上，要想掌握更多的信息无法想像。类似问题不少，如土地资金预算、国有资产收益预算、社保资金预算，等等。总之，"三个子"对业务一体化、对技术一体化提出更新更高的要求。

从内部的管理操作上看。建立"三个三"的长效机制和财政管理的科学化、精细化在本质上是相同的，都体现财政要科学发展的本质要求。"三个三"讲三大方面的结构优化，涵盖了财政自身管理及其与经济政治的关系，这就是最大的科学化，而所有的结构优化都必须通过精细化来落实。比如收入结构优化要提高一个点，全省上下要做多少艰苦细致的工作。支出结构优化的文章更多，最突出的是项目预算的管理。首先，项目要科学合理分类，这涉及到分类的标准是单一的还是多维的。其次，每一类项目的开支应当有一套标准体系，这是非常复杂的，必须讲科学，科学的精神要体现在细节之中。第三，按照预算编制体制和规则，按照科学合理、充分细化的标准，编制项目预算，然后执行，执行中又有很多问题，不同的项目有不同的标准、规则和程序。总之，需要科学精细管理的问题还有很多。是不是都要放进项目库中管理？现有的项目库能不能支撑？考虑到按"三个子"要求，业务一体化的外延要扩展，现有的公共基础平台能否有效支撑？这些都会给技术一体化带来考验。

另外，还有一个上下一体化的长远问题。讲财政信息一体化，从层级看是三个概念。一是本级的一体化，这是基础，是近期目标，必须按照目标要求加快推进。二是省内上下一体化，是中期目标。三是全国上下一体化，是长远目标。

二、省本级一体化进展情况和明年的重点工作

根据《浙江省金财工程建设三年规划(2007年－2009年)》，总体目标是：构建"一个公共平台、二级数据处理、三张网络、四大系统、五个统一"，简称"一二三四五"。

"一个公共平台"的内容包括统一公共基础要素、用户集中管理、分级授权、完善财政综合办公平台。这项工作已经完成，并在省财政厅和部分市县上线运行。

"二级数据处理"即省市县分别建立数据中心，全省数据集中备份。截止到现在，共有58个市县区财政局采购了小型机、存储设备、磁带库等，省财政厅也给予了一定的补助。全省数据集中备份由于受到网络限制，只是进行了试点，明年要在全省铺开。

"三张网络"即省电子政务内网接入、财政虚拟专网和因特网接入。政务内网和因特网接入要看各地情况是否建设。财政虚拟专网构建在省政务外网之上，是财政应用软件的运行基础，难点在于财政局与各预算单位联接的城域网。大家要积极与当地政府沟通，加强协调，共同推进这项工作。目前，联系上下级财政部门的备份线路建设已经完成，为数据集中备份、非税收入数据的同步复制、运维平台的建设打下了很好的基础。

"四大系统"包括预算编制系统、预算执行系统、决策支持系统和行政管理系统。目前已经完成的软件有：预算支出项目库、指标管理、用款计划管理、支付管理、会计核算、非税收入、政府采购、系统管理、收入动态分析、公文管理、档案管理、机关事务管理、信息报送、公务员考核管理等等。正在开发的有：单位基础资料管理、部门预算编制、资金申拨、报表管理、契税和耕占税管理等。加上财政部强制推广的一系列软件，按照目前已经提出的业务需求，可以说"应用层"软件的开发基本结束，下一步要转入"管理层"软件的开发，重点是账户资金的监控、异常信息的预警、收支信息的挖掘分析等。

现在很多市县急着上一体化软件，这是好事。但是一体化软件是与一系列财政改革相配套的，包括部门预算改革、国库集中支付改革、非税收入征管改革等等，不搞改革，一体化软件无法使用。同时，要上一体化软件，首先要实现业务一体化，也就是要理顺业务关系。

2008年，总的是按照既定方针和规划，继续大力推进信息一体化。重点工作包括两个方面：从软件开发上看，要从"应用层"转入"管理层"，重点是账户资金的监控、异常信息的预警、收支信息的挖掘分析等等。软件的推广应用跟着财政改革的步伐走，由业务部门牵头，年初编制实施计划，强化培训，分批上线。从网络建设上看，重点是信息安全。省财政厅机关2008年准备启动应用级灾备建设，各地财政部门要实现异地集中备份，把重要数据备份到省财政厅。

另外一项重要工作是构建运维体系。一体化软件开发完成并上线后，信息中心的主要工作就是运行维护和管理，运行维护有一套ITSM的国际标准，也有很多成功案例，要结合财政业务的特点，打造出一套具有财政特色、符合一体化要求的运行维护体系。请大家认真研究和讨论《浙江省金财工程运维需求说明书》，以便集思广益，把运维体系建设得更加完善。各市级信息中心要抓紧确定好技术支持中心人员，将一体化软件的维护工作落实到人，建立省与市技术支持中心的协同工作机制，构建一体化的运维平台，共同承担运行维护任务。(2007年12月4日)

深化"三个三"工作措施 推进经济财税和谐发展(摘要)

舟山市市长 梁黎明

一、深刻领会"三个三"精神,不断提高思想认识

省财政厅、省地税局提出"三个三"工作措施后,我市财政地税局及时向市委、市政府作了汇报,通过认真学习深刻领会,大家一致认为:"三个三"工作措施,是财政地税部门落实科学发展观和实施"八八战略"、建设"和谐浙江"的重要举措,是"解放思想、实事求是、与时俱进"思想路线在财税工作中的具体体现,是贯彻实施稳健财政政策、顺应形势发展的有效抓手,既符合全省实际,也完全符合我们舟山实际。

(一)更加注重第三产业特别是现代服务业的发展,是保持地税收入可持续增长的战略抉择。我市地处海岛,土地资源紧缺,陆上交通不便,多年来产业层次低,结构不合理,经济总量小,税收收入过多依赖于与传统产业渔业相关的水产加工业,以及建筑、房地产业等。近年来,随着传统渔场不断缩小,加上人民币升值,水产品出口企业发展困难;国家加强宏观调控,建筑、房地产业不确定因素增加;加上国家财税体制的不断调整和完善等,我市地方可用财力增长困难。而从我市港口资源和区位优势等实际出发,在发展临港工业的同时,大力发展港口、物流、海运、旅游、服务业等具有海岛特色的第三产业,是我市扬长避短,转变经济增长方式,增加地税收入的战略抉择。

(二)优化税收结构和政府财力结构,是壮大地方政府可用财力的有效举措。近年来,通过地税部门推进依法治税,大力加强收入征管,我市地税收入保持了较快增长的态势,但是主体税源不够稳定,收入结构不够合理等问题日益显现,同时政府非税收入管理难度大,政府可用财力增长不快,财政税收潜在风险增大。面对新情况、新形势,只有在调整我市产业结构的同时,努力提高我市营业税和小税种的比重,提高政府非税收入的比重,不断优化税收结构和政府财力结构,才能保持地税收入和财政可用财力的持续增长。

(三)做好财政支出"控、压、保"工作,优化财政支出结构,是增强财政公共保障能力的必然要求。我们海岛地区,基础设施薄弱,公共设施共享性差,建设任务繁重;并且由于岛屿偏远分散,行政成本大大高于其他地市,人均地方财政支出仅次于杭州、宁波。而我市经济总量较小,政府财力不足,财政收支矛盾日趋尖锐。在此情况下,要增加对民生的投入,增强财政公共保障能力,实现财政可持续发展,必须不断深化改革,加快建立公共财政制度,做到"有所为、有所不为";在财政支出上,必须有保有压,突出重点,不断优化财政支出结构。

二、紧密结合舟山实际,认真落实"三个三"工作措施

在统一和提高思想认识的基础上,三年来,我们紧密结合舟山实际,认真落实"三个三"工作措施,采取了一系列措施。

(一)推进全市经济结构调整,大力扶持具有海岛特色的第三产业发展。

根据舟山区位、资源优势,我市及时将经济发展总体思路从"渔、港、景"转变为"港、景、渔",确立了"3×3"产业发展重点。(第一产业以推进渔农民"双转"工作、建设现代化渔业基地、发展高效生态农业为重点;第二产业以临港重化工、船舶修造业、水产品精深加工业为重点;第三产业发展以港口物流业、海洋旅游业、海运业为重点)。特别是把第三产业作为优化产业结构的重中之重来抓,采取了多种财税手段。

一是设立财政专项资金,扶持重点行业发展。近年来,我市先后设立了海运业、旅游业、绿色生态舟山建设、渔民转产转业、市场建设、海洋经济科研等专项资金。2004－2006年全市财政用于扶持海运业发展资金1.15亿元,用于扶持旅游业发展资金2.04亿元。2006年我市还投入1.65亿元资金,其中财政直接投入4500万元,承办了首届世界佛教论坛。通过财政专项资金重点扶持,有力推进了全市海运业、旅游业、服务业等持续快速发展。

二是综合运用财税手段,扶优扶强。港口物流业是舟山发展现代服务业的核心,在加强招商引资的同时,积极运用国有资本、政府性资金参与港口开发,重新组建了舟山港务集团有限公司,目前资产总量已达9亿多元。我市还完善财政扶持政策,近年来全市财政支持六横、金塘、衢山等港口物流大岛基础设施建设资金1.08亿元;对市"优强航运企业"和获得名牌产品、驰(著)名商标的企业给予扶持;通过财政贴息、补助等方式,支持舟山国际水产城、船舶交易市场和船舶配件专业园区、千镇连锁超市工程等重点市场建设。认真落实上级有关鼓励第三产业发展的税收政策,做好政策性税费减免;充分运用好国产设备投资抵免企业所得税政策。

三是保障规划经费需要,加强规划引导。财政资金优先保证规划需要。近年来,先后高起点地编制完成了全市发展战略规划、产业区发展规划,以及港口、旅游、物流业、城市发展、海洋功能区划、海洋生态环境保护与建设等一系列规划,以此促进第三产业健康有序协调发展。

四是完善乡镇财政管理体制,调动发展第三产业积极性。各县(区)都相继调整完善了乡镇(街道)财政管理体制,实行了"核定收支基数,超收分档分成,保挂结合"的财政管理体制;对部分困难乡镇实行了"乡财乡用县管"财政管理体制。充分调动了乡镇(街道)发展有利于地方财力增长的第三产业的积极性。

五是增加财政投入,培养第三产业人才。近年来,为加快培养职业船员等第三产业紧缺人才,我市重点支持组建了浙江国际海运职业技术学院,目前全日制学生已达6200余人。还设立了海洋科技(人才)创业园,挂牌设立了省海洋科技创新服务平台和省船舶工业人才培训基地;与省科技厅联合共建浙江省海洋经济研究院。在渔农村深入开展了"暖人心、促发展"活动和新型社区建设,切实加强渔农民转业的技能培训,为经济增长方式转变提供人才科技支撑。

三年来,通过采取财税等一系列政策措施,具有海岛特色的港口物流、海运、旅游、现代服务业等第三产业快速发展,成为我市新的增长点。2006年,全市第三产业增加值达153.68亿元,三年年均增长17.5%,占GDP的比重保持在46%。全市地方财政收入来自第三产业的比重达62.7%。一是港口物流业突飞猛进。目前舟山港已建成各类生产性泊位403个,其中万吨级以上泊位15个。2006年舟山港货物吞吐量达到1.14亿吨,三年年均增长25.9%。二是海运业加快转型。2006年末全市货运船舶运力达到225.9万载重吨,三年年均增长31.0%,运力规模自2005年起升至全省各市首位。并且海运企业开始走上专业化、集约化、远洋化经营道路。三是海洋旅游快速发展。"海天佛国、渔都港城—中国舟山群岛"的旅游品牌形象全面提升,培育打造了佛教文化、滨海休闲度假、饮食文化三大旅游精品。2006年,全市游客接待量1152.8万人次,三年年均增长21.4%。四是住宿餐饮业稳步增长。随着旅游业快速发展,"中国海鲜,吃在舟山"的品牌影响力不断扩大,2006年我市住宿餐饮业零售额达15.93亿元,三年年均增长16.6%。

(二)采取有效措施,优化税收结构和政府财力结构。

在大力扶持第三产业发展,调整产业结构的同时,我市及时调整工作思路,努力优化税收结构和政府财力结构,确保政府可用财力的增长。

一是加大小税种征管力度,努力优化税收结构。根据"在依法治税和规范管理的前提下,努力保持地税收入可持续增长"的指导原则,我市各级地税部门坚持"抓大不放小",及时确定了"稳、重、优、拓"四字征管工作思路。即:"稳"就是稳定个体工商户及定期定额户的税收负担;"重"就是重点抓好营业税等主体税种的税收征收管理;"优"就是优化税收结构,不断提高小税种收入占总收入的比重;"拓"就是拓宽税基,实现收入结构多元化。根据这一思路,加强对房地产业、建筑业、交通运输业和旅游服务业等营业税重点行业的税源监管,促进了营业税持续增长。同时,以土地增值税为突破口,切实加强了小税种的征管。在全省率先将土地增值税统一按房产销售收入的3%预征。从今年1月1日起实施了二手住房交易计税基准价制度。调整了城镇土地使用税的土地等级划分,调高了适用税额标准。从2004年10月起开征了建筑用石资源税,并采取委托公安部门在炸药审批环节代征的办法。2005年6月起又开征了建筑用砂资源税。委托交警部门代征车船使用税。扩大印花税预征范围。

二是加强政府非税收入和社保基金征管,努力优化政府财力结构。在加强税收征管的同时,坚持"税费并举、以税促费",进一步加强非税收入的征收管理。继续深化收支两条线改革,健全收费、基金审批制度和监督检查制度,加强财政专户管理和财政票据管理,将工商、法院等五个部门所有收费收入和其他22个单位的部分行政事业性收费收入纳入预算管理。对照上级规定,进一步规范了土地出让金收支管理。加强社保费等征收,今年上半年市政府专门下发了《关于推进社会保险费五费合征工作的实施意见》,进一步推进社保费"五费合征"。

通过努力,优化财力结构和税收结构的成效开始显现。一是地方财政收入快速增长,财力结构不断优化。2006年全市财政总收入37.12亿元,三年年均增长25.1%,其中:地方财政收入24.26亿元,三年年均增长28.7%。地方财政收入占财政总收入的比重达到65.4%,比2003年提高5.4个百分点。今年1-7月,全市完成财政总收入33.30亿元,比上年同期增长40.4%,其中:地方财政收入22.07亿元,比上年同期增长41.8%。地方财政收入占财政总收入的比重达到66.3%。二是地税收入快速增长,税收结构不断优化。2006年全市组织地税收入21.38亿元,三年年均增长28.3%。营业税和小税种占地税总收入的比重达到70.4%,比2003年提高4.0个百分点。今年1—7月,全市组织地税收入19.67亿元,比上年同期增长39.6%。三是社保基金收入和政府非税收入也快速增长。2006年全市社保基金收入5.08亿元,三年年均增长40.8%。全市政府非税收入三年年均增长20.2%。

(三)做好"控、压、保"工作,优化财政支出结构。

我市按照公共财政和统筹发展的要求,合理确定财政支出范围,认真做好"控、压、保"工作,优化财政支出结构,集中财力办大事、办实事。

一是合理确定财政支出范围。继续推进公共财政建设,努力做到"有所为、有所不为"。基本思路是:凡属于社会公共领域的事务,而市场又无法解决或解决不好的,财政积极介入,努力做到不"缺位";凡是市场能够办得了的,充分发挥市场机制的作用,财政则尽快退出,努力做到不"越位";对介于二者之间的,财政发挥"四两拨千斤"的杠杆作用,积极引导社会资金投入。

二是优化财政支出结构,保障重点支出。在财政支出上,突出重点,加大对新渔农村建设、就业和社会保障、社会事业发展等投入。市财政每年安排"暖人心、促发展"工程、渔农村新社区建设、渔民转产转业等专项资金。2006年全市和市本级新增财力用于民生方面的支出分别达72%和73.6%。同时,按照建设节约型社会的要求,大力倡导节约型机关建设,全面实行部门预算制度,从严控制行政经费支出,初步建立了人员支出定额和日常公用定额等为主要内容的定员定额体系;市委、市政府出台了《舟山市党政干部因公临时出国管理若干意见》、《舟山市本级车辆专项资金安排办法》等,控制和压缩一般性财政支出,通过会计核算中心对预算支出严格审核把关,加强对单位的预算控制。制定部门预算调整和单位年终结余资金处理办法,明确规定凡超过年初预算的一律不予追加。市政府还专门下发了加强财政专项资金管理和开展财政支出绩效评价工作意见。

三年来,我市财政支出结构不断优化,有力促进了海岛和谐社会建设。特别是我市创造性地实施"暖人心、促发展"工程,建立渔农村新社区,取得明显成效。渔农村新增就业人数40281人,新增培训人数64821人。4565户渔农村困难家庭得到了结对帮扶,全市低保对象做到了应保尽保,五保老人集中供养率已达到95%以上。完善渔农村医疗卫生体系,建立被征地农民基本养老保障制度,探索建立渔农村社会保障体系。在全市建立了182个渔农村新社区,实行"以奖代保"制度,对符合条件的老年人每人每月给予奖励,并逐年提高标准,实现了"老有所养"。渔民转产转业工作取得较大成效,已累计转移渔民1万余人,拆解渔船1893艘。全市城乡居民人均收入分别达到17525元和8333元,三年年均分别增长12.8%和17.4%。

三、存在的问题和下步打算

在总结工作经验，看到已取得成绩的同时，对照上级的要求，我们也清醒地认识到，我市在贯彻落实“三个三”工作措施上尚有一定差距。主要是：一是认识还需进一步提高。少数基层党委、政府部分领导的思想认识还没有完全到位，注重GDP、产值等指标，对“三个三”工作措施精神实质理解不深；还有部分干部难字当头，感到力不从心，措施一时难以奏效。二是措施还需进一步深化。由于我市财力不足，财政支出刚性很强，有限的财力在处理长远与眼前、吃饭与建设、发展与稳定的关系上，常常捉襟见肘，财政支持经济发展特别是第三产业发展的力度有限。同时，长期来我市第二产业基础薄弱，经济总量较小，目前临港工业正处在大发展时期，因此，要进一步提高第三产业比重，进一步优化财力和税收结构的难度不断增大。

这次省委组织部、省财政厅、地税局联合举办的公共财政与政府性债务管理专题研讨班意义重大。下一步，我们将根据这次研讨班的有关精神，结合我市实际，进一步深化“三个三”工作措施。

一是进一步提高思想认识。我们将通过多层次、多形式的学习和贯彻，加深对“三个三”工作措施精神实质的理解，牢固树立科学的财政发展观，使全市上下进一步认清形势，统一思想，达成共识，形成合力。

二是进一步加大考核力度。为深化“三个三”工作措施，准备进一步将相关工作列入县(区)、乡镇(街道)党委、政府和有关部门的年度考核内容，并将考核结果作为领导干部任期工作绩效的重要依据。

三是进一步大力推进第三产业的发展。针对我市大桥经济时代即将来临的实际，深入开展全面推进大桥经济的课题研究，增强工作主动性。同时，抓住机遇，加大对发展第三产业的协调力度，完善专项规划，健全财税政策，加强引导扶持，加强招商引资，强化检查考核，努力推进具有海岛特色的第三产业又好又快发展。

四是进一步优化税收结构和财力结构。在依法治税、规范管理的前提下，坚持“抓大不放小”原则，进一步加强小税种和非税收入征管。提高建筑用砂资源税税额标准，落实城镇土地使用税调整政策，并与港口岸线、土地等资源合理利用和保护有机结合起来。加强资产经营等与地税收入密切相关的税收征管。积极探索“收入一个笼子，支出个盘子，管理一个口子”的公共财政管理模式，制订进一步规范政府性资金管理的措施，将政府性资金全部纳入财政管理。

五是进一步做好财政支出“控、压、保”。根据公共财政的要求，按照“存量优结构，增量调方向，以增量调存量”的思路，把新增财力的三分之二以上用于解决民生问题，让广大群众共享改革发展成果。同时，努力压缩一般性支出，坚决制止铺张浪费，推进节约型社会建设。推行财政支出绩效评价，并作为预算安排的重要依据。严格执行政府性债务管理实施办法，进一步加强政府性债务监管。

总之，我市将进一步加大力度，坚持不懈，深化“三个三”工作措施，不断创新工作思路，力争取得更为显著的成效，不断推进舟山经济社会和谐发展

处、县(市、区)领导议财政

优先发展服务业 拓展财力增长点 推进平湖经济社会更好更快发展(摘要)

平湖市市长 盛全生

一、审时度势,形成服务业发展共识

经济结构决定税收结构,税收结构决定财力结构。长期以来,平湖市以工业为主的经济结构决定了税收收入的大部分来自于工业,2004年三次产业创造的税收收入分别占0.04%、71.31%和28.65%。近几年国家宏观调控政策陆续出台,资源要素和环境容量约束日益加剧,平湖市服装、箱包、造纸等传统工业发展的制约因素增多、利润空间减少,外资为主的光机电等高新技术企业尚处于税收优惠期且大部分产品出口,再加上国家税制改革后中央不断从地方集中财力,迫切需要对发展思路作适应性调整,在加快先进制造业发展的同时,积极寻求新的发展空间和财力增长空间。国际经验表明,区域经济的增长,在相对贫困阶段,主要靠农业和工业推动;在总体小康阶段,主要靠工业和服务业推动。当人均GDP达到5000~8000美元时,进入工业化的中后期和城市化的加速期,发展结构由工业推动为主向先进制造业和现代服务业"双轮驱动"转变,服务业将成为最具潜力的经济增长点。平湖市人均GDP在2005年就已突破5000美元,近几年服务业开始呈现加速发展态势。国家已经把服务业作为"国民经济主导产业"来培育和发展,省委、省政府也作出了推动服务业向成为经济增长主体力量转变的战略决策。无论从外部环境还是从内部发展,我们都强烈地感受到了加快服务业发展的重大机遇和必然趋势。为此,平湖市积极主动,审时度势,制定了《平湖市服务业发展总体规划》,作出了打造"长三角重要物流基地、浙北重要商贸中心城市、浙北亲水休闲旅游度假胜地"的发展定位,提出"十一五"期间,服务业增加值年均增长15%以上,社会消费品零售总额年均增长13%以上,服务业税收收入年均增长20%以上,并进一步加强宣传引导,在全市上下形成加快发展服务业,促进地方财力可持续增长,推进平湖经济社会更好更快发展的共识。

二、创优环境,激发服务业发展活力

最具竞争力的环境才能孕育出最具竞争力的产业。近年来,平湖市通过创优环境,有效激发了服务业发展活力。从2004年底到2006年末,全市服务业企业从12256家增加到13957家,注册资本总额从21.7亿元增加到33.6亿元,其中来自市外、国(境)外投资的服务业企业从21家增加到79家,注册资本总额从8亿元增加到11亿元;从业人员从6.6万人增加到7.2万人,从业人员占全社会从业人员的比重达到24%。

(一)营造良好政策环境

不折不扣落实省委、省政府《关于加快服务业发展的若干意见》、省地税局《关于促进第三产业发展的若干意见》等上级有关扶持服务业发展的优惠政策,并结合实际制定出台了《关于激励经济发展的若干政策意见》,明确了鼓励服务业发展的方向和重点,市财政每年安排1000万元服务业发展专项资金,重点加强对现代物流业、休闲旅游业、商贸流通业等重点项目和农村综合服务社、服务型企业、服务业平台规划建设等方面的扶持,对重大服务业项目实行一事一策,在土地供应与价格确定上给予保障和优惠,对单个项目的最大扶持金额达120万元。2005年以来,全市共减免服务业企业税费2130万元;市财政直接投入服务业的扶持资金达1600万元,间接带动服务业投资7亿元,有效地推动了服务业的发展。

(二)建立有效工作机制

改变抓服务业发展"部门多、职能散"的状况,专门建立由市长任主任、分管副市长任副主任、18个部门主要负责人为成员的服务业发展联席会议制度,统筹协调服务业发展,并下设办公室,给编制、给人员、给经费;各镇、街道也建立了相应的组织机构,并在2006年换届中首次明确了服务业工作分管领导。改变"重二产、轻三产"的观念,强化对服务业发展工作的考核,逐年增加服务业工作在镇、街道和有关部门年度工作目标绩效考评中的分值比重,并分别把服务业工作和服务业招商引资工作作为市委、市政府对各镇、街道和有关部门单独考核项目。改变"部署多、落实少"的局面,强化对服务业发展工作的监督检查,建立了服务业工作季度例会和重点项目专项督查制度,保证服务业发展各项工作落到实处。

(三)完善公共服务体系

发挥公共财政作用,努力提供公共服务和公共产品,并积极引导社会资源向服务业领域流动,推进服务业更好更快发展。强化金融服务,建立中小企业贷款担保中心,并运用项目推介会、银团贷款、银企合作等多种形式为有市场、有效益的服务业项目和企业开辟信贷绿色通道。2005-2006年,全市金融机构共向服务业企业发放贷款12.49亿元,占全市企业新增贷款总额的36.35%。强化人才服务,开办了平湖理工学院,发展了职

业中专、技校、卫校等一批职业技术院校，面向服务业企业需求，定向培训了一批适应性、专业性人才；规范人力资源市场秩序，新的人力资源市场正在抓紧规划建设；市财政每年安排120万元人才专项资金，用于引进企业经营管理人才、专业技术人才、高技能人才。强化信息服务，搭建了“电子政务”、“信用平湖”、“96345”社区服务、“电子商务”、“物流信息”等公共服务信息平台，当湖街道专门建立了涵盖全市商务、商业房产资源的“楼宇经济”信息平台。同时，组建了交通运输业协会、旅游协会、房地产协会等服务业行业协会，推进行业自律，加快行业健康有序地发展。

三、合理布局，构筑服务业发展平台

把市域537平方公里作为一个整体来规划布局，依据城镇空间结构和区域经济发展特征，着力构筑各具特色、错位发展的一城、两镇、三区和新农村四大服务业发展平台。

一城，就是中心城区。近年来，平湖市城市化进程不断加快，城市化水平达到54%，中心城区30平方公里框架已经形成，70平方公里框架正全面拉开。坚持城市化与服务业发展互动，依托东湖新区、南市新区等城市新区开发和旧城改造，推进城市服务业集聚发展，在中心城区形成了滨湖、关帝庙、城南路三大商圈，规划建设占地1平方公里的新华北路市场专区，发展了解放路休闲商业街、水洞埭美食步行街、城南路中央商务大街、南河头历史文化街等一批特色商业街区，为服务业发展提供了有力支撑。

两镇，就是新仓、新埭两个省级中心镇。主要发展满足当地产业发展需求和为小城镇发展配套的服务业，并通过一些区域性重大服务业项目建设，带动和辐射周边镇的服务业发展。近几年，两个中心镇服务业发展不断加快，相继建成了新仓新枫苑、新埭新南路商业街等示范性重大项目，新埭镇新纪元大酒店、新仓宾馆、新仓农副产品批发市场等项目得到推进。2006年，新仓镇和新埭镇服务业增加值比2004年分别增长108.2%和94.7%，服务业地税收入比2004年分别增长27.7%和32.3%。

三区，就是平湖经济开发区、独山港区和九龙山旅游度假区。独山港区是平湖市“L”型城市发展的重要区域，也是嘉兴滨海新城的重要组成部分。依托临港优势和产业发展方向，在独山港区内规划建设5.6平方公里的物流基地和区港联动型保税物流园区，重点发展码头、仓储、集装箱堆场等港口物流项目。平湖经济开发区是省级经济开发区，是平湖市先进制造业最集中、外商投资最密集、产业层次和外向度最高的地区。面向光机电、特种纺织等特色产业和开发区生活配套，规划发展了6平方公里的物流功能区、商贸服务区和生活区，重点发展加工、配送、商务、房地产等生产性、生活性服务业。九龙山旅游度假区是省级旅游度假区，规划面积9.46平方公里，是平湖市休闲旅游业发展的主要集聚区，目标是打造长三角一流的休闲、度假、商务中心。

新农村，就是平湖市广大农村区域。近年来，通过实施“新村示范、村庄整治”、农村垃圾集中收集处理、以宅基地置换推进农村新社区建设、创新发展“新仓经验”等工程，有效推进了新农村建设，改善了农村环境面貌，提高了农民生活水平，全市有12个村成为“省级全面建设小康示范村”，建成了45个集村部办公场所、社区卫生服务站、文体活动站、便民服务站、配送连锁超市等为主要内容的“五位一体”村中心社区和29家村级综合服务社。新农村建设进程的加快，既需要服务业发展向农村拓展，也为服务业发展提供了广阔的市场空间。以创新发展“新仓经验”为载体，发挥供销合作组织优势，组建了丰达农资和供销生活资料两个配送中心，在农村构筑了生产资料和生活资料两张流通网络，配送产品达5200余种、年配送额达1.6亿余元；建成放心示范店131家，村级覆盖率超过100%；加快专业合作组织发展，拓展农产品销售渠道，强化与上海、杭州、苏州等周边城市农产品市场的合作，平湖供沪农产品总量和产值分别占全市农产品营销总数的40%和48%，通过平湖检测的农产品进入上海虹桥、中山和北郊三大市场全部免检。

四、牢抓项目，强化服务业项目推进

加快发展服务业，必须建设一大批项目。没有项目支撑，服务业发展就没有后劲，也难以持续。从2005年开始，平湖市连续3年开展项目推进年活动，把服务业项目作为重要内容，以项目推进推动服务业投资增长，以项目推进促进服务业要素集聚，以项目推进推动服务业对外开放，通过项目大推进带动服务业大发展。重点抓了三个一批：

一是规划一批。根据服务业发展总体规划和产业布局，规划一批服务业项目，并每年加以细化，“十一五”期间共规划服务业重点建设项目42项，计划总投资183亿元，主要有独山港综合物流园区、九龙山游艇俱乐部、中国平湖国际服装贸易中心等项目。

二是引进一批。抓住国际服务业加速转移机遇，根据项目规划，广泛开展服务业招商引资活动，2005年以来先后在北京、上海、深圳、杭州、香港等城市和地区有针对性地开展了10多次服务业项目推介会，签约服务业重大项目30多个、总投资50多亿元，实现服务业合同外资1.46亿美元、实到外资4394万美元，引进市外内资21.28亿元。

三是建设一批。2005年以来，累计安排了91个服务业建设项目、总投资97.84亿元，累计完成投资14.84亿元，先后建成了九龙山西沙湾围堤工程等一批服务业重大项目，汉爵大酒店、圣雷克大酒店二期等一批服务业项目正在抓紧推进。

具体工作中，围绕服务业招商引资和项目推进，建立健全了平湖市四套班子领导和有关部门联系挂钩、重点项目招商引资“一把手”述职报告、定期交流通报、项目全程跟踪服务和督查等制度。

五、发挥优势，突出服务业发展重点

抢抓机遇，加快服务业发展，必须发挥优势，突出重点。平湖的服务业发展有三大优势：一是先进制造业发展带来的产业优势。平湖的工业化正处于加速提升阶段，工业经济总量占全市经济总量的62.8%，形成了光机电、服装、造纸、箱包、童车、洁具等特色产业，光机电和服装产业年产值均已突破100亿元，是中国出口服装制造名城、中国服装跨国采购基地、国家火炬计划光机电产业基地、全国包装纸重要生产基地、中国软箱包生产基地和中国童车生产基地。雄厚的先进制造业基础为现代服务业的发展提供了支撑，也需要现代服务业为其提供配套，为二、三产业融合发展奠定了基础。二是城乡居民生活水平提高带来的需求优势。经济社会的加速发展，带来了人民生活水平的不断改善，2005年以来平湖城市居民人均可支配收入和农村居民人均纯收入每年保持了10%以上的增长速度，加上社会保障体系的不断健全，城乡居民的物质需求消费和精神文化消费加速增长，恩格尔系数分别从2004年的38.8%和40.2%下降到2006年的36.2%和38.6%。三是交通条件不断改善带来的区位优势。平湖地处杭嘉湖平原东北部，是浙江省的北大门；直接与上海接壤，是接轨上海的桥头堡；随着乍嘉苏高速建成和杭浦高速等重大交通基础设施的建设，特别是杭州湾跨海大桥全线贯通，在平湖市境内形成了“一主五副”六个互通区、口，平湖交通区位优势进一步凸显，真正成为长三角立体交通枢纽中心、沪杭苏甬四大城市中心，十分有利于各类要素集聚。平湖市发挥这三大优势，围绕规划定位，突出发展三类服务业：

(一)面向先进制造业发展的生产性服务业

坚持先进制造业与现代服务业融合互动，加快发展面向先进制造业的现代物流、技术(研发)、生产性专业市场等生产性服务业。现代物流上，围绕打造长三角重要物流基地，建设港口物流、产业物流、配送物流三大物流体系，大力发展第三方物流，建成了弗玛运输、日本电产物流、国通仓储等项目，华辰能源、嘉兴港粮食物流、琴海能源等项目正在抓紧推进。2006年，全市各类运输方式完成货物周转量13.37亿吨公里、比2004年增长80.7%，乍浦港实现货物吞吐量2248万吨、比2004年增长66.7%。技术(研发)服务上，与清华大学、中科院等科研院所合作建立了浙江清华长三角研究院平湖院区、中科院上海硅酸盐研究所平湖无机非金属材料中心，并在造纸污泥和污水处理、童车、洁具、五金机械等6个行业建立了行业技术创新服务中心，建成了1家国家级生产力促进中心，培育了省级企业技术(研发)中心10家、嘉兴市级26家、平湖市级44家。生产性专业市场上，规划建设箱包、服装面辅料等区域辐射型生产性专业市场，规划占地近500亩的服装面辅料专业市场建成后将成为全国最大的休闲服一级批发市场。同时大力发展咨询、法律、会计、审计、资产评估、贸易代理等中介服务业，2005年以来全市新增中介服务机构136家、注册资本8728万元。

(二)面向城市功能提升的现代商贸业

围绕打造浙北重要商贸中心城市，坚持传统商贸业改造提升和新型商贸业引进培育相结合，制订实施《商业网点布局规划》，联动推进商圈、街区和市场发展，有效提升了城市功能形象。中心城区三大商圈集聚效应不断增强，建成了商业文化广场等商贸设施，世纪商贸中心、东湖新城等一批重大项目顺利推进，“楼宇经济”、连锁、专卖、电子商务等新型业态加快发展，肯德基、苏宁电器、澳门豆捞等一批知名品牌企业落户平湖。2006年末，中心城区楼宇经济服务业企业916家、注册资本9.3亿元，分别比2004年增长53.2%和101.3%。街区特色初步形成，城面路中央商务大街累计完成投资5亿多元，水洞埭美食步行街形成了日韩风情特色，极具江南水乡特色的解放路休闲商业街集聚了耐克、雅戈尔等一批国内外知名品牌专卖店。市场繁荣发展，建成了华都九龙建材、农副产品综合批发、外贸服装等一批专业市场，农副产品综合批发市场年交易额已突破6亿元。同时，积极推进社区服务业、会展和房地产业发展，通过社区服务站(中心)建设形成了市、镇、社区三级社区服务网络，每年举办西瓜灯文化节等节庆活动，建成了国家康居示范工程——梅兰苑等一批中高档住宅小区。

(三)面向都市人群休闲需求的休闲旅游业

围绕打造浙北亲水休闲旅游度假胜地，推进滨海运动休闲旅游、亲水休闲旅游、乡村生态观光旅游三大旅游品牌建设。拥有沙滩、海岛、名寺、森林等特色自然资源的九龙山旅游度假区开发建设全面铺开，已累计投入12亿多元，建成了生态公园、马会俱乐部等项目，投资8亿多元的游艇俱乐部和威斯汀五星级酒店等项目加快推进。集水乡文化、名人文化、宗教文化等于一体的开放式景区——东湖景区，是平湖市亲水休闲旅游的“金名片”，景区内有案山晓翠、北原牧唱、[illegible]湖春色、九龙戏珠等“东湖八景”，以及李叔同纪念馆等旅游项目，2006年景区被评为国家4A级旅游景区。以农业园区、农家乐、休闲农庄为主题的休闲观光旅游业态发展迅速，建成了澳多奇农庄、威尔登渔村等一批特色旅游景区，规划面积3.5万亩的平湖现代农业园区和金龙门生态休闲园等一批项目正在抓紧建设。

通过努力，平湖市服务业发展步伐不断加快，对地方财力增长的贡献度逐步提高。2007年1—6月，服务业增加值增幅已首次超过GDP，达到33亿元，增长16%，增幅高于GDP2个百分点，对GDP增长的贡献率达到32%，比上年同期提高3个百分点；服务业实现地税收入3.2亿元，占地方税收总额的50.9%，比上年同期提高11个百分点。今后将全面落实“三个三”工作措施，把加快服务业发展作为一项重大而长期的战略任务抓紧抓好，发挥产业基础优势、港口优势、区位优势和立体交通优势，抢抓杭州湾跨海大桥建成通车、2008年北京奥运会、2010年上海世博会等重大机遇，重点推进“大桥经济”、“旅游经济”、“港口物流”等现代服务业发展，扩大总量，提升质量，形成特色，提升服务业发展层次，实现地方财力可持续增长，推动平湖经济社会更好更快发展。

强化措施　狠抓落实
全力推动服务业跨越式发展(摘要)

临海市市长　李志坚

一、加快发展服务业的现实意义

(一)加快发展服务业，是顺应经济社会发展规律，推进临海经济转型发展的客观要求

当前，临海人均生产总值刚超过2000美元，按照一般发展规律，服务业也将进入速度不断加快、领域不断扩大、结构不断优化、带动力不断增强的重要时期。从世界范围看，每1元制造业增加值，相应有1元以上的生产性服务业为其提供配套服务。2006年临海市工业企业总数达到3000多家，工业性投入44.5

亿元，实现工业总产值511亿元，工业增加值91.76亿元，而服务业增加值只有71.98亿元。汽车摩托车、船舶制造和休闲用品礼品等主导产业迅速发展，而与之相配套的汽车维修和生产资料市场等服务业出现"短腿现象"，严重滞后于工业化水平。因此，必须在继续推进先进制造业基地建设的同时，下大力气加快服务业的发展。

(二)加快发展服务业，是贯彻落实科学发展观，提升经济增长质量和效益的必然选择

当前，临海工业正处于大发展阶段，最紧迫的任务就是走新型工业化道路。特别是在宏观调控背景下，面临着土地、资源以及环境约束性指标等因素的制约，现代企业必须朝着研发和营销两端延伸，走可持续发展和经济集约化之路。所有这些，更需要大量服务业的支撑和保障。同时，服务业本身具有投资少、消耗低、污染小、效益高的特点，加快发展服务业能有效降低经济发展对能源、资源、运输、投资的高依赖，减轻环境压力，有利于从根本上提升产业结构，转变增长方式，提高区域经济增长的质量和效益。

(三)加快发展服务业，是培育新的经济增长点，确保临海又好又快发展的重要举措

临海市服务业发展整体水平不高，水平低也意味着潜力大、发展前景好。从经济增长的动力来看，服务业最有可能成为今后一个时期内最突出的经济增长点。同时，相对于制造业而言，服务业对扩大地方税源作用明显，而且正在成为吸纳劳动力就业和扩大地方税源的主要渠道。从长远看，大力发展教育培训、医疗保健等服务业还有利于劳动者整体素质的提高。实践证明，发达的服务业是一个地方现代化的集中体现。因此在今后的发展中，必须坚持制造业和服务业两条腿走路，确保临海又好又快发展。

二、服务业发展现状

临海市委、市政府高度重视服务业发展。2005年召开了推进现代服务业发展工作会议，并出台《临海市服务业发展规划》，明确提出了服务业发展"8+4"战略；2006年临海市十二届一次党代会将服务业列入全市发展战略重点；今年，出台了《关于加快服务业发展的若干意见》。7月13日召开了市委全会和政府扩大会议，主题就是研究部署今后服务业发展方向。通过近年来的努力，临海市服务业发展迅速，呈现出欣欣向荣的良好态势。

(一)服务业产出贡献平稳增长

2006年，全市实现服务业增加值71.98亿元，占GDP比重的37.4%。实现服务业地税收入3.3亿元，同比增长45.5%，占地税总收入的46.95%。

(二)服务业内部结构逐步优化

2006年，全市社会消费品零售总额58.4亿元，同比增长16.4%；交通运输业完成社会货运量822万吨，增长41.5%；金融机构本外币存款余额177.61亿元，贷款余额119.02亿元。旅游休闲业快速增长，2006年全市接待国内外旅游人次339.75万人，实现国内旅游收入26.6亿元，海外旅游收入435.2万美元。

(三)服务业投入增速不断加快

目前，全市服务业私营企业累计1077家，注册资本16.96亿元；个体工商户2.5万家，注册资本5.62亿元。2007年上半年，全市服务业重点项目完成投入4.5亿元。

(四)服务业吸纳劳动力就业初显成效

2006年临海市服务业从业人数在长三角地区37个县级市中列第2位，达24.54万人，占全社会就业人员的比重达到36%。

但是临海市服务业还处于发展的起步阶段，存在许多问题和不足，比如服务业增加值总量不大，占GDP比重偏低；内部结构不尽合理，生产性服务业发展滞后，传统服务业占据主导地位，现代和新兴服务业发展有待加快；服务业市场化、产业化和社会化程度较低，许多领域长期倚重政府投入，多元化的投资机制尚未形成。这些，都是今后工作的关注点和着力点。

三、加快发展服务业的路径探索

临海处于台州区域中心，是台州的副中心城市，也是原台州行署所在地，发展服务业具有得天独厚的优势。近年来，临海市以科学发展观为指导，坚持"商贸兴市、以工促贸、工贸互动"的方针，深入实施服务业"8+4"发展战略，全面构建与经济社会发展水平相吻合、与现代制造业相配套、与台州副中心城市相协调、与居民需求相适应的服务业发展体系。

(一)围绕"一个目标"

就是到2011年，要达到"服务设施明显改善，重大项目陆续投产，布局框架基本形成，服务业增加值突破145亿元大关，年均增长14.5%以上，成为台州北部服务业中心"的目标。

(二)把握"三个关系"

一是正确把握服务业与制造业的关系。制造业是服务业发展的基础，服务业是制造业发展的延伸，制造业与服务业之间是一种相互作用、相互依赖、共同发展的关系，而且这种彼此依赖关系还会随着经济的发展而日益融合加深。制造业作为全市经济的主体，在今后较长时间内，其重要地位不会改变也不可能改变，但服务业的崛起也是顺势而为、不可逆转。因此应当既不孤立地抓制造业，也不对服务业拔苗助长，而是顺应服务业发展的客观规律，加快形成二、三产业协调并进、联动发展的良好格局。

二是正确把握传统服务业与现代服务业的关系。传统服务业与人民群众生产生活紧密相关，是当前临海市服务业的主体，也是进一步加快经济发展的基础，传统服务业的业态提升形成了现代服务业。现代服务业是今后服务业发展的方向和重点，其实质也是为了满足人民群众多样化、个性化的物质文化需求。要始终坚持两手一起抓，两者协调发展，立足眼前，展望长远。

三是正确把握市场运作与政府推动的关系。服务业发展具有较强的特殊性，有些领域本来是政府功能的一部分，有些领域具有天然垄断性，这些都需要充分发挥市场配置资源的基础性作用，但同时也必须强化政府的主导作用，特别是规划的指导作用。要坚持两种力量、两种手段相互配合、相互作用、合力推进，努力走出一条"资金筹措多元化、建设主体企业化、资源利用市场化"的发展之路。

(三)突出"三个重点"

一是坚持规划带动。科学规划是服务业健康有序发展的重要前提。根据临海市"十一五"发展规划和服务业发展规划，认真编制重点行业、重点业态规划，明确产业领域和区域的发展方向和定位，努力建立健全规划体系。强化规划实施，维护规划的刚

性原则，有计划、有步骤、渐进式地推进服务业各项规划的实施。同时，对没有条件实施的重要项目，注意留出空间，留有余地，等条件成熟时再启动。

二是坚持政策促动。政策是撬动服务业加速发展的重要“支点”。临海市出台的《关于加快服务业发展的若干意见》，对服务业市场准入、税费收取、资金支持等方面作了具体规定，当前正在组织开展政策的学习宣传工作。计划通过政策的宣传和实施，培育、壮大、提升服务业八大主导行业和四大新兴行业，引导服务业规范化管理。

三是坚持项目推动。没有项目的建设，就没有发展的后劲。我们坚持像抓工业项目一样抓服务业项目，在筛选项目、推介项目、促进项目落实上下功夫，做到重落实、强监管、快实施。对于八大主导行业的重点项目，要求各相关单位明确分工，落实责任，实行从项目筹备、包装策划到建设管理的全程服务，及时研究解决重点项目建设中的重大问题，确保项目落到实处。

(四)实现“五大突破”

一是抓住“一心两翼多结点”，实现区域突破。“一心”即市区这个中心。充分考虑“中心”的定位，特别是城市规划时，不仅考虑建设规划，同时考虑功能规划。将加快各项商贸设施重大项目建设，同步引进宾馆、餐饮、超市、娱乐等配套服务项目，大力发展楼宇经济、总部经济，加快崇和商圈、灵湖商圈以及靖江路商业街“两圈一街”的形成。“两翼”即东翼杜桥镇、西翼白水洋镇两个中心镇的区域性商业中心，重点是培育一批市场群。“多结点”即根据各建制镇特点，发展特色产业。

二是抓住具有一定基础和一定优势的产业，实现规模突破。商贸市场业竞争相对激烈，正在加速分化。在这方面，加快业态创新，大力发展连锁、配送、专卖、代理等现代营销方式，促进传统商贸市场业的改造提升。近期，要重点发展六大专业市场：即金属材料、船舶制造业辅料及船舶交易市场，国际休闲用品礼品市场，浙东生产资料综合市场，浙江省国际眼镜城，粮油副食品批发市场和农副产品批发市场。推进“万村千乡市场工程”建设，力争2008年内实现“农家店”全覆盖目标。临海市房地产业起步晚但进展快，是当前经济发展中的一个亮点。在这方面，贯彻落实国家房地产新政策，既控制房价过快上涨，又保持房地产业平稳健康发展，从广大群众的实际需求和消费能力出发，合理调整房地产结构，逐步形成以住宅商品房为主体的住房供应体系；努力培育一批实力强、品牌响的房地产企业，着力打造符合市场需求的精品楼盘，年内计划开工建设灵湖小区，加快建设湖畔尚城、春天华庭、万邦国际花园，基本建成云水山庄，打响“住在临海”品牌。同时高度关注困难户建房问题，年内启动建设第二批600套经济适用房。

三是抓住具有重要引领作用和发展潜力的产业，实现强势突破。现代物流业是一个发展前景十分广阔的新兴产业，临海市具有发展物流业的良好条件，将依托区位、交通条件优势，发挥区域中心城市的功能与作用，基本形成与国内物流系统接轨，能基本满足台州北部需求的现代物流体系；加大对现有物流企业的优化、整合，积极引进具有较强实力的第三方物流企业；加快推进物流运输和物流信息两大平台建设，近期重点抓好东大物流中心项目的招商引资和东部物流园区的规划选址，以及头门港区、火车站场、灵江沿岸码头、客运东站、南站等工程建设，促进物流业向信息化、网络化、标准化发展。旅游休闲业潜力很大，拥有丰富的人文景观和自然景色，具有优越的区位条件。以建设台州市域核心旅游城市和旅游服务中心为目标，积极探索旅游体制改革，计划设立旅游委员会，组建旅游投资开发有限公司，成立旅业协会；积极提升景区品位，加快历史古迹的保护性修建；加快旅游项目开发，倡导“生态游”、“工业游”、“平安游”，发展“农家乐”；加大宣传推介力度，重视旅游市场开发，科学定位300公里半径的旅游客源市场，通过推进旅游业发展，不断提高临海的知名度和影响力。金融保险业要重点鼓励各大金融和保险机构在临海设立办事处，积极推进商业银行入驻。规范保险服务业的发展，努力拓展保险覆盖面。信息服务业发展潜力十分巨大，重点是加强信息基础设施建设，用信息化武装工业化，推进电子政务建设，提高全社会信息化水平。

四是抓住培育新的服务业增长点，实现领域突破。公共服务业不仅具有公益作用，也是今后经济发展的一个重要增长极。我们将不断强化政府主导和推动作用，依托市场机制，突破体制障碍，努力形成公共服务业发展新格局。文体娱乐业：深化文化体制改革，推进文化事业市场化运作和文化产品政府采购，鼓励社会力量兴办公益性文化事业，大力发展影视、演出、出版、传媒、艺术、广告等文化产业；重视民间优秀文化和非物质文化遗产的挖掘、保护与弘扬；大力发展体育产业，依托现有体育场馆资源，推进大型比赛、表演产业化运作。教育培训业：以建设台州市域教育培训中心为目标，整合教育资源，大力发展基础教育、职业教育和成人教育，规范民办教育市场，推进非义务教育市场化改革；积极开展岗位培训，大力推进农村预备劳动力培训、农业劳动力转移培训、职工在岗培训和转岗培训、技能培训、“双证制”培训和“订单”培训；抓好职教基础设施建设。医疗保健业：在继续保持公共医疗机构主导地位的同时，积极发展民营医疗服务，完善医疗设施建设，巩固台州市域医疗服务中心地位。同时，积极培育社区服务业发展，把社区服务业作为完善城市功能、改善人民生活，促进社会和谐的现代服务行业，纳入国民经济和社会发展计划。中介服务业：着力发展咨询评估、会计审计、法律服务、产权交易、经纪代理等中介服务行业，积极培育产权、土地、技术、人才等要素市场。加快投资体制创新，鼓励社会力量参与服务业的市场化运作与管理，加快路网、电网、气网、信息网建设，不断提升城乡基础设施网络化的程度和综合服务功能。外贸是服务业的重要组成部分，将积极顺应新的出口退税政策调整，加快调整服务业贸易产业结构，利用跨国公司实行产品及服务分拆和外包新趋势，把服务外包作为服务业发展的重要增长点。

五是抓住基础性、先导性项目，实现项目突破。对于服务业发展基础相对薄弱的临海市来说，引进、发展和培育一批基础性、先导性项目显得尤为重要。要像抓工业项目一样，全力抓服务业项目和项目招商引资。根据服务业重点发展领域，制定服务业招商项目的引导目录，规划建设一批符合产业政策、发展前景好、产出效益高的服务业重大项目。当前重点是要着力引进和培育商贸市场、现代物流、休闲旅游、金融保险等方面的龙头项目，对在建项目要加快建设进度，对已签约的项目要抓紧衔接，对在谈的项目要尽快落实。

完善服务业财税支持体系 全力推进商旅大市建设(摘要)

永康市市长 卢跃东

一、坚持理念先行，充分认识加快服务业发展的必要性和紧迫性

(一)加快服务业发展是产业结构调整优化的客观要求

近年来，永康五金产业得到了迅猛发展，综合经济实力不断增强。全市2006年第一产业增加值5.39亿元，增长4.3%；第二产业增加值118.59亿元，增长13.0%；第三产业增加值54.68亿元，增长12.0%，三产比例为3.0:66.4:30.6，第二产业比例畸高，第三产业比例过低，这样的经济结构明显存在着对第二产业依赖性过强的弱点，如果服务业短腿这个问题不加以解决，将影响着工业经济乃至整个经济的快速持续增长。从整体上看，永康市是一座工业型城市，发展工业经济是大方向，这一点是肯定的。但是，从长远发展的眼光来看，发展工业与发展服务业等第三产业并不是矛盾的，而是相互配套、相互作用。现代服务业具有投入少、消耗低、污染小等特点，通过增强服务功能、优化资源配置和创造新的消费需求，可以对一、二产业升级、提高起到重要的支撑和促进作用。因此，在打造“五金名城”过程中，作为受到土地、原材料等生产要素严重制约的永康市，必须调整和优化产业结构，在发展五金工业经济的同时，有意识地去培育服务业特别是现代服务业，这样，永康市的经济才能保持协调健康发展。

(二)加快服务业发展是保证地方财力可持续增长的根本需要

从税收、财政的角度分析，第二产业上缴的税收主要是增值税、所得税，这些税种是中央与地方共享的，地方所得比例分别是25%、40%。而服务业等第三产业上缴的税收以营业税为主，其上缴的税收约80%属地方财政收入。就相同的经济总量和税收总量而言，服务业所占的比重大，也就意味着地方财政收入比例高，用于地方经济社会建设的财力多。尽管永康市近年来的财政收入总量在逐年增加，但由于受不够合理的产业结构和税收结构等因素的制约，地方可用财力增长相对缓慢，永康市财政依然徘徊在“吃饭财政”上。因此，要改变这一不利局面，大力发展服务业不失为一个良好的选择途径，只要加快了发展服务业，夯实地方税源基础，增加营业税等地方税种的收入，就能进一步提高地方税收收入占财政总收入的比重、地方税收占全市工商税收收入的比重、财政总收入占地方GDP的比重，最终提高地方可用财力，确保经济社会建设对财力的需求。

(三)加快服务业发展是“三个三”工作措施贯彻落实的职责所在

省财政厅、地税局在2004年提出了“三个三”工作措施。2006年11月，省财政厅厅长兼地税局局长黄旭明对“腾笼换鸟”进行了充分阐述，其中要求在二产与三产之间少搞些一般的加工工业，多搞些现代服务业和有优势的传统服务业。这些工作措施及领导的讲话，对永康市具有较强的指导意见，为培育服务业发展指明了方向。为此，永康市必须立足于通过调整财政支出和税收政策以及运用其他各种行政、市场手段，加强引导、扶持和促进服务业等第三产业快速发展，进一步夯实地方财源基础，使经济步入良性循环的发展轨道。可以说，着力支持第三产业特别是现代服务业的发展已经成为全市各级领导、财政、税务及相关部门义不容辞的职责所在和当前的一项中心工作。

二、勇于探讨实践，财税支持服务业发展取得了一定成效

基于上述对发展服务业重要意义的充分认识，永康市近年来主动把财税工作放在全市工作大局之中来加以把握，统一思想，明确目标，结合本市实际，采取多项措施支持服务业特别是现代服务业的发展，不但支持服务业的制度基础已基本形成，而且财税扶持框架也已经初步搭建，并在促进服务业发展方面取得了一定成效。

(一)制定出台扶持政策，奠定培育现代服务业的制度基础

服务业的发展离不开市场与政府两个方面的作用，市场机制应该在现代服务业发展中发挥基础性作用。但从国际经验来看，财政税收政策的设计与实施也在很大程度上影响着服务业的发展，对永康市这样服务业还很不发达的地区来说尤为如此。为此，2005年8月制定下发了《永康市人民政府关于加快旅游产业发展的实施意见》，进一步鼓励投资旅游项目，对当年投资规模在500万元以上的旅游项目按1%给予补助。同年7月，制定下发了《永康市关于鼓励第三产业发展的暂行办法》，明确了扶持服务业发展的各项政策。随着形势的发展变化，通过深入调研，对《暂行办法》进行修订、补充，于2006年5月重新制定下发了《中共永康市委、永康市人民政府关于鼓励第三产业发展的实施办法》，降低第三产业扶持门槛，分阶段、有重点、多层次扶持服务业发展。例如，在本市注册新办社会经济发展需要的会展企业，注册资本在50～100万元且当年有会展成果的，每家奖励1万元；注册资本在100万元以上且当年有会展成果的，每家奖励2万元；举办一定规模档次，对地方经济社会贡献较大的会展活动，每次活动奖励主办会展(或中介)企业1～2万元。

(二)设立第三产业发展引导资金，初步搭建财税扶持框架

永康市财政每年拨出不低于700万元的第三产业发展引导资金(其中旅游发展资金150万元、信息化专项资金200万元)，主要用于补助和奖励及国家、省和金华市“三产”发展资金的配套，部分资金用于第三产业项目的招商引资、规划制订和行业管理。引导资金上年度结余部分转入下年度滚动使用。同时，以加强专项资金管理为抓手，规范资金管理，先后制定了《永康市信息化建设专项资金使用管理办法(试行)》、《永康市旅游发展专项资金管理办法》等，从而确保了专项资金安全运行，使财政性资金真正发挥出“四两拨千斤”的作用，撬动全市服务业的有序

地发展。

(三)宣传和落实财税优惠政策,逐步形成发展服务业氛围

为了提高广大人民群众对发展服务业的关注度，营造良好的发展服务业氛围,近年来,永康市成立了第三产业工作领导小组,强化组织领导。从2006年开始,每年召开一次全市发展第三产业工作会议,对先进单位和个人进行表彰,总结、部署发展服务业的一系列工作。财政、地税部门加大对发展服务业的宣传力度，通过每月定期召开的政策通报会进行有关政策宣传,在2007年4月全国第16个税收宣传月里，财政地税部门专门编印了2.5万本宣传小册子,通过邮政局送发给广大企事业单位、城乡居民,着重宣传《浙江省地方税务局关于促进第三产业发展的若干意见》、《中共永康市委、永康市人民政府关于鼓励第三产业发展的实施办法》等。与此同时,财政部门向41家企业(单位)发放2005年度第三产业发展奖励（补助）资金281.4万元,向68家企业(单位)发放2006年度第三产业发展奖励(补助)资金352.58万元。地税部门根据上级部门的通知,及时将按期纳税的营业税起征点上调到5000元/月,降低纳税人税收负担。在这些扶持政策的激励下，全市服务业得到了一定发展,2006年实现国内旅游收入11.46亿元,增长18.2%;社会消费品零售总额49.5亿元,增长14.1%;住宿餐饮业零售额5.2亿元,增长29.8%。

三、因地制宜,明确发展服务业的重点方向

2007年,永康市提出了“五金名城、生态城乡、商旅大市”的“三大战略”。这些战略是相辅相成的,其中“五金名城”就是要保持五金工业优势,为发展“商旅大市”奠定经济基础;“商旅大市”就是要发展现代服务业,为“五金名城”提供强有力的服务支持。因此,在今后,永康市必须立足于“三大战略”,明确培育和发展现代服务业的重点目录，初步确定近阶段扶持对象包括商贸流通业、市场建设与培育、住宿和餐饮服务业、旅游业、会展业、电子商务与现代物流业、社区服务业等,其中,要重点在四大领域取得突破。

(一)打响“永康方岩”品牌,加快旅游业发展

以积极推进方岩丹霞地貌“申遗”为契机,完善景区设施功能,挖掘景区文化内涵,开展景区秩序整治,重塑方岩旅游新形象,并以此为龙头,带动全市“红色旅游”和“希望田野•美丽乡村”农家乐系列活动的蓬勃开展,繁荣全市的旅游业,兴旺住宿餐饮、交通等关联性很强的服务业。

(二)打响“中国科技五金城”品牌,加快会展业发展

继续举办好一年一届的中国五金博览会,在此基础上,在中国科技五金城二期建设“会展中心”,扩大会展业规模,奏响“让永康五金走向世界,让世界五金汇集永康”的主旋律。

(三)依托“永康五金”制造业基地,大力发展现代物流业

因为现代物流业涵盖了交通运输、仓储、信息、流通加工、包装、装卸、区域分拨、配送等内容,是现代服务业中最具发展潜力的行业,可以优化资源配置和减少企业运行成本。作为五金产业基地,有一个与之配套的现代物流体系是十分必要的。为此,要积极做好规划论证，争取在浙江永康经济开发区尽早开工建设“物流中心”,使之成为永康市推进“腾笼换鸟”、打造“总部经济”的重要配套基础设施，努力把永康市打造成具有一定影响力和辐射力的五金产业区域性核心。

(四)建设星级酒店,提升接待服务档次

运用多种筹资方式,引进资金,适时建设一家四星级、一家五星级大酒店,提高住宿和餐饮接待服务和服务档次,使之与全市经济发展水平相适应。

四、敢于创新,不断完善财税支持服务业的体系

财政税收作为政府全面履行职能和国家宏观调控的重要物质基础,具有筹集和调节收入、优化资源配置、促进经济稳定增长等功能。在培育服务业发展过程中,我们必须坚持以科学发展观为指导,因地制宜、因时制宜地创新财税支持方式。

(一)发挥财税职能作用促进“腾笼换鸟”,引导产业结构调整优化

永康市2006年人均GDP已超过4000美元,正处于“黄金发展期”与“问题多发期”,而且受土地要素制约,经济发展中的一些“瓶颈”较难突破,因此,应提升产业结构和层次,转变经济增长方式,加快“腾笼换鸟”,大力发展服务业,这既是现实需要,也是实现经济持续增长的必然选择。作为财税部门,要发挥财政税收政策见效快、导向作用大、资源配置直接的特点,运用财政“四两拨千斤”的理财机制,创新财政税收管理方式,在合法合规的前提下,实行“总部经济”,把研发设计、资金、市场营销等引进来、留下来,努力打造具有一定影响力和辐射力的五金产业区域性总部。

(二)拓宽筹资渠道,加大扶持力度

一方面在每年安排700万元第三产业发展引导资金的基础上,视财力和发展情况按一定比例逐年增加,采取奖励、以奖代拨、项目资金贴息等方式进行扶持。拓宽筹集资金渠道,利用各种优惠政策吸引民间资本参与投资,以解决资金不足的问题,如在国家政策许可范围内,尝试制定“为从事各种旅游业务的企业提供优惠贷款贴息”等一些财政优惠的政策,鼓励社会各界投资旅游业的开发建设。另一方面,根据国家有关文件精神,进一步落实扶持现代服务业发展的税收政策，如对物流企业符合条件的技术改造项目购置国产设备，享受国产设备投资抵免所得税政策等,增强服务型企业的发展潜力。

(三)注重资金使用效益,促进资金收支良性循环

第三产发展引导资金对服务业的投入必须按照公共财政和市场经济的要求,遵循“有所为、有所不为”的原则,重点投向绩效评价良好的公共服务领域或准公共服务领域等。并且应考虑投入与回报的关系,促进财政资金可持续运用,政府性资金在繁荣地方经济的同时,应在促进地方税收增收、地方财力增长等方面发挥重要作用，通过政府专项资金的支持与增加地方贡献相挂钩的激励办法,多支持上缴税收多、增长快的服务型企业特别是现代服务业。还有,对原政府和财政支出形成的旅游景点及旅游设施,可试行“使用者付费”形成资金回流机制;对部分财政投入的旅游项目可试行市场化运作方式。只有这样才能有更多的财力来支持包括服务业在内的地方经济发展，促进扶持资金的良性循环，最终走向现代服务业快速发展与地方财力可持续增长的“双赢”轨道,建设一个充满活力、和谐的新永康。

加快服务业发展 做大做强地方财力(摘要)

乐清市市长 潘孝政

一、加快服务业发展的主要做法和成效

(一)抓组织领导和规划引导

建立了服务业发展工作领导小组,加强对服务业发展中有关重大问题的组织和协调。下设办公室,具体负责服务业发展有关工作,初步解决了服务业工作点广面大,部门职能分散、各自为政的问题,形成合力推进服务业发展的良好局面。同时,根据"十五"、"十一五"国民经济和社会发展纲要的要求,先后出台实施《乐清市服务业发展纲要》、《乐清市旅游业总体规划》、《乐清市商业网点规划》、《乐清湾港区一期总体规划》 等一系列规划,进一步明确发展目标和工作重点,推进全市服务业快速、有序地发展。

(二)抓政策扶持

根据国务院、省委、省政府和省财政厅、地税局一系列关于扶持服务业发展的政策措施,结合乐清市实际,出台实施了加快服务业发展的36条扶持措施和加快旅游业发展的25条扶持措施。

(三)抓财政支持

从2005年开始,建立服务业发展专项资金,用于有关项目的补助补贴。专项资金按照逐年递增、滚动使用的原则,2005年安排了700万元资金,2006年安排了1700万元资金,2007年初步安排资金2000万元。充分发挥财政资金"四两拨千斤"的作用,加大投入,加快基础设施建设,推进城市化和社会主义新农村建设,直接或间接地促进了第三产业的发展壮大。2006年,市财政投入8.45亿元,带动了79.59亿元的固定资产投入。2006年以来,共投入了5380万元用于雁荡山景区的建设和改造,有效地改善了景区面貌,促进了旅游业发展。

通过积极扶持和引导,服务业呈现良好的发展态势:一是服务业对地区生产总值的比重不断提高。2006年,服务业增加值的增幅为14.5%,高于当年地区生产总值增幅0.4个百分点。二是服务业对地方税收的贡献率不断提高。2005年为47.31%,2006年为49.44%;2007年上半年达到51.27%,比上年同期上升了1.5个百分点,增收贡献率达45.87%,比上年同期上升了15.7个百分点。三是服务业内部结构不断优化。批发零售、餐饮、交通运输和邮电通信等传统产业虽然继续稳步发展,但比重相对下降,旅游、房地产、中介服务等新兴服务业异军突起,发展迅速。如旅游业收入占地区生产总值的比重,2005年为5.39%,2006年为6.6%。

二、下阶段服务业发展的目标任务

下阶段乐清市将紧紧围绕建设集工贸、旅游、港口为一体的现代化中等城市奋斗目标,抓龙头、促重点、上规模、优结构、出特色、提层次。以信息技术和网络为平台,突出发展旅游业、现代物流业和信息服务业;以城市化为载体,大力发展房地产业、社区服务业、中介服务业;以市场化为动力,加快发展文化产业;以国际化为方向,加强发展金融服务业、商贸流通业,着力提升服务业的整体发展水平和竞争力,逐步形成适应经济社会发展的现代服务业,把乐清建设成为国内外知名的旅游胜地、区域性的商贸中心,从而推动经济增长方式的重大转变和增长质量的根本提高。力争到2010年,服务业占GDP的比重达到40%,服务业增加值达200亿元以上,年均递增14.5%,地方财政收入占财政总收入的比重达到50%。

三、突出工作重点,加快服务业的发展

(一)加大统筹发展的力度

一是强化任务落实。以抓工业发展的力度抓服务业的发展。根据发展总目标和总任务,把具体的工作任务逐项细化量化到责任单位,明确到人。同时,把服务业发展工作作为有关单位的年度目标考核的重要内容,加大督查力度,做到事事有人抓,抓得了,抓得好。二是加大财税支持力度。特别是加大财政对公共产品的投入力度,大力推进城市化和社会主义新农村建设。三是出台实施城区"退二进三"政策,鼓励发展服务业。

(二)突出抓好旅游业的发展

以国家首批风景名胜区、首批5A级旅游景区——雁荡山景区为龙头,同步加快乐清湾旅游资源的开发建设步伐,积极开发芙蓉池、西门岛等旅游资源,实现"秀水配名山、山水海合璧",促进旅游业快速发展,争取到2011年,实现年接待游客1000万人次,旅游收入达50亿元,把乐清打造成为世界级的山海旅游胜地。芙蓉池位于雁荡山景区的南部,是乐清最大的淡水湖,水域面积约2平方公里,水质清冽,目前正按建成集接待、餐饮、休闲娱乐、会展中心、度假疗养等功能为一体的旅游综合服务基地定位开发芙蓉池。西门岛是位于雁荡山景区东部的海岛,全岛面积6.37平方公里,四面皆海。目前正按建设海洋度假别墅区、水上运动娱乐区、红树林保育区的定位,建成集观光、度假、科普、体验等为一体的海洋旅游度假区。这两个项目建成后,能弥补天下奇秀的雁荡水魅力不足的缺憾,让游客充分享受游山又玩水的乐趣。

(三)以加快推进乐清湾港区开发建设为契机,大力发展现代物流业

乐清湾港区是全国25个枢纽港之一温州港的重要组成部分,布置泊位44个,设计吞吐能力8200万吨/年,其中集装箱595万标箱/年。目前,港区进入全面开发建设阶段,到2012年,港区一期南区(启动区)6个5万吨级泊位将基本建成,通区主干道和其他市政配套设施基本完善,国内外航线和货物喂给体系将初步形成,仓储和集疏散功能有序构建,港区的吞吐能力达到2000余万吨,预计仅物流业将新增增加值60亿元。

发挥政府导向作用 推动旅游产业持续兴起(摘要)

温岭市市长 叶海燕

一、旅游业兴起为现代服务业发展注入了新活力

2006年,全市接待国内外游客331万人次,景区门票收入1755万元,旅游总收入达到30.37亿元。但在1999年,全市接待国内外游客仅55万人次,景区门票收入651万元,旅游总收入3.34亿元。此后,旅游人次和收入一路攀升。7年间,接待游客人次年均增长29.2%,旅游总收入年均增长37.3%,上述两项指标连续几年居台州市首位。旅游总收入占全市第三产业增加值也从1999年的6.5%上升到2006年的22.6%,占全市GDP从1999年的2.1%上升到2006年的8.6%。旅游业成为新的经济增长点,成为国民经济发展中增长速度快、市场潜力大、发展前景好的重要支柱产业,对温岭经济社会发展的带动作用相当明显。

(一)推动了经济和税收双增长

旅游业的发展直接带动了交通运输、宾馆餐饮、商品贸易和文化娱乐的市场繁荣,促进了金融、保险、信息、物流等现代服务业的加快发展,进而间接推动了农业、工业和城市建设的发展。据有关部门测算,我国旅游业每直接收入1元会给相关行业带来4～5元的增值效益,我省约为4.3元,那么2006年温岭市通过发展旅游业带给相关行业的收入就达近118亿元,入库地方税收近8000万元。

(二)优化了城市环境

在创建中国优秀旅游城市过程中,针对影响温岭城市形象和群众关心的突出问题,开展了以"四化"工程、市容整治、环境改造、秩序整顿、卫生整治为主要内容的城市环境综合整治,使市容市貌和城市环境卫生有了明显改观,城市"脏、乱、差"现象得到了有效治理,温岭旅游环境不断得到改善。

(三)促进了就业

旅游业是劳动密集型产业,就业门类多、容量大、门槛低、包容性强。根据世界旅游组织的数据,旅游业每增加1个直接就业人员,社会就能增加5个就业机会。在发展中国家,这个乘数效应还要高一些,可以达到1:7以上。目前,温岭市仅景区、星级宾馆、旅行社的直接旅游从业人员已达4000余人,间接就业人数可达28000人。

(四)吸引了投资

随着旅游品牌的进一步打响,城市形象的进一步提升,外来资金投资温岭市旅游项目的热情明显提高。目前,全市旅游项目总计投入已达5亿多元,其中酒店投入3.2亿多元,景区投资总额超过2.1亿元。投资高档次宾馆(饭店)、开发海岛休闲等许多项目都在洽谈中。

二、实施"政府主导型"战略,促进旅游产业兴起

温岭旅游业得到快速发展而成为国民经济的一个新增长点是近10年来的事。这几年,温岭市旅游业之所以在全省乃至全国同行业中崭露头角,主要是将旅游业作为调整产业结构、发展第三产业的龙头来抓,认真实施"政府主导型"战略,充分发挥财政"四两拨千斤"作用,较早引入股份合作机制,多渠道增加资金投入,使旅游品牌成为一张含金量非常高的城市名片。

(一)认真实施"一把手"工程

旅游业作为朝阳产业和"政府主导型"产业,需要特别呵护。历年的党代会、人代会报告中,温岭市都提出将旅游业作为支柱产业来发展。1998年,出台了《关于加快旅游业发展的若干意见》,确定了全市旅游业发展的总体工作目标,提出了具体的工作措施。1999年,以市长令的形式出台了《温岭市风景旅游管理办法》,对风景旅游管理和旅游业的发展作出了明确的规定和定位。市委常委会、市长办公会议每年都几次听取旅游工作汇报,专题研究旅游工作。市人大每年均组织人大代表视察旅游工作。市政协多次就旅游业发展开展专项调研,并形成报告送市委、市政府领导审阅。各镇也根据实际,确定了旅游业发展的工作目标,一个全社会办旅游的氛围在全市逐步形成。2001年5月,温岭市又开展了创建中国优秀旅游城市活动,以全面改善旅游环境,提高旅游综合接待能力和标准化服务水平。市委、市政府两次召开千人"创优"动员大会,将"创优"任务逐项分解到相关部门和镇,给40多个责任单位下达了任务书,实行目标管理。2003年4月,温岭市顺利通过了中国优秀旅游城市的验收,旅游环境明显改善,综合功能日益增强,旅游资源整合优化,整个旅游行业呈现出一派生机勃勃的新气象。

(二)有效发挥财政导向作用

旅游业产生的巨大效益,固然能引来众多投资者的青睐。但它的前期投入,以及其他经济主体不愿或没能力投资的项目,如旅游发展规划、旅游景点配套设施等,离不开公共财政的支持。近年来,温岭市按照提供"公共产品与服务"的职能定位和追求"可持续发展"的目标,逐年加大了对旅游业方面的投入。旅游发展专项资金已从1998年的100万元提高到2006年的300万元。同时,积极发挥财政资金导向作用,引导民资参与旅游业的开发建设。仅2006年,全市就投入2000余万元用于长屿硐天6000平方米生态停车场建设,投入500余万元用于方山入口广场建设,投入800万元用于石塘景区千年曙光园环境配套工程建设,大大提升了景区品位。此外,在旅游宣传促销上,坚持"酒香也需勤吆喝",先后由市财政安排资金,成功举办了温岭石文化旅游节、中国新千年曙光节和21世纪曙光节、"莱茵河之声——长屿硐天岩洞音乐会德国交响音乐专场"音乐会,大大提高了温岭的知名度和美誉度;在旅游业高起点规划上,早在1998年就安排专项资金,开展风景旅游资源调查,邀请专家编制旅游业发展规划,聘请世界遗产研究中心等专业人士担任旅游专业顾问,使旅游业得以健康发展。

(三)积极引入股份合作机制

温岭是有档案记载的全国第一家股份合作制企业的诞生地。温岭市顺应趋势,大胆实践,较早地将股份合作制引入旅游领域，取得明显成效。早在1992年，温岭市长屿镇境内有一大片经世代采石留下的矿址。当初，有人提出将矿址开发成旅游景区的设想，但面对旅游业开发巨大的资金投入，又感到困难重重。这时市委、市政府及时组织人员，深入调查研究，认为温岭旅游业开发完全可以同乡镇企业一样，走股份合作制开发的路子。于是，邀请专家经过反复论证，出台了“民办公助”的开发方针，调动了人们投资入股的积极性。当时有181户农民自愿入股，3家企事业单位积极参与，创建了第一家旅游开发股份合作公司，投资370多万元，开发了凌霄硐宫景点，迈出了股份合作制开发旅游业的可喜一步。同时，还有效运用财税等优惠政策，吸引多种经济成份共同参与旅游业的开发和建设。由于各方面的通力协作，温岭市股份合作制旅游企业迅速得以发展。目前，全市已有企业与企业联合、企事业单位与个人联合、个人与个人联合、跨村跨乡联合等多种形式，旅游项目以股份制形式总计投入已达4亿多元，其中酒店投入2.5亿多元，景区投资总额超过1.5亿元，景区股份合作制旅游开发企业已发展到10余家。

三、推动旅游业深度发展的思路与对策

省委、省政府明确提出，要从贯彻落实科学发展观和实施“八八战略”、建设“平安浙江”的战略高度，充分认识加快旅游经济发展，建设旅游经济强省的重大意义，切实增强紧迫感和责任感，真正把旅游作为国民经济的重要支柱产业来培育，作为发展服务业的突出重点来抓，作为推动经济增长方式转变的重要举措来抓。省财政厅、地税局也把发展包括旅游业在内的第三产业，作为落实“三个三”工作措施和优化政府财力结构的根本举措来抓。综观温岭市旅游经济发展的差距，一是旅游经济总量与经济总体发展水平不相适应，旅游总收入相对较小，在国民经济的比重相对较低。二是旅游产品和旅游企业“低、小、散、弱”，市场竞争力不够强。旅游景点基础设施开发滞后，有名气的不成熟，相对成熟的不完善。三是旅游产业结构不尽合理，游客逗留时间短，人均消费也较少。因此，要破解这些问题，进而促进旅游产业持续兴起、深度发展，就必须从完善政府及公共财政导向职能入手，进一步加大旅游发展工作力度。

（一）在发挥财政的效用上下功夫，进一步夯实旅游经济发展基础

从大处来说，旅游项目是一项公共资源，也是一种公共需求。为此，将把发展旅游业纳入公共财政的范畴，积极加以扶持和引导。首先，对旅游发展规划的编制，尤其对旅游业整体性和区域性的发展规划，将由政府统筹和组织实施，市财政重点给予支持。事实也证明，只有政府制定并执行的具有宏观意识、科学精神与发展步骤的旅游发展规划，才能保障旅游业健康有序地发展。其次，对旅游景点配套公共服务设施建设，如旅游交通连接线、旅游景点停车场等，市级财政要发挥投资联动效应，进行导向性投入，目的是扶持重点，调动社会各方投资旅游业的积极性。第三，旅游热点的兴起，无不是从宣传开始的。要继续将旅游宣传促销方面的必要投入，作为政府行为纳入公共财政支出，不断提高温岭市旅游的知名度。第四，市级财政要承担起旅游信息化及人才培训的社会责任，促使旅游业走上以互联网为代表的信息高速公路，实现旅游产业整体跃升。第五，要逐步树立对旅游业的支持由资金扶持转向政策引导的思维，探索新形势下减轻旅游企业负担、促进旅游业结构调整、鼓励社会各界投资旅游业开发建设的财税支持方式和政策手段，实现旅游业财源建设的渐进过程。

（二）在拓展旅游的功能上下工夫，进一步提高旅游经济产业推动力

旅游的功能相当丰富，不单单是观光，还有休闲度假、会展、购物、商务交流、政务考察、文化交流，以及探险、健身等。因此，发展旅游经济绝不是一个简单的“吃、住、玩”的经济，它是现代服务业发展的一个重要平台。应综合考虑旅游的各种功能，精心谋划，充分拓展和发挥旅游经济的拉动作用，推动各业的发展，特别是在促进现代服务业发展上发挥其应有的推动作用。2006年温岭市三次产业结构为8.3:53.5:38.2，第三产业比重相对而言仍然较低。应加快旅游业的发展，发挥旅游经济“兴一业、旺百业”的龙头带动作用，促进第三产业的规模扩大和产业提升，进而促进经济结构调整，推进国民经济从“二、三、一”向“三、二、一”的结构转变。

（三）在突出特色和品位上下工夫，进一步提升旅游经济市场吸引力

全力打造融“文化旅游、民俗旅游、休闲旅游、商务旅游、海洋旅游”的世界级、国家级品牌。加快长屿——方山申报国家重点风景名胜区步伐，形成“中国优秀旅游城市——温岭、中国新千年大陆第一缕曙光首照地——石塘、国家4A级旅游区长屿硐天、长屿——方山世界地质公园、长屿——方山国家重点风景名胜区、钱江摩托全国工业旅游示范点”等品牌组合，提升市场吸引力。以世界地质公园开园仪式为载体，继续办好重大旅游节庆活动，扩大影响。抓好旅游客源市场的开发工作，拓宽市场覆盖面。进一步解放思想，跳出旅游发展旅游，在发展工业旅游、农业旅游等方面实现与各行业间的资源共享、优势互补。以钱江集团被评为全国工业旅游示范点为契机，带动工农业旅游快速发展，形成温岭旅游多条腿走路的良好局面。

（四）在整合旅游资源上下工夫，进一步壮大旅游经济综合实力

要把旅游资源开发利用好，必须加大旅游资源的整合，把旅游资源优势转化为旅游产业优势。按照“资源共享、优势互补、区域联动”的要求，以城市为中心，以资源为依托，构筑旅游发展新格局，形成独具特色的旅游产业布局，扩大旅游产业规模，优化旅游产业结构，增强旅游产业优势，提高旅游经济综合实力。

（五）在完善旅游设施上下工夫，进一步提高旅游经济环境竞争力

按照“初步形成基本成熟的两日游精品线路”的要求，进一步加快旅游区建设步伐，完善与旅游有关的基础设施。各景区全面完善基础设施，增加游客参与性项目，刺激游客消费欲望，改变景点单纯的“门票经济”模式，提高旅游创收能力。同时，开发以“农家乐”、“渔家乐”为主要内容的农（渔）家度假游，丰富旅游产品，促进旅游业特别是休闲旅游的发展，推进农村第三产业的进一步壮大，转移农村劳动力，增加农民收入，在有效解决“三农”问题上起到积极的作用。根据不同游客的消费需求，引导建设不同档次的宾馆饭店，提高接待能力。继续抓好“中国优秀旅游城市”的后续工作，不断提升旅游城市品位，提高旅游环境竞争力。

杭州市基本公共服务均等化研究(摘要)

杭州市财政局局长 陈锦梅

一、杭州市推进公共服务均等化的主要做法

(一)着力解决"四农一村",加大新农村建设的扶持资金

近年来,杭州市在"少取、多予、放活"的原则下,增加对农业的财政投入,促进了农业增效、农民增收、农村发展。2003年以后,我市先后取消了农业税、农林特产税、屠宰税等税收,2004年杭州率先在全省范围内全面免征农业税,当年免征农业税0.7亿元。农民的税费负担降幅达56%以上。整合了原农业产业化发展的资金、生猪禽蛋基金及农业园区建设、农业发展基金等,通过市技改贴息促进农业龙头企业的技术改造,运用残疾人保障金帮助农村残疾人进行危房改造,压缩农口部门的一般行政性经费用于都市农业的发展。截止2006年底,市财政已投入支农资金45.9亿元,年均增长22%。

2006年全市又进一步提出了抓好"四农一村"问题,也就是在解决"农村、农民、农业"问题的基础上,增加了解决农民工问题和推进"城中村"改造。"城中村"改造,作为老城区新农村建设的重点,市财政给予政策上的大力支持,即各区改造范围内的出让土地,除35%部分上交市政府外,65%全部返还用于整体改造。市财政已累计返还3.2亿元。同时,市财政还积极推进"同城同待遇",解决失土农民的劳动就业、社会保障、教育住房等问题,着力解决全市220万超过我市纯农业就业人数的外来务工人员在就业、生活、教育、医疗等方面的问题,努力使他们"安居乐业"。

(二)优先发展基础教育,完善义务教育经费保障机制

教育是关系到一个民族素质最基础的事情,也是实现公平正义最基本的事情。为此,2002年我市在全省率先全面普及从学前三年到高中教育的十五年教育,优先发展基础教育,将入园率、入学率作为考核教育事业发展的主要指标,并建立起财政教育经费投入稳定增长机制。截止2006年,全市适龄儿童学前三年入园率和初中毕业生升高中比率均为96.6%,市财政累计投入的普通教育经费为134.7亿元,年均增长24.2%,占财政支出的比重由2002年的8.6%提高到2006年的14.1%。

从2006年春季开始,杭州市在全国率先实行城乡义务教育免杂费,并在2007年春季将范围扩大至市区农村学校义务教育阶段的学生。至此,全市免费对象涵盖了义务教育阶段所有学生,包括外来务工创业人员子女。政策实行两年,市财政累计投入达到了1.6亿元。

为确保全市每一个孩子都享有接受教育的权利,不因为贫困而失去学习的机会,促进教育的公平化、均衡化,我市建立了贫困生的资助体系,使他们不输在人生的起跑线上。补助的标准为:对持有效期内的"杭州市困难家庭(低保家庭、农村低保家庭、困难家庭)救助证"的家庭子女,在市属或区属公办学校接受九年义务教育的,按所读学校的杂费、代管费、住宿费之和享受资助;在市属或区属公办学校接受高中段(职高、普通中专、成人中专普通班、技工学校),享受标准为所读学校的学费和代管费之和。2004年至2006年,全市共有近17.2万人次接受资助,累计受助金额达0.59亿元,解决了12万余名外来务工人员子女的入学。

(三)加强基层卫生服务,提高公共卫生经费投入水平

社区卫生服务是政府的一项公共服务职能,是政府提供公共服务的平台。2005年,我市提出了加快发展城区社区卫生服务的意见,要求当年对基层预防保健等社区卫生服务机构补助的标准为每万居民15万元,到2007年达到每万居民25万元。从2005年起,市财政每年安排社区卫生服务经费1000万元和社区卫生用房建设经费1000万元,2007年社区卫生服务经费已提高到2000万元,鼓励和支持社区卫生服务的建设和发展。通过三年的努力,市区已建立社区卫生服务中心46个,社区卫生服务站146个,全市60%以上的社区居民能够享受预防、保健、医疗、康复、健康教育和计划生育技术指导"六位一体"的综合服务。

为提高农民健康的保障水平,2003年市政府提出了在全市建立政府推动、农民互助、社会参与的工作机制,积极引导农民参加以大病统筹为主要形式的新型农村合作医疗制度,并建立动态的筹资增长机制。人均的筹资标准由定额筹集改变为与农民的人均纯收入挂钩,并确保年增长25%以上。市财政资助的标准也由2003年的每人每年10元提高到2006年的20元。截止2007年,全市新型农村合作医疗人口覆盖率已达100%,参保农民350.61万人,参保率95%,人均筹资额已达到上年农民人均纯收入的1.3%,市财政累计投入资助资金0.63亿元。另外,为保障外来流动人口公共卫生保健经费,我市按常住人口50%的标准给予补助。

为解决弱势人口的疾病经济负担,建立了对困难人员的医疗补助和救助制度,并不断扩大医疗救助范围与对象。即将于2008年1月1日起实施的《杭州市基本医疗保障办法》,将救助对象扩大到全市法定劳动年龄内的困难家庭成员以及重症残疾人。同时,进一步加大困难群众医疗救助力度:一是降低了低保家庭医疗费提前救助额度,只要其当年自负医疗费超过500元的,就可实施提前救助。二是加大了门(急)诊医疗救助力度,对持有有效期内《杭州市困难家庭救助证》的家庭成员,可按门(急)诊医疗费的50%比例救助,也可按家庭人口确定相应的最高救助标准救助。

(四)加快文化设施建设,确保公共文化投入增长幅度

杭州市是一座具有深厚文化底蕴的城市,为使每一个杭州人,以及在杭州创业的人,都能感受西湖文化、运河文化、钱塘江文化所体现的精华,我市实施了"文化名城"的建设。先后建设了杭州大剧院、黄龙体育中心、杭州少儿图书馆、杭州红星文化大厦、西湖博物馆等一批有影响、标志性的公共文化设施,设立了大文化产业、文化事业建设和历史文化名城保护等专项资金,

实施了西湖综合保护工程、西溪综合保护工程、运河综合保护工程,建立了文化经费投入增长高于财政收入的增长机制。

加快农村文化建设,通过以城补乡、以工促农、示范引导和辐射带动,促进城乡、区域间文化的共同发展,保障不同群体的基本文化权益。实施了广播电视"村村通"工程,合理分布图书阅览室、体育健身园、农村电影放映点等,实现文化资源信息共享。全市现有市级群众艺术馆1个,市级公共图书馆1个,市级少儿图书馆1个,区、县(市)级文化馆、图书馆各13个,街道(乡镇)文化站(中心)227个,总面积约为288445 平方米,社区(村)级文化活动中心(文化活动室)4070个,总面积约298030 平方米,以及青少年活动中心、工人文化宫等一批行业文化设施,累计建成全民健身苑(点)1091处,人均体育场地面积达到1.43平方米,基本形成市、区县(市)、街道(乡镇)、社区(村)四级公共文化服务网络。

(五)维护群众切身利益,逐步构筑社会保障健全机制

"让更多的人享受社会保障",杭州市一直在努力建设一个覆盖城乡的社会保险、社会救助健全的社会保障机制。这个保障机制,既关注城市居民,又关注农村居民;既关注本地居民,又关注外来务工创业人员,努力实现人人"老有所养、病有所医"。

一是逐步提高最低生活保障标准。全市2001年至2005年财政安排城乡居民最低生活保障资金1.35亿元。杭州市区(不含萧山区、余杭区)居民的最低生活保障标准为一人户每人每月320元,两人户每人每月300元,三人及三人以上户每人每月280元。杭州市区农村居民最低生活保障标准为一人户每人每月190元,两人户每人每月180元,三人及三人以上户每人每月170元。杭州市的最低生活保障线在全国同类城市中走在前列。

二是切实做好失土农民保障工作。杭州市把所有失土农民纳入了社会保障体系,按照"低标准缴费低标准享受"的原则参加养老保险,明确按月计发养老金的最低标准,并与参加基本养老保险的退休人员基本养老金同步调整,让失土农民享受"同城待遇",切实解决了城市失土农民的后顾之忧。

三是切实做好劳动力再就业工作。市财政累计安排再就业资金超过4亿元,专项用于社区公益性岗位补贴、社会保险补贴、企业用工补贴、下岗失业人员再就业补助等。同时,还建立了下岗失业人员小额担保贷款基金,加大对外来劳动力市场建设的投入,有力地促进了劳动力再就业。截至2006年底,全市新增城镇就业74.34万人,城镇登记失业率由2001年的4.48%降至2006年的3.46%。

四是更加关心农民工的社会保障。社会保障面扩大到所有签订劳动合同并缴纳社会保险费的外来务工人员。按照"低标准缴费低标准享受"的原则,自愿申请基本养老保险,按不低于杭州市区城镇居民最低生活保障标准计发基本养老金,其养老金的调整与职工基本养老保险统一办法规定的同步调整。按照"低筹资、保大病、保当期"的原则,参加农民工大病住院基本医疗保险,由用人单位以上年省平均工资的60%为基数按月缴纳3%,农民工个人不需缴费。

五是切实提高困难群众居住品质。困难群众、弱势群体居住品质的提高,才是真正杭州人居住品质的提升。为此,杭州市在改善低收入住房困难家庭居住条件方面,进行了多年的探索和实践,基本搭建起了经济适用房、普通商品房、经济租赁房和廉租房"四位一体"的中低收入家庭多元化、多层次、多渠道的住房供应保障体系。同时,结合背街小巷改造等工作,实施危旧房改善。仅2006年和2007年两年,市财政就投入9.1亿元,用于城市住房建设和危旧房改造。其中从土地出让总收入中提取2%以及住房公积金的增值部分,专项用于廉租房建设。全市累计开工建设经济适用房和拆迁安置房855.95万平方米,市区城镇居民人均住房使用面积达20.97平方米。2007年落实廉租住房面积2万平方米,房源1190套。

六是努力构筑四级帮扶救助网络。支持建立杭州市区"帮扶救助"四级网络,构筑起立足于基层、立足于社区、上下联动、左右协调的市、区、街道、社区四级帮扶救助网络,真正实现对困难群众的长效帮扶。开展了八次春风行动,将1.4亿元的救助资金送到了困难家庭的手中。扩大了帮扶救助对象,把困难群众援助对象由低保、特困两类家庭扩大到持有杭州市困难家庭救助证的家庭,即低保、特困和困难三类家庭,使更多的困难家庭得到社会的关心,共享和谐的阳光。

(六)发展工业循环经济,大力支持生态环境保护建设

杭州市是资源小市,环境承受能力脆弱,在实施"工业兴市"发展战略的同时,必将给城市的环境带来无法挽回的损失。全市660万居民和220万的外来务工人员就生活、工作在这个只有16596万平方公里的狭小空间中,如果不改变传统的高投入、高消耗、高排放、低效率的粗放型经济增长方式,那么全市的老百姓都将喝着被污染的水、呼吸着被污染的空气。为此,从2003年起,市财政累计投入12亿元,加快扶持工业循环经济发展,重点培育资源消耗低、环境污染少、产品附加值高的高新技术产业和绿色企业,采用高新技术和先进适用技术改造传统产业,将难以适应城市规划、环境保护和安全生产等要求的城区部分工业企业实施整体搬迁。

同时,全面实施"1278"环境污染整治和"1250"生态示范工程,采用污染物排放总量控制的办法,严格限量达标排放。从2003年起,市财政累计投入13.8亿元,用于环保基础设施建设、截污纳管工程建设、重点区域性及重点污染源防治、生态功能区保护、农业农村污染综合防治示范工程实施,以进一步改善城市、农村人民工作和生活的环境。

为使全体杭州市民工作、生活在清洁而又美丽的城市里,我市还从2006年开始,在市区23条主要城市道路以及部分街巷中实施了"洁面工程",并建立了长效保洁机制。按照道路的分类情况,制定不同的定额标准,市财政与区财政按一定的比例分别承担。具体标准:一类道路24小时保洁标准为15.76元/平方米、18小时保洁标准为12.17元/平方米;二类道路16小时保洁标准为8.97元/平方米;三类道路14小时保洁标准为6.89元/平方米;一类街巷16小时保洁标准为8.11元/平方米、二类街巷14小时保洁标准为6.25元/平方米。

(七)构筑安全监管网络,健全公共安全财政补偿机制

公共安全问题始终与人类社会共生,随着人类社会的发展,这一问题的重要性越发凸现。为提高人民群众的生活品质,增加城市的"幸福"指数,投入了大量的人力和财力。

2003年杭州市设立了信息化专项资金,针对农产品、食品、

药品、消费品等重点产品，从生产经营、许可准入、质量监督、消费流通等环节，累计投入 0.34 亿元，通过现代化的信息手段，初步建立了覆盖市区范围的产品质量监管网络。同时，通过对“科技强警”和交通智能化累计 2.8 亿元的资金投入，有效地对重点区域、重点路段实施监控，使网络监控、DNA 检验、指纹检定等高技术手段，全方位地运用在公安系统的日常管理中，极大地创新了警务机制和工作方式，增强和提高了我市维护稳定、打击犯罪的能力。

为保证人民群众的出行安全，我市加快 BRT 系统规划，合理地调整了公交线路和公交站点，使公交平均营运速度达到每小时 20 公里以上，站点候车时间控制在 3～8 分钟，市区内任意两点间公交到达时间不超过 50 分钟。优化乘客乘车、候车的环境，2007 年就将新增更新 1000 辆高档空调车，完成 500 多个候车亭的新建改善工作。

为确保全市的粮食、石油、肉类、自来水等供应，市财政每年都实行城市公用事业的政策性补贴，五年累计投入 31.9 亿元。其中，2006 年为推进我市公共交通体制改革改制，市政府通过购买服务的方式，按照老年人每人次 1.46 元、残疾人每人次 1.00 元、军人定额补助 300 万元等标准，采用 IC 卡刷卡计量方式实施票价补贴，共计 2.3 亿元，既方便了老人、残疾人的乘车出行，也为建立健全政府对城市公用事业的财政补偿机制进行了有益的探索。

二、杭州市推进基本公共服务均等化的基本思路

（一）推进基本公共服务均等化，要以政府职能的发挥为主导

公共服务领域很广，都涉及老百姓的切身利益，与经济社会发展密切相关，而市场又无法完全满足。这些市场失灵留下的“服务空白”，就需要政府负起责任。

实现基本公共服务均等化，要求政府协调好与市场之间的关系。地方各级政府在积极促进地方经济快速协调发展、“做大蛋糕”的同时，不应再把地区生产总值或经济增长速度作为区域发展的惟一目标，而应当超越市场化资源配置机制的眼界，将促使不同地区的居民享有基本公共服务均等化作为长期导向，将基本公共服务均等化作为自己的神圣职责，努力提高为辖区所有居民提供基本公共服务的能力。现阶段政府的重点应首先定位于对低保、义务教育、基本医疗、必不可少的公益性基础设施等基本公共产品、公共服务和社会事业的支持。

实现基本公共服务均等化，要求依法规范市与区县（市）政府的支出责任。要根据支出受益范围等原则，各区、县（市）的行政管理、基础设施等区域性公共产品和服务的支出责任应由各区、县（市）财政承担。对贫困县和财政困难的区、县（市），市财政可以在一定范围内通过转移支付给予适当帮助，尽快使这些地区基础设施和教育、卫生、文化等公共服务设施得到改善，逐步缩小地区间基本公共服务差距。对于在市域范围内有“外溢效应”的公共产品和服务，如跨地区的交通、邮电、空港、环保等项目，应确定一定的比例由上级财政、本级财政、下级财政共同承担。同时，充分考虑基本公共服务均等化进程以及各地区的财政能力，合理确定本级与各区、县（市）的负担比例，引导各区、县（市）政府将公共资源配置到社会管理与基本公共服务领域。

（二）推进基本公共服务均等化，要以改革市区财政管理体制为保障

随着社会主义市场经济体制的建立，随着政府职能的转变和公共财政体制框架的确立，杭州市现行财政税收体制也暴露出一些问题。目前，由于市区土地资源越来越紧缺，事权越来越扩大，各级地方政府、部门对税收收入越来越关心，对招商引资越来越重视，于是造成了市区政府间在税收的归属、税收的登记和征管等方面反映的问题越来越突出。因此，必须实行财政税收的属地征收管理改革，改变我市招商引资存在的某些无序竞争现象，营造和谐创业公平竞争的良好环境，这是市场经济和公共财政的必然要求，也是兄弟城市的成功经验，大势所趋，势在必行。

下一步，市区财政体制调整主要围绕四个方面：

1. 市级企业下划，收入在地统计。2. 维护既得利益，理顺财政关系。3. 规范税收征管，实行属地管理。4. 完善转移支付，协调区域发展。通过完善财政体制，理顺财政分配关系，以进一步优化我市的投资和发展环境，充分调动市区两级政府尤其是区级政府发展经济和培植财源的积极性，保障各区提供公共服务的能力，推动基本公共服务均等化的实现。

（三）推进基本公共服务均等化，要以解决民生问题为重点

解决民生问题，应当是推进基本公共服务均等化的重要切入点。在利益主体多元化的条件下，不同社会群体和个人的利益不可避免地存在着差异和矛盾。构建社会主义和谐社会，需要不断协调利益关系、化解利益矛盾。目前，就业、社会保障、收入分配、医疗卫生、教育、住房、安全生产、社会治安等关系群众切身利益的问题是人民群众关注的热点。从现实出发，把建立公共服务体制作为社会体制改革的目标。要加快建立覆盖城乡的基本公共服务体系，包括建立覆盖城乡居民的社会保障体系，建立覆盖城乡居民的公共卫生服务体系、医疗服务体系、医疗保险体系、药品供应保障体系，建立充分发挥政府、市场、社会三方积极作用的公共服务供给机制，强化政府的公共服务职能。要扩大公共财政覆盖的范围，努力促进城乡协调发展，以“五个统筹”为载体，促使财政支出向“三农”倾斜、向生态环境倾斜、向社会公共事业倾斜、向基层政府倾斜、向大众群体倾斜。

在诸多民生问题中，教育、医疗卫生、社会保障是重中之重。一要大力支持教育事业发展。杭州市将逐步把辖区内农村义务教育全面纳入公共财政保障范围，启动农村中小学校舍维修改造资金保障新机制，全部免除农村义务教育阶段中小学生学杂费，逐步提高公用经费保障水平，继续完善义务教育经费保障机制。二要增加公共卫生体系建设的投入。三要大力支持就业和社会保障工作。要多渠道筹集社会保障资金，继续完善我市“五险合征”，在全市进一步扩大社会保险覆盖面，使各区、县（市）各类符合条件的劳动者全部纳入社会保险覆盖范围。

（四）推进基本公共服务均等化，要以完善转移支付制度为路径

公共服务均等化目标不可能通过市场形成，需要政府通过转移支付制度来实现。转移支付制度是实现基本公共服务均等化、调节收入再分配和实现政府政策目标的重要手段和重要途径。为了实现公共服务均等化，需要通过转移支付的方式，保证

经济发展水平相对较低或支出成本较高地区政府具有为本地居民提供与其他地区相同基本公共服务的能力。具体改革措施：

一是优化转移支付结构。主要增加一般性转移支付，重点帮助部分城区解决财力不足问题。二是清理、整合专项转移支付。三是实行以奖代补政策，建立激励约束机制。引导区级政府尽量多地将上级转移支付资金及自身财力分配落实到基层财政，完善区对下转移支付制度，缓解镇乡(街道)财政困难。四是编制转移支付预算。规范市财政转移支付资金预算管理，整合转移支付项目，提高转移支付资金效果，加大人大对转移支付的监督审查力度。五是逐步建立监督评价体系。对于财力性转移支付，由于难以单独进行监管，可以对接受转移支付的区县政府进行整体监管和考核。研究建立地方政府支出安排的绩效评价体系，确保转移支付资金用于基本公共服务领域。

(五)推进基本公共服务均等化，要以完善公共财政管理为抓手

实现基本公共服务均等化，从表面看是一个不断化解社会矛盾的持续过程，但实质上是一个政府职能转换、公共财政体制逐步建立的过程。

建设公共财政的意义决不仅在于规范政府收支行为，更在于以财政收支领域来推动整个经济社会的发展进程，变成一种贴近市场化目标的改革推动力量。一是推动了政府职能的转变。随着经济体制的调整，需要重塑政府的职能格局，公共财政在促进政府职能调整中起到了一定的推动作用。公共财政改革坚持财政支出要从竞争性领域退出转到向社会提供公共物品或服务上来。科学发展观强调经济社会协调发展，构建和谐社会要求公共财政覆盖农村，调节收入分配。这成为政府职能调整的方向，这是财政改革对政府改革的推动作用，以财政支出格局的规范化来推动政府职能格局的规范化。二是推动了政府收支行为的规范化。三是推动了社会主义政治文明的建设。

为构建公共财政体制，我市财政要完成以下四项战略任务：首先，解决财力保障问题，通过优化政府财力资源配置，不断增强公共产品和服务的供给能力。应着力解决财政职能"缺位""越位"问题。其次，调整和优化财政支出结构。第三，要完善现行财政税收管理体制，促进城乡、区域统筹协调发展。第四，要构建科学、合理的财政运行机制。在预算分配方面，完善预算编制制度，按照规范的政府收支分类体系，完善定员定额管理体系和项目库管理办法，完善政府间转移支付制度和财政资金分配机制。在预算执行方面，全面实行国库集中收付制度改革，建立健全国库动态实时监控系统，全面推行政府采购制度改革，实行政府集中统一采购。在预算监督方面，建立财政支出绩效考评制度，包括统一规范的绩效评价办法、指标体系和基础资料数据库等。

(六)推进基本公共服务均等化，要以社会主义新农村建设为核心

一是继续坚持工业反哺农业、城市支持农村和"多予、少取、放活"方针，促进农业不断增效、农村加快发展、农民持续增收，推进"城中村"改造，解决外来务工人员问题。市本级财政在经济发展和财力增强的基础上，要逐步增加市财政投资规模。"十一五"期间投入农业的资金可达25亿元之多，拉动全市投入新农村建设的资金增幅平均达15%以上。其中：水利建设资金9亿元，重点用于河道整治等水利基础设施建设；投入造田造地资金12亿元，重点实现耕地占补平衡；安排转移支付6000万元，完善深化"49100"帮扶工程。除了预算内资金增加支农支出安排外，土地出让收入的使用要向新农村建设倾斜，逐步提高用于农业土地开发和农村基础设施建设的比重。二是调整市财政投资结构和方向，努力实现市财政投资由城市逐渐转向农村，由基础设施建设逐渐转向公共社会事业发展，继续加强环境保护和生态环境建设，重点对杭州上游生态建设提供补偿。三是着力建立解决区、县(市)财政困难的长效机制。

发挥财税职能作用 助推现代服务业发展(摘要)

温州市财政局局长 李步鸣

一、主要做法及成效

(一)落实"三个三"理念，把扶持现代服务业发展作为战略来抓

改革开放以来，温州市经济快速发展，2006年人均GDP突破3000美元，但产业发展不平衡、资源要素制约重、环境承载力不足等矛盾和问题突出，严重阻碍了温州市经济的进一步提升，财政收入面临总量增长趋缓、结构优化难度增大的问题。2004年以来，省厅、省局先后提出了"三个三"、"换好三只鸟"等理财思路；温州市委、市政府做出了"在现代服务业发展上求突破"的决策部署。围绕上述有关部署，温州市各级财政地税部门及时统一思想，将"三个三"等理念融入到"生财、聚财、用财、理财"全过程，切实转变"重制造业、轻服务业"的观念，形成扶持现代服务业发展的战略共识，进一步增强扶持服务业发展的紧迫感和责任感。同时，把扶持现代服务业发展作为破解经济发展瓶颈、提升经济发展质量和培植地方财源的战略来抓，积极研究部署具体措施，把财税扶持的重点由以二产为主转到二产、三产并重上来，努力开创财税扶持服务业发展的工作新局面。

(二)坚持"三管齐下"，加大财税扶持力度

一是充分发挥财政专项资金的导向作用。2005年根据《温州市加快服务业发展若干意见》，设立了每年规模达8000万元的扶持现代服务业发展专项资金(暂定3年)，用于发展现代服务业的资金支持、政策扶持和考核奖励等，引导社会资本加大对服务业的投入，推动服务业快速发展壮大。2003－2006年市财政安排服务业发展专项资金达1.8亿元。2006年全市服务业固定资产投资额423亿元，增长19.9%，占全社会固定资产投资总额比重65.6%。二是全面落实税收优惠政策。认真落实省地税局关于促进第三产业发展及文化体制改革有关税收优惠政策，梳理整合现有服务业税费优惠政策并编成读本，用足用活提高营

业税起征点、减免房产税等各项税收政策，着力促进服务业发展。2003-2006年，全市地税部门批准服务企业各类减免税费2.6亿元。三是健全财税管理和服务机制。牵头制定了服务业发展专项资金管理办法及旅游、商贸流通等专项资金配套管理办法，确保了财政专项资金使用的规范、安全和有效。同时，积极实施税源间接控管模式，完善服务行业纳税评估办法，开展财税政策宣传等，切实为服务业发展营造了良好的财税"软环境"。

(三)依托"三大优势"，做大做强支柱型服务业

一是突出抓好旅游业这个"龙头"。立足得天独厚的山水资源和人文积淀优势，围绕做好旅游"山上、海上、晚上"三篇文章，2005－2006年，市财政安排旅游资金8910万元，重点支持通景公路、海岛旅游、城市亮丽工程、红色旅游、农家乐等一批特色旅游项目开发、旅游设施建设及品牌奖励等，雁荡山获得世界地质公园和国家5A级旅游区的荣誉。2006年全市共接待海内外旅游者1868万人次，全市旅游总收入168亿元，比上年增长31%，旅游业已成为温州市新的经济增长点。二是加快推进金融业发展。抓住民间资金充裕以及全国首个金融综合改革试验区的优势，2005-2006年市财政安排考评奖励资金1600万元，专门用于对各金融机构的考评奖励，鼓励银行扩大信贷规模，开展金融产品创新等。2006年，全市人民币存贷款分别增长22%和29%，分别高出全省4个和6个百分点；各金融机构共实现利润63亿元。三是促进房地产业健康平稳发展。针对温州市房地产市场需求旺盛的实际，通过积极落实房地产新政等国家宏观调控政策，加强房地产税收征管，建议市政府加大土地投放力度等措施，促进了房地产业的健康发展。据统计，2006市区房地产业税收从2001年的7.2亿元增加到2006年的21.3亿元，年均增长24.2%；房地产业税收占地税总收入的比重达20.7%，为地方财政增收作出了积极贡献。此外，近年来市财政还投入资金，支持会展中心、粮食物流中心建设及温州农贸市场改造，进一步提升了商贸流通业和物流业的整体竞争力。

(四)突出"三大重点"，着力培育生产性服务业

一是突出扶持科教服务业。2006年市财政安排科教服务业发展专项资金1200万元，支持"科、产、研"一体化建设。2006年，全社会企业科技活动经费投入31亿元，增长28%，新培育省市级企业研发中心22个。二是突出扶持信息服务业。2005-2006年，市财政安排信息服务业专项资金900万元，重点支持"数字温州"三大信息工程、先进制造业基地公共服务平台、质量检测中心等项目建设，引导企业加大对信息服务业的投入。2006年全市信息服务业营业收入达88亿元，增长20%，其中软件业营业收入2.3亿元，增长53%。三是突出扶持中介服务业。为扶持担保业稳步发展，缓解中小企业融资难问题，2005年，市级设立中小企业信用担保财政扶持资金，3年共安排600万元，对担保公司进行创业扶持和扶优补助，全市已发展担保机构100多家，2006年担保额达35.3亿元。此外，还积极落实社会中介机构所得税核定征收办法，扶持中介服务业发展。

二、面临的困难和问题

温州市在服务业发展过程中虽然取得了一定的成绩，但仍存在一些较为突出的困难和问题：一是思想认识障碍。如部分同志对发展现代服务业与城市化、工业化等关系认识不清，意见难以统一；对服务业发展规律把握不准，认为其发展主要靠市场机制，政府难有作为等。二是总量和结构问题。服务业增加值占比提升慢，2006年服务业占GDP比重比上年仅提升0.2个百分点，离"十一五"计划目标还差3.2个百分点。同时，服务业结构不够优化，生产性服务业占的比重还不大，难以起到支撑作用。三是资源要素制约，如城市化水平相对滞后，人口集聚度不够；土地紧缺；服务人才尤其是高级技术人才稀缺等。四是投入水平低。地方政府财力有限，与杭州等兄弟市相比，财政对服务业投入少，难以满足服务业发展的资金需求等。五是监管不顺。部门职能交叉与专项资金整合的矛盾突出，现代服务业相关配套政策急需加快出台，服务业财政专项资金效益有待进一步提升。

三、下一步发展服务业的工作思路

为实现"十一五"发展规划确定的到2010年服务业增加值达1260亿元、占GDP比重达45%的全市服务业发展目标，下一步，将围绕温州市"十一五"服务业发展规划，以"三个三"工作措施为指导，着重做好以下几项工作。

(一)以创新观念为动力，进一步增强扶持服务业发展的主动性

发展现代服务业，必须创新观念，切实树立好"三种"意识：一是大局意识。发展现代服务业是推进经济结构战略性调整的重要着力点，也是优化财源结构、保持财政收入又好又快增长的必然选择。财税部门应站在全市发展大局的高度，积极投身到推动现代服务业发展的实践中去，真正把扶持服务业作为财税工作重点来抓，切实形成扶持合力。二是市场化意识。在市场经济条件下，政府作用主要在于弥补"市场失灵"。为此，财政资金对服务业的投入必须按照公共财政和市场经济的要求，遵循"有所为、有所不为"的原则，重点投向公共服务领域或准公共服务业领域。三是创新意识。当前温州市服务业正处于寻求新突破的关键时期，财税部门一定要进一步解放思想，积极探索扶持服务业发展的新途径、新方法，健全深化"三个三"工作措施长效机制，促进财政与经济的良性循环。

(二)以平台建设为抓手，不断夯实服务业发展基础

发展服务业，需要相应的空间、良好的基础设施和优秀的人才来保障。结合温州实际，要积极打造"三大发展平台"。一是打造城市化平台。围绕城市建设"六大百亿计划"等部署，积极通过土地出让、预算安排、资金调度、盘活资产等，多渠道筹集建设资金，重点支持"五个一"工程、洞头状元岙深水港、诸永高速、绕城高速、甬台温铁路、飞机场改建、温州大剧院、温州生态园等城市基础设施建设，拉大城市框架，完善城市功能，努力把温州市建成国家重要的交通综合枢纽城市之一，推进温州城市发展由"瓯江时代"迈向"东海时代"，为服务业集聚发展提供支撑条件。二是打造产业布局平台。围绕温州市"十一五"服务业发展规划"五大中心"的定位，积极研究制定区域服务中心配套产业政策及支持方式，建立有利于中心发展的运行机制和公共服务体系，引导社会资金投入到中央商务区、高级酒店宾馆、特色商业街、科教园区等配套设施建设，努力把温州市建设成为区域性的旅游休闲、商贸流通、现代物流、金融服务、科教服务等五大中心，形成人流、物流、资金流、信息流的"洼地"效应，为服务业集聚发展创造有利条件。三是打造人才支撑平台。围绕"人才强市"战略，以

人才需求为导向，通过安排人才经费等，支持培养服务业人才，引进职业经理、信息技术、现代物流管理、旅游服务等方面的高级专业人才和经营管理人才，以解决服务业高级人才短缺问题。

（三）以培育提升为重点，做大做强特色服务业

一是积极培育先导型服务业。针对制造业对先导型服务业需求旺盛的实际，结合先进制造业基地打造，通过加大财政引导性投入、提高职工工资扣除标准、调整营业税征税方式等措施，重点培育信息、科技、教育、中介等先导型服务业，促进二、三产业互动共融发展。特别是要按照产业优化升级的要求，大力支持发展职业教育，加快培养产业急需专业技能人才；支持大院名校引进和重点实验室、创新服务平台等建设，满足制造业企业科技创新需求，努力把温州市建设成为浙南闽东北科教服务中心。二是加快发展现代物流业。充分发挥深水港、铁路等交通优势，用足用好物流业发展专项资金，重点支持三大产业物流园、四大配送中心和五大综合物流基地建设，扶持大型港口物流、临港散货物流、粮食物流、铁路物流、航空物流、企业外包配送、第三方物流等现代物流业发展，降低企业物流成本，逐步把温州市打造成为浙江省三大物流中心之一。三是做大做强旅游业。围绕建设旅游经济强市的部署，突出山水旅游和商务旅游特色，积极整合财政资金政策，重点支持雁荡山、楠溪江、百丈漈、飞云湖、泰顺廊桥、洞头海岛等景区资源整合提升，打造商务会展、海洋旅游、休闲度假、山水观光、瓯越文化、红色旅游六大旅游品牌，塑造“流金海岸、忘情山水”形象，切实把温州市建成全国最佳山水商务旅游城市之一。四是支持发展保障型服务业。按照和谐社会建设和公共财政的要求，重点支持社会保障体系、公共卫生设施、文化“六大工程”等建设，完善社会化投入机制，加快发展与人民生活密切相关的养老、医疗、社区服务、文化等保障型服务业。此外，还将进一步提升金融、商贸流通、房地产等服务业发展水平，促进现代服务业体系的形成，以发挥其在拉动经济增长、增加地方财政收入等方面的支撑作用。

（四）以“招商选资”为手段，重点做好“温州人经济”转化为温州经济文章

根据世界服务业加快向发展中国家转移的趋势，结合温州人在外经商创业的优势，围绕招商选资“一号工程”，通过安排外贸发展专项资金，落实相关优惠政策等，支持“世界温州人大会”、温州人联谊会、轻博会、投资环境推介会等招商选资平台搭建，扩大现代物流、金融、旅游、文化、卫生等领域利用外资范围。同时，吸引在外温州人和国内外知名企业把总部迁到温州，加快发展总部经济，以此带动中介服务、商贸、旅游、会展、创意经济、虚拟经济等众多行业的发展，努力把“温州人经济”转化为温州经济。此外，积极配合抓好已落户温州市的一批服务业大项目的实施工作，如温州万和豪生酒店、香格里拉大酒店、洞头大门岛石化中转基地、肯恩大学等，加快发挥其应有的作用，以进一步提升服务业发展档次，增强服务业竞争新优势。

（五）以健全机制为突破，优化服务业发展环境

一是加快政府投融资体制改革。按照“非禁即入、有需则让”的原则，积极探索民间资本参与交通、公交、供水等服务行业运营建设的新路子，充分发挥财政资金的引导和带动作用，采取多种形式吸引社会资本进入公共产品和公共服务的投资领域，如探索设立服务业产业投资资金，用于相关的基础设施及回报率高、成长性好、带动性强的大型服务业项目建设等，以此带动社会资金投入，缓解基本建设和服务业发展对财政的压力。二是完善财税扶持机制。切实改变财政投入方式，在市场主体运作项目领域实行以奖代补，对各县的国家、省扶持项目以配套和适当补助为主，把有限的资金用到“刀刃”上。同时，以开展全市财政专项资金清理、整合和归并为契机，把分散在不同部门管理的同类服务业资金和不同科目类别但性质相同的服务业资金进行清理、整合和归并，转变资金投向，重点用于支持现代服务业发展，切实形成扶持合力。三是创新财税服务机制。加快建立健全以“一网、一站、一话”为主要内容的纳税服务体系，简化办税程序，降低办税成本；进一步完善财税政策公开透明机制，全面落实各项服务业财税优惠政策；规范税收执法，堵塞征管漏洞，促进税负公平，努力为服务业发展营造公平的市场竞争环境和透明、高效的财税服务环境。

提高服务业对财政收入贡献率的思考（摘要）

绍兴市财政局局长　阮坚勇

一、服务业滞后发展有碍于财政收入的增长

服务业滞后发展不但制约着经济增长方式的转变与产业结构的升级，同时也影响到地方财政收入总量的提高和收入结构的优化。服务业的发展速度直接决定着财政收入的增长。

（一）服务业增加值占 GDP 总量偏低

绍兴市服务业增加值占 GDP 的总量与国民经济总体发展规模和增速不相适应。据统计，2004 年至 2006 年，绍兴市服务业增加值分别为 415.46 亿元、481.4 亿元和 561.76 亿元，分别占全市 GDP 总量的 33.4%、33.3%和 33.5%，连续三年低位徘徊，并处于全省末位。其中：三年间住宿餐饮和交通运输业增加值占全市 GDP 的总量分别为 4.79%、4.47%和 4.45%，更是明显落后于全省平均水平。而与之反差较大的是，同期第二产业增加值占 GDP 总量却分别为 59.7%、60.3%和 60.7%，连续 3 年居全省第一。

（二）服务业对财政收入的贡献率不高

与全省平均水平和周边先进地市相比，绍兴市服务业对财政收入的贡献率持续落后，且差距呈现不断拉大的趋势。2004 年至 2006 年，全市服务业税收收入占财政总收入的比重分别为 33.17%、33.92%和 33.78%，其中：2004 年和 2005 年低于全省平均约 11 个百分点，2006 年与全省平均的差距拉大到 22 个百分点。同期，服务业地税收入占地税总收入的比重分别为 53.78%、53.87%和 53.64%，三年间均低于全省平均约 8 个百分点；服务业国税收入占国税总收入的比重为 17.96%、18.89%和 20.14%，

其中：2004年和2005年低于全省平均约2个百分点，2006年与全省平均水平的差距拉大到14个百分点。

（三）服务业发展支撑体系有待增强

制造业社会专业化分工程度较低、服务业信息化发展滞后和服务需求增长不旺，是当前制约绍兴市服务业快速发展的主要因素。一是市场需求驱动不足。社会专业化分工程度较低，部门中的许多服务活动内部化，形成部门内的自我服务，特别是制造业部门的服务内部化现象更为突出，从而造成对服务业的中间需求不足。二是服务业信息化发展滞后。服务业与信息化的互动关系尚未全面建立，制约了制造业与服务业的加快融合以及服务业的国际化、开放化水平。三是居民消费内动力缺乏。受传统的勤俭消费观念以及未来支出增加预期等因素影响，居民有效消费增长缓慢。2006年绍兴市城镇居民人均可支配收入达到19178元，位居全省第4位，同比增长10.7个百分点，但同期城镇居民消费倾向却仅为67.07%，低于全省6个百分点，同比下降了1.6个百分点。另外，发展区位优势不强、发展规划滞后，也是制约服务业加快发展的不利因素之一。

二、财政收入的提高有赖于服务业的发展

加快发展服务业是促进地方经济发展方式转变的重要动力，也是确保地方财政收入可持续增长的新源泉。市委、市政府提出在“十一五”期间，服务业占生产总值的比重平均每年要提高1个百分点，到2010年服务业增加值超过900亿元，占生产总值的比重达到38%。要实现这一目标，必须加快服务业快速发展。当前和今后一个时期要突出“盘活存量”、“扩大总量”、“提高质量”重点，着力推进以下工作：

（一）着力促进制造业和服务业融合

一是实现制造业和服务业“捆绑式”渗透。通过延长产业链、产业集群化和构建产学研联盟等方式，加大制造业中服务的投入，促使制造企业的专业服务实行外包；激活服务业原动力，促进专业化分工，带动服务外部化，重点发展创意设计、广告筹划、市场营销等面向生产的服务业。二是提升规模和能级。以信息化为基础，以物流、文化等为重点，设立服务业园区，培植大型服务企业集团，并向园区集聚；运用高新技术，重点促使信息服务、现代物流、金融保险等相关服务业的发展，增强生产服务的规模效益和各种服务相互融合的集聚效应。三是提高产品盈利水平。重点选择先导性、创新性、高端性和基础性产业，以纺织业为突破口，促使纺织制造企业发展研发设计、技术咨询、品牌营销、供应链管理、售后服务等相关服务业，提高产品市场占有率和附加值。

（二）着力推进主辅分离

一是促使制造业部门的服务化经济活动外置，将制造业企业的仓储运输、科研设计、创业孵化器等内部自行提供的服务逐渐分割给专业服务企业并从主业中剥离独立出来，使其由制造为中心转向以服务为中心。二是促使生产型外贸企业的服务化经济活动外置，在提高生产型外贸企业产、供、销产业链的专业细化程度的同时，将其劳务输出、接单中心、自产自销等三产性质部分从整体中分离独立出来，使其由生产为中心转向服务贸易为中心，积极拓展对外承包、劳务合作、国际物流、国际旅游等领域，开拓国际贸易市场。三是促使生产型农业企业的服务化经济活动外置，将其中具有现代性质的产前、产中、产后服务流程以及农业龙头企业的产、供、销流程独立分离，使其由以传统农业为中心转向以服务现代农业为中心，并以生产合作社和行业协会为依托，拉长农业产业链，建立生产、加工、销售一体化机制，发展外包业务。通过实施主辅分离，辅业改制，盘活存量，推进快速发展。

（三）着力推进“腾笼换鸟”

一是“退二进三”，通过强化监管、整治、提高成本等途径和方式，淘汰关停或整合提升一批高能耗、高排放、低效益的粗放型企业，加快发展高附加值、高投资密度、环境污染少、资源消耗低的现代服务业。二是“腾二换三”，通过对中心城市二环以内的非都市型工业有序向开发区转移，腾地发展新兴服务业，优化经济结构，换来经济发展新的增长点。三是“优二促三”，通过推进绍兴出口加工区，绍兴国际物流中心建设，对规划确定的“禁止开发、限制开发”区域内不符合产业发展方向的企业有序转移，腾地发展二、三产渗透强的生态型、环保型产业，促进从制造型向创造型转变，从创业型向创新型提升。

（四）着力建设企业总部园区

在优势十分明显的区域选定地块，加快规划建设企业总部园区，重点吸引更多的具有一定资产和投资规模，在境内外有一定数量的投资（或授权）管理和服务企业、实行统一核算并在绍兴市汇总缴纳企业所得税的国内知名和国外跨国公司地区总部入驻，采取“一厂一策”的办法，鼓励国内行业排名居前或具有成长性、发展潜力的企业以及金融服务、保险服务、物流服务、文化产业服务、会展服务和工程咨询（设计、监理等）、会计服务、评估服务、法律服务机构等专业服务行业总部开发。加快实施镜湖新区“外滩”企业总部园区、绍兴县中国轻纺城“611”商务大厦等工程，并力争通过若干年建设，使之成为区域性的“现代服务中心”，以此来支撑大城市和中心城区，增强辐射力和吸引力。

（五）着力培育新兴服务业

一是培育发展信息服务业。以科技研发为重点，建设“绍兴电子信息岛”，积极打造“数字绍兴”，集聚有效信息，重点推广和加快发展绍兴纺织技术中介网站等网上技术市场和纺织业网络化制造应用公共服务平台（ASP）建设，引进智力成果、合理调配资源，使服务平台辐射广大纺织业中小企业。二是培育发展文化服务业。加快各类文化产业园建设，重点实施市科技馆、档案馆、游泳健身中心、中国绍兴黄酒城等一批重点文化服务项目，加快发展文体用品、教育培训、书画艺术、网络等与其相配套的公共文化产业。三是培育发展旅游服务业。利用绍兴市的历史文化名城、江南古镇以及水乡、桥乡、酒乡等旅游优势资源，进一步打响“三看”品牌，着力做好绍兴水上旅游、农家休闲旅游的文章，重点推进镜湖湿地公园二期、会稽山旅游度假休闲中心、鲁迅故里、越王城保护、大香林、西施故里、游泳健身中心、体育健身中心改造和星级宾馆提升等项目；积极开发黄酒、茶叶、丝棉织品、珍珠、领带、竹编等特色旅游商品；积极培育兰亭书法节、中国黄酒节、中国纺博会等“国字号”，加快节会经济发展。

（六）着力壮大传统服务业

一是重点实施商贸企业培大育强的“2211工程”，即重点培育20家商业零售企业、20家特色餐饮企业、10家连锁经营企业和10家休闲服务企业。通过兼并、联合、重组等方式，整合提升大型商贸流通集团，通过资本运作、管理输出、连锁经营等方式，扩大流通经营规模；通过招商引资、选资等方式，引导外资投向基础性服务业，积极引进美国"沃尔玛"、德国"麦德龙"和法国"家乐福"等国际商贾巨头来绍投资，促进传统商贸业；通过总分连锁、独立核算等方式，促使"咸亨"、"女儿红"、"沈永和"、"会稽山"、"震元堂"、"同兴" 等具有绍兴特色的产品或服务品牌在全国及境外设立连锁经营机构，促使城市大型超市在农村设立连锁门点，实施商品配送等商贸服务，促使出口量较大企业直接在境外设立采购中心、分销中心、物流中心，提高服务业市场占有率。二是通过改造、扩建、新建等手段，加快中国轻纺城、钱清纺织原料市场、诸暨珍珠市场、诸暨大唐袜业城、嵊州中国领带城、新昌江南名茶城、中国家私城等专业市场升级，加快诸暨华东珠宝城、上虞浙江石狮商贸城、华东汽配水暖城、袍江汽车城等新市场规划建设；以国际物流、天波物流、轻纺城物流等专业物流企业为基础，着力推进基础设施和物流信息两大平台建设，提升物流的专业化、社会化服务水平，降低社会交易成本，提高资源配置效率。三是以城市品牌营销和人文精神塑造为重点，提高城市公用服务水平，鼓励社会法人、民间资本参与发展城市、社区服务业；引进和扩张具有绍兴特色的餐饮、购物、娱乐、休闲、老字号商贸服务业，培育市区"仓桥直街"、"鲁迅故里"等具有绍兴风情、传统特色、人气旺盛的旅游餐饮特色街区。

(七)着力拓展服务业空间

按照绍兴市中心城市商业网点规划，实施"一主、一副、两圈"战略。一是实施大城市"北进"辐射战略，把"迪荡新城"和"镜湖湿地"开发作为拓展和提升服务业两个重点，以商业地产为龙头，发展人居经济，以湿地保护利用为载体，发展休闲旅游经济，集聚人气，集聚商气。二是实施中心镇带动战略，积极培养12个中心镇建设发展，重点发展集镇商贸，培育特色市场，开发休闲旅游，有条件的中心镇发展成为小城市，吸纳集聚人口，使之成为连接城乡的节点和服务农村、繁荣农村、集聚农民的重要载体。三是实施融合长三角，接轨大上海战略，紧紧抓住长三角率先发展已上升为国家战略的机遇，依托绍兴跨海大桥建设后的交通优势，加快绍兴综合交通运输体系建设，积极推进绍兴沿杭州湾物流中心建设，争取把绍兴市建设成为上海、杭州、宁波等大城市相关产业的后方物流基地。四是实施参与国内区域合作战略，加强与珠三角、中西部地区、东北地区和港、澳、台地区在物流、旅游等服务业方面的合作，在竞争中一体发展，在合作中实现双赢。

(八)着力提高政务性服务业水平

通过"一紧一松"的方式，收紧对涉及重大利益及公共安全领域的监管，严管重处；放松经济管制，全速推进网络电子政务，放大经济发展自主权，自主创新，强力推进审批制度改革。建立公开透明、管理规范、行业统一的市场准入制度，简政审批，创新放权，放宽服务领域市场准入，加快培育民资、外资等多元化服务业经营主体。加快营利性服务事业单位经营机制的转换，剥离适宜由社会提供的后勤服务，实行社会化分工、社会化服务。

三、财政税收要反哺于发展服务业

充分发挥财税职能作用，支持服务业快速发展，从而提高服务业对财政收入的贡献率。

(一)大力支持企业"主辅分离"和"腾笼换鸟"

支持工业企业分离辅业，并就地发展和扩张，面向生产性服务业，对分离时、分离后给予一定的财政补助，易地改适时予以优惠。支持工业企业搬迁，原址转型发展服务业，在符合城市规划、依法补交土地出让资金前提下，对搬迁企业的合法建筑物、生产设备以及由于企业搬迁造成的误工损失、停产损失给予一定的补贴。对在本市注册、纳税的楼宇、企业总部开发主体和入驻企业，按商务建筑面积给予一次性的财政补助，形成企业集群并符合相关政策规定的，给予一次性的财政奖励。

(二)大力支持新兴服务业发展

对引进具有特色、有影响，能促进市区消费、就业、增加税收的大型服务业项目，其固定资产投资部分给予一定比例的扶持；投资规模特别大，并能增强区域集聚、辐射、带动功能的服务业项目，采取"一事一议"的奖励政策。对新办从事报关、进出口代理、物流咨询、信息技术服务等业务的物流服务类企业以及从事网络运营服务、增值服务和软件开发服务的信息技术服务类企业给予一定的财政补助。对新引进的从事会展业务的大型专业会展公司以及会展服务公司给予一定的财政补贴。对新办的市内旅游企业和在绍兴市设立的符合企业所得税纳税人条件的市外旅游企业分支机构，给予一定的财政扶持。对新引进的国际国内知名律师事务所、会计师事务所、资产评估公司、咨询公司、大型融资租赁公司、专业技术培训机构的专业服务机构和从事国际国内知名文化经营活动的企业以及新办的从事物业管理、家政服务、医疗卫生、体育健身等社区服务企业给予一定的财政扶持。对纪念馆、博物馆、文化馆、美术馆、书画院、图书馆、青少年宫、少年儿童活动中心、工人文化宫、文物保护单位建设和经营予以财政扶持。对列入省、市重点旅游投资项目，旅游企业"争强、创星、评A"，并进入年度全国百强、全省50强的旅行社以及对新评定的三星级以上旅游饭店和3A级以上旅游区，给予一定的财政奖励或扶持。对新认定的国家级、省级企业技术中心、高新技术研发中心的企业和区域科技创新中心，在获得国家级或省级财政补贴的基础上，财政再给予一定的配套资金扶持。

(三)大力支持传统服务业发展

按企业发展贡献大小，对销售(营业)收入增长超过全市平均增幅且税收(含费)入库总额超过上年一定比例以上的商贸流通企业，新获得的中国驰名商标、中国名牌、省级著名商标、省级名牌以及年度被评为优秀"老字号"的商贸服务企业，给予一定的财政奖励。对符合商贸流通业发展导向目录鼓励类的新建、改建、扩建商贸流通业项目(包括专业市场)，实际投资额达到规定限额以上的，按项目实际投资额给予一定的财政补助。对采用物流信息管理系统、自动分拣系统等先进物流技术，以及符合国家政策规定的物流企业，需引进国外先进设备的，按实际投资额给予一定的财政奖励，其投入的设备比照工业企业享受技改贴息。

财政工作大事记

浙江省财政工作大事记

一月

1月15日 省政府常务会议听取省财政厅关于2006年全省和省级预算执行情况及2007年全省和省级预算草案的汇报。厅长黄旭明、副厅长钱巨炎、罗石林参加。

1月16日 省委常委会听取省财政厅关于2006年全省和省级预算执行情况及2007年全省和省级预算草案的汇报。厅长黄旭明参加。

1月17日 全省地方政府性债务管理工作会议在义乌召开。省长吕祖善、常务副省长章猛进出席会议并作重要讲话。

1月18－19日 全省财政地税工作会议在义乌召开。会议回顾总结2006年全省财政地税工作，分析财政地税工作面临的形势，安排2007年财政收支计划和税收计划，部署2007年全省财政地税工作；表彰2003年来全省财政地税系统涌现出的先进集体和先进工作者。省财政厅厅长兼省地税局局长黄旭明作题为《坚持科学发展，促进社会和谐，不断开创全省财政地税工作新局面》的工作报告。

1月24日 省财政厅下发《关于开展全省行政事业单位资产清查工作的通知》，对浙江省行政事业单位资产清查工作作了具体部署。

1月29日 省财政厅成立全省行政事业单位资产清查工作小组，厅长黄旭明任组长。

1月30日至2月1日 全省财政系统人教科(处)长会议在诸暨召开。副厅长傅钱生出席会议并讲话。

二月

2月3日 省十届人大五次会议经过审查，并根据省人大财经委的审查报告，决定批准省人民政府提出的2007年省级预算，同意省财政厅受省人民政府委托所作的《关于2006年全省和省级预算执行情况及2007年全省和省级预算草案的报告》。

2月13－14日 省财政厅党组召开理论学习中心组学习会暨民主生活会，省长吕祖善及省纪委、省委组织部和省直机关工委有关负责同志到会指导。

2月26日 根据《浙江省人民政府关于2006年度省直单位工作目标责任制考核情况的通报》，省财政厅在2006年度省政府工作目标责任制考核中获得优秀单位称号。

2月27－28日 省财政厅召开处长会议，回顾总结2006年工作，提出2007年工作计划。厅长黄旭明就如何做好新形势下的财政工作作了讲话。

三月

3月2日 省编委《关于调整省财政厅内设机构设置的批复》，同意省财政厅增设政府采购监管处。

3月7日 省财政厅成立“作风建设年”活动领导小组，厅党组书记、厅长黄旭明同志任组长。

3月15日 全国财政系统纪检监察工作会议在杭州召开。财政部党组成员、驻部纪检组长金莲淑同志出席会议并讲话。

是日 全省会计管理工作会议在湖州召开。

是日 省财政厅“作风建设年”活动领导小组下发《关于开展“作风建设年”活动的通知》，对开展“作风建设年”活动作了具体部署。

3月19日 省财政厅、省地税局联合召开“作风建设年”活动动员大会。厅“作风建设年”活动领导小组组长、省财政厅党组书记、厅长兼省地税局局长黄旭明同志作动员讲话。

3月22日 省政府常务会议听取省财政厅关于2006年新增财力、2007年省级预算盘子及省长专项资金安排建议的汇报。厅长黄旭明、副厅长钱巨炎参加。

3月29日 全国财政系统国有企业政策性关闭破产工作座谈会在杭州召开。财政部副部长朱志刚出席会议并讲话。

四月

4月10日 省财政厅下发《关于开展“财政支农资金管理年”活动的实施意见》，对全省财政系统和省级农口财务部门开展的“财政支农资金管理年”活动作了部署。

4月16日 省委常委、省纪委书记王华元到省财政厅调研。

是日 省委财经领导小组听取省财政厅关于我省财政情况的汇报。厅长黄旭明，副厅长钱巨炎、罗石林参加。

4月19日 省编委《关于调整省财政项目预算审核中心类别的批复》，同意浙江省财政项目预算审核中心由社会公益类纯公益性事业单位调整为监督管理类事业单位。

五月

5月15日 省人事厅《关于同意省级机关会计核算中心参照公务员法管理的通知》，同意省级机关会计核算中心参照公务员法管理，并同意叶时宝等39名参照公务员法管理机关(单位)工作人员登记。

5月16日 省编委《关于印发浙江省省级机关会计核算中心机构编制方案的通知》，明确省级机关会计核算中心的机构规格、职责任务、人员编制、领导职数等事项。

5月19日 财政部副部长王军到浙江省巡视全国会计专业技术资格考试工作。

5月29日 全省财政地税系统局长培训班在杭州开班。省财政厅厅长兼省地税局局长黄旭明上了题为《抓好业务 带好队伍 当好参谋 推动财政地税事业更好更快发展》的第一课，副厅长傅钱生主持并作开班动员。

是日 全省财政地税系统学习型组织建设现场会在杭州召开，副厅长傅钱生出席会议并讲话。

六月

6 月 6 日 省委常委、省委宣传部部长、常务副省长陈敏尔到省财政厅调研。

6 月 16 日 省财政厅党组书记、厅长兼省地税局局长黄旭明同志当选为党的十七大代表。

6 月 17 日 省财政厅召开党组理论学习中心组学习会，传达学习省第十二次党代会精神，并结合全省财政地税工作实际深入研究贯彻落实省党代会精神的有关工作。

6 月 28 日 根据省委组织部浙组干任〔2007〕11 号文件，免去沈继宁同志浙江省财政厅党组成员职务。

6 月 29 日 省政府对省财政厅下属的财通证券经纪有限责任公司管理体制进行调整。调整后，财通证券经纪有限责任公司为省直属国有企业，由省政府授权省国资委监管。

七月

7 月 12 日 省财政厅下发《关于浙江省农业综合开发“十一五”工作的意见》。

是日 根据浙政干〔2007〕31 号文件，省政府免去沈继宁浙江省财政厅副厅长职务。

7 月 25—26 日 浙江省第二次地方财政收入 8 亿元县（市）会议在平湖市召开。省财政厅厅长兼省地税局局长黄旭明在会上作《进一步统一认识 加快发展服务业 推动财政收入更好更快增长》的主题发言。

7 月 26 日 部分市县财政、地税局长座谈会在平湖市召开。会议传达贯彻全国财政厅局长座谈会精神；分析上半年财税经济形势，预测下半年及全年财税经济形势；贯彻落实省第十二次党代会精神，研究下半年财政地税工作措施。

7 月 30 日 省财政厅印发《浙江省省级行政机关工作人员差旅费开支规定》，省级行政机关自 2007 年 8 月 1 日起开始执行新的差旅费开支规定。

八月

8 月 1 日 省编委《关于印发浙江省财政厅监督管理类事业单位机构编制方案的通知》，批准同意浙江省财政票据管理中心和省财政项目预算审核中心两家监督管理类事业单位的机构编制方案。票据管理中心的机构规格由副县处级调整为县处级。

8 月 7 日 省财政厅厅机关工会选举产生第七届工会委员会。

8 月 13 日 省委、省政府在杭州召开全省规范公务员津贴补贴工作电视电话会议，部署规范公务员津贴补贴工作。省委常委、省纪委书记王华元，省委常委、常务副省长陈敏尔出席会议并作重要讲话。省财政厅厅长黄旭明对规范公务员津贴补贴实施方案和有关政策进行介绍说明。

8 月 21 日 省财政厅下发《关于省直财政补助事业单位职工住房补贴发放工作的实施意见》，决定从 2007 年 9 月 1 日开始，全面启动省直财政补助事业单位职工住房补贴发放工作。

8 月 22—23 日 财政部副部长王军等一行到浙江专题调研社会保险基金管理工作。

8 月 24 日 省人大财经委听取省财政厅关于浙江省 2006 年全省财政总决算和省级财政决算情况的汇报。副厅长钱巨炎、罗石林参加。

8 月 28—31 日 全省分管财政工作市、县（市、区）长“公共财政与政府性债务管理专题研讨班”在杭州举办。省长吕祖善、常务副省长陈敏尔出席研讨班并讲话。厅长黄旭明作《完善公共财政制度 加强政府性债务管理 让公共财政最大程度惠及全省人民》的专题介绍。

九月

9 月 12 日 全省第一次财政项目审核工作会议在义乌召开。厅总会计师魏跃华出席会议并讲话。

9 月 18 日 沪苏浙三省（市）财政部门座谈会在淳安县召开。三省（市）财政部门主要负责人和有关助手参加了会议。会议研究确定三省（市）财政部门资源共享、信息互通机制的主要内容，提出推进长三角地区协调发展的若干财税政策建议。

9 月 28 日 省政府常务会议听取省财政厅关于浙江省 2006 年全省财政总决算和省级财政决算情况的汇报。厅长黄旭明、副厅长钱巨炎参加。

9 月 29 日 省编委《关于增加省财政厅领导职数的批复》、《关于调整省财政厅内设机构和人员编制的批复》、《关于省农业综合开发工程勘测设计室机构编制问题的批复》，同意省财政厅增加副厅长领导职数 1 名；增设行政事业资产管理处，增加处级领导职数 2 名，增加行政编制 7 名；确定省农业综合开发工程勘测设计室机构规格为相当于县处级，并增加编制 3 名。

十月

10 月 8 日 厅长黄旭明主持召开专题会议，研究财政支持创新创业的举措，有关分管厅领导和处室负责人参加会议。

10 月 12 日 全省支农资金整合试点工作会议在杭州召开。厅党组成员、纪检组长金慧群出席会议并讲话。

10 月 15—21 日 省财政厅党组书记、厅长兼省地税局局长黄旭明出席中国共产党第十七次全国代表大会。

10 月 23—24 日 省财政厅分别召开厅党组理论学习中心组专题学习会和全体干部职工大会，传达、学习党的十七大精神。

10 月 25 日 全省财税库银横向联网工作电视电话动员会召开。厅长黄旭明出席会议并讲话。

10 月 31 日—11 月 2 日 全国部分省市财政管理与改革座谈会暨政府间支出责任划分国际研讨会在杭州召开。财政部常务副部长朱志刚出席会议并讲话。

10 月 31 日—11 月 2 日 全省财政地税系统 2007 年运动会在金华市举行。

10 月至 11 月 各位厅领导率领有关处室局负责同志分赴全省 10 个市，就 2007 年财政地税工作情况、存在的困难和问题及 2008 年财政地税工作思路开展调研。

十一月

11 月 21—22 日 全省财政支出绩效评价工作会议在湖州召开。副厅长钱巨炎出席会议并讲话。

11 月 28－30 日 全省财政决算工作会议在嘉善召开。副厅长钱巨炎出席会议并讲话。

十二月

12 月 3 日 各市财政地税局长座谈会在杭州召开。会议传达财政部有关企业所得税收入征缴入库的通知精神，研究 2007 年收入执行问题，并提出落实收入结构优化和可持续增长的具体措施。

12 月 4 日 副省长陈加元带领省级有关单位领导到省财政厅调研，通报 2007 年全省环保、建设、社会保障、民政等方面工作情况和 2008 年工作思路，相关厅局就 2008 年工作中涉及财政的有关内容与省财政厅进行沟通。

12 月 4－6 日 全国会计监督工作总结交流会在杭州召开。财政部党组成员、驻部纪检组长贺邦靖出席会议并讲话。

12 月 13－14 日 全省外债金融管理工作会议在常山召开。副厅长傅钱生出席会议并讲话。

12 月 21－24 日 财政部举办第三届全国会计知识大赛第二赛程比赛，浙江省获得第三届全国会计知识大赛三等奖和特别组织奖。

12 月 24－26 日 省财政厅举办学习贯彻十七大精神处长学习班，厅机关各处室局及厅属企事业单位主要负责人参加集中学习和讨论发言。 （厅办公室供稿 叶茂乐执笔）

杭州市财政工作大事记

1 月 26 日 “12366”财税咨询服务和投诉中心试运行开通。杭州市建立了全国首家财政、国税、地税一体的财税咨询中心。

2 月 28 日－3 月 1 日 市财税局召开 2006 年综合考评会议暨 2007 年工作思路汇报会。局长陈锦梅作题为《加强思想作风建设 进一步增强执行力 开创和谐财税新局面》的讲话。

3 月 1 日 杭州市市级行政事业单位资产清查工作布置暨培训会议召开，市级资产清查工作由此启动。

3 月 7 日 市财政局与久其软件公司联合开发的“杭州外商投资企业财务报表网上直报系统”顺利完成系统安装调试并上线进入试运行。该系统的运用提高了外资企业会计报表汇编率及报表的有效性。

3 月 16 日 举行 2007 年全市财税系统干部大会。大会以视频形式——《2006 年工作精彩回眸》展示全市财税系统 2006 年主要工作和成绩。局长陈锦梅作题为《增强执行力 巩固发展和谐财税建设成果 为打造生活品质之城提供有力保障》的工作报告。

3 月 26 日 杭州财政地税网络学校正式成立。网络学校由局长陈锦梅兼任校长，纪委书记汤军贤、副局长吴文兴任副校长，下设教务处、校务处、教研处，其中教研处下设财政、地税、政工、综合四个教研组。

3 月－6 月 杭州市开展财政票据年检，为非税收入管理的一项创新工作。

4 月 1 日起 对市区土地出让收入征管模式进行重大改革，土地出让总价款全额缴入国库，纳入基金预算管理。

4 月起 市政府采购办在杭州市政府采购业务信息系统上与所有市级行政事业单位联网，实现网上采购和审批。

4 月 3 日 全市财政地税系统人教、监察工作会议在建德召开。

4 月 11 日 市财政局局长陈锦梅在杭州市第十一届人民代表大会第一次会议上作《关于杭州市及市本级 2006 年财政预算执行情况和 2007 年财政预算草案的报告》。

4 月 18 日 市财政局与浙江经济广播电台 FM95 联合推出“12366 的声音”大型直播活动，这是在全国第 16 个税收宣传月中推出的主打项目。“12366”与都市快报、今日早报、青年时报、每日商报推出为期三天的“12366”专版解答财税热点问题，同时在杭州电视台播出“12366”的宣传片，让纳税人了解这一政策咨询的平台。

5 月 16 日 杭州财税军乐团成立。

5 月 24 日 杭州市 2006 年度市直单位综合考评总结暨第七次“为省直单位服务月”活动动员大会在省人民大会堂隆重召开。市财政局得分 92.0645 分，在市直机关 71 家参评单位中排名第 6 位，再次被评为优胜单位（满意单位）。

5 月 29 日 全省财政地税局长培训班暨学习型组织建设现场会在高新（滨江）区召开。省地税局副局长单美娟、省财政厅副厅长傅钱生等出席会议。局长陈锦梅作题为《深化创建认识 创新学习载体 构建和谐财税》的汇报。

6 月 25－29 日 为转变工作作风，更好地为兄弟部门做好服务保障工作，举办财政地税局长接待周。接待周内，有 14 个市直部门来访，解决 40 余个问题。

6 月 30 日 杭州市财税系统纪念建党 86 周年大会召开。大会表彰 2006 年度系统先进党组织和优秀党员，并以知识竞赛的特殊方式纪念党的生日。局长陈锦梅作题为《扬财税先进典型，树学习务实新风，扎实推进“生活品质之城”共建共享活动》的讲话。

7 月 13 日 市财政局举办支部书记读书班。

7 月 26 日 杭州市财税系统处级干部公共管理高级研修班在清华大学开学。70 余名正处级中层领导干部赴清华、北大和中央党校进行为期 50 天的脱产学习，学习内容主要包括领导管理、经济管理、法律法学、党建理论等方面的政府公共管理前沿知识。

8 月 27 日 市财政局财税青年论坛活动正式启动。

9 月 7 日 市财政局制定《杭州市本级预算执行标准化管理规范文本》，从财政性资金拨款、财政收入退库（付）和国库更正、财政资金核算、财政资金存款管理、报表编制等五大方面规范和统一各项业务的操作流程。

9 月 21 日 第三届全国会计知识大赛杭州赛区第二赛程选拔赛决赛在杭州电视台演播大厅举行。杭州市代表队在浙江省竞赛中取得了第一、第二赛程的两个特别组织奖、第二赛程团体赛二等奖、两位选手获个人三等奖；浙江东方会计师事务所廖云龙、杭州市财政局结算中心陈珍红两同志经层层选拔，参加浙江省四人代表队，在全国决赛中取得好成绩。

10月－12月 市财政局制发《2007年处级非领导职位竞争上岗、民主选拔实施方案》和《财税政策(工作)首问责任官选拔方案》、《民主选拔绩效评价处副处长、余杭地方税务局副局长实施方案》。民主选拔绩效评价处副处长、余杭地税局副局长，确定调研员5名、副调研员5名，以及财税政策(工作)首问责任官12名。

10月29日 市财政局召开党委中心组扩大会议，学习十七大会议精神。

10月30日 市财政局、地税局修订《干部职工学历学位教育管理暂行规定》。

11月1日 杭州市控办对车辆的更新和购置采用网上审批的方式进行，停止传统的纸质审批。

11月23日 根据《关于同意市财政局财政监督检查局调整机构设置的批复》，财政监督检查局调整为市财政局直属的副局级行政机构。撤销原与其合署的财政绩效评价处，其职责交由财政监督检查局承担。

11月30日－12月1日 为学习贯彻党的十七大精神，更好地谋划2008年工作思路，促进和谐财税建设，局长陈锦梅率团赴近年来财税收入增幅居前的兄弟城市成都、武汉、厦门等地考察学习。

12月9日 召开2007年度杭州财税系统课题调研评审会。评出一等奖4篇、二等奖9篇、三等奖17篇。

12月10日 召开全市财政地税局长会议。会议主题是贯彻落实全省财政、地税局长座谈会和市务虚会议精神，完成省财政厅、市委市政府下达的收入任务。

12月17－19日 局长陈锦梅率杭州市财政地税考察团赴江苏省苏州、无锡两市，进行财政地税工作考察学习。

12月29日 “财税情 社区行”在拱墅区运河广场举行。局长陈锦梅作题为《充分发挥财税职能 大力促进社区和谐 携手共建品质杭州》的讲话。 (杭州市财政局供稿 张海艳执笔)

宁波市财政工作大事记

1月19日 经考核评比，市局老龄工委被宁波市委老干部局评为“全市老干部活动室先进集体”。

1月23日 市局机关党委召开2006年度机关党建工作总结会议。副局长王跃鹏对机关党建工作提出要求。

1月25－26日 全市财税工作会议召开。副局长王跃鹏主持，副局长陈宝根传达全国财政、税务工作会议精神，局长宋越舜作《更新观念谋发展 科学理财促和谐》主题报告。市长毛光烈到会讲话。大会对荣获全市财政系统先进集体和先进工作者的代表和个人进行表彰。

1月28日 市局信息中心机房完成搬迁，新机房投入试运行。

1月30日 市局机关党委、工会、团委、妇委在市大剧院联合举办迎春专场晚会，庆祝全市财政收入超500亿元。市局领导、离退休老局长和全局干部职工及家属共庆新跨越，同迎新佳节。

1月31日 市局组织收看全国税务系统党风廉政建设工作视频会议。

2月2日 市交警支队宣传处应邀来市局作交通安全知识讲座，王跃鹏副局长及机关各处室和直属单位的干部听取讲座。

2月7日 全市财政社会保障工作会议召开，传达全国财政社会保障工作会议精神，表彰社会保险基金决算、季报工作先进单位，交流各县(市)区2006年工作亮点和2007年打算。

2月9日 宁波市财政学会被评为学术活动先进集体，财政学会已经连续三次获得学术活动先进集体称号。

2月13日 组织召开全市财税系统党风廉政建设工作会议。局党委书记、局长宋越舜在会上作题为《认清形势任务，践行良好风气，扎实推进全市财税系统党风廉政建设》的讲话。局党委副书记、副局长、纪委书记王跃鹏代表局党委作工作报告。表彰全市财税系统纪检监察先进集体和先进工作者。局长宋越舜代表市局党委与各区地税局(分局)、市局稽查局、直属分局党组负责人分别签订党风廉政建设责任状。

3月5日 局长宋越舜、副局长章翠飞带领社保处同志看望革命功臣、慰问福利事业单位孤儿。

3月13－14日 市局召开全市财政教科文工作会议，传达全国财政教科文工作会议精神，部署2007年全市财政教科文工作。副局长宋济青到会并作讲话。

3月14－16日 市局举办全市财政系统新会计准则培训班。

3月21－23日 由财政部牵头组织海关总署、交通部等部门人员参加的船舶吨税调研小组来甬进行考察，了解宁波市现行吨税征收政策执行情况、航标事业发展现状及需求以及宁波对吨税征收政策的修订建议。

3月23日 局长宋越舜等一行到鄞州区姜山镇调研“联镇带村”工作。

3月26日 市局组织人员参加财政部农业司召开的开展“财政支农资金管理年”活动会议。

3月28日 副局长章翠飞带领相关处室负责人赴东钱湖旅游度假区调研2007年预算收支、地方政府负债、社保基金运行等情况。

3月28－29日 财政部行政政法司司长李林池、副司长贾新怡一行5人，在宁波调研农村党员干部现代远程教育工作。

4月3日 市级国库集中支付银行代理及服务项目在市政府采购中心进行公开招标，7家银行参加投标，经过公开开标，评委会评审，并经项目领导小组审查、复核，确定4家银行中标，其中：国库集中支付银行代理及服务业务由宁波市商业银行股份有限公司、中国建设银行股份有限公司宁波市分行、中国工商银行股份有限公司宁波市分行、交通银行股份有限公司宁波市分行中标；公务员统发工资代理业务由中国建设银行股份有限公司宁波市分行中标。

4月17日 副局长王跃鹏带领有关处室、直属单位负责人，走访市局在奉化、宁海的6个结对村，并看望受市局委派在宁海农村一线指导工作的驻村干部。

4月18日 财政部部长助理刘红薇、财政部信息中心主任刘祝余等一行四人来市局专题调研“金财工程”建设情况。

4月25日 市局与市委党校、行政学院签订教学合作协议，政府采购成为市委党校、行政学院的模块化公共服务政府教学科研基地。

4月28日 市局召开“作风建设年”活动动员会暨作风建设专题辅导报告会。局党委副书记、副局长王跃鹏作题为《明确任务 端正态度 务求“作风建设年”活动取得实效》的动员讲话。局党委委员、纪检组长陈仰家作以“认识你自己”为主题的辅导报告。

5月23日 宁波市财税系统举行第二届运动会开幕式暨羽毛球比赛，全系统共有17支财税联队的140余名运动员参加开幕仪式，局长宋越舜宣布开幕。运动会设置羽毛球、飞镖、乒乓球、趣味体育、游泳、体操等6个比赛项目。所有比赛于7月份结束。

5月31日 市局召开作风建设特邀监督员座谈会。局党委副书记、副局长王跃鹏，局党委委员、纪检组长陈仰家参加座谈会。

6月1日 市局召开创建文明处室、文明单位工作会议。会上，总结表彰2006年度文明处室、文明单位。市局党委副书记、副局长王跃鹏同志到会讲话，

6月6日 作为“金财工程”中的重要组成部分——宁波财税内网门户项目上线运行。

6月7日 市局机关党委邀请市委党校郑湘娟教授为机关全体党员和入党积极分子上“加强党的作风建设，提升党员干部队伍整体形象”的专题党课。

6月12日 市委常委、统战部部长陈凤娇一行到市局开展专题调研活动。副局长王跃鹏、章翠飞、宋济青及相关处室负责人参加调研座谈会。

6月14日 由市纪委常委、监察局副局长陈德良带队的市“三重一大”保廉工作检查组一行4人，对市局开展“三重一大”保廉工作情况进行检查指导。

是日 由市审计局副局长董国君带队的市治理商业贿赂考核组一行3人，对市局自上年以来开展不正当交易行为自查自纠工作进行检查评估。

6月25日 在世行贷款中国城建项目大检查总结研讨会上，宁波在实施世行贷款宁波新农村建设示范项目上的“目标贷款”管理办法，以及在项目管理和融资方面的设想，得到财政部、国家发改委和世界银行的关注。

6月26日 市局召开新一届政府采购特邀监督员座谈会。本届政府采购监督员由市人大代表、市政协委员、市纪委、监察局、审计局、技术监督局、公安、工商、教育、卫生、新闻媒体等部门的十二位同志组成。

6月28日 市局组织《行政机关公务员处分条例》和《关于严格禁止利用职务上的便利谋取不正当利益的若干规定》辅导讲座。

7月17日 市委、市委组织部领导来市局宣布局主要领导变动事项，原奉化市委书记胡谟敦同志调任市局任局党委书记、并提名为局长人选，原局长、党委书记宋越舜同志因调任市政府秘书长不再担任市局领导职务。

8月1日 市局纪检组长陈仰家同志随巴音朝鲁书记、毛光烈市长率领的宁波市党政代表团赴贵州学习考察，并代表市局与望谟县签订2007年帮扶项目协议。

是日 全省财政地税系统先进事迹巡回报告团全体成员来市局进行巡回报告。

是日 局长胡谟敦、副局长章翠飞、张镇岳到江东区和江北区调研财税工作。

8月10日 副局长张镇岳携相关处室负责人走进宁波人民广播电台直播室参加“阳光热线”节目，就税收政策方面的热点问题与广大听众进行交流。

8月13—15日 市局举办两期全市高级会计人员培训班。350余名高级会计师、财务总监、会计负责人等参加培训。培训班邀请上海财经大学金融学院党委书记、副院长、博士生导师戴国强教授，北京国家会计学院党委书记、博士生导师秦荣生教授和上海财经大学会计学院院长、博士生导师陈信元教授，清华大学经济管理学院博士生导师夏冬林教授，分别就现代金融知识、新企业会计准则、企业预算、内部控制等知识进行讲解。

8月22日 宁波市十三届人大常委会第三次会议在宁波饭店举行。会议表决通过任命胡谟敦同志为市财政局局长，市委书记、市人大常委会主任巴音朝鲁颁发任命书。

是日 原财政部副部长、现中国珠心算协会会长迟海滨来宁波调研珠心算基地发展情况。

8月24日 市局组织机关干部观看《闪光的税徽》作风建设教育录像片。

8月28日 市局召开财政国库工作会议，传达2007年全国财政国库工作会议精神，回顾总结上阶段全市财政国库工作，对推进全市财政国库管理制度改革工作进行布置安排。

9月10日 市局召开政府采购代理机构座谈会。市政府采购办和政府采购代理机构就政府采购工作进行交流。

是日 市局召开市级行政事业单位资产核实工作布置会议，部署资产核实工作。

9月12日 市发改委组织有关专家对《宁波市金财工程(一期)建设规划纲要(2006-2010)》进行评审。

9月14日 市局组织开展专题警示教育活动。市局党委委员、纪检组长陈仰家作题为《公职人员违纪的主观成因》的讲座。

9月16日 局长胡谟敦、副局长王跃鹏一行到海曙区财政局、海曙地税局和契税中心调研。

9月18日 市局召开2008年部门预算编制工作会议，市本级2008年部门预算编制工作正式启动。

9月19日 局工会召开分工会主席会议。副局长、局工会主席王跃鹏对下一阶段局各级工会工作就围绕中心、履行职能、发挥作用提出要求。

9月24日 市局机关党委邀请市委副秘书长、市直机关党工委书记唐志一同志作“提高素质，改进作风”专题党课讲座。

9月25日 局长胡谟敦、副局长王跃鹏一行赴高新园区和东钱湖旅游度假区调研。

9月27日 市局举办依法行政培训班，宁波大学法学院郑曙光教授和市局法规处有关人员分别对新颁布的《中华人民共和国物权法》和《行政复议法实施条例》进行讲解。

9月28日 市局召开“作风建设年”活动情况汇报会。局党委委员、纪检组长陈仰家就开展好下一阶段“作风建设年”活动提出要求。

10月8日 市本级所有实行国库集中支付改革的试点单位开始采用“宁波市政府财政管理信息系统”进行各项业务操作。

10月9日 纪检组长陈仰家带领有关单位负责人赶赴结对帮扶的奉化大堰镇进行灾后慰问，并看望市局在大堰镇的挂职干部。

10月16日 市局召开会议，就做好第五批市级文明机关创建活动的迎检工作进行专题研究部署，副局长王跃鹏对做好迎检工作提出要求。

是日 市基层民主评议暨创建活动督查组来市局召开由部分企业代表参加的民主评议座谈会。组长陈霈雨对全局系统的基层民主评议暨创建活动给予肯定，并对下一步工作提出希望和要求。

10月17日 局长胡谟敦、副局长王跃鹏一行到镇海区财政局、镇海地税局调研。

10月23日 局党委理论学习中心组在前段时间收看十七大会议实况和相关新闻报道的基础上，组织开展学习座谈。

是日 局长胡谟敦、副局长章翠飞、纪检组长陈仰家和局长助理杨军一行到余姚市财税局调研工作。

10月23－26日 宁波代表队参加第三届全国会计知识大赛浙江赛区比赛，并获得浙江赛区决赛团体三等奖。

10月25日 市局党委召开由机关副处以上干部，各直属单位、各区地税局班子成员及部分离退休老同志参加的党员领导干部会议，传达贯彻党的十七大文件精神。局党委书记、局长胡谟敦同志传达十七大文件精神，并对全市财税系统下一步如何学习贯彻落实好十七大精神，提出要求。

10月30日 局长胡谟敦、局长助理杨军一行到慈溪市财税局调研。

10月30－31日 宁波市财政学会秘书长联席会议召开，会议着重就建立健全农村社会保障课题进行研讨。

10月30日－11月2日 省财政地税系统2007年运动会在金华举行，宁波代表队以总分21.5分的成绩取得团体第四名并荣获“组织奖”。

11月2日 市局工会荣获“宁波市直属机关喜迎十七大‘和谐颂’文艺演出组织奖”。

11月6日 局长胡谟敦、副局长宋济青一行到北仑区视察调研。

11月9日 市局召开党委中心组（扩大）理论学习会，学习贯彻党的十七大会议精神。会议邀请上海交通大学国际与公共事务学院院长、博士生导师胡伟教授做专题辅导。

11月10日 全市会计从业资格统一考试举行。全市共设13个考区、29个考点学校、1180只考场。

11月15日 市局组织全市财税系统纪检监察干部业务培训。全市系统各单位纪检组长（分管纪检工作的副局长）、人监科长以及具体从事纪检监察工作的同志参加培训会。

11月22－24日 市局采购办和市政府采购中心联合举办全市政府采购业务研讨培训会议。各县（市）、区财政局采购办和各县（市）、区政府采购中心有关负责同志约60人参加培训。

11月30日 市纪委副书记、监察局长顾文俊率市纪委有关领导同志来市局调研、检查指导工作。

12月20日 局机关党委邀请市委宣传部副部长、市十七大精神宣读团成员马春骐为全体党员干部职工作十七大精神专题辅导。

12月24日 “用友杯”第三届全国会计知识大赛上，宁波代表队获得第三届全国会计知识大赛决赛第四名，荣获团体三等奖，李崇敏选手获个人全国第二名。

12月29日 在副市长苏利冕和市政府秘书长宋越舜等市领导的带领下，市局领导走访慰问工作在年终决算岗位上的干部职工。

（宁波市财政局供稿 单柳青执笔）

温州市财政工作大事记

1月1日 温州市财政地税局组成80人方队参加全市元旦长跑活动。

1月5日 温州市财政地税局召开党员代表大会，采取无记名投票方式，选举产生石文秀、狄恺两位同志为中共温州市第十次代表大会代表。

2月5日 省财政厅厅长黄旭明、省地税局副局长袁晓燕、省地税局总会计师王俭一行到温州市财政局指导财税工作。局长石文秀作了工作汇报。黄旭明对温州财税工作及2006年收入完成情况给予了肯定，并对2007年工作提出要求。

2月7日 市十届人大财经委第三十次全体会议听取和审议关于温州市2006年全市和市级预算执行情况及2007年全市和市级预算草案的报告。

2月15日 温州市行政事业单位资产清查工作小组成立，市财政局局长石文秀任组长，市财政局党组副书记叶林竑、市财政局副局长朱定钧、孙建伟任副组长，指导全市行政事业单位资产清查工作。全市共清查3709家行政事业单位，其中市本级395家。

3月5日 市财政局召开全市财政地税工作会议，贯彻落实全国、全省财税工作会议、市委九届十一次全会、市第十次党代会精神，总结2006年全市财政地税工作，部署2007年的工作任务。局长石文秀回顾2006年全市财税工作，提出2007年全市财税工作的指导思想、总体要求及工作任务。市长邵占维就如何做好财政地税工作提出新要求。市人大常委会主任连正德、市政协主席蒋云峰、市人大财经委主任施正源等出席会议，市政府秘书长李金寿主持会议。

3月27—31日 市十一届人大一次会议听取、审查并通过《关于温州市2006年全市和市级预算执行情况与2007年全市和市级预算草案报告》。

4月4日 温州市财政地税局成立"作风建设年"活动和民主评议基层站所暨创建"群众满意基层站所"活动领导小组。温州市财政地税局局长石文秀任组长。下设"作风建设年"活动办公室和民主评议基层站所暨创建"群众满意基层站所"活动办公室。

4月11日 温州市财政地税局召开"作风建设年"活动和民主评议基层站所暨创建"群众满意基层站所"活动动员大会，全体中层干部参加。石文秀局长分别与各部门签订责任书。

4月23日 成立温州市企业会计实施工作组，温州市财政局副局长朱定钧任组长，对会计准则实施过程中发现的问题进行讨论研究，提出处理意见。

4月24日 印发《关于开展"作风建设年"活动的实施意见》，提出开展"作风建设年"活动的指导思想、工作目标、活动内容及要求。

5月17日 中共温州市委任命李步鸣为中共温州市财政局党组书记。

是日 温州市人大常委会第04号公告任命李步鸣为温州市财政局局长。

5月19日 由李步鸣局长和叶林竑、马伟俊、朱定钧等局领导带队，抽调预算、行事、社保、税政、征管等处室负责人和业务骨干组成3个小组，参加由市"作风建设年"办公室组织的"阳光行动"集中受理投诉活动，宣传有关财政、税收政策，接受群众投诉。

6月11日 印发《温州市司法求助专项资金使用管理办法》。对司法救助资金的范围、使用基本原则、使用对象、使用范围及申请程序作明确规定。

6月14日 市十一届人大财经委召开第二次全体会议，听取和审议市财政局关于温州市2006年市级财政决算的报告。

6月26—27日 市十一届人大会常委会第三次会议听取和审议市政府关于温州市2006年市级财政决算的报告，批准2006年市级财政决算。

7月11日 印发《关于做好第三届全国会计知识大赛温州赛区组织工作的通知》。经过全市14支代表队56名选手笔试选拔后，共有6支代表队入围决赛，最终乐清市局代表队获得团体一等奖，鹿城区局、平阳县局代表队获得团体二等奖，瓯海区局、文成县局、苍南县局代表队获得团体三等奖。择优选拔优秀队员组建温州代表队，参加第三届全国会计知识大赛浙江赛区比赛。

7月18日 印发《温州市财政支出绩效评价工作考核（暂行）办法》，明确考评目的、考核对象、考评内容、考评方法。

7月19日 开展"树阳光财税，创满意单位"活动，并印发"实施意见"，明确活动的指导思想、具体内容和要求，局领导班子各成员分工负责，并于9月17日、10月22日分别召开温州市老干部、民主党派专家学者及市人大代表座谈会，听取各方面的意见和建议。

7月26日 印发《全面推进依法理财依法治税实施意见》。

是日 市财政局应浙江亚卫通公司申请，就市财政局对其作出的行政处罚依法举行听证会。听证会严格按照《行政处罚法》和《财政机关行政处罚听证实施办法》的规定举行，程序合法完整。此次听证会是温州市财政局自《行政处罚法》出台以来的第一次行政处罚听证会。

7月31日 印发《温州市本级财政监督检查工作流程（试行）》文件，对财政监督检查的方式、方法及检查结果等内容作了明确规定。

是日 会同温州市环境保护局联合印发《温州市市级环境保护专项资金管理暂行办法》，对市级环保专项资金的使用方法、使用范围、申报程序及资金管理作了明确规定。

8月19日 受台风"圣帕"严重影响，苍南县龙港镇遭遇突发龙卷风袭击。灾情发生后，温州市局李步鸣局长、黄天志、孙建伟副局长率相关处室负责人第一时间赶赴现场帮助抗灾救灾工作。按照特事特办的原则，市财政紧急下拨救灾款100万元，用于安置受灾群众、修复受损设施、开展生产自救等。

8月29日 温州市农村财政研究会成立，选举温州市财政局副局长朱定钧为会长，聘请温州市委常委、副市长黄德康为顾问，聘请温州市委副秘书长江海滨、温州市人民政府副秘书长陈光元、温州市财政地税局局长李步鸣为名誉会长。

9月4日 印发《温州市农村小型公益设施建设项目资金管理办法（试行）》，对支持对象、支持范围、申报审批程序及监督管理作了明确规定。

是日 印发《温州市畜牧污染治理和农村能源生态建设专项管理资金管理办法》，对补助对象、补助标准、申报程序、管理监督等方面作明确规定。

9月7日 印发《温州市财政地税局干部选拔任用管理暂行规定》，对干部任用和选拔作相关规定。

9月11日 印发《温州市村级集体经济发展专项资金管理（暂行）办法》，对扶持内容、申报审批程序、资金管理及使用监督作明确规定。

9月30日 印发《温州市社会主义新农村建设专项资金管理办法（试行）》，对补助内容、补助标准、申报审批程序、资金管理及使用监督作明确规定。

11月5日，印发《温州市农业机械化发展项目专项资金管理办法（试行）》，对支持对象、支持范围、项目申报程序、资金来源、补助标准、监督管理等方面的事项作明确规定。

11月13日 省财政厅总会计师魏跃华率业务处室负责人一行7人，赴温州调研，详细听取李步鸣局长关于温州市财政工作情况、下一年工作打算及工作建议的汇报。市财政局领导叶林竑、朱定钧、孙建伟及有关处室负责人参加座谈。

11月23日 温州市财政学会第四届代表大会召开。选举产生新一届温州市财政学会理事会，并推选温州市财政局局长李步鸣任会长、温州市财政局党组副书记叶林竑、温州市财政局副局长朱定钧、孙建伟为副会长，温州市财政科学研究所所长刘发顺任秘书长。

12月5日 根据《关于调整市财政局（地税局）机关内设机构

和中层领导职数的批复》规定，温州市财政局将原行财处分为行政政法处和教科文处，增设行政事业资产管理处、政府采购监督处（与控办合署办公），将原企业一处、企业二处合并为企业处。

12月26日 发布《温州市级财政支出绩效评价实施办法（试行）》，对市级绩效评价的实施范围、内容与方法、组织方式和管理、具体指标设置、评价机构、工作程序、工作规范、结果应用、监督与处罚等内容做了统一规定。

（温州市财政局供稿 林 坚 杨海曼执笔）

嘉兴市财政工作大事记

1月29日 市财政局与嘉兴市会计学会联合举办高级会计理论学术讲座。邀请上海财经大学会计学院院长、博士生导师陈信元教授讲课。全市五县两区300余名高级财务人员、财务总监、会计机构负责人、注册会计师、财会教学理论研究工作者参加。

2月5日 市委组织部嘉组干〔2007〕11号文件，任命马莉萍为市财政局党委委员。

2月6—7日 召开局务会议，传达全省财政地税工作会议精神，局长金锦根作题为《深入贯彻科学发展观 发挥财政地税职能作用 促进我市社会主义和谐社会建设》的主题报告。

3月6日 市人大常委会副主任赵友六带领人大财经委一行，到市局调研预决算草案编制工作。

3月16日 召开全体干部职工大会，邀请省委党校副校长郑仓元教授作深入开展"作风建设年"活动专题辅导。局党委书记马邦伟作题为《紧密结合创建"五型"机关 构建和谐财税 扎实开展"作风建设年"活动》的专题报告。

3月27日—7月31日 开展全市行政事业单位资产清查。

3月29—30日 市财政局系统党风廉政建设工作会议在嘉善召开。局领导与各县（市）局、市局直属局签定《党风廉政建设责任书》。

4月8日 市六届人大一次会议审议通过《嘉兴市2006年全市和市本级预算执行情况及2007年全市和市本级预算草案的报告》。

4月10日 与市外贸局联合印发《嘉兴市级促进外经贸经济稳定发展的若干政策意见》。

4月17日 与市发展改革委联合印发《嘉兴市级第三产业发展专项资金管理办法》，规范市级第三产业发展资金使用和管理，提高资金使用绩效。

5月18日 举办国际政治军事形势报告会，邀请解放军理工大学郭广澜教授作专题报告，局领导和全体干部职工参加。

5月23日 嘉兴市委副书记、市长陈德荣和市作风办等一行就嘉兴市局开展"作风建设年"活动情况进行专题调研。

6月1日 市人大常委会嘉人大常干〔2007〕6号文件，任命马邦伟为市财政局局长。

6月20日 经局党委研究决定，调整市局领导班子分工。

7月30日 印发《嘉兴市财政支持新农村建设导向目录及操作规程》，明确财政支持新农村建设的内容和环节，规范工作程序。

8月7日 全省财政、地税系统先进事迹报告会在嘉兴巡讲。市局全体干部职工和所属县（市、区）局的代表共400多人参加报告会。

8月14日 邀请上海市委党校王志平教授就《当前我国经济社会发展形势》作专题辅导报告，市局全体干部职工参加。

9月7日 出台《嘉兴市国有土地使用权出让收支管理办法》。

9月27日 市政府办公室转发市财政局、市教育局《嘉兴市本级民办学校财政补助暂行办法》，办法根据不同收费标准对市本级民办的义务制教育学校（含外来人员子女学校）和高中段学校实行财政补助。

9月29日 第三届全国会计知识大赛嘉兴分赛区"米兰风景杯"电视大赛结束，嘉善代表队获得一等奖，市属一队和海宁代表队获得二等奖，市属二队、桐乡队和海盐队获得三等奖。

10月1日 《嘉兴市城乡居民社会养老保险暂行办法》正式实施。该办法在筹资制度上进行创新，实行个人积累，政府补贴。嘉兴市由此成为全省第一个对城乡居民参加社会养老保险给予财政补贴的设区市。

10月12日 市财税系统首次调研课题公开课教学在市财税干校举行。来自各县（市）和一、二、三分局、稽查局的9位干部进行讲授。经综合评定，平湖市局、桐乡市局、海宁市局和海盐县局获优胜奖。

10月30日—11月2日 在2007年全省财政地税系统运动会上，嘉兴市局代表队取得团体总分第六名、乒乓球混合团体第三名的好成绩，并获得下届系统运动会承办权。

11月5日 经省档案局、省财政厅、省地税局、市档案局联合评审组考核，市局机关综合档案工作通过省二级标准验收。

11月7—8日 省财政厅厅长黄旭明一行在嘉兴、海盐、海宁、桐乡调研财政地税工作。市局领导、相关处室负责人及各县（市、区）财政局长参加座谈。

11月17日 召开学习宣传党的十七大精神动员会暨辅导报告会，邀请上海市委党校党史党建教研部肖昌进教授作专题辅导。局长马邦伟作题为《兴起学习宣传贯彻党的十七大精神新高潮》的动员报告。

11月21—25日 举办全市财政地税系统业务骨干培训班。

12月11日 印发《嘉兴市市级行政事业单位工作人员差旅费开支规定》。

2007年 市局在市级机关工作目标责任制考核中连续第六年获优秀部门，并获"群众满意机关"称号。

（嘉兴市财政局供稿 程卓蕾执笔）

湖州市财政工作大事记

1月1日 市区城镇居民合作医疗保险制度正式实施。

是日 市本级政府采购全面实行计划管理。

1月11日 经市财务会计信用等级管理委员会审批，确定全市45家单位为第二批湖州市财务会计信用等级A级单位并予以公布。

1月12日 召开财税系统党员代表大会，选举市第六次党代会代表，沈建平、屠培红当选为出席中国共产党湖州市第六次代表大会的代表。

是日 市改制事业单位国有资产首次向社会公开拍卖，市政工程总公司改制国有净资产以4100万成功拍卖成交。

1月13日 对市区中小学生集中接送工作实行财政补助。

1月16日 市政府第47次常务会议听取市财政局关于全国行政事业单位资产清查工作会议精神及贯彻意见的汇报。

1月29日 市局党组书记、局长沈建平率有关处室深入基层，走访慰问困难群众。

2月2日 市委副书记、代市长马以听取市财政局关于财政基本情况的汇报。

2月12日 市政府第48次常务会议听取市财政局关于全省财政地税工作会议精神及贯彻意见的汇报。

2月—6月 开展全市行政事业单位资产清查工作。

3月1日 市委副书记、代市长马以听取了市财政局关于土地房地产税收政策的汇报。

3月6日 实现困难群众医疗救助全覆盖，市区人均救助金达5元以上，三县均在4元以上，超过省定3元标准。

3月9日 召开2007年全市财政地税工作会议，市财政局党组书记、局长沈建平作题为《把握大势 改革创新 扎实工作 努力实现财政地税事业更好更快发展》的工作报告。市委副书记、代市长马以到会并讲话。

3月12日 出台《湖州市区中小学生集中接送财政补贴实施办法》。

3月13日 出台《湖州市本级中心城镇公共基础设施和公用事业建设项目实施管理暂行办法》。

3月16日 市人大副主任陈秀昌、市人大财经委听取市财政局关于2006年全市和市本级预算执行情况及2007年全市和市本级预算草案的情况汇报。

3月21日 出台《关于开展“管理优化年”活动的意见》，将该项活动作为推进作风建设活动的载体和抓手，在全市财税系统开展并贯穿全年。

3月23日 召开全市财税系统作风建设动员大会，市财政局党组书记、局长沈建平作题为《不断推进机关作风建设 深入开展管理优化年 为全面完成财政地税各项目标任务提供有力保障》的动员讲话。

3月28日 召开全市财政地税系统宣传工作会议。

4月2日 市政府第50次常务会议听取了市财政局关于2006年全市和市本级预算执行情况及关于2007年湖州市本级财政收支预算安排的汇报。

4月6日 市委第二次常委会听取市财政局关于2006年全市和市本级预算执行情况及2007年全市和市本级预算草案的汇报。

4月20日 市政府第51次常务会议听取市财政局关于调整土地出让金收益分配的情况汇报

4月21日 对集体经济薄弱村实施财政扶持政策，市本级全年解决64个集体经济薄弱村的办公和活动场所问题。

4月23日 开展“财税服务新农村、百名干部联百村”活动。

4月24日 全市农民补贴网建设基本完成。

4月26日 出台《关于开展民主评议基层站所暨创建“群众满意基层站所”活动的实施方案》，明确“民主评议基层站所暨创建群众满意基层站所活动”十项工作措施。

4月 单独设立绩效评价处。

5月1日 下达2007年政府性债务收支计划。

5月15日 召开全局作风建设推进会。

5月21日 出台《关于开展“财政支农资金管理年”活动的实施意见》。

6月7日 市政府第二次常务会议听取了市财政局关于2006年全市和市本级财政决算情况的汇报。

6月19日 召开全局党员大会，市财政局党组书记、局长沈建平传达学习贯彻省第十二次党代会和中纪委7号文件精神。

7月1日 市级各行政事业单位离退休人员生活费和全额拨款事业单位在职人员工资实行财政国库集中支付。

是日 最低生活保障标准提高，市区城镇居民从每人每月245元提高到每人每月268元，农村居民从每人每月147元提高到每人每月161元。

是日 市本级被征地农民基本生活保障(补助)标准提高，其中参加被征地农民基本生活保障制度的人员从每人每月240元调整到270元，参加被征地农民基本生活补助制度的人员从每人每月165元调整到185元。

是日 对市区范围内所有经营性用地和工业用地，在土地出让收入中按总地价的5%提取社会保障专项资金，专项用于被征地农民基本生活保障和基本养老保险。

7月7日 出台《湖州市节能降耗专项资金管理暂行办法》。

7月13日 出台并实施《湖州市司法救助专项资金使用管理办法(试行)》。

7月26日 出台《湖州市循环经济发展专项资金管理暂行办法》。

8月3日 布置2007年人大代表建议、政协提案办理工作。

8月4日 召开全市财税系统“解放思想、激发活力、创业富民、创新强市”大讨论大实践活动动员大会，市财政局党组书记、局长沈建平作动员报告。

8月8日 出台《关于“解放思想、激发活力、创业富民、创新强市”大讨论大实践活动的实施意见》。

8 月 31 日 全市困难群众动态物价补贴 454 万元全部发放到位，4 万多名城乡低保户受益。

9 月 4 日 市政府第 5 次常务会议听取市财政局关于 2006 年度市级政府非税收入收支管理情况的汇报。

是日 将国有土地使用权出让收入全额纳入基金预算管理，从 9 月份开始土地使用权出让收入全部实行缴库。

9 月 23 日 市政府第六次常务会议听取市财政局关于 2008 年市级部门预算编制实施方案的汇报。

9 月—10 月 市财政局开展部分中层正副职位竞聘上岗。

10 月 10 日 出台《湖州市省级社会主义新农村建设实验示范镇(乡)、村以奖代补专项资金管理办法》。

10 月 16 日 市政府第七次常务会议听取了市财政局关于 2007 年 1—9 月全市和市本级预算执行情况的汇报。

10 月 26 日 省财政厅纪检组长金慧群率省厅调研组到湖州调研财政工作思路。

是日 湖州市代表队以并列第四名的成绩获全国会计知识大赛浙江赛区团体总决赛的三等奖。

10 月—11 月 市局领导分别带领有关处室赴县区开展 2008 年工作思路调研。

11 月 2 日 市政府第八次常务会议听取市财政局关于完善市对吴兴区、南浔区财政管理体制的情况汇报。

12 月 3 日 市局第五届工会代表大会召开，选举产生工会第五届委员会和工会第五届经费审查委员会。

12 月 4 日 召开全市财政地税局长座谈会。

12 月 20 日 副市长方新旗调研社保工作并亲切慰问一线干部职工。

12 月 24 日 市政府第十次常务会议听取市财政局关于 2007 年市本级财政预计收入情况及超收财力使用安排和关于适当增加市本级中小学教师补贴的汇报。

(湖州市财政局供稿 赵明明执笔)

绍兴市财政工作大事记

1 月 30 日 根据绍兴市干任〔2006〕64 号文件，陈建光同志任中共绍兴市纪律检查委员会派驻绍兴市财政局（地方税务局）纪律检查组组长。

2 月 13 日 市长张金如、副市长俞永谷一行到市财政局慰问指导工作。市长张金如对 2006 年全市财政地税工作表示肯定，并听取局领导关于财政地税工作面临的形势和 2007 年工作计划等有关情况的汇报。

是日 市财政地税局机关党委被评为 2006 年度市直“五好”机关党组织。

是日 市财政地税局梁建华、寿苗娟两位同志被评为 2006 年度市直机关优秀共产党员。

2 月 14 日 市财政地税局被评为 2006 年度市级机关年终考评一等奖部门。

是日 市委书记王永昌、市长张金如、纪委书记王文序、常务副市长钱建民等市领导到市级机关财务结算中心视察工作。

是日 市财政地税局召开 2006 年度总结表彰大会并对新一年财政工作作出部署。

3 月 7 日 全市财政地税局长会议在嵊州市召开，回顾总结 2006 年全市财政工作，对 2007 年全市财政工作作出部署。

3 月 13 日 市委常委、纪委书记王文序一行到市财政（地税）局调研座谈。

3 月 18 日 财政部党组成员、中纪委驻部纪检组长金莲淑一行到绍兴考察，省财政厅厅长黄旭明、省财政厅纪检组长金慧群、市财政局局长梁建华、市财政局纪检组长陈建光等陪同考察。

3 月 23 日 根据绍市干任〔2007〕4 号文件，阮坚勇同志任中共绍兴市财政地税局委员会委员、书记。

4 月 9 日 全省财政地税系统 2006 级研究生学员英语强化培训班开班典礼在绍兴市财税干部学校举行。

4 月 10 日 市财政地税局成立绍兴市财政地税局作风建设年活动领导小组办公室，推进财税系统“作风建设年”活动。

4 月 13 日 农业部副部长范小建赴绍兴县财政局调研农信担保工作，省农业厅厅长程渭山，绍兴县领导冯建荣、陈吉安，绍兴县财政局领导宋天平、胡小苟陪同调研。

4 月 25 日 召开全局干部大会，市委组织部领导宣读干部任免决定，市委决定阮坚勇同志任绍兴市财政局党委书记、局长。

4 月 29 日 市委常委、纪委书记王文序到绍兴县财政（地税）局福全分局进行民主评议基层站所暨群众满意基层站所创建工作调研。

5 月 18 日 调整第三届政研会领导成员，市财政（地税）局局长阮坚勇任第三届政研会会长。

6 月 6 日 市财政局被财政部中国财政杂志社评为 2007 年度“两刊两鉴”宣传工作优秀单位。

6 月 13—14 日 全省农民补贴网数据评审会议在绍兴召开，就农民补贴网数据的全面评审工作作出部署。

6 月 13—15 日 全省非贸易非经营性外汇管理工作座谈会在绍兴召开，会议就非贸易非经营性外汇管理工作进行交流。

6 月 14 日 阮坚勇同志任绍兴市地方税务局局长。

7 月 19 日 召开省、市协议供货区域联动工作会议，就协议供货项目省、市区域联动采购工作作出部署。

7 月 24—28 日 全省注册会计师非审计业务培训班在绍兴举办，来自全省各事务所的 114 名注册会计师参加培训。

7 月 31 日—8 月 2 日 全市财税系统“创新创业”读书会在诸暨市召开。

8 月 8 日 全省财政地税系统先进事迹巡回报告团到绍兴举行报告会。

8 月 16 日 全省教科文处(科)长会议在绍兴召开，会议对落实义务教育经费保障机制等内容作出专题部署。

9 月 17 日 出台《绍兴市区国有土地使用权出让收支管理

内部工作规程(试行)》,进一步规范土地出让金收支管理。

9月21日 第三届全国会计知识大赛绍兴赛区第二赛程决赛在绍兴电视台演播大厅举行,决出绍兴地区团体及个人一、二、三等奖。

9月30日 绍兴财税网络学校试运行,先期设有网校网站、学习平台、个人博客、考试系统、论坛等模块。

10月11日 省纪委常委王海超在绍兴市纪委副书记杨晔、嵊州市委副书记、纪委书记王晓波的陪同下到嵊州市财政(地税)局崇仁税务所考察指导纠风工作和行风建设工作。

10月27—28日 中国会计学会第六届会计史学术研讨会暨杨时展先生学术思想讨论会在绍兴召开。会议由中国会计学会会计史分会主办,浙江财经学院、浙江省会计学会和绍兴市财政局承办。来自意大利、日本、台湾等多个国家和地区的百余名会计史专家参加会议。财政部副部长王军、浙江省财政厅副厅长罗石林出席研讨会并发言。市委常委、常务副市长钱建民到会看望与会代表。

10月30日 市财政局、国税局、地税局、中国人民银行绍兴市中心支行联合成立绍兴市财税库银税收收入电子缴库横向联网工作领导小组,推进财税库银税收收入电子缴库横向联网工作。

11月6—9日 全国财政系统人事教育工作研讨会在绍兴召开。来自华东、西北地区的16个省、自治区、直辖市和计划单列市财政系统的会议代表围绕人事教育管理问题展开研讨。财政部人教司副司长李復,省财政厅副厅长傅钱生,市财政局领导阮坚勇、陈建光参加会议。

11月7—8日 省财政厅副厅长钱巨炎一行到绍兴市和嵊州市调研2008年财政工作思路。

11月16日 召开省市联动协议供货项目招标文件会审会,就2008年度计算机、打印机、一体机等项目省市联动协议供货招标文件进行业务探讨和政策界定。

11月18日 举行全市财税系统健身运动会开幕式。市财政(地税)局和各县(市)财政(地税)局、越城区财政局共8个代表队参加并表演健身文体节目。

11月20日 市政府办公室下发《转发市财政局关于绍兴市财政国库管理制度改革方案的通知》,决定从2008年1月1日起市本级选择10个财政全额拨款单位试行财政国库集中支付;对已实施财务集中结算的单位,结合财务集中结算的实际,逐步向财政国库集中支付转轨;对其他使用财政性资金的事业单位逐步实行财政国库集中支付。

11月22日 根据《关于同意调整市财政局内设机构设置的批复》,市财政局设立政府采购监管处,设在市财政局的市政府采购办公室不再作为常设机构设置,其日常工作由政府采购监管处承担,原与市政府采购办公室合署办公的市控制社会集团购买力办公室改为与政府采购监管处合署办公。

11月23日 市委常委、纪委书记王文序一行到市局调研。

11月29日 以省水利厅副厅长陈岳军为组长的省新农村建设督查组一行到绍兴市督查财政投入"三农"、扶持社会主义新农村建设有关情况。

12月5日 召开全市财政地税局长会议,会议传达贯彻全省财政地税局长座谈会精神,研究2007年绍兴市收入执行情况及落实省财政厅、省地方税务局关于收入结构优化和可持续增长的具体措施。

12月7日 由财政部新闻办公室、中国财经报、中央电视台二台等中央媒体组成的"财政支持'病有所医'"采访团一行到绍兴市采访调研。

12月13日 市财政局被评为第三届全国会计知识大赛浙江赛区第一赛程特别组织奖。

12月17日 由市委常委、常务副市长钱建民带队的市委党风廉政建设责任制检查组在市财政(地税)局检查指导相关工作。

(绍兴市财政局供稿 裘立周执笔)

金华市财政工作大事记

1月1日 根据市政府办公室《关于提高市区新型农村合作医疗人均筹资标准的意见》通知,市区新型农村合作医疗人均筹资标准从40元提高到60元。新增的20元由市财政补助6元,区财政补助4元,个人自筹10元。

是日 实行新的政府收支分类科目。

1月16日 市财政局印发《关于下发〈财政资金拨付管理内部操作制度〉的通知》,进一步加强财政资金支付管理与监督。

1月20日 市财政局公布金华市2007年集中采购目录及标准。

1月23日 全市财政地税工作会议在金华召开。会议传达贯彻全省财政地税工作会议精神,分析2007年形势,研究部署2007年重点工作任务。市委常委、常务副市长王挺革出席会议并讲话。周益民局长作题为《振奋精神 顺势而为 深入落实"三个三"工作措施,扎实推进经济社会又好又快发展》的工作报告。市财政局领导、各县(市、区)局财政局长、分管地税副局长和市财政局中层以上干部参加会议。

1月25日 市政府第四十二次常务会议听取市财政局局长周益民所作《关于2006年全市和市本级财政预算执行情况及2007年全市和市本级财政预算草案的报告》起草情况的汇报。会议要求市财政局对报告修改完善后,提交市委、市人大常委会讨论。市财政局总会计师徐佩琴参加会议。

2月1日 市财政局召开中层以上领导干部会议,加强春节期间廉政教育。

是日 市财政局召开农口有关部门会议,讨论财政支农资金整合工作方案,副局长任晓俐参加。

2月5日 市委常委会听取并原则同意市财政局关于市本级2006年财政收支预算执行情况及2007年预算盘子的汇报。

是日 根据市委办市政府办《关于市级机关部门(单位)2006年度考核结果的通报》,市财政局在市级机关部门2006年度考核中获得先进单位。

2月7日 市财政局、地税局、国资委召开2006年度"一把手"述职述廉报告会。副局长杨晓明主持会议，局长周益民、副局长、国资委主任徐德良作2006年度总结述职述廉报告。市财政局领导、市财政局机关干部职工、直属单位班子成员参加会议，并进行民主评议和民主测评。市委组织部派员参加。

2月9日 市五届人大常委会第十四次会议听取市财政局《关于2006年全市和市本级财政预算执行情况及2007年全市和市本级财政预算草案的报告》。会议同意将此报告提交市五届人大三次会议审议。

是日 市财政局召开全市农财农税工作暨2006年度农业税收决算会审会议。副局长任晓俐出席会议并讲话。

2月12日 市政府第四十三次常务会议听取市财政局副局长马海清关于市区工业经济发展扶持政策修订完善情况的汇报。

2月15日 市政府办公室印发《关于促进外贸发展若干政策的补充通知》，对2007年度外贸发展财政扶持政策做出调整。

是日 市政府办公室印发《关于促进市区工业发展若干扶持政策的补充通知》，调整2007年度工业经济发展财政扶持政策。

3月7日 副市长劳红武听取市财政局财政支农资金整合方案汇报并作指示。

3月8日 市本级行政事业单位资产清查工作全面展开。资产清查的主要内容是单位基本情况清理、账务清理、财产清查、建立固定资产卡片等。

3月12—13日 市财政局在义乌召开财政监督和绩效评价工作会议。局长周益民出席会议并对财政监督和绩效评价工作作出指示。

3月13日 市财政局召开市本级行政事业单位资产清查工作动员布置会议。市本级行政事业单位分管领导参加会议。

3月13—15日 市财政局召开全市财政总决算会议。市财政局总会计师徐佩琴出席会议并讲话。

3月17日 市第五届人民代表大会第三次会议经过审查，并根据财政预算审查委员会《关于2006年全市和市本级财政预算执行情况及2007年全市和市本级财政预算草案的审查报告》，决定批准市人民政府提出的2007年市本级财政预算，同意市财政局受市人民政府委托所提交的《关于2006年全市和市本级财政预算执行情况及2007年全市和市本级财政预算草案的报告》。

3月20日 市财政局成立财政支出绩效评价内部协调工作领导小组，指导财政支出绩效评价工作，审定绩效评价政策、办法等。局长周益民任领导小组组长，市财政局党组成员、纪检组长李建华任副组长。

3月22日 市财政局成立作风建设年活动领导小组，局长周益民任组长，其他党组成员任副组长。下设办公室，副局长杨晓明任主任。

3月23日 市政府召开全市农业综合开发领导小组工作会议。劳红武副市长就农业综合开发工作作重要指示，提出农业综合开发要在合资上做文章，建立项目储备库，探索建立1+X机制(1就是农业综合开发项目作为一个平台，X就是涉农部门的相关项目)，整合项目，避免重复建设，进一步提升综合效益，

是日 市财政局召开动员大会，部署开展优化经济发展环境、提高工作效率和服务质量专题教育，启动作风建设年活动。周益民局长讲话，副局长杨晓明作动员报告。市财政局全体干部职工参加大会。

是日 市财政局决定开展2006年度财政支出项目绩效自评工作，要求各部门单位对2006年度预算安排（或调整预算后)资金在50万元以上的项目进行自评。

是日 市财政局印发《金华市残疾人就业保障金管理使用暂行办法》，以优化保障金的支出结构，提高使用效益。

3月26日 全市全面完成2007年度国家农业综合开发土地治理项目计划编报，计划总投资1.09亿元。

3月27日 市政府下发《关于完善市区企业职工基本养老保险制度实施办法的通知》，对基本养老保险制度进行调整，将缴费年限与待遇水平挂钩，建立利益引导机制，促进职工积极主动参保。

4月15日 全市2007年会计从业资格考试工作完成，全市报名总人数为15131人，《会计基础》实考率84.56%，《财经法规与会计职业道德》实考率85.6%。

4月16日 市财政局组织召开全市财税系统人教科长会议，部署开展评议和创建"群众满意基层站所"活动。

4月18日 市机构编制委员会印发《关于增设市财政局教科文处的批复》，同意市财政局增设教科文处。

4月19日 市财政局成立开展民主评议基层站所暨创建群众满意基层站所活动领导小组，局长周益民任组长，副局长杨晓明、王苹、马海清，党组成员、纪检组长李建华，党组成员、稽查局长何敏任副组长。

4月25-26日 全市财税系统纪检监察工作会议在磐安召开，市财政局党组成员、纪检组长李建华参加。

4月28日 市财政局召开全市会计管理工作会议，副局长杨晓明出席会议并讲话。

是日 市财政局印发《金华市区困难群众医疗救助资金管理暂行办法》，对医疗救助资金的使用范围、账户管理、决算管理、拨付程序等进行了明确。

4月30日 市政府第47次常务会议听取市财政局关于市本级行政事业单位公有房产出租收入管理若干意见（试行)制订情况的汇报，会议原则同意该政策意见。副局长马海清、总会计师徐佩琴参加。

5月15日 市委常委会研究并原则同意《市本级行政事业单位公有房产出租收入管理若干意见(试行)》，要求市财政局根据会议要求修改后认真组织实施。局长周益民参加。

是日 市财政局召开中层以上领导干部集中教育会议，周益民局长在会上对第一阶段作风建设年和争创群众满意的基层站所活动进行总结，剖析存在问题，并对下一阶段的活动提出要求。

5月19—20日 举行2007年度全国会计专业技术资格考试。全市共有6685人报名考试，其中：中级考生2865人，实考率平均33%；初级考生3820人，实考率60%。

5月20日 财政部副部长王军在省财政厅副厅长罗石林的陪同下，到金华职业技术学院巡视会计专业技术资格考试中级考点，之后赴义乌召开工作座谈会。市长葛慧君、副市长金中梁和局长周益民陪同巡视。

5月25日 市本级建立"3+X"财政奖励扶持资金审核运行机制，由"3+X"部门主要负责人组成联系会议，负责对需要兑付的财政奖励扶持资金进行审核兑付。"3"即市财政局、监察局和审计局三个常任部门，"X"是参与具体财政奖励扶持资金审核的相关部门。

5月29日 市财政局召开农口有关部门会议，布置财政支农资金管理年活动以及支农资金第二阶段整合工作。副局长任晓俐参加。

5月31日 市财政局印发《金华市司法救助专项资金使用管理办法(试行)》，明确其经费来源、使用范围、申请审批程序等。

6月6日 市政府印发《关于加快金华市区现代物流业发展的实施意见》，将现代物流业发展列入服务业发展专项资金扶持范围。

6月13日 市财政局制定国库集中支付用款额度审批规范，采取流程再造、限时办结、退回告知及AB岗制度等四条措施，规范国库集中支付用款额度审批规程，提高审批效率。

6月20-21日 市财政局召开全市财政形势分析会，分析2007年1-5月财政预算执行情况和经济运行存在的问题，研究应对措施，预测全年财政收入形势。局长周益民、副局长徐德良、总会计师徐佩琴参加。

6月26日 市政府印发《金华市区服务业发展资金管理办法(试行)》，决定将服务业发展扶持重点由原来的商贸流通等十大行业调整为商业、市场、物流和旅游四大行业。

6月28日 市财政局印发《关于金华市外贸发展专项资金使用管理的实施意见》，对外贸发展专项资金的扶持范围进行调整，并重新规范了申请程序。

7月1日 市本级公安、民政等9家单位从会计核算分中心向集中支付转轨，开始实行国库集中支付。

7月3日 市财政局设立教科文处，主要职责是：负责市本级教育、科技、文化等部门财政资金和资产管理，提出部门预算建议；管理归口部门预算指标；分析部门预算执行情况等。

7月10日 市政府同意市财政局提出的《2007年生态市建设收支预算》。

7月12－13日 召开全市财政系统综合科长工作座谈会，就贯彻落实土地出让金管理改革措施的主要做法、存在问题和对策建议进行座谈。市财政局党组成员、总会计师徐佩琴参加。

7月13日 市人大副主任严高文、副秘书长罗一龙到市财政局调研财政支农资金管理情况。

7月16日 市财政局聘请十六名同志担任第五届社会特邀监督员。

7月20日 市财政局制定《金华市国库集中支付代理银行管理办法》，规范财政资金银行支付与清算行为。

7月24日 市政府办公室印发《金华市本级行政事业单位公有房产出租收入管理暂行办法》，将公有房产出租收入统一纳入部门预算综合管理，并通过市招投标平台公开竞价出租。

8月6日 召开全市财政地税局长工作会议，学习胡锦涛同志在中央党校讲话精神，贯彻落实省第十二次党代会和市委五届七次全会扩大会议精神，分析上半年财税经济形势，研究下半年财政地税工作。

8月7日 市五届人大常委会主任会议听取市财政局受市政府委托所作的关于市本级2006年财政决算和2007年1-6月财政预算执行情况的汇报。会议同意将此报告提交市五届人大常委会第十七次会议审议。会议还听取了市财政局受市政府委托所作的关于市本级2006年非税收入执行情况及2007年收支预算的报告。局长周益民参加。

8月15－17日 召开中层以上干部集中学习教育会。局长周益民在会上要求财税干部全面树立责任意识，健全责任机制，加强责任落实。

8月20日 全省财政地税系统先进事迹巡回报告会到金华市作报告，市财政局全体干部职工和各县(市、区)局的代表参加聆听。

8月21日 省政府义务教育经费保障机制改革督查组到金华市进行检查，督察组组长、省财政厅副厅长钱巨炎肯定了我市义务教育保障改革方案。副市长徐辉、市财政局局长周益民、副局长马海清副局长参加汇报。

是日 市财政局印发《金华市区新农村文化建设专项资金管理办法》，决定设立金华市区新农村文化建设专项资金，并对资金的使用范围、申请程序、管理等做出规定。

8月21－22日 市财政局召开全市政府采购(控购)工作座谈会，市财政局党组成员、纪检组长李建华出席会议。

8月24日 市政府印发《关于促进市区生猪生产发展稳定市场猪肉供应的实施意见》，制定促进生猪生产发展财政扶持政策。

8月31日 市五届人大常委会第17次会议听取和审议了市财政局局长周益民受市人民政府委托所作的《关于市本级2006年财政决算和2007年1-6月财政预算执行情况的汇报》，并批准了2006年市本级财政决算。

9月4日 市机构编制委员会批复市财政局将金华市建设工程预决算审核中心更名为金华市财政项目预算审核中心。

9月22－24日 举行第三届全国会计知识大赛"至诚杯"金华赛区参赛队决赛笔试和口试选拔赛。兰溪市代表队获得团体一等奖，义乌市、市本级代表队获得团体二等奖，婺城区、浦江县、东阳市代表队获得团体三等奖；杨淑芬、周卫仙、谢小忠等6人获得个人前6名。市人大常委会副主任严高文，局领导周益民、杨晓明、徐佩琴到现场观摩比赛。

10月8日 市本级教育、卫生等30家单位从会计核算分中心向集中支付转轨，开始实行国库集中支付。

10月16－17日 全市财政地税国资系统运动会在金华举行，来自全市九个县(市、区)及市本级共11支代表队的105名运动员参加比赛，义乌队、金华二队、武义队分列团体总分前三名。浦江等五个代表队获得组织奖。

10月19日 市财政局下发《关于编制2008年市本级部门预算的通知》，部署开展2008年部门预算编制工作。

10月31日—11月2日 浙江省财政地税系统2007年运动会在金华举行。来自全省各市及省财政厅、省地税局14支代表队的140名运动员参加比赛。比赛期间，省财政厅厅长、省地税局局长黄旭明到现场为运动员加油喝彩。省财政厅、省地税局领导单美娟、钱子辉、傅钱生参加了本次运动会的有关活动。杭州市局、温州市局、台州市局分列团体总分前三名。嘉兴市局获得下次运动会承办权。

10月31日—11月2日 省财政厅副厅长傅钱生分别在兰溪、武义、金华召开座谈会，调研2008年财政工作思路。

11月15日 市五届人大常委会主任会议听取市财政局关于市区政府性债务情况及加大偿债准备金筹措力度的报告。局长周益民参加。

11月21日 市财政局印发《关于编制市本级2008年度部门收支预算和政府专项资金预算原则的通知》，就编制2008年部门收支预算和政府专项资金的政策要点作出规定。

11月23日 市机构编制委员会印发《关于市财政局增设政府采购监管处内设机构的批复》，同意市财政局增设政府采购监管处。

11月28日 召开全市财政地税局长工作会议，分析2007年前十个月全市财政收支形势，明确全年财政工作目标，重点研究优化收入结构工作。市委常委、常务副市长王挺革参加会议，局长周益民在会上针对优化收入结构工作做了部署。

12月5—20日 市财政局开展对市本级婺城、金东、开发区等农民饮用水工程建设资金的专项检查，以提高资金管理水平与使用效益。

12月21日 市财政局调整市区教育费附加和地方教育附加分配管理办法，确定教育费附加由市本级和婺城区、金东区按属地管理原则进行分配；地方教育附加根据属地管理、市本级参与分成原则，由市、区按3:7比例进行分配。

是日 市财政局印发《金华市市本级行政机关工作人员差旅费开支规定》，调整市本级行政机关工作人员差旅费开支标准。

12月28日 市长陈昆忠一行视察市财政局，并听取关于金华市2007年财政工作情况汇报。

（金华市财政局供稿 陈志坚执笔）

衢州市财政工作大事记

1月10—11日 省财政厅厅长、省地税局局长黄旭明同志到衢州调研，黄旭明同志在听取市财政地税局有关工作汇报后指出，“三个三”工作措施是贯彻落实科学发展、构建和谐社会的有效载体，各级财税部门要深入贯彻落实“三个三”工作措施，努力做好当前财税各项工作。

1月27日 市政府召开全市农发办主任会议，表彰2006年度各项工作先进，研究部署2007年工作任务。雷长林副市长出席会议并讲话。

1月 市公安局、法院、工商局、计生委、环保局五部门执收的行政事业性收费纳入国库管理。

2月12日 市人大俞成钟副主任一行到市财政地税局调研。

2月15日 市财政局成立全市行政事业单位资产清查工作小组，拉开全市行政事业单位资产清查工作的序幕。

是日 市财政局印发《衢州市司法救助专项资金管理使用办法（试行）》，加强司法救助专项资金管理。

2月28日 衢州市首次将市民政局、农业局、科技局、教育局四个部门的部门预算草案提交市五届人大三次会议审阅。

2月 建立政府偿债准备金制度，进一步加强政府债务管理，化解政府债务风险。

3月2日 市委副书记尚清一行在市财政地税局召开班子会议，宣布市财政地税局局长俞顺虎调任文件。

3月3日 市五届人大三次会议审议通过《关于衢州市2006年财政预算执行情况和2007年财政预算草案的报告》。

3月7日 市财政地税局召开局机关干部大会暨“两年”活动动员会。副局长吴小聪作题为《求真务实 锐意进取 狠抓落实 为促进衢州经济社会又好又快发展作出新贡献》的讲话。

3月10日 市财政局会同市房改办、市国资委、市建设局联合下发《关于开展单位结余住房资金清理工作的通知》，组织对311家单位的历年结余住房资金进行清理，妥善解决历史遗留问题。

3月22日 市财政局、国资委、监察局、审计局联合下发《关于开展国有资产处置专项检查的通知》，决定对财政、财务隶属关系在市本级的265个行政事业单位2004年至2007年2月底发生的国有资产处置行为开展专项检查。

3月24日 市政府召开全市财税经济形势分析会议，市委常委、常务副市长郑金平，市政府副秘书长耿建新，各县（市、区）分管财政的副县长以及全市财政（地税）局长和国税局长参加会议。

3月24—25日 财政部行政政法司副司长贾新怡一行，到衢州调研行政政法财政财务管理工作。

4月10日 市财政地税局70余名中层干部分成十组深入柯城区石梁镇、衢江区全旺镇农村，走访贫困户，并给20户贫困群众捐送慰问金10000元。

是日 市科技局会同市财政局出台《关于对引进大院名校、共建创新载体实行“以奖代补”意见》，鼓励支持企业与大院名校联合共建科技创新载体，提升企业科技创新能力。

4月23日 市财政局出台《衢州市财政支出绩效评价专家管理暂行办法》，对符合条件的人员，由省财政厅统一核发《浙江省财政支出绩效评价专家聘任书》，聘用期为3年，并纳入市“绩效评价专家库”。

4月28日市财政局直属分局干部刘小聪获中华全国总工会授予的“全国五一劳动奖章”荣誉称号。同月，刘小聪被浙江省人民政府授予“浙江省劳动模范”荣誉称号。

是日 市财政局办公室获2006年度全国财政信息工作先进单位称号。

5月10日 市人事劳动社会保障局、市财政局和市地方税务局联合下发《关于建立新办企业和企业低收入职工基本养老保险补贴制度的通知》，决定对新办企业和企业低收入职工参加基本养老保险进行补贴。财政补贴有效期限至2010年12月底。

5月23日 市委下发干部任免文件，徐素荣同志任市财政局党组书记，吴小聪同志任市财政局党组副书记，王德华同志任市财政局党组成员。

5月30日 市五届人大第十八次会议决定徐素荣同志任市财政局局长。

6月25日 市政府第四十八次常务会议审议通过《2007年市直国有投资公司(单位)债务收支计划》，标志市本级首次编制完成市直国有投资公司(单位)债务收支计划。

6月29日 市政府出台《衢州市人民政府关于建立城镇居民医疗保障制度的试行意见》，将城镇职工基本医疗保险覆盖范围以外未能享受医保待遇的城镇居民全部纳入医疗保障范围。

是日 市财政局出台《关于开展衢州市本级环境自动监测网络建设项目绩效评价工作的通知》，自7月1日开始，对2005年到2007年上半年投入环境自动监测网络建设项目的1358万元地方财政资金实施绩效评价。

是日 市财政局出台《衢州市农业综合开发财务管理操作规程》，加强农业综合开发财务管理。

6月30日 市委、市政府出台《关于建立新型农业服务体系的若干意见》，明确市财政每年安排100万元，专项用于扶持市本级“四位一体”新型农业服务组织的发展。

7月1日 市财政局会同市地税局、人民银行衢州市中心支行、市总工会联合下发《关于完善工会经费征收管理工作的通知》，决定将市本级工会经费从当日起委托地税部门征收并缴入国库，支出通过国库从工会经费收入中拨付。

7月13日 市人大副主任俞成钟一行到市财政地税局调研。

7月25日 市人大五届常委会第十九次会议通过衢州市本级2006年财政决算的报告。

8月1日 第三届全国会计知识大赛衢州赛区选拔赛正式开始。第一赛程有25000余人参加网上答题，第二赛程选手王敏进入浙江省队参加比赛并荣获全国三等奖。

8月2日 孙建国市长一行专程到市财政地税局调研财税国资工作。

8月9日 市财政局出台《关于进一步明确和规范涉企财政专项资金申报工作的通知》，对市属有关部门组织涉企财政专项资金申报工作进行规范。

8月14日 省人大财经工委副主任钟小毛一行在市财政地税局调研财政预算执行情况。

8月20日 全省财政地税系统先进事迹巡回报告团在衢州举行首场报告会，市财政地税局及各县(市、区)局部分干部代表参加报告会。

8月28日 市财政局、国土资源局、中国人民银行衢州中心支行联合制定《关于贯彻落实国有土地使用权出让收支管理办法的通知》，规定市本级土地出让金收入全部缴入国库管理。

8月31日 市财政局会同市经济开发区、市高新园区出台《衢州市重点支持涵养稳定财源财政奖励管理办法》，鼓励企业加大投资力度，促进工业结构调整和产业结构优化。

8月 市本级扩大办公自动化设备协议供货范围，将办公自动化设备扩大到包括计算机、打印机、复印机、扫描仪、投影仪、一体机(油印机)等6个项目。

8月 市财政局对柯城区财政体制进行调整，决定自2007年1月1日起将航埠镇列入柯城区固定收入范围。

9月7日 市财政地税局召开副科以上领导干部警示教育大会。会上，局党组书记、局长徐素荣作题为《警钟长鸣 持之以恒 继续加大党风廉政建设和反腐工作力度》的讲话。

9月17日 市财政局成立衢州市财政国库集中收付制度改革工作领导小组，制定衢州市财政国库管理制度改革方案。

9月27—29日 全省第三季度预算执行情况分析会议在衢州召开，分析了各市2007年第三季度预算执行情况，并交流国库集中支付改革工作的进展情况。

10月 市财政地税局完成衢州本地区的专网建设，专网为财政业务软件的实施运行提供良好的网络保障。

11月16日 市财政局制订《国库资金拨付管理办法》等相关制度，实行市局财政资金和处室经费统一集中管理和市局与两个区局、市局与各用款单位之间的定期对账制度、会计出纳印鉴管理制度，并在重点处室增设资金拨付复核员岗位，夯实内部管理基础。

11月20—21日 全省财政信息工作会议在衢州市召开，省财政厅罗石林副厅长到会讲话。

11月27—29日 全省会计信息质量和会计师事务所执业质量检查案审会在衢州召开。

12月14日 省财政厅傅钱生副厅长一行莅临衢州市局调研指导，并召开调研座谈会。会上，傅钱生副厅长在听取衢州市局徐素荣局长2007年以来有关工作情况汇报后，对衢州市局深入贯彻落实“三个三”工作措施的各项工作给予肯定。

12月17日 市机构编制委员会发文《关于调整市财政局下属事业单位机构编制的批复》，同意设立市财政项目预算审核中心，为正科级全额补助事业单位，人员编制5名。

是日 市财政局下发《衢州市财政专项支出项目预期目标申报表》，决定自2008年1月1日开始，对财政专项支出项目实行支出预期目标申报制度。

12月17—26日 根据《关于开展财政资金管理情况专项检查工作的通知》，市监察局、财政局、审计局对各县(市、区)自查情况以及财政资金管理使用情况进行重点抽查，共检查各类资金34780笔，涉及金额207.6亿元。

12月27日 市财政地税局档案管理工作通过省档案达标验收组验收，局综合档案管理工作达到省一级标准。

12月28日 市财政地税局印发《关于补充明确有关处室工作职责的通知》，进一步明确各处室工作职责，提高工作质量和服务水平。 (衢州市财政局供稿 郑成岗 许建华执笔)

舟山财政工作大事记

1月16日 市财政局杜祖国局长一行对舟山本岛北部工业区和钓浪、钓梁围垦工程项目进行调研。

1月25日 印发《浙江省海洋经济研究院专项资金管理办法》。

2月1日 印发《舟山市财政地系统信息工作考核办法》。

2月12日 召开全局工作会议，总结2006年工作，部署2007年任务，并对邬传统等47名先进工作者以及10名临时人员先进工作者进行表彰。梁黎明代市长到会讲话。

是日 成立全市行政事业单位资产清查工作小组。

2月14日 印发《关于开展全市行政事业单位资产清查工作的通知》，全面部署开展全市行政事业单位资产清查工作。

2月20日 财政部副部长李勇在舟山考察。

3月27日 印发《2007年度干部教育培训工作计划》。

3月27日—4月1日 市五届人大一次会议提出涉及财政地税工作的议案、建议17项；市政协五届一次会议提出涉及财政地税工作的提案9项。

4月1日 市五届人大一次会议审议通过《关于2006年全市和市本级预算执行情况及2007年全市和市本级预算的报告》。

4月9日 印发《开展“作风建设年”暨创建“群众满意基层分局”活动实施方案》，并成立活动领导小组。

4月17日 调整局“金财工程”领导小组成员。

4月19日 市政府下发《关于推进社会保险费五费合征工作的实施意见》。

4月26日 市局荣获“暖人心、促发展”工程先进单位。

5月8日 印发《关于开展“人为师荣，帮带争先”活动选拔工作的通知》，加强业务骨干培养。

5月11日 印发《舟山市财政地税系统2007年度党风廉政建设工作计划》。

5月15日 印发《舟山市绿色生态舟山建设资金和项目管理实施办法》。

5月22日 下发《关于提高以奖代保金发放标准的通知》，从2007年1月起将全市渔农村“以奖代保”金发放标准提高到每人每月38元。

6月1日 市局（市地税局）荣获全市“第二轮行政执法责任制工作先进集体”和“2006年度依法行政工作先进集体”。

是日 印发《舟山市本级政府采购文件备案管理暂行办法》。

6月18日 印发《舟山市政府采购规范操作实施办法》。

6月20日 印发《2007年机关效能建设工作要点》。

6月22日 市局获2005-2006年度市级机关党建工作先进单位。

6月26日 市局获2005-2006年度市级机关创建学习型机关先进单位。

是日 市政协主席刘爱世一行对市局主办的市政协60号提案办理情况进行检查。

6月28日 市五届人大常委会二次会议批准2006年度市本级财政决算。

是日 成立局机关节能降耗工作领导小组。

7月11日 市总工会批复同意成立局工会工作委员会，邵建协为主任。

7月13日 下发《关于开展行政规范性文件清理工作的通知》。

8月6日 召开市财税学会第四届会员大会，选举产生了第四届理事会的领导机构。

8月10日 印发《舟山群岛渔农民流动医院专项资金使用管理办法》。

是日 全省财政地税系统先进事迹巡回报告会到舟山作报告。

8月13—14日 召开全市财政地税局长会议，研究下半年工作，研究规范公务员津贴补贴有关事项。

8月15日 经局职工代表大会选举，补选邵建协为局工会主席。

8月17日 张世民兼任市国有资产投资经营有限公司董事长。

8月17—18日 省财政厅厅长兼省地税局局长黄旭明同志一行到嵊泗县调研。

8月21日 成立舟山市义务教育经费保障机制改革领导小组办公室。

8月30日 印发《局工作人员岗位变动交接工作制度（试行）》。

9月6日 印发《舟山市教育专项资金管理办法》。

9月7日 据舟政干〔2007〕29号文件，竺群力任舟山市财政局副局长。

9月11日 印发《舟山市建设先进制造业基地财政专项资金管理暂行办法》。

9月13日 印发《舟山市渔农村劳动力就业培训补贴资金管理办法（试行）》。

9月18日 印发《舟山市司法救助专项资金使用管理暂行办法》。

是日 印发《舟山市财政局舟山市地方税务局保密工作制度》。

9月20日 成立局农民补贴网建设工作领导小组。

9月21日 下发《关于编制2008年市本级部门预算的通知》。

9月25日 下发《关于编报2008年舟山市本级地方政府性债务收支计划的通知》。

是日 下发《关于编制舟山市本级2008年度政府投资项目支出预算的通知》。

9月27日 印发《舟山市本级部门财政拨款结余资金管理暂行办法》。

9月30日 市政府办公室下发《关于印发舟山市财政国库管理制度改革方案的通知》。

10月31日 省财政厅纪检组长金慧群一行在舟山市调研。

11月6—10日 在上海复旦大学正大管理培训中心，举办局中层干部领导能力提升培训班。

11月15日 市政府办公室下发《关于公布舟山市2008年政府采购目录及标准的通知》。

11月16日 成立市财税库银横向联网工作领导小组。

11月19日 下发《关于城乡社区卫生服务补助政策的意见》。

12月4日 召开各县(区)财政地税局局长会议，传达贯彻全省财政地税局长座谈会精神。

12月10日 印发《舟山市市本级环境保护专项资金管理暂行办法》和《舟山市本级中小学校舍维修改造专项资金管理办法》。

12月11日 印发《舟山市主要污染物减排专项资金管理暂行办法》。

12月13日 发出《关于进一步加强机关作风建设的意见》，加强市局机关作风建设。

12月20日 印发《舟山市市级财政国库集中支付管理办法》。

12月21日 市政府第8次常务会议研究通过2008年市本级财政预算和政府性债务收支计划安排方案。

12月27日 印发《舟山市市级财政国库集中支付会计核算暂行办法》。

12月28日 发出《关于2008年度市属行政事业单位机动车辆统一保险、定点加油有关事项的通知》。

12月28—29日 召开局务虚会议，探讨2008年财政地税国资工作新思路。

12月29日 印发《舟山市市属国有企业重大事项报告制度(试行)》。

是日 邬传统被授予2003-2006年度舟山市劳动模范荣誉称号。

(舟山市财政局供稿 邵裕龙执笔)

台州市财政工作大事记

1月 台州市2003—2005年度国家和省级立项农业综合开发项目全部通过省农发办考评验收和国家办抽验。

2月6日 全市财税工作会议在椒江召开。市委副书记、市长张鸿铭发来贺信。市委常委、常务副市长元茂荣、市人大常委会副主任樊友来、市政协副主席张锦鸣等领导出席会议。元茂荣对全市2006年财税工作取得的成绩给予充分肯定，并对做好2008年财税工作提出新的要求。市局局长叶维军作全市财税工作报告，副局长陶勇作全市地税工作报告，会议还对全市财税系统先进工作者、市级“青年文明号”、市级基层文明单位等进行表彰。

2月8日 台州市行政事业单位资产清查工作小组成立，叶维军局长任组长。

3月13—14日 全省2007年度农业综合开发土地治理项目计划汇审会议在台州召开。

3月19日 市局召开“作风建设年”动员大会，全面部署以“抓机关作风 创满意机关”为主题的“作风建设年”活动，局长叶维军作动员讲话。

3月20日 财政部科研所副所长王朝才到市局作《财政政策与和谐社会》专题讲座。

5月16日 全市财政地税局长会议在天台召开。市局领导、各县市区局局长、分管地税副局长，市局相关处室负责人参加会议。叶维军局长对下阶段工作提出目标和要求。

5月23日 市局组织中层以上干部到省第二监狱开展警示教育。

6月 市局部署开展“走进矛盾，破解难题”专项活动。

6月26日 全省地方政府性债务报表汇审暨预算业务座谈会在台州召开。

7月3日 市局印发《加快中心城市发展大讨论活动实施方案》，同时开展“走进矛盾，破解难题”专项活动。

7月18日 印发《市局对县(市、区)局年度工作目标考核办法》。

7月20日 市局发文在全市财税系统选调5名公务员。

8月2—3日 全市财政地税局长会议在椒江召开。会议传达全省部分市县财政地税座谈会、全省第二次地方财政收入超8亿元县市会议精神，回顾总结上半年全市财政地税工作，分析今年财税经济形势，并对下半年工作作出部署。

8月12日 市编委批复同意台州市市级机关会计核算中心增挂“台州市财政国库支付中心”牌子。同意增设政府采购监督管理处。

9月25日 市财政局印发《台州市区契税征收管理工作规程(试行)》。

10月 市局班子分赴各县(市、区)局开展今年工作情况和明年工作思路调研。

10月23日 市财政局印发《台州市市级行政机关工作人员差旅费开支规定》。

10月24—25日 全市财政地税局长会议在温岭召开。会议进一步明确下阶段工作目标和工作任务，并提出明年工作思路。

11月7日 全省会计专业技术资格考试工作会议在市局召开。

11月13日 省财政厅副厅长傅钱生一行到市局调研2007年工作情况及2008年工作思路。

11月25日 市局印发《台州市财政局地方税务局突发事件应急预案》。

12月3日 市级部门预算暨国库集中收付工作会议在市政府召开。市长陈铁雄出席会议并讲话。

12月6日 全市财政地税局长会议在椒江召开，会议传达财政部有关企业所得税收入征缴入库的通知精神，并研究2007年收入执行问题及落实收入结构优化和可持续增长的具体措施。

12月12日 市财政局与市人民银行联合印发《台州市市级财政国库集中支付管理办法》。

(台州市财政局供稿 卢云芬执笔)

丽水市财政工作大事记

1 月 9 日 省财政厅、人事厅发文，授予丽水市财政局、青田县财政局为“全省财政系统先进集体”称号。

1 月 20－23 日 局长何赤峰参加市二届人大二次会议，并受市人民政府委托，将 2006 年全市和市级预算执行情况及 2007 年全市和市级预算草案，以书面形式提请市二届人大二次会议审议。

1 月 25 日 市财政局印发《丽水市直公共卫生专项资金管理办法》。

2 月 5 日 举行市财政局新大楼落成搬迁仪式，市委常委、常务副市长沈仁康出席。

2 月 7－8 日 省财政厅厅长兼地税局局长黄旭明一行先后在景宁县财政局、丽水市财政局慰问基层财税干部。

3 月 19 日 市财政局印发《丽水市财政局行政执法依据和职责划分的通知》。

3 月 24－25 日 财政部科研所区域财政研究室主任傅志华一行到景宁县调研民族地区财政体制政策。

4 月 2 日 市政府发文（丽政发〔2007〕26 号）授予市财政局（市地税局）2006 年度市政府直属部门工作目标责任制考核优秀单位称号。

4 月 12－13 日 市财政局局长何赤峰参加市委召开的中国共产党丽水市代表大会。

4 月 24 日 市财政局印发《开展作风建设年活动实施方案》。

4 月 25 日 市财政局印发《开展民主评议基层站所暨创建群众满意基层站所活动方案》。

5 月 9 日 市财政局印发《丽水市财政局地方税务局会议公务接待考察学习检查指导工作管理规定》。

5 月 18 日 市财政局印发《丽水市财政地税系统规范性文件会签与备案实施办法的通知》。

7 月 6 日 市财政局印发《关于加强丽水市直国有建设单位管理费支出管理的通知》。

7 月 20 日 省财政厅、省劳动保障厅联合在丽水召开全省规范收入分配工作会议。

8 月 9 日 市人大常委会副主任占志妙，市人大财经委主任陈小毛、副主任刘良文等到市财政局调研 2007 年上半年财政预算执行情况。

8 月 15 日 市财政局与市监察局联合印发《关于开展市直单位房产出租经营情况专项检查的通知》，从 8 月 20 日至 9 月 10 日，对市直单位房产出租经营情况开展专项检查。

8 月 20－21 日 国务院农村综合改革工作小组办公室主任赵杰到青田县调研乡镇债务化解工作经验，省财政厅纪检组长金慧群陪同。

8 月 21 日 省财政厅、地税局组织的全省财政地税系统先进事迹巡回报告团到市财政局作先进事迹报告。

8 月 22 日 市财政局局长何赤峰参加市人大主任会议，并代表市政府向会议报告 2006 年全市和市级财政收支决算情况。

8 月 28 日 市财政局成立规范公务员津补贴工作领导小组。

8 月 29 日 市财政局局长何赤峰参加市二届人大常委会第十四次会议，并代表市政府作《丽水市 2006 年度决算草案和 2007 年上半年预算执行情况的报告》。

9 月 6－7 日 省财政厅、省劳动保障厅联合在丽水召开规范收入分配工作座谈会。

9 月 13－14 日 省财政厅厅长黄旭明率省“作风建设年”活动检查组到丽水市本级、龙泉市检查。

9 月 15 日 市财政局、国土局、人行联合印发《关于贯彻落实国有土地使用权出让收支管理办法的通知》。

9 月 27－28 日 第三届全国会计知识大赛丽水赛区总决赛在市财政局举行。经过角逐，庆元县代表队获团体第一名，龙泉市代表队的杨金堂获个人第一名。

10 月 9 日 市财政局印发《关于开展中层干部竞争上岗和一般干部双向选择工作的通知》，启动局中层干部竞争上岗和一般干部双向选择工作。

10 月 16 日 市财政局出台《关于加强网络监管及网络保密安全工作的通知》。

10 月 31 日 市财政局局长何赤峰陪同省财政厅副厅长傅钱生赴松阳看望省财政厅下派四都乡农村工作指导员俞小青。

11 月 14－15 日 市财政局副局长刘小平陪同省财政厅总会计师魏跃华赴松阳看望省财政厅下派四都乡农村指导员俞小青。

11 月 14－16 日 省财政厅副厅长罗石林一行在缙云、青田、云和及丽水市本级开展 2008 年财政工作思路调研。

11 月 18－22 日 在市委党校举办全市财政地税系统青年干部培训班，全市财政地税系统共 45 位青年干部参加培训。

11 月 21 日 市财政局局长何赤峰参加市二届人大常委会第十六次会议，并汇报年度预算调整方案。

12 月 13－14 日 省财政厅厅长、地税局局长黄旭明率省财政厅、省地税局调研组在景宁县、云和县、松阳县调研，并听取当地党委、政府工作介绍。丽水市局局长何赤峰陪同调研。

12 月 18 日 市财政局印发《关于调整莲都区财政体制的通知》、《关于调整开发区财政体制的通知》。

12 月 26 日 市财政局印发《关于深入学习贯彻党的十七大精神的通知》，就学习贯彻党的十七大精神作出总体部署。

12 月 27 日 市财政局印发《关于完善财政性建设资金直接拨付审批程序的通知》。 （丽水市财政局供稿 方伟英执笔）

财政机构人员

zhejiangcaizhengnianjian

浙江省财政厅厅领导名单

（2007 年 12 月 31 日）

党组书记、厅长	黄旭明
党组副书记、副厅长	钱巨炎
党组成员、副厅长	罗石林
党组成员、副厅长	傅钱生
党组成员、纪检组长、监察专员	金慧群
党组成员、总会计师	魏跃华
党组成员、副巡视员、省财务开发公司总经理	薛小杭
副巡视员	薛文耀

浙江省财政厅机构设置及中层干部名单

（2007 年 12 月 31 日）

一、厅机关

办公室

主任：侯余兴
副主任兼科研所所长：朱忠明
副主任：张胜凯
副主任：周　瀛＊
调研员：林凤珍
副调研员：祝新发
副调研员：梁顺敏
副调研员：富德荣
副调研员：朱军华

人事教育处(老干部管理处)

处长：黄克旭
老干部处处长兼人教处副处长：沈　霞
副处长：章忠良
副处长：金洪根
副处长：金国荣＊
副调研员：童新元
副调研员：费　萍
副调研员：何小媛

直属机关党委

专职副书记(正处)：叶承番
工会副主任：姜明路
团委书记(副处级)：杨慧芳＊

预算处、税政处

预算处处长：赵立妙
税政处处长兼预算处副处长：姚龙飞
预算处副处长：倪学军
预算处副处长：章启诚
税政处副处长：周爱明

国库处、国库支付局

国库处处长：罗跃琴
国库支付局局长兼国库处副处长：蒋振成(挂职锻炼)
核算中心主任兼国库处副处长：金　涛
国库处副处长：赵利明
国库支付局副局长：吴凤珍

综合处

处长：郭昌林
副处长：周位标＊
副处长：孙建苗
副调研员：姚如华
副调研员：张　敏
副调研员：孙继霞

法制处(资金管理处)

处长：沈江平
副处长：朱炳仁＊
调研员：周斌舫
副调研员：陈志光

会计管理处

处长：陈建中
副处长：周克俭
副处长：杨树圣*
副调研员：李雪萍*
副调研员：朱晓军
副调研员：郑肖亮
副调研员：程少春

行政政法处

处长：楼梅芳
副处长：陈百平
副处长：姜建成
副处长：马　勇
副调研员：陈丽君*

教科文处

处长：邢自霞*
副处长：何新星
副处长：董立国
副调研员：傅彩莲

农业处

处长：冯狄生
副处长：蒋建建
副处长：阮文秦
副处长：杜金良
副调研员：钱伟烈
副调研员：王　静
副调研员：王小丽

农业税收征收管理局

局长：尹红平
副局长：李　鸣
调研员：胡荣兴
副调研员：许建全

企业处

处长：宋培军
副处长：童黛铭
副处长：叶光胜
副处长：肖艳菱
调研员：吴中秋
副调研员：陶兴富
副调研员：吴新芳
副调研员：朱　玲
副调研员：冯　洁

外债金融处

副处长：洪小然
副处长：郑可青*
副调研员：徐剑锋

社会保障处

处长：俞建人
副处长：沈　磊
副处长：王雯琳
副处长：张才德*
副调研员：幸春平*

经济建设处

处长：王　俭*
副处长：戚国裕
副处长：郭定方
副处长：楼慧芬*
调研员：余逸美
副调研员：王娟娟

监督检查局

局长：张杭平
副局长：金光对
副局长：王林尧
调研员：周炳森
副调研员：周学伟

绩效评价处

处长：吴金莲
副处长：江中亮

省农业综合开发办公室

常务副主任：谭景玉
副主任(正处)：叶　旦
副主任(正处)：张和杰
副主任(副处)：赵国瑛
副调研员：何维君*

政府采购监管处(采购办、控办)

处长：俞建玉
副处长：钱国兴
副处长：费国炎
副处长：俞小青*(驻村指导员)
副调研员：陈志仁

省监察厅驻省财政厅监察专员办公室、省纪委驻省财政厅纪检组

主任、副组长：叶　忠*
副主任：李文艳
调研员：崔华英

二、厅直属单位

省财务开发公司

总经理：薛小杭(兼)
副总经理：徐来兴
办公室主任：姚　战
对外联络部经理：赵献平(原部队正团)

资金部经理：陈燕清

省级机关会计核算中心

主任：金　涛(兼)

副主任：叶时宝

副主任：宋万生

副主任：牟晨晖

副主任：何玮富

省财税科研所

所长、《浙江财税与会计》杂志主编：朱忠明(兼)

副所长、《浙江财税与会计》杂志副主编：王非文

副所长：余丽生

副所长、《浙江财税与会计》杂志副主编：刘东淏

省财税信息中心

主任：李　军

副主任：寿建钢

副主任：金永勤

总工程师：许智敏

省会计人员服务中心

主任：汤　淮

副主任：张光敏

省农业综合开发服务中心

副主任：沈幼华

省财政项目预算审核中心

主任：郑　耀

副主任：沈　湧

副主任：沈应庚

总工程师：俞富桥

省中华会计函授学校(省财政干部教育中心)

校长：黄旭明(兼)

副校长：傅钱生(兼)

副校长：黄克旭(兼)

副校长：陈建中(兼)

专职副校长、干教中心主任：张亚平

干教中心副主任：汪国葆

干教中心副主任：吴小明

原部队副团：童联新

省注册会计师服务中心、
省注册会计师协会(资产评估协会)

主任、秘书长：何元福

副主任、副秘书长：戴祥波

副主任、副秘书长：林金松

副主任、副秘书长：蒋文军

省农业综合开发工程勘测设计室

主任：陆龙泉

副主任：许锡田

省财政票据管理中心

主任：斯志洪

副主任：邬达贵*(援藏工作)

浙江财政后勤服务中心

主任：魏治明(援疆工作)

副处级：杨仁三

省财政厅招待所

所长：陈文斌(原部队副团)

副所长：马　骥(原部队副团)

省莫干山财政干部休养所

省世界银行业务培训中心(杭州金溪山庄)

总经理：解亚东

副总经理：华山月

省华浙实业开发有限公司(股份制企业)

总经理：胡浪潮

副总经理：唐永宁(原部队正团)

副总经理：汪　洋

总经理助理：曾仲松(原部队副团)

省兴财房地产发展公司

总经理：祝云水

副总经理：汪一兵

总经理助理：方卫国(原部队正团)

浙江华财实业发展有限公司

周金根

(注:有*标示者为当年职务有新变动)

浙江省各市、县(市、区)财政局领导名单

(2007年12月31日)

杭州市财政局
局长：陈锦梅
副局长：吴文兴 骆 寅 石连忠
纪委书记：汤军贤
上城区财政局
书记：朱红卫
局长：来剑波＊
国资办主任、副局长：卢 伟
副局长：胡建宏
下城区财政局
局长：冯 伟
副书记、副局长：傅真义
副局长：宋震跃 朱 捷
西湖区财政局
局长：梁 英＊
副局长：陆宝根＊ 赵水林＊
调研员：郑建平
拱墅区财政局
书记：钟黎明
局长：孟三山
副书记：蔡桂兰
副局长：吴永军 童 立＊
江干区财政局
局长：孙伟明
副局长、纪委书记：沈福林
副局长：陈绍红
高新(滨江)区局
局长：余静漪
副局长：杨金水 胡银根 屠国平 徐 慧
萧山区财政局
书记：贺放练
局长：金 伟＊
副局长：钱志明 罗松巍
国资委副主任：徐成梁
纪委书记：俞大明
余杭区财政局
局长：姚文华＊
纪委书记：袁云亮
副局长：钱建伟 潘立军
国资办副主任：叶立新
富阳市财政局
局长：华之江＊
副书记：何 勇＊
副局长：史煜民 朱经国＊ 李一力＊
临安市财政局
局长：罗石荣
书记：戚绍华
副书记(纪检书记)：邵友良
副局长：马泽华
建德市财政局
局长：滕明湘
副局长：钱一军
副书记：罗会荣
副局长：金 革 方旭阳 程建军
桐庐县财政局
书记：胡爱民
局长：俞 谷
副书记(纪检书记)：廖天水
副局长：项丽珠 毕文浩＊
淳安县财政局
局长：詹 韧＊
副书记(纪检书记)、副局长：宋士中
副局长：叶建乐＊

宁波市财政局
局长：胡谟敦＊
副局长：王跃鹏 章翠飞 宋济青 贺也贞 张镇岳＊
纪检组长：陈仰家＊
局长助理：杨 军＊
海曙区财政局
局长：王松来
副局长：曹 杰
局长助理：孙伟平
江东区财政局
局长：章月标＊
副局长：叶良春＊
江北区财政局
局长：邵方毅＊
党组副书记：徐焕忠
副局长：邬文珍 李 斌＊
助理调研员：于永广＊ 柯宝云＊
北仑区财政局
局长：谢开定＊
副局长：朱晓雄＊ 胡跃成 李 军 孙军泽＊
局长助理：叶奇丹＊
镇海区财政局

局长：王信永
副局长：蔡军国＊ 庄起勇 赵振福＊

大榭开发区财政税务局

局长：刘黎勇
副局长：戴猛追 冯伟业＊

保税区财政局

局长：丁晓梅
副局长：应日捷
局长助理：王玉建

科技园区财政局

局长：陈俊良＊
副局长：叶松权＊
局长助理：谢江英＊

东钱湖度假区财政局

局长：李盛伦

鄞州区财政局

局长：钱　芳＊
副局长：金文耀 岑卢艳

象山县财政局

局长：陈柳松
副局长：王其伟 郑　勇
纪检组长：顾卫国

宁海县财政局

局长：尤永强
副局长：陈焕龙 叶亦利 丁建华

余姚市财政局

局长：俞剑清
副局长：王文益 徐强辉 许真如 宋建忠＊
副书记：王定龙＊

慈溪市财政局

局长：张炳华＊
副局长：范哲慰 柯　萍 施银焕 马志灿 陈亚伟 胡国富

奉化市财政局

局长：韩圣光
副局长：吴浩根 俞　峰 林　鑫

温州市财政局

局长：李步鸣＊
党组副书记：叶林竑
副局长：朱定钧 孙建伟

鹿城区财政局

局长：胡晓初
副局长：潘寿康 陈宇开＊ 渠　奕＊ 胡向阳

龙湾区财政局

局长：贾黎春＊
副局长：白玉树　陈光伟＊

瓯海区财政局

局长：吴　强＊
副局长(正局级)：项瞻文
副书记(正局级)：薛永川＊
纪检组长：林云海
副局长：黄筱萍
总会计师：叶国蒙

开发区财政局

局长：陈建斌
副局长：胡桂雄 邵秀珍

瑞安市财政局

局长：苏德贤＊
副书记：余列平
副局长：蔡永水 陈胜泉
纪委书记：林候发
总会计师：李建中

乐清市财政局

局长：叶乐安＊
副局长：周庆耀
国资办副主任：郑汉胜
副局长：董法朗 孔庆元
纪检组长：陈宣定
总会计师：钱乐洋

永嘉县财政局

局长：胡国强
副书记：戴源涌 叶如舟
纪委书记、副局长：谢纯定
副局长：徐忠诚
总会计师：叶玉庭

文成县财政局

局长：郑士钗＊
副局长：傅华标
纪委书记：郑明进
副局长：张明林 胡希勒

平阳县财政局

局长：温从岳
纪检组长：叶友育
国资办副主任：薛文秀＊
副局长：陈钦斌 黄少斌
总会计师：黄　佩

泰顺县财政局

局长：翁晓彬＊
副书记：叶应贤(兼纪委书记) 毛方酬＊
副局长：蔡卫泰 王官玉

洞头县财政局

局长：叶明理
副局长：陈后平 潘敦汉 谢月英
纪检组长：颜跃平
总会计师：张海勇

苍南县财政局

局长：高友平

副局长：蔡勤旺 项延钢
副局长兼纪检书记：池长辉

嘉兴市财政局
局长：马邦伟*
副局长：吴贵敏 夏林生
纪委书记：朱天文
南湖区财政局
局长：叶涵初*
副局长：孔 俭 马立申 张 磊 顾云祥*
局长助理：王 亮*
秀洲区财政局
局长：王爱根
副局长：朱 飞 张 军
纪检组长：陈晓伟
嘉善县财政局
局长：沈恩达
书记、副局长：潘雨忠
副局长：蒋 健* 徐金连* 徐忠明*
纪检组长：张小峰*
巡视员：陆志荣*
海盐县财政局
局长：贺伟民*
书记:马建良*
副局长：陈初霞 陆国华 王晓军*
海宁市财政局
局长：陈金明
副局长：许建明
副书记：闵厚文
副局长：张月明
平湖市财政局
局长：俞明祥
书记：许海龙
副书记：李大相
副局长：沈纪观 梁晓军 全 骏
桐乡市财政局
局长：赵洪亮
副局长：吴海燕 房治方 姜 玮* 叶乃杰*

湖州市财政局
局长：沈建平
副局长：孔培康 屠培红* 张恩林 姚 温*
钱汇丰*
纪检组长：沈 蓓*
总会计师：张向阳*
吴兴区财政局
局长：汪胜富
副局长：滕玉文 沈国强 沈林林*
南浔区财政局
局长：李 强
总会计师：韩素贞
纪检组长：高登旺*
副局长：沈为民
德清县财政局
局长：杨永林
副局长：徐黎娟 江洪波
纪检组长：沈 英*
副局长：赵金生
长兴县财政局
局长：冯梅山*
副书记：毕悦芹*
副局长：李丰红 顾群伟 范首翔*
纪检组长：毕明亮
安吉县财政局
局长：吴伟东
党组书记：胡建国
副局长：严明卯 梁蕴伟 俞土良*

绍兴市财政局
局长：阮坚勇*
副局长：潘旺明(正局级) 房 紧 何俊杰
纪检组长：陈建光*
总会计师：蔡文良
调研员：卢银银*
副调研员：叶 剑
越城区财政局
局长：高玮民
副局长：沈志光 陶文孺 姚 樯
绍兴县财政局
局长：宋天平
副局长：胡小苟 沈祖卫*
徐利忠 孙永国*
纪委书记：吕铁辉*
诸暨市财政局
局长：张建林
纪检组长：赵一平
副局长：杨胜新* 赵章根 周国新*
上虞市财政局
局长：吴志育
纪委书记、副局长：邵百尧*
副局长： 陈 烽* 丁新安
嵊州市财政局
局长：孙元东*
党委副书记：吴守标
副局长：茹万红 孙作祥*
新昌县财政局
局长：求国安*
副局长：俞剑锋 吴德祥 周少卿*

金华市财政局
局长：周益民
副局长：徐德良 任晓俐 杨晓明
总会计师：徐佩琴
纪检组长：李建华

婺城区财政局
局长：李庆龙
副局长：傅得樟 陶昌伟
党组成员：施柯芬

金东区财政局
局长：张有钢 *
副局长：徐敬友 郑良模 陈春华
纪检组长：姜韶军 *

武义县财政局
局长：陈进一 *
副局长：程云庆 胡华荣 王柏宜

浦江县财政局
局长：傅兴琰
副局长：许尔清 楼向阳 王卫平
纪检书记：李国平
总会计师：黄英俊 *

磐安县财政局
局长：周丽水 *
副局长：陈新海 葛精兵
纪检组长：郭德富 *

兰溪市财政局
局长：陈玉祥 *
党组书记：陈根斗
副局长：毛海生 许如华

义乌市财政局
局长：赵健明 *
副书记、副局长：陈忠强 * 赵绍辉 *
副局长：虞建民 李晓玲 * 何愫洪 * 朱琴芳 *

东阳市财政局
局长：徐立刚 *
副书记、副局长：俞朝良
副书记：马樟云 *
副局长：卢伟民

永康市财政局
局长：施建民 *
副局长：吕正时 * 杜奕铭
国资办主任：王美扬
国资办副主任：应美珍 *

衢州市财政局
局长：徐素荣 *
副局长：吴小聪 周卫云 蒋移祥 王德华
纪检组长：郑芳美

柯城区财政局
局长：章雨土
副局长：吴维成 邵国英
党组成员：姚正锋
局长助理：张吉青

衢江区财政局
局长：李　青 *
副局长：秦　勇 罗永美 *
纪检组长：余越信 *

龙游县财政局
局长：陆　雄 *
副局长：翁文斌 朱云峰 何　勤 *
纪委书记：方伟成 *

江山市财政局
局长：巫小雄 *
书记：李春江 *
副书记：王智荣 *
副局长：郑宇星 * 张晓华 毛水芳
纪委书记：周金富

常山县财政局
局长：俞宝根
副局长：谢　诚 叶建华 钱志友 朱圣杰 *
纪委书记：张庆华

开化县财政局
局长：邹燕辉 *
副局长：汪　涌 傅剑钢 丘森源 廖建忠
纪委书记：项平平

舟山市财政局
局长：杜祖国
副局长：张世民 曹国英 竺群力 *
总会计师：岑瑞芳
纪检组长：张群伟
工委主任、局长助理：邵建协 *

定海区财政局
局长：陆赛波
副局长：姚洪波 贺松跃 朱巧星 *
总会计师：吴　鹰 *

普陀区财政局
局长：陈安振 *
党组副书记：孙文平
国资公司经理：周志国
副局长：张友夫 * 陈　峰 *

岱山县财政局
局长：童信宇
党组副书记：潘高平
副局长：舒伟强 方信伦

嵊泗县财政局
局长：王兴军 *
党组副书记：王荣素 *
副局长：徐国飞 陈和军 何世光 *

台州市财政局
局长：叶维军
党组副书记：黄小本
副局长：张卫平　王子剑
总会计师：余延龄
纪检组长：孙　鑫*

椒江区财政局
局长：邬美荣
副局长：蔡建中　章光辉*

黄岩区财政局
局长：郑　斌
党组副书记：於福球
副局长：郭敬明*
局长助理：林君福

路桥区财政局
书记：蔡志棠*
局长：陈明炜*
副局长：许拓天　池昌明*

临海市财政局
党组书记：赵国海*
局长：冯荷琴*
副局长：胡寿坚　夏　莉*
纪检组长：王礼福*
副局长：方　虹*

温岭市财政局
局长：江涌清
副局长：柳　敏*　王春连*　林作明
总会计师：卢旦生

玉环县财政局
局长：张恢卓*
副局长：郭显银*　王克捷　张素燕　颜永昌
纪委书记：唐丹华
总会计师：姜仁武*

天台县财政局
局长：余昌杰*
副局长：戴敏华*　方国耀

仙居县财政局
局长：潘小燕
党组书记：姚文浩
副局长：杨建明　高涌清
纪检组长：张练平
总会计师：吕汝韦

三门县财政局
局长：奚建华
书记：邢义钵
副书记、纪检组长：马加品*
副局长：李　坚　金圣杰*
总会计师：陈小撑

丽水市财政局
局长：何赤峰
副局长：崔　军　孙天宇　刘小平　魏叶华　陈建全
纪检组长：李　嫔

莲都区财政局
局长：叶欣华
副局长：汤利达　赖志平
纪检组长：尹和平

经济开发区财政局
局长：金雄鸥
副局长：陈卫媛*

青田县财政局
书记、副局长、纪检组长：陈景荣
局长：朱秀雄
副局长：王伟伟　张红兵　季耀武*

云和县财政局
局长：柳少康
副局长：柯志宙　陈文平
纪检组长：蓝石花

龙泉市财政局
书记：刘志伟*
局长：吴旭文*
副局长：商越敏　季志芬*　吴小波*
纪检组长：吴树儿

庆元县财政局
局长：刘义平*
副书记：陈本新
副局长：周必寿　杨小芬　吴叶林*

缙云县财政局
局长：陈贵长*
副书记、纪检组长：谢　芳
副局长：叶伟民　施喜光*　王伟民*
国资委办公室主任：钭秀千*
总会计师：应文央*

遂昌县财政局
书记：翁小瑜
局长:赵文明
副局长：叶宏放　单崇海

松阳县财政局
局长：毛建南*
副书记：吴培养*　徐建农*
副局长：周永跃　易　雄　徐建农
纪检组长：杨柳青*

景宁县财政局
局长：季晓伟
副书记：梅巧勤
副局长：蓝朝星　赵晓琴

（注:有*标示者为当年职务有新变动）

浙江省财政系统职工基本情况统计表

单位：人

项目		总计	性别		民族		学历								
			男	女	汉	其他	研究生			大学本科	大学专科	中专	高中及以下学历		
							人数	博士	硕士（全日制）				人数	其中35岁以下	其中36至45岁
总计	合计	12454	7626	4828	12403	51	235	5	91	6407	3835	823	1154	137	319
	厅(局)级	11	10	1	11		3		1	4	4				
	地市局(处)级	508	369	139	507	1	51	1	10	344	93	9	11		
	县局(科)级	3112	1972	1140	3098	14	110	3	41	1855	803	175	169		8
	一般干部	7153	4319	2834	7124	29	70	1	39	3885	2353	433	412	7	109
	工勤人员	1670	956	714	1663	7	1			319	582	206	562	130	202
省(区、市)厅局	合计	1150	678	472	1145	5	112	3	60	749	168	24	97	15	28
	厅(局)级及以上	11	10	1	11		3		1	4	4				
	处(局)级	350	242	108	350		34		10	237	64	7	8		
	科级	410	219	191	408	2	49	2	30	309	40	3	9		
	一般干部	257	135	122	255	2	25	1	19	184	38	7	3	1	
	工勤人员	122	72	50	121	1	1			15	22	7	77	14	28
市(地、州)局	合计	2599	1479	1120	2589	10	79	2	24	1560	605	118	237	57	59
	局(处)级及以上	158	127	31	157	1	17	1		107	29	2	3		
	科级	1116	691	425	1111	5	44	1	11	741	239	44	48		5
	一般干部	922	420	502	919	3	18		13	642	216	20	26	1	7
	工勤人员	403	241	162	402	1				70	121	52	160	56	47
县(市、区)局	合计	5457	3349	2108	5430	27	39		6	3146	1578	281	413	44	102
	局(科)级及以上	1586	1062	524	1579	7	17			805	524	128	112		3
	股级	1303	984	319	1300	3	11		1	975	275	19	23	1	1
	一般干部	1723	821	902	1711	12	11		5	1167	451	47	47	1	7
	工勤人员	845	482	363	840	5				199	328	87	231	42	91
乡(镇)所	合计	3248	2120	1128	3239	9	5		1	952	1484	400	407	21	130
	所(股)级及以上	844	651	193	839	5	2			278	412	78	74		30
	一般干部	2104	1308	796	2100	4	3		1	639	961	262	239	3	64
	工勤人员	300	161	139	300					35	111	60	94	18	36

浙江省财政系统职工基本情况统计表

单位：人

项目		总计	政治面貌				年龄				
			中共党员	共青团员	民主党派	其他	30岁及以下	31岁至35岁	36岁至40岁	41岁至50岁	51岁至59岁
总计	合计	12454	7680	786	126	3862	1805	2120	2250	4956	1321
	厅(局)级	11	11							4	6
	地市局(处)级	508	469		6	33	1	14	66	294	133
	县局(科)级	3112	2284	26	47	755	78	336	492	1604	602
	一般干部	7153	4342	627	68	2116	1459	1403	1359	2484	448
	工勤人员	1670	574	133	5	958	267	367	333	570	132
省(区、市)厅局	合计	1150	753	79	6	312	160	211	211	426	141
	厅(局)级及以上	11	11							4	6
	处(局)级	350	315		4	31	1	10	45	201	93
	科级	410	261	17	2	130	45	130	101	116	18
	一般干部	257	127	56		74	109	49	37	53	9
	工勤人员	122	39	6		77	5	22	28	52	15
市(地、州)局	合计	2599	1542	206	44	807	416	532	456	897	298
	局(处)级及以上	158	154		2	2		4	21	93	40
	科级	1116	842	7	22	245	32	160	215	524	185
	一般干部	922	399	171	19	333	326	269	152	146	29
	工勤人员	403	147	28	1	227	58	99	68	134	44
县(市、区)局	合计	5457	3257	352	65	1783	737	866	1003	2258	593
	局(科)级及以上	1586	1181	2	23	380	1	46	176	964	399
	股级	1303	1046	22	25	210	51	202	321	677	52
	一般干部	1723	754	256	13	700	540	435	328	331	89
	工勤人员	845	276	72	4	493	145	183	178	286	53
乡(镇)所	合计	3248	2128	149	11	960	492	511	580	1375	289
	所(股)级及以上	844	721	4	1	118	26	61	142	537	78
	一般干部	2104	1295	118	10	681	407	387	379	740	191
	工勤人员	300	112	27		161	59	63	59	98	20

浙江省财政系统职工基本情况统计表

单位：人

项目		总计	参加工作时间							劳模（先进工作者）	
			1949年10月至1957年	1958年至1965年	1966年至1970年	1971年至1980年	1981年至1990年	1991年2000年	2001年以后	省（部）级	全国
总计	合计	12454		18	434	2271	4983	3556	1192	8	1
	厅（局）级	11		1	4	5	1				
	地市局（处）级	508		2	64	172	237	33		2	
	县局（科）级	3112		7	225	948	1347	531	54	5	
	一般干部	7153		4	103	838	2870	2424	914	1	1
	工勤人员	1670		4	38	308	528	568	224		
省（区、市）厅局	合计	1150		2	65	218	417	328	120		
	厅（局）级及以上	11		1	4	5	1				
	处（局）级	350		1	43	121	161	24			
	科级	410			7	38	145	185	35		
	一般干部	257			3	18	58	94	84		
	工勤人员	122			8	36	52	25	1		
市（地、州）局	合计	2599		5	120	514	839	819	302	4	1
	局（处）级及以上	158		1	21	51	76	9		2	
	科级	1116		2	72	300	475	249	18	2	
	一般干部	922			15	72	179	421	235		1
	工勤人员	403		2	12	91	109	140	49		
县（市、区）局	合计	5457		11	205	1177	2046	1479	539	4	
	局（科）级及以上	1586		5	146	610	727	97	1	3	
	股级	1303			8	266	677	332	20	1	
	一般干部	1723		4	36	151	414	732	386		
	工勤人员	845		2	15	150	228	318	132		
乡（镇）所	合计	3248			44	362	1681	930	231		
	所（股）级及以上	844			8	121	605	107	3		
	一般干部	2104			33	210	937	738	186		
	工勤人员	300			3	31	139	85	42		

浙江省财政系统职工基本情况统计表

单位：人

项目		专业技术人员					特贴专家
		合计	高级职务	其中：正高级职务	中级职务	初级职务	
总计	合计	7638	799	5	3789	3050	
	厅(局)级	8	4		3	1	
	地市局(处)级	380	167	1	163	50	
	县局(科)级	2232	330	1	1220	682	
	一般干部	4586	289	3	2194	2103	
	工勤人员	432	9		209	214	
省(区、市)厅局	合计	780	228	3	409	143	
	厅(局)级及以上	8	4		3	1	
	处(局)级	276	134	1	103	39	
	科级	317	73		193	51	
	一般干部	166	16	2	103	47	
	工勤人员	13	1		7	5	
市(地、州)局	合计	1600	223		929	448	
	局级	104	33		60	11	
	科级	800	140		471	189	
	一般干部	623	47		354	222	
	工勤人员	73	3		44	26	
县(市、区)局	合计	3672	334	2	2019	1319	
	局(处)级及以上	1115	117	1	556	442	
	股级	1094	165		605	324	
	一般干部	1169	48	1	712	409	
	工勤人员	294	4		146	144	
乡(镇)所	合计	1586	14		432	1140	
	所(股)级及以上	489	6		118	365	
	一般干部	1045	7		302	736	
	工勤人员	52	1		12	39	

附　录

社会团体活动

浙江省财政学会

【概况】2007 年，省财政学会围绕财政经济工作的中心开展活动，取得一些成绩，被省社科联评为 2007 年度学术研究先进学会。

【召开五届三次常务理事会】3 月 7 日，在杭州召开省财政学会五届三次常务理事会，讨论《浙江省财政学会 2006 年工作总结和 2007 年工作计划》。

【开展课题研究】一是牵头“基本公共服务均等化研究”的协作课题。由浙江省财政学会、科研所牵头，甘肃省、贵州省、山东省、大连市、太原市财政学会、科研所，财政部科研所区域财政研究室、珠心算研究室共同参与协作，承担中国财政学会、科研所协作课题《基本公共服务均等化研究》。根据浙江省的情况和特色，完成分报告《完善转移支付制度，促进基本公共服务均等化》。在各单位分报告的基础上，经过协作单位的共同努力，完成总报告《基本公共服务均等化与政府财政责任》。二是完成省社科联课题研究。承担浙江省社会科学界联合会《推进我省节约型社会建设的财税对策研究》和《社会保障预算编制的探讨》课题，经深入调研，完成课题报告。三是组织省协作课题“和谐社会构建的财政政策研究”，成立课题组，作为年度的重点课题，采取上下协作攻关的形式，组织部分市县财政学会进行研究。完成《完善和谐导向型公共财政，推进和谐社会建设》课题报告，有关市县协作单位完成 7 个相关课题研究报告。四是组织全省财税学会开展课题研究。根据财政经济工作重点，提出落实科学发展观、促进社会主义和谐社会建设等五方面的研究方向，布置落实到有关市、县(市、区)财税学会、财经院校进行研究。到年底，共收到各有关单位上报的课题成果 101 个。部分财经院校积极参与课题研究，围绕“公共服务均等化与财政”的主题，浙江财经学院完成 6 个课题，浙江大学完成 2 个课题，杭州电子科技大学完成 1 个课题。经评审，产生一等奖 3 篇、二等奖 26 篇、三等奖 61 篇。

【加强课题成果转化利用】将 2006 年获奖的课题成果汇编成《财政改革热点问题探讨——浙江省财政课题研究成果汇编(2006)》一书，由中国财政经济出版社出版发行。同时，将 2006 年各市县学会完成的课题如“欠发达乡镇财政解困的基本思路”、“加强政府性债务管理的有效措施”等进行摘编，在《浙江财税参阅》上刊登，供厅领导及有关处室参阅，有部分成果还在国家级刊物上发表。

【举办学会秘书长和科研骨干培训班】9 月 26-28 日，在建德市举办全省财政学会秘书长和科研骨干培训班，各市、县(市)学会秘书长和科研骨干 120 多人参加培训。厅总会计师魏跃华到会并就科研成果转化和进一步做好财政科研工作提出要求。培训班邀请财政部科研所副所长、博导、研究员苏明作“当前财政形势和政策取向”的专题讲座，马晓铃研究员作“我国建立绩效预算体系的意义及改革方向”的专题讲座，钟晓敏教授作了“公共支出管理与改革”的专题讲座。培训班还对获得 2006 年全省财政学会优秀调研成果奖的单位和个人进行表彰。

【举办学术沙龙活动】11 月 12 日，在浙江财经学院举办“基本公共服务均等化与财政”学术沙龙。浙江大学、浙江财经学院、浙江工商大学、杭州电子科技大学、浙江师范大学的财政界 20 余位专家学者参加了沙龙，交流论文 11 篇，沙龙就基本公共服务均等化的理论和实践问题展开热烈讨论，学术氛围浓厚。

【参与省社科联有关活动】作为省社科联的团体会员，参与省社科联组织的科普下基层活动；参与省社科联组织的“2007 当代哲学论坛”活动。学会被省委宣传部和省社科联授予“浙江省 2007 社会科学普及周优秀组织奖”。

【做好会刊编辑工作】会刊《浙江财政研究》获得内部刊物准印证，按双月刊要求，全年共刊出六期。刊物内容不断丰富，质量有所提高。

【加强学会组织建设】温州市、舟山市、金华市财税学会进行了换届，学会活动正常开展，学会组织建设取得阶段性成果。

(省财政学会供稿 余丽生执笔)

浙江省会计学会

【推进学术研究工作】一是组织课题研究。组织浙江省农业科学院、浙江东阳玉米研究所和浙江柑橘研究所开展《非盈利性科研单位财务管理法治建设研究》课题研究；审核杭州电子科技大学会计教研室主任祝素月副教授申报的《股票期权及会计处理研究》课题和浙江同济科技职业学院会计系副主任沈小平副教授申报的《简易型企业社会责任会计控制系统的研究》课题，并推荐为省社科联研究课题。二是组织参加学术交流会和“科普周”宣传活动。组织参加由上海会计学会主办的“东南地区会计学会第 22 次学术交流会”，选择“基于会计信息有用性的无形资产会计原则重构”、“论企业内部控制的监控”、“浅析不确定性会计理论”等8篇财会论文参加会议交流。浙江工商大学许永斌教授在大会上作《中国民营上市公司家族控制权特征与公司绩效实证研究》专题发言。参加省委宣传部和省社科联联合举办的“科普周”宣传活动，在杭州武林广场设展位进行“关注新会计准则、服务财会人员”科普周咨询活动，共接受咨询30人次，发放《新企业会计准则》等四种宣传资料340份。三是组织会计科学优秀成果评审和有奖征文活动。组织会计科学优秀成果评审活动，共收到43项会计科学优秀成果，经评委会评审，评出二等奖3项、三等奖9项。组织有奖征文活动，共收到有奖征文130篇，经专家教授评审，评出一等奖1篇、二等奖4篇、三等奖21篇、鼓励奖8篇。四是指导推动各级会计学会开展学术研究活动。年初拟出“我国会计准则改革后发生新变化问题的研究”等20个财会学术研究参考题，下发各级会计学会，引导全省会计学术研究方向。各级会计学会做好“新企业会计准则”宣传活动及调研指导工作，组织财会理论专题讲座和学术报告会。

【搞好教育培训工作】做好会计人员继续教育培训工作，根据学员需求设置课程，安排优秀老师授课。配合省能源集团公司、商业集团公司等单位执行新企业会计准则，在安排课程时加入新老准则过渡衔接和合并会计准则的内容。举办“中小企业会计与审计业务培训班”，引入上海市注协的科研成果。做好会计电算化培训考试工作，教育培训部共完成210期11000余人次的会计培训及电算化考试业务。

【做好杂志编审工作】做好《浙江财税与会计》的会计稿件编审工作。围绕新颁布的企业会计准则、企业财务通则进行宣传、组稿，做好新准则和通则的宣传普及工作。做好企业财务管理方面的宣传，编发一批实务性较强的理财经验稿件，介绍宁波杉杉、中国移动浙江公司、浙江东南发电、红石梁啤酒、巨化股份、帅康集团等公司的先进理财经验。针对企业财会人员关注的热点、难点问题，组织专题研讨会或专题稿件，先后组织召开银行视野中的企业理财座谈会、连锁经营企业财会工作研讨会、企业经济法律事务管理研讨会等，将会议内容整理编发。宣传、报道第三届全国会计知识大赛及高级会计领军人才培训情况，宣传会计管理工作中的先进经验及会计行业中的先进人物事迹。热心为广大会计人员提供服务，编发一系列考试辅导类文章。

（浙江省会计学会供稿 吴光善执笔）

浙江省预算会计研究会

【召开常务理事会】4月20日，召开常务理事会，总结上年工作，研究当年计划。会长卢饮寿主持会议，会议对开展预算管理与会计改革征文评选活动作出安排。

【开展课题研究】参加由省财政厅国库处召开的《预算内外资金如何整合》课题研究会，财政部国库司、全国预算会计研究会的同志参加会议。参加8月在河北召开的全国预算会计研究会会计课题二组研讨会，配合省财政厅国库处讨论《对预算内外会计制度整合的研究》课题。10月，在马鞍山市参加华东地区第二十一次会议，重点讨论深化财政改革，完善财政体制和国库集中支付等问题。

【论文评选】5月发出关于开展预算管理与会计改革征文活动的通知，到11月底共收到由各市财政局和省级单位报来的征文稿44篇。经由专家、教授和厅预算、国库两处负责同志组成的评委会评审，共评选出一等奖3篇、二等奖8篇、三等奖9篇、优秀奖5篇。

（省预算会计研究会供稿 蒋宝康执笔）

浙江省农村财政研究会

【加强自身建设】一是倡导会员学习政治理论，学习中央和省委、省政府有关加强“三农”的各项方针政策，学习国家法律法规，增强服务“三农”的意识，提高服务“三农”的水平。二是召开三届六次常务理事会，会议讨论通过《浙江省农村财政研究会2006年工作总结和2007年工作要点》。三是做好年度检查报告，办理年检手续。四是指导温州、舟山两市做好市农村财政研究会筹备工作。五是加强与兄弟省、市、自治区农研会的联系，各市农研会组织会员赴外省进行考察、学习。

【开展课题调研】一是落实当年调研计划，提出24个参考选题，要求各地根据实际情况自行选题，加强课题调研。二是确定《财政支农资金整合机制创新研究——浙江财政支农资金整合的实证分析》、《关于农业综合开发投入机制研究》、《推进农村综合改革 为新农村建设增添动力和活力》、《控制债务规模化解乡镇债务风险政策研究》为省农研会重点研究课题。省级四个课题研究小组制定落实课题研究计划，按确定的要求和时间完成课题研究报告，其中《财政支农资金整合机制创新研究——浙江财政支农资金整合的实证分析》、《关于农业综合开发投入机制的研究》分别获得2007年度全省财政系统调研报告二等奖、三等奖。三是参加中国农村财政研究会在山东潍坊召开的部分省、市、自治区财政支农研讨会，在会上作《促进农民专业合作社发展的财政政策研究》专题发言。

【加强学术交流】全省各市农研会分成三个片组，并以片组为单位，不定期开展沟通和交流。温州市农研会10月在温州市召开杭州、金华、温州三市农研会片组会议，围绕农业结构调整、支持农业产业化发展、农村综合改革、城乡一体化建设、农业综合开发等内容开展研讨。

【评选优秀论文】组织2006、2007年度农村财政研究优秀论文评选活动，共收到参评文章144篇，评选出一批优秀论文。对年初评选出的2005年度80篇优秀论文进行编辑出版成书。

【组织培训工作】上半年，参加中国农村财政研究会在广西桂林市召开的基层财政干部培训工作座谈会。做好全省农财、农税、农发办干部赴外省培训的组织工作，共有148人参加桂林和西安的中国农村财政研究会培训班。

（省农村财政研究会供稿　王　静执笔）

浙江省财税系统思想政治工作研究会

【宣传财政系统先进事迹】2006年底，财政部、省财政厅表彰了一批财政系统先进集体和先进个人。为了学习先进、宣传先进，在财政系统掀起学习先进的新高潮，收集3个全国财政系统先进集体、2个先进个人以及19个全省财政系统先进集体、22个先进个人的事迹，编辑、印发了《财税明珠》第四集，全面记录了先进集体和先进个人解放思想、坚持改革开放、不断进取的优良作风，真实再现了他们忠于职守、勤奋工作、无私奉献的优秀品德，生动描绘了他们敢于坚持原则、同违反财经纪律作斗争的感人事迹，充分反映了他们廉洁奉公、全心全意为人民服务的高尚情操。

【开展思想政治工作调研】深入基层，了解掌握新时期财税系统思想政治工作的热点难点问题，宣传新时期思想政治工作的新理念和新方法，指导财税系统开展思想政治工作。

（省财政税系统思想政治工作研究会供稿　童新元执笔）

浙江省珠算协会

【举办比赛】举办浙江省国际珠心算大赛暨省第28届珠心算鉴定比赛，历时四个月，分杭州、吉隆坡、温州、绍兴、湖州、慈溪六个赛场，参赛人数6000余人。浙江卫视教育频道、民生频道、走进今天、1818黄金眼、杭州少儿频道分别对此作了报道。5月4日，派出以九堡中心小学九堡校区为代表的参赛团，赴马来西亚吉隆坡分会场参赛，经过与各国选手角逐，夺得45个奖项中的17项，其中获3项总冠军。

【开展培训】发展珠心算实验基地，开展师资培训，当年全省共增加12个新的实验基地。协会单独或联办三次培训班，培训珠心算教师196人。

【理论交流】全年申报省科协参选论文67篇，报审6篇。其中蔡蓬的《珠算珠心算对学习和工作的影响》、童粹峰的《珠心算教学符合当代基础教育课改精神》、张志明的《珠心算是提高幼儿智力水平的有效途径》等三篇为二等奖，夏燮明、江志伟合写的《刘王鹰算盘打出来的"十大"杰出青年》、周利民的《以"新课标"为指导改进珠心算教学》、杨士智的《浙江省常山县珠协工作改革的体会》等三篇为三等奖。为提高幼儿园珠心算教师的教学水平，向全省征集幼儿园珠心算教案，共收到教案86篇，经省珠协组织的评审委员会审定，评出一等奖12篇、二等奖22篇、三等奖27篇，合格奖和参与奖27篇，并编印出版《幼儿园珠心算教案集》，供幼儿教师在珠心算教学中使用。11月，召开部分高职院校和幼儿园珠心算教师研讨会，宁波职业技术学院宣平老师介绍如何把珠心算技术应用到高职院校珠算教学、如何利用珠心算脑印象迁移到别的学科等方面的研究成果；江山幼儿园刘阳月老师介绍在游戏中渗透珠心算教学的体会；温州建玲珠心算培训中心周建玲、武警指挥学校张丽玲、金华商校蔡宗祥等老师介绍珠心算教学的成功经验和存在的问题。大会还收到论文20余篇，经评审委员会评定，评出一等奖5篇，二等奖7篇。

【加强交流】加强国际国内的交流，增进友谊，促进珠心算更好地发展。开展国际、国内珠算、珠心算交流活动，多次组织专家学者、教师等有关人员赴国外和国内进行学术交流。组织人员分别赴西藏自治区开展珠心算技术交流，赴深圳观摩世珠联第二届珠心算比赛。组织赴澳大利亚、新西兰开展珠心算技术交流，增进国际间友谊。10月15日，接待由日本松江市市长松蒲正敬率领的日中友好代表团，开展珠心算的友谊比赛。10月19日，接待内蒙古自治区珠协代表团，双方进行珠心算工作学术交流。与印度珠心算教学机构kkacademy公司结为友好单位，增进国际间的珠心算学术交流。

【日常工作】协会被评为浙江省十强协会之一，蔡蓬被评为省科普先进工作者。在中科协学会部组织的评选中，协会被评为300名省级"学会之星"。与省科协签署"2007年省级学会新农村建设服务团项目实施责任书"和"2007年省科协重点活动项目实施责任书"。参与中珠协与浙大、慈溪三小、宁波珠协珠心算成像课题的合作研究。参加省市科普周活动，在杭州武林广场进行珠心算的现场表演并发放资料。

（省珠算协会供稿　童粹峰执笔）

专题经验介绍

积极运用财税杠杆 大力支持科技创新 推动经济又好又快发展

湖州市财政局

科学技术是第一生产力。创新是一个民族进步的灵魂。科技创新是一个国家、一个地区综合竞争力的核心。建立以企业为主体、市场为导向、政产学研相结合的科技创新体系,是贯彻落实国家自主创新战略,推进创新型城市建设的重要举措。积极发挥财税职能作用,大力推进科技创新,促进转变经济发展方式,推动经济又好又快发展,是实施"三个三"工作措施的重要内容,是保持财政收入可持续增长的有效途径。现将我们支持科技创新的情况作简要介绍。

一、主要做法

近年来,以投资驱动为主的粗放型经济增长方式和低层次的产业结构已经日益遇到资源要素紧缺、环境压力加大、市场竞争激烈的严峻挑战。无论从国际科技竞争加剧和知识产权保护强化的趋势看,还是从我国面临的能源、资源、环境等要素制约的形势看,都要求我们必须依靠增强科技创新能力来推动经济社会的可持续发展。

全市各级财政部门从全局和战略的高度出发,充分认识科技创新对实施"增强三力、奋力崛起"战略的重要意义,深入贯彻科学发展观,认真落实省、市大力推进创业创新的要求,把提高科技创新水平作为调整经济结构、转变发展方式、提高核心竞争力的中心环节,作为深化落实"三个三"工作措施的重要内容,充分发挥财税职能作用,全力支持创新型城市建设。在思想认识到位的基础上,切实增强工作主动性,认真开展财税促进提高自主创新能力的对策调研,及时提出意见建议,为党委政府做好参谋。实际工作中,重点围绕加大资金投入、政策引导激励、健全服务体系、强化人才支撑四个方面,积极采取措施加以推进。

(一)建立科技投入保障机制,为科技创新提供财力支撑

财政科技投入是政府发挥主导作用,积极推进科技创新的重要基础和保证。我们切实把科技投入作为预算保障的重点,积极调整支出结构,不断加大投入力度。不论是年初预算编制还是预算执行中的超收财力安排,都确保科技投入达到法定增长要求。2007 年,市本级预算内科技支出预计达到 1.05 亿元,增长 47%,超过地方财政收入增长幅度 1 倍左右,科技投入占财政总支出的比例达到 3.4%以上。在安排科技支出预算的基础上,市财政还设立企业技术创新资金、高新技术产业发展专项资金等,用于支持科技创新。其中企业技术创新资金每年安排6000万元,主要用于重点技术改造项目、高技术产业化项目的贴息补助,以及企业技术创新、新产品开发、企业技术中心等项目的配套贴息和补助。高新技术产业发展专项资金每年安排 2000 万元,主要用于对行业公共服务平台建设以及高新技术企业装备投入、技术成果引进等重大项目的支持。2007 年市财政还安排 1500 万元,新设立了循环经济和节能减排专项资金,重点支持节能降耗减排和资源节约集约利用,促进循环经济发展。

同时,注重积极调动全社会科技资源配置力量。转变财政支持方式,灵活运用贴息、补贴、奖励等手段,坚持"谁投入谁受益"的原则,吸附更多的企业和社会资金用于科技创新,充分发挥财政资金"四两拨千斤"的作用。逐步完善以政府投入为引导、企业投入为主体、银行贷款为支撑、社会筹资为补充的多元化、多层次、多渠道的科技投入体系,逐步建立起科技投入稳定增长的新机制。

(二)立足增强自主创新能力,促进经济结构调整和产业优化升级

提高企业自主创新能力,是实现产业优化升级,调整经济结构的重要途径。我们将此作为支持科技创新的主攻方向和促进经济又好又快发展的重要着力点,积极运用财税杠杆,加大政策引导扶持力度。

积极支持高新技术产业发展和传统产业高新化。按照"二三三"工业产业结构调整方向的要求,重点支持纺织、建材两大传统产业的改造提升和金属材料、机电制造、现代轻工三大特色优势产业的发展,同时积极培育发展电子信息、生物医药、环保节能等高新技术产业。鼓励企业加大科技研发、设备购置和职工培训投入,提高自主创新能力。对符合产业发展要求的高新技术企业和产品给予政策支持,积极培育一批具有自主知识产权的高新技术产品、名牌产品。开展"千名财税干部服务万家企业"活动,加大财税政策宣传服务力度,指导帮助企业特别是高新技术企业建立有利于自主创新的财务管理制度体系,激励企业加大研发投入。据统计,2007 年 1-10 月,我市对 72 家企业技术改造项目的国产设备投资给予所得税抵免 8470 万元,兑现各类扶持企业优惠政策 1.5 亿元。

大力推进农业科技创新。以湖州与浙大合作共建新农村省

级实验示范区为契机，从科技兴农、龙头带动入手，促进农业向科技型、循环型、高效型方向发展。认真落实科技三项费用中用于农业科技的比例不低于三分之一的要求。积极扶持农业科技示范园区的新品种新技术开发、引进和推广，对列入国家级、省级的农业科技成果转化项目给予配套支持。对农产品制定地方标准，列入科技创新内容的给予专项扶持。支持浙江南太湖农业高科技园区、浙江大学南太湖现代农业科技推广中心建设，并建立农业科技创业中心。推进农技推广服务体系建设，将农技推广工作经费列入部门预算。每年安排专项资金，支持重点农业龙头企业技术改造，扶持无公害产品、绿色食品、有机食品基地建设，大力发展高效生态农业。

全力提升现代服务业科技支撑力。抓住制造业加快发展、居民消费结构升级和国际服务业转移的有利时机，充分发挥财税政策的导向作用，主动研究提请市政府出台了《关于加快服务业发展财税扶持的实施意见》。2007 年市财政安排服务业发展专项资金 2500 万元，重点加大对旅游业、现代物流业和公共服务业等扶持力度，大力促进为先进制造业服务的生产性服务业发展，积极支持采用先进技术和装备提升商贸流通、交通运输等传统服务业，提高服务业发展质量和水平。

(三)深入推进政产学研合作，完善科技创新体系建设

按照建设以企业为主体、市场为导向、政产学研相结合的开放型科技创新体系的要求，将各类科技创新平台和载体建设作为财政支持的重点，推动全市各部门、各系统的科技人才、成果、资金、信息等科技资源集聚整合。

积极营造良好的体制和政策环境。先后参与制定了《湖州市技术创新体系建设纲要》、《关于进一步加快民营科技企业发展的实施意见》等政策文件，引导企业健全技术创新机制，促进企业真正成为研发投入的主体、技术创新活动的主体和创新成果应用的主体。优化财政科技投入结构，在相关专项资金的安排使用上向科技创新平台建设倾斜，并积极争取省财政支持。多渠道筹措资金，推进南太湖科技创新中心和生物制药、环保水处理等产业技术创新平台建设，加大对市重点发展的高新技术产业公共技术中心建设的扶持力度。鼓励设立科技投资或风险投资机构，对符合条件的高新技术产业投资机构，比照执行高新技术企业优惠政策。对进入科技创业园进行“孵化”的科技企业，从获利年度起 2 年内企业所得税市得部分给予全额补助。

大力推进科技创新服务体系建设。加大财政扶持力度，以科技创业服务中心、科技创业园、科技中介服务机构等为依托，建立健全公共技术服务、技术产权交易、融资、人才服务等科技创新公共服务体系，逐步形成科技资源的共享机制。引导科技中介机构向专业化、规模化和规范化方向发展，推动建设面向社会、面向市场的科技中介服务体系。2006 年以来，市财政重点支持了中科院湖州应用技术和产业化中心、中电十五所浙江太极信息技术研究院等一批创新载体的建设，促进政产学研合作和科技成果向现实生产力转化。

(四)坚持以人为本，大力支持创新人才队伍建设

人才是发展的第一资源，是增强自主创新能力的关键要素。围绕人才强市战略，我们以强化科技创新人才支撑为目标，积极完善政策激励机制，推动人力资源开发，支持建设一支结构合理、素质优良、规模宏大的科技创新人才队伍。

注重创新人才的引进和培养。市、县财政都设立了人才专项资金，支持明星企业和优质企业引进、留住高层次人才，对符合规定的高级技师、硕士研究生等高素质人才给予专项个人奖励。重点支持企业引进生物医药、环保节能、电子信息、新材料、新能源等高新技术领域的科技领军人才。支持建立国内行业技术领军人员信息库。从 2007 年开始，市财政每年安排 1000 万元，专项用于校企合作、高技能“双师型”教师培育培训、实训基地和品牌专业建设为重点的职业教育工程。积极发挥高等院校、高新技术企业、各类科技创新平台等人才载体的作用，加大对学科和技术领军人才、拔尖人才的培育和引进力度。注重将引进人才与引进项目、成果、资金相结合，力求在吸引创新人才来湖创业的同时，把先进技术、专利成果带到湖州来转化。

注重调动科技人员的积极性和创造性。推进企业分配制度改革，建立完善技术要素参与收益分配等激励机制，允许企业对有突出贡献的科技骨干实行股权激励。对引入高新技术人才的企事业单位，可在技术入股、技术成果转化、科技人员报酬等方面享受优惠政策。继续实施对具有重大贡献的科技创新项目和个人实行重奖的制度。专门安排资金支持人才公寓建设，为高层次人才提供住房保障。重视解决引进人才的医疗保健、子女入学、社会保障等方面问题，着力改善科技创新人才工作、学习和生活的环境。

二、初步成效

近年来，在市委市政府的高度重视下，在全市各级各部门的共同努力下，通过上述政策措施的有力推进，全市科技创新工作取得了一定的成效。主要表现在以下四个方面：

一是全市科技水平和实力显著提高。在国家统计局发布的 2006 年中国综合实力百强城市排行榜中，湖州列 74 位，较上年上升了 3 位。据初步统计，2007 年全市新增国家高新技术企业 8 家，累计达到 39 家；新增省级高新技术企业 22 家，累计达到 151 家；新增省级高新技术产品 40 个。前三季度全市高新技术产业产值达到 348 亿元，同比增长 38.7%；占全市规模以上工业产值的比重达到了 27%，比上年提高了 1.3 个百分点。高新技术企业和产业不断发展壮大，正逐渐成为经济发展的新引擎。2007 年，再次被评为全国科技进步先进城市。

二是自主创新环境日益优化。各级党委、政府高度重视自主创新工作，深入实施党政领导科技进步和人才工作目标责任制，领导力度不断加大。科技创新激励政策日益完善，研究出台了一系列推动科技进步和自主创新的政策措施，形成了推进创业创新的“1+8”政策体系，为提高科技创新水平营造了良好的政策环境和发展空间。湖州师范学院、湖州职业技术学院、省淡水水产研究所、市农业科学院等地方高校、科研机构的科研力量和作用不断显现。

三是自主创新服务体系不断完善。创新公共平台建设不断推进，市（县）相继建成科技创业园，科技创业园孵化面积达 5.36 万平方米，在孵企业 200 多家，累计“毕业”企业 37 家，总销售收入超过 10 亿元。特色产业科技创新服务中心、科技投资与担保公司、科技咨询与服务机构等载体建设顺利推进，童装、木业、转椅等行业建成一批服务于区域经济的设计中心、培训中

心、检测中心和信息中心，为全市形成以企业为主体的技术创新体系奠定了良好的基础。

四是企业创新主体意识日趋增强。目前，全市已有823家企业与217家国内外大专院校、科研院所建立了稳定的科技合作关系，全市省级高新技术研究开发中心累计达到65家，企业与科研所合作不断深化。2007年以来，全市共争取到省级以上重大和重点科技项目54项，其中包括国家重大科技支撑计划项目3项、“863计划”2项、重大产业化项目1项，预计全年争取到省以上科技项目经费4000多万元，争取项目和经费数均创历年之最。同时，企业更加注重知识产权工作，2007年1—10月份，全市专利授权达1435件，同比增长21.3%，其中发明专利增长131%。新增省级专利示范企业7家，累计达到18家，新增省级创新型试点企业4家。

当然，我们也清醒地看到实际工作中还存在许多不足和问题：一是企业重生产不重产品开发，重技术引进不重消化吸收再创新的问题仍存在；二是企业技术开发和转化能力较弱，与科研院所在技术创新上的有效合作还需加强；三是企业研发资金投入水平不高，一些企业家虽有依靠科技发展企业的意识，但在科研开发上又习惯于依赖科研机构，不愿意建立企业自身的科研实体，不重视企业科研力量与科研院所的联合；四是企业创新型管理人才和技术人才短缺等等，这些问题都需要引起高度重视，并在今后的工作中努力加以解决。

三、下一步打算

推动科技创新，促进经济又好又快发展是一项长期的任务，我们将进一步提高思想认识，按照全民创业、全面创新的要求，重点做好以下几方面工作，深入推进科技创新。

(一)进一步加大科技创新投入。继续将科技投入作为预算保障的重点，保持财政科技投入按法定要求增长，到2011年，市和县（区）财政科技投入占同级财政总支出的比例分别达到4.5%和3.5%；各级财政科技投入增长幅度高于财政支出增长幅度的20%。进一步优化财政科技投入结构，对高新技术领域科技攻关、科技成果转化、科技创新平台建设、科技型企业和高新技术企业培育等重大项目的实施进行重点支持。同时加强财政资金的跟踪问效，建立健全财政科技经费绩效评价体系，努力使财政资金发挥更大效益。

(二)进一步完善创新激励机制。在全面落实国家、省、市已有政策的基础上，根据科技创新实际，健全完善配套政策体系。通过科技项目经费支持、科技贷款贴息等方式，加大科技型初创企业、科技型小巨人企业、高新技术产业领航企业的培育力度。支持企业争创国家、省创新型试点企业。综合运用技术开发费加计扣除等政策措施，设立科技成果创新奖和企业家科技创新奖等，引导、鼓励企业增强创新动力，加大研发投入，提高自主创新能力。探索建立市、县(区)创业风险投资引导基金，加快推进创业风险投资机构建设。鼓励社会资金建立中小企业信用担保机构，鼓励科技型企业上市。发挥政府采购支持科技创新的作用，探索建立自主创新产品的政府首购制度和重大创新产品或技术的政府订购制度。

(三)进一步加强科技创新平台建设。在支持科技企业孵化器建设上体现政府的主导作用，重点扶持南太湖科技创新中心建设和运行，对新建孵化器给予专项奖励。积极引导发展科技公共服务平台和建设重点实验室，对新认定的国家、省级科技公共服务平台和新建的国家、省级重点实验室给予专门补助。支持各类研发机构建设，重点鼓励企业与高校院所联合组建企业研发机构，兼顾对引进独立型科研机构的支持。大力推进湖州经济技术开发区尤其是高新技术园区的建设。进一步加大高新技术特色产业基地的支持力度，对认定的国家、省级高新技术特色产业基地建设予以资助。

(四)进一步支持高新技术成果转化。鼓励企业从国内外高校院所、企业及个人引进先进技术进行中试和产业化，重点支持对促进我市产业结构调整和行业技术进步项目的引进消化吸收再创新。深入推进产学研合作，支持企业联合高校开展技术难题攻关，推动企业实施产学研重大成果产业化项目，鼓励国内外高校在湖州进行高新技术成果转化。围绕生物医药、环保节能、电子信息、新材料、光机电一体化、降耗减排和现代农业等领域，大力支持市级重大科技专项实施。对承担国家、省重大科技项目的，给予配套支持。

(五)进一步完善引智平台建设。大力推进人才社会化服务体系建设，造就良好的人才环境。支持专利技术应用和专利信息服务平台建设，继续对专利发明人实施奖励。深化收入分配制度改革，促进技术要素参与收益分配，充分调动科技人员创新创业的积极性。结合国家、省、市重大科技项目的实施，鼓励企业在开展关键技术和共性技术研发中培育一批符合我市高新技术产业发展需要的高层次创业创新人才。大力支持引进海内外科技创新领军人才，在研发用房、住房和融资等方面进一步给予支持。

创新财政管理机制　完善公共财政体系

义乌市财政局

近年来，义乌市以科学发展观为指导，以资金管理为中心，按照“试点先行、循序渐进、大胆推进”的原则，积极实施综合财政预算改革，着力构建“收入一个笼子，支出一个口子，预算一个盘子，财政监督全过程”的财政运行新机制(以下简称“三个子”改革)，进一步完善了公共财政体系，促进了政府职能转变，为推动义乌科学发展、和谐发展作出了积极的贡献。

一、主要做法

(一)“收入一个笼子”，实行预算内、外收入统管

1.统筹管理非税收入。早在1996年，为贯彻落实国务院关于加强预算外资金管理的要求，义乌市着手建立财政第二预算、资金集中管理办法等制度，在取消不合理收费的基础上，逐步规范各类收费项目，包括土地出让金、教育收费等大宗的收入，全

部编入财政第二预算，与预算内资金实行统筹安排使用。

2. 源头治理银行账户。在1998年和2003年，先后两次由纪检部门牵头，对全市339个行政事业单位的2843个账户进行全面清理，取消了所有执收执罚单位的收入户和收入过渡户，实行单位银行账户财政审批制，乱设账户、乱存非税收入现象得到有效根治。2005年，会同人民银行再次对全市预算单位的银行账户进行清理，重新审核批准设立账户888个，进一步规范了行政事业单位银行账户管理。

3. 规范收入征收行为。建立违规处罚办法，明确规定对收入不上缴财政专户、私设"小金库"等违纪行为的处理措施，并列入市政府对各单位年终考核。2005年，又在全省率先出台了《义乌市政府非税收入管理办法》，进一步规范政府非税收入的征收管理、资金管理、票据管理及监督检查等行为。

4. 实行联网监控收费。为加强非税收入监管，1998年自行开发了以收费单位和收费项目为基本数据单位的非税收入征集系统，实行全市200余家执收单位、26家执罚单位、23个银行代收点与财政实时联网，建立了单位开交缴通知、银行开票兼收款、资金直接进入财政专户的"收缴分离、罚缴分离、银行代收、财政统管"的非税收入管理模式，将各类收费、罚没款等非税收入全额纳入国库或财政专户。2005年，充分依托"金财工程"技术支撑，升级和完善了非税收入管理信息系统软件，对各部门、单位的非税收入实时监控，实行动态管理。同时坚持便民、高效原则，建立非税收入银行代收管理办法，扩大银行代收网点，非税收入银行逐步向全市所有金融机构放开。

5. 规范政府性资源分配行为。改革政府资源分配方法，规范政府资源分配程序，财政部门直接参与政府资源出让、转让、出租等各环节，并配合相关部门制定政策，强化财政监督管理。同时对由公权产生的政府资源(如国有土地出让、出租车经营权、城市摊点等)实行公开招投标，使政府资源的分配成为"阳光工程"，从源头上预防和治理腐败。

(二)"预算一个盘子"，全面实行综合财政预算管理

1. 全面推行综合财政预算管理制度。预算外资金集中统一管理后，2000年制定《关于推行综合财政预算管理办法的若干意见》，实行预算编制、执行和监督"三分离"的模式，全面推行综合财政预算管理制度。即：所有收入不分预算内外，均为政府财政性资金，全额纳入收入预算管理，由市财政统筹安排；所有支出预算以综合预算收入为基础，按照单位在编人员、履行职责、事业发展的需要，结合可用财力综合编审。预算外资金执收(罚)单位收支完全脱钩，实行彻底的收支两条线，实现所有收支进预算一个"盘子"。

2. 不断深化细化部门预算改革。建立以零基预算、部门预算、项目细化预算等为基础的综合财政预算制度。

一是全面推行部门预算。2000年试编部门预算，2002年起在50多个部门全面推行，2004年在全市镇(街)全面推行部门预算。市财政除按《预算法》留足预备费外，所有收入按项目全部列入部门支出预算。建立科学经费定额制度，对部门的公用经费、车辆经费、办案经费、经常性业务经费及一些部门间具有共性的项目支出，按照部门的工作性质和特点分类分档，全部以定额形式加以量化；实行项目预算管理，对经常性公用经费、业务经费实行定额编制，对大型修缮、购置等非经常性专项经费实行项目预算管理，单独编制预算；规范和完善预算编制，制定行政事业单位会议经费分类分档安排标准和常用办公设备配置原则及标准，对已实行或有必要实行物业市场化管理市属各财政综合预算管理单位的物业费预算进行统一管理，规范行政事业单位的资源配置；单编基本建设、政府采购和社会保障专项预算，完善编制程序，实行"两上两下"，部门预算一经人代会审议通过，一般不再调整或追加，所有财政收支一本账。

二是建立零基预算制度。部门和单位的经费支出从零开始编起，支出预算不考虑往年的支出基数，人员、公用、车辆经费按照人员编制、工资标准、经费分类定额标准给予审核安排，项目经费分经常性和非经常性专项，按单位职能、事业发展需要和工作计划，根据预算年度内所有因素和事项的轻重缓急程度，结合可用财力核定，单位收取的收入和支出安排完全脱钩。

三是推行部门预算"一编到底"改革。2003年着手实施部门预算"一编到底"改革，试点单位从最初的4家扩大至目前的100家，列入试点的单位除政策性增资外，年内不再追加经常性预算经费，力争实现"预算等于决算"。从2008年开始，将在全市所有行政事业单位全面推行部门预算"一编到底"改革，努力做到部门预算"横向到边、纵向到底"。

四是开展财政支出绩效评价。落实绩效评价机构和人员，建立健全财政绩效评价制度，建立内部协调和委托中介机构、专家参与评价的工作机制，将绩效预算纳入部门预算体系。2005年选取了3个项目试行绩效评价，2007年试点范围扩大到35个项目，并取得较好成效，促进了财政资源配置进一步优化，提高了公共支出效率。

(三)"支出一个口子"，严格政府性支出管理

1. 规范预算单位支出账户。在取消所有单位收入账户的基础上，一个单位只保留一个支出账户，并且支出账户只能接受市财政拨入的财政性拨款，从源头上控制了单位预算外收入进入单位账户的可能。

2. 建立单一账户支付体系。分别在人民银行开设国库账户，在商业银行开设预算外资金财政专户、财政直接支付账户、往来款直接退付账户和财政授权支付账户，并明确各账户结算制度，规范资金支付管理。2001年1月，以工资直拨为突破口，逐步将政府采购、基本建设、支农专项等支出通过单一账户体系将资金直接支付到收款人或用款单位账户，将单位零星支出、未实行财政直接支付的购买支出和交存财政专户管理的暂存款(直接退付)，根据批准的用款额度，由财政局授权，预算单位自行向代理银行签发支付指令，通过单一账户体系将资金支付到收款人账户。逐步建立起以财政直接支付和财政授权支付为核心的单一账户支付体系，实现所有财政资金拨付一个"口子"，推动了财政改革向纵深发展。

3. 完善资金审核拨付管理。一是在财政局内部成立国库集中支付专职机构——国库科和财政资金支付中心，建立岗位责任制和财政资金内部控制制度等，实行拨款、记账、稽核三分离，整个流程环环相扣，层层把关，并与省工行合作开发了"金财—网银"互联系统，财政资金授权支付实行"金财—网银"互联操作，减少中间流转环节，确保财政资金的安全、高效运行。二是成

立机关财务管理核算中心，全市所有行政事业单位财务全部纳入中心统一核算。三是开发完成预算单位账务实时查询系统，预算单位可实时查询本单位明细账务并具有自动生成、打印等功能，使预算单位财务人员及时掌握本单位的财务收支情况，进一步提高财务管理水平。自2001年以来，全市累计直拨和授权支付财政资金101.5亿元。

4.实施政府采购制度改革。一是创新机构组织，实行管办分离。2003年7月，成立政府采购和招投标监督管理办公室，依法履行财政监管职能，实施政府采购全程监督，政府采购中心和建设工程交易中心与财政局、建设局分离，履行全程组织招投标和标后管理职责，实行“两权分离”运行模式。二是创新交易行为，构筑统一交易平台。将全市所有财政、国有企业事业单位(含控股)、工业区投资20万元以上的建设工程及装潢工程项目和全市交通、水利、电信、供电和工业区内各专业建设项目全部纳入集中交易平台，实现“一个城市只建一个市场”的目标。三是创新招投标方式，采取“公平准入、低价者得”的新招标、定标方法，公开评标办法、定标方法，公开资格预审条件和资格预审结果，公开标底，实行合理低价中标。

二、主要成效

实施“三个子”改革，完善公共财政体系是一项复杂而艰巨的系统工程，义乌市经过大胆的探索和实践，改革取得了一定成效，主要体现在以下四个方面：

(一)规范了政府收支行为。通过不断完善相关管理制度，一方面从根本上切断了部门“权”与“利”的纽带，有效防止了预算单位乱收、乱罚及截留、挪用财政资金的现象；另一方面随着财政资金支付规范、高效运行，预算刚性明显增强，管理程序更趋规范，政府采购公开化、透明化，促进了政府职能的转变和党风廉政建设。

(二)增强了政府调控能力。彻底扭转了“预算外资金部门所有”这一传统认识，把大量预算外资金实行集中统一管理，统筹了政府财力，增强了政府的调控能力，实现了集中财力办大事。2000年义乌市综合财政预算可用财力为23.6亿元，2006年达82.4亿元，是2000年的3.5倍，年均增长41.6%，有力地支持了地方经济社会发展。

(三)防范了财政运行风险。通过实施财政“三个子”改革，对政府性债务实行预算化管理，对政府投资项目实行市财政“全口径预算”，将举债权牢牢地控制在政府手中，彻底扭转了多头举债、管理失控的局面，并通过将“三个子”改革向镇街延伸和一系列控债、消债措施，有效化解了义乌市的政府性负债风险。2007年底，全市市级政府性债务总额为4.2亿元，镇街政府性债务余额为3.9亿元(均为借用市财政间隙资金)，完全控制在警戒线之内，政府性债务做到适度、有为、可控。

(四)创造了和谐发展环境。义乌市以财政“三个子”改革为突破口，不断深化行政管理改革，精简政府审批项目，调整理顺镇街事业单位机构编制，建立市、镇(街道)、工作片(中心村)三级联动的便民服务体系，促进政府职能转变。同时财政资源配置进一步优化，公共产品和公共服务供给能力进一步增强，市财政不断加大对“三农”、技术创新、教育、卫生、社保等的投入，让更多民众共享改革发展成果，同沐公共财政阳光，有力地推进了新农村建设，促进了和谐义乌的构建。社会保障体系进一步完善，2007年底，全市参加各类保险的人数已达130多万人次，养老保险实现企业全覆盖，农村“五保”和城镇“三无”人员集中供养率达100%；2002－2006年，市财政对“三农”的投入累计达62亿元，年均增长20%；2004－2008年，财政计划投入公共卫生7.1亿元，比前五年增长3倍；从2001起，每年用于教育的财政性经费都在5亿元以上。

积极探索 大胆实践 努力开创财政支出绩效评价工作新局面

上虞市财政局

财政支出绩效评价是“三位一体”公共财政管理改革的重要组成部分，是推进财政支出管理科学化、规范化、精细化，提高财政资金使用效益的重要途径和手段。近年来，我们以科学发展观为指导，紧紧围绕财政中心工作，按照省厅的部署和要求，厘清思路，大胆实践，以建立制度—实施评价—结果应用为主线，积极稳妥地推进绩效评价各项工作。

一、大胆实践，稳步开展绩效评价工作

(一)成立机构，建章立制。近年来，为加强财政支出管理，提高财政资金使用效益，我们逐步把绩效评价工作纳入财政管理视野，并把落实绩效评价工作机构作为首要任务。2005年9月，经编办批准同意，增设绩效评估科，与预算科合署办公；2006年7月，为更有利于绩效评价工作的开展，将绩效评估科和财政稽查大队合署办公，配备8名工作人员，具体负责绩效评价政策制定、计划安排、组织实施等工作。

几年来，我们逐步探索建立绩效评价制度，明确绩效评价职责，规范绩效评价程序。在借鉴吸收各地经验、广泛征求各方意见的基础上，首先以市政府办公室的名义印发《关于扎实推进财政支出绩效评价工作的通知》，发布《上虞市财政支出绩效评价实施办法(试行)》。又以财政局的名义先后发布《上虞市绩效评价专家管理暂行办法》、《上虞市中介机构参与绩效评价工作暂行办法》、《上虞市财政局关于规范财政内部管理的若干意见》，初步建立绩效评价制度和工作体系，为绩效评价顺利推进提供了保障。

(二)积极实践，稳步推进。绩效评价作为一项创新性工作，贵在探索，重在实践。我们按照“先简后繁、先易后难、由点及面、稳步推进”的工作原则，科学选择评价项目，有序开展评价工作。主要经历了两个阶段：

第一阶段是在省政府91号文件发布前，摸着“石头”探索。

2005年，为配合市政府“突出城北核心区块建设，合理安排和实施年度投资计划”的工作要求，有针对性地选择建设资金比较集中的城北新区土地收储和房屋拆迁资金进行绩效评价试点，按照直观、相关、可操作和反映问题的原则，设计了资金到位率、收储新增土地平均成本、出让新增土地收益率等9个土地收储资金评价定量指标，以及安置房实际单位成本、住宅房拆迁安置单位成本、安置余房率等6个拆迁资金评价定量指标，基本反映了我市城北新区土地收储、房屋拆迁的成本状况和资金使用效益，基本满足了市委、市政府主要领导的决策需求。尽管当时在评价程序和指标设置上不够完善，但绩效评价工作走出了坚实的第一步，为以后工作奠定了基础。

第二阶段是在省政府91号文件发布后，全面推进评价。在评价组织上，积极构建项目单位、主管部门、财政部门三层次评价体系；在评价方式上，全面组织项目自评，积极探索项目预期绩效目标设置，尝试委托中介机构评价，择优聘请建立评价专家库，推行评价联席会议制度；在评价程序上，严格执行规定程序，明确评价重点，设计评价指标，撰写评价报告，组织专家复评，落实评价意见。2005年来，先后组织实施了科技三项费用、省级园林城市创建、中低产田改造项目、新型农村合作医疗基金、农村宅基地整治项目等11大类270个项目的绩效评价工作，总评价资金达15.2亿元。特别对2007年所有土地整理项目，在项目立项前，全面推行预期绩效目标设置和论证，增强了项目决策的科学性。

(三)注重应用，以评促管。在绩效评价结果的应用上，始终坚持“以评促管、以评促改、管评结合”的原则，理性分析存在问题，客观提出完善建议，注重评价信息披露。近年来先后编制《情况反映》10期，向市委、市政府主要领导及有关部门提出合理化评价意见、建议36条，在上虞财税网开辟绩效评价公告栏，并把评价结果作为财政资源配置、部门预算编制、财税政策调整、政府投资项目安排的重要依据，努力实现评价结果的转化。例如，通过对城北新区土地收储和房屋拆迁资金的绩效评价，基本摸清了城北新区建设家底，测算出了城北新区预期土地资源收入与建设开发成本，为市政府作出“滚动开发，自求平衡”战略决策提供了依据。根据评价结果，市政府重新安排了2006年度城区经营性土地出让计划，出台了强化全市经营性土地市场调控的相关政策，提高了拆迁安置的货币补偿基准价，并要求建设局对安置余房按规定程序进行拍卖，要求国土局实行土地收储中心和统征中心合署办公，解决了土地收储资金在统征中心沉淀的问题。又如2006年，市政府根据新型农村合作医疗基金绩效评价结果，及时调整了新农医政策，拓宽筹资渠道，提高筹资标准，降低门槛费，提高封顶线，调整后的政策更能体现民生，深受广大农民群众欢迎。

(四)多管齐下，形成合力。一是大力宣传造势。先后在上虞财税网开辟绩效评价专栏，在《上虞日报》刊载“树立绩效理念，用好每一分财政资金”为主题的绩效评价专版，在全市领导干部财经知识培训班中安排讲解绩效管理知识，还利用上虞电视台、上虞财税宣传窗等渠道大力宣传绩效评价工作，使财政资金的绩效理念成为全社会的共识。二是注重营造环境。多次向市委、市政府汇报财政绩效评价工作，争取主动。市委、市政府主要领导高度重视和支持绩效评价工作，在许多重大工程、民生项目建设中始终关注资金绩效问题，并把加强项目管理绩效和政府管理绩效写入年度政府工作报告中。平时，我们注重与相关部门的联系与沟通，加强自评指导，重视评后反馈，跟踪落实评价意见，营造评价环境，齐心合力，共同推进绩效评价工作。三是积极调查研究。深入开展绩效评价的理性思考，认真参与全省科技类绩效评价指标体系研究，并先后完成《绩效预算与部门预算融合的思考》、《做好财政支出绩效评价工作的实践与思考》、《新型农村合作医疗制度在上虞的实践》等7个调研课题，不断寻求绩效评价工作思路，创新绩效理念。

二、近年来开展财政支出绩效评价工作的体会

回顾近年来绩效评价工作的探索与实践，主要有以下体会：

(一)必须把绩效评价作为推进公共财政改革的重要抓手。按照党的十六届三中全会提出“建立预算绩效评价体系”的精神，把绩效管理理念与方法引入财政支出管理，深入开展绩效评价工作，逐步建立与公共财政相适应，以提高政府管理效能和财政资金使用效益为核心的绩效评价工作体系，是今后一个时期财政部门的重要任务。在具体推进过程中，要坚持“突出重点、直面难点”和“循序渐进、由点及面”的原则，有所为、有所不为，紧紧围绕区域发展的重点问题、财政管理的重点领域和资金使用的重点部门，牢牢抓住财政管理的薄弱环节，有的放矢地开展工作；要注重学习借鉴“他山之石”，有序推进，避免草率和盲目；要充分发挥绩效评价对财政资金的跟踪问效作用和决策信息反馈作用，全方位地推动公共财政改革。

(二)必须健全评价制度体系。财政支出绩效评价是一项庞大而系统的工程，涉及面广，技术要求高，政策性强。从目前实施情况来看，评价指标不够科学，评价过程不够规范，评价结果的公信力、约束力不够强，都是制约绩效评价作用发挥的突出问题。要进一步深化和完善绩效评价工作，必须建立规范、科学的绩效评价指标、标准和方法体系，完善包括评价基本办法、操作规程、中介机构和专家管理等在内的绩效评价工作制度，使绩效评价工作逐步实现制度化、规范化、科学化。

(三)必须发挥绩效评价的整体效能。绩效评价是财政部门推进改革、加强监管的有形之手。开展绩效评价，不仅仅是为了获得单纯的项目资金效益的评价，绩效评价作为一项综合性的系统工程，更应通过评价求得效果的多重性，注重发挥评价工作的整体效能。要通过具体项目的绩效评价与政策绩效、项目绩效、行政管理绩效、资金绩效等有机结合起来，突出重点，统筹兼顾，使绩效评价工作焕发出强大的生命力，为财政管理和政府决策服务。

(四)必须加强评价队伍建设。绩效评价是一项专业性相当强的财政工作。目前，由于财政干部知识结构较为单一、对评价对象业务不够熟悉，直接制约了绩效评价工作的深入开展。为此，要着力建设一支高效、精干、敬业、廉洁的绩效评价队伍，加强财政干部的业务培训，提升一线评价人员的业务能力；同时，要加强对主管部门和单位业务操作的培训，注重中介机构参与绩效评价的管理，充分发挥专家库人才的作用。

三、强化意识，深入推进绩效评价工作

上虞市的绩效评价工作虽然取得了一定的成绩，积累了一定的经验，但与公共财政发展的要求相比，还有很大差距。我们将进一步强化三种意识，推进四方面工作，提升绩效评价工作水平。

（一）强化三种意识

一是强化中心意识。财政支出绩效评价工作要融入地方经济社会发展大局，牢固树立中心意识，积极配合政府重点工作，关注民生和社会和谐，充分发挥职能作用，促进提升政府管理绩效和行政效能。二是强化服务意识。财政支出绩效评价工作要牢固树立评价为管理服务的理念，深入了解财政支出现状，多做理性分析，坚持管理和评价的良性互动，推动管理创新，提高管理的规范性和科学化水平，推进财政改革和发展。三是强化规则意识。财政支出绩效评价工作要为强化财政管理、严肃财经纪律尽心尽责，进一步严格评价程序，规范评价行为，加大对违法违纪行为的监督力度，与其他财政监督手段一起，切实维护财经秩序，保证经济和社会的健康发展。

（二）推进四个方面工作

1. 进一步明确工作重点。紧紧围绕政府五年规划的目标和主要任务，以支持经济社会发展的政策绩效、政府行政管理绩效、政府投资项目绩效、财政管理模式绩效、财政资金效应绩效等五个方面作为绩效评价工作的重点内容，认真选择绩效评价项目，将一些涉及广大人民群众切身利益的民生项目，列入年度财政部门的评价计划。研究探索按政府收支分类的大类进行绩效评价，逐步实现从单一项目绩效评价向部门整体绩效评价拓展。

2. 切实推进绩效预算。在年初预算安排中，坚持预算编制、执行、评价有机结合原则，对财政专项安排在100万元以上的所有项目，要求项目单位设置预期绩效目标，便于绩效考核、项目跟踪问效，不设预期绩效目标的不予立项，不安排预算资金。预算执行结束，对所有100万元以上的专项，实行单位自评和财政抽评相结合的评价方法，切实提高财政资金使用效益。

3. 积极创新绩效评价机制。一是创新运用绩效评价监管手段，实现绩效评价和财政稽查的有机结合，采用先绩效评价、发现问题后再稽查的方式，发挥绩效评价“第一防线”作用。二是研究评价指标的科学分析机制。广泛收集整理各种分类标准数据，逐步探索建立绩效评价标准值数据库，根据各种决策需求，因地制宜研究制订出科学合理的评价标准和计分办法，以客观、准确地反映项目实施的绩效，进一步提高绩效评价工作的科学性和公信度。三是建立评价考核机制。细化、量化绩效评价考核制度，建议市委、市政府把财政支出绩效评价工作列入乡镇、部门年度考核的重要内容，保障绩效评价工作的扎实推进。

4. 更加注重评价结果应用。一要注重反馈评价结果，督促落实整改意见，强化评价工作的约束力，加强部门单位理财自律性。二要实现资源信息共享。绩效评价资料作为财政管理、预算管理和资金管理的重要依据，发挥评价工作效益，提升财政管理水平。三要发挥评价结果导向作用。评价结果与预算安排、资金拨付和资源配置挂钩，建立激励和约束机制，促进财政分配效能提高。四要扩大评价信息披露范围，增强工作透明度，接受社会公众监督，进一步发挥绩效评价决策参谋作用。

健全义务教育经费保障机制
促进城乡义务教育均衡协调发展

嘉善县财政局

教育为民生之本。在建设和谐社会的新形势下，实施义务教育经费保障机制改革，是完善公共财政体系、推进基本公共服务均等化、践行执政为民思想的重要举措。近年来，在上级的大力支持和关心下，在县委县政府的正确领导下，嘉善县坚持落实教育优先发展战略和适度向农村倾斜的原则，以义务教育经费保障机制改革为主推手，加快统筹城乡义务教育，有力地促进了义务教育均衡协调发展。

一、嘉善县城乡义务教育的基本情况

全县现有义务教育段中小学47所，其中初中15所，小学31所，九年一贯制学校1所。在校中小学生45067人，其中初中17541人，小学27526人。全县义务教育段中小学在职教职工2383名。另有新嘉善人子女学校17所，在校生14000人左右。新嘉善人子女在本县公立学校就读的约8000人。2004年，嘉善县获浙江省教育强县称号，并在全省率先实现教育强镇满堂红。2005年荣获嘉兴市教育工作目标责任制考核一等奖。2006年县中小学生态德育研究成果获全国中小学思想道德建设优秀成果一等奖。全县小学、初中入学率保持在100%，义务教育的发展继续保持全省领先水平。

二、健全经费保障机制，促进城乡义务教育协调发展的主要做法

为确保义务教育阶段学生能人人享受改革成果，近年来，嘉善县认真贯彻国务院、省、市关于实施义务教育经费保障机制改革的文件精神，按照“三个三”工作措施要求，充分发挥政府投入主渠道作用，不断加大对义务教育经费的统筹和保障力度，较好地实现了“人人有学上、人人能上学、人人上好学”的办学目标。

（一）突出“以县为主”抓投入

嘉善县作为全省农村综合改革的四个试点县（市）之一，2005年出台了《嘉善县农村义务教育管理体制改革实施意见》，在西塘、大云和陶庄三镇进行农村义务教育管理体制改革试点工作，2006年全县全面推行农村义务教育管理体制改革工作，全县农村初中管理体制上划到县。2007年7月，出台《关于进一步落实农村义务教育“以县为主”管理体制和经费保障机制改革的实施意见》，从2007年7月1日起，将农村小学的管理体制上划到县级，农村小学财务纳入县财政支付中心教育分中心集中核算，全县中小学实行“校财县管”制度，全面实施农村义务教育“以县为主”管理体制，建立起县、镇两级政府责任明确，经费投入以县财政为主，财政保障程度较高的农村义务教育管理体制和教育经费投入新机制。

县财政充分发挥义务教育政府投入的主渠道作用，对教育的投入逐年增加，2004－2006年县财政预算内教育经费分别达到22695万元、24864万元、26563万元，增幅均高于当年地方财政经常性收入的增幅。按全县38万人口计算，2004至2006年人均预算内教育事业费分别达到597元、654元、699元，2007年预计达到人均734元；同时，2004－2006年三年分别征收城乡教育费附加为5859万元、7510万元、6018万元，均专项用于全县教育事业支出；另外，每年约有1亿多元的教育预算外收入，也全额专项用于教育事业。大量的财政投入，有力地保障了全县教育事业的健康发展。

(二)着眼城乡一体抓基础

嘉善县一直十分注重对学校基础设施建设的投入，把农村中小学建设纳入城乡建设发展规划，努力推进城乡教育一体化。对农村义务教育学校的基本建设支出，从2003年起实施了《嘉善县农村中小学建设项目补助办法》，大幅度提高补助额度，积极支持和引导各镇加大对农村中小学基本建设投入的积极性，加快农村中小学基础设施建设步伐。2007年7月1日起，根据义务教育经费保障机制改革的精神，农村中小学新发生的基本建设项目资金全部纳入县级负担。2005年到2007年11月止，农村中小学新建项目1个，扩建项目4个，田径场体艺馆改造等项目4个，计划投资额7800万元，县本级财政用于上述项目的补助资金达到3900万元。在县镇两级财政的共同支持下，上述工程项目目前已基本建成。

在注重学校基本建设的同时，按照标准化学校建设的要求，进一步促进办学条件的标准化和现代化，积极支持中小学现代化教育装备配备，每年根据教育教学需求和采购计划，将义务教育阶段中小学专项设备购置经费列入财政年度预算。2005年起重点支持购置教学用多媒体和学生用计算机，根据义务教育阶段每个教室一套多媒体教学设备，每15个学生一台教学用计算机的标准进行配置，2005－2007年县镇两级财政已投入资金2100余万元。

积极建立义务教育阶段中小学校舍维修改造长效机制。2006年县财政预算内专项安排校舍维修经费200万元，2007年根据义务教育新的管理体制及《浙江省中小学校舍维修改造专项资金管理办法》的要求，当年预算安排500万元，用于31所学校校舍维修项目，使学校校舍更安全、校园更优美。

提高农村义务教育段中小学公用经费水平，逐步缩小城乡差距。在稳定城镇义务教育学校公用经费补助水平的基础上，提高了农村义务教育学校公用经费补助水平，农村义务教育学校生均公用经费标准调整为：初中生均480元/年，小学生均370元/年，并对班额少于标准的班级按标准班额数计算学生数(小学45人/班、初中50人/班)，大大缩小了城乡差距，并将通过几年时间逐步达到一致。

(三)完善就学保障抓助学

一是根据省义务教育免杂费工作的要求，出台实施意见，从2006学年度起，义务教育段中小学全部免除学杂费。2006年一个学期减免学杂费学生数4.3万余人次，财政落实补助资金460万元，2007年两个学期8.9万余人次，财政落实补助资金947万元。

二是积极实施好义务教育“四项工程”。2005－2007年县本级财政共安排“四项工程”专项资金1026万元。到目前止，食宿改造工程已全部竣工，完成投资额约340万元，改造面积约4580平方米；教师素质提升工程稳步推进，累积已培训教师约1780多人；全面落实家庭困难学生资助扩面工程和爱心营养餐工程，并在2007年起扩大了低收入家庭和因病因灾等困难家庭学生的资助面，同时对其免费提供爱心营养餐。2007年春季学期资助义务教育学生人数3336人次，秋季学期资助义务教育学生人数3330人次，其中初中生和小学生资助扩面数量和比例均达到省定指标。

三是关注新嘉善人子女教育。从2004年起，建立对新嘉善人子女学校的经费扶持制度，进一步改善新嘉善人子女学校的办学条件。2004－2006年共投入405万元用于补助新嘉善人子女学校和接纳新嘉善人子女就学的公办学校。同时，对新嘉善人子女的学杂费减免政策也均按规定落实到位。

(四)提高教师待遇抓保障

着力提高义务教育阶段中小学教师收入的保障水平，从2000年底起实行教师工资由县财政统一发放，确保教师工资按时、足额发放。教师工资已全额列入财政保障范围。同时，从2007年1月起，适当提高中小学教师岗位津贴(同城补贴)发放标准；县财政将义务教育阶段中小学在职教师福利补贴提高到全年为8000元/人，农村在职中小学教师上浮10%；并按照有关文件精神，及时落实在农村中小学任教满8年的教师其薪级工资高定一级的政策，努力缩小城乡教师之间的收入差距。

(五)强化收费监管抓规范

不断规范教育收费工作，严格按照国家、省有关规定，规范学校收费行为，教育收费全部纳入“收支两条线”管理。县教育部门每学年和各中小学签订教育收费责任书，并从2004年秋季起实行教育收费统一公示制和公开承诺制。同时，畅通信访渠道，接受群众监督，严肃查处教育收费投诉，近三年来有关教育收费投诉和信访数量明显下降。2006年制定《嘉善县教育乱收费责任追究暂行办法》，全面落实各项治理教育乱收费的措施，明确校长是学校收费行为第一责任人，对违规乱收费的将严肃追究当事人和校长的责任，性质严重的，将被免职。从2007年春季学期开始，一律停止收取义务教育阶段学杂费(含信息技术费)，学校只能按规定收取课本费、作业本费和寄宿学生住宿费。

经过近些年的不懈努力，嘉善县城乡义务教育呈现出可喜局面：

一是办学条件的标准化和现代化程度不断提升。2004年以来，全县新建、扩建中小学、幼儿园6所，总投资达3.24亿元。全县累计已有33所中小学达到省标准化学校Ⅲ类以上标准，达标率已达71.74%。实施了新一轮学校布局调整规划，努力实现初中向中心镇集中，小学向乡镇所在地集中的目标，2004－2007年全县撤并12班以下初中和6班以下村小39所，教育资源配置进一步优化。学校教育教学设施装备水平有了明显提高，全县城乡中小学以相同的标准配备计算机和多媒体教学设备。目前小学、初中计算机数量分别为13.71人/台、10.21人/台，而2003年为23人/台、21人/台；生均图书册数小学、初中分别为26.39册、29.31册，比2003年分别增加了5.09册、4.51

册;生均占地面积、生均建筑面积、教学仪器设备按不同类型学校标准配齐率、电化教育设备及教材配备配齐率、音体美劳卫教学设备及教材配齐率等均有不同程度提高。

二是教师素质不断提升。2004年起,启动实施强师工程,包括“学历高标化行动”、“青年教师快速成长行动”、“名师行动”、“城乡师资互动行动”四大行动。教师学历高标率不断提高,小学高标率为77.72%,初中为69.75%,大大高于省定25%的标准。为进一步提高农村教师队伍素质,在安排“强师工程”、“城乡师资互动行动”和农村教师素质提升工程等教育事业项目经费时,尽量向农村中小学倾斜。目前全县农村中小学教师全部通过农村教师素质提升工程考核,农村教师素质明显提升。

三是民办学校管理不断加强。从2001年起,先后取缔了不符合条件的民工子弟学校10多所,加大了对新嘉善人子女学校的规范和管理力度。从2004年起对新嘉善人子女学校实行财政补助政策,加大对校舍安全的整改力度,17所新嘉善人子女学校有了比较安全的校舍。加强学生接送车、消防、食品卫生、疾病预防安全的管理,努力消除学校的安全隐患。目前全县17所新嘉善人子女学校全部成为合法学校,其中有11所学校达到星级学校办学标准。

三、统筹城乡义务教育发展面临的问题和今后努力的方向

近年来,嘉善县通过不断健全经费保障机制,深入贯彻实施《义务教育法》,教育事业得到协调发展,但还面临不少的问题和困难。

一是县级财政面临的压力较大。农村综合改革措施的深入实施,教育“以县为主”的改革目标得到进一步体现,但随着农村中小学管理体制上划至县级,乡镇财政已很少承担教育法定支出的义务,而县本级财政则几乎承担了全县预算内教育法定支出的全部,再加上近几年社会保障、新农村建设等涉及民生的各项支出需求急剧增加,公务员工资改革等刚性支出,县本级财政面临的支出压力巨大。二是城乡教育发展还不平衡。实施义务教育经费保障机制改革中,对农村中小学教师的福利补贴实行了上浮10%的政策,同时对农村中小学学生公用经费补助水平给予了适当的调整,体现了向农村中小学倾斜的原则,城乡学校之间的差距已明显缩小。但从总体上说,城乡差距仍然存在,农村中小学校经费相对偏紧,城乡师资配备不尽合理的问题还须进一步改善。三是民办学校的办学水平还须提高。目前嘉善县17所新嘉善人子女学校,先后有11所学校通过了办学水平的督导评估。从办学水平督导评估的情况来看,少数民办学校的办学体制不太规范,办学条件相对有限,师资水平相对不高,与《民办教育促进法》及《民办教育促进法的实施条例》的要求还有一定距离。

为进一步缩小城乡教育差距,实现城乡优质教育资源共享,嘉善县今后将扎实做好四项重点工作,努力实现城乡教育的均衡协调高位发展。

一是全面实施“以县为主”的义务教育管理体制。根据《义务教育法》以及义务教育经费保障机制改革的精神和要求,牢固树立教育投入是战略性投资的观念,落实教育优先发展的战略地位,进一步全面落实义务教育“以县为主”的管理体制,加大财政对教育特别是农村教育的投入,依法确保教育经费“三个增长”和“两个提高”。建立教育经费投入新机制,提高财政保障水平,切实保障义务教育阶段所需教育经费的投入,合理调整农村中小学布局,积极支持各项教育综合改革,不断加大对农村义务教育的支持力度,统筹城乡教育均衡协调发展。

二是完善义务教育经费保障新机制。进一步完善全县中小学部门预算编制和“校财县管”等预算管理制度,逐步提高农村义务教育阶段中小学公用经费保障水平,继续做好全县义务教育阶段学生免除学杂费、家庭经济困难学生的资助工作。另外,加大对民办教育的扶持力度,进一步规范办学体制,促进民办教育健康发展。

三是加快学校标准化、现代化建设。加快全县九年义务教育阶段的中小学校标准化建设,全面完成中小学布局调整和薄弱学校改造,合理扩大校均规模,到2012年全县将新建、扩建、迁建20所上规模的中小学,基本实现义务教育阶段的学校布局合理化、办学条件标准化、教育手段现代化、教育管理规范化、办学水平相对均衡化。同时,继续加大对教育装备资金的投入力度,不断添置适应现代化教育的教学仪器,使农村中小学音、体、美、劳及教学仪器实验装备达到国家和省规定Ⅰ类标准,农村完小以上全部建成计算机网络系统、闭路电视系统和校园广播系统,全面实施多媒体教育和信息技术教育。

四是继续推进强师工程。一方面,进一步认真贯彻落实《教师法》,完善教师工资由县级财政统发制度,依法保障教师待遇。同时,继续支持教师继续教育工作,通过实施城乡师资互动与拓展行动、农村教师素质提升工程,加强农村中小学教师岗位培训,通过多种形式,尽快提高农村教师的业务素质。并采取有效措施,积极鼓励优秀教师和具备教师资格的人员到农村任教,为发展农村教育事业作出贡献。

创新财政管理机制 实现乡镇“零负债”

青田县财政局

青田是典型的山区县,发展起步较晚,经济基础较差,财政比较困难,曾经是全省8个贫困县之一,1997年才基本脱贫但仍属于欠发达县。2006年全县人均生产总值、地方财政收入、财政总支出分别是全省平均水平的37.54%、38%、63.95%,仅相当于2000、2001、2003年全省平均水平,落后3~6年,欠发达的基本现状还没有根本改变。近几年来,我们认真贯彻落实科学发展观,在“三个三”理财理念的指导下,强化财政管理,着力创新乡镇财政管理机制,在化解乡镇财政负债、防范财政风险方面进行了一些探索,取得了一定成效,至2006年末,全县乡镇财政实现了“零负债”。

一、消化乡镇负债的现实背景

近几年来，我们坚持把消化乡镇负债作为一项重要工作来抓，主要基于两点考虑：一是根据1999年对乡镇负债问题的专项调研，发现乡镇财政负债面达到100%，债务总额高达2465万元，占全县财政总收入的25%，地方财政收入的50%；而2000年县财政总收入仅为1.08亿元。二是如果按当时乡镇建设发展势头，负债规模将会进一步迅速扩大，大大超出乡镇年度可用财力，严重影响到乡镇财政的正常运行，进而影响乡镇社会稳定，挫伤干部工作积极性，甚至危及到县财政安全，因为乡镇政府性债务最终要由县财政承担。这引起了县委、县政府的高度警觉和重视，并于2001年痛下决心消化乡镇债务。

二、控制和化解乡镇负债的主要做法

根据中央、国务院和省委、省政府的有关文件精神，我们按照"坚决制止新债、逐步化解旧债"的要求，提出了"两个目标"和"三步走"的思路。"两个目标"，即乡镇要实现"零负债"，县财政要逐年减少负债；"三步走"，即一年要迈出步子，三年见成效，五年建立新机制。据此，我们制定了一系列行之有效的措施，分年逐步控制和化解乡镇负债，具体就是"激活主体、规范办事、乡财县管、转移支付"。

一是激活主体，建立完善激励机制，调动乡镇化解负债的积极性。在省厅对欠发达县市实行"两保两挂"财政政策的启发下，我们于1999年探索实行乡镇财政"三保两挂"制度，"三保"即确保当年财政收支平衡并有计划逐步消化历年负债，确保完成税费征收任务，确保乡镇政权正常运转；在此基础上实行"两挂"，即与乡镇干部奖励挂钩，县财政给予人均1000元奖励；与乡镇财政补助挂钩，县财政按乡镇当年消化赤字20%补助用于消化上年赤字。随着经济环境的变化，为增强政策的激励效果，不断完善这一制度，2002年调整为"两保两挂"，2005年实行"两保一奖"，即在保当年收支平衡、保正常运转并按计划消化债务的前提下，按人均给予乡镇奖励。有奖有补的乡镇财政体制有力地调动了乡镇化解负债的积极性。同时，把财政考核内容纳入县委、县政府对乡镇工作的综合业绩考核内容中，把乡镇政府性债务纳入乡镇主要领导任期经济责任审计的范围，建立责任追究制度，从机制上保证减少乡镇举债。

二是规范办事，理顺投资融资机制，防止乡镇举债上项目。在加快发展的大背景下，乡镇政府具有急切求发展的主观愿望，容易上一些还不具备条件的项目，必然要产生新负债。为此，我们坚持以科学发展观和正确的政绩观指导项目建设，县政府统筹规划并安排年度项目计划，明确资金来源，严格概算管理，规范项目建设行为。实行乡镇建设项目审批制度，所有乡镇政府性投资项目在报计划部门立项前，必须由财政部门审核建设资金来源。在条件不成熟、没有落实资金、没有纳入计划的情况下，乡镇一律不得擅自上项目，更不得搞"形象工程"和"政绩工程"。同时，将项目实施主体由乡镇政府调整为县政府有关职能部门，如农业综合开发项目由县农发办实施，乡村康庄工程由县康庄办实施等，防止乡镇举债搞建设。及时调整教育管理体制，教育的基本建设统一由县政府安排，县政府根据经济发展和全县的总体规划，实施了农村学校布局的合理调整，乡镇政府发展教育的事权基本得到剥离，减轻了乡镇负担。为彻底切断可能发生负债的源头，规避项目投融资风险，2004年撤销9个乡镇下属的各类开发公司、融资公司，消除乡镇通过投资、融资公司向金融机构举债的可能性。明确乡镇政府不准参与竞争性领域的投资，不准对外提供任何经济担保，不准借债发放福利。针对侨资、民资丰富的特点，引导乡镇把一些无力承担的项目包装推向市场，通过"代建制"等形式，让社会资本参与项目建设。

三是乡财县管，强化财政监管，严控财务支出。建立乡镇财政管理中心，实行"乡财县管"、会计集中核算，撤销乡镇银行账户，将乡镇财政收支集中到乡财中心进行核算和管理，切实加强对乡镇财政的监管。乡财中心对财政经费实行分类管理，严把专项经费专用关口，防止乡镇专项经费与经常性经费混用，同时对历年结余并已完工的专项资金结余进行清理、盘活、使用。为防止乡镇政府在经费使用时出现超支或举债，建立提醒、诫免制度，乡财中心通过对乡镇每天收支的实时监控，定期将乡镇各类资金的结余情况以书面的形式通知各乡镇，及时进行提醒；对情况比较严重的，由县政府领导对乡镇主要负责人谈话诫免，及时予以遏制。建立政府采购、工程招投标统一平台，通过全面实施政府采购和工程招投标制度，使乡镇节约财政资金1.3亿元。同时，出台政府资金绩效考评办法，对乡镇财政资金实施绩效考评，提高财政资金的使用效益。建立乡镇个人收入、招待费支出排名制度，对排名前三位的乡镇给予警诫，促使乡镇政府压缩一般性支出。

四是转移支付，发挥公共财政职能，保障乡镇财政正常运转。乡财县管后，为使乡镇从过去想破脑袋筹资金以保运转、抓建设、促发展中解脱出来，专注于做事，县财政立足现有条件，统筹安排，不断加大财政转移支付的力度。充分用好省财政对地方的转移支付资金，把省财政的农村税费改革转移支付资金全额安排到乡镇，其中，每年安排一部分资金用于偿还历年乡镇负债。首先，加大公共产品向农村供给力度，对农村义务教育、农村低保、合作医疗、集中供养、农村基础设施建设、农村科技进步、扶贫开发、生态保护等公共产品和服务的资金，除少量按规定配套外，其余均由县财政安排专项资金给予保障，2004-2006年，县财政分别投入了2.48亿元、2.75亿元、3.5亿元。其次，加大对乡镇政府转移支付力度，县财政对乡镇因税费改革而减收的资金，全部通过转移支付补助给乡镇，每年人均公用经费预算安排比县机关平均高2000～3000元，并每年安排200万元专项经费用于乡镇为民办实事，同时各类资金安排更大力度地向偏远和欠发达乡镇倾斜。

三、化解乡镇负债的成效

经过五年的努力，全县实现了乡镇财政"零负债"，至2006年末，32个乡镇(含油竹新区)100%化解了历年旧债，乡镇财政管理取得明显成效，主要体现在以下几个方面：一是初步建立了防止负债反弹的长效机制。体制理顺了，监管到位了，"乡财县管"制度建立了，切断了乡镇可能形成负债的源头，使乡镇政府借债搞福利、举债搞建设等短期行为或"政绩工程"得到根治，乡镇领导财政管理意识普遍增强。二是理顺了县乡财政体制。在实践中探索出了切合实际的县乡财政管理模式，建立了确保乡镇政府正常运转和促进农村经济社会发展的财政保障机制。同时，县政府的调控能力得到进一步加强，统筹城乡发展的力度进一步加大，更加有利于科学发展。三是促进了乡镇政府职能转变。理顺财政体制，加大对乡镇财政保障力度之后，使得乡镇政府从农村税费改革带来减收的困境中解脱出来，工作的重点由原来的抓收入、搞建设转向致力于为农民办实事，致力于改善困难群众生活，致力于发展农村公共事业，一系列事关"三农"、民生的政策落实更加到位。四是实现了公共财政阳光普照。实行乡财县管，加大了县政府统筹乡镇发展的力度，经济欠发达乡镇在公共产品和公共服务体系建设等方面得到了和经济较发达乡镇一样的财政保障，甚至保障的力度更大，偏远山区和贫困乡村的群众都享受到了公共财政带来的实惠，真正体现了公共财政普惠原则。

四、化解乡镇负债的几点体会

一是思想统一、领导重视是关键。县委、县政府充分认识到乡镇政府负债将会给刚脱贫的欠发达县财政带来巨大的风险，也会严重影响到基层政权的正常运转与职能发挥，进而危及全县发展全局，因而痛下决心控制和消化乡镇债务。县委、县政府的高度重视和一系列规范管理措施相继出台，把各乡镇政府和各相关部门负责人的思想统一到"消化旧债，控制新债"这一主线上来，使得各项制度真正落到实处，化解乡镇债务工作得以顺利开展、逐年推进，最终获得成功。

二是创新机制、锐意改革是保证。乡镇财政管理是一个复杂的课题，开展这项工作基本上没有其他地方的经验可以吸收借鉴，只有坚持走改革、创新的探索之路。任何一项工作的开展，制度是保证，从改革原有落后的体制入手，创新财政管理、乡镇管理的体制机制，通过改革财政体制、完善激励机制、理顺投资融资机制、强化乡镇财政管理制度来逐层逐步分解、控制、消化债务。可以说，是制度改革让各级政府增强了主体意识、责任意识，树立了正确的政绩观，保证了化解乡镇债务工作在正确的道路上一往无前。

三是立足实际、统筹兼顾是根本。清醒认识政府财力、调控能力非常有限，并从这个实际出发，一方面抓发展，一方面抓统筹兼顾，让全县经济社会发展为控制和化解乡镇负债工作注入更大的推动力。同时，统筹城乡发展，统筹经济发达乡镇和欠发达乡镇的发展，统筹乡镇政府财力，持续加大财力投入，增强乡镇政府自身的调控能力，促使乡镇政府的财力和事权相匹配，从根本上解决乡镇负债问题。

惠及海岛 改善民生
构建和谐财政保障机制

岱山县财政局

岱山县是处于沿海经济发达地区的海岛欠发达县，人口20万，分散居住在16个住人岛屿，地方经济发展落后，经济总量和地方财政收入基数小、增量少，各项经济建设和社会事业发展支出刚性强、支出大，县乡两级财政困难。2003年，全县县级地方财政收入仅为1.1亿元，财政自给率33%，县级地方财政收入占财政总收入比重仅为53.6%。2004年来，岱山县通过认真落实"三个三"工作措施，不断增强政府财力，在财政困难条件下，致力于构建和谐财政，积极保障民生支出，取得了一定实效。

一、以"三个三"促财政增收，树立和谐财政新思路

海岛环境的特殊性，使海岛生产生活条件相对艰苦，经济建设落后、财政困难又使海岛社会事业发展严重滞后。构建和谐社会，促进各项事业发展，提高人民群众生产生活水平，没有坚强的县级财政作为后盾是难以想像的。省厅省局提出"三个三"工作措施后，我们通过支持环境友好型产业发展，做强海岛特色财源，积极培育海运业，发展旅游业，引进海景房建设，推进港口物流业，促进对地方财政贡献较大产业快速发展，不断壮大地方财政收入规模，地方财源建设取得明显实效。同时，严格各项非税收入征管，重点加强对海域使用金、森林植被恢复费、采矿权使用费等海岛重点行业政府性收费的检查和源头征收力度，扩大政府可用财力；提高资源税、城镇土地使用税等地方六种小税的征管水平，县级地方财政收入得到较快增长，2003年达到3.1亿元，县级地方财政收入占总收入比重从2003年的53.6%提高到2007年的63.6%，提高10个百分点。但海岛经济社会发展历史欠账太多，各项增支刚性较强。因此，我们提出了"保吃饭、保稳定、促和谐、谋发展"的财政工作思路，财政支出结构上分轻重缓急，有保有压，有的放矢，重点向构建和谐社会的各项民生支出倾斜，主要包括涉及社会民生的海岛群众基本生产生活设施、基本生活保障等方面，严格控制一般性财政支出，坚决制止财政资源浪费现象，促进财政资金使用和政府各项事业发展紧密结合。

二、以财政资源集聚办民生实事，改善海岛基础设施和人居环境

由于岱山陆地面积小，土地、能源、水资源短缺，基础设施建设落后，各种灾害频发，生态和民生环境脆弱。同时经济社会发展历史欠账较多，财政收支矛盾较为突出。对此，县财政积极调整各种财政资源配置，克服财政资金困难，集腋成裘，集中财力抓民生重点，切实解决海岛群众最关心最直接的重大问题。

一是解决群众生产生活要素瓶颈，改善民生环境。岱山是典型的缺水县，年水资源短缺达1100万立方米，经常受到旱情困扰，向大陆装水成本达15元／吨，干旱时县乡两级财政及村级集体投入抗旱资金多达3000万元。水是海岛的生命线，从2004年开始，在省、市财政支持下，在岱山本岛、衢山等其他三个大岛相继建设海水淡化厂，本岛海水淡化厂一期、二期均已完工，年可供水180万吨。为应对更大旱情，开工建设岱山本岛至大陆引水应急工程、岱山本岛至长涂岛应急引水工程。海岛群众居住分散，2003年自来水普及率不到70%，县财政积极会同水务、卫生部门，结合省千万农民饮用水工程，实施渔农村海岛饮用水项目，4年投入财政资金1.1亿元，加固扩建小型水库，铺设供水管网，改造乡镇自来水厂，2007年岱山城乡自来水普及率达到89%。这些工程的实施从根本上改变了岱山20万人民百年缺水的困难状况。

岱山是浙江重要的渔业基地,全县渔业总人口6.7万人,渔业总产量38万吨。但由于台风等灾害频繁,渔业后方基础设施落后,群众性渔港建设远不能适应现代渔业要求,给渔船避风、补给、停泊带来诸多问题,渔民要求加快群众渔港建设的呼声很高。为此,县财政从实际出发,采取"财政补贴一点、集体出一点、个人集资一点"的办法,积极改善基础渔业设施,相继建设了衢山、长涂等小岛渔港。由于岱山有住人小岛11个,留守老年渔民较多,电力、水等供应无法满足,岱山县政府实施"小岛迁、大岛建"工程,县财政安排专项资金解决搬迁渔民的生产生活问题,取得了良好效果。对一些小岛的乡村道路,县财政积极筹资进行改善,2005年县烟草公司体制上划后,2600万元补偿资金均用于渔农村道路建设。

二是推进城乡环卫一体化和绿化工程,改善海岛生态环境。"蓝天、碧海、绿岛"是海岛优美环境的体现。2006年开始,县财政设立专项资金,着手推动城乡环境一体化,把渔农村环卫工作纳入财政保障范围,5年预算投入财政资金1.2亿元,建立了县、乡镇、村(社区)三级环卫管理网络,努力使全县城乡环卫面貌有根本性改善。针对海岛因地少岛多、居住分散造成的山头白化问题严重事实,县财政积极支持海岛生态殡葬改革,使全县生态殡葬覆盖行政村达到100%。实施海岛生态绿化工程,县财政预算安排资金8000万元,在全县16个住人岛开展海岛绿化,使森林覆盖率达45%,海岛人居环境和旅游环境达到一个新的水平。

三、以结构优化建保障体系,构筑新型财政惠民机制

财政支出应体现党和政府的决策,体现人民群众的根本利益,体现和谐财政的本质。这几年岱山财政通过"存量优结构、增量保民生"的理财方向,推进财政惠民政策的实施。

一是不断扩大公共财政保障范围,让海岛群众享受改革成果。2005年,在全县建立了39个新型社区,全县2.5万名60岁以上老年人享受了财政安排的每月33元的"以奖代保金",2007年提高到人均38元,财政一年发放以奖代保金1140万元。县乡两级财政安排专项资金850万元,建立了贫困群体和困难群众分类分层救助体系,在乡镇设立救助服务站、避灾中心、慈善超市,社区设立救助工作室,村、居委建立救助信息员队伍。新建和改建了7个乡镇的敬老院,渔农村"五保"对象和城镇"三无"人员集中供养率分别达到98.6%和100%,贫困人口中80%以上纳入了城乡最低生活保障体系,低保对象占全县总人口比例从2003年的0.2%增长到2007年的1.25%。投入资金700多万元,与县慈善总会、民政部门对渔农村实施危房改造。建立优抚对象补助标准自然增长机制和被征地农民社会保障机制,并每年按县本级一般预算支出的1%充入社会养老保险基金。安排专项资金,对建国以来的老年村干部、建国前老工人、三线人员、老党员、定居台胞、工商业者遗属及随军困难家属发放专项财政补助。

二是积极改善渔农民就医和安全生活条件。2005年,全县推广新型渔农村合作医疗,目前有10.8万名渔农民参加新型渔农村合作医疗。渔农村卫生人员社会养老保险全部由县财政负担,并每人配备一辆电瓶车。建立渔农村卫生经费,重点改善渔农村卫生机构装备及卫生监督经费。在舟山市率先建立惠民医院,一年财政支出100多万元。对外来产妇、重度精神病人、无主病人援助及医院欠费由县财政买单。同时为保证人民群众各项生产生活安全,由县财政出资在全县建立了"多员合一、一员多用"、"县、乡镇、村居"三级联合的公共安全监督体系,即把全县内的消费监督员、食品安全协管员、药品管理协督员、产品质量协管员、公共卫生信息员、农村动物疫情测报员统一整合,组建一支渔农村城镇公共安全协管队伍,完成了全县视频救助暨救灾快速反应系统,切实保障人民群众的合法权益和生命安全。

三是建立人才奖励和广泛的就业培训机制。由于海岛经济社会发展滞后于省内其他发达地区,造成人才特别是教育、医疗人才流失严重。为此,县财政2004年建立了200万元人才专项经费,并按每年15%增长,专门用于对教育和卫生拔尖人才的补贴。2007年,对全县义务制学校从事义务制教育的教职工每人每年发放2000元的补助,并创造条件,支持拔尖人才进一步进修深造。对海岛下岗失业职工较多、失海失地渔农村人员增多所带来的就业困难的现实,县财政每年安排资金,免费进行"暖促"培训和各项技能培训,提高他们的就业技能,对困难家庭子女就读大学和职业教育给予一定补助。支持职业教育工作,县财政每年安排专项资金用于重点职教专业建设和技能型人才培养,职业教育培训每年达3万人次,其中实用技术培训占40%以上,为海岛群众就业再就业创造了条件。

四是丰富海岛群众文化生活。针对海岛文化设施、文化活动贫乏实际,十分注重对海岛群众性文化体育活动的财政投入。2005年起,县财政专门安排240万元资金,用于海洋文化研究和多项活动开展,荣获浙江省民间艺术之乡,岱山渔歌列入省非物质文化遗产保护目录。通过民间集资、股份投入、财政贴息等筹资方式,兴建了渔业、盐业、台风、灯塔等富有海岛特色的博物馆,全省性渔民运动会、沙滩运动会、风筝比赛等群众性文化体育活动如火如荼开展。

四、以财政绩效倡民生理念,促进海岛社会和谐发展

近几年,岱山县县级财政支出平均增幅为15.8%,但用于民生的支出增幅达到36%,县级财政向公共财政转化的思路不断明晰。在民生支出增加的同时,县财政更加注重各项民生支出过程和绩效的评价,尽财政所能对关系群众的各项支出做到"细致入微"。在财政审核和支付程序上,关系民生支出的财政拨款尽可能简化及时,各项财政应付灾害资金快速到位,省、市财政明确县级财政配套的,足额拨付。对涉及民生项目的基本建设支出,委托县外有资质的中介机构对概算、决算进行严格审价,对属财政安排审价结余资金,县财政在决算批复时收回,重新用于其他民生项目。对"以奖代保"资金的发放,县财政在本级财政资金调度仍较为困难的情况下,拨出调度款给乡镇财政先发后结算,确保"以奖代保金"提前发放到位。对困难群众的危房新建、改建项目,县财政积极参与验收,保证工程质量。对通过乡镇的社会保障资金要求乡镇设立专户,封闭运行。每年,县财政部门和县审计部门对部分涉及群众面较广的社会保障项目进行绩效评价和审计,杜绝资金挪用、移用情况的发生。

调研报告精选

浙江省解决民生问题财政保障机制研究(摘要)

省财政厅预算处课题组

编者按:本文获2007年浙江省财政系统业务调研课题一等奖。全文由四大部分组成,全面论述了2002年至2006年五年中,浙江省财政部门在拓展新思路,实施新举措,谋求新发展,保障全省经济、文化、社会事业又好又快发展,保障民生领域的支出需求方面的财政投入情况和取得的成就,同时提出了当前民生领域的财政支持体制所面临的主要问题,以及今后一个时期完善全省民生领域财政支出保障机制的对策建议。本年鉴摘编其中一部分刊载如下。

2002年至2006年的五年来,浙江省努力做大做好做强财政收入"蛋糕",积极整合政府资源,大力调整财政收支结构,加强向民生领域投入力度。从财政收入方面看,建立财政收入稳定增长机制,2006年全省地方财政收入占财政总收入的比重达到50.6%,比2002年提高4.6个百分点,地方可用财力的增加,有力地保障了民生支出的需要;从财政支出方面看,强化财政公共服务职能,"雪中送炭",加大就业、社会保障、收入分配、教育、医疗、住房、生态环境、安全生产、社会治安等关系群众切身利益的民生投入。2003年,全省财政民生支出576.43亿元,占当年财政支出总量的64.3%,当年财政民生支出的增量占当年财政支出增量的67.1%;2004年,全省财政民生支出686.11亿元,占当年财政支出的64.5%,当年财政民生支出的增量占当年财政支出增量的66.0%;2005年,全省财政民生支出823.36亿元,占当年财政支出的65.1%,当年财政民生支出的增量占当年财政支出增量的67.7%;2006年,全省财政民生支出968.68亿元,占当年财政支出的66.0%,当年财政民生支出的增量占当年财政支出增量的72.2%。2006年全省财政用于社会主义新农村的投入达到373.5亿元,比上年增长19.9%。可以看出,财政民生支出增幅开始加大,财政支出增量三分之二用于民生领域,标志着浙江省财政向"民生财政"的实质转变。

就业再就业领域

2002年以来,各级财政部门按照省委省政府工作部署,认真贯彻落实各项就业扶持政策,积极调整财政支出结构,不断加大就业再就业资金投入。据统计,2002年到2006年,全省各级财政累计安排就业再就业资金24.98亿元,比1997—2001年累计投入增加23.82亿元,增长20.5倍。其中:2006年安排就业再就业经费8.52亿元,比2002年增加7.92亿元,增长近14倍,年均增长94.1%。财政就业再就业经费投入的增加,有力地推动了就业再就业政策的落实,加快了劳动力市场信息化建设步伐,促进了就业再就业服务体系的完善。据统计,2003年至2006年,全省新增就业岗位255万个;实现再就业138万人,其中:就业困难人员再就业47万人。城镇登记失业率从2002年的4.2%下降到2006年底的3.51%。至2006年底,全省有966个乡镇、311个街道、2044个社区建立基层劳动保障服务站(室),建站(室)率分别为78.7%、98.7%和80.6%,工作人员总计7383名。在村级机构建设中,全省有2520个行政村已配备6166名专兼职劳动保障协管员,其中:专职工作人员683名。城乡统一的就业服务信息体系初步建立,据统计,到2006年末,全省有各类职业介绍机构2538家。全省各市县均已建立劳动力市场信息网络,其中:80%以上的市县已将信息网络延伸到街道(乡镇)和社区。

医疗卫生领域

2002—2006年,全省医疗卫生支出283.79亿元,年增长幅度分别为22.0%、36.5%、19.9%、34.3%、38.8%,均高于当年财政支出增长幅度。近年来我省财政支持卫生建设取得的主要成就有:

1. 公共卫生体系建设进一步完善。省财政要求各级财政部门积极调整支出结构,合理安排资金,支持全省疾病预防控制机构和传染病院(区)建设。省疾控中心迁建工程作为省财政落实公共卫生体系建设和"五大百亿"工程的重点,2004—2006年省财政已安排补助资金1.52亿元;从2004至2007年,省财政共安排全省疾病预防控制机构和传染病院(区)建设补助资金1.3亿元。为建立规范、完善的紧急救援网络,省财政从2004年起,每年安排省财政紧急救援体系建设项目补助资金300万元;安排母婴健康工程补助资金,进一步扩大母婴健康工程实施范围,提高欠发达地区妇幼卫生服务能力。

2. 农村卫生财政投入增幅空前。2006年全省各级财政用于实施"农民健康工程"的资金投入达17.6亿元,省级财政对不同经济类别地区的补助达5.5亿元,1441万农民接受两年一次的免费健康体检,占全省参合农民总数的49.6%。为配合农民健康体检工作的顺利开展,2006年省级财政专项安排2000万元,用于欠发达地区乡镇卫生院的体检装备补助。同时,以政府投入为主的浙江省乡村卫技人员素质提升工程和城市医师支援农村卫生工程也已全面启动、实施。省财政累计安排新型农村合作医疗补助资金4.31亿元,用于参合农民补助、经办机构建设补助和新型农村合作医疗信息化建设专项补助。87个有农业人口的县(市、区)全部实行了新型农村合作医疗制度,参加合作医疗人数达2902万人,占全省农业人口的86%。

3.医疗卫生体系建设全面加强,卫生资源进一步丰富,卫生强省"六大工程"全面实施。2006年底,全省千人医生数2.04人,千人护士数1.44人,千人床位数3.21张,分别高于全国平均0.49人、0.34人和0.76张。省、市、县三级公共卫生应急指挥组织基本建立,乡镇卫生院和县级以上医疗机构全部实现疫情网络直报。初步建立覆盖全省、多层次、多形式的城乡社区服务体系,年底全省各县、市、区已建立社区卫生服务中心1200个,占应建社区卫生服务中心总数的72.6%;按照每1000～1500服务人口配备一个责任医生的要求,建立社区责任医生制度,目前全省共有社区责任医生2.6万名。

教育领域

据统计,2002－2006年全省财政教育支出1108亿元,2006年财政教育经费支出299.7亿元,是2002年的近2倍。在全省财政的大力支持下,我省教育事业取得了长足发展:

1.率先在全国各省区中基本普及从学前三年到高中段的15年教育,为提高全民素质奠定了良好的基础。在2004年基本普及15年教育的基础上,2006年全省小学、初中入学率分别达99.99%、99.72%,学前三年幼儿教育入园率87%,"三残"儿童入学率98.6%,初中毕业生升高中段学校比例94.02%,高中段教育毛入学率90.2%,各项指标均居全国领先水平,基础教育发展水平不断提高。为实现不让一个孩子因困难而辍学,全面开展了从义务教育到高中教育到高等教育的贫困家庭子女就学资助。2006年,全省资助经济困难中小学生49万人,资助资金达2.2亿元;3.1万大学生获得奖学金,助学贷款累计发放2.4亿元;2005年又部署实施农村中小学"四项工程"(农村中小学家庭经济困难学生资助扩面工程、爱心营养餐工程、食宿改造工程、教师素质提升工程)。从2006年秋季开始,我省又全部免除义务教育阶段中小学学杂费,所需经费全部由各级政府承担。

2.高等教育从精英教育迈入大众化教育阶段,成为我省高层次人才培养和知识创新的重要基地。通过加快高教园区建设、举办独立学院、推进高校管理体制改革等措施,切实解决了高等教育发展的"瓶颈"制约。2006年全省共有普通高等学校77所,在校研究生27125人,普通本专科在校生71.99万人。普通高校录取率71%。高等教育毛入学率36%,比"九五"期末提高23个百分点。

3.职业教育迅速发展,职业教育体系日趋完善,教育与社会需求结合日益紧密。通过建立教育成本补偿机制、鼓励社会力量办学等举措,全省高职院校从"九五"末期的31所增加到2006年的45所,在校生规模从3.78万人扩大到32.67万人。通过启动实施职业教育六项行动计划,中等职业教育发展加速。全省中职教育与普通高中招生多年保持1:1的合理结构。通过积极调整专业结构、适应产业需求,中职和高职毕业生一次就业率均保持在90%以上。

社会保障和收入分配领域

全省财政社会保障体系投入由2002年的104.29亿元增长到2006年的244.4亿元,增长1.34倍,年均增长23.6%;全省社会保障支出占财政支出的比重从13.9%提高到16.6%。其中:全省财政对社会保险基金的补助支出从2002年的5.91亿元增长到2006年的10.54亿元,增长了78%,年均增长15.5%,五年累计补助支出达到39.13亿元;全省抚恤和社会福利救济的年补助支出从13.87亿元增长到37.12亿元,增长了1.68倍,年均增长27.9%,五年累计补助支出达到123.70亿元。这几年来,在全省财政的大力支持下,全省社会保障工作不断创新体制机制,社会保障范围不断扩大,社会保障水平不断提高。

1.创新工作机制,完善征管模式,建立多渠道筹措机制,社会保险基金支付能力不断提高。一是探索"抓两头、促中间"工作机制,一头抓好经济发达县市的养老保险扩面工作,另一头抓好困难县市基金自求平衡机制的建立。从考核验收情况看,到2004年底,26个经济发达县市已基本实现养老保险全覆盖。14个困难市县实现了基金当年收支平衡,支付能力稳定提高的目标任务,基金收入从2002年的11.9亿元增加到2006年的20.8亿元,年均增长15.0%,基金支出从2002年的11.4亿元增加到2006年的17.4亿元,年均增长11.3%,滚存结余从2.1亿元增加到11.8亿元,年均增长53.5%。二是完善征管模式,加强社保基金征缴。不断探索创新社会保险费"三费合征"、"五费合征"等征管模式。各项社会保险基金财务状况逐年好转,基金自求平衡能力进一步增强。三是建立多渠道筹措机制,充实社会保障资金。2002年以来,我省在拓宽基金筹资渠道方面作了多种探索和尝试。一方面,加大财政对社会保障投入。另一方面,通过从国有资产转让净收益、土地出让净收益中提取一部分等方法充实社会保障基金。据统计,财政社会保险基金补贴支出从2002年的5.91亿元增加到2006年的10.54亿元,年均增长15.5%。2004年10月,省政府下发了《浙江省人民政府关于建立社会保障资金多渠道筹措机制的意见》,要求各地从调整财政支出结构、强化基金征缴管理、开拓新的稳定的筹资渠道等几方面着手,努力做到社保投入多渠道、资金来源多元化,切实增强社会保障资金支付能力。据统计,2002年到2006年,全省五项社会保险基金收入由205.36亿元增加到453.62亿元,平均每年增加62.07亿元,年均增长21.9%;基金支出由154.78亿元增加到278.98亿元,平均每年增加31.05亿元,年均增长15.8%;基金结余由161.26亿元增加到667.68亿元,平均每年增加126.61亿元,年均增长44.9%。四是积极开展社会保障预算编制试点工作。从2002年起,我省在上虞、平湖两市开展"一揽子"社会保障预算编制试点工作,目前已初步形成了由各项社会保障基金预算、政府一般预算中的社会保障经费预算和社会保障事业单位创收收入安排的社保经费支出预算三大内容组成的"一揽子"社会保障预算模式。

2.率先建立新型社会救助体系。在二十世纪九十年代中后期,我省率先推行了覆盖城乡的最低生活保障制度,特别是党的十六大以后,2003年省委、省政府作出了加快构建覆盖城乡的新型社会救助体系的重大决策。一是健全城乡居民最低生活保障制度。2003年以来,进一步健全了最低生活保障标准调整机制,规范了对低保对象的收入核查和审批程序,建立了分层分类救助制度,实现了动态管理下的应保尽保、应补尽补、应退尽退。2006年底,全省城乡共有62.91万低保对象,其中农村低保对象53.98万人，当年支出低保金6.08亿元，城镇低保平均标准241.37/月·人，月均补助达154元/人，农村低保平均标准149.65/月·人，月均补助达77.86元/人。二是建立农村“五保”和城镇“三无”对象集中供养制度。2003年开始试点，2004年全面推开，至2005年，基本实现了全省农村“五保”和城镇“三无”对象集中供养。到2006年底，全省集中供养人数达4.58万人，农村“五保”集中供养率达92.37%，城镇“三无”集中供养率达98.13%，分别比2003年提高42.87、29.33个百分点。三是实施被征地农民基本生活保障制度。从2004年开始全面推行，2005年开始实行“即征即保”。目前，全省已有227.6万被征地农民纳入不同形式的社会保障，86.2万符合条件的对象已开始领取基本生活保障金或养老金。四是全面实施城乡医疗救助制度。2004年省政府开始部署，2005年全面推开，2006年筹集救助资金3.24亿元，当年发放医疗救助金2.3亿元，救助人次达96.66万，其中资助参加新型农村合作医疗72.7万人。五是实施住房救助制度。至2006年底，全省所有市县都已实施住房救助制度，实施面不断扩大，从城市低保户逐步扩大到低保户、无房户、老弱病残户，标准从人均8平方米扩大到12平方米，历年累计投入廉租房保障金4.81亿元，其中财政2.65亿元，有1.65万个住房困难家庭享受了该项政策。同时，投入残疾人安居工程资金1.26亿元，已完成改造1.18万户。从2006年开始，实施农村住房救助，对农村低保家庭的危旧房进行改造，当年完成6011户。六是建立社会救助综合管理服务体系。目前，全省98.62%的乡镇(1504个)已经建立基层社会救助综合管理服务机构，社会救助工作人员达3552名。已有27275个城镇社区和农村建立社会救助室(站)，工作人员达34515名。目前，全省已建立县级以上的慈善组织100家，不少乡镇、街道也建立了慈善机构，全省慈善组织募集款累计达33亿元，物资2亿元，居全国前列。已救助各类困难群众100万人次。各地已建立“慈善超市”307家，接受捐助物资价值达2000万元，救助困难群众达10万人次。法律援助全面展开，去年全省共办理援助案件2.09万件。其他各种专项救助都取得了明显的进展。

3.社会福利事业得到大力发展。一是老年福利事业快速发展。2006年底，全省共有社会福利(养老)机构总数1651所，综合社会福利机构床位数128597张，平均每万人拥有床位数28张。比“九五”末翻了一番多；城镇“三无”人员集中供养率达到98%。“社区老年福利服务星光计划”建成社区“星光老年之家”1403个，共投入资金7.68亿元；初步建立了以居家养老为基础、社区服务为依托、机构养老为辅助、各类养老服务机构协调发展、多种养老方式相互补充的养老服务体系，有效保障和满足了老年人的合法权益和养老服务需求。二是儿童福利事业更加重视。据不完全统计，我省目前失去父母和事实上无人抚养的未成年人近1万名，其中有3000多名孤残儿童在福利机构内得到生活照料和养育；到2006年底，全省共有儿童福利机构和设有儿童部的综合福利机构56所，核定床位2400多张；开展“残儿助医”工程、“微笑列车”等康复活动，创办了“新苗小学”，做好家庭寄养和收养工作，加强流浪儿童救助保护。2003年8月1日实行新的救助制度以来，到2006年底，全省已救助流浪未成年人13500多人次。三是城市流浪乞讨人员救助。到目前，全省县以上救助管理站从2003年的22个增加到60个，并依托救助管理站设立流浪未成年人救助保护机构9个。各级救助管理站总建筑面积达8万多平方米，已设床位2642张。从2003年8月1日到2006年12月底，全省已累计救助11.54万人次，其中外省10.15万人次，危重病人、残疾人、精神病人和痴呆傻患者1万多人次。

随着经济、社会事业的发展和社会保障制度的建立和完善，我省居民收入稳步增加。据对全省城乡住户抽样调查，全省城镇居民人均可支配收入18265元，农村居民人均纯收入7335元，扣除价格因素，分别比上年实际增长10.9%和9.3%，城镇居民人均可支配收入连续六年、农村居民人均纯收入连续二十二年列全国各省区第一位。城镇居民家庭恩格尔系数(即居民家庭食品消费支出占家庭消费总支出的比重)为32.9%，农村居民家庭恩格尔系数为37.2%，分别比上年下降0.9和1.4个百分点。

环境保护领域

1.环境保护和生态建设得到进一步加强。2002－2006年，省级财政共安排各类生态环保专项资金62.65亿元，(其中：2006年为计划数，共23.04亿元，比2002年5.44亿元年均增长43.5%)。以财政贴息或专项补助的方式，有力支持钱塘江等重点区域、流域污染防治、钱塘江中上游地区生态林建设、自然资源保护及生态示范区建设和农业农村污染的综合整治。在加大对生态环保投入的同时，提出了完善财政生态补偿政策意见，初步建立了由一系列财政补助和奖励政策组成的具有我省特色的生态环保补偿机制。环保基础设施薄弱的状况得到改善，环境自动监测能力和环境执法能力得到加强，主要污染物排放总量得到有效控制，工业产品的污染物排放强度逐年下降，重点流域、重点区域、重点行业、重点企业的环境污染整治取得积极成效，环境污染和生态破坏加剧的趋势得到初步遏制，部分地区环境质量有所改善，全省环境质量基本保持稳定。据国家环保总局中国环境监测总站对2005年全国32个省市自治区生态环境状况进行评价，我省生态环境状况名列第一，全省生态环境支撑能力继续处于全国前列。

2.水资源保护摆在重要位置，农村安全饮用水覆盖率大幅提高。2003年，我省在全国率先实施以“千万农民饮用水工程”为载体的农村饮水安全工程，为支持这项工程建设，省财政从2003年开始设立专项资金，有力地推进了“千万农民饮用水工程”建设。2003－2007年省财政共安排专项资金59500万元。另外还安排“百万农户生活污水净化沼气工程”、“万里清水河道”建设等专项资金支持各地开展农村污染治理，改善农民饮用水质。经过几年的努力，全省农民饮用水状况得到了很大改善。到2006年底，全省“千万农民饮用水工程”累计完成投入39亿元，实施了700多个面向农村的供水工程，新增农村供水规模160万吨/日，受益行政村6600个，受益农村人口528万人，其中：解决了44万中小学师生的饮用水问题。千万农民饮用水工程一期建设目标已经提前一年半完成，全省农村安全饮用水覆盖率从2002年62%提高到77%。

文化、体育领域

2002－2006年，全省文体广播事业费累计财政投入164.43亿元，2006年比2001年增长了1.6倍，年均增长21.38%。2006

年，我省人均文化事业费支出34.66元，大大高于广东省19.88元、江苏省18.75元、山东省9.56元。“十五”期间，我省财政用于农村文化建设的文化事业费达到11.23亿元，与广东、江苏、山东等经济发达省份同口径相比，财政投入总量仅次于广东省(14.16亿元)，位居第2位。2006年全省农村人均文化事业费已经达到7.81元，“十五”期间每年都位居上述四省份第一。各级财政的体育投入稳步增长，2005年全省年人均体育经费支出为12.23元，省本级财政体育支出达到2.26亿元。文化、体育方面取得了相当大的成就：

1. 公共文化设施建设成果明显。以承办第七届中国艺术节为契机，一大批现代化城市公共文化设施在全省各大城市先后建成，全省各级政府共投资38亿元，新建和改扩建了“七艺节”所需演出艺术场馆43个。基本形成了省、市、县三级文化设施网络。“十五”以来，实施了两轮广播电视“村村通”工程，截止2006年底，全省乡镇和行政村的有线电视联网率分别达到了98%和90%，全省有线电视入户数950万户，入户率达到63%；全省广播、电视的综合人口覆盖率分别达到98.37%和98.84%，居全国各省区的前列。

2. 文化精品不断涌现。2002－2006年，省级财政安排文化艺术院团的艺术投资专项经费超过4000万元，特别是2003－2004年，为争取文化艺术界最高奖—文华大奖，省财政两年共投入2000余万元，用于我省参赛的几台剧目艺术创作和加工。并成功承办了第七届中国艺术节、首届中国越剧节、第十届中国美展中国画展览。一大批优秀舞台剧目和文艺演出人才脱颖而出。

3. 人民群众文化生活不断丰富。目前，全省专业与兼职相结合的文艺队伍已经基本形成，大大丰富了人民群众的文化生活。作为全国农村电影改革发展综合试点省份，较好的实施农村电影放映“2131”工程。同时，各级财政部门支持文化主管部门、群众文化单位不断探索农村文化工作的有效载体，积极开展形式多样的文体活动。

4. 文化遗产保护继续走在前列。全省各级财政对物质文化遗产的投入力度不断加大，2002－2006年，全省文物事业费累计投入9.62亿元，比2001年年均增长了28.15%，大大高于财政收入和支出的增长幅度。截止2005年底，我省共有全国重点文物保护单位131处，居全国第五位。非物质文化遗产保护机制进一步健全，2002年率先在全国实施民族民间艺术资源抢救和保护工程。率先在全国公布了省级非物质文化遗产代表名录64项，同时共有38项44个遗产项目入选第一批国家级非物质文化遗产代表名录，数量居全国第一。

5. 文化产业发展迅速。重视培育和发展文化产业，加大文化产业扶持力度，做大做强文化企业，文化产业经济总量不断增长，竞争力和可持续发展能力逐步提高。2002－2006年，省财政共安排文化产业专项资金1亿元，有效地支持了省属文化产业的发展。影视、印刷、演艺娱乐、艺术品经营、旅游、广告、出版、报刊、动漫等产业发展迅速。横店影视产业成为全国第一个国家级影视产业实验区。

6. 竞技体育与群众体育齐头并进，实力明显增强。近几年来，我省体育工作取得了显著成绩，群众体育迅猛发展，竞技体育实力增强，体育产业初具规模。2006年，全省体育人口已达到总人口的38.3%，共建有各级各类健身活动点24300多个，国民体质合格率达到80%。全省共有专业运动员780名。全年我省运动健儿共取得世界冠军13个、亚洲冠军29个、全国冠军87个。在第十五届多哈亚运会上，我省运动员共获得15枚金牌、9枚银牌和12枚铜牌。共举办国际性体育竞赛5项次、全国性竞赛30项次、全省性竞赛98项次。全省共有6个县(市、区)和111个乡镇通过省级体育强县、强镇的检查验收。参与创评活动的县(市、区)和乡镇共建有体育馆25座、各级文体中心123个、行政村篮球场3321个、乒乓球室(含室外)3289个、健身路径3972条，各级共投入建设资金5.8亿元。全年发行体育彩票32.5亿元，比上年超出8.9亿元，位居全国第二，创历史最好成绩。

今后一个时期我省完善民生财政支出保障机制的对策建议

一、建立稳定的财政收入增长长效机制，确保民生财政支出保障水平的逐步提高

发展是硬道理。民生领域的保障水平要随我省经济社会事业发展而逐步提高，那么做大做强地方财政收入“蛋糕”是加大民生财政支出的财力基础，是完善民生财政支出保障机制的首要任务。

1. 推动经济发展方式转变，建立稳定的财政收入增长机制。

推动经济又好又快发展，重点是要促进一次分配的公平，运用财税杠杆，促使企业外部成本内部化。要以市场为导向，发挥比较优势，做精一产、做强二产、做大三产，充分利用宏观调控和制约形成的“倒逼”机制，以“凤凰涅槃、浴火重生”的精神状态，做好“腾笼换鸟”工作。同时，要综合运用税收、贴息等多种财政政策手段，大力发展现代物流、信息、金融、第三方服务以及文化、旅游、传媒等等现代服务业和有优势的传统服务业，培育我省经济发展新的增长点，增加营业税等收入，优化财税收入结构，促进地方财力更快增长。

2. 加强税收征管，增加地方财税收入。在大力支持经济发展，积极涵养财源，扩大财源基础上，强化税收征管，按照法律、法规、政策规定，将各项税收及时、足额地征收上来，用足用好政策，坚持“抓大”不“放小”，强化主体税种、重点税源监控，改进小税种、零星税源征管。切实加大营业税征管力度，建立健全土地增值税的征管办法，全面开征建筑用石资源税，调整城镇土地使用税额标准，逐步扩大印花税核定征收面，提高房产税和车船使用税的社会化征管水平，建立地方税收可持续增长的激励机制，提高地方税收在财政总收入中的比重，增加地方可用财力。要认真清理到期的税收优惠政策，坚决制止擅自出台的“先征后返”等变相减免税行为，加大征管力度，切实维护税法的严肃性。

3. 着力优化政府财力结构，保持财政收入可持续增长。非税收入是地方政府财力的重要组成部分，要科学界定政府非税收入范围，挖掘财政增收潜力。认真贯彻《浙江省社会保险费征缴办法》，深化和规范社保“五费合征”工作，做好教育费附加、水利建设基金等征收管理。进一步完善政府非税收入管理政策和制度，改进政府征缴方式，加强土地使用权、城市广告经营权、汽车号牌有偿使用权、矿山旅游水电资源开发权、机关事业单位房屋出租收入等政府资源(资产)性收入和彩票发行、重要庆典活动冠名权等政府特许权收入的征收管理。尤其是要切实加强对土地出让收入的管理，要坚决按照中央要求，从2007年开始将土地出让收入全部纳入地方政府性基金预算，强化土地出让收入监督管理，坚决纠正对土地出让金随意减免、缓缴、返还等行为。努力做大地方财力“蛋糕”，实现收入可持续增长和结构优化。

二、完善浙江特色的财政体制政策，确保全省人民共享均等化的民生基本公共服务水平

党的十六届三中全会提出了“划清地方政府的财政支出责任，完善转移支付制度”的要求，今后一个时期，要进一步理顺省与市县的分配关系。

1. 继续充分利用激励与约束相结合的机制。要围绕基本公共服务均等化和主体功能区建设，进一步完善对市县转移支付制度。稳定现行财政体制，完善“两保两挂”、“两保一挂”等财政体制，强调效率优先，促进市县（市）自主发展经济，增加收入的积极性，坚持在自我发展、自我提高的基础上谋求更大发展。

2. 运用财政转移支付政策，缩小地区差距，促进全省区域经济协调发展。要逐步建立地方政府的公共支出标准体系和地区间支出成本的差异体系。建立一个以因素法、公式化为基础，一般性转移支付为主、特殊性转移支付或专项补助为辅的较为规范的相对公平的省对市县财政转移支付制度。转移支付要综合考虑总人口、地域面积、财力状况等客观因素，并在此基础上建立相对客观的转移支付计算分配方法。省集中财力的增量主要用于加大对公共产品和公共服务的投入，重点向农村、欠发达地区倾斜，逐步增强欠发达地区财政的实力，提高地方政府提供公共产品和公共服务的能力。

3. 加强乡镇财政管理。继续开展农村综合改革，在重点促进乡镇政府转变职能的基础上，全面推进农村义务教育管理体制、县乡财政管理体制、化解乡村债务、建立村级组织运转保障机制改革。各市县要根据乡镇经济和财政情况，因地制宜，积极推进管理方式的改革，推行“乡财乡用县管”。按照“保工资、保运转、保重点、保稳定”的原则，规范乡镇财政的支出顺序，保证乡镇财政支出优先保证人员工资正常发放和机构正常运转，并向农业、教育、卫生、社会保障等领域倾斜。

三、加大民生领域投入力度，积极调整和优化财政支出结构，确保财政支出进一步向民生领域倾斜

党的十七大会议上提出了初次分配要讲公平的原则，再分配就要更加注意公平。要坚持科学发展观和“五个统筹”，按照“存量优结构、增量调方向，以增量调存量”的原则，整合资源，进一步调整和优化财政支出结构，加大民生领域的财政支持保障力度，各地新增财力的三分之二以上要用于民生方面的支出。按照“学有所教、劳有所得、病有所医、老有所养、住有所居”的目标，财政支出的重点放在人民群众最关心、最直接、最现实的就业就学就医、社会保障和环境保护、社会治安和安全生产、住房建设等方面；财政支出安排体现“普惠”的原则，着力向低收入人群倾斜，向农村和农民倾斜，向欠发达地区倾斜，促进社会主义和谐社会建设。具体而言，不断加大以下民生领域的财政投入：

1.“三农”领域。确保预算内财政支农支出按法定比例增长，继续落实支农投入“三个高于”的要求，重点支持效益农业、水资源保护和农民饮用水工程建设、“千村示范万村整治”工程、农村“三张网”和农民补贴网建设、农民培训工程和农村党员干部现代远程教育工程；支持农村专业合作社、农副产品批发市场、农资连锁经营网络等农村商品流通基础设施建设，妥善解决农产品销售难问题，进一步促进农业增效、农民增收；进一步加大对欠发达地区的扶持力度，更有效开展下山脱贫工作，促进区域间的协调发展。

2. 就业再就业领域。努力筹措就业再就业资金，支持就业再就业工作，重点支持就业困难人员、城镇零就业家庭和农村低保家庭劳动力等就业工作，加大就业再就业培训、劳动力市场信息网络和基层平台建设；支持社区服务业发展，扩大就业岗位。大力引导和鼓励高校毕业生到农村和社区工作，落实到农村和社区工作的高校毕业生的薪酬、参保待遇。支持举办纯公益性大中专毕业生就业招聘大会，促进大中专毕业生就业和人力资源开发。

3. 医疗卫生领域。加大对公共卫生事业的投入，大力支持公共卫生体系建设，积极参与医药卫生体制改革工作，完善和落实城镇社区卫生服务机构财政补助政策，进一步规范农村卫生事业财政保障机制，逐步完善农村和城市社区医疗卫生服务网络，研究实施免费防治重大传染病政策，加大基层卫技人员培养的支持力度，提高农村卫生和社区卫生服务能力。

4. 教育领域。调整完善农村义务教育保障机制，加大财政投入力度，尤其是加大对经济欠发达地区、农村的投入，缩小区域之间的学校差距，进一步完善家庭经济困难学生资助政策，关注弱势群体受教育的权利，推进教育公平；落实全省城乡义务教育阶段免收杂费政策，继续实施“四项工程”、“农村中小学现代远程教育工程”，逐步化解义务教育负债，促进全省义务教育健康发展，推进我省教育均衡发展。支持实施“提升高等教育办学质量和水平行动计划”，以加强优势学科为重点，促进高等教育质量提高；加强以重点专业建设、精品课程建设、重点教材编写、重点专业实验室建设、高校图书馆建设、实训基地建设等为内容的高校基础建设。实施省级重点学科、“重中之重”学科建设工程，努力形成布局合理、优势鲜明的省属高校重点学科体系。支持职业教育加快发展，妥善处置高职院校基建债务；坚持面向社会和市场的办学方向，依靠行业企业发展职业教育。推广“订单式”、“模块式”培养，支持学校与企业联合。加大高校和中职学校学生资助力度，鼓励和引导经济贫困家庭子女选读职业学校，通过职业教育，实现一人就业、全家脱贫。

5. 社会保障和收入分配领域。积极支持社会保障体系建设，加快社会保障资金多渠道筹措机制建设，不断加大财政社会保障投入，逐步提高社会保障支出比重，努力提高低收入群体收入水平。大力支持覆盖城乡、功能完善，多层次、更普惠的社会保障体系建设，实施分层分类救助制度，完善最低生活保障制度，加强医疗救助制度建设，落实五保集中供养工作，大力加强老年、儿童福利机构和光荣院、救助管理站、精神病人福利机构建设，促进加快建立社会保险、社会救助、社会福利、慈善事业相衔接；探索社会保障资金保值增值办法。近几年要重点增加企业退休人员养老金的支出，主要向具有高级职称企业退休科技人员、退休早的人员倾斜。

6. 生态环保领域。从根本上而言，环境保护应由企业作为承担主体，但在现阶段尚未彻底改变企业成本外部化的情况下，财政要积极筹措落实资金，进一步加大对环境保护和生态建设的投入，进一步完善我省财政生态补偿办法和森林生态效益补偿制度，加大对畜禽养殖污染治理和环境保护基础设施投入，大力推进"生态省"建设。积极支持节能、降耗、减排，重点用于农村环境污染治理、城镇环保基础设施建设、环境监测和执行能力建设、发展循环经济等，支持城乡污水处理等城乡基础设施建设，加快水资源保障和千万农民饮用水工程建设，充分发挥公共财政在生态环境保护和建设方面的导向作用，并建立和完善财政生态补偿机制。完善城市交通基础设施，促进城市公共交通快速发展。

7. 文化体育领域。加大公共文化设施建设力度，深入实施广播电视"村村通"工程，支持"县有两馆、乡有一站、村有一室"等文化阵地建设；鼓励和支持送电影、送戏、送书下乡活动，启动文化繁荣工程；加大文化人才扶持力度，特别是对舞台艺术水平较高的文化艺术人才的培训和引进，加大培育优秀青年艺术人才的力度，加强基层文化人才的培养，提升文化队伍素质；支持文化产业发展，大力发展影视、演艺娱乐、艺术品经营、旅游、广告、出版、报刊、动漫等文化产业，使其继续保持在全国领先水平；坚持竞技体育与群众体育齐头并进的发展战略，逐步扩大体育规模，提高参与竞争的综合实力。优先发展奥运优势项目和具有浙江特长的项目。着力打造国内先进的竞技体育训练基地，不断提高竞技体育的社会化程度。以群众体育促进竞技体育，以竞技体育带动群众体育。落实宣传文化"八项工程"财政资金，加快推进"文化大省"建设，丰富群众精神文化生活。

8. 安全生产、食品药品安全领域。加大安全生产、食品药品安全的投入，建立政府、企业和全社会多渠道的安全生产投入机制，保障全省重大危险源监控和安全生产应急救援体系建设；积极支持食品药品监管队伍、技术和信息支撑体系建设，加大对食品抽检经费的投入。对产品质量安全检验检疫设备仪器的购置、出口产品质量安全的监管，质量抽查的打假和专项整治，国家标准的修订，财政要适当安排资金进行支持；继续支持矿山中深孔爆破技术推广应用，有效控制矿山安全生产事故发生，改善矿山安全生产条件。

9. 社会治安领域。为"平安浙江"、"法治浙江"建设、维护社会和谐稳定提供经费保障，进一步提高群众安全感。严格执行"收支两条线"制度，重点保障政权建设和政法机关的办案经费；继续安排"平安浙江"社会综合治理建设资金、法律援助资金和司法救助专项资金；加大外来流动人员管理经费投入，支持禁毒工作和反恐斗争；将基层统战工作必要的经费列入财政预算；积极推进农村"多员合一"试点工作，

10. 住房领域。积极支持建立中低收入家庭住房保障基金，基金来源包括部分公积金增值收益、公房出售归集款、财政补贴、经营性土地使用权出让所得的部分出让金和住宅流通交易税收等资金，所归集的资金补贴给廉租住房运作和政策性中低价位商品房的住宅建设，基金必须对外公开、专款专用。城镇住房保障体系建设和农村困难群众住房救助工作，着力解决人民群众住房问题。开展向低收入住房困难职工家庭提供贴息贷款的试点。

同时，各级各部门要继续发扬艰苦奋斗、勤俭办一切事业的作风，大力加强财政支出管理，坚决制止铺张浪费，积极推进节约型社会建设。

四、建立多渠道的资金投入机制，确保民生领域得到更多的支持

1. 要建立多元化的民生领域建设投融资和运营机制。一是积极争取国家中央预算内、国债等各类新农村、环保等民生领域的专项补助资金；二是要坚持以改革的思路、用市场化的手段，建立和完善多元化投融资渠道。政府是民生领域基础设施建设的投资主体，继续加大财政投入力度的同时，积极支持开展招商引资，采取独资、合资、合作、股份制、BOT(建设－运营－转让)等多种形式，吸引国内外、社会和民间资本、技术的投入；三是用好国家政策，探索发行环境彩票、环保债券、股票等形式，筹集生态环保等民生领域的发展资金。按照污染者付费的原则，加快完善环境基础设施使用和服务收费制度。进一步发挥扶贫基金会的作用。制定政策鼓励社会捐款，建立相关补充投入机制。四是加强政策引导。政府应通过税收、价格等手段，完善民生领域基础设施的服务、价格、质量、成本监管体系和特许经营等相关配套政策，营造良好的投融资环境。

2. 完善多渠道社会保障资金筹措机制。一是根据国务院社保专题会议纪要和省政府领导有关批示精神，会同有关部门研究提出社会保险基金保值增值意见，并争取尽快对省级基金组织实施，在取得一定经验的基础上，逐步将市、县基金纳入省实施范围。二是深化社会保障预算试点工作，为落实社会保障资金多渠道筹措机制提供预算保证。三是探索研究预算外资金统筹用于充实社会保障资金的具体办法；研究制定社会保险费征收激励机制；制定国有资产收益和土地出让收入总额提取并用于充实社会保障资金的具体办法。

五、切实加强风险管理，防范财政运行和社保基金支付风险

1. 加强政府性债务管理。为防范和化解财政风险，充分认识加强政府性债务管理的重要性和紧迫性，建立健全政府性债务管理工作责任制，落实政府性债务由同级财政部门实行统一归口管理，建立健全有关制度；建立严格的政府性债务收支计划编制、审批制度，新增贷款必须严格按照规定的程序报批；严格控制政府性债务规模，采取切实有效措施，把负债率、债务率两项指标控制在警戒线以内；建立政府性债务偿债准备金制度，并至少按年初地方政府性债务余额的3%提取偿债准备金，达不到要求的市县，采取强制措施：一是财政上交的市县，当年增收部分增加上交一部分；二是从"两保两挂"市县补助中拿出一部分，统一由省帮助市县指令性建立偿债准备金。

2. 完善多渠道社会保障资金筹措机制，防范社会保险基金长期支付风险。一是根据国家有关法律法规，研究制定浙江省社会保险基金保值增值办法，实现基金保值增值。二是深化社会保障预算试点工作，为落实社会保障资金多渠道筹措机制提供预算保证。三是探索研究预算外资金统筹用于充实社会保障资金的具体办法；研究制定社会保险费征收激励机制；制定国有资产收益和土地出让收入总额提取并用于充实社会保障资金的具体办法。

六、强化财政支出管理，确保民生财政支出使用效益的进一步提高

按照公共财政的要求，切实解决民生问题，深化部门预算、国库集中支付等改革，严格收支两条线制度，完善财政性资金绩效评价制度，做到"收"——所有的政府性资金一个"笼子"收，特别是把税收收入以外的政府性资金统统收进来；"管"——以综合部门预算为载体，所有的政府性支出都纳入部门预算管理，预算外资金也必须纳入预算管理，真正做到一个"盘子"管；"支"——国库集中支付，所有的资金收起来以后，打破资金来源的概念，统筹安排，实现一个"口子"出。各地和省本级都要积极进行试点，特别是政府性债务规模过大的市县要先行试点，在取得经验的基础上逐步推开。

1.合理划分政府间支出责任。依据法律，把应该交由地方政府的事权下放，还要把那些适合由地方管理的、有利于降低行政成本的事权委托给地方去完成。责任下放给下级政府，财力也相应下放给下级政府；对于应由本级政府完成的职责，也不应推给上级政府或转嫁给下级政府。上级政府和下级政府间责任还划不清楚，要上下级政府一起来做的，要确定一个共同负担的比例。

2.进一步完善部门预算管理制度。要研究部门预算的科学化和精细化管理。要逐步完善实物配备和经费支出标准体系，建立资产与预算相结合的管理模式。基本支出预算采取定员定额标准，项目支出预算要根据国家有关方针、政策和部门行政工作任务、事业发展目标，结合财力状况，参照以前年度项目绩效考评结果，分别轻重缓急，优先安排民生领域的支出需求。严格实行"收支两条线"制度，加大非税收入管理和监控力度，防止财政收入流失；在安排支出预算，尤其是政法部门预算时，要将预算内外资金结合使用、统筹核定，不得与行政性收费和罚没款收入直接挂钩。部门预算的执行主体是部门，要强化部门在预算执行中的责任，改变"重要钱、轻用钱"的局面。

3.扎实推进国库集中收付制度改革。遵循"一结合、三不变"、"明确职责，规范操作"、"统筹规划，分步实施"、"强化监督，提高效率"的原则，开展财政性资金国库集中支付改革的试点工作，建立比较完善的国库集中收付制度。在开展改革的过程中，要坚持确保资金安全和提高效率，注意处理好预算编制与预算执行的关系、规范操作与提高效率的关系、有关各方分工负责与协调有序的关系、平稳推进改革与尽可能少用过渡措施的关系。从深度和广度上推进国库集中支付制度改革，在纳入部门预算的省级预算单位中全面推行国库集中支付，实现"横向到边"基础上的"纵向到底"；制定符合我省市县实际的改革指导意见，稳步推进全省财政国库管理制度改革。努力提高财政资金利用效率，做好国库资金保值增值工作。

4.加快推进财政支出绩效评价工作的全面开展。遵循"统一组织、分级实施、先易后难、由点及面"的原则，积极、稳妥、全面地开展财政支出绩效评价工作。切实加强领导并组织实施，加快建立和健全财政支出绩效评价制度，规范绩效评价操作规程，加大力度推进部门和项目单位的绩效自评工作，重视绩效评价结果的应用，加快财政支出绩效评价机构、队伍建设，尽快建立起不断提高财政资金使用效益的长效机制。强化财政专项资金检查，探索开展财政资金有效性的监督。着眼构建财政支出监管机制，推进财政支出绩效评价工作，对财政资金分配与使用效益进行监督，逐步形成"以项目单位自评为主、主管部门和财政部门评价相结合"的三级评价体系，有条件的地区，可以试行"第三方"绩效评价的工作机制，提高资金的使用效益。今后一个时期，要把民生领域财政支出放在绩效评价工作的重要位置，努力提高民生财政支出的资金使用效益。

5.进一步加强财政财务监督管理。围绕公共财政体制改革，各地、各部门要进一步加强财政财务管理，加快财政监督法制化建设进程，完善财政监督工作程序和具体操作办法；加强会计监督，维护会计市场秩序，创造公平竞争的市场环境。

（课题组组长：黄旭明 课题组副组长：罗石林 课题组成员：赵立妙 姚龙飞 倪学军 章启诚 周爱明 邵健 张远东 杨格来 何一平 蒋旗江 范愿 项真 石琪琪及相关处室 执笔人：章启诚 石琪琪）

加快我省现代服务业发展的调查与思考（摘要）

省财政厅办公室课题组

编者按：本文获2007年浙江省财政系统业务调研课题一等奖。限于篇幅，摘要刊载如下。

综观近几年来我省服务业发展的整体情况，服务业无论是在发展层次、企业规模还是经营水平等方面都有了一定的提高，不管是绝对量还是乘数效应，对经济增长的贡献也越来越大。具体来看主要有以下几个方面：

1.服务业的发展提升了经济发展质量。随着我省服务业不断加快发展，单位GDP能耗不断下降，因经济发展所产生的环境和生态压力也逐步得到缓解。2006年，全省能源消耗总量达13223万吨标准煤，比上年增长9.9%，增幅比上年回落1.3个百分点。单位GDP能耗为0.86吨标准煤/万元(2005价)，为全国标准的3/4，位居全国第三位，比上年下降3.52%；全省每千克标准煤产出GDP为11.6元，比上年提高3.6%。因此，一旦我省经济发展从更多地依赖包括土地、资本在内的物质资本变为更多地依赖教育、科技等人力资本，国民财富就有可能实现自然资源投入递减下的持续性加速增长。

2.服务业成为地方财政收入可持续增长的重要支撑力量。2006年，全省来自服务业的地方财政收入占51.6%，高出第二产业10.2个百分点，服务业对地方财政收入的贡献大大超过了工业。与此同时，服务业的发展促进了财政收入结构的优化。由于服务业的有力拉动和近年来我省财税部门"三个三"工作措施的深化，2006年，全省地方财政收入占财政总收入的比重达50.6%，比2003年提高2.5个百分点。

3. 服务业的发展促进了城乡居民生活水平的提高。服务业作为吸纳就业的主产业，是人民群众收入持续增长的主源头，是人民群众财富积聚的经济基础。从平均水平来看，2006 年，全省服务业城镇单位职工平均工资为 35779 元，高出全省平均工资水平 8212 元，分别比一、二产业高 12064 元、5643 元。从增速来看，2006 的年全省服务业城镇单位职工平均工资水平较上年增长 8.2%，高出平均水平 0.4 个百分点。与此同时，服务业的发展为居民家庭服务、医疗服务、交通通信、文化体育、教育培训、娱乐、住房等消费提供了更多样和更优质的服务，大大改善了居民的生活条件，逐步满足了人们除温饱之外对更高层次的精神和文化需求，促进人的全面发展。据统计，2006 年城镇居民家庭人均消费性支出中医疗保健、交通和通讯、娱乐教育文化、居住、杂项商品和服务等服务性消费支出占总支出的 52.1%，比 2003 年提高了 3.38 个百分点。

4. 服务业增强了经济发展的潜力和后劲。服务业发展不仅有效促进了即期经济的发展，同时也扩大了今后经济进一步发展的平台，拓宽了发展空间。比如在基础设施方面，2006 年底我省公路通车里程达到 95310 公里，其中高速公路 2383 公里。临海港口码头货物吞吐量能力达到 55238 亿吨，比 2003 年增长 1.71 倍。这都为今后经济实现又好又快发展奠定了坚实的基础。

一、当前我省服务业发展面临的制约因素和有利条件

尽管我省服务业发展成效明显，但与经济社会发展要求相比，特别是与国际水平相比还有不小的差距。从国际经验看，在人均 GDP3000～5000 美元左右国家的服务业较为发达，服务业占 GDP 的比重一般在 50%～70%之间。而 2006 年我省人均 GDP 接近 4000 美元，但三次产业结构仅为 5.9:54.0:40.1，我省服务业特别是现代服务业的比重明显偏低。究其原因，主要有：

1. 思想观念上存在误区，认识不到位。长期以来，人们自觉不自觉地将服务业当作不创造新价值的非产出部门，奉行“重工轻商”政策。

2. 缺乏专业人才要素支撑。目前我省现代服务业人才短缺，尤其是领军型、管理型、复合型现代服务业人才数量不能满足经济快速发展的需要，在一些欠发达地区这种情况尤为突出。以软件产业为例，信息产业部 2005 年统计年鉴显示，我省软件产业从业人员中硕士以上学历的高级人员比例只有 6.6%，远低于北京的 11.4%、广东的 19.3%、上海的 13.1%。

3. 管理体制不顺，多头管理和管理缺位的情况并存。全省服务业发展没有专门的领导机构和领导人负责，得不到宏观上的指导、协调。对服务业的管理没有形成行之有效的机制，组织管理体制落后。另外服务业发展的监测、预警、预测和信息发布制度尚未建立，资料不齐全，数据难统计。

4. 行政事业单位改革滞后导致现代服务业发展缓慢。当前，我省行政事业单位改革在一定范围内依然存在政企不分、政事不分、事企难分等现象，在很大程度上制约了我省现代服务业发展。

5. 制造业粗放式扩张，导致生产性服务需求不足。民营经济是我省制造业的主体，而劳动密集型的传统产业又是我省制造业的比较优势产业。制造业的技术创新能力较弱，科技含量低，对服务业需求不旺。

此外，土地和水、电供应的紧缺，居民收入差距较大等因素，也成为制约服务业发展的不利因素。

虽然当前我省服务业发展还存在着不少问题，但我们也要看到今后一个时期我省服务业特别是现代服务业发展还面临着难得的机遇。近年来，党中央、国务院十分重视服务业发展，制定了一系列鼓励和支持发展的政策措施。党的十六大提出要“加快发展现代服务业，提高第三产业在国民经济中的比重”。十六届五中全会通过的“十一五”规划中，明确提出要“促进服务业加快发展”。十七大又明确提出“发展现代服务业，提高服务业比重和水平”。中央办公厅和国务院等相继就文化产业、现代物流业等发展出台扶持意见。2006 年，国务院出台了《关于加快发展服务业的若干意见》，根据国家“十一五”规划纲要，进一步明确了服务业发展的总体方向和基本思路。浙江省委、省政府也高度重视服务业发展。2005 年召开了全省服务业大会，出台了《关于加快服务业发展的若干意见》，明确了浙江省服务业发展的总体目标和发展重点。2006 年 5 月，建立了省服务业工作协调会议制度，负责全省服务业发展的组织协调、统筹规划、政策指导和重大问题研究等工作。省十二次党代会把发展服务业作为“加快推进产业结构升级”的第一条写进党代会报告中，明确提出：“加快推进产业结构升级，重点是大力发展服务业，把发展服务业作为新的经济增长点和结构调整的战略重点，从改革体制、加大投入、完善政策等方面，鼓励和支持服务业加快发展。尤其要大力发展金融、创意、信息、咨询、物流、旅游、会展、电子商务等现代服务业，不断提高服务业比重和发展水平。”

全省各级财政地税部门积极贯彻中央和省委、省政府的决策部署，构建“三个三”工作措施的长效机制，着力推进我省服务业加快发展。省财政厅于 2004 年 7 月提出并有效推行的“三个三”工作措施的第一个“三”，就是充分发挥财税职能，在支持国民经济持续协调较快发展中，更加注重支持第三产业特别是现代服务业的发展。省财政建立了服务业发展引导资金，用于支持全省服务业发展中的薄弱环节、关键领域和新兴行业，促进服务业的市场化、社会化和产业化发展；2006 年起省对市县实行优化收入结构奖励性转移支付办法，进一步调动市县发展服务业、加强小税种征收以及优化财政收入结构的积极性；制定服务业发展引导财政专项资金管理办法，针对流通业、信息服务业、文化产业、公共和行业专业创新平台、职业教育、旅游等建立发展专项资金，调动市县政府和企业发展服务业的积极性。2007 年 8 月，我省又出台了《浙江省财政支持商贸服务业发展若干政策问题的指导意见》，加快推动我省商贸服务业发展。省地税局制定促进第三产业发展的 14 条意见，对物流、软件开发、文化传媒、旅游、社会中介、会展业等现代服务业的税收政策和征管资源进行整合，进一步明确和细化相关税收政策操作办法。我省很多市县也都及时出台了加快服务业特别是现代服务业发展的政策措施，在梳理、整合原有扶持服务业发展政策和财政专项资金的基础上，强化财政资金支持力度，积极做好各项税收优惠政策落实工作，通过政策、资金和服务等加大对服务业发展的财税扶持力度。

二、加快我省现代服务业发展的政策建议

(一)明确目标,理清服务业发展思路

1.推进工业化与发展服务业相结合。从工业化本身来分析,我省已进入到工业化中后期阶段。当前我省经济结构调整的目标是由“二三一”结构向“三二一”结构转变,所以要坚持“加快发展服务业”的指导方针,使其成为“十一五”时期经济社会发展的一个“亮点”,我省作为一个制造业大省目前正着手建设先进制造业基地,实现“浙江制造”向“浙江创造”的新飞跃。但制造业的发展不能以牺牲服务业为代价,而应与服务业形成良性的互动。因此,要进一步转变观念,将其放到与先进制造业基地建设同等重要的位置上,协同发展,形成整体合力,进而保持其在经济发展过程中的竞争优势。

2.发展传统服务业与发展现代服务业相结合。从我省服务业内部行业结构看,传统产业仍占主导地位,知识密集型、技术密集型的现代服务业发展滞后。对于服务业中的不同性质的服务行业,应采取不同的产业政策:对于生产性服务,应当优先发展,产业政策的着眼点应是积极扶持、引进竞争,以产业化为导向、促进市场发育以及扶持信息服务等新兴服务行业;对于消费服务,如旅游、房地产等,它们的特征是与居民生活需求密切联系,进入退出的壁垒相对较低,产业政策的重点应是强调市场调节,政府的功能主要是改进和协调市场管理;对于具有公益性质的服务行业,要改变政府包揽做法,实现“政府主办、政府参与、政府指导”的分层次的供给机制,鼓励社会力量参与除小部分具有特殊性质的公共服务以外的其他公共服务业,促进浙江服务业健康发展。

3.发展城市服务业和农村服务业相结合。从空间结构的发展、布局来看,须重视服务业向城市和城市群集聚的趋势。目前,我省的城市化水平滞后于其所处的经济发展阶段所应达到的水平。要因势利导,通过空间的集中来发展区域内专业集群,主动发挥城市在发展服务业过程中的作用。另一方面,要重视农村服务业的发展。随着社会主义新农村建设的展开,将会给服务业提供新的发展机遇。如:随着新农村建设中农村经济活动的展开(如农业技术服务等),为农村的生产性服务业提供了广阔的空间;随着农村社会事业的展开(如实行新型合作医疗制度、发展农村技术培训等),给农村的医疗服务业和教育培训业提供了机遇;随着农民收入的提高以及物质生活的改善,对商贸流通业、交通运输业以及旅游业等提出了新的要求;随着农村精神文明建设活动的展开,各种文化产业、农村社区服务业等也需要相应地加快发展。因此,要妥善处理城乡之间的空间关系。如果说城市是靠“聚集效应”制胜的话,那么,农村则是靠“覆盖效应”制胜。

4.服务业“引进来”与“走出去”相结合。一方面要坚持“引进来”,积极承接国际服务业的转移。进一步优化投资环境,为外资的流入营造安全、舒适和低交易成本的投资环境。另一方面要坚持“走出去”,积极发展国际服务贸易。发展国际服务贸易是保持浙江外贸优势的必然要求,浙江省要利用货物贸易飞速发展的大好机遇,立足服务贸易的发展,以服务贸易的发展来带动货物贸易向高附加值、高竞争力转变,最终实现服务贸易与货物贸易的协同发展。

(二)突出重点,明确现代服务业发展着力点

一是积极推进企业主辅分离发展生产性服务业。做好主辅分离、辅业整合是推动和促进生产性服务业发展的有效途径。通过政策支持、资产划转、合并重组等行政和经济手段,引导企业剥离研发设计、原材料采购、仓储运输业务等辅业经营,组建成立自主经营、独立核算、自负盈亏、单独纳税的生产性服务实体和物流配送企业,并逐步促使企业实行物流配送外包,提高社会化服务水平和服务效益。

二是大力支持现代物流业的发展。推进传统交通运输企业改制重组,发展现代形式的第三方物流企业;大力支持物流园区基础设施建设和信息化改造,发挥物流园区的集聚效应,促进第三方物流企业的快速发展,为制造业提供方便快捷的服务;充分发挥和利用我省港口(含海港、内河港口和空港)资源的有利条件,大力发展港口物流企业和物流基地,促进我省港口物流整体水平的进一步提高。

三是支持国际服务贸易发展。引导鼓励企业发展对外工程承包及劳务输出;支持具备条件的中心城市建立和完善服务外包基地,努力形成一批具有一定国际竞争力服务外包基地;鼓励企业承接国际服务外包业务,培育一批具备国际资质的服务外包企业;支持大型商贸企业和流通市场“走出去”,在国外设立购物中心和交易市场等,积极开拓国际商贸服务市场。

四是改造提升传统服务业为现代服务业。鼓励发展连锁经营、商品配送、电子商务等新型流通方式,支持运用现代流通技术改造提升传统流通产业,提高我省流通现代化水平;支持商品交易市场提升功能、转型升级,建立完善信息中心和服务平台,发展电子商务和会展业,支持有条件的商品交易市场改造成为大型购物中心,提升我省商品交易市场的整体水平;积极支持面向社区商业服务的信息平台建设,利用信息技术开展社区便民服务和家政服务,发展网上交易、网上服务,大力支持社区现代服务业发展。

(三)多措并举,提高现代服务业发展水平

1.强化组织领导,形成服务业发展合力。一方面,进一步提高对发展现代服务业重要性的认识,转变思想观念和发展理念,正确认识加快发展现代服务业在转变经济发展方式、促进产业结构优化升级、缓解社会就业压力、提高人民生活质量和水平等方面的重要意义。广泛做好宣传,营造有利的舆论环境。另一方面,要针对发展服务业工作中存在的部门分割、多头或交叉管理等问题,进一步健全领导机制、工作机制、部门协调机制。借鉴其他产业发展管理模式,明确分管领导,统筹协调服务业发展,研究制定服务业发展规划,为服务业发展提供更加有力的组织保障。

2.加快体制和机制的改革。一是深化事业单位改革,加快服务业体制机制创新。按照政企分开、政事分开、事企分开、营利性机构与非营利性机构分开的原则,加快事业单位改革,为服务业加快发展增添生机和活力。对公益性研究、义务教育、公共卫生、全民健身等非赢利性的服务行业,要提高服务效率和服务水平;对赢利性的服务行业,应当先易后难,“靓女先嫁”,积极地、有步骤地分批推向市场,甚至辅之以必要的鼓励和帮助,实现机制转换,改制成为企业,并尽快建立现代企业制度。要进一步推进机关和事业单位后勤服务社会化。二是打破行业垄断和部门分割

的局面，消除市场壁垒，放宽市场准入，引进竞争机制，加快各行业发展的市场化、社会化、产业化和企业化进程。三是打破所有制垄断，放手发展民营经济，支持国有经济有进有退的发展战略，鼓励国有经济与民营经济的有效融合，形成共同发展的格局。

3.加强政策扶持。现代服务业的发展仍然离不开政府的政策扶植和资金引导，因此应充分发挥政府"有形的手"作用。一是调整财政支出结构，切实增加政府性资金投入。合理界定财政支出范围，正确界定公共服务与非公共服务、垄断服务和非垄断服务、营利性服务和非营利性服务。根据财力可能逐步增加对目前还不具备市场化、产业化条件的公共服务产品供给，支持公共服务平台建设和改善发展环境，扶持新兴服务行业和新的服务产品。财政在给予支持的同时，要正确发挥引导作用，以较小比例的投资补助，引导银行信贷资金和社会资金增加对服务业的投入，从而加快其发展步伐。二是根据不同服务行业的性质和特点，研究制订用地、价格、税收等优惠政策。比如，在用地政策上，对优先发展的服务业可以在土地指标安排、土地出让金、土地出让形式等方面给予相应支持；在价格政策上，切实减少服务产品的政府定价和指导价，尽快完善价格的市场形成机制；在税收政策上，在税法规定范围内，提高营业税起征点，降低小型企业的税收负担，对按规定缴纳相关税费有困难的企业给予税费减免等。三是进一步完善积极的消费政策。围绕满足城乡居民物质、精神、健康消费需求，采取措施鼓励扩大服务消费，引导合理消费结构，促进文化娱乐、教育、卫生、体育、社区服务等现代服务业加快发展。积极培育农村服务消费市场，大力发展与现阶段农民收入水平和生活方式相适应的服务消费产品，繁荣发展农村服务业。

4.扩大利用外资。外资特别是国外大型跨国公司，在发展现代服务业方面，具有明显的技术、资金、人才、管理经验、服务创新等方面的优势；而外资的引入，又会对浙江现代服务业的发展产生示范效应、竞争效应、规范效应和增加供给的效应。因此，应借助于我国加入世贸组织后现代服务业对外开放的有利时机，扩大利用外资的规模，以推进浙江现代服务业的发展。凡符合国家法律法规的现代服务业项目，都应允许外资进入和经营，并应根据实际需要，放宽对外资市场准入和持股比例的限制。同时，注重提高利用外资的质量，加强对利用外资的政策引导，有效实施对利用外资的行业调控、区域调控、规模调控和企业组织调控。

5.重视人才队伍建设。人才资源是现代服务业发展的第一要素和根本推动力。要充分发挥高等院校、科研院所及各类社会机构的作用，建立现代服务业的人才供给体系。根据我省现代服务业发展情况与趋势，及时调整我省高校专业设置，增强专业人才教育与我省现代服务业发展实际需要的针对性，努力培养针对性强又具有多种技能和国际市场开拓能力的服务业人才。同时，制订和实施人才引进政策，吸引省内外更多的高层次专业技术人才来我省创业。

6.加强环境改善。一是努力营造良好的市场环境。整顿和规范市场经济秩序，切实维护统一、开放、公平、有序的服务业市场。加快"信用浙江"建设，强化失信惩戒，切实完善社会信用体系。二是努力营造良好的法治环境。以保护知识产权、规范市场管理、促进健康发展为着眼点，加快建立完善与服务业发展相关的法规体系。加强知识产权保护，加强行政执法监督，确保管理的法制化和规范化。三是努力营造良好的政务环境。进一步改善政府对服务业企业的服务，简化程序，提高效率，增加政策透明度，为服务业企业投资和经营提供优质服务。四是努力营造良好的舆论环境。充分发挥新闻媒体的作用，大力宣传加快服务业发展的重要意义，认真总结服务业创新、发展的典型经验，及时传递党委、政府的各项举措，更好地促进我省现代服务业的健康发展。(课题组成员：罗石林　侯余兴　朱忠明　周　瀛　陈　达[执笔])

推进·扩面·促效

——国库集中支付改革在我省实践的分析与探讨(摘要)

省级机关会计核算中心课题组

编者按：本文获2007年浙江省财政系统业务调研课题一等奖。全文由我省国库集中支付改革背景与进展情况、我省省级国库集中支付改革实践分析、我省市县国库集中支付改革实践分析、完善我省国库集中支付改革的探讨共四大部分组成。现摘编其中第二部分和第四部分刊载如下。

一、省级国库集中支付改革推进情况分析

按照"总体规划、分步实施、稳步推进"的原则，我省在2005至2007年顺利实现了省级国库集中支付改革全面推进的目标。截至2007年6月底，共有733家省级预算单位纳入国库集中支付改革，累计集中支付财政资金达134.94亿元，各年国库集中支付资金占同期财政支出的比例从1.94%提高到72.04%。从国库集中支付的财政资金量来看，资金量不断增长。省级国库集中支付的财政资金从2005年下半年的2.4亿元增至2007年上半年的68.28亿元，占同期财政支出的比例从2.13%提高到72.04%。其中，集中支付的预算内资金从2005年下半年的2.4亿元增至2007年上半年的59.42亿元，占同期财政支出的比例从3.46%提高到73.39%；集中支付的预算外资金从2005年下半年的17.33万元增至2007年上半年的88629.08万元，占同期财政支出的比例从0.0039%提高到64.13%。至此，我省国库集中支付工作基本完成了预算内、外财政资金全面集中支付的"横向到边"，以及不同级次预算单位全面实施改革的"纵向到底"，实现了国库集中支付改革的重要阶段性目标。

二、省级国库集中支付改革特点分析

1.细化用款计划管理，约束部门预算执行。

我省省级国库集中支付改革中建立了细化到底的用款计划

管理制度，实行“指标控制计划、计划控制支出”的预算执行制度，增强了部门预算约束意识。目前在省本级国库集中支付改革中通过编制细化到经济分类“款”级科目的分月用款计划对财政资金的支付进行细化控制管理。这一方面保证每一笔支付都有相应细化的用款计划，由细化到底级的用款计划控制实际支付行为；另一方面，集中支付信息不仅反映每一笔财政支出的具体项目，同时也反映其具体用途，使财政支出信息反映更为清晰。

2. 导入质量管理体系，规范集中支付相关制度流程。

国库集中支付改革是一项系统工程，规范、健全的改革制度和工作业务流程是集中支付顺利运行的重要保证。我省国库支付改革之初，即根据改革需要制定了《浙江省省级财政国库集中支付管理办法》等各项制度。同时，根据国库集中支付制度管理办法的规定，结合实际工作进一步整合相关业务流程，制定《省级财政国库集中支付有关事项工作流程》，明确了国库集中支付各项具体化的工作流程。

2007 年国库集中支付改革全面推开后，省会计核算中心适时导入了 ISO9000 质量管理体系。通过建立质量手册——程序文件——作业指导书，对国库集中支付改革中的整体目标、服务对象、部门职责、管理责任、集中支付的具体操作流程等都进行系统的梳理和明确。同时，省会计核算中心以全面导入 ISO9000 质量管理体系为契机，在实践中实现支付管理的制度化、自动化，进一步提升管理质量，实现管理服务现代化、规范化建设，确保质量方针和质量目标的实现，最终实现 ISO9000 质量管理体系文件与财政资金国库集中支付业务有机融合。

3. 建立动态监控机制，有效发挥财政监督作用。

省级国库集中支付改革实施后，利用现有的支付管理系统和高效的电子信息网络建立了电子化的动态监控机制，使财政部门可以通过信息系统实时监控财政资金集中支付的全过程，及时发现和防范违规问题、反映异常情况，并逐步形成威慑作用，促使预算单位增强规范使用资金的意识，减少违规行为，促进集中支付的规范性，提高财政资金安全性。

具体而言，一是通过在支付管理系统中实现国库集中支付信息的实时动态查询，对预算单位支付过程中每一笔资金的支付对象、数量、科目、用途、收款人及收款账户、交易时间等信息进行实时监控，一旦发现问题能够迅速进行核查或制止，使财政资金使用实现公开、透明、高效；二是通过在支付管理系统中实现国库集中支付信息的监测分析，有针对性地对部分容易出现违规和重大的支付金额项目如政府采购资金、大额专项资金等进行重点监控，改进和完善国库动态监控体系的运行机制，提高集中支付资金监控的有效性；三是通过建立国库集中支付关联账户审批制度，对预算单位通过零余额账户支付至本单位其他同户名或相关联账户的资金进行事前审批，预防单位违规套取、转移财政资金的行为，以保证财政资金安全。建立关联账户审批支付之后，效果显著，如 2007 年 1—6 月省本级国库集中支付工作中共审批向关联账户划拨的财政资金 34.62 亿元，占同期集中支付资金的 50.70%，表明超半数的集中支付资金受到了有针对性的监督；拒绝违规的关联账户划拨资金 0.98 亿元，占同期审批资金的 2.85%，占同期集中支付资金的 1.44%，表明套现、违规的可能性受到了及时阻止，财政资金安全得到了保障。

4. 保留会计集中核算精髓，分类管理预算单位。

目前，省国库集中支付执行机构对已纳入会计集中核算的省级预算单位，实行集中支付、见单审核、保留核算信息的管理模式。见单审核作为会计集中核算的优势和经验，在国库集中支付管理改革中得到进一步发挥。省国库集中支付执行机构对省级行政预算单位的集中支付业务的支付凭证和原始凭证实行逐笔见单审核。审核通过后，自动生成预算单位会计核算信息。对于规模小、会计力量不足的省级预算单位，由省会计核算中心继续代理其会计核算工作。

其次，对逐步纳入国库集中支付的二、三级预算单位，分为非集中核算单位和最终用款单位，通过预算执行管理信息系统平台生成支付信息，并为预算单位将支付信息转化为会计核算信息预留了接口。国库支付执行机构通过网络动态审核、监督财政资金支付情况及使用情况，确保财政资金高效、安全支付。

5. 构建信息“大平台”，建立和完善财政管理信息系统。

目前，我省已建立预算编制管理信息系统、预算执行管理信息系统、财政收入管理信息系统和国库收支总分类账系统等。随着国库集中支付改革的不断深入，我省在省本级对国库集中支付相关系统软件功能进行升级完善。在原有功能模块继续整合的同时，按照各项业务需求增加了关联账户支付审批、委托收款业务、支付监控、额度对账等功能模块，并完成了国库集中支付系统与政府采购信息系统的无缝连接。预算单位对政府采购项目通过政府采购系统编报政府采购预算执行建议书，经省采购办批复生成确认书后，自动生成用款计划，单位无需另行申报用款计划。对托收业务，省本级选择了若干预算单位进行零余额账户托收资金的试点，简化操作流程，减少资金拨付环节。

三、完善我省国库集中支付改革的探讨

（一）思想观念方面的探讨

国库集中支付改革是财政支出管理制度的一项重大变革，它从根本上改变了财政资金的拨付方式，一定程度上触及了部分部门和预算单位的既得利益。同时，改革要求有关各方在预算管理、资金支付、财务管理中都需采用全新的思维方式和工作方式，导致部分预算部门和单位中存在对改革的抵触情绪，这对改革的进一步推进和深化造成一定阻碍。因此，要进一步深化改革，各方一定要克服本位主义，从财政支出管理的大局出发，正确而深刻认识国库集中支付改革的重大战略意义，认清自身责任，改变传统的工作方式和思维方式，积极投入国库集中支付改革。同时，财政部门、预算单位、代理银行、人民银行都必须对此进行全面宣传、培训，促进各部门、各单位深入了解改革，正确认识到改革中的问题和难点，增强改革信心，深化改革。

首先，对于财政部门而言，作为国库集中支付改革实施、协调的主导者，要积极完善国库集中支付改革的协同沟通机制，特别是要进一步明确国库管理机构、国库执行机构以及其他各财政内部部门在国库集中支付工作中的定位，分清职责，加强沟通，保证改革的协调性，有效发挥国库集中支付改革效果。

其次，对于国库集中支付执行机构而言，应加强内部培训，积极承担国库集中支付改革重任；进一步完善改革内容的宣传和解释工作，消除顾虑，争取单位对改革的支持，并根据改革新进展不断加强单位业务培训，解决单位系统操作不熟、凭证传递不畅、账务处理不规范等影响单位及时用款的问题。同时，也要加强对市县财国库集中支付改革实施工作的指导和监督，着力于市县国库集中支付改革的推进和扩面。

再次，对于代理银行而言，要进一步加强银行内部国库集中支付业务的相关培训指导，保证将改革的相关内容培训到各网点、各工作人员，做到层层培训、全面掌握。

(二)改革范围方面的探讨

首先，要进一步扩大纳入国库集中支付的资金范围。国库集中支付改革要求真正打破资金来源的概念，统筹安排，做到一个“盘子”管理，最大限度地实现财力集中、监督集中、信息集中。而目前我省改革中预算内资金和部分预算外资金已纳入集中支付范围，但还未涵盖所有财政性资金。因此，要进一步扩大国库集中支付的资金范围，将所有预算外资金、基本建设资金、财政专项资金及财政转移支付资金等财政性资金均纳入国库集中支付改革范围。特别是对于预算外资金，可以通过逐步规范预算外资金管理，清理取消不合理的预算外收费，将预算外资金逐步纳入预算内管理。

其次，要逐步清理预算单位其他资金账户。目前预算单位还在商业银行开设了其他一些非零余额账户，这导致垫付资金、转移挪用预算资金等问题的发生，不利于国库集中支付的规范运行。因此，要实现一个“口子”出，逐步规范预算单位上下级之间资金往来款，将预算单位的各类拨款户、基本账户、一般结算户等进行逐步撤销，以进一步深化改革，提高资金使用效率。

(三)业务流程方面的探讨

一是要完善用款计划管理制度，简化流程、把握重点。用款计划管理是国库集中支付制度实施中的重要一环，是严格预算执行的制度保障。因此，一方面，要简化用款计划审批流程，把握审核重点，保证预算执行的高效、规范。通过进一步优化业务流程，规范财政部门的审批时限，保证预算单位及时用款。例如：对除政府采购预算外的基本支出的审批程序，可直接报送到国库部门予以审批，或直接按照均衡拨款的原则在每月底自动产生下达用款计划。另一方面要增强专项用款计划管理的科学性，细化专项预算，通过用款计划与预算执行实际状况的分析研究，积极揭示财政支出的规律性与存在问题，通过用款计划的反馈机制为部门预算管理完善提供促动力，促进部门预算进一步细化、科学化。

二是要完善资金对账制度，确保财政资金使用的安全性。国库集中支付的对账是保证财政资金支付、清算安全的重要一环。因此，要进一步完善日常支付中的对账制度，完善多方、全面、有效的对账机制，降低财政资金支付的风险。

(四)内部控制和管理建设方面的探讨

一是要完善国库集中支付执行分析机制。要充分利用财政支出信息集中的优势，在完善国库集中支付动态数据库的基础上，通过建立包括指标体系、数据模型、评价体系等在内的分析系统，对国库集中支付的财政支出信息和运行情况进行科学分析。发现集中支付中的新情况、新问题，进行总结、分析、归纳，保障国库集中支付顺利运行；揭示财政支出的特点和问题，促进与国库集中支付相关的其他改革的完善。

二是要完善国库集中支付动态监控机制。根据财政部的要求，各地要进一步深化国库集中支付改革，构建国库动态监控机制，增强财政监督作用。因此，我省国库集中支付改革中，要进一步完善动态监控机制，把动态监控机制形成规范化的制度，加大对预算执行中如大额现金业务、上下级资金划拨、往来款、政府采购等重点项目的监控力度，强化动态监控信息的综合分析，健全核查处理结果制度，准确反映预算制度和管理中的薄弱环节，全面提升国库集中支付动态监控的效果。我省国库集中支付动态监控机制完善的重点是，通过建立国库集中支付监控基础业务联动机制，按照系统预警→人工监控→实时查询→综合核查→问题处理→信息披露→部门整改→跟踪反馈的工作程序，建立事前审核、事中监控、事后反馈相结合的工作机制，防范和纠正预算执行偏差，减少财政支出中存在的违规问题。

三是完善国库集中支付风险控制机制。实行国库集中支付改革后，财政资金的支付风险从原先拨款制下的分散在各个预算单位变成了集中在财政和国库部门。因此，要构建有效的国库集中支付风险控制体系，以防范财政资金风险，保证财政资金运行安全。应根据国库集中支付业务的相关流程和岗位设置，建立严密制约、互相牵制、互为监督的财政支付内部控制制度，健全财政资金授权支付和直接支付的事前防范、事中监控、事后处理机制。同时，要加强对国库集中支付业务代理银行的监督，建立代理银行考评机制，督促其加强国库集中支付相关业务培训，规范执行国库集中支付业务，严格执行内控制度，把好资金关，保障国库资金支付的安全。

(五)改革配套措施方面的探讨

一是加强财政相关制度建设，确保改革有章可循。国库集中支付改革政策性强，涉及面广，情况复杂，要确保改革的顺利进行并进一步深化，必须有相关制度作保障。目前，我省在国库集中支付改革中，出现了许多情况，例如部门预算指标下达与部门预算执行的时间脱节、行政事业单位会计核算制度与国库集中支付改革相关制度流程的冲突等，都迫切需要从财政相关制度根源上进行彻底解决。因此，有关部门应尽快修订《预算法》、《财政总预算会计制度》、《行政单位会计制度》、《事业单位会计制度》及相关财务规则、规章，并针对国库集中支付制度改革，制定相应的法律、法规和规章等。在此基础上，可以结合我省国库集中支付改革实际工作中出现的新情况和新问题，进一步修订完善相关制度，使国库集中支付工作不断法制化、制度化、规范化。

二是合理确定财政部门内部各机构职责定位，理顺内部流程。随着我省国库集中支付改革的逐步深入，财政内部各相关部门之间职责不清，分工不明等问题逐渐暴露，即预算编制机构、国库管理机构和国库执行机构在国库集中支付中所承担的职责、相应的职权不匹配。特别是我省国库执行机构的设置与财政部的要求还存在一定差距，缺乏相应的行政权力来实现对预算执行的监管，造成了预算执行刚性不强、财政支出的实时监管不足等一系列问题，对改革的深化形成了一定的阻力。因此，要根据国库集中支付改革深化的要求，科学合理界定财政内部预算编制机构、国库管理机构、国库执行机构的职责，明确上述部门在改革的定位，进一步理顺国库集中支付的机构管理体制。特别是要进一步明确国库支付机构的职能，并赋予其对单位财务收支事项进行事前、事中、事后监督的行政职能与权限，以使整个国库集中支付操作过程的各环节、各部门都有明确职责，避免责任交叉、管理缺位现象。

三是加强国库集中支付管理信息系统建设，形成支出信息共享、整合。信息系统建设是国库集中支付改革深化的技术基础，必须进一步加强国库集中支付的计算机网络和财政管理信息系统建设，要围绕深化改革的要求，立足当前，考虑长远，逐步完善和提升系统各项管理功能，确保系统的实用性、通用性、灵活性和可扩展性。具体而言，一方面要完善集中支付用款计划管理、支付管理、对账管理等功能，进一步增强系统稳定性，并以金财工程为依托，进行财政支出管理信息系统"大平台"建设，实现财、税、库以及预算单位、代理银行和人民银行多方数据联网、信息共享，着重完善集中支付管理系统与预算管理、统发工资、政府采购等系统的接口，提高支付管理系统数据的完整性与实时性；另一方面要针对国库集中支付改革的新问题、新情况，以国库集中支付数据分析、动态监控、风险控制三大机制为核心，不断完善原有的支付管理功能模块，形成集支付、分析、监控、管理为一体的全方位、高效能的财政支出管理信息系统。

四是加强其他财政管理制度改革与国库集中支付改革的协同性。国库集中支付改革是一项系统工程，与其他财政支出改革相辅相成，因此，进一步深化改革，就要针对国库集中支付改革中出现的与其他财政支出管理之间存在不协调、不合理问题，积极采取措施，进一步深化预算管理、政府采购管理改革，提高各项改革的协同性，全面深化国库集中支付改革。

首先，要深化部门预算改革，科学细化部门预算管理，提高部门预算执行的刚性。国库集中支付改革建立了"预算控制计划，计划控制指标"的资金使用模式，部门预算是国库集中支付执行的基础。要保证国库集中支付制度的严肃性，提高预算执行的刚性，一方面，必须增强预算编制的科学性、准确性和预见性，确保资金支付按照既定预算严格执行，并能够有效将对预算支出总额的控制细化为对每一笔预算支出的控制，将事后监督变为事前和事中监督。具体而言，即要求单位在编制预算和财政部门在审批预算时都要对收支金额、项目、用途等进行准确细化，特别是一般性经费预算需根据既定标准和定额科学编制，而专项性经费预算则需结合次年预算单位活动和社会经济情况，通过具体规划作出科学合理的前瞻性预测；另一方面，必须改变传统的预算编制流程，早编预算，强化预算执行的刚性约束。目前，由于预算编制制度的不完善，预算指标下达时间与单位资金实际支出时间存在较大脱节，造成部分单位垫付资金问题发生，影响了部门预算执行的刚性。因此，应从根本上改变目前的预算编制管理制度，将部门预算编制的周期提前，从而尽可能达到财政部门在年度开始前即能将部门预算批复给各部门的目标。

其次，应进一步规范政府采购制度，加强政府采购与国库集中支付改革的衔接。政府采购是财政资金直接支付的重要前提，政府采购规模越大，财政直接支付的额度越高，国库集中支付的效果就越明显。因此，国库管理制度改革必须与部门预算和政府采购改革相配合，切断支出单位与供货商之间的联系渠道，排除因利益驱动而使预算单位与供货商联合起来共同侵吞财政资金的可能性，体现政府采购制度规范、高效的要求，有效提高政府采购工作质量。

（课题组组长：金 涛 课题组成员：何玮富 和繁荣 吴晗英 张 宏 周 舟 赵 霞 舒惜虞 陈 孝 执笔：陈 孝 舒惜虞）

完善财政转移支付制度 促进基本公共服务均等化（摘要）

省财政学会、科研所课题组

编者按：本文获2007年浙江省财政系统业务调研课题一等奖。限于篇幅，摘要刊载如下。

一、浙江省财政转移支付制度的实证分析

（一）总体分析

浙江省财政转移支付制度是以省管县财政管理体制为基础，激励性财政转移支付为主，其他一般财力性转移支付和专项转移支付为辅的规范化、制度化的省对市县财政转移支付制度。

1.实行省管县财政管理体制，增强省级调控能力。浙江省一直以来实行的是省管县财政管理体制，省与市县按分税制的要求，实行分税、分享，在分税的基础上，地方财政收入增收部分市县与省实行"二八"分成，增强了省级财政的调控能力，为省对市县实施财政转移支付奠定了财力基础，使分属不同地区的县能享受到全省统一的、相对公平的转移支付补助。

2.实行"两保两挂"、"两保一挂"激励性财政转移支付制度，共同提高基本公共服务供给能力。为进一步调动市县特别是欠发达地区的积极性，浙江省出台了激励与约束相结合的"两保两挂"、"两保一挂"激励性财政转移支付政策，在确保完成当年财政收支平衡、确保完成政府职责任务的前提下，省对"两保两挂"和"两保一挂"市、县（市）实行补助和奖励与地方财政收入增长、增收额挂钩，这在一定程度上消除了地方政府"等、靠、要"的被动心态，充分调动了地方政府通过增收节支提高自身基本公共服务能力的积极性。从转移支付的性质来看，由于该项财政转移支付政策是用于弥补地方财力不足的，因此实质上仍属一般性转移支付。

3.实行多种形式的财政转移支付政策，逐步实现基本公共服务均等化。从大类来看，浙江省财政转移支付可归为两类：一类是财力性转移支付，侧重于促进各地方政府提供基本公共服务能力的均等化，包括：一般性转移支付（其中包括激励性财政转移支付）、优化收入结构奖励性转移支付、生态补偿转移支付、调整工资转移支付、农村税费改革转移支付、农业税减免转移支付、受灾财力补助等，按地域面积、总人口、人均财力水平，财政

供养人数、学生人数等因素进行转移支付分配，主要是用于弥补地方财力不足，使不同发展程度的地区都能享受到基本均等的公共服务；二是专项转移支付，对事关落实科学发展观，统筹城乡、区域协调发展，构建和谐社会的生态环保建设、中小学生免学杂费、创建新型农村合作医疗制度及农村公共卫生制度等方面，省财政对经济欠发达和较发达市、县(市)都给予了不同程度的专项转移支付，旨在实现国家和省委、省政府的特定政策目标，提高地方整体基本公共服务供给水平，包括一般预算专项补助、国债补助等。

浙江省省级财政按照上述财政转移支付制度，不断加大对市、县(市)的财政转移支付力度，2001－2005 年省财政对市、县(市)的财政转移支付额达 711.44 亿元，年均增长 19.1%，其中省财政对县(市)财政转移支付年均增长 23.9%。2001－2005 年省对下的财政转移支付额相当于地方财政收入的五分之一，财力向市、县(市)下沉。而省级财政支出占全省财政支出的比重一直维持在较低的水平，省级财政预算支出占全省支出比例从 2001 的 15%下降到 2005 年的 12.7%。

(二)结构分析

1.项目结构分析。2001－2005 年，省财政对市、县(市)的财力性转移支付合计 457.31 亿元，年均增长 20.4%，占财政转移支付总额的 64.3%，比重从 2001 的 59.6%提高到 2005 年的 62.2%；专项转移支付合计 254.13 亿元，年均增长 17.2%，占财政转移支付总额的 35.7%，比重从 2001 的 40.4%下降到 2005 年的 37.8%。财力性转移支付规模是专项转移支付规模的 1.8 倍。财力性转移支付是根据客观因素，设计统一公式进行分配，财政越困难的地区补助程度越高，具有明显的均等化效果。从浙江省的情况看，财力性转移支付的结构和增长速度均高于专项性转移支付，说明浙江省的财政转移支付结构越来越趋于合理。

2.纵向结构分析。省财政对省以下财政转移支付主要分为两个层级，一个是设区市级，另一个是县(市)级。一是从量和结构上看，2001－2005 年省对县（市）级财政转移支付力度在加大，比重由 2001 年的 52.9%提高到 2005 年的 61.9%，年均增长 23.9%；对设区市级财政转移支付比重由 2001 年的 47.1%降低到 2005 年的 38.1%，年均增长 13.0%。说明省财政的财政转移支付力度主要是向基层倾斜，努力实现基本公共服务的纵向均等化。二是从人均财政转移支付数来看，一方面设区市级毕竟集中了较多的资源和财力，另一方面也体现了省级为增强设区市级的调控能力，而使得设区市级人均获得的财政转移支付数要大于县(市)级人均财政转移支付数。2001－2005 年，设区市级人均财政转移支付数总体上是县(市)财政转移支付数的 1.7 倍，但这几年差距也呈现逐步缩小的趋势，差距由 2001 年 2.2 倍缩小为 2005 年 1.4 倍。这一方面说明了基本公共服务还存在纵向上的不均等，另一方面也说明了这种纵向不均等状态正在逐步改善，向着基本均等化方向发展。

3.横向结构分析。我们将全省除宁波外的 63 个市、县(市)划分为欠发达、中等发达和发达三个区域，欠发达地区是享受“两保两挂”政策的 30 个市、县(市)，发达地区是 2005 年地方财政收入上 7 亿元的 14 个县(市)和不享受“两保两挂”政策的其余 6 个设区市，剩下的是中等发达地区共 13 个县(市)。从财政转移支付的比重来看，欠发达地区的财政转移支付比重最高，并呈逐年增长趋势，年均增长率为 19.8%；其次是发达地区，并呈逐年下降趋势，年均增长率为 16.5%；最后是中等发达地区，并呈逐年增长趋势，年均增长率为 25.8%。但这三个区域无论是从数量还是人口数来说都是不对等的，因此我们再结合人均享受的财政转移支付数来看，最高的仍是欠发达地区，其次是发达地区，最后是中等发达地区。如果以中等发达地区为基数 1，则欠发达地区、发达地区和中等发达地区人均财政转移支付的比例为 2.4:1.2:1，可以看出欠发达地区人均财政转移支付数是经济发达地区的 2 倍，是中等发达地区的 2.4 倍，而发达地区与中等发达地区基本持平，差距正逐步缩小。这体现了浙江省一直以来实施的“抓两头、带中间”的财政政策导向，财政转移支付的重点区域是欠发达地区，促进了基本公共服务横向均等化。

4.财政转移支付占地方支出比重分析。财政转移支付占地方支出的比重一方面反映了市、县对省财政转移支付的依赖程度，另一方面也反映了省财政转移支付对市、县基本公共服务供给水平的贡献率。从不同的层级来看，设区市级的支出中约有 20%是来自省财政转移支付，对省财政转移支付的依赖度在逐年降低，由 2001 的 22.7%下降到 2005 年的 17.0%，说明设区市级基本公共服务的自我保障能力有所提高。县(市)级支出中约有 55%是来自省财政转移支付，对省财政转移支付的依赖度逐年提高，由 2001 的 47.6%提高到 2005 年的 57.5%，说明省财政转移支付对提高县(市)级基本公共服务供给水平的贡献率较强。从不同区域来看，欠发达地区对省财政转移支付依赖程度最强，省财政转移支付弥补了欠发达地区支出的 46%部分，发达地区和中等发达地区大致相当，说明省财政转移支付对提高欠发达地区基本公共服务供给水平的效用最高。

(三)各项财政转移支付资金的效率分析

对各项财政转移支付资金效率进行分析主要采用变异系数。以各地现有的地方财政收入为基础，分别加上某项财政转移支付的数额，再除以各地的常住人口，得到各地接受该项财政转移支付后的人均财力，计算接受该项财政转转移支付后人均财力的变异系数，与各地人均财政收入的变异系数相比，得出该项财政转移支付对均衡地区间财力差异的效率。比较不同的财政转移支付项目的效率时，必须考虑财政转移支付资金的比重 P，即比较 $I=(CV^1—CV^2)/P$。I 越大，表明该项财政转移支付资金在均衡各地财力方面是有效率的，否则是低效率的。

从我们的计算比较可以看出，总体上财力性转移支付效率要高于专项性转移支付。分项目看，调整工资转移支付、农村税费改革转移支付、一般性转移支付、取消农特税转移支付在均衡地方财力方面最具有高效性，增发国债转移支付、结算补助、其他补助的效率次之，专项补助和出口退税转移支付在均衡地方财力方面的效率最低。

(四)均等化效应分析

基本公共服务均等化很难直接度量，通常用地区间财政均等化程度表示基本公共服务均等化程度。此时的基本公共服务均等化更接近于财力均等化的概念。各级政府财政能力的差异是导致不同地区基本公共服务水平均等化实现程度差异的主要原因。在此将运用基尼系数和人均支出标准差系数对浙江省通过财政转移支付制度促进区域基本公共服务均等化的效应作一分析。

1.基本公共服务供给能力的均等化分析。基尼系数是联合国用以衡量收入分配差异程度的相对量统计指标，按照国际通常标准，收入分配的基尼系数在0.3以下为最佳平均状态，在0.3～0.4之间为正常状态，超过0.4为警戒状态。我们参照基尼系数的计算方法来算出浙江省人均地方一般预算收入的基尼系数和财政转移支付后人均财力收入的基尼系数，并以此来衡量浙江省基本公共服务供给能力均等化的程度。2001－2005年各市、县(市)人均地方一般预算收入基尼系数均在0.3以上，并逐年提高，有差距逐步扩大的态势；经过省财政转移支付后，5年来人均财力性收入基尼系数均下降到0.3以下，进入最佳平均状态，且有逐步缩小的趋势。这说明虽然浙江省财政收入分配处于正常状态，但如果任各地自由发展的话，由于马太效应的作用，收入分配的差距有逐步扩大的趋势；经过省财政转移支付后，使得收入分配进入最佳平均状态，促进了各地基本公共服务供给能力的均等化。

2.基本公共服务供给水平的均等化分析。人均财政支出标准差系数反映的是基本公共服务供给水平的差异程度，系数越高，差异越大。2001－2005年浙江省人均财政支出的标准差系数呈下降趋势，说明全省基本公共服务供给水平的差异在逐步缩小，财政转移支付的均等化成效明显。

二、浙江省财政转移支付制度取得的成效

(一)缩小了不同层级和不同区域间基本公共服务供给水平的差距。收入是反映一个地方基本公共服务的供给能力，支出是反映一个地方基本公共服务供给的真实水平。从供给能力看，2005年，县(市)人均地方财政收入与市级的比率为1:3.0，中等发达地区、发达地区和欠发达地区的人均地方财政收入比为1:2.4:0.8；通过省财政转移支付后，县(市)人均财政支出与市级的比率为1:2.3，中等发达地区、发达地区和欠发达地区的人均财政支出比为1:1.9:1.2，这说明在不同的供给能力下，经过省财政转移支付后，缩小了不同层级和不同区域间基本公共服务的供给水平，尤其是欠发达地区，基本公共服务的供给水平甚至超过了中等发达地区。

(二)实现了增强省级调控能力和培养地方自我供给能力的双赢。一方面，由于浙江省实行的是省管县财政管理体制，增强了省级调控能力，同时也克服了层级过多和雁过拔毛的弊端，使得省级财政有能力和手段在全省范围内高效率地实现了财力的再配置。另一方面，通过抓住均等化的主要矛盾和矛盾的主要方面，促进了地方提高自身供给的能力。主要矛盾是财力的有限性和需求的无限性矛盾，浙江省通过激励与约束相结合的规范性财政转移支付制度，消除了地方“等、靠、要”的消极状态，实现了省级公平分配和促进地方提高自身能力的双赢；矛盾的主要方面是“抓两头、带中间”，基本公共服务不均等的主要因素是两头贫富差距过大，浙江省侧重于抓好欠发达地区和发达地区这“两头”，在欠发达地区和发达地区收入差距逐步扩大的情况下，促进了基本公共服务的均等化。

(三)在基本公共服务提供的几个方面在全国走在了前列。一是在教育方面，率先提出“教育强省”概念，基础教育一直走在全国前列，1997年成为继江苏、广东后全国第3个基本普及九年义务教育的省区。2004年全省基本普及从学前3年到高中段的十五年教育，成为全国省区中第一个基本普及十五年教育的省份。二是在社会保障方面，实现了五个率先：率先将广大农民纳入了最低生活保障范围；率先将乡镇企业职工纳入了基本养老保险制度的覆盖范围；率先将被征地农民纳入多形式的保障体系；率先将城乡孤寡老人全面地纳入集中供养；率先实行了免费为农民保健体检。三是在公共卫生方面，率先在全国完成疾病预防控制体制和卫生监督执法体制的改革，建立了省、市、县三级卫生监督执法体系和疾病预防控制体系，农村公共卫生服务能力明显增强。四是在就业方面，率先在全国完成由下岗职工基本生活保障制度向失业保险制度并轨的工作，加大对就业困难人员的帮助和扶持；率先在全国推行“千万农村劳动力素质培训”工程，加快了农村富余劳动力转移，提高了农民就业水平。

三、进一步完善省对市县财政转移支付制度的对策

虽然浙江省的财政转移支付制度较好地规范了各级政府间的分配关系，在缩小地区间财力差距和基本公共服务均等化方面取得了显著成效，但是，按照均等化的目标和规范化的要求，现行的财政转移支付制度还存在一些不足，有待进一步完善。一是财政转移支付资金配置结构仍不尽合理。从项目结构看，财力性转移支付中真正能促进均等化的一般性转移支付的比重还是不够高，不能最大限度地发挥财政转移支付的均等化作用；从区域结构看，对县(市)和欠发达地区的财政转移支付比重还是偏小，不利于提高基层和欠发达地区的基本公共服务水平。二是财政转移支付的形式过多，相互之间缺乏统一的协调机制。在财力性转移支付中除一般性转移支付的其他类型财政转移支付都是因为出台某项政策导致地方财力不足引起的，每出台一项政策就增加一项财力性转移支付，势必会造成财力性转移支付的混乱和不规范。此外，部分专项转移支付项目设置交叉重复、分配使用缺乏事权依据、资金投向较为分散，很多专项拨款需要地方政府提供配套资金，这就给原本困难的地区带来了更大的压力，背离了均等化目标。三是资金的拨付和使用情况缺乏有效的监督和制约。由于与财政转移支付制度相适应的监督制约机制和效益考核指标尚不够健全，财政转移支付资金的使用效率有待提高，有些地方财政专项转移支付使用不当，违背了专款专用的原则，削弱了财政转移支付资金的均等化功效。因此必须进一步完善财政转移支付制度，更好地发挥财政转移支付促进基本公共服务均等化的效能。

(一)科学划分各级政府的事权。在公共财政框架下，明确地方职能，清晰划分政府间事权，首先应当正确处理地方政府与市场之间的关系，根据市场经济条件下政府与市场分工的基本原则确定地方政府的职能，凡是市场能发挥作用的领域和事物，应当充分让市场实现自我调节，从而把政府职能真正转变到以服务为中心上来，突出公共服务职能。同时，应正确划分各级政府间的事权，进而科学确定各级政府的财力规模及不同性质的支出需求规模。通过科学、明晰地界定政府间事权，进而科学地划分政府间支出范围，做到财力、事权和支出责任相匹配，并应以一定的法律形式，将政府间事权、财权的划分、调整固定下来，保持相对的稳定。

（二）进一步优化财政转移支付结构。一是优化财政转移支付的类型结构，增加均等化补助比重。建议清理财力性转移支付的其他项目和专项转移支付补助，将其中用于弥补财力不足的补助逐步纳入到一般性转移支付中去，提高一般性转移支付比例和均等化功效，使其成为财政转移支付的主要形式。二是调整财政转移支付的地区分配结构。要进一步提高层级和区域之间财政转移支付的公平性。从层级来看，要适当降低设区市级人均财政转移支付数，提高县（市）级人均财政转移支付数。因为由于市场机制的作用，初次分配中社会各种资源会向中心城市集聚，使得设区市级基本公共服务水平要高于县（市）级基本公共服务水平，因此财政应当通过提高县（市）级人均财政转移支付数的资源再分配手段，来真正实现层级之间基本公共服务均等化。从区域来看，发达地区自我供给能力较强，而财政转移支付的穷人边际效应要高于富人边际效应，因此应当进一步降低省对发达地区财政转移支付比重，尤其是要减少财力性转移支付，增加对人均支出水平低、发展后劲不足的欠发达地区的财政转移支付力度，充分发挥好财政转移支付的均等化功效。另外，在财政转移支付后出现欠发达地区的人均财力和支出要高于中等发达地区的这一现象，在一定程度上对中等发达地区造成二次分配的不公平，因此还要适当兼顾提高中等发达地区的基本公共服务水平，真正做好“抓好两头，带动中间”。

（三）完善和丰富省以下财政转移支付制度。一是完善省管县财政管理体制，进一步增强省级调控能力。二是完善激励性财政转移支付制度。在进一步完善“两保两挂”和“两保一挂”等原有的激励性财政转移支付制度外，2006年浙江省又出台了优化收入结构奖励性财政转移支付制度。优化收入结构奖励性财政转移支付资金除弥补正常运转资金缺口外，重点用于民生支出，在均衡地方基本公共服务水平的同时，充分调动了各级财政提高自身供给能力的积极性，实现公平与效率的双赢。三是按照科学的计算方法，进一步完善一般性转移支付。四是健全生态财力补偿财政转移支付制度。生态财力补偿财政转移支付制度是解决区域之间和经济社会主体之间的利益均衡问题的财政转移支付制度。通过建立健全生态财力补偿财政转移支付制度，选取森林面积、水域面积和水质大气质量及人均财力等因素，按因素法及山区、海岛差异系数计算分配，并视省级财力状况，逐年加大生态财力补偿财政转移支付力度。五是加大基本公共服务的专项转移支付力度。在逐步清理规范专项转移支付的同时，要将专项转移支付项目更多的定位在基本公共服务项目上。如加强义务教育专项转移支付、农村公共卫生财政转移支付、就业和社会保障财政转移支付等基本公共服务项目的财政转移支付力度。

（四）加强财政转移支付资金的监督管理。一是加强财政转移支付的立法工作。二是建立财政转移支付评价、监督和考核机制。在此基础上，加强财政转移支付补助资金的使用管理，考核政府各项职责任务的完成情况，以确保财政转移支付补助资金真正用于基本公共服务。

（课题组组长：魏跃华 成员：朱忠明 余丽生 冯 健[执笔] 陈优芳 钱衍强 虞 斌）

温州市欠发达地区基层乡镇财政的调研报告（摘要）

温州市财政局课题组

编者按：本文获2007年浙江省财政系统业务调研课题二等奖。本年鉴摘要刊载如下。

一、温州市欠发达地区乡镇财政的现状及取得的成绩

（一）温州市欠发达地区经济财政运行状况

温州现下辖6县2市3区，从经济社会发展程度上看，文成、泰顺县原属浙江省的国家级贫困县（三者居其二），现均属于全省25个经济欠发达县之一。温州市区（含鹿城、瓯海、龙湾三区）、瑞安和乐清两市经济社会发展情况相对较好。苍南、平阳、永嘉发展程度居于上述两者之间，但苍南县在6个县中无论是全县政府负债还是乡镇政府负债都是最重的，对苍南的经济社会发展形成了严重的制约。截止2005年末，苍南县全县政府负债87229万元，其中乡镇政府负债61651万元，均居六县之首。随着2006年5月洞头跨海大桥的贯通，原来的海岛成为半岛，经济社会呈快速发展态势，但由于长期以来形成的海岛经济基础薄弱、财源匮乏局面，目前洞头经济社会发展程度在温州地区仍属于落后行列。综合上述因素考虑，本报告对温州欠发达地区乡镇财政的调研，以上述四个县——即苍南、文成、泰顺、洞头的乡镇为样本。

2006年，苍南县全年生产总值153.01亿元，按可比价计算，比上年增长10.8%；文成县全县实现生产总值23.23亿元，按可比价计算，同比增长15.0%；泰顺县实现生产总值22.48亿元，同比分别增长14.5%；洞头县实现生产总值22.5亿元，同比分别增长14.3%。

2006年，苍南县财政总收入12.75亿元，比上年增长21.0%，其中地方财政收入7.28亿元，同比增长25.4%；文成财政总收入2.31亿元，同比增长27.0%，上划中央“四税”0.77亿元，同比增长27.4%，地方财政收入1.54亿元，同比增长26.8%，其中地方税收入0.76亿元，同比增长22.9%；泰顺县财政总收入2.15亿元，其中地方财政收入1.5亿元，同比分别增长19%、19.3%；洞头县财政总收入2.7亿元，其中地方财政收入1.5亿元，同比分别增长50.7%和36.5% 。

2006年，苍南县地方财政支出13.15亿元，同比增长39.7%；文成地方财政支出6.03亿元，同比增长37.2%；泰顺县地方财政支出5.0亿，同比增长30.0%；洞头县地方财政支出2.0亿，同比增长21.3%。

（二）温州市欠发达地区乡镇为摆脱财政困境采取的措施及取得的成效

1. 基本实践

面对乡镇财政困境，尤其是日益扩大的乡镇政府赤字，如何全面加强对乡镇财政的监管成了县一级财政部门新时期的重要任务。温州市有关欠发达县结合各自实际，积极探索和实践包括“乡财县管”在内的乡镇财政管理新路子，采取和落实一系列配套政策、措施，创新和完善县乡财政管理体制和管理方式，努力摆脱乡镇财政困境。从几年的实践来看，基本上取得了预期的效果。这里分别简要介绍苍南的“代理报账制”、文成的“统一集中做账”、泰顺的“乡财乡用县管”和洞头的“两保两挂三奖”等乡镇财政管理体制和管理方式。

(1)苍南县于1986年建立乡镇财政。十几年来，乡镇财政赤字越积越大，2002年底，全县36个乡镇账面赤字数额达16000多万元(不包括农村中小学校赤字9200多万元)，账面赤字乡镇28个，占乡镇总数的78%。苍南县政府把乡镇财政“消赤保平”的关键点放在控制支出上，从2004年6月1日开始，对全县所有乡镇公立学校和经济发展水平较低、税源基础薄弱、财力不能保证基本支出需要的11个乡镇(以下简称试点乡镇)政府机关的经费实行“代理报账制”。“代理报账制”是乡镇财政实行部门化管理的一种形式，其要点是“体制到乡镇、预算到单位、经费到中心”。

(2)文成县从1987年建立乡镇财政。由于财源匮乏、县乡财政体制不够合理及乡镇财政管理落后等原因，乡镇政府赤字同样成为严重问题。2000年全县33个乡镇中，有22个出现赤字，政府性债务高达929.9万元。文成县从加强乡镇财政监管入手，对乡镇财政管理进行了大胆创新和实践，于2000年10月，撤销原7个片区的财政所，建立了乡镇财政管理中心。2002年，将乡镇财政管理中心改为乡镇财政管理分局，通过一个口子对下，帮助、辅导乡镇财政集中做账，实行对乡镇财政财务活动事前、事中、事后的监督，从而一定程度上防止赤字的继续发生。

(3)泰顺县是典型的“老、少、边、穷”地区，从1987年建立乡镇财政。政府赤字同样成为困扰乡镇经济社会发展的严重问题。截止2005年底，乡镇负债累计2188万元，且势头有增无减。2006年，泰顺县出台了《关于深化乡镇财政管理体制改革的意见》。

(4)洞头县1986年建立乡镇财政。乡镇财政从最初的“核定收支、超收分成、超支不补、结余留用、一年一定”的管理体制，经过几次调整后，现在逐渐跟分税制接轨。2002年，根据各乡镇不同的经济基础和财政收支状况，专门制定了“两保两挂一联”财政管理政策，即：保乡镇财政当年收支平衡不能出现赤字、保县下达各乡镇地方财政固定收入任务完成，挂当年乡镇财政预算内外收支出现赤字与分成挂钩、挂当年乡镇工商税收收入任务完成与分成挂钩；联领导班子的奖金与税收收入和收支平衡挂钩。同时，加大超收分成力度，鼓励乡镇积极创收；并对乡镇给予一定数额的困难补助，以确保乡镇财政当年收支平衡。

2. 取得的成效

温州市有关欠发达县创新县乡财政管理方式以来，其成效已逐步显现，主要体现在：

(1)乡镇政府债务得到一定化解，并有效防止了其进一步扩大。苍南县从2004年6月对乡镇政府机关经费和公立学校教育经费实行“代理报账制”后，从资金和指标两方面控制单位经费支出，有效地遏制了乡镇财政负债进一步扩大，同时也使得试点乡镇政府和公立学校有可能彻底摆脱债务困扰和减轻利息支出负担，让乡镇和学校领导从没完没了的举债中脱出身来，有利于集中精力作好本职工作。文成县从2000年10月开始对乡镇财政统一集中做账后，也有效防止了赤字增加现象的产生，2001年，有7个乡镇政府和乡镇单位减少赤字近45万元，1个乡镇消灭了历年累计赤字；全县乡镇预算外资金违纪金额比2000年下降了300多万元。

(2)财政管理和监督得到加强，乡镇财政人员业务水平和会计核算质量得到提高。通过对人事管理制度的调整，有关欠发达县财政部门都实现了对乡镇财政所及其人员的垂直管理，财政人员的工作不再受乡镇的干扰，可以切实履行起对本乡镇的财务监管，履行会计的监督职责，保证乡镇会计资料和信息的真实性、合法性、准确性，为县政府的财政监督和财政决策提供了详实而可靠的数据资料，为摸清各乡镇的实际家底提供了有利的条件，为有效解决财政资金的体外循环和库外循环问题提供了切实可行的保障。同时对乡镇财政由原来的事后监督转变成了现在的事前、事中、事后全过程的动态监督，使监督工作能全方位地延伸到乡镇财政的各个枝节。乡镇财政人员直接接受县级财政部门管理后，不再受驻村等事项的干扰，可以安心做好自己的财政本职工作，同时通过对乡镇财政员实施严格考核、评定优次等管理，给财政员增加了压力和危机感，促使其积极参与财税会计业务的学习和培训，从而提高了乡镇财政干部的账务处理能力和业务水平。

(3)增强了乡镇政府自律意识和遵守财经纪律的意识。苍南县实行“代理报账制”后，有效地规范了乡镇政府机关和公立学校财务支出行为，彻底杜绝滥支滥用和违规违纪现象的发生，提高了资金使用效率，乡镇公立学校的教育经费不再通过乡镇财政转拨，有效杜绝了财政比较困难的乡镇挪用教育经费的现象。文成县对乡镇实行集中统一做账后，解决了乡镇支出的随意性问题，使乡镇的可控费用明显降低，民主理财氛围进一步浓厚，违反财经纪律、以权谋私等现象得到有效遏制，2001年全县乡镇仅接待费一项支出就比上年减少了80万元。

二、温州市欠发达地区乡镇财政的问题及表现

(一)收支不平衡，运转难保证

一方面，温州市欠发达地区乡镇财政收入增加难。温州市欠发达乡镇的经济基础薄弱，农村产业结构单一，商品化农业规模小，应对市场冲击的能力比较差。工商税收占乡镇财政收入比重较小，地方税源零散，结构复杂，征管成本高，财政收入增长潜力非常有限。财政收入增长的缓慢，导致农村基础建设滞后，支农投入有限，又制约了农村经济发展，形成恶性循环。

另一方面，乡镇支出经费口径基本依旧。上级与乡镇在维持乡镇机构运转和发展经济及社会事业发展中，各自的职能及事权划分不清，总体趋势是“财权上收，事权下移”，财权与事权不统一的问题十分突出，导致乡镇在收入渠道锐减的情况下，支出口径却几乎没有减少。

(二)农村社会公共产品和公益事业资金短缺

温州市有关欠发达县由于总体经济薄弱，财力规模偏小，乡镇财政困难，加上长期以来财政工作的着力点在城镇，与城镇相

比，农村的公共财政覆盖面偏低，尤其是农村公共产品的提供远远不够，城乡二元结构没有得到大的改变。以文成县为例，2005年全年乡镇可用资金10710万元，人员支出5011万元，政权机关运转经费支出1435万元，省市专项资金支出3247万元，余下可用财力仅1017万元，仅占可用财力的9.5%。因落实配套资金困难，很多省市扶持欠发达乡镇的项目如交通、卫生、教育等基础设施建设无法启动或建设进度缓慢。

（三）乡村债务负担难以消化，且有增大趋势

温州市欠发达地区乡镇财政的债务问题由来已久，由于农村税费改革把问题由“幕后”推向了“前台”。据统计，乡镇财政债务主要构成为：向上级财政的各类借款、向银行和非银行金融机构的贷款、统筹中借款和向企业、个人借款以及各项拖欠款；其用途主要有三个方面：一是农村基本建设支出，包括农村中小学建设和农村道路、水利等基础设施建设以及乡镇政府的“政绩工程”、“形象工程”；二是补充乡镇政府的日常开支包括会议费、招待费、报刊征订、干部培训、差旅费等；三是补充乡镇各部门经费的不足。

（四）实行乡财县管以来存在的一些具体问题

温州市欠发达县苍南、文成、泰顺和洞头，其采取的乡镇财政管理体制、管理方式，提法各有不同，但究其实质，苍南的“代理报账制”、文成的“统一集中做账”、泰顺的“乡财乡用县管”与洞头的“两保两挂一联”，其精神实质是一致的，即“乡财县管”。实施乡财县管制度，是对财政监督和管理模式的一次尝试，虽然成效明显，但作为当前一个正在探索、发展中的新生事物，随着新形势的发展，也带来了一系列的新问题：

(1)乡镇尤其是欠发达乡镇是否具备一级财政资格的问题。按《预算法》“一级政府，一级财政”的规定，乡镇财政应当是一级独立财政。但是，目前乡镇尤其是欠发达乡镇还不是独立、完整的一级财政。因此，乡镇尤其是欠发达乡镇财政是一级没有财力支撑的财政，其继续独立存在的实质性意义在农村税改后已逐渐失去。

(2)乡财县管后，牵涉到财政职权、责任范围问题。不管是苍南的“代理报账制”、文成的“统一集中做账”，还是泰顺的“乡财县管乡用”，都是县级财政部门直接介入了乡镇财政监督管理，从表面上看是一种代理或帮助乡镇财政履行职能的行为，是通过行政手段进行统一监管。但乡镇是一级政权机关，在财政分级管理上是否有“越俎代庖”的嫌疑，有待进一步探讨。相应地，职权不清，就牵涉到职责不明的问题。乡财县管后，原属乡镇总预算会计的核算职能及与之有关的账表、会计资料、会计档案等，转移到了乡镇财政管理中心(分局)，这样谁应当承担预算会计主体责任和法律责任的问题就凸现了出来。

(3)乡财县管后，各类财政性资金是否统筹使用尚无定论。县级乡镇财政管理中心集中乡镇财政性资金，对是否可以实行统筹使用，无法强求统一。乡镇财政资金实行集中管理，一方面解决了目前由于资金分散、监管不到位可能带来的安全隐患，方便了县级财政部门的集中监管；但是，资金的相对集中，也意味着风险点和风险程度将进一步集中和放大，如果管理不善或受人为因素的影响，有可能会出现资金被挤占、挪用或截留，甚至滋生腐败现象。

(4)乡财县管后，原有乡镇财政人员的去向和原有债务的化解问题。县级财政部门成立乡镇财政管理中心(分局)，仅在规模较大的乡镇设立财政所，规模不大的数个乡镇(乡镇片区)成立一个中心财政所，各乡镇原有财政人员就富余了出来，给县、乡两级政府带来就业压力。同时各地实施乡财县管，重点针对控制新增赤字，对原有赤字解决得较好的情况，并不多见，乡镇政府仍然面临着原有负债清偿的沉重压力。

三、温州市欠发达地区摆脱乡镇财政困境的政策建议

（一）发展区域经济，加强对乡镇经济的财政金融支持

既然经济基础薄弱、财源匮乏是温州市欠发达地区乡镇财政陷入困境的根本原因，那么发展温州市欠发达地区乡镇经济，借此培育乡镇财源，做大乡镇经济和财政收入这块“蛋糕”，才是温州市欠发达地区乡镇财政走出困境的根本出路。

1.财政支持地方特色产业发展，加强农业结构调整

从总体上看，温州市欠发达地区乡镇农业结构的调整，必须坚持以市场为导向，以发挥地区优势为前提，以提高经济效益为核心，大力发展具有地区特色产业。

例如，渔业是洞头的传统特色产业，也是优势产业，所以要把发展效益渔业作为加强农村现代化的突破口，坚持以市场为导向，主攻水产养殖，调整优化外海捕捞和远洋捕捞，发展水产品精深加工，拓展水产品流通，开发新兴休闲渔业，实现渔业经济在数量上的新增长、质量和效益上的新提高。

而蔬菜、茶叶、花卉苗木等为文成县和泰顺县特色产业，在现有产业化农业和便利的交通条件基础上，下一步应该继续保持农业产业化生产经营优势，将农业财源建设的重点由生产环节转向加工、流通环节，突出抓好农业龙头企业的进一步发展壮大。扩大发展茶叶、水果、高山蔬菜、花卉苗木等农业基地。加快各类特色农产品品牌创建，扩大泰顺“三杯香”等茶类品牌的影响力。

2.发展新兴产业，提高工业经济的整体素质

加大招商引资力度，发展新兴产业。温州市欠发达地区工业经济基础薄弱，工业经济总体规模偏小，对地方的财政贡献非常有限。下一步要把招商引资作为做大做好工业经济的重要抓手，精心编排，推出有针对性的项目，增强招商引资能力。例如洞头县，随着近年来交通状况的改善，天堑变通途，孤岛变半岛，昔日的投资“死角”变成了投资热土。洞头要突出发展半岛经济这一主题，把引进石化大企业、发展临港大产业和扶持高新技术产业等作为重要目标，逐步推出海洋医药、精细化工、海洋旅游、海洋围垦等产业项目，以适应新的经济发展形势。

3.财政支持旅游产业，发挥地区优势

温州市欠发达地区拥有丰富多样的旅游资源，尤其是各种自然风光，在浙江省具有独特的优势。例如，苍南县有滨海--玉苍山省级风景名胜区、生态旅游胜地玉苍山森林公园、浙江九寨沟——莒溪等；文成县有坐落在海拔700米以上可与西湖相媲美的天顶湖、名闻遐迩的刘伯温故里等；洞头县有仙叠岩景区、半屏岛景区、大瞿岛景区、大门岛景区等；泰顺县则有“浙南廊桥”、氡泉景区等。

然而，目前这些地区旅游项目比较单一，旅游品种和旅游线路较少，旅游精品不突出，旅游业对地区经济的带动作用较小。

在促进温州市欠发达地区发展的过程中，政府应通过一定的财政拨款、修整、重建比较有特色，能够吸引人的旅游胜地，为欠发达地区的发展带来更大的空间。尤其在目前温州市欠发达地区交通状况改善的良机下，应该把旅游业作为第三产业的主打行业来抓，加快做大做强旅游业。

（二）精简乡镇及其机构、削减冗员，转变乡镇政府职能

1. 精简乡镇及其机构数量，重点做好人员分流

温州市欠发达地区县乡财政供养人数多，精简乡镇数量、乡镇内设机构和人员，是乡镇财政摆脱困境的最直接、最有效的办法。

目前，从可操作的角度看，撤乡并镇应是一条可行的途径。相对于庞大的政府机构而言，温州市欠发达地区乡镇人口规模偏小，乡镇财政运营成本过高，特别是在泰顺县、文成县等一些山区和边远地区，问题更加突出。在直接提高经济总量较为长期和困难的情况下，撤乡并镇不失为一种现实的选择。通过撤乡并镇，可以间接提升人口和经济规模，实现财政规模的扩大，同时，通过合并实现机构和人员的精简，可以降低运营成本，缓解财政压力。

2. 乡镇机构改革与转变乡镇政府职能同时推进

乡镇及其机构的精简和人员编制压缩，应与转变乡镇政府职能工作齐头并进，也就是“减法”和“加法”一起做：

所谓减法，就是在乡镇及其机构数量少了，吃财政饭的人少了的同时，乡镇部分职能也须“上移”，让乡镇政府从“全能管制型政府”变成“有限服务型政府”，将教育、卫生、交通、能源、治安等许多原来赋予乡镇的管理职能，都上移由县（市）政府统筹管理。上级政府和部门不得要求乡镇对口设置机构，需要乡镇配合工作的，必须提供必要的财力经费作保证，并赋予相应的办事权限。

所谓加法，就是乡镇经机构改革“瘦身”后，应当把精力更多地投入到乡村基础设施建设等社会公共服务上，支持引导当地的生产发展，给各村出点子、找路子、想法子。

（三）财权与事权相称

“事权与财权统一”的原则，更为准确的说法应当是“收支责任的匹配”。对于温州市欠发达地区县乡，政府本级的收入严重不足，但地方政府还必须履行义务教育、医疗、社会保障等基本支出责任，财政资金的缺口应当通过上级政府基于公共服务均等化的目标进行的转移支付解决。即无论地方自有财力如何都必须提供最低标准的公共服务，如义务教育、医疗卫生、乡村公路、供电、通讯网络等。基层政府有责任优先保障这些公共服务的资金，在资金有缺口的情况下，由上级地方政府的转移支付资金予以保障。

目前农村社会保障和义务教育、卫生等支出责任主要由县乡政府承担，与一般国际经验不符，也与政府间的财政能力不相匹配，因此要进一步加大中央和省一级的财政投入，相应减轻欠发达地方政府的支出负担，提高农村基本公共产品财力的均等化程度。

（四）推进乡镇财政预算管理改革，健全乡镇财政职能

针对温州市欠发达地区乡镇财政体制与具体管理中存在的问题，我们建议从以下几个方面着手，理顺乡镇财政管理职能，发挥乡镇财政应有的职能作用：

1. 调整、完善乡镇财政预算管理体制，其根本目的是调动乡镇培育财源、发展经济的内在动力，促进乡镇增收节支。可行的措施包括：

（1）将乡镇预算外资金逐步纳入预算。近年来，温州市欠发达地区县乡在规范政府收支行为、清理和规范行政事业性收费、实行综合预算或全口径预算管理、国库集中收付、强化预算全程的制衡机制建设等方面，也进行了积极的改革探索。

（2）根据各乡镇具体情况，分类确定预算管理体制。对地域较大、财源丰富、经济较发达的乡镇，实行“分税制”体制，例如，苍南的龙港镇、灵溪镇，在核定收支基数基础上，地方超收部分主要归乡镇，相应增加的支出及事业发展经费由乡镇承担，给乡镇较大的财权。对规模较小、经济欠发达乡镇，在未实施“乡财县管”前，应实行“支出包干、超支不补”体制，其政府机构运行经费，按照行政机关经费定额标准给予保障，包干使用，超支不补。

（3）细化乡镇预算编制、强化预算执行，并加快乡镇预算会计制度改革。乡镇预算编制要进一步细化，详细说明预算金额和支出标准，建议将预算单位或部门支出按性质、用途，分门别类地在总预算中单独编制，不再搞条块分割。

2. 完善乡镇财政预算管理，加强财政监督管理。

（1）要按照公共财政要求，合理界定收支范围、确定收支基数，优化支出结构。浙江省2002年出台的《关于进一步完善乡镇财政管理体制的指导意见》，已对乡镇财政收支范围和收入基数的核定作了明确。

（2）要严肃财经纪律，完善财务审批制度。防止擅自提高开支标准和扩大开支范围，防止移用和挪用专项资金，杜绝违法违纪问题的发生。

（3）县级有关主管部门要强化全局观念和服务意识，为乡镇财政职能的发挥创造条件。县级有关部门办任何事、出台任何政策，事先都要充分考虑乡镇政府的承受能力，不能事事都以乡镇财政投入多少为标准，搞“一刀切”和动辄以“一票否决”相威胁。

（五）进一步完善转移支付制度

对温州市欠发达地区的大多数乡镇而言，仍处于经济发展的初期，公共部门的主要职责是基础设施的建设、基本生活保障以及基本公共品的提供。由于乡镇财政困难，乡镇财政的作用就难以发挥，乡镇正常的经济社会发展就会受到阻碍。尤其是在农村税费改革后，在工商税制结构没有大的变动的情况下，弥补欠发达地区乡镇财政收支缺口的一个最重要办法，就只有依靠转移支付。

从温州市目前的实际情况来看，各地供给农村公共产品的能力存在相当大的差异。这与我国转移支付的制度性缺陷是有关系的。因此，下一步改革应当根据公共服务均等化的基本原则，完善各级政府间转移支付制度体系，为农村公共产品和公共服务的均等化制造条件。

建立和完善县对乡镇财政转移支付制度，应包括明确转移支付的事项、标准和方式，保证转移支付资金及时足额到位。对乡镇的一些政策性支出，如农村社会保障（最低生活保障、农村合作医疗）、卸任村干部生活补助、义务兵优待金、公务员年终考核奖金等应考虑由县财政全额支付；对一些投入的资金规模较

大、乡镇无法承担但又不得不上的项目，县财政应该加大投入力度。

（六）实行乡镇债务专项管理，完善举债约束和偿债机制

1. 实行乡镇债务专项管理，分步、有序解决乡镇欠债问题

（1）摸清债底，实行乡镇债务分类管理。为全面掌握温州市欠发达地区乡镇政府债务情况，县级财政部门应该组织对所有乡镇政府债务进行全面清查，并实行科学分类，通过清理，切实摸清欠发达地区乡镇政府债务的总量、结构、期限、融资渠道、债务用途和偿债情况。在摸清"债"底的基础上，对债务实行分类管理，按债务的不同性质进行排序，并建立乡镇政府债务档案。

（2）分步、逐项，先易后难消化乡镇债务。在对债务进行摸底分类的基础上，乡镇按照债务性质明确偿还责任，制定分阶段化解的目标和步骤，形成可行的乡镇化解债务工作方案，并结合当地实际，进行分类化解。如苍南县明确规定，从 2003 年起，所有乡镇一律不允许出现新的赤字。对新增赤字的，除按一定比例（可按新增赤字额的 1%考虑）相应扣减乡镇班子成员及财务人员的当年福利奖金，不予调任或提拔重用，甚至给予就地免职处分，赤字严重的，还要追究主要责任人的行政责任。

2. 提高乡镇领导的债务风险意识，完善举债约束和偿债机制

（1）要加大对乡镇领导债务风险防范意识的宣传教育，建立消赤工作的领导责任制。其次，要用规章制度来约束和规范乡镇政府的责任意识、预算意识，建立"消赤"工作目标责任制，制定赤字增减与乡镇领导干部福利奖金"挂钩"的奖罚机制，像文成县在出台的《关于进一步加强乡镇财政建设的通知》里，就规定将消赤保平工作纳入对乡镇领导干部年度政绩考核的重要内容，实行"一票否决"；温州的永嘉县也出台了类似的对山区乡镇财政的"消赤保平"管理办法。

（2）强化约束，坚决制止新的债务发生。在逐步消化现有债务的同时，必须同等重视新增债务的发生，从源头上堵住新债的形成。像泰顺县 2006 年出台的《化解乡镇债务工作方案》，针对新债可能产生的途径，明确规定乡镇政府八大不准借债。洞头县出台的《洞头县人民政府关于加强乡镇政府性债务管理的意见》，也对乡镇政府的举债行为作出了类似的禁止性规定。这些工作方案或意见从制度上基本堵死了可能新增债务的各种途径，只要各乡镇认真贯彻落实，必将对控制新增债务起到积极作用。

（课题组组长：李步鸣 副组长：叶林竑 成员：刘发顺 杨海曼）

交流材料选刊

坚持科学发展 促进社会和谐 切实推进我省行政政法财务工作(摘要)

浙江省财政厅

近年来，全省各级财政部门以科学发展观为指导，积极贯彻党的十六大、十六届四中、五中、六中全会精神和省委省政府总体部署，科学理财，规范管理，着力优化支出结构，深化财政改革，健全公共财政制度，有力地促进了我省经济建设、事业发展、社会和谐稳定。

一、行政政法机关经费保障有新提高

2004－2006 年全省 GDP 年均增长 13%，高出全国平均水平 2.8 个百分点。随着经济的发展，财政收入也有较大幅度的提高，全省财政总收入从 2004 年的 1424 亿增加到 2006 年的 2566 亿。财政收入的稳步增长为政权建设和各项社会事业建设提供了资金保障。2004－2006 年全省的行政管理费支出为 420.5 亿元，公检法司支出 345.8 亿元，分别为上一个三年(2001－2003 年)总和的 1.8 倍、1.9 倍。2006 年省本级行政政法机关经费支出 49.81 亿元，比上年增长了 29.7%；支出增幅比省级财政总支出增幅高出 15.9 个百分点；占省级财政总支出的比重为 27.3%，比上年提高了 3.3 个百分点，有力地保障了国家政权建设和国家机器正常运转资金需要。

我省在行政政法机关经费保障方面主要做好四个方面的工作：

1. 以定员定额管理为抓手，加强对行政政法机关的经费保障工作。我省各级财政部门针对行政单位的不同情况，对人员经费按实际，对公用经费制定分类分档次的定额，专项经费根据财力可能和各部门各单位的年度项目计划，按轻重缓急原则，年初部门预算尽量到位，避免年度中间不断追加。同时按照财政部及中央政法部门的统一部署，会同省级政法部门认真做好县级公安机关、法院、检察院公用经费定额标准的制订工作，通过大量的调查、分析测算和多次磋商、研究，明确了我省县级公安机关、法院、检察院公用经费的分类保障标准，其中县级人均公用经费标准 3 万元，城区 3.5 万元，建立了基层政法部门经费保障新机制。另外根据财政部 2006 年下发的《关于制定司法行政机关公用经费保障标准的意见》，会同省司法厅对我省基层司法行政机关的经费保障情况进行了实地调研，争取在 2007 年出台“基层司法行政机关公用经费保障标准”。

2. 按照“保证重点、兼顾一般”的原则，积极落实专项经费，对省委省政府确定的重点工作给予重点保障。

2004 年省委作出了《关于建设“平安浙江”促进社会和谐稳定的决定》，省财政为此专门设立了“平安浙江”建设专项经费，四年共安排“平安浙江”建设专项经费 3000 万元。“平安浙江”建设四年来，我省经济发展又好又快，社会和谐稳定，全省信访总量、群体性事件、刑事发案有所下降，全省安全生产事故总量、死亡人数、直接经济损失连续 3 年实现“零增长”，人民群众安全感、生活水平和社会保障水平稳步提高。

认真贯彻中央和省委、省政府关于人才工作的两个《决定》，积极推进人才强省战略的实施，加大人才工作投入力度，三年来共落实“人才强省”专项经费 1.5 亿元、“151”人才培养经费 1600 万元。

大力支持农村党员干部现代远程教育工作。按照中央的统一部署，2005 年初我省被列入全国第二批农村党员干部现代远程教育扩大试点省份。我省采取“财政拨一点，部门扶一点，社会助一点，党费补一点”的办法，全省共投入 3 亿多元，其中各级财政共安排专项 1.925 亿元。经过两年试点，我省已建成了一批形式多样的终端接收站点，站点总数达 3.4 万个，覆盖了所有乡镇和 83%的行政村，远程教育进家庭数达到 15 万多户；基本建立了一批骨干人员队伍，选配终端管理员近 44350 人，培训终端管理员已达 5 万多人次；整合开发了一批门类齐全的教学课件，共计 11 大类近 1 万小时，单独制作“乡土教材”近 600 小时；管理和学用工作已全面展开，初步建立了一个比较健全的学用工作机制。开放式农村党员干部现代远程教育体系已初见成效，为新农村建设提供了更好的教育保障。

按照中央和省关于加快服务业发展的要求，不断加大旅游发展专项资金、旅游宣传促销资金和开发区建设发展专项资金投入力度，三年累计安排省本级旅游发展有关资金 1.035 亿元，开发区建设发展专项资金 1.05 亿元，有力地推动了旅游经济强省建设和开发区基础设施建设。

加大对民主党派经费的投入力度。2006 年我省在以前年度专项安排民主党派考察调研经费的基础上，又专门安排了教育培训、成员活动、专项会议等专项经费，加大对民主党派经费的投入力度，进一步支持民主党派自身建设，促进多党合作和政治协商制度建设。

支持监狱体制改革及监狱布局调整、扩容经费保障工作。

2003年，财政部与司法部联合制定了《监狱基本支出经费标准》，监狱经费由“财政保障为主，生产补充为辅”转变为财政全额保障。三年来我省共投入专项经费5.23亿元用于监狱体制改革及监狱布局调整、扩容经费保障工作，取得较大成效。

3. 加大对欠发达地区的扶持力度。除了中央政法补助专款和地方配套资金以外，省财政还实施了对欠发达地区公安机关的装备补助、派出所外观形象改造补助、街面治安动态监控系统建设补助、打黑除恶补助，三年来共计8395万元；实施了对基层法院的“两庭”建设、科技兴院和信息化建设补助，三年共计4500万元，帮助欠发达地区的基层法院改善装备和信息化落后的状况；三年共安排对欠发达地区司法所装备经费补助900万元、法律援助经费补助610万元、人才开发专项补助595万元。上述转移支付项目，有效地提高了我省公共行政资源的区域均等化水平。

4. 加大对民生问题的资金保障力度。民生问题，是构建和谐社会的一个重要组成部分，也是公共财政保障的重要内容之一。我省财政进一步调整财政支出结构，关注民生问题，着力解决人民群众最关心、最直接、最现实的利益问题。

一是积极贯彻落实《法律援助条例》，切实解决困难群众打官司难的问题。省财政配套建立“欠发达地区法律援助补助经费”，根据各地办案数量多少进行补助，充分发挥财政杠杆的调节作用。并对法律援助案件的办理明确了最低保障标准（按件），在省财政的积极引导下，近年来我省的法律援助办案数量呈大幅上升趋势，其中2005年更是比上年增长了50%以上，由于保障管理到位，我省法律援助的救助能力不断得到提升，更多的困难群体得到法律援助，合法权益得到保障，促进了和谐社会的建设。

二是建立了司法救助专项资金。为切实做好对司法过程中困难群体的有关社会救助工作，维护相关当事人的合法权益，2006年，省委办公厅、省政府办公厅转发了《省委政法委关于加强司法救助工作的意见》，要求在省、市、县三级建立司法救助专项资金。省财政每年安排专项资金300万元，并制定了《浙江省司法救助专项资金使用管理办法（试行）》，全省各市县也都建立了相应的专项资金。该资金的建立是我省建设“平安浙江”、“法治浙江”的一项新尝试，旨在解决涉法涉诉上访案件当事人实际生活困难，达到息诉罢访的目的，促进社会和谐稳定，并逐步探索和建立起符合我省省情、切实有效的司法救助工作新机制。

三是建立社区矫正经费保障机制，制定了《浙江省社区矫正经费管理暂行办法》。省财政按照社区矫正对象每人每年2000元标准的70%和30%，分别给予经济欠发达县（市、区）和其他地区社区矫正工作经费补助。各级财政根据当地社区矫正对象人数予以相应经费保障并列入当年年度预算。

四是积极探索施行人民调解“以奖代补”制度。人民调解工作作为一项具有中国特色的社会主义法律制度，长期以来，在维护社会和谐稳定中发挥着独特的“减压阀”、“润滑剂”作用，是维护社会稳定的“第一道防线”。为加强人民调解指导管理工作，我省建德、龙游、云和等县（市）近年来探索施行人民调解“以奖代补”制度，由财政对调解一件纠纷给予2元至100元不等的奖励或补贴，明显增强基层调解组织排查调处矛盾纠纷的工作积极性，促进了社会和谐。这项政策花钱不多，一般欠发达县市财政也能承受，以较小的财政投入，实现了巨大的社会效益，缓解了人民调解所面临的困境。目前我省已在欠发达县市推广此项制度。

二、部门预算改革有新成效

按照公共财政的要求，我省从2004年开始推行部门预算，当年，省级单位和全省一半以上市县全面实行了部门预算；2006年，我省三分之二以上县市实行了部门预算。主要成效体现在：

1. 以“定额法”替代了“基数法”。在部门预算编制过程中，我省93个市县区（不含宁波）有90个全部或部分实行了“定额法”，基本改变了原先正常经费基数加增长的分配方法，初步建立行政政法单位的标准定员定额体系。省本级在2004年测算并确定定额标准时，将标准制定得较为合理，并具备一定的超前性，几年沿用下来，定额一直未作调整，因此，近三年省本级公用经费实现了零增长，严格控制了行政单位的管理成本过快增长势头。

2. 基本实现预算内外资金综合预算管理。改变过去支出按功能编制的预算模式，以“一个部门一本预算”体现部门全部收支，通过各种表式清晰反映部门的资金收支情况。我省义乌市已实现了彻底的综合预算，其主要特点是不分预算内外，统筹安排部门和单位的各项资金，即“一个笼子、一个口子、一个盘子”，收——所有的政府性资金一个笼子收，管——以综合部门预算为载体，一个盘子管，支——所有的资金支出由一个国库口子出。对行政政法部门收取的各项罚没收入和行政性收费实行与部门支出安排彻底脱钩，按部门资金需求，结合市财政综合可用财力统筹安排支出。

3. 确立了“两上两下”的部门预算编制审核模式，预算审核机制日趋合理，“人情、人为”因素逐步减少，预算编制的自由裁量权得到一定程度的约束；早编、细编部门预算，减少执行过程中大量的预算追加和调整行为。

4. 尝试制定行政事业单位的实物配备标准和经费支出标准体系。我省许多地方在总结分析以往配备标准及经费开支数据的基础上，研究制定了一系列实物配备、经费支出的量化、细化标准。例如，义乌市制订了《义乌市市级公用经费定员定额办法》和《义乌市行政事业单位车辆经费和临时人员费用分类分档定额标准》，明确了所有行政事业单位的定额公用经费、临时人员经费和车辆经费定额的标准。在具体经费定额标准上，对行政及执法部门的经费实行了重点倾斜，如公检法部门的公用和办案经费定额标准高于一般行政部门，行政部门的公用经费标准又高于事业单位。绍兴市政府制定下发了《绍兴市本级行政事业单位办公用房装修办公设备和车辆配备标准（试行）》，对办公用房装修、办公家具空调、办公设备、车辆配备四部分实施资产配置管理。

三、预算支出管理有新举措

预算支出管理是财政资金管理的重要环节，各地积极采取措施，严格按年初批复的部门预算执行，做到无预算不支付，无项目不支出，年终不追加，强化预算执行约束力。

1. 扎实推进国库集中支付改革。到目前为止，我省有16个市县区推行了国库集中支付改革，其中试行国库集中支付改革的单位占全部单位50%以上的有6个市县区。省本级从2005年着手推进国库集中支付改革工作，当年在纳入会计集中核算的100家省级单位顺利实施，2006年推广到所有非在杭的省级基层预算单位，2007年对所有在杭的省级基层预算单位全面实施国库集中支付改革。

2. 积极开展绩效评价，提高财政资金支出使用效益。我省各级财政按照“先易后难、由点及面”的原则，稳步推进财政支出绩效评价工作。2005年以省政府办公厅名义制定下发了《关于认真做好财政支出绩效评价工作的通知》，要求各级政府、各部门要统一思想，加强组织，强化责任，积极配合，共同做好财政支出绩效评价工作。2006年我省共对347个支出项目实施了评价，涉及财政资金31.72亿元。在选取项目时，紧紧围绕区域经济的重点问题、财政管理的重点领域和资金使用的重点部门以及社会关注度高、影响力大的内容开展。如台州市对财政资金投入超1000万元的公安交警监控系统项目，进行了绩效评价，并将评价结果应用到以后年度的预算编制中。绍兴市对市政府“鲁迅艺术文化节”资金项目进行绩效评价。该项目的绩效评价工作得到市委、市政府的肯定。

对评价中发现的问题，我省从制度上规定要以“出具财政专项资金绩效评价建议书”的形式予以反馈，同时上报当地政府，引起政府领导的高度重视，逐步实现“以评价促管理、以评价促绩效”的目的。自2007年开始，我省本级要求对年度财政预算安排300万元以上的省级部门项目支出，全部进行支出绩效评价。具体由项目单位负责项目支出的绩效自评，主管部门负责本部门所有项目绩效自评工作的组织实施，并进行自评项目汇总。同时财政部门在各单位自评基础上，进一步组织重点项目的绩效评价。

3. 采取“控、压、保”措施，调整财政支出结构。我省各级财政在安排本级部门预算时，按照“增量调方向，存量调结构”的思路，在调整存量支出结构方面，具体落实“三控、三压、三保”的要求：一是控制三个过快增长，即控制支出规模过快增长、行政经费过快增长、一般性项目支出过快增长，如杭州市规定2006年所有行政单位的公用经费和经常性业务费一律以2005年为基数压缩5%；二是压缩三项经费，即压缩会议经费、接待经费及高能源消耗性项目经费，如义乌市由监察部门牵头，在摸清部门招待费现有水平后，制定了以后年度招待费的控制比例，落实至各部门自行挖潜控制；三是确保三类支出需要，即确保完成省委省政府中心工作项目和经常性、阶段性项目资金的需要，确保重点事业发展的需要，确保引导扶持现代服务业发展的需要。

4. 进一步提高预算透明度，接受各级人大、审计和人民群众的监督。近年来，我省各级人大、审计对预算监督的力度逐步加大。2006年部门预算，我省93个市、县、区(不含宁波)，共有55个部门预算上人代会，接受审查。其中，18个市、县、区的全部部门预算送人代会审查，且有4个市、县、区是以完全明细的表格形式送审。省级从2004年开始，每年选择部分单位的部门预算送省人代会进行审查，其中选取1到2个部门进行重点审查。省人代会对部门预算的重点审查采取专家会审、代表会审等多种方式相结合进行，人大代表、媒体的参与程度、预算透明度大大提高。

四、行政政法财务管理有新制度

近三年，我省结合实际出台了一系列新制度，并对一些旧的规章制度进行了修订完善，有效地加强行政政法单位财务管理，规范各项资金使用。

1. 建立省属监狱、劳教经费“以省为主、分级负担”实施办法。2004年，我省在调查研究基础上，确定了省属监狱、劳教经费“以省为主、分级负担”的财政负担体制，明确各级财政要分级负担省属监狱、劳教经费，年末上缴，此项政策实施后，省级财政三年共筹集到监狱、劳教经费19600万元，有效地缓解了省属监狱劳教经费保障的矛盾。

2. 制订了《工商行政管理专项补助经费管理办法》。按照财政部要求，为规范和加强工商行政管理专项补助，提高资金的使用效益，根据我省实际，2005年研究制订了《工商行政管理专项补助经费管理办法》，采取“因素法”进行资金分配。

3. 制定了《省政府驻外办事处财务管理若干规定》，加大财政对省政府驻外办事处的监管力度。2005年，针对当时部分省政府驻外办事处收支不合理、财务数据反映不全面和会计核算不规范等系列问题，我们专门召开省政府驻外办事处财务工作会议，动员各办事处财务人员对照问题，寻找差距，并研究探讨省政府驻外办事处在新形势下如何进一步提高财务管理水平。在这次财务工作会议及进一步调查研究的基础上，我们联合省政府办公厅制定了《省政府驻外办事处财务管理若干规定》，加大了财政对省政府驻外办事处的监管力度。

4. 根据工作需要，还制定下发了《浙江省省级产品质量监督检验专项经费管理办法》、《浙江省质量技术监督科研经费管理暂行办法》、《浙江省建设“平安浙江”专项经费使用管理办法》、《浙江省“人才强省战略”专项资金使用管理办法(试行)》、《浙江省支持欠发达地区人才开发专项管理办法（试行)》、《浙江省开发区建设发展专项资金管理办法》、《浙江省旅游发展专项资金管理办法》等专项经费管理办法，有力地促进了各项专项资金的有效使用，进一步规范了监督管理行为。

五、个人收入分配政策有新规范

为规范公务员收入分配，增加公务员收入透明度，缩小省级部门之间公务员的收入差距，根据中央有关公务员收入分配的精神和要求，我们在省级机关全面推行会计集中核算、规范单位财务管理的基础上，实施了“削峰填谷、平衡收入”的奖金和福利分配政策，以激励与约束相结合的机制，逐步规范单位奖金和福利分配，缩小了省级不同单位公务员之间的收入差距。具体办法是：通过确定基数，对单位发放奖金和福利水平在基数以上的，按超额累进缴纳调节资金进行“削峰”，并从2005年起，将“削峰”改为“限峰”，即限制单位按月发放奖金和福利的最高额。对单位发放的奖金和福利水平在基数以下的予以“填谷”，奖金和福利发放低的多补，发放高的少补或不补。通过“削峰”、“限峰”与“填谷”，逐步使各单位公务员的收入水平从“峰”、“谷”向中间靠拢，省本级收入最高单位与最低之间的差距明显缩小，从2001年的2.66:1下降到2006年1.08:1，达到了大体一致。在规范个人收入分配方面，各市县财政也都通过实施“集中核算”、“统发工资”、“削峰填谷”、“四统一”等各项政策措施进行积极的探索，取得了一定效果。从2005年公务员津贴补贴清理情况来看，我省市县之间公务员津贴补贴差距仅为4.5:1。

六、加强中央专款管理有新经验

中央政法专项专款补助，对提高我省地方政法部门尤其是贫困地区基层政法部门的经费保障程度和业务工作的完成起到了十分积极的作用。2004－2006年度第二期政法专款项目，财政部下达我省专款6960万元，加上省、市（县）配套资金，共计投入26754万元。

1.细调研，认真做好规划编制工作。实行项目管理是中央政法补助专款管理方式的一次重大改革，为了编细编实我省政法专款项目三年规划，事前，我们联合省级政法主管部门组成调查组，对我省政法部门的装备、基础设施及经费保障状况进行了全面的调查了解，基本摸清了各级政法机关装备、基础设施的现状以及当前急需解决的项目。根据调查了解的情况以及各市县经济发展不平衡等情况，本着"突出重点，集中投入，切实为基层解决实际困难"的原则，有重点地选择了3个国家级贫困县、28个省级贫困和次贫困县作为政法专款补助的对象。同时，明确了我省政法专款项目规划的总体目标是：力争通过项目的实施，使我省贫困和次贫困地区政法部门的装备建设和办公条件有进一步的改善，促进这些地区政法各项工作的顺利开展。并结合地方政法部门当前急需解决的不同需求和财力可能，确定了每年解决一个重点问题的工作思路。

2.定制度，确保专款资金配套到位。根据财政部《中央政法专款项目管理办法》以及中办发(1998)30号文件"省级财政对贫困地区政法机关的经费保障负有重要责任"等精神，积极争取预算处支持，足额落实配套资金。按财政部的要求，我省配套的比例为1:2。经研究，省级财政明确按中央下达专款的1:1予以配套，同时根据各市县经济发展的不同情况，明确了不同的配套比例。从这几年的实际执行情况看，省级与各有关市县的配套资金均已落实到位，中央政法专款与地方配套资金的比例达1:2.76，超额完成了财政部下达的配套任务。

3.抓落实，保证政法专项资金专款使用。为了做好政法专款管理工作，我们根据财政部的文件精神，并结合浙江实际制订了具体实施办法，进一步细化了专款管理程序，明确了各级财政部门和政法部门的工作职责，使各有关市、县对政法专款的管理具有更强的可操作性，确保政法专款的有效使用。对于批准的装备购置项目，原则上由省级统一组织采购，以实物形式配发到各项目单位。凡属省政府采购目录的项目，由省政府采购中心统一组织招标采购；对未列入省政府采购目录的项目，如品种用途相同、数量较多的物品，由省级政法主管部门组织统一采购。其他物品，由有关市县统一组织采购。对维修改造项目，由有关市县自行组织进行，但在项目实施前必须进行事前论证，经省级政法主管部门审核后执行。既节约了资金，又保证了专款专用，取得了明显的效益。

4.重督查，注重对政法专款的监督管理。为加强对政法专款的监督管理，确保政法专款项目规划的顺利实施，参照财政部的有关规定，结合我省实际，我们制定了《浙江省政法补助专款项目管理工作考核办法》，对政法专款资金使用的每一个环节，建立相应的效益考核指标，实行量化考评，确保专款资金按项目规划及时、足额到位。并对专款到位不及时或使用效益不高的，作了相应的处罚规定，如地方配套资金不落实的，则相应减少或停止下年度专款补助。同时，对专款资金的使用进行不定期抽查。从这几年的实际使用情况看，没有发现挤占挪用、移用和截留现象，资金使用情况良好。

七、国有资产管理有新进展

1.积极贯彻落实《行政单位国有资产管理暂行办法》。2006年，我省组织了针对市县财政系统的行政单位国有资产管理专题培训。条件成熟的地区，也推出了相关的配套制度及办法，如杭州市制定了《杭州市市级行政单位国有资产管理暂行办法》，明确行政单位出租出借国有资产必须经市财政部门审批，处置国有资产必须经过资产评估；青田县以县政府名义制定下发了《关于青田县国有资产实行集中管理的通知》，对全县国有经营性资产分三年逐步实施集中管理。省本级拟配套出台《行政单位国有资产使用管理办法》、《行政单位国有资产收入管理办法》、《行政单位国有资产配置标准》，目前《行政单位国有资产使用管理办法》正在研究制定中。

2.研究探索行政单位资产管理的新思路、新方法。行政单位资产管理工作刚刚起步，存在较多的问题和难点，如何创建一种较好的管理模式，使我省的资产管理工作尽快步入轨道，只有理论先行，才能指导实践。2006年我们精心组织人员，对如何加强和完善我省行政单位资产管理开展调研，并撰写了《加强和完善我省行政单位国有资产管理的思考》，提出加强和改进我省行政单位国有资产管理的建议。

3.紧锣密鼓，有条不紊开展我省的资产清查工作。及时成立清查领导工作小组和办公室，为我省清查工作顺利开展提供有力组织保障。拟定并下发了《关于开展全省行政事业单位资产清查工作的通知》，并进行布置培训。在浙江省财政厅门户网站新设"行政事业资产清查"专栏，建立宣传窗口，广泛利用电视、电台、网站、报刊、简报等宣传阵地和宣传手段，大力宣传全国、全省行政事业资产管理工作会议精神，营造舆论氛围。全省（不含宁波，下同）纳入资产清查范围的行政事业单位共有19897户，其中：执行行政单位财务会计制度的单位5667家，执行事业单位财务会计制度及民间非营利组织财务会计制度的单位14230家。全省行政事业单位资产总额账面数3731.4亿元，净资产账面数2287亿元，经过单位自查和中介机构审计，资产盘盈111.6亿元，财产损失75亿元。

4.设立机构，加强行政事业单位国有资产的处置工作。省本级行政事业单位国有资产处置中心自2003年成立，至2006年底共接收了行政事业单位移交资产1.98亿元，涉及340家行政事业单位，资产处置回收金额709万元。

（此文系2007年9月全国行政政法财务工作会议交流材料）

认真总结 开拓创新
切实做好国际金融组织贷款管理工作(摘要)

浙江省财政厅

2007年,在财政部的指导下,在省委省政府领导下,浙江省财政厅外债金融处在各市县、各部门的协助下,努力贯彻党的十七大精神和浙江省十二届党代会精神,紧密围绕科学发展观和财政中心工作,积极采取措施,努力推动我省国际金融组织贷款工作顺利健康发展。在2007年,主要完成了下面几个方面的工作:

1.根据科学发展观和公共财政的要求,根据浙江省财政厅党组提出的“三个三”的工作方针,主动开展工作,在国际金融组织贷款项目申报过程中,严把审核关,充分发挥财政部门的作用,对各地区、各部门提出的项目精心选择,严格论证,对不符合省政府发展规划和国际金融组织贷款要求的项目,予以否决;对符合有关规定的项目,进行多次论证,并选择适合的贷款类型,报省政府决策。目前,我省环杭州湾生态公益林建设项目已列入新的三年滚动规划。

在项目选择过程中,我们坚持成熟一个,上报一个,对一些虽然有比较好的项目概念,我们仍坚持先行论证,精挑细选,落实资金。目前,我省正在与省级有关部门一起,就具有创新和环保意义的钱塘江流域小城镇环境保护等基础设施项目进行研究。

2.继续做好正在执行的世界银行贷款城建环保项目和可再生能源规模扩大化(浙江小水电)项目、全球环境基金赠款多氯联苯管理、处置项目日常管理和提款报账工作,按照贷款规定的使用范围、支付类别、比例及其限额使用贷款,防止贷款资金挤占、挪用现象。根据国家规定和国际金融组织规定,对有关项目进行全过程管理,参与项目招投标的监督管理,并及时根据项目实施情况与世界银行项目经理沟通,对部分项目进行调整,确保项目顺利实施。小水电项目全年向世界银行提款近1500万美元。城建环保项目支付世界银行贷款800万美元。

3.完善偿债机制,强化债信管理。抓好政府外债项目还本付息工作。确定每年的11月和12月为债务清偿月,对全年的债务组织清偿,同时,充分发挥省还贷准备金的作用,对到期出现偿债困难的项目,由省级还贷准备金进行代垫。另外,根据国家政策,对为保护生态而还贷困难的林业项目,继续实行生态补助政策,对纳入省重点生态公益林保护的林区,由各级财政给予全额补助,对未纳入生态公益林的林区给予推迟五年还本,由省级还贷准备金代垫的政策。全年拨付代垫资金1100万元,补助资金260万元。

4.积极做好项目监督检查工作。除了配合审计部门完成世界银行贷款在建项目审计工作外,我们还专门安排资金,委托中介机构,对4个国际金融组织贷款项目的17个子项目进行财政专项检查,由中介机构出具检查报告,并对发现的问题及时提出整改措施。

5.根据厅党组要求,将国际金融组织贷款项目相关的账户移交国库部门管理。由国库部门统一管理账户,是我厅党组根据反腐倡廉需要做出的重要决策。我们根据厅党组的决定,及时进行账务整理,按时将相关账户组织移交。为了确保账户移交后,国际金融组织贷款相关工作持续高效,我们又与国库部门认真研究,就资金拨付程序、拨付效率、账务管理等达成一致意见,确保了相关资金继续顺利拨付。

6.配合财政部财经外交工作,努力完成部交办的相关工作。2007年,我们配合财政部完成了世界银行常务副行长访问浙江的重要接待工作。配合财政部完成了上海国际发展评价项目两次现场考察接待工作,宣传了浙江国际金融组织项目建设成果。组织相关民营企业参加部领导带队的出访等。

7.积极向财政部提供信息和工作经验,配合财政部完成国际金融组织通讯。我处组织推荐的绍兴市政府外债工作经验得到财政部高度评价。李勇副部长作了专门批示。

8.积极开展绩效评价试点工作。为了更好地做好国际金融组织贷款项目管理,贯彻财政部38号令以及国务院领导对加强国际金融组织贷款项目管理,我们专门安排经费,组织专家组,对一个执行中的国际金融组织贷款项目进行绩效评价试点。根据财政部相关规定以及我省各地财政专项资金绩效评价试点办法的规定,制定了国际金融组织绩效评价试点方案以及指标体系,由中介机构配合,专家评定,完成试点工作。

当前,我省国际金融组织贷款工作进入新的阶段,在新形势下,要继续做好国际金融组织贷款管理工作,需要我们总结经验、统一思想、开拓思路。同时,也需要得到财政部国际司的大力支持。

在新形势下,我们认为,对于浙江这样一个地处东南沿海发达地区,人均GDP将达到3000美元到8000美元之间的省份,如何从本省实际出发,继续加强与国际金融组织的全方位合作,为浙江社会经济发展服务,是我们需要进一步研究和探讨的问题。

近几年来,随着浙江经济社会的发展,财政收入快速增长,2006年全省财政一般预算总收入为2568亿元,预计2007年将超3000亿元。在经济快速发展的同时,人民对进一步改善民生的要求十分迫切,环境保护、社会保障、新农村建设、教育等公共财政应投资方面仍需大量资金,这些资金仅依靠财政资金是远远不够的。我们还需要大量地利用国际金融组织贷赠款资金。同时,利用国际金融组织这个平台,借鉴国际上各个发达国家在这一发展阶段的经济发展经验,将对我省今后的发展大有裨益。

为此,我们建议,在新形势下,在以下几个方面继续得到财政部的大力支持:

第一、继续加强与国际金融组织贷款项目的合作，在浙江省实施具有创新性和示范性的贷款项目。当前，妨碍浙江省继续利用国际金融组织贷款障碍主要有：国际金融组织贷款项目要求高，准备周期比较长，与浙江省建设项目准备周期短、建设进度快的特点存在一定的矛盾。为克服上述障碍，在浙江省与国际金融组织的合作中，应重点选择与浙江省发展战略密切相关的，与公共财政投资方向紧密结合的项目，采用部门贷款等新的贷款方式，简化准备程序，争取国际金融组织参与已经开工项目的建设，着重在创新和示范上下功夫，力争在浙江上的项目，具有创新的特点和示范的效应，既促进浙江经济社会发展，又为其他地区的发展取得经验。在贷款条件上，应努力实行财政专项资金与国际金融组织贷款资金相结合，包括中央财政专项资金、省财政专项资金与贷款资金的结合，降低和软化贷款条件，提高贷款的吸引力。

第二、积极开展与国际金融组织的知识合作，用多种形式的合作推动浙江省社会经济发展。与国际金融组织的合作，不仅仅是资金的需要，更应是知识合作的需要。在新形势下，浙江省社会经济发展进入了崭新的阶段，急需借鉴国际先进经验，提高我省社会经济建设水平，探索新思路和新方向。但是目前我们与国际金融组织的合作还停留在比较低的层面上，主要是依托于贷款项目，作一些窄范围、层次比较低的研究工作，其成果利用面比较狭窄。下一步，建议探索增加国际金融组织与浙江省知识合作的渠道，实施多种层面、多个方面的合作。比如，在发展战略方面，与我省开展新的发展阶段发展方向的研究；部门方面，开展浙江省金融业发展、第三产业发展等方面的研究；开展浙江省青年农民培训方面的研究；开展多种层面的人力资源培训合作等等。

第三、利用现有的国际金融组织平台，推动与国际金融组织全面合作。目前，世界银行所属的国际金融公司、多边投资担保机构、亚洲开发银行的私营部门等，均十分愿意与浙江省开展合作，但是，其工作又存在盲目性，仅依靠自己的力量在省内活动，也缺乏与省各主管部门的沟通与合作。另外，他们单独活动，存在信息的不对称，需要支持的企业不得其门而入。从财政部门来说，不掌握这些机构的活动情况，却承担着发生问题后解决问题的责任。为此，建议财政部整合上述资源，同时要求其加强与各级财政部门的合作，其具体活动应置于财政部门的监督之下。另外，对这些部门的活动也应按年发布其合作重点和合作渠道，由财政部门负责向财政部推荐、申报合作项目。

第四、积极推进清洁发展机制，加强CDM资金的管理和使用。随着我国节能减排工作的开展，我省节能减排的压力很大，已成为全省的重点工作之一，政府投入也逐年加大，资金缺口也很大。而目前清洁发展机制的推动主要依靠发展改革部门，财政部门对我省清洁发展机制的推进情况、资金引进情况无法掌握，也无法向相关企业积极宣传相关政策。另外，清洁发展基金资金的使用，各级财政部门也不掌握，根本无法对其管理。为此，建议财政部加强此项资金的管理，依托各级财政部门，从项目申报到资金管理，全方位介入。

（此文系2007年全国财政系统与国际金融组织合作工作会议交流材料）

推进金财工程建设
着力提升财政部门防治腐败的科技含量（摘要）

浙江省财政厅

近几年来，浙江省财政厅紧紧围绕省委、省政府和省纪委的工作部署，坚持党风廉政建设“三靠两抓”（即一靠教育、二靠制度、三靠领导以身作则，正面抓、抓正面）的工作思路，努力从正面入手，要求每个干部务必保持“谦虚、务实、协调”的作风，坚持“好好学习，好好工作，好好做人”的信条，倡导八小时之外“走近书桌、走近球桌、走近山水，远离酒桌、远离牌桌、远离尘嚣”，努力优化行业作风和提升干部综合素质。同时，积极顺应信息化、网络化的时代潮流，以“金财工程”为依托，以“电子财政”为发展方向，以“法治财政”为建设目标，着力将科技手段引入防治腐败工作，提升惩防体系科技含量，推动党风廉政建设和反腐败工作深入开展，实现了财政系统读书的人越来越多、犯错误的人越来越少的目标，为我省财政事业又好又快发展提供了坚强保障。截至2007年3月份，全省财政系统12526人中大专以上学历占82.2%，比2002年提高近20个百分点；受党纪政纪以上处分人数从2002到2006年分别为13人、5人、4人、3人、3人；2003年以来全省各市、县（市、区）财政部门没有发生违法违纪案件的有78个，占总数的88%。同时，省财政厅2003至2006年连续四年在省政府工作目标责任制考核和党风廉政建设责任制考核中被评为优秀单位，许多市县财政部门连续多年在当地目标考核、满意单位评选、行风评议等活动中名列前茅，党风廉政建设和反腐败工作取得了新的明显成效。

一、依托金财工程防治腐败的主要做法

（一）金财工程建设进展情况。从软件开发过程看，我省金财工程五年来的建设大致可分为两个阶段。第一个阶段是从2002年11月至2005年6月，这个阶段的软件开发基本上是按照各业务部门的要求独立开发、通过做接口实现数据共享的状况。预算编制、资金申拨、集中核算、非税收入、农税征管、收入动态分析等软件在全省的推广应用，有力地支持了各级财政的财政改革，打下了我省财政领域利用科技手段实现防腐倡廉的基础。第二个阶段是从2005年6月黄旭明厅长在厅长办公会议上提出“信息化的真谛是一体化”的论断后，我省金财工程进入一体化建设新阶段，对财政业务总流程进行了梳理，并在此基础上开发了财政综合办公平台、预算支出项目库、用款计划、集中支付等一体化软件，做到了预算指标、用款计划、支付令之间的相互制约，为科技防腐提供了更强大的技术支撑。2006年底，出台《浙江省金财工程建设三年规划（2007年—2009年）》，提出围绕构建“一个公共平台(即基于公共基础信息管理之上的财政综合办公平台)、二级数据处理(即省与市县二级数据处理、全省财政数据集中备份)、三张网络(即省电子政务内网接入、财政虚拟专网和因特网接入)、四大系统(即预算编制系统、预算执行系统、决策支持系统和行政管理系统)、五个统一(即统一领导、统一规划、统一业务规范、统一应用软件和统一组织实施)”总体目标,到2009年年底基本建成业务标准统一、处理流程顺畅、操作功能完善、网络安全可靠并覆盖所有财政性资金、辐射各级财政部门和预算单位的一体化政府财政管理信息系统。五年来,在厅党组的正确领导下,在各级财政部门的重视和支持下,在业务部门和技术部门密切配合、共同努力下,开发应用了大量软件系统,积极推进信息基础设施建设,网络运行维护体系已具雏形,有关软件在全省的推广应用覆盖率达到了75.2%,极大地支撑了财政改革,促进了源头治理工作的深入开展。

(二)金财工程防治腐败的体系构架。金财工程共分为业务应用系统、信息网络系统和安全保障体系三个方面,即以应用为中心,以网络为支撑,以安全为保障。从防治腐败的角度看,金财工程主要是按照“标本兼治、综合治理,惩防并举、注重预防”的要求,以规范权力运行、加强资金监管为主要目标,以反腐倡廉的网络化、信息化、智能化为取向,围绕打造财政业务管理信息、公共服务信息、党风廉政教育“三大平台”,搭建“四大系统”、“三十三个子系统”,着力构建“不想腐败、不能腐败、不敢腐败”的权力运行机制,从源头上铲除腐败滋生的土壤和条件。

1.业务管理信息平台,打造一套不讲“情面”的软件系统。一是预算编制系统。编制预算是规范财政收支,强化预算约束机制的重要措施,是建立公共财政框架的基础,建立预算编制系统能有效控制预算编制的合理性和科学性,规范财政支出、强化预算约束,提高预算工作的管理水平和预算数据的精确度。预算编制系统主要包括单位基础资料库、预算支出项目库、部门预算编制等子系统。通过该系统建立单位基础资料库,全面动态地反映预算单位机构情况、编制情况、在职在编行政事业人员、离退休人员、其他人员、单位房产、定编车辆、实用车辆、办公设备等情况;按照政府收支分类改革的要求,构建财政支出按部门、功能、经济分类三维定位的部门预算编制体系,从源头上规范财政资金的使用。二是预算执行系统。预算执行系统主要用于对财政预算执行数据进行登记、存储,并对数据进行统计和分析,动态反映预算执行的进度和情况,使日常对账、查询更为高效快捷,从而使预算资金管理更加系统和规范。该系统包括用款计划管理、支付管理、工资统发、资金申拨、非税收入、政府采购、基建管理、债务管理、农业税收征管、中小学学生资助管理等子系统。其中用款计划、集中支付等软件实现了一体化开发,采用了统一的预算科目、预算项目、预算单位等基础资料库,有关的指标、用款计划、支付等数据可以进行跟踪和回溯,有效地实现了对各环节资金支付情况的监控。据此,可以根据系统提供的信息,对经济运行情况、财政收支进度完成情况、收支平衡情况进行分析,从而对财政运行状况有一个基本判断,在此基础上,根据财政运行存在的问题,制定相应对策。三是决策支持系统。决策支持系统是决策者通过数据模型和知识,以人机交互方式进行决策的计算机应用系统。该系统主要包括财政综合查询、财政收入和支出动态分析、行政事业单位资产监管等子系统。在财政综合查询中,可以查询各市县的基本情况,包括GDP、财政总收入、财政总支出等财经数据,也可以查询各预算单位的部门预算数据;在行政事业单位资产监管软件中,建立了资产管理基础数据库和行政事业单位资产监管系统,解决资产动态变化的追踪问题,为预算管理和资产管理的有机结合提供技术支持。四是行政管理系统。主要是内部“人、财、物”管理的综合信息平台,包括公文管理、档案管理、机关事务管理、信息报送、人事管理、源头治理、行政许可事项审批、财政法规数据库及全文检索系统等子系统。特别指出的是正在建设中的“源头治理”和“行政许可事项审批”两个子系统,前者下设决策机制、收支分配制度、财政改革、内控制度、执行情况五个栏目,是厅纪检监察机构对财政业务实行监督的专门窗口,纪检监察机构需要从处室单位获取相关信息时,由各处室单位经办人整理并经处室单位领导审定后,由厅信息中心授权纪检监察机构查阅,从而为纪检监察机构及时掌握厅里的党风廉情提供了可能;后者实行门户网站采集信息,内网进行受理、审批,并将受理结果及时公示在门户网站,内网各个环节的审批情况直接与省电子监察系统联网,受电子监察系统实时监控,从而规范了行政许可审批行为。

2.公共服务信息平台,打造一张透明高效的“办事网”。公共服务信息平台主要是指浙江财政门户网站,通过它面向公众,提供透明的管理和服务,提高办事效率和管理水平,促进政务公开和廉政建设。我们的门户网站于2004年正式开通,经过几年时间的改造,已日益完善,并在2006年省政府组织的门户网站综合评比中获得优秀。门户网站主栏目包括政务公开、厅长信箱、财政动态、网上办事、法规文件、财会园地、专题栏目等。通过政务公开、财政动态、法规文件等栏目及时公开财政厅有关机构职能、工作规则、内设机构、人事任免、年度计划、财政动态、公告公示等信息;通过厅长信箱、网上投诉、网上调查、民意征集等栏目,实现与公众的信息互动,及时发现并解决财政工作和干部管理等方面的突出问题;通过网上办事栏目,实现办事事项的公开,提供办事指南和在线办理,提高办事的效率;通过专题栏目,提供财政部门的特色栏目,如会计考试查询、收费项目查询、财政年鉴、财税与会计杂志网上阅读等,同时提供部门预算改革、国库集中支付改革、收支分类改革、支出绩效评价等改革专题的宣传和交流。通过建设透明高效的“办事网”,切实维护保障群众和服务对象的知情权、监督权,促进财政部门进一步创新管理、转变职能,进一步提高依法行政、依法理财的能力和水平,推动“服务型”财政机关建设。

3.党风廉政教育平台,打造一个开放的大宣教“课堂”。积极创新党风廉政教育的载体和手段,借助现代化信息技术,加大廉政教育力度,初步建成了以“廉政建设”专栏为主体、财政内网外网相结合的党风廉政宣传教育平台,形成了建党风廉政教育长效机制。一是细分栏目,提升教育的前瞻性。在“廉政建设”和“作风建设”下分设领导讲话、经济交流、警钟长鸣、政策法纪、廉政杂谈、视频资料等子栏目,结合阶段性党风廉政教育的重点,将各种教育资料和文件材料搬上网络,内容涵盖廉政教育的方方面面,努力创新教育载体,将防范工作抓在事前。二是拓展内容,提升教育的实效性。网络信息集文字、声音、图像于一体,既有静态的素材，又有动态的资料，形式生动活泼、富有时代感，同时，信息技术具有交互性特点。网络化的党风廉政教育这种直观、生动的特点，使教育形式更具吸引力、感染力和渗透力，使廉政教育更加入耳、入脑、入心。三是扩大教育对象，提升教育的覆盖面。信息技术易于存储和复制加工，通过廉政网页发布党风廉政宣教资料，只要权限许可，几乎任何人在任何地点、任何时间上网都可以获取相关内容，从而突破了现场宣传教育手段的时空限制，使教育对象从本单位、本系统拓展到了整个社会的范围，有助于形成时时是廉政课堂、处处是廉政课堂的生动局面，从而更好地在网络上引导舆论，积极营造"以廉为荣、以贪为耻"的文化氛围，帮助大家筑牢抵御风险、拒腐防变的思想道德防线。

二、依托金财工程防治腐败所取得的主要成效

（一）增强了工作透明度，提高了服务水平。阳光是最好的防腐剂。信息不公开所带来的信息不对称和不共享是导致公权私用、权力运行偏离正常轨道的重要原因。金财工程建设有力推动了财政工作的电子化、透明化。比如，国库集中支付改革后，预算执行信息直接来源于预算单位的每一笔交易记录，不仅初步形成了科学的管理机制，而且借助网络形成了有效的信息采集机制，提高了信息的完整性、及时性、准确性和公开性，增加了预算执行透明度；在门户网站中，通过政务公开、网上办事、收费项目标准查询、专题栏目等内容，及时公开有关信息等等，有效提高了信息公开和共享程度。从而有效打破了以往财政工作的信息盲区，使相应的工作置于阳光之下，减少了因信息截流和垄断而产生违规现象。同时，通过把科学技术与政务活动紧密结合起来，重塑财政管理和财政监督业务流程，优化整合办事程序，促进内部各个办事环节互联互通、资源整合和信息共享，逐步实现"扁平化"管理，使以往冗长的行政手续得以精简，使公共服务内涵进一步拓展，有利于提高工作效率、提高服务质量、降低行政成本，推进了财政部门职能的转变。如在流程改造之前，政府采购审批和用款计划审批各需要4个环节，一个政府采购的项目共需8个环节才能完成审批。在流程改造后，采购申请批复后直接生成用款计划申请，合并后只需要6个环节，审批效率得到提高。

（二）规范了权力运行，强化了资金监管。一是对权力进行科学分解和配置。通过程序设计，对权力进行分解和配置，实行授权分级管理和不同职权的分线运行，加强对同一业务不同岗位、同一流程不同环节的相互制约，变过去一个人说了算，为现在的一级有一级的职能职权，确保权力在正确的轨道上运行。特别是对一些涉及项目审批、资金分配和拨付、指标管理、印鉴保管等重点岗位和环节，设置相应的分权制衡机制，使权力运行在横向上受到不同职能处室的监督和制约，在纵向上必须经过相应的程序和步骤，各个环节既相互独立，又相互牵制，达到规范权力运行的目的。比如，按照财政部门预算编制、执行、监督三分离的原则，在保证业务数据畅通的前提下，有关环节的数据实现了互相制约，预算编制环节的预算数作为执行环节用款计划和支付的依据，而编制和执行的信息则作为实施监督的内容；在内部"人、财、物"的管理中，每个岗位必须按规范的流程和授权范围内进行操作，如在用款计划子系统中，经办人和处室领导拥有不同的审核权限，审核过程中有痕迹保留，使种种违法违纪行为难以逃脱监督的视野。二是削弱了"自由裁量权"。不清楚权力行使的边界，就会增加权力行使的弹性，容易使权力恶性膨胀，导致权力滥用。随着财政改革的不断深入，财政业务的管理越来越精细化，通过流程再造、标准制定、参数设计，使各个岗位和环节的职能进一步厘清，使权力运行严格按照设定的程序运行，有助于遏制违规行为的发生。比如，在部门预算软件中，预算单位的基本支出预算主要通过单位基础资料库模块，如机构、编制、在职人员、离退休人员、房产、车辆、办公设备等情况进行定员定额计算所得，不得随意改变，有效减少了操作人员的主观随意性。三是实现对权力的实时监控。权力运行是个动态过程，而以往运用的"人盯人"、"人盯事"的监督是静态的，这使得权力运行过程中的一些不规范、不正常行为很难被及时有效发现，即使被发现也往往是在事后。而在创新机制、完善制度的同时，运用科技手段由机器管人，能使监督实现全程式、全天候，做到前期预警、中期监控、后期督查，环环相扣，防止监督脱节。各处室单位监管人员，可通过权限设置，在办公室里凭借自己的身份密码，随时登陆相应的操作界面，查看工作进展情况，并根据操作人员在网上留下的活动记录，随时了解工作中出现的差错，从而实现对权力动态、全过程的监督。比如支付信息动态监控系统，对直接支付，做到先审后支，资金监管从被动变为主动；对于财政授权支付，通过支付软件全面掌握收款单位的名称、账号、支付金额等信息，为防止预算单位套取现金，规避监控体系，为每个预算单位建立了关联账户，对关联账户之间的转账进行事前审批；对资金流向、用款进度进行实时监控，发现可疑信息可及时查实、预警。总之，从预算指标、用款计划、支付令一直到单位的会计凭证，每个环节通过软件对功能科目、经济科目等要素进行严格控制，基本实现了对财政资金的动态监控，有利于从根本上防止"买酱油的钱拿去打醋"现象的发生。

（三）增强了制度执行的"刚性"，推动了制度贯彻落实。科技作为防治腐败的手段，一个十分突出的特征就是具有很强的"刚性"，也可以称之为不易更改性。金财工程是建立信息技术、网络技术、通信技术基础上的综合系统。它使规章制度固化为岗位工作标准、权限和责任。只要把各项规章制度设置为计算机程序，各个环节就必须严格按规定的程序运行，不能根据个人的喜好进行选择，也不能进行逆向或跳跃式操作。只有当操作符合制度和规程的要求时，才能使程序继续下去，不受主观因素的干扰。因此，以"无情"的电脑制约有情的人脑，能有效规范工作人员的政务行为，减少制度设计与制度执行之间的差距，从根本上杜绝制度"形同虚设"现象。同时，科技手段的运用能反作用于制度建设，及时发现制度执行中的薄弱环节和漏洞，有针对性对制度进行补充完善，增强制度的公信力。比如，在"行政管理系统"固定资产管理模块中，在制度规程设计时，对固定资产类别进行细分，固定资产的品牌、型号标准等通过公开招标确定，申请人只能申请这些中标的品牌、型号，不能随心所欲地申请那些"超标"的豪华、高档产品。在具体申报操作中，先由部门固定资产联系人提出申请，报所在部门主要负责人批准后，再进入厅办公室房产科审核，经房产科同意后，再由厅办公室财务科审核，最后经厅办公室主要负责人同意后，申请程序方告结束，但对于申请价值5万元以上的固定资产还要报经分管厅领导审定。对电脑耗材等办公用品的申请程序也基本相同。通过网上流转，各个责任主体层层审批把关，严格控制固定资产配置、办公用品的功能和标准，既提升了行政资产申请效率，也有利于做到量体裁衣、物尽其用，推进节约型机关建设。据统计，2006年厅固定资产办公设备支出比2005年节约了43%；截至2007年8月份，电脑耗材支出比2005年同期节约了14%。

(四)促进了财政管理改革，推动了源头治理。通过部门预算编制系统，支持深化了部门预算改革，将部门所有预算内外收支、部门所有单位收支全部纳入预算，基本实现了一个部门一本预算，提高了政策协调和各部门统筹安排资金的能力，增强了各部门占有财政资源、支出结构和分配资源方法及过程的透明度。通过国库集中支付系统，支持确立了国库集中支付制度在财政财务管理中的基础性地位，将绝大部分政府性资金纳入国库单一账户，财政财务支出主要由国库集中支付，减少了中间环节，降低了传统的资金层层拨付方式导致滞留与挪用的可能性。2005年10月至2007年6月，省级共实现财政直接支付业务10768笔，资金量54.99亿元；财政授权支付业务111706笔，资金量18.04亿元。通过非税收入收缴管理系统，支持深化了“收支两条线”管理改革，规范了非税收入收缴管理，保障了非税收入的应收尽收、应管尽管。通过政府采购信息化建设，集网上办事、网上服务和网上管理为一体的政府采购网站及信息管理系统初步建成，基本实现我省政府采购内网和外网、管理网和执行网、省级网和市县网的统一，以及信息的互联互通和资源共享，真正做到“一网实现、全程服务、实时监督”，2007年上半年全省政府采购预算规模达到109.76亿元，实际采购96.96亿元，节约资金12.80亿元，节约率为11.66%，进一步提高了政府采购管理的现代化、操作规范化和服务高效化。(2007年8月30日)

围绕中心 突出重点
切实加强干部教育培训工作(摘要)

浙江省财政厅

2003年以来，浙江省财政厅的干部教育培训工作，在财政部干教中心和厅党组的正确指导下，以邓小平理论和“三个代表”重要思想为指导，认真贯彻落实党的十六大精神和中央提出的大规模培训干部工作要求，开展了多形式、多层次、多渠道的干部教育培训工作，进一步提高了干部队伍的综合素质，有力地促进了各项财政事业发展，取得了较为显著的成效。5年来，共组织举办培训班138期，培训干部15766人次。2003年、2004年连续两年被评为全国财政系统干部教育培训工作一等奖，2005年被评为先进集体并名列第二。尤其是2005年下半年，王军副部长三次批示，表扬和肯定我厅的干部教育培训工作。2006年在全省大规模培训干部工作经验交流会上，我厅作为省级机关代表在大会上作了典型发言。

一、提高认识，理清思路，增强做好干部教育培训工作的紧迫感和责任感

财政是党执政的重要物质基础和政策工具，财政工作处处体现着党的路线、方针、政策。近年来，财政工作在取得重大成绩的同时，我们也清醒地看到，财政工作在贯彻落实科学发展观、全面建设小康社会、构建和谐社会、加强执政能力建设的伟大实践中任务十分艰巨。厅党组深感责任重大，要圆满完成省委省政府赋予的财政工作重任，必须大力提高全省财政干部队伍素质。为此，厅党组始终把干部教育培训工作作为干部队伍建设、财政事业可持续发展的一项重要措施来抓。2003年，黄旭明厅长明确提出“坚持一靠教育培训，二靠制度管理，三靠领导干部以身作则”，把干部教育培训摆到了干部队伍建设重要的和基础的位置。厅党组经常研究干部教育培训工作，厅领导还身体力行，积极参加相关培训班的学习和活动，亲自为学员们上课。

2003年，面对中央提出大规模培训干部和迅速发展的新形势对干部队伍能力素质提出的新要求，厅党组审时度势，进一步理清思路，提出干部教育培训，尤其是干部在职培训，要在“专业提高型”的实践过程中，突出能力素质培养、做到“三个面向”的工作思路，即：面向未来，面向个人职业发展，面向财政事业发展，实施财政干部能力提升战略，以财政干部队伍素质的不断提高，促进财政事业的可持续发展。

针对干部教育培训工作的新形势、新任务和新要求，2005年，我们开展了《浙江省财政干部能力提升战略》课题调研活动，2006年，与内蒙古财政厅、云南省财政厅、上海国家会计学院联合开展了《财政干部能力提升战略》课题调研活动，在认真分析财政干部队伍现状，并根据社会主义市场经济发展对财政干部素质和能力的要求，在借鉴国内外财政管理人员能力建设经验和教训的基础上，设计了财政干部能力框架，提出了财政干部能力培养的目标、模式、策略，从而为今后若干年财政系统干部能力和综合素质的持续提升提供具有较强应用价值的操作思路和方法。

2006年，我们还在全省财政系统开展了干部教育培训“回顾与展望”系列工作，认真总结了“九五”、“十五”期间干部教育培训经验，进一步理清了干部教育培训工作思路，研究制订了2006－2010年全省财政系统干部教育培训规划，提出了“十一五”时期全省财政系统干部教育培训要实现由“专业提高型培训”向“能力提升型培训”转变，全面开展以提升能力素质为核心的岗位培训。在认真总结经验与教训的基础上，正式出版发行了《芬芳十载》(浙江省财政系统干部教育培训十年回顾)一书。通过“回顾与展望”系列工作，起到了“承前启后、继往开来”的作用，积极推动我省财政系统干部教育培训工作再上一个新台阶。

二、围绕中心，突出重点，提高干部教育培训工作的针对性和实效性

(一)加强思想政治教育，提高干部的党性修养和理论素质

厅党组是全省财税工作的领导核心。厅党组以中心组理论学习会为载体，每年集中学习不少于4次，及时学习中央和省委、省政府的重大战略思想，认真地分析我省经济社会发展形

势，及时提出有效的工作思路和措施，努力把党和国家的路线、方针、政策贯彻落实到财政工作中去。2004 年，中央实施宏观调控政策，厅党组结合全省经济形势，在充分调查研究的基础上及时提出“三个三”财税工作措施，得到了省委、省人大、省政府的充分肯定和支持，也取得了显著的成效。实践证明，“三个三”财税工作措施是科学发展观在财税工作中的具体体现，是财政地税部门“干在实处，走在前列”的重要举措。

厅党组十分重视干部职工的思想政治教育、党性教育，专门作出加强学习型组织建设的决定，特别是把学习贯彻邓小平理论、“三个代表”重要思想摆在重要位置。分别举办为期一周的处级干部、科级干部读书班。同时，邀请专家为全厅干部职工作“三个代表”重要思想、胡锦涛总书记“七一”讲话、学习党章等专题辅导报告，并开展党的十六大精神和“三个代表”重要思想知识竞赛活动。2005 年、2006 年相继开展了保持共产党员先进性教育和机关作风建设年活动。此外，还分别组织处级干部、科级干部到井冈山、延安、南湖等革命圣地学习考察，接受传统教育；通过访贫问苦、扶贫结对进行国情教育；组建廉政文化室开展廉政文化教育。

(二)加强财政业务培训，提高干部的业务水平和工作能力

近年来出台的财政改革政策和措施比较多，而且由于改革进入了攻坚阶段，操作难度越来越大，急需财政系统和省级有关部门的业务干部们学习理解和掌握运用。5 年来，我们面向全省财政系统和省级兄弟部门，积极开展财政改革业务知识培训，共举办了 116 期财政业务培训班，培训干部 13256 人次，重点加强了部门预算、政府采购、国库集中支付、绩效评价、非税收入征收管理等培训。通过培训，使广大业务干部及时掌握财政改革工作的新知识、新政策、新技能和新本领，提高了业务素质和工作能力，有力地推动了各项财政改革以及业务工作的顺利开展。同时，围绕财政改革热点和难点问题，组织系统干部到发达国家培训考察。共组织了 7 个出国(境)培训、考察团，全省财政系统的 116 名干部参加了培训、考察。另外，积极选派干部参加财政部各业务对口部门组织的学习培训。

(三)加强能力建设培训，提高领导干部的个人能力素质

市县财政局长是各地财政工作的领头羊，领导能力更是至关重要。5 年来，我们共举办了 5 期局长班和 2 期副局长班，培训局级领导干部 685 人次，培训主要侧重于提升局长的个人能力素质。2005 年举办的局长高级研修班，主要安排哲学、沟通协调、领导者言语、领导管理、学习型组织建设、素质拓展等课程，局长们觉得内容安排上很有新意，认为“这是一次方法论的培训，是一次启发式的培训，更是一次值得回味的培训”。

处级干部是厅机关的中坚力量，处于承上启下的关键位置，除了要有精湛的业务水平外，组织领导、沟通协调能力非常重要。2005 年、2006 年分三期举办了处级干部岗位培训班，完成了对全厅 162 名处级干部的第一轮岗位培训。培训班针对处级干部岗位特点、能力素质的要求，主要安排如何发挥处级干部作用、依法行政、沟通协调、语言表达、领导风格、心理健康等课程，还首次引入素质拓展训练。整个培训班的内容，不涉及到具体财政业务，但学员们兴致很高，觉得培训班的内容正是他们所关心的，针对性和效果都很好。2003 年、2007 年分别在地方政府换届之后，及时举办了分管财政工作市、县(市、区)长研讨班，通过研讨交流，市县长们纷纷表示进一步掌握了财政业务知识和技能，增强了岗位工作能力；研究了破解工作难题的途径和方法，明确了工作思路和重点，受益匪浅。这些培训班由于准备工作充分，培训内容针对性强，培训形式灵活多样，组织管理严密，均受到了省领导、厅领导和学员们的一致好评和肯定。其中新任处级干部培训班得到了王军副部长“办得很好，要学习、总结、推广”的重要批示。为推动全省财政系统全面开展以提升能力素质为核心的分层次岗位培训，将岗位培训工作列入“十一五”财政干部教育培训规划重点，并在市一级开展了岗位培训观摩交流活动。

(四)加强综合知识培训，提升干部队伍的整体素质

一是抓好公务员知识更新培训。近年来，我们先后系统地组织了 WTO 知识、电子商(政)务、公务员依法行政、行政许可法、公务员法、公务员基础课程等一系列知识的全员培训和考试，取得了较好的成绩。二是抓好公务员任职培训和初任培训。及时组织新任处级干部和新任公务员参加培训班学习。三是抓好军转培训。每年举办为期 3 个月的系统军转干部岗前培训班。通过组织参加和举办各类岗位培训，提高了各级各类干部的知识水平和能力素质，提升了干部队伍的整体素质。

(五)加强在职学历教育，培养高层次、复合型人才

经济全球化，给我们带来了前所未有的挑战。构建社会主义市场经济条件下的公共财政框架体系，急需培养一大批高层次、复合型财政人才。2003 年我们制订了《浙江省财政厅机关干部职工继续教育管理暂行规定》，采取有效措施，支持和鼓励干部职工参加在职学历教育和职称考试。5 年来，厅机关共有 57 名干部先后参加了各类在职研究生(包括攻读硕士学位)学习，共有 79 名干部取得了高级会计师任职资格。2004 年开始连续三年与上海财经大学合作举办财政和会计专业研究生班，共有 212 名系统干部参加学习。2005 年、2006 年分别启动了会计、法律业务能手的培养工作，通过组织推荐、集中培训、全国联考，确定了 106 名人选，分别委托武汉大学、东北财经大学培养，在职攻读 MPAcc、J.M。同时，还先后选派了 5 名干部出国深造。

三、加强保障，狠抓落实，确保干部教育培训工作的持续性和长效性。

(一)加强组织管理，落实组织保障。我们建立了干部教育培训指导委员会领导下的全省财政系统干部教育培训网络体系。指导委员会主任由厅长担任，党组副书记、分管教育培训工作的厅领导担任副主任。培训指导委员会负责审定财政、地税机关公务员培训规划和培训经费，审定培训教学大纲和教材，协调指导全省财政系统人员培训工作。

全省财政系统干部教育培训网络体系分为厅机关和系统两个部分。系统干部教育培训体系由省、市、县(市、区)人教部门、干校及培训中心组成。厅机关干部教育培训体系由厅人教处、厅干教中心、各处室培训联络员及培训基地组成。

(二)加强制度建设，落实制度保障。近年来，先后制订了《关于厅教育培训工作管理职能分工的意见》、《培训班教学质量评估办法》、《全省财政系统干部教育培训工作评奖办法》、《关于进一步加强和改进干部教育培训工作的指导意见》、《浙江省财政厅机关干部职工继续教育管理暂行规定》等 12 个规章制度组成

的比较完整的制度体系，使干部教育培训工作有章可循，从而促进干部教育培训工作的制度化、规范化。

(三)加强经费投入，落实物质保障。这几年，我们加大了经费投入力度，主要抓了基地建设、经费落实等方面的工作。经过几年的努力，已经建立了厅招待所、世行培训中心和各市财税干校等培训基地，教学设备先进，教学设施完善，基本满足了干部培训需要。同时积极创新培训载体，大力推进干部教育培训信息化、网络化建设进程，2006年建立了浙江财政教育培训网，并在全系统实现了资源共享。每年的干部教育培训经费，都能列入厅机关年初预算。同时建立了外聘专家学者和厅业务骨干组成的全省财政系统干部教育培训师资库，并与市县共享。

四、与时俱进，开拓创新，努力开创新一轮大规模培训干部工作新局面

(一)在总结第一轮大规模培训工作经验的基础上，实现培训思路、培训方式、培训管理的具体转变

1.专业提高型培训为主向能力提升型培训为主转变

按照不同层次、不同级别、不同岗位干部的能力要求，划分培训模块，设计实施培训项目，以创新能力为核心，突出各级各类干部的角色特点，分级分类开展相关能力培训，在能力培养的基础上，促进工作态度的转变和正确价值观的培养，提高财政干部的综合素质。

2.传统培训方式向现代培训方式转变

根据不同的培训对象和培训内容，综合采用相应的培训方法。大力推广体验式、案例式、启发式、开放式、直观式、互动式教学方法，坚持通过教学互动，注重充分调动学员参与的积极性和主动性。从工作实际出发，发掘学员丰富的实践经验，鼓励学员自主探索新情况，发现新问题，提高创新能力，提高培训的实效性。努力探索教学手段的改革与创新，积极采用现代化多媒体技术手段，增强教学过程的生动性和便捷性；充分利用现代网络技术开展教育培训工作，扩大培训的覆盖面，增强培训的吸引力。

3.传统培训管理向人性化管理转变

将“以人为本”、构建社会主义和谐社会的要求贯彻到培训管理全过程。在需求调查的基础上，认真开展培训需求分析，及时了解和掌握各级各类干部的能力模型和培训需求，并据此有针对性地设计培训教学方案；加强培训办班管理，及时了解学员需求，为学员提供周到的服务；深入细致地开展培训评估和跟踪反馈，不断提高培训质量。

(二)要以干部能力素质提升为核心，在提高培训质量、更新培训观念、创新培训机制三个方面有所推进

1.突出培训重点，提高培训质量

重点突出分层次能力建设的要求，加强对各级各类干部以提升能力为核心，以胜任本职工作为目标的相关能力培养。重点抓好市县局长班、师资班、领军人才班。重点加强针对财政改革与发展、构建社会主义和谐社会中重大问题和焦点、难点问题的培训，并充分利用课题研究成果和案例充实更新培训内容，提高教育培训的时效性、针对性和适用性。

2.加强培训研究，更新培训观念

加强财政部、省财政厅和市县财政局在培训课题研究上的协作，探索财政经济发展规律、干部成长规律和干部教育培训规律，促进研究成果的转化，不断提高干部教育培训工作水平。把握干部教育培训的发展趋势，不断更新培训观念。要充分利用开展课题研究、组织培训观摩和组织培训管理者培训班等渠道，提升教育培训管理队伍人力资源开发的专业能力和专业水平。

3.完善培训制度，创新培训机制

贯彻落实《中华人民共和国公务员法》和《干部教育培训工作条例(试行)》，建立健全干部教育培训管理制度体系，使干部教育培训工作做到有法可依、有章可循；完善“统一领导、归口管理、分级负责、权责明确、协调配合”的干部教育培训管理体制，形成各具特色、相互协作、优势互补、资源共享的有机整体；健全完善培训课程体系，运用模块式教学形式，逐步实现菜单式选课；建立健全培训质量评估体系，以学员满意度作为衡量培训工作质量的重要标准。建立健全培训保障体系，加强干部教育培训教材、专兼职师资和培训管理者队伍建设，切实保障培训经费。

(三)加大培训力度，讲求培训实效，为财政改革与发展提供坚强的人才保证和智力支持

1.大力加强思想政治教育，着力提高干部的政治理论素质

认真组织学习邓小平理论、“三个代表”重要思想、科学发展观和构建社会主义和谐社会等一系列重大战略思想，学习党风廉政建设规定和财政纪律等相关内容，特别是要将党的十七大精神的学习贯穿于各级各类培训中，不断提高财政干部的政治理论素质。

2.精心组织岗位培训，努力提升财政干部履行岗位职责的能力

按照财政部关于岗位培训工作和财政干部岗位能力素质规范的要求，推动以提升能力素质为核心的分层次岗位培训工作。省厅方面，要在第一轮岗位培训的基础上，进一步细分培训对象。系统方面，要在组织市局岗位培训观摩交流的基础上，总结经验，把岗位培训逐步向县(市、区)局推广。通过岗位培训，大幅度提高财政干部履行岗位职能的能力，提高财政干部队伍整体素质。

3.扎实做好财政业务培训，推动财政改革与社会各项事业协调发展

认真开展事关财政改革与发展的重大政策、改革举措、规章制度的财政业务培训，提高财政干部的业务素质、工作能力和构建社会主义和谐社会的能力，推动财政改革与社会各项事业协调发展。

4.开展综合知识培训，提高人文修养

通过举办政治经济形势、历史文化、哲学、金融、法律等专题讲座，努力更新财政干部的知识结构，提高广大财政干部的人文素质，推动和谐机关建设。

5.争创学习型财政部门，营造团队学习的良好氛围

树立现代学习理念，使学习成为财政干部提升自身综合素质和能力的自觉行动；整合学习资源，构建全方位学习网络，营造良好的学习氛围；将学习与工作紧密结合，树立“在工作中学习、在学习中工作”的良好意识，鼓励团队学习和解决工作难题的学习；建立和完善学习激励保障机制，继续鼓励财政干部参加与工作相关的各类学位教育和继续教育。

(此文系2007年11月全国财政系统(华东、西南地区)干部教育培训工作研讨会交流材料)